les usuels
du Robert

Collection dirigée par
Henri MITTERAND et Alain REY

Collection « les usuels du Robert » (volumes reliés) :

— *Dictionnaire des difficultés du français,*
   par Jean-Paul COLIN,
   prix Vaugelas.

— *Dictionnaire étymologique du français,*
   par Jacqueline PICOCHE.

— *Dictionnaire des synonymes,*
   par Henri BERTAUD DU CHAZAUD,
   ouvrage couronné par l'Académie française.

— *Dictionnaire des idées par les mots...*
   (dictionnaire analogique),
   par Daniel DELAS et Danièle DELAS-DEMON.

— *Dictionnaire des mots contemporains,*
   par Pierre GILBERT.

— *Dictionnaire des anglicismes*
   (les mots anglais et américains en français),
   par Josette REY-DEBOVE et Gilberte GAGNON.

— *Dictionnaire des structures du vocabulaire savant*
   (éléments et modèles de formation),
   par Henri COTTEZ.

— *Dictionnaire des expressions et locutions,*
   par Alain REY et Sophie CHANTREAU.

— *Dictionnaire de proverbes et dictons,*
   par Florence MONTREYNAUD, Agnès PIERRON et François SUZZONI.

— *Dictionnaire de citations françaises,*
   par Pierre OSTER.

— *Dictionnaire de citations du monde entier,*
   par Florence MONTREYNAUD et Jeanne MATIGNON.

Ouvrages édités par les DICTIONNAIRES LE ROBERT

107, avenue Parmentier - 75011 PARIS (France)

DICTIONNAIRE DES SYNONYMES

par

HENRI BERTAUD DU CHAZAUD

**Maître de conférences
à l'Université de Franche-Comté (Besançon)
Chargé de mission
au Centre national de la Recherche scientifique (C.N.R.S.)**

Ouvrage couronné par l'Académie française

les usuels
du **Robert**
PARIS

Nouvelle édition (1990)

ISBN 2-85036-035-X   ISSN 0224-8697

AVANT-PROPOS

Je me suis attaché, dans cet ouvrage, à concilier deux exigences fondamentales :
— la richesse de l'information que doit apporter un dictionnaire spécialisé;
— la commodité de consultation d'un manuel s'insérant dans une collection d'usuels qu'il doit compléter et non pas répéter.

Ce parti a permis de rassembler, en un recueil maniable, environ 20 000 entrées dans l'ordre alphabétique et plus de 200 000 mots ou locutions, la plus forte densité de synonymes français publiée à ce jour.

Les dictionnaires de synonymes, peu nombreux et d'apparition relativement récente au regard des autres dictionnaires, comportent habituellement des définitions, des exemples, des références étymologiques qui réduisent la place laissée à l'énumération des synonymes, si l'on veut conserver à l'ouvrage sa maniabilité.

Tous ces renseignements sont utiles pour l'emploi correct d'un mot. Cependant, ce n'est pas le sens ou l'origine étymologique d'un mot qui fait le plus souvent défaut, mais bien le mot lui-même.

L'écolier ou le rédacteur de textes officiels, l'écrivain, le publiciste, le traducteur, tous ceux qui écrivent par plaisir ou par nécessité rencontrent deux exigences particulières à la langue française :
— employer le mot exact;
— éviter les répétitions.

Ils se trouvent alors dans la situation inverse de celui qui consulte un dictionnaire de définitions. Dans ce dernier cas, on possède le mot, mais le sens de ce mot demeure imprécis ou inconnu; une définition est nécessaire, appuyée au besoin sur un exemple et une explication étymologique.

Au contraire, il arrive qu'on ait à rendre un sens bien précis, et que le mot correspondant soit rebelle à la mémoire. Il faut alors du temps et un gros effort pour voir, dans le défilé des possibles, se profiler le terme désiré.

Supposons qu'on ait à désigner une étendue d'herbe, mais que PRAIRIE ne convienne pas. À l'article PRAIRIE on trouvera une suite de mots qui fournira la variante désirée, et parfois même une idée nouvelle.

Un dictionnaire de synonymes doit apporter précision et gain de temps, sans compter l'enrichissement que procure toujours une promenade au pays des mots. Le synonyme prend dans la phrase la place d'un autre terme et remplit la même fonction grammaticale et lexicale, c'est ainsi qu'on peut le définir et le distinguer du terme analogique, mais c'est dans la mesure où le terme employé est bien celui qui convient très précisément, à l'exclusion de tout autre, que les autres qualités du discours, élégance, persuasion — voire poésie — se réaliseront comme d'elles-mêmes, tout naturellement (semble-t-il).

Enfin ce livre doit aussi rendre service aux cruciverbistes mais il ne peut évidemment pas se substituer totalement à un dictionnaire spécialisé de mots croisés.

Dans chaque article de ce *Dictionnaire,* les synonymes sont ordonnés selon un triple classement :
— grammatical,
— sémantique,
— alphabétique.

Les critères grammaticaux.

Je n'ai retenu du principe de classement selon des *critères grammaticaux* que les oppositions paraissant pertinentes pour l'objet précis de l'ouvrage :
— Verbe transitif/Verbe intransitif (ex. : INTRIGUER quelqu'un et INTRIGUER, « se livrer à l'intrigue »).
— Singulier/Pluriel (ex. : GAGE/GAGES).
— Masculin/Féminin (ex. : une PÉRIODE, un PÉRIODE).
— Nom/Adjectif (ex. : BÊTE).
— Conjonction/Préposition/Adverbe ou autre (ex. : PENDANT).

Les critères sémantiques.

Le classement selon des *critères sémantiques* a été limité à quelques catégories très générales. J'indique dans la *table des abréviations* (ci-dessous, p. XI), la liste des concepts discriminateurs qui ont été retenus.

Les plus employés sont les suivants :

Au propre **(Au pr.).** Cette caractérisation ne fait pas systématiquement référence à l'étymologie, mais plutôt à la fréquence ou à l'usage.

Par extension **(Par ext.).** Sous cette rubrique, sont groupés les mots pris dans un emploi généralement imagé, parfois même littéralement impropre (COLLIER pour HARNAIS), mais gardant un rapport avec le sens propre.

Figuré **(Fig.).** Les mots présentés ici n'ont plus de rapport direct avec le sens propre.

Voici un exemple, pour illustrer ce que notre propos aurait de trop abstrait :

GERME □ **I. Au pr. : *1.*** Embryon, fœtus, grain, graine, kyste, œuf, semence, sperme, spore. **2.** → *microbe.* **II. Par ext. :** cause, commencement, départ, fondement, origine, principe, racine, rudiment, source. **III. Fig. *Germe de discorde :*** brandon, élément, ferment, levain, motif, prétexte.

L'opposition *Favorable/Neutre/Non favorable* a été utilisée chaque fois qu'elle a paru pertinente, sans prétendre pour autant imposer au lecteur une classification qui pourrait apparaître arbitraire dans certains cas.

Par exemple, à GALANTERIE, le synonyme COMPLAISANCE est proposé comme étant d'un emploi généralement favorable, tandis que COQUETTERIE ou DOUCEURS sont classés comme non favorables.

Lorsque le premier mot d'une suite de synonymes est suffisamment explicite, les classes sémantiques sont signalées seulement par un chiffre, sans indication de notion. J'utilise les chiffres romains au niveau le plus général, et les chiffres arabes pour les sous-classes.

TOHU-BOHU □ **I.** Activité, affairement, affolement, agitation, alarme, animation, ... **II.** Bacchanal, barouf, baroufle, bastringue, boucan,... vacarme.

TOUCHER □ **I. Au pr. 1.** Affleurer, attoucher, ... tâtonner. **2.** Atteindre,... porter. **3.** Aborder, ... relâcher. **4.** Avoisiner, ... voisiner. **II. Par ext. 1.** Émarger, ... retirer. **2.** S'adresser, ... regarder. **3.** Affecter, ... porter.

J'ai systématiquement ouvert une classe pour les locutions :

COMBLER □ **I.** Emplir, ... **II.** Abreuver, ... **III.** Aplanir, ... **IV. Loc. Combler la mesure :** → exagérer.

Mon souci a été d'aider le lecteur et d'éviter les complications inutiles, quitte à encourir les reproches des théoriciens.

Les niveaux de langue.

D'autres caractéristiques apparaissent à l'intérieur des suites de synonymes, pour signaler des emplois particuliers. C'est ainsi que j'ai retenu certains mots archaïques lorsqu'ils sont encore susceptibles d'un emploi recherché ou ironisant. Ils sont suivis ou précédés de la mention (vx) : voir par exemple le synonyme HEUR de CHANCE.

J'ai fait entrer des mots ou des locutions argotiques soit lorsque leur emploi m'a paru assez connu, soit en raison de leur saveur, sans pour autant le faire systématiquement, comme ce serait le cas dans un dictionnaire de langue verte, sauf toutefois lorsque le terme d'entrée l'imposait (PRISON ou SEXE par exemple).

Il n'est pas aisé de décider si un mot est grossier, familier ou simplement pittoresque, au sens que les élèves donnent à cet adjectif en l'affectant à un « prof » dont la classe « vaut le déplacement » (ne serait-ce que du censeur). Il en est ainsi de certains mots qui peuvent déranger dans telle situation mais qui apportent la vigueur ensoleillée de la vie dans l'alignement du vocabulaire conventionnel. Un reproche que l'on pourrait alors faire est qu'on ne peut mettre un tel livre entre toutes les mains. Jadis on éditait des dictionnaires expurgés « à l'usage de la jeunesse et des personnes du sexe », alors que ceux à l'usage des « messieurs » étaient pourtant d'une singulière pudibonderie. Il y avait là une hypocrisie qu'on est en voie d'évacuer de nos mœurs, et il faut bien constater que les jeunes sont en ce domaine d'excellents informateurs pour le lexicographe.

Aussi bien est-ce avec équanimité que j'ai laissé la feuille de vigne au vestiaire. Le grand-père que je suis, après plus de quarante années d'activités pédagogiques, l'a fait avec sérénité.

Il n'est pas évident mais il est pourtant certain qu'un mot n'a pas de sens en soi, et tel mot peut être anodin ou incongru selon la circonstance. C'est à chacun de prendre parti en considération du contexte ou de la situation. Je me suis finalement résolu à conserver ce type de classification si contestable pour faciliter la consultation plutôt que pour établir un code incertain et dont l'utilité pour le lecteur est très improbable.

Le choix des mots. Les renvois.

Il est des difficultés plus sérieuses, portant sur les lacunes ou sur le vieillissement de certains termes, surtout dans la langue des jeunes. Ce sont des écueils inhérents à la nature des objets en cause : le langage est la vie, donc le mouvement, un dictionnaire est figé, c'est un peu comme un musée.

Je me suis donc efforcé de retenir d'abord les mots les plus fréquents du français contemporain, quitte à risquer une certaine redondance, laissant de côté :

— les termes techniques, spécifiques ou autres, qui ne comportent pas de synonymes, mais engendrent plutôt des analogies;

— les formes pronominales ou passives des verbes, ainsi que les participes et les adverbes, lorsque les suites de synonymes n'auraient été que la transformation des suites d'un verbe à la forme active ou d'un adjectif déjà retenu comme tête d'article. Par exemple, HABILLER n'est pas accompagné de HABILLER (S'), POURVOIR de POURVU, GAI de GAIEMENT.

Beaucoup d'articles renvoient à un ou plusieurs autres, pour éviter la répétition de suites identiques d'un article à l'autre. Exemple :

DAMOISEAU □ I. → *jeune homme.* II. → *galant.*

D'autre part, à la fin de certaines suites je renvoie à un autre article. Par exemple :

COMPENDIUM □ Abrégé, condensé, digest, somme. → *résumé.*

Le lecteur peut aussi se reporter de lui-même à l'endroit où tel synonyme d'une suite est traité comme entrée. Par exemple, dans la suite de GAI, nous trouvons CONTENT. Ce terme ne fait pas l'objet d'un renvoi explicite, mais le lecteur pourra, en se reportant à l'entrée CONTENT, trouver des mots qui ne figurent pas à GAI, parce qu'ils n'en sont pas les synonymes. Il faudra faire un choix : AISE et BÉAT, synonymes de CONTENT, ne le sont pas de GAI, tandis que RAVI peut l'être dans certains contextes.

La consultation d'un dictionnaire de synonymes, par ces sortes de rebondissements successifs, est ainsi indéfiniment enrichissante. Le problème de la synonymie fait apparaître à quel point le mot univoque, en dehors des mots scientifiques, est rare et comme un même mot peut avoir d'acceptions. Mais il faut prendre garde, par ce passage du synonyme au synonyme du synonyme, à ne pas s'éloigner dangereusement du sens qu'on cherchait tout d'abord à exprimer.

Enfin, par souci d'éviter les redondances, je n'ai pas répété systématiquement un même mot dans deux suites successives, sous deux rubriques différentes, au propre et au figuré, par exemple. En principe, à moins que la fréquence d'emploi du mot ne soit égale dans les deux acceptions, on ne le trouvera que sous une seule rubrique. Ainsi, dans l'article CHARMER, figure, *au propre,* ENSORCELER, qui n'apparaît pas sous la rubrique *au figuré.* Là aussi, c'est au lecteur de juger s'il peut se servir de tel mot dans tel ou tel emploi. On touche ici à cet aspect vivant du langage qui semble échapper indéfiniment à toute grille de classement : la créativité.

J'exprime ma gratitude à tous ceux qui m'ont encouragé et aidé dans cette gageure — véritable tapisserie de Pénélope — qu'est un dictionnaire des synonymes : amis, parents, étudiants, et à tous les inconnus auprès de qui j'ai parfois glané ce qu'on ne trouve pas habituellement dans les livres.

Je tiens à rendre un hommage particulier à ma mère qui a bien voulu se charger de la partie la plus ingrate de ce travail : la lecture et la mise au net du manuscrit ainsi qu'à ma femme et à ma petite-fille Marjolaine de Rauglaudre, qui m'ont aidé à vérifier la concordance des renvois.

Que MM. A. Noël, J.-Y. Dournon, Y. Gentilhomme veuillent bien aussi accepter mes remerciements pour leurs encouragements et pour les suggestions dont j'ai tenu le plus grand compte.

Henri Bertaud du Chazaud.

BIBLIOGRAPHIE SOMMAIRE

Il n'est pas possible d'indiquer ici tous les articles parus sur la lexicologie ou la lexicographie, même en se limitant au seul problème de la synonymie. Nous prions ceux que les questions de lexicographie ou d'historique des dictionnaires de langue française peuvent intéresser de se reporter à la thèse de B. QUÉMADA qui joint aux qualités propres d'un travail scientifique le mérite d'une lecture agréable :

Les Dictionnaires du Français Moderne 1539-1863. Didier, Paris, 1968.

T. I : *Étude sur leur histoire, leurs types et leurs méthodes.*

T. II : *Bibliographie générale des répertoires lexicographiques.*

Signalons aussi que la revue *Langages* (Didier/Larousse) a consacré son numéro 19 de septembre 1970 à certains problèmes de lexicographie et contient une bibliographie sur ce sujet.

Voici, dans l'ordre chronologique, la liste des principaux dictionnaires de synonymes de langue française :

G. DE VIVRE : *Synonimes, c'est à dire plusieurs propos propres tant en escrivant qu'en parlant, tirez quasi tous à un mesme sens, pour monstrer la richesse de la langue francoise,* Cologne, 1569. Cet ouvrage bilingue, français-allemand, est le premier dictionnaire de synonymes connu de langue française.

A. DE MONTMEDAN : *Synonymes et Épithètes françoises,* Paris, 1645.

G. GIRARD : *La justesse de la langue française ou les différentes significations des mots qui passent pour être synonymes,* Paris, 1718.

TH. HUREAU DE LIVOY : *Dictionnaire des synonymes françois,* Paris, 1767.

N. BAUZÉE : Réédite le GIRARD, Paris, 1769-1780.

H. ROUBAUD : *Nouveaux synonymes français,* Paris, 1785.

B. MORIN : *Dictionnaire universel des synonymes,* Paris, 1801.

F. GUIZOT : *Nouveau Dictionnaire des synonymes,* Paris, 1809.

LE ROY DE FLAGIS : *Nouveau choix des synonymes francais,* Paris, 1812.

J.-E. BOINVILLIERS : *Dictionnaire universel des synonymes,* Paris, 1826.

J.-CH. LAVEAUX : *Dictionnaire synonymique de la langue française,* Paris, 1826.

M. LEPAN : Remaniement du LIVOY, Paris, 1828.

P.-B. LAFAYE : *Dictionnaire des synonymes de la langue française,* Paris, 1858.

Les préfaces de ces dictionnaires sont autant de traités de la synonymie. Il faut faire une mention spéciale pour la préface du LAFAYE qui, non seulement a peu vieilli, mais comporte une utilisation toute moderne de graphes qui ne sont autres que des diagrammes de VENN avant la lettre.

Lorsque j'ai cru devoir emprunter à la langue verte, je me suis principalement servi des ouvrages suivants, me réservant de les suivre inégalement, sauf celui de Jacques Cellard et Alain Rey parce qu'il était le dernier paru et qu'il appliquait une méthode lexicographique critique actuelle.

A. BOUDARD et L. ÉTIENNE : *La méthode à Mimile,* La Jeune Parque, Paris, 1974.

J. CELLARD et A. REY : *Dictionnaire du francais non conventionnel,* Hachette, Paris, 1980.

G. ESNAULT : *Dictionnaire des argots français,* Larousse, Paris, 1965.

P. GUIRAUD : *Dictionnaire érotique,* Payot, Paris, 1978.

J. MARCILLAC : *Dictionnaire français-argot,* La Pensée moderne, Paris, 1968.

A. SIMONIN : *Le petit Simonin illustré par l'exemple,* Gallimard, Paris, 1968.

G. ZWANG (Docteur) : *Le Sexe de la Femme,* La Jeune Parque, Paris, 1974.

TABLE DES ABRÉVIATIONS

Nous avons le plus possible évité d'utiliser des abréviations. Cependant un certain nombre d'indications revenant très fréquemment, nous avons pensé qu'il n'y aurait pas d'inconvénient à les faire figurer en abrégé.

adj.	: adjectif	loc. conj.	: locution conjonctive
adm.	: administration		
adv.	: adverbe	loc. prép.	: locution prépositionnelle
agr.	: agriculture		
all.	: allemand	log.	: logique
amer.	: américain	mar.	: marine
anat.	: anatomie	masc.	: masculin
angl.	: anglais	math.	: mathématique
anim.	: animaux	méc.	: mécanique
arch.	: architecture	méd.	: médecine
arg. scol.	: argot scolaire	mérid.	: méridional
au phys.	: au physique	milit.	: militaire
au pl.	: au pluriel	mus.	: musique
au pr.	: au propre	n. f.	: nom féminin
au sing.	: au singulier	n. m.	: nom masculin
autom.	: automobile	par anal.	: par analogie
aviat.	: aviation	par ext.	: par extension
blas.	: blason	p. ex.	: par exemple
botan.	: botanique	part.	: participe
chir.	: chirurgie	partic.	: particulier
compl. circ.	: complément circonstanciel	pass.	: forme passive
compl. d'obj.	: complément d'objet	path.	: pathologie
		peint.	: peinture
		péj.	: péjoratif
conj.	: conjonction	philos.	: philosophie
dial.	: dialectal	phys.	: physique
enf.	: enfantin	poét.	: poétique
équit.	: équitation	pol.	: politique
esp.	: espagnol	pop.	: populaire
ex.	: exemple	prép.	: préposition
fam.	: familier	pron.	: pronominal
fav.	: favorable	prot.	: protocole
fém.	: féminin	psych.	: psychologie
fig.	: figuré	rég.	: régional
génér.	: généralement	relig.	: religieux
géogr.	: géographie	rhétor.	: rhétorique
géol.	: géologie	scient.	: scientifique
gram.	: grammaire	subst.	: substantif
impers.	: impersonnel	syn.	: synonyme
ind.	: indirect indirectement	techn.	: technique
		théol.	: théologie
inf.	: infinitif	typo.	: typographie
interj.	: interjection	vén.	: vénerie
ital.	: italien	vétér.	: vétérinaire
jurid.	: juridique	v. intr.	: verbe intransitif
lég. péj.	: légèrement péjoratif	v. pron.	: verbe pronominal
		v. récipr.	: verbe réciproque
litt.	: littérature	v. tr.	: verbe transitif
liturg.	: liturgie	vx	: vieux
loc.	: locution	vulg.	: vulgaire
loc. adv.	: locution adverbiale	zool.	: zoologie

□ Ce signe sépare le mot entrée de ses synonymes.

ABAISSEMENT □ **I. D'une chose. 1. Au pr. :** descente, fermeture. **2. Par ext. :** affaiblissement, affaissement, amenuisement, amoindrissement, baisse, chute, dégénération, dégradation, dépréciation, détérioration, dévaluation, fléchissement. → *diminution.* **II. De quelqu'un :** abjection, amollissement, aplatissement, avilissement, bassesse, décadence, déchéance, déclin, dégénérescence, humiliation, humilité, pourriture. **III. Par ext.** → *dégénération.*

ABAISSER □ **I. Une chose :** amenuiser, amoindrir, baisser, déprécier, descendre, dévaluer, diminuer, faire tomber, fermer, rabaisser, rabattre, rapetisser, ravaler, réduire, ternir. **II. Quelqu'un :** affaiblir, avilir, amoindrir, dégrader, inférioriser, vilipender. → *humilier.* **III. V. pron. : 1. Une chose :** s'affaisser, descendre, diminuer. **2. Quelqu'un :** s'aplatir (fam.), s'avilir, se commettre, condescendre, déchoir, se déclasser, se dégrader, déroger, descendre, s'humilier, se prêter/ravaler à. → *soumettre (se).*

ABALOURDIR □ → *abêtir.*

ABANDON □ **I. D'une chose. 1. Au pr. :** cessation, cession, don, donation, passation, renoncement, renonciation. **2.** Démission, désistement, forfait, lâchage, retrait, résignation (partic.). **3.** Abjuration, apostasie, reniement. **4.** Abdication, capitulation, désertion, incurie, insouciance, laisser-aller, négligence. **5. Loc. À l'abandon :** à vau-l'eau/en rade. **II. De quelqu'un. 1.** Confiance, détachement, familiarité, liberté, insouciance, naturel. **2.** Lâchage, largage, plaquage.

ABANDONNER □ **I. Une chose. 1. Au pr. :** céder, cesser, se démettre/départir / déposséder / dépouiller / désister / dessaisir de, démissionner, dételer (fam.), donner, faire donation, lâcher, laisser, passer la main, quitter, renoncer à. **2.** S'en aller, déménager, évacuer, laisser, quitter. **3.** Abjurer. **4.** Battre en retraite, décamper, décrocher, se replier. **5.** Déclarer forfait, se retirer. **II. Non favorable. 1.** Abdiquer, se déballonner (fam.)/dégonfler (fam.), délaisser, démissionner, se désintéresser/détacher de, laisser aller, laisser aller à vau-l'eau, laisser courir/péricliter/tomber/traîner, se laisser déposséder, planter là, plaquer, renoncer à. **2.** Déguerpir, déloger, évacuer, plier bagages, vider la place/les lieux. **3.** Apostasier, renier sa foi. **4.** Capituler, céder, déserter, évacuer, fuir. **5.** Baisser pavillon, caler, caner (fam.), céder, couper là, s'incliner, lâcher pied, mettre les pouces, passer la main, rabattre, se rendre/résigner/soumettre. **6. Quelqu'un :** balancer (fam.), délaisser, se désintéresser/détacher de, fausser compagnie, lâcher, laisser (en rade), négliger, oublier, planter là, plaquer, quitter, renoncer à, rompre, semer, se séparer de. **III. V. pron.** Se dérégler/dévoyer, être en proie à, s'en ficher/foutre (fam.), se jeter/plonger/vautrer dans, se laisser aller, se livrer à, se négliger, s'oublier, succomber à.

ABASOURDI, E □ → *ébahi, consterné.*

ABASOURDIR □ **I. Neutre :** accabler, étourdir, surprendre. **Au passif :** en rester baba (fam.)/comme deux ronds de flan (fam.). II. **Favorable** : ébahir, ébaubir, éberluer, estomaquer (fam.), étonner, interloquer, méduser, sidérer. III. **Non favorable** : abrutir, accabler, choquer, consterner, étourdir, hébéter, interloquer, pétrifier, stupéfier, traumatiser. → *abêtir.*

ABÂTARDIR □ I. Quelqu'un ou un **animal** : abaisser, affaiblir, altérer, avilir, baisser, corrompre, dégénérer, dégrader. II. **Une chose** → *altérer.*

ABÂTARDISSEMENT □ I. → *dégénération.* II. → *abaissement.*

ABATTAGE □ I. Bagou, brillant, brio, chic, dynamisme, personnalité. II. Sacrifice, tuage, tuerie. *De roches* : havage. *D'arbres* : coupe. *Maison d'abattage* → *lupanar.*

ABATTEMENT □ I. D'une chose. 1. *Sur une somme* : déduction, escompte, réfaction, ristourne. 2. *Techn.* : finition, parement. II. De quelqu'un : accablement, anéantissement, consternation, découragement, démoralisation, effondrement, épuisement, harassement, lassitude, prostration.

ABATTIS □ Bras, jambes, membres.

ABATTOIR □ I. Au pr. : assommoir, échaudoir, tuerie. II. Par ext. : carnage, champ de bataille, danger public.

ABATTRE □ I. Une chose. 1. *Au pr. :* démanteler, démolir, détruire, faire tomber, jeter/mettre bas à/par terre, raser, renverser. 2. *Par ext. :* couper, déshaucher, donner un coup de tronconneuse, faire tomber, haver, scier. 3. Étaler/montrer son jeu. 4. *Loc. fam.* : *Abattre du travail* : bosser, boulonner, en foutre/en mettre un coup, trimer, turbiner. 5. *Non favorable* : anéantir, annihiler, briser, décourager, démolir, démonter, démoraliser, détruire, faucher, ruiner, vaincre, vider (fam.). II. **Quelqu'un. 1. Au pr.** → *tuer.* 2. *Fig.* : accabler, décourager, démolir, descendre, disqualifier, écraser, éliminer, liquider, régler son compte à, vaincre. III. Un animal. 1. Tirer, tuer, servir (vén.). 2. Assommer, égorger, saigner, tuer. IV. Loc. *Être abattu* : être prostré, *et les formes passives des syn. de* ABATTRE. V. V. pron. : 1. S'affaisser, dégringoler (fam.), s'écraser, s'écrouler, s'effondrer, s'étaler (fam.), se renverser, tomber. 2. fondre/se précipiter/pleuvoir/tomber à bras raccourcis sur.

ABBAYE □ Béguinage, cloître, couvent, monastère, moutier, prieuré.

ABBÉ □ I. Dignitaire, prélat, pontife. II. Aumônier, curé, ecclésiastique, pasteur, prêtre, vicaire. III. **Non favorable** : Capelou, corbeau, curaillon, prédicant, prestolet, ratichon.

ABCÈS □ Adénite, anthrax, apostème, apostume bubon, chancre, clou, dépôt, écrouelles, fluxion, furoncle, grosseur, humeurs froides, hypocrâne, kyste, panaris, phlegmon, pustule, scrofule, tourniole, tumeur → *boursouflure.*

ABDICATION □ → *abandon.*

ABDIQUER □ Se démettre, démissionner, se désister, quitter. → *abandonner.*

ABDOMEN □ I. Bas-ventre, hypogastre, ventre. II. **Fam.** : Avant-scène, ballon, barrique, bedaine, bedon, bide, bonbonne, brioche, buffet, burlingue, coffiot, coffre, devant, fanal, gaster, gidouille, œuf d'autruche/de Pâques, paillasse, panse, tiroir à saucisses, tripes. II. D'un animal : hypogastre, panse.

ABDOMINAL, E □ ventral.

ABÉCÉDAIRE □ A.b.c., alphabet.

ABEILLE □ Apidé, apis, avette (vx), fille d'Aristée/de l'Hymette, hyménoptère, mouche à miel.

ABERRANT, ANTE □ I. Anormal, déraisonnable, insensé. II. Absurde, con (fam.), extravagant, faux, fou, grotesque, idiot, imbécile, loufoque, ridicule, saugrenu. → *bête.*

ABERRATION □ I. Aberrance, égarement, errement, erreur, fourvoiement, méprise. II. absurdité, aliénation, bévue, extravagance, folie, idiotie, imbécillité, non-sens, stupidité. → *bêtise.*

ABERRER □ → *tromper (se).*

ABÊTIR □ Abalourdir, abasourdir, abrutir, affaiblir, bêtifier, crétiniser, dégrader, diminuer, encroûter, engourdir, faire tourner en bourrique (fam.), fossiliser, hébéter, idiotifier, momifier, rabêtir, ramollir, rendre bête, *et les syn. de* BÊTE.

ABÊTISSEMENT □ Abrutissement, ahurissement, bêtification, connerie (fam.), crétinisme, encroûtement, gâtisme, hébétude, idiotie, imbécillité, stupidité.

ABHORRER □ Abominer, avoir en aversion/en horreur, détester, éprouver de l'antipathie/de l'aversion/du dégoût/de l'horreur/de la répugnance, exécrer, haïr, honnir, maudire, vomir.

ABÎME □ I. Abysse, aven, bétoire, cloup, fosse, gouffre, igue, perte, précipice. II. Fig. 1. Catastrophe, chaos, néant, ruine. 2. Différence, distance, divorce, fossé, immensité, incompréhension, intervalle.

ABÎMER □ I. Une chose. 1. *Au pr. :* casser, dégrader, démolir, détériorer, détraquer, ébrécher, endommager, esquinter, gâter, mettre hors de service/d'usage, rayer, saboter, saccager, salir, user. **Fam.** : amocher, bousiller, cochonner, déglinguer, escagasser (mérid.), fusiller, massacrer, saloper, savater. **2. Sa santé :** compromettre, détraquer, esquinter, ruiner. **II. Quelqu'un. 1. Physique :** amocher, bousiller, démolir, esquinter, massacrer. **2. Moral :** calomnier, démolir, salir, ternir. **III. V. pron. : 1. Un navire :** aller par le fond, chavirer, couler, disparaître, s'enfoncer, s'engloutir, se perdre, sombrer. **2. Quelqu'un :** s'abandonner à, s'absorber dans, s'adonner à, s'enfoncer dans, être enseveli, s'ensevelir/se plonger/sombrer/tomber/se vautrer dans (péj.). **III.** *Les formes pron. possibles des syn.* de ABÎMER.

ABJECT, E □ Avili, bas, dégoûtant, dégueulasse (vulg.), écœurant, grossier, honteux, ignoble, ignominieux, indigne, infâme, infect, laid, méprisable, misérable, obscène, odieux, plat, rampant, repoussant, répugnant, sale, salaud (vulg.), sordide, vil, vilain, visqueux.

ABJECTION □ Avilissement, bassesse, boue, crasse, dégoûtation, dégueulasserie (vulg.), fange, grossièreté, honte, ignominie, ilotisme, indignité, infamie, laideur, obscénité, platitude, saleté, saloperie (vulg.), vilenie. → *abaissement.*

ABJURATION □ → *abandon.*

ABJURER □ Apostasier (péj.), faire son autocritique/sa confession publique, renier, se rétracter. → *abandonner.*

ABLATION □ **Chir. :** abscision, abscission, amputation, autotomie, castration, coupe, excision, exérèse, mutilation, opération, rescision, résection, sectionnement, tomie.

ABLUTION □ **I. Au pr. 1. Au sing. :** lavage, nettoyage, rinçage. **2. Au pl. :** bain, douche, lavage, nettoyage, toilette. **II.** Purification (relig.).

ABNÉGATION □ Abandon, désintéressement, détachement, dévouement, holocauste, oubli de soi, renoncement, sacrifice.

ABOI □ **I. D'un chien. 1. Sing. et pl. :** aboiement, glapissement, hurlement, jappement. **2. Vén. :** chant, cri, voix. **II. Loc. Être aux abois :** à quia, en déconfiture, en difficulté, en faillite, réduit à la dernière extrémité.

ABOLIR □ **I.** abandonner, abroger, anéantir, annuler, casser, démanteler, détruire, effacer, éteindre, faire cesser/disparaître/table rase, infirmer, invalider, lever, prescrire, rapporter, rescinder, résoudre, révoquer, ruiner, supprimer. **II. Par ext. :** absoudre, amnistier, gracier, pardonner, remettre.

ABOLISSEMENT, ABOLITION □ **I.** → *abrogation.* **II.** → *absolution.* **III.** → *amnistie.*

ABOMINABLE □ → *affreux.*

ABOMINATION □ **I.** → *honte.* **II.** → *horreur.*

ABOMINER □ → *haïr.*

ABONDAMMENT □ → *beaucoup.*

ABONDANCE □ **I.** → *affluence.* **II. Loc. 1. Parler d'abondance :** avec volubilité, avoir du bagou, être intarissable. **2. En abondance :** à foison, en pagaille, en veux-tu en voilà.

ABONDANT, E □ **I. Au pr. 1.** Commun, considérable, copieux, courant, exubérant, fécond, fertile, fructueux, généreux, inépuisable, intarissable, luxuriant, opulent, plantureux, pléthorique, profus, prolifique, riche, sompteux. **2.** À foison, considérable, foisonnant, fourmillant, grouillant, innombrable, incommensurable, nombreux, pullulant, surabondant. **II. Fig. : 1.** Ample, charnu, énorme, épais, étoffé, fort, fourni, garni, généreux, gras, gros, long, pantagruélique, rempli, replet. **2.** Diffus, intarissable, long, prolixe, torrentiel, touffu, verbeux.

ABONDER □ **I. Au pr. :** foisonner, fourmiller, grouiller, infester, proliférer, pulluler, il y a des tas de. **II. Par ext. : 1.** Être fertile en/plein de/prodigue en/riche en, regorger de, se répandre en. **2. Loc :** *Il abonde dans mon sens :* approuver, se rallier à, se ranger à un avis.

ABONNEMENT □ Carte, forfait, souscription.

ABONNIR □ → *améliorer.*

ABORD □ **I. Nom. 1. Au sing. :** accueil, approche, caractère, comportement, réception. **2. Au pl. :** accès, alentours, approches, arrivées, entrées, environs. **II. Loc. adv. 1. D'abord :** a priori, au commencement, auparavant, au préalable, avant tout, en premier lieu, premièrement, primo. **2. Dès l'abord :** dès le commencement, sur le coup, dès le début, immédiatement, incontinent, à première vue, tout de suite. **3. Tout d'abord :** aussitôt, sur-le-champ, dès le premier instant. **4. Au premier/de prime abord :** dès le commencement, à la première rencontre, à première vue.

ABORDABLE □ **I. Quelqu'un :** accessible, accueillant, bienveillant, facile, pas fier (pop.). **II. Une chose. 1.** Bon marché, pas cher, possible, réalisable. **2.** Accostable, approchable, facile.

ABORDAGE □ Accostage, arraisonnement, assaut, collision, débarquement.

ABORDER □ **I. Une chose. 1. Au pr. :** accéder à, accoster, approcher de, arriver à, atteindre, avoir accès à, mettre pied à terre. → *toucher.* **2.**

Une difficulté → *affronter.* **3.** *Un virage :* négocier. **II. Quelqu'un** → *accoster.*

ABORIGÈNE □ Autochtone, indigène, natif, naturel.

ABOUCHEMENT □ **I.** Aboutement, accouplement, ajoutement, anastomose (méd.), jonction, jumelage, raccordement, rapport, reboutement, union. **II.** Conférence, entrevue, rencontre.

ABOUCHER □ **I.** Abouter, accoupler, ajointer, anastomoser (méd.), joindre, jumeler, mettre bout à bout/en rapport, raccorder, réunir. **II.** Ménager/procurer une entrevue/un rendez-vous, mettre en rapport/en relation, rapprocher, réunir. **III. V. pron. :** communiquer, entrer/se mettre en conférence/pourparlers/rapport/relation, s'entretenir, négocier, prendre date/langue/rendez-vous.

ABOULER □ **Fam. :** apporter, donner. **V. pron. :** s'amener, arriver, se pointer, se propulser, rappliquer, se rappliquer, venir.

ABOULIQUE □ Amorphe, apathique, crevé (fam.), faible, impuissant, lavette (fam.), mou, sans volonté, velléitaire, vidé (fam.). → *paresseux.*

ABOUTER □ → *aboucher.*

ABOUTIR □ **I.** Accéder à, achever, arriver à, atteindre, se diriger vers, finir à/dans/en/par, se jeter/tomber dans. → *terminer (se).* **II.** Avoir du succès, être couronné de succès, mener à sa fin/son issue/son terme, parvenir à → *réussir.*

ABOUTISSANT □ **Loc.** *Les tenants et les aboutissants :* les causes et les conséquences, les données.

ABOUTISSEMENT □ But, couronnement, fin, issue, point final, réalisation, résultat, terme.

ABOYER □ **I. Au pr. :** chanter (vén.), crier, japper, hurler. **II. Par ext. :** braire, clabauder, crier, glapir, gueuler (vulg.), japper, hurler.

ABOYEUR □ Crieur, commissaire-priseur → *huissier.*

ABRACADABRANT, E □ Ahurissant, baroque, biscornu, bizarre, délirant, démentiel, déraisonnable, époustouflant, étrange, extraordinaire, extravagant, fantasmagorique, fantasque, fantastique, farfelu, fou, incohérent, incompréhensible, incroyable, insolite, rocambolesque, sans queue ni tête, saugrenu, singulier, stupéfiant, surprenant, ubuesque, unique.

ABRÉGÉ □ **I. Adj. 1.** Amoindri, bref, concis, court, cursif, diminué, écourté, lapidaire, limité, raccourci, rapetissé, réduit, resserré, restreint, résumé, simplifié, sommaire succinct. **2.** *Non favorable :* compendieux, laconique, tronqué. **II. Nom :** abrévia-

tion, aide-mémoire, analyse, aperçu, argument, bréviaire (relig.), compendium, digest, diminutif, éléments, épitomé, esquisse, extrait, manuel, notice, plan, précis, promptuaire, raccourci, récapitulation, réduction, résumé, rudiment, schéma, sommaire, somme, topo (fam.).

ABRÉGEMENT □ Diminution, raccourcissement, réduction.

ABRÉGER □ Accourcir, alléger, amoindrir, diminuer, écourter, limiter, raccourcir, rapetisser, réduire, resserrer, restreindre, résumer, simplifier, tronquer.

ABREUVER □ **I. Au pr. :** apporter de l'eau, désaltérer, étancher la soif, faire boire, verser à boire. **II. Par ext. 1.** Accabler/arroser/combler/couvrir/imprégner/inonder de. **2.** *Non favorable :* accabler de, agonir, couvrir/inonder de. **3.** → *humecter.* **4.** → *remplir.* **III. V. pron. : 1.** *Une chose :* absorber, s'arroser, s'humecter, s'imbiber, s'imprégner, s'inonder, se mouiller, se pénétrer. **2.** *Quelqu'un :* (fam.) : absorber, arroser, s'aviner, biberonner, buvoter, chopiner, se cocarder, écluser, entonner, éponger/étancher sa soif, s'humecter le gosier, s'imbiber, s'imprégner, lamper, se lester, lever le coude, licher, picoler, pinter, pomper, se rafraîchir, se remplir, riboter, se rincer la dalle/le gosier, siroter, sucer, se taper/vider un verre, téter. → *enivrer (s').* **3.** *Un animal :* boire, se désaltérer, étancher sa soif, laper.

ABREUVOIR □ Auge, baquet, bassin.

ABRÉVIATION □ Initiales, raccourci, sigle. → *abrégé.*

ABRI □ **I. Au pr. 1.** Asile, cache, cachette, lieu sûr, oasis, refuge, retraite. **2.** *Non favorable :* antre, repaire. **3.** *D'un animal :* bauge, gîte, refuge, repaire, reposée, soue, tanière, trou. **4.** → *port.* **II. Milit. :** bunker, cagna, casemate, fortin, guitoune. **III. Par ext. :** assurance, défense, garantie, protection, refuge, sécurité, sûreté. **IV. Loc. *Être à l'abri :*** à couvert, à l'écart, à l'ombre (fam.), hors d'atteinte/de portée, en lieu sûr, en sécurité, en sûreté, planqué (fam.).

ABRICOT □ Alberge.

ABRITER □ → *couvrir.*

ABROGATION □ **I. Au pr. :** abolition, annulation, cassation, cessation, infirmation, invalidation, prescription, rédhibition, résiliation, résolution, retrait, révocation, suppression. **II. Par ext. 1.** Anéantissement, destruction, disparition, effacement. **2.** → *absolution.*

ABROGER □ → *abolir.* **V. pron. :** s'abolir, s'annuler, cesser son effet, s'effacer, s'éteindre, se prescrire.

ABRUPT, E □ **I.** À pic, escarpé, montant, raide, roide, rude. **II.** Acariâtre, acerbe, acrimonieux, aigre, bourru, brusque, brutal, direct, dur, haché, hargneux, heurté, inculte, rébarbatif, revêche, rogue, sauvage, tout de go (fam.).

ABRUTI, E □ → *bête.*

ABRUTIR □ → *abêtir.*

ABRUTISSEMENT □ Abêtissement, ahurissement, animalité, avilissement, bestialité, connerie (fam.), crétinisme, engourdissement, gâtisme, hébétude, idiotie, imbécillité, stupeur, stupidité. → *bêtise.*

ABSCONS, E □ → *difficile.*

ABSENCE □ **I. Au pr. 1.** Carence, défaut, défection, éclipse, manque. **2.** Départ, disparition, échappée, école buissonnière, éloignement, escapade, fugue. **II. Par ext. :** omission, privation. **III. Loc.** *Avoir des absences :* amnésie, distractions, oublis, trous.

ABSENT, E □ **I.** Contumace, défaillant. **II.** Dans la lune (fam.), inattentif, lointain, rêveur. → *distrait.*

ABSENTER (S') □ **I. Neutre :** s'éloigner, partir, quitter, se retirer, sortir. **II. Non favorable :** disparaître, s'éclipser, faire défaut, faire l'école buissonnière, jouer la fille de l'air (fam.), manquer, pratiquer l'absentéisme, tirer au flanc/au cul (fam.).

ABSOLU, E □ **I. Adj. 1.** *Au pr. :* catégorique, complet, discrétionnaire, dogmatique, entier, exclusif, foncier, formel, impératif, impérieux, inconditionnel, indispensable, infini, parfait, plein, radical, total. **2.** *Quelqu'un :* autocratique, autoritaire, arbitraire, cassant, césarien, despotique, dictatorial, dogmatique, exclusif, impérieux, intransigeant, jupitérien, omnipotent, souverain, totalitaire, tout-puissant, tyrannique. **II. Nom :** idéal, infini, intégrité, intransigeance, perfection, plénitude.

ABSOLUMENT □ À fond, toute force, diamétralement, nécessairement tout à fait, *et les adv. en -ment formés avec les syn. de* ABSOLU.

ABSOLUTION □ Abolition, abrogation, acquittement, amnistie, annulation, cassation, extinction, grâce, pardon, pénitence, prescription, rémission, remise/suppression de peine.

ABSOLUTISME □ Autocratie, autoritarisme, caporalisme, césarisme, despotisme, dictature, oppression, pouvoir personnel, totalitarisme, tyrannie.

ABSORBÉ, E □ **I. Neutre :** absent, méditatif, occupé, préoccupé. **II. Non favorable :** abruti, ahuri → *distrait.*

ABSORBER □ **I.** avaler, boire, s'imbiber/imprégner/pénétrer de, pomper, résorber. → *boire.* **II.** Avaler, assimiler, consommer, déglutir, dévorer, engloutir, engouffrer, épuiser, faire disparaître, fondre, ingérer, ingurgiter, liquider, manger, nettoyer. **III.** Accaparer, dévorer, retenir. **IV. V. pron. : 1.** s'abîmer, s'abstraire, s'attacher à, se recueillir. **2.** s'enfoncer dans, s'engloutir, s'ensevelir, se plonger, sombrer *et les formes passives des syn. de* ABSORBER.

ABSORPTION □ **I.** Consommation, imbibition, imprégnation, ingestion, ingurgitation, manducation. **II.** disparition, effacement, liquidation, suppression. **III.** Fusionnement, intégration, unification.

ABSOUDRE □ **I. Quelqu'un** → *acquitter.* **II. Une faute :** effacer, excuser, pardonner, remettre.

ABSTENIR (S') □ Se dispenser, éviter, s'exempter de, se garder de, s'interdire de, négliger de, ne pas participer à, ne pas prendre part à, se passer de, se priver de, se refuser à/de, se récuser, renoncer à, rester neutre, se retenir de.

ABSTENTION □ **I.** Neutralité, non-belligérance, non-intervention. **II.** Privation, récusation, refus, renonciation, renoncement, restriction.

ABSTINENCE □ → *jeûne, continence.*

ABSTINENT, E □ **I. Au pr. :** frugal, modéré, sobre, tempérant. **II. Par ext. 1.** Chaste, continent. **2.** *D'alcool :* abstème.

ABSTRACTION □ **I. Au pr. :** axiome, catégorie, concept, notion. **II. Non favorable :** chimère, irréalité, fiction, utopie. **III. Loc. 1.** *Faire abstraction de :* écarter, éliminer, exclure, laisser de côté, mettre à part, omettre, ôter, retirer, retrancher, sortir, supprimer. **2.** *Abstraction faite de :* en dehors de, excepté, à l'exception de, hormis, à part. **3.** *Avoir une faculté d'abstraction :* absence, indifférence, méditation, réflexion, repli sur soi.

ABSTRAIRE □ → *éliminer.* **V. pron. :** s'absenter, se défiler (fam.), s'écarter de, se détacher de, s'éliminer, s'exclure, se mettre à part, prendre ses distances, se replier sur soi.

ABSTRAIT, E □ **I. Une chose. 1.** *Neutre :* axiomatique, irréel, profond, subtil, théorique. **2.** *Non favorable :* abscons, abstrus, chimérique, difficile, fumeux (fam.), obscur, utopique, vague. **II. Quelqu'un. 1.** *Favorable :* profond, subtil. **2.** *Non favorable : ses idées :* abscons, chimérique, difficile, irréel, obscur, utopique, vague. *Son comportement :* absent, absorbé, distrait, indifférent, méditatif, paumé (fam.), rêveur.

ABSTRUS, E □ → *difficile.*

ABSURDE □ Aberrant, abracada-

brant, biscornu, brindezingue (fam.),
contradictoire, courtelinesque, déraisonnable, dingue (fam.), énorme,
extravagant, farfelu (fam.), fou, illogique, imaginaire, incohérent, incongru, inconséquent, inepte, insane,
irrationnel, saugrenu, stupide, ubuesque. → *bête, insensé.*

ABSURDITÉ ☐ Aberration, connerie (fam.), contradiction, déraison,
dinguerie (fam.), énormité, extravagance, folie, illogisme, incohérence,
incongruité, inconséquence, ineptie,
insanité, irrationnalité, loufoquerie,
non-sens, rêve, stupidité. → *bêtise.*

ABUS ☐ **I.** Exagération, excès. **II.**
Débordements, dérèglement, désor-
dre, errements, inconduite, intempérance. **III.** → *injustice.*

ABUSER ☐ **I. V. intr. 1. Au pr. :** attiger
(fam.), charrier (fam.), dépasser/pas-
ser les bornes/la mesure, exagérer,
exploiter, mésuser, outrepasser. **2.**
D'une femme : déshonorer, faire violence, posséder, violer, violenter. **II.**
V. tr. → *tromper.* **III. V. pron. :**
Aberrer, cafouiller, déconner (vulg.),
s'égarer, errer, faillir, faire erreur, se
faire illusion, se ficher/foutre dedans
(vulg.), se gourer (fam.), s'illusionner,
se leurrer, méjuger, se méprendre,
se mettre le doigt dans l'œil (fam.),
prendre le change, sous-estimer, se
tromper.

ABUSIF, IVE ☐ **I. Neutre :** envahissant, excessif, immodéré. **II. Non
favorable. 1.** Injuste, léonin, trop
dur/sévère. **2.** Impropre, incorrect.

ABUSIVEMENT ☐ **I.** Excessivement,
immodérément. **II.** Improprement,
indûment, injustement. **III.** Incorrec-
tement.

ACABIT ☐ Catégorie, espèce, genre,
manière, nature, qualité, sorte, type.
Fam. : farine, tabac.

ACACIA ☐ **Partic. :** cachou, canéfier,
casse, cassier, mimosa, robinier.

ACADÉMIE ☐ **I. Au pr. 1. Académie
française :** Institut, palais Mazarin,
quai Conti. **2. Universitaire :** institut, rectorat, université. **II. Par ext. :**
collège, conservatoire, école, faculté,
gymnase, institut, lycée. **III. Beaux-
arts :** modèle, nu.

ACADÉMIQUE ☐ **I. Neutre :** conformiste, conventionnel. **II. Non favorable :** ampoulé, compassé, constipé (fam.), démodé, emmerdant
(grossier), empesé, emphatique,
ennuyeux, fossilisé, froid, guindé,
prétentieux, sans originalité/relief,
ridicule, vieux jeu.

ACADÉMISME ☐ Conformisme, convention.

ACAJOU ☐ Anacardier, teck.

ACARIÂTRE ☐ **I.** Acerbe, acide, acrimonieux, aigre, atrabilaire, bâton

merdeux (vulg.), bilieux, bougon,
criard, grande gueule (fam.), grincheux, grognon, gueulard, hargneux,
hypocondriaque, incommode, insociable, intraitable, maussade, merdeux (grossier), morose, querelleur,
quinteux, rébarbatif, revêche, rogue,
teigneux. **II. Loc. Une femme acariâtre** → *mégère.*

ACCABLANT, E ☐ **I.** Brûlant, écrasant, étouffant, fatigant, impitoyable, inexorable, intolérable, lourd,
oppressant, orageux, suffocant, tropical. **II.** → *tuant.* **III.** Décourageant,
déroutant, désarmant, désespérant,
irréfutable.

ACCABLEMENT ☐ → *abattement.*

ACCABLER ☐ **I.** → *charger.* **II.** →
abattre. **III.** Surcharger.

ACCALMIE ☐ → *bonace.*

ACCAPAREMENT ☐ Monopolisation,
spéculation, stockage, thésaurisation.

ACCAPARER ☐ **I.** → *accumuler.* **II.**
→ *absorber.* **III.** → *envahir.*

ACCAPAREUR ☐ → *spéculateur.*

ACCÉDER ☐ **I. V. intr. 1.** → *aboutir.*
2. → *accoster.* **II. V. tr. ind. 1.** →
accepter. **2.** → *consentir.*

ACCÉLÉRATION ☐ Accroissement, activation, augmentation
de cadence/rythme/vitesse, célérité,
hâte, précipitation.

ACCÉLÉRER ☐ **I. Au pr. :** accroître,
activer, augmenter, dépêcher, expédier, hâter, pousser, précipiter, presser, stimuler. **II. Auto :** appuyer
sur/écraser le champignon, mettre
la gomme, pousser, presser. **III.**
V. pron. : se dégrouiller (fam.),
faire diligence/ficelle/fissa (fam.), se
grouiller (fam.), se manier (fam.), se
remuer, *et les formes pron. possibles
des syn. de* ACCÉLÉRER.

ACCENT ☐ **I.** Accentuation, marque,
signe. **II.** Emphase, intensité, modulation, prononciation, ton, tonalité.

ACCENTUER ☐ **I.** Accroître, accuser,
appuyer sur, augmenter, donner de
l'intensité/du relief à, faire ressortir, insister sur, intensifier, montrer,
peser sur, ponctuer, renforcer,
souligner. **II.** → *prononcer.* **III.**
V. pron. : devenir plus apparent/évi-
dent/fort/net, se mettre en évi-
dence/relief, ressortir, *et les formes
pron. possibles des syn. de* ACCEN-
TUER.

ACCEPTABLE ☐ Admissible, approuvable, bon, convenable, correct, passable, possible, potable, présentable, recevable, satisfaisant, suffisant,
valable.

ACCEPTATION ☐ → *accord.*

ACCEPTER ☐ **I. Neutre 1. Une chose**
→ *agréer.* **2. Quelqu'un** → *accueillir.*
3. → *endosser.* **4.** Accéder/acquies-

cer/adhérer à, admettre, agréer, se
conformer à, condescendre à, consentir à, dire oui, donner son
accord/consentement, se joindre à,
opiner, permettre, se prêter à, se
rallier à, ratifier, recevoir, se rendre
à, se soumettre à, souscrire à, toper
(fam.), trouver bon. **5.** Agréer, recevoir. **II. Non favorable :** admettre,
endurer, pâtir, se résigner à, souffrir,
subir, supporter, tolérer.

ACCEPTION □ **I.** Sens, signification.
II. → *préférence.*

ACCÈS □ **I.** Abord, entrée input
(partic.), introduction. **II. Fig. 1.** →
accueil. **2. Méd. :** attaque, atteinte,
crise, poussée. **3.** Bouffée, corrida
(fam.), scène. **III. Loc. Par accès :** par
intermittence, récurrent.

ACCESSIBLE □ **I. Au pr. :** abordable,
accort, accueillant, affable, aimable,
amène, facile, ouvert à, sensible,
simple. **II. Par ext. :** approchable,
compréhensible, intelligible, à portée,
possible, simple.

ACCESSION □ Admission, arrivée,
avancement, avènement, promotion,
venue.

ACCESSIT □ Distinction, nomination, prix, récompense.

ACCESSOIRE □ **I. Adj. 1.** Auxiliaire, concomitant, inutile, marginal; secondaire, subsidiaire, superfétatoire, superflu. **2.** Additionnel,
annexe, auxiliaire, complémentaire,
dépendant, incident, supplémentaire.
II. Nom : instrument, outil, pièce,
ustensile.

ACCESSOIREMENT □ Éventuellement, incidemment, secondai-
rement, subsidiairement.

ACCIDENT □ **I. Au pr. 1.** Affaire,
aventure, épisode, événement, incident, péripétie. **2.** Accroc, accrochage, aléa, anicroche, avatar (par
ext.), aventure, calamité, catastrophe,
contre-temps, coup dur, coup du
sort, les hauts et les bas, malheur,
mésaventure, revers, vicissitudes. **3.**
arg. ou fam. : avaro, bin's, bite,
bûche, caille, chtourbe, contrecarre,
couille, manque de bol/pot, merde,
os, pépin, salade, tuile. **II. Par ext. 1.**
De terrain : aspérité, creux et bosses,
dénivellation, mouvement de terrain,
pli, plissement, relief. **2. Loc. Par**
accident : par extraordinaire, fortuitement, par hasard/inadvertance/oc-
casion, rarement.

ACCIDENTÉ, E □ **I. Au pr. 1.**
Quelqu'un : abîmé, amoché, atteint,
blessé, esquinté, touché, traumatisé.
2. *Une chose :* accroché, bousillé,
cabossé, carambolé, cassé, démoli,
détérioré, détraqué, détruit, endommagé, esquinté. **II. Par ext. :** agité,
dangereux, imprévu, inégal, irrégulier, montagneux, montueux, mouvementé, pittoresque, vallonné, varié.

ACCIDENTEL, ELLE □ Accessoire, adventice, brutal, contingent,
épisodique, extraordinaire, fortuit,
imprévu, inattendu, incident, inhabituel, occasionnel, violent.

**ACCIDENTEL, ACCIDENTELLE-
MENT** □ D'aventure, fortuitement, inopinément, malencontreuse-
ment, par accident, par hasard, sans
cause, *et les adv. en -ment formés
sur les syn. de* ACCIDENTEL.

ACCIDENTER □ Abîmer, accrocher,
amocher, bousiller, cabosser, caramboler, casser, démolir, détériorer,
détraquer, détruire, endommager,
esquinter.

ACCLAMATION □ Applaudissement,
approbation, bis, bravo, éloge,
hourra, louange, ovation, rappel,
triomphe, vivat.

ACCLAMER □ Applaudir, bisser,
faire une ovation, ovationner, rappeler.

ACCLIMATATION □ **I.** Apprivoisement, naturalisation. **II. Jardin d'acclimatation :** jardin zoologique, zoo.

ACCLIMATEMENT □ Accommodation, accoutumance, adaptation,
apprivoisement, habitude.

ACCLIMATER □ Accoutumer, adapter, apprivoiser, entraîner, familiariser, habituer, importer, initier, introduire, naturaliser, transplanter. **V.
pron. I. Quelqu'un :** s'accoutumer,
s'adapter, s'y faire, s'habituer. **II. Une
chose :** s'établir, s'implanter, s'introduire, prendre place, *et les formes
pron. possibles des syn. de* ACCLI-
MATER.

ACCOINTANCE □ Amitié, attache,
camaraderie, connaissance, fréquentation, intelligence, intimité, liaison,
lien, parenté, piston (fam.), rapport,
relation, tenants et aboutissants.

ACCOISEMENT □ (vx) → *adoucissement.*

ACCOLADE □ **Fam. :** bise,
embrassade.

ACCOLER □ **I. Au pr.** → *baiser.* **II.
Par ext. 1.** → *adjoindre.* **2.** → *serrer.*
3. → *accoupler.*

ACCOMMODANT, E □ Arrangeant,
aisé à vivre, bienveillant, bon prince,
complaisant, conciliant, condescendant, coulant, débonnaire, de bonne
composition, du bois dont on fait
les flûtes (fam.), facile à contenter/à
satisfaire/à vivre, sociable, souple.

ACCOMMODEMENT □ Accord, ajustement, amodiation, arrangement,
capitulation (fam.), composition,
compromis, conciliation, entente,
expédient, raccommodement, rapprochement.

ACCOMMODER □ **I. Une chose** →
adapter. **II. Cuisine** → *apprêter.* **III.
Quelqu'un. 1. Au pr.** → *accorder.* **2.**

Habillement → *accoutrer.* **IV. V. pron.** : accepter, admettre, s'arranger de (fam.), se contenter de, se faire à, faire son affaire de, s'habituer à, prendre son parti de, se satisfaire de, se soumettre à, tirer parti de, *et les formes pron. possibles des syn. de* ACCOMMODER.

ACCOMPAGNATEUR, TRICE ☐ → *guide.*

ACCOMPAGNEMENT ☐ **I.** Convoi, cortège, escorte, équipage, suite. **II.** Accessoire, appareil, attirail, complément, pompe. **III.** Accord, arrangement, harmonisation.

ACCOMPAGNER ☐ **I. Au pr.** : aller avec/de conserve, assister, chaperonner, conduire, convoyer, escorter, flanquer, guider, protéger, reconduire, suivre, surveiller. **II. Par ext.** : assortir, joindre, marier. **III. V. pron.** : s'adjoindre, s'assortir de, avoir pour conséquence/suite, se marier avec, être suivi de *et les formes pron. possibles des syn. de* ACCOMPAGNER.

ACCOMPLI, E ☐ **I. Une chose.** *1.* Achevé, complet, effectué, fait, fini, réalisé, terminé. *2.* Consommé, idéal, incomparable, irréprochable, magistral. → *parfait.* **II. Quelqu'un** : bien élevé, complet, consommé, distingué, idéal, modèle, mûr. → *parfait.* **III. Loc. Le fait accompli.** *1.* Définitif, irréparable, irréversible, irrévocable. *2.* La carte forcée, l'évidence.

ACCOMPLIR ☐ **I. Au pr.** : aboutir, achever, effectuer, faire, finir, parachever, réaliser, terminer. **II. Non favorable** : commettre, perpétrer. **III. Par ext.** : s'acquitter de, mener à bien/bon terme, se plier à, réaliser, remplir. → *observer.* **IV. V. pron.** : arriver, avoir lieu, se passer, se produire, *et les formes pron. possibles des syn. de* ACCOMPLIR.

ACCOMPLISSEMENT ☐ Achèvement, exécution, performance, réalisation.

ACCORD ☐ **I. Au pr.** *1.* Amitié, bonne intelligence, compatibilité, complicité, concorde, connivence, paix, sympathie, union. *2.* Adhésion, alliance, compromis, contrat, convention, entente, marché, pacte, traité, transaction. **II. Par ext.** *1.* Concert, concordance, convenance, harmonie, proportion, rapport. *2.* Acceptation, admission, agrément, approbation, caution, consentement, engagement, le feu vert (fam.). *3.* Obligation, volontariat. **III. Loc.** *1. D'accord* : assurément, certainement, c'est convenu, c'est entendu, oui bien sûr. *2. D'un commun accord* : à l'unanimité, à l'unisson, du même avis, par accord mutuel, tous ensemble, unanimement. *3. Mettre d'accord* → *accorder.* *4.* Être/tomber *d'accord* → *consentir.*

ACCORDAILLES ☐ → *fiançailles.*

ACCORDANT, E ☐ → *conciliant.*

ACCORDÉON ☐ piano à bretelles/du pauvre.

ACCORDER ☐ **I. Au pr.** *1.* Accommoder, adapter, agencer, ajuster, allier, aménager, apparier, appliquer, apprêter, approprier, arranger, assembler, associer, assortir, combiner, conformer, disposer, équilibrer, faire aller/coïncider, goupiller (fam.), harmoniser, installer, joindre, mettre en accord/état/harmonie/proportion/rapport, proportionner, rattacher, régler sur, réunir. *2.* Allouer, attribuer, avancer, céder, concéder, décerner, donner, doter, faire don, gratifier, lâcher, octroyer, offrir. **II. Par ext.** *1.* → *convenir.* *2.* → *réconcilier.* *3.* → *consentir.* **III. V. pron.** → *correspondre, entendre (s').*

ACCORDEUR ☐ Entremetteur, intermédiaire, truchement.

ACCORER ☐ → *soutenir.*

ACCORTE ☐ Agréable, aimable, avenante, bien roulée (fam.), complaisante, douce, engageante, enjouée, gracieuse, jolie, mignonne, vive.

ACCOSTABLE ☐ Abordable, accessible.

ACCOSTER ☐ **I. Au pr.** : aborder, aboutir, arriver, entrer, jeter l'ancre, se ranger contre, toucher terre. **II. Par ext.** : aller à la rencontre de, approcher, atteindre, joindre, parvenir à, se porter à la rencontre de, racoler (péj.), se rapprocher de, rencontrer.

ACCOTEMENT ☐ → *bord.*

ACCOTER ☐ → *appuyer.*

ACCOTOIR ☐ Accoudoir, bras.

ACCOUCHEMENT ☐ **I. Au pr.** → *enfantement.* **II. Fig.** → *réalisation.*

ACCOUCHER ☐ **I.** Avoir/faire ses couches, donner naissance/la vie, enfanter, être en gésine (vx)/mal d'enfant/parturition/travail, mettre au monde, pondre (fam.). *Pour les animaux :* mettre bas. **II. Fig.** : composer, écrire, faire, peindre, produire, publier, réaliser. → *engendrer.*

ACCOUCHEUR, EUSE ☐ → *gynécologue, sage-femme.*

ACCOUDER ☐ → *appuyer.*

ACCOUDOIR ☐ Accotoir, balcon, balustrade, bras (de fauteuil).

ACCOUPLEMENT ☐ **I. De choses** : assemblage, conjonction, liaison, mise en couple, transmission. **II. D'animaux** : appareillement, appariade, appariage, appariement, baudouinage, bélinage, bouquinage, monte, pariade, remonte, saillie. **III. D'humains** : baise (vulg.), coït, congrès, copulation, déduit, rapports.

ACCOUPLER ☐ Accoler, appareiller,

apparier, assembler, assortir, joindre, lier, mettre en couple/ensemble, réunir, unir. **V. pron. 1. Animaux :** s'apparier, s'assortir, baudouiner, béliner, bouquiner, chevaucher, cocher, couvrir, demander/faire la monte/la saillie, frayer, hurtebiller, jargauder, monter, réclamer le veau, se reproduire, retourner à son espèce, saillir, sauter, servir. **2. Humains :** accomplir l'acte de chair/ses devoirs conjugaux, s'accorder, aller au déduit (vx), besogner, coïter, connaître au sens biblique, consommer, copuler, faire l'amour/la bête à deux dos/la chose, fauter, forniquer, honorer, se prendre, s'unir. → *culbuter.*

ACCOURCIR □ → *diminuer.*

ACCOURIR □ Arriver en hâte, courir, se hâter, se précipiter, se rapprocher, venir en courant.

ACCOUTRÉ, E □ → *vêtu.*

ACCOUTREMENT □ **I.** Affiquet, affublement, affutiaux, ajustement, atours, attirail, défroque, déguisement, équipage, mise, tenue, travesti. **II. Non fav. :** harnachement, harnois, nippes (fam.). **III.** → *vêtement.*

ACCOUTRER □ Affubler, ajuster, arranger, déguiser, équiper, fagoter (fam.), fringuer (fam.), habiller, harnacher (fam.), nipper (fam.). → *vêtir.*

ACCOUTUMANCE □ Acclimatement, accommodation, adaptation, aguerrissement, assuétude, endurcissement, habitude, immunité, insensibilité, mithridatisation.

ACCOUTUMÉ, E □ Courant, coutumier, habituel, ordinaire.

ACCOUTUMER □ **I. Au pr. :** aguerrir, faconner, préparer à, rompre à. → *acclimater.* **II. Au poison :** habituer, mithridatiser. **III. Méd. :** immuniser, prémunir, vacciner.

ACCRÉDITER □ **I. Une chose :** affirmer, autoriser, confirmer, propager, répandre, rendre crédible. **II. Quelqu'un :** installer, introduire, mettre en place, présenter.

ACCRÉDITEUR, TRICE □ Caution.

ACCROC □ **I. Au pr. :** déchirure. **II. Fig. 1.** Contretemps, incident malheureux, obstacle. **2.** Entorse, infraction. **3.** Faute, souillure, tache.

ACCROCHAGE □ **I.** Accident, incident, dispute, engueulade (fam.), heurt, querelle. **II. Milit. :** affaire, combat, embuscade, engagement.

ACCROCHE-CŒUR □ Frisette, guiche.

ACCROCHER □ **I. Au pr. :** appendre, attacher, pendre, suspendre. **II. Fig. 1.** Attraper, enlever, obtenir, saisir. **2.** *Non favorable :* bousculer, déchirer, déplacer, heurter. **3.** *Milit. :* fixer, immobiliser, retarder, trouver le contact. **4. Quelqu'un :** arrêter, casser

les pieds (péj.), importuner, retenir l'attention. **III. V. pron. 1.** S'agripper, s'attacher, se cramponner, se retenir à, se suspendre à, se tenir à. **2. S'accrocher avec quelqu'un :** se disputer, se quereller. **3. S'accrocher à quelqu'un :** coller (fam.), se cramponner à (fam.), importuner. **4. Se l'accrocher** (pop.) : s'en passer, s'en priver, repasser.

ACCROCHEUR, EUSE □ **I. Adj.** (fam.) : collant, combatif, emmerdant (vulg.), tenace. **II. Nom :** cassepied (fam.), emmerdeur (vulg.), pot de colle (fam.). → *fâcheux.*

ACCROIRE (FAIRE) □ Faire avaler, la bailler belle, mentir, monter le coup.

ACCROISSEMENT □ **I. Favorable. 1.** Accroît, accrue. → *accélération.* **2.** → *agrandissement.* **II. Non favorable.** → *aggravation.*

ACCROÎTRE □ **I.** → *accélérer, agrandir.* **II.** → *aggraver.* **III. V. pron. :** croître, grandir, grossir, monter *et les formes pron. possibles des syn. de* ACCROÎTRE.

ACCROUPIR (S') □ Se baisser, se blottir, se pelotonner, se ramasser, se tasser.

ACCUEIL □ **I.** Abord, accès, bienvenue, mine, réception, tête, traitement. **II.** Réaction, réflexe. **III.** Hospitalité.

ACCUEILLANT, E □ abordable, accessible, attirant, avenant, bienveillant, cordial, gracieux, hospitalier, liant, ouvert, serviable, sociable, sympathique. → *aimable.*

ACCUEILLIR □ **I Quelqu'un :** accepter, admettre, agréer, faire fête, recevoir. **II. Une chose :** abonder dans le sens, admettre, apprendre, écouter, recevoir. **III. Loc. Accueillir par des huées :** chahuter, conspuer, faire la fête à (fam.).

ACCULER □ Buter, pousser dans ses derniers retranchements, réduire.

ACCUMULATEUR □ Batterie, pile.

ACCUMULATION □ **I. De choses. 1.** Abondance, agglomération, amas, amoncellement, assemblage, échafaudage, empilement, entassement, faisceau, monceau, montagne, quantité, superposition, tas. **2.** Accaparement, amoncellement, cumul, déballage, fatras, fouillis, thésaurisation. **II. De personnes :** attroupement, foule, rassemblement.

ACCUMULER □ **I.** Amasser, amonceler, assembler, collectionner, emmagasiner, empiler, engranger, entasser, grouper, prélever, rassembler, réunir, stratifier, superposer. **II. Non favorable :** accaparer, s'approprier, bloquer, cumuler, s'emparer de, empiler, enlever, entasser, mettre l'embargo/le grappin/la main sur, monopoliser, rafler, spéculer, superposer, thésauriser, truster.

ACCUSATEUR, TRICE □ **I.** Calomniateur, délateur, dénonciateur, détracteur, indicateur, sycophante. **II. Accusateur public :** procureur, substitut. **III. Une chose :** révélateur.

ACCUSATION □ **I.** Imputation, incrimination, inculpation, poursuite, prise à partie, réquisitoire. **II. Par ext. 1.** Attaque, calomnie, délation, dénigrement, dénonciation, diffamation, médisance, mouchardage, ragots, rumeur. **2.** → reproche.

ACCUSÉ, E □ Inculpé, prévenu.

ACCUSER □ **I. Au pr. :** incriminer, inculper, impliquer, imputer à, poursuivre, prendre à partie, requérir contre. **II. Loc. 1. Accuser le coup** (fam.) : encaisser, marquer, souligner. **2. Accuser réception de :** délivrer/donner quittance.

ACERBE □ → aigre.

ACÉRÉ, E □ **I.** → aigu. **II.** → aigre.

ACHALANDÉ, E □ Actif, animé, bien approvisionné / assorti / pourvu / tenu, commerçant, vivant.

ACHARNÉ, E □ **I.** Bourreau de travail, courageux, obstiné, vaillant. **II.** Cruel, dur, endiablé, enragé, entêté, furieux, obstiné, opiniâtre, tenace, têtu.

ACHARNEMENT □ **I.** Ardeur, effort, énergie, lutte, persévérance, ténacité. **II. Non fav. :** cruauté, entêtement, furie, obstination, opiniâtreté, rage, sadisme.

ACHARNER □ Animer, exciter, irriter à l'encontre de/contre. **V. pron. I. Sur quelqu'un :** persécuter, poursuivre. **II. à une chose :** s'attacher à, continuer, s'entêter, lutter, persévérer, poursuivre, s'obstiner, s'occuper de, s'opiniâtrer. → vouloir.

ACHAT □ **I. Au pr. 1.** Acquisition, appropriation, emplette. **2. Par une communauté d'époux :** acquêt, conquêt. **3. Par une administration :** adjudication. **II. Fig. :** corruption, soudoiement.

ACHEMINEMENT □ Amenée, convoi, envoi, marche, progression, transport.

ACHEMINER □ Adresser, conduire, convoyer, diriger, envoyer, faire parvenir, transporter. **V. pron. 1.** Aller, avancer, se diriger/marcher vers. **2. Une chose :** aboutir, aller vers, tendre à/vers. **3. Les formes pron. possibles des syn. de** ACHEMINER.

ACHETER □ **I. Au pr. :** acquérir, faire l'acquisition/l'emplette de. **II. Non favorable :** corrompre, soudoyer.

ACHETEUR □ Acquéreur, adjudicataire, cessionnaire, chaland, client, preneur, usager.

ACHEVÉ, E □ **I. Une chose :** accompli, complet, cousu main (fam.), entier, fin, fignolé, fini, parfait. **II. Quelqu'un :** accompli, complet, consommé, extrême. **III. Loc. Être achevé. 1.** Accablé, anéanti, épuisé, fatigué. **2. Fam. :** cané, claqué, crevé, cuit, mort, ratatiné, rétamé, vidé.

ACHÈVEMENT □ **I. Au pr. :** aboutissement, accomplissement, apothéose, chute, conclusion, couronnement, dénouement, entéléchie (philos.), fin, finition, réception, terme. **II. Péj. :** coup de grâce.

ACHEVER □ **I. Au pr. 1.** → aboutir. **2.** → accomplir. **II. Par ext. 1.** → conclure. **2. Non favorable.** → abattre. **III. V. pron. : 1.** arriver/être conduit/mené à bien/à sa fin/à son terme, être mis au net/au point, se terminer et les formes pron. possibles des syn. de ACHEVER. **2.** se consommer, s'éteindre.

ACHOPPEMENT □ **I.** Difficulté, écueil, hic, os, pépin → obstacle.

ACHOPPER □ S'arrêter, broncher, buter contre, échouer, faire un faux pas, heurter, trébucher.

ACIDE, ACIDULÉ, E □ → aigre.

ACIDITÉ □ → aigreur.

ACNÉ □ → bouton.

ACOLYTE □ Adjoint, aide, ami, associé, camarade, collègue, compagnon, comparse, compère, complice (péj.), confrère, connaissance, copain (fam.), labadens (fam.), partenaire.

ACOMPTE □ Arrhes, avance, provision.

ACOQUINER (S'), ÊTRE ACOQUINÉ AVEC □ S'accointer, s'associer, se commettre, fréquenter, se mêler.

À-CÔTÉ □ Accessoire, détail, digression, parenthèse, superflu. → supplément.

À-COUP □ **I.** Cahot, raté, saccade, secousse, soubresaut. **II. Loc. 1. Par à-coups :** par intermittence/saccades. **2. Sans à-coups :** sans imprévu/incident/heurt.

ACQUÉREUR □ **I.** Acheteur, adjudicataire, cessionnaire, client, preneur. **II.** Bénéficiaire, donataire, héritier, légataire.

ACQUÉRIR □ **I. Au pr. :** acheter, devenir propriétaire. **II. Par ext. 1.** Hériter, recevoir, recueillir. **2.** Arriver à, découvrir, parvenir à, prendre. **3.** Capter (péj.), conquérir, gagner, obtenir. **4.** S'améliorer, se bonifier, se perfectionner. **III. Loc. 1. Acquérir les faveurs de quelqu'un :** s'attirer les bonnes grâces/les sympathies de, se concilier. **2. Être acquis à quelqu'un :** être attaché/dévoué à. **3. Être acquis à une opinion :** être convaincu/du même avis.

ACQUÊT □ Achat en communauté, acquisition, gain, profit.

ACQUIESCEMENT □ **I.** Acceptation, accord, adhésion, agrément, approbation, assentiment, autorisation, consentement, permission. → *tolérance.*

ACQUIESCER □ **I.** Dire oui, être d'accord, opiner. **II.** → *accepter.*

ACQUISITION □ → *acquêt.*

ACQUIT □ Décharge, passe-debout, quittance, quitus, récépissé, reçu.

ACQUITTEMENT □ **I.** D'une dette : libération, paiement, règlement, remboursement. **II.** Quelqu'un. → *amnistie.*

ACQUITTER □ **I.** Quelqu'un : absoudre, amnistier, déclarer non coupable, disculper, gracier, libérer, pardonner, relaxer. **II.** Une chose. *1. Un compte :* apurer, éteindre, liquider, payer, régler. *2. Une promesse :* accomplir, remplir. **III. V. pron. :** *1. D'un devoir :* accomplir, remplir. *2. De ses dettes :* se libérer de, rembourser. *3. D'une commission :* exécuter, faire. *4. De ses engagements :* faire honneur à, satisfaire à.

ÂCRE, ACRIMONIEUX □ → *aigre.*

ÂCRETÉ, ACRIMONIE □ → *aigreur.*

ACROBATE □ Antipodiste, équilibriste, funambule, gymnaste, matassin, trapéziste, voltigeur.

ACROBATIE □ **I.** Au pr. : agrès, équilibrisme, saut périlleux, trapèze volant, voltige. **II. Fig. :** expédient, tour de passe-passe, truc.

ACTE □ **I.** Au pr. : action, choix, comportement, décision, démarche, geste, intervention, manifestation, réalisation. **II. Favorable :** exploit, geste, trait. **III. Jur.** *1. Privé :* certificat, cession, contrat, convention, document, expédition, grosse, minute, testament, titre. *2. Public :* arrêté, charte, constitution, décret, décret-loi, habeas corpus, loi, réquisitoire. **IV. Loc.** *Prendre acte d'une chose :* constater, enregistrer.

ACTEUR, TRICE □ → *comédien.*

ACTIF, IVE □ **I.** Quelqu'un : agissant, allant, diligent, en activité, efficace, énergique, increvable (fam.), infatigable, laborieux, remuant, vif, vivant, zélé. **II. Une chose :** agissant, efficace, énergique, fort, manifeste, opérant, prompt, rapide, violent. **III.** → *bénéfice.*

ACTION □ **I.** D'une chose. *1. D'un remède :* effet, efficacité. *2. D'une force :* énergie, force, intervention, rapport, réaction. *3. D'un mouvement :* jeu. **II. De quelqu'un.** *1. Favorable ou neutre :* acte, conduite, décision, démarche, entreprise, initiative, œuvre. *2. Non favorable :* agissement, comportement, manœuvre. **III. Par ext.** *1.* Bataille, choc, combat, engagement. *2.* Exploit, prouesse, trait de courage. *3.* Animation, ardeur, chaleur, enthousiasme, mouvement, véhémence, vie.

4. Jurid. : assignation, demande, plainte, poursuite, procès, recours, référé, requête. *5. Théâtre :* intrigue, péripétie, scénario, vie.

ACTIONNER □ **I.** Une chose : entraîner, faire fonctionner, mettre en marche/en route, produire/transmettre le mouvement. **II. Quelqu'un. Jurid. :** déposer une plainte, engager une procédure, introduire une instance/requête.

ACTIVER □ Accélérer, aviver, exciter, hâter, presser, stimuler. **V. pron. :** s'affairer, se hâter, s'occuper, se presser *et les formes pron. possibles des syn. de* ACTIVER.

ACTIVITÉ □ **I.** Au pr. : ardeur, célérité, diligence, efficacité, efforts, énergie, entrain, promptitude, rapidité, vivacité, vigueur, zèle. **II. Par ext. :** animation, circulation, mouvement. **III. Loc.** *En activité. 1. Quelqu'un :* en fonctions. *2. Une chose :* essor, fonctionnement, marche, mouvement, prospérité.

ACTUALITÉ □ **I.** Mode, nouveauté, pertinence. **II. Au sing. et au pl. :** événements, journal parlé, nouvelles.

ACTUEL, ELLE □ Contemporain, courant, d'aujourd'hui, existant, moderne, nouveau, présent.

ACTUELLEMENT □ Aujourd'hui, de nos jours, maintenant, pour l'instant/le moment, présentement.

ACUITÉ □ **I.** Finesse, lucidité, intelligence, intensité, pénétration, perspicacité, vivacité. **II.** Crise, instabilité, précarité, urgence.

ADAGE □ → *maxime.*

ADAPTATION □ **I.** Acclimatement, accommodation, accoutumance, appropriation, intégration, mise à jour/au courant. **II.** Acclimatation, apprivoisement, domestication, dressage. **III.** D'un objet : ajustement, application. **IV. Par ext. :** *1.* aggiornamento. *2.* traduction.

ADAPTER □ Accommoder, accorder, agencer, ajuster, allier, aménager, apparier, appliquer, apprêter, approprier, arranger, assembler, associer, assortir, combiner, conformer, disposer, équilibrer, faire aller/coïncider, harmoniser, installer, joindre, mettre en accord/état/harmonie/proportion/rapport, moduler, proportionner, rattacher, régler sur, réunir. **V. pron. :** I. Quelqu'un. *1.* S'acclimater à, s'accommoder de, s'accorder à, s'accoutumer à, s'habituer à, se mettre en accord avec. *2. Non favorable :* se contenter de, se faire une raison de, se plier à, se soumettre à. **II. Une chose :** convenir, s'harmoniser.

ADDITION □ **I.** Au pr. : accroissement, addenda, additif, adjonction, ajout, ajoutage, ajouture (fam.), annexe, appendice, augmentation, complément, rallonge, supplément. **II. Fig.** : compte, décompte, douloureuse (fam.), dû, facture, frais, note, quart d'heure de Rabelais (fam.), relevé.

ADDITIONNEL, ELLE ☐ Adjoint, ajouté, complémentaire, en supplément, joint, supplémentaire.

ADDITIONNER ☐ **I. Au pr.** : ajouter, augmenter, compléter, rallonger, totaliser. **II. Additionner d'eau** : allonger, baptiser (fam.), couper de, diluer, étendre de.

ADEPTE ☐ Adhérent, allié, ami, défenseur, disciple, militant, partisan, recrue, soutien, sympathisant, tenant.

ADÉQUAT, E ☐ **I. À une chose** : approprié, coïncident, concordant, congruent, convenable, étudié pour (fam.), juste. **II. Loc.** : ca va comme un gant (fam.), au poil (arg.).

ADHÉRENCE ☐ Accolement, agglutination, assemblage, collage, contiguïté, encollage, jonction, liaison, réunion, soudure, union.

ADHÉRENT, ENTE ☐ **I. Adj.** : accolé à, adhésif, aggluliné/assemblé/collé /contigu / joint / lié / réuni / soudé à, tenace, uni à. **II. Nom** : adepte, cotisant, membre, participant, partisan, recrue, souscripteur, soutien, sympathisant. → *camarade.*

ADHÉRER ☐ **I. Quelqu'un** : accéder à, accorder/apporter sa sympathie/son consentement/son soutien à, acquiescer, approuver, cotiser à, s'enrôler dans, entrer dans, faire partie de, joindre, opiner en faveur de, participer, payer sa cotisation, se rallier à, rejoindre, souscrire à, tomber d'accord. **II. Une chose adhère à** : s'appliquer, coller, se coller, entrer/être en contact, faire corps, se joindre, se réunir, se souder, s'unir.

ADHÉSION ☐ → *accord.*

ADIEU (DIRE) ☐ **I. À quelqu'un** : dire au revoir, prendre congé, présenter ses devoirs, quitter, saluer. **II.** → *renoncer.*

ADIPEUX, EUSE ☐ Arrondi, bedonnant, bouffi, gidouillard, gras, grassouillet, gros, obèse, pansu, rondouillard, ventru.

ADJACENT, E ☐ Attenant, contigu, côte à côte, joignant, jouxtant, juxtaposé, mis/placé à côté de, proche, voisin.

ADJECTIF ☐ Déterminant, déterminatif, épithète.

ADJOINDRE ☐ **I. Quelqu'un** : affecter, ajouter, associer, attacher, détacher, mettre à la disposition de, prêter. **II. Une chose** : accoler, ajouter, annexer, apposer, joindre, juxtaposer, lier, rapprocher, rattacher, réu-

nir, unir. **III. V. pron.** : **1.** S'associer, s'attacher. **2.** S'ajouter à, s'annexer à, se mettre à côté de, se placer à côté de, se réunir à, s'unir à.

ADJOINT, E ☐ Adjuvant, aide, alter ego, assesseur, assistant, associé, attaché, autre moi-même, auxiliaire, bras droit, coadjuteur, codirecteur, cogérant, collaborateur, collègue, confrère, fondé de pouvoir, partenaire. → *remplaçant.*

ADJONCTION ☐ **I. L'action d'ajouter** : aboutement, addition, ajoutage, annexion, association, jonction, rajoutage, rattachement, réunion. **II. Ce qu'on ajoute** : about, ajout, ajoutement, allonge, annexe, raccord, rajout, rajoutement, rallonge.

ADJUDICATAIRE ☐ Acheteur, acquéreur, le plus offrant et dernier enchérisseur, concessionnaire, soumissionnaire.

ADJUDICATEUR, TRICE ☐ Aboyeur (fam. ou péj.), commissaire-priseur, greffier-adjudicateur, huissier, notaire, vendeur.

ADJUDICATION ☐ **I. Au pr.** : attribution. **II. Vente** : vente à l'encan/aux chandelles/enchères/au plus offrant et dernier enchérisseur.

ADJUGER ☐ **I. Au pr.** : accorder, attribuer, concéder, décréter/dire par jugement, juger. **II. Un prix** : accorder, attribuer, décerner, donner, gratifier de, remettre. **III. V. pron.** : s'annexer, s'approprier, s'emparer de, faire main basse sur, raffler.

ADJURATION ☐ **I.** Exorcisme, invocation, obsécration. **II.** Imploration, prière instante, supplication.

ADJURER ☐ Conjurer, implorer, invoquer, prier, supplier.

ADJUVANT, E ☐ **I.** → *adjoint.* **II.** → *additif.*

ADMETTRE ☐ **I. Quelqu'un** : accepter, accueillir, affilier, agréer, faire participer/venir, introduire, introniser, recevoir, voir. **II. Quelque chose. 1. Des raisons** : reconnaître, tenir compte de, tenir pour acceptable/recevable/valable. **2. Une hypothèse** : adopter, approuver, croire, imaginer, penser, souscrire à, supposer, tenir pour possible. **3. Un raisonnement** : avouer, concéder, consentir à croire. **4. Des excuses** : excuser, pardonner, passer l'éponge (fam.). **5. Une contrariété** : permettre, souffrir, supporter, tolérer. **III. Par ext.** → *comporter.*

ADMINISTRATEUR ☐ **I. D'un service** : agent, dirigeant, fonctionnaire, gestionnaire, grand commis (vx), manager. **II. De biens** : directeur, fondé de pouvoir, gérant, intendant, régisseur, séquestre.

ADMINISTRATIF, VE ☐ **I. Au pr.** : officiel, public, réglementaire. **II. Péj.** :

bureaucratique, étatique, formaliste, paperassier, tatillon.

ADMINISTRATION □ **I.** Conduite, direction, gérance, gestion, management. **II.** Affaires/grands corps de l'État, bureaux, ministères, organismes, services.

ADMINISTRER □ **I.** Commander, conduire, contrôler, coordonner, diriger, faire marcher, gérer, gouverner, manager, mener, organiser, planifier, prévoir, régir, réglementer. **II.** Appliquer, conférer, donner, faire prendre, munir de, prescrire. **III.** Une correction → *battre.* **IV. Une preuve :** apporter, fournir, produire.

ADMIRABLE □ → *étonnant.*

ADMIRABLEMENT □ À croquer, à merveille, à ravir *et les adv.* en -ment *dérivés des syn. de* ADMIRABLE.

ADMIRATEUR, TRICE □ → *adorateur.*

ADMIRATION □ **I.** → *attachement.* **II.** → *enthousiasme.* **III.** → *adoration.*

ADMIRER □ **I. Au pr.** : apprécier, être ébloui/émerveillé, s'émerveiller de, être enthousiasmé par, s'enthousiasmer de, s'extasier de, faire compliment/grand cas de, louanger, louer, porter aux nues, trouver admirable *et les syn. de* ADMIRABLE. **II. Péj.** : constater que, s'étonner que, trouver bizarre/étrange/singulier que, voir avec étonnement que.

ADMISSIBLE □ → *acceptable.*

ADMISSION □ → *réception.*

ADMONESTATION □ Admonition, avertissement, blâme, correction, engueulade (fam.), exhortation, gronderie, remontrance, réprimande, reproche, semonce, sermon (fam.).

ADMONESTER □ Avertir, chapitrer, donner un avertissement, engueuler (fam.), faire la morale/des réprimandes/des reproches à, gronder, moraliser, morigéner, passer une engueulade à (fam.), prévenir, réprimander, sabouler (vx), secouer (fam.), semoncer, sonner les cloches à, tancer.

ADOLESCENCE □ Jeunes, jeunes gens, jeunesse, J. 3, nouvelle vague, puberté, teenagers.

ADOLESCENT, E □ **I.** Jeune, jeune fille/homme, jouvenceau, jouvencelle, teenager. **II. Fam.** : adonis, éphèbe, minet, minette, puceau, pucelle.

ADONNER (S') □ S'abandonner à, s'appliquer à, s'attacher à, se consacrer à, se livrer à, s'occuper à/de, tourner toutes ses pensées vers.

ADOPTER □ **I. Quelqu'un :** admettre, s'appliquer à, choisir, coopter, prendre. **II. Une chose. 1. Une opinion :** acquiescer à, admettre, s'aligner sur, approuver, consentir à, donner son approbation/son consentement à, épouser, être d'accord avec, faire sienne l'opinion de, se rallier à, se ranger à, souscrire à. **2. Une attitude :** employer, emprunter, imiter, prendre, singer (péj.). **3. Une religion :** se convertir à, embrasser, suivre. **4. Une loi :** approuver, faire passer, voter.

ADOPTION □ **I.** Admission, choix, cooptation. **II.** Accord, acquiescement, alignement, approbation, choix, consentement, conversion, emploi, emprunt, imitation, ralliement, singerie (péj.), vote.

ADORABLE □ Admirable, gentil, joli, mignon, parfait, pimpant, ravissant. → *aimable.*

ADORATEUR, TRICE □ Admirateur, adulateur, amoureux, courtisan, dévot, fan (fam.), fanatique, fervent, idolâtre, sectateur, soupirant, suivant. → *amant.*

ADORATION □ Admiration, adulation, attachement, amour, culte, dévotion, emballement, engouement, fanatisme, ferveur, flagornerie (péj.), iconolâtrie, idolâtrie, latrie, passion, respect, vénération.

ADORER □ **I. Dieu :** aimer, glorifier, rendre un culte à, servir. **II. Les idoles :** idolâtrer. **III. Quelqu'un. 1. Favorable ou neutre :** admirer, aimer, honorer, respecter, révérer, vénérer. **2. Avec excès :** idolâtrer. **3. Non favorable :** aduler, courtiser, être/se mettre à plat ventre devant, flagorner, flatter, se prosterner devant.

ADOSSER □ Arc-bouter, aligner/appuyer/mettre/placer/plaquer contre. **V. pron. :** s'appuyer, s'arc-bouter, se mettre dos à, se placer contre.

ADOUCIR □ **I. Quelqu'un :** amollir, apprivoiser, attendrir, fléchir, humaniser, toucher. **II. La peine :** alléger, atténuer, rendre plus supportable, tempérer. **III. Une chose. 1. L'amertume :** atténuer, diminuer, dulcifier, édulcorer, modérer, réduire, sucrer. **2. La lumière :** abaisser, baisser, filtrer, réduire, tamiser. **3. Le ton :** amortir, baisser, mettre une sourdine. **4. La température :** attiédir, climatiser, tempérer. **5. Une douleur, un mal :** alléger, amortir, anesthésier, calmer, cicatriser, consoler, émousser, endormir, estomper, lénifier, panser, soulager. **6. Un courroux :** amadouer, apaiser, apprivoiser, défâcher (fam.), désarmer, humaniser, lénifier, modérer, pacifier, policer, radoucir, rasséréner, tempérer. **7. Ses expressions :** châtier, corriger, estomper, tempérer. **8. Les coloris** → *affadir.* **9. Les mœurs :** améliorer, humaniser, policer. **IV. Techn. 1. Une glace :** polir. **2. L'eau :** filtrer, purifier, traiter. **V. V. pron. :** se laisser amollir/attendrir/fléchir/toucher, *et les formes*

pron. *possibles des syn. de* ADOU-
CIR.

ADOUCISSEMENT ☐ **I. Au pr.** :
accoisement (vx), allégement, amélioration, assouplissement, atténuation, civilisation, consolation,
humanisation, mitigation, progrès,
secours, soulagement. **II. De la
température** : amélioration, attiédissement, radoucissement, réchauffe-
ment.

ADOUCISSEUR ☐ Amortisseur, filtre.

ADRESSE ☐ **I.** Coordonnées (fam.),
domicile, habitation, résidence, villégiature. **II.** Agilité, dextérité, habileté,
précision, prestesse, souplesse. **III.**
Aptitude, don, finesse, habileté, ingéniosité, intelligence, science, souplesse, subtilité, talent, vivacité. **IV.**
Loc. *Tour d'adresse :* jonglerie, prestidigitation. → *acrobatie.*

ADRESSER ☐ **I. Une lettre** : envoyer,
expédier, faire parvenir, mettre à la
poste, poster. **II. Une œuvre** : dédier,
faire hommage. **III. Un conseil** : donner, prodiguer. **IV. Un coup** : coller
(fam.), envoyer, ficher (fam.), flanquer (fam.), foutre (grossier). **V. Un
regard** : jeter. **VI. La parole** : interpeller, parler. **VII. Des questions** :
poser, questionner, soumettre. **VIII.
Des menaces** : faire, prodiguer,
proférer. **IX. Des compliments** :
faire agréer, présenter, transmettre.
X. V. pron. : *1.* Avoir recours à/de-
mander à, faire appel à, parler à,
solliciter, se tourner vers. *2.* Concerner, être destiné à, être de la compé-
tence/du ressort de, être les oignons
de (fam.), regarder *et les formes pron.
possibles des syn. de* ADRESSER.

ADROIT, E ☐ **I. Au pr.** *1.* Apte, bon à,
expérimenté, habile, précis, rompu à.
2. Agile, en forme, exercé, preste,
rompu, souple. **II. Par ext. :** dégourdi,
délié, diplomate, entendu, expérimenté, fin, habile, industrieux, ingénieux, insinuant (péj.), intelligent,
intrigant (péj.), machiavélique (péj.),
persuasif, politique, retors (péj.),
rusé, subtil.

ADULATEUR, TRICE ☐ **Péj. :** caudataire, courtisan, dévot, encenseur,
flagorneur, flatteur, louangeur, obséquieux. → *adorateur.* **Fam. :** fan,
godillot, lèche-bottes/cul.

ADULATION ☐ Coups d'encensoir
(fam.), cour, courtisanerie, culte,
dévotion, encensement, flagornerie,
flatterie, lèche (fam.), servilité. →
adoration.

ADULER ☐ Caresser, courtiser,
encenser, faire de la lèche (fam.), flagorner, flatter, lécher (fam.), lécher
les bottes (fam.)/le cul (grossier),
louanger. → *adorer.*

ADULTE ☐ **I. Nom** : homme fait. **II.
Adj. :** accompli, développé, formé,

grand, grandi, majeur, mûr, raisonnable, responsable, sérieux.

ADULTÉRATION ☐ → *altération.*

ADULTÈRE ☐ **I. Adj.** : infidèle. **II.
Nom** : cocuage, fornication, infidélité, trahison, tromperie.

ADULTÉRIN, E ☐ Bâtard, naturel.

ADVENIR ☐ Arriver, arriver par surprise, se passer, se produire, survenir.

ADVENTICE ☐ Accessoire, marginal,
parasite, secondaire, superfétatoire,
supplémentaire. → *accidentel.*

ADVERSAIRE ☐ **I.** Antagoniste,
challenger, compétiteur, concurrent,
rival. **II.** Contestataire, contradicteur,
débateur, opposant. → *ennemi.*

ADVERSE ☐ Contraire, défavorable,
hostile, opposé.

ADVERSITÉ ☐ Avatars, circonstances, destin, détresse, difficulté, disgrâce, événement/fortune contraire,
fatalité, hostilité, infortune, inimitié,
malchance, malheur, misère, obstacle. **Fam. :** cerise, débine, mouise,
poisse.

AÉRER ☐ **I.** Assainir, changer d'air,
purifier, ventiler. **II. Fig. :** *1.* Alléger, cultiver, giravion, faconner. *2.*
Dégourdir, distraire, sortir. **III. V.
pron. :** *1.* S'oxygéner, prendre l'air,
sortir. *2.* Se changer les idées, se
dégourdir, se distraire, sortir, s'ouvrir.

AÉRIEN, ENNE ☐ **I.** Au-dessus du sol,
au ciel, élevé, en l'air, supérieur.
II. Fig. : céleste, élancé, élevé,
éthéré, immatériel, léger, poétique,
pur, svelte, vaporeux.

AÉRODYNE, AÉRONEF, AÉROSTAT
☐ **I.** → *ballon.* **II.** Aéroglisseur,
aile volante, cerf-volant, deltaplane,
hovercraft, naviplane, parachute, pla-
neur. **III.** Autogire, giravion, girodyne,
hélicoptère. **IV.** Canadair, dromadair,
hydravion, hydroplane. **V. par ext. :**
1. Capsule, fusée, navette, satellite,
station orbitale. *2.* Ovni, soucoupe
volante. **VI.** → *avion.*

AÉROGLISSEUR ☐ Hovercraft, naviplane.

AÉRONAUTE ☐ → *aviateur.*

AFFABILITÉ ☐ → *amabilité.*

AFFABLE ☐ → *aimable.*

AFFABULATION ☐ → *fable.*

AFFABULER → *hâbler.*

AFFADIR ☐ **I.** Adoucir, affaiblir, amatir, amoindrir, atténuer, dénaturer,
édulcorer, émousser, réduire, rendre fade/insignifiant/insipide, ôter la
saveur. **II.** Décolorer, délaver, détremper, éclaircir, effacer, estomper, faire
pâlir/passer, modérer, pâlir, tempérer. **III. V. pron. :** *1.* Devenir fade,
passer, *et les formes pron. possibles des syn. de* AFFADIR.

2. Devenir affecté/amolli/banal/conformiste / décoloré / doucereux / ennuyeux / faible / froid / incolore / inodore et sans saveur (loc. fam.) / lâche / monotone / mou / neutre / ordinaire / pâle / quelconque / sans originalité / sans saveur / tiède / trivial.

AFFADISSEMENT □ → *affaiblissement.*

AFFAIBLIR □ **I.** Abattre, abrutir, altérer, amoindrir, amollir, anémier, briser, casser, débiliter, déprimer, ébranler, épuiser, éreinter, exténuer, faire dépérir, fatiguer, miner, rabaisser, ruiner. **II. Par ext. 1.** *La sensibilité :* altérer, amoindrir, amortir, attendrir, blaser, émousser, éteindre, user. **2.** *Les qualités :* abâtardir, abattre, abrutir, amoindrir, amollir, appauvrir, avachir, aveulir, briser, décourager, laisser dégénérer, efféminer, émasculer, étioler, faire déchoir, rabaisser, ruiner. **3.** *L'autorité :* abaisser, abattre, amoindrir, atteindre, atténuer, briser, ébranler, émousser, fléchir, rabattre, relâcher, ruiner, saper. **4.** *Une saveur, une couleur* → *affadir.* **5.** *Un son :* assourdir, étouffer, réduire. **III. V. pron. :** être abattu, s'alanguir, s'amoindrir, s'amollir, s'anémier, baisser, se débiliter, décliner, décroître, défaillir, dépérir, se déprimer, diminuer, faiblir, être fatigué, se miner, perdre des forces/des moyens, vaciller, vieillir, *et les formes pron. possibles des syn.* de AFFAIBLIR.

AFFAIBLISSEMENT □ **I.** → *abaissement.* **II.** Abâtardissement, affadissement, altération, amollissement, attiédissement, avachissement, aveulissement, décadence, déchéance, découragement, défaillance, dégénérescence, dépérissement, épuisement, laxisme, rabaissement, relâchement, sape, usure.

AFFAIRE □ **I.** *Au sing. et au pl. sert de substitut à un grand nombre de substantifs au même titre que :* bazar, bidule, chose, machin. → *truc.* **II. Au pr. 1.** Besogne (vx), besoin, devoir, obligation, occupation, tâche, travail. **2.** Agence, atelier, boutique, bureau, cabinet, chantier, commerce, entreprise, firme, holding, industrie, magasin, société, trust, usine. **III. Loc. 1.** *C'est une affaire de goût :* problème, question. **2.** *D'amour :* anecdote (fam.), chronique (fam.), histoire, intrigue. **3.** *D'intérêt :* arbitrage, contestation, débat, démêlé, discussion, différend, dispute, expertise, négociation, querelle, règlement, spéculation, tractation. **4.** *D'honneur :* duel, jury d'honneur, rencontre, réparation. **5.** *De conscience :* cas, problème, question. **6.** *En toute affaire :* aventure, chose, circonstance, conjoncture, événement, fait, occasion, occurrence. **7.** *C'est l'af-*

faire de : but, objet, rôle. **8. Jurid. :** accusation, différend, enquête, litige, procès, querelle, scandale. **9.** *S'attirer une sale affaire :* complication, difficulté, embarras, ennui, souci. **10.** *Se tirer d'affaire :* danger, difficulté, embarras, péril. **11.** *Son affaire est claire :* son compte est bon. **12.** *Il a son affaire :* il a son compte (fam.). **13.** *C'est mon affaire :* cela *ou* ça me regarde. **14.** *Ce n'est pas une petite affaire :* ce n'est pas facile. **15.** *C'est une autre affaire :* c'est une autre paire de manches (fam.). **16.** *Faire l'affaire :* aller, convenir à, être adéquat. **17.** *Faire son affaire à quelqu'un :* attaquer, corriger, donner/flanquer une correction/dérouillée (fam.)/leçon/volée à (fam.), régler son compte à. **18.** *Être à son affaire :* bicher (fam.), être heureux de/très occupé par, se plaire à. **19.** *Faire affaire avec quelqu'un :* conclure un marché, enlever un marché, se mettre d'accord, mener à bien une négociation, signer un contrat, soumissionner, taper là (fam.), toper (fam.). **20.** *En faire toute une affaire :* histoire, monde, plat (fam.). **IV. Pl. 1.** *Au pr. :* activités commerciales, bourse, business, commerce, industrie, négoce. **2.** *Par ext. :* conjoncture, événements, échanges, politique, situation, transactions, ventes. **3.** *Affaires de l'État :* politique, problèmes. **4.** *Ce qui vous appartient* (fam.) : arsenal, barda, bataclan, bazar, bidule, bordel (grossier), choses, falbala, frusques, livres, machin, meubles, trucs, vêtements, etc. **5. Loc.** *Avoir ses affaires* (fam. pour une femme) : avoir ses règles *et les syn.* de MENSTRUATION. Être indisposée. **6.** *Faire ses affaires :* faire son beurre/fortune, réussir, spéculer heureusement.

AFFAIRÉ, E □ Actif, occupé, surchargé, surmené.

AFFAIREMENT □ Activité, agitation, bougeotte (fam.), branle-bas de combat (fam.), remue-ménage, surmenage.

AFFAIRER (S') □ S'activer, s'agiter, se manier (fam.), s'occuper de, se préoccuper de.

AFFAIRISME □ Agiotage, combine, intrigue, spéculation.

AFFAIRISTE □ Agent/agioteur, bricoleur, chevalier d'industrie, combinard, intermédiaire, intermédiaire marron, intrigant, spéculateur.

AFFAISSEMENT □ → *abaissement.*

AFFAISSER □ Faire plier *et les syn.* de plier. **V. pron. I. Au pr. :** s'affaler, s'avachir (fam.), se courber, crouler, descendre, s'ébouler, s'écrouler, s'effondrer, fléchir, glisser, plier, ployer, tomber. **II. Fig. :** s'affaiblir, baisser, crouler, décliner, se laisser abattre/aller, glisser, succomber.

AFFALER (S'), ÊTRE AFFALÉ
□ S'abattre, s'avachir, s'écrouler, s'effondrer, s'étaler, s'étendre, se laisser aller/glisser/tomber, se répandre.

AFFAMÉ, E □ **I. Au pr. :** boyau vide (arg.), claque-dent, claque-faim, crevard (arg.), crève-la-faim (fam.), famélique, misérable, meurt-de-faim, vorace. **II. Fig. :** altéré, ardent, assoiffé, avide, exigeant, inassouvi, insatiable, insatisfait, passionné, soucieux de.

AFFAMER □ **I.** Faire crever/mourir de faim. **II. Fig. :** accaparer, agioter, gruger, monopoliser, prêter à gages, raréfier, spéculer, trafiquer, tripoter.

AFFAMEUR □ Accapareur, agioteur, grugeur, monopoleur, prêteur sur gages, spéculateur, trafiquant, tripoteur, usurier.

AFFECTATION □ **I. On affecte une chose :** assignation, attribution, consécration, destination, imputation. **II. On affecte quelqu'un.** *1.* Déplacement, désignation, destination, installation, mise en place, mouvement, mutation, nomination. *2.* Emploi, poste. **III. On affecte une chose d'un signe :** adjonction, désignation, marque, qualification, quantification, spécification. **IV. On affecte une attitude.** *1. Neutre ou légèrement péj. :* afféterie, air, apparence, apprêt, attitude, bluff, cérémonie, chiqué (fam.), comédie, dandysme, embarras, emphase, façon, faste, feinte, genre, imitation, jeu, manières, manque de naturel, marivaudage, mignardise, minauderie, mine, originalité, purisme, raffinement, recherche, sensiblerie, sentimentalisme, singularité. → *préciosité.* *2. Non favorable :* bégueulerie, cabotinage, charlatanerie, chattemite, chichi (fam.), contorsion, cuistrerie, façon, fanfaronnade, faste, fausseté, faux-semblant, forfanterie, grimace, girie (pop.), grandiloquence, hypocrisie, maniérisme, mièvrerie, momerie, montre, morgue, ostentation, parade, pédanterie, pédantisme, pharisaïsme, pose, prétention, provocation, pruderie, pudibonderie, puritanisme, raideur, simagrée, simulation, singerie, snobisme, tartuferie.

AFFECTÉ, E □ **I. Quelqu'un est affecté à un poste :** déplacé (péj.), désigné, installé, limogé (péj.), mis en place, muté, nommé. **II. Une chose est affectée.** *1.* Assignée, attribuée, consacrée, destinée, imputée, réservée. *2.* Désignée, marquée, qualifiée, quantifiée, spécifiée. **III. Un comportement.** *1. Au pr., neutre ou légèrement péj. :* affété (vx), apprêté, artificiel, cérémonieux, comédien, de commande, conventionnel, emphatique, emprunté, étudié, à façons, factice, fastueux, feint, forcé, à maniè-

res, mignard, minaudier, peu naturel, poseur, précieux, puriste, raffiné, recherché, singulier. *2. Non favorable :* bégueule, cabotin, charlatan, chattemite, à chichis, compassé, contorsionné, contrefait, cuistre, fabriqué, façonnier, à façons, fanfaron, fastueux, faux, grimacier, gourmé, glorieux (pop.), grandiloquent, guindé, hypocrite, important, insincère, maniéré, mièvre, pédant, pharisien, plein de morgue/d'ostentation, poseur, pour la montre/la parade, prétentieux, provocant, prude, puribond, puritain, raide, simulé, snob, tarabiscoté (fam.), tartufe.

AFFECTER □ **I. On affecte.** *1. Une chose :* assigner, attribuer, consacrer, destiner, imputer. *2. Quelqu'un :* déplacer (péj.), désigner, destiner, installer, mettre en place, muter, nommer. *3. D'un signe :* adjoindre, désigner, marquer, qualifier, quantifier, spécifier. *4. Un comportement :* afficher, avoir l'air de, bluffer, contrefaire, crâner, emprunter, être poseur/snob, faire des manières/semblant de, faire le, feindre, frimer (fam.), jouer les, poser, prétendre, rechercher, se piquer de, simuler. **II. →** *affliger.*

AFFECTIF, IVE □ Émotionnel, passionnel, sentimental.

AFFECTION □ **I. Pour quelqu'un :** affinité, amitié, amour, atomes crochus, attachement, béguin (fam.), bonté, complaisance, coup de cœur (fam.)/de foudre (fam.), dévotion, dévouement, dilection, douceur, inclination, intérêt, lien, penchant, piété, respect, sollicitude, sympathie, tendresse, union, vénération. **II. Pour une chose :** amour, attachement, dévouement, goût, inclination, intérêt, penchant, prédilection, tendresse, vocation. **III. Méd. :** altération, indisposition, mal, malaise, maladie.

AFFECTIONNÉ, E □ Aimant, attaché, dévoué, fidèle, tendre.

AFFECTIONNER □ → *aimer.*

AFFECTIVITÉ □ Émotivité → *sensibilité.*

AFFECTUEUX, EUSE □ → *amoureux.*

AFFÉRENT, E □ **Adm. :** annexe, connexe, rattaché à, relatif à.

AFFERMER □ → *louer.*

AFFERMIR □ Affirmer, améliorer, ancrer, asseoir, assurer, cimenter, confirmer, conforter, consolider, durcir, endurcir, encourager, étayer, fixer, fonder, fortifier, garantir, garnir, protéger, raffermir, raidir, réconforter, renforcer, revigorer, sceller, stabiliser, tremper. **V. pron. :** devenir plus ferme/fort/stable *et les formes pron. possibles des syn. de* AFFERMIR.

AFFERMISSEMENT ☐ Affirmation, amélioration, ancrage, assurance, consolidation, durcissement, fixation, garantie, protection, raffermissement, raidissement, réconfort, renforcement, scellement, stabilisation.

AFFÉTERIE ☐ → affectation.

AFFICHAGE ☐ Annonce, panneau, publication, publicité.

AFFICHE ☐ Affichette, annonce, avis, écriteau, pancarte, panneau, placard, poster, proclamation, programme, publicité, réclame.

AFFICHER ☐ **I. Au pr.** : coller/poser des affiches, placarder, publier, rendre public. **II. Fig.** : accentuer, accuser, affecter, affirmer, annoncer, arborer, attester, déballer (fam.), déclarer, découvrir, décrire, démontrer, dénuder, déployer, développer, dévoiler, étaler, évoquer, exhiber, exposer, extérioriser, faire étalage de/montre de/parade de, manifester, marquer, mettre, montrer, offrir, porter, présenter, prodiguer, produire, prouver, représenter, respirer, révéler, signifier, témoigner. **V. pron.** *1.* Apparaître, attirer l'attention/l'œil/le regard/la vue, faire étalage, faire le glorieux (fam.)/le malin (fam.), faire montre/parade de, se faire admirer/valoir/voir, se mettre à l'étalage/en vitrine (fam.), montrer son nez (fam.), parader, paraître, pavaner, se pavaner, se peindre, se répandre (fam.), *et les formes pron. possibles des syn. de* AFFICHER. *2.* **Loc. S'afficher avec quelqu'un** : se compromettre (péj.), fréquenter, hanter.

AFFICHEUR ☐ Colleur/poseur d'affiches.

AFFIDÉ ☐ **I. Neutre** : confident. **II. Non favorable** : agent secret, complice, espion, indicateur.

AFFILAGE ☐ Affûtage, aiguisage, aiguisement, émorfilage, émoulage, repassage.

AFFILÉ, E ☐ **I.** Acéré, affûté, aiguisé, coupant, émorfilé, émoulu, repassé, taillant, tranchant. **II. Fig. Loc.** La langue bien affilée : bien pendue.

AFFILÉE (D') ☐ À la file, de suite, sans discontinuer, sans interruption.

AFFILER ☐ Affûter, aiguiser, appointer, appointir, donner du fil/du tranchant, émorfiler, émoudre, meuler, morfiler, repasser, tailler.

AFFILIATION ☐ Adhésion, adjonction, admission, adoption, agrégation, association, enrôlement, incorporation, initiation, inscription, intégration, mobilisation (péj.), réception.

AFFILIÉ, E ☐ Adhérent, adjoint, admis, adopté, agrégé, associé, coopté, cotisant, enrôlé, incorporé, initié, inscrit, intégré, mobilisé (péj.), reçu. → camarade.

AFFILIER ☐ Admettre, adopter, agréger, associer, coopter, enrôler, incorporer, initier, inscrire, intégrer, mobiliser, recevoir. **V. pron.** : adhérer, cotiser, entrer à, entrer dans, rejoindre, se faire admettre, *et les formes pron. possibles des syn. de* AFFILIER.

AFFINAGE ☐ **I.** Décarburation, dépuration, épuration, puddlage, raffinage. **II.** Achèvement, assainissement, élimination, façon, faconnage, faconnement, finissage, finition, maturation, nettoiement, nettoyage.

AFFINEMENT ☐ Dressage (péj.), éducation, perfectionnement.

AFFINER ☐ **I. Au pr.** : assainir, décarburer, épurer, nettoyer, puddler, purifier, raffiner. **II. Fig.** → faconner. **III. V. pron.** : s'apprivoiser, se civiliser, se dégourdir, se dégrossir, s'éduquer, se faire, se perfectionner, se polir.

AFFINITÉ ☐ **I.** → alliance. **II.** → analogie. **III.** → affection.

AFFIQUET ☐ → bagatelle.

AFFIRMATIF, IVE ☐ **I. Une chose** : assertif, catégorique, positif. **II. Quelqu'un** : catégorique, décisif, ferme, positif, tranchant.

AFFIRMATION ☐ **I.** Assertion, assurance, attestation, prise de position, proposition, théorème, thèse. → allégation. **II.** Confirmation, démonstration, expression, extériorisation, jugement, manifestation, preuve, témoignage.

AFFIRMER ☐ **I.** Argumenter, articuler, assurer, attester, certifier, déclarer, dire, donner sa parole, faire serment, gager, garantir, jurer, maintenir, parier, proclamer, proférer, promettre, prononcer, protester, en répondre, soutenir. → alléguer. **II.** Avancer, confirmer, crier, démontrer, exprimer, extérioriser, faire état de, manifester, montrer, produire, prouver, témoigner. **III. Loc.** : donner sa tête à couper, ficher/foutre son billet (pop.), mettre sa main au feu (fam.). **IV. V. pron.** : s'affermir, se déclarer, se confirmer, s'exprimer, s'extérioriser, se manifester, se montrer, se produire, se renforcer.

AFFLEUREMENT ☐ Émergence, saillie, surgissement.

AFFLEURER ☐ → apparaître.

AFFLICTION ☐ **I.** Abattement, amertume, angoisse, chagrin, consternation, déchirement, désespoir, désolation, détresse, douleur, peine, souffrance, tristesse. **II.** Brisement de cœur, calvaire, chemin de croix, crève-cœur, deuil, difficulté, enfer, épreuve, martyre, supplice, torture, tourment, traverse, tribulation. → malheur.

AFFLIGÉ, E □ Déshérité, gueux (péj.), infortuné, malchanceux, malheureux, miséreux, miteux (péj.), paria, paumé (arg.), pauvre, réprouvé.

AFFLIGEANT, E □ Accablant, attristant, cruel, décourageant, démoralisant, déplorable, déprimant, désastreux, désespérant, désolant, douloureux, dur, embarrassant, embêtant, emmerdant (grossier), ennuyeux, fâcheux, funeste, injuste, lamentable, malheureux, mauvais, navrant, pénible, regrettable, sot, triste.

AFFLIGER □ **I. Au pr.** : abattre, accabler, affecter, arracher des larmes, assombrir, atterrer, attrister, chagriner, contrarier, contrister, déchirer, désespérer, désoler, émouvoir, endeuiller, endolorir, enténébrer, éprouver, fâcher, faire souffrir, fendre le cœur, frapper, mettre à l'épreuve/au supplice/à la torture, navrer, peiner, percer le cœur, torturer, toucher, tourmenter, troubler. **II. Iron.** : doter, nantir. **III. Relig.** : appliquer la discipline, macérer. **IV. V. pron.** : éprouver de l'affliction/de la douleur/du chagrin, *et les formes pron. possibles des syn. de* AFFLIGER.

AFFLUENCE □ **I. Au pr.** : afflux, arrivées, circulation, écoulement, flux, issue. **II. Fig. 1. De choses :** abondance, avalanche, débordement, déferlement, déluge, exubérance, foison, foisonnement, inondation, luxuriance, opulence, pagaille (fam.), pléthore, pluie, profusion, quantité, richesse, surabondance, tas. **2. De gens :** amas, armée, concours, encombrement, essaim, flot, forêt, foule, fourmilière, fourmillement, grouillement, mascaret, masse, monde, multitude, peuple, presse, pullulement, rassemblement, régiment, réunion, ruche, rush, tas. **Fam.** : flopée, foultitude, potée, tapée, tripotée.

AFFLUER □ **I. Un liquide. 1. Le sang :** arriver, circuler, monter. **2. Un cours d'eau :** aboutir à, aller/couler vers, se déverser dans. **II.** Abonder, accourir, arriver, courir/se porter/se presser vers, survenir, venir en foule.

AFFLUX □ **I. Au pr.** → *affluence.* **II. Fig. :** boom (fam.), bouchon, débordement, déferlement, embouteillage, encombrement, flopée (fam.), flot, foule, foultitude (fam.), masse, rassemblement, rush.

AFFOLANT, E □ **I.** → *alarmant.* **II.** → *affriolant.*

AFFOLEMENT □ → *inquiétude.*

AFFOLER □ **I. V. tr. 1. Au pr.** → *agiter,* alarmer. **2. Fig.** → *affrioler.* **II. V. intr. :** se dégrouiller (fam.), se démerder (grossier), se dépêcher, se hâter. **III. V. pron. :** s'agiter, s'alarmer, s'angoisser, être bouleversé, s'effrayer,

s'émouvoir, s'épouvanter, se faire du souci, se frapper, s'inquiéter, perdre le nord/la tête, prendre peur, être pris de panique / paniqué (fam.) / terrifié / tracassé/troublé.

AFFOUILLER □ → *creuser.*

AFFRANCHI, E □ **Pop. :** affidé, complice, confident, dur (arg.), initié, souteneur, voyou.

AFFRANCHIR □ **I.** Briser les chaînes/le joug, débarrasser, délier, délivrer, émanciper, libérer, rendre la liberté. **Fam. :** initier, mettre dans le coup (fam.)/au courant/au parfum (arg.), renseigner. **II.** Composter, payer le port, surtaxer, taxer, timbrer. **III.** Détaxer, libérer, exonérer.

AFFRANCHISSEMENT □ **I.** Délivrance, émancipation, libération, manumission. **II.** Compostage, frais de port, surtaxe, taxe, timbre.

AFFRES □ Agonie, alarme, angoisse, anxiété, crainte, douleur, doute, émoi, émotion, épouvante, inquiétude, peur, tourment, transe.

AFFRÈTEMENT □ Agence de fret, chargement, charter, contrat, nolisage, nolisement.

AFFRÉTER □ Charger, louer, noliser, pourvoir.

AFFRÉTEUR □ Agent, charter, organisateur, pourvoyeur, répartiteur.

AFFREUX, EUSE □ **I. Adj. :** abominable, atroce, barbare, cruel, dégoûtant, déplaisant, désagréable, détestable, difforme, disgracieux, effrayant, effroyable, épouvantable, exécrable, hideux, horrible, ignoble, inesthétique, informe, laid, mal fait/fichu (fam.)/foutu (fam.)/tourné, mauvais, moche (fam.), monstrueux, repoussant, répugnant, terrible, vilain. **II. 1. N. m. :** mercenaire, spadassin. **2. Péj. :** dégueulasse, fumier, salaud, saligaud, salopard, satyre, vicieux.

AFFRIANDER □ → *affrioler,* amorcer.

AFFRIOLANT, E □ Affolant, agaçant, aguichant, alléchant, aimable, attirant, charmant, charmeur, croquignolet, désirable, engageant, ensorcelant, envoûtant, excitant, plaisant, séduisant, sexy (fam.), stimulant, troublant.

AFFRIOLER □ Affoler, affriander, agacer, aguicher, allécher, attirer, charmer, engager, envoûter, exciter, faire du charme/perdre la tête, minauder, séduire, tenter, troubler.

AFFRONT □ Attaque, atteinte, avanie, blasphème, camouflet, grossièreté, humiliation, incongruité, injure, insolence, insulte, mortification, offense, outrage, vanne (arg.), vexation.

AFFRONTEMENT □ Attaque, choc, combat, compétition, concurrence, confirmation, défi, échange, face à face, heurt, lutte, mise en présence, rencontre.

AFFRONTER □ **I. Quelqu'un :** aller au-devant de, attaquer, combattre, défier, faire face à, se heurter à, lutter contre, se mesurer à, rencontrer. **II. Une difficulté :** aller au-devant de, combattre, courir, défier, faire face à, lutter contre, se mesurer à. **III. V. pron. :** être en compétition/concurrence/conflit, se faire concurrence/face, se heurter, se livrer un combat, se mesurer à, se rencontrer sur le terrain *et les formes pron. possibles des syn. de* AFFRONTER.

AFFUBLEMENT □ → *accoutrement.*

AFFUBLER □ Coller, donner, gratifier de, octroyer, qualifier de. → *accoutrer.*

AFFÛT □ **I. Le lieu :** cabane, cache, embuscade, poste, réduit. **II. Loc. Être à l'affût :** attendre, être à l'arrêt/aux aguets/à l'écoute, guetter, observer, patienter, surveiller.

AFFÛTAGE □ → *affilage.*

AFFÛTER □ → *affiler.*

AFFUTIAU(X) □ → *vêtement, instrument.*

AFIN DE, AFIN QUE □ Dans le but de (fam.)/le dessein de/l'intention de, en vue de, pour, pour que.

A FORTIORI □ À plus forte raison, raison de plus.

AGAÇANT, E □ **I.** Contrariant, crispant, déplaisant, désagréable, échauffant, énervant, enrageant, exacerbant, exaspérant, excédant, excitant, horripilant, irritant, lancinant, lassant, provocant, rageant, surexcitant, vexant. **II. Fam. :** asticotant, casse- → *bourses/*→ *pieds,* embêtant, emmerdant, enquiquinant.

AGACEMENT □ Contrariété, déplaisir, désagrément, embêtement, emmerdement (grossier), énervement, exacerbation, exaspération, impatience, irritation.

AGACER □ **I.** Asticoter, bourdonner, casser les pieds, chercher des crosses à /noise/querelle, contrarier, courroucer, crisper, donner sur les nerfs, échauffer, échauffer la bile/les oreilles, embêter, emmerder (grossier), énerver, ennuyer, enquiquiner, exacerber, exaspérer, excéder, exciter, fâcher, faire endêver/enrager/sortir de ses gonds, hérisser, horripiler, impatienter, indisposer, irriter, lanciner, lasser, mécontenter, mettre en colère/rogne (fam.), porter sur les nerfs, provoquer, piquer, taquiner, titiller. **II.** → *affrioler.*

AGACERIE □ Asticotage (fam.), coquetterie, manège, marivaudage, minauderie, pique, provocation, taquinerie.

AGAPES □ Banquet, bombance (fam.), bombe, festin, fête, grand repas, gueuleton (fam.), ripaille (péj.), réjouissances. → *repas.*

AGATE □ **I.** Calcédoine. **II.** Bille, camée.

ÂGE □ **I.** Ancienneté, époque, génération, période, temps, vieillesse. **II.** Assurance, autorité, expérience. **Arg. :** bouteille, carat, coffiot, flacon, galon, galuche, grade.

ÂGÉ, E □ **I.** Avancé, usé, vieux. **II. Une chose :** ancien, déclassé, démodé, hors service, hors d'usage, au rebut, sur le tard, tard d'époque (fam.). → *vieux.*

AGENCE □ Affaire, bureau, cabinet, chantier, commerce, comptoir, dépôt, entrepôt, office, succursale.

AGENCEMENT □ Accommodation, accommodement, ajustement, aménagement, arrangement, combinaison, composition, contexture, coordination, décor, décoration, dispositif, disposition, distribution, enchaînement, liaison, mécanisme, mise en ordre/place, ordonnance, ordre, organisation, structure, texture, tissure.

AGENCER □ Aménager, composer, coordonner, décorer, distribuer, enchaîner, goupiller (fam.), lier, mettre en ordre/place, meubler, monter, ordonner, organiser, présenter, structurer, tisser. → *adapter.*

AGENDA □ **I.** Almanach, bloc-notes, calendrier, calepin, carnet, éphémérides, mémento, registre, répertoire. **II. Relig. :** ordo.

AGENOUILLEMENT □ **I. Au pr. :** génuflexion, inclinaison, prosternation, prosternement. **II. Fig. :** abaissement, bigoterie, complaisance, humiliation, lâcheté, tartuferie.

AGENOUILLER (S') □ **I. Au pr. :** s'incliner, se prosterner. **II. Par ext. 1.** Admirer, adorer, faire oraison, prier, vénérer. *2. Non favorable :* s'abaisser, capituler, céder, s'humilier, mettre les pouces (fam.), venir à quia/à résipiscence. → *soumettre (se).*

AGENT □ **I. Au pr.** *Ce qui agit,* **:** action, âme, bras, cause, instrument, ferment, moteur, moyen, objet, organe, origine, principe, source. **II. Quelqu'un :** âme damnée (péj.), auxiliaire, bras droit, commis, commissaire, commissionnaire, consignataire, correspondant, courtier, délégué, émissaire, employé, envoyé, exécutant, facteur, factotum, fonctionnaire, fondé de pouvoir, gérant, homme de confiance, inspecteur, intendant, intermédiaire, mandataire, messager, négociateur, préposé, représentant, serviteur, substitut, suppléant. **III. De police. 1.** Gardien de la paix, policier, sergent de ville. **2. Arg. et péj. :** argousin, bourre, bourrique, cogne, condé, flic, guignol, hirondelle, policier, poulaga, poulaille, poulet, sbire, sergot, vache. **IV. Loc. 1. Agent secret :** affidé, correspondant, espion (péj.), indicateur. **2. Agent de l'ennemi :** espion, traître. **3. Agent d'exécution :** bourreau, exécuteur, homme de loi/de main (péj.)/de paille (péj.), huissier. **4. Agent de liaison :** courrier, estafette. **5. Agent provocateur :** agitateur, brebis galeuse, indicateur. **6. Agent diplomatique :** ambassadeur, chargé d'affaires, consul, légat, ministre, ministre plénipotentiaire, nonce.

AGGIORNAMENTO □ → changement.

AGGLOMÉRAT □ **I. Au pr. :** agglomérés, amas, amoncellement, bloc, conglomérat, éboulis, entassement, masse, réunion, sédiment, tas. **II. Fig. :** accumulation, agglutination, agrégat, agrégation, amalgame, amas, assemblage, attroupement, bloc, conglomérat, entassement, réunion, tas.

AGGLOMÉRATION □ **I.** Banlieue, bloc, bourg, bourgade, camp, campement, capitale, centre, chef-lieu, cité, colonie, conurbation, douar, ensemble, faubourg, feux, foyers, grand ensemble, habitat, hameau, localité, mégalopolis, métropole, paroisse, station, village, ville, zone urbaine. **II.** → agglomérat.

AGGLOMÉRÉ □ Brique, briquette, hourdis, parpaing, préfabriqué, synderme (techn.).

AGGLOMÉRER, AGGLUTINER □ Accumuler, agréger, amasser, amonceler, assembler, attrouper, coller, conglomérer, empiler, entasser, entremêler, mélanger, mêler, mettre en bloc/ensemble/en tas, rassembler, réunir, unir.

AGGRAVANT, E □ Accablant, à charge.

AGGRAVATION □ Accroissement, augmentation, complication, croissance, développement, escalade, exacerbation, exaspération, intensification, progrès, progression, propagation, rechute, recrudescence, redoublement.

AGGRAVER □ **I. Une charge :** accroître, alourdir, amplifier, augmenter, charger, compliquer, développer, empirer, envenimer, étendre, exacerber, exagérer, exaspérer, exciter, grever, redoubler, surcharger. **II. Une condamnation :** ajouter, allonger, augmenter, grandir, grossir, rallonger. **III. Un sentiment :** exacerber, exaspérer, exciter, intensifier, irriter, renforcer. **IV. V. pron. :** se détériorer, empirer, progresser, et les formes

pron. possibles des syn. de AGGRAVER.

AGILE □ Adroit, aisé, à l'aise, alerte, allègre, découplé, délié, élastique, frétillant, fringant, élégant, félin, gracieux, habile, ingambe, léger, leste, mobile, preste, prompt, rapide, sémillant, souple, véloce, vif, vite.

AGILITÉ □ Adresse, aisance, allégresse, élasticité, élégance, grâce, habileté, légèreté, mobilité, prestesse, promptitude, rapidité, souplesse, vélocité, virtuosité, vitesse, vivacité.

AGIO □ Charges, crédit, frais, intérêts.

AGIOTAGE □ Accaparement, coup de bourse, spéculation, trafic, tripotage.

AGIOTER □ Accaparer, boursicoter (fam.), hasarder une mise, jouer à la bourse, miser, spéculer, traficoter (fam.), trafiquer, tripoter.

AGIOTEUR □ → spéculateur.

AGIR □ **I. On fait une chose. 1. Fav. :** s'adresser à, aller de l'avant, animer, collaborer à, se comporter, conduire, se conduire, concourir à, contribuer à, se dépenser, employer, s'employer à, entraîner, s'entremettre, entreprendre, exécuter, exercer une action/une influence sur, faire, faire appel à, intercéder, intervenir, jouer, manifester, manœuvrer, mener, mettre en action/en œuvre, mouvoir, négocier, s'occuper de, œuvrer, opérer, persuader, pousser, procéder à, provoquer, travailler, vivre. **2. Non favorable :** abuser, contrarier, contrecarrer, contredire, contrevenir, en faire à sa tête, impressionner, inciter à, influencer, influer sur, lutter, se mettre en travers, s'opposer à, sévir, traiter, en user avec. **II. Une chose agit sur quelqu'un ou quelque chose :** avoir pour conséquence/effet, concourir à, contribuer à, entraîner, exercer une action/une influence sur, faire effet sur, influer sur, opérer, provoquer, travailler. **III. Loc. Agir en justice :** actionner, entamer une procédure, introduire une requête, poursuivre. **IV. V. pron. Impers. :** il convient, il est nécessaire/question, il faut.

AGISSANT, E □ **I.** → actif. **II.** Influent, qui a le bras long.

AGISSEMENT □ **Péj. :** allées et venues, aventures, cinéma (fam.), combines (fam.), comportement, conduite, démarche, façons, intrigues, machinations, magouilles (arg.), manières, manigances, manœuvres, menées, micmac, pratiques, procédés, salades (fam.).

AGITATEUR □ → factieux.

AGITATION □ **I. Au pr. 1.** Activité, animation, bouillonnement, effervescence, flux et reflux, grouillement, houle, mouvement, ondulation, orage, remous, secousse, tempête, tohu-bohu, tourbillon, tourmente, trouble, tumulte, turbulence, va-et-vient. **2. Du corps.** *Neutre ou favorable :* activité, affairement, animation, hâte, mouvement. *Non favorable :* affolement, alarme, bruit, désordre, effervescence, énervement, excitation, incohérence, précipitation, remue-ménage, surexcitation, tourbillon, tourmente, trouble, tumulte, turbulence, vent. **3. Méd. :** angoisse, délire, excitation, fébrilité, fièvre, hystérie, nervosité. **II. Fig. 1. Des sentiments :** affres, angoisse, anxiété, bouillonnement, bouleversement, colère, convulsion, déchaînement, délire, désarroi, ébranlement, effervescence, effroi, embrasement, émoi, émotion, fièvre, flottement, frayeur, frénésie, hésitation, inquiétude, lutte, mouvement, orage, passion, préoccupation, remous, secousse, souci, terreur, tourment, tracas, trouble, tumulte, violence. **2. D'une foule :** activité, animation, bouillonnement, convulsion, déchaînement, délire, démonstration, effervescence, embrasement, émeute, excitation, faction, fermentation, fièvre, flux et reflux, fourmillement, grouillement, houle, lutte, manifestation, mêlée, micmac (fam.), mouvement, orage, pagaille, panique, pastis (fam.), remous, remue-ménage, révolte, révolution, secousse, sédition, tourmente, trouble, violence.

AGITÉ, E □ → *fiévreux, troublé.*

AGITER □ **I. On agite. 1. Une chose :** ballotter, battre, brandiller, brandir, brouiller, secouer. → *remuer.* **2. Le corps.** balancer, battre, bercer, branler, dodeliner, frétiller, gambiller, gesticuler, gigoter, hocher, secouer, soulever. **3. Une question :** analyser, avancer, débattre de, discuter de, examiner, mettre à l'ordre du jour, proposer, soulever, soumettre, traiter. **II. Une chose agite quelqu'un ou un groupe :** affoler, alarmer, angoisser, animer, bouleverser, ébranler, effrayer, embraser, émouvoir, enfiévrer, enflammer, enthousiasmer, envahir, épouvanter, exciter, inquiéter, mettre en effervescence/en émoi, occuper, paniquer (fam.), faire peur, préoccuper, remuer, rendre soucieux, révolter, révolutionner, soulever, terrifier, torturer, tourmenter, tracasser, transporter, travailler, troubler. **III. V. pron. :** s'affairer, aller et venir, s'animer, bouger, circuler, courir, se dandiner, se démener, s'empresser, frétiller, gesticuler, gigoter, se précipiter, remuer, se secouer, se tortiller, se trémousser, *et les formes pron. possibles des syn. de* AGITER.

AGNEAU, ELLE □ **I. Au pr. :** antenais, antenaise, bête à laine, nourrisson, pré-salé, vassiveau. → *mouton.* **II. Fig. C'est un agneau :** → *inoffensif, pur.*

AGNELAGE □ Agnèlement, mise bas, naissance, parturition.

AGNOSTIQUE □ → *incroyant.*

AGONIE □ **I. Au pr. :** à la mort, à l'article de la mort, dernière extrémité/heure, derniers instants/moments/soupirs, extrémité, fin. **II. Fig. 1.** Affres, crainte, détresse. **2.** Chute, crépuscule, décadence, déclin, fin.

AGONIR □ Accabler, couvrir d'injures, engueuler (fam.), injurier, maudire, passer une engueulade (fam.), verser/déverser un tombereau d'injures, vilipender.

AGONISANT, E □ À l'article de la mort, moribond, mourant.

AGONISER □ S'éteindre, expirer, passer, râler, tirer à sa fin. → *mourir.*

AGRAFE □ **I. Sur un vêtement :** attache, boucle, broche, clip, épingle, fermail, fibule. **II. Autres usages :** cavalier, épingle, fermoir, trombone.

AGRAFER □ Accrocher, adapter, ajuster, assembler, attacher, épingler, fixer, joindre, maintenir, mettre, retenir.

AGRAIRE □ Agrarien, agricole, foncier, rural.

AGRANDIR □ **I. Au pr. :** accroître, ajouter à, allonger, amplifier, annexer, arrondir, augmenter, développer, dilater, donner du champ/de l'expansion/du large, élargir, élever, étendre, évaser, exhausser, gonfler, grossir, grouper, hausser, ovaliser, reculer les bornes/les limites, regrouper, surélever. **II. Fig. 1.** Détailler, élargir, élever, ennoblir, enrichir, étendre, fortifier, grandir, honorer, porter plus haut, renforcer. **2.** Amplifier, enfler, exagérer, gonfler, grossir, paraphraser. **III. V. pron. :** accroître son activité, devenir plus grand/fort/important/puissant, étendre ses biens/son domaine, *et les formes pron. possibles des syn. de* AGRANDIR.

AGRANDISSEMENT □ Accroissement, amplification, annexion, augmentation, conquête, croissance, développement, dilatation, élargissement, élévation, enflure, ennoblissement, enrichissement, exagération, extension, évasement, gain, gonflement, grossissement, groupement, regroupement, renforcement, surélévation.

AGRARIEN, ENNE □ **I. Adj.** → *agraire.* **II. Nom :** propriétaire foncier/rural/terrien.

AGRÉABLE □ **I. Quelqu'un :** abordable, accommodant, accompli, accueillant, affable, aimable, amène, attachant, attirant, bath (fam.), beau, bien, bien élevé, bon, bon vivant, charmant, chic, chouette (fam.), doux, exquis, facile, fascinant, gai, galant, gentil, gracieux, joli, joyeux, parfait, piquant, plaisant, prévenant, séduisant, serviable, sociable, sympathique. **II. Une chose. 1. Un endroit :** attirant, attrayant, beau, bien conçu/situé, captivant, charmant, commode, confortable, enchanteur, fascinant, joli, plaisant, ravissant, splendide. **2. Un rêve, un moment :** captivant, charmant, doré, doux, enchanteur, enivrant, heureux, riant. **3. Une friandise, un repas :** affriolant, appétissant, délectable, délicieux, engageant, exquis, fameux, ragoûtant, savoureux. **4. Un vin :** qui a du bouquet/du caractère/du corps/de la cuisse/de la race/de la sève, charpenté, coulant, fruité, gai, gouleyant, léger, moelleux, robuste, vineux. **5. Un son :** aérien, doux, harmonieux, léger, mélodieux, suave. **6. Un parfum :** aromatique, capiteux, embaumant, enivrant, léger, suave, subtil. **7. Un propos :** aimable, doux, flatteur. **8. Un spectacle :** → amusant, attirant, beau, émouvant.

AGRÉÉ ☐ **Jurid. :** avocat, avoué, chargé d'affaires, comptable, conseiller juridique, fondé de pouvoir.

AGRÉER ☐ **I. V. intr. :** aller à, convenir, faire l'affaire, être au gré de, plaire. **II. V. tr. :** accepter, acquiescer, accueillir, admettre, approuver, donner son accord à, goûter, recevoir, recevoir favorablement, trouver bon/convenable/à sa convenance.

AGRÉGAT ☐ Accumulation, agglomérat, amas, assemblage, bloc, conglomérat, masse, sédiment.

AGRÉGATION ☐ Agglomération, association, sédimentation.

AGRÉGER ☐ Adjoindre, admettre, affilier, agglomérer, assembler, associer, attacher, choisir, coopter, élire, faire entrer, incorporer, recruter, réunir, unir.

AGRÉMENT ☐ **I. Au pr. :** acceptation, accord, acquiescement, adhésion, admission, affiliation, approbation, autorisation, association, choix, consentement, cooptation, élection. **II. Par ext. :** aisance, aménité, attrait, charme, élégance, grâce, mérite, piquant, qualité, séduction. **III. Au plur. 1. De la vie :** amusement, bien-être, bonheur, charmes, commodité, confort, distraction, divertissement, joie, plaisir. **2. Pour orner :** accessoires, enjolivement, fioriture, garniture, ornement, superflu.

AGRÉMENTER ☐ Embellir, enjoliver, enrichir, garnir, orner, parer, relever.

AGRÈS ☐ **I.** Apparaux, armement, gréement, superstructures. **II.** Anneaux, appareils, balancoire,

barre, corde lisse/à nœuds, portique, trapèze.

AGRESSER ☐ → attaquer.

AGRESSEUR ☐ Assaillant, attaquant, offenseur, provocateur.

AGRESSIF, IVE ☐ Ardent, bagarreur, batailleur, belliqueux, chercheur (fam.), combatif, fonceur (fam.), malveillant, méchant, menaçant, mordant, provocateur, pugnace, querelleur.

AGRESSION ☐ **I.** Action, attaque, déferlement, envahissement, intervention, invasion, viol, violence. **II.** Attaque, cambriolage, effraction, fric-frac, hold-up, intrusion, viol, violence, vol.

AGRESSIVITÉ ☐ Ardeur, brutalité, combativité, esprit querelleur, malveillance, méchanceté, provocation, pugnacité, quérulence (méd.).

AGRESTE ☐ **I.** Agraire, agricole, bucolique, campagnard, champêtre, forestier, pastoral, paysan, rural, rustique, terrien. **II. Péj. :** abrupt, grossier, inculte, rude, rustique, sauvage.

AGRICOLE ☐ Agraire → agreste.

AGRICULTEUR ☐ Agrarien, agronome, colon, cultivateur, cul-terreux (péj.), éleveur, exploitant, fermier, laboureur, métayer, paysan, planteur, producteur, propriétaire foncier/rural/terrien.

AGRICULTURE ☐ Agronomie, culture, économie rurale, élevage, paysannerie, production agricole, produits du sol, secteur primaire.

AGRIFFER, AGRIPPER ☐ Accrocher, attraper, cramponner, harponner, retenir, saisir, tenir.

AGRUME ☐ Aurantiacée, bergamote, bigarade, cédrat, citron, citrus, clémentine, grape-fruit, kumquat, lime, limon, mandarine, orange, pamplemousse, pomélo, poncire.

AGUERRIR ☐ Accoutumer, affermir, cuirasser, endurcir, entraîner, éprouver, fortifier, préparer, rompre, tremper.

AGUETS (ÊTRE AUX) ☐ À l'affût, à l'arrêt, à l'écoute, à son poste, au guet, aux écoutes, en embuscade, en éveil, en observation, sur ses gardes, épier, faire attention/gaffe (fam.), le guet/le pet (arg.), guetter, observer, surveiller.

AGUICHANT, E ☐ → affriolant.

AGUICHER ☐ → affrioler.

AGUICHEUSE ☐ Allumeuse, charmeuse, coquette, flambeuse, flirteuse, séductrice, tentatrice, vamp.

AHANER ☐ S'essouffler, faire effort, fatiguer, peiner, souffrir, suer.

AHURI, E ☐ → bête.

AHURIR ☐ Abrutir (péj.), ébahir, ébaubir, ébésiller (fam.), ébouriffer (fam.), effarer, époustoufler (fam.), étonner, faire perdre la tête, jeter dans le trouble, laisser interdit/pantois/stupéfait/stupide, prendre au dépourvu, stupéfier, surprendre, troubler.

AHURISSANT, E □ → *étonnant.*

AHURISSEMENT □ → *surprise.*

AICHE, ÈCHE, ESCHE □ Amorce, appât, asticot, boëte, capelan, devon, leurre, manne, mouche, rogue, ver, vif.

AIDE □ **I. Fém. 1. Au pr. :** aumône, avance, bienfait, bourse, cadeau, charité, dépannage, don, facilité, faveur, grâce, prêt, prêt d'honneur, secours, soulagement, subside, subvention. **2. Par ext. :** appui, assistance, bienveillance, bons offices, collaboration, complaisance, concours, connivence (péj.), conseil, contribution, coopération, coup de main/d'épaule/de pouce, encouragement, entraide, intervention, mainforte, office, participation, patronage, piston (fam.), protection, réconfort, renfort, repêchage, rescousse, secours, service, soutien. **II. Masc. :** → *adjoint.*

AIDE-MÉMOIRE □ Croquis, dessin, mémento, pense-bête. → *abrégé.*

AIDER □ **I. V. tr. :** agir, appuyer, assister, collaborer, concourir, conforter, contribuer, dépanner, donner un coup de pouce/de main/de piston (fam.), donner la main à, s'entraider, épauler, étayer, faciliter, faire beaucoup pour/la courte échelle (fam.)/le jeu de/quelque chose pour, favoriser, jouer le jeu de, lancer, mettre dans la voie/le pied à l'étrier, obliger, offrir, partager, participer, patronner, pousser, prendre part à, prêter la main/main-forte, protéger, réconforter, rendre service, renflouer, renforcer, repêcher, seconder, secourir, servir, soulager, soutenir, subventionner, tendre la main, venir à l'aide/à la rescousse/au secours. **II. V. tr. ind. :** contribuer à, faciliter, favoriser, permettre. **III. V. pron. :** s'appuyer sur, faire feu de tout bois (fam.), prendre appui sur, se servir de, tirer parti de.

AÏEUL, AÏEULE, AÏEUX □ Aîné, ancêtre, ascendant, auteur, devancier, grand-mère, grand-père, grands-parents, parent, prédécesseur.

AIGLE □ **I. Nom. 1. Au pr. :** circaète, grégate, gypaète, harpie, rapace, pygargue, spizaète, uraète. **2. Fig. :** as, champion, fort en thème, grosse tête (fam.), phénomène, phénix, prodige, tête d'œuf (arg.). **II. Nom s. et pl. :** armoirie, bannière, drapeau, emblème, empire, enseigne, étendard.

AIGRE. □ **I. Au pr. 1.** Acerbe, acescent, acide, acidulé, âcre, aigre-

let, aigri, ginglet, guinguet, piquant, piqué, raide, rance, reginglard, sur, tourné, vert. **2. Un son :** aigu, assourdissant, criard, déplaisant, désagréable, grinçant, perçant, sifflant, strident. **II. Fig. 1. Le froid :** acéré, coupant, cuisant, désagréable, glacé, glacial, mordant, mortel, pénible, piquant, saisissant, vif. **2. Quelqu'un :** acariâtre, acerbe, acide, âcre, acrimonieux, agressif, amer, âpre, atrabilaire, bâton merdeux (vulg.), blessant, cassant, caustique, déplaisant, désagréable, dur, fielleux, hargneux, incisif, malveillant, mordant, pètesec, piquant, pisse-vinaigre, pointu, râleur, revêche, rude, sarcastique, sec, sévère, tranchant, venimeux, violent, virulent.

AIGREFIN □ Chevalier d'industrie, coquin, escroc, filou, fourbe, malandrin, malhonnête, voyou. → *voleur.*

AIGRELET, ETTE □ Acidulé, ginglet, ginguet, piquant, piqué, raide, reginglard, sur, tourné, vert.

AIGRETTE □ **I.** Garzette, héron blanc. **II.** Panache, plume, plumet.

AIGREUR □ **I. Au pr. :** acidité, amertume, hyperchlorhydrie, verdeur. **II. Fig. :** acariâtreté, acerbité, acidité, âcreté, acrimonie, agressivité, amertume, animosité, âpreté, brouille, causticité, colère, dépit, désagrément, dureté, fiel, haine, hargne, humeur, irritation, malveillance, maussaderie, méchanceté, mordacité, mordant, pique, rancœur, rancune, récrimination, ressentiment, rouspétance (fam.), vindicte.

AIGRI, E □ **I.** Dégoûté, désabusé, désenchanté. **II.** Suri. → *aigre.*

AIGRIR □ **I. V. tr. 1.** Altérer, corrompre, faire tourner, gâter, piquer, rendre aigre. **2. Fig. :** aggraver, attiser, aviver, brouiller, envenimer, exaspérer, exciter la colère/le dépit/le ressentiment, fâcher, indisposer, irriter, mettre de l'huile sur le feu (fam.)/en colère/la zizanie, rendre amer, piquer, souffler la discorde/la haine/la zizanie, vexer. **II. V. intr. :** surir, tourner.

AIGU, UË □ **I.** Acéré, aciculaire, aculéiforme, acuminé, affûté, affilé, aiguisé, anguleux, coupant, émorfilé, émoulé, fin, lancéolé, perçant, piquant, pointu, saillant, subulé, tranchant. **II. Fig. 1. Les sons :** aigre, clair, criard, déchirant, élevé, haut, flûté, glapissant, grinçant, perçant, pointu, strident, suraigu, voix de clairon/de clarine/de crécelle/de fausset. **2. Le regard :** mobile, perçant, scrutateur, vif. **3. Une souffrance :** cuisant, déchirant, intolérable, lancinant, piquant, taraudant, térébrant, torturant, vif, violent. **4. L'esprit :** analytique, délié, doué, incisif, intelligent, lucide, mordant, ouvert, percant, pénétrant, piquant, profond, subtil, vif.

AIGUIÈRE □ → *lavabo.*

AIGUILLAGE □ Bifurcation, branchement, changement, orientation.

AIGUILLE □ **I.** Alêne, broche, brochette, épingle, épinglette, lardoire, piquoir, poincon, pointe. **II.** Mont, pic, piton. **III.** Flèche, obélisque.

AIGUILLER □ → *diriger.*

AIGUILLETTE □ → *ruban.*

AIGUILLON □ **I.** Arête, bec, crochet, dard, dent, épine, piquant, rostre. **II.** Incitation, motivation, stimulant, stimulation.

AIGUILLONNER □ **I. Au pr. :** percer, piquer, toucher. **II. Fig. :** aiguiser, animer, échauffer, électriser, encourager, enflammer, enhardir, éperonner, éveiller, exalter, exciter, fouetter, inciter, influencer, influer sur, inspirer, piquer, pousser, presser, provoquer, remplir d'ardeur, stimuler, tenir la carotte (fam.), tourmenter.

AIGUISAGE □ → *affilage.*

AIGUISER □ **I.** → *affiler.* **II. Fig. :** accroître, achever, aiguillonner, augmenter, aviver, délier, exciter, fignoler, parfaire, polir, stimuler, travailler.

AIGUISEUR □ Affileur, affûteur, émouleur, rémouleur, repasseur.

AILE □ **I.** Aileron, élytre, empennage, penne, voilure. **II. Par ext. :** abri, égide, parrainage, protection, sauvegarde, soutien, surveillance. **III.** Pales. **IV.** Corps de logis, pavillon. **V.** Détachement, flanc. **VI.** Garde-boue.

AILÉ, E □ **I.** Empenné. **II.** Aérien, céleste, élancé, éthéré, immatériel, léger, poétique, pur, rapide, rêveur, souple, sublime, svelte, vaporeux.

AILERON □ **I.** Aile, nageoire. **II.** Empennage, volet d'extra/intrados. **III. Arg. :** bras.

AILLEURS □ **I.** Autre part, dans un autre endroit/lieu, où l'on n'est pas. **II. D'ailleurs :** d'autre part, d'un autre côté, de plus, au reste, du reste, en outre, par contre, pour le reste. **III. Par ailleurs :** autrement, d'un autre côté, d'une autre facon, pour le reste.

AIMABLE □ **I.** Abordable, accommodant, accort, accueillant, adorable, affable, agréable, amène, attentionné, attirant, avenant, beau, bénin, bien, bien élevé, bienveillant, bon, charmant, charmeur, chic (fam.), complaisant, courtois, délicat, délicieux, dévoué, doux, engageant, exquis, fondant (fam.), gentil, gracieux, hospitalier, liant, obligeant, ouvert, pas fier (pop.), plaisant (fam.), poli, prévenant, séduisant, serviable, sociable, sympathique. **II. Une chose :** accueillant, agréable, attirant, attrayant, beau, bien concu/situé, charmant,

chic, commode, confortable, coquet, délicat, enchanteur, fascinant, hospitalier, joli, plaisant, ravissant, riant, séduisant, sympathique.

AIMANT, E □ → *amoureux.*

AIMANT □ **I. Au pr. :** boussole, électro-aimant. **II. Fig. :** ascendance, attirance, attraction, attrait, envoûtement, fascination, influence, séduction.

AIMANTATION □ Électromagnétisme, induction, magnétisme.

AIMER □ **I. Quelqu'un :** adorer, affectionner, s'amouracher, s'attacher à, avoir de l'affection/de l'attachement/le béguin/dans la peau/un coup de cœur/le coup de foudre/du sentiment/de la sympathie/de la tendresse, blairer (fam.), chérir, désirer, s'embéguiner de, s'embraser pour, s'énamourer de, s'enflammer pour, s'enticher de, s'éprendre de, estimer, être amoureux de/coiffé de (fam.)/épris de/fou de/pris/uni à, brûler pour, idolâtrer, en pincer pour (fam.), raffoler de, tomber amoureux, se toquer de, vénérer. **II. Une chose :** adorer, affectionner, avoir envie de, avoir du goût pour, désirer, estimer, être aise/amateur/content/friand de, être porté sur/ravi de, faire cas de, goûter, s'intéresser à, se passionner pour, se plaire à, prendre plaisir à, trouver agréable. **III. Par ext. :** avoir besoin de, demander, désirer, falloir à, réclamer. **IV. Loc. 1. J'aimerais que :** demander, désirer, souhaiter. **2. Aimer mieux.** → *préférer.* **3. Être aimé des dieux :** béni, chéri, favorisé.

AINE □ Hanche, haut de la cuisse, pli du bas-ventre/inguinal.

AÎNÉ, E □ Grand, héritier du nom et des armes, premier-né.

AÎNESSE □ Primogéniture.

AINSI □ **I.** Comme cela, de cette façon/manière, de la sorte. **II.** De la même façon/manière, pareillement. **III. Ainsi que :** à l'exemple de, à l'instar de, comme, de même façon/manière que.

AIR □ **I. Au pr. 1.** Atmosphère, bouffée, brin d'air, brise, ciel, couche atmosphérique/respirable, courant d'air, espace, éther, souffle, température, temps, vent. **2. Loc.** *Prendre l'air :* se promener, respirer, sortir. *Changer d'air :* s'en aller, déménager, partir. *Donner de l'air :* aérer, éventer, oxygéner, ventiler. *Jouer la fille de l'air :* s'échapper, s'enfuir, s'évader, prendre la fuite/la poudre d'escampette (fam.), mettre les bouts (fam.). **II. Avoir un air :** affectation (péj.), allure, apparence, aspect, attitude, caractère, comportement, composition, contenance, dehors, démarche, embarras, expression, extérieur, facon, figure, forme, grâce, gueule (fam.), impression, maintien, manière, mine, physionomie, port, ressemblance, ton, visage. **III.** : aria, ariette, arioso, chanson, chant, couplet, mélodie, refrain, thème.

AIRAIN □ **I. Au pr.** : bronze. **II. Fig.** : durée, dureté, caractère, fermeté, force, sécurité, solidité.

AIRE □ **I.** Assise, champ, concession, domaine, emplacement, espace, massif, place, plancher, région, sphère, superficie, surface, terrain, territoire, zone. **II.** Nid, repaire. **III. Mar.** : rhumb.

AIS □ Aisseau, charpente. → *poutre*.

AISANCE □ **I.** Agilité, assurance, décontraction, désinvolture, distinction, facilité, grâce, habileté, légèreté, naturel, souplesse. **II.** Abondance, aise, bien-être, confort, opulence, richesse. **III. Lieux d'aisances** → *water-closet*.

AISE □ Contentement, décontraction, euphorie, félicité, joie, liberté, relaxation, satisfaction, *et les syn. de* AISANCE.

AISÉ, E □ **I. Au pr. 1.** Content, décontracté, dégagé, désinvolte, naturel, relax (fam.), relaxé, simple. **2.** → *nanti*. **II. Par ext.** : accommodant, coulant, facile, large, naturel, ouvert, souple, spontané.

AISÉMENT □ Facilement, largement, naturellement, simplement, volontiers.

AISSELLE □ Dessous de bras, gousset, région axillaire.

AJOURÉ, E □ Aéré, festonné, orné, ouvert, percé.

AJOURNEMENT □ Atermoiement, réforme, refus, remise, renvoi, report, retard, temporisation.

AJOURNER □ **I. Une chose :** atermoyer, remettre, renvoyer, reporter, retarder, temporiser. **II. Quelqu'un :** coller (arg. scol.), recaler, réformer, refuser.

AJOUT, AJOUTAGE □ About, addition, adjonction, ajutage, allonge, annexe, augment, augmentation, joint, raccord, rallonge, supplément.

AJOUTER □ Abouter, accoler, accroître, additionner, adjoindre, agrandir, allonger, améliorer, amplifier, annexer, apporter, augmenter, compléter, corriger, dire, embellir, enchérir, enrichir, enter, étendre, exagérer, greffer, grossir, insérer, intercaler, joindre, orner, parfaire, rajouter, en remettre (fam.), suppléer, surcharger, surenchérir, unir. **V. pron.** : accompagner, compléter, grossir, renforcer, *et les formes pron. possibles des syn. de* AJOUTER.

AJUSTAGE □ Alésage, brunissage, débourrage, grattage, limage, marbrage, montage, polissage, rodage, taraudage.

AJUSTEMENT □ **I. Au pr. :** accommodation, accord, adaptation, agencement, arrangement, disposition, mise en place, rapport. **II. Par ext. 1.** Accoutrement, déguisement, habillement, mise, parure, tenue, toilette, vêtements, vêture. **2.** Accommodement, arbitrage, compromis, conciliation, entente, protocole.

AJUSTER □ Accommoder, accorder, accoutrer, adapter, affecter, agencer, appliquer, arranger, assembler, calculer, coller, combiner, composer, concilier, conformer, disposer, égaliser, embellir, emboîter, embroncher, faire aller/cadrer/coller/marcher, habiller, joindre, jumeler, mettre d'accord/en place, monter, mouler, ordonner, organiser, orner, parer, revêtir, vêtir. → *viser*. **V. pron.** : aller bien, cadrer avec, coïncider, être d'accord, s'entendre avec, *et les formes pron. possibles des syn. de* AJUSTER.

ALACRITÉ □ → *vivacité*.

ALAMBIQUÉ, E □ Amphigourique, compliqué, confus, contourné, embarrassé, précieux, quintessencié, raffiné, recherché, subtil, tarabiscoté, torturé.

ALANGUIR □ Abattre, affaiblir, amollir, assoupir, détendre, fatiguer, ramollir, rendre indolent/languissant/langoureux / nonchalant / paresseux /ramollo (fam.)/sentimental/somnolent.

ALANGUISSEMENT □ Abandon, abattement, affaiblissement, amollissement, anémie, assoupissement, détente, fatigue, indolence, langueur, lenteur, mollesse, nonchalance, paresse, ramollissement, relâchement, relaxation, somnolence.

ALARMANT, E □ Affolant, angoissant, bouleversant, dangereux, dramatique, effrayant, épouvantable, grand, inquiétant, préoccupant, terrible, terrifiant, tragique.

ALARME □ **I.** Alerte, appel, avertissement, branle-bas, cri, dispositif d'alarme/d'urgence, plan d'urgence, signal, sirène, S.O.S., tocsin. **II.** Affolement, appréhension, crainte, effroi, émoi, émotion, épouvante, éveil, les foies (arg.), frayeur, frousse, inquiétude, panique, peur, souci, sur le qui-vive, terreur, transe.

ALARMER □ Affoler, alerter, donner les foies (arg.), effaroucher, effrayer, émouvoir, éveiller, faire peur, inquiéter, mettre en alerte/en transes, paniquer (fam.), remplir de crainte/de frayeur, remuer, terrifier, troubler.

ALARMISTE □ Cafardeux, capon, craintif, défaitiste, pessimiste, timoré.

ALBUM □ Cahier, classeur, keepsake, livre blanc, recueil, registre.

ALCHIMIE □ → *occultisme.*

ALCOOL □ **I.** Brandevin, eau-de-vie, esprit-de-vin, marc. **II.** Aquavit, armagnac, brandy, calvados, cognac, rhum, vodka, whisky. **III.** *Fam.* : bibine, bistouille, blanche, casse gueule/pattes/poitrine, cric, dur, gnole, goutte, petit verre, pétrole, pousse-café, rikiki, rincette, rinconnette, rogomme, schnaps, schnick, tord-boyaux.

ALCOOLIQUE □ → *ivrogne*

ALCOOLISÉ, E □ Fort, raide, tassé.

ALCOOLISER (S') □ Boire. *Fam.* : s'imbiber, s'imprégner/intoxiquer, picoler, pinter, prendre une biture/une cuite/une muflée/une ronflée, se soûler. → *enivrer (s').*

ALCOOLISME □ Dipsomanie, éthylisme, ivrognerie, soulographie (fam.).

ALCÔVE □ **I.** Lit, niche, réduit, renfoncement, ruelle. **II.** → *chambre.* **III.** → *galanterie.*

ALÉA □ Chance incertaine, danger, hasard, incertitude, péril, risque.

ALÉATOIRE □ Chanceux (pop.), conjectural, dangereux, douteux, hasardeux, improbable, incertain, périlleux, problématique, risqué, stochastique.

ALENTOUR, À L'ENTOUR □ **I. Adv.** : à la ronde, à proximité, autour de, aux environs, dans les parages. **II. Nom masc. pl.** : abords, bordures, entourage, environs, environnement, parages, proximité, voisinage.

ALERTE I. Danger, péril. → *alarme.* **II. Adj.** : agile, éveillé, fringant, ingambe, leste, pimpant, prompt, rapide, souple, vif.

ALERTER □ **I.** Avertir, aviser, donner l'alerte/avis, faire savoir, prévenir, renseigner, signaler. **II.** Appeler/attirer l'attention, inquiéter, mettre en éveil/la puce à l'oreille (fam.).

ALÉSAGE □ **I.** Ajustage, calibrage, fraisage, rectification, usinage. **II.** Calibre, cylindrée, volume.

ALÉSER □ Ajuster, calibrer, cylindrer, évaser, fraiser, rectifier, usiner.

ALÉSEUSE □ Machine-outil, meule, rectifieuse, tour.

ALEVIN □ Nourrain. → *poisson.*

ALEXANDRIN □ Dodécasyllabe, double héxamètre, vers de douze pieds.

ALFA □ Crin végétal, doum, stipa.

ALGARADE □ Altercation, attaque, dispute, échange de coups/de propos vifs, incident, insulte, querelle, scène.

ALGIE □ → *douleur.*

ALGUE □ Agar-agar, chlorelle, goémon, laminaire, ulve, varech.

ALIAS □ Autrement, autrement dit/nommé, d'une autre manière.

ALIBI □ → *diversion.*

ALIBORON □ **I.** → *baudet.* **II.** → *bête.*

ALIÉNABLE □ → *cessible.*

ALIÉNATION □ **I.** Abandon, cession, dispositions, distribution, donation, échange, fondation, legs, partage, perte, transfert, vente. **II.** Démence, folie, maladie mentale, névrose, troubles psychiques.

ALIÉNÉ, E □ **I. Nom.** *1. Au pr.* : dément, déséquilibré, détraqué, fou furieux, interné, malade, maniaque, névrosé, paranoïaque, schizophrène. *2. Fam. et par ext.* : braque, cinglé, dingo, dingue, fêlé, follet, frappé, jobard (arg.), loufoque, maboul, marteau, piqué, sonné, tapé, timbré, toctoc, toqué. **II. Adj.** : frustré, privé.

ALIÉNER □ **I. Au pr.** : abandonner, céder, disposer, distribuer, donner, échanger, laisser, léguer, partager, perdre, transférer, vendre. **II. Par ext.** : déranger, égarer, frustrer, rendre fou, *et les syn. de* FOU, troubler. **III. V. pron.** : écarter, perdre, se priver de, se séparer de.

ALIGNEMENT □ Accordement, ajustement, arrangement, disposition, mise en ligne/ordre, nivellement, piquetage, rangement, standardisation, tracé, uniformisation.

ALIGNER □ **I.** Accorder, ajuster, arranger, disposer, dresser, mettre en ligne/ordre, niveler, piqueter, ranger, standardiser, tracer, uniformiser. **II. Aligner une chose, la monnaie** (fam.) : avancer, donner, dresser, fournir, payer, présenter.

ALIMENT □ **I.** Comestible, denrée, pitance, produit, provision, subsistance. → *nourriture.* **II.** → *prétexte.*

ALIMENTAIRE □ Comestible, digestible, digestif, nourrissant, nutritif.

ALIMENTATION □ Allaitement, approvisionnement, cuisine, diététique, fourniture, gastronomie, ingestion, menu, nourrissement, nourriture, nutrition, ravitaillement, régime, repas, sustentation.

ALIMENTER □ **I. Au pr.** : approvisionner, composer un menu/un régime/un repas, donner à manger, entretenir, faire prendre/subsister, nourrir, pourvoir, soutenir, sustenter. **II. Des bestiaux** : affourager, calculer des calories/rations. **III. Des oiseaux** : agrainer.

ALINÉA □ **I.** À la ligne, en retrait. **II.** Article, paragraphe, passage.

ALITER □ Allonger/étendre sur un lit, faire prendre le lit, mettre au lit/au repos. **V. pron.** : s'allonger, se coucher, s'étendre, garder la chambre, se mettre au lit.

ALLAITEMENT ☐ Alimentation, lactation, nourriture.

ALLAITER ☐ Alimenter, donner le sein, nourrir.

ALLANT, E ☐ Alerte, allègre, bien conservé, dynamique, ingambe, vigoureux. → *actif.*

ALLANT ☐ Alacrité, dynamisme, entrain, initiative. → *activité.*

ALLÉCHANT, E ☐ Affriolant, appétissant, attirant, attrayant, engageant, séduisant, tentant.

ALLÈCHEMENT ☐ Amorce, appât, attrait, friandise, séduction, tentation.

ALLÉCHER ☐ **I. Au pr. et fig. :** affriander, affrioler, aguicher, amadouer, amorcer, appâter, attirer, engager, séduire, tenter. **II. Fig. :** faire du baratin/du boniment, faire miroiter.

ALLÉE ☐ **I. Au pr. dans la loc.** *Allées et venues :* courses, démarches, déplacements, navettes, navigations, pas, trajets, va-et-vient, visites, voyages. **II. Par ext. :** accès, avenue, charmille, chemin, cours, drève, laie, layon, mail, ouillère, passage, ruelle, sentier, tortille, voie.

ALLÉGATION ☐ **I.** Affirmation, argumentation, assertion, déclaration, dire, position, propos, proposition, raison. **II. Non favorable :** calomnie, fable, imputation, insinuation, méchanceté, médisance, potins, prétexte, propos malveillants, ragots, vilenie.

ALLÉGEANCE ☐ **I.** Fidélité, soumission, subordination, vassalité. **II.** Appartenance, autorité, juridiction, nationalité, statut.

ALLÉGEMENT ☐ Adoucissement, aide, amélioration, apaisement, atténuation, consolation, délestage, dégrèvement, diminution, remise, retrait, soulagement, sursis.

ALLÉGER ☐ Accorder un sursis, adoucir, aider, améliorer, apaiser, atténuer, consoler, dégrever, délester, diminuer, ôter, remettre, retirer, soulager.

ALLÉGORIE ☐ Apologue, conte, convention, emblème, fable, fiction, figure, histoire, image, label, marque, métaphore, mystère, mythe, œuvre, parabole, personnification, récit, représentation, signe, statue, symbole, tableau.

ALLÉGORIQUE ☐ Conventionnel, emblématique, fabuleux, fictif, hiératique, imaginaire, métaphorique, mythique, symbolique, typique.

ALLÈGRE ☐ Actif, agile, alerte, allant, bien-allant, bouillant, brillant, dispos, exultant, gai, gaillard, ingambe, joyeux, léger, leste, plein d'entrain/de vie, vert, vif, vigoureux.

ALLÉGRESSE ☐ **I. Au pr. :** bonheur, enthousiasme, exultation, gaieté, joie, liesse, ravissement, réjouissance, transe, transport. **II. Par ext. :** activité, agilité, alacrité, allant, entrain, forme, gaillardise, légèreté, satisfaction, verdeur, vigueur, vie, vivacité.

ALLÉGUER ☐ Apporter, s'appuyer sur, arguer de, avancer, déposer des conclusions, exciper de, fournir, invoquer, objecter, opposer, poser, prétendre, prétexter, se prévaloir de, produire, rapporter. → *affirmer.*

ALLER ☐ **I. Au pr. :** s'acheminer, s'approcher de, avancer, cheminer, cingler vers, circuler, converger, courir, déambuler, se dégrouiller (fam.), se déplacer/se diriger/faire route sur *ou* vers, filer, galoper, gagner, gazer (fam.), marcher, mettre le cap sur, se mettre en route, se mouvoir, parcourir, passer par, pérégriner, piquer sur, se porter/poursuivre/pousser/progresser vers, se promener, se propulser (fam.), remonter, se rendre à, suivre, tendre/tirer/tourner ses pas/se transporter sur/vers, traverser, voyager vers. **II. 1. Un fluide :** affluer, s'écouler dans *ou* vers, se jeter dans. **2. Aller jusqu'à une limite :** aboutir à, atteindre, arriver à, confiner à, finir à, s'étendre jusqu'à. **3. Aller avec quelqu'un :** accompagner, aller devant, devancer, distancer, précéder. **4. Aller en arrière :** marcher à reculons, rebrousser chemin, reculer, refluer, retourner, revenir sur ses pas. **5. Aller en travers :** biaiser, dériver, se détourner, obliquer, prendre un raccourci. **6. Aller en hésitant ou au hasard :** baguenauder (fam.), errer, évoluer, serpenter, vaguer, zigzaguer. **III. Fig. 1. On va à quelqu'un :** s'adresser/commander à, former un recours auprès de, solliciter. **2. On va aux nouvelles :** s'informer, se renseigner. **3. Une chose va à quelqu'un :** s'adresser à, agréer, concerner, convenir à, être destiné à, intéresser, plaire, toucher. **4. Une chose va :** s'adapter, fonctionner, marcher. **5. Une chose va bien avec :** accompagner, s'accorder, s'adapter, cadrer, concorder, s'harmoniser. **6. Aller bien** → *correspondre.*

ALLER (S'EN) ☐ **I. Quelqu'un. 1. Au pr.** → *partir.* **2.** → *baisser, mourir.* **II. Une chose. 1.** → *disparaître.* **2.** → *fuir.*

ALLERGIE ☐ **I.** Anaphylaxie, hypersensibilité, sensibilisation. **II. Fig. :** antipathie, dégoût, idée préconçue, méfiance, prévention, répugnance, répulsion.

ALLERGIQUE ☐ **I. Au pr. :** anaphylactique, sensibilisé, sensible. **II. Fig. Loc.** *Être allergique à quelqu'un ou à quelque chose :* avoir de l'antipathie/un préjugé défavorable/de la répugnance/de la répulsion, se défier de, être dégoûté de/écœuré par, se méfier de, répugner à.

ALLIAGE □ → *mélange.*

ALLIANCE □ **I. Avec quelqu'un :** affinité, amitié, apparentage, assemblage, association, combinaison, contrat, convention, hyménée, mariage, mélange, pacte, parenté, rapprochement, sympathie, union. → *accord.* **II. Polit. :** accord, agrément, apparentement, assistance, association, coalition, confédération, convention, duplice, entente, fédération, ligue, pacte, protocole, triplice, union. **II. Anneau.**

ALLIÉ, E □ **I. Polit. :** ami, coalisé, confédéré, fédéré, partenaire, satellite, second. **II. Quelqu'un :** adjoint, aide, ami, associé, auxiliaire, complice (fam. ou péj.), copain (fam.), partenaire, second. → *parent.*

ALLIER □ Accommoder, accorder, apparenter, assembler, associer, assortir, coaliser, concilier, confédérer, faire aller avec, faire entrer dans, fédérer, harmoniser, joindre, lier, liguer, marier, mélanger, mêler, rapprocher, unir. **V. pron. :** aller avec/ensemble, entrer dans, faire cause commune/équipe avec, signer avec *et les formes pron. possibles des syn. de* ALLIER.

ALLIGATOR □ Caïman, crocodile, crocodilien, gavial.

ALLITÉRATION □ Assonance, harmonie imitative, récurrence phonique, répétition.

ALLOCATAIRE □ Assujetti, attributaire, ayant droit, bénéficiaire, prestataire.

ALLOCATION □ Arrérages, attribution, indemnité, mensualité, pension, prestation, rente, secours, subside, subvention.

ALLOCHTONE □ Allogène, étranger.

ALLOCUTION □ Adresse, discours, harangue, homélie (relig.), laïus, mot, sermon (relig.), speech, toast, topo (fam.).

ALLOGÈNE □ → *allochtone.*

ALLONGE □ **I.** Ajoutage, ajouture. → *allongement.* **II. Par ext. :** attaque, frappe, garde, poing, punch, riposte.

ALLONGÉ, E □ **I.** Barlong, comme un fil, effilé, en pointe, fin, long, mince, nématoïde. **II.** À plat dos/ventre, au repos, couché, décontracté, en décubitus (méd. et vétér.), étendu, relaxé, sur le côté.

ALLONGEMENT Accroissement, affinement, allonge, ajout, ajoutage, ajouture, appendice, augmentation, délai, développement, élongation, étirage, étirement, excroissance, extension, prolongation, prolongement, prorogation, rallonge, sursis, tension.

ALLONGER □ **I. Au pr. 1.** Ajouter, augmenter, développer. **2.** Accroître, affiner, déployer, détirer, étendre, étirer, rallonger, tendre, tirer. **II. Par ext. 1. Allonger un coup :** assener, coller, donner, envoyer, ficher (fam.), flanquer (fam.), fourrer (fam.), foutre (vulg.), lancer, porter. **2. Allonger un délai :** accorder un délai/un sursis, éterniser, faire durer/tirer/traîner en longueur, pérenniser, pousser, prolonger, proroger, repousser, retarder, temporiser. **3. Allonger le pas :** se presser, presser le pas. **4. Les allonger** (fam.) : donner. → *payer.* **5. Allonger quelqu'un,** coucher. → *tuer.* **III. V. pron. : 1.** Les formes pron. possibles des syn. de ALLONGER. **2.** Se coucher, se décontracter, se détendre, s'étaler (fam.), s'étendre, faire la sieste, se mettre au lit, se relaxer, se reposer.

ALLOUER □ Accorder, attribuer, avancer, bailler (vx), céder, concéder, décerner, donner, doter, faire don, gratifier, octroyer, offrir.

ALLUMAGE □ **I. Autom. :** combustion, contact, démarrage, départ, explosion. **II.** Mise à feu.

ALLUMER □ **I. Au pr. 1.** Embraser, enflammer, incendier, mettre le feu. **2.** Donner de la lumière, éclairer, illuminer, mettre de la lumière, tourner le bouton/le commutateur/l'interrupteur. **II. Fig. :** animer, attiser, bouter le feu, commencer, déclencher, embraser, enflammer, exciter, mettre le feu, occasionner, provoquer, susciter.

ALLUMEUSE □ → *aguicheuse.*

ALLURE □ **I. De quelqu'un :** air, apparence, aspect, attitude, caractère, comportement, conduite, dégaine (fam.), démarche, extérieur, façon, ligne, maintien, manière, panache, port, prestance, silhouette, tenue, touche (fam.), tournure. **II. D'un mouvement :** course, erre, marche, mouvement, pas, rythme, train, vitesse. **III. Du cheval :** amble, aubin, canter, entrepas, galop, mésair, pas, trac, train, traquenard, trot.

ALLUSIF, IVE □ → *indirect.*

ALLUSION □ Allégorie, comparaison, évocation, sous-entendu, rappel.

ALLUVION □ **I.** Allaise, apport, boue, dépôt, limon, loess, sédiment. **II. Le résultat :** accroissement, accrue, atterrissement, illuvion, lais, laisse, relais.

ALMANACH □ **I.** Agenda, annuaire, calendrier, calepin, carnet, éphéméride, mémento, répertoire. **II.** Bottin, Gotha, Messager boiteux, Vermot, Who's who.

ALOI □ **I.** Alliage. **II.** Goût, qualité, réputation, valeur.

ALOPÉCIE □ → *calvitie.*

ALORS □ **I.** À ce moment-là, ainsi, en ce moment-là, à cette heure-là, en ce temps-là, dans ces conditions, donc, eh bien, sur ces entrefaites. **II. Loc. conj.** *Jusqu'alors :* jusqu'à ce moment-là/ce temps-là. **III. Alors que.** *1.* Au moment de, dans le moment où. *2.* Au lieu que, tandis que. **IV. Alors même que :** lors même que, même dans le cas où, quand bien même.

ALOUETTE □ Alauda, calandre, calandrette, cochevis, lulu, mauviette, otocoris, sirli.

ALOURDIR □ **I. Au pr. :** appesantir, charger, lester, surcharger. **II. Par ext. :** accabler, aggraver, augmenter, embarrasser, faire peser, frapper, grever, opprimer, peser, presser. **III. Fig.** *1.* Appesantir, endormir, engourdir. *2.* Engraisser, enrichir, épaissir, garnir, renforcer, surcharger. **IV. V. pron. :** devenir gras/gros/lourd/massif/pesant, s'empâter, enfler, s'enfler, enforcir, engraisser, épaissir, s'épaissir, faire du lard (fam.), forcir, gonfler, grossir, prendre de la bedaine (fam.)/de la brioche (fam.)/de l'embonpoint/de la gidouille (fam.)/du poids/de la rondeur/du ventre, *et les formes pron. possibles des syn. de* ALOURDIR.

ALOURDISSANT, E □ Accablant, aggravant, appesantissant, assoupissant, embarrassant, fatigant, indigeste, lourd, opprimant, pesant.

ALOURDISSEMENT □ **I.** Accroissement de poids, augmentation, surcharge. **II. Fig. :** accablement, accroissement, aggravation, appesantissement, assoupissement, augmentation, embarras, engourdissement, épaississement, fatigue, indigestion, lourdeur, oppression, somnolence, surcharge.

ALPAGE □ → *pâturage.*

ALPAGUER □ → *prendre.*

ALPESTRE □ Alpin, blanc, montagneux, neigeux.

ALPHABET □ A.b.c., abécédaire, syllabaire.

ALPHABÉTISATION □ Initiation, instruction élémentaire.

ALPHABÉTISER □ Apprendre à lire et à écrire, initier, instruire.

ALPIN, E □ → *alpestre.*

ALPINISME □ Ascension, escalade, montagne, randonnée, varappe.

ALPINISTE □ Rochassier, varappeur.

ALTÉRABLE □ Corruptible, fragile, instable, mobile, variable.

ALTÉRATION □ **I.** Abâtardissement, adultération, affaiblissement, appauvrissement, atteinte, avarie, avilissement, barbouillage, bricolage, contrefacon, corruption, décomposition, déformation, dégât, dégénération, dégénérescence, dégradation, déguisement, dénaturation, dépravation, désordre, détérioration, diminution, ébranlement, entorse, falsification, fardage, faux, fraude, frelatage, frelatement, frelaterie, maquillage, modification, mutilation, pourriture, putréfaction, sophistication, tache, tare, tromperie, trouble, truquage. **II. Techn. :** artefact, attaque, changement, décomposition, déformation, dénaturation, désintégration, diminution, échauffement, métamorphisme, métamorphose, métaplasme, métathèse, mutation, modification, oxydation, passage, perte, rouille, saut, séparation, transformation.

ALTERCATION □ Attaque, chicane, contestation, controverse, débat, démêlé, différend, discussion, dispute, engueulade (fam.), empoignade, joute oratoire, passe d'armes, prise de bec (fam.), querelle.

ALTER EGO □ **I.** Adjoint, associé, autre moi-même, bras droit, coadjuteur, codirecteur, cogérant, collaborateur, compagnon, compère, complice (péj.), confrère, coopérateur, fondé de pouvoir, homologue, jumeau, partenaire. **II. Par ext. :** compagne, double, épouse, femme, gouvernement (fam.), moitié.

ALTÉRER □ **I.** Assécher, assoiffer, déshydrater, dessécher, donner la pépie (fam.)/soif, faire crever de soif (fam.), pousser à boire, rendre avide de. **II. Par ext.** *1. Non favorable :* abâtardir, adultérer, affaiblir, affecter, aigrir, aliéner, appauvrir, atteindre, atténuer, avarier, avilir, barbouiller, bouleverser, bricoler, changer, compromettre, contrefaire, corrompre, décomposer, défigurer, déformer, dégénérer, dégrader, déguiser, dénaturer, dépraver, détériorer, détraquer, diminuer, ébranler, empoisonner, endommager, enfieller, estropier, falsifier, farder, fausser, frauder, frelater, gâter, maquiller, modifier, mutiler, pourrir, putréfier, salir, sophistiquer, souiller, tacher, tarer, ternir, tromper, tronquer, troubler, truquer, vicier. *2. Les traits, la voix :* bouleverser, changer, décomposer, défigurer, déformer, dénaturer, émouvoir, troubler. *3. Techn. ou neutre :* aigrir, attaquer, changer, décomposer, déformer, dénaturer, déplacer, désintégrer, diminuer, éventer, influer sur, métamorphoser, modifier, oxyder, ronger, rouiller, séparer, transformer, transmuer, transmuter.

ALTÉRITÉ □ → *différence.*

ALTERNANCE □ **I. Agr. :** Alternat, assolement. **II.** Allée et venue, alternative, balancement, battement, bercement, branle, branlement, brimbalement, cadence, cadencement, changement, alternatif, flux et reflux, ondulation, ordre alterné, oscillation, palpitation, pulsation, période, périodicité, récurrence, récursivité, retour, rythme, sinusoïde, succession, suite, tour, va-et-vient, variation.

ALTERNANT, E ☐ Alterne, changeant, périodique, récurrent, récursif, rythmé, sinusoïdal, successif.

ALTERNATEUR ☐ Dynamo, génératrice, machine de Gramme.

ALTERNATIF, IVE ☐ Balancé, cadencé, ondulatoire, oscillant, périodique, récurrent, récursif, rythmique, sinusoïdal, successif.

ALTERNATIVE ☐ Changement, choix, dilemme, haut et bas, intercurrence, jeu de bascule, option, système d'opposition, vicissitude. → *alternance.*

ALTERNATIVEMENT ☐ À tour de rôle, coup sur coup, l'un après l'autre, périodiquement, récursivement, rythmiquement, successivement, tour à tour.

ALTERNER ☐ Aller/faire par roulement, se relayer, se remplacer, se succéder, tourner.

ALTESSE ☐ → *prince.*

ALTIER, ÈRE ☐ → *arrogant.*

ALTITUDE ☐ Hauteur, élévation, niveau au-dessus de la mer, plafond.

ALTRUISME ☐ Abnégation, amour d'autrui, bienveillance, bonté, charité, désintéressement, dévouement, don de soi, générosité, humanité.

ALTRUISTE ☐ → *généreux.*

ALVÉOLE ☐ → *cavité.*

AMABILITÉ ☐ Accueil, affabilité, agrément, altruisme, aménité, attention, bienveillance, bonté, charme, civilité, courtoisie, délicatesse, douceur, gentillesse, grâce, hospitalité, obligeance, ouverture, politesse, prévenance, savoir-vivre, sens des autres, serviabilité, urbanité.

AMADOUER ☐ I. Adoucir, amollir, apaiser, apprivoiser, attendrir, cajoler, calmer, caresser, fléchir, persuader, rassurer, toucher. II. **Non favorable :** chatouiller, embabouiner, enjôler, flagorner, mettre dans son jeu, pateliner, peloter, tonneler (vx).

AMAIGRI, E ☐ → *maigre.*

AMAIGRISSEMENT ☐ I. Amincissement, cure. II. **Non favorable :** atrophie, cachexie, consomption, dépérissement, dessèchement, émaciation, étisie, maigreur, marasme, tabescence.

AMALGAME ☐ → *mélange.*

AMALGAMER ☐ → *mélanger.* **V. pron. :** fusionner *et les formes pron. possibles des syn. de* MÉLANGER.

AMANT ☐ I. Adorateur, ami, amoureux, béguin (fam.), berger (vx et/ou fam.), bien-aimé, bon ami, céladon (vx), chéri, favori, galant, soupirant, tourtereau. **2. Pop. :** bonhomme, branque, branquignol, entreteneur, guignol, homme, jules, mec, type. II. **Péj :** gig, gigolo, giton, godelureau, greluchon, maquereau, miché, micheton, minet, play-boy, vieux, vieux beau. III. **Fig.** → *amateur.*

AMANTE ☐ Âme sœur, amie, amoureuse, béguin (fam.), belle, bergère (fam. ou vx), bien-aimée, bonne amie, chérie, dame (vx), dulcinée, favorite (vx), maîtresse, mignonne, muse. II. Connaissance, fréquentation. → *fille.*

AMARANTE ☐ → *rouge.*

AMARRAGE. ☐ I. Ancrage, embossage, mouillage. II. Attache, fixation.

AMARRE ☐ → *cordage.*

AMARRER ☐ Ancrer, attacher, enchaîner, fixer, immobiliser, lier, retenir.

AMAS ☐ I. **De choses :** accumulation, agglomération, agrégat, alluvion, amoncellement, assemblage, attirail, bataclan (fam.), bazar (péj.), bloc, collection, concentration, décombres, dépôt, éboulis, empilement, encombrement, entassement, fatras, liasse, masse, meule, monceau, montagne, pile, rassemblement, tas, vrac. II. **De personnes :** affluence, attroupement, concours, foule, multitude, presse, ramassis (péj.), rassemblement, réunion, tapée (fam.).

AMASSER ☐ → *accumuler.*

AMATEUR ☐ I. Amant, friand, gastronome, gourmand, gourmet. II. **Non favorable :** demi-sel, dilettante, fantaisiste, fumiste (fam.), sauteur, touche-à-tout. III. → *collectionneur.*

AMATEURISME ☐ Dilettantisme, fumisterie (fam. et péj.)

AMATIR ☐ → *ternir.*

AMAZONE ☐ Cavalière, écuyère, femme de cheval.

AMBAGES (SANS) ☐ Bille en tête (arg.), catégoriquement, directement, franchement, sans ambiguïté/circonlocutions / détour / équivoque / obscurité, tout à trac/de go.

AMBASSADEUR ☐ Agent, attaché, chargé d'affaires, chargé de mission, diplomate, émissaire, envoyé, excellence, légat, ministre, ministre plénipotentiaire, négociateur, nonce, plénipotentiaire, représentant.

AMBIANCE ☐ I. → *milieu.* II. → *gaieté.*

AMBIANT, E ☐ → *environnant.*

AMBIGU, UË ☐ Ambivalent, amphibologique, bivalent, double, douteux, énigmatique, équivoque, flottant, incertain, indécis, louche, obscur.

AMBIGUÏTÉ □ Ambivalence, amphibologie, bivalence, double sens, énigme, équivoque, incertitude, obscurité.

AMBITIEUX, EUSE □ **I. Quelqu'un :** arriviste, présomptueux, téméraire. **II. Une chose :** affecté, compliqué, pompeux, prétentieux, recherché.

AMBITION □ **I. Le comportement :** appétit, ardeur, arrivisme (péj.), aspiration, brigue, convoitise, désir, faim, fringale, mégalomanie (péj.), passion, prétention, quête, recherche, soif. **II. L'objet :** but, fin, mobile, objet, projet, rêve, visée vue.

AMBITIONNER □ Aspirer à, avoir des vues sur, briguer, caresser, convoiter, désirer, poursuivre, prétendre, projeter, quêter, rechercher, rêver, viser.

AMBIVALENT, E □ → *ambigu.*

AMBON □ Jubé.

AMBRE □ Agatite, bakélite, carbolite, formite, herpès.

AMBRÉ, E □ Blond, doré, fauve, jaune.

AMBULANCE □ Antenne, hôpital, infirmerie, poste de secours.

AMBULANCIER, ÈRE □ Infirmier, secouriste.

AMBULANT, E □ Auxiliaire, baladeur (fam.), changeant, errant, instable, intérimaire, mobile, navigant, nomade, roulant, variable.

ÂME □ **I.** Cœur, conscience, dedans, esprit, fond, intérieur, mystère, pensée, principe, secret, spiritualité, transcendance, vie. **II. Force d'âme :** ardeur, audace, bonté, charité, conscience, constance, courage, énergie, fermeté, force, générosité, héroïsme, intrépidité, magnanimité, noblesse, trempe, valeur, vigueur, volonté. **III. Par ext. : 1.** air, ectoplasme, émanation, essence, éther, étincelle, feu, flamme, mystère, souffle, vapeur. **2.** → *habitant.* **IV. Loc. Âme d'un complot :** animateur, centre, cerveau, chef, instigateur, maître, nœud, organisateur, patron, responsable.

AMÉLIORATION □ **I.** Amendement, bonification, changement, mieux, perfectionnement, progrès, transformation. **II. Par ext. 1. De la santé :** affermissement, convalescence, guérison, mieux, rémission, répit, rétablissement. **2. D'un produit, d'un sol** → *amendement.* **3. Du temps :** éclaircie, embellie, radoucissement, redoux. **4. D'un détail, d'un travail :** achèvement, correction, fignolage (fam.), finition, mise au point retouche, révision. **5. Des mœurs :** adoucissement, amendement, civilisation, évolution, progrès, promotion,

réforme, régénération, rénovation. **6. La situation :** avancement, élévation, promotion. **7. Un bâtiment :** apport, arrangement, commodités, confort, décoration, embellissement, modification, plus-value, ravalement, renforcement, rénovation, réparation, restauration. **8. Les rapports :** armistice, compromis, détente, entente, issue, modus vivendi, normalisation, réconciliation.

AMÉLIORABLE □ → *perfectible.*

AMÉLIORER □ **I. Au pr. :** bonifier, changer en mieux, faire progresser, perfectionner, transformer. **II. Par ext. 1. La santé :** affermir, guérir, rétablir. **2. Un produit :** abonnir, amender, bonifier. **3. Un détail, un travail :** achever, corriger, fignoler (fam.), finir, lécher, mettre au point, parfaire, raffiner, retoucher, réviser. **4. Les mœurs :** adoucir, amender, civiliser, faire évoluer, faire progresser, promouvoir, réformer, régénérer, rénover. **5. La situation :** avancer, être élevé, être promu. **6. Un bâtiment :** apporter des améliorations *et les syn. de* AMÉLIORATION, arranger, décorer, donner une plus-value, embellir, modifier, ravaler, renforcer, rénover, réparer, restaurer. **7. Les rapports :** apporter une amélioration *et les syn. de* AMÉLIORATION, détendre, normaliser, réconcilier. **8. Un sol :** abonnir, amender, ameublir, bonifier, chauler, cultiver, engraisser, enrichir, ensemencer, façonner, fertiliser, fumer, marner, mettre en valeur, planter, plâtrer, terreauter, travailler. **III. V. pron. :** aller mieux, devenir meilleur, se faire meilleur, prendre de la qualité, *et les formes pron. possibles des syn. de* AMÉLIORER.

AMEN □ **I.** D'accord, ainsi soit-il, comme vous voudrez. **II. Loc. Dire amen** → *approuver.*

AMÉNAGEMENT □ → *agencement.*

AMÉNAGER → *agencer.*

AMENDABLE □ → *perfectible.*

AMENDE □ **I.** → *contravention.* **II.** Astreinte, contrainte. **III. Loc. Amende honorable :** excuses publiques, pardon public, réparation, résipiscence.

AMENDEMENT □ **I.** → *amélioration.* **II. Du sol :** abonnissement, amélioration, ameublissement, bonification, chaulage, culture, engraissement, enrichissement, ensemencement, façons culturales, fertilisation, fumure, marnage, mise en valeur, plâtrage, terreautage, travaux. **III. Polit. :** changement, correction, modification, réforme.

AMENDER □ **I.** → *améliorer.* **II. V. pron. :** → *améliorer (s'), corriger (se).*

AMÈNE □ → *aimable.*

AMENER □ **I.** → *conduire.* **II. Fig.**

1. Quelqu'un à une opinion : attirer, conquérir, convaincre, convertir, déterminer, engager, enrôler, entraîner, faire adopter, retourner, séduire. **2. Une chose :** attirer, causer, déterminer, entraîner, ménager, occasionner, préparer, présenter, produire, provoquer, susciter, traîner après/avec soi. **III. V. pron. : 1.** Les formes pron. possibles des syn. de AMENER. **2. Pop. :** → venir.

AMÉNITÉ □ → amabilité.

AMENUISÉ, E □ Affaibli, allégé, amaigri, aminci, amputé, apetissé, coupé, décharné, découpé, diminué, évaporé, maigre, menu, mince, rapetissé, raréfié, réduit, retranché, tari.

AMENUISEMENT □ Affaiblissement, allégement, amincissement, amputation, découpage, diminution, disparition, évaporation, rapetissement, raréfaction, réduction, rognement (fam.), tarissement, ténuité.

AMENUISER □ Affaiblir, alléger, amaigrir, amener la disparition de, amincir, amputer, apetisser, couper, découper, diminuer, effiler, faire disparaître, provoquer la disparition de et les syn. de DISPARITION, rapetisser, raréfier, réduire, retrancher, rogner, tarir, trancher. **V. pron. :** S'amoindrir, s'anéantir, cesser d'être visible, diminuer, disparaître, se dissiper, se dissoudre, s'éclipser, s'effacer, s'éloigner, s'estomper, s'évanouir, s'évaporer, finir, mourir, se noyer dans, se perdre, se retirer, se soustraire à la vue, se volatiliser, et les formes pron. possibles des syn. de AMENUISER.

AMER, ÈRE □ **I. Une chose. 1. Au pr. :** âcre, aigre, âpre, désagréable, écœurant, fort, irritant, saumâtre. **2. Fig. :** affligeant, âpre, attristant, cruel, cuisant, décevant, décourageant, déplaisant, désagréable, désolant, douloureux, dur, humiliant, mélancolique, morose, pénible, sévère, sombre, triste. **II. Quelqu'un dans son comportement, ses propos :** acariâtre, acerbe, acide, âcre, acrimonieux, agressif, aigre, âpre, blessant, caustique, déplaisant, désagréable, fielleux, hargneux, ironique, maussade, mauvais, méchant, mordant, offensant, piquant, rude, sarcastique, sévère, solitaire, taciturne. **III. Nom masc. 1.** Apéritif, bitter. **2.** Bile, fiel, **3. Au pl. :** absinthe, aloès, armoise, camomille, concarille, centaurée, chénopode chicorée, chicotin, colombo, coloquinte, genièvre, gentiane, germandrée, houblon, menthe, noix vomique, pavot, quassia-amara, quinquina, rhubarbe, romarin, sauge, semen-contra, simaruba, tanaisie. **4. Mar. :** → repère.

AMÉRICAIN, E □ → yankee.

AMERTUME □ **I. Au pr. :** âcreté, aigeur, âpreté, goût amer, et les syn. de AMER, rudesse. **II. Fig. 1.** Affliction, aigreur, âpreté, chagrin, chose/pensée/souvenir amer et les syn. de AMER, cruauté, cuisance, déception, découragement, dégoût, dépit, déplaisir, désagrément, désappointement, désolation, douleur, dureté, écœurement, humiliation, mélancolie, peine, regret, tourment, tristesse. **2.** Acariâtreté, acerbité, acidité, âcreté, acrimonie, agressivité, aigreur, animosité, âpreté, causticité, comportement/propos amer et les syn. de AMER, fiel, hargne, ironie, maussaderie, mauvaise humeur, méchanceté, rudesse.

AMEUBLEMENT □ → agencement.

AMEUBLIR □ Amender, bêcher, biner, cultiver, décavaillonner, façonner, gratter, herser, labourer, passer le crosskill/rotavator, sarcler, scarifier.

AMEUBLISSEMENT □ Amendement, bêchage, binage, culture, décavaillonnage, façons, grattage, hersage, labour, sarclage, scarification.

AMEUTER □ Appeler, attrouper, battre le rappel, déchaîner, exciter, grouper, liguer, masser, rameuter, rassembler, regrouper, sonner le ralliement /le tocsin, soulever.

AMI, E □ **I. Nom 1. Au pr. :** camarade, compagnon, connaissance, familier, inséparable, intime, relation. **Fam. :** aminche, copain, copine, pote, poteau, vieille branche /noix. **2.** Allié, alter ego, coalisé. **3.** Les compositions avec le préfixe ou suffixe phile et un nom (ex. : cinéphile, philanthrope). **4.** → amant. **II. Adj. 1.** → amateur. **2.** Assorti. → allié. **3.** → amoureux. **4.** Bienveillant, dévoué, favorable, propice.

AMIABLE (À L') □ Amiablement, amicalement, de gré à gré, volontaire, volontairement.

AMICAL, E □ → bienveillant.

AMIDON □ Apprêt, colle, empois.

AMIDONNER □ apprêter, empeser.

AMINCIR □ → diminuer.

AMINCISSEMENT □ → diminution.

AMITIÉ □ **I. Pour quelqu'un. 1.** → affection. **2.** → bienveillance. **3.** → bonté. **II.** Accord, bonne intelligence, cordialité, entente, sympathie. **III. Loc. Faire des amitiés. 1.** Fav. : amabilité, bon/meilleur souvenir, compliment, hommages, sympathie. **2.** Non fav. : caresse, flagornerie, flatterie, grimace.

AMNÉSIE □ Oubli, perte de mémoire, trou.

AMNISTIE □ Absolution, acquittement, grâce, oubli, pardon, relaxe, remise de peine.

AMNISTIER □ Absoudre, excuser, faire oublier/pardonner, gracier, oublier, pardonner, passer l'éponge (fam.), relaxer, remettre.

AMOCHER □ → *abîmer.*

AMOINDRIR □ → *diminuer.*

AMOINDRISSEMENT □ → *diminution.*

AMOLLIR □ → *affaiblir.* **V. pron. :** s'acagnarder. → *affaiblir (s').*

AMOLLISSEMENT □ → *affaiblissement.*

AMONCELER □ → *accumuler.*

AMONCELLEMENT □ → *accumulation.*

AMORAL, E □ Indifférent, laxiste, libertaire, libre, nature (fam.), sans foi ni loi (péj.).

AMORCE □ **I.** Détonateur, fulminate. **II.** → *aiche, allèchement.* **III.** → *ébauche.*

AMORCER □ **I. Au pr. :** affriander, agrainer, allécher, appâter, attirer. **II.** → *ébaucher.* **III.** → *allécher.*

AMORPHE □ **I. Au pr. :** sans forme. **II. Par ext. :** informe. **III. Fig.** → *apathique.*

AMORTI, E □ **I. Au pr. :** couvert. **II. Par ext.** *1.* Éteint, remboursé. *2.* Hors d'usage, usagé, usé. *3.* Démodé, vieilli. → *vieux.*

AMORTIR □ **I. Finances :** couvrir, éponger, éteindre, rembourser. **II. Un objet :** employer, faire rendre/servir/travailler, utiliser. **III.** → *affaiblir.*

AMORTISSEMENT □ **I. Finances :** couverture, extinction, remboursement. **II. D'un objet :** plein emploi, rendement, travail, utilisation. **III. Fig. :** adoucissement, affaiblissement, apaisement, attiédissement.

AMOUR □ **I. Au pr.** *1. De Dieu :* adoration, charité, contemplation, culte, dévotion, dilection, ferveur, mysticisme, piété. *2.* → *affection.* **II. D'un sexe pour l'autre.** *1.* → *passion.* *2. Amour conjugal :* hymen, hyménée, mariage. *3. Par ext. :* association (pop.), concubinage, en ménage. *4. Légèrement péj. :* amourette, amusement, aventure, badinage, bagatelle, batifolage, béguin, bluette, bricole, caprice, coquetterie, coup de foudre, engouement, fantaisie, fleurette, flirt, galanterie, intrigue, liaison, marivaudage, passade, passion, passionnette, touche (fam.). **III. Déesse de l'amour :** Aphrodite, Vénus. **IV. Dieu de l'amour :** archer, Cupidon, Éros, petit archer. **V. Amour d'une chose.** *1. Suffixe* -philie (ex. : cinéphilie). *2.* Admiration, adoration, attachement, dévotion, engouement, enthousiasme, estime, faible, folie, goût, intérêt, passion, penchant, plaisir.

AMOURACHER (S') □ Avoir le béguin (fam.), s'éprendre. → *aimer.*

AMOURETTE □ → *amour.*

AMOUREUX, EUSE □ **I. Adj.** *1.* Adorateur, affectionné, affectueux, aimable, aimant, amical, ardent, attaché, brûlant, câlin, caressant, chaud, coiffé, dévoué, doux, épris, fou, galant, langoureux, lascif, passionné, sensible, sensuel, tendre, toqué, voluptueux. *2. D'une chose :* admirateur, amateur, ami, avide, fana (fam.), fanatique, féru, fervent, fou, infatué (péj.), passionné. **II. Nom** → *amant, amante.*

AMOUR-PROPRE □ **I. Au pr. :** dignité, émulation, fierté, respect. **II. Péj. :** orgueil, susceptibilité, vanité.

AMOVIBLE □ **I. Une chose :** déplaçable, interchangeable, mobile, modifiable, momentané, provisoire, transformable, transportable. **II. Quelqu'un :** auxiliaire, contractuel, intérimaire, occasionnel.

AMPHIBIE □ **Par ext. :** bivalent, double, hybride.

AMPHIBOLOGIE □ Ambiguïté, anomalie, bivalence, double sens, équivoque, sens douteux.

AMPHIGOURIQUE □ Ambigu, confus, douteux, embrouillé, entortillé, équivoque, galimatias, incompréhensible, inintelligible, nébuleux, obscur, peu clair.

AMPHITHÉÂTRE □ **I.** Arène, carrière, cirque, gradins, hémicycle, théâtre. **II.** Salle de conférences/cours/dissection.

AMPHITRYON □ Hôte, maître de maison, mécène.

AMPLE □ **I.** Développé, élevé, épanoui, fort, grand, gras, gros, immense, large, majestueux, plein, rebondi, spacieux, vaste, volumineux. **II.** Abondant, considérable, copieux, étendu, sonore. **III.** Ballonnant, blousant, bouffant, gonflant.

AMPLEUR □ → *largeur, profusion.*

AMPLIATION □ Copie, duplicata, duplicatum, expédition, grosse.

AMPLIFICATEUR □ Agrandisseur, haut-parleur, pick-up.

AMPLIFICATION □ **I.** Développement, paraphrase. **II.** Ajouture, allongement, alourdissement, boursouflure, broderie, emphase, enflure, enjolivure, exagération, grossissement, outrance, redondance, renchérissement.

AMPLIFIER □ → *agrandir.*

AMPLITUDE □ **I. Au pr.** *1.* → *immensité.* *2. Scient. :* écart, inclinaison, oscillation, portée, variation. **II. Fig.** → *intensité.*

AMPOULE □ **I.** Burette, fiole, flacon. **II. Méd.** → *boursouflure.*

AMPOULÉ, E □ Amphigourique, bouffi, boursouflé, creux, déclamateur, déclamatoire, emphatique, enflé, grandiloquent, guindé, pindarique, pompeux, redondant, ronflant, sonore, vide.

AMPUTATION □ **I. Chir.** : ablation, opération, sectionnement, *et suffixe -tomie ou -ectomie joint au nom de l'organe (ex. :* appendicectomie). **II. Fig.** : allégement, censure, diminution, retrait, suppression.

AMPUTÉ, E □ Estropié, handicapé, invalide.

AMPUTER □ **I. Au pr.** : enlever, opérer, ôter, procéder à l'ablation de, retrancher, sectionner, supprimer. → *couper.* **II. Fig.** : alléger, censurer, diminuer, retirer, retrancher, supprimer, tailler, tronquer. → *couper.*

AMULETTE □ → *fétiche.*

AMUSANT, E □ **I.** Agréable, badin, bouffon (péj.), boute-en-train, burlesque, clownesque (péj.), cocasse, comique, désopilant, distrayant, divertissant, drôle, folâtre, gai, hilarant, humoriste, joyeux, plaisant, réjouissant, risible, spirituel. **II. Une chose** : délassant, drolatique, égayant, humoristique, récréatif. **III. Fam.** : bidonnant, boyautant, cornecul, crevant, du tonnerre, folichon, gondolant, impayable, marrant, pilant, pissant, poilant, rigolard, rigolo, roulant, tordant, transpoil. **IV. Loc. fam. :** à se taper le cul/le derrière par terre/à la suspension, du tonnerre, le pied. **V. Par ext.** → *bizarre.*

AMUSE-GUEULE □ → *collation.*

AMUSEMENT □ **I. Favorable. 1.** Agrément, délassement, dérivatif, distraction, divertissement, ébaudissement, fête, frairie, jeu, kermesse, passe-temps, plaisir, récréation, réjouissance. *2. Futilité ou galanterie* → *bagatelle.* **II. Non favorable. 1. Quelqu'un :** dérision, fable, raillerie, ridicule, rigolade, souffre-douleur, tête de Turc, tourment. *2. Une chose* : change, distraction, diversion, duperie, illusion, leurre, tromperie. *3.* → *délai.*

AMUSER □ **I.** Délasser, distraire, divertir, égayer, faire jouer/rire, intéresser, mettre en gaieté/train, récréer, réjouir. **II. Non favorable** : abuser, duper, endormir, enjôler, flatter, flouer, jouer, leurrer, mener en bateau, tromper. **III. V. pron. :** *1.* jouer *et les formes pron. possibles des syn. de* AMUSER. *2.* Abuser de, brocarder, se jouer, de se moquer de, plaisanter, railler, taquiner, tourmenter, tourner en dérision/ridicule. *3.* Baguenauder, batifoler, bricoler, folâtrer, lambiner, muser, passer le temps à, perdre son temps, tourner en rond, vétiller. *4.* Bambocher, faire la fête/la foire/la java/la noce/les quatre cents coups/ripaille, ripailler, se donner/prendre du bon temps.

AMUSETTE □ → *bagatelle.*

AMUSEUR, EUSE □ → *farceur.*

AN □ **I.** Année, cycle, période, temps. **II.** Âge, hiver, printemps, *arg.* : balai, bâton, berge, carat, pige.

ANACHORÈTE □ Ermite, religieux, solitaire.

ANACHRONIQUE □ Erroné, inexact, métachronique, parachronique, prochronique.

ANAGNOSTE □ Lecteur.

ANAGOGIE □ **I.** Contemplation, élévation, extase, mysticisme, ravissement. **II.** Commentaire, interprétation, leçon, exégèse, explication, herméneutique, symbolisme.

ANAGOGIQUE □ **I.** Contemplatif, mystique. **II.** → *symbolique.*

ANALECTES □ → *anthologie.*

ANALEPTIQUE □ → *fortifiant.*

ANALGÉSIE □ → *anesthésie.*

ANALOGIE □ Accord, affinité, analogon, association, communauté, comparaison, conformité, connexion, contiguïté, convenance, correspondance, homologie, lien, métaphore, parenté, relation, ressemblance, similitude, voisinage.

ANALOGIQUE □ Associatif, commun, comparable, connexe, contigu, correspondant, en analogie *et les syn. de* ANALOGIE, lié, métaphorique, parent, relié, similaire, voisin.

ANALOGUE □ Approchant, assimilable, comparable, conforme, connexe, contigu, correspondant, homologue, pareil, parent, ressemblant, semblable, similaire, voisin.

ANALPHABÈTE □ Ignare, ignorant, illettré, inculte.

ANALYSE □ **I. L'acte** : décomposition, dissection, dissociation, division, étude, examen, prélèvement. **II. Par ext.** : abrégé, codex, compendium, compte rendu, critique, digest, énumération, exposé, extrait, index, notice, précis, raccourci, rapport, résumé, sommaire.

ANALYSER □ **I. Au pr.** : anatomiser, décomposer, dépecer, disséquer, dissocier, distinguer, diviser, énumérer, examiner, extraire, faire apparaître, prélever/réduire/séparer les éléments/unités. **II. Par ext.** : faire une analyse *et les syn. de* ANALYSE, chercher, critiquer, énumérer, étudier, examiner, rendre compte, résumer.

ANAPHORE □ **I. Au pr.** : répétition, retour. **II. Par ext.** (gram.) : pronom, remplaçant, substitut.

ANAPHYLAXIE □ Allergie, hypersensibilité, sensibilisation.

ANARCHIE □ → *confusion.*

ANARCHISTE □ Libertaire.

ANATHÉMATISER □ **I.** → *blâmer.* **II.** → *maudire.*

ANATHÈME □ → *blâme, malédiction.*

ANATOMIE □ **I. Au pr.** : autopsie, dissection, vivisection. **II. Par ext.** : académie, corps, format, forme, morphologie, musculature, nu, nudité, plastique, proportions, silhouette.

ANCESTRAL, E □ → *ancien.*

ANCÊTRE □ **I.** → *aïeul.* **II. Au pl.** : aïeux, pères, prédécesseurs, race.

ANCIEN, ENNE □ **I. Une chose.** *1.* Ancestral, antérieur, antique, authentique, d'époque, éloigné, haute époque, obsolète, reculé, séculaire, vieux. *2.* Antédiluvien, archaïque, croulant, démodé, désuet, en ruine, fanné, flétri, moyenâgeux, passé, périmé, suranné, usagé, usé, vétuste, vieillot, vieux. **II. Quelqu'un** : âgé, briscard, chevronné, doyen, vétéran, vieux.

ANCIENNEMENT □ → *autrefois.*

ANCIENNETÉ □ **I.** Antiquité, authenticité, origine. **II.** Antériorité, vétusté. **III.** Années, annuités, brisques, chevrons, points, temps.

ANCRAGE □ **I.** Amarrage, embossage, mouillage. **II.** Attache, fixation.

ANCRER □ **I.** → *amarrer.* **II.** → *fixer.*

ANDOUILLE □ → *bête.*

ANDOUILLER □ → *bois.*

ANDROGYNE □ Hermaphrodite, monoïque.

ÂNE □ Aliboron (fam.), ânesse, ânon, baudet, bourricot, bourrique, bourriquet, grison, hémione, ministre (fam.), monture, onagre, roussin d'Arcadie (fam.), zèbre. → *bête.*

ANÉANTI, E □ Abattu, affligé, annihilé, aplati (fam.), découragé, dégonflé (fam.), dégoûté, énervé, fatigué, harassé, inerte, languissant, las, malade, morne, morose, mou, prostré, triste. → *rompu.*

ANÉANTIR □ → *détruire, vaincre.* **V. pron.** : → *abattre (s'), abîmer (s').*

ANÉANTISSEMENT □ **I. Au pr.** : consommation, disparition, engloutissement, extermination, extinction, fin, mort, néant. **II. Par ext.** *1.* → *abolition.* *2.* → *abaissement.* *3.* → *abattement.*

ANECDOTE □ → *bruit, fable.*

ANÉMIANT, E □ Affaiblissant, débilitant, épuisant, fatigant.

ANÉMIE □ **I. Au pr.** *1. Hommes et animaux* : abattement, affaiblissement, aglobulie, avitaminose, débilité, dépérissement, épuisement, faiblesse, langueur, pâleur. *2. Des végétaux* : chlorose, défoliation. **II. Fig.** → *carence.*

ANÉMIÉ, E □ Affaibli, anémique, chétif, débile, déficient, délicat, déprimé, étiolé, faible, fatigué, fluet, fragile,

frêle, languissant, las, malingre, pâle, pâlot.

ANÉMIER □ → *affaiblir.*

ANÉMIQUE □ → *anémié.*

ÂNERIE □ → *bêtise.*

ANESTHÉSIE □ **I. Au pr.** : analgésie, apaisement, chloroformisation, cocaïnisation, éthérisation, hémianesthésie, hypoesthésie, insensibilisation, narcose. **II. Fig.** : apaisement, détachement, inconscience, indifférence, insensibilité, nirvâna, sommeil, voyage (arg.).

ANESTHÉSIER □ **I.** Chloroformer, endormir, éthériser, insensibiliser, narcotiser. **II. Fig.** *1.* Apaiser, assoupir, calmer, endormir, rassurer. *2. Non fav.* : abrutir, assommer, enivrer.

ANESTHÉSIQUE □ Analgésique, antalgique, antidouleur, narcotique, somnifère, stupéfiant.

ANFRACTUEUX, EUSE □ → *creux.*

ANFRACTUOSITÉ □ → *trou.*

ANGE □ **I. Au pr.** *1. Favorable* : esprit, messager, ministre, pur esprit. *2.* Archanges, chérubins, dominations, puissances, principautés, séraphins, trônes, vertus. *3. Non favorable.* → *démon.* **II. Fig.** *1.* Conseil, exemple, génie, guide, inspirateur, instigateur (péj.), mentor, protecteur, providence, soutien. *2.* Amour, angelet, angelot, chérubin.

ANGÉLIQUE □ Beau, bénin, bon, céleste, doux, innocent, parfait, pur, ravissant, saint, séraphique, vertueux.

ANGLE □ **I. Par ext.** : anglet, arête, coin, corne, coude, encoignure, renfoncement, retour, saillant, tournant. **II. Fig.** : aspérité, rudesse, rugosité. **III.** → *aspect.*

ANGOISSANT, E □ → *inquiétant.*

ANGOISSE □ → *inquiétude.*

ANGOISSÉ, E □ → *inquiet.*

ANGOISSER □ → *inquiéter.*

ANGUILLE □ Civelle, leptocéphale, pibale.

ANGULEUX, EUSE □ → *difficile.*

ANICROCHE □ → *incident.*

ANIMADVERSION □ → *blâme.*

ANIMAL □ **I. Nom masc.** → *bête.* **II. Adj.** → *bestial.*

ANIMALITÉ □ → *bestialité.*

ANIMATEUR, TRICE □ **I. Adj.** : créateur, vivifiant. **II. Nom** : *1.* Âme, boute-en-train, chef, cheville ouvrière, directeur, dirigeant, entraîneur, manager, moteur, organisateur, promoteur, protagoniste, responsable. *2.* Disque-jockey, présentateur.

ANIMATION □ **I. Au pr.** → *activité.* **II. Fig.** → *feu.*

ANIMÉ, E □ **I.** *Les part. passés possibles des syn. de* ANIMER. **II. Par**

ext. : acharné, agité, ardent, bouillant, bouillonnant, brûlant, chaud, coloré, expressif, mouvementé, vif.

ANIMER □ **I. Au pr. 1.** Créer, donner le souffle, donner/insuffler l'âme/la vie, éveiller. **2.** Activer, agir sur, communiquer le mouvement, diriger, faire aller/marcher, mouvoir, promouvoir, provoquer, vivifier. **II. Fig. 1.** → *aiguillonner.* **2.** → *imprégner.* **3.** → *égayer.* **4.** → *exciter.* **5.** → *inspirer.*

ANIMOSITÉ □ **I.** Ce qu'on éprouve : amertume, antipathie, fiel, haine, inimitié, malveillance, rancune, ressentiment, venin. **II.** Ce qu'on manifeste : acharnement, âpreté, ardeur, chaleur, colère, emportement, véhémence, vigueur, violence, vivacité.

ANIS □ **I. La plante** : badiane, cumin, fenouil. **II. La boisson** : anisette, ouzo, pastis, ratafia.

ANKYLOSE □ **I. Au pr.** : courbature, engourdissement, paralysie, raideur. **II. Fig.** : arrêt, blocage, marasme, morte-saison, paralysie, récession, stagnation.

ANKYLOSÉ, E □ Courbatu, engourdi, mort, paralysé, raide, rouillé.

ANKYLOSER □ **I. Au pr.** : engourdir, paralyser. **II. Fig.** : arrêter, bloquer, paralyser, stopper.

ANNALES □ **I. Au pr.** : récit → *histoire.* **II. Par ext.** : documents, éphémérides, fastes, recueil, revue.

ANNALISTE □ Biographe, chroniqueur, écrivain, historien, historiographe, mémorialiste.

ANNEAU □ **I.** Alliance. **II.** → *bague.* **III.** → *bracelet.* **IV.** → *boucle.*

ANNÉE □ → *an.*

ANNEXE □ **I.** → *accessoire.* **II.** → *ajout.* **III.** Dépendance. **IV.** Complément, pièce jointe, supplément.

ANNEXER □ → *joindre.* **V. pron.** → *approprier (s').*

ANNEXION □ **I.** → *confiscation.* **II.** Anschluss, incorporation, jonction, rattachement, réunion.

ANNIHILER □ Abattre, abolir, anéantir, annuler, détruire, effacer, frapper d'impuissance, neutraliser, paralyser, supprimer.

ANNIVERSAIRE □ **I. N. m.** : commémoration, fête, mémento, mémoire, souvenir. **II. Adj.** : commémoratif.

ANNONCE □ **I.** Prédiction, prémonition, promesse, prophétie. → *présage.* **II.** Dépliant, écrit, faire-part, flash, insert, insertion, prospectus, publicité, tract. → *affiche, note.* **III. Non fav.** → *boniment.*

ANNONCER □ **I. On annonce une chose. 1. Neutre ou favorable :** apprendre, avertir de, aviser, communiquer, déclarer, dire, divulguer, faire connaître/savoir, indiquer, notifier, porter à la connaissance, proclamer, publier, signaler. **2. Relig. :** prêcher. **3.** → *augurer.* **II. Une chose annonce :** dénoter, être l'indice/la marque/ le présage/le signe/le signe avant-coureur de, faire/laisser deviner/pressentir, manifester, marquer, montrer, précéder, préluder à, préparer à, présager, prévenir de, promettre, prouver, révéler, signaler.

ANNONCEUR □ **I.** Agent de publicité, publiciste, publicitaire. **II.** → *speaker.*

ANNONCIATEUR, TRICE □ **I.** → *devin.* **II.** → *précurseur.*

ANNOTATEUR □ → *commentateur.*

ANNOTATION □ → *note.*

ANNOTER □ → *noter.*

ANNUAIRE □ Almanach, agenda, Bottin, Bottin mondain, Gotha, Who's who.

ANNUITÉ □ → *échéance.*

ANNULATION □ **I.** → *abrogation.* **II.** → *renvoi.* **III.** → *extinction.*

ANNULER □ → *abolir, détruire.*

ANODIN, E □ → *inoffensif.*

ANOMAL, E □ → *irrégulier.*

ANOMALIE □ → *irrégularité.*

ÂNONNEMENT □ → *balbutiement.*

ÂNONNER □ → *balbutier.*

ANONYME □ Caché, incognito, inconnu, masqué, mystérieux, secret, voilé.

ANORMAL, E □ → *irrégulier.*

ANSE □ → *baie.*

ANTAGONISME □ → *rivalité.*

ANTAGONISTE □ → *adversaire.*

ANTALGIQUE □ → *anesthésique.*

ANTAN □ → *autrefois.*

ANTARCTIQUE □ → *austral.*

ANTÉCÉDENT, E □ → *antérieur.*

ANTÉDILUVIEN, ENNE □ → *ancien.*

ANTENNE □ → *mât.*

ANTÉRIEUR, E □ Antécédent, antéposé, antidaté, frontal, plus ancien, précédent, préexistant, premier.

ANTÉRIORITÉ □ → *ancienneté.*

ANTHOLOGIE □ Ana, analectes, choix, chrestomathie, épitomé, florilège, mélanges, miscellanea, miscellanées, morceaux choisis, recueil, spicilège.

ANTHRAX □ → *abcès.*

ANTHROPOLOGIE □ **Par ext. :** ethnographie, ethnologie, paléontologie humaine, sociologie.

ANTHROPOPHAGE □ Cannibale, ogre.

ANTICHAMBRE □ Hall, passage, réception, salle d'attente. → *vestibule.*

ANTICIPATION □ **I. Au pr.** (philos.) : prolepse, prénotion. **II. Par ext. 1.** Prescience, science-fiction. **2.** Empiétement, usurpation. **III.** Prévision. → *présage.*

ANTICIPÉ, E □ **I.** Avancé, précoce. → *prématuré.* **II.** Préalable, préconçu.

ANTICIPER □ **I.** → *escompter.* **II.** → *devancer.*

ANTICOMBUSTIBLE □ Ignifuge.

ANTICORPS □ Antigène, antitoxine.

ANTIDOTE □ **I. Au pr.** : alexipharmaque, contrepoison, mithridatisation. **II. Fig.** : adoucissement, allégement, contrepartie, dérivatif, distraction, préservatif, soulagement.

ANTIENNE □ Cantique, invitatoire, refrain, répons.

ANTIGÈNE □ Anticorps, antitoxine.

ANTINOMIE □ → *antiphrase.*

ANTIPATHIE □ → *éloignement.*

ANTIPATHIQUE □ **I.** → *désagréable.* **II. Pop.** : sale gueule/tête, tête à claques/gifles, *et les syn. de* TÊTE.

ANTIPHRASE □ Antinomie, contraire, contre-vérité, euphémisme, ironie, paradoxe.

ANTIPODES (AUX) □ Au diable/loin, contraire, extrême, inverse, opposé.

ANTIQUE □ → *ancien.*

ANTIQUITÉ □ → *brocante.*

ANTISEPSIE □ → *prophylaxie.*

ANTISEPTIQUE □ Antiputride, antisepsie, désinfectant.

ANTISPASMODIQUE □ → *calmant.*

ANTITHÈSE □ Antilogie, antinomie, comparaison, contraste, opposition.

ANTITOXINE □ Anticorps, antigène.

ANTONYME □ Contraire, opposé.

ANTRE □ → *abri.*

ANUS □ Fondement. **Arg.** : Anneau, as de pique/trèfle, bagouse, bague, borgne, chou, chouette, couloir à lentilles, coupe-cigare, cyclope, échalote, figne, fignedé, fion, luc, œil de bronze/de Gabès, œillet, oignard, oigne, oigneul, oignon, os, pastille, petit, pétoulard, pétoulet, rondelle, rose des vents, rosette, trou de balle/du cul, troufignon, trouillomètre, ventilateur. → *fessier.*

ANXIÉTÉ □ → *inquiétude.*

ANXIEUX, EUSE □ → *inquiet.*

APACHE □ → *bandit.*

APAISANT, E □ → *calmant.*

APAISEMENT □ **I.** → *tranquillité.* **II.** Accoisement (vx), baume, calme, consolation, dégel, guérison, pacification, sédation, soulagement.

APAISER □ **I.** → *calmer.* **II.** → *adoucir.* **III.** Cicatriser, consoler, délivrer, dissiper, endormir, éteindre, fermer une plaie, guérir, lénifier, rasséréner, soulager, verser un baume. **IV.** → *assouvir.*

APANAGE □ → *bien, privilège, tenure.*

APARTÉ □ Conversation privée/à l'écart, entretien particulier. **Loc.** À la cantonade, cavalier seul, en Suisse (fam.).

APATHIE □ **I.** Ataraxie, impassibilité, imperturbalité, stoïcisme. **II. Par ext.** : aboulie, absence, amollissement, anéantissement, assoupissement, engourdissement, faiblesse, fatalisme, indifférence, indolence, inertie, insensibilité, langueur, lenteur, léthargie, lymphatisme, malléabilité, marasme, mollesse, nonchalance, nonchaloir, paresse, plasticité, résignation, veulerie (péj.), vide.

APATHIQUE □ Aboulique, absent, amorphe, anéanti, ataraxique, faible, fataliste, inconsistant, indifférent, indolent, inerte, informe, insensible, languide, lent, léthargique, lymphatique, malléable, mollasson (fam.), mou, nonchalant, paresseux, plastique, résigné, veule, vide.

APATRIDE □ Heimatlos, métèque (péj.), personne déplacée, sans patrie.

APERCEVOIR □ **I.** → *voir.* **II.** Avoir connaissance, comprendre, connaître, constater, découvrir, deviner, entraver (fam.), noter, pénétrer le sens, percevoir, piger (fam.), saisir, sentir, voir. **III. V. pron. :** **1.** Se voir, *et les syn. de* VOIR (SE). **2.** Avoir conscience de, connaître que, découvrir, faire la connaissance/découverte de, remarquer, se rendre compte de.

APERCU □ **I.** → *estimation.* **II.** → *échantillon.* **III.** → *note.*

APETISSER □ → *diminuer.*

À PEU PRÈS □ **I. Loc. adv.** → *environ.* **II. Nom masc.** : calembour, jeu de mots.

APEURÉ, E □ → *inquiet.*

APHÉLIE □ → *apogée.*

APHÉRÈSE □ → *ellipse, suppression.*

APHORISME □ → *maxime.*

À PIC □ Aplomb, dénivellement, paroi.

APICULTEUR □ Berger/éleveur d'abeilles.

APITOIEMENT □ → *compassion.*

APITOYER □ → *émouvoir.* **V. pron.** → *plaindre et les syn. de* ÉMOUVOIR (S').

APLANIR □ → *niveler, faciliter.*

APLANISSEMENT □ → *nivellement.*

APLATI, E □ Camard, camus, cassé, comprimé, écrasé, étroit, mince, plat.

APLATIR □ → *écraser.* **V. pron. : 1.**

S'écraser *et les syn. de* ÉCRASER
(S'). → *abaisser (s').* **2. Les cheveux :**
appliquer, coller, gominer, plaquer,
pommader. **3. Fam. :** s'allonger, se
casser la figure/la gueule (fam.),
s'étaler, s'étendre. → *tomber.*

APLATISSEMENT □ **I.** Écrasement.
II. → *abaissement, humiliation.*

APLOMB □ **I.** → *équilibre.* **II. Fig. 1.**
→ *confiance.* **2.** → *impudence.*

APOCALYPTIQUE □ → *effrayant.*

APOCRYPHE □ **Par ext. :** controuvé,
douteux, faux, hérétique, inauthen-
tique, supposé.

APOGÉE □ **I.** Acmé, apothéose,
comble, faîte, gloire, point culmi-
nant/le plus haut, sommet, summum,
triomphe, zénith. **II.** Aphélie, apoas-
tre, apside.

APOLOGÉTIQUE □ → *défense.*

APOLOGIE □ → *éloge.*

APOLOGIQUE □ → *élogieux.*

APOLOGUE □ → *fable.*

APOPHTEGME □ → *maxime.*

APOPHYSE □ Bosse, crête, éminence, épine, protubérance, saillie,
tubérosité.

APOPLEXIE □ Attaque, coup de
sang, hémorragie cérébrale, ictus,
paralysie générale.

APOSTASIE □ → *abandon.*

APOSTASIER □ → *abjurer.*

APOSTAT □ Infidèle, renégat.

APOSTER □ Mettre à l'affût/aux
aguets/en poste, placer, planter,
poster.

A POSTERIORI □ **I.** Après, en second
lieu, ensuite. **II.** À l'expérience.

APOSTILLE □ → *note.*

APOSTILLER □ → *noter.*

APOSTOLAT □ Ministère, mission,
prédication, propagation de la foi,
prosélytisme.

APOSTROPHE □ **Par ext. :** appel,
interpellation, invective.

APOSTROPHER □ Appeler, interpeller, invectiver.

APOSTÈME, APOSTUME □ → *abcès.*

APOTHÉOSE □ **I.** → *bouquet.* **II.**
Consécration, déification, exaltation,
glorification, triomphe. → *apogée.*

APOTHICAIRE □ Pharmacien, potard
(péj.).

APÔTRE □ Défenseur, disciple,
ministre, missionnaire, prédicateur,
propagateur de la foi, prosélyte.

APPARAÎTRE □ **I. V. intr. :** affleurer,
arriver, atteindre, se découvrir, se
dégager, se détacher, se dévoiler,
éclore, se faire jour, se faire voir,
jaillir, se lever, luire, se manifester, se
montrer, naître, paraître, se présenter, poindre, se révéler, sortir, sour-

dre, surgir, survenir, transparaître,
venir. **II. Impers. 1.** Sembler. **2.** Ressortir, résulter de.

APPARAT □ **I.** Appareil, cérémonie, décor, éclat, luxe, magnificence, munificense, pompe, solennité, splendeur. → *équipage.* **II.** En
grand arroi, étalage, faste, montre,
ostentation, tralala (fam.).

APPARAUX □ → *agrès.*

APPAREIL □ **I.** → *équipage.* **II.** →
apparat. **III. Techn. 1. Arch. :** assemblage, montage, taille. **2. Par ext. :**
arsenal, attirail, collection. **3. L'appareil législatif :** dispositions, ensemble,
législation, système. **4.** Dispositif,
engin, gadget, instrument, machine,
mécanique, métier (vx), outil, robot. **5.**
Fam. : bécane, bidule, machin, truc,
zinzin.

APPAREILLAGE,   APPAREILLE-
MENT □ → *accouplement.*

APPAREILLAGE □ **I. Mar. :** départ,
préparatifs de départ. **II.** → *appareil.*

APPAREILLER □ **I. V. intr.** (mar.) :
lever l'ancre, partir, quitter le mouillage. **II. V. tr. 1. Au pr. :** accorder,
accoupler, apparier, assortir, joindre,
marier, réunir, unir. **2. Techn. :**
Mar. : équiper, gréer. *Arch. :* agencer / assembler / disposer / monter/ tailler les pierres.

APPAREMMENT □ Au premier abord,
en apparence, extérieurement, sans
doute, selon toute apparence/vrai-
semblance, vraisemblablement.

APPARENCE □ **I. De quelqu'un** → *air.*
II. D'une chose. **1.** → *aspect.* **2.** →
extérieur. **III.** → *bienséance.* **IV. Loc.**
Contre toute apparence : crédibilité,
probabilité, vérité, vraisemblance.

APPARENT, E □ **I. Neutre ou favo-**
rable : apercevable, clair, discernable, évident, incontestable, manifeste, ostensible, perceptible, visible.
II. Non favorable. → *incertain.*

APPARENTAGE, APPARENTEMENT
□ → *alliance.*

APPARENTER □ → *allier.* **V. pron.** →
convenir.

APPARIADE, APPARIEMENT □ →
accouplement.

APPARIER □ → *accoupler.*

APPARITEUR □ **I. Anc. :** accense. **II.**
Chaouch (arabe), huissier, massier,
surveillant, tangente (arg.).

APPARITION □ **I. Au pr. 1. Sens**
général : arrivée, avènement, introduction, manifestation, surgissement,
survenance, venue. **2. D'un phé-**
nomène : commencement, création, éclosion, émergence, éruption,
explosion, genèse, germination, naissance, production. **3. D'une œuvre :**
création, publication. **4. Loc.** Faire
son apparition : entrée. **II. Par anal.**

1. Épiphanie, vision. *2.* Esprit, fantôme, revenant, spectre.

APPARTEMENT □ Chambre, duplex, garçonnière, habitation, logement, maison, meublé, pied-à-terre, studio, suite.

APPARTENANCE □ **I.** → *possession.* **II.** → *dépendance.*

APPARTENIR □ Concerner, convenir à, dépendre de, être le bien/la propriété/le propre de, se rapporter à, relever de, tenir à. **V. pron. :** être à soi/libre/maître de soi, ne dépendre de personne.

APPAS □ Agrément, grâce. → *charme.*

APPÂT □ → *aiche.*

APPÂTER □ → *amorcer, allécher.*

APPAUVRIR □ → *affaiblir, altérer.*

APPAUVRISSEMENT □ Abâtardissement, affaiblissement, amaigrissement, amputation, anémie, dégénérescence, diminution, épuisement, étiolement, perte, réduction, ruine.

APPEAU □ **I.** → *aiche.* **II.** → *appelant.*

APPEL □ **I. On appelle. 1.** → *cri.* **2.** → *signe.* **3.** → *convocation.* **4.** → *demande.* **5.** Coup de cloche/corne/sifflet/sonnette/trompe. **II. Fig. :** aspiration, attirance, excitation, fascination, impulsion, incitation, invitation, invite, provocation, sollicitation, vocation, voix. **III. Jurid. :** appellation, intimation, pourvoi, recours. **IV. Loc. Sans appel :** définitivement, irrémédiablement.

APPELANT □ Appeau, chanterelle, courcaillet, leurre, moquette, pipeau.

APPELER □ **I. On appelle quelqu'un. 1.** → *crier.* **2.** → *convier.* **3. Non favorable :** apostropher, assigner, citer, défier, provoquer. **4. À une fonction :** choisir, coopter, désigner, élire, nommer, prier. **5.** Baptiser, dénommer, donner un nom/titre, nommer, prénommer, qualifier. **6.** → *téléphoner.* **II. Par ext. 1.** → *aspirer.* **2. L'attention** → *alerter.* **3. Non favorable** → *réclamer.* **III. Loc. En appeler :** invoquer, se référer à, s'en remettre à, soumettre le cas à.

APPELLATION □ Dénomination, désignation, label, marque, mot, nom, qualification, vocable.

APPENDICE □ **I.** → *extrémité.* **II.** → *addition.*

APPENDRE □ → *accrocher.*

APPENTIS □ → *hangar.*

APPESANTIR □ → *alourdir.*

APPESANTISSEMENT □ → *alourdissement.*

APPÉTENCE, APPÉTIT □ **I. Au pr. 1. Favorable ou neutre :** besoin, boyau vide (fam.), désir, envie, faim, fringale (fam.). **2. Non favorable :** bou-limie, gloutonnerie, goinfrerie, gourmandise, voracité. **II. Par ext. 1. Favorable ou neutre :** aspiration, attrait, curiosité, désir, faim, goût, inclination, instinct, passion, soif, tendance. **2. Non favorable :** concupiscence, convoitise, désir.

APPÉTISSANT, E □ Affriolant, agréable, alléchant, désirable, engageant, friand, ragoûtant, savoureux, séduisant, succulent, tentant.

APPLAUDIR □ **I.** Battre/claquer des mains. → *acclamer.* **II.** → *approuver.*

APPLAUDISSEMENT □ **I. Au pr.** → *acclamation.* **II. Fig.** → *approbation.*

APPLICABLE □ Adéquat, congru, congruent, convenable, imputable, superposable.

APPLICATION □ → *attention.*

APPLIQUE □ → *chandelier.*

APPLIQUER □ Administrer, apposer, assener, attribuer, coller, employer, faire servir, frapper, imputer, infliger, mettre, plaquer. **V. pron. : 1.** → *pratiquer.* **2.** → *user.* **3.** → *approprier (s').* **4.** → *adonner (s') à.* **5.** → *occuper (s') de.* **6.** → *correspondre.*

APPOINT □ → *supplément, appui.*

APPOINTEMENTS □ → *rétribution.*

APPOINTER □ **I.** → *affiler.* **II.** → *joindre.* **III.** → *payer.*

APPONTEMENT □ → *wharf.*

APPORT □ Allocation, attribution, cens, contingent, contribution, cotisation, dot, dotation, écot, financement, fraction, imposition, impôt, lot, montant, part, participation, portion, pourcentage, quantité, quota, quotepart, quotité.

APPORTER □ **I.** → *porter.* **II.** → *citer.* **III.** → *occasionner.* **IV.** → *donner.*

APPOSER □ → *appliquer.*

APPRÉCIABLE □ → *grand.*

APPRÉCIATION □ → *estimation, évaluation.*

APPRÉCIER □ → *estimer, juger.*

APPRÉHENDER □ **I.** → *arrêter.* **II.** → *craindre.*

APPRÉHENSION □ → *crainte.*

APPRENDRE □ **I. Une chose à quelqu'un :** annoncer, aviser, communiquer, déclarer, découvrir, dire, éclairer, enseigner, faire connaître/savoir, inculquer, indiquer, informer, instruire, mettre au courant/à la coule (fam.)/dans le bain (fam.)/au parfum (arg.)/au pas, montrer, renseigner, révéler. **II.** → *étudier.*

APPRENTI □ → *élève, travailleur.*

APPRENTISSAGE □ → *instruction.*

APPRÊT □ → *affectation.*

APPRÊTÉ, E □ **I.** → *affecté.* **II.** Accommodé, arrangé, assaisonné, cuisiné, disposé, préparé, relevé.

APPRÊTER □ Accommoder, arranger, assaisonner, cuisiner, disposer, faire cuire, préparer.

APPRÊTS □ Appareil (vx), arrangement, branle-bas, dispositif, dispositions, précaution, préparatif, préparation, toilette.

APPRIVOISÉ, E □ **I.** Affaité (vx), domestique, domestiqué, dompté, dressé, privé (vx). **II. Fig.** : adouci, amadoué, charmé, civilisé, conquis, gagné, humanisé, poli, séduit, soumis.

APPRIVOISEMENT □ **I. Au pr.** : affaitage (vx), domestication, dressage. **II. Fig.** : adoucissement, conquête, familiarisation, soumission.

APPRIVOISER □ **I.** Affaiter (vx), charmer, domestiquer, dompter, dresser. **II.** Adoucir, amadouer, charmer, civiliser, conquérir, gagner, humaniser, polir, séduire, soumettre.

APPROBATEUR, TRICE □ **I. Adj.** : affirmatif, approbatif, consentant, favorable. **II. Nom masc.** : adulateur, applaudisseur, appréciateur, bénisseur, flagorneur (péj.), flatteur, laudateur, louangeur, thuriféraire (péj.).

APPROBATION □ Acceptation, accord, acquiescement, adhésion, admission, adoption, agrément, applaudissement, assentiment, autorisation, avis/déclaration favorable, chorus, confirmation, consentement, entérinement, déclaration, homologation, permission, ratification, sanction, suffrage, voix.

APPROCHABLE □ → abordable.

APPROCHANT, E □ Analogue, approximatif, comparable, égal à, équivalent, proche, ressemblant, semblable, synonyme, tangent, voisin.

APPROCHE □ → abord, arrivée, estimation, proximité.

APPROCHER □ → aborder.

APPROFONDIR □ → creuser.

APPROFONDISSEMENT □ **I.** Affouillement, creusage. **II.** Affermissement, analyse, développement, enrichissement, étude, examen, exploration, introspection, méditation, pesée, progrès, recherche, réflexion, sondage.

APPROPRIATION □ → adaptation, conquête.

APPROPRIÉ, E □ → propre.

APPROPRIER □ Accommoder, accorder, adapter, apprêter, arranger, conformer, nettoyer, proportionner. **V. pron.** : *1.* S'adjuger/arroger/attribuer/emparer, se saisir, dérober, empocher, enlever, escroquer, grignoter, occuper, prendre, ravir, souffler, soustraire, usurper, voler. *2.* S'accommoder/accorder/adapter/appliquer/conformer, être proportionné à.

APPROUVABLE □ → acceptable.

APPROUVER □ Abonder dans, accepter, acquiescer, adhérer à, admettre, adopter, agréer, applaudir à, autoriser, bonneter (vx), complimenter, comprendre, confirmer, congratuler, dire amen, encourager, entériner, faire chorus, féliciter, glorifier, goûter, homologuer, juger/trouver bon, louanger, opiner du bonnet/du chef, permettre, se rallier à, ratifier.

APPROVISIONNEMENT □ → provision.

APPROVISIONNER □ → pourvoir.

APPROVISIONNEUR □ Fournisseur, pourvoyeur, ravitailleur.

APPROXIMATIF, IVE □ → approchant.

APPROXIMATION □ → évaluation.

APPROXIMATIVEMENT □ → environ.

APPUI □ **I.** Adossement, arc-boutant, base, colonne, contrefort, culée, épaulement, éperon, étai, étançon, étrésillon, étrier, foulée (d'un cheval), levier, modillon, palée, perré, pilier, pivot, soutènement, soutien, support, tuteur. **II.** Aide, apostille, appoint, assistance, collaboration, coopération, concours, coup d'épaule, égide, encouragement, influence, intervention, main-forte, patronage, piston (fam.), planche de salut, protection, recommandation, réconfort, rescousse, sauvegarde, secours, service, soutien, support. **III. Loc. Être l'appui de** : auxiliaire, bouclier, bras, champion, défenseur, garant, patron, protecteur, second, souteneur (péj.), soutien, supporter, tenant.

APPUYER □ **I. Au pr.** : accoter, adosser, appliquer, arc-bouter, buter, épauler, étançonner, étayer, faire reposer, maintenir, mettre, poser, soutenir, supporter, tenir. **II. Par ext.** *1.* Aider, assister, encourager, épauler, fortifier de son autorité/crédit, parrainer, patronner, pistonner (fam.), porter, pousser, prendre fait et cause, prêter main-forte, protéger, recommander, secourir, soutenir, venir à la rescousse. *2.* Alléguer, arguer, confirmer, corroborer, exciper, fortifier, insister, renforcer. *3.* → fixer. **III. V. intr.** *1.* Se diriger, prendre. *2.* Peser, presser. *3.* Porter, reposer, retomber. **IV. V. pron.** *1.* → fonder. *2.* → souffrir.

ÂPRE □ → rude.

APRÈS □ **I.** → puis. **II. Loc.** *1.* **D'après** → suivant. *2.* **L'un après l'autre** : à la queue leu leu, alternativement, un à un.

APRÈS-DÎNÉE ou **DÎNER** □ Après-soupée ou souper, soir, soirée.

APRÈS-MIDI □ Relevée (vx), tantôt.

ÂPRETÉ □ → rudesse.

A PRIORI □ → *abord.*

À PROPOS □ **I.** Au sujet de, relativement à, sur. **II.** À bon escient, à pic, à point nommé. **III.** → *convenable.* **IV. Nom masc.** : bien-fondé, convenance, esprit, opportunité, pertinence, repartie.

APSIDE □ → *apogée.*

APTE □ Adéquat, ad hoc (fam.), approprié, bon, capable, congru, convenable, de nature à, étudié pour (fam.), fait pour, habile à, idoine, juste, propre à, prévu pour.

APTITUDE □ → *capacité, disposition.*

APUREMENT □ → *vérification.*

APURER □ → *vérifier.*

AQUARELLE □ Gouache, lavis, peinture.

AQUATIQUE □ Aquatile, aquicole.

AQUEDUC □ → *canal.*

AQUEUX, EUSE □ Fluide, humide, marécageux, spongieux, tépide.

AQUILON □ → *vent.*

ARABESQUE □ Broderie, dessin, fioriture, ligne, moresque, ornement, volute.

ARABLE □ Cultivable, fertile, labourable.

ARAIGNÉE □ → *mygale.*

ARAIRE □ → *charrue.*

ARBITRAGE □ → *médiation, compromis*

ARBITRAIRE □ → *absolu, injustifié.*

ARBITRE □ **I. Au pr.** : amiable compositeur, conciliateur, expert, juge. **II. Par ext.** : maître absolu. **III. Loc. Libre arbitre** → *liberté.*

ARBITRER □ → *juger.*

ARBORER □ **I. Au pr.** → *élever.* **II. Par ext. 1.** → *montrer.* **2.** → *porter.*

ARBORICULTEUR □ Agrumiculteur, horticulteur, jardinier, pépiniériste, planteur, pomiculteur, sylviculteur.

ARBRE □ **I.** Épineux, feuillu, résineux, végétal. **II.** Fût, marmenteau. **III.** Arbrisseau, arbuste, baliveau, lais, scion. **IV.** Axe, essieu, pivot, tige, vilebrequin.

ARC □ Courbe. → *voûte.*

ARCADE, ARCATURE □ → *voûte.*

ARCANE □ → *secret.*

ARC-BOÙTANT □ → *appui.*

ARC-BOUTER □ → *appuyer.*

ARCEAU □ → *arcade.*

ARCHAÏQUE □ → *vieux.*

ARCHE □ **I. Vx. 1.** → *coffre.* **2.** → *bateau.* **II. Arch.** → *voûte.*

ARCHER □ Sagittaire.

ARCHÉTYPE □ → *prototype.*

ARCHITECTE □ Bâtisseur, chef, constructeur, créateur, édificateur, ingénieur, inventeur, maître de l'œuvre, ordonnateur. → *jardiniste.*

ARCHITECTURAL, E □ **Par ex.** : architectonique, auguste, colossal, considérable, écrasant, élevé, énorme, étonnant, fantastique, formidable, grand, grandiose, imposant, impressionnant, magistral, magnifique, majestueux, monumental, noble, olympien, pyramidal, pompeux, solennel, somptueux, superbe.

ARCHITECTURE □ Domisme, urbanisme. **Par ext.** : charpente, construction, forme, ligne, ordonnance, plan, proportion, structure, style.

ARCHITECTURER □ → *bâtir.*

ARCHIVES □ Minutier. → *histoire.*

ARCTIQUE □ → *boréal.*

ARDEMMENT □ → *vivement.*

ARDENT, ENTE □ **I. Au pr.** → *chaud.* **II. Par ext. 1.** Actif, agile, alerte, allègre, animé, brillant, chaleureux, dégagé, déluré, dispos, éveillé, fougueux, frémissant, frétillant, fringant, gaillard, guilleret, ingambe, intelligent, léger, leste, mobile, pétillant, pétulant, primesautier, prompt, rapide, sémillant, vibrant, vif, vivant. **2. Non favorable** : aigre, brusque, coléreux, emporté, excessif, mordant, soupe au lait, violent.

ARDEUR □ **I.** → *chaleur.* **II. Par ext. 1.** → *vivacité.* **2.** → *bouillonnement.*

ARDILLON □ → *pointe.*

ARDU, E □ → *escarpé, difficile.*

ARÈNE □ **I.** Calcul, castine, gravier, pierre, sable, sablon. **II. Par ext.** : amphithéâtre, carrière, champ de bataille, cirque, lice, théâtre.

ARÉOPAGE □ → *réunion.*

ARÊTE □ **I.** Aiguille, bord, piquant, pointe. **II.** Angle.

ARGENT □ **I. Par ext.** : argentan, électrum, métal anglais/blanc. **II. Par ext. 1.** Capital, deniers, disponibilités, écus (vx), espèces, finances, fonds, fortune, liquidités, monnaie, numéraire, pécule, pécune (vx), recette, ressources, somme, trésor, trésorerie, viatique. **Arg.** : artiche, avoine, blé, braise, flouze, fraîche, fric, galette, oseille, osier, pèze, picaille, picaillons, pognon, quibus, radis, ronds, soudure, sous. **2.** → *richesse.*

ARGILE □ Calamite, kaolin, terre à foulon/potier.

ARGOT □ Langue verte. → *jargon.*

ARGOUSIN □ → *policier.*

ARGUER □ **I. Au pr.** → *inférer.* **II. Jurid.** → *inculper.*

ARGUMENT, ARGUMENTATION □ → *abrégé, raisonnement, preuve.*

ARGUMENTER □ → *ergoter, raisonner.*

ARGUTIE □ **I.** Abstraction, finesse,

subtilité. **II.** Artifice, byzantinisme, casuistique, cavillation (vx et jurid.), chicane, chinoiserie (fam.), entortillage, équivoque, escamotage, fumisterie (fam.), pinaillage, ratiocination, procédé dilatoire.

ARIA □ **I. N. f.** → *air.* **II. N. m. 1.** → *souci.* **2.** → *obstacle.*

ARIDE □ **I.** Aréique, désert, desséché, improductif, inculte, incultivable, maigre, pauvre, sec, stérile. **II. Fig. :** ingrat, insensible, froid, rébarbatif, sévère.

ARIDITÉ □ → *sécheresse.*

ARIETTE □ → *air.*

ARISTARQUE □ → *censeur.*

ARISTOCRATE □ → *noble.*

ARISTOCRATIE □ **I.** → *oligarchie.* **II.** → *noblesse.* **III.** → *choix.*

ARISTOTÉLISME □ Péripatétisme.

ARITHMÉTIQUE □ Calcul, opération.

ARLEQUIN □ **I. Au pr.** → *pantin.* **II. Pop. :** reliefs, restes.

ARMADA □ Escadre, flotte, flottille.

ARMATEUR □ → *affréteur.*

ARMATURE □ Base, carcasse, charpente, échafaudage, ossature, soutien, squelette, support.

ARME □ **I.** Armement, armure, équipement, instrument de combat, matériel de guerre. **II. Fig. :** argument, moyen, ressource. **III. Au pl. :** armoiries, blason, écu, signes héraldiques.

ARMÉ, E □ → *fourni.*

ARMÉE □ → *troupe, multitude.*

ARMEMENT □ **I.** → *arme.* **II. Mar. :** équipage, gréement, matériel.

ARMER □ **I. Au pr.** → *fortifier.* **II. Par ext. 1.** → *fournir.* **2.** → *exciter.*

ARMISTICE □ Arrêt/cessation/interruption/suspension d'armes/des hostilités, cessez-le-feu, trêve.

ARMOIRE □ Bahut, bibliothèque, bonnetière, semainier, vaisselier.

ARMOIRIES □ Armes, blason, chiffre, écu, marque.

ARMORIER □ Orner. → *peindre.*

ARMURE □ **I.** Cotte de mailles, cuirasse, haubert. **II.** → *protection.*

ARNAQUER □ → *tromper.*

AROMATE □ **I.** Baume, essence, onguent, parfum. **II.** → *assaisonnement.*

ARÔME □ **I. Neutre ou favorable :** bouquet, effluves, émanations, empyreume, exhalaison, fragrance, fumet, odeur, parfum, senteur, trace, vent parfumé, remugle. → *puanteur.* **II. Non favorable :** relent, remugle. → *puanteur.*

ARPENTAGE □ Bornage, cadastrage, levé, mesure, relevé, topographie, triangulation.

ARPENTER □ → *mesurer, marcher.*

ARPENTEUR □ → *géomètre.*

ARPÈTE □ → *midinette.*

ARPION □ → *pied.*

ARQUER (S') □ → *courber (se).*

ARRACHEMENT □ → *déracinement.*

ARRACHER □ → *déraciner, extraire.*

ARRANGEANT, E □ → *conciliant.*

ARRANGEMENT □ **I.** → *accommodement.* **II.** → *ordre.*

ARRANGER □ **I.** → *ranger.* **II.** Accommoder, adapter, agencer, ajuster, aménager, apprêter, approprier, assembler, assortir, classer, combiner, composer, concilier, construire, coordonner, disposer, grouper, installer, mettre ensemble, ordonner, organiser, placer, préparer, ranger, régler, transformer, trier. **III.** Agréer, aller bien, convenir. **IV.** → *parer.* **V.** → *réparer.* **VI. S'arranger de** → *contenter (se).*

ARRENTER □ → *louer.*

ARRÉRAGES □ → *intérêt.*

ARRESTATION □ Capture, coup de filet, prise. → *emprisonnement.*

ARRÊT □ **I.** Cessation, escale, étape, halte, interruption, latence, panne, pause, relâche, rémission, répit, repos, séjour, stase (méd.), station, stationnement. **II.** Abri, gare, halte, station. **III. Jurid.** → *jugement.* **IV.** Arrêtoir, butée, cliquet, cran, dent, digue, mentonnet, taquet, tenon.

ARRÊTÉ □ Arrêt, décision, décret, délibération, disposition, jugement, règlement.

ARRÊTER □ **I. Au pr. :** ancrer, attacher, bloquer, contenir, empêcher, endiguer, enrayer, étancher, fixer, immobiliser, intercepter, interrompre, juguler, maintenir, mettre un frein/terme, paralyser, retenir, stopper, suspendre, tenir en échec. → *soumettre.* **II. Par ext. 1.** Appréhender, capturer, s'emparer de, empoigner, emprisonner, prendre, s'assurer de. **Fam. :** alpaguer, coffrer, cravater, cueillir, embarquer, lourder, mettre au bloc/gnouf/trou/à l'ombre/la main au collet, ramasser. **2.** → *interrompre.* **3.** → *décider.* **4.** Engager, louer, réserver, retenir. **5.** Cesser, finir. **III. V. Pron. :** s'attarder, camper, cesser, demeurer, faire halte/relâche, se fixer, relâcher, se relaisser (vén.), rester, séjourner, stationner, stopper, terminer, se terminer.

ARRHES □ Acompte, avance, cautionnement, dédit, gage, provision.

ARRIÉRATION □ → *idiotie.*

ARRIÉRÉ, E □ **I.** À la traîne, attardé, demeuré, diminué, en retard, inintelligent, retardataire, retardé, rétrograde, taré. → *idiot.* **II.** → *rude.* **III.** → *retard.*

ARRIÈRE-GARDE □ Serre-file.

ARRIÉRER □ → *retarder.*

ARRIÈRE-PENSÉE □ Calcul. → *hésitation.*

ARRIÈRE-SAISON □ Automne, été de la Saint-Martin.

ARRIÈRE-TRAIN □ → *derrière.*

ARRIMAGE □ Chargement, mise en place.

ARRIMER □ Accorer (mar.), accrocher, affermir, amarrer, ancrer, arranger, arrêter, assembler, assujettir, assurer, attacher, boulonner, brêler, caler, centrer, charger, clouer, coincer, coller, consolider, cramponner, enclaver, enfoncer, enraciner, faire pénétrer/tenir, ficher, fixer, immobiliser, implanter, introduire, maintenir, mettre, nouer, pendre, planter, répartir, retenir, river, riveter, sceller, suspendre, soutenir, visser.

ARRIVAGE, ARRIVÉE I. Apparition, bienvenue, débarquement, survenance, venue. II. Approche, avènement, commencement, début. III. Approvisionnement, livraison, port.

ARRIVER □ I. Aborder, accéder, approcher, atteindre, devancer, être rendu, gagner, parvenir, surgir, surprendre, survenir, tomber sur, toucher, venir. **Arg. ou fam.** : s'abouler, débarquer, débouler, se pointer, rabouler, radiner, ralléger, ramener sa fraise, rappliquer. II. → *réussir, produire (se).*

ARRIVISTE □ → *intrigant, parvenu.*

ARROGANCE □ Air de supériorité, audace, cynisme, dédain, désinvolture, effronterie, fatuité, fierté, hardiesse, hauteur, impertinence, importance, impudence, insolence, mépris, morgue, orgueil, outrecuidance, présomption, suffisance, superbe.

ARROGANT, E □ Altier, audacieux, blessant, cavalier, dédaigneux, désinvolte, fat, fier, hardi, hautain, impertinent, important, impudent, insolent, insultant, méprisant, outrecuidant, péteux, présomptueux, rogue, suffisant, supérieur. → *orgueilleux.*

ARROGER (S') □ → *approprier (s').*

ARRONDI, E □ → *courbe, gros.*

ARRONDIR □ → *augmenter.*

ARRONDISSEMENT □ → *quartier.*

ARROSAGE □ I. Affusion, arrosement, aspersion, bain, douche, irrigation, irroration. II. → *gratification.*

ARROSER □ Asperger, baigner, bassiner, humecter, imbiber, irriguer, mouiller, traverser, tremper. → *soudoyer (fig.).*

ARSENAL □ I. Atelier, chantier, magasin, manutention, réserve/stock/usine d'armement. II. **Fam.** : affaire, équipage.

ARSOUILLE □ → *ivrogne, vaurien.*

ART □ Maîtrise, manière, procédé, science, tour, technique. → *artifice, habileté.*

ARTÈRE □ → *voie.*

ARTICLE □ I. Chronique, écho, écrit, éditorial, entrefilet, essai, étude, feuilleton, interview, leader, papier, reportage, rez-de-chaussée, rubrique. II. Zool. : articulation, jointure, segment. III. Matière, objet, sujet. IV. → *partie.* V. → *marchandise.*

ARTICULATION □ I. Article (anatom.), assemblage, attache, cardan, charnière, emboîtement, engrènement, cheville, jeu, joint, jointure, ligament, nœud. II. → *élocution.*

ARTICULER □ I. → *dire.* II. → *énoncer, prononcer.* III. → *joindre.*

ARTIFICE □ Adresse, art, astuce, attrape-nigaud, carotte (fam.), cautèle, chafouinerie, chausse-trape, détour, diplomatie, échappatoire, embûche, faux-fuyant, feinte, ficelle, finasserie, finesse, fourberie, fraude, habileté, intrigue, invention, machiavélisme, machination, machine, malice, manœuvre, matoiserie, méandre, perfidie, piège, politique, retour (vén.), rets, roublardise, rouerie, rubriques (vx), ruse, stratagème, subterfuge, subtilité, trame, tromperie, truc (fam.).

ARTIFICIEL, LE □ I. Factice, faux, imité, postiche, reproduit. II. Fabriqué, industriel, synthétique. III. Affecté, arrangé, contraint, conventionnel, de commande, emprunté, étudié, feint, forcé, littéraire.

ARTIFICIEUX, EUSE □ → *rusé.*

ARTISAN □ I. Artiste, compagnon, façonnier, maître ouvrier, patron, sous-traitant. II. Auteur, cause, cheville ouvrière, responsable.

ARTISANAT □ Compagnonnage.

ARTISTE □ Acteur, artisan, chanteur, comédien, danseur, décorateur, dessinateur, écrivain, étoile, exécutant, fantaisiste, graveur, interprète, maître, musicien, peintre, sculpteur, star, starlette, vamp, vedette, virtuose. → *bohème.*

ARTISTIQUE □ → *beau.*

AS □ Aigle, caïd (pop.), champion, crack, étoile, maître, phénix, virtuose.

ASARCIE □ → *maigreur.*

ASCENDANCE □ → *naissance, race.*

ASCENDANT □ I. Adj. → *montant.* II. N. m. 1. → *père.* 2. → *influence.*

ASCENSION □ → *montée.*

ASCÈSE □ → *ascétisme.*

ASCÈTE □ Anachorète, athlète, bonze, cénobite, ermite, exercitant, fakir, flagellant, gymnosophiste, moine, oblat, pénitent, santon, soufi, stylite, thérapeute, yogi.

ASCÉTIQUE □ Austère, janséniste, puritain, rigide, rigoriste, rigoureux, rude, sévère, sobre, spartiate, stoïque. → *simple.*

ASCÉTISME □ **I.** Ascèse, expiation, flagellation, jeûne, macération, mortification, pénitence, privation. → *austérité.* **II.** Cénobitisme, érémitisme, monachisme.

ASEPSIE □ → *assainissement.*

ASILE □ → *abri.*

ASPECT □ **I.** Abord, angle, apparence, cachet, caractère, configuration, côté, couleur, endroit, extérieur, forme, jour, perspective, point de vue, rapport, tour, vue. **II.** Air, allure, dehors, face, faciès, figure, masque, physionomie, profil, tournure, train, visage.

ASPERGER □ → *arroser.*

ASPÉRITÉ □ → *rugosité, rudesse.*

ASPERSOIR □ Aspergès, goupillon.

ASPHALTE □ **I.** Bitume, goudron, macadam, revêtement. **II.** → *rue.*

ASPHYXIER □ → *étouffer.*

ASPIRANT □ → *postulant.*

ASPIRATION □ Inhalation, inspiration, prise, respiration, succion. → *désir.*

ASPIRER □ **I.** Absorber, avaler, humer, inhaler, inspirer, priser, renifler, respirer, sucer, super. **II.** Ambitionner, appeler, courir après, désirer, lever/porter ses yeux sur, prétendre, souhaiter, soupirer après/pour, tendre à. → *vouloir.*

ASSAGIR □ Atténuer, calmer, diminuer, modérer, tempérer. **V. pron. :** se ranger. → *calmer (se).*

ASSAILLANT, E □ → *agresseur.*

ASSAILLIR □ → *attaquer.*

ASSAINIR □ → *purifier.*

ASSAINISSEMENT □ Antisepsie, asepsie, assèchement, désinfection, drainage, épuration, nettoyage, purification, prophylaxie, stérilisation.

ASSAISONNEMENT □ Apprêt, aromate, condiment, épice, garniture, ingrédient, préparation. → *piquant.*

ASSAISONNER □ Accommoder, ailler, ajouter, apprêter, aromatiser, épicer, pimenter, poivrer, relever, safraner, saler, vinaigrer. → *embellir.*

ASSASSIN □ → *homicide.*

ASSASSINAT □ → *crime.*

ASSASSINER □ → *tuer.*

ASSAUT □ → *attaque.*

ASSÉCHER □ → *sécher.*

ASSEMBLAGE □ **I.** Ajustage, cadrature, crabotage, montage, monture. **II.** Jumelage, mixité, réunion, union. **III.** → *assortiment, collection.*

ASSEMBLÉE □ **I.** Chambre, congrès, conseil, parlement. **II.** Acadé-

mie, compagnie, institut. **III.** → *réunion, fête.*

ASSEMBLER □ **I.** Ajuster, monter. **II.** Agglomérer, amasser, attrouper, battre le rappel, collecter, concentrer, conglober, conglomérer, grouper, lever, masser, mobiliser, rallier, ramasser, rassembler, recueillir, regrouper, remembrer, réunir, unir.

ASSENER □ → *frapper.*

ASSENTIMENT □ Acceptation, accord, acquiescement, adhésion, agrément, approbation, autorisation, bon vouloir, commun accord, complaisance, consensus, consentement, permission, unanimité.

ASSEOIR □ → *fonder.*

ASSERTION □ → *affirmation.*

ASSERVIR □ → *soumettre.*

ASSERVISSEMENT □ → *servitude.*

ASSESSEUR □ → *adjoint.*

ASSEZ □ **I.** À satiété, suffisamment. **II.** Ca suffit, ca va, stop, top.

ASSIDU, E □ → *continu, exact.*

ASSIDUITÉ □ → *exactitude.*

ASSIDÛMENT □ → *toujours.*

ASSIÉGER □ **I.** → *investir.* **II.** Accabler, s'attacher à, bombarder (fam.), coller (fam.), obséder, poursuivre. → *tourmenter.*

ASSIETTE □ **I.** Calotte, écuelle, plat, vaisselle. **II.** Équilibre, pose, position, posture, situation. **III.** → *répartition.*

ASSIGNAT □ → *billet.*

ASSIGNATION □ → *convocation, attribution.*

ASSIGNER □ **I. Jurid. :** appeler, citer, convoquer, mander. **II.** → *attribuer.* **III.** → *indiquer.*

ASSIMILABLE □ → *comparable, digeste.*

ASSIMILATION □ → *comparaison, digestion.*

ASSIMILÉ, E □ **I. Au pr. :** analogue, comparable, équivalent, kif-kif (fam.), identique, pareil, semblable, similaire, tel, tout comme. **II. Par ext. :** acclimaté à, accoutumé à, apprivoisé, au courant, au fait, coutumier de, dressé, éduqué, endurci, entraîné, façonné, fait à, familiarisé avec, familier de, formé, mis au pas (péj.)/au pli, plié à, rompu à, stylé.

ASSIMILER □ **I.** Digérer, élaborer, transformer, utiliser. **II.** → *rapprocher.*

ASSISE □ → *fondement.*

ASSISTANCE □ **I.** → *appui.* **II.** → *Public.*

ASSISTANT □ → *adjoint.*

ASSISTER □ **I.** → *aider, appuyer.* **II.** Entendre, être présent, suivre, voir.

ASSOCIATION □ Adjonction, affiliation, agrégation, alliance, congrégation, corps, fusion, incorporation, intégration, liaison, réunion. → *société*.

ASSOCIÉ, E ☐ Acolyte, bras droit, coïntéressé, collaborateur, consort (partic.), coopérateur, nègre (fam. et péj.).

ASSOCIER ☐ Adjoindre, affilier, agréger, enrôler, incorporer, intégrer, intéresser, joindre, réunir, solidariser, syndiquer, unir.

ASSOIFFER ☐ Altérer, assécher, déshydrater, dessécher, donner la pépie (fam.)/soif, faire crever de soif (fam.), pousser à boire *et les syn. de* BOIRE, rendre avide de.

ASSOMBRIR ☐ → *obscurcir, affliger.*

ASSOMMANT, E ☐ → *ennuyeux.*

ASSOMMER ☐ → *battre, tuer, ennuyer.*

ASSONANCE ☐ → *consonance.*

ASSORTIMENT ☐ Assemblage, choix, garniture, jeu.

ASSORTIR ☐ → *accoupler, fournir.*

ASSORTIR (S') ☐ → *plaire (se).*

ASSOUPIR ☐ → *endormir.* **V. pron.** → *dormir.*

ASSOUPISSEMENT ☐ Coma (path.), engourdissement, hypnose, léthargie, narcose, sommeil, somnolence, sopor (méd.). → *apathie.*

ASSOUPLIR ☐ → *modérer.*

ASSOUPLISSEMENT ☐ → *modération.*

ASSOURDI, E ☐ → *sourd.*

ASSOUVIR ☐ Apaiser, étancher, calmer, contenter, rassasier, remplir, satisfaire.

ASSOUVISSEMENT ☐ Apaisement, contentement, satisfaction.

ASSUJETTIR ☐ → *fixer, obliger, soumettre.*

ASSUJETTISSEMENT ☐ **I.** → *obligation.* **II.** → *subordination.*

ASSUMER ☐ Se charger, endosser, prendre sur soi.

ASSURANCE ☐ → *garantie, promesse, confiance, sûreté.*

ASSURÉ, E ☐ → *décidé, évident, sûr.*

ASSURÉMENT ☐ → *évidemment.*

ASSURER ☐ **I.** Affermir, consolider, fixer. **II.** → *garantir.* **III.** → *procurer.* **IV.** → *affirmer.* **V.** → *promettre.* **VI. V. pron.** → *vérifier, emparer (s').*

ASSURGENT, E ☐ → *montant.*

ASTHÉNIQUE ☐ → *faible.*

ASTHMATIQUE ☐ → *essoufflé, faible.*

ASTICOTER ☐ → *taquiner, tourmenter.*

ASTIQUER ☐ Briquer, cirer, faire briller/reluire, fourbir, frictionner, froisser, frotter, nettoyer, peaufiner (fam.), polir, poncer, récurer.

ASTRAL, E ☐ Céleste, sidéral, stellaire.

ASTRE ☐ **I.** Étoile, planète, soleil. **II.** Destin, destinée, étoile, signe.

ASTREIGNANT, E ☐ → *pénible.*

ASTREINDRE ☐ → *obliger.*

ASTROLOGUE ☐ → *devin.*

ASTRONAUTE ☐ Cosmonaute, spationaute.

ASTRONOMIQUE ☐ → *démesuré.*

ASTUCE ☐ **I.** Adresse, art, artifice, attrape-nigaud, carotte (fam.), cautèle, chafouinerie, chausse-trape, détour, diplomatie, échappatoire, embûche, faux-fuyant, feinte, ficelle, finasserie, finesse, fourberie, fraude, habileté, intrigue, invention, machiavélisme, machination, machine, malice, manœuvre, matoiserie, méandre, perfidie, piège, politique, retour (vén.), rets, roublardise, rouerie, rubriques (vx), ruse, stratagème, subterfuge, subtilité, trame, tromperie, truc (fam.). **II.** Clairvoyance, discernement, ingéniosité, ouverture d'esprit, pénétration, sagacité. → *intelligence.* **III.** → *plaisanterie.*

ASTUCIEUX, EUSE ☐ → *intelligent, malin.*

ASYMÉTRIE ☐ Dissymétrie, irrégularité.

ASYMÉTRIQUE ☐ → *irrégulier.*

ATARAXIE ☐ → *apathie.*

ATAVISME ☐ → *hérédité.*

ATELIER ☐ Boutique, chantier, fabrique, manufacture, ouvroir, usine.

ATERMOIEMENT ☐ Délai, manœuvre dilatoire, retard, retardement, temporisation.

ATERMOYER ☐ → *retarder.*

ATHÉE ☐ → *incroyant.*

ATHÉISME ☐ Agnosticisme.

ATHLÈTE ☐ Boxeur, champion, coureur, discobole, gymnaste, lanceur, lutteur, nageur, recordman, sauteur, sportif.

ATMOSPHÈRE ☐ Air, ambiance, espace, éther, fluide, gaz, milieu.

ATOME ☐ → *particule.*

ATOMISER ☐ **I.** Disperser, fractionner, pulvériser, vaporiser. **II.** Vitrifier. → *détruire.*

ATONE ☐ → *inerte.*

ATONIE ☐ → *langueur.*

ATOURS ☐ → *ornement.*

ATRABILAIRE ☐ → *bilieux.*

ÂTRE ☐ → *foyer.*

ATROCE ☐ Affreux, barbare, cruel, féroce, horrible, ignoble.

ATROCITÉ ☐ → *barbarie, horreur.*

ATROPHIE ☐ → *maigreur.*

ATTABLÉ, E ☐ Assis, installé.

ATTACHANT, E ☐ → *attirant, intéressant.*

ATTACHE ☐ **I. Au pr.** : chaîne, corde, hart (vx), laisse, lien, ligament, ligature, longe, nœud. **II. Fig. 1.** → *attachement.* **2.** → *relation.*

ATTACHÉ, E ☐ → *fidèle, adjoint.*

ATTACHEMENT ☐ Admiration, adoration, affection, amitié, amour, attache, complaisance (vx), dévotion, dévouement, dilection (relig.), feu, flamme, goût, idolâtrie, inclination, loyalisme, passion, sentiment, tendresse, zèle.

ATTACHER ☐ Accouer, accrocher, agrafer, amarrer, ancrer, atteler, botteler, brêler, cheviller, cramponner, enchaîner, ficeler, garrotter, harder (vén.), lier, ligoter, nouer, river. → *arrêter, intéresser.* **V. pron.** : s'accrocher, s'agriffer, s'agripper, se coller, se cramponner, se raccrocher.

ATTAQUABLE ☐ → *faible.*

ATTAQUANT ☐ → *agresseur.*

ATTAQUE ☐ **I.** Agression, assaut, charge → *raid.* **II.** Congestion, crise, ictus, paralysie. **III.** → *commencement.*

ATTAQUER ☐ **I.** Aborder, agresser, assaillir, chercher des crosses (fam.)/querelle, combattre, défier, entreprendre, se frotter à (fam.), se lancer/se précipiter contre, livrer bataille/combat, pourfendre, prendre à partie, presser, quereller, rompre en visière, surprendre. **II.** → *ronger.* **III.** → *commencer.*

ATTARDER (S') ☐ → *flâner.*

ATTEINDRE ☐ **I.** → *arriver.* **II.** → *toucher.* **III.** → *rejoindre.*

ATTEINTE ☐ → *dommage, crise.*

ATTELAGE ☐ → *harnachement.*

ATTELER ☐ → *attacher.*

ATTENANCE ☐ → *dépendance.*

ATTENANT ☐ → *prochain.*

ATTENDRE ☐ **I.** Demeurer/rester sur place, guetter, languir, se morfondre, patienter. **II. Fam.** : croquer le marmot, droguer, faire antichambre/le pied de grue/le poireau, gober des mouches, mariner, moisir, poireauter. **III.** → *espérer, présumer.*

ATTENDRIR ☐ **I. Au pr.** → *affaiblir.* **II. Fig. 1.** → *émouvoir.* **2.** → *fléchir.*

ATTENDRISSANT, E ☐ → *émouvant.*

ATTENDRISSEMENT ☐ → *compassion.*

ATTENDU QUE ☐ → *parce que.*

ATTENTAT ☐ → *crime.*

ATTENTATOIRE ☐ → *contraire.*

ATTENTE ☐ Espérance, expectance, expectation (vx), expectative, présomption.

ATTENTER ☐ → *entreprendre.*

ATTENTIF, IVE ☐ Appliqué, diligent, exact, observateur, soigneux, vigilant. → *respectueux.*

ATTENTION ☐ **I.** Application, concentration, contemplation, contention, diligence, étude, exactitude, méditation, réflexion, soin, tension d'esprit, vigilance. → *curiosité.* **II.** → *égards.* **III. Loc. Faire attention :** faire gaffe (arg.), garder de (vx), se garder de, prendre garde.

ATTENTIONNÉ, E ☐ → *attentif.*

ATTENTISTE ☐ → *malin.*

ATTÉNUATION ☐ → *diminution.*

ATTÉNUER ☐ → *affaiblir, modérer.*

ATTERRÉ, E ☐ Abasourdi, abattu, accablé, catastrophé, chagriné, confondu, consterné, effondré, épouvanté, étourdi, stupéfait, surpris, triste.

ATTERRER ☐ **I.** → *épouvanter.* **II.** Atterrir, toucher à terre. **III. Vx** : abattre, mettre à bas/à terre, rabattre.

ATTERRISSEMENT ☐ → *alluvion.*

ATTESTATION ☐ Certificat, référence, visa. → *déclaration.*

ATTESTER ☐ **I.** → *affirmer.* **II.** → *prouver.*

ATTICISME ☐ Bonnes manières, civilité, délicatesse, distinction, urbanité.

ATTIÉDIR ☐ → *refroidir, modérer.*

ATTIÉDISSEMENT ☐ → *tiédeur.*

ATTIFER ☐ Accoutrer, adoniser, adorner, afistoler, apprêter, arranger, bichonner, embellir, endimancher, garnir, orner, pomponner, poupiner.

ATTIRAIL ☐ Affaires, appareil, bagage, bataclan, bazar, chargement, équipage, équipement, fourbi, fourniment, paquet, paquetage, train.

ATTIRANCE ☐ → *attraction, charme.*

ATTIRANT, E ☐ **I.** Attractif. **II. Fig. :** attachant, attrayant, captivant, charmant, enchanteur, engageant, ensorcelant, envoûtant, fascinant, insinuant, prenant, ravissant, séduisant, sexy.

ATTIRER ☐ **I. Une chose. 1.** → *tirer.* **2.** → *occasionner.* **II. Un être :** affriander, affrioler, aguicher, allécher, amorcer, appachonner (arg.), appâter, charmer, gagner, séduire, tenter. **III. V. pron.** → *encourir.*

ATTISER ☐ Accroître, activer, aggraver, aiguillonner, allumer, animer, aviver, déchaîner, donner le branle/le mouvement/le signal, emballer, embraser, enflammer, enthousiasmer, exacerber, exalter, exaspérer, exciter, faire sortir de ses gonds, fomenter, fouetter, insuffler, mettre en branle/en mouvement/hors de ses gonds, mettre de l'huile sur le feu (fam.), piquer, pousser, relever, réveiller, souffler, souffler sur les braises (fam.), stimuler, surexciter, susciter, tisonner, travailler.

ATTITRÉ, E □ Habituel, patenté.

ATTITUDE □ → *position, procédé.*

ATTOUCHEMENT □ → *tact, caresse.*

ATTRACTIF, IVE □ **I. Au pr.** : attracteur. **II. Par ext.** → *attirant.*

ATTRACTION □ **I. Au pr.** : gravitation. **II. Fig.** : allèchement, attirance, attrait, séduction. → *charme.* **III.** → *spectacle.*

ATTRAIT □ **I.** → *attraction.* **II.** → *grâce.* **III.** → *charme.*

ATTRAPADE, ATTRAPE □ **I.** → *piège.* **II.** → *plaisanterie.* **III.** → *tromperie.*

ATTRAPER □ **I. Neutre. 1.** → *prendre.* **2.** → *obtenir.* **3.** → *rejoindre.* **4.** → *toucher.* **5.** → *entendre.* **II. Péj. 1. Une maladie** → *contracter.* **2.** → *tromper.* **3.** → *réprimander.*

ATTRAYANT, E □ → *attirant.*

ATTRIBUER □ Adjuger, affecter, allouer, assigner, décerner, donner, imputer, prêter, référer. **V. pron.** → *approprier (s').*

ATTRIBUT □ **I.** → *qualité.* **II.** → *symbole.* **III. Gram. et log.** : prédicat.

ATTRIBUTAIRE □ → *bénéficiaire.*

ATTRIBUTION □ **I.** Allocation, affectation, assignation, imputation, lot, part. → *distribution.* **II.** → *emploi.*

ATTRISTER □ → *affliger.*

ATTRITION □ → *regret.*

ATTROUPEMENT □ → *rassemblement.*

ATTROUPER □ → *ameuter, assembler.*

AUBADE □ **I.** → *concert.* **II.** → *avanie.*

AUBAINE □ **I. Au pr.** → *succession.* **II. Par ext. 1.** → *profit.* **2.** → *chance.*

AUBE □ **I. Au pr. 1.** Aurore, avant-jour, crépuscule du matin, lever du jour/du soleil, point/pointe du jour. **2. Loc.** Dès l'aube : dès potron-jaquet/minet. **II.** → *commencement.*

AUBERGE □ → *hôtel, restaurant.*

AUBERGISTE □ Hôtelier. → *cabaretier.*

AUCUN □ → *nul.*

AUCUNS (D') □ → *plusieurs.*

AUDACE □ → *hardiesse.*

AUDACIEUX, EUSE □ → *courageux, arrogant.*

AUDIENCE □ **I.** → *public, réception.* **II.** → *influence, popularité.*

AUDITEUR, TRICE □ → *public.*

AUDITION □ **I.** → *concert.* **II.** Épreuve, essai, test.

AUDITOIRE □ → *public.*

AUGE □ Auget, bac, bassin, binée, bouloir, crèche, mangeoire.

AUGMENTATION □ Accroissement, addition, aggravation, agrandissement, amplification, arrondissement, croissance, développement, élargissement, enrichissement, gradation, grossissement, intensification, multiplication, recrudescence, redoublement, renchérissement. → *gonflement.*

AUGMENTER □ **I. V. intr. 1.** S'accentuer, s'accroître, s'aggraver, s'agrandir, s'amplifier, s'arrondir, croître, s'élargir, s'étendre, grandir, grossir, s'intensifier, se multiplier, redoubler. → *gonfler.* **2.** → *empirer.* **II. V. tr.** : accentuer, accroître, aggraver, agrandir, ajouter à, arrondir, densifier, doubler, élargir, enfler, enrichir, étendre, graduer, grossir, hausser, intensifier, monter, multiplier, redoubler.

AUGURE □ **I.** → *devin.* **II.** → *présage.*

AUGURER □ → *présumer, prédire.*

AUGUSTE □ **I. Adj.** → *imposant.* **II. Nom masc.** → *clown.*

AUJOURD'HUI □ → *présentement.*

AUMÔNE □ → *secours.*

AUMÔNIER □ Chapelain. → *prêtre.*

AUMÔNIÈRE □ Bourse, cassette, escarcelle, poche, porte-monnaie, réticule, sac.

AUPARAVANT □ Anciennement, antérieurement, au préalable, autrefois, ci-devant (vx), dans le passé, dans le temps, déjà, jadis, naguère, préalablement, précédemment, premièrement.

AUPRÈS □ → *près, comparaison (en).*

AURA, AURÉOLE □ → *nimbe.*

AURÉOLER □ Nimber. → *couronner, louer.*

AURORE □ → *aube.*

AUSCULTATION □ → *recherche.*

AUSCULTER □ → *examiner.*

AUSPICE □ **I.** → *devin.* **II.** → *présage.* **III. Au pl.** : égide, patronage, protection, sauvegarde, tutelle.

AUSSI □ **I.** Autant, encore, également, de même, pareillement, de plus. **II.** → *ainsi.*

AUSSITÔT □ D'abord, à l'instant, d'emblée, illico (fam.), immédiatement, incessamment, incontinent, instantanément, séance tenante, soudain, soudainement, sur-le-champ, tout de suite.

AUSTÈRE □ **I.** → *rude.* **II.** Abrupt, ascétique, janséniste, puritain, rigide, rigoriste, rigoureux, sévère, spartiate, stoïque. **III.** → *simple.*

AUSTÉRITÉ □ Abnégation, ascétisme, jansénisme, nudité (fig.), puritanisme, renoncement, rigidité, rigueur, rudesse, sévérité, simplicité, sobriété, stoïcisme.

AUSTRAL, E □ Antarctique, méridional, midi, sud.

AUTANT □ **I.** → *aussi.* **II. Loc.** *1. Autant que* → *comme.* *2. D'autant que* → *parce que.*

AUTARCIE □ → *isolement.*

AUTEL □ Foyer, laraire, pierre, pyrée, table du sacrifice.

AUTEUR □ → *écrivain.*

AUTHENTICITÉ □ → *bien-fondé.*

AUTHENTIQUE □ **I.** → *évident, vrai.* **II.** → *officiel.*

AUTOBIOGRAPHIE □ → *mémoires.*

AUTOBUS □ Autocar, car, patache (vx).

AUTOCHTONE □ Aborigène, habitant, indigène, local, natif, naturel, originaire.

AUTOCRATE □ → *monarque.*

AUTOCRATIE □ → *absolutisme.*

AUTOCRATIQUE □ → *absolu.*

AUTOCRITIQUE □ → *confession.*

AUTOCUISEUR □ Cocotte.

AUTOLÂTRIE □ → *égoisme.*

AUTOMATE □ Androïde, robot.

AUTOMATIQUE □ Convulsif, forcé, inconscient, instinctif, involontaire, irréfléchi, laisser, machinal, mécanique, passif, réflexe, spontané.

AUTOMÉDON □ → *cocher.*

AUTOMNE □ Arrière-saison, été de la Saint-Martin.

AUTOMOBILE □ → *voiture.*

AUTOMOTRICE □ Aérotrain, autorail, micheline, motrice.

AUTONOME □ → *libre.*

AUTONOMIE □ → *liberté.*

AUTOPSIE □ Analyse, anatomie, dissection, docimasie, examen, nécropsie, vivisection.

AUTORAIL □ → *automotrice.*

AUTORISATION □ → *permission.*

AUTORISER □ Accepter, accorder, acquiescer, admettre, agréer, approuver, concéder, consentir, dispenser, donner la permission *et les syn. de* PERMISSION, endurer, habiliter, laisser, passer, souffrir, supporter, tolérer.

AUTORITAIRE □ Absolu, absolutiste, altier, cassant, catégorique, dictatorial, directif, dominateur, dur, ferme, fort, impérieux, intransigeant, irrésistible, net, péremptoire, pète-sec, pressant, tranchant, tyrannique, volontaire.

AUTORITÉ □ **I.** Absolutisme, autoritarisme, bras de Dieu, domination, empire, férule, force, gouvernement, griffe, impérialisme, loi, main, omnipotence, pouvoir, prépotence, puissance, règne, toute-puissance. **II.** → *charme, habileté, influence, qualité, tête.*

AUTOUR □ Alentour, à la ronde.

AUTREFOIS □ À l'origine, anciennement, au temps ancien/passé, dans l'antiquité/le temps, d'antan, en ce temps-là, il y a longtemps, jadis, naguère.

AUTREMENT □ **I.** Alias, différemment. **II.** Beaucoup plus. **III.** Sans quoi, sinon.

AUTRE(S), AUTRUI □ Prochain, semblable.

AUTRUCHE □ Ratite. **Par ext. :** aptéryx, casoar, émeu, kiwi, nandou.

AUVENT □ Abri, avant-toit, banne, galerie, marquise.

AUXILIAIRE □ → *adjoint.*

AVACHI, E □ → *fatigué.*

AVACHISSEMENT □ Veulerie. → *faiblesse, mollesse.*

AVAL □ → *caution.*

AVALANCHE □ **Par ext.** → *pluie.*

AVALER □ **I. Au pr.** *1.* Absorber, déglutir, engloutir, entonner, friper (vx), gober, humer (vx), ingérer, ingurgiter, prendre. *2.* → *boire.* *3.* → *manger.* **II. Fig.** *1.* → *croire.* *2.* → *recevoir.*

AVALISER □ → *garantir.*

AVANCE □ **I.** → *acompte.* **II.** → *offre.* **III.** → *avancement.* **IV. Loc.** *faire des avances :* → *courtiser.*

AVANCÉ, E **I. Une opinion :** extrémiste, libre, progressiste, révolutionnaire. **II. Une denrée** → *gâté.*

AVANCEMENT □ **I. Au pr. :** avance, essor, évolution, marche, progrès, progression. **II. Par ext. :** amélioration, élévation, marche en avant, nomination, perfectionnement, progression, promotion.

AVANCER □ **I. Au pr. :** gagner, gagner du terrain, marcher, pousser, progresser. **II. Par ext.** → *affirmer.*

AVANIE □ Algarade, aubade (fam.), brimade, camouflet, couleuvres (fam.), incartade, mortification, scène, sortie. → *offense.*

AVANT □ **I. Prép. :** devant. **II. Adv. :** anciennement, antérieurement, auparavant, au préalable, autrefois, ci-devant (vx), dans le passé, déjà, jadis, naguère, préalablement, précédemment, premièrement.

AVANTAGE □ Atout, attribut, dessus, droit, prééminence, privilège, profit, succès, supériorité, utilité.

AVANTAGER □ → *favoriser.*

AVANTAGEUX, EUSE □ **I.** → *profitable.* **II.** → *orgueilleux.*

AVANT-COUREUR □ → *précurseur.*

AVANT-DERNIER □ Pénultième.

AVANT-GARDE □ avant-coureur, éclaireur, pointe, tête.

AVANT-GOÛT □ Aperçu, avant-première, échantillon, essai, exemple, idée, image, pensée, perspective, tableau, topo (fam.).

AVANT-PREMIÈRE □ Couturières, générale, répétition générale. → *avant-goût.*

AVANT-PROJET □ Devis, esquisse, maquette, plan, proposition, tracé.

AVANT-PROPOS □ → *préface.*

AVANT-SCÈNE □ Proscenium.

AVANT-TOIT □ Abri, auvent, galerie, marquise, véranda.

AVARE □ Amasseur, avaricieux (vx), boîte-à-sous, chiche, chien, coquin, crasseux, créancier, cupide, dur, égoïste, fesse-mathieu, gobseck, grigou, grippe-sou, harpagon, intéressé, jean-foutre, ladre, lésineur, lésineux, liardeur, mégotier, mesquin, pain dur, parcimonieux, pignouf, pince-maille (vx), pingre, pisse-vinaigre, pouacre, près-de-ses-sous, prêteur sur gage, radin, rapace, rapiat, rat, regardant, regrattier, serré, shylock, sordide, taquin (vx), thésauriseur, tirelire, tiresous, tronc, usurier, vautour, vilain.

AVARICE □ Avidité, chiennerie, cupidité, égoïsme, ladrerie, lésine, lésinerie, mesquinerie, parcimonie, pingrerie, radinerie, rapacité, sordidité, thésaurisation, vilénie.

AVARIE □ → *dommage.*

AVARIER □ I. Altérer, corrompre, dénaturer, détériorer, endommager, éventer, gâter, meurtrir, perdre, pourrir, putréfier, tarer, vicier. II. Par ext. → *gâcher.*

AVATAR □ → *transformation.*

AVEC □ À, ainsi que, en compagnie de, en même temps, du même coup, par.

AVEN □ → *abîme.*

AVENANT, E □ → *aimable.*

AVENANT □ Adjonction, codicille, modification, supplément.

AVÈNEMENT □ Accession, apparition, arrivée, élévation, naissance, venue.

AVENIR □ I. Futur, horizon, lendemain. II. Au-delà, autre vie, destinée, éternité, temps/vie futur(e) → *postérité.* III. Loc. *À/dans l'avenir :* demain, désormais, dorénavant, dans/par la suite, plus tard.

AVENTURE □ I. Au pr. 1. → *événement.* 2. → *entreprise.* II. Par ext. 1. → *hasard.* 2. → *destinée.*

AVENTURER □ Commettre, compromettre (péj.), émettre, essayer, exposer, hasarder, jouer, jouer son va-tout, se lancer, risquer, risquer le paquet (fam.), tenter. → *expérimenter.*

AVENTUREUX, EUSE □ Aventurier, entreprenant, hasardeux, imprévoyant, osé, risqué, téméraire.

AVENTURIER, ÈRE □ I. Nom → *intrigant.* II. Adj. → *aventureux.*

AVENUE □ → *allée, rue, voie.*

AVÉRÉ, E □ → *vrai.*

AVÉRER □ → *vérifier.* V. Pron. → *paraître, ressortir.*

AVERS □ Face.

AVERSE □ → *pluie.*

AVERSION □ → *éloignement.*

AVERTI, E □ → *capable.*

AVERTIR □ I. Alerter, annoncer, apprendre, aviser, crier de (vx), crier casse-cou/gare, dénoncer, dire, donner avis, éclairer, faire connaître/savoir, indiquer, informer de, instruire, mettre en demeure/en garde, montrer, notifier, porter à la connaissance, prévenir, renseigner, signaler. II. Klaxonner, sonner.

AVERTISSEMENT □ I. Avis, communication, conseil, indication, information, instruction, monition (relig.), recommandation, renseignement, signalement, suggestion. II. **Non favorable :** admonestation, leçon, observation, remontrance, représentation, réprimande. → *reproche.* III. Par ext. 1. → *préface.* 2. → *lettre.* 3. → *présage.* 4. → *notification.*

AVERTISSEUR □ Klaxon, signal, sirène, sonnerie, sonnette, trompe.

AVETTE □ → *abeille.*

AVEU □ Approbation, confidence, consentement, déclaration, mea culpa, reconnaissance. → *confession.*

AVEUGLANT, E □ → *évident.*

AVEUGLÉ, E □ Fig. → *troublé.*

AVEUGLEMENT □ I. Au pr. : cécité. II. Fig. : confusion, entêtement, fascination, ignorance, obscurcissement, opiniâtreté. III. → *trouble.*

AVEUGLÉMENT □ À l'aveugle/l'aveuglette/tâtons, sans regarder, sans voir.

AVEUGLER □ I. Au pr. → *boucher.* II. Fig. 1. → *éblouir.* 2. → *troubler.*

AVEUGLETTE (À L') □ → *aveuglément.*

AVEULIR □ → *affaiblir.*

AVEULISSEMENT □ → *dégradation.*

AVIATEUR, TRICE □ I. Aéronaute, commandant de bord, navigant, navigateur, personnel navigant, P.N., pilote. II. Par ext. : aérostier.

AVIATION □ I. Aéronautique, navigation aérienne, sports/transports aériens. II. Aéronavale, aéropostale, aérospatiale, aérostation, aérotechnique, armée de l'air.

AVIDE □ I. Au pr. → *glouton.* II. Fig. → *intéressé.*

AVIDITÉ □ Ambition, avarice, concupiscence, convoitise, cupidité, désir insatiable, gloutonnerie, goinfrerie, rapacité, vampirisme.

AVILI, E □ → *vil.*

AVILIR □ → *abaisser.*

AVILISSANT, E □ → *honteux.*

AVILISSEMENT □ → *dégradation.*

AVINÉ, E □ → *ivre.*

AVION □ **I.** Aéroplane, aérobus, airbus, appareil, avionnette, jet, machine, plus lourd que l'air, supersonique. **II.** Bi/mono/quadri/trimoteur/réacteur, d'appui/assaut/ bombardement/chasse/observation / ravitaillement/renseignement/ transport. **III. Fam. et/ou péj.** : cage à poules, carcasse, cercueil volant, coucou, fer à repasser, lampe à souder, libellule, pou du ciel, tacot, taxi, zinc. **IV.** → *aérodyne.*

AVIRON □ **I.** Godille, pagaie, rame. **II. Par ext.** : régates.

AVIS □ **I.** → *avertissement.* **II.** → *opinion.* **III.** → *préface.* **IV.** → *proclamation.* **V. Loc. Donner avis** → *avertir.*

AVISÉ, E □ → *habile, prudent.*

AVISER □ **I. V. tr. 1.** → *avertir.* **2.** → *voir.* **II. V. intr.** → *pourvoir.* **III. V. pron. 1.** → *oser.* **2.** → *trouver.* **3.** → *penser.*

AVITAILLER □ → *pourvoir.*

AVITAMINOSE □ Béribéri, rachitisme, scorbut.

AVIVER □ → *augmenter.*

AVOCAT □ → *défenseur.*

AVOINE □ **I.** Fromental. **II. Fam. :** → *volée.*

AVOIR □ **I. N. m. 1.** → *bénéfice.* **2.** → *biens.* **II. V. tr. 1.** Détenir, jouir de, posséder, tenir. **2.** → *obtenir.* **III. Par ext. 1.** → *tromper.* **2.** → *vaincre.*

AVOISINANT, E □ → *prochain.*

AVOISINER □ → *toucher.*

AVORTEMENT □ **I. Au pr. :** arrêt/interruption volontaire de grossesse, fausse couche, I. V. G. **II. Fig. :** déconfiture, défaite, échec, faillite, insuccès, perte, revers.

AVORTER □ Chuter, échouer, faire long feu/fiasco, foirer (fam.), louper (fam.), manquer, rater.

AVORTON □ **I. Au pr. :** fausse couche. **II. Par ext. 1.** Embryon, fœtus, germe, graine, œuf. **2.** Aztèque, freluquet, gnome, lilliputien, magot, microbe, myrmidon, nabot, nain, pot à tabac, pygmée, ragot, ragotin, rasemottes, tom-pouce.

AVOUABLE □ → *honnête.*

AVOUER □ **I. Au pr. :** admettre, concéder, constater, confesser, confier, convenir, décharger/dégager sa conscience, déclarer, dire, reconnaître, tomber d'accord. **II. Arg. :** cracher le morceau, se déboutonner, se dégonfler, manger le morceau, se mettre à table, vider son sac.

AVULSION □ Arrachement, déracinement, divulsion, éradication, évulsion, extirpation, extraction.

AXE □ Arbre, essieu, ligne, pivot, vecteur.

AXER □ → *diriger.*

AXIOME □ **I.** Évidence, exactitude, postulat, proposition, prémisse, vérité. **II.** Adage, aphorisme, apophtegme, maxime, morale, pensée, sentence.

AZULERO □ → *céramique.*

AZUR □ Air, atmosphère, bleu, ciel, éther, firmament, voûte céleste.

AZURÉ, E □ Azurin, bleu, bleuâtre, bleuté, céleste, céruléen, lapis-lazuli, myosotis, pervenche, saphir.

BABA □ **I. Adj. :** abasourdi, comme deux ronds de flan, ébahi, étonné, stupéfait, surpris. **II. N. m. 1.** marquise, savarin. **2.** → *fessier.*

BABIL, BABILLAGE □ **I.** Babillement, bavardage, gazouillement, gazouillis, lallation, ramage. **II.** Bruit, murmure. **III.** Caquet, caquetage, jacassement, jaserie.

BABILLARDE □ Bafouille (fam.), bifton (argot milit.), lettre, message, missive, poulet (fam.).

BABILLER □ **I.** Bavarder, gazouiller. **II. Non favorable :** cancaner, caqueter, jacasser, jaser, médire. → *jaboter.*

BABINES □ **Au pr. 1. D'un animal :** lèvres, lippes. **2. De quelqu'un :** badigoinces (fam.), lèvres, lippes.

BABIOLE □ **I. Chose sans importance :** affiquet, amusement, amusette, amusoire, bagatelle, baliverne, bêtise, bibelot, bimbelot, breloque, bricole, brimborion, caprice, colifichet, connerie (vulg.), fanfreluche, fantaisie, frivolité, futilité, rien. **II. Affaire sans importance. 1.** Amusement, badinerie, bricole (fam.), broutille, futilité, jeu, plaisanterie, rien. **2. Non favorable :** baliverne, bêtise, chanson, fadaise, futilité, sornette, sottise, vétille. **III. Par ext. :** amourette, badinage, chose, flirt, galanterie. → *amour.*

BÂBORD □ Côté gauche.

BABOUCHE □ Chaussure, mule, pantoufle, savate.

BAC □ **I.** Bachot, bateau plat, embarcation, ferry-boat, toue, traille, va-et-vient. → *bateau.* **II.** Auge, baquet, bassin, cuve, timbre. **III.** → *baccalauréat.*

BACCALAURÉAT □ Premier grade universitaire. **Fam. :** bac, bachot, peau d'âne.

BACCHANALE □ → *tohu-bohu.*

BACCHANTE □ Moustache. → *mégère.*

BÂCHE □ Banne, capote, couverture, toile. **Mar. :** prélart, taud.

BÂCHER □ → *couvrir.*

BACILLAIRE □ Bactérien, microbien, parasite.

BACILLE □ **Par ext. :** bactérie, germe, microbe, virus.

BÂCLAGE □ Expédition, gâchis, liquidation, sabotage, sabrage, torchage (fam.).

BÂCLE □ → *barre.*

BÂCLER □ Brocher, expédier, finir, gâcher, liquider, saboter, sabrer, torcher (fam.).

BACTÉRIE □ Bacille, germe, microbe, virus.

BACTÉRIEN, ENNE □ Bacillaire, microbien, parasite.

BADAUD □ **I. Non favorable :** crédule, gobe-mouches (fam.), niais, nigaud, oisif, sot. **Arg. :** cave, pingouin. → *bête.* **II. Neutre :** curieux, flâneur, lèche-vitrine (fam.), promeneur.

BADAUDERIE □ Crédulité, niaiserie, nigauderie, oisiveté, sottise. → *bêtise.*

BADERNE □ **I. Mar. :** protection. **II. Loc. Vieille baderne 1.** Culotte de peau, peau de vache. **2.** Réac, son et lumière, vieux chose/con/machin/truc, vieille vache.

BADGE □ → *insigne.*

BADIGEON □ Enduit. → *peinture.*

BADIGEONNAGE □ Barbouillage (péj.), enduit. → *peinture.*

BADIGEONNER □ **I.** Enduire, peindre. **II. Par ext.** : barbouiller, enduire, farder, oindre, peindre, recouvrir.

BADIGOINCES □ → *babines.*

BADIN, E □ **I.** Drôle, enjoué, espiègle, folâtre, fou, foufou (fam.), gai, gamin, rigolo (fam.). **II. Non favorable** : désinvolte, frivole, léger, libre.

BADINAGE □ **I. Au pr.** : amusement, amusette, badinerie, batifolage, enjouement, gaieté, jeu, plaisanterie. **II.** Bluette, fleurette, flirt, galanterie, marivaudage.

BADINE □ **I. Nom fém.** : canne, cravache, baguette, jonc, stick. **II. Nom fém. pl.** : pincettes.

BADINER □ **I.** S'amuser, jouer, plaisanter, rigoler (fam.), taquiner. **II.** Baratiner (fam.), conter fleurette, flirter, marivauder. → *courtiser.*

BAFFE □ → *gifle.*

BAFOUER □ Abaisser, brocarder, fouler aux pieds, se gausser de, humilier, maltraiter, mépriser, mettre en boîte (fam.), se moquer de, outrager, se payer la tête de (fam.), persifler, railler, ridiculiser, vilipender.

BAFOUILLAGE □ Baragouin, baragouinage, bredouillement, cafouillage, charabia, jargon. *Vulg.* : déconnage, merdoyage, merdoiement.

BAFOUILLE □ Babillarde, bifton (argot milit.), lettre, message, missive, poulet (fam.).

BAFOUILLER □ **I.** Balbutier, baragouiner, bégayer, bredouiller, cafouiller, déconner (grossier), s'embrouiller, jargonner, jargouiner, manger ses mots, marmonner, merdoyer (grossier), murmurer. **II. Loc.** : ça se bouscule au portillon (fam.).

BAFOUILLEUR, EUSE □ Baragouineur, bégayeur, bredouilleur, cafouilleur. *Vulg.* : déconneur, merdoyeur.

BÂFRER □ **Péj.** : avaler, bouffer, boustifailler, brifer, déglutir, s'empiffrer, engloutir, se faire péter la sous-ventrière, faire ripaille, gobichonner, goinfrer, se goinfrer, gueuletonner, s'en mettre plein la lampe, phagocyter, se taper la cloche, tortorer.

BÂFREUR □ Bouffeur, boustifailleur, empiffreur, glouton, goinfre, goulu, gourmand, ogre, phagocyte, ripailleur, tube digestif.

BAGAGE □ **I. Au pr. 1.** Affaires. **2.** Attirail, barda (arg. milit.), caisse, cantine (milit.), chargement, colis, équipement, fourbi (fam.), fourniment, impedimenta, malle, paquet, paquetage (milit.), sac, valise. → *ballot.* **3.** Arroi (vx), équipage, train. **II. Par ext.** : acquis, compétence, connaissance, savoir. **III. Loc. 1. Avec armes et bagages :** totalement et rapidement, sans demander son reste. **2. Plier bagage :** déguerpir, s'enfuir, partir rapidement.

BAGARRE □ Altercation, baroud (milit.), bataille, combat, crosses (fam.), discussion, dispute, échauffourée, empoignade, explication, lutte, noise, querelle, rixe.

BAGARRER, SE BAGARRER □ **I. Au pr.** : barouder (milit.), batailler, se battre, se disputer, se quereller, chercher des crosses/noise/des noises/querelle. **II. Par ext.** : agir/discuter avec ardeur/conviction, lutter.

BAGARREUR □ Agressif, baroudeur (milit.), batailleur, combatif, mauvais coucheur, querelleur.

BAGASSE □ → *prostituée.*

BAGATELLE □ **I. Chose :** affiquet, amusement, amusette, amusoire, babiole, baliverne, bêtise, bibelot, bimbelot, breloque, bricole, brimborion, caprice, chiffon, colifichet, fanfreluche, fantaisie, fifrelin, frivolité, futilité, rien. **II. Affaire sans importance. 1.** Amusement, badinerie, bricole (fam.), broutille, futilité, jeu, plaisanterie, rien. **2.** Baliverne, bêtise, chanson, connerie (fam.), détail, enfantillage, fadaise, foutaise (fam.), hochet, jouet, rocambole, sornette, sottise, vétille. **III. Par ext. :** amourette, badinage, chose, flirt, galanterie. → *amour.*

BAGNARD □ Détenu, forçat, galérien, interné, relégué, transporté.

BAGNE □ Chiourme, détention, réclusion criminelle, grotte (arg.), pénitencier, relégation, transportation. → *travaux forcés.*

BAGNOLE □ **I. Au pr.** : auto, automobile, tas de ferraille, taxi, tire (arg.), véhicule. → *voiture.* **II. Péj.** : clou, ferraille, poubelle, tacot.

BAGOU □ **I. Au pr.** : babil, babillage, baratin, bavardage, bavarderie, bavasserie, boniment, caquetage, jacasserie, jaserie, jaspin, langue bien affilée/pendue, logorrhée, loquacité, papotage, parlage, parlerie, parlote, patati et patata, verbiage. → *éloquence.* **II. Par ext. : →** *médisance.*

BAGUE □ Alliance, anneau, brillant, chevalière, diamant, jonc, marguerite, marquise, solitaire.

BAGUENAUDE □ → *promenade.*

BAGUENAUDER, SE BAGUENAUDER □ Se balader, faire un tour, flâner, lanterner, musarder, muser, prendre l'air, se promener, sortir, se traîner, se trimbaler (fam.), vadrouiller.

BAGUETTE □ **I.** Petit bâton, tige. **II.** Frette, listel, membron, moulure. **III.**

Badine, canne, cravache, houssine, jonc, stick, verge. **III. Loc.** *D'un coup de baguette :* par enchantement/magie/miracle.

BAHUT ☐ **I. Meuble :** armoire, buffet, coffre, dressoir, huche, maie, semainier, vaisselier. **II. Arg. scol. :** école, collège, lycée. **III.** → *camion.* **IV. Arch. :** appui, chaperon.

BAIE ☐ **I.** Anse, calanque, conche, crique, golfe, havre. **II.** Châssis, croisée, double fenêtre, fenêtre, lucarne, ouverture. **III.** Akène, drupe, fruit, graine.

BAIGNADE ☐ → *bain.*

BAIGNER ☐ **I. V. tr.** *1. On baigne quelqu'un ou quelque chose :* laver, mettre dans l'eau, mouiller, nettoyer, plonger dans l'eau, tremper. *2. Un fleuve :* arroser, couler dans, irriguer, traverser. *3. La mer :* entourer. *4. Par ext. :* inonder, mouiller, remplir. **II. V. intr. :** immerger, nager, noyer (péj.), être plongé, tremper. **III. V. pron. :** faire trempette (fam.), se laver, nager, se nettoyer, se plonger dans l'eau, prendre un bain, se tremper.

BAIGNEUR, EUSE ☐ **I. Au pr. :** nageur. **II. Par ext. :** aoûtien (fam.), curiste, touriste, vacancier.

BAIGNOIRE ☐ **I.** Piscine, tub. **II. Théâtre :** avant-scène, loge, mezzanine.

BAIL ☐ Amodiation, commandite, contrat, convention, fermage, location, loyer.

BÂILLEMENT ☐ **Fig. :** échancrure, ouverture.

BAILLER ☐ → *donner.*

BÂILLER ☐ **I. Fam. :** se décrocher la mâchoire (fam.), ouvrir un four. **II. Par ext. :** être béant/entrouvert/mal ajusté/mal fermé/mal joint/mal tendu.

BAILLEUR, ERESSE ☐ **I.** Propriétaire, proprio (arg.). **II.** Capitaliste, commanditaire, créancier, prêteur.

BÂILLON ☐ Bandeau, muselière, tampon.

BÂILLONNER ☐ **I.** Museler. **II. Fig. :** étouffer, museler, réduire au silence.

BAIN ☐ **I.** Ablution, baignade, douche, toilette, trempette. **II. Le lieu.** *1.* Conche, plage, rivière. *2.* Bain turc, hammam, piscine, sauna, thermes. **III. Loc.** *Être dans le bain :* être compromis, être impliqué dans, être mouillé (fam.).

BAISE ☐ → *accouplement.*

BAISER ☐ **I. V. tr.** Accoler (vx), bécoter (fam.), biser, donner un baiser, *et les syn. de* BAISER *(nom),* embrasser, faire la bise (fam.), poser un baiser sur, sucer la pomme (fam.). **II. Par ext.** *1. Vulg.* → *accoupler (s').* *2.*

Loc. *Se faire baiser* (grossier) : être abusé/dupé/feinté/pris/roulé/trompé, se faire avoir/posséder/prendre/rouler.

BAISER ☐ n. m. **I.** Accolade, embrassade. **Fam. :** bécot, patin, poutou, sucon. **Rég. :** bec. → *bise.* **II. Loc.** *1. De Judas :* fourberie, mensonge, trahison, traîtrise. → *hypocrisie. 2. Lamourette :* duperie, leurre, réconciliation passagère, succès sans lendemain, tromperie.

BAISSE ☐ Abaissement, affaiblissement, affaissement, amoindrissement, chute, déclin, décrue, descente, diminution, effondrement, faiblissement, fléchissement, reflux.

BAISSER ☐ **I.** *1.* Abaisser, descendre, rabaisser, rabattre, surbaisser. *2. La tête :* courber, incliner, pencher. *3. Par ext. :* abattre, démarquer, diminuer, faire un abattement, réduire. **II.** *1. Quelqu'un :* s'affaiblir, décliner, décroître, diminuer. *Fam. :* devenir gâteux, sucrer les fraises. *2.* Chuter, descendre, s'effondrer, faiblir, refluer, rétrograder.

BAKCHICH ☐ → *gratification.*

BAL ☐ **I. Au pr.** *1.* Dancing, night-club, salle de bal, salon. *2. Non favorable :* bastringue, boîte, guinche, guinguette, pince-fesses (fam.). *3. Bal champêtre :* frairie, musette. **II. Par ext.** *1.* Fête, réception, soirée, surprise-partie. *2. L'après-midi :* cinq à sept, cocktail dansant, sauterie, thé dansant. *3. Fam. :* boum, quelque chose, surboum, surpatte.

BALADE ☐ Excursion, randonnée, sortie, tour, voyage. → *promenade.*

BALADER ☐ Faire un tour, faire prendre l'air à, promener, sortir, trimbaler (fam. et péj.). **V. pron.** *1.* Se baguenauder, errer, faire un tour, flâner, lanterner, lécher les vitrines, musarder, muser, prendre l'air, se promener, sortir, se traîner, se trimbaler, vadrouiller. *2. Par ext. :* faire une excursion/du tourisme, un voyage, voir du pays, voyager.

BALADIN, INE ☐ Acteur ambulant, acrobate, ballerine, bateleur, bouffon, clown, comédien, danseur, enfant de la balle, histrion, paillasse, saltimbanque.

BALAFRE ☐ Cicatrice, coupure, entaille, estafilade, taillade. → *blessure.*

BALAFRER ☐ Couper, entailler, taillader, tailler. → *blesser.*

BALAI ☐ **I.** Aspirateur (par ext.), balayette, brosse, écouvillon, goret, guipon, faubert, houssoir, lave-pont, tête de loup, vadrouille. **II. Coup de balai** → *nettoiement, épuration.*

BALANCE ☐ **I. Au pr.** *1.* Pèse-bébé, pèse-grains, pèse-lettre, pesette, peson, romaine, trébuchet. *2.* Bascule, poids public. **3.** *De pêche :* caudrette, filet, truble. **II. Fig.** : équilibre, rapport. **III. Loc. 1. Mettre en balance :** comparer, favoriser. **2. Rester/être en balance :** hésiter. **3. Tenir en balance :** laisser dans l'incertitude, rendre hésitant. **IV. Comptabilité :** bilan, compte, différence, solde.

BALANCÉ, E (BIEN) □ **I. Un garçon :** balèze (fam.), beau gars, bien baraqué (arg.)/bâti/proportionné, costaud. **II. Une fille :** beau brin de fille, beau châssis (arg.), belle fille, bien bâtie/faite/proportionnée/roulée (fam.)/tournée, faite au moule.

BALANCEMENT □ **I. Au pr.** : alternance, bascule, battement, bercement, branle, branlement (vx) brimbalement, dandinement, dodelinement, flottement, fluctuation, flux et reflux, nutation, ondulation, oscillation, roulis, secouement, tangage, vacillation, va-et-vient. **II. Par ext. 1.** Flottement, hésitation. **2. Littérature :** cadence, harmonie, rythme. **III. Fig.** : compensation, équilibre, pondération.

BALANCER □ **I. V. tr. 1.** Agiter, bercer, branler (vx), dandiner, dodeliner, dodiner, faire aller et venir/de droite et de gauche/osciller, hocher, remuer. **2. Par ext. :** balayer, bazarder (fam.), chasser, congédier, se débarrasser de, donner son compte à, envoyer à la balançoire/promener/valser, expulser, faire danser (fam.)/ valser (fam.), ficher/foutre (grossier)/jeter à la porte, remercier, renvoyer. **3. Comptabilité :** couvrir, solder. **4. Une force :** compenser, contrebalancer, équilibrer, neutraliser. **II. V. intr. 1. Au pr. :** aller de droite et de gauche, ballotter, brimbaler, bringuebaler, être secoué, onduler, osciller, remuer, rouler, tanguer, vaciller. **2. Fig. :** comparer, examiner, flotter, hésiter, opposer, peser le pour et le contre. **III. Loc. 1. Je m'en balance :** ça m'est égal, je m'en fiche, je m'en fous (vulg.), je m'en moque. **2. Envoyer balancer :** bazarder, se décourager (au fig.), envoyer promener (fam.), liquider, renoncer à, vendre. **3. Ca se balance :** s'équilibrer, se neutraliser, se valoir.

BALANCOIRE □ **I.** Balancelle (par ext.), bascule, escarpolette. **II. Fig.** : baliverne, sornette.

BALAYAGE □ → *nettoiement, épuration.*

BALAYER □ **I.** Brosser, donner un coup de balai, enlever la poussière, frotter, passer le balai. → *nettoyer.* **II. Fig. 1. Une chose :** déblayer, dégager, écarter, refouler, rejeter, repousser. → *chasser.* **2.** → *retrancher.*

BALAYEUR □ Boueur, boueux, employé au petit génie.

BALAYURE □ → *débris.*

BALBUTIEMENT □ **I.** Babil, murmure. **II.** Ânonnement, bafouillage, baragouin, bégaiement, bredouillement, mussitation. **III. Fig.** : aube, aurore, commencement, début, enfance.

BALBUTIER □ **I.** Articuler, babiller, murmurer. **II.** Ânonner, bafouiller, baragouiner, bégayer, bredouiller, hésiter, marmonner, marmotter, merdoyer (fam.), se troubler.

BALCON □ Avancée, galerie, loggia, mezzanine.

BALDAQUIN □ **I.** Dais. **II. Relig.** : ciborium. **III.** Ciel de lit.

BALEINE □ **I.** Baleineau, baleinoptère, cétacé, épaulard, jubarte, mégaptère, orque, rorqual, rorque. **II. De corset :** busc.

BALEINIÈRE □ Canot, chaloupe, embarcation. → *bateau.*

BALÈZE □ **I.** Baraqué (arg.), costaud, fort, grand. **II. Loc.** : armoire à glace (fam.), fort comme un Turc.

BALISAGE □ Guidage, radioguidage, signalement.

BALISE □ Amer, bouée, clignotant, émetteur, feu, feu clignotant, jalon, marque, poteau, réflecteur, signal, tourelle.

BALISER □ Flécher, indiquer, marquer, munir de balises, signaler, tracer.

BALISTE □ → *catapulte.*

BALISTIQUE □ Aérodynamique, astronautique, cinématique, cinétique, dynamique, mécanique.

BALIVEAU □ → *arbre.*

BALIVERNE □ **I.** Balançoire, billevesée, bourde, calembredaine, chanson, connerie (fam.), conte, coquecigrue, enfantillage, fable, facétie, fadaise, faribole, futilité, histoire, niaiserie, puérilité, rien, sornette, sottise. **II.** → *bagatelle.* **III.** → *bêtise.*

BALLADE □ Chanson, lied, refrain. → *poème.*

BALLANT, E □ **I. Adj.** : oscillant, pendant. **II. Loc. Donner du ballant :** détendre, donner du mou, relâcher.

BALLAST □ **I. D'une voie :** remblai. **II. Mar. 1.** Lest. **2.** Réservoir. **3.** Compartiment.

BALLE □ **I.** Ballon, éteuf, pelote. **II. Loc. Balle au panier :** basket-ball. **III.** Cartouche, chevrotine, plomb, projectile, pruneau (arg.). **IV.** Affaires attirail, ballot, balluchon, barda (arg. milit.), caisse, cantine, colis, fourbi (fam.), paquet, paquetage (milit.), sac. **V. Fam. :** → *tête.* **VI. Botan. :** cosse, enveloppe, glume, glumelle.

BALLERINE □ Danseuse, étoile, petit rat, premier sujet.

BALLET □ Chorégraphie, danse, divertissement, spectacle de danse.

BALLON ☐ **I.** Balle. **II. Loc. 1. *Ballon rond :*** foot, football, football-association. **2. *Ballon ovale :*** rugby, jeu à treize/à quinze. **III.** Aéronef, aérostat, dirigeable, montgolfière, saucisse, zeppelin. **IV. Loc. *Faire ballon*** (fam.) : faire tintin, être déçu/privé de.

BALLONNÉ, E ☐ Distendu, enflé, flatueux, flatulent, gonflé, météorisé, tendu, venteux.

BALLONNEMENT ☐ Enflure, flatulence, flatuosité, gonflement, météorisation, météorisme, tension, ventosité.

BALLOT ☐ **I. Au pr. 1.** Affaires, attirail, bagot (arg.), balle, balluchon, barda, caisse, cantine, chargement, colis, équipement, fourbi, pacson (arg.), paquet, paquetage, sac. → *bagage.* **II. Par ext. :** acquis, compétence, connaissance, savoir. **III. Fig.** → *bête.*

BALLOTTEMENT ☐ Agitation, balancement, remuement, secousse, va-et-vient.

BALLOTTER ☐ **I.** Agiter, balancer, baller (vx), cahoter, remuer, secouer. **II.** Rendre hésitant/indécis, tirailler.

BALLOTTINE ☐ Galantine.

BALLUCHE, BALLUCHON ☐ → *ballot.*

BALNÉAIRE ☐ **I. Station balnéaire :** station thermale. **II.** Bord de mer.

BALOURD, E ☐ Emprunté, fruste, gaffeur, gauche, grossier, lourd, lourdaud, maladroit, rustaud, rustre. → *bête.*

BALOURDISE ☐ Gaffe, gaucherie, grossièreté, lourdeur, maladresse, rusticité, sottise, stupidité. → *bêtise.*

BALUSTRADE ☐ Bahut, garde-corps, garde-fou, parapet, rambarde.

BAMBIN ☐ Bébé, chérubin, gamin, petiot (fam.), petit. → *enfant.*

BAMBOCHE ☐ Bamboula. → *fête.*

BAMBOCHEUR ☐ → *fêtard.*

BAN ☐ **I.** Proclamation, publication. **II.** Applaudissement, hurrah, ovation. **III. Loc. *Le ban et l'arrière-ban :*** tout le monde. **IV. Loc. *Mettre au ban de :*** bannir, chasser, exiler, expulser, mettre en marge de, refouler, repousser.

BANAL, E ☐ **I.** Communal, paroissial, public. **II.** Commun, courant, ordinaire. **III.** Battu, impersonnel, insignifiant, insipide, pauvre, plat, rebattu, sans originalité, trivial, usé, vieux, vulgaire.

BANALITÉ ☐ Cliché, évidence, fadaise, lapalissade, lieu commun, médiocrité, pauvreté, platitude, poncif, redite, trivialité, truisme.

BANC ☐ **I.** Banquette, gradins, siège. **II.** Bâti, établi, table. **III. Mar. :** banquise, bas-fond, brisant, écueil, récif.

IV. Géol. : amas, assise, couche, lit, strate.

BANCAL, E ☐ **I.** Bancroche, boiteux, éclopé. **II. Un objet :** boiteux, branlant, déglingué (fam.), de guingois (fam.), en mauvais état. **III. Un raisonnement :** boiteux, contestable, faux, fumeux (fam.), illogique, spécieux.

BANDAGE ☐ **I.** Appareil, attelle, bande, écharpe, ligature, minerve, orthopédie, pansement. **II.** Tension.

BANDE ☐ **I.** Bandage, bandeau, bandelette, ceinture, pansement, sangle. → *ruban.* **II. Par ext. 1.** Bras, coin, détroit, isthme, langue, morceau. **2.** Film, pellicule. **III. 1.** Armée, association, cohorte, compagnie, équipe, groupe, parti, troupe. **2.** Clan, clique, coterie, gang, horde, ligue, meute. **IV. d'animaux :** harde, meute, troupe, troupeau.

BANDEAU ☐ **I.** Diadème, serre-tête, tour de tête, turban. **II. Arch. :** frise, moulure, plate-bande.

BANDER ☐ **I. Au pr. :** faire un pansement, panser, soigner. **II. Par ext. 1.** Fermer, obturer. **2.** Raidir, roidir, tendre. **3.** Appliquer son attention à, concentrer, tendre son esprit à. **4.** Être en érection. → *jouir.*

BANDEROLE ☐ Calicot, flamme, oriflamme. → *bannière.*

BANDIT ☐ Apache, assassin, bon à rien, chenapan, criminel, desperado, forban, fripouille, gangster, hors-la-loi, malandrin, malfaiteur, pirate (fam.), sacripant, terreur, voleur, voyou. → *brigand, vaurien.*

BANDITISME ☐ → *brigandage.*

BANLIEUE ☐ Agglomération, alentours, ceinture, cité-dortoir (péj.), environs, extension, faubourg, favela, périphérie, quartiers excentriques, zone suburbaine.

BANNE ☐ → *bâche.*

BANNI, E ☐ Bagnard, déporté, expatrié, exilé, expulsé, interdit de séjour, proscrit, refoulé, relégué, transporté (vx).

BANNIÈRE ☐ **I.** Banderole, bandière, baucent, couleurs, drapeau, enseigne, étendard, fanion, flamme, guidon, gonfanon, oriflamme, pavillon, pennon. **II. Loc. 1. *C'est la croix et la bannière :*** c'est très difficile, il faut y mettre beaucoup de formes, il se fait beaucoup prier. **2. *Se ranger sous la bannière :*** adhérer, adopter, participer, se ranger à l'avis. **3. *Arborer, déployer la bannière de :*** afficher, donner le signal de, soulever au nom de. **4. *Se promener en bannière*** (fam.) : en pan de chemise.

BANNIR ☐ **I.** Chasser, contraindre à quitter le territoire, déporter, exclure, exiler, expatrier, expulser, frapper d'ostracisme, interdire de séjour, limoger, mettre au ban, ostraciser, proscrire, refouler, reléguer, transporter (vx). **II. Fig.** : s'abstenir de, arracher, chasser, condamner, écarter, éloigner, éviter, exclure, fuir, ôter, se priver de, proscrire, rayer, refouler, rejeter, repousser, supprimer.

BANNISSEMENT ☐ **I. De quelqu'un** : bagne, déportation, exclusion, exil, expulsion, interdiction de séjour, limogeage, ostracisme (fig.), proscription, relégation, transportation (vx). **II. D'une chose** : abandon, abstention, abstinence, condamnation, éloignement, exclusion, proscription, rejet, suppression.

BANQUE ☐ **I.** Caisse de crédit/de dépôts, établissement de crédit, comptoir. **II. Loc. Billet de banque** : argent, assignat (vx), banknote (angl.), coupure, espèces, fonds, image (fam.), monnaie, papier, papier-monnaie. **Fam.** : fafiot, pèze, ticket.

BANQUEROUTE ☐ Déconfiture, faillite, krach, liquidation, ruine.

BANQUET ☐ Agapes, bombance (fam.), bombe, brifeton (fam.), festin, festivité, fête, grand repas, gueuleton (fam.), réjouissances, repas d'apparat, ripaille (péj.).

BANQUETER ☐ **I. Au pr. 1.** Faire des agapes/un bon repas/un festin/la fête. **2. Fam.** : faire bombance/la bombe/ripaille, gueuletonner, s'en mettre plein la lampe, se remplir la panse, ripailler, se taper la cloche. **II. Non fav.** : bambocher, faire la bamboula/la noce/ripaille, ripailler.

BANQUETTE ☐ Banc, pouf, siège.

BANQUIER ☐ Cambiste, financier. → *prêteur.*

BANQUISE ☐ Banc de glace, iceberg.

BAOBAB ☐ Adansonia, arbre à pain.

BAPTÊME ☐ **I.** Bain purificateur, engagement, immersion, onction, ondoiement, purification, régénération. **II.** Début, consécration, initiation, révélation.

BAPTISER ☐ **I.** Administrer le baptême, immerger, oindre, ondoyer, purifier, régénérer. **II. Fig.** : bénir, consacrer, initier, révéler. **III.** → *appeler.*

BAQUET ☐ Auge, bac, baille, barbotière, comporte, cuve, cuvier, jale, récipient, seille, seillon.

BAR ☐ Bistrot (péj.), brasserie, buvette, cabaret, café, café-tabac, club, comptoir, débit de boissons, discothèque, night-club, pub (angl.), saloon (amér.), snack-bar, taverne, troquet (pop.), whisky-club, zinc. **Poisson** : loubine, loup, lubin.

BARAGOUIN ☐ Baragouinage, bredouillement, cafouillage, charabia, déconnage (grossier), jargon, merdoyage (grossier), merdoiement (grossier).

BARAGOUINER ☐ **I.** Bafouiller, balbutier, bégayer, bredouiller, cafouiller, déconner (grossier), s'embrouiller, jargouiner, manger ses mots, marmonner, marmotter, merdoyer (grossier), murmurer. **II. Loc.** : ça se bouscule au portillon.

BARAGOUINEUR, EUSE ☐ Bafouilleur, bégayeur, bredouilleur, cafouilleur. **Grossier** : déconneur, merdoyeur.

BARAKA ☐ → *protection.*

BARAQUE ☐ **I.** Abri, appentis, baraquement, cabane, cabanon, cassine, échoppe, hangar, hutte, loge. **II.** Bicoque, boîte, boutique, cabane, crèche, crêmerie, masure.

BARAQUÉ, E ☐ Armoire à glace (fam.), balancé, balèze (fam.), beau gars, belle fille, bien balancé/bâti/fait/proportionné/roulé/tourné, costaud, fait au moule, fort, fort comme un Turc, grand, membré, puissant, râblé.

BARAQUEMENT ☐ **I.** → *baraque.* **II. Milit.** : camp, cantonnement, casernement.

BARATIN ☐ Abattage, bagou, boniment, brio, charme, faconde, hâblerie, parlote.

BARATINER ☐ **I.** Avoir du bagou, bavarder, chercher à convaincre/à persuader, hâbler, faire du boniment. **II.** Complimenter, entreprendre, faire du boniment/du charme/des compliments/la cour, jeter du grain (arg.), raconter des salades (arg.), séduire. → *courtiser.*

BARATINEUR, EUSE ☐ Bavard, beau parleur, bonimenteur, charmeur, séducteur. → *hâbleur.*

BARBACANE ☐ → *ouverture.*

BARBANT, E ☐ Assommant, barbifiant, barbifique, embêtant, emmerdant (vulg.), la barbe, rasant, rasoir. → *ennuyeux.*

BARBARE ☐ **I.** Arriéré, béotien, grossier, ignorant, inculte, non civilisé/policé, primitif. **II.** Bestial, brutal, brute, cruel, dur, farouche, féroce, impitoyable, inhumain, sanguinaire, truculent (vx). → *sauvage.*

BARBARIE ☐ Atrocité, bestialité, brutalité, cruauté, état de nature, férocité, grossièreté, inhumanité, inconvenance, incorrection, sauvagerie, vandalisme.

BARBE ☐ Barbiche, barbichette, bouc, collier, impériale, mouche, piège à poux, poils, royale.

BARBEAU ☐ → *bleuet, proxénète.*

BARBECUE ☐ Fourneau, rôtissoire, tournebroche.

BARBELÉ □ **I.** Piquant. **II. Fil barbelé** : ronce. **III. Pl.** : chevaux de frise.

BARBER □ Assommer, barbifier, embêter, emmerder (vulg.), ennuyer, raser.

BARBIER □ Coiffeur, figaro, merlan (vx), perruquier.

BARBITURIQUE □ Hypnotique, sédatif, somnifère, tranquillisant.

BARBON □ Baderne, chef-d'œuvre en péril, grison, vieillard, vieille bête, vieux, vieux beau/con/schnoque.

BARBOTER □ **I. V. intr.** : s'agiter dans, s'embourber, s'empêtrer, s'enliser, fouiller dans, patauger, patouiller, tremper/se vautrer dans. **II. V. tr.** : chaparder, chiper, piquer, prendre, soustraire, voler.

BARBOTINE □ → pâte.

BARBOUILLAGE □ Bariolage, croûte (péj.), dessin d'enfant, gribouillage, gribouillis, griffonnage, grimoire, hiéroglyphe, mauvaise peinture, pattes de mouche.

BARBOUILLER □ Badigeonner, barioler, couvrir, embarbouiller, encrasser, enduire, gâter, gribouiller, griffonner, maculer, noircir, peindre, peinturer, peinturlurer, salir, souiller, tacher.

BARBOUILLEUR □ Péj. *1. Un écrivain :* écrivailleur, écrivassier, chieur d'encre (grossier), folliculaire, gendelettre, gribouilleur, pisse-copie, plumitif. *2. Un peintre :* badigeonneur, gribouilleur, mauvais peintre, pompier, rapin.

BARBOUZE □ → policier.

BARBU, E □ Poilu, velu.

BARD □ → brancard, civière.

BARDA □ → bagage, ballot.

BARDAGE □ → protection.

BARDE □ **I. N. f.** Lamelle, tranche de lard. **II. N.m.** → chanteur, poète.

BARDER □ **I. V. tr. 1.** Armer, caparaçonner, couvrir, cuirasser, garnir, protéger, recouvrir. **2.** Consteller, garnir. **II. V. intr.** : aller mal, chambarder, chauffer, chier (grossier), fumer, se gâter, prendre mauvaise tournure.

BARÈME □ Échelle, recueil, répertoire, table, tarif.

BARGE □ → barque.

BARGUIGNER □ Argumenter, discuter, hésiter, marchander.

BARIL □ **I. Pour le vin :** barrique, demi-muid, feuillette, foudre, fût, futaille, muid, quartaut, tonne, tonneau, tonnelet. **II. Pour le poisson :** barrot, caque. **III. Par ext. :** tine, tinette.

BARIOLAGE □ Barbouillage, bariolure, bigarrure, chamarrure, couleur, diaprure, mélange.

BARIOLÉ, E □ Barbouillé, bigarré, chamarré, chiné, coloré, composite, diapré, divers, mélangé, multicolore, panaché, peinturluré, varié. → taché.

BARIOLER □ Barbouiller, bigarrer, chamarrer, colorer, diaprer, mélanger, panacher, peinturlurer. → peindre.

BARMAN □ Garçon, serveur, steward.

BAROQUE □ **I.** Rococo. **II.** Abracadabrant, biscornu, bizarre, choquant, étrange, excentrique, extravagant, exubérant, fantaisiste, fantasque, farfelu, insolite, irrégulier, kitsch, original, singulier, surchargé.

BAROUD □ Affaire, bagarre, barouf, bataille, combat, engagement, lutte.

BAROUDER □ Bagarrer, batailler, se battre, combattre, en découdre, foncer, guerroyer, lutter.

BAROUDEUR □ Ardent, aventurier, bagarreur, batailleur, combatif, courageux, fonceur, guerrier, pugnace.

BAROUF □ Bagarre, baroud, bruit, chahut, cris, dispute, scandale, tapage, trouble, vacarme.

BARQUE □ Bac, bachot, barcasse, barge, barquette, bélandre, bisquine, cange, canoë, canot, coble, couralin, embarcation, esquif, filadière, gig, gondole, gribane, kayak, nacelle, norvégienne, patache, périssoire, picoteux, pinasse, pirogue, plate, rigue, satteau, saugue, sinagot, taureau, tillole, toue, voirolle, youyou. → bateau.

BARRAGE □ **I. Au pr. :** batardeau, digue, duit, écluse, estacade, jetée, levée, ouvrage d'art, retenue. **II. Par ext. 1.** Arrêt, barrière, borne, clôture, écran, fermeture, obstacle. **2. De police :** cordon. **3. De manifestants :** barricade, blocage de la circulation, bouchon, manifestation, obstruction.

BARRE □ **I. Au pr. :** bâcle, baguette, barlotière, barreau, bâton, tige, traverse, tringle. **II. Par ext. 1.** Arbre, axe, barre à mine, chien, cottière, davier, fourgon, levier, pince, râble, ringard, tisonnier. **2. D'or :** lingot. **3. Mar. :** flot, mascaret, raz. **4. Écriture :** bâton, biffure, rature, trait. **5. D'un bateau :** gouvernail, timonerie. **6. D'un cheval :** ganache, mâchoires. **III. Loc. Avoir barre sur :** dominer, l'emporter sur.

BARREAU □ **I. Au pr. :** arc-boutant, barre, montant, traverse. **II. Jurid. :** basoche, profession d'avocat.

BARRER □ **I.** Arrêter, barricader, bloquer, boucher, construire/édifier un barrage, clore, clôturer, colmater, couper, endiguer, faire écran/obstacle/obstruction, fermer, former un cordon (police), obstruer, retenir. **II. Une chose, un mot :** annuler, biffer, effacer, enlever, ôter, raturer, rayer, rectifier, retirer, retrancher, soustraire, supprimer. **III. Mar.** : diriger, gouverner, mettre le cap. **IV. V. pron. Pop.** : s'en aller, se cavaler, ficher le camp, foutre le camp, mettre les bouts, se tirer.

BARREUR □ Pilote.

BARRICADE □ Arrêt, barrage, barrière, clôture, digue, écran, empêchement, fermeture, obstacle, obstruction, retenue, séparation. → *émeute.*

BARRICADER □ **I.** Arrêter, bloquer, boucher, construire/édifier une barricade *et les syn. de* BARRICADE, clore, clôturer, colmater, endiguer, faire écran/obstacle/obstruction, fermer, obstruer, retenir. **II.** → *enfermer.* **III. V. pron.** : se claustrer, se cloîtrer, condamner sa porte, s'enfermer, s'isoler, refuser de recevoir/de voir, se retirer, se retrancher.

BARRIÈRE □ **I. Au pr.** : arrêt, barrage, barricade, clôture, fermeture, garde-corps, garde-fou, haie, obstacle, palissade, séparation, stop. **II. Fig.** : arrêt, borne, empêchement, limite, obstacle.

BARRIQUE □ → *baril.*

BARRISSEMENT, BARIT □ → *cri.*

BARROT □ Caque. → *baril.*

BARTAVELLE □ Perdrix rouge.

BAS, BASSE □ **I. Au pr.** : inférieur. → *petit.* **II. Fig. Péj.** : abject, avili, avilissant, crapuleux, dégradant, grivois, grossier, honteux, ignoble, immoral, impur, indigne, infâme, lâche, laid, lèche-cul (grossier), libre, licencieux, mauvais, méchant, médiocre, méprisable, mesquin, obscène, plat, porno (fam.), pornographique, rampant, ravali, servile, sordide, terre à terre, vénal, vicieux, vil, vulgaire. **III. Loc. 1.** *À bas prix :* bon marché, en solde, infime, modéré, modique, petit, vil. *2. La rivière est basse :* à l'étiage. *3. L'oreille basse :* confus, honteux, humilié, mortifié, penaud. *4. À voix basse :* doucement. *5. Une voix basse :* assourdi. *6. Le bas peuple :* plat. *7. Le bas clergé/peuple :* menu, petit. *8. Basse littérature :* mauvais, méchant, médiocre, minable (fam.), pauvre, piètre. *9. Basse époque :* décadente, tardive. *10. Au bas mot :* au plus faible, au plus juste, au minimum.

BAS □ n. m. **I.** Assise, base, dessous, embase, fond, fondation, fondement, pied, socle, soubassement, support. **II. Par ext.** → *chute.* **III.** Chaussette, mi-bas, socquette.

BASANE □ Alude, cuir, peau de chamois/de mouton.

BASANÉ, E □ Bistré, bronzé, brun, café au lait, foncé, hâlé, moricaud, noir, noirâtre, noiraud.

BAS-BLEU □ Péj. : femme écrivain, pédante, prétentieuse.

BAS-CÔTÉ □ **I. Au pr.** : accotement, banquette, berme, bord, bordure, caniveau, fossé, trottoir. **II. Arch.** : collatéral, déambulatoire, nef latérale.

BASCULE □ **I. Au pr.** : balance, poids public, romaine. **II. Jeu** : balançoire. **III. Par ext.** : capotage, chute, culbute, cul par-dessus tête, renversement, retournement, tonneau.

BASCULER □ Capoter, chavirer, chuter, culbuter, faire passer cul par-dessus tête (fam.), pousser, renverser, tomber.

BASE □ **I. Au pr.** : appui, assiette, assise, bas, dessous, embase, embasement, empattement, fond, fondation, fondement, pied, piètement, socle, soubassement, support. **II. Milit.** : centre, point d'appui/de départ, tête de pont. **III. Par ext. 1.** Appui, assiette, assise, centre, condition, origine, pivot, plan, point de départ, prémisse, principe, siège, source, soutien, support. *2. Finances :* taux.

BASER □ Appuyer, échafauder, établir, faire reposer sur, fonder, tabler.

BASER (SE) □ S'appuyer, s'établir, se fonder, partir de, tabler sur.

BAS-FOND □ **I. Au pr.** : cloaque, creux, dépression, endroit humide, fond, marais, marécage, ravin, sentine. **II. Fig. 1.** Bas étage, boue, fange, pègre. *2.* Bas quartiers, quartiers pauvres, sous-prolétariat.

BASILIQUE □ Cathédrale, église privilégiée, haut lieu du culte, monument religieux, sanctuaire.

BASQUE □ **I.** Pan, queue, queue-de-pie. **II. Loc.** *Être pendu aux basques de quelqu'un :* abuser de, coller, être dans les jambes/au crochet de.

BASSE-COUR □ Cabane à poules, poulailler, volière.

BASSEMENT □ Abjectement, crapuleusement, grossièrement, honteusement, ignoblement, indignement, lâchement, méchamment, médiocrement, odieusement, platement, servilement, sordidement, vicieusement, vulgairement.

BASSESSE □ **I.** Faiblesse, humble extraction/extrance/origine, humilité, misère, obscurité, pauvreté. **II.** Compromission, corruption, courbette, crasse, dégradation, flatterie, grossièreté, ignominie, impureté, indignité, infamie, lâcheté, platitude, ravalement, servilité, trahison, traîtrise, turpitude, vice, vilénie. **III.** Abaissement, abjection, aplatissement, aveulissement, avilissement, bestialité, crapulerie, laideur, malignité, méchanceté, mesquinerie, petitesse, sordidité, trivialité, vénalité, vulgarité. **IV. Loc. : Faire des bassesses** → *flatter.*

BASSIN □ **I.** Bassine, chaudron, cuvette, récipient, tub, vase. **II.** Claire, étang, pièce d'eau, piscine, vasque. **III. Mar. :** avant-port, darse, dock. **IV. Géogr. :** cuvette, dépression, plaine. **V. Anat. :** abdomen, bas-ventre, ceinture, lombes.

BASSINANT, E □ → *ennuyeux.*

BASSINER □ **I. Au pr. :** chauffer un lit, réchauffer. **II. Pop. :** barber, barbifier, casser les pieds (fam.), emmerder (vulg.), ennuyer, faire chier (grossier)/suer (fam.), raser.

BASTAING, BASTING □ → *madrier.*

BASTIDE, BASTILLE □ **I.** Château fort, prison. **II. Fig. :** abus, pouvoir arbitraire, privilèges.

BASTINGAGE □ Garde-corps, garde-fou, rambarde.

BASTION □ Casemate, défense, fortification, protection, rempart, retranchement.

BASTONNADE □ Correction, coups de bâton, fustigation. **Par ext. :** → *torgnole.*

BASTRINGUE □ **I. Pop. :** bal, dancing, guinche, guinguette, musette, pince-fesses. **II. Par ext. 1.** Bruit, chahut, chamboule, désordre, tapage, tohu-bohu, vacarme. **2.** Attirail, bataclan, bazar, bordel (grossier), désordre, fourbi, foutoir (vulg.).

BAS-VENTRE □ Abdomen, bassin, cavité pelvienne, ceinture, hypogastre, lombes, nature (pop.), parties, parties honteuses, parties sexuelles, pubis, pudendum, sexe.

BÂT □ **I. Au pr. :** brêle, brelle, cacolet, harnais, selle. **II. Fig. :** défaut, difficulté, embarras, gêne, souffrance.

BATACLAN □ Attirail, bastringue, bazar, bordel (grossier), fourbi, foutoir (vulg.), frusques.

BATAILLE □ **I. Au pr. Milit. :** accrochage, action, affaire, affrontement, choc, combat, escarmouche, guerre, lutte, mêlée, opération, rencontre. **II. Par ext. :** bagarre, échauffourée, querelle, rixe. **III. Fig. 1.** Concurrence, émulation, rivalité. **2.** Discussion.

BATAILLER □ **I. Au pr. :** affronter, agir, se bagarrer, se battre, combattre, lutter. **II. Fig. 1. Pour réussir :** s'accrocher, agir, bagarrer, se battre, se crever (fam.), s'échiner, foncer, lutter, rivaliser. **2. Pour convaincre :** argumenter, discuter, disputer, militer.

BATAILLEUR, EUSE □ **I.** Accrocheur, actif, ardent, bagarreur, combatif, courageux, fonceur, lutteur, militant. **II.** Bagarreur, belliqueux, irascible, querelleur.

BATAILLON □ **Fig. :** accompagnement, cohorte, compagnie, escouade, régiment. → *troupe.* **Bataillon d'Afrique :** bat d'Af, biribi, disciplinaire, les durs.

BÂTARD, E □ **I. Au pr. 1.** Adultérin, champi (dial.), illégitime, naturel, né de la cuisse gauche (péj.). **2. Animaux :** corniaud, croisé, hybride, mélangé, métis, métissé. **II. Par ext. :** complexe, composite, mélangé, mixte.

BÂTÉ, E □ Ignare, ignorant, prétentieux. → *bête.*

BATEAU □ **I. Au pr. 1.** Barque, canot, chaloupe, embarcation, esquif, radeau. **2.** Chaland, péniche. **3.** Coquille de noix, rafiot. **4.** Bâtiment, unité, voile (vx). **5.** Caboteur, cargo, chalutier, courrier, dragueur, long-courrier, navire, paquebot, pétrolier, remorqueur, steamer, transatlantique, vaisseau, vapeur, voilier, yacht. **6. Partic. :** acon, allège, arche, bac, bachot, balancelle, balandre, baleinière, bananier, barcasse, barge, barquerolle, bathyscaphe, bélandre, berthon, bisquine, bombard, brick, brise-glace, cabotière, caïque, cange, canoë, cap-hornier, caraque, caravelle, catamaran, charbonnier, cinq-mâts, coble, coquille de noix, coraillère, coraline, cotre, couralin, criss-craft, crevettier, cutter, dandy, dinghy, doris, drakkar, ferry-boat, filadière, flette, flûte, fruitier, follier, gabare, galéasse, galère, galiote, gigue, goélette, gondole, gribane, harenguier, hors-bord, houari, hydrofoil, hydroglisseur, kayak, ketch, langoustier, lougre, liberty-ship, liner, marie-salope, minéralier, morutier, nacelle, nave, nef, norvégienne, outrigger, patache, périssoire, picoteux, pinasse, pink, pirogue, plate, podoscaphe, pousse-pied, quaîche, quatre-mâts, racer, rigue, runabout, sacolève, sampan, sardinier, satteau, saugue, schooner, senau, sinagot, skiff, sloop, supertanker, tanker, tartane, taureau, thonier, tillole, toue, traille, tramp, trimaran, trois-mâts, vaurien, vedette, voirolle, wager-boat, yole, youyou. **7. Mar. milit. :** aviso, bâtiment de guerre, canonnière, contre-torpilleur, corvette, croiseur, cuirassé, destroyer, dragueur de mines, dreadnought, frégate, garde-côte, mouilleur de mines, péniche de débarquement, porte-avions, sous-marin, torpilleur, unité, vaisseau, vaisseau-amiral, vedette. **II. Fig. 1.** Attrape, blague, craque, farce, fourberie, histoire, intrigue, invention, mensonge, mystification, ruse, tromperie. **2.** Dada, enfant chéri, idée fixe, lubie, manie, marotte, radotage. **3.** Cliché, lieu commun.

BATELEUR □ Acrobate, amuseur, baladin, banquiste, bouffon, charlatan, équilibriste, farceur, forain, funambule, hercule, histrion, jongleur, lutteur, opérateur, paradiste, prestidigitateur, saltimbanque, sauteur.

BATELIER ☐ Gondolier, marinier, nautonier, passeur, pilote.

BATELLERIE ☐ Marine/navigation/transport fluvial(e).

BAT-FLANC ☐ Cloison, planche, plancher, séparation.

BATH ☐ (Pop.) Agréable, beau, chic, chouette (fam.), gentil, serviable.

BATIFOLAGE ☐ Amusement, amusette, amourette, badinage, badinerie, bagatelle, caprice, chose (fam.), flirt, jeu folâtre/galant/léger, lutinerie, marivaudage. → *amour.*

BATIFOLER ☐ S'amuser, couniller (rég.), s'ébattre, faire le fou, folâtrer, folichonner, lutiner, perdre son temps, marivauder, papillonner.

BÂTI ☐ **I. Nom masc. :** assemblage, cadre, support. **II. Adj. et loc.** *Bien bâti :* balancé, balèze, baraqué, bien fait/roulé, costaud, fort.

BÂTIMENT ☐ **I. Au pr. :** abri, architecture, bâtisse, construction, corps de logis, édifice, gros-œuvre, habitat, habitation, immeuble, local, maison, monument. → *grange.* **II. Mar. :** bateau, embarcation, navire, unité, vaisseau.

BÂTIR ☐ **I. Au pr. :** construire, édifier, élever, ériger, monter. **II. Fig. :** agencer, architecturer, échafauder, édifier, établir, fonder, monter.

BÂTISSE ☐ Abri, appentis, bâtiment, masure. → *bâtiment, grange.*

BÂTISSEUR ☐ **I.** Architecte, constructeur, entrepreneur, fondateur, maçon, promoteur. **II.** Conquérant, créateur, initiateur, instaurateur, instigateur, organisateur, père.

BÂTON ☐ **I.** Baguette, barre, thyrse, tige, verge. **II.** Aiguillon, alpenstock, batte, bourdon, canne, carassonne, digon, échalas, épieu, férule, gourdin, hampe, houlette, jalon, latte, marquant, matraque, paisseau (rég.), palanche, piolet, piquet, stick, tribart, tringle, trique, tuteur. **III. Loc.** *1. À bâtons rompus :* décontracté (fam.), discontinu, libre, sans suite. *2. Bâton de maréchal :* être à son apogée/au faîte de sa carrière/au plafond/au summum. *3. Bâtons dans les roues :* difficulté, empêchement, entrave, obstacle, obstruction. *4. Bâton de vieillesse :* aide, consolation, réconfort, soutien, support. *5. Une vie de bâton de chaise :* agitée, débauchée, déréglée, impossible, inimitable (vx).

BATTAGE ☐ **I.** Bluff, bruit, charlatanisme, publicité, réclame, vent. **II. Des céréales :** dépiquage, vannage.

BATTANT ☐ **I.** Menuiserie, vantail. **II. De cloche :** marteau. **III. Arg. :** cœur. **IV.** Fonceur. → *courageux.*

BATTEMENT ☐ **I.** Choc, coup, frappement, heurt, martèlement. **II.** Entracte (théâtre), interclasse (scol.), interlude, intervalle, mi-temps (sport). **III. Choc répété.** *1. De mains :* applaudissements, bravos. *2. D'yeux :* cillement, clignement/clins d'yeux. *3. De cœur :* accélération, palpitation, pulsation, rythme.

BATTERIE ☐ **I.** Accumulateur, accus, pile. **II.** Instruments de musique à percussion. **III. Milit.** *1. Au pr. :* artillerie, canons, pièces à feu. *2. Fig. Dresser ses batteries* (loc.) : artifices, moyens, ruses. **IV. De cuisine :** accessoires, casseroles, fait-tout, marmites, plats, poêles, ustensiles. **V. De tambour :** breloque, chamade, champ, charge, colin-tampon, diane, générale, rappel, réveil.

BATTEUR ☐ → *percussionniste.*

BATTEUSE ☐ Battoir, dépiqueur, égreneur, tarare, trieur, van.

BATTRE ☐ **I. Au pr.** *1.* Administrer/appliquer / distribuer / donner / infliger des → *coups*/une leçon/une → *volée,* châtier, corriger, frapper, gourmer (vx), houssiner (vx), lever/porter la main sur, malmener, maltraiter, punir, taper. *2.* Assommer, bâtonner, bourrer, boxer, bûcher, calotter, claquer, cravacher, en découdre, éreinter, étriller, faire sa fête, fesser, flageller, fouailler, fouetter, fouler aux pieds, fustiger (vx), gifler, lyncher, matraquer, piétiner, rosser, rouer, sangler, souffleter, talocher. *3. Fam. :* arranger/rectifier/refaire/retoucher le portrait, assaisonner, bigorner, botter le → *fessier,* casser la figure/gueule, dérouiller, donner/filer/flanquer/foutre une danse/ → *volée,* écharper, enfoncer les côtes, épousseter, estourbir, mettre la tête au carré, passer à tabac, piler, rentrer dedans/dans le mou, satiner, satonner, secouer les grelots/les puces, soigner, sonner, tabasser, tanner, tataner, tomber dessus/sur le paletot, torcher, triquer. **II.** Avoir le dessus. → *vaincre.* **III. Loc.** *1. Chien battu :* brimé, humilié. *2. Yeux battus :* cernés, fatigués, avoir des poches/des valises sous les yeux (arg.). **IV.** *1. Le fer :* façonner, forger, taper. *2. Un tapis :* agiter, dépoussiérer, houssiner, secouer, taper. *3. Les céréales :* dépiquer, vanner. *4. Les œufs :* brouiller, mélanger, mêler, secouer. *5. La monnaie :* frapper. *6. Les mains :* applaudir, faire bravo, frapper, taper. *7. Les cartes :* brouiller, mélanger, mêler. *8. La campagne, le pays :* arpenter, chercher, explorer, fouiller, parcourir, rechercher, reconnaître. *9. La campagne* (fig.) → *déraisonner*. **V. 1. La mer :** assaillir, attaquer, fouetter, frapper. **2. La pluie :** cingler, claquer, fouetter, frapper, marteler, tambouriner, taper. **VI. Loc. 1. Le pavé :** → *errer*. **2. En retraite :** → *abandonner, enfuir (s').* **3. Arg. : sa femme :** remonter sa pendule. **VII. V. intr. 1. Une porte :** cogner, frapper, taper. **2. Le cœur.** *Au pr. :* avoir des pulsations, fonctionner, palpiter. *Fig. :* → *aimer*.

BATTUE ☐ Chasse, rabattage.

BAUDET ☐ **I. Au pr. :** âne, aliboron, bardot, bourricot, bourrique, bourriquet, grison, ministre (fam.), roussin d'Arcadie. **II. Fig.** → *bête*.

BAUDRIER ☐ Bandoulière, ceinture, écharpe.

BAUDRUCHE ☐ **I. Au pr. :** ballon, boyau, pellicule. **II. Fig. :** erreur, fragilité, illusion, inconsistance, prétention, vanité.

BAUGE ☐ **I.** Bousillage, mortier de terre, pisé, torchis. **II. Du sanglier ou par anal. :** abri, gîte, loge, repaire, soue, souille, tanière. **III. Par ext. :** bordel (grossier), fange, fumière, souillarde, tas de fumier, taudis.

BAUME ☐ **I. Au pr. : 1. Vx :** menthe. **2.** Balsamique, liniment. **3.** Aliboufier, benjouin, liquidambar, styrax, tolu. **4.** Essence, extrait, gemme, huile, laque, onguent, résine. **II. Fig. :** adoucissement, apaisement, consolation, dictame, remède, rémission.

BAVARD, E ☐ **I.** Avocat, babillard, baratineur (fam.), bonimenteur, bon grelot, bonne tapette, bruyant, discoureur, jacasseur, jaseur, loquace, moulin à paroles, parleur, phraseur, pie, pipelet, prolixe, verbeux, volubile. **II.** Cancanier, commère, concierge, indiscret, qui a la langue trop longue. **III.** → *diffus*.

BAVARDAGE ☐ **I.** Babil, babillage, bagou, baratin, bavarderie, bavasserie, bavette, bla-bla-bla, boniment, caquetage, jacassement, jacasserie, jactance, jaserie, jaspin (arg.), logorrhée, loquacité, papotage, parlage, parlerie, parlote, patati et patata, verbalisme, verbiage. **II.** Anecdote, cancans, chronique, commérage, histoires, indiscrétion, médisance, papotage, potins, racontars, ragots.

BAVARDER ☐ **I. 1.** Babiller, baratiner, bonimenter, caqueter, débiter, discourir, giberner, jaboter, jabouiner, jacasser, jaspiller (arg.), jaspiner (arg.), palabrer, papoter, parler, potiner, répandre, tailler la bavette. **2. Péj. :** bavasser, baver, broder, cancaner, caqueter, clabauder, colporter, commérer, confabuler (vx), débiner, débiter, déblatérer, dégoiser, faire battre les montagnes, faire des commérages/des histoires/des racon-

tars/des salades, jaser, lantiponer, potiner, publier, raconter, répandre. **II.** S'abandonner, cailleter, causer, converser, deviser, échanger, s'entretenir.

BAVE ☐ Écume, mucus, salive, spumosité, venin.

BAVER ☐ **I. Quelqu'un :** écumer, postillonner, saliver. **II. Une chose :** couler, dégouliner, mouiller. **III. Fig. (péj.) :** bavocher, calomnier, médire, nuire, salir, souiller. **IV. Loc. En baver :** être éprouvé, en voir de toutes les couleurs, en roter (pop.), souffrir.

BAVEUX, EUSE ☐ **I. Au pr. :** coulant, écumeux, liquide, spumescent, spument. **II. Fig. Quelqu'un :** fielleux, malveillant, médisant, menteur, sournois. → *tartufe*.

BAVURE ☐ **I. Au pr. :** bavochure, macule, mouillure, tache. **II. Fig. :** erreur, imperfection, faute.

BAYER ☐ Bader, être dans la lune, rêvasser, rêver.

BAZAR ☐ **I. Au pr. :** galerie, magasin, marché, passage, souk. **II. Fam. 1.** Attirail, bagage, barda, bordel (grossier), fourbi, saint-frusquin. **2. Péj. :** bahut, boîte, boutique, pétaudière. **III. Loc. Tout le bazar :** toute la boutique/le tremblement/le toutim. → *truc*.

BAZARDAGE ☐ Braderie, liquidation, solde.

BAZARDER ☐ Brader, se débarrasser de, fourguer, liquider, solder, vendre.

BÉANCE ☐ → *ouverture*.

BÉANT, E ☐ Grand, large, ouvert.

BÉAT, E ☐ **I.** Bienheureux, calme, heureux, niais, paisible, rassasié, ravi, repu, satisfait, tranquille. **II.** → *bête*.

BÉATIFICATION ☐ Canonisation, introduction au calendrier.

BÉATIFIER ☐ Canoniser, inscrire/introduire/mettre au calendrier.

BÉATITUDE ☐ Bien-être, bonheur, calme, contentement, euphorie, extase, félicité, quiétude, réplétion (péj.), satisfaction. **Au pl. :** vertus.

BEAU ☐ ou **BEL, BELLE** adj. **I. Au pr. 1. Qualité physique ou morale :** achevé, admirable, adorable, agréable, aimable, angélique, artistique, bellissime, bien, bien tourné, bon, brillant, céleste, charmant, chic, coquet, décoratif, délicat, délicieux, distingué, divin, éblouissant, éclatant, élégant, enchanteur, esthétique, étonnant, exquis, fameux, fastueux, féerique, fin, formidable, fort, gent, gentil, glorieux, gracieux, grand, grandiose, harmonieux, idéal, imposant, incomparable, joli, magique, magnifique, majestueux, merveilleux, mignon, mirifique, noble, non-pareil, ornemental, parfait, piquant, plaisant, proportionné, pur, radieux, ravissant, remarquable, resplendissant, riche, robuste, sculptural, séduisant, somptueux, splendide, stupéfiant, sublime, superbe, supérieur. *Fam.* : balancé, bath, bellot, bien roulé, chouette, girond, terrible. *2. Qualité de l'esprit :* accompli, achevé, bien, brillant, charmeur, cultivé, délicat, distingué, divin, éblouissant, éclatant, élégant, enchanteur, esthétique, étonnant, exquis, fin, formidable, fort, génial, gracieux, grand, grandiose, incomparable, magistral, magnifique, merveilleux, noble, non-pareil, parfait, piquant, plaisant, poétique, pur, ravissant, remarquable, riche, robuste, séduisant, somptueux, splendide, stupéfiant, sublime, superbe, supérieur, surprenant, unique. *3. Qualité morale :* admirable, digne, élevé, estimable, généreux, glorieux, grand, honorable, juste, magnanime, magnifique, pur, saint, sublime, vertueux. *4. Du temps :* calme, clair, ensoleillé, limpide, printanier, pur, radieux, serein, souriant. *Beau temps :* éclaircie, embellie. *5. Notion de quantité :* considérable, fort, grand, gros, important. II. **Loc.** (en emploi péj.). *1. Un beau monsieur :* triste personnage/sire, vilain monsieur. *2. Un beau rhume :* gros, méchant, tenace. *3. Du beau travail :* de beaux draps, gâchis, mauvaise position/posture/situation, sale affaire. *4. Un beau discours :* fallacieux, trompeur. *5. Une belle question :* enfantin, naïf, ridicule, stupide. *6. Bel esprit :* léger, mondain, prétentieux, snob, superficiel, vain. *7. De belle manière :* convenablement, correctement. *8. Le plus beau :* amusant, comique, drôle, étonnant, extraordinaire, fantastique, formidable, fumant (fam.), intéressant, marrant (fam.), merveilleux, plaisant, rigolo (fam.). *9. Pour les beaux yeux :* gracieusement, gratuitement, par amour, pour rien. *10. Un vieux beau :* barbon, grison, vieux coureur/galant/marcheur. III. **Loc.** (favorable ou neutre). *1. Le bel âge :* en pleine force, force de l'âge, jeunesse, maturité. *2. Beau joueur :* conciliant, large, régulier. *3. Belle humeur :* aimable, enjoué, gai, rieur.

BEAU ☐ n. m. Art, beauté, esthétique, perfection.

BEAUCOUP ☐ I. Abondamment, en abondance, amplement, bien, considérablement, copieusement, diablement, énormément, à foison, force, formidablement, fort, grandement, gros, infiniment, joliment, largement, libéralement, longuement, magnifiquement, maint, moult, passionnément, planteureusement, plein, prodigieusement, à profusion, richement, en quantité, tant et plus, vivement,

à volonté. *Fam.* : bésef, bigrement, bougrement, comme quatre, à gogo/tire-larigot, en veux-tu en voilà, lerche, salement, terriblement, vachement. II. **Beaucoup de :** abondance, foisonnement, comme quatre, à foultitude (fam.), fourmillement, grouillement, multitude, pullulement. → *quantité.*

BEAU-FILS ☐ Gendre.

BEAUTÉ ☐ I. Au pr. *1. Une chose :* agrément, art, charme, délicatesse, distinction, éclat, élégance, esthétique, faste, féerie, finesse, force, forme, fraîcheur, grâce, grandeur, harmonie, joliesse, lustre, magie, magnificence, majesté, noblesse, parfum, perfection, piquant, poésie, pureté, richesse, séduction, somptuosité, splendeur, sublimité, symétrie. *2.* Adonis, tanagra. *3. Une femme :* almée, aphrodite, belle, odalisque, pin-up, star, sultane, vénus. II. **Loc.** *Grain de beauté :* mouche. III. **Pl.** : appas, charmes, sex-appeal, trésors.

BEAUX-ARTS ☐ Académie, architecture, arts d'agrément/graphiques/plastiques, conservatoire.

BÉBÉ ☐ I. Au pr. : baby, bambin, enfançon, nourrisson, nouveau-né, petit, poupon. → *enfant.* II. **Jouet :** baigneur, poupée, poupon.

BEC ☐ I. Bouche, rostre. II. **Par ext.** *1. Géo :* cap, confluent, embouchure, promontoire. *2.* Bouche, clapet, goule, goulot, gueule. *3. Bec de gaz :* brûleur, lampadaire, réverbère. III. **Loc.** *1. Bon bec :* bavard. *2. Coup de bec :* méchanceté, médisance. *3. Bec fin :* bon vivant, connaisseur, fine gueule, gourmand, gourmet.

BÉCANE ☐ I. Bicyclette, biclo, biclou, clou, cycle, petite reine, vélo. II. **Par ext.** : guillotine, machine.

BÉCASSE ☐ I. Barge, courlis, échassier, huîtrier, outarde. II. **Fig.** : bécassine, bécassote, bêtasse, cruche, empotée, gnangnan, gourde, idiote, naïve, nunuche, oie blanche, outarde, sotte, stupide. → *bête.*

BÊCHE ☐ Bêchard, bêchelon, bêcheton, bêchette, bêchoir, bêchot, houlette, louchet, palot, pelle.

BÊCHER ☐ I. Au pr. : cultiver, labourer, mésoyer, retourner. II. **Fig. Fam.** : débiner, gloser, médire, ragoter, snober, tenir à distance.

BÊCHEUR, EUSE ☐ Aigri, arrogant, distant, faiseur, fier, jaloux, médisant, méprisant, orgueilleux, péteux, prétentieux, snob, vaniteux. → *bête.*

BÉCOT ☐ Fam. : baiser, bec (rég.), bise, bisette, petit baiser, poutou.

BÉCOTER ☐ Fam. : baiser, baisoter, biser, embrasser, faire la bise, poser un baiser sur, sucer la pomme.

BECQUÉE ☐ Nourriture, pâture, pitance.

BECQUETER ou **BÉQUETER** □ Manger, mordiller, picorer, picoter.

BEDAINE, BEDON □ avant-scène, ballon, barrique, bide, bonbonne, brioche, buffet, burlingue, coffiot, devant, gaster, gidouille, œuf d'autruche/de Pâques, paillasse, panse, tiroir à saucisses, tripes. → *ventre.*

BEDEAU □ Marguillier, porte-verge, sacristain, suisse.

BEDONNANT, E □ (Fam.) adipeux, gidouillant, grassouillet, gros, obèse, pansu, rondouillard, ventru.

BEDONNER □ s'arrondir, devenir bedonnant, enfler, être obèse, gidouiller, gonfler, grossir, prendre de la → *bedaine.*

BÉER □ I. Admirer, bayer, ouvrir le bec, regarder avec admiration / étonnement / stupéfaction / stupeur. II. Rêver, rêvasser. III. **Loc.** *Bouche bée :* → *ébahi.*

BEFFROI □ Campanile, clocher, jaquemart, tour.

BÉGAIEMENT □ I. Bafouillage, balbutiement, bredouillement, palilalie. II. Commencement, début, tâtonnement.

BÉGAYER □ Bafouiller, balbutier, bredouiller.

BÈGUE □ Bafouilleur (péj.), bégayeur, bredouilleur (péj.).

BÉGUETER □ → *béler.*

BÉGUEULE □ I. **Neutre :** austère, bienséant, convenable, correct, décent, prude, raide, rigide, rigoriste, rigoureux. II. **Péj. :** affecté, effarouché, étroit, farouche, pisse-froid (fam.), prude, tartufe.

BÉGUIN □ I. **Au pr. :** bonnet, coiffe. II. **Fig. et fam.** *1. La personne :* amoureux, flirt. *2. La chose :* amourette, aventure, caprice, flirt, pépin, touche. III. **Loc.** *1. Avoir le béguin :* être amoureux *et les syn. de* AMOUREUX, être coiffé de. *2. Faire un béguin :* avoir une amourette/un flirt, faire une touche (fam.), tomber une fille *et les syn. de* FILLE (vulg.).

BÉGUINE □ → *religieuse.*

BEIGE □ Bis, gris, jaunâtre, marron clair.

BEIGNE □ (Pop.). I. **Avoir une beigne** → *blessure.* II. **Recevoir une beigne** → *coup, gifle.*

BEIGNET □ Bosse, buigne, pet de nonne, soufflet.

BÊLANT, E □ (Fig.) Bête, mélodramatique, moutonnier, stupide.

BÊLEMENT □ I. **Au pr. :** béguètement, chevrotement, cri. II. **Fig. :** braiement, braillement, cri, criaillerie, jérémiade, niaiserie, piaillerie, plainte, rouspétance (fam.), stupidité. → *bêtise.*

BÊLER □ I. **Au pr. :** appeler, bégueter, chevroter, crier. II. **Fig. :** braire, brailler, bramer, criailler, crier, jérémier, piailler, se plaindre, rouspéter.

BÉLIER □ I. → *mouton.* II. → *demoiselle.*

BELLÂTRE □ Avantageux, fat, plastron, plastronneur. → *hâbleur.*

BELLE-FILLE □ Bru.

BELLE-MÈRE □ I. *Seconde femme d'un veuf :* marâtre (péj. ou vx). II. Belle-maman, belle-doche (arg.).

BELLICISME □ Amour de la guerre, culte de la guerre/de la violence, jusqu'au-boutisme (fam.).

BELLICISTE □ Belliqueux, boutefeu, guerrier, guerroyeur, jusqu'au-boutiste, va-t'en-guerre.

BELLIGÉRANCE □ Affrontement, conflit, état de guerre, guerre.

BELLIGÉRANT, E □ Adversaire, affronté, aux prises, combattant, ennemi, en état de guerre, mêlé au conflit.

BELLIQUEUX, EUSE □ I. Agressif, guerrier, martial. II. Bagarreur, chicaneur, chicanier, mordant, procédurier, querelleur.

BELLUAIRE □ I. Bestiaire, gladiateur. II. Dompteur.

BELVÉDÈRE □ I. **Naturel :** falaise, hauteur, point de vue, terrasse. II. **Construit :** gloriette, kiosque, mirador, pavillon, terrasse.

BÉNÉDICTIN □ I. **Ascète :** cénobite, moine. → *religieux.* II. **Loc.** *1. Ordre des bénédictins :* ordre régulier, règle de saint Benoît. *2. Travail de bénédictin :* érudit, long, minutieux, soigné, parfait, persévérant.

BÉNÉDICTION □ I. Baraka, faveur, grâce, protection. II. Abondance, bienfait, bonheur, chance, événement favorable/heureux, prospérité, succès, veine (fam.). III. **Relig.** *1.* Prière du soir, salut. *2.* Absolution, baptême, confession, confirmation, consécration, extrême-onction, mariage, onction, ordre, pénitence, sacrement. IV. **Fig. :** affection, approbation, estime, reconnaissance, vénération.

BÉNÉFICE □ I. Actif, avantage, avoir, bénef (fam.), boni, crédit, excédent, fruit, gain, gratte (fam.), guelte, produit, profit, rappport, reliquat, reste, revenant-bon, revenu, solde positif. II. Avantage, bienfait, droit, faveur, grâce, privilège, récompense, résultat, service, utilité. III. **Loc.** *1. Au bénéfice de :* pour le motif de, par privilège de, en raison de. *2. Sous bénéfice de :* sous condition de, sous réserve de, avec restriction de. IV. **Relig. :** abbaye, annate, canonicat, chapellenie, cure, doyenné, évêché, portion congrue, prébende, prieuré, récréance.

BÉNÉFICIAIRE □ **I. Adj.** : juteux, (fam.), profitable, rentable. **II. Nom** : adjudicataire, attributaire, bénéficier (vx), cessionnaire, crédirentier, propriétaire, rentier.

BÉNÉFICIER □ Jouir de, profiter de, retirer de, tirer avantage.

BÉNÉFIQUE □ Avantageux, bienfaisant, favorable, heureux.

BENÊT □ **Fam.** : andouille, âne, bêta, bêtassot, con, connard, corniaud, couillon (mérid.), dadais, empoté, godiche, gordiflot, demeuré, jocrisse, niais, nigaud, niguedouille, sot. → *bête.*

BÉNÉVOLE □ À titre gracieux, complaisant, de bon gré, désintéressé, extra, gracieux, gratuit, spontané, volontaire.

BÉNÉVOLEMENT □ De bonne grâce, de bon gré, complaisamment, de façon désintéressée, gracieusement, gratuitement, de son plein gré, spontanément, volontairement.

BÉNIGNITÉ □ Affabilité, bienveillance, bon accueil, bonté, charité, douceur, indulgence, longanimité, mansuétude, onction. → *amabilité.*

BÉNIN, IGNE □ **I. Quelqu'un** : accueillant, affable, aimable, bienveillant, bon, charitable, doux, indulgent, longanime (vx), plein de mansuétude/d'onction → *doux.* **II. Une chose** : **1.** Bénéfique, favorable, inoffensif, propice. **2. Méd.** Affection bénigne : léger, peu grave, sans gravité, superficiel.

BÉNIR □ **I. Dieu 1. Bénir Dieu** : adorer, exalter, louer, glorifier, remercier, rendre grâce. **2. Dieu bénit** : accorder, consoler, protéger, récompenser, répandre des bienfaits/des grâces. **II. Bénir quelqu'un. 1.** Attirer/implorer les faveurs/les grâces de Dieu sur, consacrer, oindre, recommander à Dieu. **2.** Applaudir, dire du bien de, estimer, être reconnaissant à, exalter, glorifier, louanger, louer, remercier, vénérer. **III. Bénir une chose** : **1. Un bateau** : baptiser. **2. Une circonstance** : s'en féliciter.

BENJAMIN □ Dernier, dernier né, petit dernier, le plus jeune.

BENNE □ **I.** Comporte, hotte, panier, récipient. **II.** Banne, berline, caisse, chariot, decauville, téléphérique, wagonnet.

BENOÎT, E □ **I.** Bénin, bon, doux, indulgent. **II. Non favorable** : chafouin, doucereux, hypocrite, patelin, rusé, sournois, tartufe.

BENOÎTEMENT □ **Péj.** : chafouinement, doucereusement, en dessous, hypocritement, mine de rien, sournoisement.

BENZÈNE, BENZINE □ Dérivé du goudron, détachant, hydrocarbure, ligroïne.

BÉOTIEN, IENNE □ Balourd, bouché (fam.), bovin, cul de plomb (fam.), culterreux (fam.), épais, grossier, inculte, lent, lourd, lourdingue (fam.), obtus, pédezouille (fam.), plouc (fam.), rustre.

BÉOTISME □ → *rusticité.*

BÉQUILLE □ **I.** Bâton, canne, support, soutien. **II.** cale, étai, étançon.

BER □ → *berceau.*

BERCAIL □ **I. Au pr.** : abri, appentis, bergerie, hangar, parc, toit. **II. Fig.** : domicile, foyer, maison, pénates.

BERCEAU □ **I. Au pr. 1. Lit d'enfant** : barcelonnette, bercelonnette, couffin, crèche, moïse, nacelle, panier. **2. Archit.** : arc, cintre, voûte. **3. De jardin** : brandebourg, charmille, gloriette, tonnelle. **4. Mar.** : ber, bers. **II. Fig.** : commencement, début, endroit, lieu, naissance, origine, place.

BERCEMENT □ **I.** → *balancement.* **II. Fig.** : adoucissant, adoucissement, apaisement, atténuation, calme, charme, consolation, douceur, enchantement, soulagement.

BERCER □ **I.** Agiter, balancer, branler (vx), dodeliner, faire aller et venir, faire aller d'avant en arrière/en cadence, ondoyer, onduler, remuer, rythmer. **II. Fig. 1. Une peine** : adoucir, apaiser, atténuer, calmer, charmer, consoler, endormir, partager, soulager. **2. Se laisser bercer par** : amuser, berner, emporter, endormir, flatter, illusionner, leurrer, mystifier, tromper. **II. Loc. Son enfance a été bercée par** : enchanter, imprégner, nourrir, remplir. **IV. V. pron.** : s'endormir, se faire des illusions, s'illusionner, se leurrer, se tromper *et les formes pron. possibles des syn. de* BERCER.

BERCEUR, EUSE □ Adoucissant, apaisant, cadencé, calmant, charmeur, consolant, consolateur, doux, enchanteur, endormeur, lénifiant, ondoyant, ondulant, rythmé.

BERCEUSE □ **I.** Barcarolle, mélodie douce, rythme doux/lent. → *chant.* **II.** Rocking-chair.

BÉRET □ **I.** Calot, coiffure basque, galette (fam.), toque. **II. D'étudiant** : faluche.

BERGE □ **I. Au pr.** : berme, bord, levée, rivage, rive, talus. **II. Arg.** : → *an.*

BERGER, ÈRE □ **I. Au pr.** : conducteur de troupeaux, gardeur, gardien, pasteur, pastoureau, pâtour, pâtre. **II. Fig.** : chef, conducteur, guide, pasteur, souverain.

BERGÈRE □ Fauteuil, siège.

BERGERIE □ **I.** Bercail, jas (rég.), parc à moutons. **II.** Bucolique, églogue, pastorale.

BERLINE □ Auto, automobile, coach. → *voiture.*

BERGERONNETTE □ Bergerette, hochequeue, lavandière, passereau.

BÉRIBÉRI □ Avitaminose.

BERLINE □ → *benne.*

BERLINGOT □ Bêtise de Cambrai, bonbon, friandise, sucrerie.

BERLUE (AVOIR LA) □ → *tromper (se).*

BERME □ → *berge.*

BERNARD L'HERMITE □ pagure.

BERNE □ I. Loc. *En berne :* en deuil, voilé. II. Vx : couverture.

BERNER □ Abuser, amuser, attraper, décevoir, duper, enjôler, escroquer, faire croire/marcher, flouer, frauder, jouer, leurrer, monter le coup/un bateau à, mystifier, piper, railler, rouler, surprendre, trahir, tromper. **Fam.** : avoir, baiser (vulg.), blouser, bourrer la caisse/le mou, carotter, couillonner (mérid.), embabouiner, embobiner, emmener/mener en bateau, empapaouter (arg.), empaumer, enfoirer (vulg.), entuber, pigeonner.

BERNICLE □ Patelle.

BESACE □ → *sac.*

BESAIGUË □ → *ciseau, marteau.*

BESICLES □ → *lunettes.*

BESOGNE □ Affaire, boulot (fam.), business, corvée, job (fam.), labeur, mission, occupation, œuvre, ouvrage, tâche, travail, turbin (fam.).

BESOGNER □ I. → *travailler.* II. → *accoupler (s').*

BESOGNEUX, EUSE □ Chétif, crève-la-faim (péj.), dans la dèche, décavé, déshérité, économiquement faible, fauché, gagne-petit, gueux (péj.), impécunieux, malheureux, meurt-la-faim, minable (péj.), misérable, miséreux, miteux, nécessiteux, paumé, pauvre diable/drille/type, pouilleux (péj.), purotin, ruiné.

BESOIN □ I. Au pr. : appétence, appétit, désir, envie, exigence, faim, goût, insatisfaction, manque, nécessité, soif, utilité. II. Loc. *1. Faire besoin* → *nécessaire. 2. Au besoin :* à la rigueur, en cas de nécessité, le cas échéant, sait-on jamais, si nécessaire. *3.* Être dans le besoin : dénuement, disette, gêne, impécuniosité, indigence, manque, misère, nécessité, pauvreté, en panne, en peine. **Fam.** : débine, dèche, mistoufle, mouise, mouscaille, panade, pétrin, purée. *4. Avoir besoin de* (et l'inf.)/*que* (et le subj.) : devoir, falloir. *5. Faire ses besoins :* aller au → *water-closet/*à la selle/sur le pot, crotter, déféquer, évacuer, s'exonérer, faire, faire caca/la grosse/petite commission/pipi/popot (enf.), se soulager. **Vulg.** : bouser, caguer (mérid.), chier, couler/mouler un bronze, débourrer, fienter, poser un → *excrément/*culotte, rouler un cigare, tartir. → *uriner.*

BESTIAIRE □ → *belluaire.*

BESTIAL, E □ Animal, bête, brutal, brute, féroce, glouton, goujat, grossier, lubrique, sauvage.

BESTIALITÉ □ Animalité, bas instincts, concupiscence, gloutonnerie, goujaterie, instinct animal, lubricité, → *brutalité.*

BESTIAUX □ Animaux de ferme, bétail, cheptel vif.

BESTIOLE □ Insecte, petite bête.

BEST-SELLER □ → *succès.*

BÊTA, BÊTASSE □ (Fam.) → *bête.*

BÉTAIL □ I. Au pr. : animaux de boucherie/d'élevage/d'embouche/de ferme, bergerie, bestiaux, bêtes de somme, bovins, caprins, cheptel vif, équidés, écurie, étable, ovins, porcherie, porcins, troupeau. II. Fig. *En parlant d'hommes. 1.* Péj. : chair à canon, matériau, matière première, ménagerie, populace, populo. *2. Non péj.* : foule, masse.

BÊTE □ n. f. I. Au pr. : animal, batracien, bestiole, cétacé, insecte, invertébré, mammifère, oiseau, poisson, reptile, saurien, vertébré. II. Loc. *1. Bête à bon Dieu :* coccinelle. *2. Bête de boucherie :* âne, agneau, baby-bœuf, bœuf, cheval, chevreau, cochon, mouton, mulet, porc, veau. *3. Bête de somme :* âne, bœuf, bourricot, chameau, cheval, dromadaire, hongre, jument, lama, mule, mulet, yack, zébu. *4. Chercher la petite bête :* chercher le petit défaut, chercher le détail infime/minime, chercher des crosses/des poux (fam. et péj.), chercher des vétilles. III. Fig. *En parlant de quelqu'un, non favorable, avec l'adj. mauvais, méchant, sale, vilain :* animal, bonhomme, brute, butor, coco, con, fauve, fumier (grossier), gnasse, jojo, mec, moineau, monsieur, mufle, oiseau, piaf, piège, pierrot, rapace, sauvage, vache, zigoto. → *type.* IV. Loc. *C'est une bête :* aliboron, andouille, âne, animal, badaud, ballot, balluchon, balourd, baluche, baudet, bécasse, bécassot, béjaune, benêt, bêta, bourricot, bourrin, bourrique, brute, bûche, buse, butor, cloche, cochon, con, connard, corniaud, cornichon, couillon (mérid.), crétin, cruche, cruchon, cucudet, dadais, demeuré, dindon, empoté, enfoiré (vulg.), fada, fat, flandrin, force de la nature, fourneau, ganache, ganachon, gobeur, gogo, gourde, gourdiflot, guignol, idiot, imbécile, mâchoire, minus habens, moule, niais, nicodème, nigaud, niguedouille, noix, nouille, nullité, oie, oison, paltoquet, panier, panouille, paon, patafiot, patate, pauvre/simple d'esprit, pochetée, porc, prétentieux, ridicule, rustre sagouin, salaud, saligaud, serin, simplet, tarte, tourte, trou du cul (vulg.), truffe. → *stupide.* **V.** *Favorable, avec l'adj.* bon, brave, pas mauvais, pas méchant : bougre, garçon, gars, gnasse (arg.), guignol (arg.), mec (arg.), pâte, zig. → *type.* **VI. Loc. Bête noire. 1.** *Qu'on subit :* cauchemar, croix, épouvantail, poison, pot de colle, supplice, torture, tourment. **2.** *À qui on fait subir :* martyr, os à ronger, souffre-douleur, victime. **VII. Faire la bête à deux dos** → *accoupler (s').* **VIII. Reprendre du poil de la bête. 1.** *Au phys. :* bonne mine, le dessus, force, santé, vie, vigueur. **2.** *Au moral :* agressivité, ardeur, confiance, courage, du mordant, du punch, le dessus.

BÊTE ☐ **adj. I. Quelqu'un :** abruti, absurde, ahuri, ballot, balourd, baluche, bâté, béat, bébête, bécasse, bécassot, benêt, bêta, bêtasse, bêtassot, borné, bouché, bovin, con, crétin, cucu, demeuré, déraisonnable, empoté, emprunté, enflé, enfoiré (vulg.), fada, fat, pas fin/finaud, finassaud, fruste, gauche, godiche, gourde, idiot, imbécile, indigent, inepte, inintelligent, innocent, insane, insensé, jobard, lourd, lourdaud, lourdingue, maladroit, malavisé, minus, miraud, miro, naïf, niais, nigaud, niguedouille, nouille, nul, nunuche, obtus, patate, pauvre/simple d'esprit, poire, prétentieux, ridicule, rustre, tartignole, tordu, zozo. → *stupide.* **II.** *Facile.* **III. Loc. 1.** *Se trouver tout bête :* comme deux ronds de flan, confus, décontenancé, désarçonné, désemparé, entre deux chaises, gêné, idiot, interdit, interloqué, maladroit, mal à l'aise, penaud, quinaud. **2.** *Quelque chose, c'est bête :* aberrant, absurde, con (fam.), cucu (fam.), dément, dingue, dommage, ennuyeux, fâcheux, fat, grotesque, idiot, impardonnable, inepte, inutile, regrettable, ridicule, sot, stupide, ubuesque, vain.

BÊTEMENT ☐ **I.** Gauchement, idiotement, innocemment, lourdement, maladroitement, naïvement, niaisement, prétentieusement, ridiculement, sans réfléchir, simplement, sottement, stupidement. **II. Fig. :** bonnement, comme ça, naïvement, simplement.

BÊTIFIER ☐ **I. V. intr. :** bêtiser, dire des âneries/bêtises, être gnangnan, faire l'âne/la bête/l'idiot/l'imbécile, gâtifier. **II. V. tr. :** abêtir, abrutir, rendre bête.

BÊTISE ☐ **I. Comportement :** abrutissement, absurdité, ahurissement, badauderie, balourdise, bécasserie, béotisme, connerie (fam.), couillon-

nerie (mérid.), crétinerie, étourderie, fatuité, gaucherie, idiotie, imbécillité, indigence, ineptie, inintelligence, innocence, jobarderie, lourdauderie, lourdeur, maladresse, naïveté, niaiserie, nigauderie, paquet, pauvreté d'esprit, pochetée, prétention, ridicule, rusticité, simplicité d'esprit, sottise, stupidité. **II.** *Acte ou parole.* **1.** *Au pr. :* absurdité, ânerie, balourdise, bêlement, bévue, boulette (fam.), bourde, cliché, connerie (fam.), cuir, drôlerie, écart, fadaise, faute, faux pas, folie, gaffe, gauloiserie, grossièreté, histoires, idiotie, imbécillité, impair, ineptie, insanité, lapalissade, lieu commun, maladresse, maldonne, méprise, naïveté, niaiserie, non-sens, pas de clerc, pauvreté, perle, platitude, sottise, stupidité, vanne (arg.). **2.** *Neutre ou favorable, général. au pl. :* astuces, attrapes, balivernes, baratin, blague, boniments, conneries (fam.), couillonnade (mérid.), drôleries, facéties, farces, fredaine, gaillardises, gaudrioles (fam.), gauloiseries, grivoiseries (péj.), histoires drôles, histoires gauloises, histoires marseillaises, histoires paillardes, paillardises, plaisanteries, propos légers, propos lestes. **3.** *Une chose sans importance* → *bagatelle.*

BÊTISIER ☐ Dictionnaire de lieux communs/des idées reçues, recueil des cuirs/de perles/de sottises, sottisier.

BÉTOIRE ☐ → *abîme, puisard.*

BÉTON ☐ Aggloméré, ciment, gunite, matériau, mortier.

BÉTONNER ☐ Cimenter, renforcer.

BETTE ☐ Blette, carde, cardon.

BEUGLANT ☐ Assommoir, bal musette, bastringue, boîte, bouge (péj.), bousin, caboulot, café-concert, gargote (péj.), guinche, guinguette, night-club, popine (péj.), tapis-franc (vx), taverne.

BEUGLANTE ☐ → *cri, chant.*

BEUGLEMENT ☐ Appel, braiement, braillement, bramante (fam.), hurlement, gueulante (fam.), meuglement, mugissement, vocifération. → *cri.*

BEUGLER ☐ **I. Au pr. :** appeler, brâmer, crier, meugler, mugir. **II. Fig. :** appeler, brailler, braire, crier, hurler, gueuler, vociférer. → *crier.*

BEURRE ☐ **Loc. 1.** *Comme dans du beurre :* avec aisance, facilement, tout seul, comme sur des roulettes. **2.** *Compter pour du beurre :* pour des nèfles/des prunes/rien/faire semblant. **3.** *Assiette au beurre :* affaire juteuse, pouvoir politique. **4.** *Mettre du beurre dans les épinards :* améliorer l'ordinaire/la situation. **5.** *C'est du beurre :* c'est avantageux/bon/facile/une sinécure. **6.** *Faire son beurre :* faire des bénéfices, prospérer, s'enrichir. **7. Couleur beurre frais :** blanc cassé, jaune clair. **8. Petit beurre :** biscuit. **9. Œil au beurre noir :** coquard ou coquart, ecchymose, œil poché, tuméfaction.

BEURRIER ☐ **I.** Pot à beurre, récipient. **II. Celui qui fait du beurre :** crémier, fermier, laitier.

BEUVERIE ☐ Bacchanale, bombance, bombe, bringue, débauche, dégagement (milit.), fête bachique, foire, libation, noce, nouba, orgie, ribote, ribouldingue, ripaille, soûlerie, soulographie, tournée des grands ducs.

BÉVUE ☐ Ânerie, balourdise, boulette, bourde, connerie (fam.), cuir, erreur, étourderie, faute, faux-pas, gaffe, impair, maladresse, maldonne, méprise, pas de clerc, perle (fam.), vanne (arg.). → *bêtise.*

BÉZOARD ☐ → *calcul.*

BIAIS ☐ **I.** Aspect, côté, diagonale, ligne oblique, travers. **II.** Artifice, détour, moyen. **III.** Loc. **1. De biais :** en diagonale, de travers, en travers, obliquement. **2. Par le biais de :** par le détour/l'intermédiaire/le moyen/le truchement de.

BIAISER ☐ **I.** Gauchir, obliquer. **II. Fig. :** atermoyer, composer, feinter, louvoyer, temporiser, tergiverser, user de procédés dilatoires.

BIBELOT ☐ **I. Au pr. :** biscuit, chinoiserie, japonaiserie, objet d'art/fragile, petit objet, saxe, sèvres, souvenir. **II. Fig. :** affiquet, amusement, amusette, amusoire, babiole, bagatelle, baliverne, bêtise, bimbelot, breloque, bricole, brimborion, caprice, colifichet, fanfreluche, fantaisie, frivolité, futilité, rien.

BIBERON ☐ **I. Au pr. :** flacon gradué. **II. Fig. :** → *ivrogne.*

BIBI ☐ **I. Au pr. Fam. :** bugne, chapeau, galure, galurin. → *coiffure.* **II. Pron. pers. Pop. :** mézigue, moi.

BIBINE ☐ → *alcool.*

BIBLE ☐ **I. Au pr. :** écritures, Évangile, le Livre, les Saintes Écritures, le Testament (Ancien et Nouveau). **II. Par ext. 1.** Autorité, base, dogme, fondement. **2.** Bréviaire, livre de chevet/de prières, manuel, ouvrage de base/fondamental/usuel.

BIBLIOGRAPHIE ☐ Catalogue, liste, nomenclature, référence.

BIBLIOPHILE ☐ Amateur de livres, bibliomane, collectionneur de livres, paléographe (par ext.).

BIBLIOPHILIE ☐ Bibliomanie, paléographie,(par ext.).

BIBLIOTHÉCAIRE ☐ Archiviste, chartiste, conservateur, libraire, paléographe, rat de bibliothèque (péj.).

BIBLIOTHÈQUE ☐ **I. Le lieu :** bureau, cabinet, collection, librairie. **II. Loc.**

Bibliothèque de gare : kiosque. **III. Le meuble :** armoire à livres, casier, étagère, rayon, rayonnage, tablette.

BIBLIQUE ☐ Hébraïque, inspiré, judaïque, révélé, sacré.

BICEPS ☐ **I. Au pr. :** bicipital (adj.), biscoto (fam.), bras, muscle. **II. Par ext. :** force, puissance, vigueur.

BICHE, BICHON ☐ → *biquet.*

BICHER ☐ (Pop.) Aller, aller au poil (fam.)/bien, coller (fam.), gazer (fam.), marcher, rouler (fam.).

BICHONNAGE ☐ → *nettoiement.*

BICHONNER ☐ **I. Au pr. :** attifer, boucler, friser, parer, pomponner. **II. Fig. :** choyer, coucouner (fam.), s'empresser auprès de, entourer de soins, gâter.

BICOLORE ☐ → *bigarré.*

BICOQUE ☐ Abri, appentis, baraque, cabane, cabanon (mérid.), cassine, maison, masure, taudis (péj.).

BICORNE ☐ bicuspide. → *coiffure.*

BICYCLETTE ☐ Bécane, biclo, biclou, clou (péj.), petite reine, vélo. → *cycle.*

BIDASSE ☐ → *soldat.*

BIDE ☐ **I.** → *bedaine.* **II.** → *insuccès.*

BIDET ☐ **I.** Cuvette, guitare (arg.), rince-cul (vulg.). **II.** Bourrin, canasson, cheval, cob, mule, mulet, postier.

BIDOCHE ☐ **Pop. et péj. :** barbaque, cuir, mauvaise viande, semelle.

BIDON ☐ **I.** Gourde. **II.** Fût, jerrycan, nourrice. **III.** container, cuve, réservoir, touque. **IV. Fig.** → *insuccès.*

BIDONNANT ☐ **Fam. :** boyautant, crevant, marrant, poilant, rigolo, roulant, sucré, torboyautant, tordant, transpoil.

BIDONNER (SE) ☐ Se boyauter, se marrer, se poiler, rigoler, se torboyauter (arg.), se tordre, se tordre de rire.

BIDONVILLE ☐ Baraquement, camp, campement, favela, zone.

BIDULE ☐ → *truc.*

BIEF ☐ → *canal.*

BIELLE ☐ Arbre, axe, balancier, bras, embiellage, manivelle, tige, transmission.

BIEN ☐ Adv. de manière. **I.** *Tous les dérivés en -ment d'adj. d'achèvement, d'avantage, de grandeur, d'intensité, d'intérêt, de qualité, de quantité, etc., par ex. :* admirablement, adroitement, agréablement, aimablement, aisément, assurément, avantageusement, bellement, bigrement (fam.), bonnement, bougrement (fam.), commodément, complètement, confortablement, convenablement, correctement, dignement, drôlement (fam.), dûment, éloquemment, éminemment, entièrement, expressément, extrêmement, favorablement, fermement, formellement, formidablement, gracieusement, grandement, habilement, heureusement, honnêtement, honorablement, intégralement, intensément, joliment, judicieusement, largement, longuement, merveilleusement, nettement, noblement, parfaitement, passablement, pleinement, profondément, prudemment, raisonnablement, réellement, sagement, salement (fam.), totalement, utilement, vachement (fam.), vraiment. **II.** *Tous les compl. circ. de manière réalisés par un subst. amplifiant ou valorisant ce qu'exprime le verbe, par ex.* : de façon admirable, avec adresse/aisance/amabilité/appétit / assurance/avantage, sans bavure (fam.), en beauté, avec bonheur / bonté/charme/confort/correction, de façon correcte, avec dignité/élégance/éloquence, de façon complète/éminente, avec faveur/fermeté, en force, avec grâce/habileté, en long et en large, avec netteté/noblesse, de manière parfaite, avec plénitude, en profondeur, avec prudence, de façon raisonnable, en réalité, avec sagesse, en totalité, de manière utile, en vérité. **III. Devant un adj.** : absolument, complètement, dûment, entièrement, extrêmement, fameusement, formidablement, fort, intégralement, nettement, pleinement, profondément, réellement, sérieusement, totalement, tout, tout à fait, très. **IV. Loc. 1.** *Il est bien grand :* ce que/comme/qu'est-ce qu'il est grand. **2.** *Bien des + un nom :* beaucoup de, une foule de, nombre de, quantité de, des tas de. **3.** *Aussi bien :* d'ailleurs, du reste, en outre. **4.** *Bien entendu :* évidemment. **5.** *Bien :* certes.

BIEN ☐ adj. inv. Au poil, bath (fam.), bon, chouette (fam.), compétent, consciencieux, distingué, droit, honnête, lucide, sérieux, sûr, sympa (fam.), sympathique. → *beau.*

BIEN ☐ n. m. **I. Abstrait** : beau, beauté, bon, bonheur, bonté, devoir, droit, honneur, idéal, justice, perfection, progrès, sainteté, vérité, vertu. **II. Concret, souvent au pl.** : apanage, avoir, capital, cheptel, chose, domaine, don, dot, dotation, douaire, exploitation, fonds, fortune, fruit, gain, héritage, immeuble, maison, patrimoine, portefeuille, possession, produit, propriété, récolte, rente, richesse, valeur. **III. Loc. 1.** *Le bien public :* intérêt, service. **2.** *Faire du bien :* jouissance, plaisir, profit, satisfaction, soulagement, volupté. **3.** *Attendre un bien :* avantage, bénéfice, bienfait, résultat, satisfaction, secours, service, soulagement, utilité. **4.** *Dire du bien :* compliment, éloge, louange.

BIEN-AIMÉ, E ☐ Amant, amoureux, chéri, chouchou (fam.), élu, fiancé, flirt, maîtresse, préféré. → *biquet.*

BIEN-DIRE ☐ → *éloquence.*

BIEN-ÊTRE ☐ **I. La sensation** : agrément, aise, béatitude, bonheur, contentement, détente, euphorie, félicité, jouissance, plaisir, quiétude, relaxation, satisfaction, sérénité, soulagement. **II. La situation** : aisance, confort, luxe, vie large.

BIENFAISANCE ☐ **I.** Aide, assistance, secours. **II. Qualité** : bénignité, bienveillance, charité, générosité, humanité, philanthropie, serviabilité. → *bonté.*

BIENFAISANT, E ☐ **I.** Bénéfique, efficace, favorable, tutélaire. **II.** Charitable, généreux, humain, philanthropique, serviable. → *bon.*

BIENFAIT ☐ **I. Qu'on donne** : aumône, bon office, cadeau, charité, don, faveur, fleur (fam.), générosité, grâce, largesse, libéralité, obole, office, plaisir, présent, service. **II. Qu'on reçoit** : avantage, bénéfice, profit, utilité. → *bienfaisance.*

BIENFAITEUR, TRICE ☐ Ami, donateur, inventeur, mécène, philanthrope, protecteur, sauveur. → *bienfaisant.*

BIEN-FONDÉ ☐ Authenticité, bon droit, conformité, correction, exactitude, excellence, justesse, justice, légitimité, pertinence, solidité, validité, vérité.

BIEN-FONDS ☐ → *immeuble.*

BIENHEUREUX, EUSE ☐ **I.** Assouvi, béat (péj.), bien aise, comblé, content, repu, satisfait. → *heureux.* **II. Nom** : béatifié, élu, saint. **III. Loc.** *Dormir comme un bienheureux :* comme une souche/un sourd.

BIENNAL, E ☐ Bisannuel.

BIEN-PENSANT ☐ **I.** Conformiste, intégriste, pratiquant, traditionnel. **II. Par ext.** : conservateur. **Péj.** : béni-oui-oui, bigot, cafard, cagot, calotin, dévot, tala (arg. scol.). → *tartufe.*

BIENSÉANCE ☐ **I.** Apparences, convenance, correction, décence, honnêteté, manières, politesse, pudeur, savoir-vivre. **II.** Étiquette, protocole, usage.

BIENSÉANT, E ☐ Agréable, comme il faut, congru, convenable, correct, décent, délicat, honnête, poli.

BIENTÔT ☐ Dans peu de temps/quelque temps, d'ici peu, incessamment, rapidement, sans retard/tarder.

BIENVEILLANCE ☐ Affabilité, altruisme, amabilité, bon accueil, bonne volonté, bonté, complaisance, compréhension, cordialité, gentillesse, indulgence, mansuétude, obligeance, ouverture d'esprit, prévenance, sympathie. → *faveur.*

BIENVEILLANT, E □ Accueillant, affable, affectueux, aimable, amical, bon, brave (pop.), complaisant, compréhensif, coopératif (fam.), cordial, débonnaire, favorable, fraternel, gentil, indulgent, intentionné, miséricordieux, obligeant, ouvert, prévenant, sympathique.

BIENVENU, E □ Bien/favorablement accueilli/reçu, celui qu'on attend, ne pouvant mieux tomber, opportun, tombant à point/juste.

BIENVENUE □ Bon accueil, bonjour, bonne étrenne, salut, salutations.

BIÈRE □ I. Ale, cervoise, pale-ale. II. → cercueil.

BIÈVRE □ **Vx** castor.

BIFFAGE □ Annulation, barre, mot rayé, rature, repentir, suppression, trait de plume.

BIFFE □ Infanterie.

BIFFER □ Annuler, barrer, corriger, effacer, raturer, rayer, supprimer.

BIFFIN □ Chiffonnier, fantassin.

BIFFURE □ Rature, rayure, repentir, retouche, trait.

BIFTECK □ Châteaubriand, filet, grillade, rumsteck, steck, tranche, viande grillée. **Péj.** : barbaque, semelle.

BIFURCATION □ I. Carrefour, division, embranchement, fourche, patte-d'oie. II. Changement d'orientation. III. → séparation.

BIFURQUER □ I. Diverger, se diviser. II. Être aiguillé, se diriger, s'orienter.

BIGARRÉ, E □ Bariolé, bi/multicolore, chamarré, disparate, diversifié, hétérogène, mâtiné, mélangé, mêlé, varié. → taché.

BIGARRURE □ Bariolage, disparité, hétérogénéité, mélange, variété.

BIGLER □ (Pop.) I. Ciller, cligner des yeux, loucher, être myope, mal voir. II. Bader, contempler, loucher sur, mater, mirer, regarder avec attention/envie/étonnement, zieuter.

BIGLEUX □ Louchard (fam.), myope.

BIGOPHONE □ → téléphone.

BIGORNEAU □ Coquillage, littorine, vignot. **Fam.** : écouteur. → téléphone.

BIGORNER □ (Pop.) I. **Quelqu'un** : abîmer le portrait, amocher, casser la figure/la gueule, castagner, cogner, coller une châtaigne, corriger, donner des coups, endommager, endommager le portrait, esquinter, flanquer/foutre (grossier) une correction/une dérouillée/une trempe/une volée. → battre. II. **Une chose** : abîmer, accrocher, amocher, aplatir, briser, casser, écraser, endommager, entrer en collision, esquinter, friser la tôle, froisser, heurter, télescoper. III. **V. pron.** : se casser la figure/la gueule, se cogner dessus, se donner

des coups, se ficher/flanquer/foutre une trempe/une volée, se quereller, se taper dessus *et les formes pron. possibles des syn. de* BATTRE.

BIGOT, BIGOTE □ Bondieusard, cafard, cagot, calotin, cul-bénit, dévot, grenouille de bénitier, petit saint, punaise de sacristie, sacristain, tala (arg. scol.). → tartufe.

BIGOTERIE, BIGOTISME □ → tartuferie.

BIGREMENT □ → beaucoup.

BIGUE □ Chèvre, grue, palan.

BIJOU □ I. Joyau. II. Beauté, chef-d'œuvre, merveille, perfection. III. **Loc.** : mon bijou/amour. → biquet.

BIJOUTERIE □ I. Horlogerie, joaillerie, orfèvrerie. II. Chef-d'œuvre, merveille, perfection, technique parfaite, travail achevé/parfait/précis.

BIJOUTIER, ÈRE □ Horloger, joaillier, orfèvre.

BILAN □ I. **Au pr.** : balance, conclusion, état, inventaire, point, situation, tableau. II. **Loc.** *1.* **Déposer son bilan** : capituler, être en déconfiture/difficulté/faillite/liquidation, faire la culbute/de mauvaises affaires. *2.* **Faire le bilan** : conclure, tirer la conclusion/les conséquences. III. **Fig.** : conséquences, résultats, séquelles, suites. IV. Check-up.

BILE □ I. Atrabile (vx), fiel, glaire, humeur (vx). II. **Fig.** : amertume, colère, fiel, maussaderie, mauvais caractère, méchanceté, récriminations, venin. III. **Loc.** *1.* **Échauffer la bile** : casser les pieds (fam.), chauffer les oreilles (fam.), excéder, faire sortir de ses gonds (fam.), mettre à bout/en colère/hors de soi. *2.* **Se faire de la bile** : avoir des idées noires, se biler (fam.), s'en faire, être pessimiste/soucieux/tourmenté, se faire du mauvais sang/du mouron (fam.)/du souci/du tourment, s'inquiéter, se préoccuper, se soucier de, se tourmenter.

BILIEUX, EUSE □ I. **Au pr.** *1.* Atrabilaire, hépatique, hypocondre, hypocondriaque. *2.* Jaunâtre, jaune, vert. II. **Fig.** *1.* Anxieux, chagrin, inquiet, mélancolique, pessimiste, soucieux, tourmenté, troublé. *2.* **Péj.** : atrabilaire, bâton merdeux (fam.), coléreux, maussade, mauvais coucheur, misanthrope, ombrageux, soupçonneux, susceptible.

BILINGUE □ I. **Quelqu'un** : interprète, polyglotte, traducteur, truchement. II. **Une chose** : sous-titré, synoptique.

BILLARD □ I. **Par ext.** : fumoir, salle de jeux. II. **Fig.** : salle/table d'opération. III. **Loc. fam.** **C'est du billard** : ca va comme sur des roulettes (fam.), c'est du beurre (fam.), c'est facile, c'est de la tarte (arg.).

BILLE □ **I. Au pr. 1.** Agate, boule, calot. **2. Bille de bois :** billette, morceau, tronc, troncon. **II. Fig. :** → *tête, visage.* **III. Loc.** *Une bonne bille :* l'air avenant/bien intentionné/honnête/jovial/sympathique, une bonne → *tête.*

BILLET □ **I. Au pr. 1.** → *lettre.* **2.** Attestation, bon, carte, certificat, coupon, récépissé, recu, ticket. **3. Billet de banque :** assignat (vx), coupure, devise, espèces, monnaie, monnaie fiduciaire, numéraire. *Arg. :* faffe, fafiot, ticket. **4. Billet à ordre :** effet, lettre de change, traite, valeur. **II. Loc. Je vous en fiche mon billet** (fam.). → *affirmer.*

BILLEVESÉES □ Balivernes, chimères, conneries (fam.), coquecigrues, fadaises, fantaisies, fantasmagories, imaginations, sornettes, sottises, utopies.

BILLOT □ **I.** Bille/bloc de bois, bitte, planche à découper/à trancher. **II.** Tin. **III.** Tronchet. **IV.** → *supplice.*

BINAIRE □ Alternatif, alterné, à deux aspects / faces / temps / termes / unités, dichotomique, en opposition, en relation. → *binon.*

BINAGE □ Ameublissement, bêchage, faconnage, grattage, sarclage, serfouissage.

BINARD □ → *chariot.*

BINER □ Aérer/ameublir/briser le sol, bêcher, cultiver, désherber, faconner, gratter, sarcler, serfouir.

BINETTE □ **I.** Grattoir, houe, sarclette, sarcloir, serfouette, tranche. **II.** → *tête, visage.*

BINIOU □ Bag-pipe (angl.), bombarde, cabrette, chabrette, chevrie, cornemuse, musette, pibrock (écossais).

BINOCLE □ Besicles, face-à-main, lorgnon, lunettes, pince-nez.

BINON □ Bit, élément binaire.

BIOGRAPHIE □ Biobibliographie, histoire personnelle, journal, mémoires, notice, prière d'insérer.

BIPENNE □ → *hache.*

BIQUE □ **I. Au pr. :** cabrette, cabri, caprin, chèvre. **II. Fig. Péj.** → *mégère.*

BIQUET, ETTE □ **I. Au pr. :** chevreau, chevrette. **II. Fig. Fam. :** agneau, aimé, âme, ami, amour, ange, beau, belle, bellot, biche, bichette, bichon, bien-aimé, bijou, bon, bon ami, caille, chat, chatte, cher, chéri, chevrette, chou, coco, cocotte, cœur, crotte, enfant, fille, fils, gros, joli, joujou, lapin, ma charmante, m'amie, mamour, mie, mignon, mimi, minet, minette, moineau, oiseau, petit, petite, poule, poulet, poulette, poulot, poupée, poupoule, prince, princesse, rat, raton, reine, roi, tourterelle, trésor, etc.

BIRÈME □ → *galère.*

BIROUTE □ Manche à air. → *verge.*

BIS □ **I. Interj. :** bravo, encore, hourra. **II. Nom** → *acclamation.*

BIS, E □ **I.** Basané, bistre, bistré, brun, brunâtre, gris, jaunâtre, marron clair. **II. Loc. Pain bis :** pain de campagne/complet/de seigle/noir.

BISAÏEUL, E □ Arrière-grand-père/mère.

BISBILLE □ (Fam.) Bouderie, brouillerie, dépit, désaccord, différend, discorde, dispute, fâcherie, humeur, malentendu, mésentente, querelle, trouble.

BISCORNU, E □ **I.** Bicuspide, à deux cornes, irrégulier. **II.** Absurde, bizarre, confus, échevelé, farfelu (fam.), grotesque. → *absurde.*

BISCUIT □ **I.** Biscotte, boudoir, bretzel, craquelin, croquet, croquignolle, friandise, galette, gâteau, gaufrette, gimblette, macaron, pâtisserie, petit-beurre, sablé, toast, tuilé. Pain azyme. **III.** Bibelot, porcelaine, saxe, sèvres, statuette.

BISE □ **I.** Blizzard, vent froid/du Nord. **II.** Bécot, bisette, bisou, petit baiser, poutou.

BISEAU (EN) □ Entaillé, oblique.

BISEAUTÉ, E □ **I. Au pr. :** taillé en oblique. **II. Loc. Cartes biseautées :** marquées, truquées.

BISQUE □ Consommé. → *potage.*

BISQUER (FAIRE) □ (Pop.) Asticoter, ennuyer, faire endêver/enrager/maronner/râler, taquiner, vexer.

BISSAC □ → *sac.*

BISSER □ Applaudir, en redemander, faire une ovation/un triomphe, ovationner, rappeler, réclamer.

BISTOUILLE □ → *alcool.*

BISTOURI □ Couteau, lame, scalpel.

BISTOURNER □ → *châtrer.*

BISTRE, BISTRÉ, E □ → *bis, e.*

BISTROT □ **I.** → *cabaret.* **II.** → *cabaretier.*

BITE, BITTE □ **I.** Billot, bollard, borne. **II.** → *verge.*

BITUMAGE □ Goudronnage, revêtement.

BITUME □ **I. Au pr. :** asphalte, coaltar, goudron, macadam, revêtement. **II.** → *prostitution.*

BITUMER □ Entretenir, goudronner, macadamiser, revêtir.

BITURE, BITTURE □ (Pop.). **I. Loc. À toute biture** → *vite.* **II.** → *ivresse.*

BIVEAU □ Équerre.

BIVOUAC □ Abrivent, campement, cantonnement, castramétation, faisceaux, halte, installation de nuit.

BIVOUAQUER □ Camper, cantonner, dresser les tentes, faire halte, former les faisceaux, installer le bivouac, planter les tentes.

BIZARRE □ **I. Quelque chose ou quelqu'un** (général. non favorable) : abracadabrant, abrupt, amusant, anormal, baroque, biscornu, bizarroïde (fam.), capricieux, changeant, chinois, cocasse, comique, curieux, drôle, étonnant, étrange, excentrique, extraordinaire, extravagant, fantaisiste, fantasmagorique, fantasque, fantastique, farfelu, funambulesque, grotesque, hétéroclite, impossible, incompréhensible, inattendu, inégal, inhabituel, inquiétant, insolite, maniaque, marrant (fam.), mobile, monstrueux, original, plaisant, remarquable, ridicule, rocambolesque, saugrenu, singulier, surprenant. **II. Quelqu'un** (péj.) : aliéné, autre, braque, brindezingue, cinglé, dérangé, fou, halluciné, iroquois, loufoque, lunatique, maniaque, numéro, olibrius, original, phénomène, pistolet, tout chose, type, zèbre, zigoto.

BIZARRERIE □ **I.** Anomalie, caprice, chinoiserie, cocasserie, comportement bizarre, *et les syn. de* BIZARRE, curiosité, drôlerie, étrangeté, excentricité, extravagance, fantaisie, fantasmagorie, folie, monstruosité, originalité, ridicule, singularité. **II. De quelqu'un** (péj.) : aliénation, dérangement, folie, hallucination, loufoquerie, manie.

BIZUT, BIZUTH □ → *novice.*

BIZUTER □ → *chahuter.*

BLACKBOULER □ → *refuser.*

BLACK-OUT □ Obscurité. → *silence.*

BLAFARD, E □ → *blême, pâle.*

BLAGUE □ **I.** Poche/sac à tabac. **II.** Astuce, bobard, canular, craque, exagération, farce, galéjade, hâblerie, histoire drôle, mensonge, niche, plaisanterie, sornette. **III.** Erreur, faute, gaffe, maladresse, sottise. → *bêtise.*

BLAGUER □ **I. V. tr. :** asticoter (fam.), chahuter, faire marcher, se moquer de, railler, taquiner, tourner en dérision. **II. V. intr. 1. Au pr. :** exagérer, faire des astuces (fam.), galéjer (fam.), mentir, plaisanter, raconter des blagues, *et les syn. de* BLAGUE. **2. Par ext. :** bavarder, causer, passer le temps.

BLAGUEUR, EUSE □ → *hâbleur, taquin.*

BLAIR □ → *nez.*

BLAIRER □ Estimer. → *aimer.*

BLÂMABLE □ Condamnable, critiquable, déplorable, incriminable, répréhensible.

BLÂME □ Accusation, anathème, animadversion, attaque, avertissement, censure, condamnation, critique, désapprobation, grief, impro-

bation, mise à l'index, objurgation, punition, remontrance, répréhension, réprimande, réprobation, reproche, semonce, tollé, vitupération.

BLÂMER □ Accuser, anathématiser, attaquer, censurer, condamner, critiquer, désapprouver, désavouer, donner un avertissement, donner un blâme, *et les syn. de* BLÂME, faire grief de, faire reproche de, flageller, flétrir, fustiger, improuver, incriminer, jeter la pierre, juger, pourfendre, punir, reprendre, réprimander, reprocher, réprouver, semoncer, sermonner, stigmatiser, trouver à redire, vitupérer.

BLANC, BLANCHE □ **I. Adj. 1. Au pr. :** argenté, beurre frais, blafard, blanchâtre, blême, clair, crème, immaculé, incolore, ivoire, ivoirin, lacté, lactescent, laiteux, limpide, net, opalin, pâle, platine, propre, pur. **2. Fig. :** candide, clair, immaculé, innocent, lilial, net, pur, virginal. **II. Nom. Typo. :** espace, interligne, intervalle, vide. **III. Loc. 1. Saigner à blanc :** à fond, épuiser, vider. **2. Le blanc de l'œil :** cornée, sclérotique. **3. De but en blanc :** de façon abrupte, directement, sans crier gare, sans préparation.

BLANC-BEC □ Arrogant, béjaune, insolent, niais, petit merdeux (fam.), morveux, prétentieux, sot.

BLANCHAILLE □ → *fretin.*

BLANCHÂTRE □ Albugineux, blafard, blême, lacté, lactescent, laiteux, opalescent, opalin.

BLANCHET □ → *feutre.*

BLANCHEUR □ **I. Au pr. :** clarté, lactescence, netteté, pâleur, propreté, pureté. **II. Fig. :** candeur, innocence, pureté, virginité.

BLANCHIMENT, BLANCHISSAGE □ Blanchissage, déalbation, décoloration, échaudage, finissage, herberie (vx.), lessivage, lessive, nettoiement, savonnage.

BLANCHIR □ **I. Au pr. 1.** Frotter, herber, lessiver, nettoyer, savonner. **2. Typo. :** éclaircir. **3. Un mur :** chauler, échauder, sabler. **4. Quelqu'un** → *blêmir.* **5.** Prendre de l'âge, vieillir. **II. Fig.** → *excuser.*

BLANCHISSERIE □ Buanderie, laverie, lavoir.

BLANCHISSEUR, EUSE □ Buandier, lavandier, lavandière, laveur, laveuse, lessivier.

BLANC-MANGER □ Caillé, caillebotte, gelée, yaourt, yogourt.

BLANC-SEING □ Carte blanche, chèque en blanc, liberté de manœuvre, mandat, procuration en blanc.

BLANDICE □ Caresse, charme, flatterie, jouissance, séduction, tentation.

BLANQUETTE □ I. Ragoût. II. Chasselas, clairette, vin clairet.

BLASE □ Fam. : nom. → *nez.*

BLASÉ, E □ I. Assouvi, dégoûté, difficile, fatigué, indifférent, insensible, rassasié, repu, revenu de tout, sceptique, usé. II. Loc. : avoir fait le tour de tout.

BLASEMENT □ → *dégoût.*

BLASER □ Dégoûter, désabuser, fatiguer, laisser froid, lasser, rassasier, soûler.

BLASON □ Armes, armoiries, chiffre, écu, écusson, cartouche, marque, panonceau, pennon, sceau.

BLASONNER □ Orner. → *peindre.*

BLASPHÉMATEUR, TRICE □ Apostat, impie, parjure, renieur, sacrilège.

BLASPHÉMATOIRE □ Impie, sacrilège.

BLASPHÈME □ Gros mot, grossièreté, impiété, imprécation, injure, insulte, jurement, juron, outrage, sacrilège.

BLASPHÉMER □ I. V. tr. : injurier, insulter, maudire, se moquer de, outrager. II. V. intr. : jurer, proférer des blasphèmes, sacrer.

BLATÉRER □ → *crier.*

BLATTE □ Cafard, cancrelat.

BLAUDE □ → *blouse.*

BLAZER □ Flanelle, veste, veston.

BLÉ □ Céréale, épeautre, froment, sarrasin, touselle.

BLÈCHE □ (Arg.). → *laid.*

BLED □ Brousse, pays perdu/sauvage, petite ville, petit village, trou.

BLÊME □ Blafard, blanchâtre, bleu, cadavérique, décoloré, exsangue, hâve, incolore, livide, pâle, pâlot, plombé, terne, terreux, vert.

BLÊMIR □ Blanchir, se décomposer, devenir livide, pâlir, verdir.

BLENNORRAGIE □ Blennorrhée, gonococcie, gonorrhée. Arg. : castapiane, chaude-lance/pisse, chtouille, coco, coulante, coup de pied de Vénus, échauffement, goutte matutinale/militaire, naze, nazi, nœud coulant, pécole, souvenir, etc.

BLÉSEMENT □ Zézaiement, zozotement.

BLÉSER □ Zézayer, zozoter.

BLESSANT, E □ Agressif, arrogant, choquant, contrariant, déplaisant, désagréable, désobligeant, grossier, impoli, inconvenant, injurieux, irrespectueux, mal embouché, mortifiant, offensant, piquant, vexant.

BLESSÉ, E □ Éclopé, estropié, invalide, mutilé.

BLESSER □ Abîmer, amocher (fam.), arranger (fam.), arranger le portrait (pop.), assommer, balafrer, battre,

broyer, brûler, contusionner, corriger, couper, couronner, déchirer, écharper, écloper, écorcher, écraser, encorner, entailler, entamer, érafler, éreinter, estropier, faire une entorse, fouler, frapper, froisser, léser, luxer, maltraiter, meurtrir, mordre, mutiler, navrer (vx), percer, piquer, poignarder. II. Loc. La vue, les oreilles : affecter, casser, causer une sensation désagréable, déchirer, écorcher, effaroucher, irriter, rompre. III. Fig. 1. Atteindre, choquer, contrarier, déplaire, égratigner, faire de la peine, froisser, heurter, irriter, offenser, piquer, toucher, ulcérer, vexer. 2. Attenter à, enfreindre, être contraire à, heurter, porter atteinte, violer. 3. Causer du préjudice, faire tort, léser, nuire, porter préjudice, préjudicier. V. pron. Fig. : être susceptible, se formaliser, s'offenser, s'offusquer, se piquer, se vexer.

BLESSURE □ I. Balafre, bleu, bobo (fam.), bosse, brûlure, choc, cicatrice, contusion, coquard, coupure, distension, ecchymose, égratignure, élongation, entaille, entorse, éraflure, éraillement, estafilade, estocade, fêlure, fracture, froissement, foulure, lésion, luxation, meurtrissure, morsure, mutilation, piqûre, plaie, taillade, trauma, traumatisme, tuméfaction. → *coup.* II. Moral : atteinte, brûlure, coup, coup dur, douleur, froissement, offense, pique, plaie, souffrance, trait.

BLEU, E □ I. Adj. : ardoise, azur, azurin, barbeau, bleuâtre, bleuet, céleste, céruléen, lapis-lazuli, myosotis, outremer, pers, pervenche, saphir. II. Nom masc. 1. Azur, ciel. 2. → *novice.* 3. Coquard, ecchymose, meurtrissure, œil au beurre noir, tuméfaction. → *coup.* III. Loc. 1. Sang bleu : noble. 2. Fleur bleue : sentimental, tendre. 3. Bas-bleu : pédante. 4. Cordon bleu : bonne cuisinière.

BLEUET □ Barbeau, centaurée.

BLEUSAILLE □ (Fam.). → *novice.*

BLIAUD, BLIAUT □ → *blouse.*

BLINDAGE □ Abri, bardage, boisage, bouclier, carter, cuirasse, écran, protection.

BLINDE □ → *poutre.*

BLINDÉ □ N. m. : automitrailleuse, char, char d'assaut, tank. Adj. : blasé, endurci, immunisé. → *ivre.*

BLINDER □ I. Abriter, boiser, cuirasser, protéger, renforcer. II. Fig. : endurcir, immuniser, protéger, renforcer. III. V. pron. (Pop.) → *enivrer* (s').

BLINIS □ Crêpe, hors d'œuvre.

BLIZZARD □ → *vent.*

BLOC □ I. Bille, masse, pavé, pièce, roche, rocher. II. 1. Amas, assemblage, ensemble, ouvrage, quantité, totalité, tout, unité. **2.** → *coalition*. **3.** **Géol.** : graben, horst. **4.** → *prison*. **5.** **À/en bloc** → *maximum, totalement*.

BLOCAGE ☐ **I.** Arrêt, barrage, coup d'arrêt, stabilisation. **II.** Empilage, serrage. **III.** Frein, impuissance, inhibition, paralysie.

BLOCKHAUS ☐ Abri, bunker, casemate, fortification, fortin, ouvrage.

BLOC-NOTES ☐ → *carnet*.

BLOCUS ☐ Investissement, isolement, siège.

BLOND, E ☐ Blondin, blondinet, doré, lin, platiné.

BLONDE ☐ → *dentelle, fille*.

BLONDIN ☐ → *galant*.

BLOQUER ☐ **I. Au pr.** : amasser, empiler, entasser, grouper, masser, rassembler, réunir. **II. Par ext. 1.** Assiéger, cerner, encercler, entourer, envelopper, fermer, investir. **2.** → *arrêter*. **3. Les crédits :** geler, immobiliser, suspendre. **4. Un passage :** coincer, condamner, encombrer, obstruer. **5. Arg. scol.** → *étudier*.

BLOTTIR (SE) ☐ S'accroupir, se cacher/clapir/coucher, s'enfouir, se mettre en boule/musser/pelotonner / presser / ramasser / recroqueviller / réfugier / replier / serrer contre/ tapir.

BLOUSANT, E ☐ Bouffant. → *ample*.

BLOUSE ☐ **I.** Biaude, blaude, bliaud, bourgeron, camisole, caraco, roulière, sarrau, tablier, vareuse. **II.** Chemisette, chemisier, corsage, marinière.

BLOUSER ☐ **I. V. tr.** → *tromper*. **II. V. intr.** : bouffer, gonfler.

BLUETTE ☐ Amourette, badinage, badinerie, fleurette, flirt, galanterie. → *amour*.

BLUFF ☐ **I.** Audace, bagou, battage, chantage, intimidation, tromperie, vantardise. **II. Fam.** : baratin, culot, épate, esbroufe, frime. → *hâblerie*.

BLUFFER ☐ **I.** Abuser, épater, faire du chantage, intimider, leurrer, tromper, se vanter. **II. Fam.** : Aller au culot, baratiner, esbroufer, faire de l'esbroufe/de l'épate/de la frime/du vent, frimer, galéger, masser. → *hâbler*.

BLUFFEUR ☐ → *hâbleur*.

BLUTER ☐ Passer, tamiser.

BLUTOIR ☐ Bluteau, sas, tamis.

BOA ☐ Serpent. **Par ext.** : anaconda, eunecte, python.

BOBARD ☐ Bateau, blague, boniment, fantaisie, fausse nouvelle, mensonge, plaisanterie, ragot, tromperie, tuyau (fam.), vantardise.

BOBÈCHE ☐ Coupelle. → *tête*.

BOBINE ☐ **I. Au pr.** : bloquet, bobineau, broche, dévidoir, fuseau, fusette, navette, nille, rochet, roquetin, rouleau. **II. Fig.** → *tête*.

BOBINER ☐ Enrouler, envider, renvider.

BOCAGE ☐ Boqueteau, bosquet, breuil, chemin creux, garenne, petit bois.

BOCAGER, ÈRE ☐ Agreste, boisé, bucolique, champêtre, mythologique, pastoral.

BOCAL ☐ Pot, récipient, vase.

BOCK ☐ Chope, demi, verre.

BOËSSE ☐ Ébarboir, grattoir.

BOËTE ☐ → *aiche*.

BŒUF ☐ **I. Nom :** bovidé. **II. Adj. Fig.** : colossal, énorme, extraordinaire, formidable, monstre, surprenant.

BOGHEI, BUGGY ☐ → *voiture*.

BOGUE ☐ Capsule, enveloppe. → *boucle*.

BOHÈME ☐ **I.** Artiste, fantaisiste, indépendant, insouciant. **II. Péj.** : Asocial, débraillé, désordonné, instable, original, peu soigné, vagabond.

BOHÉMIEN, ENNE ☐ Baraquin (péj.), boumian (mérid.), fils du vent, gipsy, gitan, manouche, nomade, roma ou romé, romanichel, romano (fam.), sinte ou zing, tzigane, zingaro.

BOIRE ☐ **I. V. tr. 1.** Absorber, avaler, buvoter, ingurgiter, prendre. **2.** Absorber, s'imbiber de, s'imprégner de. **II. V. intr. 1. Un animal :** s'abreuver, se désaltérer, laper. **2. L'homme.** *Neutre :* se désaltérer, étancher sa soif, prendre un verre, se rafraîchir, sabler. *Fam.* : s'abreuver, absorber, arroser, s'aviner, biberonner, boutancher, buvoter, chopiner, se cocarder, écluser, entonner, éponger, godailler, s'humecter/se rincer le → *gosier*, s'imbiber, s'imprégner, lamper, se lester, lever le coude, licher, lichetroner, se mouiller, picoler, pinter, pomper, se rafraîchir, se remplir, riboter, siffler, siroter, sucer, téter, se taper/vider un verre. → *enivrer (s')*.

BOIS ☐ **I.** Bocage, boqueteau, bosquet, bouquet d'arbres, breuil, chablis, châtaigneraie, chênaie, forêt, fourré, frondaison, futaie, hallier, hêtraie, marmenteau, massif d'arbres, pinède, sapinière, ségrais, sous-bois, sylve, taillis. **II.** Bille, billette, billot, bourrée, branche, brasse, brassée, brindille, bûche, bûchette, charbonnette, cotret, fagot, fagotin, falourde, fascine, margotin, rondin. **III.** Copeau, déchet, sciure. **IV. Des cervidés :** andouiller, corne, dague, empaumure, merrain, ramure, revenue.

BOISAGE ☐ **I.** Consolidation, cuvelage, cuvellement, garnissage,

muraillement, renforcement, soutènement. **II.** Cadre, chapeau, corniche,
étai, montant, palplanche, semelle,
sole.

BOISEMENT ☐ Pépinière, plantation,
repeuplement, semis.

BOISER ☐ **I.** Ensemencer, garnir,
planter, repeupler. **II.** Consolider,
cuveler, étayer, garnir, renforcer, soutenir.

BOISERIE ☐ Charpente, châssis,
huisserie, lambris, menuiserie, moulure, panneau, parquet.

BOISSON ☐ Apéritif, bibine (péj.),
bière, bouillon, breuvage, café, chaudeau, chocolat, cidre, citronnade,
cocktail, coco, cordial, décoction,
digestif, drink, eau, eau de mélisse,
eau-de-vie, élixir, émulsion, grog,
hydromel, hypocras, infusion, julep,
jus de fruit, kéfir, kwas, lait, limonade, liqueur, maté, mélange, mixture, nectar, orangeade, piquette,
poiré, potion, punch, rafraîchissement, remontant, rincure (péj.), sirop,
soda, thé, tisane, vin, vulnéraire, etc.
→ *alcool.*

BOÎTE ☐ **I. Au pr. :** bonbonnière,
boîtier, cagnotte, caisse, caque, carton, case, casier, cassette, cercueil,
chancelière, châsse, chocolatière,
coffre, coffret, contenant, custode
(relig.), drageoir, écrin, emballage,
étui, malle, marmotte, nécessaire,
plumier, poubelle, poudrier, récipient, reliquaire, tabatière, tirelire,
tronc, trousse, valise, vanity-case. **II.**
Par ext. 1. Arg. scol. : bahut, baz, collège, école, lycée, pension. **2.** Administration, affaire, atelier, boutique,
bureau, chantier, commerce, entreprise, firme, maison, société, usine.
3. → *cabaret.* **III. Loc. 1. Mise en
boîte** → *raillerie.* **2. Boîte à sous** →
avare.

BOITER ☐ **I.** Aller clopin-clopant/de
travers, béquiller (fam.), boitiller,
claudiquer, clocher, clopiner, se
déhancher, loucher de la jambe
(fam.). **II.** Brimbaler, bringuebaler,
osciller. **III. Fig. :** aller cahin-caha/de
travers/mal, clocher, laisser à désirer.

BOITERIE ☐ Boitement, boitillement,
claudication.

BOITEUX, EUSE ☐ **I.** Bancal, bancroche (fam.), béquillard (fam.),
claudicant, éclopé, estropié, infirme,
invalide. **II.** Branlant, de travers, de
traviole (fam.), esquinté, inégal, instable, sur trois pattes/pieds. **III.** Faux,
incomplet, spécieux.

BOITIER ☐ Écrin, étui. → *boîte.*

BOITILLANT, E ☐ Dissymétrique,
irrégulier, saccadé, sautillant, syncopé.

BOL ☐ Coupe, jatte, récipient, tasse.

BOLCHEVIK, BOLCHEVISTE ☐ Communiste, marxiste, révolutionnaire,
rouge, socialiste, soviétique.

BOLCHEVISME ☐ Collectivisme,
communisme, marxisme, socialisme.

BOLDUC ☐ Faveur, ruban. → *corde.*

BOLÉRO ☐ → *danse, coiffure, veste.*

BOLET ☐ Bordelais, champignon,
cèpe, tête-de-nègre.

BOLIDE ☐ **I. Au pr. :** aérolithe, astéroïde, corps céleste, étoile filante,
météore, météorite, projectile céleste.
II. Voiture de course.

BOLIER, BOULIER ☐ → *filet.*

BOMBANCE ☐ (Fam.). Bamboche,
bamboula, bombe, bringue, chère lie,
dégagement, foire, godaille, gogaille,
java, liesse, muffée, muflée, partie,
réjouissances, ronflée → *fête, repas.*

BOMBARDE ☐ **I.** Bouche à feu,
canon, mortier, pièce d'artillerie. **II.**
Flageolet, hautbois, turlurette.

BOMBARDEMENT ☐ Arrosage (arg.),
barrage, canonnade, marmitage
(fam.), mitraillade, mitraillage, tir.

BOMBARDER ☐ **I.** Canonner, écraser, lancer des bombes, mitrailler,
tirer. **Arg. :** arroser, canarder, marmi-
ter. **II.** Accabler, cribler, jeter, lancer,
obséder.

BOMBE ☐ **I. Au pr. :** charge de plas-
tic, engin, explosif, grenade, machine
infernale, obus, projectile, torpille. **II.**
Fig. → *bombance.* **III.** Crème glacée,
glace, sorbet.

BOMBÉ, E ☐ Arrondi, bossu, convexe, cintré, courbe, gonflé, renflé,
ventru.

BOMBEMENT ☐ Apostème, apostume, arrondi, bosse, bouge (techn.),
convexité, cintre, courbe, dos d'âne,
enflure, gonflement, renflement, ton-
ture, ventre.

BOMBER ☐ Arrondir, cambrer, cintrer, courber, enfler, gondoler, gonfler, redresser, renfler.

BON, BONNE ☐ adj. **I. Au pr. :**
accueillant, agréable, amical, avantageux, beau, bien, bienfaisant,
bienveillant, congru, convenable,
favorable, heureux, intéressant, juste,
profitable, propice, propre, utile. **II.**
Par ext. : acceptable, correct, excellent, exemplaire, incomparable, meilleur, moyen, parfait, passable, satisfaisant, suffisant, utilisable. **III. Une
chose. 1. Un repas :** délectable, délicat, excellent, exquis, parfait, savoureux, succulent. **2. Une activité** →
rémunérateur. **3. Un sol** → *fertile.* **4.
Une situation :** certain, enviable,
solide, stable, sûr. **5. Un compte :**
exact, rigoureux, sérieux, strict. **6. Un
conseil :** avisé, éclairé, judicieux,
pondéré, prudent, raisonnable, sage,
utile. **7. Un motif :** admissible,
convaincant, plausible, recevable,
valable. **8. Un remède, un moyen :**

approprié, efficace, opérant, réconfortant, salutaire. **9. Activités de l'esprit** : adroit, agréable, amusant, beau, bien, drôle, émouvant, habile, instructif, plaisant, spirituel, sublime, touchant. **10. Une odeur** : agréable, aromatique, délicieux, exquis, suave. **IV. La quantité** : abondant, complet, considérable, grand, plein. **V. Par ironie. Une bonne maladie** : bien tassé, carabiné, mauvais, sale. **VI. Quelqu'un. 1. Le corps** : bien bâti/planté, costaud, fort, robuste, sain, solide. **2. Le caractère** : accessible, accueillant, agréable, aimable, altruiste, bénin, benoît, bienfaisant, bienveillant, brave, charitable, clément, compatissant, complaisant, dévoué, doux, estimable, franc, généreux, gentil, gracieux, honnête, humain, humanitaire, indulgent, magnanime, miséricordieux, obligeant, ouvert, philanthrope, pitoyable (vx), secourable, sensible, serviable, sociable. *Non favorable* : bénin, bonasse, boniface, brave, candide, crédule, débonnaire, gogo (fam.), ingénu, innocent, naïf, paterne, simple. **3. Le comportement** : beau, charitable, convenable, courageux, digne, distingué, droit, efficace, énergique, équitable, exemplaire, généreux, héroïque, honnête, honorable, judicieux, juste, louable, méritoire, modèle, moral, noble, raisonnable, utile, vertueux. **VII. Loc. 1. Bon à, bon pour** : apte, capable, convenable, correct, digne, efficace, favorable, prêt, propice, propre, utile, valable. **2. Faire bon** : agréable, beau, doux, reposant. **3. Tenir bon** : dur, ferme, fermement, fort, solidement. **4. Tout de bon** : effectivement, réellement, sérieusement. **5. Bon à rien.** → *fainéant.*

BON ◻ n. m. Attestation, billet, certificat, coupon, coupure, ticket, titre.

BONACE ◻ **I. Au pr.** : accalmie, calme plat, répit, tranquillité. **II. Fig.** : apaisement, calme, paix, quiétude, rémission, tranquillité, trêve.

BONASSE ◻ Faible, mou, simple, timoré. → *bon* (par ext.).

BONBON ◻ Berlingot, bêtises, calisson, caramel, chatterie, chocolat, confiserie, crotte de chocolat, dragée, fourrés, gourmandise, papillote, pastille, pâte de fruit, praline, sucette, sucre d'orge, sucrerie, etc.

BONBONNE ◻ Bouteille, dame-jeanne, fiasque, jaquelin, jaqueline, tourie.

BONBONNIÈRE ◻ **I. Au pr.** : boîte, chocolatière, coffret, drageoir. **II. Fig.** : boudoir, garçonnière, petit appartement, studio.

BOND ◻ **I. Au pr.** : bondissement, cabriole, cahot, cascade, entrechat, rebond, ricochet, saut, secousse, sur-

saut, vol plané. **II. Par ext. Les prix** : boom, hausse.

BONDE ◻ **I. D'un étang** : daraise, déversoir, empellement, tampon, vanne. **II. D'un tonneau** : bondon, bouchon, tampon.

BONDÉ, E ◻ Archiplein, bourré, comble, complet, plein.

BONDER ◻ Bourrer, faire le plein, remplir.

BONDIEUSERIE ◻ **I.** → *tartuferie.* **II.** → *fétiche.*

BONDIR ◻ Cabrioler, cahoter, cascader, s'élancer, s'élever, faire des cabrioles/des entrechats/un vol plané, gambader, rebondir, ricocher, sauter, sursauter, voltiger.

BONHEUR ◻ **I. Neutre ou favorable. 1. Un événement** : aubaine, bénédiction, faveur, fortune, heur (vx), pot (arg.), réussite, succès, veine (fam.). → *chance.* **2. Un état** : ataraxie, béatitude, bien, bien-être, calme, contentement, délices, enchantement, euphorie, extase, félicité, joie, le pied (fam.), nirvâna, paix, plaisir, prospérité, ravissement, relaxation, satisfaction, septième ciel, sérénité, volupté, voyage (arg.). **II.** Agrément, avantage, honneur, plaisir. **III.** Épicurisme, eudémonisme, hédonisme.

BONHEUR-DU-JOUR ◻ → *bureau, commode.*

BONHOMIE ◻ **I.** Amabilité, bonté, douceur, facilité, familiarité, gentillesse, indulgence, simplicité. **II. Péj.** : bonasserie, finasserie, rouerie.

BONHOMME ◻ **I.** Aimable, altruiste, bon, bonasse (péj.), bon enfant, brave, débonnaire, facile, gentil, obligeant, serviable, simple. **II.** → *naïf.* **III. Péj.** : faux jeton (fam.), patelin, simulateur, trompeur. → *hypocrite.* **IV. Nom. Fam.** : cézigue, guignol, mec, zigue. → *type.*

BONI ◻ Avantage, bénéfice, bonus-malus, excédent, gain, guelte, profit, rapport, reliquat, reste, revenant-bon, revenu, solde positif. **Fam.** : bénèf, gratte.

BONIFICATION ◻ **I.** → *amélioration.* **II.** → *amendement, gratification.*

BONIFIER ◻ **I. Au pr.** → *améliorer.* **II. Par ext.** → *gratifier.*

BONIMENT ◻ **I.** Battage, bluff, bruit, charlatanisme, parade, publicité, réclame. **II.** Abattage, bagou, baratin, bavardage, blague, bobard, compliment, craque, discours, fadaise, hâblerie, histoire, mensonge, parlote, salade (fam.), verbiage.

BONIMENTEUR, BONISSEUR ◻ **I. Au pr.** : batteur, bonneteur, camelot, charlatan, forain, rabatteur. **II. Par anal.** : baratineur, beau parleur, blagueur, bluffeur, charlatan, complimenteur, discoureur, flatteur, hâbleur, menteur, raconteur de boniments, *et les syn. de* BONIMENT.

BONITE ☐ Pélamyde, thon.

BONNE ☐ **I.** Bonniche (péj.), domestique, employée de maison, factoton, femme de chambre/de ménage, maritorne (péj.), servante. **II. Bonne d'enfants :** gouvernante, nurse.

BONNE-MAMAN ☐ Grand-maman, grand-mère, grannie, mame, mamie, mamita, mémé.

BONNEMENT ☐ De bonne foi, franchement, naïvement, réellement, simplement, sincèrement.

BONNET ☐ **I.** Attifet, baigneuse, bavolet, béguin, bonnichon, charlotte, coiffe, colinette, toque, toquet. **II. D'homme.** *1.* Béret, calot, chamka, coiffe, coiffure, colback, couvre-chef, passe-montagne, serretête, toque. *2. Particul. :* barrette, calot, calotte, faluche, mortier. **III.** *Bonnet de nuit. 1.* Casque à mèche (fam.). *2. Par anal., quelqu'un, péj. et fam. :* baderne, barbon, emmerdeur (grossier), éteignoir, vieille bête, vieux con (grossier)/machin/schnoque/truc.

BONNETERIE ☐ Jersey, sous-vêtement, tricot.

BONNETEUR ☐ → *bonimenteur, fripon.*

BONNETIÈRE ☐ Armoire, bahut, penderie.

BON-PAPA ☐ Grand-papa, grand-père, papie ou papy, pépé.

BON SENS ☐ Équilibre, juste milieu, lucidité, pondération, raison.

BONSOIR ☐ Adieu, au revoir, bonne nuit, salut.

BONTÉ ☐ **I. Qualité morale.** *1.* Abnégation, accueil, agrément, altruisme, amabilité, amitié, bénignité, bienfaisance, bienveillance, bonhomie, charité, clémence, compassion, complaisance, cordialité, dévouement, douceur, facilité d'humeur, générosité, gentillesse, gracieuseté, honnêteté, humanité, indulgence, magnanimité, mansuétude, miséricorde, obligeance, ouverture, philanthropie, pitié, serviabilité, sociabilité, tendresse. *2. Péj. :* candeur, crédulité, débonnaireté, ingénuité, innocence, naïveté, simplicité. **II. Une chose :** agrément, avantage, beauté, bienfaisance, congruité, convenance, exactitude, excellence, force, intérêt, justice, perfection, propriété, utilité, vérité.

BON VIVANT ☐ → *épicurien.*

BONZE ☐ **I.** Moine bouddhiste, prêtre. **II. Fig.** (péj.) : fossile, gâteux, mandarin, pédant, pontife, vieux con, vieil imbécile, *et les syn. de* IMBÉCILE.

BOOM ☐ Accroissement, augmentation, bond, hausse, prospérité, relance.

BOQUETEAU ☐ → *bois.*

BORBORYGME ☐ Bruit, flatulence, flatuosité, gargouillement, gargouillis, murmure confus, ronflement, ronflette (fam.), rot.

BORD ☐ **I. D'une surface :** arête, bordure, contour, côté, limite, périmètre, périphérie, pourtour. **II. De la mer :** batture, côte, estran, grève, littoral, plage, rivage. **III. D'une rivière :** berge, grève, levée, rivage, rive. **IV. D'un bois :** bordure, lisière, orée. **V. D'un puits :** margelle, rebord. **VI. D'une route :** banquette, bas-côté, berme, bordure, fossé. **VII. D'un bateau** → *bordage.* **VIII. D'un objet :** arête, cadre, contour, entourage, extrémité, frange, grènetis, marge, marli, ourlet, tranche.

BORDAGE ☐ **I.** Bord, bordé. **II. Par ext. :** bâbord, bastingage, bau, coupée, couple, hiloire, pavois, plat-bord, préceinte, rance, tribord, virure.

BORDÉE ☐ **I. Au pr. :** ligne de canons, salve. **II. Fig. et fam. Loc. 1. Tirer une bordée :** escapade, sortie, tournée, virée. *2. Une bordée d'injures :* avalanche, averse, brouettée, charretée, collection, déluge, orage, pelletée, pluie, tas, tombereau.

BORDEL ☐ **I.** → *lupanar.* **II.** → *bruit, désordre, truc.*

BORDELAISE ☐ **I.** → *barrique.* **II.** → *bouteille.*

BORDER ☐ **I. Mar. :** caboter, côtoyer, longer, louvoyer. **II.** S'étendre le long de, limiter, longer. **III. Par ext. On borde une chose :** cadrer, encadrer, entourer, franger, garnir, ourler.

BORDEREAU ☐ État, facture, justificatif, liste, note, récapitulatif, récapitulation, relevé.

BORDERIE ☐ **I. Au pr. :** métairie. **II. Par ext. :** ferme, fermette.

BORDIER, ÈRE ☐ **I.** Métayer. **II.** Frontalier, mitoyen.

BORDIGUE ☐ → *claie, enceinte.*

BORDURE ☐ **I.** Ajout, ajouture, agrément, cordon, feston, haie, garniture, ligne, ornement. **II.** → *bord.*

BORÉAL, E ☐ Arctique, du nord, hyperboréen, nordique, polaire, septentrional.

BORNAGE ☐ Délimitation, jalonnement, limite, tracé.

BORNE ☐ **I.** Fin, limite, frontière, marque, terme. **II.** Billot, bitte, bollard, bouteroue.

BORNÉ, E ☐ **I.** Cadastré, circonscrit, défini, délimité, entouré, limité, marqué, tracé. **II. Fig. :** à courte vue, bouché, étroit, limité, obtus, rétréci. → *bête.*

BORNER □ **I. Au pr.** : cadastrer, circonscrire, délimiter, entourer, limiter, marquer. **II. Par ext. :** *1.* Confiner à, être en limite de, terminer, toucher à. *2.* Arrêter, barrer, boucher, fermer, intercepter, restreindre. **III. Fig.** : faire obstacle à, mettre un terme à, modérer, réduire. **IV. V. pron.** : se cantonner dans, se circonscrire à, se confiner dans, se contenter de, ne faire que, se limiter/se réduire/se restreindre/s'en tenir à.

BORNOYER □ → *tracer, viser.*

BORT □ → *diamant.*

BOSQUET □ → *bois.*

BOSS □ → *patron.*

BOSSAGE □ Anglet, refend, relief, ronde-bosse, saillie.

BOSSE □ **I. Au pr.** : apostume, beigne, bigne, cabosse, cyphose, enflure, excroissance, gibbosité, grosseur, protubérance, tumeur. **II. Fig.** *1.* Arrondi, bosselure, convexité, éminence, enflure, excroissance, grosseur, protubérance, renflement. *2.* → *don.*

BOSSELÉ □ **I. Au pr.** : accidenté, âpre, bombé, bossu, inégal, montueux, mouvementé, pittoresque, varié. **II. Par ext.** : abîmé, cabossé, déformé, faussé, inégal, irrégulier, martelé.

BOSSELER □ Abîmer, bossuer, cabosser, déformer, fausser, marteler.

BOSSER □ **Fam.** : en fiche/en foutre un coup, turbiner. → *travailler.*

BOSSEUR □ → *travailleur.*

BOSSU, E □ **I. Au pr.** : boscot, contrefait, difforme, estropié, gibbeux, tordu. **II. Par ext.** → *bosselé.*

BOSSUER □ → *bosseler.*

BOTANIQUE □ Étude des végétaux, herborisation (vx).

BOTANISTE □ Herborisateur (vx).

BOTTE □ **I.** Balle, bouquet, bourrée, brassée, fagot, faisceau, gerbe, javelle, manoque, touffe. **II.** Bottillon, bottine, brodequin, cuissard, ruisseaux, snow-boot. **III. Loc.** *1. Lécher les bottes :* courtiser, flagorner, flatter. *2. À sa botte :* à sa dévotion, à ses ordres. *3. Coup de botte :* coup de pied, shoot. *4. Ca fait ma botte :* ca me convient, ca fait mon affaire, ca me va. *5. Y laisser ses bottes :* y perdre tout, être tué. **IV. Escrime :** attaque, coup secret.

BOTTELER □ Assembler, attacher, gerber, grouper, lier, manoquer.

BOTTER □ **I.** Chausser. **II.** Aller, convenir, faire l'affaire, plaire, trouver chaussure à son pied. **III.** Shooter, taper.

BOTTIER □ Chausseur. → *cordonnier.*

BOTTINE □ → *botte, chaussure.*

BOUBOULER □ Ululer. → *crier.*

BOUCAN □ (Fam.) Raffut, tapage, vacarme. → *bruit.*

BOUCANÉ, E □ **I. Au pr.** : desséché, conservé, fumé, saur, sauré, séché. **II. Par ext.** : bronzé, cuit par le soleil, desséché, noirâtre, ridé. → *basané.*

BOUCANER □ Dessécher, durcir, conserver, cuire au soleil, fumer, sécher.

BOUCANIER □ Aventurier, coureur/écumeur des mers, pirate.

BOUCHAGE □ Fermeture, obturation, occultation.

BOUCHARDE □ → *marteau.*

BOUCHE □ **I.** Cavité buccale. **Fam.** : avaloire, bec, boîte, goule, gueule, margoulette, moule à gaufres, museau, piège à mouches. → *gosier.* **II.** Bec, cystotome, gueule, mandibule, sucoir, trompe. **III. Fig.** : embouchure, entrée, orifice, ouverture. **IV. Loc. *Fine bouche*** : délicat, difficile, fin bec, gourmand, gourmet.

BOUCHÉ, E □ **I. Au pr.** : fermé, obstrué, obturé, occulté. **II. Le temps :** bas, brumeux, couvert, menacant. **III. Fig.** → *bête.*

BOUCHÉE □ Becquée, goulée, lippée, morceau. **Loc. *Bouchée à la reine :*** timbale, vol-au-vent.

BOUCHER □ **I. Au pr.** *1. Sens général :* clore, fermer, obstruer, obturer. *2. Un tonneau :* bondonner. *3. Un trou :* aveugler, calfeutrer, colmater, obstruer, occulter, revercher. *4. Une voie d'eau :* aveugler, étancher, étouper, tamponner. *5. Un passage :* barrer, condamner, encombrer, murer. *6. La vue :* intercepter, offusquer. **II. Fig. Loc. fam.** En boucher un coin : clouer le bec, épater, étonner, laisser pantois/sans voix, réduire au silence. **III. V. pron.** : s'engorger, *et les termes pron. possibles des syn. de* BOUCHER.

BOUCHER, ÈRE □ **I. Au pr.** : chevillard, détaillant, étalier, tueur. **II. Fig.** (péj.) : bourreau, chasseur, chirurgien, militaire.

BOUCHERIE □ **I. Au pr.** : abattoir, commerce de la viande, échaudoir, étal. **II. Fig.** : carnage, guerre, massacre, tuerie.

BOUCHE-TROU □ **Fig.** (fam.) : doublure, extra, figurant, remplaçant, utilité.

BOUCHOLEUR □ → *mytiliculteur.*

BOUCHON □ **I.** Poignée de paille, tampon, tapon. **II.** Petit restaurant. → *cabaret.* **III.** Bonde, bondon, fermeture.

BOUCHONNAGE, BOUCHONNEMENT □ Friction, frictionnement, massage, pansage, soins.

BOUCHONNER □ **I.** Chiffonner, froisser, mettre en bouchon, tordre. **II.** Frictionner, frotter, masser, panser, soigner.

BOUCHOT □ Moulière, parc à moules.

BOUCHOTEUR □ → *mytiliculteur.*

BOUCLAGE □ **Techn.** : feed-back, rétroaction. → *fermeture.*

BOUCLE □ **I. Au pr. 1.** Agrafe, anneau, ardillon, assemblage, attache, bélière, bogue, erse, fermeture, fermoir, fibule, vervelle. **2.** Bijou, clip, dormeuse, pendant d'oreille. **II. Par ext.** : accroche-cœur, anglaises, bouclette, boudin, frisette.

BOUCLER □ **I.** Friser, onduler. **II. V. tr. 1.** Attacher, fermer, serrer. **2. Fam.** : Emprisonner, enfermer, mettre au clou/au gnouf/à l'ombre/au trou.

BOUCLIER □ **I. Au pr.** : arme, broquel, écu, pavois, pelte, rondache, rondelle, targe, tortue. **II. Fig.** : abri, carapace, cuirasse, défense, palladium, protection, rempart, sauvegarde.

BOUDER □ Battre froid, être fâché/en froid/maussade/de mauvaise humeur, faire la grimace/la tête/la moue, grogner, refuser, rechigner.

BOUDERIE □ Brouille, brouillerie, dépit, désaccord, différend, discorde, dispute, fâcherie, humeur, malentendu, mésentente, moue, querelle, trouble.

BOUDEUR, EUSE □ Buté, grognon, maussade, renfrogné.

BOUDIN □ Bourrelet. → *boucle, fille.*

BOUDINÉ, E □ Comprimé, entortillé, étouffé, étriqué, saucissonné, serré, tordu, tortillé.

BOUDOIR □ Cabinet particulier, petit bureau/salon.

BOUE □ **I. Au pr.** : alluvion, bourbe, braye, crotte, curure, dépôt, éclaboussure, fagne, fange, gâchis, gadoue, gadouille, immondices, jet, limon, margouillis, merde (grossier), sédiment, tourbe, vase. **II. Fig.** : abjection, abomination, bassesse, corruption, débauche, impureté, infamie, ordure, stupre, vice, vilenie.

BOUÉE □ Balise, flotteur, gilet de sauvetage.

BOUEUR □ Balayeur, boueux, éboueur.

BOUEUX, EUSE □ **I. Au pr.** : bourbeux, crotteux, fagneux, fangeux, gadouilleux, limoneux, marécageux, merdeux (grossier), tourbeux, uligineux, vaseux. **II. Fig.** : abject, bas, corrompu, impur, infâme, ordurier, malodorant, trouble, vicieux. **III. Nom masc.** → *boueur.*

BOUFFANT, E □ Ballonnant, blousant, gonflant. → *ample.*

BOUFFARDE □ Brûle-gueule, pipe.

BOUFFE □ **I. Adj.** : bouffon, burlesque, comique. **II. N. f.** → *cuisine.*

BOUFFÉE □ **I. Au pr.** : accès de chaleur, courant d'air, émanation, exhalaison, haleine, halenée, souffle, vapeur. **II. Fig.** : accès, explosion, manifestation, mouvement, passage, traînée. **III. Loc. Par bouffées :** par accès/à-coups/intervalles.

BOUFFER □ **I. Au pr.** : ballonner, enfler, gonfler. **II.** → *bâfrer.*

BOUFFETTE □ Chou, coque, nœud.

BOUFFEUR □ → *bâfreur.*

BOUFFI, E □ **I.** Ballonné, boursouflé, empâté, enflé, gonflé, gras, gros, joufflu, mafflu, obèse, soufflé, turgescent, turgide, vultueux. **II.** → *orgueilleux.* **III.** Plein, rempli. → *ampoulé.*

BOUFFIR □ Ballonner, boursoufler, devenir bouffi *et les syn. de* BOUFFI, enfler, engraisser, gonfler, grossir.

BOUFFISSURE □ **I. Quelqu'un. 1. Au pr. :** ballonnement, bosse, boursouflure, cloque, embonpoint, empâtement, enflure, gonflement, grosseur, intumescence, obésité. **2. Fig.** → *vanité.* **II. Une chose :** boursouflage, emphase, gongorisme, grandiloquence.

BOUFFON □ **I.** Arlequin, baladin, bateleur, bouffe, clown, comique, fagotin, farceur, gugusse, histrion, matassin, nain, paillasse, pantalon, pantin, pasquin, pitre, plaisantin, polichinelle, queue-rouge, saltimbanque, trivelin, turlupin, zanni. → *fou.* **II. Adj. :** burlesque, cocasse, comique, drôle, fantaisiste, folâtre, grotesque, ridicule, rigolo, truculent.

BOUFFONNER □ → *plaisanter.*

BOUFFONNERIE □ Arlequinade, batelage, chose bouffonne *et les syn. de* BOUFFON, clownerie, comédie, drôlerie, farce, joyeuseté, pantalonnade, pasquinade, pitrerie, plaisanterie, trivelinade, turlupinade.

BOUGE □ **I.** → *taudis.* **II.** → *cabaret, lupanar.* **III. Techn.** : bombement, convexité, incurvation, renflement.

BOUGEOIR □ **Par ext.** : binet, bobèche, brûle-tout, chandelier, chandelle, lumière, lumignon.

BOUGEOTTE □ Dromomanie, feu au derrière (fam.).

BOUGER □ **I. V. intr.** : s'agiter, aller et venir, avoir la bougeotte, broncher, changer de place, ciller, se déplacer, se déranger, se mouvoir, partir, remuer, ne pas rester en place, voyager. **II. V. tr.** : agiter, changer, déplacer, déranger, mouvoir, remuer.

BOUGIE □ Chandelle, cierge, lumignon. **Arg.** : calbombe, camoufle.

BOUGON, ONNE □ → *grognon.*

BOUGONNER □ → *grogner.*

BOUGRAN □ → *tissu.*

BOUGRE, ESSE □ **I. Nom.** *1.* Bonhomme, brave homme, drôle, gaillard, luron. *2.* **Non favorable :** individu, oiseau, pistolet, quidam. → *type.* **II. Interj. :** bigre, fichtre, foutre (grossier). **III. Loc.** *Bougre de :* espèce de.

BOUI-BOUI □ → *bouge.*

BOUIF □ → *cordonnier.*

BOUILLABAISSE □ **I. Par ext. :** chaudrée, cotriade, matelote, pauchouse, soupe de poisson. **II. Fig. :** bazar, embrouillamini, fourbi, gâchis, mélange, pastis, salade.

BOUILLANT, E □ **Fig.** → *bouillonnant.*

BOUILLE □ **I. Au pr.** *1. Pour le lait :* berthe, pot, récipient, vase. *2. Pour la vendange :* hotte. **II. Fig.** → *tête.*

BOUILLEUR □ Distillateur.

BOUILLI, E □ **I. Adj. :** cuit, ramolli, stérilisé. **II. Nom** → *pot-au-feu.*

BOUILLIE □ **I. Au pr.** *1.* Blancmanger, compote, consommé, coulis, crème, décoction, gaude, marmelade, polenta, purée, sagamité. *2.* **Techn. :** barbotine, chyme (méd.), exsudat (méd.), laitance, laitier, pulpe, pultacé (méd.). **II. Fig.** → *confusion.*

BOUILLIR □ **I.** Bouillonner, cuire, frémir, mijoter, mitonner. **II. Fig. :** s'agiter, bouillonner, s'échauffer, s'emporter, être en effervescence, s'exaspérer, exploser, fermenter, frémir, s'impatienter, se mettre en colère/en fureur, ronger son frein, sortir de ses gonds.

BOUILLOIRE □ Bouillotte, coquemar, samovar.

BOUILLON □ **I.** Bortsch, brouet, chaudeau, chaudrée, concentré, consommé, court-bouillon, potage, potau-feu, soupe. **II. Par ext. :** gargote (péj.), restaurant, self-service. **III. Fig. Loc.** *Boire un bouillon :* la tasse. → *échouer.*

BOUILLONNANT, E □ Actif, ardent, bouillant, chaleureux, chaud, effervescent, emballé, embrasé, emporté, endiablé, enflammé, enthousiaste, exalté, excité, fanatique, fébrile, fervent, fiévreux, fougueux, frémissant, frénétique, furieux, généreux, impatient, impétueux, incandescent, le sang chaud/prompt/vif, passionné, prompt, spumescent, spumeux, tout feu tout flamme, tumultueux, véhément, vif, violent, volcanique.

BOUILLONNEMENT □ **I. Au pr. :** ébullition, fermentation. **II. Fig. :** activité, acharnement, agitation, alacrité, amour, animation, ardeur, avidité, brasier, chaleur, convoitise, désir, échauffement, effervescence, emballement, embrasement, émotion, emportement, empressement, enthousiasme, éruption, exaltation, excitation, fanatisme, fébrilité, ferveur, feu, flamme, force, fougue, frémissement, frénésie, fureur, impatience, impétuosité, incandescence, lyrisme, mouvement, passion, promptitude, surexcitation, tumulte, véhémence, vie, vigueur, violence, vitalité, vivacité, volcanisme.

BOUILLONNER □ → *bouillir.*

BOUILLOTTE □ **I.** Brelan, jeu de cartes. **II.** → *bouilloire.* **III.** Boule, bouteille, cruche, cruchon. **IV. Par ext. :** brique, chaufferette, moine. **V.** → *bouille.*

BOULE □ **I. Au pr. :** balle, ballon, bille, boulet, boulette, bulle, bulteau, cochonnet, globe, pelote, peloton, pomme, pommeau, sphère. **II. Jeu de boules :** bilboquet, billard, billard japonais, billard nicolas, boule lyonnaise, boulier, bowling, passe-boules, pétanque, quilles. **III. Loc.** *1. Se mettre en boule* → *colère. 2. Perdre la boule :* le nord, la tête.

BOULER □ **I.** Débouler, dégringoler, dévaler, s'écrouler, s'effondrer, rouler, tomber. **II.** Agiter, bouillir, fatiguer, remuer, touiller, troubler. **III. Fig. Loc.** *Envoyer bouler :* éconduire, envoyer promener, repousser.

BOULET □ **I. Au pr. :** obus, projectile. **II. Fig. :** affliction, angoisse, chagrin, châtiment (péj.), désespoir, douleur, épreuve, peine (neutre ou péj.), souci, souffrance, tourment.

BOULETTE □ **I. Au pr. :** croquette. **II. Fig.** → *erreur.*

BOULEVARD □ Allée, avenue, cours, levée, mail, promenade, rempart, rocade.

BOULEVARDIER, ÈRE □ **Par ext. :** à la mode, mondain, primesautier, railleur, satirique, vif, viveur (péj.).

BOULEVERSANT, E □ → *émouvant.*

BOULEVERSÉ, E □ **I. Quelqu'un :** abattu, agité, déconcerté, décontenancé, ébranlé, ému, paniqué (fam.), retourné, secoué, sens dessus dessous, touché, tourneboulé, troublé. **II. Le visage, les traits :** altéré, décomposé, ravagé, tiré.

BOULEVERSEMENT □ **I.** → *agitation.* **II.** → *changement.*

BOULEVERSER □ **I. On bouleverse quelque chose :** *1.* Abattre, agiter, brouiller, casser, changer, contester, déranger, détruire, ébranler, faire sauter, fouiller, modifier, perturber, propager la subversion, ravager, réformer, renverser, révolutionner, ruiner, saccager, troubler. *2.* **Fam. :** chambarder, chambouler, farfouiller, ficher/foutre/mettre en l'air le bazar/bordel/en désordre/sens dessus dessous/en pagaille, trifouiller, tripatouiller. **II. On bouleverse quelqu'un** : déconcerter, décontenancer, ébranler, émouvoir, mettre sens dessus dessous, paniquer (fam.), retourner, secouer, toucher, tournebouler, troubler.

BOULIER ☐ Abaque, calculateur, compteur.

BOULIMIE ☐ **I. Au pr.** : appétit, faim, gloutonnerie, goinfrerie, grand-faim, insatiabilité. **II. Fig.** : appétit, ardeur, curiosité, désir.

BOULIN ☐ → *poutre, trou.*

BOULINE ☐ → *cordage.*

BOULINGRIN ☐ Gazon, jeu de boules, parterre, tapis vert.

BOULOIR ☐ → *auge.*

BOULONNER ☐ **I. Au pr.** : assujettir, assurer, attacher, fixer, lier, maintenir, river, visser. **II. Fig.** → *travailler.*

BOULOT, OTTE ☐ Court, courtaud, gras, grassouillet, obèse, rond, rondouillard, rondelet, trapu.

BOULOT ☐ → *travail.*

BOULOTTER ☐ → *manger.*

BOUM ☐ → *bal, travail.*

BOUQUET ☐ **I.** Brassée, gerbe. **II. Fig. 1.** *C'est le bouquet* : le comble, le plus beau, il ne manquait plus que ça (fam.). **2.** Assemblage, assemblée, assistance, groupe, parterre, réunion. **3.** Apothéose, clou, sommet, summum. **III. D'arbres** → *bois.*

BOUQUETIER, ÈRE ☐ Fleuriste.

BOUQUIN ☐ **I. Au pr.** : bouc, lièvre, mâle. **II. Par anal. 1.** Satyre. **2.** → *livre.*

BOUQUINER ☐ → *accoupler (s'), lire.*

BOURBEUX, EUSE ☐ **I.** → *boueux.* **II.** → *impur.*

BOURBIER ☐ → *marais, impureté.*

BOURBONIEN ☐ → *busqué.*

BOURDALOU ☐ **I.** Ruban, tresse. **II.** Urinal. **Fam.** : jules, pissoir, pot de chambre, thomas, vase de nuit.

BOURDE ☐ → *bêtise, erreur.*

BOURDON ☐ **I.** Cafard, découragement, ennui, mélancolie, spleen, tristesse, vague à l'âme. **II.** Bâton, canne, houlette. **III.** Cloche.

BOURDONNEMENT ☐ Bruissement, bruit de ruche/sourd et continu, chuchotement, chuintement, fredonnement, froufroutement, murmure, musique, ronflement, ronron, ronronnement, vrombissement.

BOURDONNER ☐ **I.** Bruire, fredonner, froufrouter, murmurer, ronfler, ronronner, vrombir. **II. Loc.** → *agacer.*

BOURG, BOURGADE ☐ → *village.*

BOURGEOIS, OISE ☐ **I. Au pr. 1.** Citadin, habitant des villes. **2.** *Classe sociale* : biffard (arg.), cadre, dirigeant, élite, homme à l'aise, rentier, riche. **3. Arg.** : cave, riflot. **II. Par ext. 1.** Civil. **2.** Employeur, patron, singe (arg.). **3. Au fém.** : épouse, femme. **Fam.** : gouvernement, moitié, patronne. **4.** → *réactionnaire.* **5.** → *policier.* **III. Péj.** : béotien, borné, commun, conformiste, conservateur, égoïste, étriqué, grossier, lourd, médiocre, nanti, pantouflard, philistin, repu, vulgaire.

BOURGEOISEMENT ☐ **I.** De manière bourgeoise *et les syn.* de BOURGEOIS. **II.** *Les adverbes en -ment formés avec les syn.* de BOURGEOIS.

BOURGEOISIE ☐ Gens à l'aise, *et le pl. des syn.* de BOURGEOIS.

BOURGEON ☐ **I. Au pr.** : bourre, bouton, bulbille, caïeu, chaton, drageon, gemme, greffe, maille, mailleton, pousse, rejet, rejeton, stolon, turion. **II. Fig.** : acné, bouton, gourme.

BOURGEONNEMENT ☐ **I. Au pr.** : débourrement, démarrage, départ, pousse. **II. Fig.** : boutonnement, fleurissement.

BOURGEONNER ☐ **I. Au pr.** : débourrer, jeter/mettre/pousser des bourgeons. **II. Fig.** : avoir des boutons, boutonner, fleurir.

BOURGERON ☐ → *blouse.*

BOURLINGUER ☐ → *naviguer.*

BOURRADE ☐ → *poussée.*

BOURRAGE ☐ **I. Au pr. 1.** *Action de bourrer :* approvisionnement, chargement, garnissage, empilage, remplissage, tassement. **2.** *Matière :* bourre, capiton, crin, duvet, garniture, kapok, laine, rembourrage. **II. Fig.** *Bourrage de crâne :* baratin, battage, bluff, boniment, exagération, mensonge, mise en condition, persuasion, propagande, publicité.

BOURRAS ☐ → *tissu.*

BOURRASQUE ☐ Coup de chien/de tabac/de vent, cyclone, orage, ouragan, rafale, tempête, tornade, tourbillon, tourmente, trombe, typhon, vent.

BOURRE ☐ **I. Au pr.** : Duvet, jarre, feutre, poil. **2.** → *bourrage.* **II. Fig.** *Nom masc.* (arg.) → *policier.*

BOURREAU ☐ **I.** Bras séculier (vx), exécuteur des hautes œuvres, guillotineur, monsieur de Paris, tueur. **II. Fig.** : Meurtrier, sadique, sanguinaire, tortionnaire.

BOURRELÉ, E ☐ → *tourmenté.*

BOURRÈLEMENT ☐ → *tourment.*

BOURRELER ☐ → *tourmenter.*

BOURRELET ☐ **I. Au pr.** : calfeutrage, garniture. **II. Par ext.** : boudin, enflure, excroissance, grosseur, renflement, retroussis, saillie.

BOURRELIER ☐ Bâtier, sellier.

BOURRELLERIE ☐ Sellerie.

BOURRÉ, E □ **I. Au pr.** : complet, empli, plein, rassasié, rempli. **II. Fig.** → *ivre*.

BOURRÉE □ → *danse*.

BOURRER □ **I. Au pr. 1. Sens général** : approvisionner, charger, combler, empiler, emplir, garnir, remplir, tasser. **2. Techn.** : capitonner, cotonner, empailler, fourrer, garnir, matelasser, rembourrer. **II. Fig. 1. Quelqu'un. De victuailles :** faire bouffer, *et les syn.* de BOUFFER, gaver, gouger (régional.), remplir. **De travail** → *accabler*. **De coups** → *battre*. **Le crâne :** baratiner (fam.), faire du battage, *et les syn. de* BATTAGE, faire de la propagande/de la publicité, bluffer, bonimenter (fam.), endormir, exagérer, mentir, mettre en condition, persuader. **2. Une chose :** farcir, garnir, orner, truffer.

BOURRER (SE) □ → *enivrer (s')*.

BOURRICHE □ → *panier*.

BOURRICHON □ (Fam.) Bonnet, cabèche, caboche, cafetière, caillou, cervelle, crâne. → *tête*.

BOURRICOT □ Ânon, bourriquet, petit âne. → *âne*.

BOURRIN □ Canasson. → *cheval*.

BOURRIQUE □ **I. Au pr.** → *âne*. **II. Fig. 1.** → *bête*. **2.** → *policier*.

BOURRIQUET □ **I.** → *bourricot*. **II.** Techn. : tourniquet, treuil.

BOURROIR □ → *pilon*.

BOURRU, E □ **I. Au pr.** : brut, grossier, mal dégrossi, rude. **II. Fig.** : abrupt, acariâtre, brusque, brutal, cassant, chagrin, cru, disgracieux, hargneux, hirsute, maussade, mauvais, de mauvaise humeur, de méchante humeur, peu avenant, raide, rébarbatif, renfrogné, rude, sec.

BOURSE □ **I. Objet.** : aumônière, cassette, escarcelle, gibecière, poche, porte-monnaie, sac, sacoche. **II. Le lieu** : corbeille, coulisse, marché, parquet. **III. Par ext.** : aide, argent, avance, dépannage, don, facilité, prêt, prêt d'honneur, secours, subside, subvention. **IV.** Capsule, enveloppe, poche, sac. **V. Au pl. 1.** Parties nobles, sac, scrotum, testicules. **2. Arg.** : balles, balustrines, baloches, berlingots, bijoux de famille, billes, bonbons, burettes, burnes, cacahuètes, choses, claouis, clochettes, couilles, couillons, figues, grelots, joyeuses, mes/tes/ses deux, mirontaines, montgolfières, œufs, olives, paire, pendantes, précieuses, rognons, roubignoles, rouleaux, roupettes, roustons, sonnettes, valseuses, etc.

BOURSICOTER □ Agioter, bricoler à la bourse, hasarder, jouer, miser, spéculer, traficoter, trafiquer, tripoter (péj.).

BOURSOUFLÉ, E □ **I. Phys.** → *bouffi*. **II. Fig.** → *ampoulé*.

BOURSOUFLER (SE) □ Se ballonner, se bouffir, se cloquer, enfler, gonfler, grossir, se météoriser, se soulever, se tendre, se tuméfier.

BOURSOUFLURE □ Ampoule, apostème, apostume, ballonnement, bouffissure, boursouflement, bubon, bulle, cloche, cloque, enflure, gonflement, grosseur, météorisation, œdème, phlyctène, soufflure, soulèvement, tension, tuméfaction, tumeur, turgescence, vésicule. **Mérid.** : boufigue, boufiole.

BOUSCULADE □ Accrochage, chahut (fam.), désordre, échauffourée, heurt, mouvement, remous, secousse.

BOUSCULÉ, E □ Agité, ballotté, débordé, dérangé, occupé, pressé, submergé, surmené.

BOUSCULER □ **I. Au pr. 1. Sens général** : bouleverser, chahuter (fam.), chambouler (fam.), déranger, mettre en désordre/sens dessus dessous, secouer. **2. Un adversaire :** battre, chasser, culbuter, éliminer, évincer, pousser, repousser, vaincre. **3. Quelqu'un :** accrocher, heurter, pousser. **II. Fig.** : agiter, aiguillonner, asticoter (fam.), avertir, donner un avertissement, exciter, exhorter, gourmander, presser, rappeler à l'ordre, secouer, stimuler, tarabiscoter (fam.).

BOUSE □ Bousin, excrément, fient, fiente, merde. → *excrément*.

BOUSER □ Caguer (mérid.), chier (grossier), fienter, évacuer.

BOUSILLAGE □ **I.** Bauge, mortier de terre, pisé, torchis. **II. Fig.** : gâchis, massacre, matraquage.

BOUSILLER □ **I. Techn.** : bâtir, construire en bousillage, *et les syn. de* BOUSILLAGE. **II.** → *abîmer*.

BOUSIN □ → *bruit, cabaret*.

BOUSSOLE □ Compas, déclinatoire, rose des vents.

BOUSTIFAILLE □ (Pop.) **I.** → *nourriture*. **II.** → *bombance*.

BOUSTIFAILLER □ → *bâfrer*.

BOUSTIFAILLEUR □ → *bâfreur*.

BOUT □ **I.** → *extrémité*. **II.** → *morceau*. **III. Loc. 1. Bout à bout :** à la queue leu leu, à la suite, l'un après l'autre. **2. Le bout du sein :** aréole, bouton, mamelon, tétin, téton. **3. À bout portant :** à brûle-pourpoint, au débotté, directement, ex abrupto, immédiatement, sans crier gare. **4. Mettre les bouts** (fam.) : décamper, décaniller, filer, se tirer. **5. Être à bout.** *Phys.* : anéanti, claqué (fam.), crevé (fam.), épuisé, fatigué, rendu, rompu, sur les genoux, sur les rotules (fam.). *Moral* : anéanti, à quia, capituler, dégonflé, démoralisé, n'en pouvoir plus, être déprimé/excédé/vaincu. **6. Venir à bout** → réussir. **7. Mettre bout à bout** → joindre. **8. Mener à bout :** à bonne fin, à terme. **9. De cigarette :** mégot. **10. De pain, de viande :** miette, morceau, tranche.

BOUTADE □ **I.** Mot, pique, plaisanterie, pointe, propos, repartie, saillie, trait. **II. Péj. :** accès, à-coup, bizarrerie, bouderie, brusquerie, caprice, extravagance, fantaisie, foucade, humeur, incartade, lubie, mauvaise humeur, méchanceté, mouvement, pique, saute, toquade.

BOUTE-EN-TRAIN □ → farceur.

BOUTEFEU □ Contestataire, extrémiste, fanatique, querelleur, terroriste.

BOUTEILLE □ **I.** Balthazar, bordelaise, canette, carafe, carafon, chopine, clavelin, dame-jeanne, demie, enfant de chœur, fiasque, fillette, fiole, flacon, frontignan, gourde, impériale, jéroboam, litre, magnum, siphon, tourie. **II. Vide :** cadavre (fam.). **III. Pl.** (mar.) : W.-C.

BOUTIQUE □ **I. Au pr.** → magasin. **II. Fig. 1. Un lieu** → boîte. **2. Des objets** → bazar.

BOUTIQUIER, ÈRE □ → marchand.

BOUTON □ **I.** → bourgeon. **II. De porte :** bec-de-cane, loquet, poignée. **III. Électrique :** commutateur, interrupteur. **IV. Méd. :** acné, bube, chancre, excoriation, pustule, scrofule, tumeur, urtication, vérole, vésicule. → boursouflure.

BOUTON-D'ARGENT □ Achillée, corbeille-d'argent, millefeuille, renoncule.

BOUTON-D'OR □ Bassinet, populage, renoncule.

BOUTONNER □ **I.** → bourgeonner. **II.** Assurer, attacher, fermer, fixer.

BOUTONNIÈRE □ **I. Au pr. :** bride, fente, œillet, ouverture. **II. Par ext.** (méd.) : incision, ouverture.

BOUTURAGE, BOUTURE □ **Par ext. :** Drageon, greffe, mailleton, marcotte, provin, sautelle.

BOUVEAU, BOUVELET, BOUVET, BOUVILLON □ Jeune bœuf, taurillon, veau.

BOUVET □ Gorget, rabot.

BOUVIER, ÈRE □ Cow-boy (vx et partic.), gardian, gaucho, manadier, toucheur de bœufs, vacher.

BOUVIÈRE □ Bouvril. → étable.

BOUVREUIL □ Petit-bœuf, pivoine, pyrrhula.

BOVIN, INE □ Abruti. → bête.

BOW-WINDOW □ Bay-window, oriel.

BOX □ **I. 1.** Alcôve, case, cellule, chambrette, coin, compartiment, logement, logette, réduit. **2. Des accusés :** banc, coin. **II. Pour animaux et/ou choses :** case, coin, écurie, garage, loge, réduit, remise, stalle.

BOXE □ **I. Boxe anglaise :** art pugilistique, noble art, pugilat. **II. Boxe française :** savate.

BOXER □ Assener un coup, cogner, marteler, tambouriner, taper. → battre.

BOXEUR, EUSE □ Pugiliste, poids coq/léger/lourd/moyen/plume.

BOY □ (anglais) Cuisinier, domestique, factoton, garçon, groom, jardinier, serviteur.

BOYAU □ **I. Au pr. :** entrailles, tripes (animaux ou péj.), viscères. **II. Loc. Boyau de chat :** catgut. **III. Par ext. 1.** Conduit, tube, tuyau. **2.** Chemin, communication, galerie, passage, tranchée.

BOYCOTTER □ Frapper d'interdit/d'ostracisme, interdire, jeter l'interdit, mettre à l'index/en quarantaine, refouler, refuser, rejeter, suspendre les achats/les affaires/le commerce/les échanges/les relations commerciales.

BOY-SCOUT □ Éclaireur, louveteau, pionnier, ranger, routier, scout.

BRABANT □ Araire, charrue.

BRACELET □ Anneau, bijou, chaîne, gourmette, jonc, psellion.

BRACHYLOGIE □ Brièveté, concision, densité, ellipse, laconisme, sobriété de style, style lapidaire.

BRACONNAGE □ Chasse, délit de chasse/de pêche, piégeage.

BRACONNER □ Chasser, écumer, pêcher, poser des collets, tendre des pièges, et les syn. de PIÈGE.

BRACONNIER □ Colleteur, écumeur (fig.), piégeur, poseur/tendeur de collets/pièges, et les syn. de PIÈGE, raboliot, tueur, viandeur.

BRADER □ Bazarder (fam.), liquider, mettre en solde, sacrifier, solder.

BRADERIE □ Foire, kermesse, liquidation, marché, soldes, vente publique.

BRAHMANISME □ Hindouisme (par ext.), métempsycose.

BRAIE □ → culotte.

BRAILLARD, E □ Criard, fort en gueule, gueulard, piaillard, pleurard, pleurnichard, pleurnicheur.

BRAILLEMENT □ → bramement.

BRAILLER □ → crier.

BRAIMENT □ → bramement.

BRAIRE □ → crier.

BRAISE □ **I. Au pr. :** brandon, charbon de bois, tison. **II. Arg.** → argent.

BRAISIÈRE □ Cocotte, daubière, faitout, huguenote, marmite.

BRAMEMENT □ **I. Au pr.** : appel, braiment, chant, cri, plainte, voix. **II. Fig.** : braillement, criaillerie (fam.), hurlement, jérémiade, gueulante (fam.), plainte.

BRAMER □ → *crier.*

BRAN □ **I.** Son. **II.** Sciure. **III.** → *excrément.*

BRANCARD □ **I. Au pr.** *D'une voiture* : limon, limonière, longeron, prolonge. **II. Par ext.** : bard, bayart, chaise, civière, comète, filanzane, palanquin, timon.

BRANCARDIER, ÈRE □ Ambulancier, infirmier, secouriste.

BRANCHAGE □ Frondaison, ramée, ramure. → *branche.*

BRANCHE □ **I. Au pr.** : branchette, brin, brindille, brouture, courçon, crossette, ergot, flèche, gourmand, margotin, marre, palme, pampre, rameau, ramée, ramille, ramure, rouette, scion, tige. **II. D'un cerf** → *bois.* **III. Fig. 1.** *D'une voûte* : nervure. **2. Généalogie** : ascendance, famille, filiation, lignée. **3. D'une science** : département, discipline, division, spécialité.

BRANCHEMENT □ **I.** Bifurcation, carrefour, fourche. **II.** Aboutage, articulation, assemblage, conjonction, conjugaison, contact, jointure, jonction, raccord, suture, union. **III. Par ext.** : changement, orientation.

BRANCHER □ **I.** Pendre. **II.** → *joindre.*

BRANCHIES □ Opercules, ouïes.

BRANDE □ **I.** Bruyère, lande. **II.** Brassée, brindilles, fagot, ramée.

BRANDEBOURG □ **I.** Broderie, cordon, galon, passementerie. **II.** Abri, berceau, fabrique, gloriette, kiosque, pavillon, tonnelle.

BRANDEVIN, BRANDY □ → *alcool.*

BRANDILLER □ → *agiter.*

BRANDIR □ Agiter, *et les syn. de* AGITER, balancer, brandiller, élever, exposer, mettre en avant, montrer.

BRANDON □ **I.** Braise, charbon, escarbille, étincelle, flambeau, tison, torche. **II. Fig.** : cause, élément, ferment, prétexte, provocation.

BRANLANT, E □ Brimbalant, bringuebalant, cahotant, chancelant, flexible, incertain, instable, peu sûr.

BRANLE □ **I.** → *balancement.* **II.** → *mouvement.* **III.** Hamac.

BRANLE-BAS □ **I. Au pr.** : alarme, alerte, appel, avertissement, dispositif d'alarme/d'urgence, signal d'alarme. **II. Par ext.** : affolement, agitation, effroi, émoi, émotion, épouvante, frayeur, frousse, panique, qui-vive, transe.

BRANLEMENT □ → *balancement.*

BRANLER □ **I.** → *agiter.* **II.** → *chanceler.* **III.** → *caresser.*

BRAQUE □ **I. Au pr.** *Un chien* : bleu de l'Ariège/d'Auvergne, chien d'arrêt/du Bengale/du Bourbonnais. **II. Quelqu'un** : brindezingue (fam.), lunatique, mauvais caractère/coucheur (fam.). → *bizarre.*

BRAQUÉ, E □ Dressé/monté contre, obsédé, prévenu contre.

BRAQUER □ **I.** Une chose → *diriger.* **II. Quelqu'un. 1.** → *contrarier.* **2.** Quelqu'un contre → *exciter.* **III. Autom.** : obliquer, tourner, virer.

BRAQUET □ Dérailleur, pignon.

BRAS □ **I. Arg.** : abattis, ailes de moulin, allonge. **II. Fig. 1.** Agent, aide, bourreau, défenseur, homme, instrument, main-d'œuvre, manœuvre, soldat, travailleur. **2. Bras droit** → *adjoint.* **3. Vivre de ses bras** : activité, labeur. → *travail.* **4. Le bras de Dieu** : autorité, châtiment, force, pouvoir, puissance, vengeance. **5. Bras d'un fauteuil** : accoudoir, appui. **6. Méc.** → *bielle.* **7. Bras de mer** : chenal, détroit, lagune. **8. Le bras long** : autorité, crédit, influence. **9. Bras de chemise** : manche. **10. Un bras de fer** : autorité, brutalité, courage, décision, force, inflexibilité, tyrannie, volonté. **III. Par ext.** : giron, sein.

BRASERO □ Barbecue, chaufferette, kanoun.

BRASIER □ **I. Au pr.** : feu, fournaise, foyer, incendie. **II. Fig.** : ardeur, passion.

BRASILLEMENT □ **De la mer** : luminescence, phosphorescence, scintillement.

BRASILLER □ **I.** Briller, étinceler, flamboyer, scintiller. **II.** → *griller.*

BRASSAGE □ → *mélange.*

BRASSARD □ Bande, bandeau, crêpe, signe.

BRASSER □ **I.** → *mélanger.* **II.** Pétrir. **III.** Machiner, ourdir, remuer, traiter, tramer.

BRASSERIE □ Bar, bouillon, buffet, drugstore, estaminet, grill, grill-room, pub, rôtisserie, self-service, taverne, wimpy. → *restaurant.*

BRASSIÈRE □ **I. Vêtement** : cachecœur, camisole, chemisette, gilet, liseuse. **II. Appareil** : bretelle, bricole, courroie, lanière.

BRASURE □ Soudure.

BRAVACHE □ Brave, bravo, capitan, falstaff, fanfaron, fendant, fier-à-bras, mâchefer, rodomont, tailleferr, tranche-montagne, vantard. → *hâbleur.*

BRAVADE □ → *défi.*

BRAVE □ n. → *héros.*

BRAVE □ adj. **I.** Audacieux, courageux, crâne, dévoué, généreux, hardi, héroïque, intrépide, invincible, résolu, téméraire, vaillant, valeureux.

II. Aimable, altruiste, bon, bonasse (péj.), bonhomme, débonnaire, facile, franc, généreux, gentil, honnête, obligeant, serviable, simple. **III. Pop. ou vx** : beau, distingué, élégant.

BRAVER □ **I. Quelqu'un. 1.** Affronter, aller au devant de, attaquer, combattre, défier, faire face à, jeter le gant, se heurter à, lutter contre, se mesurer à, s'opposer à, provoquer, relever le défi, rencontrer. **2. Non favorable** : crâner, faire la nique à, insulter, menacer, se moquer de, morguer, narguer, provoquer. **II. Une chose. 1. Neutre** : dédaigner, défier, faire fi de, mépriser, se moquer de, narguer. **2. Non favorable.** Les convenances : s'asseoir sur, jeter son bonnet par-dessus les moulins, mépriser, se moquer de, offenser, pisser au bénitier (fam.), violer.

BRAVERIE □ **I.** → hâblerie. **II.** → luxe (vx).

BRAVO □ **I. Adv.** : bis, encore, hourra, très bien, vivat, vive. **II. N. m. 1.** Applaudissement, hourra, vivat. **2.** Assassin, tueur à gages. → bravache.

BRAVOURE □ **I.** → courage. **II.** → exploit.

BREBIS □ Agnelle, antenaise, ouaille, vacive. → mouton.

BRÈCHE □ **I. Au pr.** : cassure, écornure, entame, entamure, éraflure, hoche, ouverture, passage, trou, trouée. **II. Géo.** : cluse, col, passage, port, trouée. **III. Fig.** : déficit, dommage, manque, perte, prélèvement, tort, trou.

BRÉCHET □ Fourchette, poitrine, sternum.

BREDOUILLAGE □ Baragouin, baragouinage, bredouillement, cafouillage, charabia (fam.), déconnage (grossier), jargon, marmonnement, marmottement, merdoyage (grossier), merdoiement (grossier).

BREDOUILLE □ **Loc. Revenir bredouille** : capot, quinaud. → échouer.

BREDOUILLEMENT □ → bredouillage.

BREDOUILLER □ Balbutier, baragouiner, bégayer, cafouiller, ça se bouscule au portillon (fam.), déconner (grossier), s'embrouiller, jargouiner (fam.), manger ses mots (fam.), marmonner, marmotter, merdoyer (grossier), murmurer.

BREF, BRÈVE □ **I. Adj. 1.** → court. **2.** Brusque, brutal, coupant, impératif, incisif, sans appel, sec, tranchant. **II. Adv.** : en conclusion, enfin, en résumé, en un mot, pour conclure, pour finir, pour en finir. **III. Nom** : bulle, rescrit.

BRÉHAIGNE □ Inféconde, mule, stérile.

BREITSCHWANZ □ Astrakan, karakul.

BRELAN □ **I.** Bouillote, jeu de cartes. **II. Par ext. (vx)** : maison de jeu, tripot.

BRÊLE, BRELLE □ **I. Au pr.** : bât, cacolet, harnais, selle. **II.** Mule, mulet. **III.** Radeau, train flottant.

BRÊLER □ Breller. → attacher.

BRELOQUE □ **I. Au pr.** : affiquet, bijou, chaîne, chaînette, colifichet, fantaisie, porte-bonheur. **II. Par ext.** : amusement, amusette, amusoire, bagatelle, bibelot, bimbelot, bricole, brimborion, caprice, fanfreluche, frivolité, futilité, rien. **III. Loc. Battre la breloque. 1. Quelque chose** : cafouiller, se détraquer, marcher mal. **2. Quelqu'un** : battre la campagne, délirer, déménager, dérailler, déraisonner, divaguer, extravaguer, gâtifier, perdre l'esprit/la raison, radoter, rêver.

BRENEUX, EUSE □ **I. Au pr.** : cochon, dégoûtant, malpropre, merdeux (vulg.), sale, souillé. **II. Fig.** → coupable.

BRETAILLER □ → ferrailler.

BRETELLE □ **I.** Balancines (fam.), bandeau de cuir, bandoulière, brassière, brayer, bricole, courroie, lanière. **II.** Bifurcation, embranchement, patte d'oie, raccord, trèfle.

BRETTE □ → épée.

BRETTELER □ Bretter, denteler, rayer, strier, tailler.

BRETTEUR □ → ferrailleur.

BREUIL □ Bois, broussaille, buisson, clos de haies, fourré, garenne, haie, hallier, taillis.

BREUVAGE □ **I.** → boisson. **II. Par ext.** : médicament, nectar, philtre.

BREVET □ Acte, certificat, commission, diplôme, garantie, licence.

BREVETÉ, E □ Certifié, diplômé, garanti.

BRÉVIAIRE □ **I. Au pr.** : bref, livre d'heures, office, psautier, rubrique. **II. Par ext.** : bible, livre de chevet.

BRIBE □ **I. Au pr.** → morceau. **II. Fig.** : citation, extrait, passage, référence.

BRIC-À-BRAC □ Attirail, bagage, barda, bazar, bordel (grossier), boutique, fourbi (fam.), foutoir (grossier), tremblement (fam.), toutim (fam.).

BRICHETON □ (Fam.) → pain.

BRICOLAGE □ → réparation.

BRICOLE □ **I. Au pr.** : harnais. → bretelle. **II. Par ext. 1. Chose sans importance** : affiquet, amusement, amusette, amusoire, babiole, baliverne, bibelot, bimbelot, breloque, brimborion, caprice, colifichet, connerie (vulg.), fanfreluche, fantaisie,

fifrelin, frivolité, futilité, rien. **2.**
Affaire sans importance : badinerie,
baliverne, broutille, chanson, fadaise,
futilité, jeu, plaisanterie, sornette, sottise, vétille. → *bêtise.* **3.** Amourette,
badinage, chose, flirt, galanterie. →
amour.

BRICOLER ☐ **I. Au pr. :** décorer,
entretenir, gratter, jardiner, menuiser, nettoyer, orner, peindre, ravaler,
refaire, restaurer. **II.** Péj. → *trafiquer.*

BRICOLEUR, EUSE ☐ **I.** Amateur,
habile. **II.** → *trafiquant.*

BRIDE ☐ **I. De cheval :** bridon,
guide, rêne. **II. Par ext. :** jugulaire, sous-mentonnière. **III.** Assemblage, serre-joint. **IV. Loc. 1. Lâcher
la bride :** lever la contrainte, lever l'interdiction, lever l'interdit. **2. À bride
abattue, à toute bride :** à toute
vitesse, à fond de train (fam.), à tout
berzingue (arg. scol.), rapidement. **3.
La bride sur le cou :** décontracté,
détendu, lâché. → *libre.*

BRIDER ☐ **I. Un cheval** (par ext.) **:**
atteler, seller. **II. Fig. :** attacher,
comprimer, contenir, empêcher, ficeler, freiner, gêner, refréner, réprimer,
serrer.

BRIDGE ☐ **I.** Whist. **II.** Prothèse.

BRIDON ☐ → *bride.*

BRIÈVEMENT ☐ Compendieu-
sement, en peu de mots, laconi-
quement, succinctement.

BRIÈVETÉ ☐ Concision, densité,
dépouillement, laconisme, précision.
→ *brachylogie.*

BRIFER ☐ → *bâfrer.*

BRIGADE ☐ Équipe, escouade, formation, groupe, peloton, quart, tour
de garde/de service, troupe.

BRIGADIER ☐ **I.** Caporal, chef d'escouade. **II.** Général de brigade.

BRIGAND ☐ Assassin, bandit, chauffeur, chenapan, coquin, coupe-jarret,
criminel, détrousseur, forban, fripouille, gangster, hors-la-loi, malandrin, malfaiteur, pillard, pirate, routier (vx), sacripant, terreur, vandale,
vaurien, voleur.

BRIGANDAGE ☐ Banditisme, concussion, crime, déprédation, exaction, fripouillerie, gangstérisme, pillage, pillerie, piraterie, terrorisme,
vandalisme, vol.

BRIGUE ☐ Cabale, complot, conjuration, conspiration, démarche, faction, ligue, manœuvre, parti.

BRIGUER ☐ **I. V. intr.** → *intriguer.* **II.
V. tr. :** ambitionner, convoiter, poursuivre, rechercher, solliciter.

BRILLANCE ☐ Corruscation, éclat,
intensité, luminescence, luminosité.

BRILLANT, E ☐ **I. Favorable neutre. 1. Au phys. :** adamantin, argenté,
brasillant, chatoyant, clair, coruscant,

diamantin, doré, éblouissant, éclatant, étincelant, flamboyant, fulgurant, luisant, luminescent, lumineux,
lustré, miroitant, phosphorescent,
poli, radieux, rayonnant, resplendissant, rutilant, satiné, scintillant,
soyeux. **2. Par ext. :** allègre,
ardent, attirant, attrayant, beau, bien,
captivant, célèbre, distingué, doué,
éblouissant, éclatant, élégant, étincelant, fameux, fastueux, fin, flambant,
florissant, glorieux, habile, heureux,
illustre, intelligent, intéressant, jeune,
lucide, luxueux, magnifique, majestueux, mondain, opulent, pétillant,
prospère, reluisant, remarquable,
riche, séduisant, somptueux, spirituel, splendide, verveux, vif. **II. Non
favorable :** clinquant, criard, superficiel, tape à l'œil, trompeur.

BRILLANT ☐ **I. Favorable ou neutre :**
beauté, brillance, chatoiement, clarté,
éclat, faste, fulgurance, fulguration, gloire, intensité, jeunesse,
lumière, luminescence, luminosité,
lustre, magnificence, nitescence,
phosphorescence, relief, resplendissement, ruissellement, rutilance,
somptuosité, splendeur, vigueur. **II.
Non favorable :** apparence, clinquant, fard, faux-semblant, oripeau,
tape-à-l'œil, toc, vernis. **III.** Diamant,
marguerite, marquise, rose, solitaire.

BRILLER ☐ **I. Quelque chose. 1.**
Aveugler, brasiller, brillanter, chatoyer, éblouir, éclater, étinceler, flamboyer, illuminer, iriser, irradier, luire,
miroiter, pétiller, poudroyer, radier,
rayonner, réfléchir, refléter, reluire,
resplendir, rutiler, scintiller. **2. Faire
briller :** astiquer, briquer (fam.), cirer,
polir, reluire. **II. Quelqu'un. 1. Par sa
beauté, par son éclat :** charmer,
éblouir, ensorceler, être mis en
relief, frapper, impressionner, paraître, ravir, rayonner, resplendir, ressortir. **2. Par son comportement :** se
distinguer, éclabousser (péj.), l'emporter sur, faire florès/des étincelles,
se faire remarquer, paraître, réussir.
III. Loc. Faire briller un avantage :
allécher, appâter, étaler, faire miroi-
ter/valoir, manifester, montrer, promettre, séduire.

BRIMADE ☐ Berne (vx), épreuve, jeu,
mauvais traitement, persécution, plaisanterie, raillerie, taquinerie, tourment, vexation.

BRIMBALER, BRINGUEBALER ☐ →
balancer.

BRIMBORION ☐ → *bagatelle.*

BRIMER ☐ **I.** Berner, flouer, mettre à
l'épreuve, railler, taquiner, tourmenter, vexer. **II.** Défavoriser, maltraiter,
opprimer, priver.

BRIN ☐ **I.** → *branche.* **II. Par ext. :**
bout, fétu, fil, filament, morceau. **III.
Loc. Un brin :** un doigt, une goutte,

un grain, une larme, un peu, un souffle.

BRINDEZINGUE □ → *fou, ivre.*

BRINDILLE □ → *branche.*

BRINGUE □ (Fam.) **I.** Agape, banquet, bamboche, bamboula, bombe, débauche (péj.), dégagement, festin, festivité, fiesta, foire, gueuleton (fam.), java (fam.), noce, partie, ripaille, réjouissance. → *bombance.* **II. Loc. *Grande bringue*** (péj.) : cheval, jument, femme, fille.

BRIO □ Adresse, aisance, bonheur, brillant, chaleur, désinvolture, éclat, élégance, entrain, esprit, facilité, forme, fougue, furia, génie, maestria, maîtrise, parade, pétulance, talent, virtuosité, vivacité.

BRIOCHE □ **I.** Fouace, fougasse, kugelhopf, massepain, pain de Gênes/de Savoie. **II.** → *bedaine, tête.*

BRIQUE □ Aggloméré, briquette, chantignole.

BRIQUER □ → *frotter.*

BRIS □ **I.** L'acte : brisement, casse, démantèlement, démolition, effraction, rupture, viol. **II.** Débris, morceaux.

BRISANT □ Écueil, rocher.

BRISCARD □ Ancien, chevronné, vétéran.

BRISE □ → *vent.*

BRISE-BISE □ → *rideau.*

BRISÉES □ **I.** Exemple, traces. **II. Loc. *Marcher sur les brisées de quelqu'un* :** copier, faire concurrence, imiter, plagier, rivaliser avec.

BRISE-LAMES □ Digue, jetée, portes de flot.

BRISEMENT □ **I. Mar. :** déferlement. **II.** → *bris.* **III.** Affliction, anéantissement, bouleversement, crève-cœur, déception, douleur.

BRISE-MOTTES □ Crosskill, culti/néopacker, rotavator. → *herse.*

BRISER □ **I. Au pr. :** abattre, aplatir, broyer, casser, défoncer, démolir, desceller, détruire, disloquer, ébouiller (mérid.), écraser, effondrer, faire éclater, forcer, fracasser, fracturer, hacher, mettre à bas/en morceaux/en pièces, pulvériser, réduire en miettes, renverser, rompre. **II. Fig. 1. Au moral :** abattre, accabler, affaiblir, affliger, anéantir, bouleverser, casser (fam.), décourager, déprimer, émouvoir, faire de la peine à, fendre le cœur à. **Au phys. :** abattre, accabler, casser, disloquer, éreinter, fatiguer, harasser, harceler, moudre. **2.** Dépasser, enfreindre, interrompre, renverser, rompre. **III. Loc. *Briser les chaînes* :** délivrer, libérer.

BRISEUR, EUSE □ Bousilleur, brise-fer, brise-tout, casseur, destructeur, iconoclaste, sans-soin.

BRISE-VENT □ Abri, alignement d'arbres, claie, cloison, clôture, haie, mur.

BRISQUE □ Chevron.

BRISURE □ **I.** Brèche, cassure, clase (géol.), éclat, entaille, faille, fêlure, fente, fracture, rupture. **II.** Brin, chute, fragment, miette, morceau.

BROC □ Bidon, pichet, pot à eau.

BROCANTE □ Antiquités, brocantage (vx), chine, ferraille, friperie, fripes, marché aux puces, occasions, regrat (vx), vieilleries.

BROCANTER □ Acheter, bazarder, brader, chiner, échanger, faire des affaires/des occasions, marchander, revendre, troquer, vendre.

BROCANTEUR, EUSE □ Antiquaire, biffin (arg.), camelot, casseur, chiffonnier, chineur, ferrailleur, fripier, regrattier (vx).

BROCARD □ **I.** Apostrophe, caricature, épigramme, flèche, insulte, interpellation, invective, lazzi, moquerie, pamphlet, persiflage, pointe, quolibet, raillerie, saillie, sarcasme, trait, vanne (arg.). → *plaisanterie.* **II.** Cerf, daim, chevreuil.

BROCARDER □ **I. Neutre :** caricaturer, faire des plaisanteries, se moquer de, plaisanter. **II. Péj. :** apostropher, insulter, interpeller, invectiver, lâcher une vanne (arg.), lancer des lazzi, persifler, tourner en dérision/en ridicule.

BROCART □ Brocatelle, samit, soierie, tenture, tissu.

BROCHAGE □ Assemblage, couture, mise en presse, pliage, pliure, reliure.

BROCHE □ **I.** Barbecue, brochette, hâtelet, lardoire, lèchefrite. **II.** Agrafe, attache, bijou, épingle, fibule.

BROCHER □ **I.** Assembler, relier. **II. Fig. et fam.** → *bâcler.*

BROCHET □ Bécard, brocheton, ésocidé, lanceron (vx), muskellunge, pickerel, requin d'eau douce.

BROCHURE □ → *livre.*

BRODEQUIN □ Bottillon, bottine, chaussure, godillot, napolitain, soulier.

BRODER □ **I. Au pr.** → *festonner.* **II. Fig. 1.** Amplifier, agrémenter, chamarrer, développer, embellir, orner, parer. **2.** → *exagérer.*

BRODERIE □ **I.** Damas, dentelle, entre-deux, feston, filet, guipure, orfroi, smocks. **II. Fig.** → *exagération.*

BRONCHER □ **I. Au pr. :** achopper, buter, chopper, faire un faux-pas, trébucher. **II. Fig. 1.** Commettre une erreur, faillir, hésiter, se tromper. **2.** S'agiter, bouger, chahuter, ciller, contester, se déplacer, manifester, murmurer, remuer, rouspéter.

BRONCHITE □ Broncho-pneumonie, bronchorrée, dyspnée, inflammation, toux.

BRONDIR □ → *vrombir.*

BRONDISSEMENT □ Bourdonnement, bruissement, ronflement, rugissement, vibration, vrombissement.

BRONZE □ **I.** → *airain.* **II.** Buste, objet d'art, statue, statuette.

BRONZER □ **I.** Brunir, cuivrer, dorer, hâler, noircir. **II. Par ext. :** boucaner, dessécher. → *cuire.*

BROSSE □ **I. Sens général :** balai, décrotteuse, décrottoir, époussette, fermière, frottoir. **II. Pour chevaux :** étrille, limande. **III. Pour la barbe :** blaireau. **IV.** Ramasse-miettes. **V.** Pinceau, saie, spalter, veinette. **VI. Loc.** *Cheveux en brosse :* à la bressant.

BROSSÉE □ **I.** → *volée.* **II.** → *défaite.*

BROSSER □ **I. Au pr. 1.** Balayer, battre, décrotter, détacher, donner un coup de brosse, dépoussiérer, épousseter, faire reluire, frotter, polir. **2.** *Un cheval :* bouchonner, étriller, panser, soigner. **II. Par ext. :** dépeindre, peindre, faire une description/un portrait, raconter. **III. Fig.** (fam.) : battre, donner, *et les syn. de* DONNER, une correction/leçon/peignée/raclée. → *volée.*

BROSSER (SE) □ (Fam.) Faire tintin, se passer de, se priver de, renoncer à.

BROU □ Bogue, coque, écale, enveloppe.

BROUET □ Bouillon, chaudeau, jus, ragoût, potage, soupe.

BROUETTE □ Cabrouet, diable, vinaigrette.

BROUHAHA □ Bruit confus, bruits divers, confusion, rumeur, tapage, tumulte.

BROUILLAGE □ Perturbation, trouble. → *confusion.*

BROUILLAMINI □ Brouillement, complication, confusion, désordre, embrouillement, méli-mélo, pagaille.

BROUILLARD □ **I. Au pr. :** brouillasse, bruine, brumaille, brumasse, brume, crachin, embrun, nuage, smog, vapeur. **II. Fig. :** obscurité, ténèbres. **III.** Brouillon, main courante.

BROUILLE □ Bisbille, bouderie, brouillerie, dépit, désaccord, différend, discorde, dispute, fâcherie, humeur, malentendu, mésentente, querelle, rupture, trouble. → *mésintelligence.*

BROUILLÉ, E □ **I.** En froid, fâché. **II.** Confus, disparate, incertain.

BROUILLEMENT □ → *brouillamini.*

BROUILLER □ **I. Au pr. :** battre, bouleverser, confondre, emmêler, empêtrer, enchevêtrer, mélanger, mêler,

mettre en désordre/en pagaille/pêle-mêle, touiller. **II. Par ext. :** agiter, altérer, confondre, déranger, désunir, embrouiller, gâter, mêler, troubler. **III. V. intr. :** bafouiller, bredouiller, s'embarrasser, s'embrouiller. **IV. V. pron.** → *fâcher (se), gâter (se).*

BROUILLERIE □ → *brouille.*

BROUILLON, ONNE □ Agité, compliqué, confus, désordonné, dissipé, embrouillé, étourdi, filandreux, gribouille, instable, taquin, tracassier, trublion.

BROUILLON □ Brouillard, ébauche, esquisse, plan, schéma, topo (fam.).

BROUSSAILLE □ Arbustes, brousse, essarts, garrigue, haie, hallier, maquis, ronce, touffe.

BROUSSE □ Bush, savane, scrub. → *bled.*

BROUTARD □ Agneau, chevreau, poulain, veau.

BROUTER □ Gagner, manger, paître.

BROUTILLE □ → *bagatelle.*

BROWNING □ Pétard (arg.), pistolet, revolver, soufflant (arg.).

BROYER □ **I.** Aplatir, briser, concasser, écacher, écrabouiller, écraser, égruger, mettre en morceaux, moudre, pulvériser, réduire en miettes, triturer. **II.** Croquer, déchiqueter, déchirer, mâcher, mastiquer, triturer. **III.** Abattre, anéantir, détruire, maltraiter, réduire à néant, renverser.

BROYEUR, EUSE □ Bocard, broie, concasseur, macque, pilon.

BRU □ Belle-fille.

BRUCELLES □ Pinces.

BRUGNON □ Nectarine.

BRUINE □ → *brouillard.*

BRUIRE □ Bourdonner, chuchoter, chuinter, crier, fredonner, froufrouter, gazouiller, gémir, grincer, murmurer, siffler.

BRUISSEMENT □ Battement d'ailes, bourdonnement, chuchotement, chuintement, cri, fredon, fredonnement, frémissement, froufrou, gazouillement, gémissement, grincement, murmure, sifflement.

BRUIT □ **I. Au pr. 1.** Babil, battement, borborygme, bourdonnement, brasillement, brondissement, bruissement, chanson, chant, chuintement, clameur, clapotage, clapotement, clapotis, clappement, claque, claquement, cliquetis, coup, craquement, craquètement, crépitation, crépitement, cri, criaillerie, crissement, croule, croulement, décrépitation, déflagration, détonation, écho, éclat, éclatement, explosion, fracas, froissement, frôlement, frottement, froufrou, gargouillement, gargouillis, gazouillement, gémissement, grésillement, grincement, grognement, grondement, hiement, hurlement, murmure, musique, onomatopée, pépiage, pépiement, pétarade, pétillement, râlement, ramage, ronflement, ronron, ronronnement, roulement, rumeur, sifflement, son, souffle, soupir, stridulation, susurrement, tapement, tintement, ululation, ululement, vagissement, vocifération, voix, vrombissement. **2. Fam. :** bacchanale, bagarre, barouf, bastringue, bazar, bordel, boucan, bousin, brouhaha, cacophonie, carillon, cassement de tête, chabanais, chahut, chamaille, chamaillerie, charivari, corrida, esclandre, foin, grabuge, hourvari, huée, pétard, potin, raffut, ramdam, sabbat, schproum, tapage, tintamarre, tintouin, tohu-tohu, train, tumulte, vacarme. **II. Par ext. 1. Méd. :** cornage, éructation, flatuosité, gaz, hoquet, hydatisme, pet, râle, rot, souffle, soupir, toux, vent. **2. Du pas d'un cheval :** battue. **3. Onomatopées :** aïe, aouh, bang, bêe, bim, boum, brr, clac, clic, cocorico, cot cot-codec, coincoin, couic, crac, crincrin, crrr, ding, dong, drelin-drelin, dzim-boum-boum, flac, flic, floc, froufrou, gioumpf, glou-glou, hi-han, meuh, miaou, oua-ouah, paf, pan, patapouf, patatras, pif, ping, plouc, pouf, poum, splash, tac, tam-tam, tic, tic-tac, tilt, vlan, zim. **III. Fig. 1.** → *agitation.* **2.** Anecdote, bavardage, chronique, commérage, confidence, conte, dire, éclat, fable, histoire, jacasserie, nouvelle, potin, ragot, renommée, réputation, rumeur.

BRÛLAGE □ **I.** Écobuage. **II.** Brûlement, brûlis. **III.** Crémation, incinération.

BRÛLANT, E □ **I. Au pr. :** bouillant, cuisant, desséchant, embrasé, torride. **II. Fig. 1.** Actuel, dangereux, délicat, épineux, périlleux, plein d'intérêt, tabou. **2.** Ardent, bouillonnant, dévorant, dévoré, enflammé, enthousiaste, fervent, passionné, vif.

BRÛLE-GUEULE □ Bouffarde, pipe.

BRÛLE-PARFUM □ Cassolette, encensoir.

BRÛLE-POURPOINT (À) □ À bout portant, brusquement, de but en blanc, directement, immédiatement, sans avertissement, sans crier gare, sans ménagement/préparation.

BRÛLER □ **I. V. tr. 1. Au pr. :** attiser, brouir, calciner, carboniser, consumer, détruire par le feu, embraser, enflammer, faire cramer/flamber/roussir, flamber, griller, incendier, incinérer, réduire en cendres, rôtir. **2. Fig. :** attiser, consumer, dévorer, embraser, enfiévrer, enflammer, exciter, jeter de l'huile sur le feu, miner, passionner, ravager. **3. Par ext.** *Un condamné :* faire un autodafé, jeter au bûcher, supplicier par

le feu. *Méd. :* cautériser. *Un cadavre, des ordures :* incinérer. **4. Loc.** *Brûler la politesse :* s'enfuir, filer, partir, planter là. **5. Brûler de l'encens :** aduler, flagorner, flatter. **II. V. intr. :** charbonner, se consumer, couver, cramer, flamber, roussir. **III. V. pron. :** s'ébouillanter, s'échauder *et les formes pron. possibles des syn. de* BRÛLER.

BRÛLERIE □ Distillerie, rhumerie.

BRÛLEUR, EUSE □ **I. Quelqu'un. 1.** Boutefeu, brûlot, flambeur, incendiaire, pétroleur, pyromane. **2.** Bouilleur de cru, distillateur. **II. Une chose :** appareil, bec, réchaud, tuyère.

BRÛLIS □ Brûlage, brûlement.

BRÛLOIR □ Crématoire, fourneau, foyer, incinérateur, réchaud, torréfacteur.

BRÛLOT □ **I. Au pr. :** torpille. **II. Fig. 1. Quelqu'un** → brûleur. **2. Quelque chose** → brûlant.

BRÛLURE □ **I. Sur quelqu'un. 1. Phys., souvent par analogie :** aigreur, ampoule, blessure, cloque, douleur, échaudure, échauffement, escarre, fièvre, fer chaud, feu, inflammation, irradiation, irritation, insolation, lésion, mortification, phlogose, rougeur, ulcération, urtication. **2. Moral** → blessure. **II. Une chose. 1. Un vêtement :** tache, trou. **2. Des végétaux :** brouissure, dessèchement.

BRUMAILLE, BRUMASSE, BRUME □ **I. Au pr.** → brouillard. **II. Fig. :** grisaille, incertitude, obscurité, ombre, spleen, tristesse. → *mélancolie.*

BRUMEUX, EUSE □ **I. Au pr. :** couvert, nébuleux, obscur, ouaté. **II. Fig. 1. Neutre :** mélancolique, sombre, triste. **2. Non favorable** → sombre.

BRUN, E □ **I.** Auburn, bis, bistre, boucané, bronzé, brou de noix, brûlé, brunâtre, café au lait, châtain, chocolat, hâlé, kaki, marron, mordoré, tabac, terreux. **II. Une chose :** brou de noix, chêne, kaki, noyer, puce, tabac, terre de sienne, tête-de-maure, tête-de-nègre. **III. Un cheval :** bai. **IV. Loc. À la brune :** crépuscule, entre chien et loup, soir.

BRUSQUE □ **I. Quelqu'un :** abrupt, autoritaire, bourru, bref, brutal, cassant, cavalier, cru, grossier (péj.), impatient, impétueux, nerveux, prompt, raide, rébarbatif, rude, sec, vif, violent. **II. Une chose. 1. Une pente :** escarpée. **2. Un événement :** brutal, imprévu, inattendu, inopiné, précipité, rapide, soudain, subit, surprenant.

BRUSQUÉ, E □ Inattendu, inopiné, soudain, surprenant.

BRUSQUER □ **I. Quelqu'un. 1.** → obliger. **2.** Envoyer promener, rabrouer, rembarrer (fam.), rudoyer, secouer. **II. Une chose :** accélérer, avancer, expédier, forcer, hâter, pousser, précipiter, presser.

BRUSQUERIE □ → *rudesse.*

BRUT, E □ **I. Une chose ou quelqu'un. 1. Neutre :** à l'état de nature, élémentaire, grossier, imparfait, informe, inorganique, rudimentaire, simple. **2. Non favorable :** abrupt, balourd, barbare, bestial, brutal, épais, fruste, grossier, illettré, impoli, inculte, inintelligent, lourd, rude, sauvage, simple, stupide, vulgaire. **II. Une chose :** écru, grège, en friche, inachevé, inculte, natif, naturel, originel, primitif, pur, rustique, sauvage, vierge.

BRUTAL, E □ Animal, âpre, barbare, bas, bestial, bourru, brusque, cru, cruel, direct, dur, emporté, entier, féroce, fort, franc, grossier, irascible, matériel, mauvais, méchant, rude, sec, vif, violent.

BRUTALISER □ Battre, brusquer, cogner, corriger, exercer des sévices sur, faire violence à, frapper, houspiller, malmener, maltraiter, molester, passer à tabac (fam.), rosser, rouer de coups, rudoyer, tabasser, taper, torcher (fam.), tourmenter.

BRUTALITÉ □ Animalité, âpreté, barbarie, bassesse, bestialité, brusquerie, cruauté, dureté, férocité, grossièreté, impolitesse, inhumanité, lourdeur, rudesse, rusticité, sauvagerie, stupidité, violence, vulgarité.

BRUTE □ → *bête.*

BRUYANT, E □ Assourdissant, braillard, criard, éclatant, gueulard (fam.), hurleur, indiscret, piaillard, ronflant, rugissant, sonore, stertoreux (méd.), tapageur, tonitruant, tumultueux. → *turbulent.*

BRUYÈRE □ Brande, lande.

BUANDERIE □ Blanchisserie, laverie, lavoir.

BUBON □ → *abcès.*

BÛCHE □ **I.** Bille, billot, branche, charbonnette, rondin, souche, tronce, tronche. **II. Fig. 1.** → *bête.* **2.** → *chute.*

BÛCHER □ n. Appentis, cave, resserre.

BÛCHER □ v. tr. **I. Par ext.** → *battre.* **II. Fig. et fam. :** bosser, buriner, chiader, en foutre/en mettre un coup, étudier, gratter, piler, piocher, potasser, repasser, turbiner. → *travailler.*

BÛCHEUR, EUSE □ Bœuf, bosseur, bourreau de travail, burineur, chiadeur, gratteur, travailleur, turbineur.

BUCOLIQUE □ Agreste, campagnard, champêtre, forestier, idyllique, pastoral, paysan, rustique.

BUDGET □ Balance, compte, comptabilité, crédit, dépense, gain,

moyens, plan, prévision, recette, rentrée, répartition, revenu, salaire.

BUÉE □ Condensation, vapeur.

BUFFET □ **I.** Argentier, bahut, cabinet, crédence, desserte, encoignure, placard, vaisselier. **II.** Bar, buvette, café, cantine, estaminet, restaurant.

BUFFLE □ Bœuf, karbau, syncerus, yack.

BUFFLETERIE □ Bandoulière, baudrier, bourdalou, brayer, bride, cartouchière, ceinture, courroie, cravache, crispin, guide, harnachement, jugulaire, lanière, sellerie.

BUILDING □ Bâtiment, bâtisse, construction, édifice, ensemble, habitat, immeuble, maison, monument, tour.

BUIS □ Buxus, rameau.

BUISSON □ Breuil, broussaille, épines, fourré, haie, hallier, ronce.

BULBE □ **I.** oignon. **II.** coupole.

BULBEUX, EUSE □ → *renflé.*

BULLDOZER □ Angledozer, bouldozeur, bouteur, pelle mécanique, pelleteuse.

BULLE □ **I.** Boule. **II.** Bref, décrétale, mandement, rescrit, sceau.

BULLETIN □ **I.** Billet, papier. **II. Par ext. 1.** Annonce, avis, carnet, chronique, communiqué, rapport. **2.** Acte, attestation, certificat, récépissé, reçu. **3.** Bordereau, ordre, relevé. **4.** Annales, cote, feuille, hebdomadaire, information, journal, lettre, lien, magazine, missive, périodique, revue.

BUNGALOW □ Chartreuse, maison coloniale, véranda, villa.

BUNKER □ → *abri, casemate.*

BURALISTE □ Débitant, préposé, receveur.

BUREAU □ **I. Le meuble :** bonheur-du-jour, cabinet, classeur, écritoire, pupitre, secrétaire, table de travail. **II. Le lieu :** administration, agence, boîte (arg.), burlingue (arg.), cabinet, caisse, comptoir, direction, étude, office, officine, secrétariat, service. **III.** Administration, assemblée, collège, comité, commission, conseil, direction, directoire.

BUREAUCRATE □ (généralement péj.). Fonctionnaire, gratte-papier, gratteur, paperassier, pisse-copie, plumitif, rond-de-cuir, scribe, scribouillard.

BURETTE □ **I. Au sing. 1. Au pr. :** aiguière, fiole, flacon. **2. Fig.** → *tête.* **II. Au pl.** → *bourses.*

BURIN □ Charnière, ciseau, drille, échoppe, guilloche, onglette, pointe.

BURINER □ **I.** Champlever, graver. **II. Par ext. :** marquer, souligner. **III. Fig.** → *bûcher.*

BURLESQUE □ **I. Adj.** → *comique.* **II. Nom masc. :** baroque, grandguignolesque, grotesque, tragi-comique.

BURON □ → *cabane.*

BUSC □ Baleine, corset, soutien.

BUSE □ **I.** Busaigle, busard, harpaye, harpie, rapace. **II.** Bief, canal, canalisation, conduit, poterie, tuyau, tuyère. **III. Fig.** → *bête.*

BUSINESS □ (angl.) → *affaires.*

BUSQUÉ, E □ **I.** Arqué, bombé, convexe, courbé. **II. Le nez :** aquilin, bourbon, bourbonien.

BUSQUER □ Arquer, bomber, courber, rendre convexe.

BUSTE □ **I. Au pr. :** corsage, gorge, poitrine, sein, torse. **II. Par ext. 1.** Effigie, figure, portrait, sculpture, traits. **2. Selon la matière employée :** argile, bronze, cire, marbre, plâtre, terre cuite.

BUT □ **I. Au pr. :** carton, cible, mille, mire, mouche, objectif, point de mire, silhouette. **II. Par ext. 1. Ce qui est atteint :** aboutissement, achèvement, arrivée, destination, objectif, point final, port, terme, terminus. **2. Ce qu'on veut atteindre :** ambition, dessein, détermination, direction, fin, intention, plan, projet, propos, résolution, visée, vue. **3. D'une action, de la vie :** cause, destination, destinée, direction, fin, finalité, fins dernières, ligne de conduite, motif, motivation, objet, raison. **4. Sport :** arrivée, bois, coup, essai, filet, goal, marque, panier, poteau.

BUTÉ, E □ Arrêté, braqué, bloqué, entêté, étroit, fermé, méfiant, obstiné, opiniâtre, têtu.

BUTÉE □ Contrefort, culée, massif.

BUTER □ **I. On bute contre une chose :** achopper, broncher, chopper, cogner, heurter, trébucher. **II. Une chose ou quelqu'un prend appui sur :** s'appuyer, s'arc-bouter, s'arrêter, se bloquer, se caler, se coincer, être épaulé/étayé/maintenu/soutenu par, prendre appui. **III. Pop.** → *tuer.*

BUTER (SE) □ S'arrêter à, se bloquer, se braquer, s'entêter, se fermer, se méfier, s'obstiner, s'opiniâtrer.

BUTIN □ **I. Au pr. 1. Neutre :** capture, confiscation, conquête, dépouille, matériel, prise, proie, trésor de guerre, trophée. **2. Péj. :** pillerie, rançon, rapine, vol. **II. Fig. Favorable :** aubaine, découverte, profit, provision, récolte, richesse, trouvaille.

BUTINER □ → *recueillir.*

BUTOIR □ Butée, heurtoir.

BUTOR □ **I.** → *bête.* **II.** impoli, **III.** → *maladroit.*

BUTTE □ **I.** Colline, dune, éminence, erg, hauteur, inselberg, mont, monticule, motte, tertre. **II. Loc. Être en butte à :** donner prise à, être la cible/le point de mire/le souffre-douleur, prêter le flanc à.

BUTTER □ **I.** Chausser, garnir. **II. arg. Butter ou buter** → *tuer.*

BUVABLE □ **I. Au pr. :** potable, sain, **II. Fig. :** acceptable, admissible, endurable, possible, potable, recevable, supportable → *tolérable.*

BUVARD □ **I. Adj. :** absorbant, **II. Nom :** sous-main.

BUVETTE □ Bar, bistrot (fam.), bouchon, buffet, café, café-tabac, cafétéria, cantine, débit de boissons, taverne. → *brasserie, cabaret.*

BUVEUR, EUSE □ → *ivrogne.*

BUVOTER □ → *boire.*

BY-PASS □ bipasse, circuit de dérivation, contournement, déviation, évitement.

BYSSUS □ Attache, cordon, faisceau, fibre, filament, ligament, membrane, pied.

BYZANTIN, INE □ **Fam. et par ext. :** chinois, compliqué, emberlificoté, entortillé, farfelu, futile, oiseux, pédant, tarabiscoté.

CAB □ → *cabriolet.*

CABALE □ **I.** Ésotérisme, herméneutique, interprétation, kabbale, occultisme. **II. Par ext.** *1.* Arcane (vx), magie, mystère, sabbat, théosophie. *2.* Association secrète, brigue, charivari, clique, coalition, complot, conjuration, conspiration, coterie, faction, intrigue, ligue, machination, menée, parti.

CABALER □ Briguer, coasser, comploter, conspirer, criailler, intriguer, machiner, monter une cabale *et les syn. de* CABALE.

CABALISTIQUE □ Abscons, ésotérique, magique, mystérieux, obscur, occulte. → *secret.*

CABANE □ Abri, appentis, baraque, bicoque, buron, cabanon, cagibi, cahute, carbet, case, cassine, chalet, chaume, chaumière, chaumine, gloriette, gourbi, guitoune, hutte, loge, logette, maisonnette, masure, paillote, refuge, wigwam, yourte.

CABANER □ Dessaler (fam.), mettre quille en l'air, renverser → *chavirer.*

CABARET □ **I.** Abreuvoir, assommoir, auberge, bar, bistroquet, bistrot, bouchon, bouge, bousin, brasserie, buffet, buvette, caboulot, café, cafétéria, cambuse, comptoir, crémerie (fam.), débit, estaminet, gargote, guinguette, hôtellerie, mastroquet, popine, tabagie, tapis-franc, taverne, tournebride, troquet, zinc. **II.** *1. Neutre :* boîte, boîte de nuit, café-concert, caveau, club, dancing, discothèque, établissement/restaurant de nuit, music-hall, night-club. *2.* **Péj.** : bastringue, beuglant, bouiboui, tripot. **III.** Cave/plateau/service à liqueurs.

CABARETIER, ÈRE □ Aubergiste, bistrot, buvetier, cafetier, limonadier, mannezingue, marchand de vin, mastroquet, patron, restaurateur, taulier, tavernier, tenancier, troquet.

CABAS □ Couffe, couffin, couffle, panier, sac, sachet, sacoche.

CABASSET □ → *casque.*

CABESTAN □ → *palan.*

CABINE □ **I.** Cabinet, cagibi, isoloir, réduit. **II.** Abri, cockpit, guérite, loge, poste. **III.** compartiment, couchette.

CABINET □ **I.** → *cabine.* **II.** → *water-closet.* **III.** Agence, bureau, étude, studio. **IV.** Bibliothèque, collection, musée, pinacothèque. **V.** Équipe ministérielle, gouvernement, ministère. **VI.** Laboratoire. **VII.** *De verdure :* abri, berceau, brandebourg, fabrique, gloriette, kiosque, pavillon, reposoir, tonnelle. **VIII.** Bahut, bonheur-du-jour, bonnetière, buffet, bureau, meuble, secrétaire, semainier.

CÂBLE □ **I.** Chable, chableau, chaîne, corde, filin, orin, remorque, touée. → *cordage.* **II.** Bleu, câblogramme, dépêche, exprès, message, pneu, télégramme, télex.

CÂBLER □ Envoyer/expédier une dépêche, télégraphier.

CABOCHARD, E □ n. et adj. Entêté, opiniâtre, têtu.

CABOCHE □ → *tête.*

CABOSSER □ **I. Au pr. :** bosseler, bossuer, déformer. **II. Par ext. :** battre, blesser, contusionner, meurtrir.

CABOT □ **I.** → *chien.* **II.** → *caporal.* **III.** → *cabotin.* **IV.** Chabot, cotte, meunier, têtard.

CABOTAGE □ → *navigation.*

CABOTEUR □ Balancelle, chasse-marée, galiote, lougre. → *bateau.*

CABOTIN, INE □ adj. et n. **Péj. :** acteur, bouffon, cabot, charlatan, clown, comédien, histrion, m'as-tu-vu, ringard. → *hypocrite.*

CABOTINAGE □ Affectation, charlatanisme, comédie. → *hypocrisie.*

CABOULOT □ → *cabaret, bistrot.*

CABRÉ, E Fig. □ Agressif, combatif, déterminé, farouche, ombrageux, révolté.

CABRER Par ext. : □ choquer, dresser, irriter, révolter. **V. pron. : 1. Au pr. :** se dresser, pointer. **2. Fig. :** se dresser, s'insurger, se lever, s'opposer, protester, résister, se révolter. **3. Par ext. :** s'emporter, s'entêter, se fâcher, s'irriter, s'obstiner, s'opiniâtrer, se raidir.

CABRETTE □ Bag-pipe (angl.), biniou, bombarde, chabrette, chevrie, cornemuse, musette, pibrock (écossais), turlurette.

CABRI □ Biquet, chevreau, chevrette.

CABRIOLE □ **I. Au pr. :** bond, culbute, entrechat, galipette, gambade, pirouette, saut, voltige. **II. Par ext. 1.** Chute, dégringolade, échec, faillite, krach. **2.** Bouffonnerie, drôlerie, grimace. **3.** Flagornerie, flatterie, servilité. **4.** Apostasie, échappatoire, pirouette, reniement, retournement, revirement.

CABRIOLET □ **I.** Boghei, cab, tandem, tilbury, tonneau, wiski. **II.** Cadenas, menotte.

CACA □ → *excrément.*

CACADE □ Couardise, échec, foire, lâcheté, reculade.

CACHALOT □ → *cétacé.*

CACHÉ, E □ Mystérieux. → *secret.*

CACHE □ **I. Nom fém. :** abri, antre, asile, cachette, coin, gîte, nid, planque, refuge, retraite, terrier, trou. **II. Nom masc. :** écran.

CACHE-CACHE □ Cache-tampon, cligne-musette.

CACHE-COL, CACHE-NEZ □ Cravate, écharpe, foulard.

CACHE-POUSSIÈRE □ Bleu, blouse, surtout, tablier. → *manteau.*

CACHER □ **I. Au pr. :** abriter, camoufler, celer, couvrir, déguiser, dissimuler, enfermer, enfouir, enserrer, ensevelir, enterrer, envelopper, escamoter, faire disparaître, gazer, masquer, mettre en sûreté/sous clef, mucher, murer, musser (vx), planquer (fam.), receler, recouvrir, rentrer, serrer, voi-

ler. **II. Par ext. 1.** Arrêter la vue, aveugler, boucher, éclipser, intercepter, obscurcir, obstruer, occulter, offusquer, ombrager, pallier. **2.** Agir en cachette/catimini/douce/secret/tapinois, cachotter, celer, déguiser, dissimuler, étouffer, faire des cachotteries, farder, mettre sous le boisseau, ne pas s'en vanter, sceller, taire, tenir secret, tirer un rideau/un voile, voiler. **III. V. pron. :** s'abriter/blottir/clapir/défiler (fam.)/dérober, disparaître, se dissimuler/éclipser/embusquer, éviter, fuir, se mettre à l'abri/motter (vén.)/murer/nicher/planquer (fam.)/retirer/soustraire/tapir/tenir à l'écart/terrer.

CACHE-SEXE □ Cache-fri-fri (arg.), culotte, slip, sous-vêtement.

CACHET □ **I.** Armes, armoiries, bulle, chiffre, empreinte, estampille, marque, monogramme, oblitération, poinçon, sceau, scellé, seing, tampon, timbre. **II.** Caractéristique, griffe, main, originalité, patte, signe. **III.** Casuel, honoraires, prix, rétribution, salaire. **IV.** Capsule, comprimé, gélule, pastille.

CACHE-TAMPON □ → *cache-cache.*

CACHETER □ **I.** Clore, coller, fermer. **II.** Estampiller, marquer, oblitérer, plomber, poinçonner, sceller, tamponner, timbrer.

CACHETTE □ **I.** Abri, antre, asile, cache, lieu sûr, mystère, planque, refuge, retraite, secret, sûreté, terrier. **II. Loc. En cachette :** à la dérobée, à musse-pot, clandestinement, dans sa barbe, discrètement, en catimini/contrebande/secret/tapinois, furtivement, secrètement, sous cape.

CACHEXIE □ Amaigrissement, ankylostomiase, carence, consomption, distomatose (vét.), étisie, fatigue, hectisie, maigreur, marasme. **Partic. :** fluorose, silicose.

CACHOT □ Basse-fosse, cabanon, cabinet noir, casemate, cellule, coin, cul-de-basse-fosse, ergastule, geôle, in-pace, mitard (arg.), oubliette, salle de police, salle forte, violon. → *prison.*

CACHOTTERIE □ Feinte, minon-minette (fam.), mystère, secret, secret de Polichinelle.

CACHOTTIER, ÈRE □ n. et adj. **I.** → *secret.* **II.** → *sournois.*

CACOCHYME □ Débile, déficient, faible, impuissant, infirme, invalide, maladif, malingre, pituitaire, valétudinaire. → *quinteux.*

CACOLET □ → *bât.*

CACOPHONIE □ Bruit, chahut, charivari, confusion, désaccord, désordre, discordance, dissonance, sérénade, tapage, tintamarre, tumulte.

CADAVÉRIQUE □ → *pâle.*

CADAVRE □ Corps, dépouille mortelle, macchabée (fam.), momie, mort, reliques, restes, sujet d'anatomie.

CADEAU □ Avantage, bakchich, bienfait, bouquet, corbeille, don, donation, dot, envoi, étrenne, fleur (fam.), générosité, gratification, largesse, libéralité, offrande, pièce, pot-de-vin, pourboire, présent, prix, souvenir, surprise.

CADENAS □ I. Fermeture, loquet, serrure, sûreté, verrou. II. coffret, ménagère. III. Arrêt.

CADENASSER □ Barrer, clore, écrouer, emprisonner, enfermer, fermer, verrouiller.

CADENCE □ Accord, harmonie, mesure, mouvement, nombre, rythme.

CADENCER □ Accorder, conformer, mesurer, rythmer.

CADENETTE □ → *tresse.*

CADET, ETTE □ Benjamin, jeune, junior, puîné.

CADRAN □ Gnomon, horloge.

CADRE □ I. **Au pr. 1.** Bordure, encadrement, marie-louise, passe-partout. *2.* Boisage, chambranle, châssis, coffrage, huisserie. *3.* → *caisse.* II. Décor, disposition, ensemble, entourage. III. **Fig. 1.** Borne, limite. *2.* Carcan, contrainte, corset, enveloppe.

CADRER □ I. S'accorder, s'adapter, s'ajuster, s'assortir, concorder, convenir, plaire, se rapporter. II. **Loc.** *Faire cadrer* → *concilier.*

CADUC, UQUE □ I. Annulé, cassé, démodé, dépassé, nul, obsolète, passager, périmé, périssable, précaire, suranné. II. Abattu, affaibli, âgé, chancelant, débile, décrépit, épuisé, fragile, impotent, usé. → *vieux.*

CADUCITÉ □ I. **Au pr.** : débilité, décrépitude, faiblesse, usure → *vieillesse.* II. **Jurid.** : annulation, nullité, péremption, prescription. III. *1.* Fragilité, vanité. *2.* Désuétude, obsolescence.

CAFARD, E □ I. **Au pr.** : blatte, cancrelat. II. **Par ext.** *1.* Bigot, cagot, faux dévot, imposteur, perfide. → *hypocrite. 2.* Cuistre, délateur, dénonciateur, espion, mouchard, mouche, mouton, rapporteur. III. Bourdon, découragement, dépression, mélancolie, nostalgie, noir, spleen, tristesse, vague à l'âme. IV. → *cafardeux.*

CAFARDAGE □ Caftage, cuistrerie, délation, dénonciation, espionnage, mouchardage.

CAFARDER □ Cafter, dénoncer, moucharder, rapporter, vendre la mèche.

CAFARDERIE □ → *hypocrisie.*

CAFARDEUX, EUSE □ Abattu, découragé, démoralisé, déprimé, fermé, mélancolique, nostalgique, triste.

CAFARDISE □ → *hypocrisie.*

CAFÉ □ I. Caoua, jus. II. → *cabaret.*

CAFETIÈRE □ I. filtre, percolateur. II. → *tête.*

CAGE □ I. Case, chanterelle, clapier, épinette, lapinière, loge, logette, oisellerie, ménagerie, mésangette, mue, niche, tournette, volière. II. Enceinte. → *prison.* III. Chaîne, fil, lien, servitude. IV. Boîte, boîtier.

CAGEOT □ Billot, bourriche, caisse, caissette, emballage.

CAGIBI □ Appentis, cabane, cabinet, cage, cagna, case, chambre, guichet, local, mansarde, penderie, placard, réduit, souillarde, soupente.

CAGNA □ Abri, baraquement, guérite, hutte, maisonnette, tranchée. → *cabane.*

CAGNARD, E □ Apathique, cossard, engourdi, fainéant, flemmard, indolent, inerte, lent, loche, mou, nonchalant, oisif → *paresseux.*

CAGNEUX, EUSE □ Bancal, bancroche, inégal, noueux, tordu, tors, tortu.

CAGNOTTE □ I. Bas de laine, boîte, bourse, caisse, coffret, corbeille, crapaud, tirelire, tontine. II. Économie, fonds, somme.

CAGOT, OTE □ → *cafard.*

CAGOTERIE, CAGOTISME □ → *hypocrisie.*

CAGOULE □ Capuchon, coule, froc. → *manteau (par ext.).*

CAHIER □ Album, bloc-notes, calepin, carnet, livre, livret, registre.

CAHIN-CAHA □ Clopin-clopant, péniblement, tant bien que mal, va comme je te pousse.

CAHOT □ I. Bond, cahotage, cahotement, heurt, mouvement, saut, secousse. II. **Par ext.** : contrariété, difficulté, obstacle, traverse, vicissitude.

CAHOTANT, E □ Brimbalant, bringuebalant, cahoteux, mal suspendu.

CAHOTER □ v. intr. et tr. Agiter, ballotter, brimbaler, bringuebaler (fam.), malmener, secouer, tourmenter.

CAHOTEUX, EUSE □ Mauvais. → *cahotant.*

CAHUTE □ → *cabane.*

CAILLASSE □ Caillou, cailloutis, déblai, décharge, empierrement, pierre.

CAILLEBOTIS □ I. Lattis, treillis. II. Plancher.

CAILLEBOTTER, CAILLER □ I. Coaguler, condenser, durcir, épaissir, figer, geler, grumeler, prendre, solidifier. **II. Loc. *Se les cailler* ou caille r** (id.) : avoir froid.

CAILLETAGE ☐ Babillage, bavardage, pépiement.

CAILLETER ☐ Babiller, bavarder, jacasser, pépier.

CAILLOT ☐ Flocon, floculation, grumeau.

CAILLOU ☐ **I.** Caillasse, cailloutis, galet, gravier, jalet, palet, pierre, silex. **II. Fig. 1.** Cahot, contrariété, difficulté, embarras, empêchement, inconvénient, obstacle, souci, traverse, vicissitude. **2.** → *tête.*

CAÏMAN ☐ → *alligator.*

CAISSE ☐ **I. Au pr. :** banne, benne, billot, boîte, boîtier, cadre, cageot, caissette, caisson, coffre, colis, emballage, harasse. **II. Par ext. 1.** Coffre-fort. → *cagnotte.* **2.** Bureau, comptabilité, guichet. **3.** Actif, encaisse, montant, trésorerie. **4.** Tambour, timbale. **5. Fam. :** coffre, estomac, poitrine.

CAISSIER, ÈRE ☐ Comptable, gestionnaire, intendant, receveur, trésorier.

CAJOLER ☐ → *caresser.*

CAJOLERIE ☐ → *caresse.*

CAJOLEUR, EUSE ☐ n. et adj. Caressant, courtisan, enjôleur, flagorneur, flatteur, peloteur. → *séducteur.*

CAL ☐ Callosité, calus, cor, durillon, œil-de-perdrix, oignon.

CALAMISTRER ☐ Friser, onduler.

CALAMITÉ ☐ Accident, adversité, cataclysme, catastrophe, chagrin, contrariété, déboire, déception, désastre, désolation, détresse, deuil, déveine, disgrâce, drame, échec, épreuve, fatalité, fléau, guignon, infortune, insuccès, malheur, misère, orage, tourmente, tribulation, tristesse, vaches maigres.

CALAMITEUX, EUSE ☐ Catastrophique, désastreux, désolant, dramatique, funeste, malheureux, triste.

CALANQUE ☐ Anse, crique, golfe.

CALCINER ☐ Brûler, carboniser, cuire, dessécher, griller, torréfier.

CALCUL ☐ **I.** Algèbre, arithmétique, axiomatique, mathématique. **II.** Addition, algorithme, analyse, appréciation, compte, comput, computation, décompte, division, estimation, évaluation, multiplication, opération, prévision, soustraction, spéculation, supputation. **III.** Combinaison, dessein, mesure, moyen, plan, planning, projet. **IV.** Bézoard, concrétion, pierre. **V.** Arrière-pensée, préméditation.

CALCULER ☐ **I. Au pr.** → *compter.* **II. Par ext. :** adapter, agencer, ajuster, apprécier, apprêter, arranger, combiner, coordonner, déterminer, estimer, établir, évaluer, méditer, peser, préméditer, prévoir, proportionner, raisonner, réfléchir, régler, supputer.

CALE ☐ **I.** Coin, étai, étançon, soutien, support. **II.** Soute.

CALÉ, E ☐ **I.** → *instruit.* **II.** Ardu, complexe, compliqué, difficile.

CALECON ☐ **I. Fam. :** calecif. **Vx :** chausse, culotte, pantalon. **II. Par ext. :** slip.

CALEMBOUR ☐ A peu près, astuce, contrepèterie, équivoque, homonymie, homophonie, janotisme, jeu de mots. → *calembredaine.*

CALEMBREDAINE ☐ Baliverne, bateau, bourde, chanson, conte à dormir debout, coquecigrue, faribole, lanterne (vx), plaisanterie, sornette, sottise.

CALENDRIER ☐ Agenda, almanach, annuaire, bref, chronologie, comput, éphéméride, martyrologe, ménologe, ordo, table, tableau. → *programme.*

CALEPIN ☐ Aide-mémoire, cahier, carnet, mémento, recueil, répertoire.

CALER ☐ **I. V. intr. :** baisser pavillon, caner, céder, filer doux, rabattre, reculer. **II. V. tr. :** ajuster, arrêter, assujettir, bloquer, étayer, fixer, serrer, soutenir, stabiliser.

CALFATER ☐ Aveugler, boucher, brayer, caréner, goudronner, obturer, radouber.

CALFEUTRER ☐ **I.** → *boucher.* **II.** → *enfermer.*

CALIBRE ☐ Acabit, classe, genre, espèce. → *dimension, qualité.*

CALIBRER ☐ Classer, mesurer, proportionner.

CALICE ☐ **I.** → *coupe.* **II.** → *mal.* **III.** Enveloppe.

CALICOT ☐ → *vendeur.*

CALIFOURCHON (À) ☐ A cheval.

CÂLIN, E ☐ → *caressant.*

CÂLINER ☐ → *caresser, soigner.*

CÂLINERIE ☐ → *caresse.*

CALLEUX, EUSE ☐ Apre, dur, endurci, insensible.

CALLIGRAPHIE ☐ → *écriture.*

CALLOSITÉ ☐ → *cal.*

CALMANT, E ☐ adj. et n. Adoucissant, analgésique, anesthésiant, anodin, antalgique, antipyrétique, antispasmodique, apaisant, balsamique, consolant, hypnotique, lénifiant, lénitif, parégorique, rafraîchissant, relaxant, reposant, sédatif, vulnéraire. → *narcotique.*

CALMAR ☐ Encornet, seiche, supion.

CALME ☐ **I. Adj. 1.** → *impassible.* **2.** → *tranquille.* **II. Nom pr. 1.** → *tranquillité.* **2.** Assurance, équanimité, équilibre, flegme, maîtrise/possession de soi, patience, sagesse, sang-froid, silence. **3.** Accalmie, beau fixe, beau temps, bonace, embellie. **4.** Stabilité.

CALMER □ Adoucir, alléger, apaiser, arrêter, assagir, assoupir, assourdir, assouvir, consoler, dédramatiser, dépassionner, désaltérer, désarmer, détendre, dompter, endormir, étancher, éteindre, étouffer, faire taire, immobiliser, imposer silence, lénifier, maîtriser, mater, modérer, pacifier, panser, pondérer, rasséréner, rassurer, refroidir, satisfaire, soulager, tranquilliser. **V. pron.** : calmir, tomber *et les formes pron. possibles des syn. de* CALMER.

CALOMNIATEUR, TRICE □ **I.** Détracteur, diffamateur. **II. Par ext.** : accusateur, délateur, dénonciateur, imposteur, mauvaise/méchante langue, médisant, menteur. **Fam.** : cafteur, cancannier, corbeau (partic.), cuistre, langue de serpent/fourchue/venimeuse/de vipère, potinier, sycophante.

CALOMNIE □ **I. Au pr.** : allégation, détraction, diffamation, horreur (fam.), imputation fausse, insinuation, mensonge, menterie (pop). **II. Par ext.** : accusation, attaque, cancan (fam.), délation, dénonciation, injure, méchanceté, perfidie, traîtrise.

CALOMNIER □ **I.** Baver/cracher sur quelqu'un, casser du sucre sur le dos, déchirer, dénaturer les faits, diffamer, dire du mal, distiller du venin, entacher l'honneur, habiller, insinuer, mentir, noircir, parler mal/contre, répandre des calomnies *et les syn. de* CALOMNIE, traîner dans la boue, vomir son venin. **II. Par ext.** : accuser, attaquer, décrier, médire, tirer à boulets rouges (fam.), tomber sur.

CALOMNIEUX, EUSE □ Allusif, diffamant, diffamatoire, faux, infamant, inique, injurieux, injuste, mensonger, venimeux.

CALOT □ → *coiffure, œil.*

CALOTIN, E □ → *bigot.*

CALOTTE □ **I.** → *bonnet.* **II.** Baffe, claque, coup, gifle, giroflée, mornifle, soufflet, taloche, tape. → *camouflet.* **III.** Coupole, dôme, voûte. **IV.** Hémisphère, pôle. **V.** Calotte de glace, couche, épaisseur.

CALOTTER □ → *gifler.*

CALQUER □ → *imiter.*

CALUMET □ → *pipe.*

CALUS □ → *cal.*

CALVAIRE □ **I.** Golgotha. **II. Par ext.** : affliction, chemin de croix, croix, épreuve, martyre, peine, supplice.

CALVITIE □ **I.** Alopécie. **II.** Favus, pelade, teigne.

CAMARADE □ **I.** Adhérent, ami, apparatchik, associé, collègue, compagnon, condisciple, confrère, connaissance, égal, labadens, partenaire. **II. Fam.** : aminche, copain, frère, pote, poteau, vieille branche/noix, zigue.

CAMARADERIE □ Amitié, bonne intelligence, camarilla, coterie, entente, entraide, familiarité, francmaconnerie, liaison, union, solidarité.

CAMARD, E □ → *camus.*

CAMARILLA □ → *coterie.*

CAMBRER □ Arc-bouter, arquer, arrondir, busquer, cintrer, couder, courber, infléchir, plier, ployer, recourber, voûter. **V. pron.** : bomber le torse, se redresser.

CAMBRIOLER □ → *voler.*

CAMBRIOLEUR □ → *voleur.*

CAMBROUSE *ou* **CAMBROUSSE** □ → *campagne.*

CAMBRURE □ **I.** Cintrage, courbure, ensellure. **II. Méd.** : lordose. **III. Fig.** : apprêt, pose, recherche.

CAMBUSE □ **I.** Cantine, cuisine, magasin, réfectoire. **II.** → *cabaret.* **III.** → *cabane.* **IV.** Antre, bouge, réduit, souillarde, taudis.

CAME, CAMER (SE) □ → *drogue.*

CAMÉLÉON □ → *saurien.*

CAMELOT □ Bonimenteur, charlatan, marchand forain.

CAMELOTE □ → *marchandise, saleté.*

CAMÉRIER, CAMERLINGUE □ → *chambellan.*

CAMÉRIÈRE, CAMÉRISTE □ Dame d'atours/d'honneur/de compagnie, femme de chambre, servante, soubrette, suivante.

CAMION □ **I.** Chariot, fardier, voiture. **II.** Benne, bétaillère, citerne, fourgon, poids lourd, véhicule. **Fam.** : bahut, gros-cul. **III.** Pot à peinture.

CAMIONNEUR □ Routier, transporteur.

CAMISOLE □ Brassière, caraco, casaquin, chemise, corsage, gilet, guimpe.

CAMOUFLAGE □ Déguisement, maquillage, occultation, masque.

CAMOUFLER □ Cacher, celer, couvrir, déguiser, dissimuler, maquiller, masquer, pallier, renfermer, voiler.

CAMOUFLET □ Affront, avanie, mortification, nasarde, offense, vexation. → *calotte.*

CAMP □ **I.** Bivouac, campement, cantonnement, castramétation, quartier. **II.** Camping, plein air. **III.** *Camp d'aviation :* aérodrome, aéroport, champ, terrain. **IV.** *Camp volant* → *bohémien.* **V.** Côté, équipe, faction, groupe, parti.

CAMPAGNARD, E □ **I. Nom :** contadin, hobereau. → *paysan.* **II. Adj. 1.**

→ *agreste.* **2. Non favorable** : grossier, lourdaud, rustre.

CAMPAGNE □ **I.** Champ, champagne, nature, pays, plaine, sillon (poét.), terre. **Fam.** : bled, brousse, cambrouse, cambrousse. **II. Par ext. 1.** Cabale, croisade, propagande, prospection, publicité, saison. **2.** Combat, équipée, expédition, guerre, intervention, manœuvre, offensive, opération, voyage. **3.** Chartreuse, château, cottage, domaine, ferme, maison, moulin, propriété, villégiature. **4. Loc. Partie de campagne :** excursion, pique-nique, promenade, sortie.

CAMPANE □ → *cloche.*

CAMPANILE □ Clocher, lanterne, tour.

CAMPÉ, E □ Assis, établi, fixé, placé, posé, posté.

CAMPEMENT, CAMPING □ → *camp.*

CAMPER □ **I.** Bivouaquer, cantonner, s'établir, s'installer, planter sa tente, séjourner. **II.** Affermir, asseoir, dresser, établir, fixer, installer, loger, mettre, placer, planter, poser, poster.

CAMPOS □ → *vacances.*

CAMUS, E □ **I. Au pr.** : aplati, camard, court, écaché, écrasé, épaté, plat, sime (vx). **II. Fig.** : confus, déconcerté, désappointé, ébahi, embarrassé, honteux, interdit, penaud, quinaud.

CANAILLE □ → *vaurien, populace.*

CANAILLERIE □ Crapulerie, friponnerie, improbité, indélicatesse, malhonnêteté, polissonnerie, saleté, trivialité, vulgarité.

CANAL □ **I.** Adducteur, aqueduc, arroyo, arrugie, buse, caniveau, chenal, chéneau, conduit, conduite, coursier, cunette, dalle, dalot, drain, égout, émissaire, étier, fossé, gargouille, goulette goulot, goulotte, gouttière, noue, noulet, oléoduc, pipe-line, rigole, robine, roubine, saignée, sangsue, séguia, tranchée, tube, tuyau. **II. Par ext. 1.** Bief, boucau (mérid.), bras, cours d'eau, détroit, duit, embouchure, grau, lit, marigot, passage, passe, rivière. **2.** Bassin, miroir/pièce d'eau. **3. Archit. :** cannelure, glyphe, gorge, rainure, sillon. **III. Fig. :** boîte aux lettres, entremise, filière, intermédiaire, moyen, source, voie.

CANALISATION □ Branchement, colonne, conduite, égout, émissaire, griffon, réseau, tout-à-l'égout, tuyauterie.

CANALISER □ **I.** → *conduire.* **II.** Centraliser, concentrer, diriger, grouper, rassembler, réunir.

CANAPÉ □ Borne, causeuse, chaise longue, confident, cosy-corner, divan, fauteuil, lit, méridienne, ottomane, récamier, siège, sofa, sopha.

CANARD □ **I.** Barbarie, cane, caneton, colvert, eider, halbran, macreuse, malard, milouin, morillon, mulard, nyroque, palmipède, pétrin, pilet, rouen, sarcelle, souchet, tadorne. **II. Par ext. 1.** Cacophonie, couac. **2.** Bobard, bruit, canular, nouvelle, tuyau. **3.** → *journal.*

CANARDER □ → *tirer.*

CANASSON □ → *cheval.*

CANCAN □ Bavardage, calomnie, caquet, caquetage, clabaudage, commérage, jasement, jaserie, médisance, potin, racontar, ragot, scandale.

CANCANER □ → *médire.*

CANCANIER, ÈRE □ n. et adj. → *calomniateur.*

CANCER □ Carcinome, épithéliome, fongus malin, leucémie, néoplasme, sarcome, squirrhe, tumeur.

CANCRE □ → *élève, paresseux.*

CANDÉLABRE □ → *chandelier.*

CANDEUR □ Blancheur, crédulité, franchise, ingénuité, innocence, naïveté, niaiserie (péj.), pureté, simplesse, simplicité, sincérité.

CANDIDAT, E □ → *postulant.*

CANDIDE □ Blanc, crédule, franc, ingénu, innocent, naïf, naturel, puéril, pur, simple, sincère, virginal.

CANEPETIÈRE □ Outarde.

CANER □ Céder, flancher, reculer.

CANETTE □ → *bouteille.*

CANEVAS □ Essai, modèle, ossature, plan, pochade, scénario, squelette, synopsis, tableau. → *ébauche.*

CANICULE □ Chaleur, été.

CANIF □ Couteau, grattoir, onglet.

CANINE □ Croc, défense, dent, laniaire.

CANIVEAU □ Conduit, rigole. → *canal.*

CANNE □ **I.** → *bâton.* **II.** Balisier, bambou, roseau.

CANNELÉ, E □ Creusé, mouluré, rainuré, sillonné, strié.

CANNELURE □ Gorge, goujure, moulure, rainure, strie.

CANNIBALE □ n. et adj. **I.** Anthropophage. **II.** Cruel, féroce, ogre, sauvage.

CANOË □ Barque, canadien, canot, périssoire, pirogue. → *bateau.*

CANON □ **I.** Arme, artillerie, batterie, bertha, bombarde, bouche à feu, caronade, couleuvrine, crapouillot, faucon, fauconneau, mortier, obusier, pièce d'artillerie, pierrier, veuglaire. **II.** Airain, bronze, brutal (arg.), foudre, ultima ratio regum. **III.**

Catalogue, décision, idéal, modèle, module, norme, règle, type.

CAÑON □ Col, défilé, gorge, ravin.

CANONIQUE □ Conforme, convenable, exact, obligatoire, réglé, réglementaire, régulier.

CANONISATION □ Béatification.

CANONISER □ **I. Au pr.** : béatifier, déclarer canonique, mettre/inscrire au calendrier, sanctifier. **II. Par ext.** : encenser, glorifier, louer, prôner.

CANONNER □ Arroser, battre, bombarder, canarder, pilonner, soumettre au tir.

CANOT □ Baleinière, barque, batelet, berthon, bombard, canadien, canoë, chaloupe, embarcation, esquif, flambard, hors-bord, nacelle, périssoire, skiff, vedette, yole, youyou. → *bateau.*

CANTATE, CANTILÈNE □ → *chant.*

CANTATRICE □ → *chanteuse.*

CANTINE □ **I.** → *cabaret.* **II.** Bagage, caisse, coffre, malle, portemanteau.

CANTIQUE □ Antienne, chant, hymne, motet, noël, poème, prose, psaume, répons.

CANTON □ Circonscription, coin, lieu, région, pays, territoire, zone.

CANTONNEMENT □ → *camp.*

CANTONNÉ, E □ Enfermé, isolé, renfermé.

CANTONNER □ → *camper.* **V. pron.** : **I.** S'établir, se fortifier, s'isoler, se renfermer, se retirer. **II.** → *limiter (se).*

CANULAR □ → *mystification.*

CANULE □ Cannelle, cathéter, clysoir, drain, sonde.

CANULER □ **I.** Casser les pieds, ennuyer, fatiguer, importuner. **II.** Abuser, mystifier.

CAP □ **I.** Avancée, bec, pointe, promontoire, ras. **II.** → *extrémité.*

CAPABLE □ Adroit, apte, averti, bon, chevronné, compétent, compétitif, dégourdi, doué, entendu, exercé, expérimenté, expert, fort, fortiche (fam.), habile, habilité, idoine, industrieux, ingénieux, intelligent, malin, puissant, qualifié, savant, talentueux, versé dans.

CAPACITÉ □ **I.** Contenance, cubage, cylindrée, épaisseur, étendue, grosseur, mesure, portée, profondeur, quantité, tonnage, volume. **II.** Adresse, aptitude, compétence, disposition, esprit, expérience, faculté, force, génie, habileté, habilité, inclination, industrie, ingéniosité, intelligence, mérite, qualité, rayon (fam.), savoir, science, talent, valeur.

CAPARACON □ Armure, couverture, harnais, housse.

CAPARAÇONNÉ, E □ → *vêtu.*

CAPE □ → *manteau.*

CAPELAN □ → *prêtre.*

CAPHARNAÜM □ Amas, attirail, bagage, bazar, bordel (grossier), bric-à-brac, confusion, désordre, entassement, fourbi, méli-mélo, pêle-mêle.

CAPILOTADE □ Déconfiture, gâchis, marmelade.

CAPISTON, CAPITAINE □ Commandant, gouverneur, lieutenant de vaisseau. → *chef.*

CAPITAL, E □ → *principal.*

CAPITAL □ **I.** → *argent.* **II.** → *bien.* **III.** → *terre.* **IV.** → *établissement.*

CAPITALE □ **I.** Babel, Babylone, chef-lieu, métropole, pandémonium. **II.** → *majuscule.*

CAPITALISATION □ Anatocisme.

CAPITALISTE □ **I.** Bourgeois, libéral (par ext.), riche. **II.** → *prêteur.*

CAPITAN □ → *hâbleur.*

CAPITEUX, EUSE □ Alcoolisé, échauffant, enivrant, entêtant, étourdissant, exaltant, excitant, généreux, grisant, qui monte/porte à la tête, troublant.

CAPITONNER □ Étouper, garnir, rembourrer, remplir.

CAPITULATION □ Abandon, abdication, accommodement, armistice, cession, convention, défaite, démission, reddition, renoncement, renonciation.

CAPITULER □ Abandonner, abdiquer, battre la chamade, céder, demander grâce/merci, se démettre, déposer/jeter bas/mettre bas/poser/rendre les armes, hisser le drapeau blanc, lâcher prise, livrer les clefs, mettre les pouces, ouvrir les portes, parlementer, se rendre, renoncer, se retirer, se soumettre.

CAPON, ONNE □ adj. et n. Alarmiste, couard, craintif, dégonflé, flagorneur (vx), froussard, lâche, mazette, peureux, pleutre, poltron, poule mouillée, pusillanime, rapporteur, timide, timoré, trembleur. **Arg. ou fam.** : chevreuil, chiasseux, clichard, foireux, péteux, pétochard, tafeur, tracqueur, trouillard.

CAPONNER □ → *dénoncer.*

CAPORAL □ Brigadier, cabot, crabe (arg.), gradé.

CAPORALISME □ Absolutisme, autocratie, autoritarisme, césarisme, dictature, militarisme, pouvoir absolu/discrétionnaire, prépotence.

CAPOT □ adj. inv. Confus, embarrassé, honteux, interdit.

CAPOTE □ → *manteau, préservatif.*

CAPOTER □ Chavirer, culbuter, se renverser, se retourner.

CAPRICE □ **I. Au pr.** : accès, arbitraire, bizarrerie, bon plaisir, boutade, changement, chimère, coup de tête, envie, extravagance, fantaisie, folie, foucade, fougasse, gré, humeur, impatience, incartade, inconséquence, inconstance, instabilité, légèreté, lubie, lune, marotte, mobilité, mouvement, originalité, primesaut, quinte, saillie, saute d'humeur, singularité, toquade, variation, versatilité, vertigo, volonté. **II. Par ext.** : amour, amourette, béguin, dada (fam.), enfantillage, escapade, étrangeté, excentricité, frasque, fredaine, flirt, idylle, passade, pépin, toquade.

CAPRICIEUX, EUSE □ **I. Au pr.** : arbitraire, bizarre, braque, capricant, changeant, excentrique, extravagant, fantaisiste, fantasque, fou, gâté, inconséquent, inconstant, instable, irréfléchi, irrégulier, labile, léger, lunatique, maniaque, mobile, ondoyant, original, quinteux, sautillant, variable, versatile. **II. Par ext.** : anormal, saugrenu, surprenant.

CAPSULE □ → enveloppe.

CAPSULER □ Boucher, cacheter, clore, fermer, obturer, sceller.

CAPTATION □ **I. Jurid.** : détournement, dol, subornation, suggestion. **II.** Captage, prélèvement, prise.

CAPTER □ **I.** Canaliser, conduire, prélever, pomper. **II.** Intercepter, surprendre. **III.** Rassembler, recueillir, réunir. **IV. Quelqu'un. 1.** attirer, captiver, charmer, conquérir, gagner, obtenir, vaincre. **2. péj.** : abuser, accaparer, attraper, circonvenir, duper, embabouiner, embobeliner, embobiner, enjôler, fourvoyer, leurrer, surprendre, tromper.

CAPTIEUX, EUSE □ Abusif, artificieux, déloyal, dupeur, égarant, endormant, enjôleur, fallacieux, faux, fourbe, fourvoyant, insidieux, mensonger, mystifiant, retors, roué, séduisant, sophistiqué, spécieux, trompeur.

CAPTIF, IVE □ adj. et n. **I.** Asservi, attaché, cadenassé, contraint, détenu, écroué, emprisonné, enchaîné, enfermé, esclave, gêné, incarcéré, interné, otage, prisonnier, reclus, relégué, séquestré. **II.** Forçat, relégué, transporté.

CAPTIVANT, E □ Attachant, attirant, charmant, charmeur, ensorcelant, ensorceleur, enthousiasmant, enveloppant, fascinant, intéressant, magique, prenant, ravissant, séduisant, vainqueur.

CAPTIVER □ Absorber, asservir, assujettir, attacher, capter, charmer, conquérir, convaincre, dompter, enchaîner, enchanter, enjôler, ensorceler, enthousiasmer, entraîner, fasciner, gagner, intéresser, maîtriser, occuper, passionner, persuader, plaire, ravir, réduire à sa merci, saisir, séduire, soumettre, vaincre.

CAPTIVITÉ □ → emprisonnement.

CAPTURE □ → arrestation, butin.

CAPTURER □ → prendre.

CAPUCHON □ **I. 1.** Béguin, cagoule, camail, capeline, capuche, capuce, capulet, chaperon, coiffure, coqueluchon, coule, couvre-chef, cuculle. **2.** Couvercle, opercule, protection. **II. Par ext.** : caban, capote, coule, crispin, domino, duffle-coat, pèlerine.

CAPUCHONNER □ → couvrir.

CAPUCIN, E □ **I.** Franciscain, moine. **II. Vén.** : lièvre. **III.** Saï, sajou, singe d'Amérique.

CAPUCINADE □ **I.** → homélie. **II.** Bigoterie, cafarderie, fausse dévotion.

CAQUE □ Barrot. → baril.

CAQUET, CAQUETAGE □ → bavardage.

CAQUETER □ → bavarder.

CAR □ Attendu que, du fait que, en effet, étant donné que, parce que, puisque, vu que.

CAR □ Autobus, autocar, courrier, patache, pullman.

CARABIN □ → médecin.

CARABINE □ → fusil.

CARABINÉ, E □ → excessif.

CARACTÈRE □ **I.** Chiffre, écrit, écriture, empreinte, graphie, gravure, inscription, lettre, sceau, sigle, signe, symbole, texte, trait. **II. D'une chose :** attribut, cachet, caractéristique, critérium, essence, facture, indice, marque, nature, particularité, propriété, qualité, relief, sens, signe, signification, titre, ton, trait. **III. De quelqu'un :** air, allure, apparence, aspect, constitution, expression, extérieur, façons, figure, fond, génie, goût, humeur, idiosyncrasie, manière, marque, naturel, originalité, personnalité, psychologie, qualité, relief, style, tempérament, visage. **IV. Par ext. :** assurance, audace, constance, courage, détermination, dignité, empire sur soi, énergie, entêtement, fermeté, fierté, force, grandeur d'âme, héroïsme, inflexibilité, loyauté, maîtrise de soi, opiniâtreté, orgueil, résolution, stoïcisme, ténacité, trempe, valeur, volonté. **V. D'une nation :** âme, génie, mœurs, originalité, particularisme, particularité, spécificité.

CARACTÉRIEL, IELLE □ Inadapté. → mythomane.

CARACTÉRISER □ Analyser, circonstancier, constituer, définir, dépeindre, désigner, déterminer, distinguer, expliciter, indiquer, individualiser, marquer, montrer, particulariser, personnaliser, peindre, préciser, spécifier.

CARACTÉRISTIQUE □ **I. Adj. :** déterminant, distinctif, dominant, essentiel, notable, original, particulier, patent, personnel, propre, remarquable, saillant, significatif, spécifique, symptomatique, typique, visible. **II. Nom fém.** : aspect, attribut, caractère, disposition particulière, distinction, indice, marque, originalité, particularité, propriété, qualité, signe, singularité, spécificité, trait.

CARACUL □ Astrakan, breitschwanz.

CARAMBOLAGE □ → *heurt.*

CARAMBOLER □ → *heurter.*

CARAPACE □ → *protection.*

CARAVANE □ **I.** Caravansérail, kan, smala. **II.** → *troupe.* **III.** → *convoi.* **IV.** Remorque, roulotte.

CARAVANSÉRAIL □ Auberge, bordj, fondouk, hôtellerie.

CARBONADE □ Bifteck, grillade, steak.

CARBONISER □ Brûler, calciner, charbonner, consumer, cuire, réduire en charbon, rôtir.

CARBURANT □ → *combustible.*

CARCAN □ **I.** Cangue, pilori. **II.** → *collier.* **III.** → *servitude.* **IV.** → *cheval.*

CARCASSE □ **I.** Charpente, ossature, squelette. **II.** Armature, charpente, châssis, coque. **III.** Canevas, esquisse, plan, projet, topo.

CARDE, CARDON □ Bette, blette.

CARDER □ Battre, démêler, dénouer, peigner.

CARDINAL, E □ → *principal.*

CARÊME □ → *jeûne.*

CARENCE □ **I.** Absence, défaut, défection, défectuosité, imperfection, incomplétude, indigence, insolvabilité, insuffisance, manque, manquement, oubli, pénurie, privation. **II.** Abstention, impuissance, inaction. **III. Méd.** : anémie, avitaminose. **IV.** → *pauvreté.*

CARESSANT, E □ Affectueux, aimable, aimant, amoureux, attentionné, cajoleur, câlin, démonstratif, doux, enjôleur, expansif, flatteur, tendre, voluptueux.

CARESSE □ **I.** Accolade, amabilités, aménités, amitiés, attentions, attouchement, baiser, becquetage, bontés, cajolerie, câlinerie, chatouille, chatouillement, chatouillis, chatterie, contact, douceurs, ébats, effleurement, égards, embrassement, enlacement, étreinte, familiarité, flatterie, frôlement, frottement, gâteries, gentillesse, geste, gouzi-gouzi, guili-guili, guizi-guizi, lèchement, mamours, mignardise, mignotise, paluchage (arg.), papouille, passes (vulg.), patinage, patte de velours, pelotage, pression, prévenances, privauté, tendresse, titillation. **II. Fig.** : bain, délice, faveur, illusion, volupté.

CARESSER □ **I. Au pr.** : accoler, attoucher, avoir des bontés, baiser, bécoter, becqueter, bichonner, bouchonner, branler (vulg.), cajoler, câliner, chatouiller, chiffonner, couvrir de caresses *et les syn. de* CARESSE, dorloter, s'ébattre, effleurer, embrasser, enlacer, étreindre, flatter, frôler, frotter, gratter (vx), lécher, manier, manger de baisers, masturber (partic.), mignarder, mignoter, palucher (arg.), passer/promener la main, patiner (vx), patouiller, peloter, presser, rebaudir (vén.), serrer, tapoter, titiller, toucher, tripoter, tripotailler, trousser. **II. Par ext. 1.** Bercer, se complaire, entretenir, nourrir, projeter, ressasser. **2.** Aduler, amadouer, cajoler, choyer, courtiser, faire du plat, flagorner, lécher les bottes. → *flatter.*

CARGAISON □ **I.** Charge, chargement, fret, marchandises. **II.** Bagage, collection, provision, réserve. **III.** → *quantité.*

CARGO □ Tramp. → *bateau.*

CARGUER □ Plier. → *serrer.*

CARICATURAL, E □ Bouffon, burlesque, carnavalesque, clownesque, comique, contrefait, difforme, grotesque, parodique, ridicule.

CARICATURE □ **I.** Charge, dessin, effigie, peinture, pochade, silhouette, traits. **II.** Contrefaçon, déformation, farce, grimace, parodie, raillerie, satire.

CARICATURER □ Charger, contrefaire, croquer, parodier, railler, ridiculiser, tourner en ridicule.

CARIER □ Abîmer, altérer, avarier, corrompre, détériorer, endommager, gâter, gangrener, infecter, nécroser, pourrir.

CARILLON □ **I.** → *cloche.* **II.** Chahut, charivari, criaillerie, micmac, scène, tapage, tohu-bohu.

CARILLONNER □ → *sonner, publier.*

CARMIN □ n. m. et adj. → *rouge.*

CARNAGE □ **I. Au pr.** : chair, nourriture, viande. **II. Par ext.** : boucherie, décimation, étripage (fam.), hécatombe, massacre, tuerie. **III. Fig.** : destruction, dévastation, extermination, gâchis, génocide, pogrom, ravage, ruine, Saint-Barthélemy.

CARNASSIER, ÈRE □ → *carnivore.*

CARNASSIÈRE □ Carnier, gibecière, havresac, musette.

CARNATION □ **I. Au pr.** : apparence, coloration, couleur, mine, teint. **II. Par ext.** : chair, peau.

CARNAVAL □ **I.** Amusement, cavalcade, célébration du mardi gras/de la mi-carême, défilé, déguisement, divertissement, mascarade, travestissement. **II.** Domino, masque. **Vx** : carême-prenant, chicard, chienlit.

CARNE □ **I.** → *chair.* **II.** → *cheval.* **III.** → *virago.*

CARNET □ Agenda, bloc-notes, cahier, calepin, journal, livret, mémento, mémoires, mémorandum, notes, registre, répertoire.

CARNIER □ → *carnassière.*

CARNIVORE □ **I.** Carnassier, omophage, sanguinaire. **II.** Belette, brochet, chat, chien, civette, coati, épaulard, fouine, furet, glouton, hyène, lion, loup, loutre, lycaon, mangouste, martre, mouffette, musaraigne, otocyon, ours, panda, paradoxure, protèle, puma, putois, oiseau de proie, rapaces, ratel, renard, requin, suricate, tigre, varan, zorille.

CAROGNE □ **I.** → *chair.* **II.** → *virago.*

CAROTTE □ **I. Par ext. 1.** Échantillon, prélèvement. **2.** Chique. **II. Fig. :** artifice, carottage, duperie, escroquerie, exploitation, ficelle, filouterie, illusion, leurre, mensonge, piperie, resquille, ruse. → *tromperie.*

CAROTTER □ → *tromper.*

CARPETTE □ → *tapis.*

CARRÉ □ **I. Au pr. :** quadrilatère. **II. Par ext. 1.** Carreau, case, quadrillage. **2.** *Jardinage :* corbeille, massif, parterre, planche, plate-bande. **3.** Bout, coin, morceau, pièce.

CARRÉ, E □ **Fig. :** droit, ferme, franc, loyal, net, ouvert, sincère, vrai.

CARREAU □ **I.** → *carrelage.* **II.** Croisée, fenêtre, glace, panneau, verre, vitre. **III.** → *coussin.* **IV.** → *trait.*

CARREFOUR □ Bifurcation, bivoie, croisée des chemins, croisement, embranchement, étoile, fourche, patte d'oie, rond-point.

CARRELAGE □ Carreaux, dallage, dalles, mosaïque, sol. → *céramique.*

CARRELET □ **I.** Ableret, araignée, filet. **II.** Aiguille, lime, règle.

CARRER (SE) □ → *prélasser (se).*

CARRIÈRE □ **I.** Ardoisière, ballastière, glaisière, grésière, marbrière, marnière, meulière, mine, plâtrière, sablière. **II.** Arène, champ de courses, lice, stade. **III.** Curriculum, état, fonction, métier, occupation, profession. **IV. Loc. Donner carrière :** champ, cours, course, liberté.

CARRIOLE □ → *charrette.*

CARROSSABLE □ Praticable.

CARROSSE □ → *coche.*

CARROSSIER □ **I.** Charron. **II.** Couturier de la voiture, modéliste.

CARROUSEL □ Fantasia, parade, reprise, tournoi, *et par ext.* ronde.

CARROYAGE □ Quadrillage.

CARTABLE □ Carton, musette d'écolier, porte-documents, portefeuille, sac, sacoche, serviette, sous-main.

CARTE □ **I. À jouer. 1.** As, atout, carreau, cœur, dame, manillon, pique, reine, roi, tarot, trèfle, valet. **2.** Baccara, bassette, bataille, belote, besigue, blanque, bog, bonneteau, boston, bouillote, brelan, bridge, brisque, brusquemaille, crapette, drogue, écarté, grabuge, hoc, hombre, impériale, lansquenet, manille, mariage, mistigri, mouche, nain-jaune, pamphile, pharaon, piquet, poker, polignac, quadrille, réussite, reversi, revertier, romestecq, tarot, trente-et-un, trente-et-quarante, tri, triomphe, vingt-et-un, whist. **II. Géogr. :** atlas, carton, croquis, géorama, mappemonde, plan, planisphère, portulan, projection, représentation. **III. De correspondance :** bristol, carte-lettre, lettre, paysage, pneu, pneumatique, photo, vue. **IV.** Autorisation, billet, coupe-file, laissez-passer, ticket, titre, visa. **V.** Catalogue, choix, menu, prix.

CARTEL □ **I.** Billet, bristol, carte, papier. **II. Par ext. 1. Vx :** convention, traité. **2.** Défi, provocation. **III.** Cartouche, encadrement, horloge, pendule, régulateur. **IV.** Association, bloc, comptoir de vente, concentration, consortium, entente, société, trust.

CARTOMANCIE □ **Par ext.** → *divination.*

CARTOMANCIEN, ENNE □ Diseur de bonne aventure, tireur de cartes *et par ext.* → *devin.*

CARTON □ **I.** → *carte.* **II.** Boîte. → *cartable.* **III.** Croquis, dessin, étude, modèle, patron, plan, projet. **IV.** → *feuille.*

CARTOUCHE □ **I. N. m. :** blason, cadre, cartel, encadrement, mandorle. **II. N. f. :** balle, explosif, mine, munition, pétard.

CARTOUCHIÈRE □ Giberne, musette, sac, sacoche.

CARTULAIRE □ Chartrier, terrier.

CAS □ **I.** Accident, aventure, circonstance, conjoncture, contingence, événement, éventualité, fait, hasard, histoire, hypothèse, matière, occasion, occurrence, possibilité, rencontre, situation. **II. Jurid. :** action, affaire, cause, crime, délit, fait, procès. **III. Loc. 1. C'est le cas :** lieu, moment, occasion, opportunité. **2. En ce cas :** alors. **3. En aucun cas :** façon, manière. **4. Cas de conscience :** difficulté, scrupule. **5. En tout cas :** de toute façon, en toute hypothèse, quoi qu'il arrive. **6. En cas :** casse-croûte (fam.), collation, goûter, repas léger. **7. Au cas où, En cas que :** à supposer que, en admettant que, quand, si, s'il arrivait/survenait/venait que. **8. Faire cas de** → *estimer.*

CASANIER, ÈRE □ **I. Au pr. :** pantouflard, pot-au-feu, sédentaire, solitaire. **II. Par ext. :** bourru, ours, sauvage.

CASAQUE □ **I.** → *corsage.* **II.** → *manteau.* **III. Des condamnés de l'Inquisition :** san-benito. **IV. Vx :** cotte, hoqueton, jaquette, sayon, soubreveste.

CASAQUIN □ → *corsage.*

CASCADE, CASCATELLE □ **I. Au pr. :** buffet d'eau, cataracte, chute, rapides. **II. Fig. :** avalanche, culbute, dégringolade, rebondissement, ricochet, saccade, succession, suite.

CASE □ **I.** → *cabane.* **II.** Alvéole, carré, casier, cellule, compartiment, division, subdivision, vide.

CASEMATE □ Abri, blockhaus, bunker, fortification, fortin, ouvrage fortifié, tourelle.

CASER □ **I. Au pr. :** aligner, classer, disposer, installer, loger, mettre, ordonner, placer, ranger, serrer. **II. Par ext. :** établir, faire nommer, fixer, procurer un emploi.

CASERNE, CASERNEMENT □ Baraquement, base, cantonnement, dépôt, garnison, place, quartier.

CASIER □ **I.** Cartonnier, cases, classeur, compartiments, fichier, rayons, tiroir. **II.** Nasse.

CASQUE □ **I. Au pr. :** armet, bassinet, bicoquet, bourguignotte, cabasset, capeline, chapeau, gamelle (arg. milit.), heaume, morion, pot de fer, salade. **II. Par ext. :** bombe, calotte, chevelure, coiffure. **III. Loc. Casque à mèche :** bonnet de nuit.

CASQUER □ → *payer.*

CASQUETTE □ → *coiffure.* **Arg. :** bâche, dèfe, desfoux (vx), gapette, grivelle, tampon.

CASSANT, E □ **I. Au pr. :** cassable, délicat, destructible, faible, friable, fragile. **II. Par ext. :** absolu, aigre, âpre, autoritaire, bourru, brusque, dur, impérieux, inflexible, insolent, rude, sec, sévère, tranchant.

CASSATION □ **I. Jurid. :** abrogation, annulation, dégradation (milit.), remise, renvoi. **II.** → *concert.*

CASSÉ, E □ **I. Au pr.** → *casser.* **II. Par ext. Quelqu'un :** âgé, anémique, brisé, caduc, courbé, débile, décrépit, estropié, faible, infirme, tremblant, usé, vieux, voûté.

CASSE □ **I.** Bagarre, bris, dégâts, démolition, désagrément, destruction, dommage, ennui, grabuge, perte. **II.** Bassine, lèchefrite, poêle, poêlon, récipient. → *casserole.* **III. Imprim. :** bardeau, casier, casseau. **IV. Loc. Faire un casse** (arg.) : cambrioler. → *voler.*

CASSE-COU □ **I. N. m.** → *danger.* **II. Adj.** Audacieux, brise-tout, brûlot, cascadeur, casse-gueule, étourdi, hardi, imprudent, inconscient, irré-fléchi, présomptueux, risque-tout, téméraire. **III. Loc. Crier casse-cou :** → *avertir.*

CASSE-CROÛTE □ Acompte, amuse-gueule, casse dalle/graine, collation, croustille, en-cas, goûter, mâchon, repas froid/léger/sur le pouce, sandwich.

CASSE-GUEULE □ **I.** → *danger.* **II. Péj. :** → *alcool.*

CASSEMENT □ Bruit, casse-tête, ennui, fatigue, préoccupation, souci, tracas.

CASSE-PIEDS □ → *importun.*

CASSE-PIPES □ → *guerre.*

CASSER □ **I. V. tr. 1. Au pr. :** abîmer, briser, broyer, concasser, craqueler, déchirer, délabrer, désagréger, détériorer, détruire, disloquer, ébrécher, éclater, écorner, écraser, effondrer, émietter, entailler, entamer, éventrer, fêler, fendiller, fendre, fracasser, fractionner, fracturer, fragmenter, monceler, piler, rompre. **2. Chir. :** comminuer. **II. Loc.** (fig.). **1. À tout casser** (fam.) → *extraordinaire.* **Casser les vitres :** chambarder, s'emporter, faire un éclat, manifester, se mettre en colère. **Casser le morceau :** avouer, dénoncer. **Casser du sucre** → *calomnier.* **Casser les pieds/la tête :** assommer, assourdir, ennuyer, étourdir, fatiguer, importuner. **Casser la figure** → *battre.* **Casser les bras :** affaiblir, choquer, couper les bras, décourager, démolir, démoraliser, éreinter, frapper, mettre à plat. **2. Jurid. :** abolir, abroger, annuler, infirmer, rejeter, rescinder, rompre. **3. Milit. :** dégrader. **4. Par ext. :** démettre, déposer, destituer, renvoyer, révoquer, supprimer, suspendre. **III. V. intr. :** céder, craquer, flancher, péter (fam.), tomber. **IV. V. pron. :** → *partir* et les formes pron. possibles des syn. de CASSER.

CASSEROLE □ Casse, sauteuse, sautoir *et par ext.* bouteillon, braisière, cocotte, faitout, friteuse, lèchefrite, marmite, œufrier, pocheuse, poêle, poêlon, poissonnière, turbotière.

CASSE-TÊTE □ **I. Au pr. :** coup-de-poing, gourdin, masse, massue, matraque, merlin, nerf de bœuf. **II.** → *cassement.*

CASSETTE □ → *boîte.*

CASSEUR □ **I.** Récupérateur. **II.** → *hâbleur.* **III.** → *voleur.*

CASSINE □ Villa. → *cabane.*

CASSIS □ **I.** Groseillier noir. **II.** Dos-d'âne, fondrière, nid-de-poule, rigole.

CASSOLETTE □ Brûle-parfum.

CASSURE □ **I. Au pr. :** arête, brèche, brisure, casse, crevasse, faille, fente, fissure, fracture, joint. **II. Par ext. 1.**

→ *débris.* **2.** Coupure, disjonction, dislocation, distinction, fêlure, rupture.

CASTE □ → *rang.*

CASTEL □ Chartreuse, château, folie, gentilhommière, logis, manoir, pavillon, rendez-vous de chasse.

CASTOR □ **I.** Bièvre (vx). **II.** → *coiffure.*

CASTRAMÉTATION □ → *camp.*

CASTRAT □ **I.** Châtré, eunuque. **II.** Chanteur, sopraniste. **III.** Chapon, châtron, hongre. → *châtré.*

CASTRATION □ Bistournage, émasculation, ovariectomie, stérilisation, vasectomie.

CASTRER □ → *châtrer.*

CASUEL, ELLE □ **I. Adj.** : accidentel, contingent, éventuel, fortuit, occasionnel. **II. N. m.** : avantage, émolument, gain, honoraires, profit, rapport, rémunération, rétribution, revenu.

CASUISTE □ **I.** Jésuite, juge, ordinaire, théologien. **II.** Sophiste. → *hypocrite.*

CASUISTIQUE □ **I.** Théologie morale. **II.** Sophistiqué, subtilité. → *hypocrisie.*

CATACLYSME □ Accident, anéantissement, bouleversement, calamité, catastrophe, crise, cyclone, débordement, déluge, désastre, désordre, destruction, dévastation, éruption volcanique, fléau, guerre, inondation, maëlstrom, ouragan, ravage, raz de marée, révolution, ruine, séisme, sinistre, tempête, tornade, tremblement de terre, troubles.

CATACOMBE □ Carrière, cavité, cimetière, excavation, grotte, hypogée, ossuaire, souterrain.

CATADIOPTRE □ Cataphote.

CATAFALQUE □ Cénotaphe, chapelle ardente, décoration funèbre, estrade, mausolée, pompe funèbre.

CATALEPSIE □ Cataplexie, extase, fixité, hypnose, immobilité, insensibilité, léthargie, mort apparente, paralysie, tétanisation.

CATALOGUE □ **I.** Dénombrement, énumération, état, inventaire, liste, mémoire, nomenclature, recueil, relevé, répertoire, rôle. **II.** Bibliographie, collection, fichier, index, table. **III.** Livret, programme. **IV. Rel.** : canon, martyrologe, ménologe. **V. Méd.** : codex, formulaire.

CATALOGUER □ Classer, dénombrer, inscrire, juger (fig.).

CATAPHOTE □ Catadioptre, réflecteur.

CATAPLASME □ Bouillie, embrocation, emplâtre, épithème, fomentation, rigollot, rubéfiant, sinapisme, topique, vésicatoire.

CATAPULTE □ Baliste, bricole, espringale, machine, mangonneau, onagre, scorpion.

CATARACTE □ **I. Au pr.** : → *cascade.* **II. Par ext.** : avalanche, déluge, écluse, torrent, trombe, vanne.

CATARRHE □ Influenza, grippe, refroidissement, rhume de cerveau.

CATASTROPHE □ **I.** → *calamité.* **II.** → *dénouement.* **III.** → *péripétie.*

CATCH □ Lutte, pancrace, pugilat.

CATÉCHISER □ **I. Au pr.** : endoctriner, évangéliser, initier, instruire, moraliser, persuader, prêcher. **II. Par ext. 1.** Chapitrer, gourmander, gronder, réprimander, sermonner. **2.** Dresser, former, styler.

CATÉCHISME □ **I.** Abrégé, catéchèse, instruction, recueil, rudiment. **II.** Credo, dogme, foi. **III.** Capucinade (péj.), leçon de morale, remontrance, sermon.

CATÉGORIE □ **I.** Catégorème, concept, critère, idée. **II. Phil. 1. Les dix catégories d'Aristote** : action, essence, lieu, manière d'être, qualité, quantité, relation, situation, substance, temps. **2. Kant, les quatre classes des douze catégories** : modalité, qualité, quantité, relation. **III. Par ext.** : classe, classification, couche, délimitation, division, espèce, famille, genre, groupe, nature, ordre, race, série, sorte.

CATÉGORIQUE □ Absolu, affirmatif, clair, dogmatique, explicite, formel, franc, impératif, indiscutable, net, péremptoire, positif, précis, strict, volontaire.

CATHARSIS □ **I.** Purgation, purge. **II.** Désinhibition, évacuation, libération.

CATHÉDRALE □ Église, métropole, monument.

CATHOLICISME, CATHOLICITÉ □ Christianisme, Église, papisme (péj.).

CATHOLIQUE □ **I.** Œcuménique, universel. **II.** Baptisé, chrétien, converti, croyant, fidèle, papiste (péj.), pratiquant.

CATIMINI (EN) □ En cachette, en douce, en secret, secrètement, en tapinois.

CATIN □ → *prostituée.*

CAUCHEMAR □ Crainte, délire, hallucination, idée fixe, obsession, peur, rêve, songe, tourment.

CAUCHEMARDESQUE □ → *effrayant.*

CAUDATAIRE □ Suivant. → *flatteur.*

CAUSANT, E □ Communicatif, confiant, expansif, exubérant, loquace, ouvert.

CAUSE □ **I. Au pr.** : agent, artisan, auteur, base, créateur, départ, explication, ferment, fondement, germe, inspiration, instigateur, mère, moteur, motif, moyen, objet, occasion, origine, principe, promoteur, raison, source, sujet. **II. Par ext.** : aboutissement, but, considération, intention, mobile, motif, pourquoi, prétexte. **III. Jurid.** : affaire, chicane, procès. **IV. Méd.** : étiologie. **V. Loc. *À cause de :*** en considération/raison de, par, pour.

CAUSER □ **I. V. tr.** : allumer, amener, apporter, attirer, déterminer, donner lieu, entraîner, exciter, faire, faire naître, fomenter, inspirer, motiver, occasionner, produire, provoquer, susciter. **II. V. intr.** → *bavarder.*

CAUSERIE, CAUSETTE □ **I.** → *conversation.* **II.** → *conférence.*

CAUSEUR, EUSE □ n. et adj. Babillard, bavard, parleur. → *causant.*

CAUSEUSE □ → *canapé.*

CAUSTICITÉ □ → *aigreur.*

CAUSTIQUE □ → *mordant.*

CAUTÈLE □ Chafouinerie, défiance, finesse, habileté, prudence, roublardise, rouerie, ruse. → *hypocrisie.*

CAUTELEUX, EUSE □ Adroit, chafouin, défiant, flatteur, fin, habile, roublard, roué, rusé. → *hypocrite.*

CAUTÈRE □ **I.** Brûlure, escarre, exutoire, plaie artificielle, pointe de feu, ulcération. **II.** Coagulateur, galvanocautère, moxa, stérilisateur, thermocautère.

CAUTÉRISER □ Aseptiser, brûler, nettoyer, purifier, stériliser.

CAUTION □ **I.** Arrhes, assurance, cautionnement, consigne, dépôt, endos, gage, garantie, hypothèque, preuve, sûreté, warrant. **II. Loc. *Sujet à caution*** → *suspect.* **III.** Accréditeur, aval, garant, otage, parrain, répondant, soutien, témoin.

CAUTIONNER □ → *garantir.*

CAVALCADE □ → *défilé.*

CAVALCADER □ → *chevaucher.*

CAVALE □ Haquenée, jument, pouliche, poulinière. **Arg.** → *fuite.*

CAVALER □ → *courir.*

CAVALERIE □ **I.** Écurie, remonte. **II. Par anal.** : arme blindée, chars.

CAVALEUR □ → *coureur.*

CAVALIER, ÈRE □ n. et adj. **I. Nom** : amazone, écuyer, jockey, messager, postier, postillon. **II. Milit.** : argoulet, carabin, carabinier, cent-garde, chasseur, chevau-léger, cornette, cravate, cosaque, cuirassier, dragon, éclaireur, estradiot, gendarme, goumier, guide, hussard, lancier, mameluk, mousquetaire, reître, polaque, spahi, uhlan, vedette. **III.** Chevalier, écuyer, gentilhomme, noble, seigneur. **IV.** Chaperon, chevalier servant, galant, sigisbée. **V.** Déblai, retranchement, talus. **VI. Adj. 1. *Favorable ou neutre :*** aisé, dégagé, élégant, hardi,

libre, souple. **2. *Non favorable :*** arrogant, brusque, désinvolte, hautain, impertinent, inconvenant, insolent, leste, sans gêne.

CAVATINE □ → *chant.*

CAVE □ **I. n. f. 1.** Caveau, caverne, excavation, grotte, oubliette, silo, sous-sol, souterrain. **2.** Chai, cellier, cuvier, vendange, vinée. **3.** enjeu, mise. **II. Adj.** → *creux, naïf.*

CAVEAU □ **I.** → *cave.* **II.** → *cabaret.* **III.** Colombarium, crypte, enfer, hypogée, mausolée, niche, sépulture, tombe, tombeau.

CAVEÇON □ Mors/muselière/sousgorge/têtière de dressage.

CAVÉE □ → *chemin.*

CAVER □ **I.** Approfondir, creuser, fouiller, miner, sonder. **II.** Faire mise, jeter/mettre en jeu, miser.

CAVERNE □ **I. Au pr.** : balme, baume, grotte, spélonque (vx), station archéologique. → *cavité.* **II. Par ext.** : antre, gîte, refuge, repaire, retraite, tanière, terrier.

CAVERNEUX, EUSE □ Bas, grave, profond, sépulcral, sourd, voilé.

CAVIARDER □ Barrer, biffer, censurer, effacer, supprimer.

CAVISTE □ → *sommelier.*

CAVITÉ □ Abîme, alvéole, anfractuosité, antre, aven, bassin, bétoire, brèche, canal, cave, caveau, caverne, cloup, concavité, cratère, creux, crevasse, crypte, doline, embrasure, encoignure, enfoncure, excavation, fente, fosse, fossé, galerie, gouffre, grotte, igue, loge, mine, niche, ouverture, poche, poljé, précipice, puits, rainure, ravin, strie, tranchée, trou, vide.

CÉANS □ Dedans, ici.

CÉCITÉ □ Amaurose, cataracte, goutte de l'œil. → *aveuglement.*

CÉDER □ **I. V. tr.** : abandonner, accorder, aliéner, baisser les bras/pavillon, concéder, délaisser, se dessaisir, donner, livrer, passer, refiler (fam.), rétrocéder, transférer, transmettre, vendre. **II. V. intr. 1.** s'abandonner, abdiquer, acquiescer, approuver, battre en retraite/la chamade, broncher, caler, caner, capituler, composer, concéder, condescendre, consentir, se déculotter (fam.), déférer, écouter, faiblir, flancher, fléchir, s'incliner, jeter du lest, lâcher les pédales (fam.)/pied/prise, mettre les pouces, mollir, obéir, obtempérer, perdre du terrain, se plier, reculer, se rendre, renoncer, se résigner, rompre, se soumettre, succomber, transiger. **2. *Une chose :*** s'abaisser, s'affaisser, casser, cesser, se courber, diminuer, s'écrouler, s'effondrer, s'enfoncer, fléchir, plier, ployer, rompre, tomber.

CÉDULE □ Billet, fiche, liste, ordonnance, titre.

CEINDRE □ **I.** Attacher, ceinturer, entourer, sangler, serrer. **II.** Auréoler, border, clôturer, couronner, disposer, enceindre, encercler, enclore, entourer, enserrer, envelopper, environner, palissader, placer, renfermer.

CEINTURE □ **I.** Bande, bandelette, ceinturon, ceste, cordelière, cordon, écharpe, obi. **II.** Bandage, corset, gaine, sangle, soutien. **III.** Taille, tour de hanches. **IV.** Clôture, encadrement, entourage. **V.** Banlieue, faubourgs, zone.

CEINTURER □ **I.** → *ceindre.* **II.** → *prendre.*

CEINTURON □ Baudrier, porte-épée, porte-glaive.

CÉLADON □ **I.** → *amant.* **II.** → *vert.*

CÉLÉBRATION □ **I.** Anniversaire, cérémonie, commémoration, culte, fête, mémento, mémoire, solennité, souvenir, tombeau (litt.), triomphe. **II.** Apologie, compliment, éloge, encensement, exaltation, gloria, glorification, hosanna, louange, oraison, panégyrique, prône.

CÉLÈBRE □ Connu, distingué, éclatant, éminent, estimé, fameux, glorieux, historique, illustre, immortel, légendaire, renommé, réputé.

CÉLÉBRER □ **I.** Commémorer, fêter, marquer, procéder à, se réjouir, sanctifier, solenniser. **II.** Admirer, chanter, encenser, entonner, exalter, faire l'éloge, fêter, glorifier, louer, préconiser, prôner, publier, rendre hommage/les honneurs/un culte, vanter.

CÉLÉBRITÉ □ **I.** Considération, crédit, éclat, faveur, gloire, marque, nom, notoriété, popularité, renom, renommée, réputation, succès, vogue. **II.** Éminence, personnalité, sommité, vedette.

CELER □ → *cacher.*

CÉLERI □ Ache.

CÉLÉRITÉ □ Activité, agilité, diligence, hâte, empressement, précipitation, prestesse, promptitude, rapidité, vélocité, vitesse, zèle.

CÉLESTE □ → *divin.*

CÉLIBATAIRE □ n. et adj. Catherinette, demoiselle, garçon, homme seul, jeune homme/fille, libre, seul, solitaire, vieille fille, vieux garçon.

CELLERIER □ → *économe.*

CELLIER □ Hangar. → *cave.*

CELLULE □ **I.** Carré, case, chambre, chambrette, loge, logette. **II.** → *cachot.* **III.** Alvéole. **IV.** Groupe, noyau, section.

CELLULOSE □ Viscose.

CELTE □ Breton, celtique, gallois, galate, gaulois.

CELTIQUE □ Breton, celte, cornique, gaélique, gallois, gaulois, kymrique.

CÉNACLE □ Cercle, chapelle, club, école, groupe, pléiade, réunion.

CENDRE □ **I. Au sing. 1. Au pr. :** escarbille, fraisil, lave, lapilli, poussière, résidu, scorie, spodite. **2. Fig.** → *ruine* et *pénitence.* **II. Au pl. :** débris, relique, restes, souvenir.

CENDRILLON □ → *servante.*

CÈNE □ Célébration, communion, repas mystique. → *eucharistie.*

CÉNOBITE □ → *religieux.*

CÉNOTAPHE □ Catafalque, mausolée, monument, sarcophage, sépulture, tombe, tombeau.

CENS □ **I.** Décompte, dénombrement, recensement. **II.** Champart, dîme, imposition, impôt, quotité, redevance, taille.

CENSÉ, E □ Admis, présumé, regardé comme, réputé, supposé.

CENSEUR □ **I.** Aristarque, critique, juge. **II. Péj. 1.** Bégueule, prude. **2.** Contempteur, métaphraste, pédant, zoïle. **III.** Commissaire aux comptes, questeur. **IV.** → *maître.*

CENSIER □ Censitaire, contribuable.

CENSURE □ **I.** Anastasie (fam.), autorisation, contrôle, filtre, imprimatur, index, veto. **II.** Animadversion, blâme, condamnation, critique, désapprobation, désaveu, examen, improbation, jugement, réprimande, réprobation. **III.** Avertissement, excommunication, interdit, monition, observations, recommandations, suspense.

CENSURER □ **I.** Blâmer, critiquer, désapprouver, flétrir, punir, reprendre, reprocher, réprouver, tancer, trouver à redire. **II.** Barrer, biffer, caviarder, condamner, contrôler, couper, défendre, effacer, faire des coupures, gratter, improuver, interdire, retirer, retrancher, sabrer, supprimer, taillader.

CENTAURÉE □ Barbeau, bleuet.

CENTENAIRE □ Antique, séculaire, vieux → *vieillard.*

CENTON □ Mélange, pastiche, potpourri, rhapsodie.

CENTRALISATION □ Concentration, rassemblement, réunification, réunion.

CENTRALISER □ Concentrer, ramener, rassembler, regrouper, réunir.

CENTRE □ **I.** Axe, clef de voûte, cœur, fort, foyer, lieu géométrique, métacentre, milieu, mitan, nœud, nombril, noyau, point, sein. **II. Par ext. 1.** Base, citadelle, fondement, principe, siège. **2.** Agglomération, capitale, chef-lieu, métropole. **3.** Animateur, cerveau, cheville ouvrière, organe essentiel, pivot, promoteur.

CENTRER □ Ajuster, cadrer, mettre au point, régler.

CENTUPLER □ Agrandir, augmenter, décupler, mutiplier.

CÈPE □ Bolet, tête de nègre.

CEPENDANT □ **I. Adv.** : alors, au moment même, en attendant. **II. Conj.** : avec tout cela, en regard de, en tout cas, mais, malgré cela/tout, néanmoins, n'empêche que, nonobstant, pourtant, toujours est-il, toutefois. **III. Loc. conj.** *Cependant que* : alors/durant/pendant/tandis que, au moment où.

CÉRAMIQUE □ Azulejo, biscuit, carreau, émail, faïence, gemmail, grès, platerie, porcelaine, poterie, terre cuite, zellige.

CERBÈRE □ Chien de garde, concierge, garde, garde du corps, gardien, geôlier, molosse, sentinelle, surveillant. → *portier.*

CERCLE □ **I.** Aréole, auréole, cerne, disque, halo, nimbe, périmètre, rond, rondelle. **II. Archit.** : abside, amphithéâtre, arcade, arceau, cintre, cirque, lobe, rosace, voûte. **III. Par ext.** *1.* Circonférence, colure, contour, courbe, écliptique, épicycle, équateur, méridien, orbe, orbite, parallèle, tour, tropique, zodiaque, zone. *2.* Circonvolution, circuit, cycle, giration, périple, révolution, rotation. *3.* Anneau, armille, bague, bracelet, collier, couronne. *4.* Bandage, cerceau, collerette, entourage, frette, roue. *5.* Assemblée, association, chapelle, cénacle, club, école, groupe, réunion, salon, société. *6.* Domaine, étendue, limite, périphérie. *7.* Étreinte, piège, prison, tourbillon.

CERCLER □ Borner, clore, consolider, courber, enclore, entourer, fermer, garnir/munir de cercles, renforcer.

CERCUEIL □ Bière, capule (vx), coffin (rég.), sarcophage, **arg.** Boîte, boîte à dominos, caisse, manteau/paletot de bois/sans manches/de sapin, sapin.

CÉRÉALE □ **I.** Graminée. **II.** Avoine, blé, froment, maïs, millet, orge, riz, seigle, sorgho.

CÉRÉBRAL, E □ → *intellectuel.*

CÉRÉMONIAL □ → *protocole.*

CÉRÉMONIE □ **I.** Célébration, cérémonial, culte, fête, liturgie, office, messe, procession, rite, sacre, sacrement, service divin/funèbre, solennité. **II.** Anniversaire, apparat, appareil, cavalcade, commémoration, cortège, défilé, gala, inauguration, parade, pompe, réception, raout ou rout (angl.). **III. Par anal., au pl.** *1.* Civilités, code, convenances, courtoisie, décorum, déférence, formes, honneurs, politesses, protocole, règles, rite, usages. *2. Péj. :* Affec-

tation, chichis, chinoiseries, complications, embarras, formalités, manières.

CÉRÉMONIEUX, EUSE □ Affecté, apprêté, compliqué, façonnier (fam.), formaliste, guindé, maniéré, mondain, obséquieux, poli, protocolaire, recherché, révérencieux, solennel.

CERF □ Axis, bête fauve (vén.), biche, brocard, daguet, faon, hère, sica, six/dix cors, wapiti. → *cervidé.*

CERISE □ Bigarreau, cerisette, cœur de pigeon, griotte, guigne, guignon, marasque, merise, montmorency.

CERNE □ **I.** → *cercle.* **II.** Bleu, marbrure, poches/valises sous les yeux.

CERNÉ, E □ Par ext. : battu, bouffi, creux, fatigué, gonflé.

CERNER □ → *encercler.*

CERTAIN, AINE □ **I. Une chose :** absolu, admis, assuré, attesté, authentique, avéré, certifié, clair, confirmé, connu, constant, constaté, contrôlé, décisif, démontré, déterminé, effectif, évident, exact, fixe, fixé d'avance, flagrant, fondé, formel, franc, historique, immanquable, inattaquable, incontestable, incontesté, indéniable, indiscutable, indiscuté, indubitable, inévitable, infaillible, invariable, irrécusable, irréfutable, manifeste, mathématique, net, notoire, officiel, palpable, patent, péremptoire, positif, précis, reconnu, réel, rigoureux, sans conteste, solide, sûr, tangible, véridique, visible, vrai. **II. Quelqu'un :** affirmatif, assuré, convaincu, dogmatique, sûr.

CERTAINEMENT, CERTES □ **I.** Absolument , exactement, formellement, incontestablement, indéniablement, indiscutablement, indubitablement. **II.** A coup sûr, avec certitude, fatalement, inévitablement, nécessairement, sûrement. **III.** Assurément, bien sûr, clairement, en vérité, évidemment, franchement, naturellement, nettement, oui, parfaitement, réellement, sans doute, vraiment.

CERTAINS □ D'aucuns, plusieurs, quelques-uns, tels.

CERTIFICAT □ Acte, assurance, attestation, brevet, constat, constatation, diplôme, laissez-passer, papier, parère, passeport, patente, preuve, procès-verbal, référence, témoignage.

CERTIFICATION □ Assurance, authentification.

CERTIFIER □ Affirmer, assurer, attester, authentifier, confirmer, constater, donner/ficher/flanquer son billet (fam.), garantir, légaliser, maintenir, témoigner, vidimer.

CERTITUDE □ **I.** Assurance, conviction, croyance, opinion. **II.** Dogme, évidence, parole d'Évangile, sûreté.

III. Autorité, clarté, fermeté, infaillibilité, netteté. **IV. Loc. *Avec certitude* → *certainement.***

CERVEAU □ **I. Au pr. :** cervelle, encéphale. **II. Par ext. 1.** Cervelle, crâne, matière/substance grise, méninges, petite tête. → *tête.* **2.** Entendement, esprit, intelligence, jugement, jugeote, raison. **3.** Auteur, centre, grand esprit, génie, intelligence, meneur, prophète, visionnaire.

CERVELLE □ **Par ext.** → *cerveau.*

CERVIDÉ □ Caribou, cervicorne, chevreuil, daim, élan, muntjac, orignal, renne, sombar. → *cerf.*

CÉSARISME □ Absolutisme, autocratie, dictature.

CESSATION □ **I. Au pr. 1.** Abandon, annulation, arrêt, disparition, fermeture, fin, liquidation, suppression. **2.** Apaisement, armistice, discontinuation, discontinuité, grève, halte, interruption, pause, relâche, rémission, répit, repos, suspension, trêve, vacation. **3.** Chômage, faillite. **II. Par ext. 1.** Accalmie, bonace. **2.** Aboutissement, échéance, tarissement, terme, terminaison.

CESSE (SANS) □ → *toujours.*

CESSER □ **I. V. intr. 1. Au pr. :** s'apaiser, s'arrêter, se calmer, céder, discontinuer, disparaître, dissiper, s'effacer, s'enfuir, s'évanouir, finir, s'interrompre, perdre de sa vigueur/de son intensité, se tarir, se terminer, tomber, tourner court. **2. Par ext. :** abandonner, abolir, abroger, s'abstenir, achever, briser là, chômer, se déprendre, se détacher, diminuer, s'éteindre, expirer, faire grève, lâcher, mourir, passer, renoncer. **3. *Faire cesser* :** abattre, anéantir, apaiser, arrêter, bannir, briser, calmer, chasser, couper court, détruire, dissiper, écarter, enlever, étouffer, faire tomber, lever, mettre le holà/un frein/un terme, ôter, rabattre, supprimer, suspendre, tuer. **II. V. tr. :** abandonner, arrêter, faire taire, interrompre, suspendre.

CESSIBLE □ Aliénable, négociable, transférable, vendable.

CESSION □ Abandon, abandonnement, aliénation, concession, délaissement, dessaisissement, donation, renonciation, transfert, transmission, transport, vente.

CESSIONNAIRE □ Acquéreur, bénéficiaire, crédirentier, donataire.

C'EST-À-DIRE □ A savoir, disons, entendez, j'en conclus, j'entends, je veux dire, seulement, simplement, surtout.

CÉSURE □ Coupe, coupure, hémistiche, pause, repos.

CÉTACÉ □ **I.** → *baleine.* **II.** Cachalot, dauphin, marsouin, narval, souffleur.

CHABANAIS □ → *chahut.*

CHABLER □ → *gauler.*

CHAFOUIN, INE □ adj. et n. Cauteleux, rusé, sournois. → *hypocrite.*

CHAGRIN, INE □ adj. Abattu, affecté, affligé, aigre, assombri, atrabilaire, attristé, bilieux, bourru, colère, consterné, contrit, désolé, dolent, douloureux, éploré, gémissant, grimaud (vx), hypocondriaque (vx), inconsolable, inquiet, larmoyant, lugubre, maussade, mélancolique, misanthrope, morne, morose, mortifié, peiné, plaintif, sinistre, sombre, soucieux, triste.

CHAGRIN □ **n. m. I. Au pr.** *Ce qu'on éprouve :* accablement, affliction, amertume, consternation, déchirement, déplaisir, désespoir, désolation, douleur, ehnui, mal, malheur, misère, peine, souci, souffrance, tourment, tristesse. **II. Par ext. 1.** Accident, angoisse, contrariété, déboire, déception, dégoût, dépit, désagrément, désappointement, deuil, inquiétude, mécontentement, regret, remords, tracasserie. **2.** Atrabile, bile, cafard, humeur noire, hypocondrie, maussaderie, mauvaise humeur, mélancolie, morosité, spleen.

CHAGRINER □ Affecter, affliger, agacer, angoisser, assombrir, attrister, consterner, contrarier, contrister, décevoir, déchirer, dépiter, désappointer, désenchanter, désespérer, désoler, endeuiller, endolorir, ennuyer, fâcher, faire de la peine, faire souffrir, fendre le cœur, gêner (vx), inquiéter, mécontenter, mortifier, navrer, oppresser, peiner, percer le cœur, rembrunir, potin, torturer, tourmenter, tracasser, tuer (fig.).

CHAHUT □ **Fam. :** Bacchanale, bagarre, barouf, bastringue, bazar, boucan, bousin, brouhaha, bruit, cacophonie, carillon, cassement de tête, chabanais, chambard, charivari, concert, cirque, désordre, dissonance, esclandre, foin, fracas, grabuge, hourvari, huée, pétard, potin, raffut, ramdam, sabbat, scandale, sérénade, tapage, tintamarre, tintouin, tohu-bohu, train, tumulte, vacarme.

CHAHUTER □ **I.** S'agiter, crier, faire du chahut, *et les syn. de* CHAHUT, manifester, perturber, protester. **II.** Bousculer, culbuter, renverser, secouer. **III.** Bizuter (fam.), brimer, lutiner, se moquer, taquiner.

CHAHUTEUR □ → *farceur.*

CHAI □ → *cave.* **loc. :** *maître de chai :* caviste. → *sommelier.*

CHAÎNE □ **I.** Bijou, chaînette, châtelaine, clavier, collier, ferronnière, gourmette, jaseran, jaseron, sautoir. **II. De captif :** alganon, cabriolet, fers, liens, menottes, poucettes. **III. Par ext.** : asservissement, assujettissement, captivité, dépendance, discipline, engagement, entrave, esclavage, gêne, geôle, joug, lien, obligation, prison, servitude, sujétion, tyrannie. **IV. Fig.** : affection, alliance, attache, attachement, liaison, mariage, parenté, union. **V. Par anal.** : association, continuité, cortège, enchaînement, entrelacement, liaison, série, solidité, succession, suite. **VI. Géogr.** : cordillère, serra, sierra.

CHAÎNER □ **I.** → *mesurer.* **II.** → *unir.*

CHAÎNON □ Anneau, maille, maillon.

CHAIR □ **I.** Carnation, corps, enveloppe, forme, muscle, peau, pulpe, tissu. **II. Des animaux. 1.** Venaison, viande. **2. Péj.** : barbaque, bidoche, carne, carogne, charogne. **III. Par métaphore** : concupiscence, faiblesse, instincts sexuels, libido, luxure, nature humaine, sens, sensualité, tentation. **IV. Loc. Œuvre de chair** : accouplement, coït, congrès, copulation, fornication, procréation, rapport sexuel, reproduction, union, *fam.* baisage, baise, besogne (vx). **V.** → *corps.*

CHAIRE □ **I.** Ambon, estrade, pupitre, siège, tribune. **II. Par ext.** : enseignement, prédication, professorat.

CHAISE □ **I.** Caquetoire, chauffeuse, dormeuse. → *siège.* **II. à porteurs** : brouette, filanzane, palanquin, vinaigrette.

CHALAND □ **I.** Balandre, barque, bélandre, bette, coche d'eau, drague, gabarre, marie-salope, ponton. → *bateau.* **II.** Acheteur, amateur, client, clientèle, pratique.

CHÂLE □ Cachemire, carré, écharpe, fichu, pointe, sautoir, taleth (relig.).

CHALET □ Buron, cabane, villa. → *maison.*

CHALEUR □ **I. Au pr. 1.** Caloricité, calorification. **2.** Bouffée/coup/vague de chaleur, canicule, étuve, fournaise, rayonnement, réverbération, touffeur. **II. Par ext. 1. Des sentiments** : amour, ardeur, concupiscence, désir, feu (vx), flamme, folie, libido, lubricité. **2. Des animaux.** *Être en chaleur* : chaudier (vén.), demander/quêter/réclamer/vouloir le mâle, être en chasse/en folie/en rut, retourner à l'espèce, vouloir le veau (bovins). **3. Des passions** : action, animation, animosité, ardeur, brio, cœur, cordialité, courage, élan, empressement, énergie, enthousiasme, entrain, exaltation, excitation, feu, fièvre, flamme, force, impétuosité, lyrisme, passion, promptitude, trempe, véhémence, verve, vie, vigueur, violence, vivacité, zéle.

CHALEUREUX, EUSE □ Amical, animé, ardent, bouillant, chaud, empressé, enflammé, enthousiaste, fanatique, fervent, pressant, prompt, véhément, vif, zélé.

CHALLENGE □ → *compétition.*

CHALOUPE □ Baleinière, berge, bombard, coraillère, embarcation, flette, péniche. → *bateau.*

CHALOUPER □ Se dandiner, danser, se déhancher.

CHALUMEAU □ Flûteau, flûtiau, galoubet, pipeau, tige. → *flûte.*

CHALUTIER □ → *bateau.*

CHAMAILLER (SE) □ → *chicaner, quereller.*

CHAMAILLERIE □ → *querelle.*

CHAMAILLEUR, EUSE □ adj. et n. → *querelleur.*

CHAMARRÉ, E □ → *bariolé.*

CHAMARRER □ → *orner.*

CHAMBARD □ → *chahut.*

CHAMBARDEMENT □ Bouleversement, changement, chaos, dérangement, désorganisation, fatras, fouillis, gâchis, mélange, perturbation, remue-ménage, renversement, révolution, saccage, tohu-bohu, transformation.

CHAMBARDER □ Bouleverser, chambouler, changer, mettre sens dessus dessous, renverser, révolutionner, saccager, transformer.

CHAMBELLAN □ Camérier, officier.

CHAMBOULER □ → *chambarder.*

CHAMBRE □ **I. Au pr. 1.** Antichambre, cabinet, pièce, salle. **2.** Nursery. **3.** Chambrée, dortoir. **4.** Alcôve, cagibi, cellule, chambrette, galetas, mansarde. **II. Fam.** : cambuse, carrée, crèche, gourbi, piaule, taule, turne. **III.** Assemblée, corps, parlement, tribunal. **IV.** Alvéole, case, cavité, compartiment, creux, vide.

CHAMBRÉE □ **I.** → *chambre.* **II.** Auditoire, public, réunion.

CHAMBRER □ **I.** → *enfermer.* **II. Du vin** : réchauffer, tempérer. **III. Fig.** : circonvenir, endoctriner, envelopper, mettre en condition, prendre en main, sermonner.

CHAMBRIÈRE □ Camérière, camériste, femme de chambre, servante.

CHAMEAU □ Camélidé, chamelle, chamelon, dromadaire, méhari → *méchant.*

CHAMOIS □ Bouquetin, mouflon, isard.

CHAMP □ **I. Au pr. 1. Au pl.** : campagne, culture, espace, glèbe, lopin, nature, terrain, terre, terroir. **2. Au sing.** : aspergerie, brûlis, câprière, chaume, chènevière, emblavure, essarts, fougeraie, fourragère, friche, garanchière, garenne, genêtière, genévrière, guéret, houblonnière, labour, luzernière, melonnière, pâtis, pâturage, plantation, prairie, pré, verger. **II.** Arène, carrière, lice, stade. **III. Fig.** : carrière, cercle, domaine, état, matière, objet, occasion, perspective, profession, sphère, sujet. **IV. Loc.** *Champ de courses :* carrière, hippodrome, pelouse, turf. **2.** *Champ de repos* → *cimetière.* **3.** *Champ de foire :* foirail, marché. **4.** *Sur-le-champ :* à l'instant, aussitôt, bille en tête (fam.), comptant, ex abrupto, illico (fam.), immédiatement, instantanément, maintenant, sans délai/désemparer, sur l'heure, tout de suite, vite.

CHAMPART □ Terrage.

CHAMPÊTRE □ Agreste, bucolique, campagnard, pastoral, rural, rustique.

CHAMPI □ → *bâtard.*

CHAMPIGNON □ **I.** Cryptogame. **II.** Agaric, amanite, armillaire, barbe-de-capucin, bolet, boule-de-neige, cèpe, champignon de couche/de Paris, chanterelle, charbonnier, chevalier, clavaire, clitocybe, coprin, corne d'abondance, cortinaire, coucoumelle, coulemelle, entolome, farinier, fistuline, foie-de-bœuf, girolle, golmotte, helvelle, hérisson, hydne, lactaire, langue-de-bœuf, lépiote, marasme, menotte, morille, mousseron, nez-de-chat, oreille-d'ours, oreillette, oronge, phalle impudique, pied-de-mouton, pleurote, polypore, potiron, pratelle, psalliote, rosé, rousset, russule, satyre puant, souchette, tricholome, trompette-de-la-mort, truffe, vesse-de-loup, volvaire.

CHAMPION □ **I.** Recordman, tenant, vainqueur, vedette. **II.** Combattant, concurrent, défenseur, partisan, zélateur. **III.** As, crack, gagnant, leader, maître, virtuose.

CHAMPIONNAT □ → *compétition.*

CHAMPS ÉLYSÉES □ **I.** → *paradis.* **II.** → *enfer.*

CHANCE □ **I.** Atout, aubaine, auspice, baraka, bonheur, étoile, faveur, filon, fortune, frite (fam.), heur (vx), loterie, pêche (fam.), réussite, succès, veine. **II.** Aléa, circonstance, éventualité, hasard, occasion, possibilité, probabilité, risque, sort. **III. Loc.** *Par chance :* d'aventure, éventuellement, incidemment, le cas échéant, par hasard.

CHANCELANT, E □ Branlant, faible, flageolant, hésitant, incertain, oscillant, titubant, trébuchant, vacillant.

CHANCELER □ Basculer, branler, broncher, buter, chavirer, chopper, faiblir, flageoler, fléchir, flotter, glisser, hésiter, lâcher pied, osciller, tituber, trébucher, trembler, vaciller.

CHANCELIER □ Archichancelier, connétable, consul, dataire, garde des Sceaux, consul, dataire, garde des Sceaux, ministre de la Justice, secrétaire.

CHANCELLERIE □ Administration, ambassade, bureaux, consulat, daterie, ministère de la Justice, secrétariat, services.

CHANCEUX, EUSE □ **I.** Aléatoire, aventureux, dangereux, hasardeux, incertain, risqué. **II. Fam. :** chancard, cocu, coiffé, veinard, verni → *heureux.*

CHANCIR □ → *pourrir.*

CHANCRE □ Bobo, bouton, bubon, exulcération, exutoire, lésion, lupus, ulcération. → *abcès.*

CHANDAIL □ Débardeur, gilet, maillot, pull-over, sweater, tricot.

CHANDELIER □ Par ext. : applique, bougeoir, bras, candélabre, flambeau, girandole, lustre, martinet, torchère.

CHANDELLE □ **I.** Bougie, cierge, flambeau, lumignon, luminaire, oribus. **II.** Feu d'artifice, fusée.

CHANGE □ **I. Au pr. :** changement, échange, permutation, troc. **II.** Agio, agiotage, banque, bourse, commission, courtage, marché des valeurs, spéculation. **III.** Arbitrage, compensation. **IV. Loc. 1.** *Agent de change :* coulissier, remisier. **2.** *Lettre de change :* billet à ordre, effet de commerce, traite. **3.** *Donner/prendre le change* → *abuser.*

CHANGEANT, E □ Arlequin, caméléon, capricant, capricieux, chatoyant, divers, élastique, éphémère, fantaisiste, fantasque, flottant, incertain, inconsistant, inconstant, indécis, inégal, infidèle, instable, journalier, labile, léger, lunatique, mobile, mouvant, ondoyant, opportuniste, oscillant, papillonnant, protéiforme, sauteur, touche-à-tout, vacillant, variable, versatile, volage.

CHANGEMENT □ **I.** Abandon, adaptation, aggiornamento, allotropie, altérité, alternance, alternat, amélioration, amendement, assolement, augmentation, avatar, balancement, bascule, cession, change, commutation, conversion, correction, coup de balai, déménagement, dénivellation, dépaysement, déplacement, dérangement, détour, déviation, différence, écart, échange, éclaircie, embellie, émigration, évolution, expatriation, fluctuation, gradation, immigration, inflexion, innovation, interversion, inversion, métamorphose, métaplasme, métaphore, métastase, métonymie, mobilité, modification, modulation, mouvement, mue, mutation, nouveauté, novation, nuance, ondoiement, oscillation, passage, permutation, phase, rectification, réduction, refonte, réformation, réforme, remaniement, remplacement, remue-ménage, renouvellement, rénovation, renversement, retournement, révolution, rotation, saute, substitution, transfiguration, transition, transmutation, transplantation, transport, transposition, transsubstantiation, troc, vacillement, variante, variation, vicariance, virage → *transformation*. **II. Péj.** : abandon, accident, adultération, aggravation, altération, avatar, bouleversement, caprice, corruption, déclassement, défiguration, déformation, dégénérescence, déguisement, dénaturation, dérangement, diminution, falsification, inconstance, infidélité, instabilité, irrégularité, légèreté, palinodie, perversion, réduction, remous, rétractation, retournement, revirement, saute, travestissement, valse, versatilité, vicissitude, virevolte, volte-face, voltige, voltigement.

CHANGER ☐ **I. V. tr. 1.** Agrandir, augmenter, bouleverser, chambarder, chambouler, commuer, convertir, corriger, innover, métamorphoser, modifier, muer, rectifier, refondre, réformer, remanier, renouveler, rénover, renverser, révolutionner, toucher à, transfigurer, transformer, transmuer, transposer, troquer. **2. Péj.** : aggraver, altérer, contrefaire, défigurer, déformer, déguiser, dénaturer, diminuer, fausser, réduire, travestir, truquer. **3. de place** : alterner, bouger, copermuter, déloger, déménager, déplacer, déranger, se détourner, se dévier, écarter, émigrer, enlever, s'expatrier, intervertir, inverser, muter, passer, permuter, tourner bride, transférer, transplanter, transposer, virer → *transporter*. **4. De nom** : débaptiser, rebaptiser. **5. De l'argent** : convertir, échanger. **6. D'attitude, d'opinion** : se convertir, se dédire, évoluer, fluctuer, papillonner, se raviser, se retourner, retourner sa veste, se rétracter, tourner bride/casaque, varier, virer, virevolter, voleter, voltiger. **II. V. int. 1.** Augmenter, diminuer, empirer, évoluer, grandir, passer, rapetisser, tourner, vieillir. **2. Moral** : s'améliorer, s'amender, se corriger, se modifier, se pervertir, se transformer.

CHANOINE ☐ Doyen, grand chantre, primicier, princier, théologal.

CHANSON. ☐ **I.** → *chant*. **II. Fig. : 1.** Babil, bruit, chant, gazouillis, murmure, ramage, refrain, roucoulement. **2.** Bagatelle, baliverne, bateau, billevesée, bourde, calembredaine, conte, coquecigrue, fadaise, faribole, lanterne, sornette, sottise. → *bêtise*.

CHANSONNIER ☐ Auteur, compositeur, humoriste, librettiste, mélodiste. →*chanteur*.

CHANT ☐ **I.** Air, aria, ariette, arioso, aubade, ballade, barcarolle, bardit, berceuse, blues, cantabile, cantilène, cavatine, chanson, chansonnette, complainte, comptine, couplet, épithalame, hymne, incantation, lied, mélodie, mélopée, negro spiritual, péan, pont-neuf, pot-pourri, psalmodie, ranz, récitatif, refrain, rengaine, rhapsodie, ritournelle, romance, ronde, rondeau, roulade, scie, sérénade, spiritual, tyrolienne, variation, vaudeville, villanelle, vocera. **II. Liturg. 1.** Cantate, choral, messe, oratorio. **2.** Antienne, cantique, grégorien, hymne, litanie, motet, plain-chant, prose, psaume, répons, séquence. **3.** Agnus dei, alleluia, dies irae, gloria, hosanna, ite missa est, kyrie, magnificat, miserere, noël, requiem, sanctus, tantum ergo, te deum. **III.** Comédie lyrique/musicale, opéra, opéra-comique, opérette, vaudeville. **IV.** Canon, choral, chœur, duo, polyphonie, trio. **V. Fam. :** → *chahut*. **VI.** → *chanson, poème*.

CHANTAGE ☐ Duperie, escroquerie, extorsion, filouterie, friponnerie, prélèvement, pression, racket, tromperie, truanderie (fam.). → *vol*.

CHANTER ☐ **I. V. intr. 1. Au pr. :** barytonner, bourdonner, chantonner, cultiver/développer/travailler sa voix, déchiffrer, fredonner, jodler, moduler, nuancer, psalmodier, solfier, ténoriser, vocaliser. **2. Fam. et péj. :** beugler, brailler, braire, bramer, chevroter, crier, dégoiser, détonner, s'égosiller, gringotter, hurler, machicoter, miauler, roucouler. **3. Oiseaux :** coqueriquer, crier, gazouiller, jaser, pépier, ramager, roucouler, siffler. → *crier*. **II. V. tr. 1. Au pr. :** exécuter. **2. Péj. :** conter, dire, rabâcher, raconter, radoter, répéter. **3. Chanter victoire :** se glorifier, louer, se vanter.

CHANTERELLE ☐ **I.** Girolle. **II.** → *appelant*.

CHANTEUR ☐ Acteur, aède, artiste, barde, castrat, chansonnier, chantre, choreute, choriste, citharède, coryphée, croque-note (fam.), duettiste, exécutant, interprète, ménestrel, minnesinger, rhapsode, scalde, soliste, troubadour, trouvère, virtuose. → *voix*.

CHANTEUSE ☐ Actrice, artiste, cantatrice, diva, divette, dugazon (vx), prima donna, vedette. → *voix*.

CHANTIER ☐ **I.** Arsenal, atelier, dépôt, entrepôt, fabrique, magasin. **II.** → *chaos*. **III. Loc. En chantier :** en cours/route/train. → *commencer*.

CHANTONNER ☐ → *chanter*.

CHANTRE ☐ → *chanteur*.

CHAOS ☐ Anarchie, bazar, bordel (grossier), bouleversement, cataclysme, chantier, cohue, complication, confusion, débâcle, désordre, désorganisation, discorde, foutoir (pop.), incohérence, marasme, mêlée, méli-mélo, mic-mac (fam.), pastis, pêle-mêle, perturbation, tohubohu, trouble, zizanie.

CHAOTIQUE □ → *confus.*

CHAOUCH □ → *appariteur.*

CHAPARDER □ → *voler.*

CHAPE □ → *manteau.*

CHAPEAU □ → *coiffure.*

CHAPELAIN □ Aumônier. → *prêtre.*

CHAPELET □ I. Ave maria, rosaire. II. → *suite.*

CHAPELLE □ I. → *église.* II. → *coterie.*

CHAPERON □ Duègne, gouvernante, suivante. → *coiffure.*

CHAPERONNER □ Accompagner, conseiller, couvrir, défendre, diriger, garantir, garder, parrainer, patronner, piloter, préserver, protéger, sauvegarder, suivre, surveiller, veiller sur.

CHAPITEAU □ Cirque, tente.

CHAPITRE □ I. Article, livre, matière, objet, partie, question, section, sujet, titre. II. Assemblée, conseil, réunion.

CHAPITRER □ Blâmer, catéchiser, donner/infliger un avertissement/un blâme, faire la leçon/la morale, gourmander, gronder, laver la tête (fam.), morigéner, reprendre, réprimander, semoncer, sermonner, tancer.

CHAPTALISATION □ Sucrage.

CHAQUE □ Chacun, tout.

CHAR □ I. → *chariot.* II. Char d'assaut : blindé, tank.

CHARABIA □ → *galimatias.*

CHARADE □ Devinette, énigme, jeu de mots, rébus.

CHARBON □ Anthracite, boghead, boulet, briquette, coke, combustible, escarbille, gaillette, gailletin, grésillon, houille, lignite, noisette, poussier, tête de moineau, tourbe.

CHARBONNIER □ Bougnat.

CHARCUTER □ → *découper.*

CHARCUTERIE □ Andouille, andouillette, boudin, cervelas, cochonnaille, confit, crépinette, cuisine, fromage de cochon/d'Italie/de tête, galantine, jambon, jambonneau, jésus, lard, mortadelle, panne, pâté, plats cuisinés, porc, rillettes, rosette, salé, saucisse, saucisson.

CHARCUTIER, ÈRE □ Cuisinier, traiteur.

CHARDON □ Fig. → *difficulté.*

CHARGE □ I. Au pr. : ânée, batelée, brouettée, capacité, cargaison, chargement, charretée, contenu, emport, estive, faix, fardeau, fret, lest, mesure, poids, quantité, somme, voiturée. II. **Phys. :** poussée, pression. III. *Loc. En charge :* en fonction, en service,

sous tension. IV. *Fig. 1. Non favorable :* boulet, corvée, embarras, gêne, incommodité, servitude. 2. Dépense, dette, devoir, frais, hypothèque, imposition, impôt, intérêt, obligation, prélèvement, prestation, redevance, responsabilité, servitude. 3. Accusation, inculpation, indice, présomption, preuve. *4.* → *caricature.* 5. Canular, mystification, plaisanterie. 6. Assaut, attaque, chasse, choc, offensive, poursuite. 7. *Favorable ou neutre :* dignité, emploi, fonction, ministère, office, place, poste, sinécure.

CHARGÉ, E □ I. → *plein.* II. → *excessif.* III. → *épais.* IV. Baroque, fleuri, lourd, rococo, tarabiscoté, touffu.

CHARGEMENT □ Arrimage. → *charge.*

CHARGER □ I. Au pr. : arrimer, combler, disposer, embarquer, empiler, emplir, fréter, garnir, lester, mettre, placer, poser, remplir. II. **Avec excès :** accabler, couvrir, écraser, fouler, recouvrir. III. *Fig. 1.* Accuser, aggraver, calomnier, déposer contre, imputer, inculper, noircir. *2. La mémoire :* encombrer, remplir, surcharger. *3. D'obligations :* accabler, écraser, frapper, grever, imposer, obérer, taxer. *4. Des faits :* amplifier, enchérir, exagérer, grossir. *5. Un portrait :* caricaturer, forcer, outrer, tourner en ridicule. *6. D'une fonction :* commettre, commissionner, déléguer, donner à faire, préposer à. *7. Milit. ou vén. :* attaquer, s'élancer, foncer, fondre sur. *8. Forme pron.* → *assumer.*

CHARIOT □ Basterne, berline, binard, briska, caisson, camion, char, charrette, diable, éfourceau, fardier, fourgon, fourragère, guimbarde, kibitké, ribaudequin, triqueballe, trinqueballe, truck.

CHARISME □ Don, égrégore, influence, force.

CHARITABLE □ → *bon.*

CHARITÉ □ → *bonté.*

CHARIVARI □ → *chahut.*

CHARLATAN □ Baraquin, bonimenteur, camelot, empirique, guérisseur, marchand forain, médicastre, morticole, rebouteux. → *hâbleur.*

CHARLATANERIE, CHARLATANISME □ → *hâblerie.*

CHARMANT, E □ Agréable, aimable, amène, amusant, attachant, attirant, beau, captivant, charmeur, enchanteur, enivrant, ensorcelant, ensorceleur, envoûtant, fascinant, galant, gentil, gracieux, grisant, intéressant, joli, merveilleux, piquant, plaisant, ravissant, riant, séducteur, séduisant, souriant.

CHARME □ I. Breuvage, conjuration, enchantement, ensorcellement, envoûtement, envoûture (vx), illusion, incantation, magie, magnétisme, philtre, pouvoir, sorcellerie, sort, sortilège. **II.** Agrément, délice, intérêt, fascination, plaisir, ravissement. **III.** Ascendant, autorité, influence, prestige. **IV.** Appas, attrait, avantages, beauté, chic, chien, élégance, grâce, séduction, sex-appeal, vénusté.

CHARMÉ, E ☐ Comblé, content, émerveillé, enchanté, heureux, ravi, séduit.

CHARMER ☐ **I. Au pr.** : conjurer, enchanter, ensorceler, envoûter, fasciner, hypnotiser. **II. Fig. 1.** Adoucir, apaiser, calmer, tenir sous le charme. **2.** Apprivoiser, attirer, chatouiller, conquérir, émerveiller, entraîner, ravir, séduire, tenter. **3.** Captiver, complaire, délecter, donner dans l'œil/dans la vue, éblouir, enlever, enthousiasmer, flatter, parler aux yeux, transporter, verser l'ambroisie/le miel.

CHARMEUR, EUSE ☐ Enjôleur, ensorceleur, magicien, psylle. → *séducteur.*

CHARMILLE ☐ **I.** Allée, berceau, chemin. **II.** bocage, bosquet. **III.** Haie, palissade, palisse.

CHARNEL, ELLE ☐ **I.** Corporel, naturel, physique, sexuel. **II. Par ext. 1.** Matériel, sensible, tangible, temporel, terrestre. **2.** Animal, bestial, impur, lascif, libidineux, lubrique, luxurieux, sensuel. **3.** Érotique.

CHARNIER ☐ **I.** → *cimetière.* **II.** → *cloaque.*

CHARNIÈRE ☐ Gond, paumelle, penture.

CHARNU, E ☐ Bien en chair, charneux, corpulent, dodu, épais, gras, grassouillet, potelé, replet, rond, rondouillard, rondouillet, viandé (fam.).

CHAROGNE ☐ → *chair.*

CHARPENTE ☐ **I.** → *carcasse.* **II.** → *poutre.* **III.** → *composition.*

CHARPENTER ☐ **I. Au pr.** : charpir, cintrer, contreventer, couvrir, dégauchir, enchaîner, équarrir, lier, menuiser, soutenir, tailler. **II. Fig.** : construire, équilibrer, étayer, étoffer, façonner, projeter.

CHARPIE. ☐ Pansement, plumasseau.

CHARRETIER ☐ Cocher, conducteur, roulier, voiturier.

CHARRETTE ☐ Carriole, char, chariot, chartil, gerbière, haquet, surtout, téléga, tombereau. → *voiture.*

CHARRIER ☐ **I.** → *transporter.* **II.** → *emporter.* **III.** → *exagérer.*

CHARROI ☐ Équipage, train, transport. → *charge.*

CHARROYER ☐ → *charrier.*

CHARRUE ☐ Araire, brabant, buttoir, cultivateur, décavaillonneuse, déchaumeuse, dombasle.

CHARTE ☐ **I.** → *titre.* **II.** → *règlement.*

CHARTREUSE ☐ **I.** → *cloître.* **II.** → *pavillon.*

CHASSE ☐ **I. Au pr.** : affût, art cynégétique, battue, drag (vx), fauconnerie, piégeage, safari, tenderie, traque, vénerie, volerie. **II. Par ext.** → *recherche.*

CHÂSSE ☐ **I.** Boîte, coffre, fierte (vx), reliquaire. **II. Arg.** → *œil.*

CHASSER ☐ **I.** Donner la chasse, poursuivre, quêter. **II.** Balayer, bouter, congédier, débusquer, dégoter (vx), déjucher, déloger, dénicher, dissiper, écarter, éconduire, éjecter, éliminer, enlever, exclure, expulser, faire disparaître/fuir, forcer, mettre à la porte/dehors/en fuite, ostraciser, ôter, pourchasser, purger, reconduire, refouler, rejeter, remercier, renvoyer, repousser, se séparer de, supprimer, vider, vomir. **III. Un gouvernant** : bannir, démettre, déposer, détrôner, évincer, exiler. **IV. Vén.** : battre les buissons, courir, courre (vx), débucher, débusquer, dépister, forlancer, lancer, piéger, quêter, rabattre, refuir, relancer, rembucher, servir. **V.** → *glisser.*

CHASSEUR ☐ **I. 1.** Boucanier, fauconnier, nemrod, piqueur, pisteur, quêteur, rabatteur, trappeur, veneur. **2.** Amazone, chasseresse, chasseuse, diane. **II.** Groom, portier. **III. Par ext.** : braconnier.

CHÂSSIS ☐ → *encadrement.*

CHASTE ☐ **I.** Abstinent, ascétique, continent, honnête, pur, sage, vertueux, vierge. **II.** Angélique, décent, immaculé, innocent, modeste, prude, pudique, virginal.

CHASTETÉ ☐ → *continence.*

CHASUBLE ☐ Dalmatique, manteau.

CHAT, CHATTE ☐ **I.** Chaton, félin, haret, matou. **II. Fam.** : chattemite, greffier, grippeminaud, mimi, minet, minette, minon, minou, mistigri, moumoute, patte-pelu, raminagrobis.

CHÂTAIGNE ☐ **I. Au pr.** : macre, marron. **II. Fig.** → *coup.*

CHÂTEAU ☐ **I.** Bastide, bastille, citadelle, donjon, fort, forteresse. **II.** Castel, chartreuse, demeure, folie, gentilhommière, hôtel, manoir, palais, pavillon, rendez-vous de chasse, résidence. **III. Château d'eau** : réservoir.

CHAT-HUANT ☐ → *hulotte.*

CHÂTIÉ, E ☐ Académique, classique, dépouillé, épuré, poli, pur.

CHÂTIER ☐ **I.** Battre, corriger, patafioler (mérid.), punir, réprimer, sévir. **II.** Corriger, épurer, perfectionner, polir, raboter, rectifier, retoucher, revoir. **III.** Améliorer, guérir de.

CHÂTIMENT □ → *punition.*

CHATOIEMENT □ → *reflet.*

CHATOUILLEMENT □ **I.** → *caresse.* **II.** Agacerie, démangeaison, excitation, impatiences, prurit, titillation. → *picotement.*

CHATOUILLER □ **I.** → *caresser.* **II.** Agacer, démanger, exciter, gratter, horripiler, impatienter, picoter. **III.** Par ext. → *charmer.*

CHATOUILLEUX, EUSE □ Délicat, douillet, sensible. → *susceptible.*

CHATOYANT, E □ Brillant, changeant, coloré, étincelant, imagé, luisant, miroitant, moiré, riche, séduisant.

CHATOYER □ Briller, étinceler, jeter des reflets, luire, miroiter, pétiller, rutiler.

CHÂTRÉ, E □ **I.** Castrat, eunuque. **II.** Bréhaigne, bœuf, chapon, hongre, mouton, mule, mulet, porc.

CHÂTRER □ Bistourner, bretauder, castrer, chaponner, couper, démascler (mérid.), déviriliser, émasculer, hongrer, mutiler, stériliser.

CHATTEMITE □ → *patelin.*

CHATTERIE □ **I.** → *caresse.* **II.** Douceur, friandise, gâterie, sucrerie.

CHAUD, E □ **I.** Bouillant, brûlant, cuisant, étouffant, fumant, incandescent, tiède, torride. **II.** **Fig.** **1.** Amoureux, ardent, chaleureux, décidé, délirant, déterminé, échauffé, emballé, emporté, empressé, enthousiaste, fanatique, fervent, fougueux, frénétique, passionné, pressant, vif, zélé. **2.** Âpre, dur, sanglant, sévère.

CHAUD □ → *chaleur.*

CHAUDRON □ → *ustensile.*

CHAUDRONNERIE □ **I.** Dinanderie. **II.** Batterie/ustensiles de cuisine.

CHAUFFAGE, CHAUFFE □ **I.** Climatisation. **II.** Caléfaction, distillation. **III.** **Appareils :** bassinoire, bouillotte, brasero, calorifère, chaufferette, chauffe-pieds, cheminée, couvet, fourneau, moine, poêle, radiateur, réchaud, thermosiphon.

CHAUFFARD □ → *chauffeur.*

CHAUFFER □ v. tr. **I.** Au pr. : bassiner, braiser, brûler, calciner, cuire, faire bouillir/cuire/réduire, échauffer, embraser, étuver, griller, réchauffer, rendre chaud, rôtir, surchauffer. **II.** **Fig.** **1.** Attiser, exciter, mener rondement, presser. **2.** Bachoter, réviser. **3.** → *voler.* **III.** V. intr. **1.** S'échauffer, être sous pression. **2.** → *barder.*

CHAUFFERETTE □ Bassinoire, moine, réchaud.

CHAUFFEUR □ Automédon (vx), chauffard (péj.), conducteur, écraseur (péj.), machiniste, pilote.

CHAUME □ **I.** Éteule, glui, paille, tige. **II.** → *cabane.*

CHAUMIÈRE, CHAUMINE □ → *cabane.*

CHAUSSE □ **I.** Bas, culotte, gamache, grègue, guêtre, jambière. **II.** **Loc.** *Être aux chausses de :* aux trousses, harceler, poursuivre, serrer de près.

CHAUSSÉE □ **I.** Digue, duit, levée, remblai, talus. **II.** Chemin, piste, route, rue, voie.

CHAUSSE-TRAPE □ → *piège.*

CHAUSSEUR □ → *cordonnier.*

CHAUSSON □ Babouche, ballerine, charentaise, espadrille, mule, pantoufle, patin, savate.

CHAUSSURE □ **I.** Après-ski, boots, botte, bottillon, bottine, brodequin, cothurne, escarpin, galoche, mocassin, nu-pieds, richelieu, sabot, savate, snow-boot, socque, soulier, spartiate. → *chausson.* **II.** **Fam. :** bateau, bottine, chlapin, clape, clapette, croquenot, écrase-merde, galette, godasse, godillot, grolle, latte, péniche, pompe, ribouis, sorlot, tatane.

CHAUVE □ Dégarni, déplumé, pelé.

CHAUVE-SOURIS □ Chiroptère, noctule, oreillard, pipistrelle, rhinolophe, rhinopome, roussette, sérotine, vampire, vespertilion.

CHAUVIN, E □ Belliqueux, borné, cocardier, étroit, fanatique, intolérant, jingo, nationaliste, patriotard, xénophobe.

CHAUVINISME □ Fanatisme, intolérance, jingoïsme, nationalisme, xénophobie.

CHAVIRER □ **I.** V. intr. **1.** S'abîmer, basculer, cabaner, couler, dessaler, faire naufrage, se renverser, se retourner, sombrer. **2.** Chanceler, tanguer, tituber, trébucher, vaciller. **3.** **Loc.** *Les yeux chavirent :* se révulser. **II.** V. tr. **1.** Bousculer, cabaner, renverser. **2.** **Loc.** *Chavirer le cœur/l'estomac :* barbouiller.

CHEF □ **I.** → *tête.* **II.** **1.** Au pr. : administrateur, animateur, architecte, autorité, berger, commandant, conducteur, despote (péj.), dignitaire, directeur, dirigeant, dominateur, entraîneur, fondateur, gouverneur, gradé, guide, leader, maître, meneur, pasteur, patron, responsable, stratège, tête. → *tyran.* **2.** Consul, dictateur, président, régent. → *monarque.* **3.** Échevin, magistrat, maire, ministre. **4.** Abbé, archevêque, archimandrite, ayatollah, commandeur des croyants, dalaï-lama, évêque, imam, métropolite, pape, patriarche, supérieur. **5.** Cacique, cheik, sachem. **6.** Cadre, contremaître, ingénieur. **7.** Cinquantenier, condottiere, doge, dynaste, polémarque, tétrarque, triérarque, vergobret. **8.** *Officier :* amiral, aspirant, capitaine, chef de bataillon/d'escadron, colonel, commandant, enseigne de vaisseau, général, généralissime, lieutenant, lieutenant-colonel, sous-lieutenant. **9. Sous-officier :** adjudant, adjudant-chef, brigadier, caporal, caporal-chef, maître, major, maréchal des logis, maréchal des logis-chef, quartier-maître, second-maître, sergent-chef. **10.** Chef d'orchestre, coryphée (péj.). **11. Chefd'œuvre** → *ouvrage.* **III.** → *cuisinier.* **IV.** → *matière.*

CHEMIN ☐ **I.** Accès, allée, artère, avenue, boulevard, cavée, chaussée, draille, drève, laie, layon, lé, ligne, passage, piste, raidillon, rampe, ravin, rocade, route, rue, sente, sentier, taxiway (aviat.), tortille. **II.** → *voie.* **III.** → *trajet.* **IV.** → *méthode.*

CHEMINEAU ☐ → *vagabond.*

CHEMINÉE ☐ **I.** Âtre, feu, foyer. **II.** Puits, trou.

CHEMINEMENT ☐ Approche, avance, marche, progrès, progression.

CHEMINER ☐ → *marcher.*

CHEMISE ☐ **I.** → *dossier.* **II.** Brassière, camisole, chemisette, combinaison, linge de corps, lingerie, parure, tee-shirt.

CHEMISETTE ☐ → *chemise, corsage.*

CHEMISIER ☐ → *corsage.*

CHENAL ☐ → *canal.*

CHENAPAN ☐ → *vaurien.*

CHÊNE ☐ Rouvre, tauzin, vélani.
Chêne-vert : yeuse.

CHÉNEAU ☐ → *gouttière.*

CHENET ☐ Hâtier, landier.

CHEPTEL ☐ **I. Cheptel vif :** animaux, bergerie, bestiaux, bétail, capital, écurie, étable, troupeau. **II. Cheptel mort :** capital, équipement, instruments, machines, matériel, outillage.

CHER, ÈRE ☐ **I.** Adoré, adulé, affectionné, aimé, bien-aimé, chéri. **II. Une chose :** agréable, aimable, estimable, précieux, rare. **III.** Chérot, coup de barre/de fusil (fam.), coûteux, dispendieux, hors de portée/de prix, inabordable, la peau des fesses (fam.), onéreux, ruineux, salé.

CHERCHER ☐ **I. Un objet :** aller à la découverte/recherche/en reconnaissance, battre la campagne/les buissons, chiner, être en quête, explorer, fouiller, fourrager, fureter, quérir (vx), quêter, rechercher, troller (vén.), triturer. **II. Une solution :** s'appliquer à, se battre les flancs (fam.), calculer, consulter, demander, s'enquérir, enquêter, examiner, imaginer, s'informer, interroger, inventer, se pencher sur, penser/réfléchir à, scruter, sonder, supposer. **III.** S'efforcer, s'évertuer, tâcher, tendre, tenter, viser. **IV.** Intriguer, rechercher,

solliciter. **V. Quelqu'un :** aller/envoyer/faire/venir prendre, quérir, requérir.

CHERCHEUR, EUSE ☐ n. et adj. **I.** Explorateur, orpailleur. **II.** Curieux, enquêteur, érudit, fouineur, fureteur, inventeur, investigateur, savant, spécialiste. **III.** Détecteur.

CHÈRE ☐ Bombance, bonne table, chère lie, gastronomie, menu, ordinaire, plaisir de la table, ripaille.

CHÈREMENT ☐ **I.** → *cher.* **II.** Affectueusement, amoureusement, avec affection/amour/piété/sollicitude/tendresse, pieusement, tendrement.

CHÉRI, E ☐ **I.** → *cher.* **II.** → *amant.*

CHÉRIR ☐ → *aimer.*

CHERTÉ ☐ → *prix.*

CHÉRUBIN ☐ → *enfant.*

CHÉTIF, IVE ☐ **I.** → *faible.* **II.** → *mauvais.* **III.** → *misérable.*

CHEVAL ☐ **I.** Équidé, solipède. **II.** Étalon, foal, hongre, jument, poulain, pouliche, poney, yearling. **III. Fam. 1.** Bidet, bourrin, bourrique, canasson, carcan, carne, carogne, criquet, haridelle, mazette, oignon, rossard, rosse, rossinante, sardine, tréteau, veau, vieille bique. **2.** Coco, dada. **IV.** Cheval d'armes, de chasse/de cirque/de concours/de course/d'élevage/de fond/de parade/de remonte, cob, coureur, courtaud, crack, favori, hunter, postier, sauteur, trotteur. **V.** Cheval sauvage, mustang, tarpan. **VI. Vx ou poét. :** cavale, coursier, destrier, haquenée, palefroi. **VII.** Équipage, monture. **VIII. Races :** andalou, anglais, anglo-normand, arabe, ardennais, auvergnat, barbe, belge, berrichon, boulonnais, bourbonien, breton, camarguais, cauchois, charentais, circassien, comtois, corse, danois, flamand, genet, hanovrien, hollandais, hongrois, irlandais, kabyle, kirghise, klepper, landais, limousin, lorrain, mecklembourgeois, mongol, navarrais, normand, percheron, persan, picard, poitevin, russe, tarbais, tartare, tcherkess, turc. **D'après la couleur** → *robe.* **IX. Loc. Allures du cheval :** Amble, aubin, canter, entrepas, galop, hobin, mésair, pas, trac, train, traquenard, trot. **2. Cheval de bataille.** Fig. : argument, dada, idée fixe. **3. Aller/monter à cheval** → *chevaucher.*

CHEVALERESQUE ☐ → *généreux.*

CHEVALERIE ☐ Féodalité, institution/ordre militaire, noblesse.

CHEVALET ☐ Banc, baudet, chèvre, échafaudage, support, tréteau.

CHEVALIER ☐ **I.** Bachelier (vx), cavalier, écuyer, noble, paladin, preux, suzerain, vassal. **II. Loc. Chevalier d'industrie :** faisan. → *voleur.*

CHEVALIÈRE □ Anneau, armes, armoiries, bague.

CHEVAUCHÉE □ **I. Au pr.** : cavalcade, course, promenade, reconnaissance, traite, tournée. **II. Par ext.** : incursion, investigation, raid.

CHEVAUCHER □ **I. V. intr. 1.** Aller/monter à cheval, caracoler, cavalcader, galoper, parader, trotter. **2.** Se croiser, empiéter, être mal aligné, mordre sur, se recouvrir. **II. V. tr.** : couvrir, enjamber, passer au-dessus/par-dessus, recouvrir. **III. Loc. À chevauchons** (vx) : à califourchon, à cheval, à dada (fam.).

CHEVÊCHE □ → *hulotte.*

CHEVELU, E □ → *poilu.*

CHEVELURE, CHEVEUX □ **I.** Coiffure, toison. **II. Fam.** : crayons, crinière, crins, douilles, plumes, poils, roseaux, tifs, tignasse. → *postiche.*

CHEVILLARD □ Boucher, commissionnaire, grossiste.

CHEVILLE □ Clavette, esse, goujon, goupille, gournable (mar.). **Fig.** : inutilité, pléonasme, redondance, superfluité.

CHEVILLER □ → *fixer/enfoncer.*

CHÈVRE □ **I.** Bique, biquet, biquette, cabri, caprin, chevreau, chevrette, menon, menou. **II.** Appareil de levage, bigue, grue, treuil → *chevalet.*

CHEVREUIL □ Brocard, chevrette, chevrillard, chevrotin.

CHEVRON □ → *poutre.*

CHEVRONNÉ, E □ **I.** → *ancien.* **II** → *capable.*

CHEVROTER □ **I.** → *trembler.* **II.** → *chanter.*

CHEZ-SOI □ → *maison.*

CHIASSE □ → *excrément, diarrhée.*

CHIC □ **I. Nom** → *élégance, habileté.* **II. Adj.** → *aimable, élégant.*

CHICANE, CHICANERIE □ **I.** Avocasserie, incident/procédé dilatoire, procédure, procès. **II.** Argutie, artifice, chinoiserie, contestation, controverse, équivoque, ergotage, ergoterie, logomachie, pointille, pointillerie, subtilité. **III.** Altercation, bagarre, bataille, bisbille, chamaillerie, chipotage, conflit, contradiction, contrariété, critique, démêlé, désaccord, différend, discordance, dispute, marchandage, mésentente, noise, passe d'armes, polémique, querelle, réprimande, scène, tracasserie.

CHICANER □ **I.** Arguer, argumenter, avocasser, batailler, chamailler, chicoter, chipoter, chercher des crosses/noise/la petite bête/des poux/querelle, contester, contrarier, contredire, controverser, critiquer, discuter, disputer, épiloguer, ergoter, gloser, incidenter (vx), objecter, pointiller, polémiquer, provoquer, soule-

ver un incident, tatillonner, trouver à redire, vétiller. **II. 1.** Barguigner, lésiner, marchander. **2.** → *tourmenter.*

CHICANEUR, EUSE, CHICANIER, ÈRE □ Argumenteur, avocassier, batailleur, chercheur, chicoteur, chinois, chipoteur, coupeur de cheveux en quatre, disputailleur, éplucheur d'écrevisses, ergoteur, mauvais coucheur, plaideur, pointilleux, procédurier, processif, querelleur, vétillard, vétilleur, vétilleux.

CHICHE □ **I.** Crasseux, lésineux, parcimonieux. → *avare.* **II.** Chétif, léger, mesquin, mesuré, pauvre, sordide.

CHICHI □ **I.** Affectation, cérémonie, embarras, façon, girie (fam.), manière, mignardise, minauderie, simagrée. **II.** Boucle/mèche de cheveux. → *postiche.*

CHICON □ → *romaine.*

CHICOT □ Croc, débris, dent, fragment, morceau.

CHICOTER □ v. tr. et intr. → *chicaner.*

CHIEN □ **I. Au pr. 1.** Canidé. **2. Chien sauvage :** cabéru, cyon, dingo, lycaon, otocyon. **3.** Chienne, chiot, lice. **4.** Berger, corniaud, garde, gardien, mâtin, policier, roquet. **5. Fam. :** cabot, cerbère, clébard, clebs, toutou. **6. Races :** barbet, bas-rouge, basset, beagle, berger allemand/alsacien/belge/des Pyrénées, bichon, bleu d'Auvergne, bouledogue, braque, briard, briquet, bull-terrier, caniche, carlin, choupille, chow-chow, clabaud, cocker, colley, corneau, danois, dogue, épagneul, fox-terrier, griffon, groenendael, havanais, houret, king-Charles, labrador, levrette, lévrier, limier, loulou, malinois, maltais, mastiff, mâtin, pékinois, pointer, ratier, saint-bernard, saint-hubert, sloughi, terre-neuve, teckel, terrier, vautre. **II. Fig.** : attrait, chic, élégance, sex-appeal.

CHIER □ → *besoins (faire ses).*

CHIFFON □ **I. Au pr.** : chiffre, défroque, drapeau (vx), drille, guenille, haillon, lambeau, loque, morceau, oripeau, peille, pilot, serpillière, souquenille. **II.** → *bagatelle.*

CHIFFONNER □ **I.** Bouchonner, friper, froisser, manier, mettre en tampon, plisser, remuer, tripoter. **II.** Attrister, chagriner, choquer, contrarier, faire de la peine, fâcher, froisser, heurter, intriguer, meurtrir, offenser, piquer, préoccuper, taquiner, tracasser.

CHIFFONNIER, ÈRE □ **I. Au pr.** : biffin, brocanteur, chineur, fripier, grafin, regrattier (vx), trimardeur, triqueur. **II. Par ext.** → *vagabond.* **III.** Bonheur-du-jour, bonnetière, commode, table à ouvrage, travailleuse.

CHIFFRE □ **I.** → *nombre.* **II.** → *somme.* **III.** → *marque.*

CHIFFRER □ **I.** → *évaluer.* **II.** Coder, mettre/transcrire en chiffre/code.

CHIGNER □ Grogner, pleurer, pleurnicher, rechigner, rouspéter.

CHIGNOLE □ → *perceuse.*

CHIMÈRE □ → *illusion.*

CHIMÉRIQUE □ → *imaginaire.*

CHINE □ → *brocante, vente.*

CHINÉ, E □ → *bariolé.*

CHINER □ → *chercher, taquiner.*

CHINOIS, E □ n. et adj. **I. Au pr. :** asiate, asiatique, jaune. **II. Fig.** → *original, compliqué.* **III.** → *tamis.*

CHINOISERIE □ Complication, formalité. → *chicane.*

CHIOT □ → *chien.*

CHIOURME □ → *bagne.*

CHIPER □ → *voler.*

CHIPIE □ → *mégère.*

CHIPOTER □ **I.** → *manger.* **II.** → *chicaner.* **III.** → *hésiter.*

CHIQUÉ □ → *tromperie.*

CHIQUENAUDE □ Croquignole, nasarde, pichenette.

CHIROMANCIEN, ENNE □ → *devin.*

CHIRURGIEN □ Médecin, opérateur, praticien. **Péj. :** boucher, charcutier.

CHIURE □ → *excrément.*

CHOC □ **I.** Abordage, accident, accrochage, carambolage, collision, coup, heurt, percussion, tamponnement, télescopage. **II. Milit. :** affaire, assaut, attaque, bataille, charge, combat, corps à corps, engagement, lutte, offensive. **III. Par ext.** → *émotion.*

CHOCOLAT □ **I.** Cacao. **II.** Bille, bonbon, bouchée, croquette, crotte, pastille, plaque, tablette, truffe.

CHŒUR □ Choral, chorale, manécanterie, orphéon.

CHOIR □ → *tomber.*

CHOISI, E I. → *précieux.* **II.** Oint, prédestiné *et les part. passés possibles des syn. de* CHOISIR.

CHOISIR □ Adopter, aimer mieux, coopter, se décider pour, départager, désigner, distinguer, élire, embrasser, s'engager, faire choix, fixer son choix, jeter son dévolu, mandater, nommer, opter, plébisciter, préférer, prendre, sélecter, sélectionner, trancher, trier sur le volet.

CHOIX □ **I. Au pr. :** acceptation, adoption, cooptation, décision, désignation, élection, nomination, prédilection, préférence, résolution, sélection, triage. **II.** Alternative, dilemme, option. **III.** Assortiment, collection, dessus du panier, échelle, éventail, prix, qualité, réunion, tri. **IV.** Morceaux choisis, recueil. → *anthologie.*

V. Aristocratie, crème, élite, fine fleur, gratin, happy few.

CHOLÉRA □ → *peste, méchant.*

CHÔMAGE □ Crise, manque de travail, marasme, morte-saison.

CHÔMER □ Arrêter/cesser/suspendre le travail, faire le pont → *fêter.*

CHÔMEUR, EUSE □ → *demandeur.*

CHOPINER □ → *enivrer (s').*

CHOPPER □ Achopper, broncher, buter, faire un faux pas, trébucher.

CHOQUANT, E □ → *désagréable.*

CHOQUER □ **I.** Buter, donner contre, frapper, heurter, taper. **II.** Atteindre, blesser, commotionner, contrarier, déplaire, ébranler, écorcher, effaroucher, faire mauvais effet, froisser, heurter, indigner, offenser, offusquer, mécontenter, rebuter, révolter, scandaliser, secouer, sonner mal, soulever l'indignation, traumatiser, vexer.

CHORAL, CHORALE □ → *chœur.*

CHORÉGRAPHIE □ → *danse.*

CHOREUTE, CHORISTE □ → *chanteur.*

CHORUS (FAIRE) □ → *approuver.*

CHOSE □ → *objet, truc.*

CHOSIFIER □ Dépersonnaliser, déshumaniser, réifier.

CHOUCHOU, OUTE □ → *favori.*

CHOUCHOUTER, CHOYER □ → *caresser, soigner.*

CHOUETTE □ **I.** → *hulotte.* **II.** → *beau.*

CHRESTOMATHIE □ → *anthologie.*

CHRÉTIEN, IENNE □ adj. et n. **I.** Baptisé, catholique, copte, orthodoxe, protestant, schismatique. **II.** Fidèle, ouaille, paroissien. **III. Par ext.** *1.* → *bon.* *2.* → *homme.*

CHRONIQUE □ **I. Adj.** → *durable.* **II. Nom.** *1.* → *histoire.* *2.* → *article.*

CHRONIQUEUR □ → *historien.*

CHRONOLOGIE □ → *histoire.*

CHUCHOTEMENT, CHUCHOTERIE □ Bruit, bruissement, chuchotis, gazouillement, gazouillis, murmure, susurrement.

CHUCHOTER □ → *murmurer.*

CHUINTER □ Bléser, zézayer, zozoter.

CHUT □ Paix, silence, taisez-vous.

CHUTE □ **I. Au pr.** *1.* Affaissement, avalanche, croulement, éboulement, écrasement, écroulement, effondrement, glissement. *2.* Bûche, cabriole, carambolage, culbute, dégringolade, gadin, glissade, pelle, plongeon. **II. Méd. :** déplacement, descente, prolapsus, ptôse. **III.** Abdication, capitulation, déconfiture, défaite, disgrâce, échec, faillite, insuccès, renversement. **IV. 1.** Crise, décadence, déchéance, faute, péché, scandale. **2.** Abattement, découragement, démoralisation, perte de confiance. **3.** Baisse, dépréciation, dévaluation. **4.** Bas, extrémité, fin, terminaison. **5.** → *abaissement*. **V.** Rapide. → *cascade*. **VI.** → *déchet*.

CHUTER □ → *baisser, tomber.*

CIBLE □ But, mouche, papegai, papegeai, quintaine.

CIBOULE □ Ciboulette, cive, civette. → *tête.*

CICATRICE □ **I.** Balafre, couture, marque, signe, souvenir, stigmate, trace. **II. Par ext. :** brèche, défiguration, lézarde, mutilation.

CICATRISATION □ Guérison, réparation, rétablissement. **Fig. :** adoucissement, apaisement, consolation, soulagement.

CICATRISER □ **I. Au pr. :** se dessécher, se fermer, guérir. **II. Fig. :** adoucir, apaiser, consoler, soulager.

CICÉRONE □ → *guide.*

CI-DEVANT □ **I. Adv.** → *avant.* **II. Nom** → *noble.*

CIEL □ **I.** Atmosphère, calotte/voûte céleste/des cieux, coupole/dôme du ciel, espace, éther, firmament, infini, nuages, nue (vx), univers. **II. Sing. et pl. :** au-delà, céleste empire/lambris/séjour, éden, empyrée, Jérusalem céleste, là-haut, paradis, patrie des élus, séjour des bienheureux/des élus, walhalla. **III. Par ext.** → *dieu.* **IV. Ciel de lit** → *dais.*

CIERGE □ → *chandelle.*

CIGARE □ Havane, londrès, manille, panatella, panetela, trabuco.

CIGARETTE □ **Arg. :** cibiche, clop, mégot, pipe, sèche, smak, tige.

CI-JOINT □ Ci-annexé, ci-inclus.

CILICE □ **I. Au pr. :** haire. **II. Par ext. :** mortification, pénitence.

CILLER □ **I. V. tr. :** cligner, clignoter, papilloter. **II. V. intr. :** broncher, s'émouvoir, marquer le coup.

CIME □ → *sommet.*

CIMENT □ Béton, liant, lien, mortier.

CIMENTER □ Affermir, amalgamer, consolider, lier, raffermir, sceller, unir.

CIMETERRE □ → *épée.*

CIMETIÈRE □ Catacombe, champ des morts/du repos, charnier, columbarium, crypte, nécropole, ossuaire. **Arg. :** clamart, quatre-arpents.

CINÉASTE □ Chef de production, dialoguiste, metteur en scène, opérateur, producteur, réalisateur, scénariste.

CINÉMA □ **I.** Ciné, cinérama, cinoche (fam.), grand écran, permanent,

salle, salle obscure, spectacle. **II.** → *comédie.*

CINÉMATOGRAPHIER □ Enregistrer, filmer, photographier, prendre un film, tourner.

CINGLANT, E □ Blessant, cruel, dur, sévère, vexant.

CINGLÉ, E, CINOQUE □ → *fou.*

CINGLER □ **I.** Aller, s'avancer, faire route/voile, marcher, naviguer, progresser, voguer. **II. V. tr. 1. Au pr. :** battre, cravacher, flageller, fouailler, fouetter, frapper, fustiger, sangler. **2. Fig. :** attaquer, attiser, blesser, critiquer, exciter, moucher, vexer.

CINTRE □ **I.** Arc, arcade, arceau, cerceau, courbure, ogive, voussure, voûte. **II.** Armature, coffrage. **III.** Portemanteau.

CINTRER □ → *bomber.*

CIRCONFÉRENCE □ → *tour, rond.*

CIRCONFLEXE □ → *tordu.*

CIRCONLOCUTION □ → *périphrase.*

CIRCONSCRIPTION □ → *division.*

CIRCONSCRIRE □ → *limiter.*

CIRCONSPECT, E □ → *prudent.*

CIRCONSPECTION □ Attention, calme, considération, défiance, diplomatie, discernement, discrétion, égard, habileté, ménagement, mesure, modération, politique, précaution, prévoyance, prudence, quant-à-soi, réflexion, réserve, retenue, sagesse.

CIRCONSTANCE □ **I.** Accident, climat, condition, détail, détermination, donnée, modalité, particularité. **II.** Actualité, conjoncture, état des choses, événement, heure, moment, situation, temps. **III.** Cas, chance, coïncidence, entrefaite, épisode, éventualité, hasard, incidence, incident, occasion, occurrence, péripétie. **IV.** À-propos, contingence, opportunité.

CIRCONSTANCIÉ, E □ → *détaillé.*

CIRCONVENIR □ → *séduire.*

CIRCONVOLUTION, CIRCUIT □ → *tour.*

CIRCULATION □ **I.** → *mouvement.* **II.** → *trafic.*

CIRCULER □ → *mouvoir (se).*

CIRER □ Encaustiquer, frotter.

CIRQUE □ **I. Au pr. :** amphithéâtre, arène, carrière, chapiteau, colisée, hippodrome, naumachie, piste, représentation, scène, spectacle, stade, tauromachie, voltige. **II. Fig.** → *chahut.*

CISAILLE □ Cueilloir. → *ciseau.*

CISAILLER □ Ébarber, élaguer. → *couper.*

CISEAU □ **I. Sing. :** bec-d'âne, bédane, berceau, besaiguë, biseau, bouchard, burin, ciselet, cisoir, ébauchoir, fermoir, gouge, gougette, grattoir, matoir, ognette, plane, poinçon, pointe, riflard, rondelle. **II. Plur.** : cisaille, cueille-fleurs, forces, mouchette, sécateur.

CISELER □ **I.** → *tailler.* **II.** → *parfaire.*

CITADELLE □ → *forteresse.*

CITADIN, E □ **I. Adj.** → *urbain.* **II. Nom** → *habitant.*

CITATION □ → *extrait.*

CITÉ □ → *agglomération, village.*

CITER □ **I. Au pr.** : ajourner, appeler en justice, assigner, convoquer, faire sommation/venir, intimer, mander, sommer, traduire en justice. **II. Par ext.** : alléguer, apporter, avancer, consigner, donner/fournir en exemple/référence, évoquer, indiquer, invoquer, mentionner, nommer, produire, rappeler, rapporter, signaler, viser.

CITERNE □ → *réservoir.*

CITOYEN □ → *habitant.*

CITRON □ Agrume, bergamote, cédrat, citrus, lime, limette, limon, poncire. → *agrume.*

CITROUILLE □ → *courge.*

CIVIÈRE □ Bard, bast, bayart, brancard, litière, oiseau.

CIVIL, E □ **I. Adj. 1.** Civique, laïque. **2.** Affable, aimable, bien élevé, convenable, correct, courtois, empressé, galant, gentil, gracieux, honnête, poli. **II. Nom** : bourgeois, pékin (fam.).

CIVILISATION □ Avancement, culture, évolution, perfectionnement, progrès.

CIVILISÉ, E □ → *policé.*

CIVILISER □ → *policer.*

CIVILITÉ □ Affabilité, amabilité, bonnes manières, convenances, correction, courtoisie, éducation, gentillesse, gracieuseté, honnêteté, politesse, raffinement, savoir-vivre, sociabilité, urbanité, usage. **Plur. 1.** Amabilités, amitiés, baisemain, bien des choses, compliments, devoirs, hommages, politesses, salutations. **2.** Cérémonies.

CIVISME □ → *patriotisme.*

CLABAUDER □ → *médire.*

CLABAUDERIE □ → *médisance.*

CLAIE □ **I.** Clayon, clisse, crible, éclisse, sas, tamis, volette. **II.** Bordigue, nasse. **III.** Abri, brisevent, clôture, grille, treillage. **IV.** Hayon, panneau.

CLAIR, E □ **I. 1.** Brillant, éclatant, limpide, luisant, lumineux, net, poli, pur, serein, transparent. **2.** Clairet, clairsemé, léger, rare. **3.** Aigu, argentin, vif. **II. Fig. 1.** Aisé, explicite, facile, intelligible, précis, tranché. **2.** Apparent, certain, distinct, évident, manifeste, notoire, palpable, sûr. **3.** Cartésien, catégorique, délié, formel, lucide, pénétrant, perspicace, sans ambiguïté, sûr, univoque.

CLAIRIÈRE □ Clair, échappée, éclaircie, trouée.

CLAIRON □ Clique, fanfare, trompette.

CLAIRONNER □ → *publier.*

CLAIRSEMÉ, E □ → *épars.*

CLAIRVOYANCE □ → *pénétration.*

CLAIRVOYANT, E □ **I.** → *pénétrant.* **II.** → *intelligent.*

CLAMER □ → *crier.*

CLAMEUR □ → *cri.*

CLAN □ **I.** → *tribu.* **II.** → *coterie.* **III.** → *parti.*

CLANDESTIN, E □ → *secret.*

CLAPET □ Obturateur, soupape, valve.

CLAPIR (SE) □ → *cacher (se).*

CLAQUE □ **I.** → *gifle.* **II.** → *lupanar.*

CLAQUEMENT □ → *bruit.*

CLAQUEMURER □ **I.** → *coffrer.* **II.** → *enfermer.*

CLAQUER □ **I. V. tr. 1.** → *frapper.* **2.** → *dépenser.* **3.** → *fatiguer.* **II. V. intr. 1.** → *rompre.* **2.** → *mourir.*

CLARIFIER □ → *éclaircir, purifier.*

CLARTÉ □ **I.** Clair-obscur, demi-jour, éclat, embrasement, lueur, lumière, nitescence. **II. Fig. 1.** Limpidité, luminosité, pureté, transparence, visibilité. **2.** Intelligibilité, netteté, perspicacité, perspicuité, précision.

CLASSE □ **I. Au pr.** : caste, catégorie, clan, division, état, famille, gent, groupe, ordre, rang, série, standing. **II.** → *école.* **III.** Carrure, chic, chien, dimension, distinction, élégance, génie, présence, talent, valeur.

CLASSEMENT □ Arrangement, bertillonnage, catalogue, classification, collocation, index, nomenclature, ordre, rangement, répertoire, statistique, taxonomie.

CLASSER □ Arranger, assigner, attribuer, cataloguer, classifier, différencier, diviser, grouper, ordonner, placer, ranger, répartir, répertorier, séparer, sérier, subsumer, trier.

CLASSIFICATION □ → *classement.*

CLASSIFIER □ → *classer.*

CLASSIQUE □ → *traditionnel.*

CLAUDICANT, E □ → *boiteux.*

CLAUSE □ **I.** → *disposition.* **II. Loc. Clause pénale :** cautionnement, dédit, dédommagement, garantie, sûreté.

CLAUSTRAL, E □ Ascétique, cénobitique, monacal, monastique, religieux.

CLAUSTRATION □ → *isolement.*

CLAUSTRER □ → *enfermer.*

CLAUSULE □ → *terminaison.*

CLAVECIN □ Clavicorde, épinette, virginal.

CLEF □ I. Sûreté. → *passe-partout, rossignol.* II. Explication, fil conducteur, introduction, sens, signification, solution. III. → *dénouement.*

CLÉMENCE □ → *générosité.*

CLÉMENT, E □ → *indulgent.*

CLERC □ I. → *prêtre.* II. → *savant.* III. Actuaire, commis, employé, principal, saute-ruisseau, secrétaire, tabellion.

CLERGÉ □ Église, ordre. **Péj.** : calotte, curaille, frocaille, prêtraille.

CLICHÉ □ I. Épreuve, image, négatif, pellicule, phototype. II. → *banalité.*

CLIENT, E □ → *acheteur, protégé.*

CLIGNEMENT □ → *clin d'œil.*

CLIGNER, CLIGNOTER □ I. → *ciller.* II. → *vaciller.*

CLIMAT □ I. Ciel, circonstances/conditions atmosphériques/climatiques/météorologiques, régime, température. II. Atmosphère, ambiance, environnement, milieu. → *pays.*

CLIMATÈRE □ Andro/ménopause.

CLIN D'ŒIL □ Battement, clignement, coup d'œil, œillade.

CLINICIEN □ Praticien. → *médecin.*

CLINIQUE □ → *hôpital.*

CLINQUANT □ Camelote, éclat, faux, imitation, pacotille, quincaillerie, simili, verroterie.

CLIQUE □ I. → *orchestre.* II. → *coterie.*

CLIQUETIS □ → *bruit.*

CLOAQUE □ I. **Au pr.** : bourbier, charnier, décharge, égout, margouillis, sentine, voirie. → *water-closet.* II. **Par ext.** *1.* → *abjection. 2.* Bas-fond.

CLOCHARD, E □ Chemineau, cloche, mendiant, trimard, trimardeur, vagabond.

CLOCHE □ I. **Au pr.** : beffroi, bélière, bourdon, campane, carillon, clarine, clochette, grelot, sonnaille, timbre. II. **Poét.** : airain, bronze. III. **Par ext.** : appel, signal, sonnerie. IV. → *boursouflure.* V. → *clochard.* VI. **Adj.** → *bête.*

CLOCHER □ Beffroi, bulbe, campanile, clocheton, flèche, tour.

CLOCHER □ I. Aller à cloche-pied, boiter, broncher, claudiquer, clopiner. II. → *décliner.*

CLOCHETTE □ → *cloche.*

CLOISON □ → *mur, séparation.*

CLOISONNER □ → *séparer.*

CLOÎTRE □ I. Déambulatoire, patio, préau, promenoir. II. Abbaye, béguinage, chartreuse, communauté, cou-

vent, ermitage, monastère, moutier, retraite, trappe.

CLOÎTRER □ → *enfermer.*

CLOPINER □ → *clocher.*

CLOQUE □ → *boursouflure.*

CLOQUER □ I. Gaufrer. → *gonfler.* II. → *donner, mettre, placer.*

CLORE □ → *fermer, entourer, finir.*

CLOS □ → *enceinte, champ, vigne.*

CLÔTURE □ I. **Au pr.** : balustre, barbelé, barricade, barrière, chaîne, claie, échalier, enceinte, entourage, fermeture, grillage, grille, haie, herse, lice, mur, muraille, palanque, palis, palissade, treillage, treillis. II. → *fin.*

CLÔTURER □ → *entourer, finir.*

CLOU □ I. → *pointe.* II. → *abcès.* III. → *mont-de-piété.* IV. → *bouquet.*

CLOUER □ → *fixer.*

CLOUTAGE □ Assemblage, clouage, clouement, fixage, fixation, montage.

CLOWN □ I. Auguste, bateleur, bouffon, gugusse, paillasse, pitre. II. Acrobate, artiste, fantaisiste. → *farceur.*

CLUB □ → *cercle.*

CLUSE □ → *vallée.*

CLYSTÈRE □ → *lavement.*

COACCUSÉ, E □ → *complice.*

COACTION □ → *contrainte.*

COADJUTEUR □ Adjoint, aide, assesseur, auxiliaire, suppléant.

COAGULER □ v. tr. et intr. Caillebotter, cailler, congeler, figer, floculer, grumeler, prendre, solidifier.

COALISER □ → *unir.*

COALITION □ Alliance, archiconfrérie, association, bloc, cartel, collusion, confédération, entente, front, groupement, intelligence, ligue, trust, union.

COALTAR □ → *goudron.*

COASSER □ **Fig.** : bavarder, cabaler, clabauder, criailler, jacasser, jaser, médire.

COBAYE □ Cavia, cochon d'Inde.

COCAGNE □ Abondance, eldorado, paradis, pays des merveilles/de rêve, réjouissance.

COCARDE □ → *emblème.*

COCARDIER, ÈRE □ → *patriote.*

COCASSE □ → *risible.*

COCHE □ I. Berline, carrosse, chaise de poste, courrier, diligence, malle, malle-poste, patache. → *voiture.* II. **Coche d'eau** : bac, bachot, bateau-mouche. → *bateau.* III. → *porc.* IV. → *entaille.*

COCHER □ I. Aurige, automédon, collignon, conducteur, patachier, patachon, phaéton, postillon, roulier, voiturier, voiturin. II. **V. tr.** → *entailler.*

COCHON □ I. **Au pr.** → *porc.* II. **Fig.** *1.* → *obscène. 2.* → *débauché.*

COCHONNAILLE □ → *charcuterie.*

COCHONNER □ → *gâcher.*

COCHONNERIE □ **I.** → *obscénité.* **II.** → *saleté.*

COCOTTE □ Autocuiseur. → *prostituée.*

COCTION □ → *cuisson.*

COCU, E □ n. et adj. Bafoué, berné, blousé, coiffé, cornard, trompé.

COCUFIER □ → *tromper.*

CODE □ → *collection, règlement.*

CODIFIER □ → *régler.*

COEFFICIENT □ Facteur, pourcentage.

COÉQUIPIER □ → *partenaire.*

COERCITION □ → *contrainte.*

CŒUR □ **I.** → *âme.* **II.** → *nature.* **III.** → *sensibilité.* **IV.** → *générosité.* **V.** → *chaleur.* **VI.** → *courage.* **VII.** → *estomac.* **VIII.** → *conscience.* **IX.** → *mémoire.* **X.** → *intuition.* **XI.** → *centre.* **XII.** Loc *1. A cœur ouvert :* avec abandon/confiance, franchement, librement. *2. De bon cœur :* avec joie/plaisir, de bon gré, volontairement, volontiers. **XIII.** *arg. :* chouan, palpitant.

COFFRE □ Arche (vx), bahut, boîte, caisse, caisson, cassette, coffre-fort, coffret, huche, maie, malle. **Fig. :** culot, estomac, souffle, toupet. → *poitrine.*

COFFRER □ Arrêter, claquemurer, emprisonner, mettre à l'ombre/en prison *et les syn. de* PRISON.

COFFRET □ → *boîte.*

COGITER □ → *penser.*

COGNAT □ → *parent.*

COGNÉE □ → *hache.*

COGNER □ **I.** → *battre.* **II.** → *frapper.* **III.** → *heurter.*

COGNITION □ → *conscience.*

COHABITATION □ concubinage, mixité, promiscuité, voisinage.

COHÉRENCE, COHÉSION □ **I.** → *adhérence.* **II.** → *liaison.*

COHÉRENT, E □ → *logique.*

COHORTE □ → *troupe.*

COHUE □ **I.** Affluence, foule, mêlée, multitude, presse. **II.** Bousculade, confusion, désordre, tumulte.

COI, COITE □ **I.** → *tranquille.* **II.** Abasourdi, muet, sidéré, stupéfait.

COIFFE □ Cale (vx), cornette. → *bonnet.*

COIFFER □ → *peigner.* **V.** pron. : fig. → *engouer (s').*

COIFFEUR, EUSE □ Artiste capillaire, barbier, capilliculteur, figaro, merlan (vx), perruquier, pommadier, pommadin, testonneur (vx).

COIFFURE □ **I.** Atour, attifet, barrette, béret, bibi, bi/tricorne, bitos (fam.), boléro, bolivar, bonnet, cagoule, cale, calot, calotte, capuche, capuchon, carré, casque, casquette, castor, chapeau, chapelet (vx), chaperon, chapska, chéchia, coiffe, cornette, couronne, couvre-chef, cramignole (vx), diadème, escoffion, faluche, fanchon, feutre, fez, filet, fontange, foulard, galette, galure, galurin, garcette, hennin, képi, madras, mantille, marmotte, mitre, mortier, mouchoir, panama, passe-montagne, perruque, polo, pschent, résille, réticule, ruban, serre-tête, shako, suroît, talpack, tapebord, tarbouch, tiare, toque, tortil, tortillon, turban, voile. **II.** Accroche-cœur, aile-de-pigeon, à la chien, anglaise, bandeau, boucle, catogan, chignon, frange, macaron, nattes, queue, rouleau, torsade, tresse.

COIN □ **I.** Cachet, empreinte, estampille, marque, poinçon, sceau. **II.** Angle, encoignure, recoin, renfoncement, retrait. **III.** Coin de la rue : croisement, détour, tournant. **IV.** → *pays.* **V.** → *solitude.* **VI.** Bout, extrémité, morceau, partie, secteur. **VII.** Cale, patarasse.

COINCER □ **I.** → *fixer.* **II.** → *prendre.*

COÏNCIDENCE □ Concomitance, concours de circonstances, isochronisme, rencontre, simultanéité, synchronie.

COÏNCIDER □ → *correspondre.*

COÏNTÉRESSÉ, E □ → *associé.*

COÏTER □ → *accoupler (s').*

COL □ → *cou, collet, défilé.*

COLÈRE □ n. Agitation, agressivité, atrabile, bile, bourrasque, courroux, dépit, ébullition, effervescence, emportement, exaspération, foudres, fulmination, fureur, furie, hargne, impatience, indignation, irascibilité, ire, irritation, rage, surexcitation, violence. **Fam. :** à cran/renaud/ressang/ressaut, en boule/groume/pétard/quarante/rogne, fumace.

COLÈRE, COLÉREUX, EUSE, COLÉRIQUE □ Adj. agité, agressif, atrabilaire, bilieux, chagrin, courroucé, emporté, exaspéré, excitable, fulminant, furieux, hargneux, impatient, irascible, irritable, monté contre, rageur, soupe au lait.

COLIFICHET □ → *bagatelle.*

COLIMAÇON □ → *limaçon.*

COLIQUE □ **I. Au pr. 1.** Colite, crampe, débâcle, déchirement d'entrailles, dysenterie, entérite, entérocolite, épreinte, flatuosité, flux de ventre (vx), indigestion, intoxication, occlusion intestinale, tenesme, tiraillement d'intestin, tranchées (vx), trouille, venette. → *diarrhée.* **2.** *Néphrétique :* anurie, dysurie, hématurie. **3.** **De plomb** : saturnisme. **4. Fam.** : chiasse, cliche, courante, foire. **II. Fig.** → *importun.*

COLIS □ → *paquet.*

COLLABORATEUR □ → *associé.*

COLLABORATION □ → *coopération.*

COLLABORER □ → *participer.*

COLLANT, E □ adhésif, gluant, glutineux, visqueux. → *importun.*

COLLATÉRAL, E □ → *parent.*

COLLATION □ **I.** Casse-croûte, cinq à sept, cocktail, en-cas, five o'clock, goûter, lunch, mâchon, quatre heures, rafraîchissement, réfection, régal, souper, thé. **II.** Comparaison, confrontation, correction, lecture, vérification. **III.** Attribution, distribution, remise.

COLLATIONNER □ → *comparer.*

COLLE □ Empois, glu, poix. → *question.*

COLLÉ, E □ → *refusé.*

COLLECTE □ **I.** Cueillette, ramassage, récolte. **II.** → *quête.*

COLLECTER □ → *assembler.*

COLLECTEUR □ **I.** → *conduit.* **II.** → *percepteur.*

COLLECTIF, IVE □ Communautaire. → *général.*

COLLECTION □ **I. Au pr.** : accumulation, amas, appareil, assemblage, assortiment, attirail, compilation, ensemble, foule, groupe, nombre, quantité, ramas (péj.), ramassis (péj.), réunion, tas, variété. **II. Par ext.** : album, anthologie, bibelotage, bibliothèque, catalogue, code, coquillier, discothèque, galerie, herbier, iconographie, médailler, ménagerie, musée, philatélie, pinacothèque, vitrine.

COLLECTIONNER □ Accumuler, amasser, assembler, bibeloter, colliger, entasser, grouper, ramasser, réunir.

COLLECTIONNEUR, EUSE □ Amateur, bibeloteur, bibliomane, bibliophile, chercheur, connaisseur, curieux, fouineur, numismate, philatéliste.

COLLECTIVISER □ → *nationaliser.*

COLLECTIVISME □ Autogestion, babouvisme, bolchevisme, collégialité, communisme, fourriérisme, marxisme, mutuellisme, saint-simonisme, socialisme.

COLLECTIVITÉ □ Collège, communauté, ensemble, phalanstère, société, soviet.

COLLÈGE □ → *corporation, lycée.*

COLLÉGIALE □ → *église.*

COLLÉGIEN, ENNE □ → *élève.*

COLLÈGUE □ Associé, camarade, compagnon, confrère.

COLLER □ **I.** → *appliquer.* **II.** → *mettre.* **III. Fam.** : ajourner, refuser.

COLLER (SE) □ → *attacher (s').*

COLLET □ **I.** Col, colback (fam.), collerette, encolure, fraise, gorgerette, jabot, rabat. **II.** Lacet, lacs, piège. **III. Loc.** **Collet monté** : affecté, guindé, revêche. → *prude.*

COLLETER □ → *lutter, prendre.*

COLLIER □ **I. Au pr.** : bijou, carcan, chaîne, rang de perles, rivière de diamants, sautoir, torque. **II. Par ext.** : harnais, joug. → *servitude.*

COLLIGER □ → *réunir.*

COLLINE □ → *hauteur.*

COLLISION □ → *heurt, engagement.*

COLLOQUE □ → *conversation.*

COLLUSION □ → *complicité.*

COLMATER □ → *boucher.*

COLO, COLONIALE □ Infanterie de marine, la martiale.

COLOMBE □ → *colombin.*

COLOMBIER □ → *pigeonnier.*

COLOMBIN □ **I.** biset, colombe, goura, palombe, palonne, pigeon, pigeonneau, ramier, tourtereau, tourterelle. **II.** → *excrément.*

COLON □ Agriculteur, cultivateur, exploitant, fermier, métayer, planteur, preneur.

COLONIALISME □ Expansionnisme, impérialisme.

COLONIE □ **I.** Ensemble, famille, groupe. **II.** Comptoir, empire, établissement, factorerie, fondation, plantation, protectorat.

COLONISATION □ Colonialisme, expansion, hégémonie, impérialisme.

COLONISER □ Occuper. → *prendre.*

COLONNE □ **I.** Contrefort, fût, montant, pilastre, pilier, poteau, pylône, soutènement, soutien, support. **II.** Aiguille, cippe, obélisque, stèle. **III.** **Colonne vertébrale** : échine, épine dorsale, rachis, vertèbres. **IV.** Commando, escouade, renfort, section.

COLOPHANE □ Arcanson.

COLORATION □ → *couleur.*

COLORÉ, E □ **I.** Barbouillé (péj.), colorié, enluminé, peinturluré, polychrome, teinté. **II.** Animé, expressif, imagé, vif, vivant.

COLORER, COLORIER □ Barbouiller (péj.), barioler, embellir, enluminer, farder, orner, peindre, peinturlurer, rehausser, relever, teindre, teinter.

COLORIS □ → *couleur.*

COLOSSAL, E □ → *gigantesque.*

COLOSSE □ → *géant.*

COLPORTER □ → *répandre.*

COLTINER □ → *porter.*

COLTINEUR □ → *porteur.*

COMA □ Assoupissement, évanouissement, insensibilité, léthargie, perte de connaissance, sommeil, sopor.

COMBAT □ → *bataille, conflit.*

COMBATIF, IVE □ Accrocheur, agressif, bagarreur, baroudeur, batailleur, belliqueux, lutteur, pugnace, querelleur, vif.

COMBATIVITÉ □ → *agressivité.*

COMBATTANT, E □ I. Guerrier, homme, soldat. II. Par ext. 1. Adversaire, antagoniste, challenger, rival. 2. Apôtre, champion, militant, prosélyte.

COMBATTRE □ v. tr. et intr. → *lutter.*

COMBE □ → *vallée.*

COMBINAISON □ I. → *cotte.* II. → *mélange.* III. → *plan.*

COMBINARD □ → *malin.*

COMBINE □ I. Astuce, embrouille, filon, manigance, moyen, planque, système, tour, truc, tuyau. II. Favoritisme, passe-droit, passe-passe, piston.

COMBINER □ I. Allier, arranger, assembler, associer, assortir, composer, coordonner, disposer, joindre, marier, mélanger, mêler, ordonner, réunir, unir. II. Agencer, calculer, concerter, construire, élaborer, gamberger (fam.), imaginer, machiner, manigancer, méditer, organiser, ourdir, préparer, spéculer, trafiquer, tramer.

COMBLE □ I. Adj. → *plein.* II. Nom. 1. Au pr. : supplément, surcroît, surplus, trop-plein. 2. Par ext. : apogée, excès, faîte, fort, limite, maximum, période, pinacle, sommet, summum, triomphe, zénith. 3. Archit. : attique, couronnement, faîte, haut, mansarde, pignon, toit.

COMBLÉ, E □ Abreuvé, accablé, chargé, couvert, gâté, heureux, satisfait.

COMBLER □ I. Emplir, remplir, saturer, surcharger.II. Abreuver, accabler, charger, couvrir, donner, gâter, gorger, satisfaire. III. Aplanir, boucher, bourrer, niveler, obturer, remblayer, remplir. IV. Loc. *Combler la mesure :* → *exagérer.*

COMBUSTIBLE □ Aliment, carburant, *et par ext.* comburant, matière inflammable.

COMBUSTION □ Calcination, crémation, incendie, incinération, inflammation, ignition, oxydation.

COMÉDIE □ I. Arlequinade, bouffonerie, caleconnade, farce, momerie, pantalonnade, pièce, proverbe, saynète, sketch, sotie, spectacle, théâtre, vaudeville. II. Péj. : cabotinage, cinéma, déguisement, feinte, frime, invention, mensonge, plaisanterie, simulation, tromperie, turlupinade. → *subterfuge.*

COMÉDIEN, ENNE □ I. Acteur, artiste, comique, doublure, figurant, interprète, mime, pensionnaire/sociétaire de la Comédie-Française, petit/premier rôle, protagoniste, tragédien. II. Étoile, star, vedette. III. Péj. : baladin, cabot, histrion, ringard. IV. → *farceur, hypocrite.*

COMESTIBLE □ I. Nom → *subsistance.* II. → *mangeable.*

COMICE □ → *réunion.*

COMIQUE □ I. Nom. 1. → *bouffon.* 2. → *écrivain.* II. Adj. 1. Abracadabrant, absurde, amusant, bizarre, bouffe, bouffon, burlesque, caricatural, cocasse, courtelinesque, désopilant, drôle, facétieux, falot, gai, grotesque, hilarant, inénarrable, loufoque, plaisant, ridicule, risible, saugrenu, ubuesque, vaudevillesque. 2. Fam. : au poil, bidonnant, boyautant, cornecul, crevant, fumant, gondolant, impayable, marrant, pilant, pissant, poilant, rigolo, roulant, tordant, transpoil.

COMITÉ □ Commission, soviet. → *réunion.*

COMMANDANT □ → *chef.*

COMMANDE □ I. Achat, ordre. II. Loc. *De commande :* affecté, artificiel, factice, feint, simulé. → *obligatoire.* III. Au pl. : gouvernes, poste de pilotage.

COMMANDEMENT □ I. Avertissement, injonction, intimation, jussion (vx), ordre, sommation. II. Relig. : décalogue, devoir, loi, obligation, précepte, prescription, règle. III. Autorité, direction, pouvoir, puissance, responsabilité. IV. État-major.

COMMANDER □ I. V. tr. 1. Avoir la haute main sur, contraindre, décréter, disposer, donner l'ordre, enjoindre, exiger, imposer, intimer, mettre en demeure, obliger, ordonner, prescrire, recommander, sommer. 2. Conduire, diriger, dominer, gouverner, mener. 3. Appeler, attirer, entraîner, imposer, inspirer, nécessiter, réclamer. 4. Acheter, faire/passer commande. II. V. intr. : dominer, être le maître, gouverner.

COMMANDITER □ → *financer.*

COMMANDO □ → *troupe.*

COMME □ Ainsi que, à l'égal/à l'instar de, autant/de même/non moins/pareillement que, quand.

COMMÉMORATION □ Anniversaire, célébration, commémoraison, fête, mémento, mémoire, rappel, remémoration, souvenir.

COMMÉMORER □ I. → *fêter.* II. → *rappeler.*

COMMENCEMENT □ I. Abc, adolescence, alpha, amorce, apparition, arrivée, attaque, aube, aurore, avènement, balbutiement, bégaiement, berceau, bord, création, début, déclenchement, décollage, démarrage, départ, ébauche, embryon, enfance, entrée, esquisse, essai, exorde, fleur, fondement, inauguration, liminaire, matin, mise en train, naissance, orée, origine, ouverture, point initial, préambule, préface, préliminaires, premier pas, prémice, primeur, prologue, racine, rudiment, seuil, source, tête. **II.** Axiome, postulat, prémisse, principe.

COMMENCER □ **I. V. tr.** : aligner, amorcer, attaquer, débuter, déclencher, démarrer, ébaucher, embarquer, embrayer, emmancher, enfourner (fam.), engager, engrener, entamer, entonner, entreprendre, esquisser, étrenner, fonder, former, inaugurer, instituer, lancer, mener, mettre en œuvre/en route/en train, se mettre/prendre à, ouvrir. **II. V. intr. 1. Au pr.** → *partir.* **2. Fig.** : ânnoner, balbutier, débuter, éclater, éclore, émerger, se lever, naître, poindre, progresser, se risquer, tâtonner *et les formes pronom. possibles des syn. de* COMMENCER.

COMMENSAL □ → *convive.*

COMMENSURABLE □ Comparable, mesurable.

COMMENTAIRE □ **I.** Annotation, critique, exégèse, explication, glose, herméneutique, massorah, note, paraphrase, scolie. **II. Au pl. 1.** → *histoire.* **2.** → *bavardage.*

COMMENTATEUR □ Annotateur, critique, exégète, interprète, massorète, scoliaste.

COMMENTER □ → *expliquer.*

COMMÉRAGE □ → *médisance.*

COMMERCANT, E □ **I. Adj.** → *achalandé.* **II. Nom.** : boutiquier, commissionnaire, consignataire, débitant, détaillant, expéditeur, exportateur, fournisseur, grossiste, marchand, mercanti (péj.), négociant, stockiste, trafiquant (péj.), transitaire.

COMMERCE □ **I. Au pr.** : échange, négoce, offre et demande, trafic, traite (vx). **II. Par ext. 1.** Affaires, bourse, courtage, exportation, importation, marché. **2.** → *magasin.* **3.** → *établissement.* **III. Péj. 1.** Bricolage, brocantage, brocante, friperie, maquignonnage. **2.** → *malversation.* **IV. Fig.** : amitié, fréquentation, rapport, relation.

COMMERCER □ Négocier, trafiquer.

COMMÈRE □ **I. Au pr.** : belle-mère, marraine. **II. Fig.** → *bavard.*

COMMÉRER □ → *médire.*

COMMETTRE □ **I.** → *remettre.* **II.** → *hasarder.* **III.** → *préposer.* **IV.** → *entreprendre.*

COMMINATION □ → *menace.*

COMMINATOIRE □ → *menacant.*

COMMIS, E □ **I.** → *employé.* **II.** → *vendeur.* **III.** → *représentant.*

COMMISÉRATION □ → *pitié.*

COMMISSION □ **I.** → *mission.* **II.** → *course.* **III.** → *comité.* **IV.** → *courtage.* **V.** → *gratification.*

COMMISSIONNAIRE □ → *intermédiaire, messager, porteur.*

COMMISSIONNER □ → *charger.*

COMMISSURE □ Fente, jonction, joint, ouverture, pli, repli.

COMMODE □ **I. Adj. 1.** Agréable, aisé, avantageux, bien, bon, confortable, convenable, facile, favorable, fonctionnel, habitable, logeable, maniable, pratique, propre, vivable. **2.** Libre, relâché. **3. Quelqu'un** : accommodant, agréable, aimable, arrangeant, bon vivant, complaisant, facile, indulgent. **II. Nom** : par ext. armoire, bonheur-du-jour, bahut, bonnetière, chiffonnier, chiffonnière, coffre, semainier.

COMMODITÉ □ **I. Au sing.** : agrément, aise, avantage, confort, facilité, utilité. **II. Au pl.** → *water-closet.*

COMMOTION □ **I.** → *secousse.* **II.** → *ébranlement.* **III.** → *séisme.*

COMMOTIONNER □ → *choquer.*

COMMUER □ → *changer.*

COMMUN, E □ **I.** Accoutumé, banal, courant, habituel, naturel, ordinaire, public, quelconque, rebattu, standard, universel, usuel, utilitaire. **II. Non favorable** : bas, bourgeois, épicier, grossier, inférieur, marchand, médiocre, pauvre, popu, pupulacier, populaire, prolo, prosaïque, trivial, vulgaire. **III. Par ext.** → *abondant.* **IV. Loc. En commun** : en communauté/société, de concert, ensemble.

COMMUN □ → *peuple.* **Au pl.** : ailes, débarras, cuisines, écuries, pavillons, remises, services, servitudes.

COMMUNARD □ Fédéré.

COMMUNAUTÉ □ **I.** → *société.* **II.** → *congrégation.*

COMMUNE □ Agglomération, bourg, bourgade, centre, conseil municipal, municipalité, paroisse, village, ville.

COMMUNICATIF, IVE □ **I.** Causant, confiant, démonstratif, expansif, exubérant, ouvert, volubile. **II.** Contagieux, épidémique, transmissible.

COMMUNICATION □ **I.** Adresse, annonce, avis, confidence, correspondance, dépêche, liaison, message, note, nouvelle, rapport, renseignement. **II.** → *relation.* **III.** Communion, échange, télépathie, transmission.

COMMUNION □ **I.** → *union.* **II. Relig.** : agape, cène, échange, partage, repas mystique, viatique. → *eucharistie.*

COMMUNIQUÉ □ → *avertissement.*

COMMUNIQUER □ **I. V. intr. 1.** Communier, correspondre, s'entendre, se mettre en communication/relation avec. **2. Une chose.** Faire communiquer : commander, desservir, relier. **II. V. tr. 1.** Confier, découvrir, dire, divulguer, donner, échanger, écrire, enseigner, épancher, expliquer, faire connaître/partager/part de/savoir, indiquer, livrer, mander, parler, publier. **2. Une chose :** envahir, gagner, imprimer. **3. Une maladie :** inoculer, passer, transmettre.

COMMUNISME □ → socialisme.

COMMUNISTE □ n. et adj. Babouviste (vx), bolchevik, bolcheviste, partageux (vx), socialiste, soviet.

COMMUTATEUR □ bouton, disjoncteur, interrupteur, jack, relais.

COMMUTATION □ → remplacement.

COMPACT, E □ → épais.

COMPAGNE □ → épouse.

COMPAGNIE □ Assemblée, collège, comité, entourage, réunion, société, troupe.

COMPAGNON □ **I.** Acolyte, ami, associé, camarade, chevalier servant, coéquipier, collègue, commensal, compère, complice (péj.), condisciple, copain (fam.), labadens, partenaire, pote (fam.), poteau (fam.). **II.** → travailleur. **III.** → gaillard.

COMPARABLE □ Analogue, approchant, assimilable, égal, semblable.

COMPARAISON □ **I. Au pr. :** balance, collation, collationnement, confrontation, mesure, parallèle, rapprochement, recension. **II. Par ext. :** allusion, analogie, assimilation, image, métaphore, métonymie, parabole, similitude. **III. Loc. En comparaison de :** auprès/au prix/au regard de, par rapport à.

COMPARAÎTRE □ → présenter (se).

COMPARER □ Analyser, apprécier, balancer, collationner, conférer, confronter, évaluer, examiner, mesurer, mettre au niveau de/en balance/en parallèle/en regard, opposer, parangonner (vx), rapprocher, vidimer.

COMPARSE □ Figurant → complice.

COMPARTIMENT □ Alvéole, case, casier, casse, cellule, classeur, division, subdivision.

COMPARTIMENTER □ → séparer.

COMPAS □ Boussole, rose des vents.

COMPASSÉ, E □ → étudié.

COMPASSION □ Apitoiement, attendrissement, cœur, commisération, humanité, miséricorde, pitié, sensibilité.

COMPATIBILITÉ □ → accord.

COMPATIBLE □ → conciliable.

COMPATIR □ → plaindre.

COMPATISSANT, E □ → bon.

COMPATRIOTE □ → concitoyen.

COMPENDIEUX, EUSE □ → court.

COMPENDIUM □ Abrégé, condensé, digest, somme. → résumé.

COMPENSATION □ **I. 1.** Dédommagement, indemnisation, indemnité, récompense, réparation, retour, soulte. **2.** Balance, contrepoids, égalisation, égalité, équilibre, l'un dans l'autre, moyenne, neutralisation. **II.** Consolation, correctif, revanche. **III. Loc. En compensation :** en échange, en revanche, mais, par contre.

COMPENSER □ Balancer, consoler, contrebalancer, corriger, dédommager, égaliser, équilibrer, faire bon poids, indemniser, neutraliser, réparer.

COMPÈRE □ **I.** → compagnon. **II.** → complice. **III.** Beau-père, parrain.

COMPÈRE-LORIOT □ Chalaze, chalazion, grain d'orge, orgelet.

COMPÉTENCE □ Attribution, autorité, pouvoir, qualité, rayon (fam.), ressort. → capacité.

COMPÉTENT, E □ → capable.

COMPÉTITEUR, TRICE □ → concurrent.

COMPÉTITION □ Challenge, championnat, concours, concurrence, conflit, coupe, course, critérium, épreuve, match, omnium, poule. → rivalité.

COMPILATION □ **I. Au pr. 1.** → collection. **2.** → mélange. **II. Par ext.** → imitation.

COMPLAINTE □ **I. Au pr.** (vx) → gémissement. **II. Par ext.** → chant.

COMPLAIRE □ → plaire.

COMPLAISANCE □ **I.** Affection, amabilité, amitié, attention, bienveillance, bonté, charité, civilité, condescendance, déférence, empressement, facilité, indulgence, obligeance, politesse, prévenance, serviabilité, soin, zèle. **II.** → servilité, plaisir.

COMPLAISANT, E □ **I.** Aimable, amical, attentionné, bienveillant, bon, charitable, civil, déférent, empressé, indulgent, obligeant, poli, prévenant, serviable, zélé. **II. Péj. :** ardélion (vx), arrangeant, commode, coulant, facile, flagorneur, flatteur, godillot, satisfait, servile.

COMPLÉMENT □ → supplément.

COMPLÉMENTAIRE □ → supplémentaire.

COMPLET, ÈTE, □ **II.** → entier. **II.** → plein. **III.** Absolu, exhaustif, intégral, radical, sans restriction, total.

COMPLÈTEMENT □ Absolument, à fond, de fond en comble, de pied en cap, des pieds à la tête, du haut en bas, entièrement, in extenso, jusqu'au bout/aux oreilles, par-dessus les oreilles/la tête, ras le bol (fam.), tout à fait, tout au long.

COMPLÉTER □ Achever, adjoindre, ajouter, améliorer, arrondir, assortir, augmenter, combler, conclure, couronner, embellir, enrichir, finir, parachever, parfaire, perfectionner, rajouter, rapporter, suppléer.

COMPLEXE □ **I. Adj.** → *compliqué.* **II. Nom** → *obsession.* **III.** combinat, ensemble, groupe, groupement, holding, trust.

COMPLEXÉ, E □ → *timide.*

COMPLEXION □ → *mine, nature.*

COMPLICATION □ → *difficulté.*

COMPLICE □ Acolyte, affidé, aide, associé, auxiliaire, baron (arg.), coaccusé, compagnon, comparse, compère, consort, fauteur, suppôt.

COMPLICITÉ □ Accord, aide, assistance, association, collaboration, collusion, compérage, connivence, coopération, entente, entraide, implication, intelligence.

COMPLIMENT □ **I.** → *félicitation.* **II.** → *éloge.* **III.** → *discours.* **IV.** → *civilités.*

COMPLIMENTER □ Applaudir, approuver, congratuler, faire des civilités/politesses, féliciter, flatter, glorifier, louer, tirer son chapeau, vanter.

COMPLIQUÉ, E □ Alambiqué, apprêté, chinois (fam.), complexe, composé, confus, contourné, difficile, embarrassé, emberlificoté (fam.), embrouillé, entortillé, implexe, intriqué (vx), obscur, quintessencié, raffiné, recherché, savant, subtil, touffu, tourmenté, trouble.

COMPLIQUER □ Alambiquer, apprêter, brouiller, chinoiser, couper les cheveux en quatre, embarrasser, emberlificoter (fam.), embrouiller, embroussailler, emmêler, entortiller, intriquer (vx), obscurcir, quintessencier, raffiner, rendre confus.

COMPLOT □ Association, attentat, brigue, cabale, coalition, concert, conciliabule, conjuration, conspiration, coup d'État, coup monté, faction, fomentation, intrigue, ligue, machination, menée, parti, ruse, sédition, trame.

COMPLOTER □ v. tr. et intr. S'associer, briguer, cabaler, se coaliser, se concerter, conjurer, conspirer, intriguer, se liguer, machiner, manigancer, ourdir, projeter, tramer.

COMPLOTEUR □ → *conspirateur.*

COMPONCTION □ **I.** → *regret.* **II.** → *gravité.*

COMPORTEMENT □ → *procédé.*

COMPORTER □ Admettre, autoriser, comprendre, contenir, emporter, enfermer, contenir, emporter, enfermer, impliquer, inclure, justifier, permettre, renfermer, souffrir, supporter. **V. pron. :** → *conduire (se).*

COMPOSANT, E □ Composé, corps, élément, terme, unité. → *partie.*

COMPOSÉ, E □ **I. Adj.** → *étudié, compliqué.* **II. Nom.** → *composant.*

COMPOSER □ **I. V. tr. 1.** Agencer, apprêter, arranger, assembler, associer, bâtir, charpenter, ciseler, combiner, concevoir, confectionner, constituer, créer, disposer, dresser, écrire, élucubrer, faire, faufiler, former, imaginer, jeter les bases, organiser, polir, pondre, préparer, produire, rédiger, sculpter, travailler. **2.** Adopter/se donner/emprunter/prendre une attitude/une contenance, affecter, apprêter, déguiser, étudier. **II. V. intr. 1.** S'accommoder, s'accorder, s'entendre, se faire. **2.** Négocier, pactiser, traiter, transiger. **3.** Capituler, céder, faiblir.

COMPOSITE □ → *mêlé.*

COMPOSITEUR □ **I.** → *musicien.* **II.** → *typographe.*

COMPOSITION □ **I. Au pr. 1.** Agencement, arrangement, assemblage, association, charpente, combinaison, constitution, construction, contexture, coupe, dessin, disposition, ensemble, formation, organisation, structure, synthèse, texture, tissure. **2.** Alliage, composante, teneur. **3.** Colle (fam.), concours, copie, devoir, dissertation, épreuve, examen, exercice, rédaction. **II. Par ext. 1.** Accommodement, accord, compromis, concession, transaction. **2.** Caractère, disposition, humeur, pâte, tempérament. **III.** → *indemnité.*

COMPOST □ Débris, engrais, feuilles mortes, fumier, humus, mélange, poudrette, terreau, terre de bruyère.

COMPOTE □ → *confiture.*

CONPRÉHENSIBLE □ → *intelligible.*

COMPRÉHENSIF, IVE □ → *intelligent.*

COMPRÉHENSION □ → *entendement.*

COMPRENDRE □ **I.** Comporter, compter, contenir, embrasser, enfermer, englober, envelopper, faire entrer, impliquer, inclure, incorporer, intégrer, mêler, renfermer. **II. 1.** → *entendre.* **2.** Apercevoir, concevoir, déchiffrer, interpréter, pénétrer, saisir, sentir, traduire, trouver, voir. *Fam. :* entraver, piger. **3.** Apprendre, atteindre à, connaître, faire rentrer, s'y mettre, mordre, suivre. **4.** S'apercevoir/se rendre compte de. **III. V. pron. :** S'accorder, sympathiser, *et les formes pron. possibles des syn. de* COMPRENDRE.

COMPRESSE □ Gaze, pansement.

COMPRESSER □ → *presser.*

COMPRESSIBLE □ → *élastique.*

COMPRESSION □ **I.** → *réduction.* **II.** → *contrainte.*

COMPRIMÉ □ → *cachet, pilule.*

COMPRIMER □ → *presser.*

COMPRIS, E □ Admis, assimilé, enregistré, interprété, recu, saisi, vu.

COMPROMETTRE □ **I.** → *hasarder.* **II.** → *nuire.*

COMPROMIS □ Accord, amiable composition, amodiation, arbitrage, arrangement, composition, concession, conciliation, convention, cote mal taillée, entente, moyen terme, transaction.

COMPROMISSION □ → *malversation.*

COMPTABLE □ **I. Nom :** caissier, facturier, ordonnateur, receveur, trésorier. **II. Adj. :** garant, responsable.

COMPTE □ **I.** Addition, calcul, dénombrement, différence, énumération, nombre, recensement, somme, statistique, total. **II.** Appoint, arrêté, avoir, balance, bénéfice, bilan, boni, bordereau, bulletin de paie, comptabilité, débet, décompte, découvert, déficit, dépens, écriture, encaisse, facture, gain, liquidation, mécompte, mémoire, montant, précompte, rectificatif, règlement, reliquat, revenant-bon, ristourne, solde, soulte, total. **III. Compte rendu :** analyse, bilan, critique, explication, exposé, memorandum, note, procès-verbal, rapport, récit, relation.

COMPTE-GOUTTES □ Pipette.

COMPTER □ **I. V.tr. 1.** Calculer, chiffrer, computer, dénombrer, inventorier, mesurer, nombrer, précompter, supputer. **2.** Considérer, examiner, peser, regarder. **3.** → *payer.* **4.** Énumérer, facturer, faire payer, inclure, introduire. **5.** Apprécier, considérer, estimer, évaluer, prendre, réfuter comme. **6.** Comprendre, englober, mettre au rang de. **II. V. intr. 1.** Calculer. **2.** → *importer.* **3.** Avoir l'intention, croire, espérer, estimer, former le projet, penser, projeter, se proposer de. **4.** S'attendre à, avoir/tenir pour certain/sûr, regarder comme certain/sûr.

COMPTOIR □ **I.** → *table.* **II.** → *établissement.*

COMPULSER □ **I.** → *examiner.* **II.** → *feuilleter.*

COMPUT □ Ordo. → *calcul.*

COMPUTER □ → *compter.*

CON □ **I.** → *bête.* **II.** → *sexe.*

CONCASSER □ → *broyer, casser.*

CONCASSEUR □ → *broyeur.*

CONCAVE □ **I.** → *creux.* **II.** → *courbe.*

CONCAVITÉ □ → *excavation.*

CONCÉDER □ → *accorder, avouer.*

CONCENTRATION □ **I. Au pr. :** accumulation, agglomération, amas, assemblage, association, cartel, consortium, entente, groupement, rassemblement, regroupement, réunion, trust. **II. Concentration d'esprit :** application, attention, contention, recherche, recueillement, réflexion, tension.

CONCENTRÉ, E □ **I.** → *condensé.* **II.** → *secret.*

CONCENTRER □ **I. Au pr. :** accumuler, assembler, centraliser, diriger vers, faire converger, grouper, rassembler, réunir. **II. Un liquide :** condenser, cohober, diminuer, réduire. **III. Fig. :** appliquer son énergie/son esprit/ses forces/ses moyens, canaliser, focaliser, polariser, ramener, rapporter, se recueillir, réfléchir, tendre. **IV. Ses passions :** contenir, dissimuler, freiner, refouler, renfermer, rentrer. **V. V. pron. : 1.** → *penser.* **2.** → *renfermer (se).*

CONCEPT □ → *idée.*

CONCEPTION □ **I.** → *entendement.* **II.** → *idée.*

CONCERNER □ S'appliquer à, dépendre de, être de la juridiction/du rayon/relatif à/du ressort, intéresser, porter sur, se rapporter à, regarder, relever de, toucher.

CONCERT □ **I.** Aubade, audition, cassation, divertissement, récital, sérénade. **II. Fig.** → *chahut.* **III.** Accord, ensemble, entente, harmonie, intelligence, union. **IV. Loc. De concert :** concurremment, conjointement, de connivence, de conserve, en accord/harmonie, ensemble.

CONCERTÉ, E □ → *étudié.*

CONCERTER □ → *préparer.* **V. pron.** → *entendre (s').*

CONCESSION □ **I.** → *cession.* **II.** → *tombe.* **III.** → *renoncement.*

CONCETTO, CONCETTI □ Bon mot, pensée, mot/trait d'esprit/piquant.

CONCEVABLE □ → *intelligible.*

CONCEVOIR □ **I.** → *créer.* **II.** → *entendre.* **III.** → *trouver.*

CONCIERGE □ → *portier.*

CONCILE □ → *consistoire, réunion.*

CONCILIABLE □ Accordable, compatible. → *possible.*

CONCILIABULE □ **I.** → *consistoire.* **II.** → *réunion.* **III.** → *conversation.*

CONCILIANT, E □ Accommodant, apaisant, arrageant, conciliateur, coulant, diplomate, doux, facile, traitable.

CONCILIATEUR, TRICE □ Arbitre, intermédiaire, médiateur.

CONCILIATION □ → *compromis.*

CONCILIER □ **I.** Accorder, allier, arbitrer, arranger, mettre d'accord, raccommoder, réconcilier, réunir. **II.** Adoucir, ajuster, faire aller/cadrer/concorder, harmoniser. **III. V. pron.** → *gagner.*

CONCIS, E □ Bref, dense, dépouillé, incisif, laconique, lapidaire, lumineux, nerveux, net, précis, ramassé, sec, serré, sobre, succinct. → *court.*

CONCISION □ Brachylogie, brièveté, densité, laconisme, netteté, précision, sécheresse, sobriété.

CONCITOYEN, ENNE □ Compagnon, compatriote, pays (fam.).

CONCLUANT, E □ Convaincant, décisif, définitif, irrésistible, probant.

CONCLURE □ **I. Une affaire :** s'accorder, achever, arranger, arrêter, clore, contracter une obligation, convenir de, couronner, s'entendre, finir, fixer, mener à bonne fin, passer/signer/traiter un arrangement/une convention/un marché/un traité, régler, résoudre, terminer. **II. Par ext. 1.** Arguer, argumenter, conduire un raisonnement, déduire, démontrer, induire, inférer, juger, opiner, prononcer un jugement, tirer une conclusion/une conséquence/une leçon. **2. V. intr. :** décider, prendre une décision, se résoudre.

CONCLUSION □ **I.** Arrangement, clôture, convention, couronnement, dénouement, entente, épilogue, fin, péroraison, règlement, solution, terminaison. **II.** Conséquence, déduction, enseignement, leçon, morale, moralité, résultat.

CONCOMBRE □ Coloquinte, cornichon, cucurbitacée, zuchette.

CONCOMITANCE □ Accompagnement, coexistence, coïncidence, rapport, simultanéité.

CONCOMITANT, E □ Coexistant, coïncident, secondaire, simultané.

CONCORDANCE □ **I.** → *rapport.* **II.** → *conformité.*

CONCORDAT □ → *traité.*

CONCORDE □ → *union.*

CONCORDER □ → *correspondre.*

CONCOURIR □ → *participer.*

CONCOURS □ **I.** → *compétition.* **II.** → *examen.* **III.** → *multitude.* **IV.** → *rencontre.* **V.** → *appui.* **VI.** → *exposition.*

CONCRET, ÈTE □ **I.** → *épais.* **II.** → *réel.* **III.** → *manifeste.*

CONCRÉTISER □ → *matérialiser.*

CONCUBINAGE □ → *cohabitation.*

CONCUBINE □ → *maîtresse.*

CONCUPISCENCE □ Amour, appétit, avidité, bestialité, chair, convoitise, cupidité, désir, faiblesse, instinct, lasciveté, libido, penchant, sens, sensualité, soif de plaisir.

CONCUPISCENT, E □ → *lascif.*

CONCURRENCE □ → *lutte.*

CONCURRENT, E □ n. et adj. Adversaire, candidat, challenger, champion, compétiteur, contendant (vx), émule, outsider, participant, rival.

CONCUSSION □ → *malversation.*

CONDAMNABLE □ Blâmable, critiquable, déplorable, inexcusable, répréhensible.

CONDAMNATION □ **I. La peine :** anathématisation, arrêt, bagne, bannissement, bûcher, confiscation, damnation, décision, déportation, détention, exil, expatriation, index, indignité nationale, interdiction de séjour, interdit, peine, prison, prohibition, punition, réclusion, relégation, sanction, sentence. **II. L'action :** accusation, animadversion, attaque, blâme, censure, critique, désaveu, interdiction, procès, réprimande, réprobation.

CONDAMNÉ, E □ Bagnard, banni, déporté, détenu, repris de justice, transporté. → *prisonnier.*

CONDAMNER □ **I.** → *blâmer.* **II.** → *obliger.* **III.** → *fermer.*

CONDENSATION □ Accumulation, pression, tension.

CONDENSÉ, E □ **I. Au pr. :** concentré, réduit. **II. Fig.** → *dense, court.*

CONDENSER □ → *resserrer.*

CONDESCENDANCE □ **I.** → *complaisance.* **II.** → *dédain.*

CONDESCENDANT, E □ → *complaisant, dédaigneux.*

CONDESCENDRE □ **I.** → *abaisser (s').* **II.** → *céder.* **III.** → *daigner.*

CONDIMENT □ → *assaisonnement.*

CONDISCIPLE □ → *camarade.*

CONDITION □ **I.** → *état.* **II.** → *rang.* **III.** → *disposition.* **IV. Loc.** (vx). *De condition* → *noble.*

CONDITIONNER □ déterminer. → *fixer.*

CONDOLÉANCE □ → *sympathie.*

CONDOM □ → *préservatif.*

CONDUCTEUR, TRICE □ → *chauffeur, guide.*

CONDUIRE □ **I. Au pr. :** accompagner, chaperonner, diriger, emmener, entraîner, faire aller/venir, guider, manœuvrer, mener, piloter, promener, raccompagner, reconduire. **II. Par ext. 1.** Aboutir, amener, canaliser, déboucher. **2.** Conclure, déduire, induire, introduire, raisonner. **3.** Administrer, animer, commander, diriger, entraîner, exciter, gérer, gouverner, influencer, pousser, soulever. **4.** Acculer, convaincre, persuader, réduire. **5.** Driver. **III. V. pron. :**

Agir, se comporter, se diriger, procéder, en user, vivre.

CONDUIT □ **I.** Boyau, canal, canalicule, canalisation, carneau, chemin, conduite, drain, écoulement, méat, tube, tubulure, tuyau. **II.** Aqueduc, buse, cheneau, collecteur, égout, goulotte, gouttière, reillère, tuyauterie.

CONDUITE □ **I.** → conduit. **II.** → procédé. **III.** → direction.

CONFECTION □ → fabrication.

CONFECTIONNER □ → produire.

CONFÉDÉRATION □ **I.** → alliance. **II.** → fédération.

CONFÉDÉRÉ, E □ n. et adj. → allié.

CONFÉDÉRER □ → unir.

CONFÉRENCE □ **I.** → conversation. **II.** Assemblée, colloque, congrès, conseil, consultation, entretien, réunion, séminaire, symposium, table ronde. **III. Péj. :** palabre, parlote.

CONFÉRENCIER, ÈRE □ → orateur.

CONFÉRER □ **I.** → comparer. **II.** Administrer, attribuer, déférer, donner.

CONFESSER □ → convenir de.

CONFESSEUR □ **I.** Prosélyte, témoin. **II.** Aumônier, directeur de conscience/spirituel.

CONFESSION □ **I. Au pr. :** autocritique, aveu, déballage (fam.), déclaration, reconnaissance. **II. Par ext. :** credo, croyance, église, foi, religion. **III.** → regret.

CONFIANCE □ **I. Au pr. : 1.** Aplomb, assurance, courage, culot (fam.), hardiesse, outrecuidance, présomption, toupet (fam.). **2.** Foi, sécurité. **II.** → abandon. **III.** → espérance.

CONFIANT, E □ **I. 1.** Assuré, hardi, sûr de soi. **2.** Communicatif, ouvert. **II. Péj. :** → naïf, présomptueux.

CONFIDENCE □ **I. Vx** → confiance. **II.** Révélation, secret.

CONFIDENT, E □ Affidé, ami, confesseur, dépositaire.

CONFIDENTIEL, ELLE □ → secret.

CONFIER □ Abandonner, communiquer, conférer, déléguer, faire tomber, laisser, livrer, mandater, remettre, souffler/verser dans l'oreille. **V. pron. :** s'épancher, se fier, s'ouvrir. **Fam. :** déballer, se déboutonner, et les formes pron. possibles des syn. de CONFIER.

CONFIGURATION □ → forme.

CONFINER □ → reléguer.

CONFINS □ → limite.

CONFIRMATION □ Affirmation, approbation, assurance, attestation, certitude, consécration, continuation, entérinement, garantie, homologation, légalisation, maintenance (vx), maintien, preuve, ratification, reconduction, renouvellement, sanction, validation, vérification.

CONFIRMER □ **I.** Affermir, affirmer, approuver, appuyer, assurer, attester, certifier, consacrer, cimenter, compléter, corroborer, démontrer, entériner, garantir, homologuer, légaliser, légitimer, mettre un sceau, plébisciter, prouver, ratifier, réglementer, renforcer, sanctionner, sceller, valider, vérifier. **II. Quelqu'un :** Encourager, fortifier, soutenir. **III. V. pron. :** s'avérer et les formes pron. possibles des syn. de CONFIRMER.

CONFISCATION □ Annexion, appropriation, embargo, expropriation, gel, immobilisation, mainmise, prise, privation, saisie, suppression.

CONFISERIE □ → friandise.

CONFISQUER □ → prendre.

CONFITURE □ Compote, conserve de fruits, cotignac, gelée, marmelade, orangeat, pâte, prunelée, raisiné, roquille, tournures (vx).

CONFLAGRATION □ **I.** → incendie. **II.** → guerre.

CONFLICTUEL, ELLE □ → sérieux.

CONFLIT □ **I.** → guerre. **II.** Antagonisme, compétition, contestation, désaccord, dispute, lutte, opposition, rivalité, tiraillement.

CONFLUENT □ **I. Nom :** affluent, bec, jonction, rencontre. **II. Adj. :** concourant, convergent.

CONFLUER □ Affluer, se joindre, se rejoindre, se réunir, s'unir.

CONFONDRE □ **I. Au pr. :** amalgamer, associer, effacer les différences, entrelacer, fondre, fusionner, identifier, mélanger, mêler, réunir, unir. **II. Par ext. : 1.** → humilier. **2.** → convaincre.

CONFONDU, E □ **I.** → confus. **II.** → surpris. **III.** → consterné.

CONFORMATION □ → forme.

CONFORME □ **I.** → semblable. **II.** → convenable.

CONFORMÉMENT □ D'après, en conformité/conséquence, selon, suivant.

CONFORMER □ → former. **V. pron. :** → soumettre (se), régler (se).

CONFORMISTE □ Béni-oui-oui, conservateur, intégriste, orthodoxe, traditionnaliste.

CONFORMITÉ □ Accord, affinité, analogie, concordance, convenance, correspondance, harmonie, rapport, ressemblance, similitude, sympathie, unanimité, union, unisson, unité.

CONFORT □ Aise, bien-être, commodité, luxe, niveau de vie, standing.

CONFORTABLE □ → commode.

CONFORTER □ → consoler.

CONFRÈRE □ → collègue.

CONFRÉRIE □ Association, communauté, congrégation, corporation, corps, gilde, guilde, réunion.

CONFRONTATION □ → comparaison.

CONFRONTER □ → comparer.

CONFUS, E □ **I.** Chaotique, confondu, désordonné, disparate, indistinct, pêle-mêle. **II. Fig. 1.** Alambiqué, amphigourique, brouillé, brouillon, cafouilleux, compliqué, embarrassé, embrouillé, entortillé, équivoque, filandreux, incertain, indécis, indéterminé, indigeste, indistinct, inintelligible, lourd, nébuleux, obscur, vague. **2. Quelqu'un :** camus, capot, déconcerté, désolé, embarrassé, ennuyé, honteux, penaud, piteux, quinaud, sot, troublé.

CONFUSION □ **I. Dans les choses :** anarchie, billebaude, bouillie, bouleversement, bredi-breda, brouhaha, brouillamini, cafouillage, capharnaüm, chaos, complication, cohue, cour des miracles, débâcle, débandade, dédale, désordre, désorganisation, ébranlement, embarras, embrouillamini, embrouillement, enchevêtrement, enfer, fatras, fouillis, gâchis, imbroglio, labyrinthe, mélange, mêlée, méli-mélo, obscurité, pastis, pêle-mêle, pétaudière, ramassis, remue-ménage, réseau, saccade, salade, salmigondis, tintamarre, tohu-bohu, trouble, tumulte, vague. **II. De quelqu'un. 1.** Désarroi, égarement, erreur, indécision, indétermination, méprise. **2.** Dépit, embarras, gêne, honte, sottise, timidité, trouble.

CONGÉ □ → permission, vacances.

CONGÉDIER □ Balancer, casser aux gages, chasser, débarquer, débaucher, dégommer, destituer, donner sa bénédiction/ses huit jours/son compte/son congé/son exeat, écarter, éconduire, éloigner, emballer, envoyer/faire paître/valser, envoyer dinguer/péter, expédier, ficher/flanquer/foutre (grossier)/jeter/mettre à la porte, licencier, limoger, liquider, lourder (arg.), remercier, renvoyer, révoquer, saquer, vider, virer.

CONGÉLATION □ Coagulation, gelure, réfrigération, refroidissement.

CONGELER □ → geler, frigorifier.

CONGÉNÈRE □ → semblable.

CONGÉNITAL, E □ → inné.

CONGESTION □ Afflux/coup de sang, apoplexie, attaque, cataplexie, embolie, hémorragie, ictus, pléthore, stase, tension, thrombose, transport au cerveau, turgescence.

CONGESTIONNER □ **Fig. :** alourdir, embouteiller, encombrer.

CONGLOMÉRAT □ Agglomérat, agglomération, agglutination.

CONGRATULER □ → féliciter.

CONGRÉGANISTE □ → religieux.

CONGRÉGATION □ Communauté, compagnie, corps, ordre, réunion, société.

CONGRÈS □ **I. Vx :** coït. **II.** → réunion. **III.** → assemblée.

CONGRU, E □ → propre, pauvre.

CONGRUENT, E □ → convenable.

CONIFÈRE □ **I.** Résineux. **II.** Abiès, araucaria, cèdre, cyprès, épicéa, ginkgo, if, mélèze, pesse (vx), pin, sapin, séquoia, taxodier, thuya.

CONJECTURE □ **I.** → présomption. **II.** → supposition.

CONJECTURER □ **I.** → présumer. **II.** → supposer.

CONJOINDRE □ → joindre.

CONJOINT □ → époux.

CONJONCTION □ **I. Au pr. :** assemblage, jonction, rencontre, réunion, union. **II.** → accouplement.

CONJONCTURE □ → cas.

CONJUGAL, E □ → nuptial.

CONJUGUER □ → joindre.

CONJUNGO □ → mariage.

CONJURATION □ **I.** → complot. **II.** → magie. **III.** → prière.

CONJURÉ □ → conspirateur.

CONJURER □ **I.** → adjurer. **II.** → parer. **III.** → prier. **IV.** → charmer, chasser. **V.** → comploter.

CONNAISSANCE □ **I. Philos.** → conscience. **II. Au pr. 1.** → idée, notion. **2.** → expérience. **III. Par ext. 1.** → ami. **2.** → amante.

CONNAISSEUR □ → collectionneur.

CONNAÎTRE □ **I. Une chose :** apercevoir, apprendre, avoir connaissance/la pratique/l'usage, entrevoir, être au courant/au fait/averti/calé/compétent/entendu/expert/ferré/informé/qualifié/savant, percevoir, posséder, savoir, sentir. **II. Quelqu'un :** apprécier, comprendre, juger. **III. Loc. Faire connaître :** apprendre, communiquer, dévoiler, divulguer, exposer, exprimer, extérioriser, faire entendre/savoir, informer, instruire, lancer, manifester, marquer, montrer, présenter, propager, publier, témoigner, vulgariser.

CONNECTER □ → joindre.

CONNERIE □ → bêtise.

CONNEXE □ Adhérent, analogue, dépendant, joint, lié, uni, voisin.

CONNEXION, CONNEXITÉ □ → liaison.

CONNIVENCE □ → complicité.

CONNU, E □ Commun, découvert, évident, notoire, officiel, présenté, proverbial, public, rebattu, révélé. → célèbre.

CONQUÉRANT, E □ adj. et n. **I.** Conquistador, dominateur, fier, guerrier. → *vainqueur.* **II.** → *dédaigneux.*

CONQUÉRIR □ → *charmer, vaincre.*

CONQUÊT □ Acquêt, acquisition.

CONQUÊTE □ **I.** Appropriation, assujettissement, capture, domination, gain, guerre, prise, soumission, victoire. **II. Par ext. :** amour, séduction, soumission, sympathie. **III.** Annexion, colonie, territoire.

CONSACRÉ, E □ → *usité.*

CONSACRER □ **I.** → *sacrer.* **II.** → *vouer.* **III.** → *confirmer.* **IV. V. pron.** → *adonner (s').*

CONSANGUIN, E □ → *parent.*

CONSANGUINITÉ □ Endogamie. → *parenté.*

CONSCIENCE □ **I.** Cognition, conation, connaissance, expérience, intuition, lucidité, notion, pressentiment, sentiment. **II.** Cœur, for intérieur, honnêteté, sens moral. **III.** → *soin.*

CONSCIENCIEUX, EUSE □ Attentif, délicat, exact, honnête, minutieux, scrupuleux, soigné, soigneux, travailleur.

CONSCIENT, E □ Éveillé, responsable.

CONSCRIPTION □ Appel, enrôlement, recensement, recrutement.

CONSCRIT □ → *soldat, novice.*

CONSÉCRATION □ → *bénédiction, confirmation, succès.*

CONSÉCUTIF, IVE □ **I.** À la file/suite. **II.** Résultant.

CONSEIL □ **I.** → *avertissement.* **II.** → *assemblée.* **III.** → *conseiller.* **IV.** → *résolution.* **V.** → *défenseur.*

CONSEILLER □ v. **I.** → *diriger.* **II.** → *recommander.* **III.** → *inspirer.*

CONSEILLER, ÈRE □ n. **I.** Conducteur, conseil, conseilleur, directeur, égérie (fém.), éveilleur, guide, inspirateur, instigateur, mentor. **II. Loc. Conseiller municipal :** échevin (vx), édile, jurat (vx).

CONSENTEMENT □ Acceptation, accord, acquiescement, adhésion, agrément, approbation, assentiment, autorisation, commun accord, complaisance, consensus, permission, unanimité.

CONSENTIR □ **I.** S'abandonner, accéder, accepter, accorder, acquiescer, adhérer, admettre, adopter, applaudir, approuver, assentir (vx), autoriser, avoir pour agréable, céder, condescendre, donner les mains (vx), dire amen, se laisser faire, opiner, permettre, se prêter, se soumettre, souscrire, tomber d'accord, toper, vouloir bien. **II.** Accorder, octroyer.

CONSÉQUENCE □ **I.** Conclusion, contrecoup, corollaire, effet, fruit, implication, réaction, rejaillissement, résultat, retentissement, ricochet, séquelle, suite. **II.** → *importance.* **III. Loc. 1. De conséquence** → *important.* **2. En conséquence :** conséquemment, donc, par conséquent/suite. **3. En conséquence de :** en vertu de.

CONSÉQUENT, E □ **I.** → *logique.* **II. Loc. adv. Par conséquent :** ainsi, dès lors, donc, ergo, partant.

CONSERVATEUR, TRICE □ n. et adj. → *gardien, réactionnaire.*

CONSERVATION □ Conserve, entretien, garde, maintien, préservation, protection, sauvegarde.

CONSERVATISME □ Droite, immobilisme, intégrisme, réaction.

CONSERVATOIRE □ **I.** → *école.* **II.** → *musée.*

CONSERVE □ **I.** Boucan, confit, corned-beef, pemmican, singe (fam.). **II. De conserve** → *ensemble.*

CONSERVER □ Détenir, entretenir, garantir, garder, maintenir, ménager, préserver, protéger, réserver, sauvegarder, sauver, soigner, stocker, tenir en état.

CONSIDÉRABLE □ → *grand.*

CONSIDÉRABLEMENT □ → *beaucoup.*

CONSIDÉRANT □ → *motif.*

CONSIDÉRATION □ **I.** Attention, étude, examen, observation, réflexion, remarque. **II.** Circonspection, tact. **III.** Autorité, crédit, déférence, égard, estime, faveur, grâce, honneur, renommée, révérence, vénération. **IV. Loc. En considération de :** à cause de, au nom de, en faveur de, en vue de, eu égard à, par égard pour, pour.

CONSIDÉRER □ **I.** Admirer, contempler, observer, regarder, toiser (péj.), tourner les yeux sur. **II.** Apprécier, approfondir, balancer, envisager, estimer, étudier, examiner, juger, observer, peser, voir. **III.** S'attacher, avoir égard, prendre garde, se préoccuper, songer, se souvenir, tenir compte. **IV.** Prendre pour, regarder comme, réputer, tenir pour, traiter de. **V.** Révérer, vénérer.

CONSIGNATAIRE □ Agent, commissionnaire, correspondant, dépositaire, gardien, transitaire. → *intermédiaire.*

CONSIGNATION □ → *dépôt.*

CONSIGNE □ **I.** → *instruction.* **II.** → *punition.*

CONSIGNER □ **I.** → *noter.* **II.** → *citer.* **III.** → *défendre.* **IV.** → *enfermer.*

CONSISTANCE □ → *solidité.*

CONSISTANT, E □ → *solide.*

CONSISTER □ Avoir pour nature, comporter, se composer de, comprendre, être constitué/formé de, gésir (vx), reposer sur, résider dans.

CONSISTOIRE □ Assemblée, conciliabule, concile, réunion, symposium, synode.

CONSOLANT, E □ Apaisant, calmant, consolateur, consolatif, consolatoire, lénitif, réconfortant.

CONSOLATION □ I. Adoucissement, allégement, apaisement, baume, bercement, réconfort, soulagement. II. 1. Appui, consolateur, soutien. 2. Dédommagement, joie, plaisir, satisfaction, sujet de satisfaction.

CONSOLER □ I. Au pr. : apaiser, calmer, cicatriser, conforter (vx), dérider, diminuer la peine, distraire, égayer, essuyer les larmes, guérir, rasséréner, rassurer, réconforter, relever/remonter le moral, sécher les larmes, verser du baume sur le cœur/les plaies. II. Fig. : adoucir, alléger, assoupir, atténuer, bercer, compenser, diminuer, endormir, flatter, soulager, tromper.

CONSOLIDATION □ → affermissement.

CONSOLIDER □ → affermir.

CONSOMMABLE □ → mangeable, destructible.

CONSOMMATION □ I. Achèvement, couronnement, fin, terminaison. II. Boisson, commande, rafraîchissement.

CONSOMMÉ, E □ I. Adj. → parfait. II. Nom → bouillon.

CONSOMMER □ I. → réaliser. II. → finir. III. Absorber, boire, manger, se nourrir, user de, vivre de. IV. Brûler, consumer, employer.

CONSOMPTIBLE □ Biodégradable.

CONSOMPTION □ I. → langueur. II. → maigreur. III. → cachexie.

CONSONANCE □ Assonance, concordance, contrassonance, écho, harmonie, rime.

CONSORT □ → associé, complice.

CONSORTIUM □ → trust.

CONSPIRATEUR □ Comploteur, conjuré, factieux, instigateur, intrigant, meneur, partisan, séditieux. **Vx :** cabaliste, coalisé, conjurateur, ligueur.

CONSPIRATION □ → complot.

CONSPIRER □ I. → comploter. II. → participer.

CONSPUER □ → vilipender.

CONSTAMMENT □ Assidûment, continuellement, en permanence, fermement, fréquemment, incessamment, invariablement, régulièrement, sans arrêt/cesse/désemparer/relâche, toujours.

CONSTANCE □ I. 1. Courage, énergie, entêtement, fermeté, force,

patience, résignation, résolution, stoïcisme, volonté. 2. Assiduité, fidélité, obstination, opiniâtreté, persévérance, régularité. II. Continuité, durabilité, fixité, immutabilité, invariabilité, permanence, persistance, régularité, stabilité.

CONSTANT, E □ I. Quelqu'un. 1. Courageux, énergique, ferme, fort, inaltérable, inébranlable, inflexible, résigné, résolu. 2. Assidu, égal, fidèle, même, obstiné, opiniâtre, patient, persévérant, régulier. II. Une chose. 1. Continuel, durable, fixe, immuable, invariable, pareil, permanent, persistant, régulier, soutenu, stable, un, unique. 2. Assuré, authentique, certain, établi, évident, formel, incontestable, indubitable, patent, positif, sûr.

CONSTAT □ Acte, procès-verbal, rapport.

CONSTATER □ → vérifier.

CONSTELLATION □ Pléiade. → groupe.

CONSTELLÉ, E □ Agrémenté, brillant, étoilé, orné, parsemé, semé.

CONSTERNATION □ → stupéfaction.

CONSTERNÉ, E □ Abasourdi, abattu, accablé, atterré, chagriné, catastrophé, confondu, effondré, étourdi, stupéfait, surpris, triste.

CONSTERNER □ I. → chagriner. II. → épouvanter.

CONSTIPATION □ → opilation.

CONSTIPÉ, E □ Fig. : anxieux, compassé, contraint, embarrassé, froid, guindé, solennel, triste.

CONSTITUANT, E □ → constitutif.

CONSTITUER □ I. Au pr. : assigner, composer, créer, établir, faire, former, instaurer, instituer, mettre à la tête, placer, préposer. II. Par ext. 1. Arranger, bâtir, charpenter, construire, disposer, édifier, élaborer, fonder, mettre en œuvre/sur pied, monter, organiser. 2. Asseoir, caractériser, consister dans, représenter.

CONSTITUTIF, IVE □ Caractéristique, constituant, essentiel, fondamental.

CONSTITUTION □ I. → composition. II. → nature. III. → règlement. IV. → rescrit. V. → loi.

CONSTRICTION □ → contraction.

CONSTRUCTEUR □ Architecte, bâtisseur, entrepreneur, ingénieur, maître d'œuvre, promoteur.

CONSTRUCTIF, IVE □ → réaliste.

CONSTRUCTION □ I. → bâtiment. II. → composition. III. → structure. IV. → expression.

CONSTRUIRE □ → bâtir.

CONSULAT □ Ambassade, chancellerie. **Par ext. :** représentation diplomatique.

CONSULTATION □ **I. Méd. :** examen, visite. **II.** Enquête, plébiscite, référendum, vote.

CONSULTER □ **I.** → *examiner.* **II.** → *demander.*

CONSUMER □ **I.** → *consommer.* **II.** Absorber, anéantir, brûler, calciner, corroder, détruire, dévorer, dissiper, embraser, engloutir, épuiser, incendier, manger, oxyder, ronger, user. **III.** → *abattre.* **IV.** → *ruiner.*

CONTACT □ **I. Fig.** → *tact.* **II.** → *relation.*

CONTACTER □ → *rencontrer.*

CONTAGIEUX, EUSE □ **I.** → *pestilentiel.* **II.** → *communicatif.*

CONTAGION □ **I. Au pr. :** communication, contamination, infection, transmission. **II. Fig. :** diffusion, imitation, influence, propagation, virus.

CONTAINER □ Cadre, conteneur. → *contenant.*

CONTAMINATION □ **I.** → *contagion.* **II. Par ext.** → *mélange.*

CONTAMINER □ → *salir.*

CONTE □ **I.** → *roman.* **II.** → *histoire.*

CONTEMPLATEUR, TRICE □ → *penseur.*

CONTEMPLATION □ **I.** → *attention.* **II.** → *pensée.*

CONTEMPLER □ → *regarder, penser.*

CONTEMPORAIN, E □ → *présent.*

CONTEMPTEUR, TRICE □ → *méprisant.*

CONTENANCE □ **I.** Capacité, contenu, étendue, mesure, quantité, superficie, surface, tonnage, volume. **II.** Affectation, air, allure, aplomb, assurance, attitude, dégaine (fam.), figure, maintien, mine, port, posture, prestance.

CONTENANT □ Boîte, bouteillon, cadre, cageot, caisse, cantine, caque, container, conteneur, emballage, enveloppe, malle, panier, plat, réceptacle, récipient, sac, touque, vaisseau (vx), vaisselle, valise, vase. → *ustensile.*

CONTENIR □ **I. Capacité :** avoir, comporter, comprendre, compter, embrasser, enfermer, s'étendre, être composé de, impliquer, inclure, mesurer, posséder, receler, recevoir, renfermer, tenir. **II.** Arrêter, assujettir, borner, contrôler, dominer, dompter, emprisonner, endiguer, enfermer, enserrer, limiter, maintenir, maîtriser, refouler, refréner, réprimer, retenir, tenir. **III. V. pron. :** se contraindre, se contrôler, se dominer, être maître de soi, se faire violence, se maîtriser, se modérer, se posséder, se retenir, *et les formes pron. possibles des syn. de* CONTENIR.

CONTENT, E □ **I.** Aise, béat, enchanté, gai, heureux, joyeux, radieux, ravi, réjoui, satisfait, triomphant. **II. Content de soi :** fat, orgueilleux, présomptueux, suffisant, vaniteux.

CONTENTEMENT □ → *plaisir.*

CONTENTER □ → *satisfaire.* **V. pron. :** s'accommoder, s'arranger, avoir assez, se borner, faire avec, se payer de.

CONTENTIEUX, EUSE □ Contesté, litigieux.

CONTENTION □ **I.** → *effort.* **II.** → *attention.* **III.** → *discussion.*

CONTENU □ → *contenance.*

CONTER □ Décrire, dire, exposer, faire un récit, narrer, raconter, rapporter, relater, retracer.

CONTESTABLE □ → *incertain.*

CONTESTATAIRE □ → *mécontent.*

CONTESTATION □ Altercation, chicane, conflit, contradiction, controverse, débat, démêlé, dénégation, désaveu, différend, difficulté, discussion, dispute, incident, instance, litige, mise en cause, objection, opposition, pointille, procédure, procès, protestation, querelle.

CONTESTE □ **I. Vx** → *contestation.* **II. Sans conteste** → *évidemment.*

CONTESTER □ **I.** Arguer, contredire, controverser, débattre, dénier, discuter, disputer, douter, nier, s'opposer, plaider, quereller, réclamer, récuser, refuser, résister, révoquer en doute. **II.** Attaquer, batailler, chicaner, mettre en cause/en doute/en question, pointiller, revendiquer.

CONTEUR □ Diseur, narrateur.

CONTEXTE □ → *texte.*

CONTEXTURE □ **I. Au pr.** → *tissu.* **II. Fig.** → *composition.*

CONTIGU, UË □ → *prochain.*

CONTIGUÏTÉ □ → *proximité.*

CONTINENCE □ Abstinence, ascétisme, chasteté, modération, mortification, privation, pudeur, pudicité, pureté, sagesse, sobriété, tempérance, vertu.

CONTINENT, E □ Abstinent, ascétique, chaste, décent, innocent, modéré, pudique, pur, sage, sobre, tempérant, vertueux, vierge.

CONTINGENCE □ → *cas.*

CONTINGENT □ **I. Nom** → *part.* **II. Adj. :** accidentel, casuel, conditionnel, éventuel, fortuit, incertain, occasionnel, possible.

CONTINGENTEMENT □ → *répartition.*

CONTINU, E □ Assidu, constant, continuel, d'affilée, durable, éternel, immuable, incessant, indéfectible, infini, ininterrompu, interminable, invariable, opiniâtre, permanent, perpétuel, persistant, prolongé, sans arrêt/cesse/fin/répit/trêve, sempiternel, soutenu, successif, suivi.

CONTINUATION □ continuité, persévérance, poursuite, prolongation, prolongement, reprise, succession, suite.

CONTINUEL, ELLE □ **I.** → *continu.* **II.** → *éternel.*

CONTINUELLEMENT □ → *toujours.*

CONTINUER □ **I. V. tr.** : achever, allonger, augmenter, conserver, donner suite, durer, étendre, éterniser, laisser, maintenir, perpétuer, persévérer, persister, poursuivre, pousser jusqu'au bout, prolonger, reconduire, reprendre. **II. V. intr. 1. Quelqu'un** : s'acharner, s'entêter, s'obstiner, s'opiniâtrer, ne pas cesser/laisser de. **2. Une route** : aller, s'étendre, se prolonger, se poursuivre. **3. Une chose** : durer, se succéder, tenir.

CONTINUITÉ □ → *continuation.*

CONTORSION □ **I.** → *torsion.* **II.** → *grimace.*

CONTOUR □ **I.** → *tour.* **II.** → *ligne.*

CONTOURNÉ, E □ **I.** → *dévié.* **II.** → *embarrassé.*

CONTOURNER □ → *tourner.*

CONTRACEPTIF □ → *préservatif.*

CONTRACTER □ **I. Au pr.** → *resserrer.* **II. Par ext. 1. Une maladie** : attraper, gagner, prendre. *Fam* : choper, pincer, piquer, ramasser. **2.** → *acquérir.* **3.** → *endetter (s').*

CONTRACTION □ Angoisse, constriction, contracture, convulsion, crampe, crispation, impatiences, resserrement, rétraction, spasme.

CONTRADICTEUR □ Adversaire, antagoniste, contredisant, débateur, interlocuteur, interrupteur, objecteur, opposant.

CONTRADICTION □ **I. Philos.** : absurdité, antilogie, antinomie, barrière, contradictoire, contraste, contre-exemple, empêchement, impossibilité, incompatibilité, inconséquence, obstacle. **II.** Chicane, conflit, contestation, démenti, dénégation, désaccord, dispute, négation, objection, opposition, réfutation.

CONTRADICTOIRE □ → *opposé.*

CONTRAIGNANT, E □ → *pénible.*

CONTRAINDRE □ → *obliger.*

CONTRAINT, E □ **I.** → *obligé.* **II.** → *embarrassé.* **III.** → *artificiel.*

CONTRAINTE □ **I. Au pr.** : autorité, coaction, coercition, compression, empêchement, entrave, force, gêne, obstacle, pression, violence. **II. Par ext. 1.** Discipline, exigence, loi, obligation, nécessité, règle. **2.** Affectation, pudeur, respect humain, retenue. **3.** Asservissement, assujettissement, captivité, chaîne, esclavage, joug, oppression, servitude, sujétion, tutelle. **4.** Astreinte, commandement, mise en demeure, poursuite.

CONTRAIRE □ **I. Nom** : antithèse, antonyme, contraste, inverse, négation, opposé, opposition. **II. Adj. 1.** Antinomique, antithétique, contradictoire, différent, incompatible, inverse, opposé, paradoxal. **2. Péj. :** adverse, antagoniste, attentatoire, défavorable, ennemi, hostile, nuisible, préjudiciable. **III. Loc. adv. Au contraire :** a contrario, à l'encontre, à l'opposé, au rebours, contrairement, en revanche, loin de là, par contre, tant s'en faut, tout autrement.

CONTRARIER □ **I. Au pr. :** agir/aller contre, barrer, combattre, contrecarrer, contredire, contrer, déranger, entraver, être contraire/en opposition/en travers, empêcher, faire empêchement/entrave/obstacle, freiner, gêner, mettre des bâtons dans les roues (fam.), nuire, s'oppposer à, repousser. **II. Fig. :** forcer, violer, violenter. **III. Péj. :** agacer, blesser, braquer, casser les pieds, causer du dépit/du mécontentement, chagriner, chicaner, chiffonner, choquer, dépiter, déranger, désespérer, désoler, embêter, ennuyer, fâcher, faire crever de dépit/endêver, faire faire une crise/une maladie/du mauvais sang, heurter, inquiéter, irriter, mécontenter, offusquer, rembrunir, tarabuster, tracasser, troubler.

CONTRARIÉTÉ □ → *ennui.*

CONTRASTE □ → *opposition.*

CONTRASTER □ Détonner, jurer, s'opposer, ressortir, trancher.

CONTRAT □ → *convention.*

CONTRAVENTION □ **I.** Entorse, infraction, violation. **II.** Amende, peine, pénalisation, pénalité, procès-verbal. *Fam. :* cheville, contredanse.

CONTRE □ **I.** Auprès de, en face de, près de, sur. **II.** À l'encontre de, à l'opposé de, malgré, nonobstant (vx). **III. Par contre :** au contraire, en compensation, en revanche, mais.

CONTRE-AVIS □ Annulation, avis/indication/ordre/prescription contraire, contremandement, contrordre, décommandement.

CONTREBALANCER □ **I.** → *équilibrer.* **II.** → *égaler.*

CONTREBANDIER □ Fraudeur, passeur.

CONTRECARRER □ → *contrarier.*

CONTRECŒUR (À) □ À regret/son corps défendant, avec → *répugnance,* contre sa → *volonté,* malgré soi.

CONTRECOUP □ **I. Au pr. :** choc en retour, rebondissement, répercussion, ricochet. **II. Fig. :** conséquence, éclaboussure, effet, réaction, réponse, résultat, retentissement, suite.

CONTREDIRE □ **I. Au pr.** : aller à l'encontre, contester, dédire, démentir, désavouer, s'inscrire en faux, opposer, réfuter, répondre. **II. Par ext.** → *contrarier.* **III. V. pron.** : se couper (fam.) *et les formes pron. possibles des syn. de* CONTREDIRE.

CONTREDISANT, E □ → *contradicteur.*

CONTREDIT □ **I.** Réfutation. **II.** Contradiction, contradictoire, objection. **III. Sans contredit** : à l'évidence, assurément, certainement, de toute évidence, évidemment, sans aucun doute, sans contestation/conteste.

CONTRÉE □ → *pays.*

CONTREFACON □ **I.** Contrefaction, faux, fraude. **II.** Caricature, contre-épreuve, copie, démarquage, falsification, imitation, parodie, pastiche, plagiat, vol.

CONTREFAIRE □ **I.** → *faire.* **II.** → *imiter.* **III.** Feindre. → *affecter.*

CONTREFAIT, E □ → *difforme, faux.*

CONTREFORT □ → *colonne, appui.*

CONTRE-JOUR □ → *obscurité.*

CONTREMAÎTRE □ Chef d'atelier/de brigade/d'équipe, porion, prote.

CONTREMANDER □ Annuler, décommander, rapporter, revenir, révoquer.

CONTREPARTIE □ **I.** → *opposé.* **II.** → *objection.*

CONTREPÈTERIE, CONTREPETTE-RIE □ Par ext. → *lapsus.*

CONTRE-PIED □ **I.** → *opposé.* **II. Loc. adv. À contre-pied** : à contre-poil/contresens/l'encontre, l'envers/l'opposé/rebrousse-poil, *et les syn. de* OPPOSÉ, à rebours, de travers.

CONTREPOIDS □ **I.** Balancier, équilibre. **II.** → *compensation.*

CONTRE-POIL (À) □ → *contre-pied.*

CONTREPOINT □ → *harmonie.*

CONTREPOISON □ Alexipharmaque, antidote, mithridatisation, remède.

CONTRER □ → *contrarier.*

CONTRESCARPE □ Glacis.

CONTRE-REJET □ Enjambement, rejet.

CONTRESEING □ → *signature.*

CONTRESENS □ **I.** Erreur, faux-sens, non-sens, paradoxe. **II. Loc. adv. À contresens** → *contre-pied.*

CONTRETEMPS □ **I.** → *obstacle.* **II. À contretemps** : au mauvais moment, comme un chien dans un jeu de quilles (fam.), hors de saison, inopportunément, mal à propos.

CONTREVENIR □ → *désobéir.*

CONTREVENT □ → *volet.*

CONTREVÉRITÉ □ **I.** → *antiphrase.* **II.** → *mensonge.*

CONTRIBUABLE □ **I.** Assujetti, cochon de payant (fam.), prestataire. **II. Vx** : censitaire, corvéable, taillable.

CONTRIBUER □ → *participer.*

CONTRIBUTION □ **I.** → *quota.* **II.** → *impôt.*

CONTRISTER □ → *chagriner.*

CONTRIT, E □ → *honteux.*

CONTRITION □ → *regret.*

CONTRÔLE □ → *vérification.*

CONTRÔLER □ **I.** → *vérifier.* **II.** → *censurer.*

CONTRÔLEUR □ → *inspecteur.*

CONTROUVER □ → *inventer.*

CONTROVERSER □ → *discuter.*

CONTUMACE □ n. f. et adj. → *défaut.*

CONTUSION □ Bleu, bosse, coquard (fam.), coup, ecchymose, hématome, lésion, mâchure, meurtrissure. → *blessure.*

CONVAINCRE □ **I.** Amener, démontrer, dissuader, entraîner, expliquer, persuader, prouver, toucher. **II. Péj.** : accabler, confondre.

CONVALESCENCE □ → *rétablissement.*

CONVENABLE □ **I. Au pr.** : adapté, ad hoc, approprié, à propos, assorti, compatible, condigne (théol.), conforme, congru, congruent, convenant, de saison, expédient, fait exprès, idoine, opportun, pertinent, présentable, propice, proportionné, propre, raisonnable, satisfaisant, seyant, sortable, topique, utile. **II. Par ext.** : beau, bien, bienséant, bon, comme il faut, correct, décent, digne, fair-play, honnête, honorable, juste, poli, séant, sport.

CONVENANCE □ **I.** Accord, adaptation, adéquation, affinité, analogie, appropriation, assortiment, compatibilité, concordance, conformité, congruence, congruité, correspondance, harmonie, idonéité, justesse, pertinence, proportion, propriété, rapport, utilité. **II. Par ext. 1.** Commodité, goût, gré, utilité. *2.* Apparence, bienséance, bon ton, code, correction, décence, décorum, élégance, étiquette, façons, forme, honnêteté, politesse, protocole, règles, savoir-vivre, tact, usage.

CONVENIR □ **I.** S'accorder, admettre, s'apparenter, avouer, concéder, confesser, constater, déclarer, dire, reconnaître, tomber d'accord. **II.** → *décider.* **III.** → *correspondre.* **IV.** → *plaire.* **V.** → *appartenir.* **VI.** → *falloir.* **VII. V. pron.** : → *plaire (se).*

CONVENTION □ **I. Au pr.** : accommodement, accord, alliance, arrangement, capitulation, cartel, collaboration, compromis, concordat, connivence, contrat, covenant, engagement, entente, forfait, marché, pacte, promesse, protocole, traité, transaction, union. **II. Par ext. 1.** Acte, article, clause, condition, disposition, recès, règle, résolution, stipulation. **2.** Axiome, hypothèse, postulat, principe, supposition. **3.** Deus ex machina, fiction, lieu commun, moyen, procédé. **4.** → *convenance.*

CONVENTIONNEL, ELLE □ **I.** → *artificiel.* **II.** → *traditionnel.*

CONVERGER □ → *aller.*

CONVERSATION □ **I. Au pr. :** aparté, causerie, colloque, conférence, débat, devis (vx), dialogue, échange, entretien, interlocution, interview, pourparlers, propos, tête-à-tête. **II. Péj. :** babillage, badinage, bavette, causette, commérage, conciliabule, jacasserie, palabre, parlote. → *bavardage.*

CONVERSER □ → *parler.*

CONVERSIBLE □ → *convertible.*

CONVERSION □ **I. Au pr. :** changement, convertissement, métamorphose, modification, mutation, transformation, virement. **II. Par ext. 1. Relig. :** abjuration, adhésion, apostasie, reniement, renoncement, volteface. **2.** Ralliement, retournement, révolution, tour, virage, volte.

CONVERTIBLE □ Conversible, convertissable, modifiable, transformable.

CONVERTIR □ → *transformer.* **V. pron. : 1.** → *changer.* **2.** → *renier.*

CONVERTISSABLE □ → *convertible.*

CONVERTISSEMENT □ → *conversion.*

CONVICTION □ → *croyance.*

CONVIER □ **I. Au pr. :** appeler, convoquer, demander, inviter, mander, prier, semondre (vx), traiter. **II. Fig. :** engager, exciter, exhorter, inciter, induire, inviter, solliciter.

CONVIVE □ **I. Fav. :** commensal, convié, hôte, invité. **II. Non fav.** → *parasite.*

CONVOCATION □ **I.** Appel, assignation, avertissement, citation, indiction, invitation, semonce (vx), sommation. **II.** Incorporation, levée, mobilisation, recrutement.

CONVOI □ **I.** Caravane, charroi, file, train. **II.** Enterrement, funérailles, obsèques.

CONVOITER □ → *vouloir.*

CONVOITISE □ → *désir, concupiscence.*

CONVOLER □ → *marier (se).*

CONVOQUER □ → *inviter, mander.*

CONVOYER □ → *accompagner.*

CONVULSION □ **I.** Contraction, saccades, secousse, soubresaut,

spasme. **II. Fig. 1.** Contorsion, distorsion, grimace. **2.** Agitation, bouleversement, crise, remous, révolution, trouble.

COOPÉRATEUR, TRICE □ → *associé.*

COOPÉRATION □ Accord, aide, appui, collaboration, concours, contribution.

COOPÉRATIVE □ artel, association, kolkhose, mutuelle, sovkhose.

COOPTATION □ → *choix.*

COOPTER □ → *choisir.*

COORDONNER □ → *combiner.*

COPAIN, COPINE □ → *compagnon.*

COPIE □ **I. Au pr. :** ampliatif, ampliation, calque, compulsoire, double, duplicata, épreuve, exemplaire, expédition, fac-similé, grosse, photocopie, reproduction, transcription. **II. Par ext. 1.** → *imitation.* **2.** → *composition.*

COPIER □ **I. Au pr. 1. Jurid. :** expédier, grossoyer, inscrire, transcrire. **2.** Calquer, noter, prendre en note, recopier, relever, reproduire, transcrire. **II. Par ext.** → *imiter.*

COPIEUSEMENT □ → *beaucoup.*

COPIEUX, EUSE □ → *abondant.*

COPULATION □ → *accouplement.*

COQUE □ → *coquille.*

COQUECIGRUE □ → *chanson.*

COQUELICOT □ → *pavot.*

COQUET, ETTE □ **I.** → *élégant, joli, galant.* **II.** → *important.*

COQUETTERIE □ **I.** → *amour.* **II.** → *minauderie.* **III.** → *élégance.*

COQUILLE □ **I. Au pr. :** carapace, conche (vx), conque, coque, coquillage, écaille, enveloppe, test. **II. Fig. :** erreur, faute, lapsus.

COQUIN, E I. Nom. 1. Bandit, canaille, escroc, scélérat. → *voleur.* **2.** Bélître, faquin, fripon, gredin, gueux, lâche, maraud, maroufle, mâtin, pendard, va-nu-pieds, vaurien. → *avare.* **3.** Garnement, polisson. **II. Adj. :** canaille, égrillard, espiègle, gaillard, gaulois, libertin, libre, malicieux, polisson.

COR □ **I.** → *cal.* **II. Vén. :** andouiller, bois, branche, épois, perche, rameau, ramure, trochure. **III.** Corne, cornet, huchet, olifant, schofar, trompe.

CORBEAU □ **I.** Corbillat, corbin, corneille. **II.** → *calomniateur.*

CORBEILLE □ **I.** Ciste, faisselle, manne, moise, sultan, vannerie. → *panier.* **II.** → *parterre.* **III. Théâtre :** balcon, mezzanine.

CORDAGE □ **I. Au pr. :** bastin, bitord, câble, câblot, corde, filin, grelin, guinderesse, lusin, manœuvres, merlin, quarantenier, ralingue, sciasse, trélingage. **II. Mar. :** amure, balancine, brague, bosse, bouline, cargue, chable, chableau, commande, cravate, draille, drisse, drosse, écoute, élingue, enfléchure, erse, estrope, étai, filière, funin, gambre, garcette, gerseau, guinderesse, hauban, haussière, laguis, lève-nez, marguerite, martingale, orin, pantoire, passeresse, pataras, ralingue, redresse, remorque, retenue, ride, sabaye, saisine, sauvegarde, sousbarbe, suspense, touée, tourteuse, traille, trévire, va-et-vient.

CORDE □ Bolduc, cordelette, cordelière, cordon, étendoir, ficelle, hart (vx), lacet, laisse, lasso, lien, longe, simbleau, tendeur. → *cordage.*

CORDELIÈRE □ → *corde, ceinture.*

CORDIAL, E □ **I. Adj.** → *franc.* **II. Nom** → *fortifiant.*

CORDIALITÉ □ → *bonté, franchise.*

CORDON □ → *corde, insigne.*

CORDONNIER □ Bottier, bouif (fam.), chausseur, gnaf (arg.), savetier.

CORIACE □ **I.** → *dur.* **II.** → *résistant.*

CORNAC □ → *guide.*

CORNE □ **I. Au pr. :** défense. → *cor.* **II.** Callosité, châtaigne, kératine → *cal.*

CORNEILLE □ Choucas, corbillat, corvidé, freux.

CORNEMUSE □ Bag-pipe, biniou, bombarde, cabrette, chabrette, chevrie, musette, pibrock, turlurette.

CORNER □ **I.** → *publier.* **II.** Bourdonner, claironner, siffler, sonner, tinter.

COROLLAIRE □ → *conséquence.*

CORPORATION □ Assemblée, association, collège, communauté, confrérie, congrégation, corps, gilde, groupement, guilde, hanse, métier, ordre, société.

CORPOREL, ELLE □ → *physique.*

CORPS □ **I.** → *objet, substance.* **II.** Anatomie, carcasse (fam.), chair, châssis (fam.), individu, morphologie, personne, tronc. → *cadavre.* **III.** → *congrégation, corporation.*

CORPULENCE □ → *grosseur.*

CORPULENT, E □ → *gros.*

CORPUSCULE □ → *particule.*

CORRECT, E □ **I.** → *convenable.* **II.** → *exact.* **III.** → *poli.*

CORRECTEUR, TRICE □ Censeur, corrigeur, réviseur.

CORRECTION □ **I.** Amélioration, amendement, biffure, correctif, modification, rature, rectification, redressement, refonte, remaniement, repentir, retouche, révision, surcharge. **II.** Adoucissement, assouplissement, atténuation, compensation, contrepoids, tempérament. **III.** → *punition.* **IV.** → *pureté.* **V.** → *civilité.*

CORRÉLATION □ → *rapport.*

CORRESPONDANCE □ **I.** → *rapport.* **II.** Courrier, épître, lettre. **III.** Chronique, reportage, rubrique. **IV.** Changement, relais.

CORRESPONDANT, E □ → *journaliste.*

CORRESPONDRE □ **I.** **1.** S'accorder, aller, aller → *bien,* s'appliquer à, coïncider, coller, concorder, se conformer, convenir, être conforme à/en conformité/harmonie / rapport/symétrie, faire pendant, s'harmoniser, se prêter, rapporter/référer à, répondre, représenter, ressembler, rimer, satisfaire, synchroniser. **2. Arg. :** bicher, botter, boumer, gazer, rouler, roulotter. **II.** Collaborer, écrire, être en relation, tenir au courant. → *communiquer.*

CORRIDOR □ → *passage.*

CORRIGER □ **I. Au pr. :** améliorer, amender, changer, civiliser, moraliser, perfectionner, policer, redresser, réformer, régénérer, relever, reprendre. **II. Par ext.** **1.** Adoucir, atténuer, balancer, compenser, dégauchir, dulcifier, émender, équilibrer, expurger, modérer, modifier, neutraliser, pallier, racheter, rectifier, refondre, remanier, remettre sur l'enclume/le métier, réparer, reprendre, retoucher, revenir sur, réviser, revoir, tempérer. **2.** → *réprimander.* **3.** → *punir.* **4.** → *abattre.* **III. V. pron. :** se convertir, se défaire de, se guérir, se reprendre *et les formes pron. possibles des syn. de* CORRIGER.

CORRIGEUR □ → *correcteur.*

CORROBORER □ **I.** → *fortifier.* **II.** → *confirmer.*

CORRODER □ → *ronger.*

CORROMPRE □ **I.** → *gâter, abâtardir, altérer.* **II.** → *séduire.* **III. V. pron. :** → *pourrir.*

CORROMPU, E □ **I.** → *pourri.* **II. Fig.** → *vicieux.*

CORROSIF, IVE □ → *mordant.*

CORROSION □ Brûlure, corrasion, désagrégation, destruction, érosion, ravinement, usure.

CORRUPTEUR, TRICE □ → *mauvais.*

CORRUPTIBLE □ → *destructible.*

CORRUPTION □ **I.** → *altération.* **II.** → *dégradation.* **III.** → *subornation.*

CORSAGE □ **I.** Buste, poitrine. **II.** Blouse, brassière, cache-cœur, camisole, canezou, caraco, casaque, casaquin, chemisette, guimpe, jersey.

CORSAIRE □ Bandit, boucanier, écumeur des mers, flibustier, forban, frère de la côte, pirate, requin.

CORSER □ → *fortifier.*

CORSET □ **I. Par ext. :** bustier, gaine. **II. Fig.** → *cadre.*

CORTÈGE □ → *suite.*

CORUSCANT, E □ → *brillant.*

CORUSCATION □ Brillance, éclat, intensité, lumière, luminescence, luminosité.

CORVÉE □ I. → *devoir.* II. → *travail.*

CORYPHÉE □ → *chef.*

CORYZA □ Catarrhe, écoulement, inflammation, rhume de cerveau.

COSMOGONIE □ Cosmographie, cosmologie, cosmosophie, description/interprétation de l'Univers.

COSMONAUTE □ Astronaute, spationaute.

COSMOS □ → *univers.*

COSSE □ Écale, écalure, enveloppe, gousse, tégument.

COSSU, E □ → *riche.*

COSTUME □ → *vêtement.*

COSTUMER □ → *vêtir.*

COSY-CORNER □ → *canapé.*

COTE □ I. → *taxe.* II. → *impôt.*

CÔTE □ I. → *bord.* II. → *hauteur.* III. → *montée.*

CÔTÉ □ I. → *flanc.* II. → *aspect.* III. → *partie.* IV. → *direction.* **V. Loc. A** *côté* → *près.*

COTEAU □ → *hauteur.*

COTER □ I. Folioter, noter, numéroter, paginer. II. → *estimer.*

COTERIE □ Association, bande, cabale, camarilla, caste, cercle, chapelle, clan, clique, école, faction, famille, mafia, parti, secte, tribu.

COTHURNE □ Brodequin, chaussure, socque.

COTILLON □ I. → *jupe.* II. → *femme.* III. → *danse.*

COTISATION □ → *quote-part.*

CÔTOYER □ → *longer.*

COTTAGE □ → *villa.*

COTTE □ I. → *jupe.* II. Bleu/vêtement de travail, combinaison, salopette.

COU □ Col, encolure.

COUARD, E □ → *capon.*

COUARDISE □ → *lâcheté.*

COUCHANT □ Occident, ouest, ponant.

COUCHE □ I. Crépi, croûte, enduit. II. Assise, banc, formation, lit, nappe, région, sphère, strate. III. Braie (vx), drapeau (vx), lange, linge, layette, maillot. IV. → *catégorie.* V. → *lit.* VI. → *enfantement.* VII. **Loc. Fausse** *couche :* avortement.

COUCHER □ I. → *étendre.* II. → *inscrire.* III. → *viser.* IV. **V. pron. : 1.** *Au pr. :* s'aliter, s'allonger, se blottir, s'étendre, gésir (vx), se glisser dans le lit/sous les draps, se mettre au lit/prosterner/vautrer (péj.). **2. Fam. :** aller au dodo/au page/au pageot/au

pieu, se bâcher, mettre la viande dans les bâches/les bannes/les torchons/les toiles, se pager/pageoter/pagnoter/pieuter/plumarder/plumer/ventrouiller/vituler.

COUCHERIE □ → *débauche.*

COUCHETTE □ → *lit.*

COUCHEUR (MAUVAIS) □ → *querelleur.*

COUCOU □ I. → *horloge.* II. Locomotive, machine. → *voiture.*

COUDE □ Angle, courbe, détour, méandre, retour, saillie, sinuosité, tour, tournant, virage.

COUDÉ, E □ → *courbe.*

COUDOYER □ → *heurter, rencontrer.*

COUDRE □ I. **Au pr. :** bâtir, faufiler, linger, monter, ourler, raccommoder, rapiécer, ravauder, rentraire, repriser, surfiler, surjeter, suturer. II. **Par ext.** → *joindre.*

COUDRE, COUDRIER □ Noisetier.

COUENNE □ Lard. → *peau.*

COUFFE, COUFFIN, COUFFLE □ → *cabas.*

COUILLE □ I. → *bourse.* II. → *zéro.*

COUINER □ Piailler → *crier.*

COULAGE □ I. Coulée. II. → *perte.*

COULANT, E □ Adj. I. → *fluide.* II. → *naturel.*

COULANT □ n. I. Anneau. II. Pousse, rejeton, stolon.

COULER □ I. **V. tr. 1.** → *filtrer.* **2.** → *verser.* **3.** → *introduire.* **4. Mar. :** envoyer par le fond, faire sombrer, torpiller. II. **V. intr. 1.** Affluer, arroser, baigner, courir, déborder, découler, dégouliner, se déverser, s'échapper, s'écouler, émaner, s'épancher, s'extravaser, filer, fluer, fuir, gicler, jaillir, juter, refluer, se répandre, rouler, ruisseler, sourdre. **2.** Dégoutter, s'égoutter, goutter, instiller, suinter, traverser. **3.** Baver, exsuder, suer, transpirer. **4.** Descendre, glisser, se mouvoir, passer, tomber. **5. Un** *bateau :* s'abîmer, chavirer, s'enfoncer, s'engloutir, faire naufrage, s'immerger, se perdre, se saborder, sancir, sombrer. III. **V. pron. :** → *introduire (s').*

COULEUR □ I. **Au pr. :** carnation, coloration, coloris, demi-teinte, nuance, teint, teinte, ton, tonalité. II. **Fig. 1.** Allure, apparence, aspect, brillant, caractère, éclat, force, truculence, vivacité. **2.** → *opinion.* **3.** → *prétexte.* **4. Au pl.** → *drapeau.*

COULEUVRE □ Anguille de haie, bisse (blas.), coronelle, élaphis, nasique, ophidien. → *reptile.*

COULISSIER □ → *intermédiaire.*

COULOIR □ → *passage.*

COUP □ I. **Au pr. 1.** Choc, ébranlement, frappement, heurt, secousse, tamponnement. **2.** Anguillade, bastonnade, botte, bourrade, calotte, charge, châtiment, chiquenaude, claque, correction, décharge, distribusion, escourgée, fessée, gifle, gourmade, horion, pichenette, sanglade, soufflet, tape. **3. Fam. :** abattage, atout, baffe, bâfre, beigne, beignet, branlée, brossée, brûlée, castagne, châtaigne, contredanse, coquard, danse, dariole, déculottée, dérouillée, frottée, giboulée, giroflée, gnon, marron, mornifle, pain, peignée, pile, pochon, raclée, ramponneau, ratatouille, rincée, rossée, roulée, rouste, salsifis, tabac, talmouse, taloche, tampon, tannée, taquet, tarte, tatouille, torgniole, tournée, trempe, tripotée. **4.** Blessure, bleu, bosse, contusion, mauvais traitements, meurtrissure, violences, voie de fait. **II. Par ext. 1.** *Coup de feu :* arquebusade, canonnade, charge, décharge, détonation, fusillade, salve, tir. **2.** → *bruit.* **3.** → *émotion.* **4.** → *action.* **III. Loc. 1. Coup de cœur/foudre** → *amour.* **2. Coup de main** → *engagement.* **3. Coup de sang** → *congestion.* **4. Coup d'État** → coup d'autorité/de force, changement, pronunciamiento, putsch, révolution. **5.** *Coup de tête* → *caprice.* **6.** *Coup de théâtre* → *péripétie.* **7.** *Coup d'œil* → *regard* et *vue.* **8.** *A coup sûr :* certainement, évidemment, sûrement. **9.** *Tout à coup :* à l'improviste, à brûle-pourpoint, brusquement, en un instant, inopinément, soudain, subitement, subito. **10.** *Un coup :* une fois. **11.** *Tirer un coup (vulg.)* → *accoupler (s').*

COUPABLE □ n. et adj. Blâmable, breneux (fam.), condamnable, damnable, délictueux, délinquant, fautif, honteux, illégitime, illicite, inavouable, indigne, infâme, mauvais, peccant, pécheur, pendable, punissable, répréhensible.

COUPANT, E □ → *tranchant.*

COUPE □ **I.** Calice, coupelle, cratère, gobelet, jatte, patère, ramequin, sébile, vase, vaisseau. **II.** → *compétition.* **III.** → *pièce.* **IV.** → *plan.* **V.** Césure, hémistiche, repos. **VI. Loc.** *Coupe sombre :* sanction. → *retranchement.*

COUPÉ, E □ → *court.*

COUPE-FILE □ → *laissez-passer.*

COUPE-JARRET □ **I.** → *tueur.* **II.** → *voleur.*

COUPER □ **I. Au pr. :** amputer, champlever, chanfreiner, cisailler, débillarder, découper, diviser, ébarber, élaguer, entamer, entrecouper, exciser, hacher, inciser, massicoter, réséquer, scarifier, sectionnner, tailler, tailler, trancher, tronçonner. **II. Par ext. 1.** → *retrancher.* **2.** → *châtrer.* **3.**

→ *traverser.* **4.** → *mélanger.* **5.** → *interrompre.* **6.** → *abattre.*

COUPERET □ Coupe-coupe, hachoir, machette → *couteau.*

COUPLE □ **I. Nom fém. :** paire. **II. Nom masc. 1.** Duo, paire, tandem. **2.** Époux, ménage.

COUPLET □ **I.** → *poème.* **II.** → *chant.* **III.** → *tirade.*

COUPOLE □ → *dôme.*

COUPON □ **I.** → *pièce.* **II.** → *billet.*

COUPURE □ → *blessure, billet.*

COUR □ **I.** Atrium, cloître, patio, préau. **II.** → *tribunal.*

COURAGE □ Ardeur, assurance, audace, bravoure, cœur, confiance, constance, cran, crânerie, décision, énergie, fermeté, force, générosité, hardiesse, héroïsme, impétuosité, intrépidité, patience, persévérance, résolution, stoicisme, témérité, vaillance, valeur, volonté, zèle.

COURAGEUX, EUSE □ Ardent, audacieux, brave, confiant, constant, crâne, décidé, dynamique, énergique, ferme, fonceur, fort, hardi, héroïque, impétueux, intrépide, mâle, martial, noble, patient, persévérant, résolu, stoique, téméraire, travailleur, vaillant, volontaire, zélé.

COURANT, E □ adj. **I.** → *présent.* **II.** → *commun.*

COURANT □ n. **I.** → *cours.* **II. Loc. 1.** *Être au courant* → *connaître.* **2.** *Mettre/tenir au courant* → *informer.*

COURBATU, E □ → *fatigué.*

COURBE □ **I. Adj. :** aquilin, arqué, arrondi, busqué, cambré, cassé, concave, convexe, coudé, courbé, crochu, curviligne, incurvé, infléchi, inflexe, mamelonné, rebondi, recourbé, renflé, rond, tordu, tors, tortu, tortueux, voûté. **II. Nom :** arabesque, arc, boucle, cercle, cintrage, circonférence, coude, courbure, ellipse, feston, galbe, méandre, ondulation, ovale, ove, serpentin, sinuosité, spirale, virage, volute.

COURBER □ **I. Au pr. 1.** → *fléchir.* **2.** → *incliner.* **II. Fig.** → *soumettre.* **III. V. pron. 1. Au pr. :** s'arquer, s'arrondir, se busquer, se cambrer, se casser, se couder, falquer (équit.), s'incurver, s'infléchir, se recourber, se renfler, se tordre, se voûter. **2. Fig.** → *humilier (s').*

COURBETTE □ → *salut.*

COUREUR □ **I.** → *messager.* **II.** Cavaleur, juponnier, tombeur. → *séducteur, débauché.*

COURGE □ Bonnet-de-prêtre/Turc, citrouille, coloquinte, concombre, courgette, cucurbitacée, giraumon, gourde, pâtisson, potiron, zuchette.

COURIR □ **I. V. intr. 1. Au pr. :** bondir, détaler, dévorer l'espace, s'élancer, fendre l'air, galoper, se hâter, se précipiter, se presser, voler. **2. Fam. :** avoir le diable à ses trousses/le feu au derrière, brûler le pavé, caleter, se carapater, cavaler, décaniller, dropper, filer, foncer, gazer, jouer des flûtes/des gambettes/des pinceaux/des pincettes, mettre les bouts, pédaler, piquer un cent mètres, prendre ses jambes à son cou, se tirer, tracer, tricoter des pinceaux/des pincettes, trisser, trôler. **II. V. tr.** *1.* → *chercher.* **2.** → *fréquenter.* **3.** → *poursuivre.* **4.** → *répandre (se).* **5.** → *passer.* **6.** → *parcourir.*

COURONNE □ **I. Au pr. :** bandeau royal, diadème, pschent, tiare, tortil. **II. Par ext. :** guirlande. **III. Fig.** *1.* Attribut, emblème, ornement, signe. *2.* Distinction, honneur, lauriers, palme, prix, récompense. *3.* Empereur, empire, État, maison, monarchie, monarque, roi, royaume, royauté, souverain, souveraineté.

COURONNEMENT □ Sacre. → *consécration.*

COURONNER □ **I. Au pr. :** *1.* Auréoler, nimber. **2.** Ceindre, coiffer, introniser, sacrer. **II. Par ext. :** décerner un prix/une récompense. **III. Fig.** *1.* Accomplir, achever, conclure, finir, parachever, parfaire, terminer. **2.** → *blesser.*

COURRIER □ **I.** → *messager.* **II.** → *bateau.* **III.** → *correspondance.*

COURROIE □ Attache, bandoulière, bretelle, harnais, jugulaire, lanière, mancelle, raban, sangle.

COURROUX □ → *colère.*

COURS □ **I.** Carrière, chenal, courant, course, fil, mouvement. **II. Loc.** *Cours d'eau :* affluent, collecteur, émissaire, fleuve, gave, ravine, rivière, ru, ruisseau, torrent, voie fluviale. → *canal.* **III.** → *promenade.* **IV.** → *évolution.* **V.** → *traité.* **VI.** → *leçon.* **VII.** → *école.* **VIII.** → *prix.* **IX. Loc.** *Avoir cours :* avoir du crédit/de la vogue, déchaîner l'enthousiasme, être à la mode/dans le vent/in, faire fureur.

COURSE □ **I.** Allées et venues, commissions, démarches. **II.** → *marche.* **III.** → *cours.* **IV.** → *incursion.* **V.** → *trajet.* **VI.** → *promenade.*

COURSIER □ → *cheval, messager.*

COURT, E □ **I. De taille :** bas, courtaud, étriqué, étroit, mince, minuscule, petit, rabougri, ramassé, ras, rétréci, tassé, trapu. **II. De durée :** bref, éphémère, fragile, fugace, fugitif, intérimaire, momentané, passager, périssable, précaire, pressé, prompt, provisoire, rapide, temporaire, transitoire. **III. Par ext. :** abrégé, accourci, bref, compendieux (vx), concis, condensé, contracté, coupé, dense, diminué, écourté, elliptique, haché, laconique, lapidaire, rac-

courci, ramassé, réduit, resserré, restreint, résumé, serré, simple, sommaire, succinct, télégraphique.

COURTAGE □ **I. Au pr. :** commission, ducroire, pourcentage, prime, remise, rémunération. → *agio.* **II. Par ext. :** dessous-de-table, pot-de-vin, pourboire. → *gratification.*

COURTAUD, E □ **I. Adj.** → *court.* **II. Nom** → *cheval.*

COURTIER □ → *intermédiaire.*

COURTISAN □ n. et adj. Homme de cour. → *flatteur.*

COURTISANE □ → *prostituée.*

COURTISER □ **I.** Badiner, conter fleurette, coqueter, faire des avances/la cour, galantiser (vx), marivauder, rechercher. **II. Fam. :** baratiner, causer, draguer, faire du gringue/les yeux doux, flirter, fréquenter, jeter du grain, sortir avec.

COURTOIS, E □ → *civil.*

COURTOISIE □ → *civilité.*

COUSETTE □ Arpette, midinette, petite main, trottin.

COUSSIN □ Bourrelet, carreau, coussinet, oreiller, polochon, pouf, traversin.

COÛT □ → *prix.*

COUTEAU □ Bistouri, canif, couperet, coupoir, coutelas, coutre, cutter, drayoir, eustache, lame, lancette, navaja, poignard, scalpel, scramasaxe. **Arg. :** rapière, saccagne, surin. → *poignard.*

COÛTER □ v. tr. et intr. → *valoir.*

COÛTEUX, EUSE □ → *cher.*

COUTUME □ → *habitude.*

COUTUMIER, ÈRE □ **I.** → *accoutumé.* **II.** → *habitué.* **III.** → *ordinaire.*

COUTURIER, ÈRE □ Modéliste, tailleur. → *cousette.*

COUVÉE □ Nichée, portée, produit, race.

COUVENT □ → *cloître.*

COUVER □ **I. Au pr. :** incuber. **II. Par ext.** *1.* → *nourrir.* **2.** → *préparer.* **3. Loc. :** couver des yeux. → *regarder.*

COUVERT □ **I.** → *abri.* **II.** → *ombre.* **III.** → *maison.* **IV. Loc.** *1.* **couvert :** à l'abri, garanti, protégé. *2. Sous le couvert de :* caution/manteau/protection de.

COUVERT, E □ Abrité, défendu, garanti, préservé, sauvegardé, vêtu.

COUVERTURE □ **I.** Berne (vx), chabraque, courtepointe (vx), couverte, couvrante (fam.), couvre-pied, édredon, housse (vx), plaid, poncho, tartan. **II.** *1.* Bâche, capote. **2.** → *garantie.* **3.** → *toit.* **4.** → *prétexte.*

COUVEUSE □ Couvoir, incubateur.

COUVRE-CHEF □ → *coiffure.*

COUVRE-LIT, COUVRE-PIED □ → *couverture.*

COUVRIR □ **I. Au pr.** : appliquer/disposer/mettre sur, bâcher, banner, barder, caparaçonner, capuchonner, enduire, envelopper, habiller, recouvrir. **II. Par ext. 1.** → *protéger.* **2.** → *cacher.* **3.** → *vêtir.* **4.** → *parcourir.* **5.** → *accoupler (s').* **III. Fig. 1.** → *répondre de.* **2.** → *déguiser.* **3.** → *remplir.* **4.** → *dominer.*

COVENANT □ → *traité.*

CRACHAT, CRACHEMENT □ **I.** Expectoration, expuition, salivation, sputation. **II. Arg.** : glaviot, graillon, huître, molard.

CRACHER □ Crachailler, crachoter, crachouiller, expectorer, glaviotter, graillonner, molarder, recracher, vomir.

CRACHIN □ → *pluie.*

CRACHOTER □ → *cracher.*

CRAINDRE □ **I.** S'alarmer, appréhender, avoir peur, être effrayé/épouvanté, redouter. → *trembler.* **II.** → *honorer.*

CRAINTE □ **I.** Alarme, angoisse, anxiété, appréhension, défiance, effarouchement, effroi, émoi, épouvante, frayeur, frousse, inquiétude, méfiance, obsession, peur, phobie, pressentiment, terreur, transe, tremblement. **II.** Respect, révérence, vénération.

CRAINTIF, IVE □ Angoissé, anxieux, appréhensif, effarouché, effrayé, ému, épouvanté, honteux, inquiet, jaloux, méfiant, peureux, pusillanime, révérenciel, sauvage, scrupuleux, soupçonneux, terrifié, timide, timoré, tremblant, trembleur.

CRAMER □ → *brûler.*

CRAMOISI, E □ → *rouge.*

CRAMPE □ **I.** → *contraction.* **II.** → *colique.*

CRAMPON □ Agrafe, attache, croc, crochet, grappin, griffe, happe, harpeau, harpin, harpon, piton. → *importun.*

CRAMPONNER □ **I. Au pr.** → *attacher.* **II. Fig.** → *ennuyer.* **III. V. pron.** → *attacher (s').*

CRAN □ **I.** → *entaille.* **II.** → *fermeté.*

CRÂNER □ **I.** → *braver.* **II.** → *poser.*

CRÂNERIE □ **I.** → *hâblerie.* **II.** → *courage.*

CRÂNEUR, EUSE □ → *hâbleur.*

CRAPULE □ **I.** → *vaurien.* **II.** → *débauche, ivresse.*

CRAPULERIE □ Bassesse, canaillerie, friponnerie, improbité, indélicatesse, lâcheté, malhonnêteté. → *débauche.*

CRAQUE □ → *hâblerie.*

CRAQUELÉ, E □ **I.** Crevassé, desséché. **II.** Fendillé, fendu, fissuré, gercé, lézardé.

CRAQUELURE □ Craquèlement, fendillement, fissure, gerçure, lézarde.

CRAQUEMENT □ → *bruit.*

CRAQUER □ **I.** Claquer, crouler, se détruire, s'effondrer, se rompre. **II.** Crisser, péter, pétiller, produire un → *bruit.*

CRASSE □ **I. N. f. 1.** → *bassesse.* **2.** → *malpropreté.* **II. Adj.** → *épais.*

CRASSEUX, EUSE □ **I.** → *malpropre.* **II.** → *sordide.* **III.** → *avare.*

CRASSIER □ Terril.

CRAVACHE □ → *baguette.*

CRAVACHER □ → *cingler, hâter (se).*

CRAVATE □ Lavallière, régate.

CRAYON □ → *ébauche.*

CRÉANCE □ **I.** → *dette.* **II.** → *foi.*

CRÉANCIER, ÈRE □ Crédirentier.

CRÉATEUR □ **I.** → *bâtisseur.* **II.** → *Dieu.*

CRÉATION □ **I.** → *ouvrage.* **II.** → *univers.*

CRÉATURE □ **I.** → *homme.* **II.** → *protégé.*

CRÈCHE □ **I.** → *nursery.* **II.** → *auge.*

CRÉDENCE □ Desserte.

CRÉDIBILITÉ □ → *vraisemblance.*

CRÉDIBLE □ → *sûr, vrai.*

CRÉDIT □ **I.** Avoir, solde. → *bénéfice.* **II.** → *influence.* **III.** → *faveur.* **IV.** → *cours.* **V. à crédit** : à croume (arg.)/tempérament/terme, par mensualités.

CREDO □ → *foi.*

CRÉDULE □ → *naïf, simple.*

CRÉDULITÉ □ → *simplicité.*

CRÉER □ **I.** Accoucher, composer, concevoir, découvrir, donner l'être/l'existence/la vie, élaborer, enfanter, engendrer, faire, faire naître, former, imaginer, inventer, lancer, mettre au monde/en chantier/en œuvre, procréer, produire, réaliser, trouver. **II.** → *occasionner.* **III.** → *établir.*

CRÉMATION □ → *incinération.*

CRÈME □ **Fig.** → *choix.*

CRÉMERIE □ **I.** Beurrerie, laiterie. **II. Arg.** → *cabaret.*

CRÉMEUX, EUSE □ → *gras.*

CRÉNEAU □ Embrasure, mâchicoulis, meurtrière, ouverture, parapet.

CRÉNELURE □ Dentelure, grecque.

CRÉOLE □ **I. Au pr.** : colonial, insulaire, tropical. **II. Par ext.** : métis.

CRÊPE □ **I.** Blinis. **II.** → *ruban.*

CRÊPÉ, E □ → *frisé.*

CRÊPER □ → *friser.*

CRÉPITER □ → *pétiller.*

CRÉPU, E □ → *frisé.*

CRÉPUSCULE □ **I. Au pr. 1.** → *aube.* **2.** Brune, déclin/tombée du jour, entre chien et loup, rabat-jour. **II. Fig.** → *décadence.*

CRÉSUS □ → *riche.*

CRÊTE □ **I.** → *sommet.* **II.** → *touffe.*

CRÉTIN, E □ → *bête.*

CREUSER □ **I. Au pr. :** affouiller, approfondir, bêcher, caver, champlever, chever, défoncer, échancrer, enfoncer, évider, excaver, foncer, forer, fouiller, fouir, labourer, miner, pénétrer, percer, piocher, raviner, sonder, tarauder, terrasser. **II. Fig.** → *étudier.*

CREUX, CREUSE □ **I. Au pr. :** cave, concave, courbe, encaissé, entaillé, évidé, rentrant. **II. Par ext. 1.** → *profond.* **2.** → *vide.* **III. Fig. :** chimérique, futile, vain. → *imaginaire.*

CREUX □ **I.** → *abîme.* **II.** → *excavation.*

CREVANT, E □ **I.** → *risible.* **II.** → *tuant.*

CREVASSE □ → *fente.*

CREVASSER □ Craqueler, fendiller, fendre, fissurer, gercer, lézarder.

CRÈVE-CŒUR □ → *ennui.*

CREVER □ **I. V. intr. 1.** → *mourir.* **2.** → *rompre (se).* **II. V. tr.** → *fatiguer.*

CREVETTE □ **I. De mer :** bouc, boucot, bouquet, chevrette, palémon, salicoque. **II. D'eau douce :** gammare.

CRI □ **I. Vx :** devise. **II. Neutre. 1.** Appel, avertissement, éclat (de voix), exclamation, son. **2.** → *bruit.* **3. Favorable. 1.** Acclamation, alleluia, applaudissement, ban, évohé, hosanna, hourra, ovation, you-you. **2.** Imploration, interjection, prière, supplication. **III. Non favorable. 1.** Charivari, clabaudage, clabaudement, clabauderie, clameur, criaillerie, crierie, glapissement, grognement, gueulement, haro, huée, hurlement, juron, piaillerie, plainte, protestation, réclamation, récrimination, rumeur, tapage, tollé, tumulte, vacarme, vocifération. **2.** Gémissement, lamentation, murmure, pleur, sanglot. **3. Vén. :** hallali, hourvari, huée, taïaut. **IV. D'animaux et par ext. d'humains :** aboi, aboiement, babil, babillage, barrissement et barrit *(éléphant)*, bêlement, béguètement *(chèvre)*, beuglement *(bovidés)*, braillement *(paon)*, braiement *(âne)*, bramement *(cervidés)*, caquet *(poule)*, chant, chuchotement *(moineau)*, chuintement *(chouette)*, clabaudage et clatissement *(vén. chien)*, coassement *(crapaud et grenouille)*, cocorico, coin-coin *(canard)*, craillement ou graillement *(corneille)*, cra-

quètement *(cigale, cigogne, grue)*, criaillement *(oie, paon)*, croassement *(corbeau)*, feulement *(chat, tigre)*, gazouillement, gazouillis, gémissement *(tourterelle)*, glapissement *(grue, renard)*, glouglou *(dindon)*, gloussement *(poule)*, grésillement *(grillon)*, grognement et grommellement *(ours, porc, sanglier)*, hennissement *(cheval)*, hululation et hululement *(chouette, hibou)*, hurlement *(chien, loup, ours)*, jacassement et jacasserie *(pie)*, jappement *(chien)*, jasement *(geai, pie)*, meuglement *(bovidés)*, miaulement, mugissement, pépiement, piaulement, piaulis, ramage, rauquement *(tigre)*, roucoulement, rugissement, sifflement, stridulation *(cigale)*, tirelire *(alouette)*, ululation et ululement *(chouette, hibou)*.

CRIANT, E □ **I.** → *évident.* **II.** → *révoltant.*

CRIARD, E □ **I.** → *aigu.* **II.** → *voyant.*

CRIBLE □ Batée, calibreur, claie, grille, passoire, sas, tamis, tarare, trieur.

CRIBLER □ **I.** → *tamiser.* **II.** → *percer.*

CRIC □ Levier, vérin.

CRIÉE □ **I.** → *enchères.* **II.** → *vente.*

CRIER □ **I. V. intr. 1. Au pr. :** acclamer, appeler, avertir, clamer, dire, s'écrier, s'égosiller, s'époumoner, s'exclamer, fulminer, gueuler, héler, houper, hucher, hurler, jurer, proclamer, sacrer, tempêter, tonitruer, tonner, trompeter, vagir, vociférer. **2. Par ext. :** gémir, implorer, se plaindre, prier, récriminer, supplier. **3. Contre quelqu'un :** accuser, apostropher, attraper, clabauder, conspuer, couiner, criailler, se fâcher, faire de la musique, gronder, interpeller, invectiver, malchanter (vx), se plaindre de, rager, râler, se récrier, réprimander, tempêter. → *protester.* **4. Animaux et par ext. humains :** aboyer, babiller, baréter *(rhinocéros, éléphant)*, barrir *(éléphant)*, béguéter *(chèvre)*, bêler *(ovidés)*, beugler *(bovidés)*, blatérer *(chameau)*, boubouler *(hibou)*, brailler *(paon)*, braire, bramer *(cervidés)*, cacaber *(perdrix)*, cacarder *(oie)*, cajoler *(geai, pie)*, caqueter, caracouler *(ramier)*, carcailler *(caille)*, chanter, chicoter *(souris)*, chuchoter *(moineau)*, chuinter *(chouette)*, clabauder *(vén. chien)*, clapir *(lapin)*, clatir *(vén. chien)*, coasser *(crapaud, grenouille)*, coqueriquer *(coq)*, coucouler *(coucou)*, couiner, couailler *(caille)*, crailler et grailler *(corneille)*, craquer et craqueter *(cigale, cigogne, grue)*, crételer *(poule)*, criailler *(oie, paon)*, croasser *(corbeau)*, feuler *(tigre)*, flûter *(merle)*, frigotter *(pigeon)*, gazouiller, gémir *(tourterelle)*, glapir *(grue, renard)*, glatir *(aigle)*, glou-

glouter *(dindon)*, glousser *(perdrix, poule)*, grésiller *et* grésillonner *(grillon)*, gringoter *(rossignol)*, grisoller *(alouette)*, grogner *et* grommeler *(ours, porc, sanglier)*, hennir *(cheval)*, hôler *et* huer *et* hululer *(chouette, hibou)*, hurler *(chien, loup, ours)*, jaboter *(pélican)*, jacasser *(pie)*, japper, jargonner *(jars)*, jaser *(pie)*, lamenter *(crocodile)*, margauter *et* margoter *(caille)*, meugler *(bovidés)*, miauler, mugir, nasiller *(canard)*, pépier, piailler, piauler, pituiter *(caille)*, pupuler *(huppe)*, raire *et* râler *et* raller *et* réer *(cervidés)*, ramager *(oiseaux)*, rauquer *(tigre)*, roucouler *(colombe, pigeon, ramier, tourterelle)*, rugir *(lion)*, siffler, striduler *(cigale)*, tirelirer *(alouette)*, trisser *(hirondelle)*, trompeter *(aigle, cygne, grue)*, ululer *(chouette, hibou)*. **5.** *Imiter le cri :* frouer *(chouette)*, rossignoler, turluter *(courlis)*. **II. V. tr. 1.** → *publier.* **2.** → *affirmer.*

CRIME □ Assassinat, attentat, brigandage, complot, délit, empoisonnement, espionnage, faute, faux, forfait, forfaiture, fraude, inceste, infraction, mal, meurtre, péché, stupre, trahison, viol. → *vol.*

CRIMINEL, ELLE □ **I.** → *homicide.* **II.** → *malfaiteur.* **III.** → *scélérat.*

CRINIÈRE, CRINS □ → *cheveux.*

CRIQUE □ → *golfe.*

CRISE □ **I. Au pr. :** accès, attaque, atteinte, bouffée, poussée, quinte. **II. Par ext. 1.** → *péripétie.* **2.** Alarme, angoisse, danger, débâcle, dépression, détresse, difficulté, krach, malaise, manque, marasme, mévente, misère, pénurie, péril, perturbation, phase critique, récession, rupture d'équilibre, stagnation, tension, trouble.

CRISPATION □ → *contraction.*

CRISPER □ → *resserrer, énerver.*

CRISSEMENT □ → *bruit.*

CRISSER □ Grincer.

CRITÈRE □ → *modèle.*

CRITÉRIUM □ → *compétition.*

CRITIQUE □ **I. Adj. 1.** → *décisif.* **2.** → *sérieux.* **II. Nom fém. 1.** → *Jugement.* **2.** → *reproche.* **3.** → *censure.* **III. Nom masc.** → *censeur.*

CRITIQUER □ **I.** → *blâmer.* **II.** → *chicaner.* **III.** → *discuter.*

CROASSER □ → *crier.*

CROC □ **I.** → *dent.* **II.** → *harpon.*

CROCHET □ **I.** → *dent.* **II.** → *détour.*

CROCHETER □ → *ouvrir.*

CROCHU, E □ → *courbe.*

CROCODILE □ → *alligator.*

CROIRE □ **I. V. tr. 1.** Accepter, admettre, cuider (vx), être convaincu de, penser, regarder/tenir comme/pour certain/sûr/véridique/vrai. **2. Non favorable :** avaler, donner dans, gober, marcher, mordre à l'hameçon, prendre pour argent comptant, prêter l'oreille. **3. Faire croire :** abuser, faire accroire, mener en bateau, monter le coup/un bateau, tromper. **4. Croire que :** considérer, estimer, être convaincu/persuadé, se figurer, s'imaginer, juger, penser, préjuger, présumer, sembler, supposer. **II. V. intr. :** adhérer à, compter sur, se faire disciple de, faire confiance/se fier/se rallier à. **III. V. pron. :** → *vanter (se).*

CROISÉE □ → *carrefour, fenêtre.*

CROISEMENT □ → *carrefour, métissage.*

CROISER □ **I. V. intr.** → *montrer (se).* **II. V. tr. 1.** Entrecroiser, entrelacer. **2.** Couper, hybrider, mâtiner, mélanger, mêler, métisser. **3.** Traverser. **4.** → *rencontrer.*

CROISIÈRE □ → *voyage.*

CROISSANCE □ Accroissement, agrandissement, augmentation, avancement, crue, développement, poussée, progrès, progression.

CROÎTRE □ S'accroître, s'agrandir, augmenter, se développer, s'élever, s'enfler, s'étendre, fructifier, gagner, grandir, grossir, monter, multiplier, pousser, prendre de la taille, profiter, progresser, prospérer, pulluler, venir.

CROIX □ **I.** Crucifix, hosannière. **II.** → *gibet.*

CROQUANT □ → *paysan.*

CROQUER □ **I.** → *broyer.* **II.** → *manger.* **III.** → *dépenser.* **IV.** → *ébaucher.* **V. Loc. Croquer le marmot** → *attendre.*

CROQUIS □ → *ébauche.*

CROTTE □ **I.** → *excrément.* **II.** → *boue.* **III.** → *ordure.*

CROTTER □ → *besoins (faire ses), salir.*

CROULER □ S'abattre, s'abîmer, s'affaler, craquer, se défoncer, s'ébouler, s'écrouler, s'effondrer, se renverser, se ruiner, tomber. → *affaisser (s').*

CROUP □ Diphtérie.

CROUPE □ → *derrière, sommet.*

CROUPIÈRE □ Bacul.

CROUPIR □ → *séjourner, pourrir.*

CROUSTILLANT, E, CROUSTILLEUX, EUSE □ → *obscène.*

CROÛTE, CROÛTON □ **I.** → *morceau.* **II.** → *tableau.*

CROYABLE □ → *vraisemblable.*

CROYANCE □ **I.** Adhésion, assentiment, certitude, conviction. **II. Péj. :** crédulité, superstition. **III. Relig. :** confiance, conviction, doctrine, dogme, espérance, foi, religion, révélation, tradition. **IV.** Attente, conscience, créance, idée, opinion, pensée, persuasion, prévision, soupçon.

CROYANT, E □ **I. Adj.** → *religieux.* **II. Nom** → *fidèle.*

CRU, E □ **I.** → *indigeste.* **II.** → *naturel.* **III.** → *rude.* **IV.** → *obscène.*

CRU □ → *vin.*

CRUAUTÉ □ → *barbarie.*

CRUCHE □ **I.** → *pot.* **II.** → *bête.* **III.** → *lourdaud.*

CRUCIAL, E □ → *décisif.*

CRUCIVERBISTE □ Mots-croisiste, verbicruciste.

CRUDITÉ □ Brutalité, réalisme.

CRUEL, CRUELLE □ **I.** → *barbare.* **II.** → *insensible.* **III.** → *douloureux.*

CRÛMENT □ Brutalement, durement, tout de go/net, rudement, sans ménagement, sèchement.

CRYPTE □ Caveau, chapelle, grotte, hypogée.

CRYPTONYME □ → *pseudonyme.*

CUBER □ → *évaluer.*

CUEILLETTE □ Collecte, cueillage, cueillaison, cueille, cueillement, ramassage, récolte.

CUEILLIR □ → *recueillir, arrêter.*

CUIR □ **I.** → *peau.* **II.** → *lapsus.*

CUIRASSER □ **I.** → *protéger.* **II.** → *endurcir (s').*

CUIRE □ **I.** Bouillir, braiser, cuisiner, étuver, faire revenir/sauter, fricoter, frire, griller, mijoter, mitonner, préparer, rôtir, rissoler. **II. V. intr.** → *chauffer.* **2.** → *brûler.* **3.** → *bronzer.*

CUISANT, E □ → *douloureux, vif.*

CUISINE □ **I.** Casseroles, coquerie, feux, fourneaux, marmite, office, queue de la poêle, souillarde (péj.). **II.** Chère, manger (pop.), menu, mets, ordinaire, préparation, repas, table. **III. Fam.** : becquetance, bouffe, bouffetance, cuistance, frichti, fricot, graille, popote, rata, soupe, tambouille, tortore. **IV. Fig.** → *manigance.*

CUISINIER, ÈRE □ **I. Au pr.** : bonne, chef, coq, cordon bleu, hâteur (vx), maître coq, maître d'hôtel, maître queux, officier de bouche (vx), queux, rôtisseur, saucier, traiteur. **II. Fam.** : cuistancier, cuistot, empoisonneur, fricasseur, gargotier, gâte-sauce, marmiton, souillon.

CUISSE, CUISSEAU, CUISSOT □ **Boucherie** : baron, culotte, gigot, gigue, gîte, jambon, pilon, quasi, tranche.

CUISSON □ Caléfaction, coction, cuite, préparation.

CUISTRE □ → *pédant.*

CUL □ **I.** → *derrière.* **II.** → *fessier.* **III.** → *fond.*

CULBUTE □ → *cabriole.*

CULBUTER □ **I. V. tr. 1.** → *abattre.* **2.** → *enfoncer.* **3.** → *vaincre.* **4.** → *accoupler (s').* **Arg. et grossier** : aller au canard/aux cuisses/au radada/au tapanar, anguiller, artiller, se baguer le nœud, baiser, besogner, biter, botter, bourrer, bourriner, brosser, calecer, caramboler, caser, cheviller, cogner, dérouiller, distribuer de l'extase, écouvillonner, égoïner, embourber, enfiler, faire la bête à deux dos/la saillie tagada/une partie de jambes en l'air/zig-zig, farcir, fauberger, filer un coup, fourrer, foutre (vx), grimper, guiser, limer, mener le petit au cirque, mettre une pépée en lecture, s'en mettre une sur le bout, moucher la chandelle/le petit frère, niquer, piner, planter, pointer, posséder, queuter, ramoner, râper, sabrer, sauter, taper/tirer une carte/sa chique/son coup/sa crampe/sa crampette/une pastiquette/une pétée, tremper son biscuit/son pain au lait/son panet, trancher, tringler, triquer, tromboner, troncher, verger, voir la feuille à l'envers, ziber, etc. → *jouir.*

CULÉE □ → *appui.*

CULMINANT (POINT) □ → *apogée.*

CULOT □ **I.** → *hardiesse.* **II.** → *confiance.*

CULOTTE □ **I. Au pr. 1. Vx** : braies, chausses, rhingrave, trousses. **2.** Caleçon, flottant, short. **3. De femme** : cache-fri-fri (arg.), cache-sexe, collant, dessous, lingerie, panty, parure, slip. **4. Par ext.** : bermuda, bloomer, blue-jean, corsaire, fuseau, jeans, jodhpurs, knickers, knickerbockers, pantalon. **5. Arg.** : bénard, bénouze, culbutant, falzar, fendard, flottard, froc, futal, grimpant, valseur. **II. Fig.** → *perte.*

CULOTTÉ, E □ → *impudent.*

CULOTTER □ Noircir, roder, salir, user.

CULPABILISER □ Rendre → *responsable.*

CULPABILITÉ □ Faute, imputabilité, responsabilité.

CULTE □ **I.** Dulie, hyperdulie, iconolâtrie, latrie. → *religion.* **II.** → *respect.* **III. Loc.** Rendre un culte → *honorer.*

CULTISME □ → *gongorisme.*

CULTIVATEUR, TRICE □ → *agriculteur.*

CULTIVÉ, E □ → *instruit.*

CULTIVER □ **I.** Bêcher, défricher, essarter, exploiter, faire pousser/venir, fertiliser, jardiner, labourer, mettre en culture/valeur, sarcler, semer, soigner. **II.** → *former.* **III.** → *pratiquer.* **IV.** → *soigner.* **V.** → *fréquenter.*

CULTURE □ **I.** → *agriculture.* **II.** → *savoir.* **III.** → *civilisation.*

CULTUREL, ELLE □ → *didactique.*

CUMUL □ → *accumulation.*

CUMULER □ → *accumuler, réunir.*

CUNNILINCTUS, CUNNILINGUE (FAIRE/PRATIQUER LE). □ **Arg. :** brouter, descendre au barbu, à la cave/au lac/au panier, donner un coup de téléphone/sa langue au chat, faire minette, glottiner (vx), gougnotter, gouiner, gousser, lécher, se mettre une fausse barbe, etc.

CUPIDE □ → *avare.*

CUPIDITÉ □ → *avarice.*

CURAGE □ → *nettoiement.*

CURE □ **I.** → *soins.* **II.** → *guérison.* **III.** Presbytère.

CURÉ □ → *prêtre.*

CURÉE □ **I.** → *nourriture.* **II.** → *pillage.*

CURER □ → *nettoyer.*

CURETTE □ Racle, raclette, racloir.

CURIEUSEMENT □ Bizarrement, drôlement, étrangement.

CURIEUX, EUSE □ **I. Adj. 1.** → *soigneux* (vx). **2.** → *indiscret.* **3.** → *rare.* **4.** → *intéressant.* **II. Nom. 1.** → *collectionneur.* **2.** → *badaud.*

CURIOSITÉ □ **I. Neutre. 1.** Appétit, attention, avidité, intérêt, recherche, soif de connaître. **2.** Nouveauté, rareté, singularité. → *bibelot.* **II. Non favorable :** espionnage, indiscrétion.

CURSIF, IVE □ → *rapide.*

CURVILIGNE □ → *courbe.*

CUVAGE □ Cuvaison, vinification.

CUVE □ → *baquet.*

CUVELAGE □ → *boisage.*

CUVER □ → *digérer.*

CUVETTE □ **I.** → *dépression.* **II.** → *baquet.*

CUVIER □ **I.** → *baquet.* **II.** → *cave.*

CYCLE □ **I.** → *vélo.* **II. Vx :** célérifère, draisienne, vélocifère, vélocipède. **III.** Tandem, triplette. **IV.** → *époque.*

CYCLISTE □ Coureur, cyclotouriste, randonneur. **Vx :** bicycliste, vélocimane.

CYCLOMOTEUR □ Bécane, deux roues, meule, moto, motocyclette, pétarou, scooter, vélomoteur *et les marques de fabrique.*

CYCLONE □ → *bourrasque.*

CYCLOPÉEN, ENNE □ → *gigantesque.*

CYCLOTRON □ Accélérateur de particules.

CYLINDRE □ Meule, rouleau.

CYNIQUE □ → *impudent.*

CYNISME □ Brutalité, immoralité, impudence. → *lasciveté.*

DAB □ → *parent, père.*

DADA □ Hobby, idée fixe, lubie, manie, marotte, mode, passe-temps, tic, violon d'Ingres, vogue.

DADAIS □ → *bêta.*

DAGUE □ → *poignard.*

DAGUERRÉOTYPE □ → *photographie.*

DAGUET □ → *cervidé.*

DAIGNER □ Accepter, acquiescer, admettre, agréer, autoriser, condescendre à, consentir à, permettre, tolérer, vouloir bien.

DAIL □ n. m. *ou* **DAILLE** n. f. faucard, fauchon, faux.

DAIM □ Daine, dine. → *cervidé.*

DAIS □ Abri, baldaquin, chapiteau, ciel, ciel de lit, lambrequin, poêle, vélum, voûte.

DALLAGE □ → *pavé, revêtement.*

DALLE □ Carreau, pierre → *céramique, gouttière.*

DALLER □ Carreler, empierrer, paver, revêtir.

DALMATIQUE □ Chasuble, tunique, vêtement sacerdotal.

DAM □ → *dommage.*

DAMASQUINER □ → *incruster.*

DAME □ → *femme.*

DAMER □ Tasser → *presser.*

DAMIER □ Échiquier, tablier (vx).

DAMNATION □ Châtiment. → *punition.*

DAMNÉ, E □ Adj. et n. **I.** → *maudit.* **II.** → *détestable.*

DAMNER □ → *tourmenter.*

DAMOISEAU, ELLE □ **I.** → *jeune homme.* **II.** → *fille.* **III.** → *galant.*

DANCING □ → *bal.*

DANDINEMENT □ → *balancement.*

DANDINER □ → *balancer.*

DANDY □ → *élégant.*

DANDYSME □ → *affectation.*

DANGER □ Abîme, affaire, alarme, aléa, alerte, casse-cou/gueule, détresse, difficulté, écueil, embarras, embûche, guêpier, hasard, impasse, imprudence, inconvénient, inquiétude, mauvais pas, menace, perdition, péril, risque, S.O.S., traverse, urgence. **arg. :** schproum, pet, pétard.

DANGEREUX □ **I.** → *mauvais.* **II.** → *imprudent.* **III.** → *sérieux.*

DANSE □ **I. Au pr. : 1.** Ballet, chorégraphie. → *bal.* **2.** Allemande, boléro, branle, chaconne, contredanse, cotillon, farandole, gambille (pop.), gigue, entrechat, évolution, marche, mascarade, menuet, pavane, polka, quadrille, rigodon, ronde, saltation (vx), sarabande, sauterie, tricotets, valse. **II. Par ext.** *De nombreux termes en fonction de la mode ou des coutumes régionales :* blues, bossanova, boston, bourrée, calypso, carmagnole, czardas, danse du ventre, dérobée, farandole, french-cancan, fox-trot, gavotte, java, jerk, jota, matchiche, mazurka, one-step, pas de quatre, ridée, rock and roll, tango, tarentelle, etc. **III. Fig. 1.** → *reproche.* **2.** → *volée.* **IV. Loc. 1. Entrer en danse** → *intervenir.* **2. Mener la danse** → *gouverner.* **3. Donner une danse** → *battre et réprimander.*

DANSANT, E □ → *rythmé.*

DANSER ☐ **I. Au pr. : 1.** S'agiter, baller (vx), dansotter, dindailler, faire des entrechats, gambiller, gigoter, giguer, sauter, sautiller, se trémousser, valser. **2.** Dinguer, valdinguer. **II. Loc.** *Ne savoir sur quel pied danser* → *hésiter.*

DANSEUSE ☐ **I. Au pr.** almée, ballerine, bayadère, chorégraphe, choriste, étoile, petit rat, sujet. **II. Par ext. 1.** Acrobate, baladin (vx). **2.** Cavalière, partenaire. **3.** Girl. **4.** Taxi-girl.

DANTESQUE ☐ **I.** → *effrayant.* **II.** → *tourmenté.*

DAPHNÉ ☐ Garou, malherbe, sainbois.

DARD ☐ **I.** Aiguillon, crochet. → *trait.* **II.** Vandoise.

DARDER ☐ → *lancer.*

DARE-DARE ☐ → *vite.*

DARNE ☐ → *tranche.*

DARSE ☐ → *bassin.*

DARTRE ☐ Pityriasis. → *tache.*

DATE ☐ **I.** An, année, époque, jour, millésime, moment,′ période, quantième, rubrique, temps. **II. Par ext.** → *délai.* **III.** *Fausse date :* antidaté, postdaté.

DATER ☐ → *vieillir, venir de.*

DATION ☐ → *don.*

DAUBER ☐ → *dénigrer, railler.*

DAUBIÈRE ☐ → *braisière.*

DAUPHIN ☐ → *cétacé.*

DAVANTAGE ☐ → *plus.*

DAVIER ☐ → *pince.*

DÉ ☐ **I.** Cube. **II.** Poker, zanzi.

DÉAMBULATION ☐ → *marche.*

DÉAMBULER ☐ → *marcher.*

DÉBÂCLE ☐ **I. Au pr. : 1.** Bouscueil (Canada), dégel. **2.** Incontinence. → *diarrhée.* **II. Fig. :** catastrophe, chute, culbute, débâclage, débâclement, débandade, débine (fam.), déconfiture, défaite, démolition, déroute, désastre, échec, écroulement, effondrement, faillite, fin, fuite, krach, naufrage, revers, ruine.

DÉBAGOULER ☐ → *proférer, vomir.*

DÉBALLER ☐ → *montrer, confier (se).*

DÉBANDADE ☐ → *fuite, défaite.*

DÉBANDER ☐ → *lâcher.*

DÉBANDER (SE) ☐ → *disperser (se).*

DÉBARBOUILLER ☐ → *nettoyer.*

DÉBARCADÈRE ☐ → *quai.*

DÉBARDEUR ☐ → *porteur.*

DÉBARQUEMENT ☐ → *arrivée.*

DÉBARQUER ☐ → *arriver, destituer.*

DÉBARRAS ☐ → *grenier, remise.*

DÉBARRASSER ☐ Alléger, arracher, balayer, déblayer, débrouiller, décharger, décoiffer, défaire,

dégager, dégorger, délivrer, dépêtrer, déposséder, dépouiller, désempêtrer, désencombrer, désenlacer, désobstruer, écumer, enlever, évacuer, exonérer, extirper, extraire, filtrer, libérer, nettoyer, ôter, purger, purifier, quitter, retirer, retrancher, sarcler, soulager, soustraire, supprimer, tailler, vider. **V. pron. :** abandonner, s'acquitter/s'affranchir de, balancer, bazarder (pop), se défaire/se dépouiller de, jeter, en finir, liquider, ôter, oublier, quitter, rejeter, vendre.

DÉBAT ☐ **I.** → *contestation.* **II.** → *discussion.* **III.** → *procès.*

DÉBÂTIR ☐ → *démolir.*

DÉBATTRE ☐ → *discuter.* **V. pron. :** → *démener (se).*

DÉBAUCHE ☐ **I. Au pr. 1.** *L'acte :* bacchanale, bambochade, bamboche, bamboula, beuverie, bombe, bordée, boucan, bousin, bringue, coucherie, crapule, crapulerie, débordement, déportement, dérèglement, désordre, écart de conduite, fornication, fredaine, foire, godaille, goguette, libation, lupanée, noce, nouba, orgie, partie, partouse, ribauderie, ribote, ribouldingue, riole (vx), ripaille, saturnale, scandale, soûlerie, vadrouille, vie de bâton de chaise. → *fête.* **2.** *Le comportement :* abus, corruption, dépravation, dissipation, dissolution, excès, fange, galanterie, immoralité, impudicité, inconduite, incontinence, indécence, intempérance, ivrognerie, jouissance, libertinage, licence, luxure, ordure, paillardise, polissonnerie, stupre, sybaritisme, turpitude, vice, volupté. **II. Par ext. :** étalage, luxe, quantité, surabondance → *profusion.*

DÉBAUCHÉ, E ☐ Arsouille, bambocheur, casanova, cavaleur, cochon, corrompu, coureur, crapuleux, cynique, dépravé, déréglé, dévergondé, dissipateur, dissolu, don juan, drille, flirteur, frottadou (mérid.), godailleur, grivois, immoral, impudique, indécent, ivrogne, jouisseur, juponnier, libertin, libidineux, licencieux, lovelace, luxurieux, mauvais sujet, noceur, orgiaque, paillard, pervers, polisson, porc, putassier (grossier), ribaud, roué (vx), ruffian, satyre, sybarite, vaurien, verrat (grossier), vicieux, viveur.

DÉBAUCHER ☐ → *séduire, congédier.*

DÉBILE ☐ → *bête, faible.*

DÉBILITÉ ☐ Abattement, aboulie, adynamie, anémie, asthénie, atonie, chétivité, consomption, délicatesse, faiblesse, fragilité, idiotie, imbécillité, impotence, impuissance, langueur, psychasthénie.

DÉBILITER ☐ → *affaiblir.*

DÉBINE ☐ → *dèche.*

DÉBINER □ → *dénigrer.*

DÉBIT □ → *magasin, élocution.*

DÉBITANT □ → *commerçant.*

DÉBITER □ I. → *vendre.* II. → *découper.* III. → *prononcer et dire.*

DÉBITEUR, TRICE □ Débirentier.

DÉBLAI □ I. Aplanissement, débarras, déblaiement, déblayage, dégagement, dépouillement, nettoyage. II. Débris, décharge, décombre, gravats, gravois, plâtras.

DÉBLATÉRER □ → *invectiver.*

DÉBLAYER □ → *débarrasser.*

DÉBLOQUER □ → *dégager.*

DÉBOIRE □ → *déception.*

DÉBOÎTEMENT □ → *entorse.*

DÉBOÎTER □ → *disloquer.*

DÉBONDER □ I. Au pr. : mettre en perce, ouvrir. II. Fig. : éclater, épancher, se répandre, soulager, vider.

DÉBONNAIRE □ → *brave.*

DÉBONNAIRETÉ □ I. → *bonté.* II. douceur.

DÉBORD □ Dépassant, dépassement.

DÉBORDANT, E □ Fig. : abondant, actif, animé, enthousiaste, expansif, exultant, fourmillant, gonflé, impétueux, pétulant, plein, prodigue, pullulant, regorgeant, rempli, surabondant, vif, vivant.

DÉBORDEMENT □ I. Au pr. : cataclysme, crue, débord, déferlement, déluge, dérèglement, écoulement, diffusion, expansion, explosion, Flot, flux, inondation, invasion, irruption, marée, submersion. II. Par ext. : abus, débauche, déchaînement, démesure, dérèglement, dévergondage, dissolution, excès, exubérance, libertinage, licence, profusion, torrent, surabondance. → *débauche.*

DÉBORDER □ I. S'épancher, se déchaîner, déferler, dépasser, se déverser, échapper, éclater, s'emporter, envahir, s'épandre, exploser, faire irruption, inonder, noyer, se répandre, sortir de, submerger. II. Par ext. 1. Être plein/rempli de, fourmiller, regorger, surabonder. 2. Contourner, dépasser, tourner. III. Fig. : s'écarter/s'éloigner/sortir de. IV. → *emporter (s').*

DÉBOTTÉ (AU) □ Impromptu.

DÉBOUCHÉ □ → *sortie.*

DÉBOUCHER □ I. → *ouvrir.* II. → *sortir et jeter (se).*

DÉBOURRER □ Décharger, décongestionner, dégager, vider → *préparer.*

DÉBOURS □ → *dépense.*

DÉBOURSER □ → *payer.*

DEBOUT □ Carré, dressé, droit, en pied (beaux-arts), érigé, levé, sur pied, sur ses jambes.

DÉBOUTER □ Ajourner, éloigner, récuser, refuser, rejeter, renvoyer, repousser.

DÉBOUTONNER (SE) □ Fig. I. → *confier (se).* II. → *payer.*

DÉBRAILLÉ □ → *négligé.*

DÉBRAILLER (SE) □ → *découvrir (se).*

DÉBRANCHER, DÉBRAYER □ → *interrompre.*

DÉBRIDER □ I. Couper, exciser, inciser, ouvrir. II. Par ext. : déchaîner, donner libre cours.

DÉBRIS □ Balayures, bribes, bris, casson, cendre, copeau, déchet, décombre, défet, détritus, effondrilles, épave, ferraille, fondrilles, fragment, limaille, miette, morceau, ossement, plâtras, ramas, rebut, relique, résidu, reste, rogaton, rognure, ruine, sciure, tesson. → *déblai.*

DÉBROUILLARD, E □ → *malin.*

DÉBROUILLARDISE □ → *habileté.*

DÉBROUILLER □ → *distinguer, éclaircir.* V. pron. : s'arranger, bricoler, combiner, ·se démerder/dépatouiller/dépêtrer/tirer d'affaire.

DÉBROUSSAILLER □ I. Au pr. : défricher, dégager, éclaircir, essarter. II. Fig. : débrouiller, dégrossir.

DÉBUSQUER □ → *chasser.*

DÉBUT □ → *commencement.*

DÉBUTANT □ → *novice.*

DÉBUTER □ → *commencer.*

DÉCADENCE □ I. Abaissement, affaiblissement, affaissement, chute, crépuscule, déchéance, déclin, décrépitude, dégénérescence, dégradation, dégringolade, déliquescence, dépérissement, descente, destruction, détérioration, disgrâce, écroulement, effondrement, étiolement, épave, fin, marcescence, pente, renversement, ruine. II. Méd. : cachexie, catabolisme, désassimilation.

DÉCAISSER □ → *payer.*

DÉCALAGE □ → *écart, rupture.*

DÉCALER □ → *retarder.*

DÉCAMPER □ → *partir.*

DÉCANTATION □ Centrifugation, clarification, décantage, transvasement.

DÉCANTER □ → *transvaser.*

DÉCAPER □ → *nettoyer.*

DÉCAPITER □ I. Au pr. : couper le cou/la tête, décoller, faire sauter/tomber/voler la tête, guillotiner, mettre à mort, raccourcir (arg.), supplicier, trancher, tuer. II. Par ext. → *abattre.* III. Bot. : écimer, écrêter, émonder, étêter.

DÉCARCASSER (SE) □ → *démener (se).*

DÉCATI, E □ → *fané.*

DÉCAVÉ, E □ → *ruiné.*

DÉCÉDÉ, E □ → *mort.*

DÉCELER □ → *découvrir.*

DÉCÉLÉRER □ Freiner, ralentir.

DÉCENCE □ Bienséance, bon aloi, bon ton, chasteté, congruité, convenance, correction, délicatesse, dignité, discrétion, éducation, gravité, honnêteté, honneur, modestie, politesse, propreté, pudeur, pudicité, réserve, respect, retenue, sagesse, tact, tenue, vertu.

DÉCENT □ Bienséant, bon, chaste, comme il faut, congru, congruent, convenable, correct, digne, discret, grave, honnête, modeste, poli, propre, pudique, raisonnable, réservé, retenu, sage, séant, sortable, vertueux.

DÉCEPTION □ Chagrin, déboire, décompte (vx), déconvenue, défrisement (fam.), dégrisement, dépit désabusement, désappointement, désenchantement, désillusion, douche (fam.), échec, ennui, infortune. insuccès, mécompte, peine, revers.

DÉCERNER □ → *attribuer.*

DÉCÈS □ → *mort.*

DÉCEVANT, E □ → *trompeur.*

DÉCEVOIR □ → *tromper.*

DÉCHAÎNEMENT □ → *violence.*

DÉCHAÎNER □ I. → *occasionner.* II. → *exciter.* III. → *emporter (s').*

DÉCHANTER □ Sé modérer, perdre ses illusions, rabattre de ses prétentions, tomber de haut.

DÉCHARGE □ I. Bordée, coup, détonation, escopetterie, feu, fusillade, mousquetade, rafale, salve, volée. II. → *débris.* III. Accusé de réception, acquit, débarras, déchargement, diminution, quittance, quitus, récépissé, reçu.

DÉCHARGEMENT □ Débardage, débarquement, livraison, mise à quai/en chantier/en stock.

DÉCHARGER □ I. Au pr. : alléger, débarder, débarquer, débarrasser, diminuer, enlever, libérer, ôter. II. Par ext. 1. Acquitter, dégrever, dispenser, exempter, excuser, soulager. 2. Assener, tirer. 3. Blanchir, disculper, innocenter, justifier, renvoyer d'accusation.

DÉCHARNÉ, E □ I. → *maigre.* II. → *pauvre.*

DÉCHAUSSER □ I. Au pr. : dégravoyer. II. Par ext. 1.Débotter. 2. Dénuder, dépouiller, déraciner. 3. Agr. : débutter, décavaillonner.

DÈCHE □ Besoin, débine (fam.), dénuement, gêne, indigence, manque d'argent, médiocrité, misère, nécessité, pauvreté, pénurie, purée.

DÉCHÉANCE □ I. Forclusion, prescription. II. Abaissement, avilis-

sement, bassesse, chute, décadence, déclassement, déclin, décri, dégénération, dégénérescence, déposition, déshonneur, destitution, disgrâce, faute, flétrissure, forfaiture, honte, ignominie, inconduite, indignité, infamie, interdiction, ruine, souillure, turpitude.

DÉCHET □ Battitures, bris, chute, débris, dépôt, détritus, épluchure, freinte, lavure, lie, ordure, parcelle, perte, pluches, raclure, ramas, rebut, relief, reliquat, résidu, reste, rinçure. rogaton, rognure, saleté, scorie. → *excrément.*

DÉCHIFFRER □ Analyser, comprendre, décoder, découvrir, décrypter, démêler, deviner, éclaircir, épeler, expliquer, lire, pénétrer, résoudre, saisir, traduire.

DÉCHIQUETER □ Broyer, couper, déchirer, découper, dépecer, dilacérer, hacher, labourer, lacérer, mettre en charpie/lambeaux/morceaux/pièces, morceler, mordre, pulvériser, sectionner, séparer, taillader, tailler.

DÉCHIRANT, E □ I. Aigu, perçant, suraigu. II. Bouleversant, douloureux, émouvant, lancinant, navrant, triste.

DÉCHIREMENT □ I. Au pr. : cassure, déchirure, douleur, égratignure, éraflure, griffure, lacération, rupture, trouble. II. Par ext. 1. Affliction, arrachement, chagrin, douleur, épreuve, plaie, souffrance, tourment. 2. Discorde, discussion, division, trouble, zizanie.

DÉCHIRER □ I. Au pr. : carder, couper, déchiqueter, découdre, défaire, délabrer, dilacérer, diviser, écarteler, écorcher, égratigner, élargir, entamer, érafler, érailler, fendre, griffer, labourer, lacérer, mettre en charpie/lambeaux/morceaux/pièces, morceler, ouvrir, percer, rompre, taillader, tailler, traverser. → *dépecer.* II. Fig. 1. Calomnier, dénigrer, diffamer, médire, offenser, outrager. 2. Dévoiler, révéler. 3. Affliger, arracher, attrister, désoler, émouvoir, fendre le cœur, meurtrir, navrer, tourmenter.

DÉCHIRURE □ I. Au pr. : accroc, coupure, déchiqueture, échancrure, écorchure, égratignure, entaille, éraflure, éraillure, excoriation, fente, griffure, rupture, taillade. II. Fig. 1. Blessure, déchirement, peine. 2. Crevasse, faille, fissuration, fissure, ouverture, percée, trouée.

DÉCHOIR □ S'abaisser, s'affaiblir, s'amoindrir, s'avilir, baisser, se déclasser, décliner, décroître, se dégrader, dégringoler, déroger, descendre, dévier, diminuer, s'encanailler, s'enfoncer, forligner (vx), rétrograder, rouler dans, tomber, vieillir → *dégénérer.*

DÉCHU, E □ I. Forclos, prescrit. II. Abaissé, affaibli, amoindri, avili, déclassé, dégénéré, déposé, diminué, exclu, irrécupérable, maudit, mis au ban, pauvre, privé de, tombé.

DÉCIDABLE □ Résoluble, soluble.

DÉCIDÉ, E □ **I. Quelqu'un :** assuré, audacieux, brave, carré, convaincu, courageux, crâne, déterminé, ferme, fixé, franc, hardi, net, résolu, tranchant. **II. Quelque chose :** arrêté, choisi, conclu, convenu, décisif, décrété, définitif, délibéré, entendu, fixé, jugé, ordonné, prononcé, réglé, résolu, tranché, vu.

DÉCIDÉMENT □ Assurément, certainement, eh bien, en définitive, franchement, manifestement.

DÉCIDER □ **I. Décider quelque chose :** arbitrer, arrêter, choisir, conclure, convenir de, décréter, définir, délibérer de, déterminer, se déterminer à, dire, disposer, finir, fixer, juger, ordonner, se promettre, prononcer, régler, résoudre, solutionner, statuer, tirer au sort, trancher, vider. **II. Quelqu'un :** convaincre, entraîner, faire admettre à, persuader, pousser. **III. V. pron. :** Adopter un parti/une solution, finir par, se hasarder à, prendre parti, se résoudre à.

DÉCIMER □ → *tuer*.

DÉCISIF □ Capital, concluant, convaincant, critique, crucial, décidé, décisoire (jurid.), définitif, dernier, déterminé, important, irréfutable, prépondérant, principal, probant, tranchant.

DÉCISION □ **I. L'acte.** *1. Individuel :* choix, conclusion, détermination, parti, résolution. *2. Public :* arrêt, arrêté, décret, délibération, édit, jugement, ordonnance, règlement, résolution, résultat, sentence, ukase, verdict. *3. Relig. :* bref, bulle, canon, décrétale, rescrit. **II. La faculté.** *1.* Assurance, caractère, courage, énergie, fermeté, hardiesse, initiative, résolution, volonté. *2.* Audace, caprice.

DÉCLAMATEUR □ **I. Nom masc.** → *orateur*. **II. Adj.** → *emphatique*.

DÉCLAMATION □ → *éloquence, emphase*.

DÉCLAMATOIRE □ → *emphatique*.

DÉCLAMER □ **I.** → *prononcer*. **II.** → *invectiver*.

DÉCLARATION □ Affirmation, annonce, assurance, attestation, aveu, ban, communication, confession, déposition, dire, discours, énonciation, énumération, état, indication, information, manifestation, manifeste, notification, parole, proclamation, profession de foi, promesse, révélation, témoignage, version.

DÉCLARÉ (ENNEMI) □ Intime, juré.

DÉCLARER □ Affirmer, annoncer, apprendre, assurer, attester, avouer, certifier, communiquer, confesser, confier, découvrir, dénoncer, déposer, dévoiler, dire, s'engager, énoncer, énumérer, s'expliquer, exposer, exprimer, faire état de, indiquer, informer de, manifester, montrer, notifier, porter à la connaissance, prétendre, proclamer, professer, promettre, protester, publier, reconnaître, révéler, signaler, signifier, stipuler, témoigner. **V. pron. : 1. Au pr. :** s'avouer, se compromettre, s'expliquer, se reconnaître. **2. Fig. :** apparaître, se déclencher, survenir.

DÉCLASSEMENT □ → *déchéance*.

DÉCLASSÉ, E □ → *déchu*.

DÉCLENCHEMENT □ → *commencement*.

DÉCLENCHER □ **I.** → *mouvoir*. **II.** → *commencer*. **III.** → *occasionner*.

DÉCLIN □ **I. Au pr. :** abaissement, affaissement, baisse, chute, décadence, décours, décroissance, décroissement, décroît, diminution, fin. **II. Par ext. :** déchéance, dégénérescence, étiolement, penchant, vieillesse. **III. Fig. :** agonie, couchant, crépuscule, soir.

DÉCLINATOIRE □ Boussole, déclinateur.

DÉCLINER □ **I. Au pr. :** s'achever, s'affaiblir, baisser, décroître, dépérir, diminuer, disparaître, empirer, finir, languir, péricliter, se terminer, tomber. **II. Par ext. :** clocher, déchoir, dégénérer, s'écarter, s'étioler, vieillir. **III.** Écarter, éloigner, éviter, refuser, rejeter, renvoyer, repousser.

DÉCLINQUER □ → *disloquer*.

DÉCLIVITÉ □ → *pente*.

DÉCOCHER □ → *lancer*.

DÉCOCTÉ, E □ adj., **DÉCOCTION** n. f. → *tisane*.

DÉCODER □ → *traduire*.

DÉCOIFFER □ Dépeigner, ébouriffer, écheveler, hérisser.

DÉCOINCER □ → *dégager*.

DÉCOLLAGE □ → *départ*.

DÉCOLLER □ → *décapiter*.

DÉCOLLETÉ, E □ Dénudé, échancré, ouvert. → *gorge*.

DÉCOLORÉ □ → *terne*.

DÉCOLORER → *ternir*.

DÉCOMBRES □ Déblai, débris, décharge, démolitions, éboulis, épave, gravats, gravois, miettes, plâtras, reste, ruines, vestiges.

DÉCOMMANDER □ → *contremander*.

DÉCOMPOSER □ **I. Au pr. :** analyser, anatomiser, désagréger, désintégrer, dissocier, dissoudre, diviser, résoudre, scinder, séparer. **II. Par ext. 1.**

Dépecer, désosser, disséquer. **2.** Altérer, corrompre, désorganiser, faisander, gâter, mortifier, pourrir, putréfier. **III. Fig.** *Les traits du visage :* altérer, troubler.

DÉCOMPOSITION □ **I. Au pr. 1.** Analyse, désintégration, dissociation, dissolution, division, séparation. **2.** Altération, corruption, dégradation, désagrégation, désorganisation, gangrène, moisissure, pourriture, putréfaction. **II. Par ext. 1.** Agonie, décadence, mort. **2.** Altération, convulsion, trouble.

DÉCOMPTE □ **I. D'argent. 1.** Compte, détail. **2.** Déduction, réduction, retranchement. **II.** → *déception.*

DÉCOMPTER □ → *retrancher.*

DÉCONCERTANT, E □ Bizarre, déroutant, embarrassant, imprévu, inattendu, inquiétant, surprenant, troublant. → *étonnant.*

DÉCONCERTÉ, E □ Confondu, confus, déconfit, décontenancé, défait, déferré, démonté, dépaysé, dérouté, désarçonné, désemparé, désorienté, étourdi, inquiet, interdit, mis en boîte (fam.), pantois, paumé (fam.), penaud, quinaud, renversé (fam.), sot, stupéfait, surpris, troublé. → *étonné.*

DÉCONCERTER □ Confondre, déconfire, décontenancer, déferrer, déjouer, démonter, démoraliser, dépayser, déranger, dérouter, désarçonner, désorienter, ' embarrasser, embrouiller, inquiéter, interdire, intimider, surprendre, troubler. → *étonner.*

DÉCONFIRE □ **I.** → *vaincre.* **II.** → *déconcerter.*

DÉCONFIT, E □ **I.** → *déconcerté.* **II.** → *honteux.*

DÉCONFITURE □ **I.** → *défaite.* **II.** → *ruine.* **III.** → *faillite.*

DÉCONGESTIONNER □ → *dégager.*

DÉCONNER □ → *déraisonner.*

DÉCONSEILLER □ → *dissuader.*

DÉCONSIDÉRER □ → *dénigrer.*

DÉCONTENANCÉ □ → *déconcerté.*

DÉCONTENANCER □ → *déconcerter.*

DÉCONTRACTÉ, E □ → *dégagé,* souple.

DÉCONVENUE □ **I.** → *déception.* **II.** → *mésaventure.*

DÉCOR □ **I.** Ambiance, apparence, atmosphère, cadre, décoration, milieu, paysage. **II.** Mise en scène, praticable, scène, spectacle.

DÉCORATEUR, TRICE □ Antiquaire, architecte, ensemblier.

DÉCORATIF, IVE □ → *beau.*

DÉCORATION □ → *ornement,* insigne.

DÉCORER □ → *orner, récompenser.*

DÉCORTIQUER □ → *éplucher.*

DÉCORUM □ → *convenance.*

DÉCOULEMENT □ → *écoulement.*

DÉCOULER □ Couler, se déduire, dériver, émaner, procéder, provenir, résulter, tenir à, tirer sa source/son origine de, venir de.

DÉCOUPAGE □ **I.** Coupe, débitage, dépecage, équarrissage. **II.** → *suite.*

DÉCOUPER □ **I. Au pr. :** chantourner, charcuter (fam. et péj.), couper, débiter, déchiqueter, démembrer, dépecer, détacher, détailler, diviser, échancrer, équarrir, évider, lever, morceler, partager, trancher. **II. Par ext. :** denteler, détacher, profiler.

DÉCOUPÉ, E □ Accidenté, crénelé, dentelé, irrégulier, sinué, sinueux, varié.

DÉCOUPLÉ, E □ → *taillé, dispos.*

DÉCOURAGEANT, E □ Affligeant *et les dérivés possibles des syn. de* DÉCOURAGER.

DÉCOURAGEMENT □ Abattement, accablement, anéantissement, bourdon (fam.), cafard (fam.), consternation, déception, démoralisation, déréliction, désappointement, désenchantement, désespérance, désespoir, écœurement, lassitude, tristesse.

DÉCOURAGER □ **I.** Abattre, accabler, briser, consterner, déballonner (fam.), débiliter, décevoir, déconforter, dégonfler (fam.), dégoûter, démonter, démoraliser, désenchanter, désespérer, détourner, dissuader, doucher, écœurer, faire perdre confiance/courage, lasser, rebuter, refroidir. **II. V. pron. :** s'effrayer, renoncer *et les formes pron. possibles des syn. de* DÉCOURAGER.

DÉCOURS □ → *déclin.*

DÉCOUSU, E □ Désordonné, disloqué, haché, heurté, illogique, incohérent, inconséquent, sans queue ni tête, sautillant.

DÉCOUVERT (À) □ Au grand jour, à nu, clairement, franchement, ouvertement.

DÉCOUVERTE □ Astuce (fam.), exploration, illumination, invention, trait de génie/lumière, trouvaille. → *recherche.*

DÉCOUVRIR □ **I. Au pr. :** décalotter, décapuchonner, déchaperonner, décoiffer, décolleter, dégager, démasquer, dénuder, dévoiler, enlever, laisser voir, ôter. **II. Par ext. 1.** Apprendre, avouer, confesser, confier, déceler, déclarer, dénoncer, dévoiler, dire, divulguer, exposer, laisser percer/voir, lever le voile, mettre au jour, montrer, ouvrir, percer à jour, publier, révéler, trahir (péj.), vendre la mèche (fam.). **2.** Apercevoir, comprendre, diagnostiquer, discerner, reconnaître, remarquer, repérer, saisir, voir. **III. Fig.** : déceler, déchiffrer, dégoter (fam.), dénicher, dépister, détecter, déterrer, deviner, éventer, lire, pénétrer, percer, repérer, trouver. **IV. V. pron. 1.** Se débrailler (péj.) / décolleter / dénuder / déshabiller/dévêtir/exposer/mettre (à) nu/montrer. **2.** Saluer. **3.** *Le temps :* se dégager, s'éclaircir, s'éclairer.

DÉCRASSAGE □ → *nettoiement.*

DÉCRASSER □ **I.** → *nettoyer.* **II.** → *dégrossir.*

DÉCRÉDITER □ → *dénigrer.*

DÉCRÉPIT, E □ → *vieux.*

DÉCRÉPITUDE □ → *vieillesse.*

DÉCRET □ **I.** → *décision.* **II.** → *loi.* **III.** → *commandement.*

DÉCRÉTALE □ → *rescrit.*

DÉCRÉTER □ Disposer, légiférer, ordonner. → *décider* et *commander.*

DÉCRI □ → *défaveur, déchéance.*

DÉCRIER □ → *dénigrer.*

DÉCRIRE □ **I.** → *tracer.* **II.** → *représenter.*

DÉCROCHER □ Dépendre, ôter. → *reculer.*

DÉCROISSANCE □ → *diminution.*

DÉCROISSEMENT □ → *diminution* et *déclin.*

DÉCROÎTRE □ → *diminuer.*

DÉCRUE □ → *diminution.*

DÉCRYPTER □ → *déchiffrer.*

DE CUJUS □ testateur. → *mort.*

DÉDAIGNER □ Faire fi, mépriser, mésestimer, négliger, refuser, rejeter, repousser, rire de, snober, tourner le dos.

DÉDAIGNEUX, EUSE □ Altier, arrogant, condescendant, distant, farouche, fier, haut, hautain, impérieux, indépendant, indifférent, insolent, méprisant, moqueur, orgueilleux, protecteur, renchéri, rogue, snob, snobinard, snobinette, superbe, supérieur.

DÉDAIN □ Air/sourire/ton protecteur, arrogance, condescendance, crânerie, déconsidération, dérision, distance, fierté, hauteur, indifférence, insolence, mépris, mésestime, moquerie, morgue, orgueil, snobisme, superbe.

DÉDALE □ → *labyrinthe.*

DEDANS □ → *intérieur.*

DÉDICACE □ Consécration, envoi, invocation.

DÉDIER □ Consacrer, dédicacer, dévouer, faire hommage, offrir, vouer.

DÉDIRE □ Contredire, démentir, dépromettre, désavouer. **V. pron. :** annuler, se contredire, déclarer forfait, se délier, se démentir, se désavouer, se désister, manquer à sa parole, se raviser, reprendre sa parole, se rétracter, revenir sur, révoquer.

DÉDIT □ **I.** Annulation, désistement, rétractation, révocation. **II. Jurid. :** clause pénale, sûreté. → *dédommagement.*

DÉDOMMAGEMENT □ Compensation, consolation, dédit, dommages et intérêts, indemnité, réparation.

DÉDOMMAGER □ Compenser, donner en dédommagement *et les syn. de* DÉDOMMAGEMENT, indemniser, payer, récompenser, remercier, rémunérer, réparer. **V. pron. :** → *rattraper (se).*

DÉDUCTION □ **I.** Conclusion, démonstration, développement, énumération, raisonnement, récit. **II.** Extrapolation, syllogisme. **III.** Décompte, défalcation, remise, retranchement, ristourne, soustraction.

DÉDUIRE □ **I.** → *retrancher.* **II.** → *exposer.* **III.** → *inférer.*

DÉESSE □ Beauté, déité, divinité, fée, grâce, muse, nymphe, ondine, walkyrie.

DÉFAILLANCE □ **I.** → *manquement.* **II.** → *évanouissement.*

DÉFAILLANT, E □ → *faible.*

DÉFAILLIR □ **I.** → *affaiblir (s').* **II.** → *évanouir (s').*

DÉFAIRE □ **I. Au pr. 1. Neutre :** déballer, débarrasser, débâtir, déboucler, déboutonner, déclouer, découdre, déficeler, dégager, dégrafer, délacer, délier, démonter, dénouer, dépaqueter, déplier, désagrafer, déshabiller, dessangler, détacher, enlever, ôter, ouvrir, quitter. **2. Non favorable :** abattre, affaiblir, bouleverser, casser, changer, démolir, déranger, détruire, faire table rase, mettre sens dessus dessous, miner, modifier, renverser, rompre, saper. **II. Par ext. 1. Quelqu'un :** affranchir, débarrasser, dégager, délivrer, dépêtrer (fam.), libérer. **2. Milit. :** battre, culbuter, enfoncer, tailler en pièces, vaincre. **III. V. pron. 1. On se défait de quelqu'un :** s'affranchir, congédier, se débarrasser, se dégager, se délivrer, se dépêtrer, s'écarter, éliminer, renvoyer. **2. D'une chose :** abandonner, aliéner, balancer (fam.), bazarder (fam.), débarrasser, délaisser, donner, écarter, échanger, jeter, laisser, laisser tomber, liquider, mettre au rancart (fam.), nettoyer, renoncer à, se séparer de, vendre. **3.** Se dépouiller, se déshabiller, ôter/quitter ses vêtements. **4.** S'amender, se corriger, perdre, quitter.

DÉFAIT, E □ → *déconcerté, maigre.*

DÉFAITE ☐ Débâcle, débandade, déconfiture, déroute, désavantage, dessous, échec, écrasement, fuite, insuccès, retraite, revers. **Fam. :** branlée, brossée, déculottée, degelée, écrabouillement, frottée, pile, piquette, rossée, rouste. → *volée.*

DÉFAITISTE ☐ → *pessimiste.*

DÉFALQUER ☐ → *retrancher.*

DÉFAUT ☐ **I. Jurid. :** contumace. **II. Au pr. :** absence, anomalie, carence, disette, imperfection, insuffisance, manque, pénurie, privation, rareté. → *faute.* **III. Loc. Être en défaut** → *tromper (se).* **2. Faire défaut** → *manquer.* **3. Mettre en défaut** → *insuccès.*

DÉFAVEUR ☐ **I.** Décri, discrédit, disgrâce. **II.** Défiance, éclipse, hostilité, inimitié. **III.** Charge, débit.

DÉFAVORABLE ☐ Adverse, contraire, désavantageux, ennemi, funeste, hostile, inamical, mauvais, néfaste, nuisible, opposé, péjoratif.

DÉFAVORISER ☐ → *désavantager.*

DÉFÉCATION ☐ → *excrément.*

DÉFECTION ☐ Abandon, apostasie, carence, débandade, déroute, désertion, lâchage, trahison.

DÉFECTUEUX, EUSE ☐ → *imparfait.*

DÉFECTUOSITÉ ☐ → *imperfection.*

DÉFENDABLE ☐ Excusable, justifiable, plaidable, soutenable.

DÉFENDEUR,   DÉFENDERESSE ☐ Appelé, cité, convoqué, intimé.

DÉFENDRE ☐ **I. Protection. 1. Sens général :** aider, aller à la rescousse, protéger, secourir, soutenir. **2.** Excuser, intercéder, intervenir, justifier, plaider, prendre en main/protection/sauvegarde, sauvegarder. **3. Milit. :** abriter, couvrir, flanquer, fortifier, garantir, garder, interdire, préserver, protéger, tenir. **II. Prohibition :** inhiber (vx), interdire, prescrire, prohiber. **III.** Condamner, consigner, fermer. **IV. V. pron. : 1.** se battre, se débattre, lutter, parer, résister, riposter, *et les formes pron. possibles des syn. de* DÉFENDRE. **2.** Se justifier, réfuter, répondre.

DÉFENDU, E ☐ **I.** Abrité, couvert, en défens, flanqué, fortifié, garanti, gardé, préservé, protégé, secouru, tenu. **II.** Illégal, illégitime, illicite, interdit, irrégulier, prohibé.

DÉFENSE ☐ **I. L'acte. 1.** Aide, parade, protection, réaction, repli, rescousse, retraite, riposte, sauvegarde, secours. **2.** Apologie, apologétique (relig.), éloge, excuse, glorification, justification, louange, plaidoirie, plaidoyer, polémique, réponse. **3.** Défens (vx), embargo, inhibition, interdiction, prohibition. **II. L'ouvrage :** abri, asile, bouclier, boulevard, citadelle, couverture, cuirasse, fortification, fossé,

glacis, muraille, réduit, rempart, retranchement. **III.** → *défenseur.*

DÉFENSEUR ☐ Apôtre, avocaillon (péj.), avocassier (péj.), avocat, avoué, champion, conseil, défense, partisan, protecteur, redresseur de torts, soutien, tenant. **Arg. :** bavard, débarbot, enjuponné.

DÉFÉQUER ☐ → *purifier, faire ses →* besoins.

DÉFÉRENCE ☐ **I.** → *complaisance.* **II.** → *égards.*

DÉFÉRENT, E ☐ → *complaisant.*

DÉFÉRER ☐ **I.** → *conférer.* **II.** → *céder.* **III.** → *inculper.*

DÉFERLER ☐ Se briser, *et les formes pron. possibles des syn. de* BRISER.

DÉFEUILLER ☐ → *effeuiller.*

DÉFI ☐ **I.** Appel, bravade, cartel, crânerie, fanfaronnade, gageure, menace, provocation, ultimatum. **II. Loc. Mettre au défi** → *inviter.*

DÉFIANCE ☐ → *crainte.*

DÉFIANT, E ☐ → *méfiant.*

DÉFICIENCE ☐ → *manque.*

DÉFICIENT, E ☐ → *faible.*

DÉFICIT ☐ → *manque.*

DÉFIER ☐ **I.** → *braver.* **II.** → *inviter.* **V. pron.** → *méfier (se).*

DÉFIGURER ☐ → *déformer.*

DÉFILÉ ☐ **I. Géogr. 1. Sur terre :** cañon, cluse, col, couloir, faille, gorge, pas, passage, port, porte. **2. De mer :** bras, canal, détroit, fjord, grau, passe, pertuis. **II.** Cavalcade, colonne, cortège, file, manifestation, mascarade, monôme, procession, retraite, succession, théorie.

DÉFILER ☐ → *passer.* **V. pron. Fam.** → *partir.*

DÉFINIR ☐ **I.** → *fixer.* **II.** → *décider.*

DÉFINITIF ☐ → *irrévocable, final.*

DÉFINITIVE (EN) ☐ Au bout du compte, définitivement, en dernière analyse, en fin de compte, en un mot, finalement, pour conclure/finir/terminer, tout compte fait.

DÉFLAGRATION ☐ → *explosion.*

DÉFLEURIR ☐ v. tr. et intr. Déflorer, défraîchir, faner, flétrir.

DÉFONCER ☐ → *enfoncer.* **V. pron.** → *crouler, droguer (se).*

DÉFORMATION ☐ Altération, anamorphose, contorsion, difformité, faute, gauchissement, gibbosité, grimace, imperfection, incorrection, infirmité, malformation.

DÉFORMÉ, E ☐ **I. Quelqu'un :** anormal, bancal, bancroche (fam.), bossu, difforme, estropié, gibbeux, infirme, tordu. **II. Une chose :** avachi, défraîchi, éguéulé, fané, fatigué, usé.

DÉFORMER ☐ **I.** Altérer, changer, transformer. **II.** Avachir, bistourner (techn. ou fam.), contourner, contrefaire, corrompre, courber, défigurer, dénaturer, dépraver, difformer, distordre, écorcher, estropier, fausser, gâter, gauchir, massacrer, mutiler, tordre, trahir, travestir.

DÉFOULEMENT □ → *libération.*

DÉFRAÎCHI, E □ → *fatigué.*

DÉFRAYER □ → *payer, occuper.*

DÉFRICHER □ → *cultiver, éclaircir.*

DÉFRICHEUR □ Pionnier, précurseur.

DÉFROQUE □ I. Déguisement, frusque (fam.), guenille, haillon, harde. II. Par ext. : carcasse, chair, corps.

DÉFUNT, E □ adj. et n. → *mort.*

DÉGAGÉ, E □ **I. Quelqu'un. 1. Favorable** : aisé, alerte, élégant, souple, vif. **2. Neutre** : affranchi, débarrassé, décontracté, libéré, relax (fam.). **3. Non favorable** : affranchi, cavalier, délibéré, désinvolte, léger, leste, libre, sans-gêne. **II. Une chose** : accessible, débarrassé, découvert, dégagé, facile, libre, ouvert.

DÉGAGEMENT □ **I.** → *indifférence.* **II.** → *passage.*

DÉGAGER □ v. tr. **I.** Débarrasser, déblayer, débloquer, débourrer, débroussailler, décoincer, décongestionner, découvrir, dénuder, dépouiller, désencombrer, élaguer, enlever, épurer, évacuer, extraire, ôter, retirer. **II. Par ext.** : affranchir, décharger, déconsigner, dédouaner, dégrever, dispenser, exonérer, libérer, soustraire. **III. Fam.** : s'en aller, circuler, débarrasser/vider les lieux/la place/le terrain, décamper, déguerpir, ficher/foutre (grossier) le camp, partir, sortir, se tirer de. **IV. Un concept** : avancer, distinguer, extraire, isoler, manifester, mettre en évidence, rendre évident/manifeste, séparer. **V. Une odeur** : émettre, exhaler, produire, puer, répandre, sentir. **VI. V. pron. 1.** Échapper, se libérer, quitter, rompre, se séparer. **2.** Apparaître, se découvrir, s'éclaircir, émaner, émerger, s'exhaler, jaillir, se montrer, se répandre, sortir. **3.** Se faire jour, se manifester, ressortir, résulter.

DÉGAINE □ Allure, attitude, comportement, conduite, convenance, démarche, port, silhouette.

DÉGARNIR □ **I.** Débarrasser, découvrir, déménager, démeubler, dépouiller, dépourvoir, vider. **II.** Élaguer, émonder, tailler.

DÉGÂT □ Avarie, bris, casse, débâcle, dégradation, déprédation, destruction, détérioration, dévastation, dommage, grabuge, méfait, perte, ravage, ruine.

DÉGAUCHIR □ Aplanir, corriger, dégourdir, dégrossir, raboter, redresser.

DÉGEL □ Débâcle. → *apaisement.*

DÉGELER □ **Fig.** : amuser, animer, dérider, faire rire/sourire, mettre de l'animation/de la vie, ranimer, réchauffer.

DÉGÉNÉRATION, DÉGÉNÉRESCENCE □ **I. Au pr.** : Abaissement, abâtardissement, appauvrissement, avilissement, baisse, catabolisme, chute, décadence, déchéance, déclin, dégradation, détérioration, étiolement, gérontisme, perte, perversion, pervertissement. **II. Non favorable** : crétinisme, débilité, gâtisme, idiotie, imbécillité, tare.

DÉGÉNÉRÉ, E □ adj. et n. Abâtardi, arriéré, bâtard, débile, idiot, imbécile, minus, taré.

DÉGÉNÉRER □ S'abâtardir, s'appauvrir, s'avilir, changer, déchoir, décliner, se dégrader, déroger, se détériorer, s'étioler, forligner (vx), perdre, se pervertir, tomber, se transformer.

DÉGINGANDÉ, E □ → *disloqué.*

DÉGLINGUER □ → *démolir.*

DÉGLUTIR □ → *avaler.*

DÉGOMMER □ → *congédier.*

DÉGONFLÉ, E □ → *peureux.*

DÉGORGER □ **I.** → *vomir.* **II.** → *débarrasser.*

DÉGOTER □ **I.** → *trouver.* **II.** → *surpasser (se).* **III. Vx** → *renvoyer.*

DÉGOULINER □ → *dégoutter.*

DÉGOURDI, E □ → *éveillé.*

DÉGOURDIR □ → *dégrossir.*

DÉGOÛT □ Abattement, allergie, amertume, anorexie, antipathie, aversion, blasement, chagrin, déboire, déception, dépit, déplaisir, désenchantement, écœurement, éloignement, ennui, exécration, haine, haut-le-cœur, honte, horreur, humiliation, inappétence, indigestion, lassitude, mélancolie, mépris, mortification, nausée, répugnance, répulsion, satiété, spleen, tristesse.

DÉGOÛTANT, E □ n. et adj. Abject, affreux, cochon (fam.), crasseux, décourageant, dégueulasse (grossier), déplaisant, désagréable, écœurant, exécrable, fastidieux, fétide, gras, grivois, grossier, horrible, ignoble, immangeable, immonde, incongru, indécent, infect, innommable, inqualifiable, insupportable, laid, licencieux, malpropre, merdique (grossier), nauséabond, nauséeux, odieux, peu ragoûtant, puant, rebutant, repoussant, répugnant, révoltant, sale, sordide. → *honteux.*

DÉGOÛTÉ, E □ → *difficile.*

DÉGOÛTER □ Affadir le cœur, blaser, débecter, déplaire, détourner, dissua-

der, écœurer, ennuyer, fatiguer, lasser, ôter l'envie, peser, rebuter, répugner, révolter, soulever le cœur/de
dégoût.

DÉGOUTTER □ Couler, dégouliner,
distiller, exhaler, fluer, ruisseler,
suinter, tomber.

DÉGRADABLE □ → *destructible.*

DÉGRADANT, E □ → *honteux.*

DÉGRADATION □ **I. Au pr. :** bris,
casse, dégât, délabrement, déprédation, destruction, détérioration,
dommage, effritement, égratignure,
endommagement, éraflure, érosion,
graffiti, mutilation, profanation, ruine.
II. Par ext. : abaissement, abrutissement, aveulissement, avilissement,
corruption, décadence, déchéance,
décomposition, dégénération, déliquescence, dépravation, flétrissure,
honte, humiliation, ignominie, perversion, prostitution, souillure, tache,
tare.

DÉGRADER □ **I. Au pr. :** abîmer,
barbouiller, briser, casser, déglinguer (fam.), délabrer, démolir, détériorer, détraquer, détruire, ébrécher, endommager, égratigner, érafler, esquinter (fam.), fausser, gâter,
mutiler, profaner, ruiner, saboter,
salir, souiller. **II. Par ext. :**
abaisser, abrutir, acoquiner, avilir,
déchoir, déformer, déprimer, déshonorer, déshumaniser, dévaluer, diminuer, disqualifier, flétrir, gâter, humilier, profaner, prostituer, rabaisser,
ridiculiser. **III. Géol. :** affouiller, éroder, ronger, saper. **IV. V. pron. :**
s'affaiblir, s'avilir, baisser, déchoir,
dégénérer, déroger, descendre, se
déshonorer, diminuer, faiblir, tomber.

DÉGRAFER □ → *défaire.*

DÉGRAISSER □ → *nettoyer.*

DEGRÉ □ **I.** Échelon, escalier, grade,
gradin, graduation, étage, marche,
marchepied, perron, rang, rangée,
rayon. **II.** Paroxysme, période, phase,
point, stade. **III.** Amplitude, niveau.
IV. Classe, cran, échelon, étape,
grade, niveau, position, rang. **V.** Différence, gradation, nuance. **VI. Loc.**
Par degrés : au fur et à mesure, par
échelon/étape/palier, pied à pied, de
proche en proche.

DÉGRÈVEMENT □ → *diminution.*

DÉGREVER □ → *soulager.*

DÉGRINGOLADE □ → *chute.*

DÉGRINGOLER □ **I.** → *descendre.* **II.**
→ *tomber.*

DÉGRISER □ → *désillusionner.*

DÉGROSSIR □ **I.** Affiner, commencer, débourrer, débrutir, décrasser
(fam.), dégauchir, dérouiller, ébaucher, éclaircir, former. **II.** Débrouiller, dégourdir, dégourmer, déniaiser,
désencroûter, dessaler, initier, instruire.

DÉGROUILLER (SE) □ → *hâter (se).*

DÉGUENILLÉ, E □ Dépenaillé, haillonneux, loqueteux, négligé, va-nu-
pieds.

DÉGUERPIR □ → *partir.*

DÉGUISEMENT □ **I. Au pr. :** accoutrement, carnaval, chienlit, costume,
mascarade, masque, momerie, travesti, travestissement. **II. Par ext. :**
artifice, camouflage, couverture, dissimulation, fard, feinte, feintise.

DÉGUISER □ **I. Au pr. :** accoutrer,
affubler, costumer, maquiller, masquer, travestir. **II. Par ext. :** arranger, cacher, camoufler, celer, changer, contrefaire, couvrir, dénaturer,
dissimuler, donner le change, se donner une contenance, dorer la pilule
(fam.), emmitoufler, envelopper, farder, habiller, gazer (vx), maquiller,
pallier, plâtrer, recouvrir, taire, travestir, tromper.

DÉGUSTER □ → *savourer.*

DEHORS □ adv. et n. **I.** → *extérieur.*
II. → *apparence.*

DÉIFICATION □ → *apothéose.*

DÉIFIER □ → *louer.*

DÉISME □ Théisme.

DÉITÉ □ Déesse, dieu, divinité, idole.

DÉJECTION □ → *excrément.*

DÉJETÉ □ → *dévié.*

DÉJEUNER □ **I. V. intr.** → *manger.* **II.**
Nom → *repas.*

DÉJOINDRE □ Déboîter, démonter,
désassembler, désunir, détacher, disjoindre, disloquer, diviser, scinder,
séparer.

DÉJOUER □ → *empêcher.*

DÉLABREMENT □ → *dégradation.*

DÉLABRER □ → *détériorer.*

DÉLAI □ **I. Au pr. :** date, temps. **II. Par
ext. 1. Non favorable :** atermoiement,
manœuvre dilatoire, retard, retardement, temporisation. **2. Neutre :** crédit, facilité, marge, moratoire, préavis, probation, prolongation, prorogation, remise, renvoi, répit, report, sur-
séance, sursis, suspension, trêve. **III.**
Loc. *Sans délai :* aussitôt, immédiatement, sans déport, séance tenante,
sur-le-champ, tout de suite, toutes
affaires cessantes.

DÉLAISSEMENT □ **I. Au pr. :** abandon, cession, défection, déguerpis-
sement (fam.), renonciation. **II. Par
ext. :** désertion, lâcheté.

DÉLAISSER □ Abandonner, déserter,
se désintéresser de, lâcher, laisser
tomber, négliger, quitter, renoncer à,
tourner le dos à. → *dédaigner.*

DÉLASSEMENT □ **I.** → *repos.* **II.** →
divertissement.

DÉLASSER □ → *reposer.*

DÉLATEUR □ → *accusateur.*

DÉLATION □ → *accusation.*

DÉLAVER □ → *humecter.*

DÉLAYAGE □ → *remplissage.*

DÉLAYER □ **I. Au pr. :** couler, détremper, diluer, dissoudre, étendre, fondre, gâcher. **II. Fig. :** allonger, noyer, paraphraser, tourner autour.

DÉLECTABLE □ Agréable, bon, délicat, délicieux, doux, exquis, friand, savoureux.

DÉLECTATION □ → *plaisir.*

DÉLECTER (SE) □ → *régaler (se).*

DÉLÉGATION □ **I.** Ambassade, députation. **II.** Attribution, mandat, procuration, représentation.

DÉLÉGUÉ □ → *envoyé.*

DÉLÉGUER □ **I.** → *envoyer.* **II.** → *transmettre.*

DÉLESTER □ → *soulager.*

DÉLÉTÈRE □ → *mauvais.*

DÉLIBÉRATION □ Conseil, consultation, conservation, débat, décision, délibéré, discussion, examen, réflexion, résolution.

DÉLIBÉRÉ, E □ **I. Adj. 1.** → *dégagé.* **2.** → *décidé.* **II. Nom masc.** → *délibération.*

DÉLIBÉRER □ **I.** → *discuter* et *opiner.* **II.** → *décider* **III.** → *penser.*

DÉLICAT, E □ **I. Favorable ou neutre. 1. Quelqu'un :** agréable, aimable, bon, courtois, délicieux, discret, distingué, doux, élégant, exquis, fin, galant, gentil, gracieux, honnête, humain, joli, mignon, obligeant, pénétrant, pleint de tact, poli, prévenant, probe, pur, raffiné, scrupuleux, sensible, soigné, subtil, tendre. **2. Une chose :** adroit, aérien, arachnéen, beau, bon, délectable, délié, éthéré, fignolé (fam.), friand, habile, harmonieux, léché, léger, recherché, savoureux, suave, subtil, succulent, ténu, vaporeux. **II. Péj. : 1. Quelqu'un :** blasé, chatouilleux, chétif, compliqué, débile, difficile, douillet, efféminé, exigeant, faible, fluet, frêle, maigre, malingre, mince, ombrageux, petit, recherché, susceptible. **2. Une chose :** complexe, dangereux, embarrassant, glandilleux (arg.), malaisé, périlleux, scabreux.

DÉLICATESSE □ **I. Favorable. 1. Du caractère, du comportement :** agrément, amabilité, amour, attention, bon goût, bonté, circonspection, courtoisie, discrétion, distinction, douceur, élégance, finesse, galanterie, gentillesse, grâce, gracilité, honnêteté, humanité, joliesse, ménagement, obligeance, pénétration, politesse, prévenance, probité, pudeur, pureté, raffinement, sagacité, scrupule, sensibilité, soin, subtilité, tact, tendresse. **2. Des actes :** adresse, dextérité, habileté, soin. **3. D'une chose :** finesse, harmonie, légèreté, pureté, recherche, suavité, subtilité, succulence, transparence. **II. Non favorable. 1. De quelqu'un. Phys. :** débilité, faiblesse, fragilité, maigreur, mignardise, minceur, ténuité. *Caractère :* difficulté, mollesse, susceptibilité. **2. D'une chose :** complexité, danger, difficulté, péril.

DÉLICE □ → *plaisir.*

DÉLICIEUX, EUSE □ → *délectable.*

DÉLICTUEUX, EUSE □ Coupable, criminel, fautif, interdit, peccant (vx), répréhensible, susceptible de poursuites.

DÉLIÉ, E □ **I.** → *menu.* **II.** → *délicat.* **III.** → *éveillé.*

DÉLIER □ → *défaire, libérer.*

DÉLIMITATION □ → *bornage.*

DÉLIMITER □ **I.** → *limiter.* **II.** → *fixer.*

DÉLINQUANCE □ Criminalité.

DÉLINQUANT, E □ adj. et n. → *coupable.*

DÉLIQUESCENCE □ **I.** → *dégradation.* **II.** → *décadence.*

DÉLIRANT, E □ **I.** → *extraordinaire.* **II.** → *violent.*

DÉLIRE □ **I. Au pr. :** agitation, aliénation, delirium tremens, divagation, égarement, excitation, folie, frénésie, hallucination, surexcitation. **II. Par ext. 1.** Feu sacré, inspiration. **2.** Enthousiame, exultation, frémissement, passion, trouble.

DÉLIRER □ → *déraisonner.*

DÉLIT □ → *faute.*

DÉLIVRANCE □ **I.** → *libération.* **II.** → *enfantement.* **III.** → *remise.*

DÉLIVRER □ → *remettre, libérer.*

DÉLOGER □ → *chasser, partir.*

DÉLOYAL, E □ → *infidèle.*

DÉLOYAUTÉ □ **I.** → *infidélité.* **II.** → *hypocrisie.*

DELTA □ → *embouchure.*

DÉLUGE □ **I.** → *débordement.* **II.** → *pluie.*

DÉLURÉ, E □ **I.** → *éveillé.* **II.** → *hardi.*

DÉMAGOGUE □ → *politicien.*

DEMAIN □ → *bientôt.*

DÉMANCHER □ Briser, casser, déboîter, déclinquer, déglinguer, démancher, démantibuler, démettre, démolir, désarticuler, désemboîter, désemparer, désunir, détraquer, disloquer, diviser, écarteler, fausser, luxer. **V. pron. :** (fam.) s'agiter, se battre, se colleter, se débattre, se débrouiller, se décarasser, se démener, se démultiplier, discuter, se donner du mal/de la peine/du tintouin, s'émouvoir, s'empresser de, faire du vent, faire feu des quatre fers, lutter.

DEMANDE □ **I.** Adjuration, appel, conjuration, doléance, imploration, instance, interpellation, interrogation, prière, question, quête (vx), revendication, sollicitation. **II.** Écrit, pétition, placet, réclamation, recours, requête, supplique, vœu. **III.** Candidature, démarche, désir, envie, exigence, prétention. **IV.** Mandement, ordre, sommation.

DEMANDER □ Adresser / faire / former / formuler / présenter une demande *et les syn. de* DEMANDE, briguer, commander, consulter, cuisiner (fam.), désirer, dire, enjoindre, exiger, exprimer un désir/souhait, implorer, imposer, insister, interpeller, interroger, mander, mendier (péj.), ordonner, pétitionner, postuler, prescrire, présenter un placet/une requête/une supplique, prétendre à, prier, quémander, questionner, quêter, rechercher, réclamer, se recommander de, requérir, revendiquer, solliciter, sommer, souhaiter, supplier, vouloir.

DEMANDEUR, DERESSE □ **I.** Appelant, requérant. **II.** Quémandeur, solliciteur, tapeur. **III. D'emploi :** chômeur, désoccupé, inactif, sans emploi/travail.

DÉMANGEAISON □ **I.** → picotement. **II.** → désir.

DÉMANGER □ → piquer.

DÉMANTÈLEMENT □ → destruction.

DÉMANTELER □ **I.** Abattre, culbuter, débâtir, déconstruire, défaire, démolir, démonter, détruire, disloquer, mettre à bas, raser, renverser. **II. Par ext. 1. Des institutions :** abolir, faire table rase, supprimer. **2. Une chose :** abîmer, bousiller, briser, casser, déglinguer, démolir, démonter, détraquer, endommager, esquinter.

DÉMANTIBULER □ → disloquer.

DÉMARCATION □ **I.** → limite. **II.** → séparation.

DÉMARCHAGE □ → vente.

DÉMARCHE □ **I. Au pr. :** air, allure, aspect, dégaine (fam.), dehors, maintien, marche, mine, pas, port, tenue, tournure. **II. Par ext. 1.** Action, attitude, comportement, conduite. **2.** Agissement, approche, cheminement, déplacement, tentative. → demande.

DÉMARQUER □ → limiter.

DÉMARRAGE □ → départ.

DÉMARRER □ → partir, commencer.

DÉMASQUER □ → découvrir.

DÉMÊLÉ □ → contestation.

DÉMÊLER □ → distinguer, éclaircir.

DÉMEMBREMENT □ → division.

DÉMEMBRER □ **I.** → découper. **II.** → partager.

DE MÊME QUE □ → comme.

DÉMÉNAGER □ **I.** → transporter. **II.** → partir. **III.** → déraisonner.

DÉMENCE □ → folie.

DÉMENER (SE) □ S'agiter, se battre, se colleter, se débattre, se débrouiller, se démultiplier, discuter, se donner du mal/de la peine, s'émouvoir, s'empresser de, lutter, se mouvoir/multiplier, remuer. **Fam. :** se décarcasser / démancher / donner du tintouin, faire ficelle/fissa/du vent/feu des quatre fers/vinaigre, se magner, pédaler, péter la flamme/le feu, remuer l'air, se secouer/trémousser/trotter.

DÉMENT, E □ → fou.

DÉMENTI □ → dénégation, offense.

DÉMENTIR □ Contredire, couper, décevoir, dédire, désavouer, infirmer, s'inscrire en faux, nier, s'opposer à, opposer un démenti *et les syn. de* DÉMENTI.

DÉMÉRITE □ → honte.

DÉMESURE □ → excès.

DÉMESURÉ □ Astronomique, colossal, déraisonnable, disproportionné, éléphantesque, énorme, exagéré, excessif, exorbitant, extraordinaire, extrême, fantastique, formidable, géant, gigantesque, grand, illimité, immense, immodéré, incommensurable, infini, monstrueux, monumental, outré, pharamineux, pyramidal, tentaculaire, titanesque, vertigineux. **Arg. :** balèse, comac, gravos, maous, mastard.

DÉMETTRE □ **I.** → disloquer. **II.** → destituer. **III.** → abdiquer.

DEMEURANT (AU) □ Après tout, au fond, au/pour le reste, d'ailleurs, en somme.

DEMEURE □ **I. Au pr. :** adresse, domicile, foyer, habitacle, logis, pénates (fam.). → habitation. **II. Loc. 1. Sans demeure** (vx) : délai, retard, retardement. **2. A demeure :** en permanence, fixe. **3. Mettre en demeure** → commander.

DEMEURÉ, E □ → bête.

DEMEURER □ **I.** S'arrêter, s'attarder, attendre, coller, s'éterniser, prendre racine, rester, stationner, tarder. **II.** Continuer, durer, s'entêter, lutter, se maintenir, s'obstiner, persévérer, persister, rester, subsister, survivre, tenir bon/ferme. **III.** Crécher (fam.), descendre/être/être domicilié à, gîter (fam.), habiter, jucher (fam.), loger, nicher (fam.), occuper, percher (fam.), résider, séjourner, se tenir, vivre.

DEMI-MOT □ → insinuation.

DEMI-SEL □ → amateur, lâche.

DÉMISSION □ → abandon.

DÉMISSIONNER □ → abdiquer.

DEMI-TEINTE □ → couleur.

DÉMIURGE □ Bienfaiteur, demi-dieu, dieu, divinité, héros, génie, grand.

DÉMOCRATE □ Bousingot (vx et péj.), de gauche, démagogue (péj.), démocratique, démophile, égalitaire, jacobin, républicain.

DÉMOCRATIE □ République, suffrage universel.

DÉMODÉ, E □ → *désuet.*

DEMOISELLE □ **I.** → *fille.* **II.** → *célibataire.* **III.** → *femme.* **IV.** Libellule. **V.** Bélier, dame, hie.

DÉMOLIR □ **I. Au pr. :** abattre, culbuter, débâtir, déconstruire, défaire, démanteler, démonter, détruire, mettre à bas, raser, renverser. **II. Par ext. 1. *Des institutions :*** abolir, faire table rase, supprimer. **2. *Une chose :*** abîmer, bousiller (fam.), briser, casser, déglinguer (fam.), démonter, détraquer, endommager, esquinter. **3. *Quelqu'un :*** battre, critiquer, déboulonner, épuiser, éreinter, esquinter, perdre, ruiner, terrasser, tuer.

DÉMOLISSEUR □ → *destructeur.*

DÉMOLITION □ → *destruction.* **Au pl. :** Déblai, débris, décharge, décombres, éboulis, épave, gravats, gravois, miettes, plâtras, restes, ruines, vestiges.

DÉMON □ **I.** → *diable.* **II.** → *génie.* **III.** → *enthousiasme.*

DÉMONIAQUE □ **I.** → *diabolique.* **II.** → *turbulent.* **III.** → *énergumène.*

DÉMONSTRATIF, IVE □ → *communicatif.*

DÉMONSTRATION □ **I.** Déduction, expérience, induction, preuve, raisonnement. **II.** Civilités, étalage (péj.), expression, manifestation, marque, preuve, protestations, témoignage.

DÉMONTÉ, E □ → *déconcerté.*

DÉMONTER □ → *défaire.*

DÉMONTRER □ → *prouver.*

DÉMORALISATION □ → *découragement.*

DÉMORALISER □ → *décourager.*

DÉMORDRE □ → *renoncer.*

DÉMUNI, E □ Dénué, dépouillé, dépourvu, destitué, nu, privé → *pauvre.*

DÉMUNIR □ **I.** Arracher, défaire, dégager, dégarnir, dénuder, dépecer, dépiauter (fam.), dépouiller, déshabiller, dévêtir, écorcher, enlever, ôter, peler, tondre. **II. Par ext.** → *voler.*

DÉMYSTIFIER, DÉMYTHIFIER □ → *détromper.*

DÉNATURER □ → *altérer.*

DÉNÉGATION □ Contestation, controverse, démenti, déni, désaveu, négation, refus.

DÉNI □ **I.** → *dénégation.* **II.** → *refus.*

DÉNIAISER □ dépuceler → *dégrossir.*

DÉNICHER □ **I. Au pr. :** braconner, chasser, débusquer, enlever. **II. Par ext. :** découvrir, trouver.

DENIER □ **I.** → *argent.* **II.** → *intérêt.* **III.** → *arrhes.*

DÉNIER □ **I.** → *nier.* **II.** → *refuser.*

DÉNIGREMENT □ → *médisance.*

DÉNIGRER □ Attaquer, calomnier, couler, critiquer (par ext.), décauser (rég.), déchiqueter, déchirer, déconsidérer, décréditer, décrier, déprécier, dépriser, déshonorer, diffamer, discréditer, médire, noircir, perdre de réputation, rabaisser, salir, tympaniser, vilipender. **Fam. :** baver, clabauder, dauber, débiner, déblatérer, dégrainer.

DÉNIVELLATION □ Dénivelée, dénivellement, différence, rupture.

DÉNOMBREMENT □ Catalogue, cens, compte, détail, énumération, état, évaluation, inventaire, liste, litanie, recensement, rôle, statistique.

DÉNOMBRER □ Cataloguer, classer, compter, détailler, dresser l'état/l'inventaire/la liste/le rôle, égrener, énumérer, évaluer, faire le compte, inventorier, nombrer, recenser.

DÉNOMINATION □ → *nom.*

DÉNOMMER □ → *appeler.*

DÉNONCER □ **I.** Accuser, déclarer, désigner, dévoiler, donner, indiquer, livrer, nommer, rapporter, révéler, trahir, vendre. **Fam.** S'allonger, balancer, brûler, cafarder, cafter, caponner, capouner, cracher/manger le morceau, cuistrer, donner, en croquer, fourguer, se mettre à table, moucharder, roussiner. **II.** Annoncer, déclarer, faire savoir, notifier, proclamer, publier, signifier. **III.** Annuler, renoncer, rompre. **IV.** Dénoter, faire connaître/sentir, manifester, montrer, sentir.

DÉNONCIATEUR □ → *accusateur.*

DÉNONCIATION □ → *accusation.*

DÉNOTER □ → *indiquer.*

DÉNOUEMENT □ Achèvement, catastrophe, bout, cauda, clef, conclusion, épilogue, extrémité, fin, queue, résolution, résultat, solution, terme.

DÉNOUER □ → *défaire.*

DENRÉE □ **I.** → *marchandise.* **II.** → *subsistances.*

DENSE □ **I. Au pr. :** abondant, compact, condensé, dru, épais, feuillu, fort, impénétrable, pilé, plein, serré, tassé, touffu. **II. Par ext. :** compact, concis, condensé, dru, lourd, nombreux, nourri, plein, ramassé, sobre.

DENSITÉ □ → *poids.*

DENT □ **I.** Broche (vén.), canine, carnassière, croc, crochet, défense, incisive, pince, mâchelière, molaire, prémolaire, surdent. **Fam. :** Chicot, chocotte, clavier, domino, piloche, quenotte, ratiche. **II. Par anal. *1.* Méc.** : alluchon, came, cran. *2.* **Arch.** : denticule, feston. *3.* **Géogr.** : aiguille, crête, pic. **III. Fig.** : animosité, haine, jalousie, rancune, ressentiment.

DENT-DE-LION □ Pissenlit.

DENTELÉ, E □ → *découpé.*

DENTELLE □ Broderie, filet, guipure, macramé, point.

DENTELURE □ → *échancrure.*

DENTIER □ Prothèse, râtelier (fam.).

DENTITION □ **I.** Clavier (fam.), denture (méc.). **II.** Dentier, râtelier (fam.).

DENTURE □ Dentition, râtelier (fam.).

DÉNUDER □ **I.** → *dépouiller.* **II.** → *dévêtir (se).*

DÉNUÉ, E □ Démuni, dépouillé, dépourvu, destitué, nu, pauvre, privé.

DÉNUEMENT □ → *pauvreté.*

DÉPANNER □ → *aider, réparer.*

DÉPAREILLER □ Amputer, déparier, désaccoupler, désapparier, désassortir, diminuer.

DÉPARER □ → *nuire à.*

DÉPARIER □ → *dépareiller.*

DÉPART □ **I.** Commencement, début, origine. **II.** Appareillage, décollage, démarrage, embarquement, envoi, envol, expédition, partance. **III.** Congédiement, démission, exil, licenciement.

DÉPARTAGER □ → *choisir, juger.*

DÉPARTEMENT □ Charge, district, domaine, institut, ministère, préfecture, secteur, spécialité, sphère.

DÉPARTIR □ **I.** → *séparer.* **II.** → *distribuer.* **III.** → *renoncer.*

DÉPASSÉ, E □ → *désuet.*

DÉPASSEMENT □ → *excès.*

DÉPASSER □ **I. Au pr. :** *1.* Déborder, devancer, doubler, gagner de vitesse, gratter (fam.), l'emporter/mordre sur, passer, trémater (mar.) *2.* Forjeter, saillir, surpasser, surplomber. **II. Par ext. :** enchérir, exagérer, excéder, faire de la surenchère, franchir, s'oublier, outrepasser les bornes/les limites.

DÉPAYSEMENT □ → *changement.*

DÉPAYSER □ → *dérouter.*

DÉPECER □ → *découper, partager.*

DÉPÊCHE □ Avis, billet, câble, câblogramme, correspondance, courrier, lettre, message, missive, petit bleu, pli, pneu (fam.), pneumatique, télégramme, télex.

DÉPÊCHER □ **I.** → *accélérer.* **II.** → *envoyer.* **III.** → *tuer.* **IV. V. pron.** → *hâter (se).*

DÉPEIGNER □ Décoiffer, ébouriffer, écheveler, hérisser.

DÉPEINDRE □ → *peindre.*

DÉPENAILLÉ, E □ **I.** → *déguenillé.* **II.** → *négligé.*

DÉPENDANCE □ **I. Log.** : analogie, causalité, conséquence, corrélation, enchaînement, interdépendance, liaison, rapport, solidarité. **II. Fig.** : appendice, complément, conséquence, effet, épisode, suite, tenants et aboutissants. **III. Par ext. *1.*** Accessoire, annexe, bâtiment, communs, succursale. *2.* **On est dans la dépendance de** : appartenance, asservissement, assujettissement, attachement, attenance, captivité, chaîne, contrainte, coupe, domesticité, domination, emprise, esclavage, gêne, griffe, joug, main, mainmise, merci, mouvance, obédience, obéissance, oppression, patte, pouvoir, puissance, ressort, servage, servitude, soumission, subordination, sujétion, tenure (vx), tutelle, vassalité.

DÉPENDANT, E □ Accessoire, inférieur, interdépendant, soumis, subordonné, sujet.

DÉPENDRE □ **I.** Appartenir à, découler de, être attaché/enchaîné/lié à/à la merci/sous l'autorité/sous la dépendance de *et les syn. de* DÉPENDANCE, procéder/provenir/relever/résulter de, se rattacher à, reposer sur, ressortir à, rouler sur, tenir à. **II.** Décrocher, détacher, retirer.

DÉPENS □ Charge, compte, crochet, coût, débours, dépense, détriment, frais, prix.

DÉPENSE □ **I. L'endroit :** cambuse, cellier, garde-manger, office, questure, resserre, réserve. **II. L'action de dépenser.** *1.* **Au pr.** Neutre : charge, contribution, cotisation, débours, déboursé, décaissement, dépens, écot, extra, faux frais, frais, impense, investissement, paiement, participation, quote-part, sortie. *2.* **Non favorable :** dilapidation, dissipation, étalage, exhibition, fastuosité, gaspillage, luxe, montre, prodigalité.

DÉPENSER □ **I. Au pr. :** débourser, payer. **II. Non favorable : *1.*** Consumer, dilapider, disperser, engloutir, escompter, faire/jouer le grand seigneur, gaspiller, jeter l'argent par les fenêtres, manger, mener grand train/la vie à grandes guides, prodiguer, se ruiner, se saigner aux quatre veines, semer son argent, vivre bien/largement/en grand seigneur/sur un grand pied. *2.* **Fam. :** allonger, banquer, bouffer, carmer, casquer, cigler, claquer, croquer, décher, dépocher, dévorer, douiller, écorner son avoir, fader, faire danser les écus/picaillons/sous, flamber, fricasser, fricoter, friper, manger ses quatre sous/son blé en herbe, passer au refile, raquer. **III. V. pron.** : se démener, se dévouer, se fatiguer.

DÉPENSIER □ n. et adj. Dissipateur, dilapidateur, gaspilleur, gouffre, panier à salade/percé (fam.), prodigue.

DÉPERDITION □ Affaiblissement, dégradation, dépérissement, diminution, épuisement, fuite, perte.

DÉPÉRIR □ S'affaiblir, s'altérer, s'anémier, s'atrophier, se consumer, décliner, défaillir, se délabrer, se démolir (fam.), se détériorer, diminuer, s'étioler, se faner, languir, mourir, péricliter, sécher.

DÉPÉRISSEMENT □ **I.** → *décadence*. **II.** → *langueur*.

DÉPÊTRER □ → *débarrasser*.

DÉPEUPLÉ, E □ → *vide*.

DÉPEUPLEMENT □ **I.** Dépopulation, disparition. **II. Par ext.** : déboisement.

DÉPIAUTER □ → *dépouiller*.

DÉPILER □ Débourrer, épiler.

DÉPISTAGE □ Chasse, repérage. → *recherche*.

DÉPISTER □ → *découvrir, dérouter*.

DÉPIT □ **I.** → *colère*. **II.** → *fâcherie*. **III. Loc. En dépit de** → *malgré*.

DÉPITER □ Chagriner, contrarier, décevoir, désappointer, fâcher, froisser → *tromper*.

DÉPLACÉ □ Grossier, hors de propos/saison, impertinent, importun, incongru, inconvenant, incorrect, inopportun, insolent, mal élevé, malséant, malsonnant, malvenu, scabreux.

DÉPLACEMENT □ → *voyage*.

DÉPLACER □ **I. Quelque chose** : bouger, chambouler (fam.), déboîter, décaler, déclasser, déménager, démettre, déranger, dériver, détourner, excentrer, intervertir, manipuler → *transporter, changer*. **II. quelqu'un** : faire valser (fam.), limoger (péj.), muter, nommer. **III. V. pron.** : aller, avancer, bouger, circuler, déambuler, se déranger, marcher, se mouvoir, venir, voyager.

DÉPLAIRE □ Blesser, choquer, contrarier, coûter, dégoûter, ennuyer, fâcher, froisser, gêner, importuner, indisposer, offenser, offusquer, peiner, rebuter, répugner, vexer.

DÉPLAISANT, E □ Agaçant, antipathique, blessant, contrariant, dégoûtant, désagréable, désobligeant, disgracieux, ennuyeux, fâcheux, gênant, irritant, laid, pénible, répugnant.

DÉPLAISIR □ → *ennui*.

DÉPLIER □ → *étendre*.

DÉPLISSER □ Défriper, défroisser.

DÉPLOIEMENT □ Défilé, démonstration, développement, étalage, étendue, exhibition, manifestation, manœuvre, montre.

DÉPLORABLE □ **I.** → *pitoyable*. **II.** → *affligeant*.

DÉPLORER □ → *regretter*.

DÉPLOYER □ → *étendre, montrer*.

DÉPOLIR □ amatir, ternir.

DÉPOPULATION □ → *dépeuplement*.

DÉPORTATION □ → *relégation*.

DÉPORTEMENT □ → *dérèglement*.

DÉPORTER □ → *reléguer, écarter*.

DÉPOSER □ **I.** → *mettre*. **II.** → *destituer*. **III.** → *quitter*.

DÉPOSITAIRE □ concessionnaire, stockiste → *gardien*.

DÉPOSITION □ **I.** → *déchéance*. **II.** → *témoignage*.

DÉPOSSÉDER □ Dépouiller, désapproprier, déshériter, dessaisir, enlever, évincer, exproprier, frustrer, ôter, priver, soustraire, spolier, supplanter.

DÉPÔT □ **I. D'une valeur** : arrhes, avance, caution, cautionnement, consignation, couverture, ducroire, gage, garantie, provision, remise, séquestre, sûreté. **II.** Annexe, comptoir, dock, entrepôt, local, magasin, stock, succursale. **III.** Garage, gare, quai, station. **IV.** → *prison*. **V.** → *abcès*. **VI. Géol.** : agglomération, allaise, alluvion, couche, drift, javeau, limon, sédiment, strate. **VII.** Décharge, dépotoir, voirie. **VIII.** Boue, effondrilles, falun, incrustation, lie, précipité, tartre, vase. **IX.** Calamine, calcin, cendre.

DÉPOTOIR □ vidoir → *dépôt*.

DÉPOUILLE □ **I.** → *proie*. **II.** → *mort*.

DÉPOUILLÉ, E □ **I.** → *dénué*. **II.** → *simple*.

DÉPOUILLEMENT □ **I.** → *renoncement*. **II.** → *relevé*.

DÉPOUILLER □ **I. Au pr.** : arracher, défaire, dégager, dégarnir, dénuder, dépecer, dépiauter (fam.), déshabiller, dévêtir, écorcher, enlever, ôter, peler, tondre. **II. Par ext. 1.** → *voler*. **2.** → *abandonner*. **III. V. pron.** : **1. Au pr.** : muer, perdre. **2. Par ext.** → *abandonner*.

DÉPOURVU, E □ → *dénué*.

DÉPRAVATION □ → *dégradation*.

DÉPRAVÉ, E □ → *vicieux*.

DÉPRAVER □ → *gâter*.

DÉPRÉCATION □ → *prière*.

DÉPRÉCIATION □ → *dévalorisation*.

DÉPRÉCIER □ Abaisser, attaquer, avilir, baisser, critiquer, débiner (fam.), déconsidérer, décréditer, décrier, dégrader, dénigrer, déprimer (vx), dépriser, détracter (vx), détruire, dévaloriser, dévaluer, diffamer, dimi-

nuer, discréditer, entacher, flétrir, méconnaître, méjuger, mépriser,
mésestimer, perdre, rabaisser, rabattre, ravaler, salir, ternir, vilipender.

DÉPRÉDATEUR □ → *nuisible.*

DÉPRÉDATION □ **I.** → *malversation.*
II. → *dommage.*

DÉPRENDRE □ → *détacher, séparer.*

DÉPRESSION □ **I. Au pr.** : abaissement, affaissement, bassin, creux,
cuvette, enfoncement, flache, fosse,
géosynclinal, vallée. **II. Par ext.** :
baisse, crise, dépréciation, diminution, marasme, pénurie, récession.
III. → *fatigue.* **IV.** Méd. : abattement,
adynamie, affaiblissement, alanguissement, aliénation, anémie, asthénie, coma, déprime (fam.), langueur,
mélancolie, prostration, sidération,
torpeur, tristesse.

DÉPRIMANT, E □ → *affligeant.*

DÉPRIMER □ **I.** → *enfoncer.* **II.** →
déprécier. **III.** → *fatiguer.*

DÉPRISER □ → *déprécier, mépriser.*

DEPUIS PEU □ Fraîchement,
naguère, nouvellement, récemment.

DÉPURATIF, IVE □ Carminatif, dia-
phorétique, diurétique, purgatif,
rafraîchissant, sudorifique.

DÉPURATION □ → *purification.*

DÉPURER □ → *purifier.*

DÉPUTATION □ → *mission.*

DÉPUTÉ □ **I.** Ambassadeur, délégué,
émissaire, envoyé, légat, mandataire,
ministre, représentant. **II.** Élu/repré-
sentant du peuple, membre du Parlement, parlementaire.

DÉRACINEMENT □ **I. Au pr.** : **1.** arra-
chage, arrachement, arrachis, défri-
chement. **2.** Avulsion, divulsion, énu-
cléation, éradication, évulsion, extirpation, extraction. **II. Par ext.** : déportation, émigration, exil, exode, expatriation.

DÉRACINER □ **I. Au pr.** : abattre, arracher, déplanter, détacher,
déterrer, enlever, essoucher, exterminer, extirper, extraire, sarcler. **II. Fig.** :
déplacer, déporter, détruire, éloigner,
exiler, expatrier, faire émigrer.

DÉRAISONNABLE □ Absurde,
dément, déséquilibré, détraqué, fou,
illogique, inconscient, insensé, irrai-
sonnable, irréfléchi, léger. → *bête.*

DÉRAISONNER □ **I.** Devenir/être
gaga/gâteux, délirer, divaguer, extravaguer, perdre l'esprit/la raison,
radoter, rêver. **II. Fam.** : battre
la breloque/la campagne, débloquer, déconner, déménager, dérailler,
pédaler dans la choucroute, perdre
les pédales.

DÉRANGEMENT □ Aliénation, bouleversement, bousculade, chambardement, changement, débâcle, déplacement, dérèglement, déroute, désé-

quilibre, désordre, désorganisation, ennui, gêne, incommodation,
interruption, interversion, perturbation, remue-ménage, trouble. → *folie.*

DÉRANGER □ **I.** → *déplacer.* **II.** →
troubler. **III.** → *gêner.*

DÉRAPAGE □ → *glissement.*

DÉRAPER □ Chasser, glisser,
patiner.

DÉRÈGLEMENT □ Débauche, débordement, déportement, dévergondage,
dévergondement, dissolution, égarement, excès, inconduite, inconséquence, iniquité, libertinage, licence.
→ *dérangement.*

DÉRÉGLER □ → *troubler.*

DÉRIDER □ → *égayer.*

DÉRISION □ → *raillerie.*

DÉRISOIRE □ → *petit, ridicule.*

DÉRIVATIF □ → *diversion.*

DÉRIVER □ → *découler.*

DERNIER, ÈRE □ **I. Adj. 1.** A la
queue, final, ultime. **2.** Décisif, définitif, extrême, infime, irrévocable, nouveau, seul, suprême. **II. Nom : 1.**
bout, culot (fam.), derrière, feu rouge
(fam.), lambin, lanterne (fam.), traînard. **2.** Benjamin, cadet.

DÉROBADE □ → *fuite.*

DÉROBÉE (À LA) □ → *secrètement.*

DÉROBER □ **I. Au pr.** : s'approprier, attraper, chaparder, dépouiller, détourner, distraire, s'emparer de,
enlever, escamoter, escroquer, extorquer, friponner, marauder, picorer,
piper, prendre, refaire, soustraire,
subtiliser. **Fam.** : barboter, carotter,
chauffer, chiper, choper, chouraver,
emprunter, étouffer, faucher, gripper
(vx), piquer. → *voler.* **II. Par ext. : 1.**
Copier, imiter, plagier. **2.** Cacher, dissimuler, masquer, voiler. **III. V. pron. :**
1. Se cacher, disparaître, échapper,
s'éclipser, s'esquiver, éviter, se faufiler, fuir, se perdre, se réfugier, se
retirer, se sauver, se soustraire, se
tirer (fam.). **2.** Éluder, esquiver, éviter, fuir, manquer à, reculer.

DÉROGATION □ → *exception.*

DÉROGER □ **I.** → *déchoir.* **II.** →
abaisser (s').

DÉROULEMENT □ → *évolution.*

DÉROULER □ → *étendre.*

DÉROUTANT, E □ Bizarre, déconcertant, embarrassant, étonnant, imprévisible, imprévu, inattendu, inespéré, inquiétant, stupéfiant, surprenant, troublant.

DÉROUTE □ → *défaite.*

DÉROUTER □ **I. Au pr.** : débousso-
ler, dépister, détourner, dévier, écarter, égarer, éloigner, faire dévier, perdre, semer (fam.). **II. Fig.** : confondre,
déconcerter, décontenancer, dépayser, désorienter, embarrasser, éton-

ner, inquiéter, mettre en diffi-
culté/échec, surprendre, troubler.

DERRIÈRE □ **I. Au pr.** : arrière, dos,
revers. **II. Par ext.** : arrière-train,
bas du dos, croupe, croupion, cul,
dos, fesses, fond, fondement, postère, postérieur, reins, séant, siège.
→ *anus, fessier.*

DÉSABUSEMENT □ → *déception.*

DÉSABUSER □ → *détromper.*

DÉSACCORD □ → *mésintelligence.*

DÉSACCORDER □ Brouiller, désunir,
fâcher, mettre le trouble/la zizanie,
opposer.

DÉSACCOUPLER □ Découpler,
dépareiller, désapparier, dételer,
séparer.

DÉSAFFECTER □ → *retrancher.*

DÉSAFFECTION □ Désintéressement, détachement. → *indiffé-*
rence.

DÉSAGRÉABLE □ **I. Une chose. 1.**
Affreux, agaçant, blessant, choquant,
contraignant, contrariant, déplaisant,
désobligeant, détestable, discordant,
douloureux, emmerdant (vulg.), énervant, ennuyeux, fâcheux, fastidieux,
fatigant, gênant, grossier, importun,
inconfortable, insupportable, intolérable, irritant, laid, mal à propos,
malencontreux, malheureux, malplaisant, mauvais, moche (fam.), obscène, pénible, rebutant, regrettable,
répugnant, vexant. **2.** Acide, âcre,
aigre, âpre, dégoûtant, écœurant,
fade, fétide, incommodant,
insipide, nauséabond, nauséeux,
puant, putride, sale, saumâtre.
II. Quelqu'un : acariâtre, acerbe,
agaçant, antipathique, atrabilaire,
bourru, brusque, désobligeant, disgracieux, fatigant, grossier, haïssable, impoli, impopulaire, ingrat, insolent, insupportable, intraitable, maussade, mauvais, méchant, mésave-
nant, odieux, offensant, réfrigérant,
repoussant, rude, vilain.

DÉSAGRÉGATION □ Décomposition, désintégration, destruction,
dislocation, dissociation, dissolution,
écroulement, effritement, morcellement, pulvérisation, rupture, séparation.

DÉSAGRÉGER □ → *décomposer.*

DÉSAGRÉMENT □ → *ennui.*

DÉSALTÉRER (SE) □ → *boire.*

DÉSAPPARIER □ → *dépareiller.*

DÉSAPPOINTEMENT □ →
déception.

DÉSAPPOINTER □ → *dépiter.*

DÉSAPPRENDRE □ → *oublier.*

DÉSAPPROUVER □ → *blâmer.*

DÉSARÇONNÉ, E □ → *déconcerté.*

DÉSAPPROBATEUR □ improbateur,
réprobateur.

DÉSAPPROUVER □ → *blâmer.*

DÉSARÇONNÉ, E □ → *déconcerté.*

DÉSARGENTÉ, E □ → *ruiné.*

DÉSARMER □ → *fléchir.*

DÉSARROI □ → *trouble, émotion.*

DÉSARTICULER □ → *disloquer.*

DÉSASSORTIR □ → *dépareiller.*

DÉSASTRE □ → *calamité.*

DÉSASTREUX, EUSE □ → *funeste.*

DÉSAVANTAGE □ **I.** → *infériorité.* **II.**
→ *inconvénient.* **III.** → *dommage.*

DÉSAVANTAGER □ Défavoriser,
dépouiller, déshériter, exhéréder,
frustrer, handicaper, nuire, tourner au
désavantage, *et les syn. de* DÉSA-
VANTAGE.

DÉSAVANTAGEUX, EUSE □ Contraire, défavorable, dommageable,
ennuyeux, fâcheux, mauvais, nuisible, pernicieux.

DÉSAVEU □ → *rétractation.*

DÉSAVOUER □ **I.** → *blâmer.* **II.** →
nier. **III.** → *rétracter (se).*

DÉSAXÉ, E □ → *fou.*

DESCENDANCE, DESCENDANT
□ → *postérité.*

DESCENDRE □ **I.** Aborder, couler,
débarquer, débouler, dégringoler,
dévaler, faire irruption, se jeter à bas,
plonger, sauter, tomber, venir de. **II.**
Par ext. 1. → *abaisser (s').* **2.** →
demeurer.

DESCENTE □ **I.** → *incursion.* **II.** →
pente. **III.** → *hernie.*

DESCRIPTION □ → *image.*

DÉSEMPARÉ, E □ → *déconcerté.*

DÉSEMPLIR □ → *vider.*

DÉSENCHANTÉ, E □ Blasé, déçu,
désappointé, désillusionné, las.

DÉSENCHANTEMENT □ →
déception.

DÉSÉQUILIBRÉ, E □ → *fou.*

DÉSERT □ **I. Nom masc. 1. Au pr.** :
bled, erg, hamada, pampa, sahara,
solitude, steppe, toundra. **2. Fig.** :
néant, rien, vide. **II. Adj.** → *vide.*

DÉSERTER □ **I.** → *délaisser.* **II.** →
quitter.

DÉSERTEUR □ **I. Au pr.** : insoumis,
transfuge. **II. Par ext.** : apostat, réné-
gat, traître.

DÉSERTION □ **I.** → *défection.* **II.** →
insoumission.

DÉSERTIQUE □ → *aride, vide.*

DÉSESPÉRANCE □ Abattement,
accablement, bourdon (fam.), cafard
(fam.), consternation, déception, découragement, déréliction,
désappointement, désenchantement,
désespoir, écœurement, lassitude,
mal du siècle, tristesse.

DÉSESPÉRANT, E □ → *accablant.*

DÉSESPÉRÉ, E □ **I.** → *extrême.* **II.** → *misérable.*

DÉSESPÉRER □ → *décourager.*

DÉSESPOIR □ **I.** → *découragement.* **II.** → *douleur.* **III.** → *regret.*

DÉSESTIMER □ → *mépriser.*

DÉSHABILLÉ, E □ → *nu, négligé.*

DÉSHABILLER □ → *dévêtir, médire.*

DÉSHABITÉ, E □ → *inhabité.*

DÉSHÉRITÉ, E □ → *misérable.*

DÉSHÉRITER □ Défavoriser, dépouiller, désavantager, exhéréder, frustrer, priver.

DÉSHONNÊTE □ **I.** → *malhonnête.* **II.** *obscène.*

DÉSHONNEUR □ → *honte.*

DÉSHONORANT, E □ → *honteux.*

DÉSHONORER □ **I.** → *dénigrer.* **II.** → *séduire.*

DÉSHYDRATER □ Lyophiliser. → *sécher.*

DESIDERATA □ → *lacunes, désir.*

DÉSIGNER □ **I. V. tr.** → *indiquer, choisir.* **II. N. m.** → *styliste.*

DÉSILLUSION □ → *déception.*

DÉSILLUSIONNER □ Décevoir, dégriser, désappointer, désenchanter, faire déchanter, refroidir.

DÉSINENCE □ → *terminaison.*

DÉSINFECTANT □ Déodorant. → *antiseptique.*

DÉSINFECTER □ → *purifier.*

DÉSINFECTION □ → *assainissement.*

DÉSINTÉGRATION □ Fission, radioactivité, transmutation. → *destruction.*

DÉSINTÉGRER □ → *décomposer.*

DÉSINTÉRESSÉ, E □ → *généreux.*

DÉSINTÉRESSEMENT □ **I.** → *indifférence.* **II.** → *générosité.*

DÉSINTÉRESSER □ Contenter, dédommager, intéresser, payer. **V. pron. :** se moquer de, négliger, oublier. → *abandonner.*

DÉSINVOLTE □ → *dégagé.*

DÉSINVOLTURE □ **I.** Abandon, aisance, facilité, familiarité, légèreté. **II. Non favorable :** effronterie, grossièreté, impertinence, inconvenance, laisser-aller, liberté, négligence, privauté, sans-gêne.

DÉSIR □ **I. Au pr. :** ambition, appel, appétence, appétit, aspiration, attente, attirance, attrait, besoin, but, caprice, convoitise, cupidité (péj.), curiosité, demande, démangeaison, desiderata, dessein, envie, espérance, espoir, exigence, faim, fantaisie, force, goût, impatience, inclination, intention, intérêt, penchant, prétention, prurit, rêve, soif, souhait, tendance, tentation, vanité, velléité,

visée, vœu, volonté, vouloir. **II.** → *passion.*

DÉSIRABLE □ → *appétissant, séduisant, souhaitable.*

DÉSIRER □ → *vouloir.*

DÉSIREUX, EUSE □ Affamé, altéré, assoiffé, attaché à, avide, curieux, envieux, impatient, jaloux.

DÉSISTEMENT □ → *renoncement.*

DÉSISTER (SE) □ → *renoncer.*

DÉSOBÉIR □ Contrevenir, enfreindre, être insoumis, s'opposer, passer outre, se rebeller, refuser, résister, rompre, transgresser, violer.

DÉSOBÉISSANCE □ Contravention, indiscipline, indocilité, infraction, insoumission, insubordination, mutinerie, opposition, rébellion, refus, résistance, révolte. → *violation.*

DÉSOBÉISSANT, E □ Difficile, endêvé (vx et fam.), endiablé, entêté, indiscipliné, indocile, insoumis, insubordonné, intraitable, mutin, opiniâtre, rebelle, récalcitrant, réfractaire, résistant, révolté.

DÉSOBLIGEANT, ANTE □ Blessant, choquant, déplaisant, malveillant, sec, vexant. → *désagréable.*

DÉSOBLIGER □ → *froisser, nuire.*

DÉSOBSTRUER □ → *ouvrir.*

DÉSOCCUPATION □ → *inaction.*

DÉSOCCUPÉ, E, DÉSŒUVRÉ, E □ → *inactif.*

DÉSŒUVREMENT □ → *inaction.*

DÉSOLATION □ → *affliction.*

DÉSOLER □ → *ravager, chagriner.*

DÉSOPILANT, E □ → *risible.*

DÉSORDONNÉ, E □ **I.** → *décousu.* **II.** → *illogique.* **III.** Insouciant, négligent, sans-soin.

DÉSORDRE □ Altération, anarchie, bordel (vulg.), bouleversement, bric-à-brac, chahut, chambardement, chamboulement, chaos, confusion, débandade, décousu, dégât, dérangement, déroute, désarroi, désorganisation, dissension, dissipation, embrouillement, enchevêtrement, éparpillement, fatras, flottement, fouillis, gâchis, imbroglio, incohérence, inconduite, irrégularité, licence, mélange, pagaille, panique, pêle-mêle, perturbation, pillage, querelle, révolte, révolution, sabotage, scandale, tapage, trouble, tumulte. **Fam. :** bordel, chienlit, fourbi, gabegie, margaille (mérid.), papafard, pastis, ramdam, rififi, salade, schproum.

DÉSORGANISATION □ → *dérangement.*

DÉSORGANISER □ → *troubler.*

DÉSORIENTER □ **I.** → *dérouter.* **II.** → *égarer.*

DÉSORMAIS □ → *avenir (à l').*

DÉSOSSÉ, E □ → *disloqué.*

DESPERADO □ → *révolutionnaire.*

DESPOTE □ → *tyran.*

DESPOTIQUE □ → *absolu.*

DESPOTISME □ → *absolutisme.*

DESSAISIR □ I. → *déposséder.* II. → *renoncer.*

DESSAISISSEMENT □ → *cession.*

DESSALÉ, E □ → *éveillé, libre.*

DESSÉCHANT, E □ → *brûlant.*

DESSÈCHEMENT □ **I. Au pr. :** brûlure, déshydratation, dessiccation, flétrissement. **II. Par ext. :** assainissement, assèchement, drainage, tarissement. **III. Fig.** *1. Phys. :* amaigrissement, consomption, maigreur. *2. Moral :* dureté, endurcissement, sécheresse.

DESSÉCHER □ → *sécher.*

DESSEIN □ Arrière-pensée, but, conception, conseil, décision, désir, détermination, disposition, entreprise, envie, gré, idée, intention, machination, objet, parti, pensée, plan, préméditation, prétention, programme, projet, propos, proposition, résolution, visée, volonté, vue. **Loc. :** *à dessein.* Avec intention, de propos délibéré, délibérément, en toute connaissance de cause, exprès, intentionnellement, volontairement.

DESSERRER □ Défaire, dévisser, écarter, ouvrir, relâcher.

DESSERT □ Fruits. → *pâtisserie.*

DESSERTE □ **I.** Cure, paroisse. **II.** Buffet, crédence, dressoir, vaisselier.

DESSERVANT □ → *prêtre.*

DESSERVIR □ **I.** → *nuire.* **II.** Débarrasser, enlever, ôter.

DESSILLER □ → *détromper.*

DESSIN □ Canevas, coupe, design, ébauche, élévation, épure, œuvre, plan, relevé, tracé. → *image.*

DESSINATEUR □ Caricaturiste, graveur, illustrateur. → *styliste.*

DESSINER □ **I.** → *tracer.* **II. V. pron. :** *1.* → *saillir.* *2.* → *profiler (se).*

DESSOUS □ **I.** → *infériorité.* **II.** → *secret.* **III. Loc.** *1. En dessous* → *sournois.* *2. Dessous de table* → *gratification.*

DESSUS □ → *avantage.*

DESTIN □ Aléa, avenir, destinée, fatalité, fatum, hasard, providence, sort, vie.

DESTINATION □ → *but.*

DESTINÉE □ Aventure, chance, destin, étoile, fortune, lot, partage, vie.

DESTINER □ Garder, prédestiner, réserver, vouer.

DESTITUÉ, E □ → *dénué.*

DESTITUER □ Casser, débarquer, débouter, déchoir, dégommer (fam.), dégoter (fam.), démettre de, démissionner, dénuer de, déplacer, déposer, dépouiller, détrôner, faire sauter, limoger, mettre en disponibilité, priver, rappeler, relever de ses fonctions, révoquer, suspendre.

DESTITUTION □ → *déchéance.*

DESTRIER □ → *cheval.*

DESTRUCTEUR □ n. et adj. Démolisseur, déprédateur, destructif, dévastateur, exterminateur, nuisible, ravageur, stérilisant. → *saboteur.*

DESTRUCTIBLE □ Biodégradable, consommable, consomptible, consumable, corruptible, dégradable, fongible, marcescible.

DESTRUCTION □ Abolition, affaiblissement, anéantissement, annulation, démantèlement, démolition, désagrégation, désintégration, écrasement, extermination, liquidation, prédation, ruine, sabotage.

DÉSUET, E □ Démodé, obsolescent, obsolète, passé, périmé, suranné, vieillot, vieux.

DÉSUÉTUDE □ → *caducité, vieillesse.*

DÉSUNION □ → *mésintelligence.*

DÉSUNIR □ **I.** → *séparer.* **II.** → *saillir, se profiler.*

DÉTACHEMENT □ → *renoncement.*

DÉTACHER □ **I.** → *libérer.* **II.** → *défaire.* **III.** → *nettoyer.*

DÉTAIL □ **I.** → *bagatelle.* **II.** → *dénombrement.*

DÉTAILLÉ, E □ Circonstancié, particularisé.

DÉTAILLER □ **I.** → *découper.* **II.** → *vendre.* **III.** → *prononcer.*

DÉTALER □ → *enfuir (s').*

DÉTECTER □ → *découvrir.*

DÉTECTIVE □ → *policier.*

DÉTEINDRE SUR □ → *influer.*

DÉTENDRE □ **I.** → *apaiser.* **II.** → *calmer.* **III.** → *lâcher.*

DÉTENIR □ **I.** → *conserver.* **II.** → *avoir.* **III.** → *emprisonner.*

DÉTENTE □ → *repos.*

DÉTENTION □ → *emprisonnement.*

DÉTENU □ → *prisonnier.*

DÉTÉRIORATION □ → *dommage.*

DÉTÉRIORER □ Abîmer, arranger (fam.), bousiller (fam.), briser, casser, déglinguer (fam.), délabrer, démolir, détraquer, endommager, esquinter (fam.), fausser, forcer, gâter, saboter, sabrer. → *dégrader.*

DÉTERMINATION □ **I.** → *résolution.* **II.** → *décision.*

DÉTERMINÉ, E □ **I.** → *décidé.* **II.** → *parfait.*

DÉTERMINER □ **I.** → *fixer.* **II.** → *décider.* **III.** → *occasionner.*

DÉTERMINISME □ → *fatalisme.*

DÉTERRER □ Exhumer, ressortir, sortir de terre.

DÉTESTABLE □ Abominable, damné, exécrable, haïssable, maudit, méprisable, odieux, sacré (par ext. et fam.).

DÉTESTER □ → *haïr.*

DÉTONATION □ → *explosion.*

DÉTONNER □ → *contraster.*

DÉTORQUER □ → *détourner.*

DÉTOUR □ **I.** Angle, boucle, circuit, coude, courbe, crochet, déviation, écart, méandre, sinuosité, tournant. **II.** Biais, circonlocution, digression, diversion, faux-fuyant, hypocrisie, par la bande, périphrase, repli, ruse, secret, subterfuge, subtilité, tour.

DÉTOURNÉ, E □ **I. Au pr. :** contourné, défléchi, déjeté, dévié, dévoyé, en biais, gauchi. **II. Par ext. 1.** → *indirect.* **2.** → *écarté.*

DÉTOURNEMENT □ → *malversation.*

DÉTOURNER □ Abandonner, déconseiller, déplacer la question, déranger, détorquer, dissuader, distraire, divertir, écarter, éloigner, éluder, empêcher, faire dévier, obliquer, préserver, rabattre, solliciter, soustraire, tourner. → *voler.*

DÉTRACTER □ → *déprécier.*

DÉTRACTEUR □ → *ennemi.*

DÉTRAQUÉ □ → *fou.*

DÉTRAQUER □ **I.** → *détériorer.* **II.** → *troubler.*

DÉTRESSE □ → *malheur.*

DÉTRIMENT □ → *dommage.*

DÉTRITUS □ → *déchet, ordure.*

DÉTROIT □ Bras de mer, canal, chenal, défilé, gorge, manche, pas, passage, passe, pertuis.

DÉTROMPER □ Avertir, aviser, démystifier, démythifier, désabuser, désillusionner, dessiller les yeux, éclairer, faire voir, informer, instruire, montrer, signaler, tirer d'erreur.

DÉTRÔNER □ Fig. Casser, débarquer, dégommer, dégoter, démettre de, démissionner, déplacer, déposer, dépouiller, destituer, faire sauter, limoger, mettre en disponibilité, priver, rappeler, relever de ses fonctions, révoquer, suspendre.

DÉTROUSSER □ → *voler.*

DÉTRUIRE □ Abattre, abolir, anéantir, annuler, atomiser, bousiller (fam.), brûler, consumer, défaire, démolir, écraser, effacer, éteindre, exterminer, liquider, mettre en poudre, néantiser, pulvériser, raser, ravager, renverser, ruiner, supprimer, triturer. → *tuer.*

DETTE □ Charge, créance, débit, déficit, devoir, emprunt, obligation, passif.

DEUIL □ → *tristesse, enterrement.*

DEUXIÈME □ Postérieur, second, suivant.

DÉVALER □ → *descendre.*

DÉVALISER □ → *voler.*

DÉVALORISATION □ Dépréciation, dévaluation.

DÉVALUER □ → *déprécier.*

DEVANCER □ Aller au-devant, anticiper, avoir le pas sur, dépasser, distancer, gagner de vitesse, gratter (fam.), précéder, prendre les devants, prévenir, prévoir, surpasser.

DEVANCIER □ → *aïeul.*

DEVANT □ **I.** Avant, en avant de, face à, en présence de. **II. Loc. Prendre les devants** → *devancer.*

DEVANTURE □ **I.** → *façade.* **II.** → *étalage.*

DÉVASTATEUR, TRICE □ → *destructeur.*

DÉVASTATION □ → *dégât.*

DÉVASTER □ → *ravager.*

DÉVEINE □ → *malchance.*

DÉVELOPPEMENT □ **I.** Amplification, croissance, déploiement, éclaircissement, essor, évolution, extension, suites. **II.** Dissertation, essai, explication, narration, paraphrase, rapport, récit, tartine (fam.), tirade.

DÉVELOPPER □ Allonger, amplifier, circonduire (vx), croître, délayer, démontrer, déployer, dérouler, éclaircir, enseigner, étendre, s'étendre, expliquer, exposer, filer, paraphraser, progresser, raconter, rapporter, traduire.

DEVENIR □ Évoluer, se faire, se rendre, se transformer.

DÉVERGONDAGE □ → *dérèglement.*

DÉVERGONDÉ, E □ → *débauché.*

DÉVERSER □ → *verser.*

DÉVERSOIR □ → *bonde.*

DÉVÊTIR (SE) □ Se découvrir, se dégarnir, se dénuder, se dépouiller, se déshabiller, enlever, se mettre à poil (fam.), ôter.

DÉVIATION □ → *écart, dissidence.*

DÉVIDER □ → *éclaircir.*

DÉVIÉ, E □ Contourné, défléchi, déjeté, détourné, dévoyé, en biais, gauchi.

DÉVIER □ → *s'écarter.*

DEVIN □ Annonciateur, aruspice, astrologue, augure, auspice, cartomancien, cassandre, chiromancien, chresmologue, clairvoyant, coscinomancien, devineresse, diseur de bonne aventure, extralucide, magicien, médium, nécromancien, oniromancien, prophète, pythie, pythonisse, rhabdomancien, sibylle, somnambule, sorcier, vaticinateur, visionnaire, voyant.

DEVINER □ I. → *découvrir.* II. → *pressentir.*

DEVINETTE □ → *énigme.*

DEVIS □ → *projet, conversation.*

DÉVISAGER □ → *regarder.*

DEVISE □ I. → *symbole.* II. → *pensée.* III. → *billet.*

DEVISER □ → *parler.*

DÉVOILER □ → *découvrir.*

DEVOIR □ v. tr. Avoir à, être obligé, falloir, redevoir, tirer de.

DEVOIR □ n. m. I. Bien, droit chemin, vertu. II. Corvée, exercice, pensum, tâche, travail. III. Charge, office. IV. Dette, exigence, nécessité, obligation. **V. Au pl.** → *civilités.*

DÉVOLU, E □ I. → *réservé (être).* II. **Loc.** *Jeter son dévolu* → *choisir.*

DÉVORANT, E □ → *brûlant.*

DÉVORER □ I. → *manger.* II. → *consumer.* III. → *lire.*

DÉVOT □ → *religieux, bigot.*

DÉVOTION □ I. Dulie, latrie. → *religion.* II. → *attachement.*

DÉVOUÉ, E □ → *généreux.*

DÉVOUEMENT □ I. → *attachement.* II. → *sacrifice.*

DÉVOUER □ → *vouer.* **V pron.** → *sacrifier (se).*

DÉVOYÉ, E □ adj. et n. I. → *dévié.* II. → *égaré.* III. → *vaurien.*

DEXTÉRITÉ □ → *habileté.*

DIABLE □ I. **Au pr. :** démon, démone, diablesse, diableteau, diablotin, diantre, dragon, incube, Lucifer, Malin, Maudit, mauvais ange, Méphistophélès, misérable, Satan, serpent, succube, tentateur. II. **Loc.** *À la diable :* à la hâte, de chiqué, en désordre/pagaille (fam.), négligemment, sans conscience/méthode/soin. III. Brouette, chariot, fardier.

DIABLERIE □ Espièglerie, machination, maléfice, malice, manigance, menée, mystère, sabbat, sortilège.

DIABLOTIN □ → *diable.*

DIABOLIQUE □ Démoniaque, infernal, méchant, méphistophélique, pernicieux, pervers, sarcastique, satanique.

DIADÈME □ I. → *couronne.* II. → *nimbe.*

DIAGNOSTIQUER □ → *reconnaître.*

DIAGRAMME □ Courbe, délinéation, graphique, plan, schéma.

DIALECTE □ → *langue.*

DIALECTIQUE □ → *logique.*

DIALOGUE □ → *conversation.*

DIALOGUER □ → *parler.*

DIAMANT □ I. Brillant, joyau, marguerite, marquise, pierre, rose, solitaire. II. Bort, carbonado, égrisée.

DIAMÉTRALEMENT □ → *absolument.*

DIANE □ Avertissement, réveil, signal, sonnerie.

DIANTRE □ → *diable.*

DIAPASON □ Accord, niveau, registre, ton.

DIAPHANE □ Clair, hyalin, limpide, luisant, lumineux, maigre, net, opalescent, translucide, transparent.

DIAPRÉ, E □ Bariolé, bigarré, chatoyant, émaillé, jaspé.

DIARRHÉE □ Colique, colite, débâcle, dysenterie, entérite, flux de ventre, lientérie. **Fam. :** cagade, chiasse, cliche, courante, foirade, foire, purée. **Vx :** caquesangue, dévoiement, tranchées, trouille, venette.

DIATRIBE □ I. → *reproche.* II. → *satire.*

DICTATORIAL, E □ → *absolu.*

DICTATURE □ → *absolutisme.*

DICTER □ → *inspirer, prescrire.*

DICTION □ → *élocution.*

DICTIONNAIRE □ Codex, cornucopiae (vx), encyclopédie, glossaire, gradus, lexique, nomenclature, thesaurus, trésor, usuel, vocabulaire.

DICTON □ Adage, aphorisme, apophtegme, brocard, formule, locution, maxime, mot, parole, pensée, précepte, proverbe.

DIDACTIQUE □ Culturel, documentaire, éducatif, formateur, instructif, pédagogique, scolaire.

DIÈTE □ I. → *régime.* II. → *jeûne.*

DIÉTÉTICIEN, ENNE □ Diététiste, nutritionniste.

DIÉTÉTIQUE □ n. et adj. → *hygiène.*

DIEU □ Allah, alpha et oméga, auteur, Bon Dieu, cause universelle, Créateur, déesse, déité, démiurge, démon, divinité, Esprit, Éternel, Être suprême, génie, Grand Architecte de l'Univers, Grand Être, idole, immortel, infini, Iahvé, Jahvé, Jéhovah, juge, logos, Meg (arg. et vx), Notre-Seigneur, Père, principe, providence, pur esprit, roi, Saint des saints, Sauveur, Seigneur, souverain bien, Tout-Puissant, Très-Haut, Trinité, Verbe, Yahvé.

DIFFAMANT, E, DIFFAMATOIRE □ → *calomnieux.*

DIFFAMATION □ → *médisance.*

DIFFAMÉ, E □ Attaqué, calomnié, déshonoré, discrédité, malfamé, méprisé, rejeté.

DIFFAMER □ → *dénigrer, médire.*

DIFFÉRENCE □ Altérité, antinomie, caractéristique, changement, déviation, disparité, disproportion, dissemblance, dissimilitude, distance, distinction, divergence, diversité, écart, éloignement, inégalité, modification, nuance, opposition, particularité, séparation, spécificité, variante, variété.

DIFFÉRENCIATION □ Distinction, division, séparation, transformation.

DIFFÉRENCIER □ Apercevoir/établir/faire/marquer une différence, *et les syn. de* DIFFÉRENCE, distinguer, différer, séparer.

DIFFÉREND □ → *contestation.*

DIFFÉRENT, E □ Autre, changé, contradictoire, contraire, disjoint, disproportionné, dissemblable, distant, distinct, divergent, divers, éloigné, hétérogène, inégal, méconnaissable, modifié, mystérieux, nouveau, opposé, séparé, spécifique, tranché, transformé, varié.

DIFFÉRER □ I. → *distinguer (se).* II. → *retarder.*

DIFFICILE □ **I. Au pr. :** abscons, abstrait, abstrus, ardu, chinois (fam.), complexe, compliqué, confus, coriace, dégoûté, délicat, diabolique, difficultueux, dur, embarrassant, embrouillé, énigmatique, épineux, ésotérique, exigeant, illisible, impénétrable, impossible, indéchiffrable, inextricable, infaisable, ingrat, inintelligible, insupportable, intraitable, introuvable, laborieux, malaisé, pénible, obscur, rude, scabreux, sorcier, subtil, ténébreux, transcendental, trapu (fam.). **II. Par ext. 1.** *Un accès :* casse-cou, dangereux, escarpé, impraticable, inabordable, inaccessible, incommode, périlleux, raboteux, raide. **2.** *Un caractère :* acariâtre, anguleux, âpre, contrariant, difficultueux, exigeant, infréquentable, intraitable, invivable, irascible, mauvais coucheur, ombrageux, querelleur, rude. **3.** *Un goût :* blasé, capricieux, dégoûté, délicat. **4.** *Équit. :* fingard, guincheur, quinteux, ramingue, rétif, tride.

DIFFICULTÉ □ **I. Sens général :** brouillamini, complexité, complication, confusion, danger, délicatesse, gêne, obscurité, peine, péril, subtilité. **II. Quelque chose. 1.** Contrariété, danger, embarras, empêchement, enclouure (vx), ennui, épine, friction, histoire, incident, labeur, objection, obstacle, opposition, peine, problème, résistance, souci, tiraillement, tracas, travail, traverse. **2. Fam. :** accroc, anicroche, aria, arnaque, avaro, bec, cahot, chardon, cheveu, chiendent, chierie, embrouille, emmerde, hic, mastic, os, pépin, pet, rififi, ronce, sac de nœuds, salade, tirage.

DIFFICULTUEUX, EUSE □ → *difficile.*

DIFFORME □ Affreux, amorphe, anormal, bancroche (fam.), boiteux, bossu, cagneux, contrefait, croche (fam.), cul-de-jatte, défiguré,

déformé, dégingandé, déjeté, disgracié, éclopé, estropié, hideux, horrible, informe, laid, mal bâti/fait, monstrueux, nain, rabougri, repoussant, tordu (fam.), tors.

DIFFORMITÉ □ Déformation, disgrâce, handicap, malformation.

DIFFUS, E □ Abondant, bavard, cafouilleux (fam.), déclamateur, délayé, désordonné, long, obscur, phraseur, prolixe, redondant, verbeux.

DIFFUSER □ → *répandre.*

DIFFUSION □ I. → *propagation.* II. → *émission.*

DIGÉRER □ **I. Au pr. :** absorber, assimiler, élaborer, transformer. **II. Fig. 1.** Accepter, avaler, endurer, souffrir, supporter. **2.** Cuire, cuver, méditer, mijoter, mûrir. **III. V. pron. :** passer.

DIGEST □ → *revue.*

DIGESTE □ Assimilable, digestible, léger, sain.

DIGESTION □ Absorption, animalisation, assimilation, coction, déglutition, élaboration, eupepsie, ingestion, nutrition, rumination, transformation.

DIGIT □ Binon, bit, chiffre, unité.

DIGNE □ I. → *honnête.* II. → *convenable.* III. → *imposant.* IV. Loc. *Être digne de* → *mériter.*

DIGNITAIRE □ → *chef.*

DIGNITÉ □ I. → *décence.* II. → *majesté.* III. → *honneur.*

DIGON □ → *harpon.*

DIGRESSION □ À-côté, divagation, écart, épisode, excursion, excursus, hors-d'œuvre, parabase, parenthèse, placage.

DIGUE □ **I. Au pr. :** barrage, batardeau, brise-lames, chaussée, estacade, jetée, levée, môle, musoir, obstacle, serrement. **II. Fig. :** barrière, frein, obstacle.

DILAPIDATEUR, TRICE □ → *dépensier.*

DILAPIDATION □ Coulage, déprédation, dissipation, gaspillage, perte, prodigalité.

DILAPIDER □ → *dépenser.*

DILATATION □ Ampliation, augmentation, distension, divulsion, élargissement, érection, expansion, extension, gonflement, grossissement, tumescence, turgescence.

DILATER □ I. → *élargir.* II. → *grossir.* III. → *réjouir.*

DILEMME □ → *option.*

DILETTANTE □ → *amateur.*

DILETTANTISME □ → *amateurisme.*

DILIGENCE □ I. → *activité.* II. → *attention.* III. → *coche.* IV. Loc. **1.** *À la diligence de* → *demande de (à la).* **2. Faire diligence** → *hâter (se).*

DILIGENT, E □ → *actif, attentif.*

DILUER □ → *étendre.*

DIMENSION □ Calibre, capacité, contenance, coordonnées, cotes, épaisseur, étendue, extension, force, format, gabarit, grandeur, grosseur, hauteur, jauge, largeur, longueur, mensuration, mesure, module, perspective, pointure, profondeur, proportion, puissance, surface, taille, volume.

DIMINUER □ **I. Au pr.** *On diminue une chose :* abaisser, abréger, accourcir, affaiblir, affaisser, alléger, altérer, amaigrir, amenuiser, amincir, amoindrir, amputer, apetisser, atténuer, baisser, comprimer, concentrer, condenser, contracter, décharger, décroître, déduire, dégonfler, dégrossir, désenfler, diluer, diviser, ébouter, écimer, éclaircir, écourter, écrêter, effiler, élégir, enlever, entamer, équeuter, étrécir, étriquer, évider, freiner, modérer, ôter, raccourcir, ralentir, rapetisser, réduire, resserrer, restreindre, résumer, retrancher, rétrécir, rétreindre, rogner, ronger, soulager, soustraire, tronquer, user. **II. Par ext.** *1. On diminue quelqu'un :* abaisser, abattre/affaiblir / atténuer / attiédir / émousser faire tomber / modérer / rabattre / ralentir / relâcher l'ardeur / le courage, accabler, avilir, dégrader, dénigrer, déprécier, discréditer, flétrir, humilier, rabaisser, ternir. *2. Une chose diminue quelqu'un :* alanguir, amoindrir, amollir, consumer, déprimer, émasculer, épuiser, exténuer, fatiguer. *3. On diminue une peine :* adoucir, alléger, apaiser, calmer, consoler, endormir, étourdir, pallier, soulager. *4. On diminue l'autorité :* compromettre, infirmer, miner, saper. **III. V. intr. :** baisser, se calmer, céder, cesser, déchoir, décliner, décroître, dépérir, descendre, disparaître, s'éclaircir, s'évanouir, faiblir, mollir, pâlir, perdre, rabattre, raccourcir, rapetisser, réduire, se relâcher, resserrer, tomber.

DIMINUTIF □ Hypocoristique.

DIMINUTION □ **I.** Abaissement, abrégement, affaissement, concentration, contraction, décroissance, décroissement, décrue, dégonflement, dégradation, déperdition, déplétion, épuisement, mutilation, ralentissement, rétreinte, soustraction, suppression, tassement. **II.** Abattement, allégement, amoindrissement, atténuation, baisse, bonification, compression, décharge, déflation, dégrèvement, dépréciation, dévalorisation, exemption, modération, moins-value, rabais, réduction, réfaction, remise, retranchement. **II.** Amaigrissement, amenuisement, amincissement, raccourcissement, soulagement.

DÎNER, DÎNETTE □ → *repas.*

DIOCÈSE □ → *évêché.*

DIONYSIAQUE □ Bachique.

DIPHTÉRIE □ Croup.

DIPLOMATE □ **I.** → *négociateur.* **II.** → *habile.*

DIPLOMATIE □ → *politique.*

DIPLÔME □ Brevet, certificat, degré, grade, parchemin, peau d'âne (fam.), titre.

DIPSOMANE □ → *ivrogne.*

DIRE □ **I. Au pr. :** articuler, avertir, colporter, communiquer, débiter, déclarer, déclamer, désigner, disserter (par ext.), donner, ébruiter, énoncer, exposer, exprimer, faire, indiquer, juger, narrer, nommer, opposer, parler, proférer, prononcer, propager, publier, raconter, réciter, relater, répandre, vomir (péj.). **Fam. :** accoucher, bonnir, chanter, cloquer, enfiler, lâcher, sortir. **II. Par ext. 1.** → *bavarder.* **2.** → *médire.*

DIRECT, E □ **I.** → *immédiat.* **II.** → *naturel.*

DIRECTEMENT □ Tout droit/de go.

DIRECTEUR, DIRECTRICE □ **I. Au pr. :** administrateur, dirigeant, gérant, gouvernant, intendant, maître, patron, principal, proviseur, régisseur, responsable, singe (arg.), supérieur, tête. **II. Loc.** *Directeur de conscience :* confesseur, confident.

DIRECTIF, IVE □ Normatif. → *autoritaire.*

DIRECTION □ **I.** Administration, conduite, gestion, gouvernement, intendance, régie, régime, règlement. **II.** But, chemin, côté, destination, ligne, orientation, route. **III.** Gouvernail, levier de direction, timon, volant. **IV.** État-major, leadership, quartier général, siège, tête.

DIRECTIVE □ → *instruction.*

DIRIGEABLE □ → *ballon.*

DIRIGEANT □ → *gouvernant.*

DIRIGER □ **I.** Acheminer, aiguiller, orienter, piloter, rapporter à, tourner vers. **II.** Administrer, conduire, conseiller, gérer, gouverner, guider, maîtriser, régir, régler. **III.** Ajuster, axer, braquer, viser.

DIRIGER (SE) □ Aller vers, cheminer, pousser, se tourner vers.

DISCERNEMENT □ → *entendement.*

DISCERNER □ **I.** → *distinguer.* **II.** → *percevoir.*

DISCIPLE □ → *élève.*

DISCIPLINE □ **I.** → *ordre.* **II.** → *enseignement.* **III.** → *fouet.*

DISCIPLINÉ, E □ → *obéissant.*

DISCIPLINER □ Assujettir, dompter, dresser, élever, former, plier, soumettre.

DISCONTINU, E □ → *intermittent.*

DISCONTINUATION □ Arrêt, cessation, discontinuité, intermittence, interruption, suspension.

DISCONTINUER □ → *interrompre.*

DISCONTINUITÉ □ → *discontinuation.*

DISCONVENANCE □ Contradiction, contraste, désaccord, disproportion, opposition.

DISCONVENIR DE □ → *nier.*

DISCORD □ Antagonisme, chicane, contradiction, désaccord, dissension, mésintelligence, opposition, querelle.

DISCORDANCE □ **I.** → *mésintelligence.* **II.** → *dissonance.*

DISCORDANT, E □ Adverse, chicanier, confus, contraire, défavorable, désordonné, disproportionné, dissonant, faux, incohérent, mêlé, opposé, rebelle.

DISCORDE □ → *mésintelligence.*

DISCOUREUR, EUSE □ → *bavard.*

DISCOURIR □ Bavarder, causer, débiter, déclamer, disserter, haranguer, laïusser (fam.), palabrer, parler, patrociner, pécufier (arg. scol.), pérorer, pontifier, prêcher, tartiner.

DISCOURS □ **I. Au pr.** : adresse, allocution, causerie, compliment, conférence, conversation, déclaration ministérielle, défense, dialogue, éloge, entretien, exhortation, exposé, harangue, interlocution, laïus (fam.), oraison, palabre, paraphrase, préface, proclamation, propos, prosopopée, santé, speech (anglais), tartine (fam.), toast, topo (fam.), traité. → *bavardage.* **II. Par ext. 1.** Débit, élocution, galimatias (péj.), langage, langue, parole. **2. Jurid.** : plaidoirie, réquisitoire. **3. Relig.** : homélie, instruction, oraison, prêche, prédication, prône, sermon.

DISCOURTOIS, E □ → *impoli.*

DISCRÉDIT □ → *défaveur.*

DISCRÉDITER □ **I. Au pr.** : attaquer, baver, calomnier, clabauder (fam.), critiquer. **II. Par ext.** : dauber (fam.), débiner (fam.), déblatérer (fam.), déchiqueter, déchirer, déconsidérer, décréditer, décrier, dénigrer, déprécier, dépriser, déshonorer, diffamer, médire, noircir, rabaisser, salir, tympaniser, vilipender.

DISCRET, E □ **I.** Circonspect, mesuré, modéré, modeste, poli, pondéré, prudent, réservé, retenu. **II.** Mis à part, retiré, secret. **III. Math. et log.** : discontinu, identifiable, indécomposable, isolable, spécifique.

DISCRÉTION □ **I.** → *retenue.* **II. Loc. À discrétion** → *volonté (à).*

DISCRÉTIONNAIRE □ → *absolu.*

DISCRIMINATION □ → *distinction.*

DISCRIMINER □ → *distinguer.*

DISCULPER □ → *excuser.*

DISCURSIF, IVE □ → *logique.*

DISCUSSION □ **I.** Affaire, altercation, attrapage, chicane, conflit, contention (vx), contestation, controverse, déchirement, démêlé, désaccord, disceptation (vx), discorde, dispute, dissension, heurt, litige, logomachie, marchandage, noise, palabre, polémique, querelle, riotte, rixe, scène. *Fam.* : attrapade, bisbille, chamaille, chamaillerie, chamaillis, grabuge, prise de bec, schproum, vie. **II.** Critique, débat, dissertation, étude, examen, explication, face à face. → *conférence.*

DISCUTABLE □ → *incertain.*

DISCUTER □ **I.** Agiter, analyser, arguer, argumenter, bavarder, conférer, colloquer, considérer, controverser, débattre, délibérer de, démêler, se disputer, échanger des idées/des points de vue, examiner, mettre en doute/en question, négocier, parlementer, passer en revue, tenir conseil, traiter. **II.** Batailler, se chamailler, contester, criticailler, critiquer, discutailler, ergoter, s'escrimer, ferrailler, gloser, jouter, lutter, marchander, mégoter, nier, palabrer, polémiquer, se quereller, ratiociner, rompre des lances, sourciller, trouver à redire.

DISERT, E □ Bavard, beau diseur, biendisant, diseur, éloquent, fleuri.

DISETTE □ Absence, besoin, dèche, défaut, dénuement, famine, manque, misère, pénurie, rareté, vaches maigres (fam.). → *pauvreté.*

DISEUR, EUSE □ n. et adj. **I.** → *disert.* **II. Loc. Diseur de bonne aventure** → *voyant.*

DISGRÂCE □ → *défaveur, malheur.*

DISGRACIÉ, E □ → *laid.*

DISGRACIEUX, EUSE □ Déplaisant, désagréable, détestable, difforme, discourtois, fâcheux, grossier, ingrat, laid, malgracieux.

DISJOINDRE □ **I.** → *déjoindre.* **II.** → *écarter.* **III.** → *séparer.*

DISJOINT, E □ → *différent.*

DISJONCTION □ **I.** Bifurcation, désarticulation, désunion, dislocation, division, divorce, écartement, éloignement, scission, séparation. **II. Gram.** : asyndète.

DISLOCATION □ **I.** → *entorse.* **II.** → *dispersion.*

DISLOQUÉ, E □ Brisé, cassé, déboîté, dégingandé, déglingué (fam.), déhanché, démanché (fam.), désagrégé, désarticulé, désemboîté, désossé, disjoint, divisé, écartelé, éhanché, fracturé, luxé, morcelé, rompu.

DISLOQUER □ Briser, casser, déboîter, déclinquer, déglinguer, démancher, démantibuler, démettre, démolir, désarticuler, désemboîter, désemparer, désunir, détraquer, diviser, écarteler, fausser, luxer. **V. pron. : 1. Une chose :** se désagréger, se dissoudre, se séparer. **2. Quelqu'un :** se contorsionner, se déformer, se désosser (fam.), *et les formes pron. possibles des syn.* de DISLOQUER.

DISPARAÎTRE □ Abandonner, s'absenter, s'anéantir, se cacher, cesser d'être visible/d'exister, se coucher, décamper, se dérober, diminuer, se dissimuler, se dissiper, se dissoudre, échapper aux regards/à la vue, s'éclipser, s'écouler, s'effacer, s'éloigner, s'en aller, s'enfoncer, s'enfuir, s'engouffrer, s'envoler, s'épuiser, s'escamoter, s'esquiver, s'estomper, s'éteindre, être couvert/recouvert, s'évanouir, s'évaporer, finir, fuir, manquer à l'appel, mourir, se noyer dans, partir, passer, se perdre, plonger, prendre la poudre d'escampette (fam.), quitter, se retirer, se soustraire à la vue, tarir, se tirer (fam.), se voiler, se volatiliser.

DISPARATE □ **I. Nom fém.** → *opposition.* **II. Adj.** → *bigarré.*

DISPARITÉ □ → *différence.*

DISPARU, E □ → *mort.*

DISPARITION □ → *éloignement.*

DISPENDIEUX, EUSE □ → *cher.*

DISPENSATEUR, TRICE □ distributeur, répartiteur.

DISPENSE □ **I.** → *immunité.* **II.** → *permission.*

DISPENSER □ **I.** → *distribuer.* **II.** → *permettre.* **III.** → *exempter.* **IV. V. pron. :** → *abstenir (s').*

DISPERSER □ **I.** Disséminer, dissiper, émietter, éparpiller, jeter, parsemer, répandre, semer. **II.** Désunir, diviser, répartir, séparer. **III.** Balayer, battre, chasser, débander, mettre en déroute/en fuite. **IV. V. pron. : 1. Quelqu'un :** se débander, s'écarter, s'égailler, s'égrener, s'enfuir, s'éparpiller, essaimer, fuir, rompre les rangs. **2. Une chose :** diffuser, irradier, rayonner.

DISPERSION □ **I.** Atomisation, dislocation, dissémination, division, écartement, émiettement, éparpillement, séparation. **II. Par ext. :** débandade, déroute, fuite, retraite. **III. Fig.** → *distraction.*

DISPONIBILITÉ □ congé. → *liberté.* **Au pl.** → *argent.*

DISPONIBLE □ → *vacant.*

DISPOS, E □ Agile, alerte, allègre, découplé, délié, en forme, éveillé, frais, gaillard, ingambe, léger, leste, ouvert, preste, reposé, sain, souple, vif, vite.

DISPOSÉ, E □ → *favorable, mûr.*

DISPOSER □ **I.** → *arranger.* **II.** → *préparer.* **III.** → *décider.* **IV.** → *aliéner.*

DISPOSITIF □ **I.** Machine, mécanique. **II.** Agencement, arrangement, méthode, procédé. → *disposition.*

DISPOSITION □ **I. De quelqu'un :** aptitude, bosse (fam.), capacité, dons, esprit, état, étoffe, facilités, fibre (fam.), goût, impulsion, inclination, instinct, mesure, moyens, orientation, penchant, prédestination, prédisposition, propension, qualités, sentiment, talent, tendance, vertu, vocation. **II. Disposition d'esprit :** condition, dessein, intention, sentiment. **III. D'une chose :** agencement, ajustement, arrangement, combinaison, composition, configuration, construction, coordination, dispositif, économie, modalités, montage, ordonnance, ordre, organisation, orientation, place, plan, position, rangement, répartition, situation. **IV. Au pl. :** arrangement, cadre, clause, condition, décision, mesure, précaution, préparatif, résolution, testament.

DISPROPORTION □ → *différence.*

DISPROPORTIONNÉ, E □ Démesuré, déséquilibré, inégal, maladroit, mal proportionné.

DISPUTE □ → *discussion.*

DISPUTER □ **I. V. intr.** → *discuter.* **II. V. tr. 1. Une chose à quelqu'un :** briguer, défendre, soutenir. **2. Fam. Quelqu'un :** attraper, engueuler (vulg.), gourmander, gronder, réprimander. → *tancer.* **III. V. pron. :** Avoir des mots (fam.), se battre, se chamailler, se chicaner, se chipoter (fam.), échanger des mots/des paroles, se quereller, *et les formes pron. possibles des syn.* de DISPUTER.

DISPUTEUR, EUSE □ n. et adj. Argumenteur, chamailleur, chicaneur, chicanier, discuteur, disputailleur, querelleur.

DISQUALIFIER □ → *dégrader.*

DISQUE □ Enregistrement, microsillon, galette (fam.), 16/33/45/78 tours.

DISSECTION □ → *anatomie.*

DISSEMBLABLE □ Différent, disparate, dissimilaire, divers, hétérogène, opposé.

DISSEMBLANCE □ → *différence.*

DISSÉMINATION □ Dispersion, division, éparpillement, propagation.

DISSÉMINER □ → *répandre.*

DISSENSION, DISSENTIMENT □ → *mésintelligence.*

DISSÉQUER □ → *couper, examiner.*

DISSERTATION □ **I.** → *traité.* **II.** → *rédaction.* **III.** → *discussion.*

DISSERTER □ → *discourir.*

DISSIDENCE □ Déviation, division, hérésie, insoumission, insurrection, rébellion, révolte, schisme, scission, sécession, séparation.

DISSIDENT, E □ → *insoumis.*

DISSIMULATEUR, TRICE □ → *sournois.*

DISSIMULATION □ → *feinte.*

DISSIMULÉ, E □ → *sournois.*

DISSIMULER □ Atténuer, cacher, camoufler, celer, couvrir, déguiser, enfouir, envelopper, faire semblant, farder, feindre, frauder, garder secret, gazer (vx), masquer, pallier, taire, travestir, tricher, voiler. **V. Pron. :** → *cacher (se).*

DISSIPATEUR, TRICE □ → *prodigue.*

DISSIPATION □ **I.** → *dépense.* **II.** → *distraction.*

DISSIPÉ, E □ → *turbulent.*

DISSIPER □ **I.** → *disperser.* **II.** → *dépenser.* **III. V. pron. : 1.** ;→ *consumer.* **2.** → *disparaître.*

DISSOCIER □ → *séparer.*

DISSOLU, E □ → *vicieux.*

DISSOLUTION □ **I.** → *résolution.* **II.** → *dérèglement.*

DISSONANCE □ Cacophonie, charivari, contradiction, désaccord, discordance, disparate, opposition, tintamarre.

DISSONANT, E □ → *discordant.*

DISSOUDRE □ **I.** Décomposer, délayer, dissocier, fondre, liquéfier, résorber. **II.** Abroger, annihiler, annuler, arrêter, briser, casser, défaire, dénouer, faire cesser, mettre fin/un terme, résoudre, retirer les pouvoirs, rompre. **III. V. pron. :** fondre, se putréfier, se résoudre, se séparer.

DISSUADER □ Déconseiller, décourager, dégoûter, détourner, écarter, éloigner.

DISSUASION □ → *menace.*

DISSYMÉTRIQUE □ Asymétrique → *irrégulier.*

DISTANCE □ **I.** Absence, éloignement, espace, intervalle, lointain, recul. **II. Fig. 1.** Aversion, froideur, mépris, réprobation. **2.** Différence, disparité, dissemblance.

DISTANCER □ Dépasser, devancer, écarter, éloigner, espacer, forlonger, gagner sur, lâcher, passer, précéder, semer, surpasser.

DISTANT, E □ **I.** → *sauvage.* **II.** → *dédaigneux.* **III.** → *éloigné.*

DISTILLER □ **I.** Épancher, laisser couler, sécréter, suppurer. **II.** Cohober, condenser, extraire, rectifier, réduire, spiritualiser (vx), sublimer, vaporiser. **III. Fig. 1.** Épancher, répandre. **2.** Dégoutter.

DISTINCT, E □ → *différent, clair.*

DISTINCTIF, IVE □ → *particulier.*

DISTINCTION □ **I.** Démarcation, différence, différenciation, discrimination, diversification, division, séparation. **II.** Décoration, dignité, honneurs, égards, faveur, médaille, prérogative, respect. **III.** Classe, éclat, éducation, élégance, finesse, grandeur, manières, mérite, noblesse, panache, talent, tenue, valeur.

DISTINGUÉ, E □ Affable, agréable, aimable, beau, bon, brillant, célèbre, courtois, de bonne compagnie/éducation, de bon ton, délicat, digne, éclatant, élégant, émérite, éminent, exquis, galant, gracieux, hors de pair, hors ligne, incomparable, poli, raffiné, rare, reconnu, remarquable, sans pareil, supérieur, transcendant.

DISTINGUER □ Apercevoir, choisir, débrouiller, découvrir, démêler, différencier, discerner, discriminer, honorer, préférer, reconnaître, remarquer, séparer, trier. **V. pron. :** émerger, différer, faire une discrimination, faire figure, se faire remarquer/voir, s'illustrer, se montrer, paraître, se particulariser, percer, se signaler, se singulariser.

DISTORSION □ → *torsion.*

DISTRACTION □ **I.** Absence d'esprit, dispersion, dissipation, divertissement, étourderie, inadvertance, inattention, irréflexion, légèreté, omission, oubli. **II.** Ébats, jeu, récréation. → *divertissement.* **III. D'une chose :** démembrement, séparation.

DISTRAIRE □ **I.** Démembrer, détacher, enlever, extraire, soustraire, prélever, retrancher, séparer. **II.** Amuser, baguenauder, débaucher, délasser, désennuyer, détourner, divertir, égayer, étourdir, récréer, sortir. **III. Non favorable** → *voler.*

DISTRAIT, E □ Absent, absorbé, abstrait, dispersé, dissipé, étourdi, inappliqué, inattentif, préoccupé, rassoté (vx), rêveur, vague.

DISTRAYANT, E □ → *amusant.*

DISTRIBUER □ **I. Au pr. :** allotir, arroser (fam.), assigner, attribuer, départir, dispenser, disposer, diviser, donner, gratifier, impartir, octroyer, ordonner, partager, prodiguer, ranger, répandre, répartir, semer. **II. Par ext. :** agencer, aménager, amener, arranger, classer, classifier, coordonner, disposer, distinguer, diviser, ordonner, ranger.

DISTRIBUTEUR, TRICE □ Dispensateur, répartiteur.

DISTRIBUTION □ **I. Au pr. :** attribution, bienfaisance, diffusion, dilapidation (péj.), disposition, don, largesse, libéralité, partage, répartition. **II. Par ext. :** agencement, aménagement, arrangement, classement, classification, disposition, ordonnance, ordre, rang, rangement. **III. Fig.** : correction, coup, raclée (fam.), volée (fam.).

DISTRICT □ → *division, charge.*

DITHYRAMBE □ → *éloge.*

DITHYRAMBIQUE □ → *élogieux.*

DITHYRAMBISTE □ → *louangeur.*

DITO □ Idem, susdit.

DIURNE □ → *journalier.*

DIVA □ → *chanteuse.*

DIVAGATION □ → *digression, délire.*

DIVAGUER □ → *déraisonner, errer.*

DIVAN □ → *canapé.*

DIVERGENCE □ → *mésintelligence.*

DIVERGENT, E □ **I.** → *différent.* **II.** → *opposé.*

DIVERGER □ → *écarter (s').*

DIVERS, E □ **I.** → *changeant.* **II.** → *plusieurs.* **III.** → *varié.* **IV.** → *différent.*

DIVERSIFICATION □ → *distinction.*

DIVERSIFIER □ Varier. → *changer.*

DIVERSION □ Alibi, changement, dérivatif, distraction, divertissement, exutoire.

DIVERSITÉ □ → *différence, variété.*

DIVERTIR □ → *distraire.*

DIVERTISSANT, E □ **I.** → *amusant.* **II.** → *risible.*

DIVERTISSEMENT □ Agrément, amusement, amusette, amusoire, aubade, bagatelle, ballet, concert, déduit, délassement, distraction, diversion, ébat, interlude, intermède, jeu, marrade (fam.), partie, passe-temps, plaisir, récréation, régal, réjouissance, rigolade (fam.), sérénade, spectacle.

DIVIDENDE □ → *rétribution.*

DIVIN, DIVINE □ **I.** Céleste, occulte, surnaturel. **II.** Admirable, adorable, beau, bien, bon, charmant, délicieux, excellent, parfait, souverain, sublime, suprême.

DIVINATION □ **I.** Augure, conjecture, horoscope, oracle, prédiction, présage, prévision, pronostic, prophétie, révélation, vision. **II.** Clairvoyance, inspiration, intuition, prescience, pressentiment, sagacité. **III.** Astrologie, bonne aventure, cartomancie, chiromancie, géomancie, mantique, nécromancie, oniromancie, ornithomancie, rhabdomancie, spiritisme, télépathie, vaticination, voyance. → *magie.*

DIVINISER □ → *louer.*

DIVINITÉ □ → *dieu.*

DIVISER □ Cliver, cloisonner, couper, débiter, décomposer, démembrer, découper, déliter, désagréger, détailler, disjoindre, dissocier, distribuer, fendre, fractionner, fragmenter, morceler, parceller, partager, partir, scinder, sectionner, séparer, subdiviser, trancher, tronçonner.

DIVISION □ **I.** Arrondissement, canton, circonscription, département, district, subdivision, zone. **II.** Classement, clivage, coupure, déchirement, démembrement, dichotomie, diérèse, fission, fractionnement, fragmentation, lotissement, morcellement, partie, scission, scissiparité, section, sectionnement, segmentation, séparation, subdivision. **III. Fig.** Désaccord, dispute, divorce, mésintelligence, querelle, rupture, schisme, scission.

DIVORCE □ **I.** Répudiation, séparation. **II.** Contradiction, désaccord, désunion, dissension, divergence, opposition, rupture, séparation.

DIVORCER □ **I.** Répudier, rompre, se démarier (pop.), se séparer. **II. Par ext.** : se brouiller, se désunir, se diviser, renoncer à.

DIVULGATEUR, TRICE □ → *propagateur.*

DIVULGUER □ → *publier.*

DIVULSION □ → *déracinement.*

DJINN □ → *génie.*

DOCILE □ → *doux.*

DOCILITÉ □ → *douceur, obéissance.*

DOCIMASIE □ → *autopsie.*

DOCK □ **I.** → *bassin.* **II.** → *magasin.*

DOCKER □ → *porteur.*

DOCTE □ → *savant.*

DOCTEUR □ → *médecin, théologien.*

DOCTORAL, E □ → *tranchant.*

DOCTRINAIRE □ → *intolérant.*

DOCTRINE □ **I.** → *théorie.* **II.** → *savoir.* **III.** → *principes.*

DOCUMENT □ **I.** → *renseignement.* **II.** → *titre.*

DOCUMENTAIRE □ → *didactique.*

DOCUMENTALISTE □ fichiste.

DOCUMENTATION □ → *renseignement.*

DOCUMENTER □ **I.** → *informer.* **II.** → *renseigner.*

DODELINEMENT □ → *balancement.*

DODELINER, DODINER □ → *balancer.*

DODU, E □ → *gras.*

DOGMATIQUE, DOGMATISTE □ dogmatiseur. → *intolérant.*

DOGME □ **I.** → *principe.* **II.** → *foi.*

DOIGT (UN) □ loc. adv. → *peu(un).*

DOIGTÉ □ → *habileté.*

DOIGTIER □ délot.

DOL □ → *tromperie.*

DOLÉANCES □ → *gémissement.*

DOLEAU, DOLOIRE □ → *hache.*

DOLENT, E □ → *malade.*

DOLORISME □ masochisme.

DOMAINE □ → *bien, département.*

DÔME □ bulbe, ciel, coupole, voûte.

DOMESTICATION □ → *apprivoisement.*

DOMESTICITÉ □ → *personnel.*

DOMESTIQUE □ **I.** n. m. **1.** → *serviteur, servante.* **2.** → *maison.* **II. adj. 1.** → *familier.* **2.** → *apprivoisé.*

DOMESTIQUER □ → *apprivoiser.*

DOMICILE □ → *demeure.*

DOMINANCE □ génotype, hérédité, phénotype.

DOMINANT, E □ → *principal.*

DOMINATION □ → *autorité.*

DOMINER □ **I. neutre :** asservir, assujettir, commander, couvrir, l'emporter, gouverner, léguer, prédominer, prévaloir, régir, soumettre, surpasser, triompher, vaincre. **II. par ext. non favorable :** écraser, étouffer, imposer, maîtriser, subjuguer. **III. fig. :** couronner, dépasser, dresser, surpasser, surplomber.

DOMINO □ → *masque.*

DOMISME □ → *architecture.*

DOMMAGE □ **I.** atteinte, avarie, casse, coup, dam, dégât, dégradation, déprédation, désavantage, détérioration, détriment, endommagement, grief (vx), injure, injustice, lésion, mal, outrage, perte, préjudice, ribordage (mar.), sinistre, tort. **II.** → *réparation.* **III. loc. C'est dommage :** fâcheux, regrettable, triste.

DOMMAGEABLE □ → *nuisible.*

DOMPTÉ, E □ → *apprivoisé.*

DOMPTER □ → *apprivoiser, vaincre.*

DOMPTEUR □ belluaire, dresseur.

DON □ **I. au pr. :** aumône, bienfait, cadeau, dation, dépannage (fam.), disposition, distribution, donation, dotation, épices (vx), étrennes, générosité, gratification, hommage, honnêteté, largesse, legs, libéralités, oblation, offrande, pot-de-vin (péj.), pourboire, présent, secours, souvenir, sportule, subside, subvention, surprise. **II. par ext. 1.** Apanage, aptitude, art, bosse (fam.), capacité, facilité, esprit, génie, habileté, intelligence, qualité, talent. **2.** Bénédiction, bienfait, faveur, grâce.

DONC □ Ainsi, en conséquence, or, par conséquent/suite, partant.

DON JUAN □ → *séducteur.*

DONNANT, E □ → *généreux.*

DONNÉE □ → *énonciation, principe.*

DONNER □ **I.** Abandonner, accorder, administrer, apporter, assigner, attribuer, avancer, bailler (vx), céder, communiquer, concéder, conférer, confier, consacrer, consentir, distribuer, doter, douer, employer, épan-

dre, exposer, exprimer, faire passer, fixer, fournir, gratifier de, impartir, imposer, léguer, livrer, occasionner, octroyer, offrir, partager, passer, payer, permettre, présenter, procurer, prodiguer, produire, remettre, rémunérer, répandre, répartir, rétribuer, sacrifier, tendre, transmettre, verser, vouer. **Arg. ou fam. :** abouler, allonger, cloquer, ficher, filer, foutre, mouiller.

DONZELLE □ → *fille.*

DOPER □ droguer, gonfler, stimuler.

DORADE □ pageau, pagel, pagre.

DORÉNAVANT □ à l'avenir, dans/par la suite, désormais.

DORLOTER □ → *soigner.*

DORMANT, E □ → *tranquille.*

DORMIR □ **I. Au pr. : 1.** s'assoupir, dormailler, s'endormir, être dans les bras de Morphée, faire la sieste/un somme, fermer l'œil, reposer, sommeiller, somnoler. **2. Fam. :** coincer la bulle, écraser, pioncer, piquer un roupillon, ronfler, roupiller, rouscailler, schloffer. **II. Fig. 1.** Négliger, oublier. **2.** → *traîner.*

DORMITIF, IVE □ → *narcotique.*

DORTOIR □ chambrée, dormitorium.

DOS □ **I.** n. m. : colonne vertébrale, derrière, échine, lombes, râble, rachis, reins, revers. → *fessier.* **II. loc. Tourner le dos à** → *délaisser.*

DOSE □ → *quantité.*

DOSER □ → *mélanger.*

DOSSE □ → *planche.*

DOSSIER □ **I.** Appui, appui-tête, **II. 1.** → *affaire, cas.* **2.** Bordereau, chemise, classeur.

DOTATION □ → *don, indemnité.*

DOTER □ → *gratifier.*

DOUAIRIÈRE □ → *veuve, vieille.*

DOUANIER □ Gabelou, rat-de-cave.

DOUBLE □ **I. Adj. 1.** Ambigu, complexe, géminé. **2. Péj. :** dissimulé, équivoque, faux, sournois, à sous-entendu. → *hypocrite.* **3. Par ext. :** supérieur. **II. n. m. 1.** Ampliation, contrepartie, copie, duplicata, expédition, grosse, photocopie, reproduction. **2. Quelqu'un :** alter ego, jumeau. **3.** Ectoplasme, fantôme, ombre. **4.** Besson, doublon.

DOUBLER □ **I.** → *dépasser.* **II.** → *remplacer.* **III.** → *augmenter.*

DOUBLE SENS □ → *ambiguïté.*

DOUBLET □ Homonyme, paronyme.

DOUCEÂTRE □ → *doux.*

DOUCEMENT □ Délicatement, doucettement, en douceur, légèrement, lentement, mollement, mollo (fam.), mou (fam.), paisiblement, pianissimo, piano, posément, tout beau/doux.

DOUCEREUX, EUSE □ Douceâtre, emmiellé, sucré. → *doux, hypocrite.*

DOUCET, ETTE □ → *doux.*

DOUCETTE □ Mâche.

DOUCEUR □ **I. Au pr.** : délicatesse, légèreté, modération. **II. Par ext. 1.** *De quelqu'un* : affabilité, agrément, amabilité, aménité, bienveillance, bonté, calme, charité, clémence, débonnaireté, docilité, gentillesse, humanité, indulgence, mansuétude, onction, patience, placidité, suavité. **2.** Bien-être, bonheur, joie, jouissance, quiétude, satisfaction, tranquillité. **II.** → *friandise.* **IV. Loc.** *en douceur* → *doucement.*

DOUCHE □ **I. Au pr.** : affusion, aspersion, bain, hydrothérapie. **II. Fig.** : désappointement. → *déception.*

DOUCINE □ → *rabot.*

DOUCIR □ → *polir.*

DOUÉ, E □ → *capable.*

DOUELLE □ douve, douvelle.

DOUER □ → *gratifier.*

DOUILLE □ Cylindre, embouchoir, manchon, raccord, tube.

DOUILLET, ETTE □ **I.** → *moelleux.* **II.** → *sensible.*

DOUILLETTE □ → *manteau.*

DOULEUR □ **I.** Algie, brûlure, courbature, crampe, élancement, inflammation, irritation, mal, migraine, névralgie, point, prurit, rage de dents, rhumatisme, souffrance. **II.** → *affliction.*

DOULOUREUX, EUSE □ **I. Au pr.** : endolori, sensible, souffrant, souffreteux. **II. Par ext.** : affligeant, amer, angoissant, attristant, crucifiant, cruel, cuisant, déchirant, difficile, dur, éprouvant, funeste, lamentable, lancinant, navrant, pénible, pitoyable, triste.

DOUTE □ **I.** → *incertitude.* **II.** → *scepticisme.* **III. Loc.** *Sans doute* : à coup sûr, apparemment, assurément, certainement, probablement, selon toutes les apparences/toute vraisemblance, vraisemblablement.

DOUTER □ → *hésiter, pressentir.*

DOUTEUR, EUSE □ → *incrédule.*

DOUTEUX, EUSE □ **I.** → *incertain.* **II.** → *suspect.*

DOUVE □ **I.** → *fossé.* **II.** → *planche.*

DOUX, DOUCE □ **I. Quelqu'un. 1.** Affable, agréable, aimable, amène, angélique, bénin, benoît, bienveillant, bon, bonhomme, calme, clément, complaisant, conciliant, débonnaire, docile, doucet, gentil, humain, liant, malléable, modéré, pacifique, paisible, patient, sage, sociable, soumis, souple, tolérant, traitable, tranquille. *Péj.* : bonasse, coulant, doucereux, laxiste, mielleux, mièvre, paterne. **2.** Affectueux, aimant, câlin, caressant, tendre. **II. Une chose. 1.** Agréable, bon, délectable, délicat, délicieux, exquis, onctueux, savoureux, suave, succulent, sucré. *Péj.* : douceâtre, fade, melliflue. **2.** Douillet, duveteux, fin, harmonieux, léger, mélodieux, moelleux, mollet, mou, musical, satiné, soyeux, uni, velouté. **III. Loc.** *Tout doux* → *doucement.*

DOXOLOGIE □ → *éloge, prière.*

DOYEN □ **I.** Aîné, ancien, chef, directeur, maître, patron, président, vétéran. **II.** → *prêtre.*

DRACONIEN, ENNE □ → *sévère.*

DRAG □ → *chasse, voiture.*

DRAGEON □ → *bourgeon, pousse.*

DRAGON □ **I.** Chimère, guivre, hydre, monstre, tarasque. **II.** → *mégère.*

DRAGONNE □ → *passement.*

DRAGUE □ **I.** → *filet.* **II.** → *bateau.* **III. Fam.** → *cour, flirt.*

DRAILLE □ → *sentier.*

DRAIN □ → *conduit, tube.*

DRAINER □ → *sécher, tirer.*

DRAISIENNE □ → *cycle.*

DRAKKAR □ → *bateau.*

DRAMATIQUE □ **I.** Scénique, théâtral. **II.** Émouvant, intéressant, passionnant, poignant, terrible, tragique. **III.** Dangereux, difficile, grave, risqué, sérieux, à suspens.

DRAMATISATION □ → *exagération.*

DRAMATISER □ → *exagérer.*

DRAMATURGE □ → *écrivain.*

DRAME □ **I.** Mélodrame, opéra, opéra-comique, pièce, tragédie, tragi-comédie. **II.** → *calamité, malheur.*

DRAPEAU □ Banderole, bannière, couleurs, enseigne, étendard, fanion, guidon, pavillon (mar.). *Vx* : bandière, baucent, cornette, fanon, flamme, gonfalon, gonfanon, oriflamme, pennon.

DRAPER □ → *envelopper.*

DRAPERIE □ Cantonnière, rideau, tapisserie, tenture.

DRASTIQUE □ **I.** → *purgatif.* **II.** → *ferme.*

DRÊCHE □ → *résidu.*

DRÈGE □ **I.** → *filet.* **II.** → *peigne.*

DRENNE □ Draine, grive, jocasse, litorne, tourd, vendangette.

DRESSAGE □ **I.** Planage, rectification. **II.** → *installation.* **III.** → *apprivoisement.* **IV.** → *instruction.*

DRESSÉ, E □ **I.** → *apprivoisé.* **II.** → *préparé.* **III.** → *montant.*

DRESSER □ **I.** → *élever.* **II.** → *préparer.* **III.** → *instruire.* **IV.** → *composer.* **V. loc.** : *dresser l'oreille.* **1.** → *écouter* chauvir (équit.).

DRESSEUR □ Belluaire, dompteur.

DRESSOIR □ Buffet, étagère, vaisselier.

DRÈVE □ → *allée.*

DRIFT □ → *dépôt.*

DRILL □ → *exercice.*

DRILLE □ I. Burin, foret, mèche, trépan, vilebrequin, vrille. II. → *gaillard.* III. → *misérable.*

DRINGUELLE □ → *gratification.*

DRINK □ Glass, godet, pot, verre.

DROGMAN □ → *traducteur.*

DROGUE □ I. → *remède.* II. Cocaïne, haschich, héroïne, L. S. D., marijuana, morphine, narcotique, opium, stupéfiant, toxique. III. **Arg.** : acide, bigornette, blanche, came, coco, défonce, douce, dure, fée blanche/brune/verte, hasch, herbe, joint, kif, marie-jeanne, merde, naphtaline, neige, noire, pipe, piquouse, poudre, pure, respirette, schnouf, shit, stup, etc.

DROGUER □ I. → *soigner.* II. → *attendre.* III. **V. pron.** : s'intoxiquer. **Arg.** : se camer, se défoncer, s'envaper, fliper, fumer, se piquer, se plastrer, se poudrer, prendre une petite, priser, schnoufer, se shooter, tirer sur le bambou, visionner, etc.

DROIT, E □ I. **Au pr.** : abrupt, debout, direct, perpendiculaire, rectiligne, vertical. II. **Fig. 1. Quelqu'un :** bon, désintéressé, équitable, franc, honnête, juste, loyal, probe, pur, sincère. **2. Une chose :** direct, judicieux, positif, sain, sensé, strict, vrai. III. **Adv.** : directement, tout de go.

DROIT □ I. Barreau, basoche, code, coutume, digeste, juristice, justice, légalité, loi, morale, règlement. II. Contribution, imposition, impôt, redevance, taxe. III. Rétribution, salaire. IV. Autorisation, faculté, habilité, liberté, monopole, permission, possibilité, pouvoir, prérogative, privilège, usage, servitude.

DROITE □ I. Dextre. II. → *conservatisme.*

DROITURE □ → *rectitude/justice.*

DROLATIQUE, DRÔLE □ I. **Adj.** → *amusant, risible.* II. **Nom masc. 1.** → *gaillard.* **2.** → *enfant.* **3.** → *vaurien.*

DRÔLEMENT □ Beaucoup, bien, bizarrement, bougrement, comiquement, diablement, extrêmement, furieusement (vx), joliment, plaisamment, rudement, super (fam.), très, vachement (fam.).

DRÔLERIE □ → *bouffonnerie.*

DRÔLESSE □ → *femme, mégère.*

DROMADAIRE □ Camélidé, méhari.

DROPER □ → *lâcher.*

DROPPAGE □ Largage, parachutage.

DROSSER □ Dériver, entraîner, pousser.

DRU, E □ I. → *épais.* II. → *dense.* III. → *fort.*

DRUGSTORE □ → *magasin*

DRUIDE □ Barde, eubage. → *prêtre.*

DRYADE □ → *nymphe.*

DUBITATIF, IVE □ → *incrédule.*

DUCASSE □ → *kermesse.*

DUCROIRE □ → *garantie.*

DUCTILE □ → *flexible.*

DUÈGNE □ → *gouvernante.*

DUEL □ Affaire, affaire d'honneur, combat, joute, lutte, opposition, ordalie, rencontre, réparation.

DUELLISTE □ → *ferrailleur.*

DUIT □ → *canal, chaussée.*

DULCIFIER □ → *adoucir.*

DULCINÉE □ → *amante.*

DULIE □ → *culte.*

DUNE □ → *hauteur.*

DUPE □ → *naïf.*

DUPER □ → *tromper.*

DUPERIE □ → *tromperie.*

DUPEUR, EUSE □ → *trompeur.*

DUPLICATA, UM □ → *copie.*

DUPLICITÉ □ → *hypocrisie.*

DUR, E □ I. Adamantin, calleux, consistant, coriace, empesé, épais, pris, résistant, rigide, solide, tendineux. II. **Quelqu'un. Non favorable :** autoritaire, blessant, brutal, endurci, exigeant, farouche, féroce, froid, impassible, impitoyable, implacable, indifférent, inébranlable, inexorable, inflexible, inhumain, insensible, intraitable, intransigeant, mauvais, méchant, raccorni (fam.), rigoriste, sans âme/cœur/entrailles (fam.), sec, sévère, strict, terrible, vache (fam.). III. **Par ext. 1.** Apre, inclément, inhospitalier, rigoureux, rude. **2.** Difficile, dissipé, turbulent. **3.** → *bête.* IV. **Loc. 1. Dur d'oreille** → *sourd.* **2. Dur à la détente** → *avare.*

DURABILITÉ □ Constance, continuité, éternité, fermeté, immortalité, immutabilité, indélébilité, invariabilité, longévité, permanence, persistance, résistance, solidité, stabilité, ténacité, viabilité, vivacité.

DURABLE □ Chronique, constant, continu, endémique, enraciné, éternel, ferme, immortel, immuable, impérissable, inaltérable, inamissible, incorruptible, indélébile, indestructible, infrangible, invariable, permanent, perpétuel, persistant, profond, résistant, solide, stable, tenace, valable, viable, vivace, vivant.

DURANT □ Au cours de, au moment de, en même temps, pendant, tandis que.

DURCIR □ Affermir, concréter, endurcir, fortifier, indurer, raidir, tremper.

DURCISSEMENT □ → *prise.*

DURÉE □ → *temps.*

DURER □ Se conserver, continuer, demeurer, n'en plus finir, s'étendre, s'éterniser, se maintenir, se perpétuer, persévérer, se prolonger, résister, se soutenir, subsister, tenir, tirer en longueur, traîner, vivre.

DURETÉ □ **I. De quelque chose. 1.** Consistance, imperméabilité, résistance, rigidité, rudesse, solidité. **2.** Inclémence, rigueur, rudesse, sécheresse. **II. De quelqu'un :** brutalité, endurcissement, implacabilité, inhumanité, insensibilité, méchanceté, rigueur, rudesse, sécheresse de cœur, sévérité.

DURILLON □ → *cal.*

DUVET □ **I.** → *poil, plume.* **II.** Édredon, sac à viande (fam.)/de couchage.

DUVETEUX, EUSE □ → *doux.*

DYNAMIQUE □ Énergique → *courageux.*

DYNAMISME □ → *force.*

DYNASTIE □ → *race.*

DYSENTERIE □ → *diarrhée.*

EAU □ **I.** Aqua simplex, flot, onde, **arg. :** baille, flotte, lance, limonade. **II. Au pl.** → *bain.* **III. Eau-de-vie** → *alcool.*

ÉBAHI, E □ Abasourdi, ahuri, bouche-bée, déconcerté, décontenancé, ébaubi, éberlué, ébouriffé, émerveillé, étonné, fasciné, interdit, médusé, penaud, pétrifié, sidéré, stupéfait, surpris, tombé des nues. **Fam. :** baba, comme deux ronds de flan, épastrouillé, épaté, estomaqué.

ÉBAHIR □ Abasourdir, ahurir, déconcerter, ébaubir, éberluer, éblouir, épater (fam.), estomaquer, étonner, interdire, méduser, stupéfier, surprendre.

ÉBAHISSEMENT □ → *stupéfaction.*

ÉBAT, ÉBATTEMENT □ **I. Au pr. :** amusement, délassement, distraction, divertissement, ébats, jeu, mouvement, passe-temps, plaisir, récréation, sport. **II. Par ext.** → *caresse.*

ÉBATTRE (S') □ → *batifoler.*

ÉBAUBI, E □ → *ébahi.*

ÉBAUCHE □ Amorce, canevas, carcasse, commencement, crayon, croquis, début, esquisse, essai, germe, griffonnement, idée, linéaments, maquette, pochade, premier jet, préparation, projet, schéma, schème, topo (fam.).

ÉBAUCHER □ Amorcer, commencer, crayonner, croquer, dégrossir, disposer, donner l'idée, entamer, esquisser, préparer, projeter.

ÉBAUDIR □ → *égayer, réjouir.*

ÉBÉNISTE □ Marqueteur, menuisier, tabletier.

ÉBERLUÉ, E □ → *ébahi.*

ÉBLOUIR □ **I.** Aveugler, blesser, luire, offusquer. **II.** → *luire.* **III.** Halluciner. → *fasciner, impressionner.*

ÉBLOUISSANT, E □ **I. Au pr. :** aveuglant, brillant, éclatant, étincelant. **II. Fig. :** beau, brillant, étonnant, merveilleux.

ÉBLOUISSEMENT □ **I. Au pr. :** aveuglement. **II. Fig. :** berlue, émerveillement, étonnement, fascination, hallucination, séduction, surprise. **III. Par ext. :** malaise, syncope, trouble, vapeurs, vertige.

ÉBOUILLANTER □ Blanchir, échauder.

ÉBOULEMENT □ → *chute.*

ÉBOULER (S') □ → *crouler.*

ÉBOULIS □ → *amas.*

ÉBOURIFFANT, E □ → *extraordinaire.*

ÉBOURIFFÉ, E □ **I.** → *hérissé.* **II.** → *ébahi.*

ÉBRANCHER □ → *élaguer.*

ÉBRANLEMENT □ **I. Au pr. :** choc, commotion, coup, émotion, secousse, traumatisme. **II. Par ext. :** séisme, tremblement de terre. **III. Fig.** → *agitation.*

ÉBRANLER □ **I.** → *remuer.* **II.** → *émouvoir.* **III. V. pron. :** → *partir.*

ÉBRASEMENT □ → *ouverture.*

ÉBRÉCHER □ → *entailler.*

ÉBRIÉTÉ □ → *ivresse.*

ÉBROUER (S') □ **I. Au pr. :** éternuer, renifler, respirer, se secouer, souffler. **II. Fig. :** s'ébattre, folâtrer, jouer.

ÉBRUITER □ → *publier.*

ÉBULLITION □ → *fermentation.*

ÉCACHER □ → *écraser.*

ÉCAILLE □ → *coquille.*

ÉCAILLEUX, EUSE □ Rugueux, squameux.

ÉCALER □ → *éplucher.*

ÉCARLATE □ → *rouge.*

ÉCARQUILLER □ Ribouler (vx) → *ouvrir.*

ÉCART □ **I. Au pr.** : décalage, déflexion, déviation, distance, écartement, éloignement, embardée, marge. **II. Par ext. 1.** → *digression.* **2.** → *village.* **3.** → *variation.* **III. Fig.** : aberration, débordement, dévergondage, disparate (vx), échappée, équipée, erreur, escapade, extravagance, faute, faux pas, folie, frasque, fredaine, impertinence, incartade, incorrection, irrégularité, manquement, relâchement → *bêtise.*

ÉCARTÉ, E □ À l'écart, détourné, éloigné, isolé, perdu, retiré.

ÉCARTELER □ → *tourmenter.*

ÉCARTEMENT □ → *écart.*

ÉCARTER □ Déjoindre, déporter, désunir, détourner, disjoindre, disperser, diviser, égarer, éliminer, éloigner, espacer, isoler, mettre à l'écart/à part/en quarantaine, partager, partir (vx), repousser, séparer. **V. pron.** : biaiser, bifurquer, décliner, se déporter/détourner, dévier, diverger, s'éloigner, gauchir, se séparer, sortir de.

ECCHYMOSE □ → *contusion.*

ECCLÉSIASTIQUE □ → *prêtre.*

ÉCERVELÉ, E □ → *étourdi.*

ÉCHAFAUD □ **I.** Bois de justice, gibet. → *guillotine.* **II.** Échafaudage, estrade.

ÉCHAFAUDAGE □ **I.** → *échafaud.* **II.** → *raisonnement.*

ÉCHAFAUDER □ → *préparer.*

ÉCHALAS □ → *bâton.*

ÉCHALIER □ → *échelle, clôture.*

ÉCHANCRÉ, E □ Décolleté, ouvert.

ÉCHANCRER □ → *tailler.*

ÉCHANCRURE □ **I.** Coupure, crénelure, découpure, dentelure, encoche, entaille, faille, ouverture. **II.** Brèche, trouée.

ÉCHANGE □ → *change, commerce.*

ÉCHANGER □ → *changer.*

ÉCHANSON □ Serdeau (vx), sommelier.

ÉCHANTILLON □ **I. Au pr.** : aperçu, approximation, exemplaire, exemple, modèle, panel (partic.), spécimen. **II. Fig. 1.** → *idée.* **2.** Démonstration, preuve.

ÉCHAPPATOIRE □ → *excuse, fuite.*

ÉCHAPPÉE □ → *escapade, écart.*

ÉCHAPPER □ **I. V. tr.** : faire/laisser tomber, perdre. **II. V. intr.** : éviter, glisser, réchapper. **III. V. pron. 1. Au pr. :** se dérober, se dissiper, s'enfuir, s'esquiver, s'esbigner (fam.), s'évader, s'évanouir, éviter, fuir, se répandre, se sauver, sortir, s'en tirer. **2. Fig. :** s'emporter, s'oublier.

ÉCHARPE □ **I.** Cache-col/nez, carré, châle, fichu, guimpe, mantille, pointe, voile. **II.** Bande, baudrier, ceinture. **III. Loc. En écharpe. 1.** En bandoulière. **2.** En travers, par le flanc, sur le côté.

ÉCHARPER □ → *blesser, vaincre.*

ÉCHASSIER □ Avocette, barge, bécasse, bécasseau, bécassine, cigogne, courlis, flamant, foulque, grue, héron, ibis, marabout, ombrette, outarde, pluvier, poule d'eau, râle, sanderling, tantale, vanneau.

ÉCHAUDER □ **I.** → *ébouillanter.* **II.** → *tromper.*

ÉCHAUFFEMENT □ → *altération, irritation.*

ÉCHAUFFER □ **I.** → *chauffer.* **II.** → *enflammer.*

ÉCHAUFFOURÉE □ → *engagement.*

ÉCHE, ESCHE □ → *aiche.*

ÉCHÉANCE □ Annuité, date, expiration, fin de mois, terme, trimestre.

ÉCHEC □ → *insuccès.*

ÉCHELLE □ **I. Au pr. :** degré, échalier, échelette, échelier, escabeau, marche, rancher (rég.). **II. Par ext. :** comparaison, dimension, mesure, proportion, rapport. **III. Fig.** → *hiérarchie.*

ÉCHELON □ **I. Au pr. :** barreau, degré, ranche (rég.). **II. Fig.** → *grade.*

ÉCHELONNEMENT □ Fractionnement. → *répartition.*

ÉCHELONNER □ → *ranger.*

ÉCHEVEAU □ → *labyrinthe.*

ÉCHEVELÉ, E □ → *hérissé.*

ÉCHEVIN □ → *édile.*

ÉCHINE □ Colonne vertébrale, dos, épine dorsale, rachis.

ÉCHINER □ **I.** → *battre.* **II.** → *fatiguer.*

ÉCHIQUIER □ Damier, tablier (vx). **Fig.** → *imbroglio.*

ÉCHO □ **I.** Anecdote, article, copie, histoire, nouvelle. **II.** Imitation, redoublement, réduplication, répétition, reproduction, résonance.

ÉCHOIR □ **I.** Venir à terme. **II.** Être dévolu, être donné en partage, être réservé à, incomber, obvenir, revenir à, tomber.

ÉCHOPPE □ → *édicule, magasin.*

ÉCHOUER □ **I. Au pr. :** accoster, se briser, s'engraver/enliser/ensabler/envaser, être drossé, faire naufrage, heurter, se perdre, sombrer, talonner, toucher le fond. **II. Par**

ext. : avorter, buter, chuter, être/revenir bredouille, être recalé, manquer, perdre, perdre la partie, rater, tomber, **fam. :** faire balai/baraque/long feu/fiasco/un bide/une toile, foirer, merder, prendre un bide/un bouillon/une couille/une pipe/une tasse/une veste.

ÉCLABOUSSER □ → *salir.*

ÉCLABOUSSURE □ → *boue.*

ÉCLAIR □ **I.** → *lueur.* **II.** → *foudre.* **III. Loc. Comme l'éclair** → *vite.*

ÉCLAIRAGE □ → *lumière.*

ÉCLAIRCIE □ **I.** Embellie. **II.** → *clairière.*

ÉCLAIRCIR □ **I. Au pr. :** faire briller, faire reluire, nettoyer, polir. **II. Fig. :** clarifier, débrouiller, déchiffrer, défricher, dégrossir, démêler, démontrer, développer, dévider, éclairer, édifier, élucider, expliquer, illustrer, informer, instruire, mettre en lumière, rendre intelligible, renseigner.

ÉCLAIRCISSEMENT □ → *explication.*

ÉCLAIRÉ, E □ → *instruit.*

ÉCLAIRER □ **I. Au pr. :** embraser, illuminer, luire. **II. Fig. 1.** → *éclaircir.* **2.** → *instruire.*

ÉCLAT □ **I.** → *morceau.* **II.** → *bruit.* **III.** → *lueur.* **IV.** → *lustre.* **V.** Brillant, coloris, couleur.

ÉCLATANT, E □ → *brillant.*

ÉCLATER □ **I. Au pr. :** se briser, exploser, se rompre, sauter. **II. Par ext.** → *luire.* **III. Fig. 1.** → *commencer.* **2.** → *révéler (se).* **3.** → *emporter (s').* **4.** → *rire.*

ÉCLECTISME □ Choix, méthode, préférence, sélection.

ÉCLIPSE □ **I. Au pr. :** absence, disparition, interposition, obscurcissement, occultation. **II. Fig. :** affaissement, déchéance, défaillance, défaite, défaveur, échec, faillite, fiasco, ratage.

ÉCLIPSER □ **I.** → *obscurcir.* **II. V. pron.** → *disparaître.*

ÉCLOPÉ, E □ → *boiteux.*

ÉCLORE □ → *naître.*

ÉCLOSION □ Apparition, avènement, commencement, début, effloraison, efflorescence, épanouissement, floraison, manifestation, naissance, production, sortie.

ÉCLUSE □ Barrage, bonde, fermeture, vanne.

ÉCLUSER □ **I.** Arrêter, barrer, clore, enclaver, fermer, murer, obstruer, retenir. **II. Arg.** → *boire.*

ÉCŒURANT, E □ **I.** → *dégoûtant.* **II.** → *fade.* **III.** → *ennuyeux.*

ÉCŒUREMENT □ → *nausée.*

ÉCŒURER □ → *dégoûter, décourager.*

ÉCOLE □ **I. Au pr. :** académie, bahut (fam.), classe, collège, conservatoire, cours, établissement, faculté, gymnase, institut, institution, lycée. **II. Fig. 1.** → *leçon, expérience.* **2.** → *secte.* **3.** Cénacle, cercle, chapelle, club, groupe, pléiade, réunion.

ÉCOLIER □ **I.** → *élève.* **II.** → *novice.*

ÉCONDUIRE □ → *congédier, refuser.*

ÉCONOMAT □ Cambuse, intendance, magasin.

ÉCONOME □ **I. Nom :** administrateur, cellérier, comptable, intendant, questeur. **II. Adj. 1. Favorable :** épargnant, ménager, parcimonieux, soucieux. **2. Non favorable** → *avare.*

ÉCONOMIE □ **I. Au pr. 1. Au sing. :** administration, bon emploi, épargne, frugalité, ménage (vx), organisation, parcimonie. **2. Non favorable** → *avarice.* **3. Au pl. :** bas de laine, boursicot, épargne, matelas, pécule, thésaurisation, tirelire, tontine. **II. Par ext. 1.** → *disposition.* **2.** → *harmonie.*

ÉCONOMIQUE □ Bon marché. → *profitable.*

ÉCONOMISER □ Amasser, boursicoter, épargner, se faire un matelas (fam.), faire sa pelote, gratter (fam.), lésiner, liarder, marchander, mégoter (fam.), ménager, mettre de côté, réduire, regarder, regratter, serrer.

ÉCORCE □ → *peau, extérieur.*

ÉCORCHÉ, E □ **I.** Déchiré, dépouillé, égratigné, lacéré, mis à nu. **II. Fig. :** calomnié, exploité, rançonné, volé.

ÉCORCHER □ **I.** → *dépouiller.* **II. Loc. Écorcher les oreilles** → *choquer.*

ÉCORCHURE □ → *déchirure.*

ÉCORNER □ → *entailler.*

ÉCORNIFLEUR □ → *parasite.*

ÉCOSSER □ → *éplucher.*

ÉCOT □ → *quota.*

ÉCOULEMENT □ **I.** Circulation, débit, débord (vx), débordement, décharge, découlement (vx), éruption, évacuation, exsudation, flux, mouvement, passage, ruissellement, sortie, stillation, stillicide, suage, suintement, vidange. **II.** → *vente.*

ÉCOULER □ **I.** → *vendre.* **II. V. pron.** → *couler/passer.*

ÉCOURTER □ → *diminuer.*

ÉCOUTER □ **I.** Accueillir, boire les paroles (fam.), dresser/prêter l'oreille, être attentif/aux écoutes/indiscret, ouïr. **II. Fig. 1.** → *satisfaire.* **2.** → *obéir.* **III. V. pron. :** s'abandonner, s'amollir, se laisser aller, se soigner, *et les formes pron. possibles de* SOIGNER.

ÉCRABOUILLER □ → *écraser.*

ÉCRAN □ Abri, cloison, éventail, filtre, panneau, paravent, pare-étincelles/feu, portière, protection, rideau, séparation, store, tapisserie, tenture, voilage.

ÉCRASEMENT □ → *défaite.*

ÉCRASER □ **I.** Aplatir, bousiller (fam.), briser, broyer, écacher, écarbouiller (fam.), écrabouiller (fam.), moudre. **II. Par ext. 1.** → *vaincre.* **2.** → *surcharger.* **3.** → *fatiguer.* **4.** → subir, taire (se).

ÉCRÉMAGE □ → *sélection.*

ÉCRÉMER □ → *sélectionner.*

ÉCRIER (S') □ → *crier.*

ÉCRIN □ → *boîte.*

ÉCRIRE □ **I. Au pr. :** barbouiller (péj.), calligraphier, consigner, copier, correspondre, crayonner, dactylographier, fixer, former, gratter (fam.), gribouiller, griffonner, inscrire, libeller, marquer, minuter, noter, orthographier, ponctuer, recopier, rédiger, rôler, sténographier, sténotyper, taper, tracer, transcrire. **II. Par ext. 1.** → *composer.* **2.** → *informer.*

ÉCRIT □ **I.** → *libelle.* **II.** → *livre.*

ÉCRITEAU □ Affiche, annonce, enseigne, épigraphe, étiquette, inscription, pancarte, panneau, panonceau, placard, programme, réclame.

ÉCRITURE □ **I. Au pr. :** graphie, graphisme, orthographe. **II. Par ext. :** calligraphie, griffe, main, manière, patte, plume, style. **III. Au pl. :** bible, évangile, épître, prophétie.

ÉCRIVAIN □ **I. Au pr. :** auteur, auteur comique/gai/tragique, conteur, dramaturge, essayiste, homme de lettres, journaliste, littérateur, narrateur, nouvelliste, plume, polygraphe, prosateur, publiciste, romancier, styliste. → *poète.* **Péj. :** barbouilleur, basbleu, écrivailleur, écrivaillon, écrivassier, faiseur de livres, forgeur, gendelettre, grimaud, pisse-copie, plumitif. **II. Par ext. :** calligraphe, commis aux écritures, copiste, gratte-papier, logographe, rédacteur, scribe, scribouillard (fam. et péj.), scripteur.

ÉCROUELLES □ → *scrofule.*

ÉCROUER □ → *emprisonner.*

ÉCROULEMENT □ → *chute.*

ÉCROULER (S') □ **I.** → *crouler.* **II.** → *tomber.*

ÉCU □ **I.** → *bouclier.* **II.** → *emblème.*

ÉCUEIL □ **I. Au pr. :** brisant, récif, rocher. **II. Fig.** → *obstacle.*

ÉCUELLE □ → *assiette.*

ÉCUMANT, E □ → *écumeux.*

ÉCUME □ **I.** → *mousse.* **II.** → *salive.* **III.** → *rebut.*

ÉCUMER □ **I.** → *rager.* **II.** → *piller.*

ÉCUMEUR □ → *corsaire.*

ÉCUMEUX, EUSE □ Baveux, bouillonnant, écumant, effervescent, gazeux, mousseux, spumescent, spumeux.

ÉCURER □ → *nettoyer.*

ÉCUREUIL □ Jacquet (rég.), petitgris, polatouche, rat palmiste, xérus.

ÉCURIE □ → *étable.*

ÉCUSSON □ → *emblème.*

ÉCUYER □ **I.** Cavalcadour. **II.** → *noble.*

ÉDEN □ → *paradis.*

ÉDICTER □ → *prescrire.*

ÉDICULE □ Abri, cabane, échoppe, gloriette, guérite, kiosque. → *watercloset.*

ÉDIFIANT, E □ → *exemplaire.*

ÉDIFICATION □ → *instruction.*

ÉDIFICE □ → *bâtiment.*

ÉDIFIER □ **I.** → *bâtir.* **II.** → *instruire.*

ÉDILE □ Bailli, bourgmestre, capitoul, conseiller municipal, consul, échevin, magistrat, maire, mayeur, podestat.

ÉDIT □ → *loi.*

ÉDITER □ Lancer, publier, sortir.

ÉDITION □ **I. On édite :** composition, impression, publication, réédition, réimpression, tirage. **II. Ce qu'on édite :** collection, publication, republication, reproduction. **III. Première édition :** princeps.

ÉDITORIAL □ → *article.*

ÉDREDON □ → *couverture.*

ÉDUCATEUR, TRICE □ **I. Nom :** cicérone, éveilleur, instructeur, maître, mentor, moniteur, pédagogue. → *instituteur.* **II. Adj. :** éducatif, formateur, pédagogique.

ÉDUCATIF, IVE □ **I.** → *éducateur.* **II.** → *didactique.*

ÉDUCATION □ → *instruction, civilité.*

ÉDULCORER □ Adoucir, affadir, affaiblir, mitiger, sucrer, tempérer.

ÉDUQUER □ → *instruire, élever.*

EFFACÉ, E □ → *modeste, terne.*

EFFACEMENT □ → *retenue, suppression.*

EFFACER □ **I. Au pr. :** barrer, biffer, caviarder, démarquer, détruire, échopper, faire disparaître, faire une croix, gommer, gratter, laver, oblitérer, radier, raturer, rayer, sabrer, supprimer. **II. Fig. 1.** → *obscurcir.* **2.** Faire oublier, *et les syn. de* OUBLIER. **III. V. pron.** → *disparaître.*

EFFARANT, E □ → *étonnant.*

EFFAREMENT □ → *surprise.*

EFFARER, EFFAROUCHER □ → *effrayer.*

EFFECTIF □ **I. n. m.** → *quantité.* **II. Adj.** → *efficace, réel.*

EFFECTIVEMENT □ Certainement, en effet, en fait, en réalité, évidemment, positivement, réellement, sûrement.

EFFECTUER □ → *réaliser.*

EFFÉMINÉ, E □ **I.** Femelle, féminin. **II.** Émasculé, mièvre. → *uranien.*

EFFÉMINER □ Féminiser. **Péj.** → *affaiblir.*

EFFERVESCENCE □ **I.** → *agitation.* **II.** → *fermentation.*

EFFERVESCENT, E □ Agité, bouillonnant, remuant. → *écumeux.*

EFFET □ **I. Au pr. 1.** Action, application, conclusion, conséquence, corollaire, exécution, fin, influence, portée, réalisation, résultat, suite. **2.** Amélioration, choc, impression, plaisir, sensation, soulagement, surprise. **II. Au pl.** → *vêtement.* **III. Loc. adv. En effet** → *effectivement.*

EFFEUILLER □ Arracher, défeuiller, dégarnir, dépouiller, faire perdre/tomber. **V. pron. :** perdre, *et les formes pron. possibles des syn. de* EFFEUILLER.

EFFICACE □ Actif, agissant, effectif, efficient, héroïque (remède), opérant, puissant, radical.

EFFICACITÉ □ → *action, rendement.*

EFFIGIE □ → *image.*

EFFILÉ, E □ → *mince.*

EFFILER □ **I.** Amincir, atténuer, défaire, délier, effilocher, effranger. **II.** → *diminuer.*

EFFLANQUÉ, E □ → *maigre.*

EFFLEUREMENT □ → *caresse.*

EFFLEURER □ **I. Au pr. :** friser, frôler, passer près, raser, toucher. → *caresser.* **II. Fig. :** approcher, faire allusion à, suggérer, survoler.

EFFLORESCENCE □ → *floraison.*

EFFLUVE □ → *émanation, fluide.*

EFFONDRÉ, E □ → *consterné.*

EFFONDREMENT □ **I. Au pr.** → chute. **II. Fig.** → *décadence.*

EFFONDRER (S') □ **I.** → *crouler.* **II.** → *tomber.*

EFFORCER (S') □ → *essayer.*

EFFORT □ **I. Au pr. :** ahan (vx), application, concentration, contention. **II. Par ext. 1.** → *violence.* **2.** → *hernie.* **3.** → *peine, travail.*

EFFRACTION □ Forcement. → *vol.*

EFFRAIE □ → *hulotte.*

EFFRANGER □ → *effiler.*

EFFRAYANT, E □ Abominable, alarmant, affolant, affreux, angoissant, apocalyptique, atterrant, cauchemardesque, cauchemardeux, dangereux (par ext.), dantesque, effarant, effarouchant, effroyable, épouvantable, excessif, formidable, hallucinant, horrible, inquiétant, mauvais, menaçant, monstrueux, pétrifiant, redoutable, terrible, terrifiant, terrorisant.

EFFRAYER □ Alarmer, affoler, angoisser, effarer, effaroucher, épouvanter, faire peur, *et les syn. de* PEUR, halluciner, horrifier, inquiéter, menacer, pétrifier, terroriser.

EFFRÉNÉ, E □ → *excessif.*

EFFRITEMENT □ → *désagrégation.*

EFFRITER □ → *pulvériser.*

EFFROI □ → *épouvante.*

EFFRONTÉ, E □ → *hardi, impoli.*

EFFRONTERIE □ → *impudence.*

EFFROYABLE □ → *effrayant.*

EFFUSION □ → *épanchement.*

ÉGAILLER (S') □ → *disperser (se).*

ÉGAL, E □ **I. Adj. 1. Au pr. :** comparable, équivalent, jumeau, pareil, plain, plan, plat, ras, semblable. **2. Par ext. :** indifférent, tranquille. **II. Loc. prép.** À l'égal de : à l'instar, comme, de même que. **III. Nom :** alter ego, frère, jumeau, pair, pareil, semblable.

ÉGALER □ Atteindre, balancer, contre-balancer, disputer, égaliser, équipoller, équivaloir, rivaliser, valoir.

ÉGALISER □ Aplanir, aplatir, araser, balancer, contrebalancer, égaler, équilibrer, laminer (fig.), mettre de niveau, niveler, parangonner (fig.), raser, régulariser, unifier, unir.

ÉGALITÉ □ **I. Au pr. :** conformité, équation, équilibre, équivalence, identité, parité, persistance, régularité, ressemblance, semblance, similitude, uniformité, unité. **II. Par ext.** → *tranquillité.*

ÉGARDS □ **I. Au pr. :** assiduité, attentions, condescendance (péj.), considération, courtoisie, déférence, estime, gentillesse, hommages, ménagements, petits soins, politesse, préférence, prévenance, respect, soins, vénération. **II. Loc. 1.** À l'égard de : à l'endroit de, au sujet de, avec, en ce qui concerne, envers, pour, pour ce qui est de, s'agissant de, vis-à-vis de. **2. Avoir égard à** → *considérer.*

ÉGARÉ, E □ **I. Au pr. 1.** Adiré (vx), dévoyé, fourvoyé, perdu. **2.** Clairsemé, dispersé, disséminé, éparpillé, épars, sporadique. **II. Fig.** → *troublé.*

ÉGAREMENT □ **I.** → *délire.* **II.** → *dérèglement.* **III.** → *erreur.*

ÉGARER □ **I.** → *écarter.* **II.** → *tromper.* **III.** Adirer (jurid.). → *perdre.*

ÉGARER (S') □ S'abuser, se dérouter, se désorienter, se détourner, se dévoyer, s'écarter, errer, se fourvoyer, se perdre.

ÉGAYER □ **I.** Amuser, animer, déchagriner, délasser, délecter, dérider, désopiler, dilater/épanouir la rate (fam.), distraire, divertir, ébaudir (vx), récréer, réjouir. **II. 1.** → *orner.* **2.** → *élaguer.* **III. V. pron. 1. Favorable** → *amuser (s').* **2. Péj.** → *railler.*

ÉGÉRIE □ Muse. → *conseiller.*

ÉGIDE □ Appui, auspices, bouclier, patronage, protection, sauvegarde, surveillance, tutelle.

ÉGLISE □ **I. L'édifice : 1.** Abbatiale, basilique, cathédrale, chapelle, collégiale, oratoire, paroisse, prieuré, sanctuaire. **2. Par ext. :** mosquée, synagogue. → *temple.* **II. L'institution :** assemblée des fidèles, catholicité, clergé, communion des saints, sacerdoce. **III. Par ext.** → *secte.*

ÉGLOGUE □ Bucolique, chant/poème/poésie pastoral(e)/rustique, géorgique, pastorale.

ÉGOÏSME □ **I.** Amour de soi, amour-propre, autolâtrie, culte du moi, égocentrisme, égotisme, indifférence, individualisme, insensibilité, moi, narcissisme. **II.** → *avarice.*

ÉGOÏSTE □ **I. Au pr. :** autolâtre, cœur sec, égocentrique, égotiste, entier, indifférent, individualiste, individuel, insensible, narcissique, personnel, sec. **II. Par ext.** → *avare.*

ÉGORGER □ → *tuer, dépouiller.*

ÉGOSILLER (S') □ → *crier.*

ÉGOTISME □ → *égoïsme.*

ÉGOUT □ → *cloaque.*

ÉGOUTTOIR □ Cagerotte, clayon, clisse, éclisse, faisselle.

ÉGRATIGNER □ **I. Au pr.** → *déchirer.* **II. Fig.** → *blesser.*

ÉGRATIGNURE □ → *déchirure.*

ÉGRENER □ Écosser, égrapper. **V. pron.** → *disperser (se).*

ÉGRILLARD, E □ → *libre.*

ÉGROTANT, E □ → *malade.*

ÉGRUGER □ → *broyer.*

ÉHANCHÉ, E □ → *disloqué.*

ÉHONTÉ, E □ → *impudent.*

ÉJACULATION □ Déjection, éjection, évacuation, miction, pollution, projection.

ÉJACULER □ **Arg. et grossier :** arracher, balancer/envoyer/lâcher sa came/purée/sauce/semoule/son venin/le yaourt, décharger, faire une carte de France, foutre (vx), juter, se soulager, vider ses → *bourses.*

ÉJECTER □ → *jeter.*

ÉJECTION □ → *expulsion.*

ÉLABORATION □ Accomplissement, conception, exécution, fabrication, mise au point, perfectionnement, préparation, réalisation, travail. → *digestion.*

ÉLABORER □ → *préparer, digérer.*

ÉLAGAGE □ → *taille.*

ÉLAGUER □ Couper, dégager, dégarnir, diminuer, ébrancher, éclaircir, égayer, émonder, étêter, rapetisser, supprimer, tailler, tronquer. → *retrancher.*

ÉLAN □ **I.** Bond, coup, élancement, envolée, erre, essor, élancement, lancement, impulsion, mouvement, saut. **II. Fig. :** ardeur, chaleur, élévation, emportement, émulation, enthousiasme, entraînement, fougue, furia, vivacité, zèle. **III.** → *cervidé.*

ÉLANCÉ, E □ → *mince.*

ÉLANCEMENT □ → *douleur, élan.*

ÉLANCER (S') □ Bondir, charger, débouler, s'élever, foncer, fondre, se jeter, se lancer, piquer, se précipiter, se ruer, sauter, tomber.

ÉLARGIR □ Accroître, arrondir, augmenter, dilater, distendre, évaser, ovaliser.

ÉLARGISSEMENT □ → *agrandissement, libération.*

ÉLASTICITÉ □ → *souplesse.*

ÉLASTIQUE □ **I. Au pr. :** compressible, extensible, flexible, mou, rénitent (méd.). **II. Fig. 1.** → *indulgent.* **2.** → *relâché.*

ELDORADO □ Éden, paradis, pays de Cocagne/de rêve, Pérou.

ÉLECTION □ **I.** → *choix.* **II.** → *préférence.* **III.** → *vote.*

ÉLECTRISER □ → *enflammer.*

ÉLECTUAIRE □ → *remède.*

ÉLÉGANCE □ **I. Au pr. :** agrément, allure, beauté, belle apparence, bonne mine, bon ton, cachet, chic, dandysme, distinction, goût, grâce, harmonie, perfection, race, sveltesse, tenue. **II. Par ext. 1.** → *pureté.* **2.** → *simplicité.* **3.** → *habileté.*

ÉLÉGANT, E □ **I. Adj. 1. Quelqu'un ou un groupe :** agréable, beau, bien mis, chic, copurchic (fam.), coquet, de bon goût, délicat, distingué, endimanché, faraud (vx), fashionable, fringant, galant, gracieux, harmonieux, joli, parfait, pimpant, sélect, smart, sur son trente et un, svelte, tiré à quatre épingles, urf. **2. Une chose** → *pur.* **II. Nom :** brummell, dandy, gandin, gommeux (péj.), merveilleux, mirliflore, muguet, muscadin.

ÉLÉGIAQUE □ **I. Au pr. :** mélancolique, plaintif, tendre, triste. **II. Par ext. :** abattu, affecté, attristé, chagrin.

ÉLÉGIR □ → *diminuer.*

ÉLÉMENT □ **I.** → *principe.* **II.** → *substance.* **III.** → *milieu.*

ÉLÉMENTAIRE □ → *simple.*

ÉLÉVATION □ **I. Au pr. 1.** → *hauteur.* **2.** → *hausse.* **II. Fig. :** dignité, éminence, grandeur, héroïsme, noblesse, sublimité, supériorité, tenue.

ÉLÈVE □ Apprenti, cancre (péj.), collégien, disciple, écolier, étudiant, lycéen, potache. **Arg. scol. :** ancien, bicarré, bizut, carré, cocon, conscrit, grimaud (vx), tapir.

ÉLEVÉ, E □ **I. Au pr.** → *haut.* **II. Par ext.** : accru, augmenté, bon, éduqué, éminent, emphatique (péj.), formé, grand, héroïque, instruit, magnifique, noble, pompeux (péj.), relevé, soutenu, sublime, supérieur, transcendant. **III. Loc. 1.** *Bien élevé* → *civil.* **2.** *Mal élevé* → *impoli.*

ÉLEVER □ **I. Au pr. 1.** Accroître, arborer, augmenter, dresser, exhausser, faire monter, hausser, lever, planter, rehausser, relever, soulever, surélever. **2.** Bâtir, construire, édifier, ériger. **II. Élever un enfant :** allaiter, cultiver, éduquer, entretenir, former, instruire, nourrir. **III. Par ext.** *On élève quelque chose ou quelqu'un.* **1.** → *louer.* **2.** → *promouvoir.* **IV. On élève une objection** → *prétexter.* **V. V. pron. 1.** → *opposer (s').* **2.** → *protester.* **3.** → *monter.* **4.** → *naître.*

ÉLEVEUR □ Emboucheur, engraisseur, herbager, nourrisseur.

ELFE □ Esprit, follet, génie, lutin, sylphe.

ÉLIMÉ, E □ → *usagé.*

ÉLIMINATION □ → *suppression.*

ÉLIMINER □ Abstraire, bannir, écarter, exclure, expulser, évincer, faire abstraction de, forclore (jurid.), laisser de côté, mettre à part/en quarantaine, omettre, ostraciser, proscrire, retirer, retrancher, supprimer, sortir.

ÉLIRE □ → *choisir.*

ÉLITE □ → *choix.*

ÉLITISME □ Mandarinat.

ÉLIXIR □ Essence, quintessence. → *remède.*

ELLIPSE □ **I.** → *ovale.* **II.** Aphérèse, apocope, brachylogie, laconisme, raccourci, syncope.

ELLIPTIQUE □ → *court.*

ÉLOCUTION □ Accent, articulation, débit, déclamation, diction, éloquence, énonciation, expression, langage, langue, parole, prononciation, style.

ÉLOGE □ **I. Au pr. :** applaudissement, apologie, apothéose, célébration, compliment, coups d'encensoir (péj.), dithyrambe, encens, encensement, exaltation, faire-valoir, félicitation, flagornerie (péj.), glorification, justification, los (vx), louange, magnification, panégyrique. **II. Par ext. :** chant, doxologie, gloria, hosanna, oraison funèbre, prône.

ÉLOGIEUX, EUSE □ Apologétique, apologique, dithyrambique, louangeur.

ÉLOIGNÉ, E □ À distance, détourné, écarté, espacé, lointain, reculé.

ÉLOIGNEMENT □ **I. Au pr. 1.** *De quelqu'un :* absence, disparition. **2.** *D'une chose :* distance, intervalle, lointain, renfoncement. **II. Fig. :** anti-pathie, aversion, dégoût, détestation, exécration, haine, horreur, nausée, répugnance, répulsion.

ÉLOIGNER □ → *écarter.* **V. pron. :** s'absenter, céder la place, disparaître, s'écarter, s'en aller, quitter.

ÉLONGATION □ → *entorse.*

ÉLOQUENCE □ Ardeur, art, bien-dire, brillant, brio, chaleur, charme, conviction, élégance, maîtrise, parole, persuasion (par ext.), rhétorique, véhémence, verve. **Péj. :** bagou, débit, déclamation, faconde, ithos, pathos.

ÉLOQUENT, E □ → *disert, probant.*

ÉLU, E □ → *député, saint.*

ÉLUCIDATION □ → *explication.*

ÉLUCIDER □ → *éclaircir.*

ÉLUCUBRATION □ Vaticination. → *fable.*

ÉLUCUBRER □ → *composer.*

ÉLUDER □ → *éviter.*

ÉLUSIF, IVE □ → *évasif.*

ÉMACIATION □ → *maigreur.*

ÉMACIÉ, E □ → *maigre.*

ÉMAIL □ Décoration, émaillure, nielle.

ÉMAILLER □ → *orner.*

ÉMANATION □ **I. Au pr. 1.** *Agréable ou neutre :* arôme, bouffée, effluence, effluve, exhalaison, parfum, senteur. → *odeur.* **2.** *Désagréable :* miasmes, odeur, remugle. → *puanteur.* **II. Fig. :** alter ego, créature, dérivation, disciple, épigone, manifestation, produit.

ÉMANCIPATEUR, TRICE □ → *libérateur.*

ÉMANCIPATION □ → *libération.*

ÉMANCIPER □ → *libérer.*

ÉMANER □ **I.** → *dégager (se).* **II.** → *découler.*

ÉMARGEMENT □ Acquit, apostille, décharge, griffe, quittance, quitus, récépissé, recu, signature, visa.

ÉMARGER □ **V. tr. et intr. I.** → *toucher.* **II.** Apostiller, mettre sa griffe/marque, signer, viser.

ÉMASCULATION □ → *castration.*

ÉMASCULER □ **I. Au pr. :** castrer, couper, déviriliser. → *châtrer.* **II. Fig.** → *affaiblir.*

EMBABOUINER □ Cajoler, enjôler, flagorner. → *berner.*

EMBALLAGE □ conditionnement, empaquetage. → *récipient.*

EMBALLEMENT □ → *enthousiasme.*

EMBALLER □ **I.** → *envelopper.* **II.** → *transporter.* **III. V. pron.** → *emporter (s').*

EMBARCADÈRE □ → *quai, wharf.*

EMBARCATION □ Bachot, baleinière, barque, canoë, canot, chaloupe, esquif, nacelle, périssoire, pirogue, rafiot, skiff, vedette, yole, youyou. → *bateau*.

EMBARDÉE □ → *écart*.

EMBARGO □ → *confiscation*.

EMBARQUEMENT □ Chargement. → *départ*.

EMBARQUER □ **I.** → *charger*. **II. V. pron. : 1.** Monter, partir. **2.** S'aventurer, s'engager, essayer, se lancer.

EMBARRAS □ **I.** → *obstacle*. **II.** → *ennui*. **III.** → *indétermination*. **IV.** → *timidité*. **V.** → *façon*.

EMBARRASSANT, E □ Difficile, encombrant, gênant, incommodant, intimidant, malaisé, obstrué, pénible.

EMBARRASSÉ, E □ Contourné, contraint, filandreux, pâteux. → *embarrasser*.

EMBARRASSER □ **I. Quelque chose** → *obstruer*. **II. Quelqu'un** → *gêner*. **III. Fig. :** arrêter, compliquer, déconcerter, dérouter, emberlificoter, embourber, embrouiller, empêcher, empêtrer, enchevêtrer, encombrer, enferrer, entortiller, entraver, gêner, importuner, incommoder, inquiéter, intimider, intriguer (vx), troubler.

EMBASTILLER □ → *emprisonner*.

EMBAUCHAGE □ Embauche, engagement, enrôlement, racolage (péj.).

EMBAUCHER □ → *engager*.

EMBAUMER □ Momifier → *parfumer*.

EMBAUMEUR □ Taricheute, thanatopracteur/practor.

EMBECQUER □ → *gorger*.

EMBELLIR □ v. tr. et intr. Agrémenter, assaisonner (fam.), décorer, émailler, enjoliver, farder, flatter, garnir, idéaliser, illustrer, ornementer, parer, poétiser, rendre beau, sublimer. → *orner*.

EMBELLISSEMENT □ → *amélioration*.

EMBERLIFICOTER □ → *embarrasser*.

EMBÊTANT, E □ → *ennuyeux*.

EMBÊTEMENT □ → *ennui*.

EMBÊTER □ → *ennuyer*.

EMBLÉE (D') □ → *aussitôt*.

EMBLÉMATIQUE □ → *symbolique*.

EMBLÈME □ Armes, armoiries, bannière, blason, cocarde, devise, drapeau, écu, écusson, étendard, figure, hiéroglyphe, image, insigne, signe, symbole.

EMBOÎTEMENT □ Aboutage, accouplement, ajustage, assemblage, emboîture, enchâssement, insertion, rapprochement, réunion, union.

EMBOÎTER □ **I.** → *insérer*. **II. Loc. Emboîter le pas** → *suivre*.

EMBOLIE □ → *congestion*.

EMBONPOINT □ → *grosseur*.

EMBOUCHÉ, E (MAL) □ → *impoli*.

EMBOUCHURE □ **I. D'un instrument :** bocal, bouquin, embouchoir. **II. D'un cours d'eau :** bouches, delta, estuaire.

EMBOURBER □ **Fig.** → *embarrasser*. **V. pron. : 1. Au pr. :** s'empêtrer, s'enfoncer, s'engluer, s'enliser, s'envaser, patauger, patiner. **2. Fig. :** s'embrouiller, se tromper, se troubler.

EMBOUTEILLER □ → *obstruer*.

EMBOUTIR □ → *heurter*.

EMBRANCHEMENT □ **I.** → *fourche*. **II.** → *partie*.

EMBRANCHER □ → *joindre*.

EMBRASEMENT □ **I.** → *incendie*. **II. Fig.** → *fermentation*.

EMBRASER □ **I.** → *enflammer*. **II.** → *éclairer*.

EMBRASSADE, EMBRASSEMENT □ Accolade, baisement, baiser, caresse, enlacement, étreinte, resserrement, serrement.

EMBRASSER □ **I. Au pr. 1.** → *serrer*. **2.** → *baiser*. **II. Fig. 1.** → *comprendre*. **2.** → *entendre*. **3.** → *suivre*. **4.** → *voir*.

EMBRASURE □ → *ouverture*.

EMBRAYER □ → *entreprendre*.

EMBRIGADEMENT □ Encadrement, enrôlement, racolage, recrutement.

EMBRIGADER □ → *enrôler*.

EMBRINGUER □ → *entraîner*.

EMBROCATION □ → *pommade*.

EMBROCHER □ Brocheter, percer.

EMBROUILLAMINI □ → *embrouillement*.

EMBROUILLÉ, E □ **I.** → *compliqué*. **II.** → *obscur*.

EMBROUILLEMENT □ Brouillamini, brouillement, confusion, désordre, embrouillamini, emmêlement, enchevêtrement, imbroglio, incertitude, obscurcissement, ombre, voile. **Arg. ou fam. :** bin's, bisness, chtourbe, cirage, embrouille, merdier, sac de nœuds, salade.

EMBROUILLER □ Brouiller, compliquer, confondre, embarrasser, enchevêtrer, mêler, troubler.

EMBRUMER □ → *obscurcir*.

EMBRUN □ Poudrin.

EMBRYON □ Fœtus, germe, graine, œuf. → *commencement*.

EMBRYONNAIRE □ → *simple*.

EMBU, E □ → *terne*.

EMBÛCHE, EMBUSCADE □ → *piège*.

EMBUÉ, E □ Embu, imbibé, imprégné, mouillé, obscurci.

ÉMÉCHÉ, E □ → *ivre*.

ÉMERAUDE □ **I. Adj.** → *vert*. **II. Nom fém.** → *gemme*.

ÉMERGER □ **I.** → *sortir.* **II.** → *distinguer (se).*

ÉMERILLONNÉ, E □ → *éveillé.*

ÉMÉRITE □ → *distingué.*

ÉMERVEILLÉ, E □ → *étonné.*

ÉMERVEILLER □ **I.** → *fasciner.* **II.** → *charmer.* **III.** → *étonner.* **IV. V. pron.** → *enthousiasmer (s').*

ÉMÉTIQUE □ n. et adj. → *vomitif.*

ÉMETTRE □ **I. Au pr.** → *jeter.* **II. Radio :** diffuser, produire, publier, radiodiffuser. **III. Fig.** → *énoncer.*

ÉMEUTE □ Agitation, barricades, coup de chien, désordre, insoumission, insurrection, mutinerie, rébellion, révolte, révolution, sédition, soulèvement, trouble.

ÉMEUTIER, ÈRE □ → *factieux.*

ÉMIETTER □ → *disperser.*

ÉMIETTEMENT □ → *dispersion.*

ÉMIGRANT □ → *émigré.*

ÉMIGRATION □ **I. Au pr. :** exode, expatriation, migration, transmigration, transplantation. **II. Par ext.** → *relégation.*

ÉMIGRÉ, E □ n. et adj. Émigrant, exogène, expatrié, immigré, migrant, personne déplacée, réfugié.

ÉMIGRER □ S'expatrier → *partir.*

ÉMINENCE □ **I.** → *hauteur.* **II.** → *saillie.* **III.** → *élévation.* **IV. Protocolaire :** Excellence, Grandeur, Monseigneur.

ÉMINENT, E □ → *élevé, distingué.*

ÉMISSAIRE □ **I.** Agent, chargé d'affaires, envoyé. → *député.* **II.** → *espion.* **III.** → *cours d'eau.*

ÉMISSION □ **I.** Écoulement, éjaculation, émanation, éruption. **II.** Diffusion, production, représentation, retransmission, transmission, vulgarisation.

EMMAGASINER □ → *accumuler.*

EMMAILLOTER □ → *envelopper.*

EMMÊLER □ → *mélanger.*

EMMÉNAGER □ → *installer (s').*

EMMENER □ → *mener.*

EMMERDANT, E □ → *ennuyeux.*

EMMERDEMENT □ → *ennui.*

EMMERDER □ → *ennuyer.*

EMMERDEUR, EUSE □ → *fâcheux.*

EMMIELLÉ, E □ → *doucereux.*

EMMIELLER □ (Fig.) **I.** → *adoucir.* **II.** → *ennuyer.*

EMMITONNER □ **I. Au pr.** → *envelopper.* **II. Fig. 1.** → *séduire.* **2.** → *tromper.*

EMMITOUFLER □ **I. Au pr.** → *envelopper.* **II. Fig.** → *déguiser.*

EMMURER □ → *emprisonner.*

ÉMOI □ → *émotion.*

ÉMOLUMENTS □ → *rétribution.*

ÉMONDER □ → *élaguer.*

ÉMOTIF, IVE □ → *sensible.*

ÉMOTION □ Affolement, agitation, bouleversement, choc, commotion, coup, désarroi, ébranlement, effarement, effervescence, émoi, enthousiasme, fièvre, frisson, saisissement, secousse, serrement de cœur, souleur (vx), transe, trauma, traumatisme, trouble. → *sentiment.*

ÉMOTIVITÉ □ → *sensibilité.*

ÉMOUDRE □ **I.** → *aiguiser.* **II. Loc. Frais émoulu** → *sortir.*

ÉMOUSSÉ, E □ **I. Au pr. :** ébréché, écaché, émoucheté, épointé, mousse. **II. Fig. :** abattu, affaibli, amorti, blasé, diminué, obtus, usé.

ÉMOUSTILLER □ → *exciter.*

ÉMOUVANT, E □ Apitoyant, attendrissant, bouleversant, captivant, déchirant, dramatique, éloquent, empoignant, excitant, frappant, impressionnant, larmoyant (péj.), navrant, pathétique, poignant, saisissant, touchant, tragique, troublant.

ÉMOUVOIR □ Affecter, agiter, alarmer, aller au cœur, apitoyer, attendrir, attrister, blesser, bouleverser, captiver, chavirer (fam.), consterner, déchirer, ébranler, émotionner (fam.), empoigner, enflammer, exciter un sentiment/la passion, faire vibrer, fléchir, frapper, froisser (péj.), impressionner, inquiéter, intéresser, piquer au vif, remuer, retourner, révolutionner (fam.), saisir, secouer, suffoquer, surexciter, toucher, troubler. **V. pron. :** être agité, s'insurger, réagir *et les formes pron. possibles des syn. de* ÉMOUVOIR.

EMPAILLER □ Naturaliser.

EMPALER □ → *percer.*

EMPAQUETAGE □ conditionnement, emballage.

EMPAQUETER □ → *envelopper.*

EMPARER (S') □ Accaparer, s'approprier, s'assurer, s'attribuer, capter, capturer, conquérir, emporter, enlever, envahir, escroquer (péj.), faucher (fam.), intercepter, mettre le grappin (fam.)/la main sur, occuper, piquer (fam.), prendre, rafler, se rendre maître de, soulever, usurper. → *voler.*

EMPÂTÉ, E □ → *gras.*

EMPÂTEMENT □ → *grosseur.*

EMPÂTER (S') □ → *grossir.*

EMPAUMER □ **I.** → *gouverner.* **II.** → *séduire.*

EMPÊCHÉ, E □ **I.** *Les part. passés possibles des syn. de* EMPÊCHER. **II.** → *embarrassé.*

EMPÊCHEMENT □ → *obstacle.*

EMPÊCHER □ Arrêter, bâillonner, barrer, bloquer, brider, condamner, conjurer, contraindre, contrarier, contrecarrer, contrer, couper, défendre, déjouer, dérober, dérouter, détourner, écarter, embarrasser, enchaîner, endiguer, enfermer, entraver, étouffer, exclure, éviter, faire obstacle, *et les syn. de* OBSTACLE, fermer, gêner, interdire, masquer, museler, offusquer, s'opposer à, paralyser, prévenir, prohiber, retenir, supprimer, tenir, traverser (vx).

EMPEREUR □ → *monarque.*

EMPESÉ, E □ **I. Au pr.** : amidonné, apprêté, dur. **II. Fig.** → *étudié.*

EMPESTER □ → *puer.*

EMPÊTRER □ → *embarrasser.*

EMPHASE □ Affectation, ampoule, bouffissure, boursouflure, cérémonie, complications, déclamation, démesure, enflure, excès, grandiloquence, grands airs, hyperbole, ithos, pathos, pédantisme, pompe, prétention, solennité.

EMPHATIQUE □ Académique, affecté, ampoulé, apprêté, bouffi, boursouflé, cérémonieux, compliqué, creux, déclamateur, déclamatoire, démesuré, enflé, gonflé, grandiloquent, guindé, hyperbolique, magnifique (vx), pédantesque, pindarique, pompeux, pompier (fam.), prétentieux, ronflant, sentencieux, solennel, sonore, soufflé, vide.

EMPIÉTEMENT □ → *usurpation.*

EMPIÉTER □ → *usurper.*

EMPIFFRER (S') □ → *manger.*

EMPILER □ **I.** → *accumuler, entasser.* **II. Péj.** → *tromper, voler.*

EMPIRE □ **I.** → *autorité.* **II.** → *règne.* **III.** → *nation.* **IV.** → *influence.*

EMPIRER □ S'aggraver, aigrir, augmenter, s'aviver, se corser, devenir plus grave *et les syn. de* GRAVE, s'envenimer, péricliter, progresser.

EMPIRIQUE □ Expérimental, routinier.

EMPIRISME □ → *routine.*

EMPLACEMENT □ → *lieu.*

EMPLÂTRE □ **I. Au pr.** : antiphlogistique, cataplasme, compresse, diachylon, magdaléon, résolutoire, révulsif, sinapisme. **II. Fig.** → *mou.*

EMPLETTE □ Achat, acquisition.

EMPLIR □ Bonder, bourrer, charger, combler, embarquer, encombrer, entrelarder, envahir, farcir, fourrer, garnir, gonfler, insérer, larder, occuper, remplir, saturer, se répandre dans, truffer.

EMPLOI □ **I.** Attributions, charge, état, fonction, fromage (fam.), gagne-pain, ministère, occupation, office, place, poste, profession, rôle, service, sinécure, situation, travail. **II.** → *usage.*

EMPLOYÉ, E □ **I. Nom. 1. Au pr.** : adjoint, agent, aide, auxiliaire, commis, demoiselle, fonctionnaire, garçon, préposé, salarié, subordonné. **2. Par ext.** : bureaucrate, cheminot, copiste, dactylographe, écrivain, expéditionnaire, greffier, saute-ruisseau, scribe, secrétaire, sténodactylographe, sténographe, surnuméraire. **Péj.** : galoup, gratte-papier, lipette, plumitif, rond-de-cuir, roupiot, scribouillard. **II. Adj.** → *usité.*

EMPLOYER □ → *occuper.*

EMPLOYEUR □ → *patron.*

EMPOCHER □ → *recevoir.*

EMPOIGNADE □ → *altercation.*

EMPOIGNER □ **I. Au pr.** → *prendre.* **II. Fig.** → *émouvoir.*

EMPOISONNEMENT □ Intoxication. → *ennui.*

EMPOISONNER □ **I. Au pr.** : contaminer, envenimer, infecter, intoxiquer. **II. Fig. 1.** → *altérer.* **2.** → *ennuyer.* **3.** → *puer.*

EMPOISONNEUR, EUSE □ → *fâcheux.*

EMPORTÉ, E □ **I.** → *impétueux.* **II.** → *colère* (adj.).

EMPORTEMENT □ **I.** → *colère.* **II.** → *impétuosité.*

EMPORTER □ **I. Au pr. 1. *Quelqu'un ou quelque chose emporte quelque chose* :** charrier, charroyer, embarquer (fam.), emmener, s'en aller avec, enlever, entraîner, prendre, rouler, transporter. **2. *Une récompense* →** *obtenir.* **II. Par ext.** : comporter, impliquer, renfermer. **III. Loc. 1. *L'emporter sur* →** *prévaloir.* **2. *Une maladie l'a emporté* :** faire mourir *et les syn. de* MOURIR. **IV. V. pron.** : se cabrer, déborder, se déchaîner, éclater, s'emballer, fulminer, se gendarmer, s'irriter. **Fam.** : monter sur ses grands chevaux, prendre le mors aux dents, sentir la moutarde monter au nez, sortir de ses gonds, voir rouge.

EMPREINDRE □ → *imprimer.*

EMPREINT, E □ → *plein.*

EMPREINTE □ → *trace.*

EMPRESSÉ, E □ → *complaisant.*

EMPRESSEMENT □ Ardeur, attention, avidité, célérité, complaisance, diligence, élan, galanterie, hâte, impatience, précipitation, presse, promptitude, soin, vivacité, zèle.

EMPRESSER (S') □ S'affairer, courir, se démener, se dépêcher, se hâter, se mettre en quatre, se précipiter, se presser.

EMPRISE □ Ascendant, autorité, dépendance, empiétement, empire, influence, mainmise.

EMPRISONNEMENT □ Captivité, claustration, contrainte par corps (jurid.), détention, écrou, incarcération, internement, mise à l'ombre (fam.), prise de corps (jurid.), prison, réclusion, relégation, séquestration, transportation.

EMPRISONNER □ Arrêter, assurer, cadenasser, claquemurer, cloîtrer, détenir, écrouer, embastiller, emmurer, encelluler, interner, enchaîner, enfermer, incarcérer, interner, jeter, mettre à l'ombre/aux fers/sous les verrous/en prison, *et les syn. de* PRISON, retenir captif, séquestrer. **Arg. ou fam. :** bouclarer, boucler, coffrer, emballer, emballonner, embarquer, emboîter, encager, enchtiber, encrister, enfourailler, entoiler, foutre dedans, lourder.

EMPRUNT □ → *prêt, imitation.*

EMPRUNTÉ, E □ **I.** → *artificiel.* **II.** → *embarrassé.*

EMPRUNTER □ **Par ext. I.** → *user.* **II.** → *tirer.* **III. Fig.** → *voler.* **IV.** → *imiter.*

EMPRUNTEUR, EUSE □ Débiteur, tapeur.

EMPUANTIR □ → *puer.*

EMPYRÉE □ → *ciel.*

ÉMU, E □ Affecté, affolé, agité, alarmé, apitoyé, attendri, attristé, blessé, bouleversé, captivé, consterné, déchiré, ébranlé, émotionné, empoigné, enflammé, éperdu, excité, frappé, impressionné, inquiété, pantelant, remué, retourné, révolutionné, saisi, secoué, suffoqué, surexcité, touché, troublé.

ÉMULATION □ **I. Au pr. :** antagonisme, amour-propre, assaut, combat, compétition, concurrence, course, jalousie, lutte, rivalité, zèle. **II. Par ext. :** énergie, enthousiasme, exaltation, incitation.

ÉMULE □ n. et adj. → *rival.*

ÉNAMOURER (S') □ → *éprendre (s').*

ENCADREMENT □ **I. Au pr. :** baguette, bordure, cadre, cartel, cartouche, chambranle, châssis, entourage, huisserie, listel, mandorle, marie-louise. **II. Par ext. 1.** Contrôle. **2.** Hiérarchie.

ENCADRER □ → *entourer, insérer.*

ENCAISSÉ, E □ → *profond.*

ENCAISSEMENT □ → *perception.*

ENCAISSER □ → *toucher, recevoir.*

ENCAISSEUR □ Garçon de recettes.

ENCAN □ → *enchère.*

ENCANAILLER (S') □ → *déchoir.*

ENCAQUER □ → *entasser.*

ENCARTER □ → *insérer.*

EN-CAS □ → *casse-croûte.*

ENCASTRER □ → *insérer.*

ENCEINDRE □ → *entourer.*

ENCEINTE □ **I.** Bordigue, ceinture, claie, clayonnage, clos, clôture, douves, enclos, fortification, fossé, glacis, mur, palis, palissade, périmètre, pourpris (vx), rempart. **II.** Amphithéâtre, arène, carrière, champ, cirque, lice.

ENCEINTE □ **I. Adj. :** cloquée (arg.), dans une position intéressante (fam.), gestante, grosse, parturiente, prégnante. **Vétér. :** gravide, pleine. **II. N. f.** → *forteresse.*

ENCENS □ **Fig.** → *éloge.*

ENCENSER □ → *louer.*

ENCÉPHALE □ → *cerveau.*

ENCERCLEMENT □ → *siège.*

ENCERCLER □ Assiéger, cerner, contourner, enfermer, entourer, envelopper, investir, serrer de toutes parts.

ENCHAÎNEMENT □ → *suite.*

ENCHAÎNER □ **I.** → *attacher.* **II.** → *joindre.* **III.** → *soumettre.* **IV.** → *retenir.*

ENCHANTÉ, E □ → *content.*

ENCHANTEMENT □ → *magie.*

ENCHANTER □ → *charmer.*

ENCHANTEUR, TERESSE □ charmant.

ENCHÂSSER □ Assembler, emboîter, encadrer, encastrer, enchatonner, fixer, monter, sertir. → *insérer.*

ENCHÈRE □ Adjudication à la chandelle, criée, encan, enchères à l'américaine, folle enchère, licitation, surenchère, ultra-petita, vente, vente au plus offrant, vente publique.

ENCHÉRIR □ **I. Au pr. :** ajouter, aller sur, augmenter, dépasser, hausser le prix, rajouter, renchérir, renvier, surenchérir. **II. Par ext. :** abonder dans le sens de, approuver.

ENCHEVÊTRÉ, E □ → *embarrassé.*

ENCHEVÊTREMENT □ → *embrouillement.*

ENCHEVÊTRER □ → *embrouiller.* **V. pron. :** se confondre, s'embarrasser, s'embrouiller, s'emmêler, s'empêtrer, s'imbriquer, se mélanger, se mêler.

ENCHIFRENÉ, E □ Embarrassé, enrhumé, morveux, obstrué.

ENCLAVE □ → *morceau.*

ENCLAVER □ **I.** → *entourer.* **II.** → *fixer.*

ENCLIN □ → *porté.*

ENCLORE □ → *entourer.*

ENCLOS □ **I.** → *jardin.* **II.** → *pâturage.*

ENCLOUURE □ (Fam.) → *difficulté.*

ENCLUME □ Bigorne.

ENCOCHE □ → *entaille.*

ENCOIGNURE □ → *angle.*

ENCOLURE □ → *cou.*

ENCOMBRANT, E □ → *embarrassant.*

ENCOMBREMENT □ Affluence, amas, désordre, embâcle, embarras, entassement, obstruction, surabondance, surproduction.

ENCOMBRER ☐ I. → *obstruer*. II. → *embarrasser*.

ENCONTRE (À L') ☐ → *opposé*.

ENCORE ☐ → *aussi*.

ENCORNET ☐ Calmar, seiche, supion.

ENCOURAGEANT, E ☐ → *prometteur*.

ENCOURAGEMENT ☐ Aide, aiguillon, applaudissement, approbation, appui, compliment, éloge, exhortation, incitation, prime, prix, protection, récompense, réconfort, soutien, stimulant, subvention.

ENCOURAGER ☐ Aider, aiguillonner, animer, applaudir, approuver, appuyer, complimenter, conforter, déterminer, enflammer, engager, enhardir, exalter, exciter, exhorter, favoriser, flatter, inciter, porter, pousser, protéger, réconforter, soutenir, stimuler, subventionner.

ENCOURIR ☐ S'attirer, être passible de (jurid.), s'exposer à, s'occasionner, risquer.

ENCRASSEMENT ☐ → *souillure*.

ENCRASSER ☐ → *salir*.

ENCROÛTÉ, E ☐ → *routinier*.

ENCROÛTEMENT ☐ → *habitude*.

ENCROÛTER (S') ☐ → *endormir (s')*.

ENCYCLIQUE ☐ → *rescrit*.

ENCYCLOPÉDIE ☐ → *dictionnaire*.

ENDÉMIQUE ☐ → *durable*.

ENDETTER (S') ☐ Contracter/faire des dettes, s'obérer.

ENDEUILLER ☐ → *chagriner*.

ENDIABLÉ, E ☐ → *impétueux*.

ENDIGUER ☐ → *retenir*.

ENDIMANCHÉ, E ☐ → *élégant*.

ENDIMANCHER ☐ → *parer*.

ENDOCTRINEMENT ☐ → *propagande*.

ENDOCTRINER ☐ Catéchiser, chambrer (fam.), circonvenir, édifier, entortiller (fam.), faire la leçon, faire du prosélytisme, gagner, haranguer, influencer, prêcher, sermonner.

ENDOGAMIE ☐ Consanguinité.

ENDOLORI, E ☐ → *douloureux*.

ENDOLORIR ☐ → *chagriner*.

ENDOMMAGEMENT ☐ → *dommage*.

ENDOMMAGER ☐ → *détériorer*.

ENDORMANT, E ☐ → *somnifère*.

ENDORMI, E ☐ I. → *engourdi*. II. → *lent*.

ENDORMIR ☐ I. Au pr. : anesthésier, assoupir, chloroformer, hypnotiser. II. Fig. 1. → *ennuyer*. 2. → *soulager*. 3. → *tromper*. III. V. pron. : 1. Au pr. → *dormir*. 2. Par ext. → *mourir*. 3.

Fig. : s'amollir, s'encroûter, s'engourdir, s'illusionner, s'oublier, se rouiller.

ENDOS ☐ → *signature*.

ENDOSSER ☐ Accepter, assumer, avaliser, se charger, mettre, reconnaître, revêtir, signer.

ENDROIT ☐ I. Recto. II. → *lieu*.

ENDUIRE ☐ Appliquer, barbouiller, couvrir, étaler, étendre, frotter, galipoter, mastiquer, oindre, plaquer, recouvrir, revêtir, tapisser.

ENDUIT ☐ Apprêt, couche, crépi, dépôt, galipot, gunite, incrustation, mastic, peinture, protection, revêtement, vernis, vernissure.

ENDURANCE ☐ → *résistance*.

ENDURANT, E ☐ I. → *résistant*. II. → *patient*.

ENDURCI, E ☐ → *dur*.

ENDURCIR ☐ → *durcir, exercer*. V. pron. : s'accoutumer, s'aguerrir, se blinder (fam.), se cuirasser, s'entraîner, s'exercer, se former, se fortifier, s'habituer, résister, se tremper.

ENDURCISSEMENT ☐ I. Au pr. : cal, callosité, calus, cor, durillon, induration, œil-de-perdrix, racornissement. II. Fig. 1. **Non favorable** : dessèchement, dureté, égocentrisme, égoïsme, impénitence, insensibilité, méchanceté. 2. **Favorable** : accoutumance, endurance, entraînement, habitude, résistance.

ENDURER ☐ → *souffrir*.

ÉNERGIE ☐ → *force, fermeté*.

ÉNERGIQUE ☐ → *ferme*.

ÉNERGUMÈNE ☐ Agité, braillard, démoniaque, emporté, exalté, excité, extravagant, fanatique, forcené, furieux, original, passionné, possédé, violent.

ÉNERVANT, E ☐ I. → *agaçant*. II. → *ennuyeux*.

ÉNERVEMENT ☐ I. → *agacement*. II. → *agitation*.

ÉNERVER ☐ I. Au pr. : affadir, affaiblir, alanguir, amollir, aveulir, efféminer, fatiguer. II. Par ext. 1. Agacer, crisper, excéder, horripiler, impatienter, mettre à bout, obséder, porter sur les nerfs, tourmenter. 2. Échauffer, exciter, surexciter. III. V. pron. : 1. S'affoler. 2. S'impatienter *et les formes pron. possibles des syn. de* ÉNERVER.

ENFANCE ☐ I. Fig. → *commencement*. II. Loc. **En enfance** → *gâteux*.

ENFANT ☐ I. Amour, ange, angelot, bambin, chérubin, chiffon, diable, diablotin, drôle, enfançon, enfantelet, fillette, gamin, garçonnet, infant, innocent, nourrisson, nouveau-né, marmouset, mineur, mioche, petit, petit démon/diable/dragon/drôle/garçon, petite fille, pou-

pon, pupille, putto (peint.). → *bébé.*
Arg. ou fam. : babouin, braillard,
chiard, chiffon, diable, diablotin,
drôle, gars, gnard, gnasse, gone,
gossaille, gosse, gosselot, gosseline,
lardon, loupiot, marmaille, marmot,
merdeux, mioche, miston, momaque,
môme, momichon, momignard, morbac, morveux, morpion, moucheron,
mouflet, moujingue, moutard, niston,
petit-salé, polichinelle, polisson, poupard, salé, têtard, trousse-pet. **II. Par
ext.** *1.* → *fils.* *2.* → *postérité. 3.
D'animaux :* couvée, nichée, petits,
portée, ventrée. *4.* Clone (partic.). **III.
Loc. 1. Enfant de chœur :** clergeon.
2. Enfant de Marie (péj.) : oie blanche, prude, rosière, sainte nitouche.

ENFANTEMENT ☐ **I. Au pr.** : accouchement, couches, délivrance, heureux événement (fam.), gésine, gestation (par ext.), mal d'enfant, mise
bas (vét.), mise au monde, naissance,
parturition. **II. Fig.** : apparition, création, production.

ENFANTER ☐ **I. Au pr.** : accoucher,
donner le jour/naissance, mettre au
monde. **Vétér.** : agneler, cochonner,
mettre bas, pouliner, vêler. **II. Par
ext.** *1.* → *engendrer. 2.* → *produire.*

ENFANTILLAGE ☐ Frivolité, gaminerie, légèreté, infantilisme, puérilité. →
bagatelle.

ENFANTIN, E ☐ Espiègle, gamin,
gosse, immature, impubère, infantile,
léger, mutin, puéril. → *simple.'*

ENFER ☐ **I. Au pr.** : abîme, Champs-
Élysées, empire des morts, feu éternel, géhenne, infernaux séjours,
léviathan, limbes, pandémonium,
rives de Charon/du Styx, schéol,
sombre demeure/empire/rivage/sé-
jour, sombres bords, Tartare. **II. Par
ext.** *1.* → *affliction. 2.* → *tourment.*

ENFERMER ☐ **I. Au pr. On enferme
une chose ou quelqu'un :** barricader, boucler, calfeutrer, chambrer,
claquemurer, claustrer, cloîtrer, coffrer (fam.), confiner, consigner, détenir, écrouer, emballer, emmurer,
empêcher, emprisonner, encercler,
encoffrer, enserrer, entourer, faire
entrer, interner, murer, parquer, renfermer, retenir, séquestrer, serrer,
verrouiller. **II. Par ext. Une chose
enferme :** comporter, comprendre,
contenir, impliquer, renfermer.

ENFERRER ☐ → *percer.* **V. pron.**
(fig.) : s'embarrasser *et les formes pron. possibles des syn.* de
EMBARRASSER.

ENFIELLER ☐ → *altérer.*

ENFIÈVREMENT ☐ → *excitation.*

ENFIÉVRER ☐ → *enflammer.*

ENFILADE ☐ → *suite.*

ENFILER ☐ **I.** → *percer.* **II.** → *entrer.*
III. → *dire.*

ENFIN ☐ À la fin, après tout, bref, en
un mot, finalement, pour finir,
somme toute, tout compte fait.

ENFLAMMÉ, E ☐ (Fig.) **I. Phys.** :
allumé, brûlant, empourpré, en feu,
rouge. **II. Sentiments** : animé, ardent,
éloquent, embrasé, enfiévré, enthousiaste, passionné, surexcité.

ENFLAMMER ☐ **I. Au pr.** : allumer, attiser, brûler, embraser, igni-
fier, incendier, mettre le feu. **II. Fig.** :
accroître, animer, augmenter, communiquer, doper, échauffer, éclairer, électriser, emporter, empour-
prer, enfiévrer, enlever, enthousiasmer, entraîner, envenimer, exalter,
exciter, galvaniser, illuminer, irriter,
passionner, pousser, provoquer, stimuler, survolter. **III. V. pron.** (fig.) :
s'animer, s'emporter, se passionner.

ENFLÉ, E ☐ → *gonflé, emphatique.*

ENFLER ☐ **v. tr. et intr. I.** → *gonfler.*
II. → *grossir.* **III.** → *hausser.*

ENFLURE ☐ → *boursouflure.*

ENFOIRÉ, E ☐ → *bête, maladroit.*

ENFONCÉ, E ☐ → *profond.*

ENFONCEMENT ☐ → *excavation.*

ENFONCER ☐ **I. Au pr. :** *1.* Cheviller, ficher, fourrer, introduire, mettre, passer, planter, plonger, piquer.
2. Abattre, affaisser, briser, crever,
défoncer, déprimer, forcer, renverser, rompre. **II. Fig. 1.** Battre, culbuter, percer, renverser, rompre, surpasser, vaincre. *2. Fam.* → *surpasser.* **III. V. pron. : 1.** → *couler. 2.*
→ *entrer. 3.* → *absorber (s'). 4.* →
déchoir.

ENFONCURE ☐ → *excavation.*

ENFOUIR ☐ → *enterrer.*

ENFOUISSEMENT ☐ → *enterrement.*

ENFOURNER ☐ → *introduire.*

ENFREINDRE ☐ → *désobéir.*

ENFUIR (S') ☐ Abandonner, s'en
aller, battre en retraite, décamper,
déguerpir, déloger, se dérober, détaler, disparaître, s'échapper, s'éclipser, s'éloigner, s'envoler, s'escamper
(vx), s'esquiver, s'évader, faire un
pouf (péj.), filer (à l'anglaise), fuir,
gagner le large, lever le pied, partir, passer, plier bagages, prendre la
clef des champs/la poudre d'escam-
pette/ses jambes à son cou, quitter
la place, se retirer, se sauver, tourner
le dos/les talons. **Arg. ou fam. :** se
barrer / carapater / carrer / casser /
cramper / criquer / débiner / esbigner / fuiter / natchaver / tailler /
targer / tirer / trisser / trotter /
déhaler / déhotter / déménager à la
cloche de bois, démurger, dévisser,
se faire la jaquette / la levure / la
malle / la paire / la soie / la valise,
ficher / foutre le camp, jouer des
flûtes / les filles de l'air / rip, mettre
les adjas / les bouts / les cannes /

les loubés, ne pas demander son reste, riper, tricoter.

ENGAGEANT, E ☐ **I.** → *aimable.* **II.** → *attirant.*

ENGAGEMENT ☐ **I.** Affaire, choc, collision, combat, coup de main, coup, échauffourée, escarmouche. **II.** → *promesse.* **III.** → *relation.* **IV.** Embauchage, embauche, enrôlement, recrutement.

ENGAGER ☐ **I.** → *introduire.* **II.** → *inviter.* **III.** → *obliger.* **IV.** → *fiancer.* **V.** → *commencer.* **VI.** Embaucher, enrôler, recruter, retenir. **VII. V. pron. :** *1.* → *entrer.* *2.* → *promettre.* *3.* **Fig. :** s'aventurer, se compromettre, s'embarquer, s'embarrasser, s'embourber, s'embringuer, s'encombrer, s'enfourner, entreprendre, se jeter, se lancer, se mettre en avant.

ENGEANCE ☐ → *race.*

ENGELURE ☐ Crevasse, enflure, érythème, froidure, gelure, rougeur.

ENGENDRER ☐ **I. Au pr. :** concevoir, créer, donner la vie, enfanter, faire, féconder, générer, inséminer, procréer, produire, proliférer, reproduire. **II. Par ext.** → *accoucher.* **III. Fig.** → *occasionner.*

ENGIN ☐ → *appareil.*

ENGLOBER ☐ **I.** → *réunir.* **II.** → *comprendre.*

ENGLOUTIR ☐ **I.** → *avaler.* **II.** → *consumer.* **III. V. pron.** → *couler.*

ENGLOUTISSEMENT ☐ → *anéantissement.*

ENGONCÉ, E ☐ → *vêtu.*

ENGORGEMENT ☐ Accumulation, congestion, obstruction, réplétion, saturation.

ENGORGER ☐ → *obstruer.*

ENGOUEMENT ☐ → *enthousiasme.*

ENGOUER (S') ☐ S'acoquiner, se coiffer, s'emballer, s'embéguiner, s'emberlucoquer, s'enjuponner, s'entêter, s'enthousiasmer, s'enticher, s'éprendre, s'infatuer, se passionner, se préoccuper, se rassoter (vx), se toquer.

ENGOUFFRER (S') ☐ → *entrer.*

ENGOURDI, E ☐ **I. Au pr. :** Ankylosé, appesanti, assoupi, endormi, étourdi, gourd, inerte, paralysé, raide, rigide, rouillé. **II. Par ext. :** empoté, hébété, lambin, lent, léthargique.

ENGOURDIR ☐ Ankyloser, appesantir, assoupir, endormir, étourdir, paralyser, rouiller.

ENGOURDISSEMENT ☐ **I.** Alourdissement, ankylose, apathie, appesantissement, assoupissement, atonie, hébétude, indolence, lenteur, léthargie, paralysie, paresse, somnolence, stupeur, torpeur. **II.** Estivation, hibernation.

ENGRAIS ☐ **I.** → *nourriture.* **II.** Amendement, apport, compost, fertilisant, fertilisation, fumier, fumure, guano, limon, marne, poudrette, purin, terreau, terre de bruyère, wagage.

ENGRAISSER ☐ **I. Le sol :** améliorer, amender, bonifier, enrichir, fumer. **II. Un animal :** alimenter, embecquer, emboucher, embuquer, empâter, engraisser, gaver, gorger. **III. V. intr.** → *grossir.* **IV. V. pron. Fig.** → *enrichir (s').*

ENGRANGER ☐ → *accumuler.*

ENGUEULADE ☐ → *reproche, injure.*

ENGUEULER ☐ → *injurier, réprimander.*

ENGUIRLANDER ☐ **I. Au pr.** → *orner.* **II. Fig.** *1.* → *louer.* *2.* → *injurier.*

ENHARDIR ☐ → *encourager.*

ÉNIGMATIQUE ☐ → *obscur, secret.*

ÉNIGME ☐ **I.** Charade, bouts-rimés, devinette, logogriphe, mots croisés, rébus. **II. Fig.** → *mystère.*

ENIVRANT, E ☐ **I.** Capiteux, entêtant, fort, grisant, inébriant, inébriatif. **II. Fig. :** exaltant, excitant, troublant.

ENIVREMENT ☐ **I. Au pr.** → *ivresse.* **II. Fig.** → *vertige.*

ENIVRER ☐ **I.** → *étourdir.* **II. V. pron.** *1.* **Arg. ou fam. :** s'alcooliser/ appuyer / arsouiller / aviner / beurrer / biturer / blinder / bourrer / cuiter / défoncer / griser / noircir /piquer le nez / pocharder / poivrer / poivroter / soûler / tututer, avoir / prendre une biture / la bourrique / sa cocarde / son compte / une cuite / une muflée / son plumet / son pompon / une ronflée, chopiner, gobeloter, picoler, picter, pictonner, pinter, sacrifier à Bacchus/à la dive bouteille, sculpter une gueule de bois, soiffer, tafiater. → *boire.* *2.* → *enthousiasmer (s').*

ENJAMBÉE ☐ → *pas.*

ENJAMBEMENT ☐ Contre-rejet, rejet.

ENJAMBER ☐ **I.** → *marcher, franchir.* **II. Fig.** → *usurper.*

ENJEU ☐ → *mise.*

ENJOINDRE ☐ → *commander.*

ENJÔLER ☐ → *tromper.*

ENJÔLEUR, EUSE ☐ → *séducteur, trompeur.*

ENJOLIVEMENT ☐ Accessoire, enjolivure, fioriture, garniture, ornement.

ENJOLIVER ☐ → *orner.*

ENJOUÉ, E ☐ → *gai.*

ENJOUEMENT ☐ → *vivacité.*

ENLACEMENT ☐ → *étreinte.*

ENLACER ☐ → *serrer.*

ENLÈVEMENT □ Kidnapping, prise, rapt, ravissement (vx), razzia, violence, voie de fait.

ENLEVER □ **I.** → *lever.* **II.** Arracher, kidnapper, prendre, rafler, ravir, razzier. **III.** → *retrancher.* **IV.** → *quitter.* **V.** → *entraîner.* **VI.** → *transporter.* **VII. Pass.** → *mourir.*

ENLISER □ → *embourber.*

ENLUMINER □ → *colorer.*

ENLUMINEUR □ Miniaturiste.

ENLUMINURE □ → *miniature.*

ENNÉADE □ Neuvaine.

ENNEMI, E □ **I. Nom :** adversaire, antagoniste, concurrent, détracteur, opposant. **II. Adj.** → *défavorable.*

ENNOBLIR □ **I.** Anoblir. **II.** Améliorer, élever, grandir, idéaliser, rehausser, sublimer, surélever, transposer.

ENNUI □ **I.** Avanie, avatar (par ext.), chiffonnement, contrariété, difficulté, embarras, embêtement, empoisonnement, épreuve, tracas. → *inconvénient.* **Arg. ou fam.** : anicroche, avaro, chiasse, chierie, chiotte, chtourbe, couille, embrouille, emmerde, emmerdement, emmouscaillement, mélasse, merde, merdier, merdouille, mistoufle, mouscaille, os, pain, panade, pastis, patate, pépin, sac de nœuds, salade, tuile. **II.** Bourdon, cafard, crève-cœur, dégoût (vx), déplaisir, désagrément, inquiétude, insatisfaction, lassitude, mal, malaise, mécontentement, mélancolie, nostalgie, nuage, papillons noirs, peine, souci, spleen, tristesse.

ENNUYANT, E □ → *ennuyeux.*

ENNUYÉ, E □ → *fâché.*

ENNUYER □ **I. Au pr. 1.** Agacer, assombrir, assommer, cramponner, embêter, endêver, endormir, étourdir, excéder, fatiguer, importuner, indisposer, insupporter, lanciner, lasser, peser, tourmenter. **2. Arg. ou fam. :** casser les → *bourses/* les → *pieds,* courir sur l'haricot, cramponner, emmerder, emmieller, emmouscailler, empoisonner, enquiquiner, faire chier/suer/tartir, jamber, raser, taler, tanner. **II. Par ext.** → *affliger.* **III. V. pron. :** se faire du → *souci,* tourner en rond, *et les formes pron. possibles des syn. de* ENNUYER.

ENNUYEUX, EUSE □ **I. Adj. 1.** Assommant, contrariant, cramponnant, dégoûtant, désagréable, écœurant, embêtant, empoisonnant, endormant, énervant, ennuyant, fâcheux, fade, fastidieux, fatigant, harcelant, inquiétant, insupportable, lancinant, lent, mortel, narcotique, obsédant, pénible, pesant, rasant, rebutant, sempiternel, soporifique, triste. **2. Arg. ou fam. :** barbant, barbifiant, bassinant, casse → *bourses/* → *pieds,* chiant, chiatique, emmer-

dant, rasoir, suant, tannant. **II. Nom.** → *importun.*

ÉNONCÉ □ → *énonciation.*

ÉNONCER □ Affirmer, alléguer, articuler, avancer, déclarer, dire, écrire, émettre, expliciter, exposer, exprimer, former, formuler, notifier, parler, proférer, prononcer, proposer, stipuler.

ÉNONCIATION □ Affirmation, articulation, communication, donnée, élocution, énoncé, expression, formulation, proposition, stipulation.

ENORGUEILLIR (S') □ → *flatter (se).*

ÉNORME □ **I.** → *démesuré.* **II.** → *grand.* **III.** → *extraordinaire.*

ÉNORMÉMENT □ → *beaucoup, très.*

ÉNORMITÉ □ **I.** → *grandeur.* **II.** → *extravagance.*

ENQUÉRIR (S') □ Chercher, demander, enquêter, étudier, examiner, s'informer, s'instruire, observer, rechercher, se renseigner.

ENQUÊTE □ → *recherche.*

ENQUÊTER □ → *enquérir (s').*

ENQUIQUINER □ → *ennuyer.*

ENRACINER □ → *fixer.*

ENRAGÉ, E □ → *violent, furieux.*

ENRAGER □ → *rager.*

ENRAYER □ **I.** → *freiner.* **II.** → *arrêter.* **III.** → *étouffer.*

ENRÉGIMENTER □ → *enrôler.*

ENREGISTREMENT □ **I.** Archivage, immatriculation, inscription, mention, transcription. **II.** Bande, cassette, film, microsillon, 16/33/45/78 tours.

ENREGISTRER □ → *inscrire, noter.*

ENRHUMÉ, E □ Enchifrené, tousseur.

ENRICHIR □ **I.** → *augmenter, orner.* **II. V. pron. 1.** S'accroître, augmenter, se développer, s'engraisser, faire fortune/son beurre, profiter. **2.** Doter, embellir, garnir, orner.

ENRICHISSANT, E □ → *profitable.*

ENRICHISSEMENT □ → *augmentation.*

ENROBER □ → *envelopper.*

ENRÔLEMENT □ → *embrigadement.*

ENRÔLER □ Embrigader, engager, enrégimenter, incorporer, lever des troupes, mobiliser, racoler, recruter.

ENROUÉ □ → *rauque.*

ENROUEMENT □ Chat dans la gorge, extinction de voix, graillement.

ENROULER □ → *rouler.*

ENSANGLANTÉ, E □ Cruenté, rougi de sang, saignant, saigneux, sanglant, sanguinolent, souillé.

ENSEIGNANT, E □ adj. et n. → *maître.*

ENSEIGNE ▢ **I.** Affiche, écusson, pancarte, panneau, panonceau. **II.** → *drapeau.*

ENSEIGNEMENT ▢ **I.** → *leçon.* **II.** Chaire, discipline, matière, pédagogie, professorat. **III.** Apologue, fable, moralité.

ENSEIGNER ▢ **I. Au pr.** : apprendre, démontrer, éclairer, éduquer, expliquer, faire connaître, former, inculquer, indiquer, initier, instruire, montrer, professer, révéler. **II. Relig.** : catéchiser, convertir, évangéliser, prêcher.

ENSEMBLE ▢ **I. Adv.** : à la fois, à l'unisson, au total, conjointement, collectivement, coude à coude, d'accord, de concert, de conserve, de front, du même pas, en accord / bloc / chœur / commun / concordance / harmonie / même temps, simultanément, totalement. **II. Nom masc. 1.** → *totalité.* **2.** → *union.* **III.** → *orchestre.*

ENSEMENCEMENT ▢ Semailles, semis.

ENSEMENCER ▢ → *semer.*

ENSERRER ▢ **I.** → *enfermer.* **II.** → *entourer.*

ENSEVELIR ▢ → *enterrer.*

ENSEVELISSEMENT ▢ → *enterrement.*

ENSORCELANT, E ▢ **I.** → *attirant.* **II.** → *charmant.*

ENSORCELER ▢ → *charmer.*

ENSORCELEUR, EUSE ▢ → *séducteur, sorcier.*

ENSORCELLEMENT ▢ → *magie.*

ENSUITE ▢ → *puis.*

ENSUIVRE (S') ▢ → *résulter.*

ENTACHER ▢ → *salir.*

ENTAILLE ▢ Adent, coche, coupure, cran, crevasse, échancrure, encoche, entailture, entamure, faille, fente, feuillure, hoche, lioube, mortaise, raie, rainure, rayure, ruinure, sillon. → *blessure.*

ENTAILLER, ENTAMER ▢ **I.** Cocher, couper, creuser, diminuer, ébrécher, écorner, haver, inciser, mortaiser, toucher à. **II. Fig. 1.** → *commencer.* **2.** → *entreprendre.* **3.** → *vaincre.* **4.** → *blesser.*

ENTASSEMENT ▢ Accumulation, agglomération, amas, amoncellement, assemblage, capharnaüm, chantier, encombrement, pile, pyramide, rassemblement, réunion, tas.

ENTASSER ▢ Accumuler, agglomérer, amasser, amonceler, assembler, collectionner, emmagasiner, empiler, encaquer, engerber, esquicher, gerber, mettre en pile/pilot/tas, multiplier, presser, réunir, serrer, tasser. **V. pron.** : s'écraser, *et les formes pron. possibles des syn. de* ENTASSER.

ENTENDEMENT ▢ Bon sens, cerveau, cervelle, compréhension, conception, discernement, esprit, faculté, imagination, intellect, intellection, intelligence, jugement, raison, talent, tête.

ENTENDRE ▢ **I. Phys.** : auditionner, écouter, percevoir, ouïr. **II. Par ext. 1.** Attraper, avoir une idée, comprendre, concevoir, embrasser, pénétrer, réaliser, se rendre compte, saisir, voir. **2.** → *connaître.* **3.** → *vouloir.* **4.** → *consentir.* **III. V. pron. 1.** S'accorder, agir de concert, se concerter, être de connivence/d'intelligence, pactiser, s'unir. **2.** S'accorder, faire bon ménage, fraterniser, sympathiser, vivre en bonne intelligence. **3.** Se comprendre, s'interpréter, signifier.

ENTENDU, E ▢ → *capable.*

ENTÉNÉBRER ▢ → *obscurcir, affliger.*

ENTENTE ▢ Compréhension. → *union.*

ENTER ▢ **I.** Greffer. **II.** → *ajouter.*

ENTÉRINER ▢ → *confirmer.*

ENTÉRITE ▢ Colite, entérocolite.

ENTERREMENT ▢ Convoi, deuil, derniers devoirs/honneurs, enfouissement, ensevelissement, funérailles, inhumation, mise en bière/au sépulcre/tombeau, obsèques, sépulture.

ENTERRER ▢ Enfouir, ensevelir, inhumer, mettre/porter en terre, rendre les derniers honneurs. **V. pron.** : se cacher, se confiner, disparaître, faire/prendre retraite, s'isoler, se retirer.

ENTÊTANT, E ▢ → *enivrant.*

ENTÊTÉ, E ▢ → *têtu.*

ENTÊTEMENT ▢ → *obstination.*

ENTÊTER ▢ → *étourdir.* **V. pron. 1. Au pr.** → *engouer (s').* **2. Par ext.** : s'accrocher (fam.), se cramponner (fam.), ne pas démordre (fam.), s'obstiner, persévérer, poursuivre, rester.

ENTHOUSIASMANT, E ▢ → *passionnant.*

ENTHOUSIASME ▢ Admiration, allégresse, ardeur, célébration, délire, démon, dithyrambe, ébahissement, emballement, émerveillement, enfièvrement, engouement, entraînement, exaltation, extase, fanatisme, feu, flamme, frénésie, fureur, génie, inspiration, ivresse, joie, lyrisme, passion, ravissement, succès, transport, triomphe, zèle.

ENTHOUSIASMER ▢ → *transporter.* **V. pron.** : admirer, s'emballer, s'émerveiller, s'échauffer, s'enfiévrer, s'enflammer, s'engouer, s'enivrer, s'exalter, s'exciter, s'extasier, se pâmer, se passionner, se récrier d'admiration.

ENTHOUSIASTE □ n. et adj. Admirateur, ardent, brûlant, chaud, dévot, emballé, emporté, enflammé, enfiévré, exalté, excité, fana (fam.), fanatique, fervent, inspiré, lyrique, mordu, passionné, zélateur.

ENTICHEMENT □ → *toquade.*

ENTICHER (S') □ → *engouer (s').*

ENTIER, ÈRE □ **I.** Absolu, aliquote, complet, franc, global, intact, intégral, parfait, plein, plénier, sans réserve, total. **II.** → *têtu.*

ENTIÈREMENT □ → *absolument.*

ENTITÉ □ Abstraction, caractère, essence, être, existence, idée, nature.

ENTÔLAGE □ → *vol.*

ENTÔLER □ → *voler.*

ENTONNER □ → *commencer.*

ENTONNOIR □ Chantepleure.

ENTORSE □ **I. Au pr.** : déboîtement, désarticulation, dislocation, effort, élongation, foulure, luxation. **II. Fig.** : altération, atteinte, contravention, dommage, écart, entrave, erreur, faute, manquement.

ENTORTILLAGE □ → *préciosité.*

ENTORTILLÉ, E I. → *tordu.* **II.** → embarrassé. **III.** → *obscur.*

ENTORTILLER □ **I. Au pr.** → envelopper. **II. Fig.** → *séduire.*

ENTOURAGE □ Cercle, compagnie, entours, environnement, milieu, proches, société, voisinage.

ENTOURER □ **I. Au pr.** : assiéger, border, ceindre, ceinturer, cerner, circonscrire, clore, clôturer, couronner, embrasser, encadrer, enceindre, enclaver, enclore, enfermer, enrouler, enserrer, envelopper, étreindre, fermer, garnir, hérisser, murer, resserrer. **II. Par ext.** : accabler, assister, combler, être aux petits soins, prendre soin, vénérer. **III. Géogr.** : baigner.

ENTOURS □ → *entourage.*

ENTRACTE □ **I.** → *intervalle.* **II.** → saynète.

ENTRAIDE □ → *secours.*

ENTRAILLES □ → *viscères.*

ENTRAÎNANT, E □ → *gai, probant.*

ENTRAIN □ **I.** → *gaieté.* **II.** → vivacité.

ENTRAÎNEMENT □ **I. Mécan.** : engrenage, mouvement, transmission. **II. Fig. 1. Favorable** : chaleur, élan, emballement, enthousiasme, exaltation. **2. Non favorable** : faiblesse, impulsion. **III.** → *exercice.*

ENTRAÎNER □ **I. Au pr.** : attirer, charrier, embarquer, emporter, enlever, traîner. **II. Par ext. 1.** → *inviter.* **2.** → *occasionner.* **3.** → *exercer.* **III. V. pron.** → *exercer (s').*

ENTRAÎNEUR □ → *chef, instructeur.*

ENTRAÎNEUSE □ Taxi-girl.

ENTRAVE □ → *obstacle.*

ENTRAVER □ **I.** → *embarrasser.* **II.** → *empêcher.*

ENTRE □ Au milieu de, dans, parmi.

ENTREBAÎLLER □ → *ouvrir.*

ENTRECHAT □ → *cabriole.*

ENTRECHOQUER □ → *choquer.*

ENTRECOUPER □ → *interrompre.*

ENTRECROISER □ → *croiser.*

ENTRÉE □ **I.** → *accès.* **II.** → *ouverture.* **III.** → *seuil.* **IV.** → *vestibule.* **V.** → *commencement.* **VI. Loc. Entrée en matière** → *introduction.*

ENTREFAITES (SUR CES) □ → *alors.*

ENTREFILET □ → *article.*

ENTREGENT □ → *habileté.*

ENTRELACEMENT □ Entrecroisement, entrelacs, lacis, réseau.

ENTRELACER □ → *serrer, tresser.*

ENTRELARDER □ (Fig.) **I.** → *emplir.* **II.** → *insérer.*

ENTREMÊLER □ → *mêler.*

ENTREMETS □ → *pâtisserie.*

ENTREMETTEUR □ → *intermédiaire.*

ENTREMETTEUSE □ Appareilleuse (vx), célestine, macette, maquerelle, marchande à la toilette (vx), matrone, pourvoyeuse, procureuse, sous-maîtresse, tôlière, vieille. → *proxénète.*

ENTREMETTRE (S') □ → *intervenir.*

ENTREMISE □ Arbitrage, canal, intercession, intermédiaire, interposition, intervention, médiation, ministère, moyen, organe, soins, truchement, voie.

ENTREPOSER □ Déposer, stocker.

ENTREPÔT □ → *magasin.*

ENTREPRENANT, E □ → *hardi.*

ENTREPRENDRE □ **I. Favorable ou neutre** : attaquer, avoir/prendre l'initiative, commencer, se disposer à, embrayer, enclencher, engager, engrener, entamer, essayer, se mettre à, mettre la main à, prendre à tâche, se proposer de, tenter. **II. Non favorable. On entreprend quelque chose contre** : attenter à/contre/sur, causer un dommage à, commettre, déclencher, déroger à, empiéter sur, perpétrer, porter atteinte/préjudice à, oser, risquer, toucher à.

ENTREPRENEUR □ → *bâtisseur.*

ENTREPRISE □ **I.** Action, affaire, aventure, chose, dessein, disposition, essai, mesures, œuvre, opération, ouvrage, plan, projet, tentative, travail. **II.** → *établissement.*

ENTRER □ Accéder, aller, s'enfiler, s'enfoncer, s'engager, s'engouffrer, se faufiler, forcer, se glisser, se lancer, s'introduire, passer, pénétrer, venir.

ENTRESOL □ Mezzanine.

ENTRE-TEMPS □ Époque, ère, intervalle, période.

ENTRETENIR □ → *conserver/nourrir.* **V. pron.** → *exercer (s'), parler.*

ENTRETIEN □ **I.** → *conversation.* **II.** → *réparation.*

ENTRETOISE □ → *traverse.*

ENTREVOIR □ → *voir.*

ENTREVUE □ → *rencontre.*

ENTUBER □ → *tromper.*

ÉNUMÉRATION □ → *dénombrement.*

ÉNUMÉRER □ → *dénombrer.*

ENVAHIR □ **I. Au pr. 1.** → *emparer (s').* **2.** → *remplir.* **II. Fig. :** absorber, accaparer, coincer, coller, empiéter, s'étendre à, gagner, mettre le grappin/la main sur, occuper, retenir, tenir la jambe.

ENVAHISSANT, E □ → *importun.*

ENVAHISSEMENT □ → *incursion.*

ENVELOPPANT, E □ → *séduisant.*

ENVELOPPE □ **I. Au pr. 1. Bot. :** bale ou balle, bogue, brou, capsule, cupule, écale, endocarpe, épiderme, gousse, membrane, peau, péricarpe, tégument, zeste. **2.** Chape, contenant, écrin, emballage, étui, fourreau, gaine, housse, robe, vêtement. **3. Zool. :** carapace, coquille, cuirasse, écaille, tégument, test. **4. Anat. :** capsule, péricarde, péritoine, plèvre. **II. Fig.** → *symbole.*

ENVELOPPÉ, E □ **Fig.** → *obscur.*

ENVELOPPER □ **I. Au pr. :** bander, couvrir, draper, emballer, embobeliner, emmailloter, emmitonner, emmitoufler, empaqueter, enrober, entortiller, entourer, guiper, habiller. **II. Fig. 1.** → *cacher.* **2.** → *encercler.* **3.** → *comprendre.*

ENVENIMER □ → *empoisonner, irriter.* **V. pron.** → *empirer.*

ENVERGURE □ → *largeur.*

ENVERS I. Prép. : à l'égard/l'endroit de, avec, pour, vis-à-vis de. **II. Nom.** → *revers.*

ENVIABLE □ → *souhaitable.*

ENVI (À L') □ À qui mieux mieux, en rivalisant.

ENVIE □ **I. Au pr. 1.** Appétence, besoin, désir, goût, inclination, libido. **2. Non favorable :** concupiscence, convoitise, cupidité, démangeaison, fringale, fureur, jalousie, lubie, vélité. **3.** grain de beauté, nævus. **II. Loc. 1. Avoir envie** → *vouloir.* **2. Porter envie** → *envier.*

ENVIER □ **I.** Avoir envie, désirer, souhaiter. → *vouloir.* **II. Non favo-**

rable : convoiter, haïr, jalouser, porter envie. **III. Par ext.** → *refuser.*

ENVIEUX, EUSE □ Avide, baveux, cupide, jaloux, zoïle.

ENVIRON □ À peu près, approximativement, à première vue, à vue de nez (fam.), bien, dans les, grossièrement, presque, un peu moins/plus, quelque.

ENVIRONNANT, E □ Ambiant, circonvoisin, proche, voisin.

ENVIRONNEMENT □ → *entourage, environs.*

ENVIRONNER □ → *entourer.*

ENVIRONS □ Abord, alentours, côté, entours (vx), environnement, périphérie, proximité, voisinage.

ENVISAGEABLE □ → *possible.*

ENVISAGER □ → *regarder.*

ENVOI □ → *dédicace.*

ENVOL □ décollage. → *vol.*

ENVOLÉE □ → *élan, inspiration.*

ENVOLER (S') □ → *passer.*

ENVOÛTANT, E □ → *attirant.*

ENVOÛTEMENT □ → *magie.*

ENVOÛTEUR □ → *sorcier.*

ENVOÛTER □ **I. Au pr.** → *charmer.* **II. Fig.** → *gagner.*

ENVOYÉ □ Agent, ambassadeur, attaché, chargé d'affaires, délégué, député, émissaire, héraut, homme de confiance, légat, mandataire, messager, ministre, missionnaire, parlementaire, plénipotentiaire, représentant, responsable.

ENVOYER □ **I. Au pr. :** adresser, commettre, déléguer, dépêcher, députer, expédier, mandater. **II. Par ext.** → *jeter.*

ÉPAIS, ÉPAISSE □ **I. Au pr. :** abondant, broussailleux, compact, concret, consistant, dense, dru, empâté, fort, fourni, gras, gros, grossier, large, profond. **II. Par ext. 1.** Béotien, crasse, lourd, pesant. **2.** Carré, charnu, court, gras, gros, massif, mastoc, râblé, ramassé, trapu. **III. Loc. Langue épaisse** → *chargée, pâteuse.*

ÉPAISSEUR □ **I. Au pr. : 1.** Abondance, consistance, étendue, grosseur, jouée (techn.), largeur, profondeur. **2.** Compacité, densité, lourdeur, viscosité. **II.** → *bêtise.*

ÉPAISSIR □ v. tr. et intr. → *grossir.*

ÉPAISSISSEMENT □ → *grosseur, obscurcissement.*

ÉPANCHEMENT □ **I. Au pr. :** dégorgement, déversement, écoulement, effusion, extravasation, hémorragie, infiltration, suffusion. **II. Par ext. :** abandon, aveu, confidence, effusion, expansion.

ÉPANCHER □ **I.** → *verser.* **II. V. pron. : 1. Au pr.** → *couler.* **2. Fig.**

S'abandonner, se confier, se débonder, déborder, se dégorger (vx), exhaler, faire des confidences, se livrer,
s'ouvrir, parler, se répandre (vx).

ÉPANDRE □ → *verser.*

ÉPANOUI, E □ → *réjoui.*

ÉPANOUIR □ → *ouvrir.*

ÉPANOUISSEMENT □ → *éclosion,*
plénitude.

ÉPARGNE □ → *économie.*

ÉPARGNER □ **I.** → *économiser.* **II.** →
ménager. **III.** → *éviter.*

ÉPARPILLEMENT □ → *dispersion.*

ÉPARPILLER □ → *disperser.*

ÉPARS, E □ Clairsemé, constellé,
dispersé, disséminé, dissocié, divisé,
écarté, échevelé, égaré, éloigné,
éparpillé, flottant, séparé, sporadique.

ÉPART □ → *traverse.*

ÉPATANT, E □ → *extraordinaire.*

ÉPATÉ, E □ **I.** → *ébahi.* **II.** → *camus.*

ÉPATEMENT □ → *surprise.*

ÉPATER □ **I.** → *ébahir.* **II.** → *étendre.*

ÉPAULEMENT □ → *appui.*

ÉPAULER □ **Fig.** → *appuyer.*

ÉPAVE □ **Fig. I.** → *décombres.* **II.** →
ruine. **III.** → *loque.*

ÉPÉE □ Alfange, arme blanche,
badelaire, bancal, brand, braquemart,
brette, briquet, carrelet, cimeterre,
claymore, colichemarde, coupe-
chou, coutelas, coutille, croisette,
espadon, estoc, estocade, estramaçon, fer, flambe, flamberge, fleuret,
glaive, lame, latte, palache, plommée, rapière, rondelle, sabre, spathe,
yatagan.

ÉPELER □ → *déchiffrer.*

ÉPERDU, E □ → *ému.*

ÉPERON □ **I. Au pr. :** ergot, molette.
II. Géogr. : dent, plateau, pointe,
saillie. **III. Fig. :** aiguillon, aiguillon-
nement, excitant, stimulant.

ÉPERONNER □ → *exciter.*

ÉPERVIER □ **I.** → *filet.* **II.** → *faucon.*

ÉPEURÉ, E □ → *inquiet.*

ÉPHÈBE □ → *jeune.*

ÉPHÉMÈRE □ → *passager.*

ÉPHÉMÉRIDE □ → *calendrier.*

ÉPICE □ → *assaisonnement.*

ÉPICÉ, E □ → *poivré.*

ÉPICERIE □ Alimentation, casino,
coop, coopérative, docks, familistère,
self-service, superette, etc. → *maga-*
sin.

ÉPICIER □ → *commerçant.*

ÉPICURIEN, ENNE □ adj. et n. **I.**
Bon vivant, charnel, jouisseur, libertin
(vx), libre, passionné, sensuel, sybarite, voluptueux. **II.** Luxurieux, pourceau d'Épicure.

ÉPICURISME □ Eudémonisme,
hédonisme.

ÉPIDÉMIE □ **I.** Contagion, enzootie,
épizootie (vét.). **II.** → *manie.*

ÉPIDÉMIQUE □ **I.** Contagieux, épizootique (vét.), pandémique,
récurrent. **II. Fig.** → *communicatif.*

ÉPIER □ Espionner, être/se tenir aux
aguets, filer, guetter, se mettre/se
tenir à l'affût, observer, pister, surveiller.

ÉPIEU □ → *bâton.*

ÉPIEUR, EUSE □ → *espion, veilleur.*

ÉPIGRAMME □ **I.** → *satire.* **II.** →
brocard.

ÉPIGRAPHE □ → *inscription.*

ÉPILER □ Débourrer, dépiler.

ÉPILOGUE □ → *conclusion.*

ÉPILOGUER □ → *chicaner.*

ÉPINE □ **I.** Aiguillon, arête, écharde,
spinelle, spinule. **II. Épine dor-**
sale : colonne vertébrale, dos,
échine, rachis. **III. Fig.** → *difficulté.*

ÉPINETTE □ **I.** Cage, mue. **II.** →
clavecin. **III. Rég. :** → *résineux.*

ÉPINEUX, EUSE □ → *difficile.*

ÉPINGLE □ **I. Au pr. :** agrafe,
attache, broche, camion, clips, dra-
pière, fibule, fichoir, pince. **II. Fig.** →
gratification. **III. Loc. 1. Tiré à quatre*
épingles → *élégant. 2. Tirer son*
épingle du jeu → *libérer (se).*

ÉPINGLER □ Accrocher, agrafer,
attacher, fixer, poser.

ÉPINOCHER □ → *manger.*

ÉPIQUE □ **I.** → *héroïque.* **II.** →
extraordinaire.

ÉPISODE □ **I.** → *digression.* **II.** →
événement. **III.** → *péripétie.*

ÉPISODIQUE □ **I.** → *intermittent.* **II.**
→ *secondaire.*

ÉPISTOLIER, ÈRE □ Épistolaire.

ÉPITAPHE □ → *inscription.*

ÉPITHÈTE □ **I.** adjectif. **II. Par ext. 1.**
Attribut, injure, invective, qualificatif.
2. Éloge, louange.

ÉPITOMÉ □ → *abrégé.*

ÉPÎTRE □ → *lettre.*

ÉPIZOOTIQUE □ → *épidémique.*

ÉPLORÉ, E □ → *chagrin.*

ÉPLOYER □ → *étendre.*

ÉPLUCHER □ **I.** Décortiquer, écaler,
écosser, nettoyer, peler. **II.** → *exami-*
ner. **III. V. pron.** → *nettoyer (se).*

ÉPLUCHURE □ → *déchet, reste.*

ÉPOINTÉ, E □ → *émoussé.*

ÉPONGER □ → *sécher.*

ÉPOPÉE □ → *événement.*

ÉPOQUE □ Âge, cycle, date, ère,
étape, jours, maintenant, monde,
période, saison, siècle, temps.

ÉPOUMONER (S') □ → *crier.*

ÉPOUSAILLES □ → *mariage.*

ÉPOUSE □ **I. Au pr.** : compagne, conjoint, femme. **II. Fam.** : bourgeoise, légitime, ministre, moitié.

ÉPOUSÉE □ → *mariée.*

ÉPOUSER □ **I. Au pr.** : s'allier, s'attacher à, choisir, convoler, se marier, s'unir. **II. Fig.** → *embrasser.*

ÉPOUSEUR □ → *fiancé.*

ÉPOUSSETER □ → *nettoyer.*

ÉPOUSTOUFLANT, E □ → *extraordinaire.*

ÉPOUSTOUFLER □ → *étonner.*

ÉPOUVANTABLE □ → *effrayant.*

ÉPOUVANTAIL □ Croquemitaine, fantôme, loup-garou, mannequin. → *ogre.*

ÉPOUVANTE □ Affolement, affres, alarme, angoisse, appréhension, consternation, crainte, effroi, épouvantement (vx), frayeur, horreur, inquiétude, panique, peur, terreur.

ÉPOUVANTER □ Affoler, alarmer, angoisser, apeurer, atterrer, consterner, effarer, effrayer, faire fuir, horrifier, inquiéter, stupéfier, terrifier, terroriser.

ÉPOUX □ Compagnon, conjoint, homme, mari, seigneur et maître.

ÉPRENDRE (S') □ S'amouracher, s'attacher à, avoir le béguin/le coup de foudre, se coiffer de, s'emballer, s'embéguiner, s'embraser, s'énamourer, s'enflammer, s'engouer, s'enjouer, s'enjuponner, s'enthousiasmer, s'enticher, gober, goder (arg.), se passionner, se toquer, tomber amoureux.

ÉPREUVE □ **I.** → *expérimentation.* **II.** → *compétition.* **III.** → *malheur.*

ÉPRINTE □ → *colique.*

ÉPRIS, E □ **I.** → *amoureux.* **II. Par ext.** : féru, fou, passionné, polarisé (fam.), séduit.

ÉPROUVANT, E □ → *pénible.*

ÉPROUVÉ, E □ → *sûr.*

ÉPROUVER □ **I.** → *expérimenter.* **II.** → *sentir.* **III.** → *recevoir.*

ÉPUISANT, E □ → *tuant.*

ÉPUISÉ, E □ → *fatigué.*

ÉPUISEMENT □ → *langueur.*

ÉPUISER □ **I. Au pr.** : assécher, dessécher, mettre à sec, pomper, sécher, tarir, vider. **II. Par ext. 1.** → *fatiguer.* **2.** → *affaiblir.*

ÉPURATION, ÉPUREMENT □ **I.** → *purification.* **II.** Balayage, chasse aux sorcières, coup de balai, exclusion, expulsion, liquidation, purge.

ÉPURE □ → *plan.*

ÉPURER □ **I. Au pr.** : apurer (vx), clarifier, décanter, déféquer, distiller, expurger, filtrer, purger, purifier, raffiner, rectifier. **II. Fig. 1. Quelqu'un** : expulser, supprimer, purger. **2. Une chose** : affiner, améliorer, châtier, perfectionner, polir.

ÉQUANIMITÉ □ → *impassibilité.*

ÉQUARRIR □ → *découper, tailler.*

ÉQUERRE □ Biveau, graphomètre, sauterelle, té.

ÉQUILIBRE □ **I. Au pr.** : aplomb, assiette, attitude, contrepoids, stabilité. **II. Fig. 1.** Accord, balance, balancement, compensation, égalité, harmonie, juste milieu, moyenne, pondération, symétrie. **2.** Entrain, forme, plénitude, santé.

ÉQUILIBRÉ, E □ → *modéré, stable.*

ÉQUILIBRER □ Balancer, compenser, contrebalancer, contrepeser (vx), corriger, égaler, équivaloir, neutraliser, pondérer, répartir, tarer.

ÉQUILIBRISTE □ → *acrobate.*

ÉQUIPAGE □ **I.** → *bagage.* **II.** Apparat, appareil, arsenal (fam.), arroi, attirail, cortège, escorte, suite, train.

ÉQUIPE □ Écurie, escouade, groupe, team, troupe.

ÉQUIPÉE □ **I.** → *écart.* **II.** → *escapade.*

ÉQUIPEMENT □ → *bagage.*

ÉQUIPER □ → *pourvoir.*

ÉQUIPIER, ÈRE □ → *partenaire.*

ÉQUITABLE □ → *juste.*

ÉQUITATION □ Art équestre, concours hippique, dressage, haute école, hippisme, manège, steeple-chase, voltige.

ÉQUITÉ □ → *justice.*

ÉQUIVALENCE □ → *égalité.*

ÉQUIVALENT, E □ **I.** → *égal.* **II.** → *pareil.* **III.** → *synonyme.*

ÉQUIVALOIR □ → *égaler.*

ÉQUIVOQUE □ **I. Adj. 1. Au pr.** → *ambigu.* **2. Par ext.** → *suspect.* **II. Nom fém.** → *jeu de mots.*

ÉRAFLÉ, E □ Abîmé, balafré, blessé, déchiré, écorché, égratigné, entaillé, éraillé, griffé, hachuré, rayé, sillonné, strié.

ÉRAFLURE □ → *déchirure.*

ÉRAILLÉ, E □ **I. Au pr. 1.** → *usé.* **2.** → *éraflé.* **II. Par ext.** → *rauque.*

ÈRE □ → *époque.*

ÉRECTION □ **I. Au pr.** : construction, dressage, édification, élévation, établissement, fondation, institution, surrection, surgissement. **II. Méd.** : dilatation, éréthisme, intumescence, raideur, redressement, rigidité, tension, tumescence, turgescence, vultuosité. **III. Loc. Être en érection** → *jouir.*

ÉREINTANT, E □ → *tuant.*

ÉREINTEMENT □ **I.** → *fatigue.* **II.** → *médisance.*

ÉREINTER ☐ **I. Au pr. 1.** → *fatiguer.*
2. → *battre.* **II. Fig. 1.** → *critiquer.* **2.**
→ *médire.*

ÉRÉTHISME ☐ Colère, courroux,
énervement, exaltation, exaspération,
excitation, fièvre, irritation, surexcitation, tension, violence. → *érection.*

ERGASTULE ☐ → *cachot, prison.*

ERGOT ☐ → *ongle.*

ERGOTAGE ☐ → *chicane.*

ERGOTER ☐ Argumenter, atermoyer,
chicaner, couper les cheveux en
quatre (fam.), discourir, discutailler
(fam.), discuter, disputailler (fam.),
disputer, disserter, épiloguer, noyer
le poisson (fam.), pérorer, polémiquer, rabâcher, radoter, raisonner,
ratiociner, tergiverser.

ÉRIGER ☐ **I.** → *élever.* **II.** → *établir.*
III. → *promouvoir.*

ERMITAGE ☐ **I.** Abbaye, chartreuse,
cloître, couvent, monastère, prieuré,
solitude. **II.** Chalet, folie, pavillon. →
habitation.

ERMITE ☐ **I.** Anachorète, ascète,
solitaire. **II. Par ext.** *Non favorable :*
insociable, misanthrope, reclus, sauvage, vieux de la montagne.

ÉRODER ☐ → *dégrader.*

ÉROSION ☐ → *corrosion.*

ÉROTIQUE ☐ **I.** Amoureux, aphrodisiaque, excitant, galant, sensuel,
voluptueux. **II.** **Non favorable :**
cochon, licencieux, polisson, pornographique (péj.), provocateur, pygo-
cole.

ÉROTISME ☐ → *volupté.*

ERRANCE ☐ Ambulation, aventure,
course, déplacement, égarement, instabilité, flânerie, nomadisme, pérégrination, promenade, randonnée, rêverie, vagabondage, voyage.

ERRANT, E ☐ **I. Géol. :** erratique. **II.**
Ambulant, aventurier, égaré, flottant,
fugitif, furtif, instable, mobile, mouvant, nomade, perdu, vagabond.

ERRATIQUE ☐ → *mouvant.*

ERRE ☐ → *élan, marche.*

ERREMENTS ☐ **I.** Comportement,
conduite, habitude, méthode, procédé. **II. Non favorable :** abus, bévue,
dérèglement, divagation, écart, égarement, errance, erreur, faute, flottement, hésitation, impénitence, inconduite, indécision, ornière, péché, routine.

ERRER ☐ **I.** Aller à l'aventure/à
l'aveuglette/au hasard/çà et là, se
balader (fam.), battre l'estrade/le
pavé, courir les champs/les rues,
déambuler, dévier de sa route/son
chemin, divaguer, s'égarer, flâner,
galérer (fam.), marcher, passer, se
perdre, se promener, rôder, rouler
sa bosse, tourner en rond, tournailler, traînasser, traîner, trimarder,
vadrouiller, vagabonder, vaguer. **II.**
→ *rêver, tromper (se).*

ERREUR ☐ Aberration, ânerie,
bavure, bévue, blague, boulette,
bourde, brioche, confusion, cuir,
défaut, écart, égarement, errement,
faute, fourvoiement, gaffe, illusion, lapsus, maldonne, malentendu,
manquement, mécompte, mégarde,
méprise, paralogisme, quiproquo,
sophisme, vice de raisonnement. →
bêtise.

ERRONÉ, E ☐ → *faux.*

ERSATZ ☐ → *succédané.*

ERSE, ERSEAU ☐ → *boucle.*

ÉRUBESCENCE ☐ → *rougeur.*

ÉRUCTATION ☐ Exhalaison, hoquet,
nausée, refoulement (fam.), renvoi,
rot.

ÉRUCTER ☐ → *roter, proférer.*

ÉRUDIT, E ☐ → *savant.*

ÉRUDITION ☐ → *savoir.*

ÉRUPTION ☐ **I. Au pr. :** bouillonnement, débordement, ébullition, écoulement, émission, évacuation, explosion, jaillissement, sortie. **II. Méd. :**
confluence, dermatose, efflorescence, inflammation, poussée, rash,
vaccinelle.

ESBROUFANT, E ☐ → *extraordinaire.*

ESBROUFE ☐ → *hâblerie.*

ESCABEAU ☐ → *siège, échelle.*

ESCADRON ☐ → *troupe.*

ESCALADE ☐ Ascension, grimpette
(fam.), montée, varappe.

ESCALADER ☐ → *monter.*

ESCALE (FAIRE) ☐ Faire
étape/halte/relâche, relâcher, toucher à un port.

ESCALIER ☐ Colimaçon, degré, descente, escalator, marches, montée.

ESCAMOTER ☐ → *dérober, cacher.*

ESCAMOTEUR ☐ **I. Au pr. :** acrobate, illusionniste, jongleur, magicien, manipulateur, prestidigitateur,
physicien (vx). **II. Par ext. Non favorable** → *voleur.*

ESCAMPETTE ☐ **I.** → *fuite.* **II. Loc.**
Prendre la poudre d'escampette →
enfuir (s').

ESCAPADE ☐ **I. Neutre :** absence,
bordée, caprice, échappée, équipée,
escampativos (fam. et vx), frasque,
fredaine, fugue. **II. Non favorable** →
écart.

ESCARBILLE ☐ **I.** → *charbon.* **II.** →
poussière.

ESCARCELLE ☐ → *bourse.*

ESCARGOT ☐ → *limaçon.*

ESCARMOUCHE ☐ → *engagement.*

ESCARPE ☐ → *vaurien.*

ESCARPÉ, E □ Abrupt, à pic, ardu, difficile, malaisé, montant, montueux, raide, roide.

ESCARPEMENT □ → *pente.*

ESCARPIN □ → *soulier.*

ESCARPOLETTE □ → *balançoire.*

ESCHE □ → *aîche.*

ESCIENT (À BON) □ → *sciemment.*

ESCLAFFER (S') □ → *rire.*

ESCLANDRE □ → *scandale.*

ESCLAVAGE □ → *servitude.*

ESCLAVE □ n. et adj. I. Asservi, assujetti, captif, dépendant, domestique, ilote, prisonnier, serf, serviteur, valet. II. Fig. : chien, chose, inférieur, jouet, pantin.

ESCOBAR □ n. et adj. Fourbe, réticent, sournois. → *hypocrite.*

ESCOBARDERIE □ I. → *fuite.* II. → *hypocrisie.*

ESCOGRIFFE □ → *géant.*

ESCOMPTE □ I. Avance. II. Agio, boni, prime, réduction, remise.

ESCOMPTER □ I. Avancer, faire une avance, prendre un billet/un papier/une traite à l'escompte, hypothéquer. II. anticiper, attendre, compter sur, devancer, espérer, prévenir, prévoir.

ESCOPETTE □ Espingole, tromblon.

ESCORTE □ → *suite.*

ESCORTER □ → *accompagner.*

ESCOUADE □ → *troupe.*

ESCRIMER (S') □ I. Au pr. → *lutter.* II. Fig. 1. → *essayer.* 2. → *discuter.*

ESCROC □ → *fripon.*

ESCROQUER □ → *voler.*

ESCROQUERIE □ → *vol.*

ÉSOTÉRIQUE □ → *secret.*

ÉSOTÉRISME □ → *occultisme.*

ESPACE □ I. Champ, distance, écart, écartement, éloignement, étendue, immensité, infini, intervalle, portion, superficie, surface, zone. II. Atmosphère, ciel, éther. → *univers.* III. Durée, intervalle, laps.

ESPACÉ, E □ Distant, échelonné, éloigné, épars.

ESPACEMENT □ Alinéa, blanc, interligne, interstice, intervalle, marge.

ESPACER □ → *séparer.*

ESPADRILLE □ → *chausson, soulier.*

ESPAGNOLETTE □ → *poignée.*

ESPALIER □ Candélabre, cordon, palissade, palmette, treillage.

ESPARCET □ Esparcette, sainfoin.

ESPÈCE □ I. → *genre.* II. → *sorte.* III. Au pl. → *argent.*

ESPÉRANCE □ Aspiration, assurance, attente, certitude, confiance, conviction, croyance, désir, espoir, expectative, foi, illusion, perspective, prévision.

ESPÉRER □ Aspirer à, attendre, avoir confiance, *et les syn. de* CONFIANCE, compter sur, entrevoir, escompter, faire état de, se flatter de, penser, présumer, se promettre, souhaiter, tabler sur.

ESPIÈGLE □ Agaçant (péj.), badin, coquin, démon, diable, diablotin, éveillé, folâtre, frétillant, fripon, lutin, malicieux, malin, mâtin, mièvre (vx), mutin, pétillant, polisson, subtil, turbulent.

ESPIÈGLERIE □ → *plaisanterie.*

ESPINGOLE □ Escopette, tromblon.

ESPION □ I. Affidé (vx), agent, émissaire, épieur (vx), indicateur, informateur, limier. II. Délateur, dénonciateur, mouchard, rapporteur, traître. **Arg.** : casserole, doulos, indic, mouche, mouton, treize-à-table.

ESPIONNAGE □ → *surveillance.*

ESPIONNER □ → *épier.*

ESPLANADE □ → *place.*

ESPOIR □ → *espérance.*

ESPONTON □ → *pique.*

ESPRIT □ I. Au pr. *1.* Âme, animation, caractère, cœur, conscience, être, homme, moi, personnalité, souffle, soupir, sujet, vie. *2.* Alcool, essence, quintessence, vapeur. II. Par ext. : adresse, à-propos, bon sens, causticité, discernement, disposition, entendement, finesse, génie, humour, imagination, ingéniosité, intellection, intelligence, invention, ironie, jugement, jugeote (fam.), lucidité, malice, méditation, mentalité, naturel, raison, réflexion, sel, sens commun, talent, vivacité. III. **Être immatériel.** *1.* Dieu, divinité. *2.* Ange, démon, élu. *3.* Fantôme, mânes, revenant, spectre. *4.* → *génie.* IV. Loc. *1.* Esprit fort → *incroyant.* *2.* Bel esprit → *spirituel.* *3. Bon esprit* → *accommodant.* *4. Mauvais esprit* → *insoumis* (adj.). *5. Dans l'esprit de :* angle, aspect, but, dessein, idée, intention, point de vue. *6. Esprit de corps :* chauvinisme (péj.), solidarité.

ESQUIF □ → *embarcation.*

ESQUINTER □ I. → *détériorer.* II. Fig. 1. → *médire.* 2. → *fatiguer.*

ESQUISSE □ → *ébauche.*

ESQUISSER □ I. Crayonner, croquer, dessiner, ébaucher, pocher, tracer. II. Amorcer, ébaucher, indiquer.

ESQUIVER □ → *éviter.* V. pron. → *enfuir* (s').

ESSAI □ I. → *expérimentation.* II. → *tentative.* III. → *article.* IV. → *traité.*

ESSAIM □ Par ext. → *multitude.*

ESSAIMER □ I. V. intr. : se disperser, se répandre. II. V. tr. : émettre, produire, répandre.

ESSANGER □ → *nettoyer.*

ESSARTER □ → *débroussailler.*

ESSAYER □ **I. V. tr.** → *expérimenter.* **II. V. intr.** : chercher à, s'efforcer à/de, s'escrimer/s'évertuer à, faire l'impossible, s'ingénier à, tâcher à/de, tâtonner, tenter de.

ESSE □ → *cheville.*

ESSENCE □ **I.** → *extrait.* **II.** Caractère, moelle, nature, qualité, quiddité (vx), quintessence, substance.

ESSENTIEL, ELLE □ → *principal.*

ESSEULÉ, E □ → *seul.*

ESSIEU □ Arbre, axe, boggie (par ext.), pivot.

ESSOR □ → *vol, avancement.*

ESSORER □ Centrifuger, sécher, tordre.

ESSOUFFLÉ, E □ Asthmatique (par ext.), dyspnéique (méd.), époumoné, fatigué, haletant, pantelant, poussif, rendu (fam.), suffocant.

ESSOUFFLEMENT □ Anhélation, dyspnée, étouffement, halètement, oppression, suffocation.

ESSOUFFLER (S') □ Ahaner, anhéler, être → *essoufflé.*

ESSUYER □ **I. Au pr. 1.** → *nettoyer.* **2.** → *sécher.* **II. Fig.** → *recevoir.*

EST □ Levant, orient.

ESTACADE □ → *digue.*

ESTAFETTE □ Courrier, coursier, envoyé, exprès, messager.

ESTAFIER □ → *tueur.*

ESTAFILADE □ → *blessure.*

ESTAMINET □ → *cabaret.*

ESTAMPE □ → *image.*

ESTAMPER □ **I. Au pr.** → *imprimer.* **II. Fig.** → *voler.*

ESTAMPILLE □ → *marque.*

ESTAMPILLER □ → *imprimer.*

ESTER □ Intenter, poursuivre, se présenter en justice.

ESTHÉTICIEN, ENNE □ Visagiste.

ESTHÉTIQUE □ → *beau.*

ESTIMABLE □ Aimable, appréciable, beau, bien, bon, honorable, louable, précieux, recommandable, respectable.

ESTIMATION □ Aperçu, appréciation, approche, approximation, arbitrage, calcul, détermination, devis, évaluation, expertise, prisée.

ESTIME □ → *égards.*

ESTIMER □ **I.** → *aimer.* **II.** Apprécier, arbitrer, calculer, coter, déterminer, évaluer, expertiser, mesurer, mettre à prix, priser, taxer. **III.** → *honorer.* **IV.** Compter, considérer, croire, être d'avis, faire cas, juger, penser, présumer, regarder comme, tenir pour.

ESTIVANT, E □ Aoûtien, curiste, touriste, vacancier.

ESTOC □ **I.** Racine, souche. **II. Vx** → *race.* **III.** → *épée.*

ESTOCADE □ Attaque, botte, coup.

ESTOMAC □ **I. Au pr. 1.** *D'animaux :* bonnet, caillette, feuillet, gésier, jabot, panse. **2.** Gras-double, tripe. **II. Par ext.** → *bedaine.* **III. Fig.** : aplomb, cœur, courage, cran, culot.

ESTOMAQUÉ, E □ → *ébahi.*

ESTOMAQUER □ → *étonner.*

ESTOMPER □ → *modérer.* **V. pron.** → *disparaître.*

ESTOQUER □ → *tuer, vaincre.*

ESTOURBIR □ → *battre, tuer.*

ESTRADE □ Chaire, échafaud, échafaudage, podium, ring, scène, tribune.

ESTROPIÉ, E □ Amputé, boiteux, cul-de-jatte, diminué physique, éclopé, essorillé (vx), handicapé, impotent, infirme, manchot, mutilé, stropiat (fam.), unijambiste.

ESTROPIER □ → *mutiler.*

ESTUAIRE □ → *embouchure.*

ÉTABLE □ Abri, bercail, bergerie, bouverie, bouvril, écurie, grange, hangar, porcherie, soue, vacherie.

ÉTABLIR □ **I.** → *prouver.* **II.** Amener, commencer, constituer, créer, disposer, ériger, faire régner, fonder, former, implanter, importer, installer, instaurer, instituer, institutionnaliser, introduire, introniser, mettre, nommer, organiser, placer, poser. **III.** Asseoir, bâtir, construire, édifier, fixer, fonder, jeter les fondements/les plans, placer, poser. **IV.** Camper, cantonner, loger, poster. **V. Fig. 1.** Caser, doter, marier. **2.** Échafauder, forger, nouer.

ÉTABLISSEMENT □ **I.** Agencement, constitution, création, disposition, érection, fondation, implantation, importation, installation, instauration, institution, introduction, intronisation, mise en place, nomination, organisation, placement, pose. **II.** Affaire, atelier, boîte (fam.), chantier, commerce, comptoir, emporium, entreprise, exploitation, factorerie, firme, fonds, loge (vx), maison, usine.

ÉTAGE □ **I.** → *palier.* **II.** → *rang.*

ÉTAGÈRE □ **I.** → *tablette.* **II.** *partie :* archelle, balconnet.

ÉTAI □ → *appui.*

ÉTAL □ **I.** → *table.* **II.** → *magasin.*

ÉTALAGE □ **I. Au pr.** : devanture, étal, éventaire, montre, vitrine. **II. Fig.** : montre, ostentation.

ÉTALE □ → *stationnaire.*

ÉTALER □ → *étendre, montrer.* **V. pron. 1.** → *montrer (se).* **2.** → *tomber.*

ÉTALON □ **I.** → *cheval.* **II.** → *modèle.*

ÉTALONNER □ Calibrer. → *vérifier.*

ÉTANCHE □ → *imperméable.*

ÉTANCHER □ → *sécher, assouvir.*

ÉTANCON □ → *appui.*

ÉTANÇONNER □ **I.** → *appuyer.* **II.** → *soutenir.*

ÉTANG □ Bassin, chott, lac, lagune, marais, mare, pièce d'eau, réservoir.

ÉTAPE □ **I. Au pr. 1.** Auberge, couchée (vx), escale, gîte, halte, hôtel, relais. **2.** Chemin, journée (vx), route, trajet. **II. Par ext.** → *phase.*

ÉTAT □ **I.** Attitude, classe, condition, destin, existence, manière d'être, point, position, situation, sort, train de vie, vie. **II.** → *profession.* **III.** → *liste.* **IV.** → *gouvernement.* **V.** → *nation.* **VI. Loc. 1. État d'esprit** → *mentalité.* **2. Faire état** → *affirmer.*

ÉTATIFIER, ÉTATISER □ → *nationaliser.*

ÉTATISME □ → *socialisme.*

ÉTAT-MAJOR □ Bureaux, commandement, G.Q.G., quartier général, staff (arg. milit.), tête. → *direction.*

ÉTAYER □ **I.** → *soutenir.* **II.** → *appuyer.*

ÉTÉ □ Beaux jours, belle saison, canicule, chaleurs, mois de Phœbus (vx), saison chaude/sèche.

ÉTEIGNOIR □ Fig. → *triste.*

ÉTEINDRE □ **I.** Étouffer, consumer. **II. Fig.** → *modérer, détruire.* **III. V. pron.** → *mourir.*

ÉTEINT, E □ → *terne.*

ÉTENDARD □ → *drapeau.*

ÉTENDRE □ **I.** Allonger, déplier, déployer, dérouler, détirer, développer, épater, éployer, étaler, étirer, mettre, napper, ouvrir, placer, poser, recouvrir, tendre. **II. Quelqu'un :** allonger, coucher. **III. Par ext. Étendre un liquide :** ajouter, allonger, augmenter, baptiser, couper, délayer, diluer, éclaircir, mouiller (du vin). **IV. V. pron. 1.** → *occuper.* **2.** → *coucher (se).* **3.** → *répandre (se).* **4.** → *durer,* et les formes pron. possibles des syn. de ÉTENDRE.

ÉTENDU, E □ → *grand.*

ÉTENDUE □ **I.** Amplitude, champ, contenance, dimension, distance, domaine, durée, envergure, espace, grandeur, grosseur, immensité, importance, largeur, longueur, nappe, proportion, rayon, sphère, superficie, surface, volume. **II.** Ampleur, diapason, intensité, registre. **III.** Capacité, compétence, domaine.

ÉTERNEL, ELLE □ **I.** Constant, continuel, durable, immarcescible, immémorial, immortel, immuable, impérissable, imprescriptible, inaltérable, inamissible, inamovible, incessant, indéfectible, indéfini, indélébile, indestructible, indissoluble, infini, interminable, perdurable, pérenne, perpétuel, sempiternel. **II. Non favorable** → *ennuyeux.*

ÉTERNISER □ → *allonger.* **V. pron. 1.** → *demeurer.* **2.** → *durer.*

ÉTERNITÉ □ Continuité, immortalité, immuabilité, indestructibilité, infini, pérennité, perpétuité.

ÉTÊTER □ → *élaguer.*

ÉTEULE □ → *chaume.*

ÉTHER □ → *atmosphère.*

ÉTHÉRÉ, E □ → *pur.*

ÉTHIQUE □ → *morale.*

ETHNIE □ → *tribu.*

ETHNIQUE □ **I.** Racial. **II. Par ext. :** culturel, spécifique.

ETHNOGRAPHIE □ **Par ext. :** anthropologie, écologie, ethnologie, éthographie, éthologie.

ÉTINCELANT, E □ → *brillant.*

ÉTINCELER □ Brasiller, briller, chatoyer, luire, pétiller, scintiller.

ÉTINCELLE □ **I. Au pr. :** escarbille, flammèche. **II. Fig. 1.** Cause. **2.** Ardeur, feu sacré, flamme.

ÉTIOLEMENT □ **I.** Marcescence. → *décadence.* **II.** → *ruine.* **III.** → *langueur.*

ÉTIOLER (S') □ → *dépérir.*

ÉTIQUE □ Amaigri, cachectique, cave, consomptique, décharné, desséché, efflanqué, émacié, famélique, hâve, hectique, maigre, mal nourri, sec, squelettique.

ÉTIQUETER □ → *ranger.*

ÉTIQUETTE □ **I.** → *écriteau.* **II.** → *protocole.*

ÉTIRER □ **I.** → *tirer.* **II.** → *étendre.*

ÉTISIE □ → *maigreur.*

ÉTOFFE □ **I.** → *tissu.* **II. Par ext.** → *matière.* **III. Fig.** → *disposition.*

ÉTOFFÉ, E □ → *gras.*

ÉTOFFER □ → *garnir.*

ÉTOILE □ **I.** → *astre.* **II. Fig. 1.** → *destinée.* **2.** → *artiste.* **III. Par ext. 1.** Carrefour, croisée/croisement de chemins/routes, échangeur, patte-d'oie, rond-point, trèfle. **2.** Astérisque (typo.).

ÉTOILÉ, E □ → *constellé.*

ÉTONNANT, E □ Admirable, ahurissant, anormal, beau, bizarre, bouleversant, confondant, curieux, déconcertant, drôle, ébahissant, ébaubissant (vx), éblouissant, écrasant, effarant, étourdissant, étrange, exceptionnel, extraordinaire, fantastique, formidable, frappant, génial, gigantesque, impressionnant, inattendu, incomparable, inconcevable, incroyable, inhabituel, inouï, insolite, inusité, magique, magnifique, merveilleux, miraculeux, mirifique, monstrueux, original, parfait, particulier, phénoménal, prodigieux, rare, renversant, saisissant, singulier, spécial, splendide, stupéfiant, sublime, suffocant, superbe, surprenant, troublant. **Fam.** : ébesillant, ébouriffant, épastrouillant, épatant, époilant, époustouflant, faramineux, fumant, mirobolant, pharamineux, pyramidal (vx), soufflant.

ÉTONNÉ, E □ Abasourdi, ahuri, baba, confondu, déconcerté, désorienté, ébahi, ébaubi, éberlué, ébloui, ébouriffé, effaré, émerveillé, épaté, estomaqué, frappé, interdit, interloqué, renversé, saisi, soufflé, stupéfait, suffoqué, surpris.

ÉTONNEMENT □ → surprise.

ÉTONNER □ Abasourdir, ahurir, confondre, déconcerter, désorienter, ébahir, ébaubir, éberluer, éblouir, ébouriffer, effarer, émerveiller, épater, époustoufler, esbroufer, estomaquer, étourdir, frapper, impressionner, interdire, interloquer, méduser, renverser, saisir, sidérer, stupéfier, suffoquer. → surprendre.

ÉTOUFFANT, E □ Accablant, asphyxiant, suffocant. → chaud.

ÉTOUFFÉ, E □ → essoufflé, sourd.

ÉTOUFFEMENT □ → essouflement.

ÉTOUFFER □ **I. Au pr.** : asphyxier, étrangler, garrotter, noyer, oppresser, suffoquer. **II. Par ext.** Un bruit → dominer. **III. Fig.** : arrêter, assoupir, atténuer, briser, cacher, dissimuler, encager, enrayer, enterrer, escamoter, étourdir, gêner, juguler, mater, mettre en sommeil/une sourdine, neutraliser, passer sous silence, réprimer, retenir, subtiliser, supprimer, tortiller (fam.), tuer dans l'œuf. **IV. V. pron.** : s'engouer et les formes pron. possibles des syn. de ÉTOUFFER.

ÉTOURDERIE □ → distraction.

ÉTOURDI, E □ adj. et n. Braque, brise-raison (vx), brouillon, distrait, écervelé, étourneau, évaporé, éventé, fou, frivole, hanneton (fam.), hurluberlu (fam.), imprudent, inattentif, inconséquent, inconsidéré, insouciant, irréfléchi, léger, malavisé, tête à l'envers/de linotte/en l'air/folle/légère (fam.).

ÉTOURDIR □ **I. Au pr. 1.** → abasourdir. **2.** Chavirer, enivrer, entêter, griser, monter/porter à la tête, soûler, taper (fam.), tourner la tête. **II. Par ext. 1.** → soulager. **2.** → étouffer. **III. V. pron.** → distraire (se).

ÉTOURDISSANT, E □ → extraordinaire.

ÉTOURDISSEMENT □ → vertige.

ÉTOURNEAU □ **Fig.** → étourdi.

ÉTRANGE □ Abracadabrant, baroque, biscornu, bizarre, choquant, déplacé, farfelu, inaccoutumé, indéfinissable, inquiétant, insolite, louche,

rare, saugrenu, singulier. → étonnant.

ÉTRANGER, ÈRE □ adj. et n. **I.** Allochtone, allogène, aubain (vx), exotique, extérieur, immigrant, pérégrin (vx), réfugié, résident, touriste. **Péj.** : métèque, rasta, rastaquouère. **II. Par ext. 1.** → hétérogène. **2.** → inconnu. **3.** → indifférent.

ÉTRANGETÉ □ → bizarrerie.

ÉTRANGLÉ, E □ **I.** Asphyxié, étouffé, garrotté, strangulé. **II. Fig.** → étroit.

ÉTRANGLEMENT □ **I. Au pr.** : étouffement, garrot, strangulation. **II. Par ext.** : resserrement.

ÉTRANGLER □ Étouffer, garrotter, pendre, resserrer, serrer le quiqui (fam.)/la gorge, stranguler, tuer.

ÊTRE □ **I. V. intr. 1.** Avoir l'existence, exister, régner, subsister, se trouver, vivre. **2. Loc.** Être à → appartenir. **II. Nom. 1.** → homme. **2.** → vie. **3. Loc.** Être suprême → dieu.

ÉTRÉCIR □ → resserrer.

ÉTREINDRE □ → serrer.

ÉTREINTE □ Embrassade, embrassement, enlacement, serrement.

ÉTRENNES □ → don.

ÊTRES □ → pièce.

ÉTRÉSILLON, ÉTRIER □ → appui.

ÉTRILLE □ → racloir.

ÉTRILLER □ → battre, maltraiter.

ÉTRIPER □ Éventrer, vider. → tuer.

ÉTRIQUÉ, E □ → étroit.

ÉTRIQUER □ → resserrer.

ÉTRIVIÈRES □ → fouet.

ÉTROIT, E □ **I.** Collant (vêtement), confiné, effilé, encaissé, étiré, étranglé, étréci, étriqué, exigu, fin, juste, mesquin, mince, petit, ratatiné, réduit, resserré, restreint, riquiqui, serré. **II. Fig. 1.** → bête. **2.** → limité. **3.** → sévère.

ÉTROITESSE □ → petitesse.

ÉTRON □ → excrément.

ÉTUDE □ **I.** → article. **II.** → traité. **III.** → exercice. **IV.** → soin. **V.** → attention. **VI.** Agence, cabinet, bureau, officine. **VII.** → recherche.

ÉTUDIANT, E □ → élève.

ÉTUDIÉ, E □ Affecté, apprêté, arrangé, compassé, composé, concerté, contraint, empesé, forcé, gourmé, guindé, maniéré, pincé, précieux, recherché, soigné, sophistiqué, théâtral.

ÉTUDIER □ **I.** Apprendre, bûcher, s'instruire. → travailler. **Fam.** : bloquer, bûcher, chiader, creuser, marner, piocher, potasser. **II. Par ext. 1.** → examiner. **2.** → exercer (s'). **III. V. pron.** : s'examiner, faire attention, s'observer, s'occuper à/de.

ÉTUI □ Coffin → enveloppe.

ÉTUVE ☐ **I.** Autoclave, four, fournaise, tournaille. **II.** Caldarium, hammam, sauna. **III.** Séchoir.

ÉTUVER ☐ → *sécher, stériliser.*

ÉTYMOLOGIE ☐ Évolution, formation, origine, racine, source.

EUCHARISTIE ☐ Consubstantiation, corps du Christ, hostie, pain de Dieu/de vie/vivant, impanation, sacrement, saintes espèces, transsubstantiation. → *cène, communion.*

EUNUQUE ☐ → *châtré.*

EUPHÉMISME ☐ → *litote.*

EUPHORIE ☐ → *aise, bonheur.*

EUPHUISME ☐ → *préciosité.*

EURYTHMIE ☐ → *harmonie.*

ÉVACUATION ☐ **I.** → *écoulement.* **II.** → *expulsion.*

ÉVACUER ☐ → *vider.*

ÉVADÉ, E ☐ → *fugitif.*

ÉVADER (S') ☐ → *enfuir (s').*

ÉVALUATION ☐ Appréciation, approximation, calcul, comparaison, détermination, devis, estimation, expertise, inventaire, mesure, prisée, supputation.

ÉVALUER ☐ Apprécier, arbitrer, calculer, chiffrer, coter, cuber, déterminer, estimer, expertiser, fixer la valeur, jauger, juger, mesurer, nombrer, peser, priser, supputer, ventiler.

ÉVANESCENT, E ☐ → *fugitif.*

ÉVANGÉLISATION ☐ → *mission.*

ÉVANGÉLISER ☐ → *prêcher.*

ÉVANGILE ☐ → *foi.*

ÉVANOUIR (S') ☐ **I. Au pr. :** avoir des vapeurs (vx), défaillir, se pâmer, tourner de l'œil (fam.), se trouver mal. **II. Fig. 1.** → *disparaître.* **2.** → *passer.*

ÉVANOUISSEMENT ☐ **I.** Collapsus, coma, défaillance, éclampsie, faiblesse, pâmoison, syncope, vapes (arg.), vapeurs (vx), vertige. **II. Fig. :** anéantissement, disparition, effacement. → *fuite.*

ÉVAPORATION ☐ → *vaporisation.*

ÉVAPORÉ, E ☐ → *étourdi, frivole.*

ÉVAPORER (S') ☐ (Fig.) **I.** → *disparaître.* **II.** → *passer.*

ÉVASEMENT ☐ **I.** → *agrandissement.* **II.** → *ouverture.*

ÉVASER ☐ → *élargir.*

ÉVASIF, IVE ☐ Ambigu, détourné, dilatoire, douteux, élusif, énigmatique, équivoque, fuyant, incertain, réticent, vague.

ÉVASION ☐ → *fuite.*

ÉVÊCHÉ ☐ Diocèse, épiscopat, juridiction apostolique/épiscopale.

ÉVEIL ☐ → *alarme.*

ÉVEILLÉ, E ☐ **I.** Conscient. **II.** Actif, alerte, animé, décidé, dégourdi, délié, déluré, dessalé, diable, émerillonné, espiègle, excité, frétillant, fripon, fûté, gai, intelligent, malicieux, ouvert, remuant, vif, vif-argent, vivant.

ÉVEILLER ☐ **I. Au pr. :** réveiller, tirer du sommeil. **II. Par ext. 1.** → *provoquer.* **2.** → *animer.*

ÉVEILLEUR ☐ → *éducateur.*

ÉVÉNEMENT ☐ **I. Au pr. :** accident, action, affaire, avatar, aventure, calamité, cas, cataclysme, catastrophe, chronique, circonstance, conjoncture, dénouement, désastre, drame, épisode, épopée, fait, fait divers, histoire, incident, intrigue, issue, malheur, mésaventure, nouvelle, occasion, scandale, scène, tragédie, vicissitude. **II. Par ext.** → *résultat.*

ÉVENTAIL ☐ **I.** Flabellum. **II.** → *choix.*

ÉVENTAIRE ☐ → *étalage.*

ÉVENTÉ, E ☐ **I. Au pr.** → *gâté.* **II. Fig.** → *étourdi.*

ÉVENTER ☐ (Fig.) **I.** → *découvrir.* **II.** → *gâter.*

ÉVENTUALITÉ ☐ → *cas, possibilité.*

ÉVENTUEL, ELLE ☐ → *incertain.*

ÉVÊQUE ☐ Monseigneur, pontife, prélat, primat, prince de l'Église, vicaire apostolique.

ÉVERTUER (S') ☐ → *essayer.*

ÉVICTION ☐ Congédiement, dépossession, disgrâce, élimination, éloignement, évincement, exclusion, excommunication, expulsion, licenciement, ostracisme, proscription, rejet, renvoi, révocation.

ÉVIDEMMENT ☐ À coup sûr, à l'évidence, assurément, avec certitude, bien entendu, certainement, certes, de toute évidence, effectivement, en effet/fait/réalité, immanquablement, incontestablement, indubitablement, infailliblement, sans aucun doute, sans conteste/contredit/doute/faute, sûrement.

ÉVIDENCE ☐ Authenticité, axiome, certitude, clarté, flagrance, lapalissade (péj.), netteté, preuve, réalité, truisme, vérité.

ÉVIDENT, E ☐ Assuré, authentique, aveuglant, axiomatique, certain, clair, constant, convaincant, criant, éclatant, flagrant, formel, incontestable, indéniable, indiscutable, indubitable, irréfragable, irréfutable, limpide, manifeste, net, notoire, obvie, officiel, palpable, patent, positif, prégnant, public, sensible, sûr, transparent, véridique, visible, vrai.

ÉVIDER ☐ **I.** → *creuser.* **II.** → *tailler.*

ÉVINCER ☐ → *déposséder, éliminer.*

ÉVITER ☐ **I. Une chose :** s'abstenir, cartayer, contourner, couper à (fam.), se dérober, se dispenser de, écarter, échapper à, éluder, empêcher, esquiver, fuir, se garer de, obvier à, parer, passer à travers, se préserver de, prévenir, se soustraire à. **II. Quelqu'un :** couper à (fam.), se détourner de, échapper à, s'éloigner de, fuir. **III. On évite une chose à quelqu'un :** décharger/délivrer/dispenser de, épargner, garder/libérer/préserver de, sauver à (vx).

ÉVOCATEUR, TRICE □ → *suggestif.*

ÉVOCATION □ Incantation. → *rappel.*

ÉVOLUÉ, E □ → *policé.*

ÉVOLUER □ Aller/marcher de l'avant, changer, se dérouler, se développer, devenir, innover, manœuvrer, marcher, se modifier, se mouvoir, progresser, réformer, se transformer.

ÉVOLUTION □ Avancement, changement, cours, déroulement, développement, devenir, film, manœuvre, marche, métamorphose, mouvement, processus, progression, remous, transformation.

ÉVOLUTIONNISME □ Darwinisme, lamarckisme, mutationnisme, transformisme.

ÉVOQUER □ Aborder, appeler, décrire, effleurer, éveiller, faire allusion à, imaginer, interpeller, invoquer, montrer, rappeler, remémorer, repasser, représenter, réveiller, revivre, suggérer, susciter.

EXACERBATION □ → *paroxysme.*

EXACERBÉ, E □ → *excité.*

EXACERBER □ → *irriter.*

EXACT, E □ **I. Une chose :** authentique, certain, complet, conforme, congru, convenable, correct, fiable, fidèle, juste, littéral, mathématique, précis, réel, sincère, solide, sûr, textuel, véridique, véritable, vrai. **II. Quelqu'un :** assidu, attentif, consciencieux, minutieux, ponctuel, réglé, régulier, rigoureux, scrupuleux, strict, zélé.

EXACTION □ → *malversation.*

EXACTITUDE □ **I. D'une chose :** authenticité, concordance, congruence, convenance, correction, fidélité, justesse, précision, rigueur, véracité, véridicité, vérité. **II. De quelqu'un :** application, assiduité, attention, conscience professionnelle, correction, minutie, ponctualité, régularité, scrupule, sincérité, soin.

EXAGÉRATION □ **I.** Hypertrophie. **II.** Amplification, broderie, charre (fam.), démesure, disproportion, dramatisation, emphase, enflure, exubérance, fanfaronnade, frime (fam.), galéjade, gasconnade, histoire marseillaise, hyperbole, outrance, vantardise. → *hâblerie.* **III.** Surévaluation. → *excès.*

EXAGÉRÉ, E □ → *excessif.*

EXAGÉRER □ **I. On exagère ses propos :** agrandir, ajouter, amplifier, bluffer, broder, charger, développer, donner le coup de pouce, dramatiser, enfler, en remettre, faire valoir, forcer, galéjer, gasconner, grandir, grossir, masser (fam.), ne pas y aller de main morte, outrer, pousser, rajouter, surfaire, se vanter. → *hâbler.* **II. On exagère dans son comportement :** Abuser, aller fort. **III. Arg. ou fam. :** attiger, charrier, chier dans la colle, déconner, dépasser/passer/outrepasser les bornes/la limite/la mesure, faire déborder le vase, frimer.

EXALTATION □ → *enthousiasme.*

EXALTER □ **I.** → *louer.* **II.** → *exciter.* **III.** → *transporter.* **IV. V. pron.** → *enthousiasmer (s').*

EXAMEN □ **I.** → *recherche.* **II.** Bac, baccalauréat, bachot, brevet, certificat d'études, colle, concours, diplôme, doctorat, épreuve, interrogation, licence, test.

EXAMINER □ Analyser, apprécier, approfondir, ausculter, comparer, compulser, considérer, consulter, contrôler, critiquer, débattre, décomposer, délibérer, dépouiller, désosser (fam.), disséquer, éplucher, éprouver, estimer, étudier, évaluer, expertiser, explorer, inspecter, instruire, interroger, inventorier, observer, palper, parcourir, peser, prospecter, reconnaître, regarder, scruter, sonder, toucher, viser, visiter, voir. → *rechercher.*

EXASPÉRER □ → *irriter.*

EXAUCER □ → *satisfaire.*

EXCAVATION □ Antre, aven, caverne, cavité, cloup, concavité, coupure, creux, enfoncement, enfoncure, entonnoir, évidement, fente, fontis, fosse, grotte, hypogée, ouverture, puits, souterrain, tranchée, trou, vide.

EXCÉDÉ, E □ → *fatigué.*

EXCÉDENT □ → *excès.*

EXCÉDER □ **I.** → *dépasser.* **II.** → *fatiguer.* **III.** → *énerver.*

EXCELLENCE □ **I. Prot. :** Altesse, Éminence, Grâce, Grandeur, Hautesse (vx), Seigneurie (vx). **II.** → *perfection.*

EXCELLENT, E □ → *bon.*

EXCELLER □ Briller, être fort/habile à/le meilleur, surclasser, surpasser, triompher.

EXCENTRIQUE □ n. et adj. → *original.*

EXCEPTÉ □ Abstraction faite de, à la réserve/l'exception/l'exclusion de, à part, à telle chose près, exclusivement, fors (vx), hormis, hors, non compris, sauf, sinon.

EXCEPTER □ Écarter, enlever, épargner, exclure, négliger, oublier, pardonner, retrancher.

EXCEPTION ☐ **I.** Anomalie, dérogation, exclusion, particularité, réserve, restriction, singularité. **II. Loc. Á l'exception de** → excepté.

EXCEPTIONNEL, ELLE ☐ → rare.

EXCÈS ☐ **I. D'une chose :** dépassement, disproportion, énormité, excédent, exubérance, luxe, luxuriance, plénitude, pléthore, profusion, quantité, redondance, reste, satiété, saturation, superfétation, superflu, superfluité, surabondance, surnombre, surplus, trop, trop-plein. **II. Dans un comportement :** abus, bacchanale, débordement, démesure, dérèglement, exagération, extrême, extrémisme, extrémité, immodération, immodestie, inconduite, incontinence, intempérance, luxure, orgie, outrance, prouesse, ribote, violence. → débauche, festin.

EXCESSIF, IVE ☐ Abusif, affreux, carabiné (fam.), chargé, débridé, démesuré, déréglé, désordonné, dévorant, effrayant, effréné, effroyable, énorme, enragé, exagéré, exorbitant, extraordinaire, extrême, exubérant, forcé, fort, fou, furieux, grimaçant, gros, horrible, hyperbolique, hystérique, immodéré, immodeste, incontinent, incroyable, insensé, insupportable, intempérant, intolérable, long, luxuriant, monstrueux, outrancier, outré, prodigieux, raide, rigoureux, surabondant, terrible, trop, usuraire, violent.

EXCESSIVEMENT ☐ À l'excès, outre mesure, plus qu'il ne convient/n'est convenable.

EXCIPER ☐ → prétexter.

EXCISION ☐ Abcision, ablation, amputation, autotomie, coupe, enlèvement, exérèse, mutilation, opération, résection, sectionnement, tomie.

EXCITABILITÉ ☐ → susceptibilité.

EXCITABLE ☐ → susceptible.

EXCITANT, E ☐ **I.** → fortifiant. **II.** → affriolant.

EXCITATEUR, TRICE ☐ n. et adj. Agitateur, animateur, fomentateur, instigateur, meneur, révolutionnaire, stimulateur. → factieux.

EXCITATION ☐ **I. Phys. :** chaleur, fermentation, stimulus. **II. État d'excitation :** acharnement, agitation, aigreur, animation, ardeur, colère, délire, embrasement, émoi, énervement, enfièvrement, enthousiasme, éréthisme, exacerbation, exaltation, exaspération, fébrilité, fièvre, irritation, ivresse, nervosité, ravissement, surexcitation, trouble. **III. Action d'exciter :** appel, émulation, encouragement, entraînement, exhortation, fomentation, impulsion, incitation, invitation, motivation, provocation, sollicitation, stimulation, stimulus.

EXCITÉ, E ☐ **I. Adj. :** agacé, agité, aguiché, allumé, animé, ardent, attisé, émoustillé, énervé, exacerbé, monté, nerveux, troublé. **II. Nom** → énergumène.

EXCITER ☐ **I. Faire naître une réaction :** actionner, allumer, animer, apitoyer, attendrir, attirer, causer, charmer, déchaîner, déclencher, donner le branle/le mouvement/le signal, ébranler, emballer, embraser, enflammer, enivrer, enlever, enthousiasmer, exalter, faire naître, fomenter, insuffler, inviter, mettre en branle/en mouvement/de l'huile sur le feu (fam.), mouvoir, provoquer, solliciter, souffler la colère/le désordre/la haine/sur les braises, susciter. **II. On fait croître une réaction :** accroître, activer, aggraver, aigrir, aiguillonner, aiguiser, attiser, aviver, cingler, cravacher, doper, envenimer, éperonner, exacerber, exalter, exaspérer, faire sortir/mettre hors de ses gonds, fouetter, piquer, pousser, relever, réveiller, stimuler, surexciter, travailler. **III. On excite quelqu'un à quelque chose :** animer, convier, encourager, engager, entraîner, exhorter, galvaniser, inciter, instiguer, inviter, obliger, persuader, piéter (vx), porter, pousser, presser, provoquer, tenter. **IV. On excite la foule :** ameuter, électriser, enflammer, fanatiser, fomenter, soulever, transporter. **V. On excite quelqu'un :** agiter, animer, caresser, chatouiller, échauffer, émouvoir, enfiévrer, enivrer, exalter, flatter, fouetter, irriter, mettre en colère/en rogne (fam.), monter la tête, mouvoir, passionner, plaire, ranimer, remuer, soulever, surexciter, taquiner, transporter. **VI. On excite contre quelqu'un :** acharner, armer, braquer, crier haro sur/vengeance, dresser, monter, opposer, soulever. **VII. Le désir sexuel :** agacer, aguicher, allumer, attiser, bander/goder pour (arg.), émoustiller, émouvoir, troubler.

EXCLAMATION ☐ → cri.

EXCLAMER (S') ☐ Admirer, applaudir, s'écrier, s'étonner, se récrier.

EXCLU, E ☐ Forclos, forfait.

EXCLURE ☐ → éliminer, empêcher.

EXCLUSIF, IVE ☐ **I.** → intolérant. **II.** → unique.

EXCLUSION ☐ → expulsion.

EXCLUSIVEMENT ☐ **I.** → excepté. **II.** → seulement.

EXCLUSIVITÉ ☐ Scoop. → privilège.

EXCOMMUNICATION ☐ Anathème, bannissement, blâme, censure, exclusion, expulsion, foudres de l'Église, glaive spirituel, interdit, malédiction, ostracisme.

EXCOMMUNIER ☐ Anathématiser, bannir, blâmer, censurer, chasser, exclure, frapper, interdire, maudire, ostraciser, rejeter, renvoyer, repousser, retrancher.

EXCRÉMENT ☐ **I. De l'homme. 1. Méd. ou neutre :** besoins, crotte, déchet, défécation, déjection, excrétion, exonération, fèces, flux alvin, garde-robe (vx), gringuenaude (vx), matières, matières alvines/fécales, méconium (nouveau-né), selles. **2. Enf. :** caca, gros, grosse commission, pot. **3. Vulg. ou arg. :** bran, brenne, bronze, chiasse, cigare, colombin, confiture, corde de puits, étron, foire, marchandise, merde, mouscaille, moutarde, paquet, pêche, purée, rondin, sentinelle. **II. Anim. :** bouse, chiure, colombine, crotte, crottin, fient, fiente, fumées (vén.), fumier, guano, jet, laissées (vén.), purin. **III. Par ext. : 1.** Chassie, mite. → *morve.* **2.** Boue, gadoue, immondice, ordure, poudrette, rebut, résidu.

EXCRÉTER ☐ → *expulser.*

EXCRÉTION ☐ → *expulsion.*

EXCROISSANCE ☐ → *tumeur.*

EXCURSION ☐ **I.** → *promenade.* **II.** → *voyage.* **III.** → *digression.*

EXCUSABLE ☐ Admissible, défendable, justifiable, légitime, pardonnable, rémissible.

EXCUSE ☐ **I. Au pr. :** allégation, amende honorable, décharge, défense, disculpation, explication, justification, motif, pardon, raison, regret, ressource. **II. Par ext. :** défaite, dérobade, échappatoire, faux-fuyant, moyen, prétexte.

EXCUSER ☐ Absoudre, acquitter, admettre, alléguer, blanchir, couvrir, décharger, disculper, effacer, exempter, faire crédit, innocenter, justifier, laver, légitimer, pardonner, passer l'éponge, remettre, sauver, tolérer. **V. pron. :** demander pardon, se défendre, *et les formes pron. possibles des syn. de* EXCUSER.

EXEAT ☐ Autorisation, congé, laissez-passer, permis, permission, visa.

EXÉCRABLE ☐ **I.** → *détestable.* **II.** → *haïssable.*

EXÉCRATION ☐ **I.** → *malédiction.* **II.** → *éloignement.*

EXÉCRER ☐ → *haïr.*

EXÉCUTANT ☐ **I.** Chanteur, choriste, concertiste, instrumentiste, musicien, virtuose. **II.** Agent, praticien, technicien.

EXÉCUTER ☐ **I.** → *réaliser.* **II.** → *tuer.*

EXÉCUTEUR ☐ → *bourreau.*

EXÉCUTION ☐ **I.** → *réalisation.* **II.** → *supplice.*

EXÉGÈSE ☐ → *commentaire.*

EXÉGÈTE ☐ → *commentateur.*

EXEMPLAIRE ☐ **I. Nom :** archétype, canon, copie, échantillon, édition, épreuve, gabarit, leçon, modèle, patron, prototype, spécimen, type. **II. Adj. :** bon, édifiant, parfait, représentatif, typique.

EXEMPLE ☐ **I. Au pr. :** modèle, paradigme, parangon, règle. **II. Par ext. 1.** Contagion, édification, émulation, entraînement, imitation. **2.** Aperçu, échantillon, preuve, type. **3.** Citation. **4.** → *exemplaire.* **III. Par ext. :** cas, jurisprudence, précédent. **IV. Loc. 1. À l'exemple de :** à l'image/l'instar, comme, de même que. **2. Par exemple :** ainsi, comme, en revanche, entre autres, mais, notamment, par contre.

EXEMPT, E ☐ Affranchi, déchargé, dégagé, dépourvu, dispensé, exonéré, franc (de port), immunisé, indemne, libéré, libre, préservé, quitte.

EXEMPTER ☐ Affranchir, amnistier, décharger, dégager, dégrever, dispenser, épargner, éviter, excuser, exonérer, gracier, immuniser, libérer, préserver, tenir quitte. **V. pron. :** échapper à, *et les formes pron. possibles des syn. de* EXEMPTER.

EXEMPTION ☐ **I.** → *diminution.* **II.** → *immunité.*

EXERCÉ, E ☐ → *adroit.*

EXERCER ☐ **I. On exerce une activité :** acquitter, s'acquitter de, cultiver, déployer, employer, exécuter, faire, se livrer à, mettre en action/usage/pratique, pratiquer, professer, remplir. **II. On exerce quelqu'un ou un animal :** dresser, endurcir, entraîner, façonner, former, habituer, plier. **III. V. pron. :** s'appliquer à, apprendre, s'entraîner, s'essayer, étudier, se faire la main.

EXERCICE ☐ **I.** Application, apprentissage, devoir, drill, entraînement, essai, étude, évolution, instruction, manœuvre, mouvement, pratique, sport, tour de force, training, travail, vocalise. **II.** Application, commentaire, composition, conversation, copie, correction, devoir, dictée, dissertation, interrogation écrite, problème, récitation, rédaction, thème, version.

EXERGUE ☐ → *inscription.*

EXHALAISON ☐ **I.** Arôme, bouffée, effluve, émanation, évaporation, fragrance, fumée, fumet, gaz, haleine, moyette, odeur, parfum, senteur, souffle, vapeur. **II. Non favorable :** pestilence, puanteur, relent, remugle.

EXHALER ☐ **I. Au pr. 1.** Dégager, embaumer, émettre, épancher, fleurer, odorer, produire, répandre, sentir. **2. Non favorable :** empester, empuantir, puer, suer. **II. Par ext. :** exprimer, extérioriser, déverser, don-

ner libre cours, proférer, manifester.
III. V. pron. : émaner, s'évaporer,
transpirer, *et les formes pron. possibles des syn. de* EXHALER.

EXHAUSSEMENT □ → *haussement.*

EXHAUSSER □ → *hausser.*

EXHAUSTIF, IVE □ **I. Au pr.** : achevé,
complet, total. **II. Fig.** : absorbant,
accablant, épuisant, exténuant.

EXHÉRÉDER □ → *déshériter.*

EXHIBER □ → *montrer.*

EXHIBITION □ → *spectacle.*

EXHORTATION □ **I.** → *encouragement.* **II.** → *sermon.*

EXHORTER □ → *encourager.*

EXHUMER □ → *déterrer, produire.*

EXIGEANT, E □ Absorbant, accapa-
rant, délicat, difficile, dur, envahissant, insatiable, intéressé, intraitable,
maniaque, pointilleux, sévère, strict,
tyrannique.

EXIGENCE □ → *revendication.*

EXIGER □ → *réclamer.*

EXIGU, UË □ → *petit.*

EXIGUÏTÉ □ Étroitesse, médiocrité,
mesquinerie, modicité, petitesse.

EXIL □ **I.** Ban, bannissement, déportation, expatriation, expulsion, lettre de cachet (vx), ostracisme, proscription, relégation, transportation.
II. Départ, éloignement, isolement,
réclusion, renvoi, retraite, séparation.

EXILÉ, E □ Émigré. → *banni.*

EXILER □ → *bannir.*

EXISTANT, E □ → *actuel, présent.*

EXISTENCE □ **I.** → *être.* **II.** → *vie.*

EXISTER □ **I.** → *être.* **II.** → *vivre.*

EXODE □ **I.** → *émigration.* **II.** Abandon, départ, dépeuplement,
désertion.

EXONÉRATION □ **I.** → *diminution.*
II. → *immunité.*

EXONÉRER □ **I.** → *exempter.* **II.** →
soulager.

EXORBITANT, E □ → *démesuré.*

EXORCISER □ Adjurer, chasser, conjurer, purifier, rompre
le charme/l'enchantement/l'envoûtement.

EXORCISME □ Adjuration, conjuration, délivrance, dépossession,
désenvoûtement, évangile, formule
cabalistique, prière, purification, supplication.

EXORCISTE □ **I. Au pr.** : conjurateur,
exorciseur. **II. Par ext.** : cabaliste,
grand prêtre, mage, sorcier.

EXORDE □ **I.** → *introduction.* **II.** →
commencement.

EXOTIQUE □ → *étranger.*

EXPANSIBLE □ → *souple.*

EXPANSIF, IVE □ → *communicatif.*

EXPANSION □ **I.** → *dilatation.* **II.** →
propagation.

EXPATRIÉ, E □ → *émigré.*

EXPATRIER □ → *bannir.* **V. pron.** →
quitter.

**EXPECTANCE, EXPECTATION,
EXPECTATIVE** □ **I.** Attente, espérance, espoir, perspective. **II.** Opportunisme. → *habileté.*

EXPECTORATION □ → *crachement.*

EXPECTORER □ → *cracher.*

EXPÉDIENT, E □ adj. → *convenable.*

EXPÉDIENT □ n. Accommodement,
acrobatie, échappatoire, intrigue,
mesure, moyen, procédé, ressource,
rétablissement, ruse, tour, truc.

EXPÉDIER □ **I. Au pr.** → *envoyer.* **II.
Par ext.** *1.* → *accélérer.* *2.* → *congédier.* *3.* → *tuer.*

EXPÉDITEUR, TRICE □ Consigna-
teur, destinateur, envoyeur, expéditionnaire, exportateur. → *commerçant.*

EXPÉDITIF, IVE □ → *actif, rapide.*

EXPÉDITION □ **I.** → *copie.* **II.** →
voyage. **III.** → *réalisation.* **IV. Milit.** :
campagne, coup de main, croisade,
guerre, opération, raid. **V.** Chargement, consignation, courrier, envoi,
transport.

EXPÉDITIONNAIRE □ → *employé.*

EXPÉRIENCE □ **I.** → *expérimentation.* **II.** Acquis, connaissance, habitude, sagesse, savoir, science. **III.**
Apprentissage, école, pratique, routine, usage.

EXPÉRIMENTATION □ Application,
constatation, contrôle, démonstration, épreuve, essai, étude, expérience, observation, recherche, tentative, test, vérification.

EXPÉRIMENTÉ, E □ → *capable.*

EXPÉRIMENTER □ Aventurer, constater, éprouver, essayer, étudier, goûter, hasarder, mettre à l'épreuve,
observer, se rendre compte, se renseigner, risquer, tâter de, tenter, vérifier, voir.

EXPERT □ **I. N. m.** : commissaire-
priseur, sapiteur (mar.). **II. Adj.** →
capable.

EXPERTISE □ → *estimation.*

EXPERTISER □ → *examiner.*

EXPIATION □ **I.** → *réparation.* **II.** →
punition.

EXPIATOIRE □ Piaculaire.

EXPIER □ → *réparer.*

EXPIRATION □ **I.** Haleine, halenée,
respiration, souffle. **II.** Échéance, fin,
terme.

EXPIRER □ **I. Au pr.** : exhaler, respirer, souffler. **II. Par ext.** : s'éteindre,
mourir, rendre l'âme/le dernier soupir. **III. Fig.** : cesser, disparaître,

se dissiper, s'évanouir, finir, prendre fin, venir à son échéance/sa fin/son terme.

EXPLÉTIF, IVE □ → *superflu.*

EXPLICABLE □ → *intelligible.*

EXPLICATION □ **I. D'un texte :** anagogie, anagogisme, appareil critique, commentaire, définition, éclaircissement, exégèse, exposé, exposition, glose, herméneutique, indication, interprétation, note, paraphrase, précision, remarque, renseignement, scolie. **II. Par ext. 1.** Cause, éclaircissement, élucidation, justification, motif, raison, version. **2.** Altercation, débat, discussion, dispute, mise au point. → *bagarre.*

EXPLICITE □ → *clair.*

EXPLICITER □ → *énoncer.*

EXPLIQUER □ **I. Au pr. :** annoncer, communiquer, déclarer, décrire, développer, dire, exposer, exprimer, faire connaître, montrer, raconter. **II. Par ext. 1. Une chose explique une chose :** manifester, montrer, prouver, trahir. **2. On explique une chose :** commenter, débrouiller, démêler, définir, éclaircir, éclairer, élucider, expliciter, faire comprendre, gloser, illustrer, interpréter, mettre au clair/au net/au point, rendre intelligible, traduire. **3.** Apprendre, enseigner, montrer, rendre compte. **4.** Donner/fournir des excuses/explications, justifier, montrer. **III. V. pron. 1.** Se déclarer, se disculper, se justifier, parler. **2.** Aller de soi, se comprendre.

EXPLOIT □ **I. Au pr. :** acte/action d'éclat, bravoure, conduite, fait d'armes, geste (vx), haut fait, performance, prouesse, record, trait. **II. Jurid. :** ajournement, assignation, citation, commandement, notification, procès-verbal, signification, sommation.

EXPLOITATION □ → *établissement.*

EXPLOITER □ **I. Au pr. :** faire valoir, mettre en valeur, tirer parti/profit. **II. Par ext. 1.** → *abuser.* **2.** → *voler.*

EXPLOITEUR, EUSE □ → *profiteur.*

EXPLORATEUR, TRICE □ Chercheur, découvreur, navigateur, prospecteur, voyageur.

EXPLORATION □ → *voyage.*

EXPLORATOIRE □ → *préalable.*

EXPLORER □ → *examiner.*

EXPLOSER □ → *éclater.*

EXPLOSIF, IVE □ **I.** → *impétueux.* **II.** → *sensationnel.*

EXPLOSION □ **I.** Crépitation, déflagration, détonation, éclatement, fulmination, pétarade. **II.** Choc, commotion, désintégration, rupture, souffle. **III. Fig. :** apparition, bouffée, débordement, déchaînement, manifestation, ouragan, saute d'humeur, tempête.

EXPORTATEUR, TRICE □ → *commerçant.*

EXPORTATION □ Commerce avec l'étranger, expatriation, expédition, export-import, transit. → *commerce.*

EXPORTER □ → *vendre.*

EXPOSÉ □ **I.** → *rapport.* **II.** → *récit.*

EXPOSER □ **I. Au pr. 1. Une chose :** afficher, arranger, disposer, étaler, exhiber, mettre en vue, montrer, offrir à la vue, placer, présenter, publier, tourner vers. **2. Quelqu'un ou quelque chose :** compromettre, découvrir, mettre en danger/péril. → *hasarder.* **II. Par ext. :** circonstancier, communiquer, conter, déclarer, décrire, déduire, détailler, développer, dire, donner, écrire, énoncer, expliquer, montrer, narrer, raconter, retracer, traiter. **III. V. pron.** → *risquer.*

EXPOSITION □ **I.** Concours, démonstration, étalage, exhibition, foire, galerie, montre, présentation, rétrospective, salon, vernissage. **II.** Ban, carcan, pilori. **III. Relig. :** ostension, porrection. **IV. Par ext. 1.** → *introduction.* **2.** → *position.* **3.** → *récit.*

EXPRÈS □ n. → *messager.*

EXPRÈS □ adv. À dessein, délibérément, intentionnellement, spécialement, volontairement.

EXPRÈS, ESSE □ adj. Clair, explicite, formel, impératif, net, positif, précis.

EXPRESSÉMENT □ → *absolument.*

EXPRESSIF, IVE □ **I.** Animé, bavard, démonstratif, énergique, mobile, vif. **II. Une chose :** coloré, éloquent, manifeste, parlant, significatif, touchant, vigoureux, vivant.

EXPRESSION □ **I. Au pr. Ce qu'on dit :** cliché (péj.), construction, énoncé, euphémisme, figure, forme, formule, idiotisme, image, locution, métaphore, mot, phrase, pointe, slogan, symbole, terme, touche, tour, tournure, trait, trope. **II. Manière d'être ou de se comporter. 1.** Attitude, caractère, comportement, génie, manière, physionomie, style, ton. **2.** Animation, écho, émanation, incarnation, manifestation, objectivation, personnification.

EXPRIMER □ **I. Au pr. 1.** → *extraire.* **2.** → *presser.* **II. Par ext. :** dire, énoncer, expliquer, exposer, extérioriser, faire connaître/entendre/savoir, figurer, manifester, objectiver, peindre, préciser, rendre, rendre compte, représenter, signifier, souhaiter, spécifier, tourner, traduire, vouloir dire. **V. pron.** → *parler.*

EXPROPRIER □ → *déposséder.*

EXPULSER □ **I. Au pr. :** arracher à, bannir, chasser, déloger, éjecter, éliminer, évacuer, évincer, exclure, excommunier, exiler, expatrier, faire évacuer/sortir, licencier, ostraciser, proscrire, reconduire, refouler, renvoyer, vider (fam.). **II. Méd.** : cracher, déféquer, émettre, éructer, excréter, expectorer, scotomiser, uriner, vomir.

EXPULSION □ **I.** Bannissement, disgrâce, éjection, élimination, évacuation, éviction, exclusion, excommunication, exil, expatriation, licenciement, ostracisme, proscription, refoulement, rejet, renvoi, vidage (fam.). **II. Méd.** : crachement, défécation, déjection, délivrance, émission, éructation, excrétion, exonération, expectoration, miction, scotomisation, vomissement.

EXPURGER □ → *épurer.*

EXQUIS, E □ → *délectable.*

EXSANGUE □ → *pâle.*

EXSUDER □ Couler, distiller, émettre, exprimer, fluer, sécréter, suer, suinter, transpirer.

EXTASE □ **I. Favorable** : admiration, adoration, anagogie, béatitude, contemplation, émerveillement, enivrement, exaltation, félicité, ivresse, lévitation, ravissement, transport, vénération. **II. Méd.** : hystérie, névrose.

EXTASIER (S') □ Crier au miracle, s'écrier, s'exclamer, se pâmer, se récrier. → *enthousiasmer (s').*

EXTENSIBLE □ → *souple.*

EXTENSION □ Accroissement, agrandissement, allongement, amplification, augmentation, déploiement, détente, développement, distension, élargissement, envergure, essor, étendue, étirage, expansion, généralisation, grossissement, prolongement, propagation.

EXTÉNUANT, E □ → *tuant.*

EXTÉNUÉ, E □ → *fatigué.*

EXTÉNUER □ → *fatiguer, affaiblir.*

EXTÉRIEUR, E □ **I. Adj.** : apparent, externe, extrinsèque, manifeste, visible. **II. Nom. 1.** Périphérie. **2.** Air, allure, appareil (vx), apparence, aspect, attitude, brillant, clinquant, couleur, croûte, déguisement, dehors, éclat, écorce, enduit, enveloppe, façade, face, fard, faux-semblant, figure, forme, jour, livrée, maintien, manière, masque, mine, physionomie, pose, semblance (vx), superficie, surface, tenue, tournure, vernis, visage.

EXTÉRIORISER □ → *exprimer.*

EXTERMINATION □ → *carnage.*

EXTERMINER □ **I.** → *tuer.* **II.** → *détruire.* **III.** → *déraciner.*

EXTERNE □ **I. Adj.** → *extérieur.* **II. Nom** → *médecin.*

EXTINCTION □ **I. Fig.** : abolition, abrogation, anéantissement, annulation, arrêt, cessation, décharge (jurid.), destruction, disparition, épuisement, extermination, fin, prescription, suppression **II. De voix** : aphonie.

EXTIRPATION □ → *déracinement.*

EXTIRPER □ → *déraciner.*

EXTORQUER □ **I.** → *obtenir.* **II.** → *voler.*

EXTORSION □ → *malversation.*

EXTRA □ **I. Adv.** → *très.* **II. Adj.** → *supérieur.* **III. Nom. 1.** → *supplément.* **2.** → *serviteur.*

EXTRACTION □ **I.** → *déracinement.* **II.** → *naissance.*

EXTRADER □ → *livrer.*

EXTRADITION □ Livraison, transfert.

EXTRAIRE □ **I.** Arracher, dégager, déraciner, détacher, distiller, enlever, énucléer, exprimer, extorquer, isoler, ôter, prélever, prendre, recueillir, relever, sortir, tirer. **II.** Compiler, résumer.

EXTRAIT □ **I. Au pr.** : esprit (vx), essence, quintessence. **II. Par ext.** : abrégé, analyse, aperçu, bribe, citation, compendium, copie, digest, éléments, entrefilet, épitomé, esquisse, fragment, morceau, notice, partie, passage, plan, portion, précis, promptuaire, raccourci, récapitulation, résumé, rudiment, schéma, sommaire, topo (fam.)

EXTRAORDINAIRE □ **I.** Accidentel, admirable, à tout casser, colossal, considérable, curieux, désopilant, drôle, du tonnerre, énorme, épatant, épique, étonnant, étrange, exceptionnel, fabuleux, fameux, fantasmagorique, fantastique, faramineux, féerique, formidable, fort, fou, funambulesque, génial, gigantesque, grand, hallucinant, hors classe/du commun/ligne, immense, incroyable, inexplicable, inhabituel, inouï, insolite, intense, inusité, magnifique, merveilleux, miraculeux, nouveau, original, particulier, pharamineux, phénoménal, prodigieux, pyramidal, rare, remarquable, retentissant, romanesque, singulier, spécial, spectaculaire, sublime, supérieur, supplémentaire, surnaturel, unique. **II. Non favorable** : abracadabrant, accidentel, affreux, ahurissant, anormal, bizarre, délirant, démesuré, ébouriffant (fam.), effrayant, énorme, époustouflant (fam.), épouvantable, esbroufant (fam.), étourdissant, excentrique, exorbitant, extravagant, fantasque, gros, grotesque, inconcevable, ineffable, inimaginable, inquiétant, intense, invraisemblable, mirobolant, mirifique, monstrueux, stupéfiant, terrible.

EXTRAPOLATION □ Application, calcul, déduction, généralisation, hypothèse, imagination, transposition. → *supposition.*

EXTRAPOLER □ **I.** → *imaginer.* **II.** → *transposer.*

EXTRA-TERRESTRE □ Martien, petit homme vert, vénusien.

EXTRAVAGANCE □ Absurdité, aliénation mentale, bizarrerie, caprice, démence, dérèglement, divagation, écart, énormité, erreur, excentricité, folie, frasque, incartade, insanité.

EXTRAVAGANT, E □ **I.** → *insensé.* **II.** → *capricieux.* **III.** → *extraordinaire.*

EXTRAVAGUER □ → *déraisonner.*

EXTRAVASER (S') □ → *couler.*

EXTRÊME □ **I. Adj. 1. Au pr. :** dernier, final, fin fond, terminal, ultime. **2. Par ext. :** affreux, définitif, désespéré, désordonné, disproportionné, éperdu, exagéré, exceptionnel, excessif, extraordinaire, fort, furieux, grand, héroïque, immense, immodéré, inouï, intense, intensif, mortel, outré, passionné, profond, risqué, suprême, violent. **II. Nom. 1. Sing. :** borne, bout, comble, extrémité, limite, sommet. **2. Général. plur. :** antipode, contraire, opposé.

EXTRÊMEMENT □ → *très.*

EXTRÊME-ONCTION □ Derniers sacrements, sacrements de l'Église / des malades / des martyrs / des mourants, viatique.

EXTRÉMISME □ Jusqu'au-boutisme. → *excès.*

EXTRÉMISTE □ n. et adj. Anar (fam.), anarchiste, avancé, à gauche, contestataire, enragé, extrême droite, gauchiste, jusqu'au-boutiste, progressiste, révolutionnaire, subversif, ultra.

EXTRÉMITÉ □ **I. Au pr. :** aboutissement, appendice, borne, bout, cap, confins, délimitation (par ext.), fin, frontière, limite, lisière, pointe, pôle (par ext.), queue, terme, terminaison, tête. → *extrême.* **II. Par ext.** → *agonie.*

EXTRINSÈQUE □ → *extérieur.*

EXUBÉRANCE □ **I.** → *affluence.* **II.** → *faconde.*

EXUBÉRANT, E □ **I.** → *abondant.* **II.** → *communicatif.*

EXULCÉRATION □ → *ulcération.*

EXULTATION □ Allégresse, débordement, éclatement, emballement, gaieté, joie, jubilation, transports.

EXULTER □ → *réjouir (se).*

EXUTOIRE □ **I.** → *ulcération.* **II.** → *diversion.*

FABLE □ **I. Au pr. 1.** Allégorie, anecdote, apologue, conte, fabliau, fabulation, fiction, folklore, histoire, intrigue, légende, moralité, mythe, parabole, récit, scénario, thème, trame. **2. Non favorable :** affabulation, allégation, baratin, blague, chimère, cinéma, contrevérité, craque, élucubration, fantaisie, galéjade (fam.), histoire, imagination, invention, mensonge, menterie (pop.), roman, salade, tartine, tromperie, utopie. **II. Par ext. Quelqu'un. Péj. :** célébrité, phénomène, ridicule, rigolade (fam.), risée, sujet/thème des conversations.

FABRICANT, E, FABRICATEUR, TRICE □ Artisan, confectionneur, façonnier, faiseur, forgeur, industriel, manufacturier, préparateur, réalisateur.

FABRICATION □ Agencement, confection, création, exécution, façon, façonnage, facture, montage, préparation, production, réalisation.

FABRICIEN □ Marguillier.

FABRIQUE □ **I. Au pr. :** atelier, laboratoire, manufacture, usine. **II. Arch. :** bâtiment/construction/édifice d'ornement. **III. Relig. 1. Quelqu'un :** conseiller, fabricien, marguillier, trésorier. **2.** conseil.

FABRIQUER □ **I. Favorable ou neutre :** agencer, bâtir, confectionner, créer, élaborer, exécuter, façonner, faire, former, manufacturer, mettre en œuvre, modeler, monter, œuvrer, ouvrager, ouvrer, préparer, produire, réaliser, sortir, usiner. **II. Non favorable 1. Une chose :** bâcler, bricoler, torcher (fam.), torchonner (fam.). **2. Une opinion :** calomnier,

falsifier, forger, inventer, médire. **3. Un événement :** fomenter, monter, susciter.

FABULATEUR, TRICE □ → *hâbleur.*

FABULATION □ → *fable.*

FABULER □ → *inventer.*

FABULEUX, EUSE □ **I.** Étonnant, fantastique, formidable, grandiose, incroyable, légendaire, merveilleux, mythique, mythologique, prodigieux, stupéfiant, surnaturel. → *extraordinaire.* **II. Non favorable :** chimérique, exagéré, excessif, fabriqué, faux, feint, fictif, imaginaire, inconcevable, incroyable, inimaginable, inventé, invraisemblable, irréel, mensonger, romanesque.

FAÇADE □ **I. Au pr. :** avant, devant, devanture, endroit, entrée, extérieur, face, front, fronton. **II. Fig. :** apparence, dehors, extérieur, montre, surface, trompe-l'œil.

FACE □ **I.** Avers, obvers. → *visage.* **II. Fig. 1.** → *facade.* **2.** Angle, apparence, côté, point de vue, tournure. **III. Loc. 1. À la face de :** à la vue de, en présence de, ouvertement. **2. En face de :** à l'opposé de, devant, vis-à-vis de. **3. En face :** carrément, courageusement, par-devant, sans crainte. **4. Faire face :** envisager, faire front, s'opposer/parer/se préparer/pourvoir/répondre/satisfaire à. **5. Face à face :** de front, en face, les yeux dans les yeux, nez à nez, vis-à-vis, *et par ext. :* conversation, débat, échange, entretien, entrevue, rencontre.

FACÉTIE □ Astuce, attrape, bouffe, bouffonnerie, canular (fam.), comédie, drôlerie, farce, galéjade, malice, mystification, niaiserie, niche, pantalonnade, plaisanterie, tour, tromperie, turlupinade. → *baliverne.*

FACÉTIEUX, EUSE □ → *farceur.*

FÂCHÉ, E □ Chagriné, contrarié, courroucé, ennuyé, froissé, grognon, insatisfait, irrité, malcontent, marri (vx), de mauvaise humeur, mécontent, offusqué, peiné, piqué, au regret, ulcéré, vexé.

FÂCHER □ → *affliger, agacer.* **V. pron. I.** Avoir un accès/mouvement d'humeur, crier, éclater, s'emporter, se gendarmer, gronder, s'irriter, se mettre en colère, montrer les dents, prendre la mouche, sortir de ses gonds, *et les formes pron. possibles des syn. de* FÂCHER. **II.** Se brouiller/formaliser/froisser/piquer/vexer.

FÂCHERIE □ Colère, contrariété, dépit, déplaisir, mouvement d'humeur. → *brouille.*

FÂCHEUX, EUSE □ **I. Adj. 1.** → *affligeant.* **2.** → *inopportun.* **II. Nom :** casse-pieds (fam.), emmerdeur (grossier), empêcheur de tourner en rond (fam.), empoisonneur, gêneur, importun, indiscret, raseur, sangsue, trublion.

FACIÈS □ **I. Au pr.** → *visage.* **II. Par ext. :** aspect, configuration, morphologie, structure.

FACILE □ **I. Quelque chose. 1.** *Favorable ou neutre :* abordable, accessible, agréable, aisé, à la portée, clair, commode, compréhensible, coulant, dégagé, élémentaire, enfantin, faisable, intelligible, jeu d'enfant, naturel, possible, praticable, réalisable, simple. **2.** *Non favorable :* banal, bête, courant, ordinaire, plat, quelconque, vulgaire. **II. Quelqu'un : 1.** → *accommodant.* **2.** Débonnaire, élastique, faible, léger, libre, mou, veule.

FACILEMENT □ Volontiers *et les adv. en -ment formés à partir des syn. de* FACILE.

FACILITÉ □ **I. D'une chose. 1.** *La qualité. Favorable :* accessibilité, agrément, clarté, commodité, intelligibilité, possibilité, simplicité. *Non favorable :* banalité, platitude, vulgarité. **2.** *Le moyen :* chance, latitude, liberté, marge, moyen, occasion, offre, possibilité. → *aide.* **II. De quelqu'un. 1.** *Favorable :* brio, dons, intelligence. → *aisance.* **2.** *Non favorable :* complaisance, faconde, faiblesse, laisser-aller, laxisme, mollesse, paresse, relâchement.

FACILITER □ **I.** → *aider.* **II.** Aplanir les difficultés, arranger, égaliser, faire disparaître/lever la difficulté, mâcher le travail/la besogne (fam.), ménager, ouvrir/tracer la voie, préparer.

FAÇON □ **I.** → *fabrication.* **II.** → *ameublissement.* **III.** Allure, coupe, exécution, facture, forme, griffe,

manière, style, technique, travail. **IV.** → *allure.* **V. Loc. 1. De toute façon :** en tout état de cause, immanquablement, quoi qu'il arrive, quoi qu'il en soit, qu'on le veuille ou non. **2. De façon que :** afin de/que, de manière/sorte que/. **3. À sa façon :** à sa fantaisie/guise/manière/volonté. **4. En aucune façon :** cas, circonstance, manière. **5. Sans façon :** sans gêne. **VI. Au pl. 1.** → *agissements.* **2.** → *affectation.* **3. Loc.** Faire des *façons :* cérémonies, complications, embarras, giries, histoires, manières, politesses.

FACONDE □ **Génér. péj. :** abondance, bagou, baratinage, bavardage, charlatanisme, éloquence, emballement, emportement, exubérance, facilité, logorrhée, loquacité, prolixité, verbiage, verbosité, verve, volubilité.

FAÇONNER □ **I. Quelque chose :** arranger, disposer, transformer, travailler. → *fabriquer.* **II. Par ext. 1.** *Le sol :* aérer, bêcher, biner, cultiver, décavaillonner, gratter, herser, labourer, rouler, sarcler, scarifier, travailler. **2.** *Un objet d'art :* composer, décorer, orner, ouvrager. **3.** *Quelqu'un :* affiner, apprivoiser, assouplir, civiliser, dégourdir, dégrossir, dérouiller, dresser, éduquer, faire, faire l'éducation de, former, modeler, modifier, perfectionner, pétrir, polir, transformer, tremper.

FAÇONNIER, ÈRE □ **I. Nom :** artisan, ouvrier. **II. Adj.** → *affecté.*

FAC-SIMILÉ □ Copie, duplicata, imitation, photocopie, reproduction.

FACTEUR □ **I. Quelqu'un. 1.** *D'instruments de musique :* accordeur, fabricant, luthier. **2. Adm. :** agent, commis, employé, messager (vx), porteur, préposé, télégraphiste, vaguemestre. **II. Par ext. 1.** Agent, cause, coefficient, élément. **2. Math. :** coefficient, diviseur, multiplicande, multiplicateur, quotient, rapport.

FACTICE □ **I. Quelqu'un** → *affecté.* **II. Quelque chose :** artificiel, fabriqué, faux, imité, postiche.

FACTIEUX, EUSE □ **I. Adj. :** fasciste, illégal, réactionnaire, révolutionnaire, sectaire, séditieux, subversif. **II. Nom :** agent provocateur, agitateur, cabaleur, comploteur, conjuré, conspirateur, contestataire, émeutier, excitateur, instigateur, insurgé, intrigant, meneur, mutin, partisan, rebelle, révolté, révolutionnaire, séditieux, semeur de troubles, suspect, trublion.

FACTION □ **I. Au pr. :** agitation, brigue, cabale, complot, conjuration, conspiration, contestation, émeute, excitation, groupement, groupuscule, insurrection, intrigue, ligue, mutinerie, parti, rébellion, révolte, révolution, sédition, trouble, violence. **II.**

Milit. : garde, guet. **III. Loc. Être de/en faction :** attendre, être de garde/en poste/sentinelle, faire le guet/le pet (arg.), guetter, surveiller.

FACTIONNAIRE □ → *sentinelle.*

FACTORERIE □ → *établissement.*

FACTOTUM *ou* **FACTOTON** □ Homme à tout faire, homme de confiance, intendant, maître Jacques.

FACTUM □ Diatribe, libelle, mémoire, pamphlet.

FACTURE □ **I.** → *addition.* **II.** → *bordereau.* **III.** → *façon.*

FACTURER □ → *compter.*

FACTURIER □ → *comptable.*

FACULTATIF, IVE □ À option, optionnel.

FACULTÉ □ **I.** Collège, campus, corps professoral, école, enseignement supérieur, institut, U. E. R. *ou* unité d'enseignement et de recherche, université. **II. De quelqu'un. 1. Sing. :** aptitude, capacité, droit, force, génie, liberté, licence, moyen, possibilité, pouvoir, privilège, propriété, puissance, ressource, talent, vertu. **2. Plur. :** activité, connaissance, discernement, entendement, esprit, intelligence, jugement, mémoire, parole, pensée, raison, sens, sensibilité. **III. De quelque chose :** capacité, propriété, vertu.

FADA □ → *bête.*

FADAISE □ → *baliverne, bêtise.*

FADE □ **I. Au pr. 1. Au goût :** désagréable, douceâtre, écœurant, fadasse, insipide, melliflue, plat, sans relief/saveur. **2. Par ext. :** délavé, pâle, terne. **II. Fig. :** affecté, conventionnel, ennuyeux, froid, inexpressif, insignifiant, langoureux, languissant, plat, sans caractère/intérêt/relief/saveur/vivacité, terne. → *affadir (s').*

FADEUR □ **I. Au pr. :** insipidité. **II. Fig. :** affectation, convention, ennui, insignifiance, manque de caractère/intérêt/relief/saveur/vivacité, platitude.

FAFIOT □ → *billet.*

FAGNE □ → *boue.*

FAGOT □ Brande, brassée, bourrée, cotret, fagotin, faisceau, falourde, fascine, fouée, javelle, ligot, margotin, mort-bois.

FAGOTER □ → *vêtir.*

FAIBLE □ **I. Adj. 1. Quelqu'un.** *Au phys. :* abattu, affaibli, anéanti, anémié, anémique, asthénique, asthmatique, bas, caduc, chancelant, chétif, débile, défaillant, déficient, délicat, déprimé, épuisé, étiolé, faiblard, fatigué, flagada (fam.), fluet, fragile, frêle, grêle, impotent, infirme, invalide, languissant, las, lymphatique, malingre, pâle, pâlot, patraque, rachitique, souffreteux. *Moral :* aboulique,

apathique, avachi, bonasse, complaisant, débonnaire, désarmé, doux, facile, impuissant, incertain, indécis, influençable, instable, insuffisant, labile, lâche (péj.), laxiste, médiocre, mou, pusillanime, sans caractère/défense/volonté, velléitaire, veule, vulnérable. **2. Une chose :** branlant, fragile, friable, inconsistant, instable, précaire. *Un son :* bas, étouffé, imperceptible, léger. *Un travail :* insuffisant, mauvais, médiocre, réfutable. *Un style :* fade, impersonnel, incolore, mauvais, médiocre, neutre. *Un sentiment :* tendre. *Une quantité :* bas, modéré, modique, petit. *Une opinion :* attaquable, critiquable, réfutable. **II. Nom masc. 1. Quelqu'un :** aboulique, apathique, avorton, freluquet, gringalet, imbécile, mauviette, mou, pauvre type, petit, simple, vulnérable. **2. Comportement.** *Neutre ou favorable :* complaisance, goût, penchant, prédilection, tendance, tendresse. *Non favorable :* défaut, faiblesse, infériorité, vice.

FAIBLEMENT □ Doucement, mal, mollement, à peine, peu, vaguement *et les adv. en* -ment *formés à partir des syn. de* FAIBLE.

FAIBLESSE □ **I. Phys. :** abattement, adynamie, affaiblissement, anéantissement, anémie, apathie, asthénie, cachexie, débilité, défaillance, déficience, délicatesse, dépression, épuisement, étourdissement, évanouissement, fatigue, fragilité, impuissance, inanition, infériorité, infirmité, insuffisance, maigreur, pâmoison, rachitisme, syncope. **II. Moral. 1. Neutre :** complaisance, inclination, indulgence, goût, penchant, prédilection, préférence. **2. Non favorable :** abandon, aboulie, apathie, arriération, avachissement, aveulissement, bassesse, complaisance, complicité, débonnaireté, défaillance, défaut, démission, écart, entraînement, erreur, facilité, faute, faux pas, glissade, idiotie, imbécillité, inconsistance, indécision, indigence, insignifiance, insipidité, instabilité, insuffisance, irrésolution, lâcheté, laisser-aller, laxisme, médiocrité, mollesse, partialité, petitesse, pusillanimité, veulerie.

FAIBLIR □ **I. Phys. :** → *affaiblir (s').* **II. Moral :** s'amollir, céder, fléchir, mollir, plier, ployer, se relâcher, se troubler.

FAÏENCE □ **I. La matière :** cailloutage, céramique, terre de pipe. **II. L'objet :** assiette, azuléjo, bol, carreau, carrelage, pichet, plat, pot, poterie. **III. D'après le fabricant ou le lieu de fabrique :** Bernard Palissy, Bruxelles, Gien, Jersey, Lunéville, maïolique, majolique, Marseille, Moustiers, Nevers, Quimper, Rouen, Strasbourg, Wedgwood, etc.

FAILLE □ → *brisure, fente.*

FAILLIR □ v. intr. et tr. ind. → *manquer.*

FAILLITE □ **I. Au pr.** : déconfiture, dépôt de bilan. **II. Par ext.** : banqueroute, chute, crise, culbute, débâcle, défaillance, échec, fiasco, insolvabilité, krach, liquidation, marasme, ruine.

FAIM □ **I.** Appétit, besoin, boulimie, creux, dent, disette, faim-calle/-valle (méd. et vétér.), famine, fringale, inanition, voracité. **II.** → *ambition.* **III. Loc. Avoir faim** et les syn. de FAIM. **Fam.** : avoir la dent/les crocs/l'estomac dans les talons, claquer du bec, creuser, crever la faim, la péter/sauter. → *affamé.*

FAINE □ Amande, fruit, gland, graine.

FAINÉANT, E □ adj. et n. **I. Au pr.** : bon à rien, cancre, désœuvré, inactif, indolent, lézard, musard, nonchalant, oisif, paresseux, propre-à-rien, rêveur, vaurien. **II. Fam.** : cagnard, cagne, clampin, cossard, feignant, flemmard, tire-au-cul, tire-au-flanc.

FAINÉANTER □ → *paresser.*

FAIRE □ **I. Un objet** → *fabriquer.* **II. Une action** → *accomplir.* **III. Une œuvre** → *composer.* **IV. Une loi** → *constituer.* **V. Des richesses** → *produire.* **VI. Un être** : reproduire. → *accoucher.* **VII. Ses besoins** → *besoin.* **VIII. Un mauvais coup** → *tuer, voler.* **IX. Fam.** : branler, ficher, foutre, goupiller. **X. Loc.** *(Comme avoir et être, faire a un sens très général et entre dans la composition d'un très grand nombre de loc. Voir les syn. des noms compl. d'obj. de faire entrant dans la loc.)*

FAIR-PLAY □ Sport. → *convenable.*

FAISABLE □ → *facile.*

FAISAN □ → *fripon.*

FAISANDÉ, E □ **Fig.** : avancé, corrompu, douteux, malhonnête, malsain, pourri.

FAISCEAU □ **I. Au pr.** → *fagot.* **II. Par ext.** → *accumulation.*

FAISEUR, EUSE □ adj. et n. **I.** → *fabricant.* **II.** → *bâtisseur.* **III.** → *bêcheur.*

FAISSELLE □ → *égouttoir.*

FAIT □ **I. Favorable ou neutre** → *acte, affaire.* **II. Non favorable** → *faute.* **III. Loc. 1. Dire son fait à quelqu'un** : ses quatre vérités. **2. Voie de fait** : coup, violence. **3. Haut fait** : exploit, performance, prouesse. **4. Mettre au fait** → *informer.*

FAÎTAGE □ Arête, charpente, comble, ferme, faîte, poutres.

FAÎTE □ **I. Au pr.** → *faîtage.* **II. Par ext.** : apogée, cime, crête, haut, pinacle, point culminant, sommet, summum.

FAÎTIÈRE □ Lucarne.

FAITOUT □ → *marmite.*

FAIX □ → *fardeau.*

FAKIR □ **I. Au pr.** : ascète, derviche, mage, santon, yogi. **II. Par ext.** : prestidigitateur, thaumaturge, voyant.

FALAISE □ Escarpement, mur, muraille, paroi, à-pic.

FALBALA □ → *affaire.*

FALLACIEUX, EUSE □ → *hypocrite.*

FALLOIR □ **I.** Devoir, être indispensable/nécessaire/obligatoire, il y a lieu de. **II. Loc. 1. Peu s'en faut :** il a failli, il s'en est manqué de peu. **2. Tant s'en faut :** au contraire, loin de. **3. Il ne faut que :** il suffit de.

FALOT □ n. **I.** → *fanal.* **II. Arg. milit.** : conseil de guerre, tribunal.

FALOT, E □ adj. Anodin, effacé, inconsistant, inoffensif, insignifiant, médiocre, négligeable, nul, pâle, terne.

FALSIFICATEUR □ → *voleur.*

FALSIFICATION □ → *altération.*

FALSIFIER □ → *altérer.*

FAMÉLIQUE □ **I.** → *affamé.* **II.** → *besogneux.* **III.** → *étique.*

FAMEUX, EUSE □ **I.** → *célèbre.* **II.** Extraordinaire, remarquable. **III.** → *bon.*

FAMILIAL, E □ Domestique, parental.

FAMILIARISER □ → *acclimater.*

FAMILIARITÉ □ **I. Favorable. 1.** → *intimité.* **2.** → *abandon.* **II. Non favorable** → *désinvolture.*

FAMILIER, ÈRE □ **I. Nom** → *ami.* **II. Adj. 1. Quelque chose :** aisé, commun, courant, domestique, habituel, facile, ordinaire, simple, usuel. **2. Quelqu'un :** accessible, amical, connu, facile, gentil, intime, liant, libre, rassurant, simple, sociable, traitable. **3. Animal :** acclimaté, apprivoisé, dressé, familiarisé.

FAMILLE □ **I. Au pr. 1.** Alliance, ascendance, auteurs, branche, descendance, dynastie, extraction, filiation, généalogie, génération, hérédité, lignage, lignée, maison, parenté, parents, postérité, race, sang, siens (les), souche. **2.** Bercail, couvée, entourage, feu, foyer, logis, maison, maisonnée, marmaille (péj.), ménage, nichée, progéniture, smala, toit, tribu. **II. Par ext.** : catégorie, clan, classe, collection, école, espèce, genre.

FAMINE □ → *disette.*

FANAL □ Falot, feu, flambeau, lanterne, phare.

FANATIQUE □ adj. et n. **I. Non favorable** → *intolérant.* **II. Favorable. 1.** Amoureux, ardent, brûlant, chaleureux, chaud, emballé, en délire, enflammé, enthousiaste, fervent, fou, frénétique, laudateur, louangeur, lyrique, mordu, passionné, zélateur. **2.** Convaincu, courageux, dévoué, enragé, gonflé (fam.), hardi, inconditionnel, jusqu'au-boutiste (fam.), téméraire. **3.** Fan, groupie, idolâtre.

FANATISER □ → *exciter.*

FANATISME □ **I. Non favorable** → *intolérance.* **II. Favorable. 1.** Acharnement, amour, ardeur, chaleur, délire, dithyrambe, emballement, engouement, enthousiasme, exaltation, ferveur, feu, fièvre, flamme, folie, frénésie, fureur, lyrisme, passion, zèle. **2.** Abnégation, acharnement, conviction, courage, dévouement, don de soi, hardiesse, héroïsme, jusqu'au-boutisme (fam.), témérité.

FANÉ, E □ Abîmé, altéré, avachi, décati, décoloré, défraîchi, délavé, fatigué, flétri, pâli, pisseux, ridé, séché, terni, usagé, vieilli, vieux.

FANER (SE) □ → *flétrir (se).*

FANFARE □ **I. Au pr. :** clique, cors, cuivres, harmonie, lyre, nouba (partic.), orchestre, trompes. **II. Fig. :** bruit, démonstration, éclat, éloge, fracas, pompe.

FANFARON, ONNE □ adj. et n. → *hâbleur.*

FANFARONNADE □ → *hâblerie.*

FANFARONNER □ → *hâbler.*

FANFRELUCHE □ → *bagatelle.*

FANGE □ **I.** → *boue.* **II.** → *bauge.*

FANGEUX, EUSE □ → *boueux.*

FANION □ → *bannière.*

FANTAISIE □ **I.** → *imagination.* **II.** → *humeur.* **III.** → *bagatelle.* **IV.** → *fable.*

FANTAISISTE □ n. et adj. **I.** → *amateur.* **II.** → *bohème.*

FANTASMAGORIE □ Grand guignol, phantasme. → *spectacle.*

FANTASMAGORIQUE □ **I.** → *extraordinaire.* **II. Par ext. :** énorme, étonnant, extraordinaire, extravagant, fantastique, formidable, hallucinatoire, incroyable, invraisemblable, rocambolesque, sensationnel.

FANTASME □ → *imagination, vision.*

FANTASMER □ → *imaginer, rêver.*

FANTASQUE □ → *bizarre.*

FANTASSIN □ → *soldat.*

FANTASTIQUE □ → *extraordinaire.*

FANTOCHE □ n. et adj. **I.** Guignol, mannequin, marionnette, pantin, polichinelle, poupée. **II. Par ext. :** bidon (fam.), fantôme, inconsistant, inexistant, larve, sans valeur, simulacre.

FANTOMATIQUE □ → *imaginaire.*

FANTÔME □ **I. Au pr. :** apparition, double, ectoplasme, esprit, ombre, revenant, spectre, vision, zombi. **II. Par ext. :** apparence, chimère, épouvantail, illusion, phantasme, simulacre, vision.

FAQUIN □ → *maraud.*

FARAMINEUX, EUSE □ → *extraordinaire.*

FARANDOLE □ → *danse.*

FARAUD, AUDE □ **I.** Arrogant, fat, malin, prétentieux. **II.** → *hâbleur.*

FARCE □ **I.** → *hachis.* **II.** → *facétie.*

FARCEUR, EUSE □ **I. Favorable ou neutre :** amuseur, baladin, bateleur, blagueur, bouffon, boute-en-train, chahuteur, comédien, comique, conteur, drôle, espiègle, facétieux, gouailleur, loustic, moqueur, plaisantin, turlupin. **II. Non favorable :** fumiste, histrion, mauvais plaisant, paillasse, pitre, sauteur.

FARCI, E □ → *plein.*

FARD □ **I.** Artifice, brillant, déguisement, dissimulation, faux, trompe-l'œil. **II.** Barbouillage, couleur, fond de teint, grimage, maquillage, ornement, peinture, rouge.

FARDEAU □ **I. Au pr. :** bagage, charge, chargement, colis, faix, poids, surcharge. **II. Fig. :** charge, croix, ennui, joug, souci, surcharge, tourment.

FARDER □ **I. Au pr. :** embellir, faire une beauté, grimer, maquiller. **II. Fig. 1.** Couvrir, défigurer, déguiser, dissimuler, embellir, envelopper, maquiller, marquer, replâtrer, pallier, plâtrer, voiler. **2.** → *altérer.*

FARDER (SE) □ S'embellir, s'enduire de fard, se faire une beauté/un ravalement (fam.), se parer, *et les formes pron. possibles des syn. de* FARDER.

FARDIER □ → *voiture.*

FARFADET □ Follet, lutin, nain.

FARFELU, E □ → *bizarre.*

FARFOUILLER □ Bouleverser, brouiller, chercher, déranger, ficher (fam.), foutre (vulg.)/mettre le bordel (grossier)/désordre/en désordre/en l'air, sens dessus dessous, retourner, trifouiller (fam.), tripatouiller (fam.).

FARIBOLE □ → *bagatelle.*

FARIGOULE □ Pouliot, serpolet, thym.

FARINE □ Fécule, maïzena, recoupette.

FARLOUSE □ Pipit. → *passereau.*

FARNIENTE □ → *oisiveté.*

FAROUCHE □ **I.** → *intraitable.* **II.** → *timide.* **III.** Âpre, dur, effarouchant, fier. → *sauvage.*

FASCICULE □ Brochure, cahier, libelle, livraison, livre, livret, opuscule, plaquette, publication.

FASCINANT, E □ → *agréable, séduisant.*

FASCINATEUR, TRICE □ n. et adj. → *séducteur.*

FASCINATION □ **I. Au pr.** : hypnose, hypnotisme, magie. **II. Par ext.** : appel, ascendant, attirance, attraction, attrait, charme, éblouissement, enchantement, ensorcellement, envoûtement, magnétisme, séduction, trouble.

FASCINE □ Claie, gabion. → *fagot.*

FASCINER □ **I. Au pr.** : charmer, ensorceler, hypnotiser, magnétiser. **II. Par ext.** : appeler, attirer, captiver, charmer, éblouir, égarer, émerveiller, s'emparer de, enchanter, endormir, enivrer, ensorceler, envoûter, maîtriser, plaire à, séduire, troubler.

FASHIONABLE □ → *élégant.*

FASTE □ **I. Adj.** → *favorable.* **II. Nom** → *apparat.*

FASTES □ → *annales.*

FASTIDIEUX, EUSE □ → *ennuyeux.*

FASTUEUX, EUSE □ → *beau.*

FAT □ Arrogant, avantageux, bellâtre, content de soi, dédaigneux, fanfaron, fiérot, galant, impertinent, infatué, orgueilleux, plastron, plat, plein de soi, poseur, précieux, prétentieux, rodomont, satisfait, sot, suffisant, vain, vaniteux.

FATAL, E □ **I. Neutre** : immanquable, inévitable, irrévocable, obligatoire. → *sûr.* **II. Non favorable** : déplorable, dommageable, fâcheux, funeste, létal, malheureux, mauvais, mortel, néfaste.

FATALEMENT □ → *sûrement.*

FATALISME □ Abandon, acceptation, déterminisme, passivité, renoncement, résignation.

FATALITÉ □ **I. Neutre** : destin, destinée, éventualité, fortune, nécessité, sort. **II. Non favorable** : catastrophe, désastre, fatum, létalité, malédiction, malheur.

FATIGANT, E □ → *tuant.*

FATIGUE □ **I. Au pr.** : abattement, accablement, affaissement, déprime, épuisement, éreintement, exténuation, faiblesse, forçage, harassement, labeur, lassitude, peine, surmenage, vape (arg.). **II. Par ext.** → *ennui.* **III. Méd.** : abattement, accablement, affaiblissement, alanguissement, anéantissement, asthénie, dépression, faiblesse, usure.

FATIGUÉ, E □ **I. Quelqu'un.** *1. Phys.* : accablé, assommé, avachi, brisé, claqué, courbatu, courbaturé, crevé, éreinté, écrasé, épuisé, éreinté, esquinté, excédé, exténué, flagada, flapi, fourbu, harassé, indisposé, las, mort, moulu, pompé, recru, rendu, rompu, roué de fatigue, suren-

traîné, sur les dents, surmené, vanné, vaseux, vasouillard, vermoulu, vidé. *2. Par ext.* : abattu, abruti, accablé, assommé, blasé, brisé, cassé, dégoûté, démoralisé, déprimé, écœuré, ennuyé, excédé, importuné, lassé, saturé. **II. Quelque chose** : abîmé, amorti, avachi, déformé, défraîchi, délabré, délavé, éculé, élimé, esquinté, fané, limé, râpé, usagé, usé, vétuste, vieux.

FATIGUER □ **I. Au pr. Phys.** : accabler, ahaner, assommer, avachir, briser, claquer, crever, déprimer, échiner, écraser, épuiser, éreinter, esquinter, estrapasser (équit.), excéder, exténuer, flapir, fouler, harasser, lasser, moudre, rompre, suer, surentraîner, surmener, trimer, tuer, vanner, vider. **II. Fig.** → *ennuyer.*

FATRAS □ → *amas.*

FATUITÉ □ → *orgueil.*

FATUM □ → *destin.*

FAUBOURG □ → *banlieue.*

FAUCHE □ → *vol.*

FAUCHÉ, E □ → *pauvre.*

FAUCHER □ → *abattre.*

FAUCILLE □ **Par ext.** → *faux, serpe.*

FAUCON □ Crécerelle, émerillon, émouchet, épervier, gerfaut, hobereau, laneret, lanier. → *rapace.*

FAUFILER □ → *coudre.*

FAUFILER (SE) □ → *introduire (s').*

FAUNE □ Chèvre-pied, satyre, sylvain.

FAUSSAIRE □ Escroc. → *fripon.*

FAUSSER □ → *altérer.*

FAUSSETÉ □ Aberration, chafouinerie, déloyauté, dissimulation, duplicité, erreur, escobarderie, feinte, fourberie, hypocrisie, imposture, inexactitude, jésuitisme, mauvaise foi, mensonge, papelardise, patelinage, pharisaïsme, sophisme, sournoiserie, spéciosité, tartuferie, tromperie.

FAUTE □ **I. Au pr. 1.** Chute, coulpe (vx), écart, égarement, erreur, mal, peccadille, péché, vice. **2.** Contravention, crime, délit, forfaiture, infraction, manquement, mauvaise action, méfait. **3.** Bévue, énormité, erratum, ignorance, maladresse, méprise, négligence, omission. **4.** Défectuosité, imperfection, impropriété, inexactitude. **5.** Absence, défaut, lacune, manque, privation. **6. Fam. :** bavure, boulette, connerie, gaffe, loup, manque, os, paillon. **II.** Barbarisme, contresens, cuir, faux/nonsens, incorrection, lapsus, pataquès, perle, solécisme. **III. Imprimerie :** bourdon, coquille, doublage, doublon, mastic, moine. **IV. Loc. 1. Sans faute** → *évidemment.* **2. Faire faute** → *manquer.*

FAUTEUIL □ → *siège.*

FAUTEUR □ → *instigateur, complice.*

FAUTIF, IVE □ → *coupable.*

FAUVE □ **I. Adj.** → *jaune.* **II. Nom masc.** : bête féroce/sauvage, carnassier, félidé, félin, léopard, lion, panthère, tigre.

FAUVETTE □ Bec-figue/fin, traîne-buisson.

FAUX, FAUSSE □ **I. Quelqu'un** : affecté, cabotin, chafouin, comédien, déloyal, dissimulé, double, emprunté, étudié, fautif, félon, fourbe, grimacier, hypocrite, imposteur, menteur, papelard, patelin, perfide, pharisien, simulé, sournois, tartufe, traître, trompeur. **II. Quelque chose** : aberrant, absurde, altéré, apocryphe, artificiel, au flan (fam.), captieux, chimérique, contrefait, controuvé, copié, emprunté, erroné, fabuleux, factice, fallacieux, falsifié, fardé, feint, imaginaire, incorrect, inexact, infidèle, inventé, mal fondé, mensonger, pastiché, plagié, postiche, pseudo, saugrenu, simulé, supposé, toc (fam.), travesti, trompeur, truqué, usurpé, vain.

FAUX □ **I. Nom masc.** → *fausseté.* **II. Nom fém.** : dail, daillette, faucard, fauchon.

FAUX-FUYANT □ → *excuse, fuite.*

FAUX-SEMBLANT □ → *affectation.*

FAUX SENS □ → *faute.*

FAVEUR □ **I.** Ruban. **II.** Aide, amitié, appui, avantage, bénédiction, bénéfice, bienfait, bienveillance, bonnes grâces, bon office/procédé, bouquet, cadeau, complaisance, considération, crédit, distinction, dispense, don, égards, favoritisme, fleur (fam.), grâce, gratification, indulgence, libéralité, passe-droit, prédilection, préférence, privilège, protection, récompense, service, sympathie. **III. Faire la faveur de** : aumône, grâce, plaisir, service.

FAVORABLE □ Accommodant, agréable, ami, avantageux, bénéfique, bénévole, bénin (vx), bienveillant, bon, clément, commode, convenable, faste, heureux, indulgent, obligeant, propice, prospère, protecteur, salutaire, secourable, sympathique, tutélaire.

FAVORI, ITE □ **I. Adj.** : chéri, choisi, chouchou, élu, enfant gâté, mignon, préféré, privilégié, protégé. **II. Nom masc.** : côtelette, patte de lapin, rouflaquette.

FAVORISER □ **I. Quelqu'un** : accorder, aider, avantager, douer, encourager, gratifier, pousser, prêter aide/assistance/la main, protéger, seconder, servir, soutenir. **II. Quelqu'un ou quelque chose** : faciliter, privilégier, servir.

FAVORITE □ → *amante.*

FAVORITISME □ Combine, népotisme, partialité, préférence.

FAYOT □ **I.** → *haricot.* **II.** → *zélé.*

FAZENDA □ Hacienda. → *propriété.*

FÉAL, E □ **I. Vx.** : loyal. **II.** → *partisan.*

FÉBRILE □ **I.** → *fiévreux.* **II.** → *violent.*

FÉBRILITÉ □ → *nervosité.*

FÈCES □ → *excrément.*

FÉCOND, E □ **I. Au pr.** : abondant, fertile, fructifiant, fructueux, généreux, gras, gros, inépuisable, intarissable, plantureux, producteur, productif, prolifique, surabondant, ubéreux. **II. Par ext.** : créateur, imaginatif, inventif, riche.

FÉCONDATION □ Conception, conjugaison, ensemencement, génération, insémination, pariade, procréation, reproduction.

FÉCONDER □ → *engendrer.*

FÉCONDITÉ □ → *fertilité.*

FÉDÉRATION □ Alliance, association, coalition, confédération, consortium, ligue, société, syndicat, union.

FÉDÉRÉ, E □ **I.** → *allié.* **II.** Communard.

FÉDÉRER □ Affider, allier, assembler, associer, coaliser, confédérer, liguer, rassembler, réunir, unir.

FÉERIE □ Attraction, divertissement, exhibition, fantasmagorie, fantastique, magie, merveille, merveilleux, numéro, pièce, représentation, revue, scène, séance, show, spectacle, tableau.

FÉERIQUE □ **I.** → *beau.* **II.** → *surnaturel.*

FEIGNANT, E □ → *paresseux.*

FEINDRE □ **I.** → *affecter.* **II.** → *inventer.* **III.** → *botter.*

FEINT □ → *faux.*

FEINTE □ Affectation, artifice, cabotinage, cachotterie, comédie, déguisement, dissimulation, duplicité, faux-semblant, feintise, fiction, grimace, hypocrisie, invention, leurre, mensonge, momerie, pantalonnade, parade, ruse, simulation, singerie, sournoiserie, tromperie. → *fausseté.*

FEINTER □ → *tromper.*

FÊLÉ, E □ → *fou.*

FÊLER □ → *fendre.*

FÉLICITATION □ Applaudissement, apologie, bravo, compliment, congratulation, éloge, glorification, hourra, louange, panégyrique.

FÉLICITÉ □ → *bonheur.*

FÉLICITER □ Applaudir, approuver, complimenter, congratuler, louanger, louer. **V. pr.** → *réjouir (se).*

FÉLIN □ → chat.

FELLATION (PRATIQUER LA)
□ **Arg. :** brouter (l'asperge/la tige),
donner un coup de téléphone, faire
une boule de gomme/un chapeau du commissaire/une gourman-
dise/une → pipe/un pompelard/un
pompier/une turlute, pomper, scal-
per le mohican, sucer, tailler une
plume, téter, tutoyer le pontife, etc.

FÉLON, ONNE □ → infidèle.

FÉLONIE □ → infidélité.

FÊLURE □ Cheveu. → fente.

FÉMINISER □ **I.** Efféminer. **II. Péj. :**
déviriliser. → affaiblir.

FEMME □ **I. Au pr. :** dame, demoiselle. **II. Par ext. 1. Neutre :** compagne, concubine, égérie, épouse,
fille d'Ève, moitié (fam.), muse →
beauté. **2. Non favorable** → mégère.
3. → fille. **4. Arg. :** bergère, fatma,
floume, frangine, gonzesse, lamedé,
légitime, lesbombe, linge, moukère,
mousmé, nana, pépée, poule, régulière, sœur, souris, ticket, non favorable : bringue, cavette, damoche,
fébosse, fendue, fillasse, greluche,
grenouille, grognasse, laitue, langouste, mocheté, poufiasse, réclamé,
rombière,   saucisson,   tarderie,
vachasse, veau. → prostituée.

FENDILLER (SE) □ Se craqueler, se
crevasser, se disjoindre, s'étoiler, se
fêler, se fendre, se fissurer, se gercer, se lézarder.

FENDRE □ **I. Sens général :** cliver,
couper, disjoindre, diviser, entrouvrir, fêler, tailler. **II. Les pierres, le
sol :** craqueler, crevasser, fêler, fendiller, fissurer, gercer, lézarder. **III. La
foule :** écarter, entrouvrir, se frayer un
chemin, ouvrir. **IV. Loc. Fendre le
cœur :** briser/crever le cœur. **V. Fig.
Se fendre de quelque chose :** se
débourser (fam.), dépenser, donner, faire un cadeau, faire des lar-
gesses, offrir. → payer.

FENÊTRE □ **I.** Ajour, baie, bow-
window, châssis, croisée, oriel, van-
terne (arg.). **II. Par ext. :** hublot,
lucarne, lunette, oculus, œil-de-
bœuf, tabatière, vasistas, vitre. →
ouverture.

FENIL □ → grange.

FENTE □ Boutonnière, cassure, coupure, crevasse, déchirure, espace,
excavation, faille, fêlure, fissure, géli-
vure, gercure, hiatus, interstice, jour,
lézarde, orifice, scissure, trou, vide.
→ ouverture.

FÉODAL □ Moyenâgeux. seigneurial.

FÉODALITÉ □ **I.** Moyen Âge. **II.** Abus,
cartel, impérialisme, trust.

FER □ **I. Sens général :** acier, métal.
II. Loc. 1. En fer à cheval : en
épingle. **2. De fer. Au phys. :** fort,
résistant, robuste, sain, solide, vigoureux. Au moral : autoritaire, coura-

geux, dur, impitoyable, inébranlable,
inflexible, opiniâtre, têtu, volontaire.
3. Mettre aux fers : réduire en escla-
vage/en servitude → emprisonner. **4.
Les quatre fers en l'air :** dégringoler, se casser la figure, se casser la
gueule (vulg.), tomber.

FÉRIÉ □ Chômé, congé, pont,
vacances, week-end.

FERMAGE □ Affermage, amodiation,
arrérages, colonage partiaire, ferme,
location, louage, loyer, métayage (par
ext.), redevance, terme.

FERME □ **n. I. Immeuble :** domaine,
exploitation,   exploitation   agricole,
fermette, fazenda, hacienda, mas,
métairie, ranch. **II. Montant d'une
location :** affermage, arrérages, fermage, louage, loyer, redevance,
terme. **III. Sous l'Ancien Régime :**
collecte des impôts, maltôte, perception des impôts. **IV.** Charpente, comble.

FERME □ adj. **I. Quelque chose :**
assuré, compact, consistant, coriace,
dur, fixe, homogène, immuable, résistant, solide, sûr. **II. Par ext. :** ancré,
arrêté, assuré, autoritaire, catégorique, constant, courageux, décidé,
déterminé, drastique, dur, endurant,
énergique, fort, impassible, imperturbable, implacable, inflexible, intraitable, intrépide, mâle, net, obstiné,
résolu, rigoureux, sévère, solide, stoïque, strict, tenace, têtu, viril.

FERME, FERMEMENT □ Avec fermeté et suite des syn. de FERMETÉ,
de façon/manière ferme et suite des
syn. de FERME, beaucoup, bien, bon,
coriacement,   constamment,   courageusement,   dur,   dur comme fer,
durement,   énergiquement,   fixement,   fort,   fortement,   immuable-
ment,   impassiblement,   imperturba-
blement,   inébranlablement,   inflexi-
blement,   intrépidement,   nettement,
résolument,   sec,   sévèrement,   solidement,   stoïquement,   sûrement,   tena-
cement, vigoureusement, virilement.

FERMENT □ **I. Au pr. :** bacille, bactérie, diastase, enzyme, levain, levure,
microcoque, moisissure, zymase. **II.
Fig. De discorde :** agent, cause,
germe, levain, origine, principe,
racine, source.

FERMENTATION □ **I. Au pr. :** ébullition, échauffement, travail. **II. Fig. :**
agitation, bouillonnement, ébullition,
échauffement, effervescence, embrasement, excitation, mouvement, nervosité, préparation, remous, surexcitation.

FERMENTER □ **I. Au pr. :** bouillir, chauffer, lever, travailler. **II.
Fig. :** s'agiter, bouillonner, s'échauffer, gonfler, lever, mijoter, se préparer, travailler.

FERMER □ **I. V. tr. 1. Une porte, une
fenêtre :** bâcler (vx), barrer, barri-

cader, boucler, cadenasser, claquer (péj.), clore, lourder (arg.), verrouiller. **2. Un passage :** barrer, barricader, bloquer, boucher, clore, combler, condamner, faire barrage, interdire, murer, obstruer, obturer, occlure. **3. Une surface :** barricader, clore, clôturer, enceindre, enclore, enfermer, entourer. **4. Un contenant, une bouteille :** boucher, capsuler. **5. Une enveloppe :** cacheter, clore, coller, sceller. **6. Le courant :** couper, disjoncter, éteindre, interrompre, occulter. **7. Un compte, une liste :** arrêter, clore, clôturer. **8. L'horizon :** borner. **II. V. intr. Les magasins ferment le samedi :** chômer, faire relâche, faire la semaine anglaise, relâcher. **III. V. pron. : 1. Une blessure :** se cicatriser, guérir, se refermer, se ressouder. **2. Fig. Sur soi :** se refuser, se replier.

FERMETÉ ☐ **I. De quelque chose :** compacité, consistance, coriacité, dureté, fixité, homogénéité, immuabilité, résistance, solidité, sûreté. **II. De quelqu'un :** assurance, autorité, caractère, cœur, constance, courage, cran, décision, détermination, dureté, endurance, énergie, entêtement, estomac (fam.), exigence, force, impassibilité, inflexibilité, intransigeance, intrépidité, netteté, obstination, opiniâtreté, poigne, raideur, rectitude, résistance, résolution, ressort, rigidité, rigueur, sangfroid, sévérité, solidité, stoïcisme, ténacité, vigueur, virilité, volonté.

FERMETURE ☐ **I. Le dispositif :** barrage, barreaux, barricade, barrière, bonde, clôture, enceinte, enclos, entourage, fenêtre, grillage, grille, haie, palis, palissade, palplanches, persienne, portail, porte, portillon, store, treillage, treillis, volet. **II. L'appareil :** bondon, bouchon, capsule, clanche, clenche, crochet, disjoncteur, gâche, gâchette, loquet, robinet, serrure, vanne, verrou. **III. L'action. Une circulation, un passage :** arrêt, barrage, bouclage, clôture, condamnation, coupure, interruption, oblitération, obstruction, obturation, occlusion, opilation (vx), verrouillage. **IV. Fermeture momentanée :** coupure, interruption, suspension. **V. Fermeture du gaz, de l'électricité :** coupure, disjonction, extinction, interruption de fourniture. **VI. D'un pli, d'une enveloppe. 1. L'action :** cachetage, clôture, scellement. **2. Le moyen :** bulle (vx et relig.), cachet, sceau. **VII. D'une affaire. 1. Par autorité patronale :** lock-out. **2. Pour cause de congé :** relâche. **3. Faute de travail :** cessation, chômage, lock-out.

FERMIER, ÈRE ☐ **I. Sens général :** locataire, preneur, tenancier (vx). **II. Qui cultive la terre :** agriculteur, amo-

diataire, colon, cultivateur, exploitant agricole, métayer, paysan.

FERMOIR ☐ **I. D'un vêtement :** agrafe, attache, boucle, fermail, fermeture, fibule. **II. D'un coffret, d'une porte :** bobinette, crochet, fermeture, loquet, moraillon, serrure, verrou.

FÉROCE ☐ **I. Animal :** cruel, fauve, sanguinaire, sauvage. **II. Quelqu'un. 1. Au pr. :** barbare, brutal, cannibale, cruel, sadique, sanguinaire, sauvage, violent. **2. Fig. :** acharné, affreux, dur, épouvantable, forcené, horrible, impitoyable, implacable, inhumain, insensible, mauvais, méchant, terrible, violent.

FÉROCITÉ ☐ **I. Au pr. :** barbarie, brutalité, cannibalisme, cruauté, instincts sanguinaires, sauvagerie, violence. **II. Fig. :** acharnement, cruauté, dureté, horreur, insensibilité, méchanceté, raffinement, sadisme, sauvagerie, violence.

FERRADE ☐ Dénombrement du bétail, marquage, recensement, tatouage, tri.

FERRAGE ☐ Appareillage métallique, assemblage en fer/métallique, ferrement, ferrure, garniture en fer, penture, protection en fer.

FERRAILLE ☐ **I.** Bouts de fer, copeaux, déchets, limaille, rebuts, vieux instruments, vieux morceaux. **II.** Mitraille. **III.** Assemblage/instrument/objet métallique. **IV.** Monnaie (fam.), pièce de monnaie (fam.). **V. Loc. 1. Tas de ferraille** (péj. ou par ironie) : auto, avion, bateau, tout véhicule ou tout instrument. **2. Mettre à la ferraille :** déclasser, jeter, mettre au rebut, réformer, ribloner. **3. Bruit de ferraille :** cliquetis.

FERRAILLER ☐ (Péj.) **I. Au pr. :** batailler, se battre, se battre à l'arme blanche, se battre en duel, battre.le fer, brétailler, combattre, croiser le fer, en découdre, escrimer. **II. Fig. :** se battre, combattre, se disputer, lutter, se quereller.

FERRAILLEUR ☐ **I.** Batteur à l'arme blanche, bretteur, duelliste, escrimeur, lame, spadassin (péj.). **II.** Querelleur. **III.** Brocanteur, casseur, chiffonnier, commerçant en ferraille, triqueur.

FERRÉ, E ☐ **I. Au pr. :** bardé, garni de fer, paré, protégé. **II. Fig. :** calé, compétent, connaisseur, érudit, fort, grosse tête (fam.), habile, instruit, savant, tête d'œuf (fam.).

FERREMENT ☐ **I.** Assemblage métallique, ensemble de pièces de métal, fer, ferrage, ferrure, instrument en fer, serrure. **II. D'un poisson :** accrochage, capture, coup, prise, touche.

FERRER ☐ **I. Au pr. :** accrocher avec du fer, brocher, clouter, cramponner, engager le fer, garnir de fer, marquer au fer, parer, piquer, plomber, protéger. **II. Un poisson :** accrocher, avoir une touche, capturer, piquer, prendre, tirer.

FERRONNIER □ Chaudronnier, forgeron, serrurier.

FERRURE □ Assemblage en fer, charnière, ferrage, ferrement, ferronnerie, garniture de fer, instrument en fer, penture, serrure, serrurerie.

FERTÉ □ Forteresse, place forte.

FERTILE □ **I. Au pr. :** abondant, bon, fécond, fructueux, généreux, gros, plantureux, prodigue, productif, prolifique, riche. **II. Fig. :** imaginatif, ingénieux, inventif, rusé, subtil, superbe.

FERTILISATION □ Amélioration, amendement, bonification, engraissement, enrichissement, fumure, marnage, mise en valeur, terreautage.

FERTILISER □ Améliorer, amender, bonifier, cultiver, engraisser, enrichir, ensemencer, fumer, terreauter.

FERTILITÉ □ **I. Sens général :** abondance, fécondité, générosité, prodigalité, productivité, rendement, richesse. **II. En parlant d'êtres animés :** fécondité, prolificité.

FÉRU, E □ **De quelque chose :** chaud, engoué, enthousiaste, épris de, fou de, passionné de, polarisé par (fam.).

FÉRULE □ **I. Au pr. :** baguette, bâton, règle. **II. Fig. :** autorité, dépendance, direction, pouvoir, règle.

FERVENT, E □ Ardent, brûlant, chaud, dévot, dévotieux, dévoué, enthousiaste, fanatique, fidèle, intense, zélé.

FERVEUR □ **I. Au pr. :** adoration, amour, ardeur, chaleur, communion, dévotion, effusion, élan, enchantement, enthousiasme, force, zèle. **II. Loc. La ferveur du moment :** engouement, faveur, mode.

FESSE □ → fessier.

FESSÉE □ **I. Au pr. :** correction, coup, claque, fustigation. **II. Fig. et fam. :** déculottée, défaite, échec, honte, raclée, torchée.

FESSE-MATHIEU □ → avare.

FESSER □ Bastonner, battre, botter le train (arg.), châtier, corriger, donner des claques sur les fesses, fouetter, frapper, fustiger, punir, taper.

FESSIER □ **I.** Arrière-train, as de pique/trèfle, bas du dos, croupe, cul, derrière, fesses, fondement, parties charnues, postérieur, raie, séant, siège, tournure. **II. Fam. :** Baba, bol, conversation, croupion, dos, fouettard, gnon, hémisphères, jumelles, joufflu, lune, malle/train arrière, pétard, popotin, postère, pot, pouf, pousse-matières, tagada, tutu, vase,

verre de montre. **III. Arg. :** allumeuses, baigneur, butte, dargeot, dargif, derche, derjo, faubourg, fias, fond de commerce, gagne-pain, meules, miches, noix, panier, pastèques, pétrousquin, prose, prosinard, rue aux pets, tafanard, train, trouffe, valseur, etc. → anus.

FESSU, E □ Callipyge, charnu, noité (arg.), qui a de grosses fesses, et les syn. de FESSE, rebondi, rembourré.

FESTIN □ Agape, banquet, gala, régal, repas, réjouissance. **Fam. :** bombance, brifeton, gueuleton, lippée, ripaille.

FESTIVAL □ **I. Au pr. :** festivité, fête, gala, régal. **II. De danse, de musique, de poésie :** célébration, colloque, congrès, démonstration, exhibition, foire, journées, kermesse, manifestation, organisation, présentation, représentation, récital, réunion, séminaire, symposium. **III. Par ext.** → profusion.

FESTIVITÉ □ Allégresse, célébration, cérémonie, festival, fête, frairie, gala, joyeuseté, kermesse, manifestation, partie, partie fine, réjouissance, réunion.

FESTON □ Bordure, broderie, dent, frange, garniture, guirlande, ornement, passementerie, torsade.

FESTONNER □ v. tr. et intr. Border, brocher, broder, découper, denteler, garnir, orner.

FESTOYER □ v. tr. et intr. Banqueter, donner un festin, faire bombance, faire bonne chère, faire fête à, faire un festin, faire la foire, fêter, gobelotter (fam.), gobichonner (fam.), gueuletonner (fam.), offrir un festin, prendre part à, manger, s'en mettre plein la lampe (fam.), recevoir, régaler, se régaler, ripailler.

FÊTARD □ (Péj.) Arsouille (fam. et péj.), bambocheur (fam.), bon vivant, débauché, jouisseur, noceur, noctambule, rigolot, viveur.

FÊTE □ **I.** Anniversaire, apparat, célébration, centenaire, commémoration, débauche (péj.), événement, festival, festivité, inauguration, jubilé, noces, solennité. **II.** → festin, réunion. **III.** Ducasse, kermesse, ferrade, frairie, nouba, pardon. **IV. Fam. ou arg. :** bamboche, bamboula, bombe, dégagement, fiesta, foire, java, noce, tournée des grands-ducs.

FÊTÉ, E □ Chouchouté (fam.), choyé, entouré, gâté, honoré, recherché, salué.

FÊTER □ Accueillir, arroser, célébrer, commémorer, consacrer, faire fête à, festoyer, honorer, manifester, marquer, se réjouir de, sanctifier, solenniser.

FÉTICHE □ **I. Nom masc. :** agnus dei, amulette, bondieuserie, effigie, gri-gri, idole, image, mascotte, porte-bonheur, porte-chance, reliques, scapulaire, statuette, talisman, tephillim, totem. → *médaille*. **II. Adj. 1.** Artificiel, divinisé, idolâtre, sacré, tabou, vénéré. **2.** Artificiel, factice.

FÉTICHISME ☐ **I. Au pr. :** animisme, culte des fétiches, culte des idoles, idolâtrie, totémisme. **II. Fig. :** admiration, attachement, culte, idolâtrie, religion, respect, superstition, vénération. **III. Psych. :** idée fixe, perversion.

FÉTICHISTE ☐ **I. Au pr. :** adepte du *ou* relatif au fétichisme, *et les syn. de* FÉTICHISME, adorateur de *ou* relatif aux fétiches, *et syn. de* FÉTICHE, superstitieux, totémiste. **II. Fig. :** admirateur, croyant, fidèle, idolâtre, religieux, superstitieux.

FÉTIDE ☐ **Au pr. et fig. :** asphyxiant, corrompu, dégoûtant, délétère, désagréable, écœurant, empesté, empuanti, étouffant, excrémentiel, fécal, ignoble, immonde, innommable, infect, insalubre, malodorant, malpropre, malsain, mauvais, méphitique, nauséabond, nuisible, ordurier, pestilentiel, puant, putride, repoussant, répugnant, trouillotant (arg.).

FÉTU ☐ **I. Au pr. :** brin, brindille. **II. Fig. :** bagatelle, brimborion, misère, petite chose, peu, rien.

FÉTUQUE ☐ Graminée, herbe, fétuque ovine, fourrage.

FEU ☐ **I. Au pr. 1.** *Lieu où se produit le feu :* astre, âtre, autodafé, bougie, brasero, brasier, braise, bûcher, cautère, chandelle, chaudière, cheminée, coin de feu, coin du feu, enfer, étincelle, étoile, famille, fanal, flambeau, foyer, forge, four, fournaise, fourneau, incendie, lampe, maison, météore, projecteur, signal, soleil. **2.** *Manifestation du feu :* bougie, brûlure, caléfaction, calcination, cendre, chaleur, chauffage, combustion, consomption, crémation, éblouissement, échauffement, éclair, éclairage, éclat, embrasement, éruption, étincelle, feu follet, flambée, flamboiement, flamme, flammerole, fouée, fumée, fumerolle, furole, ignescence, ignition, incandescence, lave, lueur, lumière, rif (fam.), rougeur, scintillement. **3.** *Par anal. Méd. :* démangeaison, éruption, furoncle, inflammation, irritation, prurit. **4.** *Feu d'artillerie :* barrage, tir, pilonnage. **5.** *Feux tricolores :* signal, signalisation, orange, rouge, vert. **6.** *Avez-vous du feu :* allumettes, briquet. **7.** *Faire du feu :* allumer, se chauffer. **8.** *Feu du ciel :* foudre, orage, tonnerre. **9.** *Feu d'artifice :* pyrotechnie. **II. Fig. 1.** *Favorable ou neutre :* action, amour, animation, ardeur, bouillonnement, chaleur, combat, conviction, désir, empressement, enthousiasme, entrain, exaltation, excitation, flamme, fougue, inspiration, passion, tempérament, vivacité, zèle. **2.** *Non favorable :* agitation, emballement, colère, combat, courroux, emportement, exagération, passion, véhémence, violence. **3.** *Loc. Feu du Ciel :* châtiment, colère/justice divine, punition.

FEUILLAGE ☐ **I. Au pr. :** branchage, branches, feuillée, feuilles, frondaison, rameau, ramée, ramure, verdure. **II. Par ext. :** abri, berceau, camouflage, charmille, chevelure, dais, tonnelle.

FEUILLAISON ☐ Foliation, renouvellement.

FEUILLE ☐ **I. Au pr. :** feuillage, feuillée, foliole, frondaison. **II. Par ext. 1.** Carton, document, feuille de chou (péj.), feuillet, folio, journal, page, papier. **2.** Fibre, lame, lamelle, plaque. **III. Pop. :** oreille. **IV. Loc.** *Dur de la feuille :* sourd, sourdingue (fam.).

FEUILLÉES ☐ → *water-closet*.

FEUILLERET ☐ → *rabot*.

FEUILLET ☐ Cahier, feuille, folio, page, planche, pli.

FEUILLETER ☐ Compulser, jeter un coup d'œil sur, lire en diagonale (fam.)/rapidement, parcourir, survoler, tourner les pages.

FEUILLETON ☐ Anecdote, dramatique, histoire, livraison, nouvelle, roman.

FEUILLU, E ☐ Abondant, épais, feuillé, garni, touffu.

FEUILLURE ☐ Entaille, rainure.

FEULER ☐ → *crier*.

FEULEMENT ☐ → *cri*.

FEUTRE ☐ **I.** Blanchet, étamine, molleton. **II.** → *coiffure*.

FEUTRÉ, E ☐ **I. Au pr. :** garni, ouaté, rembourré. **II. Par ext. :** amorti, discret, étouffé, mat, ouaté, silencieux.

FEUTRER ☐ **I. Au pr. :** garnir, ouater, rembourrer. **II. Par ext. :** amortir, étouffer.

FI (FAIRE) ☐ → *dédaigner*.

FIABLE ☐ → *sûr*.

FIACRE ☐ Sapin. → *voiture*.

FIANÇAILLES ☐ Accordailles (vx), engagement, promesse de mariage.

FIANCÉ, E ☐ Accordé (vx), bien-aimé, futur, parti, prétendant, promis. **Fam. :** galant, soupirant. **Rég. :** épouseur, épouseux, prétendu.

FIANCER (SE) ☐ **I. Au pr. :** s'engager, promettre mariage. **II. Par ext. :** allier, fier (se), mélanger, unir.

FIASCO ☐ → *insuccès*.

FIASQUE ☐ → *bouteille*.

FIBRE □ **I. Au pr.** : byssus, chalaze, chair, fibrille, fil, filament, filet, ligament, linéament, substance, tissu. **II. Par ext.** → *disposition.*

FIBREUX, EUSE □ Dur, filandreux, nerveux.

FIBROME □ → *tumeur.*

FIBULE □ → *agrafe.*

FICELÉ, E □ **Fig.** → *vêtu.*

FICELER □ **I. Au pr.** → *attacher.* **II. Fig.** → *vêtir.*

FICELLE □ **I. Au pr.** → *corde.* **II. Fig. 1.** → *ruse.* **2.** → *procédé.* **3. Quelqu'un** → *malin.*

FICHE □ **I.** Aiguille, broche, cheville, prise, tige. **II.** Carte, carton, étiquette, feuille, papier. **III.** Jeton, plaque.

FICHER □ **I. Au pr. 1.** → *fixer.* **2.** → *enfoncer.* **3.** → *mettre.* **4.** → *faire.* **II. Loc. Ficher dedans** → *tromper.* **III. V. pron. 1.** → *railler.* **2.** → *mépriser.*

FICHIER □ Casier, classeur, documentation, dossier, meuble, registre.

FICHISTE □ Documentaliste.

FICHU □ **I. Nom masc.** : cache-cœur/col/cou, carré, châle, écharpe, fanchon, foulard, madras, mantille, marmotte, mouchoir, pointe. **II. Adj. 1.** Fâcheux, foutu (fam.), sacré. → *déplaisant.* **2.** → *perdu.*

FICTIF, IVE □ → *imaginaire.*

FICTION □ → *invention.*

FIDÈLE □ **I. Nom masc. 1.** Adepte, assidu, croyant, ouaille, partisan, pratiquant. **2.** Antrustion, féal. **II. Adj. 1. Quelqu'un** : assidu, attaché, attentif, bon, conservateur, constant, dévoué, exact, favorable, féal, franc, honnête, loyal, persévérant, probe, régulier, scrupuleux, sincère, solide, sûr, vrai. **2. Quelque chose** : conforme, correct, égal, éprouvé, exact, fiable, indéfectible, juste, réglé, sincère, sûr, véridique, vrai.

FIDÉLITÉ □ **I.** → *constance.* **II.** → *exactitude.* **III.** → *foi.* **IV.** → *vérité.*

FIEF □ **I. Au pr.** : censive, dépendance, domaine, mouvance, seigneurie, suzeraineté. **II. Par ext.** : domaine, spécialité.

FIEFFÉ, E □ → *parfait.*

FIEL □ **I. Au pr.** → *bile.* **II. Par ext. 1.** → *haine.* **2.** → *mal.*

FIELLEUX, EUSE □ Acrimonieux, amer, haineux, malveillant, mauvais, méchant, venimeux.

FIENTE □ → *excrément.*

FIER, ÈRE □ **I.** → *sauvage.* **II.** → *dédaigneux.* **III.** → *grand.* **IV.** → *hardi.*

FIER (SE) □ **I.** → *confier (se).* **II.** → *rapporter (se).*

FIER-À-BRAS □ → *bravache.*

FIERTÉ □ **I.** → *dédain.* **II.** → *hardiesse.* **III.** → *orgueil.*

FIÈVRE □ Fébricule, malaria, paludisme, pyréxie, température, suette. → *émotion.*

FIÉVREUX, EUSE □ Agité, ardent, brûlant, chaud, désordonné, fébricitant, fébrile, halluciné, hâtif, inquiet, intense, malade, maladif, malsain, mouvementé, nerveux, passionné, tourmenté, troublé, violent.

FIFRE □ → *flûte.*

FIFRELIN □ → *bagatelle.*

FIGÉ, E □ Coagulé, contraint, conventionnel, glacé, immobile, immobilisé, immuable, paralysé, pétrifié, raide, raidi, sclérosé, statufié, stéréotypé, transi.

FIGER □ **I. Au pr. 1.** → *caillebotter.* **2.** → *geler.* **II. Par ext. 1.** → *immobiliser.* **2.** → *pétrifier.*

FIGNOLAGE □ Arrangement, enjolivement, finition, léchage, parachèvement, polissage, raffinage, raffinement, soin.

FIGNOLER □ → *orner, parfaire.*

FIGURANT □ Acteur, comparse, doublure, panouille (fam.), passe-volant (milit. et vx), représentant, second rôle.

FIGURATION □ Carte, copie, dessin, fac-similé, image, plan, représentation, reproduction, schéma, symbole.

FIGURE □ **I. 1.** → *visage.* **2.** → *forme.* **II. Par ext. 1.** → *mine.* **2.** → *représentation.* **3.** → *statue.* **4.** → *symbole.* **5.** → *expression.* **6.** → *image.*

FIGURÉ, E □ Imagé, métaphorique.

FIGURER □ **I.** Avoir la forme de, être, incarner, jouer un rôle, paraître, participer, représenter, se trouver, tenir un rang. **II.** Dessiner, donner l'aspect, modeler, peindre, représenter, sculpter, symboliser, tracer. **III. V. pron.** → *imaginer.*

FIGURINE □ → *statue.*

FIL □ **I.** → *fibre.* **II.** → *cours.* **III.** → *tranchant.*

FILAMENT □ → *fibre.*

FILANDREUX, EUSE □ **I. Au pr.** : coriace, dur, fibreux, indigeste, nerveux. **II. Fig.** : ampoulé, confus, délayé, diffus, embarrassé, empêtré, enchevêtré, entortillé, fumeux, indigeste, interminable, long, macaronique.

FILASSE □ **I. Nom fém.** : étoupe, lin. **II. Adj.** : Blond, clair, pâle, terne.

FILE □ Caravane, chapelet, colonne, cordon, enfilade, haie, ligne, procession, queue, rang, rangée, train. → *suite.*

FILER □ **I. La laine** : tordre. **II.** → *lâcher.* **III.** → *marcher.* **IV.** → *suivre.* **V.** → *partir.* **VI. Loc. Filer doux** → *soumettre (se).*

FILET □ **I. Au pr. 1. Pour la pêche** : ableret, araignée, balance, bastude,

FILIALE 220

bolier, bouterolle, carrelet, chalut,
drague, drège, échiquier, épervier,
épuisette, folle, gabarre, goujonnier,
guideau, haveneau, havenet, langoustier, madrague, nasse, picot,
poche, puche, ridée, rissole, sardinier, senne, thonaire, traîne, tramail,
truble, vannet, vervet. *2. Pour les
oiseaux :* allier, araignée, lacet, lacs,
pan, pan de rets, panneau, pantière,
rets, ridée, tirasse. **II. Par ext. 1.**
Porte-bagages, réseau. 2. Embûche,
embuscade, piège, souricière.

FILIALE □ → *succursale.*

FILIATION □ **I. Au pr.** → *naissance.*
II. Par ext. → *liaison.*

FILIÈRE □ → *hiérarchie.*

FILIFORME □ Allongé, délié, effilé,
fin, grêle, longiligne, maigre, mince.

FILIN □ → *cordage.*

FILLE □ **I. Au pr. 1.** Descen-
dante, enfant, héritière. **2.** Adolescente, bambine, blondinette, brin,
brunette, catherinette, demoiselle, fillette, jeune fille, jeunesse, jouvencelle, nymphe, pucelle (vx), rosière
(partic.), rouquine, rousse, vierge. **3.
Fam. :** béguineuse, boudin, briquette,
cerneau, chameau (arg. scol.), craquette, cri-cri, fée, frangine, gamine,
gazelle, gerce, gisquette, gosse, gosseline, grenouille, langoustine, mignonne,
minette, mistonne, môme, mominette,
musaraigne, nana, nénette, nistonne,
nymphette, oie blanche, oiselle, pépée,
petit bout/lot/rat/sujet, petite, ponette,
poulette, pouliche, poupée, prix de
Diane, quille, sauterelle, souris, tendron, ticket, trottin. **4. Péj. :** bourrin,
donzelle, fillasse, gigolette, gigue, gonzesse, greluche, greluchonne, guenuche, marmotte, pisseuse, typesse. **II.
Par ext. 1.** → *célibataire.* **2.** → *prostituée.* **3.** → *servante.* **4.** → *religieuse.*

FILM □ **I. Au pr.** → *pellicule.* **II. Par
ext.** → *pièce.*

FILMER □ Enregistrer, photographier, tourner.

FILON □ **I. Au pr. :** couche, masse,
mine, source, strate, veine. **II. Fig. 1.**
→ *chance.* **2.** *combine.*

FILOU □ → *fripon.*

FILOUTER □ → *voler.*

FILS □ **I. Au pr. :** fieux (région), fiston,
fruit, garçon, gars, géniture, grand,
héritier, petit, progéniture, race, rejeton, sang (poét.). → *enfant.* **II. Par
ext. 1.** Citoyen. **2.** Descendant, parent.
3. → *élève.* **III. Loc. Fils de ses
œuvres. 1.** Autodidacte, self-made-
man. **2.** Conséquence, effet, fruit,
résultat.

FILTRAGE □ Clarification, filtration.

FILTRE □ Antiparasite, blanchet,
bougie, buvard, chausse, citerneau,

écran, épurateur, étamine, feutre,
papier, papier joseph, passoire, percolateur, purificateur. → *vérification.*

FILTRER □ **I. Au pr. :** clarifier, couler, épurer, passer, purifier, rendre
potable, tamiser. **II. Par ext. 1.** → *vérifier.* **2.** → *pénétrer.* **3.** → *répandre
(se).* **4.** → *percer.*

FIN □ n. **I. Au pr.** → *extrémité.* **II. Par
ext. 1.** Aboutissement, accomplisse-
ment, achèvement, arrêt, borne, bout,
but, cessation, chute, clôture, coda,
conclusion, consommation, crépuscule, décadence, décision, déclin,
dénouement, dépérissement, désinence, dessert, destination, destruction, disparition, épilogue, enterrement, épuisement, expiration, extrémité, final, finale, finalité, limite,
objectif, objet, perfection, péroraison,
prétexte, queue, réalisation, réussite,
ruine, solution, sortie, suppression,
tendance, terme, terminaison, terminus, visée. **2.** Agonie, anéantissement, décès, déclin, mort, trépas. **III.
Loc. 1. Une fin de non-recevoir :**
refus. **2. À cette fin :** intention, objet,
motif, raison. **3. À la fin :** en définitive, enfin, finalement. **4. Faire une
fin :** se marier, se ranger. **5. Mettre
fin à :** achever, arrêter, clore, décider,
dissiper, dissoudre, éliminer, expirer,
faire cesser, finir, lever, parachever,
se suicider, supprimer, terminer, tuer
(se). **6. Sans fin :** sans arrêt/cesse/in-
terruption/repos/trêve, continu, éternel, immense, immortel, indéfini,
infini, interminable, pérennisé, perpétuel, sans désemparer/discontinuer,
sempiternel, toujours, *et les adv. en -
ment possibles à partir des adj. de
cette suite, ex. :* continuellement.

FIN □ adv. **Fin prêt :** absolument,
complètement, entièrement, tout à
fait.

FIN, FINE □ adj. **I. Au pr. :** affiné,
allongé, arachnéen, beau, délicat,
délié, doux, élancé, émincé, étroit,
gracile, lamellaire, léger, maigre,
menu, mince, petit, svelte, vaporeux.
II. Par ext. : adroit, affiné, astucieux,
averti, avisé, bel esprit, clairvoyant,
délié, diplomate, distingué, élégant,
excellent, finaud, futé, galant, habile,
ingénieux, intelligent, malin, pénétrant, perspicace, piquant, précieux,
pur, raffiné, retors, rusé, sagace, sensible, subtil, supérieur. **III. Loc. 1.
Fin mot :** dernier, véritable. **2. Fin
fond :** éloigné, extrême, loin, lointain,
reculé. **3. Fine fleur :** élite, supérieur.
4. Fin du fin : nec plus ultra. **5. Fine
champagne :** brandy, cognac.

FINAL, E □ Définitif, dernier,
extrême, téléologique, terminal,
ultime.

FINALEMENT □ À la fin, définitivement, en définitive, en dernier lieu,
enfin, en fin de compte, pour en

finir/en terminer, sans retour, tout compte fait.

FINALITÉ □ **I.** But, dessein, destination, fin, intentionalité, motivation, orientation, prédestination, téléologie, tendance. **II.** Adaptation, harmonie, perception. **III.** Adaptation, besoin, détermination, instinct, sélection.

FINANCE □ **I.** Argent, ressources. **II. Au pl. :** biens, budget, caisse, comptabilité, crédit, dépense, économie, fonds, recette, trésor, trésorerie. **III. Vx :** ferme, régie. **IV.** Affaires, banque, bourse, capital, capitalisme, commerce, crédit.

FINANCEMENT □ Développement, entretien, paiement, placement, soutien, subvention, versement.

FINANCER □ Avancer/bailler/placer/prêter des fonds, casquer (fam.), commanditer, entretenir, fournir, payer, procurer de l'argent, régler, soutenir financièrement, subventionner, verser.

FINANCIER □ Agent de change, banquier, boursier, capitaliste, coulissier, fermier (vx), gérant, gestionnaire, maltôtier (vx), manieur d'argent, partisan (vx), publicain, régisseur, spéculateur, traitant (vx).

FINANCIER, ÈRE □ Bancaire, budgétaire, monétaire, pécuniaire.

FINASSER □ Éviter, ruser, éluder/tourner la difficulté, user d'échappatoires/de faux-fuyants.

FINASSERIE □ Finauderie, tromperie. → *ruse.*

FINAUD, E □ → *malin.*

FINAUDERIE □ → *finasserie.*

FINE □ Brandy, cognac, eau-de-vie.

FINEMENT □ Adroitement, astucieusement, délicatement, subtilement.

FINESSE □ **I.** Délicatesse, étroitesse, légèreté, minceur, petitesse, ténuité. **II. Fig. :** acuité, adresse, artifice, astuce, clairvoyance, difficulté, diplomatie, justesse, malice, pénétration, précision, ruse, sagacité, sensibilité, souplesse, stratagème, subtilité, tact. **III. Par ext. :** beauté, délicatesse, distinction, douceur, élégance, grâce, gracilité, raffinement, sveltesse.

FINI, E □ **I.** Borné, défini, limité. **II.** Accompli, achevé, consommé, révolu, terminé. **III.** → *fatigué.* **IV.** → *parfait.* **V. Par ext. 1. Quelqu'un :** condamné, fait, fichu, fieffé, foutu, mort, perdu, usé. **2. Quelque chose :** disparu, évanoui, fait, perdu. **3. N. m.** → *perfection.*

FINIR □ **I. V. tr. 1. Neutre ou favorable :** accomplir, achever, arrêter, cesser, clore, clôturer, conclure, consommer, couper, couronner, épuiser, expédier, fignoler, interrompre, lécher, mettre fin à, parachever, par-

faire, polir, régler, terminer, trancher, user, vider. **2. Péj. :** anéantir, bâcler. **II. Par ext. 1.** → *mourir.* **2. V. intr. :** aboutir, achever, s'arrêter, arriver, cesser, disparaître, épuiser, s'évanouir, rompre, se terminer, tourner mal.

FINISSAGE □ Fignolage, fin, finition, perfectionnement.

FINITION □ Accomplissement, achèvement, arrêt, fin, fion (coup de).

FIOLE □ **I. Au pr. :** ampoule, biberon, bouteille, flacon. **II. Fig. :** bouille, figure. → *tête.*

FIORITURE □ → *ornement.*

FIRMAMENT □ → *ciel.*

FIRME □ → *établissement.*

FISC □ Finances, fiscalité, percepteur, Trésor public.

FISSION □ Désintégration, division, séparation.

FISSURE □ → *fente.*

FISSURER □ → *fendre.*

FIXATION □ **I. Au pr. :** amarrage, ancrage, attache, crampon, établissement, fixage, implantation, scellement. **II. Fig. :** détermination, limitation, réglementation, stabilisation.

FIXE □ **I.** → *stable.* **II.** Appointements, mensualité, salaire.

FIXEMENT □ En face, intensément.

FIXER □ **I. Au pr. :** adhérer, accorer (mar.), accrocher, affermir, amarrer, ancrer, arrêter, arrimer, assembler, assujettir, assurer, attacher, boulonner, brêler, caler, centrer, cheviller, claveter, clouer, coincer, coller, consolider, cramponner, enchâsser, enclaver (techn.), enfoncer, enraciner, faire pénétrer/tenir, ficher, immobiliser, implanter, introduire, lier, maintenir, mettre, nouer, pendre, pétrifier, planter, retenir, river, riveter, sceller, suspendre, soutenir, visser. **II. Fig. 1.** Arrêter, asseoir, assigner, conclure, décider, définir, délimiter, déterminer, envisager, établir, évaluer, formuler, limiter, imposer, indiquer, marquer, normaliser, particulariser, poser, préciser, prédestiner, préfinir (jurid.), préfixer, prescrire, proposer, qualifier, réglementer, régler, régulariser, spécifier, stabiliser. **2.** Attirer, captiver, choisir, conditionner, conquérir, gagner, retenir. **3.** Cristalliser, graver, imprimer, peindre, sculpter. **4.** → *instruire.* **5.** → *regarder.* **III. V. pron. :** se caser, s'établir, établir sa résidence/ses pénates (fam.), habiter, s'implanter, s'installer, se localiser, prendre pied/racine, résider.

FIXITÉ □ Constance, consistance, fermeté, immobilité, immutabilité, invariabilité, permanence, persistance, stabilité, suite.

FLACCIDE □ → *mou.*

FLACCIDITÉ □ → *ramollissement.*

FLACHE □ → *trou.*

FLACON □ Fiasque, fiole, flasque, gourde. → *bouteille.*

FLA-FLA □ Affectation, chichis, chiqué, esbroufe, étalage, façons, manières, ostentation.

FLAGELLATION □ Fouet, fustigation.

FLAGELLER □ **I. Au pr.** : battre, châtier, cingler, cravacher, donner la discipline/le martinet/les verges, fesser, fouetter, fustiger. **II. Fig.** Attaquer, blâmer, critiquer, maltraiter, vilipender.

FLAGEOLANT, E □ → *chancelant.*

FLAGEOLER □ → *chanceler.*

FLAGEOLET □ → *flûte.*

FLAGORNER □ → *flatter.*

FLAGORNERIE □ → *flatterie.*

FLAGORNEUR, EUSE □ n. et adj. → *flatteur.*

FLAGRANCE □ → *évidence.*

FLAGRANT, E □ Certain, constant, constaté, éclatant, évident, incontestable, indéniable, manifeste, notoire, officiel, patent, probant, sans conteste, sur le fait, visible, vu.

FLAIR □ **I. Au pr.** → *odorat.* **II. Par ext.** : clairvoyance, intuition, perspicacité. → *pénétration.*

FLAIRER □ **I. Au pr.** → *sentir.* **II. Fig.** → *pressentir.*

FLAMBARD □ Fanfaron, vaniteux.

FLAMBANT, E □ Ardent, brasillant, brillant, brûlant, coruscant, éclatant, étincelant, flamboyant, fulgurant, incandescent, reluisant, resplendissant, rutilant, scintillant, superbe.

FLAMBEAU □ **I.** Bougie, brandon, candélabre, chandelier, chandelle, cierge, fanal, guide, lampe, lumière, oupille, phare, photophore, torche, torchère. **II.** → *chef.*

FLAMBÉ, E □ (Fam.). Déconsidéré, découvert, fichu, foutu (vulg.), perdu, ruiné.

FLAMBÉE □ → *feu.*

FLAMBER □ **I. Au pr. 1. V. intr.** : brûler, cramer (fam.), s'embraser, s'enflammer, étinceler, flamboyer, scintiller. **vx** : arder, ardoir, ardre. **2. V. tr.** : gazer, passer à la flamme, stériliser. **3.** → *briller.* **II. Fig. V. tr.** : dépenser, dilapider, jouer, perdre, ruiner, voler.

FLAMBERGE □ Épée, lame, rapière, sabre.

FLAMBOIEMENT □ **I. Au pr.** : éblouissement, éclat, embrasement, feu. **II. Fig.** : ardeur, éclat.

FLAMBOYANT, E □ **I. Arch.** : gothique, médiéval. **II.** → *flambant.*

FLAMBOYER □ **I. Au pr.** → *flamber.* **II. Fig.** → *luire.*

FLAMME □ **I. Au pr.** → *feu.* **II. Par ext.** → *chaleur.* **III.** → *drapeau.*

FLAMMEROLE □ Feu follet.

FLAN □ Dariole, entremets.

FLANC □ **I. De quelqu'un ou d'un animal** → *ventre.* **II. Par ext.** : aile, bord, côté, lof (mar.), pan.

FLANCHER □ **I.** → *céder.* **II.** → *reculer.*

FLANDRIN □ Dadais. → *bête.*

FLÂNER □ S'amuser, badauder, bader (mérid.), déambuler, errer, folâtrer, musarder, muser, se promener, traîner, vadrouiller. **Fam.** : baguenauder, balocher, faire flanelle, flânocher, gober les mouches, lécher les vitrines.

FLÂNERIE □ → *promenade.*

FLÂNEUR, EUSE □ n. et adj. **I. Au pr.** : badaud, bayeur, promeneur. **II. Par ext.** : désœuvré, fainéant, indolent, lambin, musard, oisif, paresseux, traînard. → *vagabond.*

FLANQUER □ **I. V. tr.** → *jeter.* **II. V. intr. 1.** → *accompagner.* **2.** → *protéger.* **3.** → *mettre.*

FLAPI, E □ → *fatigué.*

FLAQUE □ Flache, mare, nappe.

FLASQUE □ → *mou.*

FLATTER □ **I.** Aduler, amadouer, cajoler, caresser, charmer, choyer, complaire à, complimenter, courtiser, délecter, flagorner, gratter, lécher, louanger, louer, parfaire, passer la main dans le dos, peloter, ramper, tonneler (vx), tromper. **II.** Embellir, enjoliver, idéaliser, parfaire. **III. V. pron. 1.** Aimer à croire, s'applaudir, se donner les gants de (fam.), s'enorgueillir, se féliciter, se glorifier, s'illusionner, se persuader, se prévaloir, se targuer, tirer vanité, triompher, se vanter. **2.** Compter, espérer, penser, prétendre.

FLATTERIE □ Adoration, adulation, cajolerie, câlinerie, caresse, compliment, coups d'encensoir, cour, courbette, courtisanerie, douceurs, encens, flagornerie, génuflexion, hommage, hypocrisie, lèche (fam.), louange, mensonge, pelotage (fam.), plat, pommade, tromperie.

FLATTEUR, EUSE □ n. et adj. **I. Quelqu'un** : adorateur, adulateur, approbateur, bonimenteur, bonneteur, cajoleur, caudataire, complaisant, complimenteur, courtisan, doucereux, encenseur, enjôleur, flagorneur, génuflecteur, hypocrite, louangeur, menteur, obséquieux, patelin, séducteur, thuriféraire. **Fam.** : fayot, godillot, lèche-bottes → *fessier*/pompes, lécheur. **II. Quelque chose** → *agréable.*

FLATULENCE □ Ballonnement, météorisation, vent, ventosité.

FLATULENT, E □ Gazeux, venteux.

FLÉAU □ **I.** → *calamité.* **II.** → *punition.*

FLÈCHE □ → *trait.*

FLÉCHER □ → *tracer.*

FLÉCHIR □ **I. V. tr. 1.** *Au pr. :* abaisser, courber, gauchir, incurver, infléchir, plier, ployer, recourber. **2. Fig.** *On fléchit quelqu'un :* adoucir, apaiser, apitoyer, attendrir, calmer, désarmer, ébranler, émouvoir, gagner, plier, toucher, vaincre. **II. V. intr. 1.** *Au pr. :* arquer, céder, se courber, craquer, faiblir, flancher, gauchir, s'infléchir, lâcher, manquer, plier, ployer, reculer, vaciller. **2. Fig. :** s'abaisser, abandonner, s'agenouiller, capituler, céder, chanceler, faiblir, s'humilier, s'incliner, mollir, plier, se prosterner, se soumettre, succomber.

FLÉCHISSEMENT □ **I. Au pr. :** baisse, courbure, diminution, flexion. → *abaissement.* **II. Fig.** → *abandon.*

FLEGMATIQUE □ Apathique, blasé, calme, décontracté, détaché, froid, impassible, imperturbable, indifférent, insensible, lymphatique, maître de soi, mou, olympien, patient, placide, posé, rassis, serein, tranquille.

FLEGME □ Apathie, calme, décontraction, détachement, égalité d'âme, équanimité, froideur, impassibilité, indifférence, insensibilité, lymphatisme, maîtrise, mollesse, patience, placidité, sang-froid, sérénité, tranquillité.

FLEMMARD, E □ → *paresseux.*

FLEMMARDER □ → *traîner.*

FLÉTRI, E □ → *fané.*

FLÉTRIR □ **I. Au pr. :** Altérer, décolorer, défraîchir, faner, froisser, gâter, rider, sécher, ternir. **II. Par ext. :** abaisser, abattre, avilir, blâmer, condamner, corrompre, décourager, défleurir, désespérer, déshonorer, désoler, dessécher, diffamer, enlaidir, gâter, mettre au pilori, punir, salir, souiller, stigmatiser, tarer, ternir. **III. V. pron. :** s'abîmer, passer, vieillir, *et les formes pron. possibles des syn. de* FLÉTRIR.

FLÉTRISSURE □ **I.** → *blâme.* **II.** → *honte.*

FLEUR □ **(Fig.) I.** → *ornement.* **II.** → *lustre.* **III.** → *perfection.* **IV.** → *choix.* **V.** → *phénix.* **VI. Loc. Couvrir de fleurs** → *louer.*

FLEURER □ → *sentir.*

FLEURET □ → *épée.*

FLEURETTE □ → *galanterie.*

FLEURIR □ **I. V. tr.** → *orner.* **II. V. intr. 1.** *Au pr. :* éclore, s'épanouir. **2. Par ext. :** bourgeonner, briller, croître, se développer, embellir, enjoliver, s'enrichir, être florissant/prospère, faire florès, se former, gagner, grandir, se propager, prospérer.

FLEURON □ → *ornement.*

FLEUVE □ → *cours (d'eau).*

FLEXIBILITÉ □ → *souplesse.*

FLEXIBLE □ **I. Au pr. :** élastique, maniable, mou, plastique, pliable, pliant, souple. **II. Fig. :** docile, ductile, influencable, malléable, maniable, obéissant, soumis, souple, traitable.

FLEXION □ **I.** → *fléchissement.* **II.** → *terminaison.*

FLEXUEUX, EUSE □ → *sinueux.*

FLEXUOSITÉ □ → *sinuosité.*

FLIBUSTIER □ → *corsaire.*

FLIC □ → *policier.*

FLIRT □ **I.** → *béguin.* **II.** → *caprice.*

FLIRTER □ → *courtiser.*

FLOPÉE □ → *multitude.*

FLORAISON □ Anthèse, éclosion, efflorescence, épanouissement, estivation, fleuraison.

FLORE □ → *végétation.*

FLORÈS □ **Loc. Faire florès** → *fleurir et briller.*

FLORILÈGE □ → *anthologie.*

FLORISSANT, E □ À l'aise, beau, brillant, heureux, prospère, riche, sain.

FLOT □ **I. Au pr.** → *marée.* **II. Fig.** → *multitude.* **III. Plur.** → *onde.*

FLOTTAGE □ Drave (Canada).

FLOTTANT, E □ **I.** → *changeant.* **II.** → *irrésolu.*

FLOTTE □ **I. Au pr. :** armada, équipages, escadre, flottille, force navale, marins, marine. **II. Fam.** → *eau.*

FLOTTEMENT □ **I.** → *hésitation.* **II.** → *désordre.*

FLOTTER □ **V. tr. et intr. I. Au pr. :** affleurer, émerger, être à flot, nager, surnager. **II. Par ext. 1.** Agiter, brandiller, errer, ondoyer, onduler, voguer, voler, voltiger. **2.** → *hésiter.*

FLOU, E □ Brouillardeux, brouillé, brumeux, effacé, fondu, fumeux, incertain, indécis, indéterminé, indistinct, lâche, léger, nébuleux, trouble, vague, vaporeux.

FLOUER □ **I.** → *tromper.* **II.** → *voler.*

FLUCTUANT, E □ → *changeant.*

FLUCTUATION □ → *variation.*

FLUCTUER □ → *changer.*

FLUER □ → *couler.*

FLUET, ETTE □ → *menu.*

FLUIDE □ **I. Nom masc. :** courant, effluve, flux, liquide, onde. **II. Adj. :** clair, coulant, dilué, fluctuant, insaisissable, insinuant, instable, juteux, limpide, liquide, mouvant, régulier.

FLUIDITÉ □ Fig. : facilité, régularité.

FLÛTE □ Allemande, chalumeau, diaule, fifre, flageolet, flûteau, flûte de Pan, flutiau, galoubet, larigot, mirliton, ocarina, octavin, piccolo, pipeau, piffero, syrinx, traversière.

FLUX □ **I.** → *marée.* **II.** → *écoulement.*

FLUXION □ → *gonflement.*

FOCALISER □ → *concentrer.*

FŒTUS □ **I. Au pr. :** embryon, germe, œuf. **II. Par ext. :** avorton, gringalet, mauviette.

FOI □ **I. L'objet de la foi :** conviction, créance, credo, croyance, dogme, évangile, mystique, opinion, religion. **II. La qualité. 1.** → *confiance.* **2.** → *exactitude.* **3.** Droiture, engagement, fidélité, franchise, honnêteté, honneur, loyauté, parole, probité, promesse, sincérité. **4. Loc. Bonne foi** → *franchise. Mauvaise foi* → *tromperie. Faire foi* → *prouver.*

FOIRE □ **I. Au pr. 1.** → *marché.* **2.** → *fête.* **3.** → *exposition.* **II. Fam. et vx** → *diarrhée.*

FOIRER □ → *trembler.*

FOIREÛX, EUSE □ → *peureux.*

FOIS □ Coup. → *occasion.*

FOISON (À) □ **I.** → *abondant.* **II.** → *beaucoup.*

FOISONNANT, E □ → *abondant.*

FOISONNEMENT □ → *affluence.*

FOISONNER □ → *abonder.*

FOLÂTRE □ → *gai.*

FOLÂTRER □ → *batifoler.*

FOLICHON, ONNE □ *gai.*

FOLICHONNER □ → *batifoler.*

FOLIE □ **I. Au pr. :** Aliénation mentale, délire, démence, dépression, dérangement, déraison, déséquilibre, égarement, extravagance, fureur, idiotie, maladie mentale, manie, névrose, psychose, rage, vésanie. **II. Par ext. 1.** → *aberration.* **2.** → *bêtise.* **3.** → *obstination.* **4.** → *manie.* **5.** → *habitation.*

FOLKLORE □ Légende, mythe, romancero, saga, tradition.

FOLLET, ETTE □ **I.** → *fou.* **II.** → *capricieux.* **III. Loc. Esprit follet** → *génie.*

FOLLICULAIRE □ → *journaliste.*

FOMENTER □ → *exciter.*

FONCÉ, E □ → *sombre.*

FONCER □ → *élancer (s').*

FONCEUR, EUSE □ battant. → *courageux.*

FONCIER, ÈRE □ **I.** → *inné.* **II.** → *profond.* **III. Nom masc. :** cadastre, immeubles, impôt sur les immeubles.

FONCIÈREMENT □ À fond, extrêmement, naturellement, tout à fait.

FONCTION □ → *emploi.*

FONCTIONNAIRE □ → *employé.*

FONCTIONNEL, ELLE □ → *pratique, rationnel.*

FONCTIONNER □ **I.** → *agir.* **II.** → *marcher.*

FOND □ **I. De quelque chose :** abysse, bas, base, bas-fond, creux, cul, cuvette, fondement. **II. Par ext. 1.** Base, substratum, tissure, toile. **2. Peint. :** champ, perspective, plan. **3.** Essence, nature, naturel. **4.** → *caractère.* **5.** → *matière.* **6.** → *intérieur.*

FONDAMENTAL, E □ → *principal.*

FONDATEUR, TRICE □ → *bâtisseur.*

FONDATION □ **I.** → *établissement.* **II.** Appui, assiette, assise. → *fondement.*

FONDEMENT □ **I. Au pr. :** assise, base, fondation, infrastructure, pied, soubassement, sous-œuvre, soutènement, soutien, substruction, substructure. **II. Par ext.** → *cause.* **III.** Cul, postérieur. → *anus, fessier.*

FONDER □ **I. Au pr. :** appuyer, asseoir, bâtir, créer, élever, enter, ériger, établir, instituer, lancer, mettre, poser. **II. Par ext. :** échafauder, justifier, motiver, tabler.

FONDERIE □ Aciérie, forge, haut fourneau, métallurgie, sidérurgie.

FONDOUK □ → *caravansérail.*

FONDRE □ **I. V. tr. 1. On fond quelque chose :** désagréger, dissoudre, liquéfier, vitrifier. **2. Fig. :** adoucir, attendrir, atténuer, dégeler, diminuer, dissiper, effacer, estomper, mélanger, mêler, unir. **II. V. intr. 1.** S'amollir, brûler, couler, se désagréger, disparaître, se dissiper, se résorber, se résoudre. **2. Fig. :** diminuer, maigrir.

FONDRIÈRE □ → *ornière.*

FONDS □ **I.** → *terre.* **II.** → *établissement.* **III.** → *argent.* **IV.** → *bien.*

FONGIBLE □ → *destructible.*

FONTAINE □ → *source.*

FONTE □ **I.** → *fusion.* **II.** → *type.*

FORAGE □ Recherche, sondage.

FORAIN □ **I.** → *nomade.* **II.** → *saltimbanque.* **III.** → *marchand.*

FORBAN □ → *corsaire.*

FORÇAT □ → *bagnard.*

FORCE □ **I. Au pr. :** capacité, dynamisme, énergie, forme, intensité, potentiel, pouvoir, puissance, violence. **II. Par ext. 1. Force physique :** biceps, fermeté, muscle, nerf, puissance, résistance, robustesse, santé, sève, solidité, tonicité, verdeur, vigueur, virilité. **2.** → *capacité.* **3.** → *contrainte.* **III. Adv.** → *beaucoup.* **IV. Au pl. 1.** → *troupes.* **2.** Cisaille, ciseaux, tondeuse.

FORCÉ, E □ **I.** → *inévitable.* **II.** → *artificiel.* **III.** → *étudié.* **IV.** → *excessif.* **V.** → *obligatoire.*

FORCÉMENT □ → *sûrement.*

FORCENÉ, E □ adj. et n. → *furieux.*

FORCER □ **I.** → *obliger.* **II.** → *ouvrir.* **III.** → *prendre.* **IV.** → *détériorer.*

FORCERIE □ → *serre.*

FORCIR □ → *grossir.*

FORCLOS, E □ → *déchu.*

FORCLUSION □ Déchéance, prescription.

FORER □ → *percer.*

FORESTIER, ÈRE □ Sylvestre, sylvicole.

FORET □ Fraise. → *perceuse.*

FORÊT □ → *bois.*

FORFAIRE □ → *manquer.*

FORFAIT, FORFAITURE □ **I.** → *malversation.* **II.** → *trahison.*

FORFAITAIRE □ À prix convenu/fait, en bloc, en gros, en tout.

FORFANTERIE □ → *hâblerie.*

FORGE □ Fonderie, maréchalerie.

FORGER □ (Fig.) **I.** → *inventer.* **II.** → *former.*

FORGERON □ Maréchal-ferrant.

FORJETER □ Dépasser.

FORLIGNER □ → *dégénérer.*

FORMALISATION □ Axiomatisation.

FORMALISER (SE) □ → *offenser (s').*

FORMALISTE □ adj. et n. Cérémonieux, façonnier, solennel.

FORMALITÉ □ **I.** Convenances, démarches, forme, règle. **II. Péj.** : chinoiseries, paperasses, tracasseries.

FORMAT □ **I.** In folio/quarto/octavo/douze/seize/dix-huit/vingt-quatre/trente-deux. **II.** → *dimension.*

FORMATION □ **I.** Composition, conception, concrétion (géol.), constitution, élaboration, génération, genèse, gestation, organisation, production, structuration. **II.** → *instruction.* **III.** → *troupe.*

FORME □ **I.** Aspect, configuration, conformation, contour, dessin, état, façon, figure, format, formule, ligne, manière, modelé, relief, silhouette, tracé. **II.** → *style.* **III.** → *formalité.* **IV.** → *moule.* **V. Au pl.** → *façons.*

FORMÉ, E □ → *adulte, pubère.*

FORMEL, ELLE □ **I.** → *absolu.* **II.** → *clair.* **III.** → *évident.*

FORMELLEMENT □ → *absolument.*

FORMER □ **I. Au pr.** : aménager, arranger, assembler, bâtir, composer, conformer, constituer, façonner, forger, modeler, mouler, pétrir, sculpter. **II. Par ext.** : cultiver, dégrossir, éduquer, faire, instruire, perfectionner, polir. **III.** → *énoncer.*

FORMICATION □ → *picotement.*

FORMIDABLE □ **I.** → *extraordinaire.* **II.** → *terrible.*

FORMULE □ **I.** → *expression.* **II.** → *forme.*

FORMULER □ → *énoncer.*

FORNICATION □ → *lascivité.*

FORNIQUER □ → *accoupler (s').*

FORT □ **I. Nom masc.** → *forteresse.* **II. Adv. 1.** → *beaucoup.* **2.** → *très.* **III. Adj. 1. Au phys.** : athlétique, bien charpenté, costaud, dru, ferme, grand, gros, herculéen, musclé, puissant, râblé, résistant, robuste, solide, vigoureux. **Arg.** : balèze, balouf, comac, mastard. **2. Par ext.** → *excessif, capable, instruit.*

FORTERESSE □ Bastille, blockhaus, bretèche (mar. vx), casemate, château, château fort, citadelle, enceinte, fort, fortification, fortin, ouvrage, place forte, repaire.

FORTIFIANT □ **Adj. et n. m.** : analeptique, cordial, corroborant, énergétique, excitant, réconfortant, reconstituant, remontant, roborant, roboratif, stimulant, tonique.

FORTIFICATION □ → *forteresse.*

FORTIFIER □ **I.** Affermir, armer, consolider, équiper, renforcer. → *protéger.* **II.** Aider, assurer, conforter, corroborer, corser, réconforter, tonifier, tremper.

FORTIN □ → *forteresse.*

FORTUIT, E □ → *contingent.*

FORTUITEMENT □ Accidentellement, à l'occasion, occasionnellement, par hasard.

FORTUNE □ **I.** → *bien.* **II.** → *destinée.* **III.** → *hasard.*

FORTUNÉ, E □ **I.** → *riche.* **II.** → *heureux.*

FOSSE □ **I.** Boyau, cavité, douve, excavation, fossé, fouille, rigole, saut-de-loup, tranchée. **Géol.** : abysse, dépression, effondrement, géosynclinal, gouffre, graben, synclinal. **II.** → *tombe.* **III. fosse d'aisances** : → *water-closet.*

FOSSÉ □ **I.** → *fosse.* **II.** → *rigole.* **III.** → *séparation.*

FOSSILE □ Par ext. → *vieillard.*

FOSSOYEUR □ → *destructeur.*

FOU, FOLLE □ n. et adj. **I. Au pr.** : aliéné, cerveau fêlé, dément, désaxé, déséquilibré, détraqué, furieux, halluciné, hystérique, interné, malade, malade mental, maniaque, névrosé, paranoïaque, psychopathe, schizophrène. **II. Fam. et par ext.** : azimuté, barjo, branquignole, braque, bredin, brindezingue, chabraque, cinglé, dingo, dingue, fêlé, folasse, follet, fondu, frapadingue, frappé, hotu, jobard (arg.), jobri, louf, loufoque, louftingue, maboul, marteau, piqué, schnock, sinoque, siphoné, sonné, tapé, timbré, toc-toc, toqué, zinzin. **III. Fig. 1.** → *insensé.* **2.** → *extraordinaire.* **3.** → *excessif.* **4.** → *épris.* **5.** → *gai.*

FOUAILLER □ → *cingler.*

FOUCADE □ Coup de tête, fougasse. → *caprice.*

FOUDRE □ **I. Nom masc.** → *tonneau.* **II. Nom fém.** : éclair, épars, feu du ciel, fulguration, tonnerre.

FOUDRES □ → *colère.*

FOUDROYANT, E □ **I.** → *fulminant.* **II.** → *soudain.*

FOUDROYÉ, E □ → *interdit.*

FOUDROYER □ **I.** → *frapper.* **II.** → *vaincre.*

FOUET □ Chambrière, chat à neuf queues, discipline, étrivières, martinet.

FOUETTER □ **I. Au pr. 1.** → *cingler.* **2.** → *frapper.* **II. Par ext.** → *exciter.* **III. Arg.** → *puer.*

FOUGASSE □ **I.** Coup de tête, foucade. → *caprice.* **II.** → *brioche.*

FOUGUE □ → *impétuosité.*

FOUGUEUX, EUSE □ → *impétueux.*

FOUILLE □ → *fosse.*

FOUILLER □ Chercher, explorer, fouger (vén.), fouiner, fureter, inventorier, sonder. **Fam.** : farfouiller, fourgonner, fourrager, trifouiller, tripoter, tripatouiller, vaguer.

FOUILLIS □ → *désordre.*

FOUIR □ → *creuser.*

FOULARD □ → *fichu.*

FOULE □ Affluence, cohue, masse, monde, multitude, peuple, populace, presse.

FOULÉE □ **I.** → *pas.* **II.** → *trace.*

FOULER □ **I.** Accabler. → *charger.* **II.** → *marcher.* **III.** → *presser.* **IV.** → *meurtrir.* **V. V. pron.** : se biler (fam.), s'en faire (fam.), se fatiguer. → *travailler.*

FOULURE □ → *entorse.*

FOUR □ **I.** Étuve, fournaise, fournil. **II. Fig.** → *insuccès.*

FOURBE □ **I.** → *faux.* **II.** → *trompeur.*

FOURBERIE □ → *tromperie.*

FOURBI □ → *bazar.*

FOURBIR □ → *frotter.*

FOURBU, E □ → *fatigué.*

FOURCHE □ **Par ext.** : bifurcation, bivoie, bretelle, carrefour, embranchement, raccordement.

FOURCHETTE □ Écart. → *variation.*

FOURCHU, E □ Bifide.

FOURGON □ → *voiture, wagon.*

FOURGONNER □ v. tr. et intr. → *fouiller.*

FOURMILIÈRE □ → *multitude.*

FOURMILLANT, E □ → *abondant.*

FOURMILLEMENT □ → *picotement.*

FOURMILLER □ **I.** → *abonder.* **II.** → *remuer.*

FOURMIS □ **Par ext.** → *picotement.*

FOURNAISE □ **I.** → *four.* **II.** → *brasier.*

FOURNEAU □ → *réchaud.*

FOURNÉE □ → *groupe.*

FOURNI, E □ **I.** Approvisionné, armé, garni, livré, muni, nanti, pourvu, servi. **II.** → *épais.*

FOURNIMENT □ → *bagage.*

FOURNIR □ Approvisionner, armer, assortir, avitailler, dispenser, garnir, lotir, meubler, munir, nantir, pourvoir, procurer.

FOURNISSEUR □ → *commerçant.*

FOURNITURE □ Prestation. → *provision.*

FOURRAGER □ v. tr. et intr. **I.** → *ravager.* **II.** → *fouiller.*

FOURRÉ □ Breuil, buisson, épines, haie, hallier, massif, ronces.

FOURREAU □ → *enveloppe.*

FOURRER □ **I.** → *introduire.* **II.** → *mettre.* **III.** → *emplir.*

FOURRURE □ → *poil.*

FOURVOIEMENT □ → *erreur.*

FOURVOYER (SE) □ → *égarer (s').*

FOUTRE □ **I.** → *faire, mettre.* **II. Vx** : → *éjaculer.*

FOUTU, E □ → *perdu.*

FOYER □ **I. Au pr.** : Alandier, âtre, brasier, cheminée, feu, four, fournaise, incendie. **II. Par ext. 1.** → *famille.* **2.** → *maison.* **3.** → *salle.* **4.** → *centre.*

FRACAS □ → *bruit.*

FRACASSANT, E □ → *sensationnel.*

FRACASSER □ → *casser.*

FRACTION □ **I. L'action** : cassure, coupure, division, fission, fracture, partage, scission, séparation. **II. Le résultat** : aliquante, aliquote, élément, faille, fragment, morceau, parcelle, part, partie, quartier, tronçon.

FRACTIONNEMENT □ → *segmentation.*

FRACTIONNER □ → *partager.*

FRACTURE □ → *fraction.*

FRACTURER □ → *casser.*

FRAGILE □ **I.** Cassant, friable. **II.** → *faible.* **III.** → *périssable.*

FRAGILITÉ □ Tendreté. → *faiblesse.*

FRAGMENT □ **I.** → *fraction.* **II.** → *morceau.*

FRAGMENTAIRE □ → *partiel.*

FRAGMENTATION □ → *segmentation.*

FRAGMENTER □ → *partager*.

FRAGRANCE □ → *parfum*.

FRAGRANT, E □ → *odorant*.

FRAÎCHEUR □ **I. Au pr.** : fraîche, frais, froid, humidité. **II. Par ext. 1.** → *grâce*. **2.** → *lustre*.

FRAIS, FRAÎCHE □ **I.** → *froid*. **II.** → *nouveau*. **III.** → *reposé*.

FRAIS □ → *dépense*.

FRAISEUSE □ → *perceuse*.

FRANC, FRANCHE □ Carré (fam.), catégorique, clair, cordial, entier, libre, net, ouvert, parfait, rond (fam.), sans-façon, simple, sincère, tranché, vrai.

FRANCHIR □ Boire l'obstacle (fam.), dépasser, enjamber, escalader, sauter, surmonter. → *passer*.

FRANCHISE □ **I.** Abandon, bonne foi, confiance, cordialité, droiture, netteté, rondeur, simplicité, sincérité. **II.** → *vérité*. **III.** → *liberté*.

FRANCHISSEMENT □ Escalade, saut. → *traversée*.

FRANCO □ Gratis, gratuitement, port payé, sans frais.

FRANC-TIREUR □ → *soldat*.

FRANC-MAÇON □ → *maçon*.

FRANGE □ **I.** → *bord*. **II.** → *ruban*.

FRANQUETTE (À LA BONNE) □ **Loc. adv.** : sans façon, simplement.

FRAPPANT, ANTE □ → *émouvant*.

FRAPPE □ **I.** → *marque*. **II.** → *fripouille*.

FRAPPÉ, E □ **I.** → *ému*. **II.** → *fou*. **III.** Congelé, frais, froid, glacé, rafraîchi, refroidi.

FRAPPER □ **I.** Assener un coup, claquer, cogner, cosser, férir (vx), fouetter, heurter, marteler, percuter, pianoter, tambouriner, taper, tapoter, toquer. **II.** → *battre*. **III.** → *toucher*. **IV.** → *émouvoir*. **V.** → *punir*. **VI.** → *refroidir*.

FRASQUE □ → *fredaine*.

FRATERNEL, ELLE □ → *bienveillant*.

FRATERNISER □ S'accorder, se comprendre, s'entendre, être de connivence/d'intelligence, contracter amitié, faire bon ménage, se lier, nouer amitié, pactiser, se solidariser, sympathiser, s'unir.

FRATERNITÉ □ Accord, amitié, bonne intelligence, bons termes, camaraderie, charité, communion, compagnonnage, concert, concorde, confiance, conformité, ensemble, entente, harmonie, intelligence, sympathie, union, unisson. → *solidarité*.

FRAUDE □ → *tromperie*.

FRAUDER □ v. tr. et intr. **I.** → *altérer*. **II.** → *tromper*.

FRAUDULEUX, EUSE □ → *malhonnête*.

FRAYER □ **I. V. tr.** : établir, entrouvrir, percer, tracer. → *ouvrir*. **II. V. intr.** : aller/commercer/converser/être en relation avec, fréquenter, se frotter à/avec (fam.), hanter, pratiquer, voir, voisiner.

FRAYEUR □ Affolement, affres, alarme, angoisse, anxiété, appréhension, consternation, crainte, effroi, épouvante, épouvantement (vx), frousse (fam.), horreur, inquiétude, panique, pétoche (fam.), peur, terreur, trac, transe, tremblement, trouille (fam.).

FREDAINE □ Aberration, débordement, dévergondage, disparate (vx), écart, échappée, équipée, erreurs (péj.), escapade, extravangance, faute (péj.), faux pas, folie, frasque, impertinence, incartade, incorrection, irrégularité, manquement, relâchement. → *bêtise*.

FREDONNER □ → *chanter*.

FREIN □ **I.** → *mors*. **II.** → *obstacle*.

FREINAGE □ Ralentissement → *diminution*.

FREINER □ **I. Au pr.** : **1.** Décélérer, ralentir, retenir, serrer. **2.** arrêter, bloquer, stopper. **II. Fig.** : enrayer, faire obstacle *et les syn. de* OBSTACLE. → *modérer*.

FRELATER □ Abâtardir, adultérer, affaiblir, aigrir, appauvrir, atténuer, avarier, avilir, bricoler (fam.), changer, contrefaire, corrompre, décomposer, défigurer, déformer, dégénérer, dégrader, déguiser, dénaturer, dépraver, détériorer, détraquer, falsifier, farder, fausser, frauder, gâter, maquiller, modifier, salir, tarer, tronquer, truquer, vicier. → *altérer*.

FRÊLE □ → *faible*.

FRELUQUET □ **I.** Avorton, aztèque, demi-portion, efflanqué, faible, gringalet, mauviette, minus. **II.** → *galant*.

FRÉMIR □ → *trembler*.

FRÉMISSANT, E □ **I.** → *ardent*. **II.** → *tremblant*.

FRÉMISSEMENT □ → *bruissement*.

FRÉNÉSIE □ **I. Au pr.** : agitation, aliénation, bouillonnement, délire, delirium tremens, divagation, égarement, emportement, exaltation, excitation, fièvre, folie, hallucination, ivresse, paroxysme, surexcitation, transes. **II. Par ext. Non favorable** → *fureur*.

FRÉNÉTIQUE □ **I.** → *furieux*. **II.** → *violent*. **III.** → *chaud*.

FRÉQUEMMENT □ Continuellement, d'ordinaire, généralement, habituellement, journellement, maintes fois, plusieurs fois, souvent.

FRÉQUENCE □ → *répétition*.

FRÉQUENT, E □ → *habituel*.

FRÉQUENTATION □ **I. Au pr.** : accointance, attache, bonne/mauvaise intelligence, bons/mauvais termes, commerce, communication, compagnie, contact, correspondance, habitude, intimité, liaison, lien, rapport, relation, société. **II. Par ext. 1.** Amour, amourette. → *amante.* **2.** Assiduité, exactitude, ponctualité, régularité.

FRÉQUENTER □ Aller/commercer/converser avec, courir (fam. et péj.), cultiver , être en relation avec, frayer, se frotter à/avec (fam.), graviter autour, hanter, pratiquer, visiter, voir, voisiner.

FRESQUE □ **I. Au pr.** → *peinture.* **II. Fig.** → *image.*

FRET □ **I. Au pr. :** charge, chargement, marchandise. **II. Par ext. :** batelée, capacité, cargaison, contenu, faix, fardeau, lest, nolis, poids, quantité, voiturée.

FRÉTER □ **Mar. :** affréter, louer, noliser.

FRÉTILLANT, E □ **I.** → *remuant.* **II.** → *fringant.*

FRÉTILLER □ Se trémousser. → *remuer.*

FRETIN □ **I. Au pr. :** alevin, blanchaille, frai, menuaille, nourrain, poissonnaille. **II. Fig.** → *rebut.*

FRIABLE □ → *cassant.*

FRIAND, E □ **I. Quelqu'un :** amateur, avide de. → *gourmand.* **II. Quelque chose :** affriolant, agréable, alléchant, appétissant, engageant, ragoûtant, savoureux, séduisant, succulent, tentant.

FRIANDISE □ Amuse-gueule, bonbon, chatterie, confiserie, douceur, gourmandise, nanan (fam.), sucreries.

FRICASSÉE □ **I. Au pr.** → *ragoût.* **II. Fig.** → *mélange.*

FRICASSER □ **I. Au pr. :** braiser, cuire, cuisiner, faire revenir/sauter, fricoter, frire, griller, mijoter, mitonner, préparer, rissoler, rôtir. **II. Fig.** → *dépenser.*

FRICHE □ **I. Au pr. :** brande, brousse, garrigue, gâtine, jachère, lande, maquis, varenne. **II. Par ext.** → *pâturage.*

FRICOT □ **I.** → *ragoût.* **II.** → *cuisine.*

FRICOTER □ **I. Au pr.** → *fricasser.* **II. Fig.** → *trafiquer.*

FRICTION □ Frottement. → *mésintelligence.*

FRICTIONNER □ **I.** Frotter, masser. **II.** Lotionner, oindre, parfumer.

FRIGIDE □ → *froid, impuissant.*

FRIGIDITÉ □ **I.** Flegme, froid, froideur, impassibilité, indifférence, insensibilité, mésintelligence. **II.** Apathie, impuissance, incapacité, inhibition, insuffisance, mollesse.

FRIGORIFÈRE □ Armoire frigorifique, chambre froide, congélateur, conservateur, Frigidaire (marque déposée), frigorifique, frigorigène, glacière, réfrigérateur.

FRIGORIFIER □ Congeler, frapper, geler, glacer, réfrigérer, refroidir, surgeler.

FRIMAS □ Brouillard, brouillasse, bruine, brume, crachin, embrun, froid, froidure (vx), gelée, hiver, mauvais temps.

FRIME □ → *comédie, hâblerie.*

FRIMOUSSE □ (Fam.) Bec, bobine (fam.), bouille (fam.), minois, museau. → *visage.*

FRINGALE □ **I. Au pr. :** appétit, avidité, besoin, boulimie, creux, dent, faim, famine, voracité. **II. Fig. 1.** → *ambition.* **2.** → *envie.*

FRINGANT, E □ Actif, agile, alerte, allègre, animé, ardent, brillant, chaleureux, dégagé, déluré, dispos, éveillé, fougueux, frétillant, gaillard, guilleret, ingambe, léger, leste, mobile, pétillant, pétulant, pimpant, primesautier, prompt, rapide, sémillant, vif, vivant.

FRINGUER □ **I. V. tr. :** accoutrer, affubler (péj.), ajuster, arranger, costumer, couvrir, déguiser, draper, endimancher, envelopper, équiper, fagoter (péj.), ficeler (péj.), habiller, nipper, travestir. → *vêtir.* **II. V. intr.** → *sauter.*

FRINGUES □ → *vêtement.*

FRIPER □ → *froisser.*

FRIPIER □ → *chiffonnier.*

FRIPON, FRIPONNE □ n. et adj. **I. Au pr. :** aigrefin, bandit, bonneteur, chevalier d'industrie, coquin, coupeur de bourses, dérobeur, détrousseur, escroc, estampeur, faisan, faiseur, faussaire, faux-monnayeur, filou, flibustier, fripouille, gredin, maître-chanteur, pickpocket, pipeur, pirate, rat d'hôtel, requin, tricheur, vaurien, vide-gousset. → *voleur.* **II. Par ext. :** coquin, espiègle, malin, polisson.

FRIPONNERIE □ → *malhonnêteté.*

FRIPOUILLE □ Arsouille, aventurier, bandit, bon à rien, brigand, canaille, chenapan, coquin, crapule, débauché, dévoyé, drôle, fainéant, frappe, fripon, fumier (grossier), galapiat, galopin, gangster, garnement, gens de sac et de corde, gibier de potence, gouape, gouspin, maquereau, nervi, plat personnage, poisse, ribaud (vx), rossard, sacripant, salaud (grossier), sale/triste coco (fam.) / individu / personnage/type (fam.), saligaud (grossier), saloperie (grossier), scélérat, truand, vaurien, vermine, vicieux, voyou. → *voleur.*

FRIRE □ → *fricasser.*

FRISÉ, E □ Annelé (vx), bouclé, calamistré, crêpé, crépelé, crépu, frisotté,
ondulé.

FRISER □ **I. Au pr.** : boucler, calamistrer, canneler (vx), crêper, faire
une mise en pli/une permanente, fri-
sotter, mettre en plis, moutonner,
onduler. **II. Par ext. 1.** → *effleurer.* **2.**
→ *risquer.*

FRISSON □ **I. Au pr.** : claquement
de dents, convulsion, crispation,
frémissement, frissonnement, haut-
le-corps, horripilation, saisissement,
soubresaut, spasme, sursaut, tremblement, tressaillement. **II. Par ext. :**
bruissement, friselis, froissement,
frou-frou.

FRISSONNANT, E □ **Par ext. :** claquant des dents, frémissant, gelé,
glacé, grelottant, morfondu, transi,
tremblant.

FRISSONNEMENT □ → *tremblement.*

FRISSONNER □ **I. Au pr. :** avoir froid,
claquer des dents, frémir, grelotter,
trembler, tressaillir. **II. Par ext. :** clignoter, scintiller, trembloter, vaciller.

FRITURE □ **I. Au pr.** → *poisson.* **II.
Par ext.** → *grésillement.*

FRIVOLE □ Badin, désinvolte, dissipé, écervelé, évaporé, folâtre, futile,
inconséquent, inconstant, inepte
(péj.), insignifiant, insouciant, léger,
musard, superficiel, vain, volage.

FRIVOLITÉ □ **I. Au pr. 1.** *De
quelqu'un :* inconstance, insouciance, légèreté, puérilité, vanité. **2.**
Quelque chose : affiquet, amusement, amusette, amusoire, babiole,
bagatelle, baliverne, bêtise, bibelot,
bimbelot, breloque, bricole, brimborion, caprice, colifichet, connerie
(vulg.), fanfreluche, fantaisie, futilité,
rien. **II. Par ext. 1.** *Neutre ou favorable :* amusement, badinerie, bricole
(fam.), broutille, futilité, jeu, mode,
plaisanterie, rien. **2.** *Non favorable :*
baliverne, bêtise, chanson, fadaise,
futilité, sornette, sottise, vétille.

FROID, E □ **I. Au pr. :** congelé, frais,
frappé, frisquet (fam.), froidi, glacé,
glacial, hivernal, polaire, rafraîchissant, réfrigéré, refroidi. **II. Fig. 1.**
Quelqu'un : dédaigneux, distant, fier,
flegmatique, frais, frigide, glacant,
glacial, hostile, inamical, indifférent,
réfrigérant, renfermé. → *impassible.*
2. *Quelque chose* → *fade.*

FROID, FROIDEUR □ **I. Au pr. :** froidure (vx). **II. Par ext. 1.** Détachement,
flegme, frigidité, impassibilité, indifférence, mésintelligence, réserve. **2.**
Gêne, malaise.

FROISSER □ **I. Au pr. 1.** Aplatir, bouchonner, broyer, chiffonner, écraser,
fouler, friper, frotter, piétiner. **2.** →
meurtrir. **II. Fig. 1.** Blesser, choquer, dépiter, déplaire à, désobliger,

fâcher, heurter, indisposer, mortifier,
offenser, offusquer, piquer/toucher
au vif, ulcérer, vexer. **2.** → *aigrir.* **3.**
→ *affliger.* **III. V. pron. :** se fâcher, se
piquer, prendre la mouche (fam.), *et
les formes pron. possibles des syn.
de* FROISSER.

FRÔLEMENT □ **I.** → *bruit.* **II.** →
caresse.

FRÔLER □ **I. Au pr. :** effleurer, friser,
passer près, raser, toucher. → *caresser.* **II. Par ext.** → *risquer.*

FROMAGE □ **I. Arg. :** fromaga,
frome, fromegi, frometogome, frome-
ton. **II. Fig.** → *sinécure.* **III. Quelques
dénominations spécifiques parmi
les centaines qui existent 1.** Angelot
ou anguelot, beaufort, blanc fermier,
bleu d'Auvergne/de Bresse/du Jura,
bondon, brie, bruccio, caillé, caillebotte, camembert, cancoillotte, can-
tal, carré de l'Est, cendré
de l'Yonne/du Loiret, chabichou,
chaource, châteauroux, chaumes,
Chavignol (crottin de), cheddar, ches-
ter, chevrotin, comté, coulommiers,
edam, emmenthal, époisses, fontai-
nebleau, fourme, fromage de monsieur *ou* monsieur-fromage *ou* monsieur, fromageon, géromé *ou* gérard-
mer, gex, gorgonzola, gouda, gour-
nay, gruyère, hollande, jonchée, leer-
dammer, levroux, livarot, mamirolle,
maroilles, mignon, montasio, mont-
dore, munster, neufchâtel, parme-
san, petit-suisse, pont-l'évêque, port-
salut, reblochon, roquefort, saint-
albray, sainte-maure, saint-marcel-
lin, saint-nectaire, saint-paulin, sarah,
sassenage, sbrinz, stilton, tête de
maure, tomme, vacherin, vieux pané,
yaourt. **2.** *D'après la marque :* bon-
bel, boursin, caprice des dieux, cœur
à la crème, danone, délices de la
ferme, gervais, vache-qui-rit.

FROMENT □ Blé.

FRONCE □ → *pli.*

FRONCÉ, E □ **I. Quelque chose :**
doublé, fraisé, ondulé, plié, plissé,
ruché. **II. Par ext. 1.** Chiffonné, fripé,
froissé. **2.** Grimaçant, raviné, ridé.

FRONCEMENT □ **I.** → *pli.* **II.** Grimace, lippe, mimique, mine, moue,
plissement, rictus.

FRONCER □ → *plisser, rider.*

FRONDAISON □ **I. Au pr. :** branchage, branches, feuillage, feuillée,
feuilles, rameau, ramée, ramure, verdure. **II. Par ext. :** abri, ombrages,
ombre.

FRONDER □ Attaquer, brocarder,
chahuter, chansonner, critiquer. →
railler.

FRONDEUR, EUSE □ Contestataire,
critique, dissipé, esprit fort, hâbleur,
indiscipliné, moqueur, perturbateur,
railleur, rebelle.

FRONT □ **I. Au pr. :** face, figure, tête. → *visage.* **II. Par ext. 1.** → *hardiesse.* **2.** → *sommet.* **3.** → *lignes.* **4.** → *coalition.* **5.** → *façade.*

FRONTIÈRE □ Bord, bordure, borne, bout, confins, démarcation, extrémité, fin, ligne, limes, limite, limite territoriale, marche, mur, terme.

FRONTISPICE □ Avis, en-tête, introduction, préface.

FRONTON □ → *tympan.*

FROTTEMENT □ **I.** → *bruit.* **II.** → *mésintelligence.*

FROTTER □ **I.** Astiquer, bichonner (fam.), briquer (fam.), cirer, encaustiquer, éroder, essuyer, fourbir, frictionner, froisser, lustrer, nettoyer, polir, poncer, racler, récurer. **II. V. pron. Par ext. 1.** → *fréquenter.* **2.** → *attaquer.*

FROUSSARD, E □ adj. et n. Capitulard, capon, cerf (vx), dégonflé, embusqué, foireux (fam.), Jean-fesse (fam.), Jean-foutre (fam.), lâche, lièvre, péteux (fam.), peureux, pied-plat (fam.), pleutre, poltron, poule mouillée (fam.), pusillanime, timide, trouillard (fam.).

FROUSSE □ Affolement, affres, alarme, alerte, angoisse, appréhension, aversion, couardise, crainte, effroi, épouvante, foire (fam.), frayeur, frisson, hantise, inquiétude, lâcheté, malepeur (vx), panique, pétoche (fam.), phobie, pusillanimité, saisissement, souleur (vx), terreur, trac, trouble, trouille (fam.), venette (fam.), vesse (fam.).

FRUCTIFIER □ Abonder en, donner, être fécond, fournir, se multiplier, porter, produire, rapporter, rendre. → *croître.*

FRUCTUEUX, EUSE □ Abondant, avantageux, bon, fécond, fertile, juteux (fam.), lucratif, payant, productif, profitable, salutaire, utile.

FRUGAL, E □ → *sobre.*

FRUGALITÉ □ Abstinence, modération, sobriété, tempérance.

FRUGIVORE □ n. et adj. Herbivore, végétarien.

FRUIT □ **I. Au pr. :** agrume, akène, baie, drupe, grain, graine. **II. Par ext. 1.** → *fils.* **2.** → *profit.* **3.** → *résultat.* **4.** → *recette.*

FRUSQUES □ → *vêtement.*

FRUSTE □ Balourd (fam.), béotien, bêta (fam.), grossier, inculte, lourd, lourdaud, paysan du Danube, primitif, rude, rudimentaire, rustaud (fam.), rustique, rustre, sauvage, simple → *paysan.*

FRUSTRATION □ → *spoliation.*

FRUSTRER □ Appauvrir, défavoriser, démunir, déposséder, dépouiller, désavantager, déshériter, enlever, léser, mutiler, ôter, priver, ravir, sevrer, spolier → *voler.*

FUGACE □ **I. Au pr. :** changeant, fugitif, fuyant, instable. **II. Par ext. :** bref, court, éphémère, momentané, passager, périssable.

FUGITIF, IVE □ **I. Nom :** banni, en cavale, évadé, fuyard, proscrit. **II. Adj. :** bref, court, éphémère, évanescent, fugace, fuyant, inconstant, instable, mobile, mouvant, passager, transitoire, variable.

FUGUE □ Absence, bordée, cavale, échappée, équipée, escapade, escampativos (fam. et vx), frasque, fredaine, galère (fam.).

FUIR □ **I. V. tr.** → *éviter.* **II. V. intr. 1.** Abandonner, s'en aller, décamper, déguerpir, déloger, se dérober, détaler, disparaître, s'échapper, s'éclipser, s'éloigner, s'enfuir, s'envoler, s'escamper (vx), s'esquiver, s'évader, filer, gagner le large, lever le pied, passer, se retirer, se sauver. **2.** → *passer.* **3.** → *couler.* **4.** → *perdre.* **5. Fam. :** déménager à la cloche de bois, faire un pouf, ficher/foutre le camp, jouer les filles de l'air, jouer/se tirer des flûtes/des pattes, planter un drapeau, plier bagages, prendre la clef des champs/la poudre d'escampette/ses jambes à son cou. **6.** fuguer, galérer. **7.** → *partir.*

FUITE □ **I. Au pr. : 1.** Abandon, débâcle, débandade, déroute, dispersion, échappement (vx), échappée, émigration, escapade, évasion, exode, panique, sauve-qui-peut → *fugue.* **2. Fam. :** belle, cavale, poudre d'escampette. **II. Par ext. 1.** Écoulement, déperdition, hémorragie, perte. **2.** Migration, passage, vol. **III. Fig. :** défaite, dérobade, dilatoire, échappatoire, escobarderie, excuse, fauxfuyant, pantalonnade, pirouette, reculade, subterfuge, volte-face.

FULGURANCE □ Brillance → *lueur.*

FULGURANT, E □ **I.** Brillant, éclatant, étincelant. **II.** Foudroyant, rapide, soudain → *violent.*

FULGURATION □ Éclair, épart, feu, foudre.

FULGURER □ Brasiller, briller, chatoyer, étinceler luire, pétiller, scintiller.

FULIGINEUX, EUSE □ **I. Au pr. :** enfumé, fumeux. **II. Par ext. :** assombri, noir, noirâtre, obscur, opaque, sombre, ténébreux. **III. Fig.** → *obscur.*

FULMINATION □ → *colère.*

FULMINANT, E □ **I.** Foudroyant, tonitruant, vociférant. **II.** Agressif, comminatoire, furibond, grondant, inquiétant, menaçant.

FULMINER □ Crier, déblatérer, déclamer, s'emporter, exploser, invectiver, pester, tempêter, tonner → *injurier.*

FUMANT, E □ **I. Au pr.** : crachant la fumée, fuligineux, fumeux → *chaud.* **II. Fig.** → *furieux.*

FUMÉE □ **I. Par ext.** : buée, émanation, exhalaison, fumerolle, gaz, mofette, nuage, nuée, vapeur. **II. Fig. 1.** Chimère, erreur, fragilité, frivolité, futilité, illusion, inanité, inconsistance, inefficacité, insignifiance, inutilité, mensonge, néant, pompe, vapeur, vent, vide → *vanité.* **2.** → *ivresse.* **3. Au pl.** (vén.) → *excréments.*

FUMER □ **I.** Boucaner, saurer. **II. Du tabac. Péj.** : mégoter, pipailler, pétuner (vx). **III. agr.** → *améliorer.* **IV. fig. et fam.** : bisquer, écumer, endêver, enrager, être en colère/en fureur/en pétard/en rogne, rager, râler, rogner, ronchonner, se ronger les poings.

FUMET □ Arôme, bouquet, fragrance → *odeur.*

FUMEUX, EUSE □ **I.** → *fumant.* **II.** → *enivrant.* **III.** → *obscur.*

FUMIER □ Amendement, apport, colombin, compost, engrais, fertilisation, fumure, guano, poudrette, purin, terreau, terre de bruyère. → *ordure.*

FUMISTE □ (Fig.) **I.** → *farceur.* **II.** → *plaisant.*

FUMISTERIE □ (Fig.) **I.** → *invention.* **II.** → *tromperie.*

FUMURE □ → *amendement.*

FUNAMBULE □ Acrobate, danseur de corde.

FUNAMBULESQUE □ **I.** → *extraordinaire.* **II.** → *ridicule.*

FUNÈBRE □ **I. Au pr.** : funéraire, macabre, mortuaire, obituaire. **II. Par ext.** → *triste.*

FUNÉRAILLES □ **I.** Convoi, deuil, derniers devoirs/honneurs, ensevelissement, enterrement, inhumation, mise en bière/au sépulcre/au tombeau, obsèques, sépulture. **II.** Crémation, incinération.

FUNESTE □ Calamiteux, catastrophique, déplorable, désastreux, dommageable, fâcheux, fatal, malheureux, mauvais, mortel, néfaste → *affligeant.*

FURETER □ **fam.** : farfouiller, fouiller, fouiner, fourgonner, trifouiller, tripatouiller. → *chercher.*

FURETEUR, EUSE □ Casse-pieds (fam.), chercheur, curieux, écouteur, espion, fouilleur, fouinard (fam.), fouineur, indiscret, inquisiteur, inquisitif, inquisitorial, touche-à-tout.

FURIBOND, E □ ⟶ *furieux.*

FUREUR □ **I.** Acharnement, agitation, déchaînement, exaspération, folie, frénésie, furie, rage, violence. → *colère.* **II. Par ext.** : **1.** ⟶ *manie.* **2.** → *mode.* **III. Loc. à la fureur** ⟶ *passionnément.*

FURIE □ **I.** → *fureur.* **II.** Dame de la halle, dragon, gendarme, grenadier, grognasse, harengère, harpie, junon, maritorne, mégère, ménade, poissarde, poufiasse, rombière, tricoteuse (vx), virago.

FURIEUX, SE □ **I. Adj.** : acharné, agité, courroucé, déchaîné, délirant, enragé, exacerbé, exalté, excessif, frénétique, fulminant, fumant, furax, furibard, furibond, maniaque, possédé, violent. **II. Nom masc.** : énergumène, enragé, fanatique, forcené.

FURONCLE □ Abcès, anthrax, apostème, apostume, bouton, clou, enflure, pustule, tumeur.

FURTIF, IVE □ **I. Au pr.** : caché, clandestin, dissimulé, subreptice, secret. **II. Par ext.** : à la dérobée, discret, errant, fugace, fugitif, insinuant.

FURTIVEMENT □ A pas de loup, en cachette, en secret, et les adv. en -ment formés sur des syn. de FURTIF.

FUSEAU □ **I.** Bobine, broche. **II.** → *culotte.*

FUSÉE □ Accélérateur, booster, impulseur, lanceur, propulseur → *aérodyne.*

FUSELÉ, E □ Allongé, délié, effilé, élancé, étroit, filiforme, fin, fluet, fragile, fusiforme, grêle, maigre, menu, mince, svelte, ténu.

FUSER □ Bondir, charger, débouler, s'élancer, s'élever, foncer, fondre, glisser, se jeter, piquer, se précipiter, se répandre, se ruer, sauter, tomber.

FUSIBLE □ **I. Adj.** Liquéfiable. **II. N. masc.** Coupe-circuit, plomb.

FUSIL □ Arquebuse, carabine, chassepot, escopette, espingole, flingot (arg.), flingue (arg.), haquebute, lebel, mitraillette, mousquet, mousqueton, pétoire (fam.), rifle, sulfateuse (arg. et par ext.), tromblon.

FUSILLER □ **I. Au pr.** : canarder (fam.), exécuter, passer par les armes, tuer. **II. Fig.** → *abîmer.*

FUSION □ **I. Au pr.** : fonte, liquéfaction, réduction. **II. Par ext.** → *union.*

FUSIONNEMENT □ → *absorption, réunion.*

FUSIONNER □ Accoupler, agréger, allier, amalgamer, apparier, assembler, associer, assortir, confondre, conjoindre, conjuguer, coupler, enter, fondre, joindre, lier, marier, mélanger, mêler, rapprocher, rassembler, relier, réunir, souder. → *unir.*

FUSTIGER □ **I. Au pr.** : cravacher, cingler, flageller, fouailler, fouetter, frapper, sangler → *battre.* **II. Par ext.** → *blâmer, réprimander.*

FÛT □ **I.** → *tonneau.* **II.** → *colonne.*

FUTAIE □ **Par ext.** : bois, boqueteau, bosquet, bouquet d'arbres, breuil, châtaigneraie, chênaie, forêt, fourré, frondaison, hallier, hêtraie, massif d'arbres, pinède, sapinière, sous-bois, sylve, taillis.

FUTAILLE □ → *tonneau*.

FUTÉ, E □ Adroit, astucieux, débrouillard, dégourdi, déluré, farceur, fin, finaud, fine mouche, habile, madré, malicieux, malin, matois, roué, rusé, spirituel, trompeur. **Fam.** : combinard, démerdard, ficelle, mariolle, renard, sac à malices, vieux routier/singe.

FUTILE □ Anodin, badin, creux, désinvolte, évaporé, frivole, inconsistant, inepte, insignifiant, insouciant, léger, puéril, superficiel, vain, vide.

FUTILITÉ □ **I. Au pr. 1. *De quelqu'un :*** enfantillage, inanité, inconsistance, insignifiance, insouciance, légèreté, nullité, puérilité, vanité, vide. **2. *Quelque chose* :** affiquet, amusement, amusette, amusoire, babiole, bagatelle, baliverne, bêtise, bibelot, breloque, bricole, brimborion, caprice, colifichet, connerie (vulg.), fanfreluche, fantaisie, frivolité, inutilité, rien. **II. Par ext. 1. *Neutre ou favorable :*** amusement, badinerie, bricole (fam.), brouille, jeu, mode, plaisanterie, rien. **2. *Non favorable :*** baliverne, bêtise, chanson, fadaise, prétintaille, sornette, sottise, vétile.

FUTUR □ **I. Au pr.** : au-delà, autre vie, avenir, devenir, destinée, éternité, lendemain, non advenu/révolu, plus tard, postérieur, postériorité, suite, temps à venir/futur, ultérieur, ultériorité, vie éternelle (par ext.). **II. Vx ou région.** : accordé (vx), bien-aimé, fiancé, prétendu (région.), promis.

FUTUROLOGIE □ Prospective.

FUYANT, E □ **I.** → *fuyard*. **II.** Changeant, bref, court, éphémère, évanescent, fugace, fugitif, inconstant, instable, mobile, momentané, passager, périssable, transitoire, variable. **III.** → *secret*.

FUYARD, E □ n. et adj. Déserteur, évadé, fugitif, fuyant, lâcheur, patatrot (arg.).

GABARDINE □ → *imperméable.*

GABARRE □ **I.** → *bateau.* **II.** → *filet.*

GABARIT □ Arceau, calibre, dimension, forme mesure, modèle, patron, tonnage.

GABEGIE □ → *désordre.*

GABIER □ Gars de la marine (fam.), marin, matelot, mathurin, mousse.

GABLE □ Fronton, pignon.

GÂCHER □ **I. Au pr.** → *délayer.* **II. Par ext. *1.*** Abîmer, avarier, bâcler, barbouiller, bousiller, cochonner, déparer, dissiper, enlaidir, galvauder, gaspiller, gâter, manquer, massacrer, perdre, rater, saboter, sabouler, sabrer, saloper, saveter, torcher, torchonner. *2.* Anéantir, contrarier, diminuer, ruiner, supprimer.

GÂCHEUR, EUSE □ → *saboteur.*

GÂCHIS □ → *désordre.*

GADE □ Cabillaud, capelan, colin, lieu, merlan, merlu, merluche, morue, tacaud.

GADGET □ → *truc.*

GADOUE □ Boue, compost, débris, détritus, engrais, fagne, fange, fumier, immondices, jet, ordures, poudrette, terreau, vidange.

GAFFE □ **I.** Bâton, perche. **II.** Balourdise, bévue, blague, bourde, erreur, faute, gaucherie, impair, maladresse, sottise. → *bêtise.*

GAFFER □ Faire une → *gaffe.*

GAFFEUR, EUSE □ n. et adj. → *maladroit.*

GAG □ Blague, effet/invention/sketch comique.

GAGE □ **I. Au sing. *1. Au pr. :*** arrhes, aval, caution, cautionnement, couverture, dépôt, ducroire, garantie, hypothèque, nantissement, privilège, sûreté. *2. Par ext. :* Assurance, preuve, témoignage. **II. Au pl. :** appointements, émoluments, paie (paye), rétribution, salaire, traitement.

GAGER □ **I.** Convenir, s'engager à, miser, parier, préjuger, promettre, risquer. **II.** → *affirmer.* **III.** → *garantir.*

GAGEURE □ Défi, mise, pari, risque.

GAGNAGE □ → *pâturage.*

GAGNANT, E □ n. et adj. → *vainqueur.*

GAGNE-PAIN □ → *emploi.*

GAGNER □ **I.** → *obtenir.* **II.** → *vaincre.* **III.** → *mériter.* **IV.** → *aller.* **V.** → *arriver.* **VI.** → *avancer.* **VII.** → *distancer.* **VIII.** Amadouer, apprivoiser, attirer, capter, captiver, charmer, se concilier, conquérir, convaincre, envoûter, persuader, séduire, subjuguer.

GAI, E □ **I. Au pr. *1.*** Allègre, animé, badin, bon vivant, boute-en-train, content, enjoué, enthousiaste, entraînant, espiègle, folâtre, folichon, fou, gaillard, guilleret, heureux, hilare, jovial, joyeux, joyeux drille/luron, jubilant, mutin, réjoui, réjouissant, riant, rieur, rigoleur, souriant. *2.* Éméché, émoustillé, gris, parti. **II. Par ext. *1.*** → *comique.* *2.* → *libre.*

GAIETÉ □ **I.** Alacrité, allant, allégresse, animation, ardeur, badinage, bonheur, bonne humeur, contentement, enjouement, enthousiasme, entrain, exultation, gaillardise, goguette, hilarité, joie, jovialité, jubilation, liesse, plaisir, rayonnement, réjouissance, rire, satisfaction, vivacité. **II.** Ambiance. → *fête.*

GAILLARD, E □ **I. Adj. 1.** → *gai.*
2. → *libre.* **3.** → *valide.* **II. Nom.**
1. Bonhomme, bougre, compagnon, costaud, drille, drôle, gars, individu, lascar, loustic, luron, mâtin (vx), titi, zig, zigoto. → *type.* **2. Mar. :** dunette, roof, teugue, vibord.

GAILLARDISE □ → *plaisanterie.*

GAILLETTE □ → *charbon.*

GAIN □ **I.** → *bénéfice.* **II.** → *rétribution.*

GAINE □ → *enveloppe.*

GAINER □ → *serrer.*

GALA □ **I.** → *fête.* **II.** → *festin.*

GALANT, E □ **I. Adj. 1. Quelqu'un :** aguichant, amène, avenant, de bon goût, civil, coquet, courtois, distingué, élégant, empressé, entreprenant, fin, gracieux, hardi, léger, libertin, poli, prévenant, sensuel, tendre, troublant, voluptueux. **2. Par ext.** → *érotique.* **II. Nom :** amant, amoureux, beau, blondin, bourreau des cœurs, cavalier, chevalier, céladon (vx), coq, coquard (vx), coureur, cupidon, damoiseau, don juan, fat (péj.), freluquet, galantin, godelureau, marcheur (péj.), minet, mirliflore, muguet (vx), play-boy, séducteur, soupirant, trousseur de jupons (péj.), vert galant, vieux beau/marcheur (péj.). **III. Loc.** *Galant homme* (vx) : homme de bien, honnête homme (vx).

GALANTERIE □ **I. Favorable :** affabilité, agrément, amabilité, aménité, bonnes manières, civilité, complaisance, courtoisie, déférence, délicatesse, distinction, élégance, empressement, gentillesse, grâce, politesse, prévenance, respect, tendresse. **II. Non favorable. 1.** Coquetterie (vx), coucherie, débauche, galipettes, libertinage, prétentaine. **2.** Alcôve, drague (fam.), douceurs, fadaises, fleurette, flirt, gringue (fam.), madrigal.

GALANTINE □ Ballottine.

GALAPIAT □ → *vaurien.*

GALBE □ → *courbe, ligne.*

GALE □ **I. Au pr.** *Fam. :* charmante, frotte, gratte, grattelle, rogne, rouvieux (vétér.). **II. Fig.** → *méchant.*

GALÉJADE □ → *plaisanterie.*

GALÉJER □ → *plaisanter.*

GALÈRE □ **I. Au pr. :** bi/trirème, galéasse, galion, galiote, mahonne, prame, réale, sultane, trière. **II. Fig. :** guêpier, pétaudière, piège, traquenard. **III. Arg. ou fam.** → *fugue.*

GALERIE □ **I. Au pr. 1.** → *passage.* **2.** → *vestibule.* **3.** → *balcon.* **4.** → *pièce.* **5.** → *souterrain.* **II. Par ext. 1.** → *musée.* **2.** → *collection.* **III. Fig.** → *public.*

GALÉRIEN □ → *bagnard.*

GALET □ → *pierre.*

GALETAS □ → *grenier.*

GALETTE □ **I. Au pr.** → *pâtisserie.* **II. Fig.** → *argent.*

GALEUX, EUSE □ → *lépreux.*

GALIMAFRÉE □ → *ragoût.*

GALIMATIAS □ **I. Au pr. :** amphigouri, argot, baragouin, bigorne (vx), charabia, dialecte, discours embrouillé, embrouillamini, ithos, javanais, langage inintelligible, largonji, logogriphe, loucherbem, patagon, pathos, patois, phébus, pidgin, sabir, tortillage. **II. Par ext. :** désordre, fatras, fouillis, imbroglio, méli-mélo.

GALIPETTE □ **I.** → *cabriole.* **II.** → *polissonnerie.*

GALLINACÉ, E □ Argus, bartavelle, caille, coq de bruyère, dindon, faisan, ganga, gélinote, hocco, lagopède, paon, perdrix, pintade, poule, tatras, tinamou.

GALOCHE □ → *sabot.*

GALON □ **I.** → *passement.* **II. Fam. :** ficelle, galuche. **III.** → *grade.*

GALOP, GALOPADE □ Allure, canter, course.

GALOPER □ → *courir.*

GALOPIN □ → *gamin.*

GALVANISER □ → *enflammer.*

GALVAUDER □ **I. V. tr.** → *gâcher.* **II. V. intr.** → *traîner.*

GALVAUDEUX □ → *vagabond.*

GAMBADE □ → *cabriole.*

GAMBADER □ → *sauter.*

GAMBILLER □ → *remuer, danser.*

GAMELLE □ **I.** Écuelle. **II.** → *insuccès.*

GAMIN, E □ **I. Adj.** → *enfantin.* **II. Nom. 1.** Gavroche, petit poulbot, titi. → *enfant.* **2.** Apprenti, arpète, gâte-sauce, marmiton, saute-ruisseau. **3. Péj. :** chenapan, garnement, lipette, minet, minot, petit branleur/morveux/voyou, polisson, vaurien.

GAMME □ Par ext. → *suite.*

GANACHE □ → *bête, méchant.*

GANDIN □ → *élégant.*

GANG □ → *bande.*

GANGLION □ Par ext. → *tumeur.*

GANGRÈNE □ **I. Au pr. :** mortification, nécrose, putréfaction. **II. Fig.** → *pourriture.*

GANGRENER □ → *gâter.*

GANGSTER □ → *bandit.*

GANSE □ → *passement.*

GANT □ **I. 1.** Ceste, gantelet. **2.** Mitaine, moufle. **II. Loc. 1.** *Jeter le gant* → *braver.* **2.** *Mettre des gants* → *ménager.* **3.** *Se donner les gants* → *flatter (se).*

GARAGE □ Remisage. → *remise.*

GARANT □ **I. Quelque chose** → *garantie.* **II. Quelqu'un :** caution, correspondant, endosseur, otage, parrain, répondant, responsable.

GARANTIE □ **I.** Arrhes, assurance, aval, caution, cautionnement, consignation, couverture, dépôt, ducroire, engagement, gage, garant, hypothèque, indexation, nantissement, obligation, palladium, parrainage, préservation, responsabilité, salut, sauvegarde, soulte, sûreté, warrant. → *précaution.* **II.** Attestation, cachet, certificat, estampille, poinçon.

GARANTIR □ **I. Au pr.** : abriter, assurer, avaliser, cautionner, couvrir, épargner, gager, garder, immuniser, mettre à couvert, précautionner/prémunir contre, préserver/protéger de/contre, répondre, sauvegarder, sauver. **II. Par ext.** → *affirmer.*

GARCE □ → *mégère.*

GARÇON □ **I.** → *enfant.* **II.** → *fils.* **III.** → *célibataire.* **IV.** → *jeune homme.* **V.** → *employé.* **VI.** → *serveur.* **VII.** Garçon de bureau → *huissier.*

GARÇONNIER □ → *mâle.*

GARÇONNIÈRE □ → *appartement.*

GARDE □ **I. Nom masc.** : chaouch, gardeur, gardien, gorille, guet (vx), huissier, piquet, sentinelle, veilleur, vigie. **II. Nom fém.** → *protection.* → *suite.* **III. Loc. Prendre garde** → *attention.*

GARDE-CORPS, GARDE-FOU □ Balustrade, barrière, lisse, parapet, rambarde.

GARDE-MALADE □ → *infirmière.*

GARDER □ **I. Au pr.** → *conserver.* **II. Par ext. 1.** → *destiner.* **2.** → *garantir.* **3.** → *observer.* **4.** → *veiller sur.*

GARDER DE (SE) □ → *abstenir (s').*

GARDERIE □ → *nursery.*

GARDIEN, ENNE □ **I. Au pr. 1.** → *garde.* **2.** → *veilleur.* **3.** → *portier.* **4.** Argousin (vx), garde-chiourme, geôlier, guichetier, porte-clefs, surveillant. **Arg.** : crabe, gaffe, maton, matuche, youyou. **II. Par ext.** : champion, conservateur, défenseur, dépositaire, détenteur, guide, mainteneur, protecteur, tuteur. **III. Gardien de la paix** → *policier.* **IV.** → *berger, vacher.*

GARE □ → *arrêt.*

GARER □ **I.** → *ranger.* **II. V. pron.** → *éviter.*

GARGARISER (SE) □ **Fig.** → *régaler (se).*

GARGOTE □ **I.** → *cabaret.* **II.** → *restaurant.*

GARGOUILLEMENT □ Borborygme, gargouillis, glouglou.

GARNEMENT □ **I.** → *gamin.* **II.** → *vaurien.*

GARNI □ **I. Nom** → *hôtel.* **II. Adj.** → *fourni.*

GARNIR □ **I.** → *emplir.* **II.** → *remplir.* **III.** → *fournir.* **IV.** → *orner.* **V.** → *rembourrer.*

GARNITURE □ **I.** → *assortiment.* **II.** → *ornement.*

GAROU □ Daphné, malherbe, sainbois.

GARRIGUE □ → *lande.*

GARROTTER □ → *attacher.*

GARS □ **Au pr.** : gaillard, garçon, jeune, jeune homme, fils, homme, mec (arg.) → *type.*

GASPILLAGE □ → *dilapidation.*

GASPILLER □ **I.** → *dépenser.* **II.** → *gâcher.*

GASPILLEUR, EUSE □ → *prodigue.*

GASTROLÂTRE, GASTRONOME □ → *gourmand.*

GÂTÉ, E □ **I. Au pr.** : aigri, altéré, avancé, avarié, blessé, corrompu, déformé, dénaturé, détérioré, endommagé, éventé, fermenté, malade, meurtri, moisi, perdu, pourri, punais, putréfié, rance, taré, vicié. **II. Par ext. 1.** Capricieux, insupportable, mal élevé, pourri. **2.** Cajolé, chéri, chouchouté, choyé, dorloté, favori, favorisé. **3. Péj. :** perverti.

GÂTEAU □ **I. Au pr.** → *pâtisserie.* **II. Fig.** → *profit.*

GÂTER □ **I. Au pr. Quelque chose gâte quelque chose :** aigrir, altérer, avarier, brouiller, corrompre, dénaturer, détériorer, endommager, éventer, meurtrir, moisir, perdre, pourrir, putréfier, tarer, vicier. **II. Par ext. Quelqu'un gâte ou laisse gâter quelque chose. 1.** → *gâcher.* **2.** → *salir.* **III. Fig. 1. Favorable** → *soigner.* **2. Péj. :** avilir, compromettre, corrompre, défigurer, déformer, dégrader, dépraver, diminuer, enlaidir, gangrener, infecter, perdre, pervertir, pourrir, tarer. **V. pron.** → *pourrir.*

GÂTERIE □ → *soin.*

GÂTEUX, EUSE □ **n.** et **adj. I.** Affaibli, déliquescent, diminué, en enfance, radoteur. **II. Fam. :** gaga, il/elle sucre les fraises, ramolli, ramollo, vieux con/schnock.

GÂTINE □ → *lande.*

GÂTISME □ → *radotage.*

GAUCHE □ **I. Nom fém. :** bâbord (mar.), senestre (vx), côté cour (à gauche de l'acteur). **II. Adj. 1. Quelqu'un :** balourd, contraint, disgracieux, embarrassé, emprunté, gêné, inhabile, lourdaud, maladroit, malhabile, nigaud, pataud, pattu, raide, timide. → *bête. Fam. :* emmanché, empaillé, empêtré, emplumé, empoté, godiche, godichon, malagauche, manche, manchot. **2. Quelque chose :** cintré, de/en biais, de travers, dévié, oblique, tordu, voilé.

GAUCHERIE □ → *maladresse.*

GAUCHIR ☐ **I.** → *fléchir.* **II.** → *écarter (s').* **III.** → *biaiser.*

GAUDRIOLE ☐ → *plaisanterie.*

GAULE ☐ Baguette, bâton, canne, échalas, houssine, ligne, perche, tuteur.

GAULER ☐ Agiter, battre, chabler, ébranler, faire tomber, secouer.

GAULOIS, E ☐ **I. Nom :** celte. **II. Adj. 1.** → *libre.* **2.** → *obscène.*

GAULOISERIE ☐ → *plaisanterie.*

GAUPE ☐ → *mégère.*

GAUSSER (SE) ☐ → *railler.*

GAUSSERIE ☐ → *raillerie.*

GAVE ☐ Cours d'eau, rio, rivière, ruisseau, torrent.

GAVER ☐ **I. Au pr.** → *engraisser.* **II. Fig.** → *gorger.*

GAVIAL ☐ → *alligator.*

GAVROCHE ☐ → *gamin.*

GAZ ☐ → *vapeur.*

GAZE ☐ **I.** Barège, étoffe transparente, grenadine, mousseline, tissu léger, tulle, voile. **II.** Pansement, taffetas, tampon.

GAZER ☐ **I. V. tr. :** asphyxier. **II. V. intr. (fam.) :** aller, filer, foncer, marcher. **III. Vx** → *déguiser.*

GAZETIER ☐ → *journaliste.*

GAZETTE ☐ → *journal.*

GAZON ☐ → *herbe, pelouse.*

GAZOUILLEMENT ☐ Babil, babillage, bruissement, chant, chuchotement, gazouillis, murmure, pépiement, ramage.

GAZOUILLER ☐ → *chanter.*

GAZOUILLIS ☐ → *gazouillement.*

GEAI ☐ Passereau, rollier.

GÉANT, E ☐ **I. Nom. 1. Au pr. :** colosse, cyclope, force de la nature, goliath, hercule, mastodonte, monstre, titan. **2. Fam. ou arg. :** armoire à glace, balèze, cigogne, dépendeur d'andouilles, éléphant, escogriffe, girafe, grande gigue/perche, gravos, malabar, maous, mastard. **3. Par ext. :** monopole, trust. **4. Fig. :** champion, génie, héros, surhomme. **II. Adj.** → *gigantesque.*

GÉHENNE ☐ **I.** → *enfer.* **II.** → *supplice.*

GEIGNARD, E ☐ → *plaintif.*

GEINDRE ☐ **I.** → *gémir.* **II.** → *regretter.*

GEL ☐ Frimas. → *confiscation.*

GELÉ, E ☐ adj. → *transi.*

GELÉE ☐ **n. I.** Frimas, froid, froidure (vx), gel, gelée, gelée blanche, givre, glace, verglas. **II.** → *confiture.*

GELER ☐ **I. V. tr. 1. Au pr. :** coaguler, figer, pétrifier → *frigorifier.* **2. Fig. :** gêner, glacer, intimider, mettre mal à l'aise, pétrifier, réfrigérer, refroidir. **II.**

V. intr. 1. Au pr. Quelque chose : se congeler, se figer, givrer, se prendre. **2. Par ext. Quelqu'un :** cailler (fam.), être transi, grelotter.

GÉMEAU ☐ Besson, double, doublon, jumeau, ménechme, pareil, sosie.

GÉMELLER ☐ → *géminer.*

GÉMINATION ☐ Fusion, jumelage, mélange, mixité.

GÉMINÉ, E ☐ → *double.*

GÉMINER ☐ Accoupler, assembler, fondre, fusionner, gémeller, jumeler, mélanger, réunir, unir.

GÉMIR ☐ **I. Au pr. Quelqu'un :** appeler, crier, geindre, se lamenter, murmurer, ouillouiller (fam.), se plaindre, pleurer, récriminer, reprocher. **II. Par ext. :** peiner, souffrir. **III. Fig. Quelque chose** → *murmurer.*

GÉMISSANT, E ☐ → *plaintif.*

GÉMISSEMENT ☐ **I. Au pr. :** complainte (vx), cri, doléances, geignement, girie (péj.), grincement, jérémiade, lamentation, murmure, plainte, pleur, quérimonie (vx), sanglot, soupir. **II. Par ext. :** douleur, souffrance.

GEMME ☐ **I.** Cabochon, corindon, diamant, escarboucle, happelourde, loupo, parangon, pierre précieuse. **II.** → *résine.*

GÉMONIES ☐ **Loc. Traîner/vouer aux gémonies** → *vilipender.*

GÊNANT, E ☐ Assujettissant, déplaisant, désagréable, embarrassant, emmerdant (grossier), encombrant, ennuyeux, envahissant, fâcheux, gêneur, importun, incommodant.

GENDARME ☐ **I.** Brigadier, grippecoquin (vx), pandore → *policier.* **II. Arg. :** balai, cogne, griffe, guignol, guignolet, hareng saur, hirondelle, laune, marchand de passe-lacets, schmitt. **III. Fig.** → *virago.*

GENDARMER (SE) ☐ → *fâcher (se).*

GENDARMERIE ☐ Maréchaussée, prévôté (vx).

GÊNE ☐ **I.** Atteinte à la liberté, chaîne, charge, contrainte, difficulté, embarras, entrave, esclavage, importunité, nécessité, violence. **II.** Question, torture. **III.** → *inconvénient.* **IV.** → *pauvreté.* **V.** → *obstacle.* **VI. Loc. Sans gêne :** cavalier, désinvolte, effronté, égoïste, grossier, impoli.

GÊNÉ, E ☐ → *embarrassé.*

GÉNÉALOGIE ☐ **I.** Ascendance, descendance, extraction, extrance (vx), famille, filiation, lignée, origine, quartiers de noblesse, race, souche. **II. Des dieux :** théogonie. **III. Des animaux :** herd/stud-book, pedigree. **IV. Des végétaux :** phylogenèse, phylogénie. **V. Par ext. :** classification, dérivation, suite.

GÊNER □ **I. Au pr.** *Phys. et moral :* angoisser, brider, contraindre, contrarier, déplaire, déranger, embarrasser, empêcher, encombrer, engoncer, entraver, faire/mettre obstacle à, importuner, incommoder, indisposer, se mettre en travers, nuire, obstruer, oppresser, opprimer, paralyser, restreindre, serrer, tourmenter. **II. Par ext. :** affecter, intimider, troubler. **III. Vx.** → *torturer.*

GÉNÉRAL □ **I. Nom masc.** → *chef.* **II. Adj. 1.** Collectif, global, unanime, total, universel. **2.** Commun, constant, courant, dominant, habituel, ordinaire. **3.** Imprécis, indécis, vague. **III. Loc. *En général :*** communément, couramment, en règle commune/générale/habituelle/ordinaire, généralement, habituellement, à l'/d'ordinaire, ordinairement.

GÉNÉRALE □ **Théâtre :** avant-première, couturières, répétition générale.

GÉNÉRALEMENT □ → *général (en).*

GÉNÉRALISATION □ → *extension.*

GÉNÉRALISER □ → *répandre.*

GÉNÉRALISTE □ Omnipraticien.

GÉNÉRALITÉ □ Banalité, cliché, lapalissade, lieu commun, pauvreté, platitude, poncif, truisme → *majorité.*

GÉNÉRATEUR, TRICE □ **I. Au pr. :** auteur, créateur, géniteur, mère, père reproducteur. **II. Techn.** → *alternateur.*

GÉNÉRATION □ **I.** → *postérité.* **II.** → *production.*

GÉNÉREUX, EUSE □ **I. Quelqu'un :** altruiste, ardent, audacieux, beau, bienveillant, bon, brave, charitable, chevaleresque, clément, courageux, désintéressé, dévoué, donnant, fier (vx), fort, fraternel, gentil, grand, hardi, héroïque, humain, indulgent, intrépide, large, libéral, magnanime, magnifique, mécène, munificent, noble, obligeant, de sentiments élevés, pitoyable, prodigue, sain, sensible, vaillant. **II. Quelque chose. 1.** Corsé, fort, fortifiant, réconfortant, roboratif, tonique. **2.** Abondant, copieux, fécond, fertile, plantureux, productif, riche, vigoureux, vivace.

GÉNÉROSITÉ □ **I. De quelqu'un :** abandon, abnégation, altruisme, ardeur, audace, bienfaisance, bonté, charité, clémence, cœur, courage, désintéressement, dévouement, don, don de soi, fraternité, générosité, gentillesse, grandeur d'âme, hardiesse, héroïsme, humanité, indulgence, intrépidité, largesse, libéralité, magnanimité, magnificence, miséricorde, munificence, noblesse, oubli de soi, prodigalité, sens des autres/du prochain, vaillance, valeur. **II. De quelque chose. 1.** Force, saveur, valeur. **2.** Abondance, fécon-

dité, fertilité, productivité, richesse, vigueur, vivacité. **3.** → *don.*

GENÈSE □ **I.** → *production.* **II.** → *origine.*

GÉNÉSIQUE □ Génital, reproducteur, sexuel.

GÊNEUR □ → *importun.*

GÉNIAL, E □ → *ingénieux.*

GÉNIE □ **I.** Ange, démon, divinité, djinn, dragon, drow, effrit, elfe, esprit familier/follet, farfadet, fée, gnome, gobelin, goule, kobold, korrigan, lutin, ondin, ondine, péri, salamandre, sylphe, sylphide, sylvains. **II.** Bosse (fam.), caractère, disposition, don, esprit, goût, imagination, nature, penchant, talent. **III. Quelqu'un :** aigle, as (fam.), grand écrivain/homme/soldat, phénix (fam.).

GÉNISSE □ → *vache.*

GÉNITAL, E □ Génésique, reproducteur, sexuel.

GENOU □ **I. Au pr. :** articulation, jointure, rotule. **II. Loc. *Se mettre à genoux*** → *agenouiller (s').*

GENRE □ **I. Au pr. :** catégorie, classe, embranchement, espèce, famille, ordre, race, sorte, type, variété. **II. Par ext. 1.** Acabit, farine (fam.), nature, sorte. **2.** Façon, griffe, manière, marque, mode, style. **3.** Air, apparence, aspect, attitude, caractère, comportement, conduite, dégaine (fam.), extérieur, façon, ligne, tenue, touche (fam.), tournure.

GENS □ n. m. et f. pl. **I.** Êtres, foule, hommes, individus, monde, nation, personnes, public. **II. Loc. *Gens de maison*** → *serviteur.* **III. Loc. *Gens de lettre*** ou **gendelettre** → *écrivain.*

GENTIL □ n. Goye, idolâtre, infidèle, mécréant, païen.

GENTIL, ILLE □ adj. **I.** → *bon.* **II.** → *aimable.*

GENTILHOMME □ → *noble.*

GENTILHOMMIÈRE □ → *château.*

GENTILLÂTRE □ (péj.) → *noble.*

GENTILLESSE □ **I. Au pr.** → *amabilité.* **II. Par ext. 1.** → *mot d'esprit.* **2.** → *tour.* **3.** → *bagatelle.* **4.** → *méchanceté.*

GÉNUFLEXION □ **I.** → *agenouillement.* **II.** → *flatterie.*

GEÔLE □ → *prison.*

GEÔLIER □ → *gardien.*

GÉOMÈTRE □ Arpenteur, mathématicien, métreur, topographe.

GÉOMÉTRIQUE □ Exact, logique, mathématique, méthodique, précis, régulier, rigoureux.

GÉRANCE □ → *gestion.*

GÉRANT, E □ Administrateur, agent, directeur, dirigeant, fondé de pouvoir, gestionnaire, intendant, mandataire, régisseur, tenancier.

GERBE □ **I.** Botte. **II. Par ext. 1.** Bouquet, faisceau. **2. Loc.** *Gerbe d'eau :* éclaboussure, colonne, jet.

GERBIER □ Meule.

GERCER (SE) □ → *fendiller (se).*

GERCURE □ → *fente.*

GÉRER □ **I.** → *régir.* **II.** → *diriger.*

GERMAIN, E □ Consanguin, utérin.

GERME □ **I. Au pr. 1.** Embryon, fœtus, grain, graine, kyste, œuf, semence, sperme, spore. **2.** → *microbe.* **III. Par ext. :** cause, commencement, départ, fondement, origine, principe, racine, rudiment, source. **IV. Fig.** *Germe de discorde :* brandon, élément, ferment, levain, motif, prétexte.

GÉRONTE □ → *vieillard.*

GÉSINE □ Accouchement, enfantement, mise bas (anim.)/au monde, parturition.

GÉSIR □ → *coucher (se).*

GESTATION □ **I. Au pr. :** génération, gravidité, grossesse, prégnation. **II. Par ext. :** genèse, production.

GESTE, GESTICULATION □ Action, allure, attitude, conduite, contenance, contorsion, démonstration, épopée, exploit, fait, gesticulation, jeu de mains, manière, mime, mimique, mouvement, œuvre, pantomime, posture, tenue.

GESTICULER □ → *remuer.*

GESTION □ Administration, conduite, direction, économat, économie, gérance, gouverne, gouvernement, intendance, maniement, organisation, régie.

GIBBEUX, EUSE □ → *bossu.*

GIBBOSITÉ □ → *bosse.*

GIBECIÈRE □ Besace, bissac, bourse, carnassière, carnier, giberne, musette, panetière, sacoche.

GIBET □ Corde, credo (arg.), croix, échafaud, estrapade, fourches patibulaires, pilori, potence.

GIBIER □ **I.** Bêtes fauves/noires (vén.), faune. **II. Cuis. :** venaison.

GIBOULÉE □ → *pluie.*

GIBUS □ → *haut-de-forme.*

GICLER □ → *jaillir.*

GIFLE □ **Fam. :** aller et retour, baffe, beigne, beignet, calotte, claque, coup, emplâtre, estafe, giroflée, jeton, mandale, mornifle, pain, rouste, soufflet, talmouse, taloche, tape, tarte, torgnole *ou* torniole, tourlousine, va-te-laver.

GIFLER □ Battre, calotter, claquer, donner une gifle *et les syn.* de GIFLE, souffleter, taper. **Fam. :** confirmer, mornifler, talmouser, talocher, tarter, torgnoler.

GIGANTESQUE □ Babylonien, colossal, comac (arg.), considérable, cyclopéen, démesuré, éléphantesque, énorme, étonnant, excessif, fantastique, faramineux, formidable, géant, grand, himalayen, immense, incommensurable, insondable, maous (arg.), monstre, monstrueux, monumental, pélasgique, pharamineux, prodigieux, pyramidal, tentaculaire, titanesque.

GIGOLETTE □ Demi-mondaine, femme entretenue/légère → *fille.*

GIGOLO □ → *amant.*

GIGOTER □ **I.** → *remuer.* **II.** → *danser.*

GIGUE □ **I. Au pr.** → *jambe.* **II. Fig.** → *géant.*

GIGUER □ Baller, gambader, sauter. → *danser.*

GILDE □ → *corporation.*

GINGUET, ETTE □ **I. Au pr. :** acide, aigrelet, amer, ginglard, ginglet, rance, reginglard, vert. **II. Par ext. :** médiocre, mesquin, sans valeur.

GIRANDOLE □ → *chandelier.*

GIRATION □ → *tour.*

GIRATOIRE □ Circulaire, rotatoire.

GIRIF □ → *gémissement.*

GIRL □ → *danseuse.*

GIROLLE □ Chanterelle.

GIRON □ → *sein.*

GIROND, E □ → *beau.*

GIROUETTE □ **Fig.** → *pantin.*

GISEMENT □ **I.** Bassin, gîte, placer, veine. **II.** → *milieu.*

GITAN, E □ n. et adj. → *bohémien.*

GÎTE □ **Au pr. 1.** *D'un animal :* abri, aire, bauge, nid, refuge, repaire, retraite, tanière, terrier. **2.** *D'un homme* → *maison.* **3.** → *étape.*

GÎTER □ → *demeurer.*

GIVRE □ → *gelée.*

GIVRER □ → *geler.*

GLABRE □ Imberbe, lisse, nu.

GLACE □ **I.** → *miroir.* **II.** → *vitre.* **III.** → *sorbet.*

GLACÉ, E □ **I.** → *froid.* **II.** → *transi.* **III.** → *lustré.*

GLACER □ **I.** → *geler.* **II.** → *pétrifier.* **III.** → *lustrer.*

GLACIAL, E □ → *froid.*

GLACIÈRE □ Armoire frigorifique, chambre froide, congélateur, conservateur, Frigidaire (nom de marque), frigo (fam.), frigorifique, réfrigérateur.

GLACIS □ **I.** → *talus.* **II.** → *rempart.*

GLADIATEUR □ Belluaire, bestiaire, mirmillon, rétiaire.

GLAIRE □ Bave, crachat, humeur, mucosité.

GLAISE □ Argile, kaolin, marne, terre à brique/pipe/tuile.

GLAIVE □ → *épée.*

GLANDER □ → *traîner.*

GLANER □ Butiner, cueillir, grappiller, gratter, puiser, ramasser, récolter, recueillir.

GLAPIR □ **I.** → *aboyer.* **II.** → *crier.*

GLAPISSANT, E □ → *aigu.*

GLAPISSEMENT □ → *cri.*

GLAUQUE □ → *vert.*

GLAVIOT □ → *crachat.*

GLÈBE □ → *terre.*

GLISSEMENT □ **I. Au pr. 1.** Affaissement, chute, éboulement. **2.** Dérapage, glissade. **II. Fig. :** changement, évolution, modification.

GLISSER □ **I. V. intr. 1.** Chasser, déraper, patiner, riper. → *tomber.* **2.** S'affaler, changer, évoluer, se modifier. **3.** → *échapper.* **II. V. tr.** → *introduire.* **III. V. pron.** → *introduire (s').*

GLOBAL, E □ → *entier.*

GLOBALEMENT □ → *totalement.*

GLOBE □ **I.** → *boule.* **II.** → *sphère.* **III.** → *terre.*

GLOBE-TROTTER □ → *voyageur.*

GLOIRE □ **I. Au pr. 1.** Beauté, célébrité, consécration, éclat, glorification, grandeur, hommage, honneur, illustration, immortalité, lauriers, louange, lumière, lustre, majesté, notoriété, phare, popularité, prestige, rayonnement, renom, renommée, réputation, splendeur. **2.** → *nimbe.* **II. Par ext. 1.** → *sainteté.* **2.** → *respect.*

GLORIETTE □ → *tonnelle.*

GLORIEUX, EUSE □ **I.** → *illustre.* **II.** → *orgueilleux.* **III.** → *saint.*

GLORIFICATION □ → *éloge.*

GLORIFIER □ → *louer.* **V. pron.** → *flatter (se).*

GLORIOLE □ → *orgueil.*

GLOSE □ **I.** → *commentaire.* **II.** → *parodie.*

GLOSER □ **I.** → *chicaner.* **II.** → *discuter.*

GLOSSAIRE □ → *dictionnaire.*

GLOUTON, ONNE □ adj. et n. Avale-tout/tout cru, avaleur, avide, bâfreur, bouffe-tout, brifaud, crevard, galfâtre, gargamelle, gargantua, goinfre, gouliafre, goulu, gamelle, grand/gros mangeur, inassouvissable, insatiable, licheur, morfal, piffre, safre (vx), va-de-la-bouche/gueule, vorace. → *gourmand.*

GLOUTONNERIE □ Avidité, goinfrerie, gourmandise, insatiabilité, voracité.

GLUANT, E □ → *visqueux.*

GLUI □ → *chaume.*

GLUME □ → *balle.*

GLUTINEUX, EUSE □ → *visqueux.*

GLYPHE □ → *trait.*

GNOME □ **I.** → *génie.* **II.** → *nain.*

GNOMIQUE □ → *sentencieux.*

GNOSE □ Ésotérisme. → *savoir.*

GOBELET □ **I. Au pr. :** chope, godet, quart, shaker, tasse, timbale, vase, verre, vidrecome. **II. Par ext. vx :** escamoteur, fourbe, hypocrite. → *voleur.*

GOBELIN □ → *génie.* **Au pl.** → *tapisserie.*

GOBE-MOUCHES □ → *naïf.*

GOBER □ **I.** → *avaler.* **II.** → *croire.* **III.** → *éprendre (s').* **IV. Loc. Gober les mouches. 1.** → *attendre.* **2.** → *flâner.*

GOBERGER (SE) □ **I.** → *manger.* **II.** → *railler.*

GOBEUR, EUSE □ n. et adj. → *naïf.*

GODAILLER □ **I.** → *plisser.* **II.** → *traîner.*

GODELUREAU □ → *galant.*

GODEMICHÉ □ Don Juan d'Autriche, gode, olisbos.

GODER □ **I.** → *plisser.* **II. Arg.** → *jouir.*

GODET □ **I.** → *gobelet.* **II.** → *pli.*

GODICHE □ n. et adj. **I.** → *gauche.* **II.** → *bête, naïf.*

GODILLE □ → *rame.*

GODILLOT □ **I.** Inconditionnel → *servile.* **II.** → *chaussure.*

GODIVEAU □ → *hachis.*

GODRON □ → *pli.*

GOÉMON □ → *algue.*

GOGO □ **I. Nom et adj.** → *naïf.* **II. Loc. À gogo :** abondamment, à discrétion/satiété/souhait/volonté, par-dessus/ras bord.

GOGUENARD, E □ Chineur, moqueur, narquois, railleur, taquin.

GOGUENARDER □ → *railler.*

GOGUENARDERIE, GOGUENARDISE □ → *raillerie.*

GOGUENOT □ → *water-closet.*

GOGUETTE □ → *gaieté.*

GOINFRE □ n. et adj. → *glouton.*

GOINFRER □ → *manger.*

GOLFE □ Aber, anse, baie, calanque, conche, crique, échancrure, estuaire, fjord, ria.

GOLIATH □ → *géant.*

GOMMEUX □ n. et adj. **Fig.** → *élégant.*

GOMMER □ **I.** Coller. **II.** Effacer, ôter, supprimer.

GOND □ Charnière, crapaudine, paumelle.

GONDOLANT, E □ → *tordant.*

GONDOLER □ Onduler. → *gonfler.*

GONFALON, GONFANON □ Banière, baucent, enseigne, étendard, flamme, oriflamme. → *drapeau.*

GONFLÉ, E □ **I. Au pr.** : ballonné, bombé, bouclé (maçonnerie), bouffant, bouffi, boursouflé, cloqué, congestionné, dilaté, distendu, empâté, enflé, gondolé, gros, hypertrophié, intumescent, joufflu, mafflu, météorisé, renflé, soufflé, tuméfié, tumescent, turgescent, turgide, ventru, vultueux. **II. Fig.** → *emphatique.*

GONFLEMENT □ Ballonnement, bombement, bouffissure, boursouflure, cloque, débordement, dilatation, distension, empâtement, emphase (fig.), emphysème (méd.), enflure, engorgement, fluxion, grosseur, grossissement, hypertrophie, intumescence, météorisation, météorisme, œdème, renflement, tuméfaction, tumescence, turgescence, vultuosité. → *abcès.*

GONFLER □ **I. V. intr.** : s'arrondir, augmenter, ballonner, bomber, boucler (maçonnerie), bouffer (plâtre), bouffir, boursoufler, cloquer, croître, devenir tumescent/turgescent/turgide/vultueux, s'élargir, enfler, gondoler, grossir, météoriser, renfler, se tuméfier. **II. V. tr.** : accroître, arrondir, augmenter, bouffir, boursoufler, dilater, distendre, emplir, enfler, souffler, travailler. **III. Fig.** : exagérer, grossir, surestimer, tricher, tromper.

GONGORISME □ Affectation, cultisme, euphuisme, marinisme, préciosité, recherche.

GONOCOCCIE □ → *blennorragie.*

GORET □ **I.** → *porc.* **II.** → *balai.*

GORGE □ **I. Au pr. 1.** → *gosier.* **2.** → *défilé.* **II. Par ext.** : buste, décolleté, poitrine, sein. **III. Loc. 1. Rendre gorge** → *redonner.* **2. Faire des gorges chaudes** → *railler.*

GORGÉE □ Coup, gorgeon (fam.), lampée, trait.

GORGER □ **I. Au pr.** : alimenter avec excès, bourrer, embecquer, embôquer, empiffrer, emplir, gaver, rassasier, remplir, soûler. **II. Fig.** : combler, gâter, gaver.

GORGET □ → *rabot.*

GOSIER □ **I. Par ext.** : amygdale, bouche, estomac, gorge, larynx, luette, œsophage, pharynx. **II. Fam. et arg.** : avaloir, cloison, corridor, dalle, descente, entonnoir, fusil, gargamelle, gargane, gargue, gavion, gaviot, goulot, kiki *ou* quiqui, lampas, pavé, sifflet.

GOSSE □ → *enfant.*

GOTHIQUE □ **I.** → *vieux.* **II.** → *sauvage.*

GOUAILLE □ → *raillerie.*

GOUAILLER □ v. tr. et intr. → *railler.*

GOUAILLEUR, EUSE □ n. et adj. → *farceur.*

GOUAPE □ → *vaurien.*

GOUDRON □ **I. Au pr.** : brai, coaltar, poix. **II. Par ext.** : asphalte, bitume, macadam.

GOUET □ → *serpe.*

GOUFFRE □ → *précipice.*

GOUGE □ **I.** Ciseau. **II.** Fille, servante.

GOUJAT □ → *impoli.*

GOUJATERIE □ → *impolitesse.*

GOULÉE □ → *bouchée.*

GOULET □ → *passage.*

GOULOTTE □ **I.** → *canal.* **II.** → *gouttière.*

GOULU, E □ → *glouton.*

GOUPILLE □ → *cheville.*

GOUPILLON □ Aspergès, aspersoir.

GOURD, E □ → *engourdi.*

GOURDE □ **I. Nom fém.** : bidon, flacon. **II. Adj.** → *bête.*

GOURDIN □ Bâton, matraque, rondin, trique.

GOURER (SE) □ → *tromper (se).*

GOURMADE □ → *coup.*

GOURMAND, E □ **I. Favorable ou neutre** : amateur, avide, bec fin, bouche fine, fine gueule, friand, gastronome, gourmet, porté sur la bonne chère/la gueule (fam.). **II. Non favorable** : brifaud, gastrolâtre, goinfre, goulu, gueulard (vx), lécheur, lucullus, morfal, piffre, ripailleur, sybarite, vorace → *glouton.*

GOURMANDER □ → *réprimander.*

GOURMANDISE □ **I.** Appétit, avidité, gastronomie, gloutonnerie (péj.), goinfrerie (péj.), plaisirs de la table, voracité (péj.). **II.** → *friandise.*

GOURME □ Eczéma, impétigo.

GOURMÉ, E □ → *étudié.*

GOURMER □ → *battre.*

GOURMET □ → *gourmand.*

GOUROU □ → *maître.*

GOUSSE □ **I.** Caïeu, cosse, écale, tête (d'ail). **II.** → *lesbienne.*

GOUSSET □ → *poche.*

GOÛT □ **I. Au pr.** → *saveur.* **II. Par ext. 1.** → *attachement.* **2.** → *inclination.* **3.** → *style.* **4. Loc.** : *Goût du jour* → *mode.*

GOÛTER □ → *collation.*

GOÛTER □ **I.** Déguster, éprouver, essayer, estimer, expérimenter, sentir, tâter, toucher à. **II.** Adorer, aimer, apprécier, approuver, se délecter, s'enthousiasmer pour, être coiffé/entiché/fana (fam.)/fanatique/fou de, jouir de, se plaire à, raffoler de, savourer.

GOUTTEUX, EUSE ◻ n. et adj. Arthritique, chiragre, diathésique, gonagre, impotent, podagre, rhumatisant.

GOUTTIÈRE ◻ Chéneau, dalle, larmier, stillicide.

GOUVERNAIL ◻ **I. Au pr. 1.** Barre, leviers de commande, timon. **2. Aviat. :** empennage, gouverne, manche à balai. **II. Fig. :** conduite, direction, gouvernement.

GOUVERNANT ◻ **I.** Cacique (péj.), chef d'État, dirigeant, maître, mandarin (péj.), monarque, potentat (péj.), premier ministre, président, responsable. **II. Au pl. :** autorités, grands, grands de ce monde, hommes au pouvoir.

GOUVERNANTE ◻ Bonne d'enfants, chaperon, dame de compagnie, domestique, duègne (péj.), infirmière, nourrice, nurse, servante.

GOUVERNE ◻ **I.** → règle. **II.** Aileron, empennage, gouvernail, palonnier.

GOUVERNEMENT ◻ **I. Au pr. 1.** Administration, affaires de l'État, conduite, direction, gestion, maniement des affaires/hommes. **2.** Cabinet, conseil, constitution, État, institutions, ministère, pouvoir, protectorat, régence, régime, règne, structures, système. **3.** Absolutisme, arbitraire, despotisme, dictature, fascisme, monarchie, théocratie. **4.** Démocratie, parlementarisme, république. **II. Par ext. 1.** Économie, ménage. **2.** → autorité.

GOUVERNER ◻ **I. Au pr. :** administrer, commander, conduire, diriger, dominer, gérer, manier, manœuvrer, mener, piloter, prévoir, régenter, régir, régner, tyranniser (péj.). **II. Par ext. 1. Non favorable :** avoir/jeter/mettre le grappin sur, empaumer, mener à la baguette/la danse/tambour battant/par le bout du nez. **2. Neutre :** éduquer, élever, former, instruire, tenir.

GOUVERNEUR ◻ **I.** → administrateur. **II.** → maître.

GOY ◻ → infidèle.

GRABAT ◻ → lit.

GRABATAIRE ◻ → infirme.

GRABEN ◻ → fosse.

GRABUGE ◻ **I.** → discussion. **II.** → dégât.

GRÂCE ◻ **I. Qualité. 1. Au pr. :** affabilité, agrément, aisance, amabilité, aménité, attrait, beauté, charme, délicatesse, douceur, élégance, finesse, fraîcheur, gentillesse, gracilité, joliesse, légèreté, poésie, sex-appeal, suavité, vénusté. **2.** Beauté, déesse, divinité. **3. Par ext.** (péj.) : alanguissement, désinvolture, langueur, minauderie, mollesse, mor-

bidesse. **4. Prot.** → excellence. **II. 1.** → service. **2.** → faveur. **3.** → pardon. **4.** → amnistie. **5.** → remerciement. **III. Loc. De bonne grâce :** avec plaisir, bénévolement, de bon gré, volontairement, volontiers.

GRACIER ◻ Absoudre, acquitter, amnistier, commuer, libérer, pardonner, remettre, relaxer.

GRACIEUSETÉ ◻ → gratification.

GRACIEUX, EUSE ◻ Accorte, adorable, affable, agréable, aimable, amène, attirant, attrayant, avenant, bienveillant, bon, charmant, civil, courtois, délicat, distingué, élégant, empressé, facile, favorable, gentil, gracile, joli, mignon, ouvert, plaisant, poli, raffiné, riant, souriant, sympathique, tendre.

GRACILE ◻ → menu, fin.

GRACILITÉ ◻ Minceur → finesse, grâce.

GRADATION ◻ → progression.

GRADE ◻ Catégorie, classe, degré, dignité, échelon, galon, honneur, indice.

GRADER ◻ niveleuse, profileuse.

GRADIN ◻ → degré.

GRADUEL, ELLE ◻ → progressif.

GRADUER ◻ → augmenter.

GRAFFITO, TI ◻ → inscription.

GRAILLER ◻ **I.** → crier. **II.** → manger. **III.** → sonner.

GRAILLON ◻ **I.** → lard. **II.** → crachat.

GRAILLONNER ◻ **I.** → cracher. **II.** → parler. **III.** → tousser.

GRAIN ◻ **I.** → germe. **II.** → fruit. **III. Par ext. 1.** → pluie. **2.** → rafale. **3. Grain de beauté :** envie, nævus.

GRAINE ◻ → germe.

GRAISSAGE ◻ Entretien, lubrification.

GRAISSE ◻ **I.** Cambouis, lipide, lubrifiant. **II.** Graille (péj.), graillon, lard, panne, saindoux.

GRAISSER ◻ **I. Au pr. :** huiler, lubrifier, oindre. **II. Par ext. :** encrasser, salir, souiller.

GRAISSEUX, EUSE ◻ → gras.

GRAMINÉE ◻ → herbe.

GRAMMAIRE ◻ Bon usage, linguistique, morphologie, norme, philologie, phonétique, phonologie, règles, structure, syntaxe.

GRAMMAIRIEN ◻ **I.** Philologue. **II. Par ext. :** linguiste, puriste. **Péj. : 1.** Cuistre, grammatiste, pédant, vadius. **2. Fém. :** bas-bleu, bélise.

GRAND, E ◻ **I. Adj. 1. Favorable ou neutre :** abondant, adulte, âgé, ample, appréciable, astronomique, colossal, considérable, démesuré, élancé, élevé, étendu, fort, géant, gigantesque, grandelet, grandet, grandiose, gros, haut, immense, important, imposant, incommensurable, large, longiligne, magnifique, majeur, mûr, noble, profond, spacieux, vaste. → *beau, illustre*. **2.** *Non favorable* **:** atroce, démesuré, effrayant, effroyable, éléphantesque, énorme, épouvantable, excessif, fier (culot/toupet), intense, monstrueux, terrible, vif, violent. **3.** *Fam.* **:** balèze, comac, gravos, maous, mastard. **II.** **Nom masc. 1.** → *grandeur*. **2.** → *personnalité*. **3.** Grand homme, fameux, génial, glorieux, illustre, supérieur → *héros*. **4.** *Non favorable* **:** asperge, échalas, escogriffe → *géant*.

GRANDEUR □ **I.** **Favorable ou neutre :** abondance, ampleur, amplitude, bourre (fam.), distinction, élévation, étendue, excellence, force, fortune, gloire, honneur, immensité, importance, intensité, largeur, majesté, mérite, noblesse, pouvoir, puissance, stature, sublimité, taille, valeur, vastitude → *dimension*. **Non favorable :** atrocité, énormité, gravité, monstruosité, noirceur. **III.** **Loc.** *Grandeur d'âme* → *générosité*. **IV. Prot.** → *excellence*.

GRANDILOQUENCE □ → *emphase*.

GRANDILOQUENT, E □ → *emphatique*.

GRANDIOSE □ → *imposant*.

GRANDIR □ v. tr. et intr. → *croître*.

GRAND-MÈRE □ **I.** Aïeule, bonne-maman, grand'ma, grannie, mame, mamie, mamita, mémé, mère-grand (vx). **II. Par ext.** → *vieille*.

GRAND-PÈRE □ **I.** Aïeul, bon-papa, papi, pépé, pépère. **II. Par ext.** → *vieillard*.

GRANGE □ Bâtiment, fenil, grenier, hangar, magasin, pailler, remise, resserre.

GRANITÉ, E □ Grenu.

GRANULÉ, E □ Granulaire, granuleux.

GRAPE-FRUIT □ Pamplemousse, pomélo.

GRAPHIQUE □ Courbe, dessin, diagramme, nomogramme, tableau, tracé.

GRAPPE □ **I. Au pr. :** pampre, raisin. **II. Par ext.** → *groupe*.

GRAPPILLER □ → *glaner, voler*.

GRAPPIN □ **I. Au pr. :** ancre, chat, cigale, corbeau, crampon, croc, crochet, harpeau, harpin, harpon. **II. Loc.** *Jeter/mettre le grappin sur quelqu'un ou quelque chose :* accaparer, accrocher, s'emparer de, harponner, jeter son dévolu, saisir.

GRAS, GRASSE □ **I. Au pr. 1.** *Qui a ou semble avoir de la graisse :* abondant, adipeux, bien en chair, bouffi, charnu, corpulent, dodu, épais, empâté, étoffé, fort, gras, grasset (vx), grassouillet (fam.), obèse, pansu, plantureux, plein, potelé, rebondi, replet, rond, rondelet, rondouillard (fam.), ventru → *gros*. **2.** Crémeux, onctueux, riche. **3.** *Qui est sali de graisse :* glissant, gluant, graisseux, huileux, pâteux, poisseux, sale, suintant, suiffeux, visqueux. **II. Par ext. 1.** → *obscène*. **2.** → *fécond*. **3.** → *moelleux*.

GRASSEYER □ Graillonner.

GRATICULER □ → *réduire*.

GRATIFICATION □ Arrosage (fam.), avantage, bakchich, bonification, bonne-main (vx), bouquet, cadeau, chapeau (mar.), commission, denier à Dieu, dessous de table, don, donation, dringuelle, épices (vx), épingles (vx), étrenne, faveur, fleur, générosité, gracieuseté, guelte, largesse, libéralité, pièce, pot-de-vin, pourboire, présent, prime, récompense, ristourne, surpaye. → *boni*.

GRATIFIER □ **I. Favorable :** accorder, allouer, attribuer, avantager, donner, doter, douer, faire don, favoriser, imputer, munir, nantir, pourvoir, renter (vx). **II. Par ext.** *Non favorable :* battre, châtier, corriger, frapper, maltraiter.

GRATIN □ → *choix*.

GRATIS □ À titre gracieux/gratuit, en cadeau/prime, franco, gracieusement, gratuitement. **Fam. :** à l'as, à l'œil, pour le roi de Prusse/des nèfles/des prunes/que dalle/que tchi/rien, pro deo.

GRATITUDE □ Gré, obligation, reconnaissance.

GRATTE □ **I.** → *profit*. **II.** → *gale*.

GRATTE-CIEL □ → *immeuble*.

GRATTE-PAPIER □ → *employé*.

GRATTER □ **I. Au pr.** → *racler*. **II. Par ext. 1.** → *jouer*. **2.** Bricoler, économiser, grappiller, grignoter, griveler (vx). **III.** → *flatter*. **IV.** Dépasser, doubler.

GRATTOIR □ Boësse, ébarboir. → *racloir*.

GRATUIT, E □ **I. Au pr. :** bénévole, désintéressé, gracieux. → *gratis*. **II. Par ext.** → *injustifié*.

GRATUITEMENT □ Gratis.

GRAU □ **I.** → *canal*. **II.** → *défilé*.

GRAVATS □ → *décombres*.

GRAVE □ **I.** → *sérieux*. **II.** → *important*.

GRAVELEUX, EUSE □ Libre. → *obscène*.

GRAVER □ Buriner, dessiner, empreindre, engraver, enregistrer, fixer, guillocher, imprimer, inculper, lithographier, nieller, sculpter, tracer.

GRAVEUR □ Ciseleur, lithographe, nielleur, pyrograveur, sculpteur, xylographe. → *dessinateur.*

GRAVIDE □ → *enceinte.*

GRAVIER □ → *sable.*

GRAVIR □ v. tr. et intr. → *monter.*

GRAVITATION □ Attraction, équilibre céleste/sidéral.

GRAVITÉ □ **I.** → *pesanteur.* **II.** → *importance.* **III.** Austérité, décence, dignité, componction, majesté, pompe, raideur, réserve, rigidité, sérieux, sévérité, solennité.

GRAVITER □ **I.** Orbiter, tourner autour. **II.** → *fréquenter.*

GRAVOIS □ → *décombres.*

GRAVURE □ → *image.*

GRÉ □ **I. Nom masc. 1.** → *volonté.* **2.** → *gratitude.* **II. Loc. 1. De bon gré :** bénévolement, de plein gré, avec plaisir, de bon cœur, de bonne volonté, librement, volontairement, volontiers. → *grâce.* **2. Au gré de :** à la merci de, selon, suivant. **3. De gré à gré** → *amiable.*

GRÉBICHE, GRIBICHE □ → *renvoi.*

GREDIN, E □ adj. et n. → *vaurien.*

GREDINERIE □ → *malhonnêteté.*

GRÉEMENT □ → *agrès.*

GREFFE □ **I. Au pr. :** bouture, ente, greffon, scion. **II. Chir. :** anaplastie, autoplastie, hétéroplastie.

GREFFER □ **I. Au pr. :** enter. **II. Fig.** → *ajouter.* **III. V. pron.** → *ajouter (s').*

GRÉGAIRE □ Conformiste, docile, moutonnier.

GRÈGUES □ (vx) Braies, chausses, culotte, pantalon.

GRÊLE □ **I. Nom fém. 1. Au pr. :** grain, grêlon, grésil. **2. Fig. :** abattée (fam.), averse, dégringolade (fam.), déluge, pluie. **II. Adj. 1.** → *menu.* **2.** → *faible.*

GRÊLÉ, E □ → *marqué.*

GRÊLON □ → *grêle.*

GRELOT □ Cloche, clochette, sonnaille, sonnette, timbre.

GRELOTTER □ → *trembler.*

GRELUCHON □ → *amant.*

GRENADIER □ **I. Fig. :** brave à trois poils, briscard, grognard, soldat, vétéran. **II. Péj. Une femme :** dragon, gendarme, maritorne, mégère, poissarde, pouffiasse, rombière. → *virago.*

GRENAT □ **I. N. m. :** almandin, escarboucle. **II. Adj.** → *rouge.*

GRENIER □ **I.** → *grange.* **II.** Comble, galetas, mansarde, taudis (péj.).

GRENOUILLE □ Raine, rainette, roussette.

GRENU, E □ Granité.

GRÉSIL □ → *grêle.*

GRÉSILLEMENT □ Bruissement, crépitement, friture, parasites.

GRÉSILLER □ **I. V. intr. 1.** Crépiter. **2.** Grêler. **II. V. tr. :** brûler, contracter, dessécher, plisser, racornir, rapetisser, rétrécir.

GRÈVE □ **I.** Arrêt, cessation/interruption/suspension du travail, coalition (vx), lock-out. **II.** → *bord.* **III. Loc. Grève de la faim** → *jeûne.*

GREVER □ → *charger.*

GRIBOUILLAGE □ → *barbouillage.*

GRIBOUILLE □ → *brouillon.*

GRIEF □ → *reproche.*

GRIFFE □ **I. Au pr.** → *ongle.* **II. Fig.** → *marque.*

GRIFFER □ → *déchirer.*

GRIFFONNAGE □ → *barbouillage.*

GRIFFURE □ Déchirure, écorchure, égratignure, éraflure, rayure.

GRIGNON □ Bout, croûton, entame, morceau, quignon.

GRIGNOTER □ **I.** → *manger.* **II.** → *ronger.* **III.** → *gratter.*

GRIGOU □ → *avare.*

GRI-GRI □ → *fétiche.*

GRIL □ **I.** Barbecue, brasero, rôtissoir. **II. Loc. Être sur le gril** → *impatienter (s').*

GRILLADE □ Bifteck, carbonade, steak.

GRILLE □ **I.** Clôture, grillage. **II.** Entrée. **III.** Barreaux. **IV.** Barbelure, cheval de frise, crapaudine, herse.

GRILLER □ **I. Au pr. :** brasiller, brûler, chauffer, cuire au gril, rôtir, torréfier. **II. Fig. :** brûler, désirer, être désireux/impatient de.

GRILL-ROOM □ → *restaurant.*

GRIMAÇANT, E □ Antipathique, contorsionné, déplaisant, désagréable, coléreux, excessif, feint, maniéré, minaudier, plissé, renfrogné, simiesque.

GRIMACE □ **I. Au pr. :** baboue (vx), contorsion, cul de poule, lippe, mimique, mine, moue, nique, rictus, simagrée, singerie. **II. Par ext. 1.** → *feinte.* **2.** → *minauderie.*

GRIMACER □ Grigner. Faire la → *grimace.*

GRIMACIER, ÈRE □ **Par ext.** → *faux.*

GRIMAGE □ → *fard.*

GRIMAUD □ **I. Au pr. Péj.** → *élève.* **II. Par ext. 1.** → *écrivain.* **2.** → *pédant.*

GRIMER □ → *farder.*

GRIMOIRE □ → *barbouillage.*

GRIMPER □ → *monter.*

GRIMPETTE □ → *montée.*

GRIMPEUR, EUSE □ **I.** Alpiniste, rochassier. **II. Ordre d'oiseaux :** ara, coucou, papegai (vx), perroquet, perruche, pic, rosalbin, todier, torcol, toucan.

GRINCER ☐ Crisser.

GRINCHEUX, EUSE ☐ I. → *grogneur.* II. → *revêche.*

GRINGALET ☐ **Péj.** : avorton, aztèque, demi-portion, efflanqué, faible, freluquet, mauviette, minus.

GRINGOTTER ☐ v. tr. et intr. Chanter, chantonner, fredonner, gazouiller, murmurer.

GRIPPE ☐ **I.** Coryza, courbature fébrile, influenza, refroidissement. **II. Loc.** *Prendre en grippe* → *haïr.*

GRIPPER ☐ v. tr. **I.** → *prendre.* **II.** → *dérober.* **III. V. intr. et se gripper v. pr.** : se bloquer/coincer, serrer.

GRIPPE-SOU ☐ → *avare.*

GRIS, E ☐ **I.** → *terne.* **II.** → *ivre.*

GRISAILLE ☐ → *tristesse.*

GRISER ☐ Enivrer. → *étourdir.*

GRISERIE ☐ Enivrement, étourdissement, exaltation, excitation, ivresse.

GRISETTE ☐ Courtisane, femme légère, lisette, lorette, manola, Mimi Pinson.

GRISON ☐ **I.** → *âne.* **II.** → *vieillard.*

GRISONNANT, E ☐ Poivre et sel.

GRIVE ⊔ → *drenne.*

GRIVÈLERIE ☐ → *vol.*

GRIVOIS, E ☐ Libre. → *obscène.*

GRIVOISERIE ☐ → *obscénité.*

GROGGY ☐ → *sonné.*

GROGNARD ☐ Râleur, rouspéteur.

GROGNASSE ☐ → *virago.*

GROGNE ☐ Grognerie, mécontentement, récrimination, rouspétance.

GROGNER ☐ Bougonner, crier, critiquer, geindre, grognonner, grommeler, gronder, groumer (fam.), marmotter, maugréer, murmurer, pester, protester, râler, ronchonner, rouspéter, semoncer.

GROGNEUR, GROGNON ☐ n. et adj. Bougon, critiqueur, geignard, grincheux, grognard, grondeur, mécontent, plaignard, ronchon, ronchonneau, ronchonneur, rouspéteur.

GROMMELER ☐ → *murmurer.*

GRONDEMENT ☐ → *bruit.*

GRONDER ☐ **I. V. intr.** → *murmurer.* **II. V. tr.** → *réprimander.*

GRONDEUR ☐ n. et adj. → *grogneur.*

GROOM ☐ → *chasseur.*

GROS ☐ **I. Adj. 1. Quelqu'un ou quelque chose** : adipeux, ample, arrondi, ballonné, bedonnant, bombé, boulot, bouffi, boursouflé, charnu, corpulent, empâté, enflé, énorme, épais, épanoui, étoffé, fort, gonflé, gras, grossi, joufflu, large, lourd, massif, monstrueux, obèse, opulent,

pansu, pesant, plein, potelé, puissant, rebondi, renflé, replet, rond, rondelet, ventripotent, ventru, volumineux. **Arg. ou fam.** : balèze, comac, gravos, mafflé, mafflu, maous, mastard, mastoc. **2. Quelque chose** : abondant, considérable, immense, important, intense, opulent, riche, spacieux, volumineux. **3.** Grossier. → *obscène.* **4.** → *grand.* **5.** → *riche.* **6. Loc.** *Grosse affaire* : firme, groupe, holding, trust, usine. **7. Loc.** *Gros temps* : agité, orageux, venteux. **II. Nom masc. 1. Péj.** : barrique, bedon, gidouillard, maous, mastodonte, paquet, patapouf, pépère, piffre, poussah, tonneau. **2.** → *principal.* **3. Loc.** *Gros bonnet* → *personnalité.* **III. Adv.** → *beaucoup.*

GROSSE ☐ **I. Adj.** → *enceinte.* **II. Nom fém.** : copie, expédition.

GROSSESSE ☐ → *gestation.*

GROSSEUR ☐ **I. De quelque chose** : calibre, circonférence, dimension, épaisseur, largeur, taille, volume. **II. De quelqu'un** : adipose, bouffissure, corpulence, embonpoint, empâtement, épaississement, hypertrophie, obésité, polysarcie (méd.), rondeur, rotondité. **III.** → *abcès.*

GROSSI, E ☐ → *gros.*

GROSSIER, ÈRE ⊔ **I.** Scatologique. → *obscène.* **II.** → *impoli.* **III.** → *rude.* **IV.** → *imparfait.* **V.** → *pesant.* **VI.** → *gros.* **VII.** → *rustaud.*

GROSSIÈREMENT ☐ Brutalement, effrontément, lourdement, maladroitement. → *environ.*

GROSSIÈRETÉ ☐ **I.** → *maladresse.* **II.** → *obscénité.*

GROSSIR ☐ **I. V. tr. 1.** → *exagérer.* **2.** → *augmenter.* **II. V. intr.** : augmenter, bâtir sur le devant (arg.), croître, se développer, devenir gros, se dilater, s'empâter, enfler, s'enfler, enforcir, engraisser, épaissir, s'épaissir, faire du lard (fam.), forcir, gonfler, se gonfler, prendre de la bedaine/de la brioche (fam.)/de l'embonpoint/de la gidouille (fam.)/du poids/de la rondeur/du ventre, se tuméfier. → *bedonner.*

GROSSISSEMENT ☐ → *agrandissement.*

GROTESQUE ☐ n. et adj. **I.** → *burlesque.* **II.** → *ridicule.*

GROTTE ☐ **I. Au pr. 1.** antre, baume, caverne, cavité, excavation, rocaille (arch.). **II. Par ext. 1.** Crypte, refuge, repaire, retraite, tanière, terrier. **2.** Station archéologique.

GROUILLANT, E ☐ → *abondant.*

GROUILLEMENT ☐ → *multitude.*

GROUILLER ☐ **I.** → *abonder.* **II.** → *remuer.*

GROUPE ☐ **I. Au pr. 1.** Assemblée, association, atelier, cellule, cercle, collectif, collectivité, collège, comité, commission, communauté, compagnie, confrérie, église, équipe, groupement, groupuscule, loge, phalanstère, pléiade, réunion, section, société. **2.** Armée, attroupement, bande, bataillon, brigade, compagnie, escadron, escouade, peloton, poignée, quarteron, régiment, section, troupe. **3.** Amas, assemblage, assortiment, collection, constellation, ensemble, essaim, fournée, grappe, noyau, paquet, pâté (de maisons), volée. **4.** Clan, famille, nation, phratrie, race, tribu. **II.** → *orchestre.* **III.** → *parti.* **IV. Litt. :** chapelle, cénacle, cercle, coterie (péj.), école. **V.** Catégorie, classe, division, espèce, famille, ordre, sorte.

GROUPEMENT □ → *réunion.*

GROUPER □ **I.** → *assembler.* **II.** → *réunir.*

GRUE □ **I.** → *échassier.* **II. Techn. :** bigue, chèvre, chouleur, palan.

GRUGER □ **I.** → *avaler.* **II.** → *ruiner.* **III.** → *voler.* **IV.** → *briser.*

GRUMEAU □ → *caillot.*

GRUMELER □ → *caillebotter.*

GRUMELEUX, EUSE □ Rugueux. → *rude.*

GRUYÈRE □ Comté, emmenthal, vacherin.

GUÉ □ → *passage.*

GUELTE □ → *gratification.*

GUENILLE □ Chiffon, défroque, haillon, harde, lambeau, loque, oripeau.

GUENON, GUENUCHE □ **Fig.** → *laideron.*

GUÊPIER □ → *piège.*

GUÈRE □ À peine, médiocrement, pas beaucoup/grandchose/souvent/trop, peu, presque pas, rarement, très peu.

GUÉRET □ → *champ.*

GUÉRIDON □ Bouillotte, rognon, table ronde, trépied.

GUÉRILLA □ **I. Au pr.** → *troupe.* **II. Par ext.** → *guerre.*

GUÉRIR □ **I. V. tr.** → *rétablir.* **II. V. intr.** → *rétablir (se).*

GUÉRISON □ Apaisement, cicatrisation, convalescence, cure, rétablissement, retour à la santé, salut, soulagement.

GUÉRISSEUR □ **I. Favorable ou neutre :** empirique (vx), mège, opérateur (vx), rebouteur, rebouteux, renoueur, rhabilleur. **II. Non favorable :** charlatan, sorcier.

GUÉRITE □ Échauguette, échiffre, guitoune, poivrière, poste.

GUERRE □ **I. Au pr. :** affaire, art militaire, attaque, bagarre, baroud, bataille, belligérance, boucherie, campagne, casse-gueule/pipe (fam.), champ de bataille/d'honneur, combat, conflagration, conflit, croisade, démêlé, émeute, entreprise militaire, escarmouche, expédition, guérilla, hostilité, insurrection, invasion, lutte, offensive, révolution, stratégie, tactique, troubles. **II. Fig. 1.** → *animosité.* **2.** → *conflit.* **III. 1. Loc. Faire la guerre à** → *réprimander.* **2. Nom de guerre :** pseudonyme.

GUERRIER, IÈRE □ **I.** → *militaire.* **II. Nom** → *soldat.*

GUERROYER □ Se battre, combattre, faire la guerre.

GUET □ → *surveillance.*

GUET-APENS □ Attaque, attentat, embûche, embuscade, surprise, traquenard. → *piège.*

GUÊTRE □ **I.** Guêtron, houseaux, jambart, jambière, legging, molletière. **II. Par ext. :** cnémide. **III. Loc. Laisser ses guêtres** → *mourir.*

GUETTER □ → *épier.*

GUETTEUR □ Factionnaire. → *veilleur.*

GUEULARD □ **I.** Bouche, orifice, ouverture. **II.** Braillard, criard, fort en gueule (fam.), grande gueule (fam.), hurleur, râleur, rouspéteur.

GUEULE □ **I.** → *bouche.* **II.** *visage.* **III.** → *ouverture.*

GUEULER □ v. tr. et intr. Beugler, brailler, bramer, crier, hurler, protester, tempêter, tonitruer, vociférer.

GUEULETON □ → *festin.*

GUEULETONNER □ → *bâfrer.*

GUEUSER □ → *solliciter.*

GUEUX, EUSE □ n. et adj. **I. Neutre. 1.** → *pauvre.* **2.** → *mendiant.* **II. Non favorable :** claque-pain, clochard, clodo, cloporte, gueusaille, gueusard, pilon (arg.), pouilleux, sabouleux, traîne-misère/ savate/semelle, truand, vagabond, va-nu-pieds. → *coquin.*

GUICHET □ **I.** → *ouverture.* **II. Par ext. :** bureau, caisse, office, officine, renseignements, station, succursale.

GUICHETIER □ → *gardien.*

GUIDE □ **I. Nom masc. 1. Quelqu'un :** accompagnateur, chaperon, cicérone, conducteur, convoyeur, cornac (fam.), introducteur, mentor, pilote, sherpa. **2.** Catalogue, dépliant, guide-âne, mémento, mode d'emploi, pense-bête, plan, recette, rollet (vx), vade-mecum. **3. Fig.** → *conseiller.* **II. Nom fém.** → *bride.*

GUIDER □ Aider, conduire, conseiller, diriger, éclairer, éduquer, faire les honneurs de, faire voir, gouverner, indiquer, mener, mettre sur la voie, orienter, piloter, promener.

GUIDON □ Banderole, bannière, enseigne, étendard, fanion, oriflamme. → *drapeau.*

GUIGNE □ → *malchance.*

GUIGNER □ **I.** → *regarder.* **II.** → *vouloir.*

GUIGNETTE □ → *serpe.*

GUIGNOL □ **I.** → *pantin.* **II. Arg. 1.** → *gendarme.* **2.** → *juge.* **3.** → *tribunal.*

GUIGNON □ → *malchance.*

GUILDE □ → *corporation.*

GUILLERET, ETTE □ **I.** → *gai.* **II.** → *libre.*

GUILLOTINE □ **I.** Bois de justice, échafaud. **II. Arg. :** abbaye de monte-à-regret/de Saint-Pierre, bascule à Charlot, bécane, bute, coupe-cigare, faucheuse, louisette (vx), louison (vx), lunette, machine, massicot, mouton, panier de son, veuve.

GUILLOTINER □ Couper/trancher la tête, décapiter, décoller, exécuter, faucher/faire tomber une tête, raccourcir, supplicier. **V. passif :** épouser/marida la veuve, éternuer dans le panier (de son), y aller du gadin.

GUIMBARDE □ **I.** → *voiture.* **II.** → *rabot.*

GUIMPE □ → *camisole.*

GUINDÉ, E □ **I.** → *étudié.* **II.** → *emphatique.*

GUINDER □ → *raidir.*

GUINDERESSE □ → *cordage.*

GUINGOIS (DE) □ **Loc. adv. :** à la va-comme-je-te-pousse, de travers/traviole (fam.), mal fichu/foutu (fam.), obliquement.

GUINGUETTE □ **I.** → *cabaret.* **II.** → *bal.*

GUIPON □ → *balai.*

GUIPURE □ Dentelle, fanfreluche. → *passement.*

GUIRLANDE □ Décor, décoration, feston, ornement.

GUISE □ Façon, fantaisie, goût, gré, manière, sorte, volonté.

GUITARE □ **Par ext. :** balalaïka, banjo, cithare, guimbarde (vx), guiterne, guzla, luth, lyre, mandoline, turlurette (par ext. et fam.).

GUITOUNE □ → *tente, cabane.*

GUNITE □ → *enduit.*

GUTTURAL, E □ → *rauque.*

GYMNASE □ **I. Sens actuel :** centre sportif, palestre, stade. **II. Par anal. :** académie, collège, école, institut, institution, lycée.

GYMNASTE □ Acrobate, culturiste, gymnasiarque (vx), moniteur/professeur d'éducation physique/de gymnastique.

GYMNASTIQUE □ Acrobatie, agrès, athlétisme, barres parallèles, culture/éducation/travail physique, culturisme, délassement, entraînement, exercice gymnique, mouvement, sport.

GYNÉCÉE □ **I. Au pr.** *Neutre :* appartements/quartier des dames/femmes, harem, sérail, zénana. **II. Par ext.** *Non favorable :* bordel, quartier réservé → *lupanar.*

GYNÉCOLOGUE □ Accoucheur, obstétricien.

GYPAÈTE □ → *aigle.*

HABILE □ **I. Au pr. Phys. :** adroit, agile, exercé, leste, preste, prompt, vif. **II. Par ext. 1. Favorable ou neutre :** apte, astucieux (fam.), avisé, bon, calé (fam.), capable, compétent, diligent, diplomate, docte, émérite, entendu, érudit, exercé, expérimenté, expert, ferré (fam.), fin, fort, fortiche (fam.), industrieux, ingénieux, inspiré, intelligent, inventif, politique, prudent, rompu à, savant, souple, subtil, versé, virtuose. **2. Non favorable :** débrouillard, démerdard (fam.), finaud, futé, madré, malin, matois, navigateur, opportuniste, retors, roublard, roué, rusé, vieux routier.

HABILEMENT □ I. Bien, dextrement, *et les adv. en -ment dérivés des syn. de* HABILE II. Avec habileté, *et les syn. de* HABILETÉ.

HABILETÉ □ **I. Du corps :** adresse, agilité, élégance, dextérité, facilité, prestesse, promptitude, souplesse, technique, tour de main, vivacité. **II. De l'esprit. 1. Favorable ou neutre :** adresse, aisance, aptitude, art, astuce (fam.), autorité, bonheur, brio, capacité, chic, compétence, débrouillardise, débrouille, délicatesse, dextérité, diplomatie, doigté, don, élégance, éloquence, entregent, expérience, facilité, finesse, force, industrie, ingéniosité, intelligence, invention, maestria, main, maîtrise, patience, patte (fam.), perspicacité, persuasion, politique, pratique, réalisme, savoir-faire, science, souplesse, subtilité, système D, tact, talent, technique, virtuosité **2. Non favorable :** artifice, ficelle (fam.), finasserie, jonglerie, opportunisme, rouerie, ruse, truquage.

HABILITATION, HABILITÉ □ → *capacité.*

HABILITER □ → *permettre.*

HABILLÉ, E □ → *vêtu.*

HABILLEMENT □ → *vêtement.*

HABILLER □ **I. Au pr. :** accoutrer, affubler (péj.), ajuster, arranger, costumer, couvrir, déguiser, draper, endimancher, envelopper, équiper, fagoter (péj.), ficeler (fig.), nipper (fam.), saper (fam.), travestir. → *vêtir.* **II. Fig. 1.** Calomnier, casser du sucre sur le dos (fam.), médire, taper sur le dos (fam.). **2.** → *orner.*

HABILLEUR, EUSE □ dame/femme d'atours, femme/valet de chambre. → *tailleur.*

HABIT □ **I.** → *vêtement.* **II. 1.** Frac, queue-de-morue/de-pie, tenue de cérémonie. **2. Par ext. :** jaquette, redingote, smoking, spencer. **3. Fig.** → *aspect.*

HABITABLE □ → *commode.*

HABITACLE □ **I. D'avion :** cabine, cockpit. **II. D'animaux :** abri, carapace, conque, coque, coquillage, coquille, cuirasse, gîte, refuge, retraite, spirale, test. **III. Mar. :** boîte à compas. **IV.** → *logement.*

HABITANT □ **I. Au pr. :** aborigène, autochtone, banlieusard, bourgeois (vx), campagnard, citadin, citoyen, contadin, faubourien, hôte, indigène, insulaire, montagnard, natif, naturel, occupant, villageois. **II. Par ext: 1.** Âme, homme, individu, personne, résident. **2. Au pl. :** faune, démographie, nation, peuple, peuplement, population.

HABITAT □ I. → *milieu.* II. → *logement.*

HABITATION □ I. Au pr. *1. Sens général :* appartement, chambre, chez-soi (fam.), demeure, domicile, gîte (fam.), home (fam.), logement, logis, maison, nid (fam.), résidence, retraite, séjour, toit (fam.). *2. De ville :* grand ensemble H.L.M., immeuble, tour. *3. De campagne :* chalet, chartreuse, château, domaine, ferme, fermette, folie (vx), gentilhommière, logis, manoir, manse (vx), mas, métairie, moulin, pavillon, propriété, rendez-vous de chasse, villa. *4.* Cahute, case, gourbi, hutte, isba, roulotte, tente → *cabane. 5. De prestige :* hôtel particulier, palace, palais. *6. Fam. ou non favorable :* galetas, trou, turne. II. Par ext. *1. Relig. :* couvent, cure, doyenné, ermitage, presbytère. *2.* Abri, asile, établissement.

HABITÉ, E □ → *peuplé.*

HABITER □ Camper, coucher, crêcher (fam.), demeurer, s'établir, être domicilié, se fixer, gîter (fam.), hanter (fam.), loger, nicher (fam.), occuper, résider, rester, séjourner, vivre.

HABITUDE □ I. Au pr. *1. Favorable ou neutre :* acclimatement, accoutumance, adaptation, aspect habituel, assuétude, attitude familière, coutume, déformation (péj.), disposition, entraînement, habitus, manière d'être/de faire/de vivre, mode, modus vivendi, mœurs, penchant, pli, pratique, règle, rite, seconde nature, tradition, us, usage, usance (vx). *2. Non favorable :* encroûtement, manie, marotte, routine, tic. II. → *relation.*

HABITUÉ, E □ Abonné (partic.), acclimaté à, accoutumé à, apprivoisé, au courant, au fait, coutumier de, dressé, éduqué, endurci, entraîné, faconné, fait à, familiarisé avec, familier de, formé, mis au pas (péj.)/au pli (fam.), plié à, rompu à, stylé.

HABITUEL, ELLE □ Chronique, classique, commun, consacré, courant, coutumier, familier, fréquent, général, hectique (méd.), machinal, normal, ordinaire, quotidien, répété, rituel, traditionnel, usité, usuel.

HABITUELLEMENT □ D'ordinaire *et les adv. en -ment dérivés des syn. de* HABITUEL.

HABITUER □ Acclimater, accoutumer, adapter, apprendre, apprivoiser, dresser, éduquer, endurcir, entraîner, faconner, faire à, familiariser, former, initier, mettre au courant/au fait de, plier à, rompre, styler.

HÂBLER □ Affabuler, amplifier, blaguer, bluffer, cravater, exagérer, dire/faire/raconter des blagues/contes/ craques (fam.)/galéjades/histoires, faire le malin, fanfaronner, fri-mer (fam.), galéjer (fam.), gasconner, inventer, mentir, se vanter.

HÂBLERIE □ Blague, bluff, bravade, braverie, broderie, charlatanerie, charlatanisme, charre (fam.), conte, crânerie, craque, épate, esbroufe, exagération, fanfaronnade, farce, forfanterie, frime (fam.), galéjade, gasconnade, histoire marseillaise, jactance, mensonge, menterie (vx), rodomontade, tromperie, vanne (fam.), vantardise, vanterie (litt.).

HÂBLEUR, EUSE □ adj. et n. **I. Neutre :** baratineur, beau parleur, bellâtre, blagueur, bluffeur, brodeur, conteur, fabulateur, fanfaron, faraud, forgeur (vx), imposteur, jaseur, malin, menteur, mythomane, vantard. **II. Fam. :** avaleur, bélître, bellâtre, bordelais, bravache, capitan (vx), casseur d'assiettes, charlatan, crâneur, craqueur, esbroufeur, faiseur, falstaff, faraud, farceur, fendant, fendeur, fier-à-bras, fracasse, frimeur, galéjeur, gascon, mâchefer, marius, marseillais, masseur, massier, matador, matamore, méridional, normand, olibrius, plastronneur, pourfendeur, rodomont, tranche-montagne, vanneur, vendeur d'orviétan (vx).

HACHE □ I. Au pr. : *1.* Bipenne, cognée. *2.* Francisque, tomahawk. **II. Par ext. :** aisseau, aissette, cochoir, coupe-coupe, doleau, doloire, hachereau, hachette, hansart, herminette, merlin, serpe, tille.

HACHÉ, E □ **Fig. :** abrupt, coupé, court, entrecoupé, heurté, interrompu, saccadé, sautillant, syncopé.

HACHER □ I. Au pr. : couper, déchiqueter, découper, diviser, fendre, mettre en morceaux, trancher. **II. Par ext. :** détruire, ravager. **III. Fig. :** couper, entrecouper, interrompre. **IV. Loc. *Se faire hacher pour* → *sacrifier (se).*

HACHICH, HACHISCH, HASCHICH, HASCHISCH □ Canabis, chanvre indien, hasch, herbe, kif, marie-jeanne, marijuana.

HACHIS □ Boulette, croquette, farce, farci, godiveau, parmentier, quenelle.

HACHURE □ Entaille, raie, rayure, trait, zébrure.

HACHURER □ Entailler, hacher, rayer, zébrer.

HACIENDA □ Fazenda. → *propriété.*

HAGARD, E □ I. Absent, délirant, dément, effaré, effrayé, égaré, épouvanté, fiévreux, fou, halluciné, horrifié, saisi, terrifié, terrorisé. II. → *sauvage.* III. → *troublé.*

HAGIOGRAPHIE □ I. Au pr. : histoire des saints, légende dorée. II. Par ext. → *histoire.*

HAIE □ **I. Au pr.** : âge (vx), bordure, bouchure, breuil, brise-vent, buisson, charmille, clôture, entourage, obstacle → *hallier.* **II. Par ext.** : cordon, file, rang, rangée.

HAILLON □ Affûtiaux, chiffon, défroque, guenille, harde, loque, nippe, oripeau, penaille. → *vêtement.*

HAILLONNEUX, EUSE □ → *Déguenillé.*

HAINE □ **I. Au pr. 1.** Acrimonie, animadversion, animosité, antipathie, aversion, détestation, exécration, fanatisme, férocité, fiel, fureur, hostilité, inimitié, intolérance, jalousie, malignité, malveillance, misanthropie, passion, querelle, rancœur, rancune, répugnance, répulsion, ressentiment, vengeance, venin. **2.** Racisme, xénophobie. **II. Par ext.** : abomination, acharnement, aigreur, colère, cruauté, dégoût, dissension, exaspération, éloignement, folie, horreur, persécution, rivalité.

HAINEUX, EUSE □ → *malveillant.*

HAÏR □ Abhorrer, abominer, avoir en aversion/en horreur/une dent (fam.), détester, exécrer, fuir, honnir, maudire, ne pouvoir sentir, prendre en grippe, répugner à, en vouloir à.

HAIRE □ **I. Au pr.** : cilice. **II. Par ext.** : macération, pénitence.

HAÏSSABLE □ Abominable, antipathique, déplaisant, détestable, exécrable, insupportable, maudit, méprisable, odieux, rebutant, repoussant, répugnant, réprouvé.

HÂLÉ, E □ Basané, bistré, boucané, bronzé,, brûlé, bruni, cuivré, doré, mat.

HALEINE □ **I. Au pr.** : anhélation, essoufflement, expiration, respiration, souffle. **II. Par ext. 1.** Bouffée, brise, fumée, souffle, vent. **2.** Effluve, émanation, exhalaison, fumet, odeur, parfum. **II. Loc. 1.** *À perdre haleine* : à perdre le souffle, longuement, sans arrêt/discontinuer. **2.** *Être hors d'haleine* : essoufflé, haletant.

HALENER □ Vén. → *sentir.*

HALER □ → *tirer.*

HÂLER □ Boucaner, bronzer, brûler, brunir, dorer, noircir.

HALETANT, E □ **I. Au pr.** : époumoné, épuisé, essoufflé, hors d'haleine, pantelant, pantois (vx), suffoqué. **II. Par ext.** : bondissant, précipité, saccadé. **III. Fig.** : ardent, avide, cupide (péj.), désireux, impatient.

HALÈTEMENT □ → *essoufflement.*

HALETER □ Être à bout de souffle/haletant *et les syn. de* HALETANT.

HALITUEUX, EUSE □ → *humide.*

HALL □ **I.** → *vestibule.* **II.** → *salle.*

HALLE □ **I.** Entrepôt, hangar, magasin. **II.** Foire, marché couvert.

HALLEBARDE □ → *lance.*

HALLIER □ Breuil, buisson, épines, fourré, ronce. → *haie.*

HALLUCINANT, E □ → *extraordinaire.*

HALLUCINATION □ **I. Par ext.** : aliénation, apparition, cauchemar, chimère, délire, démence, déraison, divagation, fantasmagorie, folie, illusion, mirage, phantasme, rêve, vision. **II. Fig.** : berlue (fam.), éblouissement, voix.

HALLUCINÉ, E □ **I.** Aliéné, bizarre, délirant, dément, égaré, hagard, visionnaire. **II.** Affolé, angoissé, déséquilibré, épouvanté, fou, horrifié, médusé, terrifié, terrorisé.

HALLUCINER □ → *éblouir.*

HALO □ **I.** → *lueur.* **II.** → *nimbe.*

HALTE □ **I.** Arrêt, escale, étape, interruption, pause, relais, répit, repos, station → *abri.* **II.** → *nursery.*

HAMEAU □ Bourg, bourgade, écart, lieu-dit *ou* lieudit, localité, village.

HAMEÇON □ → *piège.*

HAMPE □ → *bâton.*

HANAP □ Calice, coupe, cratère, pot, récipient, vase.

HANCHE □ Croupe, fémur, fesse, flanc, reins.

HANDICAP □ **I.** → *infirmité.* **II.** → *inconvénient.*

HANDICAPER □ → *désavantager.*

HANGAR □ Abri, appentis, chartil, dépendance, fenil, garage, grange, grenier, local, remise, resserre, toit. → *magasin.*

HANNETON □ Cancouèle (rég.).

HANTER □ **I.** → *fréquenter.* **II.** → *tourmenter.*

HANTISE □ → *obsession.*

HAPPENING □ improvisation. → *spectacle.*

HAPPER □ v. tr. et intr. Adhérer à, s'agriffer à, s'agripper à, s'attacher à, attraper, s'emparer de, gripper, mettre le grappin/harpon/la main sur, prendre, saisir.

HAQUENÉE □ **I. Au pr.** → *jument.* **II. Par ext.** → *cheval.*

HARA-KIRI (SE FAIRE) □ Se donner la mort, s'éventrer, se frapper, s'immoler, se percer le flanc, se poignarder, se sabrer, se sacrifier, se suicider, se transpercer.

HARANGUE □ **I. Au pr.** : allocution, appel, catilinaire, discours, dissertation, exhortation, exposé, homélie (relig.), oraison (vx), péroraison, philippique, plaidoyer, prêche (relig.), proclamation, prosopopée, sermon, speech, tirade, toast. **II. Par ext. Péj.** : réprimande, semonce.

HARANGUER □ → *sermonner.*

HARASSANT, E □ → *tuant.*

HARASSÉ, E □ Abattu, abruti, à bout, accablé, anéanti, annihilé, brisé, claqué (fam.), crevé (fam.), échiné, épuisé, éreinté, excédé, exténué, fatigué, flapi (fam.), las, mort (fam.), moulu (fam.), rendu (fam.), rompu (fam.), tué (fam.), vaincu, vanné (fam.), vidé (fam.).

HARASSER □ → *fatiguer.*

HARCELANT, E □ → *ennuyeux.*

HARCELER □ S'acharner, agacer, aiguillonner, assaillir, assiéger, asticoter (fam.), attaquer, braver, empoisonner (fam.), ennuyer, exciter, fatiguer, gêner, importuner, inquiéter, obséder, pourchasser, poursuivre, pousser à bout, presser, provoquer, relancer, secouer, taler, talonner, taquiner, tarabuster, tirailler, tourmenter, tracasser, traquer.

HARDE □ Harpail.

HARDER □ Vén. : → *attacher.*

HARDES □ I. → *vêtement.* II. → *haillon.*

HARDI, E □ I. **Favorable ou neutre. 1.** *Quelqu'un :* audacieux, aventureux, brave, casse-cou, courageux, décidé, déluré, déterminé, énergique, entreprenant, fier (vx), fougueux, hasardeux, impavide, impétueux, intrépide, mâle, osé, résolu, vaillant, vigoureux. **2.** *Quelque chose :* nouveau, original, osé. **II. Non favorable. 1.** *Au pr. :* arrogant, cavalier, culotté (fam.), effronté, impudent, indiscret, insolent, présomptueux, risque-tout, téméraire. **2.** *Relatif aux mœurs :* audacieux, gaillard, impudique, leste, osé, provocant, risqué.

HARDIESSE □ I. **Favorable ou neutre. 1.** *Quelqu'un :* assurance, audace, bravoure, cœur, courage, décision, détermination, énergie, esprit d'entreprise, fermeté, fougue, impétuosité, intrépidité, résolution, vaillance. **2.** *Quelque chose :* innovation, nouveauté, originalité. **II. Non favorable. 1.** *Quelqu'un :* aplomb, arrogance, audace, culot (fam.), effronterie, front, impudence, imprudence, indiscrétion, insolence, témérité, toupet. **2.** *Relatif aux mœurs :* impudicité, inconvenance, indécence, liberté, licence.

HAREM □ → *gynécée.*

HARENG □ I. Bouffi, gendarme, harenguet, kipper, sauret, saurin, sprat. II. → *proxénète.*

HARENGÈRE □ Dame de la halle, dragon, gendarme, grenadier, grognasse (grossier), maritorne, mégère, poissarde, pouffiasse (grossier), rombière (grossier), teigne, tricoteuse (vx), virago.

HARFANG □ → *hulotte.*

HARGNE □ I. → *méchanceté.* II. → *colère.*

HARGNEUX, EUSE □ → *acariâtre.*

HARICOT □ I. Dolic, flageolet, mangetout, soissons. II. **Fam. :** fayot, loubia, musiciens, piano du pauvre, vestiges, vestos.

HARIDELLE □ → *cheval.*

HARMONIE □ I. Chœur, concert, musique. → *orchestre.* II. Accompagnement, accord, arrangement, cadence, combinaison, consonance, contrepoint, euphonie, mélodie, mouvement, nombre, rondeur, rythme. III. Fig. **1.** *Entre personnes :* accord, adaptation, affinité, agencement, alliance, amitié, bon esprit, communion, conciliation, concordance, concorde, conformité, correspondance, entente, équilibre, paix, réconciliation (par ext.), sympathie, unanimité, union. **2.** *Entre choses :* balancement, beauté, cadence, cohérence, combinaison, consonance, économie des parties, élégance, ensemble, équilibre, eurythmie, grâce, harmonisation, homogénéité, nombre, orchestration, ordre, organisation, pondération, proportion, régularité, rythme, symétrie, unité.

HARMONIEUX, EUSE □ Accordé, adapté, agréable, ajusté, balancé, beau, cadencé, cohérent, conforme, doux, élégant, équilibré, esthétique, euphonique, eurythmique, gracieux, homogène, juste, mélodieux, musical, nombreux, ordonné, organisé, pondéré, proportionné, régulier, rythmé, suave, symétrique.

HARMONISATION □ Accompagnement, arrangement, orchestration. → *harmonie.*

HARMONISER □ Accommoder, accorder, adapter, agencer, ajuster, aménager, apprêter, approprier, arranger, assembler, assortir, classer, combiner, composer, concilier, construire, coordonner, disposer, équilibrer, faire concorder, grouper, mettre ensemble, ordonner, organiser, pacifier, ranger, régler, unifier.

HARNACHÉ, E □ Fig. → *vêtu.*

HARNACHEMENT □ I. **Au pr. :** attelage, bricole, équipement, harnais, harnois (vx), joug. II. Fig. → *vêtement.*

HARNACHER □ Fig. → *vêtir.*

HARNAIS □ → *harnachement.*

HARO (CRIER) □ → *vilipender.*

HARPAGON □ → *avare.*

HARPAIL □ Harde.

HARPAILLER □ → *injurier.*

HARPE □ → *lyre.*

HARPIE □ → *virago.*

HARPON □ Crampon, croc, crochet,

dard, digon, foène, foëne, fouëne, grappin, harpeau, harpin.

HARPONNER □ → *prendre.*

HART □ → *corde.*

HASARD □ **I. Au pr. 1. Neutre ou non favorable :** accident, aléa, aventure, cas fortuit, circonstance, coincidence, conjoncture, contingence, coup de dés/de pot (arg.)/du sort, destin, déveine (fam.), fatalité, fortune, impondérable, imprévu, incertitude, indétermination, malchance, manque de pot (arg.), occasion, occurrence, rencontre, risque, sort. **2. Favorable :** aubaine, chance, coup de chance/de pot (arg.), fortune, veine (fam.). **II. Par ext.** → *danger.* **III. Loc. adv. 1. Par hasard :** d'aventure, par aventure/chance/raccroc, fortuitement. **2. Au hasard :** accidentellement, à l'improviste, au flan (fam.), aveuglément, à l'aveuglette, au petit bonheur, de façon/manière accidentelle / adventice / contingente / imprévisible / imprévue, inconsidérément, n'importe comment/où/quand, par raccroc.

HASARDÉ, E □ **I.** Aléatoire, audacieux, aventuré, chanceux, dangereux, exposé, fortuit, fou, glandilleux (fam.), gratuit, hardi, hasardeux, imprudent, incertain, misé, osé, périlleux, risqué, téméraire, tenté. **II. Vx** → *obscène.*

HASARDER □ **I. Au pr. :** aventurer, commettre, compromettre (péj.), se décider, émettre, essayer, exposer, jouer, jouer son va-tout, se lancer, oser, risquer, risquer le paquet (fam.), spéculer, tenter. **II. Par ext.** → *expérimenter.*

HASARDEUX, EUSE □ **I.** → *hardi.* **II.** → *hasardé.*

HASCHICH, HASCHISCH □ → *hachich.*

HASTE □ **I. Au pr. :** hampe. **II. Par ext. :** carreau, lance, javelot, pique. **III.** Broche à rôtir.

HÂTE □ **I.** → *vitesse.* **II. Loc. À la hâte, en hâte :** à la diable, à fond de train (fam.), avec promptitude, hâtivement, précipitamment, promptement, rapidement, d'urgence, vite, vivement. **Arg. :** fissa, le feu au → *fessier.*

HÂTER □ **I.** → *accélérer.* **II.** → *brusquer.* **III. V. pron. :** s'activer (fam.), s'agiter, courir, cravacher, se dégrouiller (fam.), se dépêcher, s'empresser, faire diligence/fissa (arg.), se grouiller (fam.), se précipiter, se presser. **Arg. ou fam. :** aller/faire/partir → *vite,* bomber, se dégrouiller/démerder/grouiller/manier le → *fessier,*trotter, filocher, partir comme un lavement/un pet (sur une toile cirée), pédaler, tracer, trisser.

HÂTIF, IVE □ **I. Favorable ou neutre :** à la minute, avancé, immédiat, précoce, prématuré, pressé, rapide. **II. Non favorable :** à la va-vite, bâclé, gâché, précipité, saboté, torché (fam.).

HAUBAN □ → *cordage.*

HAUSSE □ Accroissement, augmentation, bond, croissance, crue, élévation, enchérissement, flambée/montée des prix, haussement, majoration, montée, poussée, progression, redressement, rehaussement, relèvement, renchérissement, revalorisation, valorisation.

HAUSSEMENT □ **I.** → *hausse.* **II.** Crue, élévation, exhaussement, soulèvement, surélévation. **III. Loc. Haussement d'épaules :** geste de dédain/de désintérêt/d'indifférence/de mépris, mouvement d'épaules.

HAUSSER □ **I. Au pr. 1. Une valeur :** accroître, augmenter, élever, enchérir, faire monter, majorer, monter, rehausser, relever, remonter, renchérir, revaloriser, surenchérir. **2. Une dimension :** agrandir, élever, enfler, exhausser. **3. Un objet :** dresser, hisser, lever, monter, porter haut, redresser, remonter, surélever, surhausser. **II. Par ext. :** élever, exalter, porter aux nues.

HAUT, E □ adj. **I. Au pr. :** culminant, dominant, dressé, élancé, élevé, grand, levé, long, perché, proéminent, surélevé. **II. Fig. 1. Favorable :** altier, digne, éclatant, élevé, éminent, fortuné, grand, important, noble, remarquable, supérieur, suprême. **2. Non favorable :** arrogant, démesuré. **3. Neutre :** aigu, fort, grand, intense, relevé, vif. **4.** → *profond.* **5.** → *sonore.* **6.** → *ancien.* **III. Loc. 1. Haut fait :** acte courageux/éclatant/héroïque/méritoire, action d'éclat. **2. Haut mal :** épilepsie.

HAUT □ n. Apogée, cime, comble, couronnement, crête, dessus, faîte, flèche.

HAUTAIN, E □ → *dédaigneux.*

HAUT-DE-FORME □ Claque, gibus, huit-reflets, tube, tuyau de poêle (fam.).

HAUTESSE □ → *excellence.*

HAUTEUR □ **I. Au pr. :** altitude, dimension, élévation, étage, étiage, hypsométrie, niveau, profondeur (de l'eau), stature, taille. **II. Par ext. :** ballon, belvédère, butte, chaîne, colline, côte, coteau, crête, dune, élévation, éminence, falaise, haut, ligne de partage des eaux, mamelon, mont, montagne, monticule, morne, motte, pic, piton, plateau, surplomb, talus, taupinière, tertre. **III. Fig.** → *dédain.*

HAUT-FOND □ Atterrissement, banc, récif.

HAUT-LE-CŒUR □ → *dégoût*.

HAUT-LE-CORPS □ → *tressaillement*.

HAUT-PARLEUR □ Par ext. : baffle, enceinte.

HÂVE □ Émacié, maigre. → *pâle*.

HAVIR □ → *rôtir*.

HAVRE □ → *port*.

HAVRESAC □ → *sac*.

HÉBERGEMENT □ → *logement*.

HÉBERGER □ → *recevoir*.

HÉBÉTÉ, E □ → *stupide*.

HÉBÉTER □ → *abêtir*.

HÉBÉTUDE □ → *engourdissement*.

HÉBRAÏQUE et **HÉBREU** □ n. et adj. → *israélite*.

HÉCATOMBE □ I. → *sacrifice*. II. → *carnage*.

HÉDONISME □ Épicurisme, eudémonisme, optimisme.

HÉGÉMONIE □ → *supériorité*.

HEIMATLOS □ Apatride, étranger, personne déplacée, sans nationalité/patrie.

HÉLER □ → *interpeller*.

HÉLICOPTÈRE □ → *aérodyne*.

HÉMATOME □ → *contusion*.

HÉMICYCLE □ → *amphithéâtre*.

HÉMISTICHE □ Césure, coupe, pause.

HÉMORRAGIE □ I. Épistaxis, hématémèse, hématurie, hémoptysie, ménorragie, métrorragie, perte, purpura, saignée, saignement. → *congestion*. II. Fig. → *fuite*.

HÉRAUT □ → *messager*.

HERBAGE □ I. → *herbe*. II. → *pâturage*.

HERBE □ I. Au pr. : brome, chiendent, dactyle, fétuque, foin, folle avoine, fourrage, gazon, graminée, herbette, ivraie, laîche, ray-grass, regain, verdure, vert. II. Par ext. *1.* Aromates, simples. *2.* Alpages, champ, herbage, pâturage, prairie, pré, savane, tapis vert, verdure. → *pelouse*.

HERBEUX, EUSE □ Enherbé, gazonneux, herbageux, herbé, herbifère, herbu, verdoyant, vert.

HERBIVORE □ I. Au pr. : ruminant. II. Par ext. : végétarien.

HERCULE, HERCULÉEN, ENNE □ → *fort*.

HÈRE □ → *homme*.

HÉRÉDITAIRE □ Ancestral, atavique, congénital, successible, transmissible.

HÉRÉDITÉ □ I. Atavisme, génotype. II. Antécédents, ascendance, caractère ancestral, parenté, ressem-

blance. III. Héritage, legs, patrimoine, succession, transmissibilité, transmission.

HÉRÉSIE □ Apostasie, contre-vérité, dissidence, erreur, fausseté, hétérodoxie, impiété, réforme, reniement, révolte, sacrilège, schisme, séparation.

HÉRÉTIQUE □ Apostat, dissident, hérésiarque, hétérodoxe, impie, incroyant, infidèle, laps et relaps, réformateur, renégat, révolté, sacrilège, schismatique, séparé.

HÉRISSÉ, E □ I. Au pr. : déchevelé, dressé, ébouriffé, échevelé, hirsute, hispide, horripilé, raide, rebroussé. II. Par ext. : chargé, couvert, entouré/farci/garni/plein/rempli /truffé de, épineux, protégé de/par. III. Fig. → *irrité*.

HÉRISSEMENT □ Chair de poule, frissonnement, horripilation.

HÉRISSER □ I. → *horripiler*. II. → *irriter*.

HÉRITAGE □ I. Au pr. : douaire (vx), hoirie (vx), legs, mortaille (vx), succession. II. Par ext. *1.* Bien, domaine, patrimoine, propriété. *2.* Atavisme, hérédité.

HÉRITER □ v. tr. et intr. Avoir en partage, échoir, recevoir, recueillir.

HÉRITIER, ÈRE □ I. Ayant cause, colicitant, dépositaire, donataire, hoir (vx), légataire. II. Par ext. *1.* → *fils*. *2.* → *successeur*.

HERMAPHRODITE □ n. et adj. Amphigame (bot.), androgyne, androgynoïde, bisexué, gynandroïde.

HERMÉNEUTIQUE □ Commentaire, critique, exégèse, interprétation.

HERMÉTIQUE □ I. → *secret*. II. → *obscur*.

HERMINE □ Roselet.

HERNIE □ Descente, effort (fam.), étranglement, évagination, éventration, grosseur (fam.), prolapsus, tuméfaction, tumeur molle.

HÉROÏ-COMIQUE □ Bouffe, bouffon, burlesque, grotesque, macaronique, parodique.

HÉROÏNE □ I. → *héros*. II. → *drogue*.

HÉROÏQUE □ I. Chevaleresque, élevé, épique, homérique, noble, stoïque. II. Par ext. *1.* → *généreux*. *2.* → *courageux*. III. Fig. *1.* → *efficace*. *2.* → *extrême*.

HÉROÏSME □ I. → *générosité*. II. → *courage*.

HÉROS □ Brave, demi-dieu, démiurge, géant, grand homme/personnage, héroïne, lion, paladin, preux, superman (fam.), surhomme.

HERSE □ Canadienne, écroûteuse, émotteuse, hérisson, norvégienne, rouleau squelette.

HERSER □ → *ameublir.*

HÉSITANT, E □ Ballotté, en balance, chancelant, confus, craintif, désorienté, douteux, embarrassé, empêché, flottant, fluctuant, incertain, indécis, indéterminé, irrésolu, oscillant, perplexe, réticent, réservé, scrupuleux, suspendu, timide, velléitaire.

HÉSITATION □ Arrière-pensée, atermoiement, balancement, barguignage, désarroi, doute, embarras, flottement, fluctuation, incertitude, indécision, indétermination, irrésolution, louvoiement, perplexité, réserve, résistance, réticence, scrupule, tâtonnement, tergiversation, vacillation.

HÉSITER □ Atermoyer, attendre, avoir scrupule, balancer, barboter (fam.), barguigner, broncher, chipoter, chiquer (fam.), consulter (vx), craindre de, délibérer, se demander, douter (vx), être embarrassé/empêtré (fam.)/incertain/indécis/indéterminé/irrésolu/perplexe/réticent, flotter, se gratter (arg.), lanterner (fam.), marchander, merdoyer (fam.), ne savoir que faire/sur quel pied danser, osciller, patauger (fam.), reculer, résister, rester en suspens, sourciller, se tâter, tâtonner, temporiser, tergiverser, tortiller (fam.), vaciller, vasouiller. → *balbutier.*

HÉTAÏRE □ → *prostituée.*

HÉTÉROCLITE □ → *irrégulier.*

HÉTÉRODOXE □ → *hérétique.*

HÉTÉROGÈNE □ Allogène, allothigène, amalgamé, bigarré, composite, disparate, dissemblable, divers, étranger, hétéroclite, impur, mêlé, varié.

HÉTÉRONYME □ Nom de guerre, pseudonyme, sobriquet, surnom.

HEUR □ → *bonheur.*

HEURE □ **I.** Plombe (arg.). → *moment.* **II.** → *occasion.* **III. Loc.** *Tout à l'heure.* **1.** À l'instant, il y a peu. **2.** Dans un moment, d'ici peu.

HEUREUSEMENT □ → *bien.*

HEUREUX, EUSE □ **I. Quelqu'un :** aisé, à l'aise, béat, benoît, bien aise, bienheureux, calme, chanceux, charmé, comblé, content, enchanté, en paix, euphorique, exaucé, favorisé, florissant, fortuné, gai, joyeux, jubilant, nanti, optimiste, prospère, radieux, ravi, réjoui, repu, riche, sans souci, satisfait, tranquille, transporté, triomphant, veinard, verni. **II. Par ext.** **1.** → *favorable.* **2.** Beau, bien venu, équilibré, habile, harmonieux, juste, original, plaisant, réussi, trouvé.

HEURISTIQUE □ Didactique, maïeutique.

HEURT □ **I. Au pr. :** abordage, accrochage, à-coup, aheurtement, cahot, carambolage, choc, collision, commotion, contact, coup, impact, percussion, rencontre, saccade, secousse, tamponnage, télescopage. **II. Fig. :** antagonisme, chicane, conflit, épreuve, friction, froissement, mésentente, obstacle, opposition, querelle.

HEURTÉ, E □ **Fig. :** abrupt, accidenté, décousu, désordonné, difficile, discordant, haché, inégal, interrompu, irrégulier, raboteux, rocailleux, rude, saccadé.

HEURTER □ **I. V. tr.** **1.** **Au pr. :** aborder, bigorner (fam.), accrocher, caramboler, choquer, cogner, coudoyer, emboutir, frapper, friser/froisser (la tôle), percuter, tamponner, télescoper. **2. Fig. :** blesser, choquer, contrarier, déplaire à, écorcher, faire de la peine, froisser, offenser, offusquer, scandaliser, vexer. **3. Par ext. :** affronter, attaquer, atteindre, combattre, étonner, frapper. **II. V. intr. :** achopper, buter, chopper, cogner, cosser, donner contre, porter, rencontrer, taper. **III. V. pron. :** *Les formes pron. possibles des syn. de* HEURTER. **IV. V. récipr. :** s'accrocher, s'affronter, s'attraper, se combattre, s'entrechoquer.

HIATUS □ **I.** Cacophonie, heurtement. **II.** Espace, fente, interruption, interstice. **III.** → *lacune.*

HIBOU □ Chat-huant, grand-duc. → *hulotte.*

HIC □ → *difficulté.*

HIDEUR □ → *laideur.*

HIDEUX, EUSE □ → *laid.*

HIÉRARCHIE □ **I. Au pr. :** échelle, filière. **II. Par ext.** **1.** Autorité, commandement, ordre, rang, subordination. **2.** Cadres supérieurs, chefs, élite, notabilité. **III. Fig. :** agencement, classement, classification, coordination, distribution, échelonnement, étagement, gradation, hiérarchisation, organisation, structure, système.

HIÉRARCHISER □ Agencer, classer, distribuer, échelonner, étager, graduer, mettre en ordre/en place, ordonner, organiser, poser, situer, structurer, subordonner, superposer.

HIÉRATIQUE □ **I.** → *sacré.* **II.** → *traditionnel.*

HIÉROGLYPHE □ **I. Au pr. :** hiérogramme, idéogramme. **II. Fig.** → *barbouillage.*

HILARANT, E □ → *risible.*

HILARE □ **I.** → *gai.* **II.** → *réjoui.*

HILARITÉ □ → *gaieté.*

HIMATION □ → *manteau.*

HIPPIATRE □ Vétérinaire.

HIPPIE □ Asocial, contestataire, marginal, non-conformiste.

HIPPODROME □ **I. Au pr.** : champ de courses. **II. Par ext.** : arène, cirque.

HIRONDELLE □ Hirondeau, martinet, solangane.

HIRSUTE, HISPIDE □ → *hérissé*.

HIRSUTISME □ Pilosisme.

HISSER □ → *lever*.

HISTOIRE □ **I. Au pr. 1.** Archéologie, chronologie, diplomatique, épigraphie, généalogie, heuristique, paléographie, préhistoire, protohistoire. **2.** Annales, archives, bible, biographie, chroniques, chronologie, commentaires, confessions, description, dit (vx), évangile, évocation, fastes, geste (vx), hagiographie, mémoires, narration, peinture, récit, relation, souvenir, version, vie. **3.** Anecdote, conte, écho, épisode, fable, historiette, légende, mythologie. **II. Par ext.** → *roman*. **III. Fig. 1.** → *difficulté*. **2.** → *blague*. **3.** Chicane, embarras, incident, querelle.

HISTORIEN, ENNE □ Annaliste, auteur, biographe, chroniqueur, chronologiste, écrivain, historiographe, mémorialiste, narrateur, spécialiste de l'histoire.

HISTORIER □ **I.** → *peindre*. **II.** → *orner*.

HISTORIQUE □ **I. Adj.** → *réel*. **II. Nom masc.** → *récit*.

HISTRION □ **I.** → *bouffon*. **II.** → *plaisant*.

HOBEREAU □ → *noble*.

HOCHER □ → *remuer*.

HOCHET □ **I.** → *vanité*. **II.** → *bagatelle*.

HOLDING □ → *trust*.

HOLOCAUSTE □ → *sacrifice*.

HOMÉLIE □ **I. Au pr.** : instruction, prêche, prône, sermon. **II. Par ext.** : abattage, allocution, capucinade (péj.), discours, engueulade (fam.), remontrance, réprimande, semonce.

HOMÉRIQUE □ Audacieux, bruyant, épique, héroïque, inextinguible, inoubliable, mémorable, noble, sublime, valeureux.

HOMICIDE □ **I. Nom masc. 1. Quelqu'un** : assassin, criminel, meurtrier → *tueur*. **2. L'acte** : assassinat, crime, égorgement, exécution, infanticide, liquidation physique, meurtre. **II. Adj.** : meurtrier, mortel.

HOMINIDÉ □ Anthropopithèque, atlanthrope, australopithèque, pithécanthrope, sinanthrope, zinjanthrope.

HOMMAGE □ **I. Au sing.** → *offrande*. **II. Au pl.** → *civilité*, *respect*.

HOMMASSE □ Mâle, masculin.

HOMME □ **I. L'espèce. 1.** Anthropoïde, bimane, bipède (fam.), créature, créature ambidextre/douée de raison/intelligente, être humain, hominien, homo sapiens, humain, mortel. **2.** Espèce humaine, humanité, prochain, semblable, société. **II. L'individu. 1. Favorable ou neutre** : âme, corps, esprit, individu, monsieur, personnage, personne, quelqu'un, tête. **2. Partic.** : bras, citoyen, habitant, naturel, ouvrier, soldat, sujet. **3. Péj. ou arg.** : bonhomme, bougre, chrétien, coco, croquant, diable, drôle, gaillard, gazier, gonze, guignol, hère, lascar, luron, mec, moineau, numéro, oiseau, paroissien, piaf, pierrot, pistolet, quidam, zèbre, zigomard, zigoto, zigue, zouave. → *type*. **III. Par Ext. 1.** → *amant*. **2.** → *époux*. **IV. Loc. 1. Homme de bien** : brave/galant/honnête homme, gentilhomme, gentleman, homme d'honneur/de mérite. **2. Homme d'État** → *politicien*. **3. Homme de lettres** → *écrivain*. **4. Homme de loi** → *légiste*. **5. Homme de paille** → *intermédiaire*. **6. Homme de qualité** → *noble*. **7. Homme lige** → *vassal* et *partisan*.

HOMOGÈNE □ Analogue, cohérent, de même espèce/genre/nature, équilibré, harmonieux, identique, parallèle, pareil, proportionné, régulier, uni, uniforme, semblable, similaire.

HOMOGÉNÉITÉ □ → *harmonie*.

HOMOLOGATION □ Acceptation, approbation, authentification, autorisation, confirmation, décision, enregistrement, entérinement, officialisation, ratification, sanction, validation.

HOMOLOGUE □ adj. et n. Analogue, comparable, concordant, conforme, congénère, correspondant, équivalent, frère, identique, pareil, semblable, similaire. → *alter ego*.

HOMOLOGUER □ Accepter, approuver, authentifier, autoriser, confirmer, décider, enregistrer, entériner, officialiser, ratifier, sanctionner, valider.

HOMOSEXUALITÉ □ **I. Masc.** : inversion, pédérastie, pédophilie, uranisme. → *uranien*. **II. Fém.** : lesbianisme, saphisme, tribaderie, tribadisme. → *lesbienne*.

HOMOSEXUEL, LE □ **I.** → *uranien*. **II.** → *lesbienne*.

HONGRE □ **I. Au pr.** : castré, châtré. **II. Par ext.** : castrat, eunuque. **III.** Cheval.

HONNÊTE □ **I. Quelqu'un. 1. Au pr.** : brave, consciencieux, digne, droit, estimable, exact, fidèle, franc, honorable, incorruptible, insoupçonnable, intègre, irréprochable, juste, légal, licite, loyal, méritoire, moral, net, probe, propre, scrupuleux, vertueux. **2. Par ext.** : accompli, civil, comme il faut, convenable, correct, de bonne compagnie, décent, distingué, honorable, modeste, poli, rangé, réservé, sage, sérieux. **II. Quelque chose.** *1.* **Au pr.** : avouable, beau, bien, bienséant, bon, convenable, décent, louable, moral, naturel, normal, raisonnable. *2.* **Par ext.** : catholique, convenable, décent, honorable, juste, mettable, moyen, passable, satisfaisant, suffisant. **III. Loc.** ***Honnête homme :*** accompli, gentleman, homme de bien.

HONNÊTETÉ ☐ **I. Au pr.** : conscience, dignité, droiture, exactitude, fidélité, franchise, incorruptibilité, intégrité, irréprochabilité, justice, loyauté, moralité, netteté, probité, scrupule, vertu. **II. Par ext.** *1.* Amitié (vx), bienséance, bienveillance, civilité, correction, décence, délicatesse, distinction, honorabilité, politesse, qualité. *2.* Chasteté, décence, fidélité, honneur, mérite, modestie, morale, pudeur, pureté, sagesse, vertu.

HONNEUR ☐ **I.** Dignité, estime, fierté. **II.** Prérogative, privilège. **III.** Culte, dévotion, vénération. **IV.** → *décence.* **V.** → *honnêteté.* **VI.** → *gloire.* **VII.** → *respect.* **VIII. Au pl.** : apothéose, charge, distinction, égards, faveur, grade, hochets (péj.), hommage, ovation, poste, triomphe.

HONNIR ☐ → *vilipender.*

HONORABILITÉ ☐ → *honnêteté.*

HONORABLE ☐ **I. Quelqu'un** : digne, distingué, estimable, méritant, noble (vx), respectable. **II. Quelque chose** : honorifique → *honnête.*

HONORAIRES ☐ → *rétribution.*

HONORER ☐ Adorer, avoir/célébrer/rendre un culte, craindre, déifier, encenser, estimer, glorifier, gratifier d'estime/de faveur/d'honneur, magnifier, respecter, révérer, saluer la mémoire, tenir en estime. **V. pron.** : s'enorgueillir, se faire gloire.

HONORIFIQUE ☐ Flatteur, honorable.

HONTE ☐ **I. Neutre** : confusion, crainte, embarras, gêne, humilité, pudeur, réserve, respect humain, retenue, timidité, vergogne (vx). **II. Non favorable** *1.* Abaissement, abjection, affront, bassesse, dégradation, démérite, déshonneur, flétrissure, humiliation, ignominie, indignité, infamie, opprobre, scandale, turpitude, vilenie. *2.* Dégoût de soi, regrets, remords, repentir. **III. Loc.** ***Fausse honte*** → *timidité.*

HONTEUX, EUSE ☐ **I. Neutre. Quelqu'un.** *1.* **Au pr.** : camus (vx), capot (fam.), confus, consterné, contrit, déconfit, gêné, penaud, quinaud, repentant. *2.* **Par ext.** : caché, craintif, embarrassé, timide. **II. Non favorable.** ***Une action :*** abject, avilissant, bas, coupable, dégoûtant, dégradant, déshonorant, écœurant, humiliant,

ignoble, ignominieux, immoral, inavouable, indigne, infamant, infâme, lâche, méprisable, obscène, ordurier, sale, scandaleux, trivial, turpide, vexatoire.

HÔPITAL ☐ **I. Au pr.** : asile, clinique, hospice, hosto (arg.), hôtel-Dieu, lazaret, maison de retraite/de santé, maternité, policlinique, préventorium, refuge. **II. Par ext.** : *1.* Ambulance, antenne chirurgicale, dispensaire, infirmerie. *2.* Crèche, maternité. *3.* Sanatorium, solarium.

HORDE ☐ **I.** → *peuplade.* **II.** → *troupe.*

HORION ☐ → *coup.*

HORIZON ☐ **I. Au pr.** : champ, distance, étendue, panorama, paysage, perspective, vue. **II. Fig.** → *avenir.*

HORLOGE ☐ **I. Au pr.** : cadran, carillon, cartel, chronomètre, comtoise, coucou, jaquemart, pendule, régulateur, réveil, réveille-matin. **II. Par ext.** : cadran solaire, clepsydre, gnomon, sablier.

HORMIS ☐ → *excepté.*

HOROSCOPE ☐ → *prédiction.*

HORREUR ☐ **I. Sentiment qu'on éprouve** : aversion, cauchemar, dégoût, détestation, effroi, éloignement, épouvante, épouvantement, exécration, haine, répugnance, répulsion, saisissement, terreur, → *peur, et les suffixes de* PHOBIE (*ex. : hydrophobie*). **II. Un acte** : abjection, abomination, atrocité, crime, honte, ignominie, infamie, laideur, monstruosité, noirceur. **III. Au pl.** *1.* ***Dire des horreurs :*** calomnies, méchancetés, pis que pendre, vilenies. *2.* → *obscénité.*

HORRIBLE ☐ **I.** → *affreux.* **II.** → *effrayant.* **III.** → *laid.*

HORRIFIANT, E ☐ → *terrible.*

HORRIFIER ☐ → *épouvanter.*

HORRIPILATION ☐ → *hérissement.*

HORRIPILER ☐ Agacer, asticoter (fam.), énerver, exaspérer, faire sortir de ses gonds (fam.), hérisser, impatienter, mettre hors de soi, prendre à contre-poil (fam.), à rebrousse-poil (fam.).

HORS ☐ **I. Adv.** Dehors. **II. Prép.** → *excepté.*

HORS-D'ŒUVRE ☐ **I. Au pr.** : amuse-gueule, blinis, crudités, kémia, zakouski. **II. Fig.** → *digression.*

HORS-LA-LOI ☐ → *bandit, maudit.*

HORTICULTURE ☐ → *jardinage.*

HOSPICE ☐ → *hôpital.*

HOSPITALIER, ÈRE ☐ Accueillant, affable, aimable, amène, avenant, charitable, empressé, généreux, ouvert, sympathique.

HOSPITALITÉ □ **I.** Abri, asile, logement, refuge. **II.** Accueil, réception.

HOSTIE □ → *eucharistie, victime.*

HOSTILE □ → *défavorable.*

HOSTILITÉ □ **I.** → *guerre.* **II.** → *haine.*

HÔTE, HÔTESSE □ **I. Celui qui accueille. 1.** Amphitryon, maître de maison. **2.** Aubergiste, cabaretier, gargotier (fam.), gérant, hôtelier, logeur, propriétaire, restaurateur, taulier (arg.), tavernier (fam.), tenancier. **II. Celui qui est accueilli. 1.** → *convive.* **2.** → *pensionnaire.* **3.** → *habitant.*

HÔTEL □ **I.** → *maison.* **II.** → *immeuble.* **III.** Auberge, cambuse (péj.), caravansérail, crèche (fam.), garni, gîte, hôtellerie, logis, maison de passe (péj.), meublé, motel, palace, pension de famille, relais, taule (arg.). **IV. Hôtel de ville :** mairie, maison commune/de ville. **V. Hôtel borgne** → *lupanar.*

HÔTELIER □ → *hôte.*

HOTTE □ Hottereau, hotteret → *panier.*

HOUE □ Binette, bineuse, déchaussoir, fossoir, hoyau, marre, tranche. **Par ext. :** → *bêche.*

HOUILLE □ → *charbon.*

HOUILLÈRE □ Charbonnage.

HOULE □ → *vague.*

HOULETTE □ → *bâton.*

HOULEUX, EUSE □ **Fig.** → *troublé.*

HOUPPE □ Aigrette, floche, freluche, houpette, huppe, pompon, touffe, toupet. → *passement.*

HOUPPELANDE □ Cape, douillette, pelisse, robe de chambre.

HOURVARI □ → *tohu-bohu.*

HOUSEAUX □ → *guêtre.*

HOUSPILLER □ **I.** → *secouer.* **II.** → *maltraiter.* **III.** → *réprimander.*

HOUSSE □ → *enveloppe.*

HOUSSINE □ → *baguette.*

HOUSSINER □ → *battre.*

HOUSSOIR □ → *balai, plumeau.*

HOVERCRAFT □ Aéroglisseur, naviplane.

HOYAU □ → *houe.*

HUBLOT □ → *fenêtre, ouverture.*

HUCHE □ Maie.

HUCHER □ → *crier.*

HUÉE □ Bruit, chahut, charivari, cri, tollé.

HUER □ → *vilipender.*

HUGUENOT, OTTE □ n. et adj. → *protestant.*

HUILE □ **I. Fig.** → *personnalité.* **II. Loc. 1. Mettre de l'huile dans les rouages :** aider, faciliter, favoriser.

2. Jeter/mettre de l'huile sur le feu : attiser, envenimer, exciter, inciter/pousser à la chicane/dispute. **3. Huile de coude :** effort, peine, soin, travail. **4. Faire tache d'huile** → *répandre (se).*

HUILER □ → *graisser.*

HUILEUX, EUSE □ → *gras.*

HUISSIER □ Aboyeur, acense (vx), appariteur, chaouch, garçon de bureau, gardien, introducteur, massier, portier, surveillant, tangente (arg.).

HUÎTRE □ **I.** Belon, fine de claire, marennes, perlot, pied de cheval, portugaise. **II. Perlière :** méléagrine, pintadine.

HULOTTE □ Chat-huant, chevêche, chouette, corbeau de nuit, dameblanche, effraie, harfang, hibou, huette, strix.

HUMAIN □ **I. Adj. :** accessible, altruiste, bienfaisant, bienveillant, bon, charitable, clément, compatissant, doux, généreux, humanitaire, philanthrope, pitoyable, secourable, sensible. **II. Nom masc.** → *homme.*

HUMANISER □ → *policer.*

HUMANISME □ Atticisme, classicisme, civilisation, culture, goût, hellénisme, sagesse, sapience, savoir.

HUMANISTE □ Lettré, libre-penseur, philosophe, sage.

HUMANITAIRE □ Humain.

HUMANITÉ □ **I.** → *bonté.* **II.** → *homme.*

HUMBLE □ **I.** → *modeste.* **II.** → *petit.*

HUMECTER □ **I. Au pr. :** abreuver, arroser, bassiner, délaver, emboire (vx), humidifier, imbiber, imprégner, mouiller. **II. Techn. :** bruir, humidier, hydrater, madéfier.

HUMER □ **I.** → *sentir.* **II.** → *avaler.*

HUMEUR □ **I. Disposition d'esprit. 1. Favorable ou neutre :** attitude, désir, envie, esprit, fantaisie, goût, gré, idée, manière d'être, naturel, prédilection, volonté. **2. Non favorable :** aigreur, bizarrerie, caprice, extravagance, fantaisie, folie, impatience, irrégularité, irritation, lubie, manie, mécontentement, misanthropie, passade, vertigo. → *fâcherie.* **II.** → *liquide, sécrétion.*

HUMIDE □ Aqueux, détrempé, embrumé, embué, fluide, frais, haliteux (vx), humecté, humidifié, hydraté, imbibé, imprégné, liquide, moite, mouillé, suintant, uliginaire, uligineux.

HUMIDIFIER □ → *humecter.*

HUMIDITÉ □ **I.** Brouillard, brouillasse, bruine, brume, fraîcheur, moiteur, mouillure, rosée, serein. **II.** Degré hygrométrique, imprégnation, infiltration, saturation, suintement.

HUMILIANT, E □ → *honteux.*

HUMILIATION □ **I. On humilie ou on s'humilie :** abaissement, aplatissement (fam.), confusion, dégradation, diminution, honte, mortification. **II. Ce qui humilie :** affront, avanie, blessure, camouflet, dégoût, gifle, honte, opprobre, outrage, vexation.

HUMILIER □ Abaisser, accabler, avilir, confondre, courber sous sa loi/volonté, dégrader, donner son paquet (fam.), doucher (fam.), écraser, faire honte, gifler, inférioriser, mater, mettre plus bas que terre, mortifier, moucher (fam.), offenser, opprimer, rabaisser, rabattre, ravaler, souffleter, vexer. **V. pron. :** baiser les pieds, courber le dos/le front, fléchir/plier/ployer le genou, s'incliner, lécher les bottes (fam.)/le cul (grossier), se mettre à plat ventre (fam.), se prosterner, ramper, *et les formes pron. possibles des syn. de* HUMILIER.

HUMILITÉ □ **I. Favorable ou neutre :** componction, modestie, soumission, timidité. **II. Non favorable. 1.** Bassesse, obséquiosité, platitude, servilité. **2.** Abaissement, obscurité → *humiliation.* **III. Par ext. :** abnégation, déférence, douceur, effacement, réserve, respect, simplicité.

HUMORISTE □ Amuseur, caricaturiste, comique, fantaisiste, farceur, ironiste, moqueur, pince-sans-rire, plaisantin, railleur, rieur.

HUMORISTIQUE □ → *risible.*

HUMOUR □ → *esprit, plaisanterie.*

HUPPE □ → *houppe.*

HUPPÉ, E □ → *riche.*

HURE □ Groin, museau. → *tête.*

HURLEMENT □ → *cri.*

HURLER □ v. tr. et intr. → *crier.*

HURLUBERLU, E □ → *étourdi.*

HUTINET □ → *mail.*

HUTTE □ → *cabane.*

HYACINTHE □ Jacinthe.

HYALIN, E □ → *transparent.*

HYBRIDATION □ → *métissage.*

HYBRIDE □ adj. et n. → *métis.*

HYBRIDER □ → *croiser.*

HYDRATER □ → *humecter.*

HYDRE □ → *dragon.*

HYDROGRAPHIE □ Océanographie.

HYGIÈNE □ Confort, diététique, grand air, propreté, régime, salubrité, santé, soin.

HYMEN □ → *mariage, virginité.*

HYMNE □ **I. Nom masc. :** air, chant, marche, musique, ode, péan, stances. **II. Nom fém. :** antienne, cantique, chœur, choral, prose, psaume, séquence.

HYPERBOLE □ → *exagération.*

HYPERBOLIQUE □ **I.** → *excessif.* **II.** → *emphatique.*

HYPERBORÉEN, ENNE □ → *nordique.*

HYPERESTHÉSIE □ → *sensibilité.*

HYPERTROPHIE □ → *gonflement.*

HYPNOSE, HYPNOTISME □ Catalepsie, envoûtement, état second, léthargie, magnétisation, narcose, sommeil, somnambulisme.

HYPNOTIQUE □ → *narcotique.*

HYPNOTISER □ **I.** → *endormir.* **II.** → *fasciner.*

HYPNOTISEUR □ Magnétiseur.

HYPOCONDRE ou **HYPOCONDRIAQUE** □ → *bilieux.*

HYPOCONDRIE □ → *mélancolie.*

HYPOCRISIE □ **I. Le défaut :** affectation, baiser de Judas, bigoterie, cafarderie, cafardise, cagotisme, cagotterie, chafouinerie (fam.), cautèle, déloyauté, dissimulation, duplicité, escobarderie, fausseté, félonie, flatterie, fourberie, jésuitisme, machiavélisme, papelardise, patelinage, pelotage, pharisaïsme, pruderie, pudibonderie, simulation, tartuferie. **II. L'acte :** cabotinage, comédie, double-jeu, faux-semblant, feinte, fraude, grimace, jonglerie, mascarade, mensonge, momerie, pantalonnade, simagrée, singerie, sournoiserie, trahison, tromperie, vicelardise.

HYPOCRITE □ Affecté, artificieux, baveux, bigot, cabot, cabotin, cafard, cagot, caméléon, captieux, cauteleux, comédien, déloyal, dissimulateur, dissimulé, double-jeu, doucereux, escobar, fallacieux, faux, félon, flatteur, fourbe, grimacier, imposteur, insidieux, insinuant, jésuite, judas, matois, matou, menteur, mielleux, papelard, patelin, patte-pelu (vx), peloteur, pharisaïque, pharisien, prude, pudibond, renard, retors, sainte-nitouche, simulateur, sournois, spécieux, sucré, tartufe, tortueux, trompeur, visqueux. **Fam. :** chafouin, derge, faux-derche, faux-jeton, vicelard.

HYPOGÉ, E □ adj. Souterrain.

HYPOGÉE □ n. m. Cave, caveau, crypte, sépulture, souterrain, tombe, tombeau.

HYPOTHÈQUE □ Gage, privilège, sûreté. → *garantie.*

HYPOTHÉQUER □ **Donner en** → *hypothèque, grever.*

HYPOTHÈSE □ **I.** → *supposition.* **II.** → *principe.*

HYPOTHÉTIQUE □ → *incertain.*

HYSTÉRIE □ Pithiatisme. → *nervosité.*

HYSTÉRIQUE □ Pithiatique. → *nerveux.*

IAMBE □ → *poème.*

ICI □ Céans, en cet endroit, en ce lieu.

ICI-BAS □ En ce monde, sur terre.

ICTÈRE □ Cholémie, hépatite, jaunisse.

IDÉAL □ n. **I. Favorable :** aspiration, canon, modèle, parangon, perfection, prototype, type. **II. Non favorable :** fumée, imagination, moulin à vent, rêve, utopie, viande creuse.

IDÉAL, E □ adj. Absolu, accompli, chimérique, élevé, exemplaire, idyllique, illusoire, imaginaire, inaccessible, merveilleux, parfait, pur, rêvé, souverain, sublime, suprême, transcendant, utopique.

IDÉALISATION □ Embellissement, enjolivement, poétisation, transposition.

IDÉALISER □ → *embellir.*

IDÉE □ **I.** Archétype, concept, connaissance, conscience, notion. **II.** → *ébauche.* **III.** → *invention.* **IV.** → *modèle.* **V.** Aperçu, avant-goût, conception, échantillon, élucubration (péj.), essai (vx), exemple, image, intention, pensée, perspective, réflexion, vue. **VI.** → *opinion.* **VII. Loc. 1. Idée fixe :** chimère, dada (fam.) hantise, manie, marotte, monomanie, obsession. → *imagination.* **2. Avoir dans l'idée :** avoir dans la tête/l'intention.

IDEM □ De même, dito, ibidem, infra, itou (fam.), supra, susdit.

IDENTIFICATION □ → *reconnaissance.*

IDENTIFIER □ → *reconnaître.*

IDENTIQUE □ → *semblable.*

IDENTITÉ □ Pedigree (fam.). → *similitude.*

IDÉOLOGIE □ → *opinion.*

IDIOME □ → *langue.*

IDIOT, E □ **I.** Arriéré, débile, demeuré, minus, minus habens. **II.** → *stupide.* **III.** → *bête.*

IDIOTIE □ Aliénation, arriération, débilité mentale, imbécillité.

IDIOTIFIER □ → *abêtir.*

IDIOTISME □ → *expression.*

IDOINE □ → *convenable.*

IDOLÂTRE □ → *païen.*

IDOLÂTRER □ → *aimer.*

IDOLÂTRIE □ **I.** → *religion.* **II.** → *attachement.*

IDOLE □ → *dieu.*

IDYLLE □ **I.** → *pastorale.* **II.** → *caprice.*

IDYLLIQUE □ → *idéal.*

IGNARE □ n. et adj. → *ignorant.*

IGNIFUGE □ Anticombustible, incombustible, ininflammable, réfractaire.

IGNITION □ → *combustion.*

IGNOBLE □ **I.** → *bas.* **II.** → *dégoûtant.*

IGNOMINIE □ → *honte.*

IGNOMINIEUX, EUSE □ → *honteux.*

IGNORANCE □ Abrutissement, analphabétisme, ânerie, balourdise, bêtise, candeur, crasse, imbécillité, impéritie, impuissance, incapacité, incompétence, incompréhension, inconscience, inconséquence, inculture, inexpérience, ingénuité, innocence, insuffisance, lacune, méconnaissance, naïveté, nullité, obscurantisme, simplicité, sottise.

IGNORANT, E □ Abruti, aliboron (fam.), analphabète, âne, arriéré, balourd, baudet, béjaune, bête, bourrique (fam.), cancre, candide, croûte (fam.), étranger à, ganache (péj.), ignare, ignorantin, ignorantissime, illettré, impuissant, incapable, incompétent, incompréhensif, inconscient, inculte, inexpérimenté, ingénu, inhabile, malhabile, non informé/initié, nul, primitif, profane, sans connaissance/instruction/savoir, sot.

IGNORÉ, E □ → *inconnu.*

IGNORER □ → *méconnaître, ne pas* → *savoir.*

ILLÉGAL, E, ILLÉGITIME □ **I.** → *défendu.* **II.** → *irrégulier.*

ILLETTRÉ, E □ → *ignorant.*

ILLICITE □ → *défendu.*

ILLICO □ → *aussitôt.*

ILLIMITÉ, E □ → *immense.*

ILLISIBLE □ Abracadabrant, entortillé, incompréhensible, indéchiffrable, inintelligible, obscur, sans queue ni tête.

ILLOGIQUE □ Aberrant, absurde, alogique, anormal, contradictoire, dément, déraisonnable, désordonné, faux, incohérent, inconséquent, indu, invraisemblable, irrationnel, paradoxal.

ILLUMINATION □ **I.** → *lumière.* **II.** → *inspiration.*

ILLUMINÉ, E □ **Fig. I.** → *inspiré.* **II.** → *visionnaire.*

ILLUMINER □ → *éclairer.*

ILLUSION □ **I. Au pr. 1.** → *hallucination.* **2.** → *erreur.* **II. Par ext. :** amusement, charme, chimère, duperie, enchantement, fantasmagorie, fantôme, féerie, fiction, fumée, hochet, leurre, idée, image, imagination, irréalité, magie, manipulation, mirage, prestidigitation, prestige, reflet, rêve, rêverie, semblant, simulation, songe, tour de passepasse, utopie, vanité, vision.

ILLUSIONNER □ → *tromper.*

ILLUSIONNISTE □ Acrobate (par ext.), escamoteur, jongleur, magicien, manipulateur, physicien (vx), prestidigitateur.

ILLUSOIRE □ Chimérique, conventionnel, fabriqué, fantaisiste, faux, feint, fictif, imaginaire, imaginé, inexistant, inventé, irréel, mythique, romanesque, supposé, truqué, utopique, vain. → *trompeur.*

ILLUSTRATEUR □ → *dessinateur.*

ILLUSTRATION □ **I. Au pr.** → *image.* **II. Par ext. :** célébrité, consécration, démonstration, éclat, exemple, gloire, glorification, grandeur, honneur, immortalité, lauriers, lumière, lustre, notoriété, phare, popularité, rayonnement, renom, renommée, réputation, splendeur.

ILLUSTRE □ Brillant, célèbre, connu, consacré, distingué, éclatant, fameux, glorieux, grand, honorable, immortel, légendaire, noble, notoire, populaire, renommé, réputé.

ILLUSTRÉ □ → *revue.*

ILLUSTRER □ **I.** Clarifier, débrouiller, déchiffrer, démontrer, développer, éclairer, élucider, expliquer, informer, instruire, mettre en lumière, rendre intelligible, renseigner. → *éclaircir.* **II.** → *prouver.*

ÎLOT □ **I.** Javeau. **II. Par ext. :** amas, assemblage, bloc, ensemble, groupe, pâté.

ILOTE □ **I.** → *bête.* **II.** → *ivrogne.*

ILOTISME □ **I.** → *bêtise.* **II.** → *ivresse.*

IMAGE □ **I. Au pr. 1.** → *représentation.* **2.** Aquarelle, aquatinte, bois gravé, bosse, buste, caricature, chromo (péj.), croquis, décalcomanie, dessin, eau-forte, effigie, enseigne (par ext.), estampe, figure, figurine, forme, fresque, gouache, graphique, gravure, héliogravure, icône, illustration, litho, lithographie, médaillon, mine de plomb, miniature, nu, ombre, peinture, photo, plan (par ext.), planche, portrait, pyrogravure, reflet, réplique, reproduction, schéma, sépia, signe, statue, statuette, tableau, tête, tracé (par ext.), vignette, vue, xylograhie. **3.** Bande dessinée, cartoon, comics. **II. Par ext. 1.** Cinéma, télévision. **2.** Allégorie, catachrèse, cliché, comparaison, figure, métaphore, métonymie, parabole, symbole, synecdoque. **3.** → *idée.* **4.** → *ressemblance.* **5.** → *description.* **6.** → *symbole.* **7.** → *illusion.*

IMAGÉ, E □ Coloré, figuré, métaphorique, orné.

IMAGER □ Adorner, agrémenter, ajouter, broder, colorer, décorer, égayer, émailler, embellir, enjoliver, enluminer, enrichir, farder, fignoler, fleurir, garnir, historier, ornementer, parer, rehausser. → *orner.*

IMAGINABLE □ → *intelligible.*

IMAGINAIRE □ Allégorique, chimérique, conventionnel, creux, fabriqué, fabuleux, fantaisiste, fantasmagorique, fantastique, fantomatique, faux, feint, fictif, idéal, illusoire, imaginé, inexistant, inventé, irréel, légendaire, mensonger, mythique, onirique, prétendu, rêvé, romancé, romanesque, supposé, théorique, truqué, utopique, visionnaire.

IMAGINATIF, IVE □ → *ingénieux.*

IMAGINATION □ **I. Faculté de l'esprit. 1. Neutre :** conception, évasion, extrapolation, fantaisie, idée, improvisation, inspiration, invention, inventivité, notion, rêverie, supposition. **2.** **Non favorable** : divagation, élucubration, extravagance, fantasme, puérilité, vaticination, vision. **II. Objet représenté. 1.** → *illusion*. **2.** → *fable*.

IMAGINER □ Chercher, combiner, concevoir, conjecturer, construire, créer, découvrir, envisager, évoquer, extrapoler, fabriquer, fantasmer, se figurer, forger, former, gamberger (arg.), improviser, inventer, se représenter, rêver, songer, supposer, trouver.

IMBATTABLE □ → *irrésistible*.

IMBÉCILE □ → *bête*.

IMBÉCILLITÉ □ → *bêtise, idiotie*.

IMBERBE □ Glabre, lisse, nu.

IMBIBER □ **I.** abreuver, arroser, bassiner, délaver, emboire (vx), humecter, humidifier, imprégner, mouiller. **II. Techn.** : bruire, humidier, hydrater, madéfier. **III. V. pron.** : boire, pomper, *et les formes pron. possibles du syn. de* IMBIBER.

IMBIBITION □ → *absorption*.

IMBRICATION □ → *suite*.

IMBRIQUER □ → *insérer*.

IMBROGLIO □ **I.** Brouillamini, brouillement, confusion, désordre, embrouillamini, embrouillement, emmêlement, enchevêtrement, incertitude, obscurcissement, ombre, voile. **II.** → *intrigue*.

IMBU, E □ → *pénétré*.

IMBUVABLE □ **Fig.** → *intolérable*.

IMITATEUR, TRICE □ Compilateur, contrefacteur (péj.), copieur, copiste, faussaire (péj.), mime, moutonnier (péj.), parodiste, pasticheur, plagiaire, simulateur, singe (péj.), suiveur.

IMITATION □ **I. L'acte d'imiter :** copiage, démarcage *ou* démarquage, esclavage, grégarisme, mime, servilité, simulation, singerie. **II. L'objet :** calque, caricature, charge, compilation, contrefaçon (péj.), copiage, copie, décalcage, démarcage *ou* démarquage, double, emprunt, fac-similé, image, parodie, pastiche, plagiat, répétition, reproduction, semblant, simulacre, toc (fam.).

IMITER □ Calquer, caricaturer, compiler, contrefaire, copier, décalquer, démarquer, emprunter, s'inspirer de, jouer, mimer, parodier, pasticher, picorer, piler (péj.), pirater (péj.), plagier, répéter, reproduire, simuler, singer (péj.), transcrire.

IMMACULÉ, E □ → *pur*.

IMMANENT, E □ → *immédiat*.

IMMANQUABLE □ → *inévitable*.

IMMANQUABLEMENT □ À coup sûr, à tous les coups, pour sûr, inévita-

blement *et les adv. en -ment formés à partir des syn. de* INÉVITABLE.

IMMARCESCIBLE □ → *irrévocable*.

IMMATÉRIEL, ELLE □ Aérien, incorporel, léger, impalpable, intemporel, intouchable, pur esprit. → *spirituel*.

IMMATRICULATION □ Enregistrement, identification, inscription, insertion, numéro matricule, repère.

IMMATRICULER □ Enregistrer, identifier, inscrire, insérer, marquer, numéroter, repérer.

IMMATURE □ **I.** → *enfantin*. **II.** → *retardé*.

IMMATURITÉ □ → *retard*.

IMMÉDIAT, E □ Direct, immanent, imminent, instantané, présent, prochain, prompt, subit, sur-le-champ.

IMMÉDIATEMENT □ → *aussitôt*.

IMMÉMORIAL, E □ vieux.

IMMENSE □ Ample, colossal, cyclopéen, démesuré, effrayant, énorme, formidable, géant, gigantesque, grandiose, grandissime, gros, illimité, immensurable (vx), imposant, incommensurable, indéfini, infini, monumental, prodigieux, profond, vaste. → *grand*.

IMMENSITÉ □ Abîme, amplitude, espace, étendue, grandeur, infini, infinité, infinitude, multitude, quantité.

IMMERGER □ → *plonger*.

IMMEUBLE □ Bâtiment, bien, bienfonds, building, caserne (péj.), construction, édifice, ensemble, fonds, grand ensemble, gratte-ciel, H.L.M., hôtel, local, maison, palace, palais, propriété. → *habitation*.

IMMIGRATION □ Arrivée, déplacement, entrée, exil, exode, gain de population, migration, mouvement, nomadisme, peuplement, venue.

IMMINENCE □ Approche, instance, point critique, proximité.

IMMINENT, E □ Critique, immédiat, instant, menaçant, prochain, proche.

IMMISCER (S') □ → *intervenir*.

IMMIXTION □ → *intervention*.

IMMOBILE □ **I. Neutre :** arrêté, calme, en repos, ferme, figé, fixe, immuable, impassible, inactif, inébranlable, inerte, insensible, invariable, planté, rivé, stable, stationnaire, statique, sur place, tranquille. **II. Non favorable. 1. Quelqu'un :** cloué, figé, interdit, interloqué, médusé, paralysé, pétrifié, sidéré, stupéfait, stupéfié, stupide. **2. De l'eau :** croupie, croupissante, dormante, gelée, stagnante. **3. Un véhicule :** arrêté, à l'arrêt, calé, en panne, grippé, stoppé.

IMMOBILISATION □ **I.** Gel. → *confiscation*. **II.** → *immobilité*.

IMMOBILISER □ **I. Un véhicule :** arrêter, bloquer, caler, stopper. **II. Un objet :** affermir, assujettir, assurer, attacher, bloquer, clouer, coincer, ficher, fixer, maintenir immobile *et les syn.* de IMMOBILE, planter, retenir, river, solidifier, tenir, visser. **III. Fig. :** clouer, cristalliser, enchaîner, endormir, figer, fixer, freiner, geler, mobiliser, paralyser, pétrifier, scléroser.

IMMOBILISME □ Conservatisme, intégrisme, réaction.

IMMOBILITÉ □ Ankylose, calme, fixité, immobilisme, immuabilité, impassibilité, inactivité, inertie, paralysie, piétinement, repos, stabilité, stagnation.

IMMODÉRÉ, E □ → *excessif.*

IMMODESTE □ **I.** → *inconvenant.* **II.** → *obscène.*

IMMODESTIE □ → *lasciveté.*

IMMOLATION □ → *sacrifice.*

IMMOLER □ → *sacrifier.*

IMMONDE □ → *malpropre.*

IMMONDICE □ → *ordure.*

IMMORAL, E □ → *débauché.*

IMMORALITÉ □ Amoralité, corruption, cynisme, débauche, dépravation, dévergondage, dissolution, immoralisme, laxisme, liberté des mœurs, libertinage, licence, lubricité, obscénité, stupre, vice.

IMMORTALISER □ Conserver, éterniser, fixer, pérenniser, perpétuer, rendre éternel/impérissable/inoubliable, transmettre.

IMMORTALITÉ □ **I.** Autre vie, éternité, survie, vie future. **II.** → *gloire.*

IMMORTEL, ELLE □ **I. Adj.** → *éternel.* **II. Nom :** académicien.

IMMOTIVÉ, E □ → *injustifiable.*

IMMUABLE □ → *durable.*

IMMUNISER □ **I.** Mithridatiser. → *inoculer.* **II.** → *garantir.*

IMMUNITÉ □ **I. D'une charge :** décharge, dispense, exemption, exonération, franchise, inamovibilité, inviolabilité, irresponsabilité, libération, liberté, prérogative, privilège. **II. Méd. :** accoutumance, mithridatisation, préservation, protection, vaccination.

IMMUTABILITÉ □ Constance, fixité, immuabilité, invariabilité, pérennité.

IMPACT □ **I.** But, choc, collision, coup, heurt. **II. Par ext. :** bruit, conséquence, effet, retentissement.

IMPAIR □ → *maladresse.*

IMPALPABLE □ **I.** → *immatériel.* **II.** → *intouchable.*

IMPARDONNABLE □ Inexcusable, injustifiable, irrémissible. → *irrémédiable.*

IMPARFAIT, E □ Approximatif, avorté, défectueux, déficient, difforme, discutable, ébauché, embryonnaire, fautif, grossier, imprécis, inabouti, inachevé, incomplet, indigent, inégal, insuffisant, lacunaire, loupé (fam.), manqué, mauvais, médiocre, négligé, raté, restreint, rudimentaire, vague, vicieux.

IMPARTIAL, E □ → *juste.*

IMPARTIALITÉ □ → *justice.*

IMPARTIR □ → *distribuer.*

IMPASSE □ **I. Au pr. :** cul-de-sac, voie sans issue. **II. Fig. :** danger, difficulté, mauvais pas → *obstacle.*

IMPASSIBILITÉ □ Apathie, ataraxie, calme, constance dureté, équanimité, fermeté, flegme, froideur, immobilité, impartialité, impavidité, impénétrabilité, imperturbabilité, indifférence, insensibilité, intrépidité, philosophie, placidité, sang-froid, stoïcisme, tranquillité.

IMPASSIBLE □ Apathique, calme, constant, décontracté, dur, équanime, ferme, flegmatique, froid, immobile, impartial, impavide, impénétrable, imperturbable, implacable, indifférent, inébranlable, inflexible, insensible, intrépide, maître de soi, marmoréen, philosophe, placide, relax (fam.), stoïque, tranquille.

IMPATIENCE □ **I. Au pr. :** avidité, brusquerie, désir, empressement, fièvre, fougue, hâte, impétuosité, inquiétude, précipitation. **II. Par ext. 1.** Agacement, colère, énervement, exaspération, irascibilité, irritabilité, irritation. **2.** Supplice, torture. **3. Au pl.** → *picotement.*

IMPATIENT, E □ → *pressé.*

IMPATIENTER □ → *énerver.* **V. pron. :** se départir de son calme, être sur des charbons ardents/sur le gril, perdre patience, ronger son frein, sortir de ses gonds, se mettre en colère *et les syn.* de COLÈRE, se tourmenter.

IMPATRONISER (S') □ → *introduire (s').*

IMPAVIDE □ → *intrépide.*

IMPAYABLE □ → *risible.*

IMPECCABLE □ **I.** → *irréprochable.* **II.** → *parfait.*

IMPÉCUNIEUX, EUSE □ → *pauvre.*

IMPÉCUNIOSITÉ □ → *pauvreté.*

IMPEDIMENTUM, A □ **I.** → *bagage.* **II.** → *obstacle.*

IMPÉNÉTRABLE □ → *secret.*

IMPÉNITENT, E □ → *incorrigible.*

IMPENSABLE □ → *invraisemblable.*

IMPÉRATIF, IVE □ → *absolu.*

IMPERCEPTIBLE □ Atomique, faible, illisible, impalpable, impondérable, inaudible, indiscernable, infime, inodore, insaisissable, insensible, insignifiant, invisible, léger, microscopique, minime, minuscule, petit, subtil.

IMPERFECTION □ Défaut, défectuosité, démérite, difformité, faible, faiblesse, grossièreté, inachèvement, incomplétude, infirmité, insuffisance, lacune, loup, malfaçon, manque, péché mignon/véniel, petitesse, ridicule, tache, tare, travers, vice.

IMPÉRIALISME □ Colonialisme, expansionnisme. → *autorité.*

IMPÉRIEUX, EUSE □ **I. Au pr. :** absolu, altier, autoritaire, catégorique, contraignant, dictatorial, dominateur, formel, impératif, irrésistible, obligatoire, péremptoire, pressant, rigoureux, sérieux, strict, tranchant, tyrannique, urgent. **II. Par ext.** → *dédaigneux.*

IMPÉRISSABLE □ → *éternel.*

IMPÉRITIE □ **I.** → *incapacité.* **II.** → *maladresse.*

IMPERMÉABILITÉ □ **I.** → *dureté.* **II.** → *indifférence.*

IMPERMÉABLE □ **I. Adj. 1. Au pr. :** étanche, hors d'eau. **2. Fig. :** impénétrable, inaccessible, insensible. → *indifférent.* **II. Nom :** caoutchouc, ciré, duffle-coat, gabardine, macfarlane, manteau de pluie, pèlerine, trench-coat, waterproof.

IMPERSONNEL, ELLE □ → *indifférent.*

IMPERTINENCE □ → *impolitesse.*

IMPERTINENT, E □ **I.** → *déplacé.* **II.** → *arrogant.* **III.** → *irrévérencieux.* **IV.** → *sot.*

IMPERTURBABLE □ → *impassible.*

IMPÉTRANT, ANTE □ Bénéficiaire, lauréat.

IMPÉTRER □ → *obtenir.*

IMPÉTUEUX, EUSE □ Ardent, bouillant, brusque, déchaîné, déferlant, effréné, emporté, endiablé, explosif, de feu, fier, fort, fougueux, frénétique, furieux, inflammable, pétulant, précipité, prompt, torrentueux, véhément, vertigineux, vif, violent, volcanique.

IMPÉTUOSITÉ □ Ardeur, bouillonnement, brusquerie, déchaînement, déferlement, élan, emballement, emportement, exaltation, feu, fierté, fièvre, flamme, force, fougue, frénésie, furie, hâte, impatience, pétulance, précipitation, promptitude, rush, tourbillon, transport, véhémence, violence, vivacité.

IMPIE □ → *incroyant.*

IMPIÉTÉ □ Agnosticisme, apostasie, athéisme, blasphème, froideur, hérésie, incrédulité, incroyance, indifférence, infidélité, inobservance, irréligion, libertinage, libre-pensée, paganisme, péché, profanation, sacrilège, scandale.

IMPITOYABLE, IMPLACABLE □ **I.** → *dur.* **II.** → *inflexible.*

IMPLANT □ Pellet.

IMPLANTATION □ **I.** → *établissement.* **II.** → *fixation.*

IMPLANTER □ → *fixer, établir.*

IMPLEXE □ → *compliqué.*

IMPLICATION □ Accusation, conséquence, complicité, compromission, responsabilité. → *suite.*

IMPLICITE □ Allant de soi, convenu, inexprimé, sous-entendu, tacite.

IMPLIQUER □ **I.** Compromettre. **II.** → *comprendre (dans),* renfermer.

IMPLORATION □ → *prière.*

IMPLORER □ → *prier.*

IMPOLI, E □ Brutal, butor, cavalier, déplacé, désagréable, désinvolte, discourtois, effronté, goujat, grossier, impertinent, importun, impudent, incivil, inconvenant, incorrect, indélicat, indiscret, injurieux, insolent, irrespectueux, irrévérencieux, leste, malappris, mal élevé/embouché/léché/poli, malhonnête, malotru, malséant, malsonnant, maroufle (vx), mufle, offensant, ordurier, rude, rustique, sans-gêne, vulgaire. **Fam. :** galapiat, gougnafier, huron, iroquois, ostrogot, paltoquet, peignecul, pignouf, rasta, rastaquouère, rustaud.

IMPOLITESSE □ Brutalité, désinvolture, discourtoisie, goujaterie, grossièreté, impertinence, importunité, incivilité, incongruité, inconvenance, incorrection, indélicatesse, indiscrétion, insolence, irrespect, irrévérence, malhonnêteté, mauvaise éducation, manque de savoir-vivre, muflerie, rusticité, sans-gêne, vulgarité.

IMPONDÉRABLE □ **I. Nom** → *hasard.* **II. Adj.** → *imperceptible.*

IMPORTANCE □ **I. Au pr. :** conséquence, considération, étendue, grandeur, gravité, intérêt, nécessité, poids, portée, puissance, valeur. **II. Par ext. 1.** → *influence.* **2.** → *orgueil.*

IMPORTANT, E □ adj. et n. **I. Au pr. :** appréciable, à prendre en considération/estime, capital, conséquent (pop), considérable, coquet (fam.), corsé, crucial, décisif, de conséquence, de poids, d'importance, dominant, éminent, essentiel, étendu, fondamental, fort, grand, grave, gros, haut, incalculable, inestimable, influent, insigne, intéressant, le vif du débat/sujet, lourd, majeur, mémorable, nécessaire, notable, pierre angulaire, principal, rondelet, substantiel, utile, valable. **II. Par ext. 1.** Urgent, pressé. **2.** → *affecté* et *orgueilleux.*

IMPORTATION □ → *introduction.*

IMPORTER □ **I. V. tr.** : commercer, faire venir, introduire. **II. V. intr.** *1.* Compter, entrer en ligne de compte → *intéresser.* **2.** *Peu m'importe :* peu me chante/chaut.

IMPORTUN, E □ Accablant, agaçant, déplaisant, désagréable, de trop, embarrassant, embêtant, encombrant, énervant, ennuyeux, envahissant, étourdissant, excédant, fâcheux, fatigant, gênant, gêneur, incommodant, incommode, indésirable, indiscret, inopportun, insupportable, intempestif, intolérable, intrus, malséant, messéant, obsédant, officieux, pesant. **Fam.** : ardélion, bassinant, casse → *bourses/*→ *fessier/*→ *pieds,* colique, collant, crampon, emmerdant, gluant, hurluberlu, lantiponnant, mouche du coche, plaie, pot de colle, raseur, rasoir, sangsue, tannant, tuant.

IMPORTUNER □ **I.** → *tourmenter.* **II.** → *ennuyeux.* **III.** → *gêner.*

IMPOSANT, E □ Auguste, colossal, considérable, digne, écrasant, élevé, énorme, étonnant, fantastique, formidable, grand, grandiose, grave, impressionnant, magistral, magnifique, majestueux, monumental, noble, notoire, olympien, pompeux (péj.), prudhommesque (péj.), respectable, royal, solennel, stupéfiant, superbe.

IMPOSER □ **I.** → *prescrire.* **II.** → *obliger.* **III.** → *impressionner.* **IV. Loc. En imposer.** *1.* → *tromper.* **2.** → *dominer.* **V. V. pron.** : → *introduire (s').*

IMPOSITION □ → *impôt.*

IMPOSSIBILITÉ □ → *impuissance.*

IMPOSSIBLE □ **I. Quelque chose :** absurde, chimérique, contradictoire, difficile, épineux, fou, illusoire, impensable, impraticable, inabordable, inaccessible, inadmissible, inapplicable, incompatible, inconcevable, inconciliable, inexcusable, inexécutable, infaisable, insensé, insoluble, insupportable, irréalisable, utopique, vain. **II. Quelqu'un** → *difficile.*

IMPOSTE □ Vasistas. → *ouverture.*

IMPOSTEUR □ Charlatan, dupeur, esbroufeur, fallacieux, fourbe, mystificateur, perfide, simulateur, trompeur, usurpateur → *hâbleur, hypocrite.*

IMPOSTURE □ **I.** → *hâblerie.* **II.** → *fausseté.* **III.** → *tromperie.*

IMPÔT □ Centimes additionnels, charge, contribution, cote, droit, fiscalité, imposition, levée, patente, prestation, redevance, surtaxe, taxation, taxe, tribut. **Vx** : champart, corvée, dîme, gabelle, maltôte, taille, tonlieu.

IMPOTENT, E □ → *infirme.*

IMPRATICABLE □ **I. Au pr.** : dangereux, difficile, impossible, inabordable, inaccessible, inapplicable, inexécutable, infranchissable, interdit, inutilisable, irréalisable, malaisé, obstrué. **II. Fig.** : infréquentable, insociable, insupportable, invivable.

IMPRÉCATION □ → *malédiction.*

IMPRÉCIS, E □ → *vague.*

IMPRÉCISION □ Approximation, flou, vague. → *indétermination.*

IMPRÉGNATION □ → *absorption.*

IMPRÉGNÉ, E □ → *pénétré.*

IMPRÉGNER □ **I. Au pr.** : baigner, bassiner, détremper, humecter, imbiber, pénétrer, tremper. **II. Fig.** : animer, communiquer, déteindre sur, envahir, imprimer, inculquer, infuser, insuffler, marquer, pénétrer. **III. V. pron.** : *1. Au pr. :* absorber, boire, s'imbiber, prendre l'eau. *2. Fig. :* acquérir, assimiler, apprendre.

IMPRENABLE □ À toute épreuve, blindé, inaccessible, inentamable, inexpugnable, invincible, invulnérable.

IMPRESSION □ **I.** → *édition.* **II.** → *effet.* **III.** → *sensation.* **IV.** → *opinion.* **V. Loc. Faire impression** → *impressionner.*

IMPRESSIONNABLE □ → *sensible.*

IMPRESSIONNANT, E □ Ahurissant, bouleversant, brillant, confondant, déroutant, effrayant, émouvant, étonnant, étourdissant, extraordinaire, formidable, frappant, imposant, incroyable, inimaginable, merveilleux, prodigieux, renversant, saisissant, sensationnel, spectaculaire, surprenant, troublant.

IMPRESSIONNER □ **I. Au pr.** : affecter, agir sur, bouleverser, éblouir, ébranler, émouvoir, étonner, faire impression, frapper, en imposer, influencer, intimider, parler à, toucher, troubler. **II. Non favorable** (fam.) : éclabousser, épater, esbroufer, jeter de la poudre aux yeux, en mettre plein la vue.

IMPRÉVISIBLE, IMPRÉVU, E □ **I.** → *inespéré.* **II.** → *soudain.*

IMPRÉVOYANCE □ → *irréflexion.*

IMPRÉVOYANT, E □ Écervelé, étourdi, évaporé, imprudent, inconséquent, insouciant, irréfléchi, léger, négligent, tête de linotte/en l'air.

IMPRÉVU, E □ À l'improviste, impromptu, inattendu, inespéré, inopiné, soudain.

IMPRIMÉ □ n. m. Brochure, écrit, libelle, tract. → *livre.*

IMPRIMER □ **I. Au pr.** : composer, éditer, empreindre, estamper, estampiller, fixer, frapper, gaufrer, graver, marquer, mettre sous presse, publier, tirer. **II. Fig.** : animer, appliquer, communiquer, donner, imprégner, inculquer, inspirer, insuffler, marquer, pénétrer, transmettre, typer.

IMPROBABLE □ **I.** → *aléatoire.* **II.** → *invraisemblable.*

IMPROBATION □ → *blâme.*

IMPRODUCTIF, IVE □ → *stérile.*

IMPROMPTU □ **I. Adv. :** à la fortune du pot (fam.), à l'improviste, au pied levé, de manière imprévisible/inopinée, sans crier gare, sans préparation, sur-le-champ. **II. Nom :** happening, improvisation. **III. Adj. :** de premier jet, imaginé, improvisé, inventé.

IMPROPRE □ **I. Quelque chose :** inadapté, inadéquat, inconvenant, incorrect, inexact, mal/peu approprié/propre à, saugrenu, vicieux. **II. Quelqu'un :** inapte, incapable, incompétent, mal/peu propre à, rebelle à.

IMPROPRIÉTÉ □ → *incongruité.*

IMPROUVER □ → *blâmer.*

IMPROVISATION, IMPROVISÉ, E □ → *impromptu.*

IMPROVISER □ → *imaginer.*

IMPROVISTE (À L') □ Au débotté/dépourvu, inopinément, sans crier gare, subitement, tout à coup/à trac.

IMPRUDENCE □ Audace, bévue, étourderie, faute, hardiesse, improvoyance, irréflexion, légèreté, maladresse, méprise, négligence, témérité.

IMPRUDENT, E □ **I.** Audacieux, aventureux, casse-cou, écervelé, étourdi, fautif, hasardeux, imprévoyant, inattentif, inconsidéré, insensé, irréfléchi, léger, maladroit, malavisé, négligent, présomptueux, risque-tout, téméraire. **II.** Dangereux, hasardeux, osé, périlleux, risqué. → *hasardé.*

IMPUDENCE □ Aplomb, arrogance, audace, cœur, culot (fam.), cynisme, effronterie, front, grossièreté, hardiesse, impudeur, impudicité, inconvenance, indécence, indiscrétion, insolence, liberté, licence, outrecuidance, témérité, toupet.

IMPUDENT, E □ Arrogant, audacieux, culotté (fam.), cynique, déhonté, effronté, éhonté, grossier, hardi, impudique, inconvenant, indécent, indiscret, insolent, licencieux, outrecuidant, sans gêne/vergogne, téméraire.

IMPUDEUR □ → *impudence.*

IMPUDICITÉ □ → *lasciveté.*

IMPUDIQUE □ **I.** → *lascif.* **II.** → *obscène.*

IMPUISSANCE □ **I. Au pr. :** aboulie, affaiblissement, affaissement, ankylose, débilité, engourdissement, faiblesse, impossibilité, inaptitude, incapacité, incompétence, inhibition, insuffisance, invalidité, paralysie, torpeur. **II. Méd. :** agénésie, anaphrodi-

sie, frigidité, incapacité, infécondité, stérilité.

IMPUISSANT, E □ **I. Au pr. :** aboulique, affaibli, ankylosé, débile, désarmé, engourdi, faible, impotent, improductif, inapte, incapable, incompétent, inefficace, infertile, inhibé, inopérant, insuffisant, invalide, neutralisé, paralysé. **II. Méd. :** eunuque, frigide (seul. fém.), infécond, stérile.

IMPULSIF, IVE □ → *spontané.*

IMPULSION □ **I.** → *mouvement.* **II.** → *disposition.*

IMPUNÉMENT □ **I.** Sans → contrainte. **II.** sans → dommage. **III.** Sans → punition.

IMPUNITÉ □ Licence. → *liberté.*

IMPUR, E □ **I. Quelqu'un :** Abject, avilissant, bas, dégradant, déshonoré, dévoyé, honteux, immoral, impudique, indécent, indigne, infâme, infect, lascif, malhonnête, malpropre, obscène, pécheur, repoussant, sale, sensuel, trivial, trouble, vicieux, vil. **II. Quelque chose. 1. Neutre** → mêlé. **2. Non favorable :** avarié, bas, boueux, bourbeux, contaminé, corrompu, déshonnête, empesté, empuanti, falsifié, fangeux, frelaté, immonde, immoral, infect, insalubre, malsain, obscène, pollué, putride, sale, souillé, taré.

IMPURETÉ □ **I.** Abjection, bassesse, corruption, déshonneur, faute, fornication, immoralité, imperfection, impudicité, indécence, indignité, infamie, lasciveté, malpropreté, noirceur, obscénité, péché, sensualité, stupre, turpitude, vice. **II.** Boue, bourbe, bourbier, déjection, immondice, infection, insalubrité, macule, ordure, saleté, salissure, souillure, tache.

IMPUTABLE □ → *attribuable, dû.*

IMPUTATION □ **I.** → *accusation.* **II.** → *affectation.*

IMPUTER → *attribuer.*

INABORDABLE □ **I. Au pr. :** abrupt, à pic, dangereux, élevé, escarpé, hors d'atteinte, impénétrable, inaccessible. **II. Par ext. 1.** Cher, coûteux, exorbitant, hors de portée/prix. **2.** Incognoscible, inconnaissable, insondable. **III. Fig. 1.** Imperméable, indifférent, insensible. **2.** Bourru, brutal, distant, fier, insociable, insupportable, mal/peu gracieux, prétentieux, rébarbatif, revêche, rude.

INACCEPTABLE □ Inadmissible, insupportable, intolérable, irrecevable, récusable, refusable, révoltant.

INACCESSIBLE □ → *inabordable.*

INACCOUTUMÉ, E □ **I.** → *irrégulier.* **II.** → *nouveau.*

INACHEVÉ, E □ → *imparfait.*

INACTIF, IVE □ **I. Au pr.** *1. Neutre* : chômeur, demandeur d'emploi, désoccupé, désœuvré, inoccupé, sans emploi/travail. *2. Non favorable* : croupissant, endormi, fainéant, oiseux (vx), oisif, paresseux. **II. Par ext.** → *inerte.*

INACTION et **INACTIVITÉ** □ **I.** Apathie, assoupissement, engourdissement, immobilité, indolence, inertie, lenteur, mollesse, torpeur. **II.** Croupissement, désœuvrement, fainéantise, oisiveté, paresse, passivité. **III.** Chômage, congé, marasme, ralentissement, stagnation, suspension. **IV.** Farniente, loisir, repos, sieste, sommeil, vacance, vacances, vacations (jurid.).

INACTUEL, ELLE □ → *anachronique.*

INADAPTÉ, E □ **I.** Caractériel, déprimé, difficile, émotif, inhibé, insociable, instable, introverti, mal dans sa peau (fam.), mythomane, paumé (fam.), sauvage. **II.** Impropre, inadéquat, incommode, mal *et les part. passés possibles de* ADAPTER.

INADÉQUAT, E □ → *inadapté.*

INADMISSIBLE □ → *intolérable.*

INADVERTANCE □ → *inattention.*

INALIÉNABLE □ Incessible, invendable, non → *cessible.*

INALTÉRABLE □ → *durable.*

INALTÉRÉ, E □ → *pur.*

INAMICAL □ → *défavorable.*

INAMOVIBLE □ **I.** → *éternel.* **II.** → *stable.*

INANIMÉ, E □ → *mort.*

INANITÉ □ → *vanité.*

INANITION □ **I.** → *faim.* **II.** → *langueur.*

INAPAISABLE □ Implacable, incalmable, inextinguible, inguérissable, insatiable, perpétuel, persistant.

INAPAISÉ, E □ Inassouvi, insatisfait. → *mécontent.*

INAPPÉTENCE □ **I.** Anorexie. **II.** → *indifférence.*

INAPPLIQUÉ, E □ → *inattentif.*

INAPPRÉCIABLE □ → *précieux.*

INAPTE □ → *impropre.*

INAPTITUDE □ → *incapacité.*

INASSOUVI, E □ Inapaisé, insatisfait. → *mécontent.*

INASSOUVISSABLE □ → *glouton.*

INATTAQUABLE □ Impeccable, imprenable, inaccessible, inaltérable, incorruptible, indestructible, intouchable, invincible, invulnérable, irréprochable, résistant, solide.

INATTENDU, E □ **I.** → *soudain.* **II.** → *inespéré.*

INATTENTIF, IVE □ Absent, distrait, écervelé, étourdi, inappliqué, insoucieux, léger, négligent, oublieux.

INATTENTION □ Absence, dissipation, distraction, divagation, étourderie, évagation, faute, imprudence, inadvertance, inconséquence, incurie, indifférence, inobservation, insouciance, irréflexion, laisser-aller, légèreté, manquement, mégarde, méprise, négligence, nonchalance, omission, oubli, relâchement.

INAUGURATION □ Baptême, commencement, consécration, début, dédicace, étrenne, ouverture, première, sacre (vx), vernissage.

INAUGURER □ Baptiser, célébrer l'achèvement/le commencement/le début, consacrer, dédicacer, étrenner, ouvrir.

INAVOUABLE □ → *honteux.*

INCALCULABLE □ **I. Au pr.** : considérable, démesuré, énorme, extraordinaire, illimité, immense, important, inappréciable, incommensurable, indéfini, infini, innombrable, insoluble. **II. Loc.** *Conséquence incalculable* : grave, imprévisible.

INCANDESCENT, E □ → *chaud.*

INCANTATION □ → *magie, chant.*

INCAPABLE □ **I. Adj.** : ignorant, imbécile, impropre, impuissant, inapte, incompétent, inepte, inhabile, inopérant, insuffisant, maladroit, malhabile, nul, vain, velléitaire. **II. Nom** : ganache, ignorant, imbécile, impuissant, lavette, mazette, médiocre, nullité, pauvre type, ringard, triste individu/sire, zéro.

INCAPACITÉ □ **I. Au pr.** : engourdissement, ignorance, imbécillité, impéritie, impuissance, inaptitude, incompétence, ineptie, infirmité, inhabileté, insuffisance, maladresse, nullité. **II. Méd.** *1.* Invalidité. *2.* → *impuissance.* **III. Jurid.** : déchéance, interdiction, minorité.

INCARCÉRATION □ → *emprisonnement.*

INCARCÉRER □ → *emprisonner.*

INCARNAT, E □ → *rouge.*

INCARNATION □ → *ressemblance.*

INCARNER □ → *symboliser.*

INCARTADE □ **I.** → *écart.* **II.** → *avanie.*

INCASSABLE □ → *solide.*

INCENDIAIRE □ n. et adj. Bandit, brûleur, chauffeur (vx), criminel, pétroleur, pyromane.

INCENDIE □ **I. Au pr.** : brasier, brûlement (vx), combustion, conflagration, destruction par le feu, embrasement, feu, ignition, sinistre. **II. Fig.** : bouleversement, conflagration, guerre, révolution.

INCENDIER □ → *brûler.*

INCERTAIN, E □ **I. Quelque chose :** aléatoire, ambigu, apparent, aventureux, branlant, brouillé, chancelant, changeant, conditionnel, confus, conjectural, contestable, contingent, discutable, douteux, équivoque, éventuel, faible, flottant, flou, fluctuant, fragile, hasardé, hypothétique, ignoré, illusoire, imprévu, improbable, inconnu, indéfini, indéterminé, indiscernable, instable, litigieux, louche, nébuleux, obscur, oscillant, peu sûr, précaire, présumé, prétendu, problématique, risqué, spécieux, supposé, suspect, suspendu, vacillant, vague, vaporeux, variable, vasouillard. **II. Quelqu'un :** dubitatif, ébranlé, embarrassé, falot, hésitant, indécis, irrésolu, labile, perplexe, velléitaire, versatile.

INCERTITUDE □ **I. De quelque chose :** ambiguïté, chance, contingence, embrouillement, équivoque, éventualité, faiblesse, flottement, fluctuation, fragilité, hasard, inconstance, obscurité, précarité, vague, variabilité. **II. De quelqu'un :** anxiété, ballottement, changement, crise, désarroi, doute, embarras, flottement, fluctuation, hésitation, indécision, indétermination, inquiétude, instabilité, irrésolution, oscillation, perplexité, scrupule, tâtonnement, tergiversation, versatilité.

INCESSAMMENT □ **I.** → *bientôt.* **II.** → *toujours.*

INCESSANT, E □ Constant, continu, continué, continuel, éternel, ininterrompu, intarissable, permanent, perpétuel, reconduit, sempiternel, suivi.

INCESSIBLE □ → *inaliénable.*

INCIDEMMENT □ Accessoirement, accidentellement, en passant, entre parenthèses, éventuellement, occasionnellement, par hasard.

INCIDENCE □ → *suite.*

INCIDENT □ **I. Nom :** accroc, anicroche, aventure, cas, chicane, circonstance, difficulté, dispute, embarras, ennui, entrefaite, épisode, événement, éventualité, obstacle, occasion, occurence, péripétie. **II. Adj. 1.** → *accessoire.* **2. Gram. :** incise.

INCIDENTER □ (vx) → *chicaner.*

INCINÉRATION □ Crémation, combustion, destruction par le feu.

INCINÉRER □ → *brûler.*

INCISER □ → *couper.*

INCISIF, IVE □ → *mordant.*

INCISION □ Coupure. → *excision.*

INCITATEUR, TRICE □ → *instigateur.*

INCITER □ → *inviter.*

INCIVIL, E □ → *impoli.*

INCIVILITÉ □ → *impolitesse.*

INCLASSABLE □ → *original, unique.*

INCLÉMENCE □ → *rigueur.*

INCLÉMENT, E □ → *rigoureux.*

INCLINAISON □ **I.** → *obliquité.* **II.** → *pente.*

INCLINATION □ **I. Au pr.** → *inclinaison.* **II. Fig. 1.** Appétit, aspiration, attrait, désir, disposition, envie, faible, faiblesse, goût, instinct, penchant, pente, préférence, propension, tendance. **2.** → *attachement.*

INCLINÉ, E □ En pente, oblique, pentu. → *incliner.*

INCLINER □ **I. V. intr. :** obliquer, pencher. **II. V. tr. 1. Au pr. :** abaisser, baisser, courber, fléchir, infléchir, obliquer, pencher, plier, ployer. **2. Fig. :** attirer, inciter, porter, pousser. **III. V. pron. 1.** Se prosterner, saluer, *et les formes pron. possibles des syn. de* INCLINER. **2.** → *humilier (s') 3.* → *céder.*

INCLURE □ → *introduire.*

INCOERCIBLE □ → *irrésistible.*

INCOGNITO □ **I. Adv. :** à titre privé, discrètement, en cachette, secrètement. **II. Nom :** anonymat. **III. Adj.** → *anonyme.*

INCOHÉRENCE □ → *désordre.*

INCOHÉRENT, E □ → *absurde.*

INCOLORE □ → *pâle.*

INCOMBER □ → *revenir.*

INCOMBUSTIBLE □ Anticombustible, ignifuge.

INCOMMENSURABLE □ → *immense.*

INCOMMODANT, E □ → *désagréable.*

INCOMMODE □ **I.** → *difficile.* **II.** → *importun.*

INCOMMODÉ, E □ Dérangé, embarrassé, empoisonné, étourdi, fatigué, gêné, importuné, indisposé, intoxiqué, malade, mal à l'aise, patraque (fam.), troublé.

INCOMMODER □ → *gêner.*

INCOMMODITÉ □ → *inconvénient.*

INCOMMUNICABLE □ → *ineffable.*

INCOMPARABLE □ **I.** Unique. → *bon.* **II.** → *distingué.*

INCOMPATIBILITÉ □ → *opposition.*

INCOMPATIBLE □ Antinomique, antipathique, antithétique, autre, contradictoire, contraire, désassorti, discordant, dissonant, exclusif de, inconciliable, inharmonieux, opposé.

INCOMPÉTENCE □ → *incapacité.*

INCOMPÉTENT, E □ → *incapable.*

INCOMPLET, E □ → *imparfait.*

INCOMPRÉHENSIBLE □ → *inintelligible.*

INCOMPRÉHENSIF, IVE □ → *ignorant.*

INCOMPRÉHENSION □ → *ignorance.*

INCOMPRESSIBLE □ Irréductible.

INCOMPRIS, E □ Méconnu. → *inconnu.*

INCONCEVABLE □ **I.** → *inintelligible.* **II.** → *invraisemblable.*

INCONCILIABLE □ → *incompatible.*

INCONDITIONNEL, ELLE □ **I.** → *absolu.* **II.** → *flatteur.*

INCONDUITE □ → *débauche.*

INCONFORT □ **I.** → *inconvénient.* **II.** → *malaise.*

INCONFORTABLE □ → *désagréable.*

INCONGRU, E □ → *déplacé.*

INCONGRUITÉ □ **I.** Cynisme, désinvolture, grossièreté, impudicité, inconvenance, incorrection, indécence, liberté, licence, malpropreté, manque d'éducation/de tenue, mauvaise tenue, saleté, sans-gêne. → *impolitesse.* **II.** → *vent.*

INCONNU, E □ Caché, clandestin, dissimulé, énigmatique, étranger, ignoré, impénétrable, inaccessible, incompris, inédit, inexpérimenté, inexploré, inouï, irrévélé, méconnu, mystérieux, nouveau, obscur, occulte, oublié, secret, ténébreux, voilé.

INCONSCIENCE □ Absence, irresponsabilité, légèreté. → *indifférence.*

INCONSCIENT, E □ **I. Nom** → *subconscient.* **II. Adj.** → *insensé.*

INCONSÉQUENCE □ → *dérèglement.*

INCONSÉQUENT, E □ **I.** → *malavisé.* **II.** → *illogique.*

INCONSIDÉRÉ, E □ → *malavisé.*

INCONSISTANCE □ → *faiblesse.*

INCONSISTANT, E □ → *mou.*

INCONSTANCE □ **I.** → *infidélité.* **II.** → *instabilité.*

INCONSTANT, E □ → *changeant.*

INCONTESTABLE □ → *évident.*

INCONTESTABLEMENT □ → *évidemment.*

INCONTESTÉ, E □ → *certain.*

INCONTINENCE □ **I.** Débâcle, énurésie. → *diarrhée.* **II.** → *débauche.*

INCONTINENT, E □ **I. Adj.** → *excessif.* **II. Adv.** → *aussitôt.*

INCONTRÔLABLE □ Invérifiable. → *libre.*

INCONVENANCE □ → *incongruité.*

INCONVENANT, E □ Choquant, déplacé, déshonnête, grossier, immodeste, impoli, importun, indécent, indu, leste, libre, licencieux, mal élevé, malséant, malsonnant, messéant (vx). → *obscène.*

INCONVÉNIENT □ Aléa, danger, déplaisir, dérangement, désavantage, difficulté, ennui, gêne, handicap, importunité, incommodité, inconfort, pierre d'achoppement, servitude, sujétion, traverse.

INCORPORATION □ **I.** → *mélange.* **II.** → *réunion.*

INCORPORER □ → *associer.*

INCORRECT, E □ **I.** → *faux.* **II.** → *déplacé.*

INCORRECTION □ → *incongruité.*

INCORRIGIBLE □ Endurci, impénitent, inamendable, indécrottable, irrécupérable, récidiviste.

INCORRUPTIBLE □ → *probe.*

INCRÉDULE □ **I.** Défiant, douteur, dubitatif, perplexe, pyrrhonien, sceptique, soupçonneux. **II.** → *incroyant.*

INCRÉDULITÉ □ → *scepticisme.*

INCRIMINER □ → *inculper.*

INCROYABLE □ **I. Adj.** → *invraisemblable.* **II.** Jeune beau, élégant, gandin, merveilleux, muscadin.

INCROYANCE □ → *scepticisme.*

INCROYANT, E □ Agnostique, antireligieux, athée, esprit fort, impie, incrédule, indévot (vx), indifférent, irréligieux, libertin (vx), libre penseur, mécréant, païen, profane, sceptique. → *infidèle.*

INCRUSTATION □ Inlay (chir.). → *dépôt.*

INCRUSTER □ Damasquiner, nieller, orner, sertir. **V. pron.** → *introduire (s').*

INCULPATION □ Accusation, charge, imputation.

INCULPÉ, E □ adj. et n. Accusé, chargé, inculpable, prévenu, suspect.

INCULPER □ Accuser, arguer de (jurid.), charger, déférer/inférer au parquet/au tribunal, dénoncer, déposer une plainte/s'élever contre, faire le procès de, incriminer, mettre en cause, se plaindre de, porter plainte, poursuivre.

INCULQUER □ **I.** → *enseigner.* **II.** → *imprimer.*

INCULTE □ **I.** → *stérile.* **II.** → *rude.*

INCURABLE □ adj. et n. Cas désespéré, condamné, fini, grabataire, handicapé physique, inguérissable, irrémédiable, irrévocable, malade chronique, perdu, valétudinaire.

INCURIE □ → *inattention.*

INCURSION □ **I. Au pr. :** course (vx), débarquement, débordement, déferlement, déluge, descente, envahissement, exploration, ingression, inondation, invasion, irruption, pointe, raid, razzia, reconnaissance, submersion. **II. Par ext. 1.** → *voyage.* **2.** → *intervention.*

INCURVÉ, E □ → *courbe.*

INCURVER □ → *fléchir.*

INDÉCENCE □ → *impudence.*

INDÉCENT, E □ **I.** → *obscène.* **II.** → *inconvenant.*

INDÉCHIFFRABLE □ **I.** → *illisible.* **II.** → *secret.* **III.** → *obscur.*

INDÉCIS, E □ **I.** → *vague.* **II.** → *indéterminé.*

INDÉCISION □ → *indétermination.*

INDÉCROTTABLE □ → *incorrigible.*

INDÉFECTIBLE □ → *éternel, fidèle.*

INDÉFINI, E □ → *immense, vague.*

INDÉFINISSABLE □ **I.** → *ineffable.* **II.** → *vague.*

INDÉLÉBILE □ → *ineffaçable.*

INDÉLICAT, E □ → *malhonnête.*

INDÉLICATESSE □ → *vol.*

INDEMNE □ → *sauf.*

INDEMNISATION □ **I.** → *indemnité.* **II.** → *réparation.*

INDEMNISER □ → *compenser.*

INDEMNITÉ □ **I. Au pr. :** allocation, casuel, compensation, dédommagement, dommages et intérêts, dotation, pécule, wergeld (vx). **II. Par ext. :** émolument, liste civile, prestation, rémunération, rétribution, salaire, surestarie (mar.), traitement.

INDÉNIABLE □ → *évident.*

INDÉPENDAMMENT □ → *outre.*

INDÉPENDANCE □ → *liberté.*

INDÉPENDANT, E □ → *libre.*

INDESCRIPTIBLE □ → *ineffable.*

INDÉSIRABLE □ → *importun.*

INDESTRUCTIBLE □ **I.** → *éternel.* **II.** → *solide.*

INDÉTERMINATION □ Embarras, hésitation, imprécision, incertitude, indécision, irrésolution, perplexité, procrastination, scrupule.

INDÉTERMINÉ, E □ Embarrassé, hésitant, incertain, indécis, indéterminable, irrésolu, perplexe. → *vague.*

INDEX □ → *table.*

INDICATEUR, TRICE □ **I. Nom** → espion. **II. Adj. :** indicatif.

INDICATIF, IVE □ Approchant, approximatif, sans garantie.

INDICATION, INDICE □ Charge, dénonciation, piste. → *signe.*

INDICIBLE □ → *ineffable.*

INDIFFÉRENCE □ **I.** Apathie, désaffection, désintéressement, désinvolture, éloignement, froideur, imperméabilité, inappétence, inconscience, incuriosité, indolence, insouciance, laxisme, mollesse, nonchalance, tiédeur. **II.** Ataraxie, calme, dégagement (vx), détachement, équanimité, flegme, impassibilité, neutralité, sérénité.

INDIFFÉRENT, E □ **I. Ce qui est indifférent à quelqu'un. 1.** → *égal.* **2.** → *insignifiant.* **II. Quelqu'un :** apathique, blasé, désintéressé, désinvolte, détaché, distant, égoïste, flegmatique, froid, glacé, impassible, imper-

méable, impersonnel, inaccessible, indolent, inexpressif, insensible, insouciant, laxiste, neutre, nonchalant, passif, résigné, sourd, tiède, tolérant. → *incroyant.*

INDIGENCE □ → *pauvreté.*

INDIGÈNE □ n. et adj. Aborigène, autochtone, local, natif, naturel, originaire. → *habitant.*

INDIGENT, E □ → *pauvre.*

INDIGESTE □ **I. Au pr. :** inassimilable, lourd. **II. Fig.** → *pesant.*

INDIGESTION □ **Par ext.** → *dégoût.*

INDIGNATION □ → *colère.*

INDIGNE □ **Quelque chose :** abominable, bas, déshonorant, exécrable, odieux, révoltant, trivial.

INDIGNÉ, E □ → *outré.*

INDIGNER □ → *irriter.*

INDIGNITÉ □ **I.** → *déchéance.* **II.** → *offense.*

INDIQUER □ Accuser, annoncer, assigner, citer, découvrir, dénoncer, dénoter, désigner, déterminer, dévoiler, dire, divulguer, enseigner, exposer, faire connaître/savoir, fixer, guider, marquer, montrer, nommer, représenter, révéler, signaler, signifier. → *tracer.*

INDIRECT, E □ **I.** Compliqué, coudé, courbé, de biais, détourné, dévié, oblique, sinueux. **II.** Allusif, digressif, évasif, évocateur, médiat, sousentendu.

INDISCERNABLE □ **I.** → *imperceptible.* **II.** → *semblable.*

INDISCIPLINABLE, INDISCIPLINÉ, E □ → *indocile.*

INDISCIPLINE □ Contestation, désobéissance, désordre, fantaisie, indocilité, insoumission, insubordination, opiniâtreté, rébellion, refus d'obéissance, résistance, révolte.

INDISCRET, ÈTE □ **I. Quelque chose** → *voyant.* **II. Quelqu'un :** casse-pieds (fam.), curieux, écouteur, espion, fâcheux (vx), fouinard, fouineur, fureteur, importun, inquisiteur, inquisitif, inquisitorial, insistant, intrus, touche-à-tout, voyeur.

INDISCRÉTION □ **I.** → *curiosité.* **II.** → *révélation.*

INDISCUTABLE □ → *évident.*

INDISCUTÉ, E □ → *certain.*

INDISPENSABLE □ → *nécessaire.*

INDISPONIBLE □ **I.** → *libre.* **II.** → *malade.* **III.** → *occupé.*

INDISPOSÉ, E □ **I. Phys.** → *fatigué.* **II. Par ext. :** agacé, choqué, contrarié, fâché, hostile, mécontent, prévenu, vexé.

INDISPOSER □ **I.** → *aigrir.* **II.** → *fatiguer.*

INDISPOSITION □ → *malaise.*

INDISSOLUBLE □ → *éternel.*

INDISTINCT, E □ → *vague.*

INDIVIDU □ **I.** Particulier, personne, unité. **II.** → *homme, type.* **III.** → *spécimen.*

INDIVIDUALISER □ → *caractériser.*

INDIVIDUALISME □ → *égoïsme.*

INDIVIDUALITÉ □ → *personnalité.*

INDIVIDUEL, ELLE □ Distinct, particulier, personnel, privé, propre, singulier, spécial, spécifique, unique.

INDIVISIBLE □ Insécable, irréductible. → *un.*

INDIVISION □ Communauté, copropriété.

INDOCILE □ Désobéissant, dissipé, entêté, fermé, frondeur, indisciplinable, indiscipliné, indomptable, insoumis, insubordonné, passif, rebelle, récalcitrant, réfractaire, regimbant, regimbeur, rétif, révolté, rude, subversif, têtu, vicieux, volontaire.

INDOCILITÉ □ → *indiscipline.*

INDOLENCE □ **I.** → *apathie.* **II.** → *paresse.* **III.** → *mollesse.*

INDOLENT, E □ **I.** → *mou.* **II.** → *paresseux.* **III.** → *apathique.* **IV.** → *insensible.*

INDOLORE □ → *insensible.*

INDOMPTABLE □ → *indocile.*

INDOMPTÉ, E □ → *sauvage.*

INDU, E □ **I.** → *illogique.* **II.** → *inconvenant.*

INDUBITABLE □ → *évident.*

INDUCTION □ **I.** Analogie, généralisation, inférence, ressemblance. **II.** Action, excitation, influx, production.

INDUIRE □ **I.** → *inférer.* **II.** → *inviter.* **III. Loc. Induire en erreur** → *tromper.*

INDULGENCE □ **I. Fav. : 1.** Bénignité, bienveillance, bonté, charité, clémence, compréhension, douceur, humanité, longanimité, magnanimité, mansuétude, miséricorde, patience, tolérance. **2.** Excuse, exemption, faveur, grâce, pardon, rémission. **II. Péj. :** complaisance, faiblesse, laisser aller/faire, laxisme.

INDULGENT, E □ **I.** Bénin, bienveillant, bon, charitable, clément, compréhensif, doux, exorable, favorable, généreux, large, longanime, magnanime, miséricordieux, patient, permissif, tolérant. **II. Péj. :** complaisant, élastique, laxiste, faible.

INDUSTRIALISER □ Développer, équiper, mécaniser, outiller.

INDUSTRIE □ **I.** → *usine.* **II.** → *habileté.*

INDUSTRIEL □ Entrepreneur, fabricant, manufacturier, PDG (par ext.), usinier.

INDUSTRIEUX, EUSE □ **I.** → *capable.* **II.** → *habile.*

INÉBRANLABLE □ → *constant.*

INÉDIT, E □ → *nouveau.*

INEFFABLE □ **I. Au pr. :** extraordinaire, incommunicable, indéfinissable, indescriptible, indicible, inénarrable, inexprimable, intransmissible, inracontable, irracontable. **II. Par ext. 1.** → *risible.* **2.** Céleste, divin, sacré, sublime.

INEFFAÇABLE □ **I. Au pr. :** immarcescible, impérissable, inaltérable, indélébile. **II. Par ext. :** éternel, immortel, indestructible.

INEFFICACE □ **I.** Improductif, impuissant, infructueux, inopérant, inutile, nul, stérile, vain. **II.** Anodin, platonique.

INEFFICACITÉ □ **Les dérivés possibles de** → *inefficace.*

INÉGAL, E □ **I.** → *irrégulier.* **II.** → *changeant.* **III.** → *différent.*

INÉGALABLE □ → *parfait.*

INÉGALITÉ □ → *différence.*

INÉLÉGANCE □ Goujaterie, lourdeur. → *maladresse.*

INÉLÉGANT, E □ **I. Au pr. :** balourd, grossier, laid, lourd, lourdaud, lourdingue (fam.), ridicule. **II. Fig. :** indélicat.

INÉLUCTABLE □ → *inévitable.*

INÉNARRABLE □ **I.** → *ineffable.* **II.** → *risible.*

INEPTE □ **I.** → *bête.* **II.** → *incapable.*

INEPTIE □ **I.** → *bêtise.* **II.** → *incapacité.*

INÉPUISABLE □ Continu, durable, éternel, fécond, indéfini, intarissable. → *abondant.*

INERTE □ Abandonné, apathique, atone, dormant, flaccide, flasque, froid, immobile, improductif, inactif, insensible, latent, lent, mort, mou, passif, stagnant.

INERTIE □ **I.** → *inaction.* **II.** → *résistance.* **III.** Équipement, machinisme, outillage.

INESPÉRÉ, E □ Fortuit, imprévu, inattendu, inopiné, insoupçonné, subit, surprenant.

INESTHÉTIQUE □ → *laid.*

INESTIMABLE □ **I. Au pr.** → *précieux.* **II. Par ext.** → *important.*

INÉVITABLE □ Assuré, certain, écrit, fatal, forcé, habituel, immanquable, imparable, inéluctable, inexorable, infaillible, logique, nécessaire, obligatoire, prédéterminé, rituel, sûr, vital.

INEXACT, E □ → *faux.*

INEXACTITUDE □ À peu près, contre-façon, contresens, contrevérité, erreur, fausseté, faute, faux,

faux-sens, imperfection, impropriété, incorrection, infidélité, mensonge, paralogisme.

INEXCUSABLE □ → *injustifiable.*

INEXÉCUTION □ Inobservation. → *violation.*

INEXERCÉ, E □ Inexpérimenté, inhabile, maladroit → *inexpérimenté.*

INEXISTANT, E □ **I.** → *nul.* **II.** → *imaginaire.*

INEXORABLE □ → *inflexible.*

INEXPÉRIENCE □ → *maladresse.*

INEXPÉRIMENTÉ, E □ Apprenti, apprenti-sorcier, béjaune (péj.), gauche, ignorant, incompétent, inexercé, inhabile, jeune, maladroit, malhabile, novice, profane.

INEXPLICABLE □ **I.** Énigmatique, miraculeux, mystérieux. **II.** → *obscur.*

INEXPLORÉ, E □ Ignoré, inconnu, inexploité, nouveau, vierge.

INEXPIABLE □ → *injustifiable.*

INEXPRESSIF, IVE □ Atone, froid, vague. → *terne.*

INEXPRIMABLE □ → *ineffable.*

INEXPRIMÉ, E □ → *implicite.*

INEXPUGNABLE □ → *imprenable.*

INEXTENSIBLE □ Barré, borné, défini, fermé, fini, limité.

IN EXTENSO □ Complètement, d'un bout à l'autre, en entier, entièrement, intégralement, totalement.

INEXTINGUIBLE □ Ardent, continu, excessif, inassouvissable, insatiable, intarissable, invincible, violent.

INEXTIRPABLE □ Ancré, enraciné, fixé, indéracinable, invincible, tenace.

INEXTRICABLE □ Confus, dédaléen, désordonné, difficile, embrouillé, emmêlé, enchevêtré, entrecroisé, indéchiffrable, mêlé, obscur.

INFAILLIBILITÉ □ → *certitude.*

INFAILLIBLE □ → *inévitable.*

INFAILLIBLEMENT □ À coup sûr, à tous les coups *et les adv. en -ment dérivés des syn. de* INFAILLIBLE.

INFAMANT, E □ → *honteux.*

INFÂME □ **I.** → *bas.* **II.** → *honteux.* **III.** → *malpropre.*

INFAMIE □ **I.** → *honte.* **II.** → *injure.* **III.** → *horreur.*

INFANTERIE □ Biffe, fantabosse, griffe, grive, reine des batailles. **De marine :** la colo/coloniale/martiale.

INFANTILE □ → *enfantin.*

INFATIGABLE □ Costaud, dur, endurci, fort, inassouvi, incessant, increvable (fam.), indomptable, inlassable, invincible, résistant, robuste, solide, tenace, vigoureux, zélé.

INFATUATION □ → *orgueil.*

INFATUÉ, E □ Enflé, épris, gonflé, orgueilleux, vaniteux.

INFATUER (S') □ → *engouer (s').*

INFÉCOND, E □ → *stérile.*

INFÉCONDITÉ □ → *impuissance.*

INFECT, E □ **I.** → *dégoûtant.* **II.** → *mauvais.*

INFECTER □ **I.** Abîmer, contaminer, corrompre, empoisonner, gangrener, gâter, intoxiquer. **II.** → *puer.*

INFECTION □ Altération, contagion, contamination, corruption, empoisonnement, gangrène, infestation, intoxication, pestilence, puanteur.

INFÉODER (S') □ → *soumettre (se).*

INFÉRENCE □ → *induction.*

INFÉRER □ Arguer (vx), conclure, déduire, dégager, induire, raisonner, tirer.

INFÉRIEUR, E □ adj. → *bas.*

INFÉRIEUR □ n. **I.** Humble, petit, second, subalterne, subordonné. **II.** Domestique, esclave. **III. Fam. et péj.** : porte-pipe, sous-fifre/ordre/verge.

INFÉRIORISER □ **I.** → *humilier.* **II.** → *réduire.*

INFÉRIORITÉ □ Désavantage, dessous, handicap.

INFERNAL, E □ **I.** → *diabolique.* **II.** → *méchant.* **III.** → *intolérable.*

INFERTILE □ → *stérile.*

INFESTATION □ → *infection.*

INFESTER □ → *ravager, abonder.*

INFIDÈLE □ **I. Adj. :** adultère, déloyal, félon, inexact, judas, malhonnête, parjure, perfide, renégat, scélérat, traître, trompeur. → *faux.* **II. Nom : 1.** Apostat, hérétique, laps, relaps, schismatique. → *païen.* **2. Islam :** giaour, roumi. **3. Israël :** goy, goym (pl.).

INFIDÉLITÉ □ Abandon, déloyauté, félonie, inconstance, lâchage, manquement, parjure, perfidie, scélératesse, trahison, traîtrise, tromperie. **II.** → *inexactitude.*

INFILTRATION □ Entrisme, noyautage, pénétration.

INFILTRER (S') □ → *pénétrer.*

INFIME □ Bas, dernier, élémentaire, inférieur, insignifiant, menu, microscopique, minime, minuscule, modique, moindre, négligeable, nul, parcimonieux, petit, sommaire.

INFINI, E □ **I. Adj. :** absolu, continu, énorme, éternel, illimité, immense, incalculable, incommensurable, inconditionné, inépuisable, interminable, perdurable, perpétuel, sans bornes, universel. **II. Nom** → *immensité.*

INFINIMENT □ **I.** → *beaucoup.* **II.** → *très.*

INFINITÉ □ → *quantité.*

INFINITÉSIMAL, E □ Atomique, imperceptible, microscopique, minuscule, négligeable, voisin de zéro. → *infime.*

INFIRME □ adj. et n. **I.** Amputé, difforme, estropié, grabataire, gueule cassée, handicapé, impotent, invalide, malade, malbâti, mutilé, paralytique, stropiat, valétudinaire. **II.** → *faible.* **III.** → *incurable.*

INFIRMER □ Abolir, abroger, affaiblir, amoindrir, annuler, battre en brèche, briser, casser, défaire, démentir, détruire, ôter sa force/valeur, pulvériser, réfuter, rejeter, ruiner.

INFIRMERIE □ → *hôpital.*

INFIRMIÈRE □ **I. Au pr. :** aide-médicale, assistante, garde-malade, nurse, soignante. **II. Par ext. 1.** Fille/sœur de charité. **2.** Fille de salle.

INFIRMITÉ □ Atrophie, boiterie, cécité, débilité, défaut, difformité, diminution physique, faiblesse, handicap, imperfection, impotence, impuissance, incapacité, incommodité, invalidité, mutilation, surdité.

INFLAMMABLE □ **I. Au pr. :** combustible, ignifiable. **II. Fig.** → *impétueux.*

INFLAMMATION □ → *irritation.*

INFLÉCHI, E □ → *courbe.*

INFLÉCHIR □ → *fléchir.*

INFLÉCHISSEMENT □ → *modification.*

INFLEXIBLE □ Constant, dur, entêté, ferme, impitoyable, implacable, indomptable, inébranlable, inexorable, intraitable, intransigeant, invincible, irréductible, persévérant, raide, rigoureux, sévère.

INFLEXION □ → *son.*

INFLIGER □ → *prescrire.*

INFLUENCABLE □ **I.** → *faible.* **II.** → *flexible.*

INFLUENCE □ Action, aide, appui, ascendant, attirance, attraction, autorité, crédit, domination, effet, efficacité, empire, empreinte, emprise, fascination, force, importance, incitation, inspiration, intercession, mainmise, manipulation, mouvance, poids, pouvoir, prépondérance, pression, prestige, puissance, rôle, suggestion, tyrannie (péj.). → *charme.*

INFLUENCER □ → *influer.*

INFLUENT, E □ Actif, agissant, autorisé, efficace, fort, important, le bras long (avoir), prépondérant, puissant.

INFLUENZA □ → *grippe.*

INFLUER (SUR) □ Agir/avoir de l'effet sur, cuisiner (fig. et fam.), déteindre sur, entraîner, exercer, faire changer, influencer, matraquer, modifier, peser/se répercuter sur, prévenir, retourner, suggestionner, tourner.

INFORMATEUR, TRICE □ Agent, correspondant → *espion.*

INFORMATICIEN, ENNE □ Analyste, programmeur.

INFORMATION □ **I.** → *recherche.* **II.** → *nouvelle.* **III.** → *renseignement.*

INFORMATIQUE □ Bureautique, infographie, robotique, téléinformatique, télématique, télétraitement, traitement automatique.

INFORME □ → *difforme.*

INFORMER □ Annoncer, apprendre, avertir, aviser, déclarer, documenter, donner avis, donner part (dipl.), éclaircir, éclairer, écrire, enseigner, faire connaître/part de/savoir, instruire, mander, mettre au courant/au fait, notifier, porter à la connaissance, prévenir, publier, raconter, rapporter, rendre compte, renseigner, tenir au courant. **V. pron.** → *enquérir (s').*

INFORTUNE □ → *malheur.*

INFORTUNÉ, E □ → *misérable.*

INFRACTION □ → *violation.*

INFRANCHISSABLE □ Impassable, impraticable, insurmontable, invincible, rebelle.

INFRANGIBLE □ Dur, ferme, incassable, résistant, solide.

INFRÉQUENTABLE □ → *difficile.*

INFRÉQUENTÉ, E □ Abandonné, délaissé, dépeuplé, désert, désolé, écarté, inhabité, perdu, retiré, sauvage, solitaire, vierge.

INFRUCTUEUX, EUSE □ → *stérile.*

INFUS, E □ → *inné.*

INFUSER □ **I.** → *verser.* **II.** → *tremper.* **III.** → *transmettre.*

INFUSION □ → *tisane.*

INGAMBE □ **I.** → *dispos.* **II.** → *valide.*

INGÉNIER (S') □ → *essayer.*

INGÉNIEUX, EUSE □ Adroit, astucieux (fam.), capable, chercheur, délié, fin, génial, habile, imaginatif, inventif, malin, sagace, spirituel, subtil.

INGÉNIOSITÉ □ → *habileté.*

INGÉNU, E □ → *simple.*

INGÉNUITÉ □ → *simplicité.*

INGÉRENCE □ → *intervention.*

INGÉRER □ → *avaler.* **V. pron. : 1.** → *intervenir.* **2.** → *introduire (s').*

INGESTION □ → *absorption.*

INGRAT, E □ **I. Quelqu'un. 1. Au pr. :** égoïste, oublieux. **2. Par ext. :** amer, désagréable, difficile, disgracieux, laid, mal fichu (fam.)/formé/foutu (vulg.)/tourné. **II. Quelque chose :** aride, caillouteux, désertique, difficile, infructueux, peu productif, sec, stérile.

INGRATITUDE □ Égoïsme, méconnaissance, oubli.

INGRÉDIENT □ Agrément, apport, assaisonnement, épice.

INGUÉRISSABLE □ → *incurable.*

INGURGITER □ → *avaler.*

INHABILE □ → *maladroit.*

INHABILETÉ □ → *maladresse.*

INHABITABLE □ → *malsain.*

INHABITÉ, E □ Abandonné, délaissé, dépeuplé, désert, désertique, déshabité, désolé, inoccupé, mort, sauvage, solitaire, vacant, vide, vierge.

INHABITUEL, ELLE □ → *rare.*

INHALATION □ I. Aspiration, inspiration, respiration. II. Fumigation.

INHALER □ Absorber, aspirer, avaler, inspirer, respirer.

INHÉRENCE □ → *adhérence.*

INHÉRENT, E □ Adhérent, aggloméré, agrégé, annexé, appartenant, associé, attaché, consécutif, indissoluble/inséparable de, inné, intérieur, joint, lié.

INHIBER □ Défendre, empêcher, interdire, prohiber, proscrire.

INHIBITION □ I. → *obstacle.* II. → *défense.*

INHOSPITALIER, ÈRE □ I. **Un lieu :** inabordable, inaccessible, inaccueillant, inconfortable, ingrat, inhabitable, invivable, peu engageant, rude, sauvage, stérile. II. **Quelqu'un :** acrimonieux, désagréable, disgracieux, dur, inhumain, misanthrope, rébarbatif.

INHUMAIN, E □ Abominable, affreux, atroce, barbare, bestial, cauchemardesque, contrefait, cruel, dénaturé, diabolique, difforme, dur, épouvantable, féroce, immonde, infernal, luciférien, mauvais, méchant, impitoyable, insensible, monstrueux, odieux, sanguinaire, sans cœur/entrailles (fam.)/pitié, terrifiant.

INHUMANITÉ □ Atrocité, barbarie, bestialité, cruauté, dureté, férocité, insensibilité, monstruosité, sadisme, satanisme.

INHUMATION □ → *enterrement.*

INHUMER □ Enfouir, ensevelir, enterrer, mettre/porter en terre, rendre les derniers devoirs/honneurs.

INIMAGINABLE □ → *invraisemblable.*

INIMITABLE □ Achevé, impayable (fam.), incomparable, nonpareil, original, parfait, sans pareil, unique.

INIMITIÉ □ → *haine.*

ININTELLIGENT, E □ Abruti, arriéré, borné, bouché, étroit, fermé, idiot, innocent, lourd, obtus, opaque, pesant, rétréci, stupide. → *bête.*

ININTELLIGIBLE □ Abscons, abstrus, ambigu, amphigourique, confus, contradictoire, difficile, énigmatique, incompréhensible, inconcevable, mystérieux, nébuleux. → *obscur.*

ININTERROMPU, E □ → *continu.*

INIQUE □ → *injuste.*

INIQUITÉ □ I. → *injustice.* II. → *dérèglement.* III. → *turpitude.*

INITIAL, E □ Commençant, débutant, élémentaire, fondamental, originaire, originel, premier, primitif, primordial, rudimentaire.

INITIALE □ Capitale, lettre d'antiphonaire/d'imprimerie, lettrine, majuscule.

INITIATEUR, TRICE □ adj. et n. I. **Au pr. :** mystagogue. → *innovateur.* II. **Par ext.** → *maître.*

INITIATION □ I. mystagogie. → *réception.* II. → *instruction.*

INITIATIVE □ I. → *proposition.* II. → *décision.* III. **Loc. Syndicat d'initiative :** bureau/centre/office d'accueil/d'information/de renseignements/de tourisme.

INITIER □ I. → *recevoir.* II. → *instruire.*

INJECTER □ Administrer, infiltrer, infuser, inoculer, introduire.

INJONCTION □ Commandement, consigne, décret, diktat, édit, impératif, mandement, mise en demeure, ordre, prescription, sommation, ukase, ultimatum.

INJURE □ I. **Un acte :** affront, attaque, avanie, blessure, calomnie, dommage, manquement, offense, outrage, tort. II. **Un propos :** engueulade (fam.), fulmination, gros mots, grossièreté, imprécation, infamie, insulte, invective, mots, offense, paroles, pouilles, sottise, vilenie.

INJURIER □ Agonir, blesser, chanter pouilles, dire des injures, fulminer, harpailler (vx), insulter, invectiver, maudire, offenser, outrager, traiter de. **Fam. :** crosser, engueuler, enguirlander, glavioter sur.

INJURIEUX, EUSE □ I. → *offensant.* II. → *injuste.*

INJUSTE □ Abusif, arbitraire, attentatoire, déloyal, faux, illégal, illégitime, immérité, inacceptable, inadmissible, indu, inéquitable, inique, injurieux (vx), injustifiable, injustifié, irrégulier, léonin, malfaisant, mal fondé, mauvais, partial, sans fondement, scélérat, usurpé.

INJUSTICE □ Abus, arbitraire, déloyauté, déni de justice, erreur, favoritisme, illégalité, improbité, inégalité, iniquité, irrégularité, malveillance, noirceur, partialité, passedroit, prévention, privilège, scélératesse, vice de forme.

INJUSTIFIABLE, INJUSTIFIÉ, E □ Arbitraire, fautif, gratuit, immotivé, impardonnable, indu, inexcusable, inexpiable, infâme, inqualifiable. → *injuste*.

INLASSABLE □ **I.** → *infatigable*. **II.** → *patient*.

INNÉ, E □ Atavique, congénital, foncier, héréditaire, inconscient, infus, instinctif, natif (vx), naturel, originel, personnel, profond, viscéral. → *inhérent*.

INNOCENCE □ **I.** → *pureté*. **II.** → *simplicité*.

INNOCENT, E □ **I. Adj. 1.** → *inoffensif*. **2.** → *simple*. **II. Nom** → *enfant*.

INNOCENTER □ → *excuser*.

INNOMBRABLE □ → *nombreux*.

INNOMMABLE □ → *dégoûtant*.

INNOVATEUR, TRICE □ adj. et n. Créateur, découvreur, fondateur, inaugurateur, initiateur, inspirateur, introducteur, inventeur, novateur, pionnier, précurseur, promoteur, réformateur, rénovateur, restaurateur.

INNOVATION □ → *changement*.

INNOVER □ **I.** → *changer*. **II.** → *inventer*.

INOBSERVANCE, INOBSERVATION □ → *violation*.

INOCCUPÉ, E □ **I.** → *inactif*. **II.** → *vacant*.

INOCULATION □ **I.** Immunisation, piqûre, sérothérapie, vaccination. **II.** Contagion, contamination, infestation, transmission.

INOCULER □ **I.** Immuniser, piquer, vacciner. **II. Par ext.** → *transmettre*.

INODORE □ **I. Au pr.** : fade, imperceptible, neutre, sans odeur. **II. Fig.** → *insignifiant*.

INOFFENSIF, IVE □ Anodin, bénin, bon, calme, désarmé, doux, fruste, impuissant, innocent, inodore, insignifiant, négligeable, neutralisé, pacifique, paisible, tranquille.

INONDATION □ **I. Au pr.** : débordement, submersion. **II. Fig. 1.** → *incursion*. **2.** → *multitude*.

INONDER □ Arroser, déborder, envahir, immerger, mouiller, noyer, occuper, pénétrer, recouvrir, se répandre, submerger, tremper.

INOPÉRANT, E □ → *inefficace*.

INOPINÉ, E □ **I.** → *inespéré*. **II.** → *subit*.

INOPINÉMENT □ → *soudain*.

INOPPORTUN, E □ Défavorable, déplacé, fâcheux, hors de propos/saison, intempestif, mal, malséant, mauvais, messéant, prématuré, regrettable.

INOUBLIABLE □ Célèbre, fameux, frappant, glorieux, grandiose, gravé, historique, illustre, immortalisé, imprimé, ineffaçable, insigne, marqué, mémorable, perpétué, retentissant, saillant.

INOUÏ, E □ **I.** → *extraordinaire*. **II.** → *nouveau*.

IN-PACE □ → *cachot*.

INQUALIFIABLE □ Abject, abominable, bas, honteux, ignoble, inavouable, inconcevable, inconvenant, indigne, innommable, odieux, trivial.

INQUIET, ÈTE □ **I. Au pr.** → *remuant*. **II. Par ext.** : affolé, agité, alarmé, angoissé, anxieux, apeuré, atterré, chagrin, craintif, crispé, effaré, effarouché, effrayé, embarrassé, ennuyé, épeuré, épouvanté, impatient, insatisfait, interrogateur, mal à l'aise, perplexe, peureux, préoccupé, sombre, soucieux, sur le qui-vive, tendu, terrifié, terrorisé, tourmenté, tracassé, transi, traqué, troublé.

INQUIÉTANT, E □ Affolant, agitant, alarmant, angoissant, atterrant, effarant, effarouchant, effrayant, embarrassant, ennuyeux, épouvantable, grave, intimidant, menaçant, patibulaire, peu rassurant, préoccupant, sinistre, sombre, stressant, terrifiant, troublant.

INQUIÉTER □ Affoler, agiter, alarmer, alerter, angoisser, apeurer, chagriner, donner le trac (fam.), effaroucher, effrayer, embarrasser, émotionner, ennuyer, épouvanter, faire peur, menacer, mettre mal à l'aise/en difficulté/en peine/sur le qui-vive, rendre craintif, réveiller, secouer, terrifier, terroriser, tourmenter, tracasser, traquer, travailler, troubler. **V. pron.** : appréhender, avoir → *peur*, se faire de la bile/du mauvais sang/du → *souci, et les formes pron. possibles des syn. de* INQUIÉTER.

INQUIÉTUDE □ **I.** Angoisse, anxiété, appréhension, crainte, émotion, ennui, malaise, peine, préoccupation, scrupule, souci, stress, supplice, tension, trac, transe, trouble. **II.** Alarme, alerte. **III.** Affolement, agitation, désarroi, effarement, effroi, épouvante, panique, peur, terreur.

INQUISITEUR, INQUISITIF, IVE □ → *indiscret*.

INQUISITION □ → *recherche*.

INQUISITORIAL, E □ → *indiscret*.

INRACONTABLE □ → *ineffable*.

INSAISISSABLE □ → *imperceptible*.

INSALUBRE □ → *malsain*.

INSANE □ → *insensé*.

INSANITÉ □ → *sottise*.

INSATIABLE □ **I.** → *glouton*. **II.** → *intéressé*.

INSATISFACTION □ → *ennui*.

INSATISFAIT, E □ → *fâché*.

INSCRIPTION □ **I.** Affiche, déclaration, devise, enregistrement, épigramme, épigraphe, épitaphe, exergue, graffiti, graffito, immatriculation, légende, mention, plaque, transcription. **II.** Adhésion.

INSCRIRE □ **I.** Afficher, consigner, copier, coucher par écrit, écrire, enregistrer, enrôler, graver, immatriculer, imprimer, indiquer, insérer, marquer, matriculer, mentionner, noter, porter, répertorier, reporter, transcrire. **II. V. pron.** → *adhérer.* **III. Loc. S'inscrire en faux** → *contredire.*

INSÉCABLE □ Indivisible, irréductible.

INSECTE □ Archiptère, aptérygote, coléoptère, diptère, hyménoptère, lépidoptère, névroptère, orthoptère, rhynchote, thysanoure.

INSENSÉ, E □ **I.** Aberrant, abracadabrant, absurde, déraisonnable, excessif, extravagant, farfelu, immodéré, impossible, inepte, insane, irrationnel, irréfléchi, ridicule, saugrenu, sot, stupide. → *bête.* **II.** Affolé, aliéné, dément, déséquilibré, désaxé, détraqué, écervelé, fêlé, idiot, inconscient, irresponsable. → *fou.*

INSENSIBILISATION □ Analgésie, anesthésie.

INSENSIBILISER □ Anesthésier, calmer, chloroformer, endormir, lénifier, soulager.

INSENSIBILITÉ □ **I.** → *apathie.* **II.** → *dureté.*

INSENSIBLE □ **I. Quelqu'un. 1. Phys. :** anesthésié, apathique, endormi, engourdi, inanimé, inconscient, indolent (méd.), indolore, léthargique, mort, neutre, paralysé. **2. Moral :** aride, calme, cruel, de marbre, détaché, dur, égoïste, endurci, froid, impassible, imperméable, imperturbable, impitoyable, implacable, indifférent, indolent, inexorable, inhumain, marmoréen, sec. **II. Quelque chose :** imperceptible, insignifiant, léger, négligeable, progressif.

INSÉPARABLE □ **I. Au pr. :** accouplé, agrégé, apparié, attaché, concomitant, conjoint, consubstantiel, dépendant, fixé, indissociable, indivis, indivisible, inhérent, insécable, joint, lié, marié, non isolable, noué, rivé, simultané, synchrone, soudé, uni. **II. Par ext. 1.** éternel, inévitable. **2.** → *ami.*

INSÉRER □ Emboîter, encadrer, encarter, encastrer, enchâsser, enchatonner, enter, entrelarder (fam.), greffer, imbriquer, implanter, incruster, inscrire, intercaler, interfolier, mettre, sertir → *introduire.*

INSERT □ Insertion. → *annonce.*

INSIDIEUX, EUSE □ → *trompeur.*

INSIGNE □ **I. Adj.** → *remarquable.* **II. Nom :** badge, cordon, couronne, crachat (fam.), cravate, croix, décoration, écharpe, écusson, emblème,

fourragère, gri-gri (fam.), hochet (péj.), livrée, macaron, marque, médaille, plaque, rosette, ruban, sceptre, signe distinctif, symbole, verge.

INSIGNIFIANCE □ → *faiblesse.*

INSIGNIFIANT, E □ **I. Quelqu'un :** chétif, effacé, falot, frivole, futile, inconsistant, médiocre, ordinaire, petit, piètre, quelconque, terne, vain. **II. Quelque chose :** anodin, banal, excusable, exigu, fade, incolore, indifférent, infime, inodore, insipide, léger, malheureux (fig.), menu, mesquin, mince, misérable, modique, négligeable, nul, ordinaire, quelconque, sans conséquence/importance / intérêt / portée / saveur / valeur, véniel.

INSINUANT, E □ **I.** → *adroit.* **II.** → *hypocrite.*

INSINUATION □ **I. Favorable ou neutre :** allégation, avance, conciliation, introduction, persuasion, suggestion. **II. Non favorable :** accusation, allusion, attaque, calomnie, demi-mot, perfidie, propos, sousentendu.

INSINUER □ **I.** → *introduire.* **II.** → *inspirer.* **III.** → *médire.* **IV. V. pron.** → *introduire (s')*

INSIPIDE □ → *fade.*

INSIPIDITÉ □ Fadeur. → *sottise.*

INSISTANCE □ → *instance.*

INSISTANT, E □ → *indiscret.*

INSISTER □ → *appuyer.*

INSOCIABLE □ → *sauvage.*

INSOLENCE □ → *arrogance.*

INSOLENT, E □ → *arrogant.*

INSOLITE □ **I.** → *étrange.* **II.** → *inusité.*

INSOLUBLE □ → *impossible.*

INSOLVABILITÉ □ → *faillite.*

INSOLVABLE □ Décavé (fam.), défaillant, démuni, endetté, en état de cessation de paiement, failli, impécunieux, indigent, obéré, ruiné, sans ressources.

INSOMNIE □ → *veille.*

INSONDABLE □ → *secret.*

INSOUCIANCE □ **I.** Apathie, ataraxie, détachement, flegme, optimisme. **II.** Étourderie, frivolité, imprévoyance, incuriosité, indifférence, indolence, irresponsabilité, je m'en fichisme/foutisme, légèreté, négligence, nonchalance, oubli.

INSOUCIANT, E □ **I. Favorable ou neutre :** bon vivant, insoucieux, optimiste, Roger-Bontemps, sans souci, va-comme-ça-peut (fam.)/jete-pousse (fam.), vive-la-joie. **II. Non favorable :** apathique, étourdi, flegmatique, frivole, imprévoyant, indifférent, indolent, insoucieux, irresponsable, je-m'en-fichiste (fam.), je-m'en-foutiste (fam.), léger, négligent, nonchalant, oublieux.

INSOUMIS □ n. **I.** Déserteur, mutin, objecteur de conscience, séditieux. **II.** Dissident, guérillero, maquisard, partisan, rebelle, réfractaire, résistant.

INSOUMIS, E □ adj. **I. Quelqu'un :** désobéissant, factieux, frondeur, indépendant, indiscipliné, indompté, insurgé, mutin, rebelle, récalcitrant, réfractaire, rétif, révolté, sauvage, séditieux. → *indocile.* **II. Un pays :** dissident, indépendant, révolté.

INSOUMISSION □ Désobéissance, désertion, fronde, indiscipline, insubordination, mutinerie, rébellion, révolte, ruade, sédition.

INSOUPÇONNABLE □ **I.** → *honnête.* **II.** → *surprenant.*

INSOUPÇONNÉ, E □ Inattendu. → *nouveau.*

INSOUTENABLE □ **I.** → *invraisemblable.* **II.** → *intolérable.*

INSPECTER □ → *examiner.*

INSPECTEUR □ Contrôleur, enquêteur, réviseur, vérificateur, visiteur.

INSPECTION □ → *visite.*

INSPIRATEUR, TRICE □ **I.** → *conseiller.* **II.** → *instigateur.*

INSPIRATION □ **I. Au pr. :** absorption, aspiration, inhalation, prise, respiration. **II. Fig. 1.** Délire, divination, enthousiasme, envolée, esprit (relig.), fureur poétique, grâce, illumination, intuition, invention, muse, prophétie (relig.), révélation, souffle, talent, trouvaille, veine, verve. **2.** Conseil, exhortation, incitation, influence, insinuation, instigation, motivation, persuasion, suggestion.

INSPIRÉ, E □ Enthousiaste, exalté, fanatique, illuminé, mystique, poète, prophète, visionnaire. → *habile.*

INSPIRER □ **I. Au pr. :** aspirer, avaler, inhaler, insuffler, introduire, priser, respirer. **II. Fig. :** allumer, animer, aviver, commander, conduire, conseiller, déterminer, dicter, diriger, donner, émoustiller, encourager, enfiévrer, enflammer, imposer, imprimer, insinuer, instiguer, instiller, insuffler, persuader, provoquer, souffler, suggérer.

INSTABILITÉ □ Balancement, ballottement, changement, déséquilibre, fluctuation, fragilité, inadaptation, incertitude, inconstance, mobilité, motilité, mouvance, nomadisme, oscillation, précarité, roulis, tangage, turbulence, variabilité, variation, versatilité, vicissitude.

INSTABLE □ **I.** → *changeant.* **II.** → *remuant.*

INSTALLATION □ **I. De quelque chose :** aménagement, arrangement, dressage, équipement, établissement, mise en place, montage. **II. De quelqu'un :** intronisation, investiture, mise en place, nomination, passation des pouvoirs.

INSTALLER □ **I. Au pr. :** accommoder, aménager, arranger, camper, caser, disposer, équiper, établir, loger, mettre, placer, poser. **II. Par ext. :** nommer, introniser, investir. **III. V. pron. :** s'asseoir, camper, emménager, s'enraciner, s'établir, se fixer, se loger, pendre la crémaillère, prendre pied.

INSTANCE □ **I.** Effort, insistance, prière, requête, sollicitation. **II. Jurid. 1.** Action, procédure, procès, recours. **2.** Juridiction. **III. Par ext. :** attente, imminence, souffrance.

INSTANT □ n. → *moment.*

INSTANT, E □ adj. **I.** → *imminent.* **II.** → *pressant.*

INSTANTANÉ, E □ → *immédiat.*

INSTANTANÉMENT □ → *aussitôt.*

INSTAR (À L') □ À l'exemple/à l'imitation/à la manière de, comme.

INSTAURATEUR, TRICE □ → *instigateur.*

INSTAURATION □ Constitution, établissement, fondation, mise en place, organisation.

INSTAURER □ → *établir.*

INSTIGATEUR, TRICE □ Agitateur, cause, cheville ouvrière, conseiller, dirigeant, excitateur, fauteur (péj.), incitateur, inspirateur, instaurateur, meneur, moteur, promoteur, protagoniste, responsable.

INSTIGATION □ → *inspiration.*

INSTIGUER □ → *inspirer.*

INSTILLER □ **I.** → *verser.* **II.** → *inspirer.*

INSTINCT □ **I.** → *disposition.* **II.** → *inclination.*

INSTINCTIF, IVE □ → *involontaire.*

INSTITUER □ → *établir.*

INSTITUT □ **I.** → *académie.* **II.** Assemblée, association, centre, centre de recherche, collège, congrégation, corps savant, école, faculté, fondation, institution, laboratoire, organisme, société, université.

INSTITUTEUR □ Éducateur, enseignant, initiateur, instructeur, maître d'école, moniteur, pédagogue, précepteur, professeur.

INSTITUTION □ **I.** → *établissement.* **II.** → *institut.* **III.** → *règlement.* **IV.** → *école.*

INSTITUTIONNALISER □ → *établir.*

INSTITUTIONNEL, ELLE □ → *traditionnel.*

INSTRUCTEUR □ Conseiller technique, entraîneur, manager, moniteur. → *instituteur, maître.*

INSTRUCTIF, IVE ☐ Bon, culturel, édifiant, éducatif, enrichissant, formateur, pédagogique, profitable.

INSTRUCTION ☐ **I. Au pr. 1.** Apprentissage, dégrossissage (péj.), dressage (péj.), édification, éducation, endoctrinement (péj.), enrichissement, enseignement, études, formation, information, initiation, institution (vx), noviciat, pédagogie, recyclage, scolarisation, scolarité. **2.** Bagages, connaissances, culture, lettres, savoir, science. **II. Par ext. 1.** Avertissement, avis, consigne, didascalie, directive, leçon, mandat, mandement (relig.), mot d'ordre, ordre, recommandation. **2.** → *savoir.* **3.** *Jurid.* : enquête. → *recherche.*

INSTRUIRE ☐ **I. Mettre quelqu'un au courant :** apprendre, avertir, aviser, donner connaissance, éclaircir de (vx), éclairer, édifier, expliquer, faire connaître/savoir, faire part de, fixer, informer, initier, renseigner, révéler. **II. Apporter une connaissance :** apprendre, catéchiser, dresser, éduquer, élever, endoctriner, enseigner, exercer, former, gouverner (vx), habituer, initier, inculquer, instituer (vx), mettre au courant/au fait de, nourrir, plier, préparer, rompre, stylor. **III. Jurid.** : donner suite, enquêter, examiner. **IV. V. pron.** → *étudier.*

INSTRUIT, E ☐ Cultivé, docte, éclairé, érudit, expérimenté, fort, informé. → *savant.* **Fam.** : **1.** Calé, ferré, fortiche, grosse tête, tête d'œuf. **2.** Dans le coup/la course, au parfum.

INSTRUMENT ☐ **I. Au pr.** : accessoire, affutiaux, appareil, bidule (fam.), chose (fam.), engin, machin (fam.), machine, matériel, outil, truc (fam.), ustensile, zinzin (fam.). **II. Fig.** → *moyen.*

INSU (À L') ☐ À la dérobée, dans le dos, en cachette, en dessous, par-derrière, par surprise.

INSUBORDINATION ☐ → *indiscipline.*

INSUBORDONNÉ, E ☐ → *indocile.*

INSUCCÈS ☐ Aléa, avortement, chute, déconvenue, défaite, échec, faillite, fiasco, four, infortune, mauvaise fortune, perte, ratage, revers, ruine, tape, traverse. **Fam.** : bide, bouillon, gamelle, pelle, pile, plouf, veste.

INSUFFISANCE ☐ → *incapacité.*

INSUFFISANT, E ☐ **I. Quelque chose** : congru (vx), court, défectueux, déficient, exigu, faible, imparfait, incomplet. **II. Quelqu'un** : déficient, faible, ignorant, inapte, incapable, inférieur, médiocre, pauvre.

INSUFFLER ☐ → *inspirer.*

INSULTANT, E ☐ → *offensant.*

INSULTE ☐ **I.** → *injure.* **II.** → *offense.*

INSULTER ☐ **I. V. tr.** : agonir, attaquer, blesser, crier raca sur, harpailler, humilier, injurier, offenser, offusquer, outrager, porter atteinte à. **II. V. intr.** : blasphémer, braver.

INSUPPORTABLE ☐ **I. Quelque chose** → *intolérable.* **II. Quelqu'un** → *difficile.*

INSUPPORTER ☐ → *ennuyer.*

INSURGÉ, E ☐ n. et adj. Agitateur, émeutier, insoumis, meneur, mutin, rebelle, révolté, révolutionnaire.

INSURGER (S') ☐ → *révolter (se).*

INSURMONTABLE ☐ Impossible, inéluctable, infranchissable, insurpassable, invincible, irrésistible.

INSURPASSABLE ☐ → *parfait.*

INSURRECTION ☐ Agitation, chouannerie, émeute, fronde, insoumission, jacquerie, levée de boucliers, mouvement insurrectionnel, mutinerie, rébellion, résistance à l'oppresseur, révolte, révolution, sédition, soulèvement, troubles.

INSURRECTIONNEL, ELLE ☐ **I. Neutre** : rebelle, révolutionnaire. **II. Non favorable** : séditieux.

INTACT, E ☐ **I.** → *entier.* **II.** → *pur.* **III.** → *probe.* **IV.** → *sauf.*

INTANGIBLE ☐ **I. Au pr.** → *intouchable.* **II. Par ext.** → *sacré.*

INTARISSABLE ☐ → *inépuisable.*

INTÉGRAL, E ☐ → *entier.*

INTÉGRALEMENT ☐ → *totalement.*

INTÉGRALITÉ ☐ → *totalité.*

INTÉGRATION ☐ Radicalisation, unification. → *absorption.*

INTÈGRE ☐ → *probe.*

INTÉGRER ☐ **I.** Assimiler, associer, comprendre, incorporer, réunir, unir. **II.** Entrer, être admis.

INTÉGRISTE ☐ → *réactionnaire.*

INTÉGRITÉ ☐ **I.** → *pureté.* **II.** → *probité.*

INTELLECT ☐ → *entendement.*

INTELLECTUEL, ELLE ☐ **I. Adj.** → *psychique.* **II. Nom. 1. Au sing.** : cérébral, clerc, grosse tête, mandarin. **2. Plur.** : intelligentsia, intellos.

INTELLIGENCE ☐ **I. Au pr.** : abstraction, âme, capacité, cerveau, clairvoyance, compréhension, conception, discernement, entendement, esprit, facultés, finesse, génie (par ext.), idée (fam.), ingéniosité, intellect, jugement, lucidité, lumière, ouverture d'esprit, pénétration, pensée, perception, perspicacité, profondeur, raison, réflexion, sagacité, subtilité, tête, vivacité. **II. Par ext. 1.** → *complicité.* **2.** → *union.* **III. Loc. Être d'intelligence avec** → *entendre (s').*

INTELLIGENT, E ☐ Adroit, astucieux, capable, clairvoyant, compréhensif, éclairé, entendu, éveillé, fin, fort, habile, ingénieux, intuitif, inventif, judicieux, lucide, malin, ouvert, pénétrant, pensant, perspicace, profond, raisonnable, sagace, sensé, subtil, vif.

INTELLIGIBILITÉ ☐ Accessibilité, clarté, compréhension, évidence, facilité, limpidité, luminosité.

INTELLIGIBLE ☐ Accessible, clair, compréhensible, concevable, concis, déchiffrable, distinct, évident, explicable, facile, imaginable, interprétable, limpide, lumineux, net, pénétrable, précis, visible.

INTEMPÉRANCE ☐ Abus, débauche, débord, débordement, dérèglement, excès, gloutonnerie, goinfrerie, gourmandise, incontinence, ivrognerie, laisser-aller, libertinage, vice, violence.

INTEMPÉRANT, E et **INTEMPÉRÉ, E** ☐ → *excessif.*

INTEMPÉRIE ☐ Dérèglement (vx), froid, mauvais temps, orage, pluie, tempête, vent.

INTEMPESTIF, IVE ☐ I. → *inopportun.* II. → *importun.*

INTEMPOREL, ELLE ☐ → *immatériel.*

INTENABLE ☐ → *intolérable.*

INTENDANCE ☐ I. → *administration.* II. → *direction.*

INTENDANT ☐ Administrateur, économe, factoton, factotum, régisseur. → *gérant.*

INTENSE, INTENSIF, IVE ☐ → *extrême.*

INTENSIFICATION ☐ → *augmentation.*

INTENSIFIER ☐ → *augmenter.*

INTENSITÉ ☐ Accentuation, acmé (méd.), activité, acuité, aggravation, amplitude, augmentation, brillance, efficacité, exaspération, force, grandeur, paroxysme, puissance, renforcement, véhémence, violence, virulence.

INTENTER ☐ Actionner, attaquer, commencer, enter, entreprendre.

INTENTION ☐ I. → *volonté.* II. → *but.*

INTENTIONNÉ, E ☐ → *bienveillant.*

INTENTIONNEL, ELLE ☐ Arrêté, calculé, conscient, décidé, délibéré, étudié, prémédité, préparé, projeté, réfléchi, volontaire, voulu.

INTENTIONNELLEMENT ☐ → *volontairement.*

INTERACTION ☐ → *réaction.*

INTERASTRAL, E ☐ Interplanétaire, intersidéral, interstellaire.

INTERCALER ☐ Ajouter, annexer, encarter, encartonner, enchâsser, glisser, insérer, interligner, interpoler, interposer, introduire, joindre.

INTERCÉDER ☐ → *intervenir.*

INTERCEPTER ☐ I. → *interrompre.* II. → *prendre.*

INTERCESSEUR ☐ → *intermédiaire.*

INTERCESSION ☐ → *entremise.*

INTERCHANGEABLE ☐ → *amovible.*

INTERDÉPENDANCE ☐ Assistance mutuelle, dépendance réciproque, solidarité.

INTERDICTION ☐ I. → *défense.* II. → *déchéance.*

INTERDIRE ☐ I. → *défendre.* II. → *empêcher.* III. → *fermer.*

INTERDISCIPLINAIRE ☐ Multi/pluridisciplinaire.

INTERDIT ☐ n. Anathème, censure, défense, inhibition, prohibition, tabou.

INTERDIT, E ☐ adj. **I. Quelque chose** → *défendu.* **II. Quelqu'un** : ahuri, capot (fam.), confondu, confus, court, déconcerté, déconfit, décontenancé, ébahi, ébaubi, embarrassé, épaté, étonné, foudroyé, interloqué, médusé, muet, pantois, penaud, pétrifié, renversé, sans voix, sidéré, stupéfait, stupide, surpris, tout chose (fam.), troublé.

INTÉRESSANT, E ☐ Alléchant, attachant, attirant, attrayant, avantageux, beau, bon, brillant, captivant, charmant, comique, curieux, désirable, dramatique, étonnant, fascinant, important, intrigant, palpipant, passionnant, piquant, plaisant, ravissant, remarquable.

INTÉRESSÉ, E ☐ **I. Non favorable** : avide, convoiteux, insatiable, mercenaire, vénal. II. → *avare.* **II. Neutre ou favorable** : attaché, attiré, captivé, concerné, ému, fasciné, intrigué, passionné, piqué, retenu, séduit, touché.

INTÉRESSER ☐ **I. Au pr.** : animer, s'appliquer, attacher, captiver, chaloir (vx), concerner, émouvoir, faire à, importer, intriguer, passionner, piquer, regarder, toucher. **II. Par ext.** → *associer.* **III. V. pron.** : Aimer, avoir de la curiosité, cultiver, pratiquer, prendre à cœur/intérêt, se préoccuper de, se soucier de, suivre.

INTÉRÊT ☐ **I. Au pr. (matériel)** : agio, annuité, arrérages, commission, denier (vx), dividende, dommage, escompte, gain, loyer, prix, profit, rapport, rente, revenu, taux, usure. **II. Par ext. (moral). 1.** → *curiosité.* **2.** → *sympathie.*

INTÉRIEUR ☐ n. I. Dedans. II. → *maison.* III. Fig. : **1.** Fond de l'âme/du cœur, in petto, intimité, sein. **2.** Centre, corps, fond, tuf.

INTÉRIEUR, E ☐ adj. Central, domestique, familial, inclus, interne, intime, intrinsèque, profond.

INTÉRIM ☐ Intervalle, provisoire, remplacement, suppléance.

INTÉRIMAIRE □ **I. Adj.** → *passager.* **II. Nom** → *remplaçant.*

INTERLOCUTEUR, TRICE □ → *personnage.*

INTERLOPE □ → *suspect.*

INTERLOQUÉ, E □ → *interdit.*

INTERLUDE, INTERMÈDE □ **I. Au pr. 1.** → *divertissement.* **2.** → *saynète.* **II. Par ext.** → *intervalle.*

INTERMÉDIAIRE □ **I. Nom. 1.** → *entremise.* **2.** Accordeur (vx), alter ego, avocat, entremetteur, facteur (vx), fondé de pouvoir, homme de paille (péj.), intercesseur, interprète, médiateur, négociateur, prête-nom, procureur, représentant, truchement. **3.** Ambassadeur, antenne, chargé d'affaires/de mission, consul, correspondant, plénipotentiaire, représentant. **4.** Chevillard, commissionnaire, commis-voyageur, consignataire, courtier, expéditeur, exportateur, grossiste, mandataire, représentant, transitaire, voyageur de commerce. **Péj.** : maquignon, trafiquant. **5.** Médium. **6.** Boîtier (parlement). **7.** → *transition.* **II. Adj.** → *mitoyen.*

INTERMINABLE □ → *long.*

INTERMITTENCE □ → *interruption.*

INTERMITTENT, E □ Arythmique, clignotant, discontinu, épisodique, inégal, interrompu, irrégulier, larvé, rémittent, saccadé, variable.

INTERNAT □ → *pension.*

INTERNATIONAL, E □ Cosmopolite, général, mondial, œcuménique, universel.

INTERNE □ **I. Adj.** → *intérieur.* **II. Nom. 1.** Pensionnaire, potache. **2.** Carabin (fam.), médecin.

INTERNÉ, E □ adj. et n. **I.** → *fou.* **II.** → *bagnard.*

INTERNEMENT □ → *emprisonnement.*

INTERNER □ → *enfermer.*

INTERPELLATION □ → *sommation.*

INTERPELLER □ Apostropher, appeler, demander, s'enquérir, évoquer, héler, interroger, questionner, réclamer, requérir, sommer.

INTERPLANÉTAIRE □ → *interastral.*

INTERPOLER et **INTERPOSER** □ → *intercaler.* **V. pron.** → *intervenir.*

INTERPOSITION □ Entremise, ingérence, intercalation, interpolation, intervention, médiation.

INTERPRÉTABLE □ → *intelligible.*

INTERPRÉTATION □ **I. Au pr.** : commentaire, exégèse, explication, glose, herméneutique, métaphrase, paraphrase, traduction, version. **II. Par ext.** : distribution, expression, jeu.

INTERPRÈTE □ **I.** → *traducteur.* **II.** → *comédien.* **III.** → *porte-parole.*

INTERPRÉTER □ **I.** → *expliquer.* **II.** → *traduire.* **III.** → *jouer.*

INTERROGATEUR, TRICE □ **I.** → *inquiet.* **II.** → *investigateur.*

INTERROGATION et **INTERROGATOIRE** □ Appel, colle (fam.), demande, épreuve, examen, information, interpellation, interview, question, questionnaire.

INTERROGER □ **I.** → *demander.* **II.** → *examiner.*

INTERROMPRE □ **I.** Abandonner, arrêter, barrer, briser, cesser, décrocher, déranger, discontinuer, entrecouper, finir, hacher, intercepter, mettre fin/un terme, proroger, rompre, séparer, supprimer, suspendre, trancher, troubler. **II.** couper, débrancher, débrayer, disjoncter.

INTERRUPTEUR, TRICE □ **I. Quelqu'un** : contestataire, contradicteur. **II. Électrique** : commutateur, disjoncteur, trembleur, va-et-vient.

INTERRUPTION □ Arrêt, cessation, coupure, discontinuation, discontinuité, halte, hiatus, intermède, intermission (vx), intermittence, interstice, intervalle, lacune, panne, pause, relâche, rémission, répit, rupture, saut, solution de continuité, suspension, vacance, vacances, vacations (jurid.).

INTERSECTION □ Arête, bifurcation, carrefour, coupement, coupure, croisée, croisement, embranchement, fourche, ligne.

INTERSIDÉRAL, E □ → *interastral.*

INTERSTICE □ **I.** → *espace.* **II.** → *fente.*

INTERVALLE □ **I. Au pr.** → *espace.* **II. Par ext.** : arrêt, entracte, intermède, moment, période, périodicité, récréation, suspension. → *interruption.*

INTERVENIR □ **I. Au pr.** : agir, donner, s'entremêler, s'entremettre, entrer en action/en danse (fam.)/en jeu/en scène, fourrer/mettre son nez (fam.), s'immiscer, s'ingérer, intercéder, s'interposer, jouer, se mêler de, mettre la main à, négocier, opérer, parler pour, secourir. **II. Par ext.** → *produire (se).*

INTERVENTION □ **I. Au pr.** : aide, appui, concours, entremise, immixtion, incursion, ingérence, intercession, interposition, interventionnisme, intrusion, médiation, ministère, office. **II. Par ext.** → *opération.*

INTERVERSION □ **I. Au pr.** : changement, extrapolation, métathèse, mutation, permutation, transposition. **II. Par ext.** : contrepèterie.

INTERVERTIR □ → *transposer.*

INTERVIEW □ **I.** → *conversation.* **II.** → *article.*

INTERVIEWER □ Enquêter, entretenir, interroger, questionner, tester.

INTESTIN ☐ Boyau, duodénum, hypogastre, transit, tripaille (fam.), tripe (fam.), tube digestif, viscère.

INTESTIN, E ☐ *Loc.* **Lutte/querelle intestine :** civil, intérieur, intime.

INTIMATION ☐ Appel, assignation, avertissement, convocation, déclaration, injonction, mise en demeure, sommation, ultimatum.

INTIME ☐ **I. Adj. 1.** → *intérieur.* **2.** → *secret.* **II. Nom** → *ami.*

INTIMER ☐ → *notifier.*

INTIMIDANT, E ☐ → *inquiétant.*

INTIMIDATION ☐ → *menace.*

INTIMIDER ☐ Apeurer, bluffer, désemparer, effaroucher, effrayer, émouvoir, faire peur/pression, gêner, glacer, en imposer à, impressionner, inhiber, inquiéter, menacer, paralyser, terroriser, troubler.

INTIMITÉ ☐ Abandon, amitié, attachement, camaraderie, commerce, confiance, contact, familiarité, fréquentation, liaison, liberté, naturel, secret, simplicité, union.

INTITULER (S') ☐ → *qualifier (se).*

INTOLÉRABLE ☐ Accablant, aigu, atroce, désagréable, douloureux, ennuyeux, excédant, excessif, fatigant, gênant, horrible, imbuvable, importun, impossible, inacceptable, inadmissible, inconcevable, infernal, insoutenable, insupportable, intenable, odieux, scandaleux.

INTOLÉRANCE ☐ **I. Au pr. :** cabale, esprit de parti, étroitesse d'esprit/d'opinion/de pensée/de vue, fanatisme, fureur, haine, intransigeance, parti pris, rigidité, sectarisme, violence. **II. Méd. :** allergie, anaphylaxie, idiosyncrasie, sensibilisation.

INTOLÉRANT, E ☐ Autoritaire, doctrinaire, dogmatique, enragé, étroit, exalté, exclusif, fanatique, farouche, frénétique, furieux, intraitable, intransigeant, irréductible, possessif, rigide, rigoriste, sectaire, sévère, systématique, violent. → *tranchant.*

INTONATION ☐ → *son.*

INTOUCHABLE ☐ **I. Adj. 1.** *Au pr. :* immatériel, impalpable, intactile (philos.), intangible. **2.** *Par ext. :* immuable, sacro-saint, traditionnel. **II. Nom :** paria.

INTOXICATION ☐ **I.** Empoisonnement. **II.** → *propagande.*

INTOXIQUER ☐ → *infecter.*

INTRAITABLE ☐ Acariâtre, désagréable, désobéissant, difficile, dur, entêté, entier, exigeant, farouche, fermé, fier, impitoyable, impossible, indomptable, inébranlable, inflexible, inhumain, intransigeant, irréductible, obstiné, opiniâtre, raide, revêche, tenace.

INTRANSIGEANCE ☐ → *intolérance.*

INTRANSIGEANT, E ☐ **I.** → *intolérant.* **II.** → *intraitable.*

INTRÉPIDE ☐ Audacieux, brave, courageux, crâne, déterminé, ferme, fier, généreux, hardi, impavide, imperturbable, inébranlable, osé, résolu, téméraire, vaillant, valeureux.

INTRÉPIDITÉ ☐ → *courage.*

INTRIGANT, E ☐ adj. et n. Arriviste, aventurier, condottiere, diplomate, faiseur, fin, habile, picaro, souple, subtil.

INTRIGUE ☐ **I. Au pr. : 1.** Affaire, agissement, complication, complot, conspiration, dessein, embarras, expédient, fomentation, machiavélisme, machination, manège, manigance, manœuvre, menée, micmac (fam.), rouerie, stratagème, stratégie, tripotage. **2.** Brigue, cabale, ligue, parti. **II. Par ext. 1.** → *relation.* **2.** *Litt. :* action, affabulation, anecdote, découpage, fable, fabulation, histoire, imbroglio, intérêt, nœud, péripétie, scénario, sujet, synopsis, thème, trame.

INTRIGUER ☐ **I. V. tr.** → *embarrasser.* **II. V. intr. :** briguer, cabaler, comploter, conspirer, embarrasser (vx), machiner, manigancer, manœuvrer, ourdir, ruser, tramer, tresser, tripoter.

INTRINSÈQUE ☐ → *intérieur.*

INTRODUCTEUR, TRICE ☐ → *novateur.*

INTRODUCTION ☐ **I. Au pr. (action d'introduire. 1.** *Quelque chose :* acclimatation, apparition, importation, infiltration, insertion, intromission, intrusion, irruption. **2.** *Quelqu'un :* admission, arrivée, avènement, entrée, installation, intervention, présentation, recommandation. **II. Par ext. 1.** Avant-propos, début, entrée en matière, exorde, exposition, ouverture, préface, préliminaire, prélude, présentation, protase. **2.** Apprentissage, initiation, préparation. **3.** *Méd. :* cathétérisme, intussusception.

INTRODUIRE ☐ **I. Au pr. :** conduire, couler, enfoncer, enfourner, engager, entrer, faire entrer/passer, ficher, fourrer, glisser, greffer, imbriquer, implanter, importer, inclure, incorporer, infiltrer, insérer, insinuer, insuffler, intercaler, mettre dans, passer, plonger, rentrer. **II. Par ext. 1.** Acclimater, adopter, cautionner, donner/fournir sa caution/sa garantie, garantir, incorporer, inculquer, lancer, ouvrir les portes, parrainer, patronner, pistonner (fam.), se porter garant, pousser, présenter, produire. **2.** → *établir.* **3.** *Techn. :* cuveler, infuser, injecter, inoculer, sonder. **III. V. pron. :** s'acclimater, se caser, se couler, entrer, s'établir, se faufiler, se fourrer (fam.), se glisser, s'immiscer, s'impatroniser, s'imposer, s'incruster, s'infiltrer, s'ingérer, s'insinuer, s'installer, s'introniser, se mêler/passer dans, resquiller.

INTROMISSION □ → *introduction.*

INTRONISATION □ → *installation.*

INTRONISER □ → *établir.*

INTROSPECTION □ Analyse, autocritique, bilan, examen de conscience, observation, psychanalyse, réflexion, regard intérieur, retour sur soi.

INTROUVABLE □ Caché, disparu, énigmatique, envolé, évanoui, inaccessible, indécouvrable, insoluble, invisible, perdu, précieux, rare, sans égal/pareil, secret, unique.

INTRUS, E □ → *importun.*

INTRUSION □ I. → *introduction.* II. → *intervention.*

INTUITIF, IVE □ → *sensible.*

INTUITION □ I. **Au pr.** : âme, cœur, connaissance, flair, instinct, sens, sentiment, tact. II. **Par ext.** → *pressentiment.*

INTUMESCENCE □ → *gonflement.*

INTUMESCENT, E □ → *gonflé.*

INUSABLE □ → *résistant.*

INUSITÉ, E □ Anormal, bizarre, curieux, déconcertant, désuet, désusité (vx), étonnant, exceptionnel, extraordinaire, hardi, inaccoutumé, inhabituel, inouï, insolite, inutilisé, neuf, nouveau, original, osé, rare, singulier.

INUTILE □ Absurde, creux, en l'air, frivole, futile, improductif, inefficace, inemployable, infécond, infructueux, insignifiant, négligeable, nul, oiseux, perdu (vx), sans but/fonction/objet, stérile, superfétatoire, superflu, vain, vide.

INUTILEMENT □ En vain, pour des prunes (fam.), pour le roi de Prusse (fam.), pour rien, vainement.

INUTILITÉ □ I. → *futilité.* II. → *vanité.*

INVALIDE □ n. et adj. → *infirme.*

INVALIDER □ → *abolir.*

INVALIDITÉ □ I. Nullité → *prescription.* II. → *infirmité.*

INVARIABLE □ → *durable.*

INVARIANT, E □ → *stable.*

INVASION □ → *incursion.*

INVECTIVE □ → *injure.*

INVECTIVER □ Attaquer, crier, déblatérer (fam.), déclamer, fulminer, pester, tempêter, tonner. → *injurier.*

INVENDABLE, INVENDU, E □ Bouillon (fam.), rossignol.

INVENTAIRE □ I. → *liste.* II. → *dénombrement.*

INVENTER □ I. **Neutre ou favorable** : s'aviser de, bâtir, chercher, composer, concevoir, créer, découvrir, échafauder, engendrer, fabriquer, forger, imaginer, improviser, innover, supposer, trouver. II. **Non favorable** : affabuler, arranger, broder, conter, controuver (vx), fabriquer, fabuler, feindre, forger, insinuer, mentir. → *hâbler.*

INVENTEUR □ I. Découvreur, trouveur. → *chercheur.* II. → *hâbleur.*

INVENTIF, VE □ → *ingénieux.*

INVENTION □ I. **Au pr.** → *découverte.* II. **Par ext. (non favorable)** : affabulation, artifice, bourde, calomnie, chimère, combinaison, comédie, craque (fam.), duperie, expédient, fabrication, fabulation, fantaisie, feinte, fiction, fumisterie, galéjade, histoire, idée, imagination, irréalité, légende, mensonge, rêve, roman, saga, songe, tromperie.

INVENTORIER □ I. → *dénombrer.* II. → *examiner.*

INVÉRIFIABLE □ Incontrôlable, indémontrable.

INVERSÉ, E □ → *opposé.*

INVERSEMENT □ Réciproquement, vice-versa.

INVERSER □ → *transposer.*

INVERSION □ I. **Au pr.** : anastrophe, changement, déplacement, dérangement, hyperbate, interversion, renversement, retournement, transposition. II. Anomalie, anormalité, dépravation, désordre, homosexualité.

INVERTI, E □ → *uranien.*

INVERTIR □ → *renverser.*

INVESTIGATEUR, TRICE □ n. et adj. Chercheur, curieux, enquêteur, examinateur, inquisiteur, interrogateur, questionneur (vx), scrutateur.

INVESTIGATION □ → *recherche.*

INVESTIR □ I. **Au pr. (milit.)** : assiéger, bloquer, boucler, cerner, contrôler, disposer autour, emprisonner, encercler, enfermer, envelopper, environner, fermer, prendre au piège, quadriller. II. **Par ext.** *1.* → *installer.* *2.* → *pourvoir.* *3.* → *placer.*

INVESTISSEMENT □ I. Aide, apport, engagement, financement, impense, mise, participation, placement. II. Blocus, contrôle, quadrillage, siège.

INVESTITURE □ → *installation.*

INVÉTÉRÉ, E □ → *incorrigible.*

INVINCIBLE □ → *irrésistible.*

INVIOLABILITÉ □ → *immunité.*

INVIOLABLE □ → *sacré.*

INVISIBLE □ → *imperceptible.*

INVITATION □ I. Appel, convocation, demande, invite, signe. II. → *excitation.*

INVITÉ, E □ → *convive.*

INVITER □ I. **Favorable ou neutre** : appeler, attirer, conseiller, convier, convoquer, demander, engager, faire asseoir, faire appel/signe, prier à/de, retenir à, solliciter, stimuler. **II. Non favorable :** appeler à, défier, engager, entraîner, exciter, exhorter, inciter, induire, mettre au défi, porter/pousser à, presser, provoquer, solliciter.

INVIVABLE □ → *difficile.*

INVOCATION □ Adjuration, appel, dédicace, demande, litanie, prière, protection, sollicitation, supplication.

INVOLONTAIRE □ Accidentel, automatique, convulsif, forcé, inconscient, instinctif, irréfléchi, machinal, mécanique, naturel, passif, réflexe, spontané.

INVOQUER □ **I.** → *évoquer.* **II.** prier. **III.** → *prétexter.*

INVRAISEMBLABLE □ Bizarre, ébouriffant, étonnant, étrange, exceptionnel, exorbitant, extraordinaire, extravagant, fantastique, formidable, impensable, impossible, improbable, inconcevable, incrédible, incroyable, inimaginable, inintelligible, insoutenable, paradoxal, renversant (fam.), rocambolesque.

INVRAISEMBLANCE □ Bizarrerie, contradiction, énormité, étrangeté, extravagance, impossibilité, improbabilité, incrédibilité, paradoxe.

INVULNÉRABILITÉ □ → *résistance.*

INVULNÉRABLE □ **Par ext. 1. D'un être :** costaud, dur, fort, imbattable, immortel, increvable, invincible, puissant, redoutable, résistant. **2. D'une chose** → *imprenable.*

IRASCIBILITÉ □ → *colère.*

IRASCIBLE □ → *colère* (adj.).

IRE □ → *colère.*

IRISÉ, E □ Chromatisé, iridescent, nacré, opalin.

IRONIE □ **I.** → *esprit.* **II.** → *raillerie.*

IRONIQUE □ Blagueur (fam.), caustique, goguenard, gouailleur, humoristique, moqueur, narquois, persifleur, railleur, sarcastique, voltairien.

IRONISER □ → *railler.*

IRONISTE □ → *humoriste.*

IRRADIATION □ Diffusion, divergence, émission, propagation, radiation, rayonnement.

IRRADIER □ → *rayonner.*

IRRATIONNEL, ELLE □ → *illogique.*

IRRÉALISABLE □ → *impossible.*

IRRÉALITÉ □ → *invention.*

IRRECEVABLE □ Erroné, faux, impossible, inacceptable, inaccordable, inadmissible, injuste.

IRRÉCONCILIABLE □ Brouillé, divisé, ennemi, opposé.

IRRÉCUPÉRABLE □ **I.** → *déchu.* **II.** → *perdu.*

IRRÉCUSABLE □ Clair, éclatant, évident, indiscutable, irréfragable, irréfutable.

IRRÉDUCTIBLE □ **I.** Incompressible. **II.** → *inflexible.* **III.** → *intraitable.*

IRRÉEL, ELLE □ → *imaginaire.*

IRRÉFLÉCHI, E □ Audacieux, capricant, capricieux, déraisonnable, écervelé, emballé, emporté, étourdi, imprévoyant, impulsif, inconsidéré, insensé, léger, machinal, mécanique. → *involontaire.*

IRRÉFLEXION □ Distraction, étourderie, imprévoyance, impulsion, inattention, inconséquence, précipitation.

IRRÉFRAGABLE et **IRRÉFUTABLE** □ Avéré, catégorique, certain, corroboré, démontré, établi, évident, exact, fixe, formel, incontestable, indiscutable, invincible, irrécusable, logique, notoire, péremptoire, positif, probant, prouvé, sûr, véridique, véritable, vrai.

IRRÉGULARITÉ □ **I.** Aspérité, bosse, creux, grain, saillie. **II.** Accident, altération, anomalie, asymétrie, bizarrerie, caprice, défaut, défectuosité, désordre, déviation, difformité, discontinuité, disproportion, dissymétrie, écart, erreur, étrangeté, excentricité, exception, faute, illégalité, inégalité, intermittence, loufoquerie, manquement, monstruosité, particularité, passe-droit, perturbation, perversion, singularité, variabilité.

IRRÉGULIER □ Franc-tireur. → *insoumis.*

IRRÉGULIER, ÈRE □ Aberrant, accidentel, anomal, anormal, arbitraire, asymétrique, baroque, biscornu, bizarre, convulsif, décousu, déréglé, désordonné, déviant, difforme, discontinu, dissymétrique, erratique, étonnant, extraordinaire, fautif, fortuit, hétéroclite, illégal, illégitime, inaccoutumé, incorrect, inégal, inhabituel, injuste, insolite, intermittent, interrompu, inusité, irrationnel, monstrueux, particulier, peccant, phénoménal, saccadé, singulier, syncopé, variable.

IRRÉLIGIEUX, EUSE □ → *incroyant.*

IRRÉMÉDIABLE □ Fatal, incurable, irréparable, nécessaire, perdu.

IRRÉMISSIBLE □ Impardonnable, inexcusable. → *irrémédiable.*

IRREMPLAÇABLE □ Unique. → *précieux.*

IRRÉPARABLE □ Définitif, funeste, malheureux, néfaste. → *irrémédiable.*

IRRÉPRÉHENSIBLE □ → *irréprochable.*

IRRÉPRESSIBLE □ → *irrésistible.*

IRRÉPROCHABLE □ Accompli, droit, honnête, impeccable, inattaquable, irrépréhensible, juste, moral, parfait, sans défaut/reproche/tare.

IRRÉSISTIBLE □ Capable, fort, envoûtant, évident, excessif, imbattable, incoercible, indomptable, influent, invincible, irrépressible, irrévocable, percutant, persuasif, séduisant, tenace, violent.

IRRÉSOLU, E □ Embarrassé, en suspens, entre le zist et le zest (fam.), flottant, fluctuant, hésitant, incertain, indécis, indéterminé, lanternier (fam.), mobile, perplexe, suspendu, vacillant, vague.

IRRÉSOLUTION □ → *indétermination.*

IRRESPECT □ → *irrévérence.*

IRRESPECTUEUX, EUSE □ → *irrévérencieux.*

IRRESPIRABLE □ → *mauvais.*

IRRESPONSABLE □ → *insensé.*

IRRÉVÉRENCE □ Audace, grossièreté, impertinence, impolitesse, incongruité, inconvenance, insolence, irrespect, maladresse, manque d'égards/de respect.

IRRÉVÉRENCIEUX, EUSE et **IRRÉVÉRENT, E** □ Audacieux, grossier, impertinent, impoli, incongru, inconvenant, injurieux, insolent, insultant, irrespectueux, maladroit, malappris, mal embouché, vulgaire.

IRRÉVERSIBLE, IRRÉVOCABLE □ Arrêté, décidé, définitif, fixe, formel, immarcescible, inamissible, ne varietur, péremptoire, résolu, sans appel.

IRRIGATION □ → *arrosage.*

IRRIGUER □ → *arroser.*

IRRITABILITÉ □ → *susceptibilité.*

IRRITABLE □ **I.** → *colère* (adj.). **II.** → *susceptible.*

IRRITANT, E □ **I. Au pr. :** agaçant, déplaisant, désagréable, énervant, enrageant, provocant, vexant. **II. Par ext. 1.** Âcre, échauffant, suffocant. **2.** Excitant, stimulant.

IRRITATION □ **I.** → *colère.* **II.** Brûlure, démangeaison, échauffement, érubescence, exacerbation, exaspération, inflammation, prurit, rougeur, rubéfaction, tourment. **III.** Exaltation, exaspération, excitation, surexcitation.

IRRITÉ, E □ À cran, agacé, aigri, blessé, contrarié, courroucé, crispé, énervé, enflammé, enragé, exaspéré, excédé, fâché, furibond, furieux, hérissé, horrifié, hors de soi, impatienté, indigné, nerveux, piqué, tanné, vexé.

IRRITER □ **I. Au pr. :** brûler, démanger, enflammer, envenimer, exacerber, exaspérer, rubéfier. **II. Fig. 1.** → *exciter.* **2.** Agacer, aigrir, blesser, contrarier, crisper, donner/taper sur les nerfs, énerver, exaspérer, excéder, fâcher, hérisser, horripiler, impa-

tienter, indigner, jeter hors de soi/de ses gonds, mettre en colère/hors de soi, piquer, tourmenter. **III. V. pron. :** bouillir, se cabrer, s'émouvoir, s'emporter, se fâcher, s'impatienter, se mettre en colère, se monter, piquer une colère/rage/rogne (fam.), sortir de ses gonds.

IRRUPTION □ → *incursion.*

ISLAMIQUE □ Coranique, mahométan, musulman.

ISOLATION □ Calorifugation, insonorisation. → *isolement.*

ISOLÉ, E □ **I.** → *écarté.* **II.** → *seul.*

ISOLEMENT □ **I. De quelqu'un :** abandon, claustration, cloître, délaissement, déréliction, éloignement, esseulement, exil, isolation, quarantaine, retranchement, séparation, solitude. **II. Par ext. 1.** Autarcie, séparatisme. **2.** Non-conformisme. **3.** Autisme.

ISOLER □ → *écarter.*

ISRAÉLITE □ n. et adj. Hébraïque, hébreu, israélien, judaïque, juif, peuple élu, sémite, sémitique. **Pop. et péj. :** schmoutz, youpin, youtre.

ISSU, E □ → *né.*

ISSUE □ **I.** → *sortie.* **II.** → *résultat.*

ITÉRATIF, IVE □ Fréquent, fréquentatif, rabâché, recommencé, renouvelé, répété.

ITÉRATION □ → *répétition.*

ITHOS □ → *galimatias.*

ITINÉRAIRE □ → *trajet.*

ITINÉRANT, E □ → *voyageur.*

IVOIRIN, E □ Albâtre, blanc, blanchâtre, chryséléphantin, opalin, porcelaine.

IVRAIE □ **I. Au pr. :** chiendent, herbe, ray-grass, vorge, zizanie. **II. Fig. :** chicane, dispute, méchanceté, mésentente.

IVRE □ **I. Au pr. 1. Neutre :** aviné, bu, gai, gris, grisé, imbriaque, pris de boisson. **2. Fam. et arg. :** brindezingue, cuit, cuité, dans les vignes du Seigneur, éméché, émoustillé, en goguette, entre deux vins, gelé, givré, hachesse, mort, noir, parti, pinté, pompette. **3. Non favorable :** beurré, blindé, bourré, cané, cassé, défoncé, fadé, hourdé, mûr, muraille, paf, pété, plein, poivré, rétamé, rond, schlass, soûl. **II. Par ext. :** exalté, transporté, troublé.

IVRESSE □ **I. Au pr. 1. Neutre :** boisson, crapule, débauche, dipsomanie, ébriété, enivrement, éthylisme, fumées de l'alcool/du vin, griserie, hébétude, ilotisme, intempérance, ivrognerie. **2. Fam. et arg. :** biture, cocarde, cuite, défonce, muflée, pétée, pistache, poivrade, ribote, ronflée, soulographie. **II. Fig. 1.** → *vertige.* **2.** Enchantement, enthousiasme, exaltation, excitation, extase, joie, volupté.

IVROGNE, IVROGNESSE □ **I.** Alcoolique, buveur, débauché, dipsomane, dipsomaniaque, éthylique, intempérant. **II. Fam.** : Arsouille, bacchante, bibard, biberon, boit-sans-soif, cuitard, éponge, ilote (vx), lécheur, licheur, outre, pilier de bistrot/cabaret/café/estaminet, picoleur, pochard, pochetron, poivrier, poivrot, sac-à-vin, siffleur, soiffard, soûlard, soulas (vx), soulaud, soulographe, suppôt de Bacchus, téteur, tonneau, vide-bouteilles.

IVROGNERIE □ → *ivresse.*

JABOT □ **I.** Par ext. : cravate, dentelle. **II.** → *estomac.*

JABOTER □ **I. Non favorable. 1.** Babiller, baratiner, bavarder, bonimenter, cailleter, caqueter, débiter, discourir, jabouiner, jacasser, jacter, jaspiller (arg.), jaspiner (arg.), papoter (fam.), parler, raconter. **2.** Baver, broder, cancaner, clabauder, colporter, commérer, débiner (fam.), déblatérer, faire battre des montagnes, faire des commérages/des histoires/des racontars, jaser, lantiponner (fam.), potiner, publier, répandre. **II. Favorable ou neutre :** s'abandonner, causer, converser, deviser, échanger, s'entretenir, faire la causette (fam.)/la conversation/un brin de causette (fam.).

JACASSE, JACASSEUR □ Babillard, baratineur (fam.), bavard, bon grelot (fam.), bonimenteur, bonne tapette (fam.), bruyant, cancanier, commère, concierge, discoureur, jaseur, loquace, parleur, phraseur, pipelet, prolixe, verbeux, volubile.

JACASSEMENT, JACASSERIE □ → *bavardage.*

JACASSER □ → *jaboter.*

JACHÈRE □ Brande, brousse, friche, garrigue, gâtine, lande, maquis, varenne.

JACINTHE □ Hyacinthe.

JACOBIN □ n. et adj. **I.** → *révolutionnaire.* **II.** Par ext. → *ultra.*

JACQUERIE □ → *révolte.*

JACTANCE □ **I.** → *orgueil.* **II.** → *hâblerie.*

JACTER □ → *jaboter.*

JADIS □ → *autrefois.*

JAILLIR □ Apparaître, bondir, couler, se dégager, se dresser, s'élancer, s'élever, fuser, gicler, partir, pointer, rejaillir, saillir, sortir, sourdre, surgir.

JAILLISSEMENT □ → *éruption.*

JALE □ → *baquet.*

JALON □ → *repère.*

JALONNEMENT □ → *bornage.*

JALONNER □ → *tracer.*

JALOUSER □ → *envier.*

JALOUSIE □ **I.** → *envie.* **II.** → *émulation.* **III.** → *volet.*

JALOUX, OUSE □ **I.** → *envieux.* **II.** → *désireux.*

JAMAIS (À, POUR) □ Définitivement, en aucun temps, éternellement, irrévocablement, pour toujours, saint-glinglin, sans retour.

JAMBE □ **I. D'un homme. 1.** Membre inférieur. **2. Fam. :** bâtons, bouts, brancards, cannes, échasses, flûtes, fumerons, gambettes, gambilles, gigots, gigues, guibolles, guiches, guisots, jambettes, pattes, piliers, pilons, pinceaux, pincettes, poteaux, quilles. **II. D'un animal** → *patte.*

JAMBIÈRE □ → *guêtre.*

JANSÉNISTE □ n. et adj. Austère, étroit, moraliste, puritain, rigoureux.

JAPPEMENT □ → *aboi.*

JAPPER □ → *aboyer.*

JAQUETTE □ **I.** → *veste.* **II.** → *uranien.*

JARDIN □ **I. Au pr. :** clos, closerie, courtil (vx), enclos, espace vert, hortillonnage, jardinet, parc, potager, square, verger. **II. Par ext. : 1.** Éden, eldorado, paradis. **2.** → *nursery.*

JARDINAGE □ Arboriculture, culture maraîchère, horticulture, maraîchage.

JARDINER □ → *cultiver*.

JARDINIER □ Arboriculteur, fleuriste, horticulteur, maraîcher, pépiniériste, rosiériste.

JARDINISTE □ Architecte/décorateur paysager, paysagiste.

JARGON □ Argot, baragouin, bigorne (vx), charabia, dialecte, galimatias, gazouillis, jar, javanais, jobelin, joual, langue verte, largonji, loucherbem, patagon, patois, pidgin, sabir, verlan, vers-l'en.

JASER □ I. → *jaboter*. II. → *médire*.

JASEUR, EUSE □ → *bavard*.

JASPÉ, E □ → *marqueté*.

JATTE □ Bol, coupe, récipient, tasse.

JAUGER □ I. Au pr. *1.* → *mesurer*. *2.* → *évaluer*. II. Fig. → *juger*.

JAUNE □ Blond, chamois, citron, doré, fauve, flavescent, isabelle, jonquille, kaki, ocre, safran, saure, topaze.

JAUNIR □ Blondir, dorer, javeler.

JAUNISSE □ Hépatite, ictère.

JAVA □ → *fête*.

JAVELINE, JAVELOT □ → *trait*.

JÉRÉMIADE □ → *gémissement*.

JÉSUITISME □ → *hypocrisie*.

JÉSUS □ → *saucisson*.

JET □ I. Au pr. *1.* Coup, émission, éruption, jaillissement, lancement, projection, propulsion. *2.* → *pousse*. *3.* → *avion*. II. Fig. → *ébauche*.

JETÉE □ → *digue*.

JETER □ I. Abandonner, balancer, se débarrasser/se défaire de, détruire, dispenser, éjecter, émettre, éparpiller, envoyer, ficher (fam.), flanquer (fam.), joncher, lancer, mettre, parsemer, pousser, précipiter, projeter, propulser, rejeter, répandre, semer. II. Loc. *1.* ***Jeter bas/à terre :*** esbalancer (mérid.) → *abattre*. *2.* ***Jeter son dévolu sur*** → *choisir*. III. V. pron. : *1.* → *élancer (s')*. *2.* Aboutir, déboucher, se déverser, finir à/dans.

JEU □ I. → *plaisir*. II. → *jouet*. III. → *politique*. IV. → *interprétation*. V. → *assortiment*. VI. Loc. *1.* ***Jeu d'esprit*** → *supposition*. *2.* ***Jeu de mots :*** anagramme, anastrophe, à-peu-près, calembour, contrepèterie, coq-à-l'âne, équivoque, janotisme, mot d'esprit, mots croisés, plaisanterie, rébus, turlupinade. *3.* ***Mettre en jeu*** → *user de*.

JEUN (À) □ Ventre creux/vide.

JEUNE □ I. Adj. : adolescent, junior, juvénile, neuf, nouveau, vert. II. Nom : *1.* J3 (vx), jeunes gens, jeunesse, moins de vingt ans, teenagers. *2.* ***Jeune fille*** → *fille*. *3.* ***Jeune homme :*** adonis, benjamin, blondin, cadet, damoiseau, éphèbe, garçon, gars, jeunet, jeunot, jouvenceau, miston, môme, muguet (vx), play-boy. *Péj. :* béjaune, blanc-bec, colombin, freluquet, godelureau, greluchon, lipette, loulou, loubard, minet, minot, niasse, nière, petit branleur, etc.

JEÛNE □ I. Neutre : abstinence, carême, diète, grève de la faim, pénitence, privation, quatre-temps, ramadan, renoncement, restriction, vigile. II. Favorable : frugalité, modération, sobriété, tempérance. III. Non favorable → *manque*.

JEUNESSE □ Adolescence, juvénilité, printemps de la vie, verdeur, vingt ans.

JOAILLIER □ Bijoutier, orfèvre.

JOBARD, E □ → *naïf*.

JABARDER □ → *tromper*.

JOBARDERIE □ → *bêtise*.

JOCRISSE □ n. et adj. → *bête*.

JOIE □ I. → *gaieté*. II. → *plaisir*.

JOINDRE □ I. Quelque chose ou quelqu'un (au pr.) : aboucher, abouter, accoler, accoupler, ajointer, ajuster, allier, anastomoser (méd.), annexer, appointer, approcher, articuler, assembler, associer, attacher, brancher, braser, chaîner, combiner, conjoindre, conjuguer, connecter, corréler, coudre, embrancher, enchaîner, entrelacer, épisser, greffer, incorporer, jumeler, juxtaposer, lier, marier, rabouter, raccorder, rallier, rapporter, rapprocher, rassembler, rattacher, relier, réunir, souder, unir. II. Par ext. *1.* → *accoster*. *2.* → *rejoindre*.

JOINT, JOINTURE □ I. Aboutage, anastomose (méd.), articulation, assemblage, commissure, conjonction, conjugaison, contact, fente, jonction, raccord, rencontre, réunion, soudure, suture, union → *abouchement*. II. → *moyen*. III. → *drogue*.

JOINTOYER □ Ruiler.

JOLI, E □ I. → *accorte*. II. → *agréable*. III. → *aimable*. IV. → *beau*. V. → *bien*. VI. → *élégant*.

JOLIESSE □ → *délicatesse*.

JONC □ I. → *baguette*. II. → *bague*.

JONCHER □ → *recouvrir*.

JONCTION □ Bifurcation, carrefour, fourche. → *joint*.

JONGLER □ → *trafiquer*.

JONGLERIE □ → *habileté*.

JONGLEUR □ → *troubadour*.

JOUE □ I. Abajoue, bajoue, méplat, pommette. II. Fam. : babine, babouine, badigoince.

JOUER □ I. V. intr. *1.* → *amuser (s')*.

2. → *mouvoir (se).* **II. V. tr. 1.** Créer, faire du théâtre, interpréter, mettre en scène. → *représenter.* **2.** → *tromper.* **3.** → *spéculer.* **4.** → *hasarder.* **5.** → *railler.* **6.** → *feindre.* **7.** → *imiter.* **8.** *D'un instrument de musique :* gratter (péj.), pianoter, pincer, racler (péj.), sonner, souffler, toucher. **9.** *Un morceau de musique :* attaquer, enlever, exécuter, interpréter, massacrer (péj.). **III. V. pron. : 1.** → *mépriser.* **2.** → *railler.* **3.** → *tromper.*

JOUET □ **I. Au pr.** → *bagatelle.* **II. Fig.** → *victime.*

JOUFFLU, E □ Bouffi, gonflé, mafflé, mafflu, poupard, poupin, rebondi.

JOUG □ **Fig.** → *subordination.*

JOUIR □ **I.** → *avoir, profiter de, régaler (se).* **II.** Connaître la volupté *et les syn. de volupté* → *éjaculer.* **III. Arg. et grossier :** bander, bicher, s'éclater, s'envoyer en l'air, se faire briller/reluire, godailler, goder, partir, planer, prendre son fade/panard/pied/taf. **Partic. 1. Femmes :** couler, juter, mouiller, ne plus se sentir pisser. **2. Hommes :** avoir la canne/gaule/tringle/trique/le tricotin, l'avoir au garde-à-vous/dure/en l'air/raide, etc. et → *accoupler (s').*

JOUIR DE □ **I.** → *posséder.* **II.** → *profiter de.* **III.** Déguster, goûter, se repaître, savourer. → *régaler (se).*

JOUISSANCE □ **I.** Possession, propriété, usage, usufruit. **II.** → *plaisir.*

JOUISSEUR, EUSE □ → *épicurien.*

JOUR □ **I.** Journée, quantième → *aube.* **II. Par ext. 1.** → *lumière.* **2.** → *ouverture.* **3.** → *moyen.* **III. Au pl. 1.** → *vie.* **2.** → *époque.* **IV. Loc. 1. Point/pointe du jour** → *aube.* **2. Voir le jour** → *naître.*

JOURNAL □ **I.** Bulletin, canard (péj.), feuille, feuille de chou (péj.), gazette, hebdomadaire, illustré, magazine, organe, périodique, presse, quotidien → *revue.* **II.** → *récit.* **III.** → *mémoires.*

JOURNALIER, ÈRE □ **I. Nom** → *travailleur.* **II. Adj. 1. Au pr. :** de chaque jour, diurnal, diurne, journal, quotidien. **2.** → *changeant.*

JOURNALISTE □ Bobardier (péj.), chroniqueur, commentateur, correspondant, courriériste, critique, échotier, éditorialiste, envoyé spécial, feuilletoniste, feuilliste (péj.), folliculaire (péj.), gazetier (vx), informateur, journaleux (péj.), nouvelliste, pamphlétaire, pisse-copie (péj.), polémiste, publiciste, rédacteur, reporter, salonnier, speaker.

JOURNÉE □ **I.** → *jour.* **II.** → *étape.* **III.** → *rétribution.*

JOUTE □ **I.** → *tournoi.* **II.** → *lutte.*

JOUTER □ → *lutter.*

JOUTEUR □ → *lutteur.*

JOUVENCEAU □ → *jeune.*

JOUXTER □ → *toucher.*

JOVIAL, E □ → *gai.*

JOVIALITÉ □ → *gaieté.*

JOYAU □ **I.** Bijou, parure. **II.** → *beauté.*

JOYEUSETÉ □ → *plaisanterie.*

JOYEUX, EUSE □ Jubilant → *gai.*

JUBÉ □ Ambon.

JUBILANT, E □ → *gai.*

JUBILATION □ → *gaieté.*

JUBILER □ → *réjouir (se).*

JUCHER □ → *percher.*

JUCHOIR □ → *perchoir.*

JUDAS □ **I.** → *infidèle.* **II.** → *ouverture.*

JUDICIAIRE □ Juridique, procédurier (péj.).

JUDICIEUX, EUSE □ → *bon.*

JUDO □ Jiu-jitsu.

JUGE □ **I.** Alcade (esp.), arbitre, cadi (arabe), gens de robe, guignol (arg.), héliaste, inquisiteur (péj.), justicier, magistrat, official (rel.), préteur (vx), prévôt, robin (péj.), viguier. **II.** Vengeur. **III.** → *censeur.*

JUGEMENT □ **I.** Arrêt, décision, décret, verdict. **II.** → *opinion.* **III.** → *censure.* **IV.** → *raison.* **V. partic.** psychostasie.

JUGEOTE □ → *raison.*

JUGER □ **I.** Apprécier, arbitrer, choisir, conclure, considérer, coter, croire, décider, départager, déterminer, dire, discerner, distinguer, envisager, estimer, évaluer, examiner, expertiser, imaginer, jauger, mesurer, noter, penser, peser, porter une appréciation/un jugement, prononcer un arrêt/une sentence, sonder les reins et les cœurs, soupeser, statuer, trancher, trouver, voir. **II.** → *blâmer.*

JUGULAIRE □ Bride, mentonnière.

JUGULER □ → *arrêter.*

JUIF, JUIVE □ n. et adj. → *israélite.*

JUMEAU, ELLE □ n. et adj. Besson, double, free-martin (vétér.), gémeau, menechme, pareil, sosie, univitellin.

JUMELAGE □ → *assemblage.*

JUMELER □ → *joindre.*

JUMELLE □ → *lunette.*

JUMENT □ Cavale, haquenée, mulassière, pouliche, poulinière.

JUPE □ Cotillon, cotte, jupon, kilt, paréo, tutu.

JUREMENT □ **I.** → *serment.* **II.** Blasphème, cri, exécration, imprécation, juron, outrage.

JURER □ **I.** → *affirmer.* **II.** → *décider.* **III.** → *promettre.* **IV.** → *contraster.* **V.** Blasphémer, outrager, proférer des jurons, sacrer, tempêter.

JURIDICTION □ Autorité, circonscription, compétence, for (vx), judicature, ressort, territoire.

JURIDIQUE □ → *judiciaire.*

JURISCONSULTE □ → *légiste.*

JURISPRUDENCE □ → *loi.*

JURISTE □ → *légiste.*

JURON □ → *jurement.*

JURY □ → *tribunal.*

JUS □ Sauce, suc. → *liquide.*

JUSANT □ → *marée.*

JUSQU'AU-BOUTISME □ → *extrémisme.*

JUSTE □ **I. Au pr.** : adéquat, approprié, bon, conforme, convenable, correct, droit, équitable, exact, fondé, honnête, impartial, intègre, justifiable, justifié, légitime, loyal, motivé, précis, propre, raisonnable. **II. Par ext.** → *vrai.* **III.** → *étroit.* **IV. Adv.** : exactement, précisément, tout à fait.

JUSTE MILIEU □ → *équilibre.*

JUSTESSE □ Authenticité, convenance, correction, exactitude, précision, propriété, raison, rectitude, vérité.

JUSTICE □ **I.** Droiture, équité, impartialité, intégrité, légalité, objectivité, probité. **II.** → *droit.* **III. Loc. Faire justice** → *punir.*

JUSTICIER, ÈRE □ Redresseur de torts, vengeur, zorro (fam.). → *juge.*

JUSTIFIABLE □ → *excusable.*

JUSTIFICATIF □ → *preuve.*

JUSTIFICATION □ **I.** Apologétique, apologie. → *éloge.* **II.** Affirmation, argument, confirmation, constatation, démonstration, établissement, gage, illustration (vx), motif, pierre de touche → *preuve.*

JUSTIFIÉ, E □ → *juste.*

JUSTIFIER □ **I.** Absoudre, acquitter, admettre, alléguer, blanchir, couvrir, décharger, disculper, effacer, excuser, exempter, innocenter, laver, légitimer. **II.** Fonder, motiver. **III.** → *prouver.*

JUTER □ **I.** → *couler.* **II.** → *éjaculer.*

JUTEUX, EUSE □ **I.** → *fluide.* **II.** → *fructueux.*

JUVÉNILE □ Actif, ardent, bien allant, gai, jeune, pimpant, plein d'ardeur/d'entrain/de vie, vert, vif.

JUVÉNILITÉ □ Activité, allant, ardeur, entrain, gaieté, jeunesse, jouvence (vx), verdeur, vivacité.

JUXTAPOSER □ Adjoindre, ajouter, annexer, assembler, associer, combiner, jumeler, marier, rapprocher, rassembler, rattacher, relier, réunir, unir → *joindre.*

JUXTAPOSITION □ → *adjonction.*

KABBALE □ → *cabale*.

KAKI, E □ Brun, chamois, fauve, flavescent, grège, jaune, marron, ocre, saure.

KANDJAR □ → *poignard*.

KAYAK □ Canoë, canot, périssoire.

KEEPSAKE □ Album, livre-album, livre d'images, recueil.

KÉPI □ Casquette, chapska, coiffure, shako.

KERMESSE □ Ducasse, festival, festivité, frairie, réjouissance → *fête*.

KÉROSÈNE □ Carburant, pétrole.

KETCH □ → *bateau*.

KIBBOUTZ □ Exploitation/ferme collective.

KIDNAPPER □ **I. Au pr. :** enlever, faire disparaître, séquestrer. **II. Par ext.** → *voler*.

KIDNAPPING □ **I. Au pr. :** enlèvement/rapt d'enfant. **II. Par ext. :** enlèvement, rapt, ravissement (vx), séquestration, violence, voie de fait.

KIF □ Haschisch → *drogue*.

KILT □ Philibeg.

KINÉSITHÉRAPEUTE □ Masseur, physiothérapeute, soigneur.

KIOSQUE □ **I.** Belvédère, gloriette. **II.** → *édicule*. **III.** → *pavillon*.

KIPPER □ → *hareng*.

KITCHENETTE □ Coin cuisine, cuisine, office, petite cuisine.

KITSCH □ À/de papa, baroque, hétéroclite, pompier, rétro.

KLAXON □ Avertisseur, signal sonore, trompe.

KLEPTOMANE □ → *voleur*.

KNOCK-OUT □ Assommé, <u>étendu</u> pour le compte, évanoui, groggy (par ext.), hors de combat, inconscient, K.-O.

KNOUT □ Bastonnade, fouet, verges.

KOBOLD, KORRIGAN □ → *génie*.

KOUAN-HOUA □ Langue mandarine, mandarin.

KRACH □ **I. Au pr. :** déconfiture, dépôt de bilan, faillite. **II. Par ext. :** banqueroute, chute, crise, culbute, débâcle, échec, fiasco, liquidation, marasme, ruine.

KRAK □ Bastide, château, citadelle, crac, ensemble fortifié, fort, forteresse, fortification, ouvrage fortifié, place forte.

KRISS □ → *poignard*.

KYRIELLE □ → *suite*.

KYSTE □ Corps étranger, grosseur, induration, ulcération → *abcès*.

LÀ □ À cet endroit, à cette place, en ce lieu, ici.

LABEL □ → *marque.*

LABEUR □ Activité, besogne, corvée, occupation, ouvrage, peine, tâche, travail.

LABILE □ Changeant, déconcertant, débile, faible, fragile, frêle, glissant, insaisissable, instable, périssable, piètre, précaire.

LABORATOIRE □ Arrière-boutique, atelier, cabinet, officine.

LABORIEUX, EUSE □ **I.** → *difficile.* **II.** → *pénible.* **III.** → *travailleur.*

LABOUR □ **I. Au pr. :** billonnage, décavaillonnage, défonçage, façon, labourage, retroussage, scarifiage. **II. Par ext.** → *champ, terre.*

LABOURER □ **I. Au pr. :** décavaillonner, défoncer, façonner, fouiller, ouvrir, remuer, retercer, retourner, scarifier, tercer, travailler. **II. Fig.** → *déchirer.*

LABOUREUR □ → *agriculteur* et *paysan.*

LABYRINTHE □ **I. Au pr. :** dédale, lacis, méandre. **II. Fig.** Complication, confusion, détours, écheveau, enchevêtrement, maquis, multiplicité, sinuosités.

LAC □ Bassin, chott, étang, lagune, marais, mare, pièce d'eau, réservoir.

LACER □ Attacher, ficeler, fixer, nouer, serrer.

LACÉRATION □ Déchiquetage, déchirement, destruction, dilacération, division, mise en lambeaux/morceaux/pièces.

LACÉRER □ → *déchirer.*

LACET □ **I.** → *corde.* **II.** → *filet.*

LÂCHAGE □ → *abandon.*

LÂCHE □ **I.** Capon, cerf, couard, embusqué, froussard, lâcheur, peureux, pied-plat, pleutre, poltron, poule mouillée, pusillanime, rampant, timide, tremblant, trouillard, veule → *vil.* **Fam. :** capitulard, chiffe, copaille, couille-molle, dégonflé, demi-sel, enfoiré, fausse-couche, foireux, jean-fesse/foutre, gonzesse, lavette, lopette, salope. **II. Une chose :** débandé, désserré, détendu, flaccide, flottant, relâché → *souple.*

LÂCHÉ, E □ → *négligé.*

LÂCHER □ **I. Au pr. 1.** Débander, décramponner, desserrer, détacher, détendre, filer, laisser aller, relâcher. **2.** Droper, larguer, parachuter. **II. Par ext. 1.** → *dire.* **2.** → *accorder.* **3.** → *abandonner.* **4.** → *quitter.* **5.** → *distancer.* **III. Loc. Lâcher pied** → *reculer.*

LÂCHETÉ □ **I.** Couardise, faiblesse, foire, frousse, mollesse, peur, poltronnerie, pusillanimité, trouille, veulerie. **II.** → *bassesse.*

LACIS □ → *labyrinthe, réseau.*

LACONIQUE □ → *court.*

LACS □ → *filet.*

LACUNAIRE □ → *imparfait.*

LACUNE □ **I.** Déficience, desiderata, ignorance, insuffisance, manque, omission, oubli, suppression. **II.** Espace, fente, fissure, hiatus, interruption, méat, solution de continuité, trou.

LADRE □ **I.** → *avare.* **II.** → *lépreux.*

LADRERIE □ **I. Au pr. :** lazaret, léproserie, maladrerie. **II. Fig. :** sordidité → *avarice.*

LAGUNE □ Liman, moere → *étang*.

LAÏC, LAÏQUE □ Agnostique, indépendant, neutre, séculier → *laïque*.

LAÏCITÉ □ Agnosticisme, neutralité, pluralisme, tolérance.

LAID, LAIDE □ **I. Quelque chose, 1.** Abominable, affreux, atroce, dégoûtant, déplaisant, désagréable, disgracieux, effrayant, effroyable, hideux, horrible, ignoble, inesthétique, informe, moche (fam.), monstrueux, repoussant, vilain. **2.** Bas, déshonnête, immoral, indigne, malhonnête, malséant, mauvais, obscène, répugnant, sale, vil. **II. Quelqu'un :** défiguré, déformé, difforme, disgracié, disgracieux, enlaidi, hideux, inélégant, ingrat, mal bâti/fait/fichu/foutu. **Fam. :** blèche, dégueu, dégueulasse, moche, ringard, tarte, tartignole, tartouillard, toc, tocard.

LAIDERON □ Guenon, guenuche, maritorne, monstre, remède à l'amour → *virago*.

LAIDEUR □ **I.** aspect/corps/visage ingrat, difformité, disgrâce, hideur. **II.** Horreur, obscénité, saleté, vilénie → *bassesse*.

LAIE □ **I.** → *sanglier*. **II.** → *allée*. **III.** → *marteau*.

LAINE □ Riflard → *poil*.

LAINEUX, EUSE □ **I.** Doux, duveteux, épais, isolant. **II.** Lanice (vx), lanifère, lanigère, lanugineux. **Par ext. :** poilu, velouté.

LAÏQUE, LAÏC □ n. et adj. Convers, lai, séculier → *laïc*.

LAISSE □ → *attache*.

LAISSER □ **I.** → *abandonner*. **II.** → *quitter*. **III.** → *confier*. **IV.** → *transmettre*. **V.** → *aliéner*. **VI.** → *souffrir*. **VII. Loc.** *Ne pas laisser de* → *continuer*.

LAISSER-ALLER □ Négligence → *abandon*.

LAISSEZ-PASSER □ Coupe-file, navicert (mar.), passavant, passe-debout, passeport, permis, sauf-conduit, visa.

LAITIER, ÈRE □ Crémier.

LAITON □ Archal.

LAÏUS □ → *discours*.

LALLATION □ → *babillage*.

LAMBEAU □ → *morceau*.

LAMBIN, E □ → *lent*.

LAMBINER □ → *traîner*.

LAME □ **I.** Feuille, feuillet, lamelle, morceau, plaque. **II.** Baleine de corset, busc. **III.** → *épée*. **IV.** → *vague*. **V. Loc.** *Fine lame* → *ferrailleur*.

LAMENTABLE □ → *pitoyable*.

LAMENTATION □ → *gémissement*.

LAMENTER (SE) □ → *gémir*.

LAMINAGE □ Aplatissement, étirage.

LAMINER □ Aplatir, étirer, réduire → *user*.

LAMINOIR □ Étireuse, presse.

LAMPE □ **I.** Carcel, verrine (mar.) → *lanterne*. **II. Arg. :** calbombe, camoufle, loubarde, loupiote, pétoche.

LAMPER □ → *boire*.

LAMPION □ → *lanterne*.

LANCE □ Angon, dard, épieu, framée, guisarme, hallebarde, haste, javeline, javelot, pertuisane, pique, sagaie, sarisse, vouge.

LANCÉE □ → *élan*.

LANCEMENT □ → *publication*.

LANCER □ **I. Au pr. :** catapulter, darder, lâcher, larguer, projeter → *jeter*. **II. Par ext. 1.** Bombarder, déclencher, décocher, émettre, envoyer, exhaler, faire partir, répandre. **2.** → *introduire*. **3.** → *éditer*. **III. V. pron.** → *élancer (s')*.

LANCINANT, E □ → *piquant, ennuyeux*.

LANCINER □ → *tourmenter*.

LANDE □ Brande, brousse, friche, garrigue, gâtine, jachère, maquis, varenne.

LANDIER □ Chenêt, hâtier.

LANGAGE □ → *langue*.

LANGE □ → *couche*.

LANGOUREUX, EUSE □ Alangui, amoureux, doucereux, languide, languissant, mourant, sentimental.

LANGUE □ Argot, dialecte, expression, idiolecte, idiome, langage, parler, parlure, patois, sabir, vocabulaire → *jargon*.

LANGUEUR □ Abattement, accablement, adynamie, affaiblissement, alanguissement, anéantissement, anémie, apathie, assoupissement, atonie, consomption, découragement, dépérissement, dépression, ennui, épuisement, étiolement, étisie, faiblesse, inactivité, inanition, indolence, léthargie, marasme, mollesse, morbidesse, nonchalance, paresse, prostration, stagnation, torpeur.

LANGUIDE □ → *langoureux*.

LANGUIR □ **I. Au pr. :** s'en aller, décliner, dépérir, déssécher, s'étioler. **II. Par ext. 1.** → *attendre*. **2.** → *souffrir*. **3.** Stagner, traîner, végéter.

LANGUISSANT, E □ **I.** → *langoureux*. **II.** → *fade*.

LANIÈRE □ → *courroie*.

LANTERNE □ **I. Au pr. :** falot, fanal, feu, lamparo, lampe, lampion, loupiote, lumière, lumignon, phare, pharillon, réverbère, veilleuse. **II. Par ext.** → *refrain*.

LANTERNER □ **I. V. tr.** → *tromper*. **II. V. intr. 1.** → *retarder*. **2.** → *traîner*.

LAPALISSADE □ → *vérité*.

LAPER □ → *boire*.

LAPIDAIRE □ → *court.*

LAPIDER □ **I.** → *tuer.* **II.** → *vilipender.*

LAPS □ **I. N. m. :** → *espace.* **II. Adj. (vx)** → *infidèle.*

LAPSUS □ Contrepèterie, cuir, erreur, faute, janotisme, liaison-malt-à-propos, pataquès, perle, valise.

LAQUAIS □ → *serviteur.*

LAQUE □ → *résine.*

LAQUER □ → *peindre.*

LARBIN □ **I.** → *servile.* **II.** → *serviteur.*

LARCIN □ → *vol.*

LARD □ Bacon, couenne, crépine, graillon (péj.), lardon, panne.

LARDER □ **I.** → *percer.* **II.** → *emplir.* **III.** → *railler.*

LARES □ → *pénates.*

LARGAGE □ Droppage, lâcher, parachutage → *abandon.*

LARGE □ **I. Adj. 1.** → *grand.* **2.** → *indulgent.* **3.** → *généreux.* **II. Nom. 1.** → *mer.* **2.** → *largeur.* **III. Loc. Gagner/prendre le large** → *partir.*

LARGEMENT □ → *beaucoup.*

LARGESSE □ **I.** → *générosité.* **II.** → *don.*

LARGEUR □ **I. Au pr. :** ampleur, calibre, carrure, diamètre, dimension, empan, envergure, étendue, évasure, grandeur, grosseur, laize, large, lé, module, portée. **II. Par ext. :** indulgence, largesse, libéralisme, libéralité, ouverture d'esprit.

LARGUER □ **I.** → *lâcher.* **II.** → *renvoyer.*

LARME □ Chagrin, eau (vx), émotion, gémissement, goutte, larmoiement, mal, perle, pleur, pleurnichement, pleurnicherie, sanglot, souffrance.

LARMOYANT, E □ → *émouvant.*

LARMOYER □ → *pleurer.*

LARRON □ → *voleur.*

LARVE □ **Fig. I.** → *fantoche.* **II.** → *ruine.*

LARVÉ, E □ → *manqué.*

LAS, LASSE □ → *fatigué.*

LASCAR □ → *gaillard.*

LASCIF, IVE □ **I.** Amoureux, caressant, charnel, chaud, concupiscent, doux, érotique, folâtre, gamin, godeur (arg.), léger, leste, libertin, polisson, sensuel, suave, voluptueux. **II. Par ext. et péj. :** concupiscent, débauché, immodeste, impudique, impur, indécent, libidineux, licencieux, lubrique, luxurieux, paillard, porno, pornographique, salace, vicelard, viceloque. → *obscène.*

LASCIVETÉ, LASCIVITÉ □ **I.** Chaleur, commerce charnel, concupiscence, érotisme, libertinage, polissonnerie, sensualité, suavité, volupté. **II. Par ext. et péj. :** débauche, fornication, gâterie, immodestie, impudicité, impureté, indécence, licence, lubricité, luxure, paillardise, pornographie, salacité, vicelardise (arg.).

LASSER □ **I.** → *fatiguer.* **II.** → *ennuyer.* **III. V. pron.** → *décourager (se).*

LASSITUDE □ **I.** → *abattement.* **II.** → *fatigue.* **III.** → *ennui.* **IV.** → *découragement.*

LATENT, E □ → *secret.*

LATITUDE □ → *liberté.*

LATRINES □ → *water-closet.*

LAUDATEUR, TRICE, LAUDATIF, IVE □ → *louangeur.*

LAURÉAT, E □ → *vainqueur.*

LAURIERS □ → *gloire.*

LAVABO □ **I.** Aiguière, aquamanille, fontaine, lave-mains. **II.** → *water-closet.*

LAVAGE □ Ablution, bain, blanchiment, blanchissage, décantage, décantation, dégorgement, douche, lavement, lavure, lessive, lixiviation, nettoyage, purification, purgation.

LAVANDIÈRE □ → *laveuse.*

LAVEMENT □ **I.** Bouillon pointu (vx), clystère, remède. **II.** → *lavage.*

LAVER □ **I. Au pr. :** abluer (vx), absterger, aiguayer, baigner, blanchir, débarbouiller, décrasser, décrotter, dégraisser, détacher, déterger, doucher, essanger, étuver, frotter, guéer, lessiver, lotionner, nettoyer, purifier, récurer, rincer. **II. Par ext. 1.** → *effacer.* **2.** → *excuser.*

LAVEUSE □ Blanchisseuse, buandière, lavandière, lessivière.

LAVOIR □ → *buanderie.*

LAXATIF, IVE □ n. et adj. → *purge.*

LAXISME □ **I.** → *indulgence.* **II.** → *faiblesse.*

LAYETTE □ Bonneterie, linge, trousseau.

LAYON □ → *sentier.*

LAZARET □ → *ladrerie.*

LAZZI □ → *plaisanterie.*

LEADER □ **I.** → *chef.* **II.** → *article.*

LEADERSHIP □ Décision, direction, hégémonie, initiative, tête.

LEASING □ Crédit-bail, location-vente.

LÈCHE-CUL, LÉCHEUR, EUSE □ → *flatteur.*

LÉCHER □ **I.** Licher, pourlécher, sucer. **II. Par ext. 1.** → *caresser, flatter.* **2.** → *parfaire.* **3.** → *cunnilinctus (faire un).*

LEÇON □ **I. Au pr. :** classe, conférence, cours, enseignement, instruction. **II. Par ext. 1.** → *avertissement.* **2.** → *texte.*

LECTEUR, TRICE □ **I.** Anagnoste, liseur. **II.** Pick-up.

LECTURE □ Déchiffrage, déchiffrement, décryptage, reconnaissance.

LÉGAL, E □ → *permis.*

LÉGALISER □ → *confirmer.*

LÉGALITÉ □ → *régularité.*

LÉGAT □ Nonce, prélat, vicaire apostolique. → *ambassadeur.*

LÉGATAIRE □ → *héritier.*

LÉGATION □ → *mission.*

LÉGENDAIRE □ → *illustre.*

LÉGENDE □ **I.** Conte, fable, folklore, histoire, mythe, mythologie, saga, tradition. **II.** → *inscription.*

LÉGER, ÈRE □ **I.** Aérien, allégé, délesté, éthéré, gracile, grêle, impalpable, impondérable, menu, subtil, vaporeux, volatil. **II.** → *dispos.* **III.** → *délicat.* **IV.** → *insignifiant.* **V.** → *changeant.* **VI.** → *libre.* **VII.** → *frivole.* **VIII.** → *galant.* **IX.** → *vide.*

LÉGÈREMENT □ **I.** À la légère, inconsidérément, sommairement. **II.** Frugalement, sobrement. **III.** Délicatement, doucement, en douceur, imperceptiblement.

LÉGÈRETÉ □ **I.** → *souplesse.* **II.** → *grâce.* **III.** → *insouciance.*

LÉGIFÉRER □ Administrer, arrêter, codifier, décréter, édicter, faire des lois, mettre en place, ordonner, prescrire, régler, réglementer.

LÉGION □ **I.** → *troupe.* **II.** → *multitude.*

LÉGIONNAIRE □ → *soldat.*

LÉGISLATEUR, LÉGISLATION □ Droit, loi, parlement, textes.

LÉGISLATURE □ Mandat, mission.

LÉGISTE □ Conseiller, député, homme de loi, jurisconsulte, juriste.

LÉGITIME □ **I. Adj.** → *permis.* **II.** → *juste.* **III.** → *époux, épouse.*

LÉGITIMER □ → *permettre, excuser.*

LÉGITIMISTE □ → *royaliste.*

LÉGITIMITÉ □ → *bien-fondé.*

LEGS □ → *don.*

LÉGUER □ → *transmettre.*

LEITMOTIV □ **I.** → *thème.* **II.** → *refrain.*

LÉMURE □ → *spectre.*

LENDEMAIN □ → *avenir.*

LÉNIFIANT, E, LÉNITIF, IVE □ → *calmant.*

LÉNIFIER □ → *adoucir.*

LENT, E □ Alangui, apathique, arriéré, balourd, calme, difficile, endormi, engourdi, épais, flâneur, flegmatique, flemmard, gnangnan (fam.), indécis, indolent, inerte, irrésolu, lambin, long, lourd, lourdaud, mollasse, mou, musard, nonchalant, paresseux, pataud, pénible, pesant, posé, retardataire, stagnant, tardif, temporisateur, traînant, traînard, tranquille.

LENTEMENT □ Doucement, insensiblement, mollo (fam.), piano.

LENTEUR □ **I.** → *retard.* **II.** → *prudence.* **III.** → *paresse.* **IV.** → *stupidité.*

LÈPRE □ → *maladie.*

LÉPREUX, EUSE □ **I.** Ladre, malade. **II.** Galeux, scrofuleux. **III.** Décrépit, ruiné.

LÉPROSERIE □ → *ladrerie.*

LESBIENNE □ **I.** Homosexuelle, invertie. **II. Litt. :** sapho, tribade (péj.). **III. Arg. et grossier :** bottine, brouteuse, gerbeuse, gouine, gougnasse, gougne, gougnotte, gousse, langue/patte de velours, liane, tire-bouton, visiteuse, vrille, etc.

LÉSER □ **I.** → *blesser.* **II.** → *nuire.*

LÉSINE □ → *avarice.*

LÉSINER □ → *économiser.*

LÉSINEUR, EUSE □ → *avare.*

LÉSION □ → *dommage, blessure.*

LESSIVE □ → *purification* et *lavage.*

LESSIVER □ → *laver.*

LEST □ → *charge.*

LESTE □ → *dispos, impoli, libre.*

LESTER □ → *pourvoir.*

LÉTAL, E □ → *mortel.*

LÉTHARGIE □ → **I.** → *sommeil.* **II.** → *torpeur.*

LETTRE □ **I.** Billet, carte, correspondance, courrier, dépêche, deux/quelques lignes, épître, message, missive, mot, pli. **Relig. :** bref, bulle, encyclique, mandement, monitoire, rescrit. **II. Fam. :** babillarde, bafouille, billet doux, poulet, tartine. **III.** → *caractère.* **IV Loc. 1. À la lettre :** au mot, littéralement, mot à mot. **2. Homme de lettres** → *écrivain.* **V. Au pl. 1.** → *correspondance.* **2.** → *littérature.* **3.** → *savoir.*

LETTRÉ, E □ adj. et n. → *savant.*

LETTRINE □ → *majuscule.*

LEURRE □ Amorce, appât, appeau, dandinette, tromperie → *aiche.*

LEURRER □ → *tromper.*

LEVAIN □ → *ferment.*

LEVANT □ → *orient.*

LEVÉE □ → *digue.*

LEVER □ **I. Au pr. :** dresser, élever, enlever, guinder, haler, hausser, hisser, monter, redresser, relever, retrousser, trévirer (mar.). **II. Par ext. 1.** → *tirer.* **2.** → *retrancher.* **3.** → *percevoir.* **4.** → *abolir.* **III. V. intr.** → *fermenter.* **IV. Loc. 1. Lever des troupes** → *enrôler.* **2. Lever le pied** → *enfuir (s').*

LEVIER □ Anspect, commande, manette, pédale.

LÈVRE □ I. Au pr. : babines, badigoinces (fam.), ballots (arg.), labre, lippe. II. Par ext. → bord. III. Petites lèvres : nymphes.

LEVURE □ → ferment.

LEXIQUE □ → dictionnaire.

LÉZARD □ → saurien.

LÉZARDE □ → fente.

LÉZARDER □ → paresser.

LIAISON □ I. Au pr. : accointance, affinité, alliance, association, attache, cohérence, cohésion, communication, connexion, connexité, contact, convenance, filiation, lien, rapport, union. II. Par ext. 1. → relation. 2. → transition.

LIANT, E □ → sociable.

LIARDER □ → économiser.

LIARDEUR, EUSE □ → avare.

LIASSE □ → tas.

LIBATION □ → beuverie.

LIBELLE □ Brochure, calotte (vx), diatribe, épigramme, factum, invective, pamphlet, pasquin, pasquinade, placard, satire.

LIBELLÉ □ → texte.

LIBELLER □ → écrire.

LIBELLULE □ Demoiselle.

LIBÉRAL, E □ Non-directif, → généreux.

LIBÉRALITÉ □ I. → générosité. II. → don.

LIBÉRATEUR, TRICE □ n. et adj. affranchisseur. Défenseur, émancipateur, rédempteur, sauveur.

LIBÉRATION □ Affranchissement, défoulement, dégagement, délivrance, élargissement, émancipation, évacuation, rachat, rédemption.

LIBÉRER □ Affranchir, débarrasser, débloquer, décharger, défaire de, défouler, dégager, délier, délivrer, dépêtrer, désenchaîner, détacher, dételer, élargir, émanciper, évacuer, quitter de (vx), racheter, rédimer, relâcher, relaxer, relever, soustraire à, tenir quitte. V. pron. : Dénoncer, prendre la tangente (fam.), rompre, secouer le joug, tirer son épingle du jeu (fam.), et les formes pron. possibles des syn. de LIBÉRER.

LIBERTAIRE □ n. et adj. Anarchiste.

LIBERTÉ □ I. Autonomie, disponibilité, franchise, indépendance. II. Choix, droit, faculté, latitude, libre arbitre, licence, impunité (par ext.), permission, pouvoir → possibilité. III. → abandon. IV. → libération. V. → intimité. VI. → désinvolture.

LIBERTIN, E □ n. et adj. I. → incroyant. II. → libre. III. Par ext. 1. Neutre : épicurien, esthète, sardana-pale, sybarite, voluptueux. 2. Non favorable → débauché.

LIBERTINAGE □ → débauche.

LIBIDINEUX, EUSE □ → lascif.

LIBRE □ I. Au pr. : autonome, affranchi, aisé, déboutonné (fam.), décontracté (fam.), dégagé, délié, émancipé, exempt, franc, incontrôlable, indépendant, souverain. II. Par ext. 1. Cavalier, coquin, corsé, cru, décolleté, dégourdi, dessalé, égrillard, épicé, familier, folichon, gai, gaillard, gaulois, graveleux, grivois, grossier, guilleret, hardi, inconvenant, léger, leste, libertin, licencieux, obscène, osé, polisson, poivré, rabelaisien, raide, scabreux, vert. 2. → dégagé. 3. → vacant. 4. → familier. III. Loc. Libre penseur → incroyant.

LIBRE-SERVICE □ Drugstore, grande surface, self-service, supérette, supermarché.

LIBRETTISTE □ Parolier.

LICE □ Arène, carrière, champ clos/de bataille, cirque, stade.

LICENCE □ I. → liberté. II. → permission.

LICENCIEMENT □ Congédiement, départ, destitution, lock-out, mise au chômage/à la porte, renvoi, révocation.

LICENCIER □ → congédier.

LICENCIEUX, EUSE □ → libre.

LICHER □ v. tr. et intr. I. → lécher. II. → boire.

LICITE □ → permis.

LIE □ I. → sédiment. II. → rebut.

LIEN □ I. → attache. II. → liaison. III. Au pl. → prison.

LIER □ I. → attacher. II. → joindre. III. → obliger.

LIESSE □ → gaieté.

LIEU □ I. Au pr. 1. Canton, coin, emplacement, endroit, localité, parage, part, place, point, position, poste, séjour, site, situation, terrain, théâtre. 2. Matière, objet, occasion, sujet. II. Par ext. → pays. III. Loc. 1. Avoir lieu → produire (se). 2. Donner lieu → occasionner. 3. Il y a lieu → falloir. 4. Tenir lieu → remplacer. 5. Lieu commun : bateau, topique. → poncif. 6. Lieux d'aisances → water-closet.

LIÈVRE □ Bossu, bouquet, bouquin, capucin, hase, léporidé, levraut.

LIGAMENT □ Attache, byssus, tendon.

LIGATURE □ → attache.

LIGNAGE □ I. → race. II. → parenté.

LIGNE □ I. Au pr. : barre, droite, hachure, raie, rayure, segment, strie, trait. II. Par ext. 1. Contour, galbe, linéament, modénature, port, profil, silhouette, trait. 2. Techn. : cordeau,

simbleau. **3.** → *forme.* **4.** → *chemin.*
5. Front, théâtre d'opérations. **6.** Chemin de fer, voie ferrée. **7.** → *lignée.*
8. → *direction.* **9.** → *orthodoxie.*

LIGNÉE □ Descendance, dynastie, famille, généalogie, lignage, ligne, maison, race, sang, souche, suite, tronc.

LIGOTER □ → *attacher.*

LIGUE □ I. → *parti.* II. → *intrigue.* III. → *alliance.*

LIGUER □ → *unir.*

LILLIPUTIEN, ENNE □ n. et adj. → *nain.*

LIMAÇON □ I. Colimaçon, gastéropode, limace. II. Cagouille (rég.), escargot.

LIMBES □ → *enfer.*

LIME □ I. Demi-ronde, queue-de-rat, râpe, riflard, rifloir, tiers-point. II. → *citron.*

LIMER □ I. → *parfaire.* II. → *revoir.*

LIMIER □ → *policier.*

LIMITATION □ Numerus clausus → *réduction.*

LIMITE □ Borne, bout, confins, démarcation, extrémité, fin, ligne, marche, terme → *frontière.*

LIMITÉ, E □ Borné, étroit, fini, localisé, réduit.

LIMITER □ Arrêter, borner, cantonner, circonscrire, contingenter, délimiter, démarquer, localiser, plafonner, réduire, restreindre. **V. pron. :** se contenter de, s'en tenir à, *et les formes pron. possibles des syn. de* LIMITER.

LIMITROPHE □ → *prochain.*

LIMOGEAGE □ Défaveur, déplacement, destitution, disgrâce, éloignement, mise à la retraite/au rancart/sur la touche, mutation.

LIMOGER □ → *destituer.*

LIMON □ I. Alluvion, boue, bourbe, fange, glèbe, schorre, terre, tourbe, vase. II. → *citron.*

LIMONADE □ Citronnade, diabolo, soda.

LIMONADIER □ → *cabaretier.*

LIMPIDE □ I. → *transparent.* II. → *clair.* III. → *intelligible.* IV. → *pur.*

LIMPIDITÉ □ I. → *clarté.* II. → *pureté.*

LINCEUL □ Drap, linge, suaire, voile.

LINÉAMENT □ I. → *ligne.* II. → *ébauche.*

LINGE, LINGERIE □ Dessous, trousseau.

LINGUISTIQUE □ Dialectologie, didactique des langues, étymologie, grammaire, lexicographie, lexicologie, morphologie, onomastique, philologie, phonétique, phonologie, science du langage, sémantique, sémiotique, stylistique, syntaxe, toponymie.

LINIMENT □ → *pommade.*

LINON □ Batiste, fil, lin, toile.

LINOTTE □ → *étourdi.*

LIPPE □ I. → *lèvre.* II. → *grimace.*

LIPPÉE □ → *repas.*

LIQUÉFIER □ → *fondre.*

LIQUEUR □ Alcool, boisson, digestif, spiritueux.

LIQUIDATION □ I. → *vente.* II. → *faillite.* III. → *suppression.*

LIQUIDE □ I. **Adj.** → *fluide.* II. **Nom.** *1.* Boisson. *2.* Humeur, liqueur.

LIQUIDER □ I. → *vendre.* II. → *détruire.*

LIQUIDITÉS □ → *argent.*

LIRE □ I. Anonner (péj.), déchiffrer, épeler. II. Bouquiner, dévorer, dépouiller, feuilleter, parcourir. III. Deviner, expliquer → *découvrir.*

LISÉRÉ □ → *lisière.*

LISERON □ Belle-de-jour, convolvulus, salsepareille, volubilis.

LISEUR, EUSE □ n. et adj. Lecteur.

LISIBLE □ Clair, compréhensible, déchiffrable.

LISIÈRE □ Bande, bord, bordure, extrémité, frontière, limite, liséré, orée.

LISSE □ Doux, égal, glabre, glacé, laqué, lustré, poli, satiné, uni, verni.

LISSER □ → *polir.*

LISTE □ Bordereau, cadre, canon, catalogue, cédule, dénombrement, énumération, état, index, inventaire, kyrielle, martyrologe, mémoire, ménologe, nomenclature, relevé, répertoire, rôle, série, suite, tableau.

LIT □ I. **Au pr. :** couche, couchette, couette, divan, grabat (péj.), hamac, târa. II. **Fam. :** bâche, dodo, carrée, châlit, foutoir, goberge, paddock, page, pageot, pagne, pagnot, pieu, plumard, plume, portefeuille, pucier, schlof. III. **Par ext.** *1.* → *canal.* *2.* → *couche.* *3.* → *mariage.*

LITANIES □ I. → *prière.* II. → *dénombrement.*

LITEAU □ Listel, moulure, tasseau.

LITHOGRAPHIE □ → *image.*

LITIÈRE □ Basterne, brancard, chaise à porteurs, civière, filanzane, manchy, palanquin.

LITIGE □ → *contestation.*

LITIGIEUX, EUSE □ → *incertain.*

LITOTE □ Antiphrase, atténuation, diminution, euphémisme.

LITTÉRAIRE □ **Par ext.** → *artificiel.*

LITTÉRAL, E □ → *exact.*

LITTÉRALEMENT □ À la lettre, au pied de la lettre, exactement, fidèlement, mot à mot, précisément.

LITTÉRATEUR □ → *écrivain.*

LITTÉRATURE □ Art d'écrire, belles-lettres, édition, expression/production littéraire, poésie, prose, roman, théâtre.

LITTORAL □ → *bord.*

LITURGIE □ Cérémonial, culte, rituel, service divin/religieux.

LIVIDE □ → *pâle.*

LIVRAISON □ **I.** Arrivage, port. **II.** → *livre.*

LIVRE □ Album, atlas, bouquin, brochure, écrit, elzévir, fascicule, imprimé, incunable, livraison, livret, opuscule, ouvrage, plaquette, publication, recueil, registre, tome → *volume.*

LIVRER □ Abandonner, céder, confier, délivrer, donner, engager, extrader, lâcher, porter, remettre, rendre, trahir. **V. pron. :** s'adonner *et les formes pron. possibles des syn. de* LIVRER.

LIVRET □ **I.** → *cahier.* **II.** → *livre.*

LIVREUR, EUSE □ → *porteur.*

LOCAL □ → *bâtiment.*

LOCALISATION □ → *reconnaissance.*

LOCALISER □ → *limiter.*

LOCALITÉ □ → *agglomération.*

LOCATAIRE □ Fermier, preneur.

LOCATION □ **I.** → *fermage.* **II.** → *leasing.* **III.** → *réservation.*

LOCK-OUT □ → *licenciement.*

LOCOMOTION □ Déplacement, transport.

LOCOMOTIVE □ Automotrice, coucou, locomotrice, machine, motrice.

LOCUTION □ → *expression.*

LOGE □ **I.** Box, cage, stalle. **II.** → *cabane.* **III.** → *établissement.* **IV.** → *cellule.* **V.** → *pièce.* **VI. Loge maçonnique :** atelier, carré long, temple. **VII.** Conciergerie.

LOGEABLE □ **I.** → *commode.* **II.** → *vaste.*

LOGEMENT □ **I. Au pr. : 1.** Appartement, demeure, domicile, garçonnière, gîte, habitacle (vx), habitation, logis, maison, pénates, pied-à-terre, résidence, séjour, studio. **2.** Cantonnement, casernement, hébergement. **II. Par ext. :** cabane, habitat, urbanisme.

LOGER □ **I. V. intr.** → *demeurer.* **II. V. tr.** → *placer.*

LOGEUR, EUSE □ → *hôte.*

LOGIQUE □ **I. Nom. 1.** Bon sens, dialectique, raison, raisonnement, sens commun. **2.** → *nécessité.* **II. Adj. :** cartésien, cohérent, conséquent, discursif, exact, géométrique, judicieux, juste, méthodique, naturel, nécessaire, raisonnable, rationnel, serré, suivi, vrai.

LOGIS □ **I.** → *maison.* **II.** → *hôtel.*

LOGOGRIPHE □ **I.** → *énigme.* **II.** → *galimatias.*

LOGOMACHIE □ Verbalisme → *discussion.*

LOI □ **I. Au pr. 1.** Code, droit, justice, législation. **2.** Acte, arrêt, arrêté, constitution, décision, décret, décret-loi, édit, jurisprudence, ordonnance, sénatus-consulte. **II. Par ext. 1.** Obligation, ordre, prescription, principe, règle, règlement. **2.** → *autorité.*

LOINTAIN, E □ → *éloigné.*

LOINTAIN □ → *éloignement.*

LOISIBLE □ → *permis.*

LOISIR □ **I.** → *inaction.* **II.** → *permission.*

LONG, LONGUE □ **I. Au pr. :** allongé, barlong, étendu, longiligne, oblong. **II.** Éternel, infini, interminable, longuet (fam.). **III. Par ext. 1.** → *lent.* **2.** → *ennuyeux.*

LONGANIMITÉ □ → *patience.*

LONGE □ → *attache.*

LONGER □ **I. Quelqu'un :** aller le long, côtoyer, raser. **II. Quelque chose :** border, être/s'étendre le long.

LONGERON □ → *poutre.*

LONGÉVITÉ □ Durée, macrobie.

LONGRINE □ Traverse → *poutre.*

LONGTEMPS, LONGUEMENT □ Beaucoup, en détail, lentement, minutieusement, tout au long.

LONGUEUR □ Durée, étendue, grandeur, lenteur.

LOPE, ETTE □ → *uranien.*

LOPIN □ → *morceau.*

LOQUACE □ → *bavard.*

LOQUACITÉ □ **I.** → *bavardage.* **II.** → *faconde.*

LOQUE □ Chiffon, défroque, épave, fragment, guenille, haillon, lambeau, oripeau, penaillon.

LOQUET □ Ardillon, bobinette, loqueteau, serrure, targette, verrou.

LOQUETEUX, EUSE □ **I.** → *déguenillé.* **II.** → *pauvre.*

LORGNER □ **I.** → *regarder.* **II.** → *vouloir.*

LORGNETTE □ → *lunette.*

LORGNON □ Besicle, binocle, face-à-main, lunette, monocle, pince-nez.

LORSQUE □ → *quand.*

LOT □ **I.** → *part.* **II.** → *destinée.*

LOTERIE □ Arlequin, bingo, hasard, jeu, loto, sweepstake, tirage, tombola, totocalcio.

LOTIONNER □ → *laver.*

LOTIR □ **I.** → *fournir.* **II.** → *partager.*

LOTISSEMENT □ → *morceau.*

LOTTE □ baudroie, crapaud de mer.

LOUABLE □ → *méritant.*

LOUAGE □ Amodiation, bail, cession, ferme, location.

LOUANGE □ → *éloge.*

LOUANGER □ → *louer.*

LOUANGEUR, EUSE □ adj. et n. Admirateur, adulateur, approbateur, caudataire, complimenteur, courtisan, dithyrambiste, encenseur, flagorneur, flatteur, glorificateur, laudateur, laudatif, loueur, thuriféraire.

LOUCHE □ → *ambigu, suspect.*

LOUCHER □ **I.** Bigler. **II.** Guigner, lorgner. **III. Fig.** → *vouloir.*

LOUCHEUR, EUSE □ Bigle, bigleux, louchard, louchette, louchon.

LOUER □ **I. On loue quelque chose :** affermer, amodier, arrenter, arrêter, céder/donner/prendre à louage/en location. **II. On loue quelque chose ou quelqu'un :** admirer, apothéoser, auréoler, bénir, canoniser, caresser, célébrer, chanter les louanges, complimenter, couvrir de fleurs, déifier, diviniser, élever, encenser, enguirlander de fleurs, exalter, flagorner (péj.), flatter, glorifier, louanger, magnifier, passer la pommade (fam.), porter aux nues/au pinacle, préconiser, prôner, rehausser, relever, tresser des couronnes, vanter.

LOUFOQUE □ → *fou.*

LOUP □ Bar, loubine.

LOUPE □ **I.** Compte-fils, lentille. **II.** → *tumeur.* **III.** → *gemme.*

LOUPER □ → *manquer.*

LOURD, E □ **I. Quelque chose.** **1. Phys.** → *pesant.* **2. Moral** → accablant, douloureux, dur, écrasant, grave, pénible. **II. Quelqu'un. 1.** → *gros.* **2.** → *bête.* **3.** → *lent.* **4.** → *maladroit.* **III. Par ext.** → *indigeste.*

LOURDAUD, E □ adj. et n. Balourd, butor, campagnard, cruche, cuistre, fruste, ganache, gauche, grossier, gougnafier, lent, maladroit, péquenaud, plouc, sot, stupide → *bête.*

LOURDERIE, LOURDEUR □ → *stupidité.*

LOUSTIC □ → *gaillard, plaisant.*

LOUVE □ Anspect, levier, moufle, palan.

LOUVOIEMENT □ → *hésitation.*

LOUVOYER □ → *biaiser.*

LOVELACE □ Don juan, séducteur.

LOVER (SE) □ → *rouler (se).*

LOYAL, E □ → *vrai.*

LOYALISME □ → *attachement.*

LOYAUTÉ □ **I.** → *honnêteté.* **II.** → *vérité.*

LOYER □ **I.** Fermage, intérêt, prix, montant, taux, terme, valeur. **II.** → *récompense.*

LUBIE □ → *caprice.*

LUBRICITÉ □ → *lascivité.*

LUBRIFIANT □ Cire, graisse, graphite, huile, mica, talc, vaseline.

LUBRIFIER □ → *graisser.*

LUBRIQUE □ → *lascif.*

LUCARNE □ Faîtière, imposte, œil-de-bœuf, ouverture, tabatière → *fenêtre.*

LUCIDE □ **I.** → *pénétrant.* **II.** → *intelligent.*

LUCIDITÉ □ **I.** → *intelligence.* **II.** → *pénétration.*

LUCRATIF, IVE □ → *fructueux.*

LUCRE □ Cupidité. → *profit.*

LUETTE □ Uvule.

LUEUR □ Aube, aurore, brasillement, clarté, éclair, éclat, étincelle, feu, flamme, fulgurance, illumination, luisance, lumière, nitescence, phosphorescence, radiance, rayon, scintillement, trace. → *reflet.*

LUGE □ **Par ext. :** bobsleigh, traîneau.

LUGUBRE □ → *triste.*

LUIRE □ Brasiller, briller, chatoyer, éblouir, éclairer, éclater, étinceler, flamboyer, fulgurer, jeter des feux, miroiter, papilloter, poudroyer, rayonner, reluire, resplendir, rutiler, scintiller.

LUISANT, E □ **I.** → *lumineux.* **II.** → *lustre.*

LUMIÈRE □ **I. Au pr.** → *lueur.* **II. Par ext. 1.** Jour, soleil, vie. **2.** Éclairage. → *lanterne.* **III. Fig. 1.** Beauté, génie, illumination, illustration, splendeur. → *gloire.* **2.** → *intelligence.*

LUMINESCENT, E □ → *phosphorescent.*

LUMINEUX, EUSE □ **I. Au pr. :** ardent, brillant, chatoyant, clair, éblouissant, éclatant, étincelant, flamboyant, fulgurant, luisant, phosphorescent, resplendissant, rutilant. **II. Par ext. 1.** Ensoleillé, gai, limpide, radieux. **2.** Frappant, génial. → *intelligible.*

LUMINOSITÉ □ → *clarté.*

LUNATIQUE □ → *capricieux.*

LUNCH □ → *collation.*

LUNETTE □ **I.** Jumelles, longue-vue, lorgnette, microscope, télescope. **II. Au pl. :** bernicles (arg.), besicles (vx), binocle, carreaux, (fam.), conserves (vx), face-à-main, lorgnon, pince-nez, vélo (arg.), verres.

LUPANAR □ **Fam. :** Abbaye-des-s'offre-à-tous, baisodrome, baisoir, bob, bobinard, bocard, boîte, B.M.C. (milit.), bordeau (vx), bordel, bouge, bouiboui, bouic, bourdeau (vx), bousbir, boxon, bric, cabane, chose, clandé, claque, dictère (litt.), dictérion (litt.), grand numéro (vx), gynécée (par ext.), harem (par ext.), hôtel borgne/louche/de passe, lanterne rouge (vx), maison close/de débauche/de passe/de plaisir/de tolérance, mauvais lieu, mirodrome, pince-cul, pouf, quartier chaud/réservé (partic.), salon de plaisir/mondain, taule d'abattage, tringlodrome, volière, etc.

LUPUS □ → *ulcération.*

LURON, ONNE □ → *gaillard.*

LUSTRATION □ → *purification.*

LUSTRE □ **I. Au pr.** : brillant, clinquant (péj.), eau, éclat, feu, fleur, fraîcheur, luisant, orient, poli, relief, resplendissement. **II. Par ext.** : gloire, illustration, magnificence, panache, prestige, rayonnement, splendeur. **III.** Plafonnier, suspension.

LUSTRÉ, E □ Brillant, cati, chatoyant, ciré, glacé, laqué, lissé, luisant, moiré, poli, satiné, vernissé.

LUSTRER □ Apprêter, calandrer, cirer, cylindrer, frotter, glacer, laquer, lisser, moirer, peaufiner (fam.), polir, satiner, vernir.

LUTH □ Cistre, guitare, mandoline, mandore, théorbe. **Par ext.** : → *lyre.*

LUTIN □ **I.** → *génie.* **II.** → *espiègle.*

LUTINER □ → *taquiner.*

LUTTE □ **I.** Boxe, catch, close-combat, combat, jiu-jitsu, judo, karaté, pancrace, pugilat. **II.** Antagonisme, compétition, concurrence, duel, escrime, joute, opposition, querelle, rivalité, tournoi. **III.** → *bataille.* **IV.** → *conflit.*

LUTTER □ **I.** S'acharner, affronter, attaquer, bagarrer, batailler, se battre, se colleter, combattre, se débattre, se défendre, se démener, disputer de, s'efforcer, en découdre, s'escrimer, être aux prises, s'évertuer, ferrailler, guerroyer, se heurter, jouter, se mesurer à/avec, résister, rivaliser, rompre des lances. **II.** → *militer.*

LUTTEUR, EUSE □ **I.** Antagoniste. **II.** Athlète, bateleur, hercule, jouteur.

LUXATION □ → *entorse.*

LUXE □ **I. Au pr.** : apparat, braverie (vx), éclat, faste, magnificence, opulence, pompe, splendeur, somptuosité, tralala (fam.) **II. Par ext.** : abondance, confort, débauche, excès, gaspillage, luxuriance, ostentation, richesse, superflu, superfluité, surabondance. → *profusion.*

LUXER □ → *disloquer.*

LUXUEUX, EUSE □ Abondant, confortable, éclatant, fastueux, magnifique, opulent, pompeux, princier, riche, royal, somptueux, splendide.

LUXURE □ → *lasciveté.*

LUXURIANCE □ → *affluence.*

LUXURIANT, E □ → *abondant.*

LUXURIEUX, EUSE □ → *lascif.*

LYCÉE □ Bahut, bazar, boîte (fam.), collège, cours, école, gymnase, institut, institution, pension.

LYCÉEN, ENNE □ → *élève.*

LYMPHATIQUE □ → *faible.*

LYMPHE □ Humeur, liqueur, sève.

LYNCHER □ Battre, écharper, frapper, prendre à partie, rosser, rouer de coups, supplicier, tuer.

LYOPHILISER □ Déshydrater.

LYPÉMANIE □ Abattement, chagrin, délire, folie, idées noires, mélancolie, tristesse.

LYRE □ **I. Au pr.** : cithare, harpe, heptacorde, pentacorde, psaltérion, tétracorde. **II. Par ext. : I.** → *poésie.* **II.** → *luth.*

LYRISME □ **I.** → *poésie.* **II.** → *luth.* **III. Par ext.** : enthousiasme.

MACABRE □ → *funèbre.*

MACADAM □ → *asphalte.*

MACADAMISAGE □ Empierrement, goudronnage, réfection, revêtement.

MACAQUE □ → *magot.*

MACARON □ I. → *insigne.* II. → *pâtisserie.* III. → *tresse.*

MACARONIQUE □ → *héroï-comique.*

MACÉDOINE □ → *mélange.*

MACÉRATION □ I. → *mortification.* II. → *tisane.*

MACÉRER □ I. **Au pr.** → *tremper.* II. **Fig. :** crucifier, humilier, mater, mortifier.

MÂCHER □ I. **Au pr. :** broyer, chiquer, mâchonner, manger, mastiquer. II. **Fig.** → *préparer.*

MACHIAVÉLISME □ I. → *politique.* II. → *ruse.*

MACHIN □ → *truc.*

MACHINAL, E □ → *involontaire.*

MACHINATION □ → *menée.*

MACHINE □ I. → *appareil, locomotive.* II. → *moyen, ruse.*

MACHINISTE □ I. → *mécanicien.* II. → *chauffeur.*

MÂCHOIRE □ I. **Au pr. :** barres (de cheval), bouche, carnassière (de chat), clavier (arg.), dentition, dents, denture, ganache, mandibule (fam.), margoulette (fam.), maxillaire, râtelier (fam.), sous-barbe. II. **Fig.** → *bête.*

MÂCHONNER □ → *mâcher.*

MÂCHURER □ → *salir.*

MACON □ Limousin (vx). → *bâtisseur.*

MACON (FRANC-) □ I. Franc-mac (péj.), frangin (fam.) frère, frère trois points, frimasson (vx), libre-penseur, philalèthe (vx), rose-croix. II. Apprenti, compagnon, maître, dix-huitième, trentième, trente et unième/deuxième/troisième.

MACONNER □ I. **Au pr. :** bâtir, cimenter, construire, édifier, élever, réparer, revêtir. II. **Par ext. :** boucher, condamner, fermer, murer, obstruer, sceller.

MACONNERIE (FRANC-) □ **Par ext. :** I. → *camaraderie.* II. → *solidarité.*

MACROBIE □ → *longévité.*

MACROCOSME □ → *univers.*

MACULE □ → *tache.*

MACULER □ → *salir.*

MADONE □ → *vierge.*

MADRAS □ → *fichu.*

MADRÉ, E □ I. **Au pr.** → *marqueté.* II. **Par ext.** → *malin.*

MADRIER □ → *poutre.*

MADRIGAL □ → *galanterie.*

MAESTRIA □ → *habileté.*

MAESTRO □ → *musicien.*

MAFFLÉ, E MAFFLU, E □ → *joufflu.*

MAFIA, MAFFIA □ → *coterie.*

MAGASIN □ I. **Lieu de vente :** bazar, boutique, bric-à-brac, chantier, commerce, comptoir, débit, dépôt, drugstore, échoppe, entrepôt, établissement, étal, fonds de commerce, grande surface, halle, officine, pavillon, stand, succursale. II. **Lieu de stockage :** arsenal, chai, dépôt, dock, entrepôt, factorerie, hangar, manutention, réserve, resserre, silo.

MAGAZINE □ → *revue.*

MAGICIEN □ Alchimiste, astrologue, devin, enchanteur, ensorceleur, envoûteur, mage, nécromancien, nécromant, psychopompe, sorcier, thaumaturge.

MAGICIENNE □ **I.** Alcine, armide, circé, fée, sibylle, sirène. **II.** → *devineresse.*

MAGIE □ Alchimie, apparition, archimagie, astrologie, cabale, charme, conjuration, diablerie, divination, enchantement, ensorcellement, envoûtement, évocation, fantasmagorie, fascination, géomancie, goétie, grand art, hermétisme, horoscope, incantation, maléfice, nécromancie, occultisme, philtre, pratique occulte/secrète, prestige, rhabdomancie, rite, sorcellerie, sort, sortilège, spiritisme, thaumaturgie, théurgie.

MAGIQUE □ → *surnaturel.*

MAGISTRAL, E □ → *parfait.*

MAGISTRAT □ **I.** → *édile.* **II.** → *juge.*

MAGISTRATURE □ Charge, fonction, judicature (vx), ministère.

MAGMA □ → *mélange.*

MAGNANIME □ → *généreux.*

MAGNANIMITÉ □ → *générosité.*

MAGNAT □ → *personnalité.*

MAGNÉTISER □ → *fasciner.*

MAGNÉTISME □ → *fascination.*

MAGNIFICENCE □ **I.** → *lustre.* **II.** → *luxe.*

MAGNIFIER □ **I.** → *louer.* **II.** → *honorer.*

MAGNIFIQUE □ **I.** → *beau.* **II.** → *généreux.* **III.** → *emphatique.*

MAGOT □ → *trésor.*

MAGOT □ **I.** Crapoussin, macaque, monstre de laideur, nain, sapajou, singe. **II.** Bas de laine, crapaud, éconocroques (fam.), économies, épargne, trésor.

MAGOUILLE □ → *tripotage.*

MAIE □ Huche, pétrin.

MAIGRE □ **I.** Amaigri, amenuisé, aminci, cachectique, carcan, carcasse, cave, creusé, creux, débile, décavé, décharné, décollé, défait, désossé, desséché, diaphane, efflanqué, émacié, étique, étroit, famélique, fantôme, fluet, grêle, gringalet, hâve, maigrelet, maigrichon, maigriot, rachitique, sec, sécot, spectre, squelette, squelettique, tiré. **Fam. :** casse-croûte de clébard, échalas, grande bringue, haridelle, long comme un jour sans pain, manche à balai, momie, planche à pain, sac d'os. **II.** → *pauvre.* **III.** → *stérile.*

MAIGREUR □ **1.** Amaigrissement, asarcie, atrophie, cachexie, consomption, dépérissement, dessèche-ment, émaciation, étisie, marasme, rachitisme. **2.** Fragilité, gracilité, minceur.

MAIGRIR □ S'allonger, amaigrir, s'amaigrir, s'atrophier, se défaire, dépérir, s'émacier, fondre, mincir, se momifier, se ratatiner (fam.).

MAIL □ **I.** → *promenade.* **II.** Batte, hutinet, maillet, mailloche, maillotin, marteau, masse.

MAILLE □ **I.** Anneau, chaînon, maillon. **II.** Boucle, point.

MAILLET □ → *mail.*

MAILLON □ Anneau, chaînon, maille.

MAILLOT □ **I.** Chandail, débardeur, gilet, pull-over, sweater, tee-shirt, tricot. **II.** → *couche.*

MAIN □ **I. Fam. :** battoir, cuiller, dextre, empan, louche, menotte, paluche, patte, pince, pogne, poing, senestre. **II. Fig. 1.** Action, effet, œuvre. **2.** Aide, appui, autorité, main-forte. **III.** → *écriture.* **IV. Loc. 1. En sous-main** → *secrètement.* **2. Avoir la main heureuse** → *réussir.* **3. Donner la main** → *aider.* **4. Donner les mains** → *consentir.* **5. Forcer la main** → *obliger.* **6. Mettre la main** → *intervenir.* **7. Se faire la main** → *exercer (s').* **8. Main-d'œuvre** → *travailleur* **9. Main-forte** → *appui.*

MAINMISE □ **I.** → *influence.* **II.** → *confiscation.*

MAINT □ adj. et adv. **I.** → *beaucoup.* **II.** → *plusieurs.* **III.** → *nombreux.*

MAINTENANT □ Actuellement, à présent, aujourd'hui, de nos jours, d'ores et déjà, en ce moment, présentement.

MAINTENEUR □ → *gardien.*

MAINTENIR □ **I.** → *soutenir.* **II.** → *conserver.* **III.** → *retenir.* **IV. V. pron. :** → *subsister.*

MAINTIEN □ Air, allure, attitude, comportement, conduite, contenance, dégaine (fam.), démarche, extérieur, façon, figure, ligne, manière, mine, port, posture, présentation, prestance, tenue, tournure.

MAIRE □ Bailli, bourgmestre. → *édile.*

MAIRIE □ Hôtel de ville, maison commune/de ville, municipalité.

MAIS □ Cependant, en compensation, en revanche, néanmoins, par contre.

MAISON □ **I.** Appartement, chez-soi, couvert, demeure, domicile, habitacle, foyer, gîte, home, intérieur, lares, logement, logis, nid, pénates, résidence, séjour, toit. → *habitation.* **II.** → *immeuble.* **III.** Domestique (vx), ménage, standing, train de maison/de vie. **IV.** → *famille.* **V.** → *race.* **VI. Loc. 1. Maison centrale/d'arrêt/ de force/de correction** → *prison.*

2. Maison de commerce → *établissement*. **3. Maison de rapport** → *immeuble*. **4. Maison de santé** → *hôpital*. **5. maison close/de tolérance :** → *lupanar*.

MAISONNÉE □ → *famille*.

MAISONNETTE □ Cabane, cabanon, case, chaume, chaumière, chaumine, folie, gloriette, hutte, maison.

MAÎTRE □ **I.** → *propriétaire*. **II.** → *patron*. **III.** Barbacole (fam. et péj.), censeur, conseiller d'éducation, éducateur, enseignant, enseigneur (vx), fouette-cul (fam. et péj.), gouverneur, instituteur, instructeur, magister, maître d'école, moniteur, pédagogue, pédant (péj.), pet de loup (péj.), pion (péj.), précepteur, préfet des études, professeur, régent (vx), répétiteur, surveillant, universitaire. **Partic. :** directeur de conscience, gourou, initiateur, mystagogue, starets. **IV.** → *artiste*. **V.** → *virtuose*. **VI.** → *gouvernant*. **VII.** → *arbitre*. **VIII. Adj.** → *principal*. **IX. Loc. 1. Maître de maison** → *hôte*. **2. Maître d'étude** → *surveillant*. **3. Maître queux** → *cuisinier*. **4. Maître-chanteur :** → *fripon*. **5. Maître de chai** → *sommelier*.

MAÎTRESSE □ **I.** → *amante*. **II.** Concubine, fil à la patte (fam.), liaison.

MAÎTRISE □ **I.** → *habileté*. **II.** → *manécanterie*.

MAÎTRISER □ → *vaincre*.

MAJESTÉ □ Beauté, dignité, éclat, excellence, gloire, grandeur, gravité, magnificence, pompe, prestige, souveraineté, splendeur, superbe.

MAJESTUEUX, EUSE □ → *imposant*.

MAJORATION □ → *hausse*.

MAJORER □ → *hausser*.

MAJORITÉ □ **I.** Âge adulte, émancipation, maturité. **II.** Le commun, foule, généralité, la plupart, la pluralité, le plus grand nombre, masse, multitude.

MAJUSCULE □ Capitale, initiale, lettrine, miniature, sigle.

MAL □ → *mauvais*.

MAL □ **I.** Affliction, amertume, calamité, calice, croix, damnation, désolation, difficulté, douleur, ennui, épreuve, fiel, inconvénient, mortification, plaie, souffrance, tribulation, tristesse. **II.** Crime, défaut, faute, imperfection, insuffisance, malfaçon, méchanceté, péché, perversion, perversité, tare, vice. **III.** → *dommage*. **IV.** → *maladie*. **V.** → *malheur*. **VI.** → *peine*. **VII. Loc. 1. Mal de mer** → *nausée*. **2. Mal du pays :** ennui, nostalgie, regret, spleen, vague à l'âme.

MALADE □ **I. Nom. 1.** Client, égrotant, grabataire, infirme, patient, valétudinaire. **2.** → *fou*. **II. Adj. 1. Au pr. :** abattu, alité, atteint, cacochyme, chétif, déprimé, dolent, égro-

tant, incommodé, indisponible, indisposé, fatigué, fiévreux, maladif, mal en point, mal fichu, malingre, morbide, pâle, patraque, rachitique, scrofuleux, souffrant, souffreteux. **2. Par ext. :** altéré, anormal, avarié, démoli, détraqué, en mauvais état, gâté, pourri, vicié.

MALADIE □ **I.** Affection, attaque, atteinte, crise, dérangement, épreuve, incommodité, indisposition, infirmité, mal, malaise, mal-être (vx), morbidité, rechute, récidive, traumatisme, trouble. **II.** Aboulie, absinthisme, achromatopie, acné, acromégalie, actynomycose, adénite, adénome, adipose, adynamie, agraphie, aï, albinisme, alcoolisme, aliénation mentale, alopécie, amaurose, amblyopie, aménorrhée, amétropie, amnésie, amygdalite, anasarque, anévrisme, angine, ankylose, ankylostomiase, anthrax, aortite, aphasie, aphte, apoplexie, appendicite, artério-sclérose, artérite, arthrite, arthritisme, ascite, aspermatisme, aspermie, asthénie, asthme, astigmatisme, asystolie, ataxie, athérome, athrepsie, atonie intestinale/musculaire, atrophie, avitaminose, balanite, béri-béri, blennorragie, blépharite, botulisme, boulimie, bradypepsie, bronchite, broncho-pneumonie, brûlure, cachexie, caféisme, cancer, cardite, carie dentaire/des os, carnification, cataracte, catarrhe, cécité, charbon, chlorose, choléra, chorée, cirrhose, colibacillose, colite, coma, condylome, congestion cérébrale/pulmonaire, conjonctivite, consomption, coqueluche, coryza, coxalgie, croup, cyanose, cystite, dartre, delirium tremens, démence, dermatose, diabète, diphtérie, duodénite, dysenterie, dysménorrhée, dyspepsie, éclampsie, écrouelles, echtyma, eczéma, éléphantiasis, embarras gastrique, embolie, emphysème, encéphalite, endocardite, endonéphrite, engorgement, engouement, entérite, épididymite, épilepsie, ergotisme, érysipèle, érythème, esquinancie, étisie, exanthème, exophtalmie, fibrome, fièvre, fièvre miliaire/puerpérale, filariose, fluxion de poitrine, folie, folliculite, furonculose, gale, gangrène, gastrite, gelure, gingivite, glaucome, gomme, gonorrhée, gourme, goutte, gravelle, grippe, helminthiase, hémolyse, hépatisme, hépatite, hernie, herpès, herpétisme, hydrargyrisme, hydropisie, hygroma, hyperchlorhydrie, hypocondrie, hypoglossite, hystérie, hystérite, ichtyose, ictère, iléus, impétigo, infarctus, influenza, insolation, intertrigo, iritis, jaunisse, kératite, laryngite, lèpre, leucophlegmasie, lichen, lithiase, lupus, lymphangite, lymphatisme, maladie bleue/de Parkinson/pédiculaire/du sommeil, malaria, manie, mastoïdite, mélancolie, méningite, mentagre, métrite, millet, muguet, mycose, myélite, myocardite, myopie, néphrite, névrite, névrose, nyctalopie, obstruction/occlusion intestinale, œdème, œsophagite, ophtalmie, orchite, oreillons, ostéite, ostéo-malacie, ostéomyélite, otite, ovarite, ozène, paludisme, pancréatite, paramnésie, paratyphoïde, parotidite, pelade, pellagre, péricardite, périostite, péripneumonie, périsplénite, péritonite, pérityphlite, peste, pharyngite, pharyngo-laryngite, phlébite, phlegmasie, phosphorisme, phtiriase, pierre, pityriasis, pleurésie, pleurite, pleuro-pneumonie, plique, pneumonie, poliomyélite, porrigo, pourpre, presbytie, psittacose, psora, psoriasis, psychasténie, psychose, punaisie, purpura, pyélite, rachitisme, rage, ramollissement cérébral, rash, rétinite, rhinite, rhumatisme, rhume, roséole, rougeole, rubéole, salpingite, saturnisme, scarlatine, schizophrénie, scorbut, scrofule, sidérose, silicose, sinusite, spinaventosa, splénite, sporotrichose, stéatose, stomatite, synovite, syphilis, tabès, teigne, tétanos, thrombose, trachéite, trachome, trichinose, trichophytie, trombidiose, trophonévrose, trypanosomiase, tuberculose, typhlite, typhobacillose, typhoïde, typhus, ulite, urétérite, vaginite, varicelle, variole, vérole (vulg.), vitiligo, vomitonegro, vulvite, vulvo-vaginite, xérodermie, zona.

MALADIF, IVE □ → *malade.*

MALADRERIE □ → *ladrerie.*

MALADRESSE □ **I.** Défaut, gaucherie, impéritie, inélégance, inexpérience, inhabileté, lourderie (vx), lourdeur, malhabileté. **II.** Ânerie, balourdise, bêtise, bévue, boulette, bourde, brioche, erreur, étourderie, fausse manœuvre, faute, faux pas, gaffe, gaucherie, grossièreté, impair, imprudence, inadvertance, ineptie, naïveté, pas de clerc, pavé de l'ours, sottise.

MALADROIT, E □ **I. Quelqu'un :** andouille, ballot, balourd, butor, couenne, empaillé, empoté, emprunté, enfoiré (arg.), gaffeur, gauche, gnaf (fam.), godiche, gnafchon, gourde, inexpérimenté, inhabile, jocrisse, lourd, lourdaud, malavisé, mahabile, malitorne, manchot, massacreur, mazette, novice, pataud, propre à rien, sabot, saboteur, sabreur, savate, savetier. **II. Quelque chose :** faux, gauche, grossier, inconsidéré, lourd.

MALAISE □ Dérangement, embarras, empêchement, ennui, gêne, honte, incommodité, inconfort, indisposition, inquiétude, mal, maladie, malêtre (vx), mésaise (vx), nausée, pesanteur, souffrance, timidité, tourment, tristesse, trouble, vapeur, vertige.

MALAISÉ, E □ → *difficile.*

MALANDRIN □ Bandit, brigand, canaille, chauffeur (vx), détrousseur, forban, malfaiteur, pendard, pillard, rôdeur, routier (vx), scélérat, truand, vagabond, vaurien. → *voleur.*

MALAPPRIS □ n. et adj. → *impoli.*

MALARIA □ Fièvre, paludisme.

MALAVISÉ, E □ Bavard, borné, casse-pieds (fam.), étourdi, fâcheux, illogique, importun, imprudent, inconséquent, inconsidéré, inconsistant, indiscret, intrus, maladroit, sot. → *bête.*

MALAXER □ → *pétrir.*

MALBÂTI, E □ Bancal, bancroche (fam.), contrefait, déjeté, difforme, disgracieux, estropié, infirme, informe, laid, mal bâti/fait/fichu/foutu/ tourné, monstrueux, tors.

MALCHANCE □ **I.** Mauvais sort. → *malheur.* **II. Fam. :** cerise, débine, déveine, frite, guigne, guignon, mélasse, merde, mouscaille, pêche, pépin, pestouille, poisse, scoumoune, tasse, tuile, vape.

MALCONTENT, E □ → *mécontent.*

MALDISANT, E □ → *médisant.*

MALDONNE □ → *erreur.*

MÂLE □ **I. Au pr. :** garçonnier, géniteur, hommasse (péj.), homme, masculin, reproducteur, viril. **II. Par ext. :** courageux, énergique, ferme, fort, hardi, noble, vigoureux. **III. Animaux :** bélier, bouc, bouquin, brocard, cerf, coq, étalon, jars, lièvre, malard, matou, sanglier, singe, taureau, verrat.

MALÉDICTION □ **I. Au pr. :** anathème, blâme, blasphème, condamnation, damnation, déprécation, excommunication, exécration, imprécation, jurement, réprobation, vœu. **II. Par ext.** → *malchance.*

MALÉFICE □ Charme, diablerie, enchantement, ensorcellement, envoûtement, fascination, influence, magie, malheur, mauvais œil, philtre, possession, sorcellerie, sort, sortilège.

MALÉFIQUE □ → *mauvais.*

MAL ÉLEVÉ, E □ → *impoli.*

MALENCONTRE □ → *mésaventure.*

MALENCONTREUX, EUSE □ Contrariant, déplorable, désagréable, désastreux, dommageable, ennuyeux, fâcheux, malheureux, malvenu, nuisible, pernicieux, regrettable, ruineux.

MALENTENDU □ Confusion, désaccord, dispute, équivoque, erreur, imbroglio, mécompte, méprise, quiproquo.

MALFAÇON □ → *imperfection.*

MALFAISANCE □ → *méchanceté.*

MALFAISANT, E □ → *mauvais.*

MAL FAIT, E □ → malbâti.

MALFAITEUR, MALFRAT □ Apache, assassin, bandit, brigand, criminel, gangster, gredin, larron (vx), rôdeur, scélérat. → voleur.

MALFAMÉ, E □ Borgne (fam.), déconsidéré, diffamé, discrédité, louche, suspect.

MALFORMATION □ Anomalie, défaut, déformation, difformité, gibbosité, infirmité, monstruosité, vice.

MALGRACIEUX, EUSE □ Disgracieux, grossier, incivil, mal embouché, revêche, rogue, rude.

MALGRÉ □ **I. Au mépris de :** contre, en dépit de, n'en déplaise à, nonobstant. **II. Malgré tout :** absolument, quand même, tout de même.

MALGRÉ QUE □ Bien/en dépit que, quoique.

MALHABILE □ → maladroit.

MALHABILETÉ □ → maladresse.

MALHEUR □ Accident, adversité, affliction, calamité, cataclysme, catastrophe, chagrin, coup/cruauté du destin/sort, désastre, détresse, deuil, disgrâce, douleur, drame, échec, épreuve, fatalité, fléau, inconvénient, infortune, mal, malédiction, mauvaise fortune/passe, méchef (vx), mélasse, mésaventure, misère, orage, peine, perte, rafale, revers, ruine, traverse, tribulation. → malchance.

MALHEUREUX, EUSE □ **I. Quelqu'un :** accablé, éprouvé, frappé, indigent, infortuné, malchanceux, misérable, miséreux, pauvre, piteux, pitoyable, triste. **II. Quelque chose. 1.** Affligeant, calamiteux, cruel, déplorable, désagréable, désastreux, difficile, dur, fâcheux, fatal, funeste, lamentable, maléfique, malencontreux, maudit, néfaste, noir, pénible, préjudiciable, regrettable, rude, satané, triste. **2.** Insignifiant, négligeable, pauvre, petit, vil.

MALHONNÊTE □ **I. Adj. : 1.** Déloyal, déshonnête, frauduleux, improbe, indélicat, infidèle, injuste, marron, tricheur, véreux. **2.** Grossier, immoral, impoli, impudent, impudique, incivil, inconvenant, incorrect, indécent, indigne, laid, malappris, malpropre, méchant. **II. Nom :** canaille, escroc, faisan, fripon, fripouille, trafiquant. → voleur.

MALHONNÊTETÉ □ **I.** Canaillerie, concussion, déloyauté, déshonnêteté, escroquerie, falsification, forfaiture, fraude, friponnerie, fripouillerie, gredinerie, indélicatesse, indignité, malversation, mauvaise foi, tricherie, tripotage, vol. **II.** Grossièreté, immoralité, impolitesse, impudeur, impudicité, incivilité, inconvenance, incorrection, indécence, laideur, malpropreté, méchanceté.

MALICE □ **I.** → méchanceté. **II.** → plaisanterie.

MALICIEUX □ **I.** → mauvais. **II.** → malin.

MALIGNITÉ □ → méchanceté.

MALIN, IGNE □ **I. Sens affaibli :** adroit, astucieux, attentiste, combinard, débrouillard, dégourdi, déluré, farceur, ficelle, fin, finaud, fine mouche, fortiche (fam.), futé, habile, madré, malicieux, mariole (fam.), matois, narquois, navigateur, opportuniste, renard, roublard, roué, rusé, sac à malices, spirituel, trompeur, vieux routier. **II. Non favorable** → mauvais. **III. Faire le malin. Fam. :** bêcher, crâner, frimer, la ramener. → hâbler.

MALINGRE □ **I.** → faible. **II.** → malade.

MALINTENTIONNÉ, E □ → malveillant.

MALLE □ **I.** Bagage, caisse, cantine, chapelière, coffre, colis, mallette, marmotte, valise. **II.** → coche.

MALLÉABILITÉ □ **I.** → obéissance. **II.** → souplesse.

MALLÉABLE □ **I. Au pr. :** doux, ductile, élastique, extensible, faconnable, flexible, liant, mou, plastique, pliable, souple. **II. Fig. :** docile, doux, facile, gouvernable, maniable, obéissant.

MALLETTE □ Attaché-case, baise-en-ville (fam.), fourre-tout, valise.

MALMENER □ → maltraiter.

MALODORANT, E □ → puant.

MALOTRU □ Béotien, gougnafier, goujat, grossier, huron, impoli, iroquois, mal élévé, mufle, peigne-cul, plouc, rustre. sagoin, truand.

MAL PLACÉ, E □ → déplacé.

MALPLAISANT, E □ Agaçant, antipathique, blessant, contrariant, dégoûtant, déplaisant, désagréable, désobligeant, disgracieux, ennuyeux, fâcheux, gênant, irritant, laid, pénible, répugnant.

MAL POLI, E □ → impoli.

MAL PROPORTIONNÉ, E □ Démesuré, déséquilibré, disproportionné, inégal, maladroit.

MALPROPRE □ **I. Adj. et nom : 1.** Cochon, crasseux, crotté, dégoûtant, encrassé, gluant, immonde, infect, maculé, morveux, négligé, pouilleux, répugnant, sale, sanieux, sordide, terreux, visqueux. **2.** Grossier, immoral, impur, inconvenant, indécent, infâme, malhonnête, ordurier. → obscène. **3.** Insalubre, pollué, souillé. **4. Arg. :** cracra, cradingue, crado, cradoc, crapoteux, craspect, crassouillard, dégueu, dégueulasse, merdeux merdique. **5.** → impropre. **II. Nom :** cochon, pouacre, pourceau, sagouin, salaud, saligaud, salope, salopiot, souillon.

MALPROPRETÉ □ **I. Au pr.** : crasse, immondice, impureté, ordure, patine, saleté. **II. Par ext.** : cochonnerie, dégoûtation, grossièreté, immoralité, impureté, inconvenance, indécence, indélicatesse, infamie, malhonnêteté, obscénité, saleté, saloperie.

MALSAIN, E □ **I. Au pr. 1. Quelqu'un** → **malade. 2. Quelque chose** : contagieux, impur, inhabitable, insalubre, nuisible, pestilentiel. **II. Par ext.** : dangereux, déplacé, faisandé, funeste, immoral, licencieux, morbide, pornographique, pourri.

MAL SATISFAIT, E □ Contrarié, ennuyé, fâché, grognon, insatisfait, malcontent, mécontent.

MALSÉANT, E, MALSONNANT, E □ Choquant, déplacé, déshonnête, discordant, grossier, immodeste, impoli, importun, incongru, inconvenant, indécent, leste, libre, licencieux, mal à propos, mal élevé, messéant (vx), saugrenu. → **obscène.**

MALTRAITER □ Abîmer, accommoder, arranger, bafouer, battre, bourrer, brimer, brutaliser, brusquer, critiquer, crosser, éreinter, étriller, faire un mauvais parti, frapper, houspiller, lapider, malmener, mâtiner (fam.), molester, ravauder, rudoyer, secouer, tarabuster, traîner sur la claie, traiter mal/sévèrement/de turc à More, tyranniser, vilipender, violenter.

MALVEILLANCE □ Agressivité, animosité, antipathie, calomnie, désobligeance, diffamation, haine, hostilité, indisposition, inimitié, malignité, mauvais esprit/vouloir, mauvaise volonté, méchanceté, médisance, rancune, ressentiment.

MALVEILLANT, E □ Agressif, aigre, antipathique, désobligeant, fielleux, haineux, hostile, malévole (vx), malin, malintentionné, mauvais, méchant, rancunier, venimeux, vipérin.

MALVENU, E □ → **déplacé.**

MALVERSATION □ Brigandage, compromission, concussion, corruption, déprédation, détournement, dilapidation, escroquerie, exaction, extorsion, forfaiture, fraude, infidélité, magouillage, magouille, micmac, péculat, pillage, prévarication, rapine, simonie, subornation, subtilisation, tour de passe-passe, trafic d'influence, tripatouillage, tripotage. → **vol.**

MAMELLE □ → **sein.**
MAMELON □ **I.** → **sein. II.** → **hauteur. III.** → **sommet.**

MANAGEMENT □ → **administration.**

MANAGER □ **I. N. m.** : administrateur, directeur, entraîneur, impresario. **II. V. tr.** → **administrer.**

MANANT □ **I.** → **paysan. II.** → **rustique.**

MANCHE □ **I.** Bras, emmanchure, entournure, manchette, manicle. **II.** Belle, partie, revanche. **III.** → **mendicité (arg.).**

MANCHETTE □ **I.** Poignet. **II.** Titre, vedette.

MANDARIN □ **I.** → **bonze. II.** Kouanhoua, langue mandarine.

MANDARINAT □ Élitisme, malthusianisme. **Par ext.** : favoritisme, népotisme.

MANDAT □ **I.** → **procuration. II.** → **instruction.**

MANDATAIRE □ **I.** → **intermédiaire. II.** → **envoyé.**

MANDATER □ → **choisir.**

MANDEMENT □ Avis, bref, bulle, écrit, édit, formule exécutoire, injonction, instruction, mandat, ordonnance, ordre, rescription, rescrit.

MANDER □ **I.** Appeler, assigner, citer, convoquer, ordonner. **II.** → **informer.**

MANDIBULE □ Bouche, mâchoire, maxillaire.

MANDUCATION □ **I. Au pr.** : absorption, déglutition, ingestion, insalivation, mastication, sustentation (vx). **II. Relig.** : communion, eucharistie.

MANÉCANTERIE □ Chœur, chorale, école, groupe, maîtrise, psallette.

MANÈGE □ **I. Équit.** : carrière, centre d'équitation, dressage, reprise. **II.** Chevaux de bois. **III.** Agissements, artifice, astuce, combinaison, complot, comportement, détours, hypocrisie, intrigue, machination, manigance, manœuvre, menées, micmac, moyens détournés, plan, ruse, tractation, trame, tripatouillage (fam.).

MANETTE □ Clef, levier, maneton, poignée.

MANGEABLE □ **I. Au pr.** : bon, comestible, consommable, possible → **bon. II. Par ext.** : délectable, ragoûtant, sapide, savoureux, succulent.

MANGEAILLE □ → **nourriture.**

MANGEOIRE □ **I. Au pr.** : auge, crèche, râtelier. **II. Par ext.** : musette.

MANGER □ **I. Au pr.** : absorber, s'alimenter, avaler, consommer, ingérer, se nourrir, prendre, se refaire, se restaurer, se sustenter. **II. Animaux** : brouter, broyer, croquer, déglutir, dévorer, gober, grignoter, paître, pâturer, picorer, ronger, viander (vén.). **III. Par ext. 1.** Collationner, déguster, déjeuner, dîner, entamer, faire bonne chère/chère lie, festoyer, goûter, gruger (vx), mâcher, mastiquer, se mettre à table, se rassasier, se repaître, savourer, souper. **2. Manger mal ou peu** : chipoter, épinocher, grappiller, grignoter, mangeoter, pignocher. **IV. Fam.** : affûter ses meules, attaquer, bâfrer, becqueter, bouffer, boulotter, se bourrer, boustifailler, brichetonner, brifer, se caler les joues, casser la croûte/la graine, s'en coller/s'en foutre/s'en mettre dans le fusil/jusqu'à la garde/jusqu'aux yeux/plein la gueule/plein la lampe/plein la panse/une ventrée, claper, croustiller, croûter, débrider, s'empiffrer, s'emplir/se garnir/se remplir l'estomac/le jabot/la panse/le sac/le ventre, s'en donner jusqu'à la garde/par les babines, s'enfiler, s'enfoncer, engloutir, faire bombance/miammiam/ripaille, gargoter (vx), se gaver, gnafrer, se goberger, gobichonner, godailler, se goinfrer, se gorger, grailler, gueuletonner, ingurgiter, s'en jeter derrière la cravate, jouer/travailler de la mâchoire/des mandibules, se lester, se mettre dans le buffet/le coffre/le cornet/l'estomac/le gésier/la gidouille/le gosier/le jabot/la panse/le sac/la sacoche/la tirelire/le ventre, se morfaler, se morganer, se piffrer, ripailler, se taper la cloche/une gnafrée/goinfrée/ventrée, tordre, tortiller, tortorer. **V. Fig.** *1.* → *consumer. 2.* → *dépenser. 3.* → *ronger. 4.* → *ruiner.*

MANGER □ → *nourriture.*

MANIABLE □ **I. Au pr.** : ductile, flexible, malléable, mou, souple. **II. Par ext. 1. Quelque chose** : commode, pratique. *2. Quelqu'un* : docile, doux, facile, malléable, obéissant, souple, traitable.

MANIAQUE □ n. et adj. **I. Au pr.** : aliéné, dément, détraqué, fou, frénétique, furieux, lunatique, toqué. **II. Par ext. 1.** Bizarre, capricieux, fantaisiste, fantasque, obsédé, original, ridicule, singulier. *2.* Exigeant, méticuleux, pointilleux, vétilleux.

MANIE □ **I. Au pr.** : aliénation, délire, démence, égarement, folie, frénésie, furie, hantise, idée fixe, monomanie, obsession. **II. Par ext.** : bizarrerie, caprice, dada, démangeaison, épidémie, fantaisie, fièvre, frénésie, fureur, goût, habitude, maladie, manière, marotte, monomanie, péché mignon, rage, tic, toquade, turlutaine.

MANIEMENT □ **I. Au pr.** : emploi, manipulation, manœuvre, usage, utilisation. **II. Par ext.** : administration, direction, fonctionnement, gestion, gouvernement.

MANIER □ **I. Au pr. 1. Neutre** : avoir en main/entre les mains, façonner, malaxer, manipuler, manœuvrer, modeler, palper, pétrir, tâter, toucher, triturer. *2. Fam. ou péj.* : patiner (vx), patouiller, patrouiller, peloter, trifouiller, tripatouiller, tripoter. **II. Par ext. 1. On manie quelqu'un** : con-

duire, diriger, gouverner, manœuvrer, mener. *2. Des biens* : administrer, gérer, manipuler, mettre en œuvre. *3. Des idées* : agiter, traiter, user de, utiliser. **III. V. pron.** : s'activer, s'agiter, courir, se dégrouiller, se dépêcher, s'empresser, faire diligence/fissa, se grouiller, se hâter, se précipiter, se presser, se remuer.

MANIÈRE □ **I.** → *façon.* **II.** → *sorte.* **III.** → *style.* **IV. Loc. Manière d'être** → *qualité.*

MANIÉRÉ, E □ → *précieux.*

MANIÉRISME □ → *préciosité.*

MANIFESTANT, E □ Contestataire, mécontent, porteur de banderolles/pancartes, protestataire.

MANIFESTATION □ **I.** → *déclaration.* **II.** → *rassemblement.*

MANIFESTE □ adj. Avéré, certain, clair, criant, décidé, éclatant, évident, flagrant, formel, indéniable, indiscutable, indubitable, notoire, palpable, patent, positif, public → *réel.*

MANIFESTE □ n. Adresse, avis, déclaration, proclamation, profession de foi.

MANIFESTER □ **I.** → *exprimer.* **II.** → *déclarer.* **III.** → *montrer (se).* **IV.** → *protester.*

MANIGANCE □ Agissements, brigue, combinaison, combine, complot, cuisine, détour, diablerie, intrigue, machination, manège, manœuvre, menée, micmac, trame.

MANIGANCER □ Aménager, arranger, brasser, briguer, combiner, comploter, conspirer, cuisiner, intriguer, machiner, manœuvrer, mener, mijoter, monter, nouer, ourdir, préparer, tisser, tramer, tresser.

MANIPULATEUR, TRICE □ **I.** Aide, assistant, opérateur, préparateur. **II.** → *illusionniste.*

MANIPULATION □ **I.** Opération, traitement. **II.** → *influence.*

MANIPULER □ → *manier.*

MANNE □ **I.** → *affluence.* **II.** Banne, corbeille, panier, panière, vannerie.

MANNEQUIN □ **I.** → *modèle.* **II.** → *épouvantail.* **III.** → *pantin.*

MANŒUVRE □ **I. Nom fém. 1.** → *mouvement. 2.* → *cordage. 3.* → *agissements. 4.* → *manège.* **II. Nom masc.** → *travailleur.*

MANŒUVRER □ **I.** → *manier.* **II.** → *conduire.* **III.** → *gouverner.*

MANŒUVRIER □ → *négociateur.*

MANOIR □ **I.** → *maison.* **II.** → *château.*

MANOMÈTRE □ Cadran, indicateur.

MANQUE □ **I. Au pr. 1.** Absence, besoin, carence, crise, défaillance, défaut, déficience, dénuement, disette, embarras, imperfection, indigence, insuffisance, jeûne, lacune, omission, paupérisme, pauvreté, pénurie, privation. **2.** Déficit, trou. **II. Fig.** → *manquement.*

MANQUÉ, E □ Avorté, fichu, foutu, larvé, loupé, perdu, raté.

MANQUEMENT □ Carence, connerie (fam.), défaillance, défaut, délit, désobéissance, écart, erreur, faute, infraction, insubordination, irrégularité, manque, oubli, péché, violation.

MANQUER □ **I. V. intr. 1.** *Quelqu'un :* se dérober, disparaître, s'éclipser, être absent/disparu/manquant, faillir (vx), faire défaut/faute/faux bond, se soustraire → *échouer.* **2.** *On manque à une obligation :* déchoir, se dédire, déroger, s'écarter, enfreindre, fauter, forfaire, pécher contre, tomber, trahir. **3.** *On manque à la politesse* → *offenser.* **4.** *On manque d'être/de faire :* être sur le point/tout près de, faillir, penser, risquer. **5.** *On ne manque pas d'être :* laisser. **6.** *On ne manque pas d'aller/d'être/de faire :* négliger, omettre, oublier. **7.** *On manque la classe :* s'absenter, faire l'école buissonnière, sécher (fam.). **8.** *Quelque chose manque :* s'en falloir, faire défaut. **9.** *Le sol :* se dérober. **10.** *Le pied :* glisser. **II. V. tr. :** abîmer, esquinter, gâcher, laisser échapper, louper, mal exécuter/faire, perdre, rater.

MANSARDE □ Chambre de bonne, combles, galetas, grenier, solier (vx).

MANSUÉTUDE □ → *douceur.*

MANTEAU □ **I. Au pr. :** balandran (vx), burnous, caban, cache-misère (péj.), cache-poussière, caftan, cape, capote, carrick, casaque (vx), chape, chlamyde, cuir, djellaba, duffle-coat, douillette, gandoura, gabardine, haïk, himation, houppelande, imperméable, limousine, macfarlane, mackintosh, mandille (vx), mante (vx), mantelet (vx), manteline (vx), paletot, pallium, pardessus, pardosse (fam.), pèlerine, pelisse, poncho, raglan, redingote, roquelaure (vx), rotonde, sagum (vx), saie, tabard, toge, trois-quarts, ulster, water-proof. **II. Fig. :** abri, couvert, couverture, enveloppe, gaze, masque, prétexte, semblant, voile. **III. Loc.** *Sous le manteau :* clandestinement, discrètement, en sous-main, frauduleusement, secrètement.

MANTILLE □ Carré, coiffure, dentelle, écharpe, fichu, voile.

MANUEL □ Abrégé, aide-mémoire, cours, livre, mémento, ouvrage, poly (fam.), polycopié, précis, recueil, traité.

MANUFACTURE □ → *usine.*

MANUFACTURER □ → *produire.*

MANUFACTURIER □ → *industriel.*

MANUSCRIT □ → *texte.*

MANUTENTION □ → *magasin.*

MANUTENTIONNAIRE □ Cariste.

MAPPEMONDE □ → *carte.*

MAQUEREAU □ → *proxénète.*

MAQUETTE □ **I.** → *ébauche.* **II.** → *modèle.*

MAQUIGNON □ **I.** → *trafiquant.* **II.** → *intermédiaire.*

MAQUIGNONNAGE, MAQUILLAGE □ Artifice, dissimulation, escroquerie, fraude, manœuvre, marchandage, rouerie, trafic → *tromperie.*

MAQUIGNONNER □ → *trafiquer.*

MAQUILLER □ **I.** → *altérer.* **II.** → *déguiser.* **III.** → *farder.* **IV. V. pron.** → *farder (se).*

MAQUIS □ **I.** → *lande.* **II.** → *labyrinthe.* **III.** Insurrection, organisation, réseau de partisans, résistance.

MAQUISARD □ Franc-tireur, guérillero, partisan.

MARABOUT □ **I.** Cigogne à sac, leptopilus. **II.** Aigrette, garniture, plume. **III.** Koubba, mausolée, sanctuaire, tombeau. **IV.** Prêtre, sage, saint, thaumaturge, vénérable. **V. Par ext. :** sorcier.

MARAÎCHER, ÈRE □ adj. et n. **I.** Agriculteur, horticulteur, jardinier. **II. Loc.** *Culture maraîchère* → *jardinage.*

MARAIS □ **I. Au pr. :** claire, étang, fagne, mare, marécage, maremme, marigot, palud, palude, palus, polder, tourbière. **II. Fig. :** bas-fond, boue, bourbier, fange, marécage. **III.** Culture maraîchère, hortillonnage → *jardinage.*

MARASME □ **I.** → *crise, stagnation.* **II.** → *langueur.* **III.** → *maigreur.*

MARÂTRE □ **I. Au pr. :** belle-mère, petite mère. **II. Par ext.** (péj.) → *virago.*

MARAUD, E □ Bélître, bonhomme, canaille, chenapan, coquin, drôle, drôlesse, faquin, fripouille, garnement, goujat, grossier, maroufle, racaille, rastaquouère, rebut, sacripant, salopard → *voleur.*

MARAUDAGE, MARAUDE □ → *vol.*

MARAUDER □ → *voler.*

MARAUDEUR, EUSE □ Chapardeur, fourrageur, fricoteur, griveton, pillard → *voleur.*

MARBRE □ Albâtre, brocatelle, carrare, cipolin, dolomie, griotte, lumachelle, ophite, paros, pentelique, sarancolin, serpentine, turquin.

MARBRÉ, E □ Bigarré, jaspé, marqueté, veiné.

MARBRURE □ Jaspure, racinage, veinure.

MARC □ Alcool, brandevin, eau-de-vie.

MARCASSIN □ Bête noire, cochon, pourceau, sanglier.

MARCESCENCE □ → *décadence.*

MARCESCENT, E, MARCESSIBLE □ → *destructible.*

MARCHAND, E □ Boutiquier, camelot, charlatan (péj.), chineur, colporteur, commerçant, forain, fournisseur, négociant, porte-balle, revendeur, vendeur.

MARCHANDAGE □ → *discussion.*

MARCHANDER □ → *discuter.*

MARCHANDISE □ Article, camelote (péj.), denrée, fourniture, pacotille (péj.), produit, provenances, stock.

MARCHE □ **I.** → *limite.* **II.** Allure, cheminement, déambulation, course, démarche, dromomanie (méd.), enjambées, erre (vx), flânerie, footing, foulées, locomotion, pas, reptation, train. **III.** Avancement, conduite, déplacement, développement, évolution, façon, fonctionnement, forme, progrès, progression, tour, tournure. **IV.** → *procédé.*

MARCHÉ □ **I.** Bazar, bourse, braderie, foirail, foire, halle, souk. **II.** → *convention.* **III.** **Loc.** *À bon marché :* au juste prix, au rabais, en réclame/solde.

MARCHER □ **I. Au pr. 1.** Aller, arpenter, arquer (fam.), aller, avancer, cheminer, crapahuter (fam.), déambuler, enjamber, évoluer, flâner, fouler, progresser, se promener, trimer (vx), venir. **2.** Fonctionner, tourner. **3.** → *passer.* **II. Par ext.** → *prospérer.*

MARCHEUR, EUSE □ Chemineau, excursionniste, flâneur, passant, piéton, promeneur, trimardeur.

MARCOTTE □ → *bouture.*

MARE □ Étang, flache, flaque, pièce d'eau.

MARÉCAGE □ → *marais.*

MARÉCAGEUX, EUSE □ → *boueux.*

MARÉCHAL-FERRANT □ Forgeron.

MARÉCHAUSSÉE □ → *gendarmerie.*

MARÉE □ **I. Au pr. :** èbe, flot, flux, jusant, perdant, reflux. **II.** → *poisson.*

MARGE □ **I.** → *bord.* **II.** → *délai.*

MARGINAL, E □ **I.** Asocial, hippie, non-conformiste. **II.** → *secondaire.*

MARGOUILLIS □ **I.** → *boue.* **II.** → *mélange.*

MARGOULETTE □ → *gosier.*

MARGOULIN □ → *trafiquant.*

MARI □ → *époux.*

MARIAGE □ **I.** Alliance, antiflage (arg.), conjungo (pop.), hymen, hyménée, lit, ménage, union. **II.** Bénédiction nuptiale, célébration, cérémonie, consentement mutuel, cortège, épousailles, hymen, marida (arg.), noce, sacrement.

MARIÉE □ Conjointe, épousée, jeune femme.

MARIER □ → *joindre.* **V. pron. :** contracter mariage/une union, convoler, épouser, s'établir, faire une fin (fam.), s'unir à.

MARIN □ **I. Nom :** col bleu, loup de mer, marsouin, mataf, matelot, mathurin, moussaillon, mousse, navigateur, novice. **II. Adj. :** abyssal, benthique, maritime, nautique, naval, pélagien, pélagique.

MARINER □ **I.** → *attendre.* **II.** → *tremper.*

MARINIER □ → *batelier.*

MARINISME □ → *préciosité.*

MARIONNETTE □ → *pantin.*

MARITIME □ → *marin.*

MARIVAUDAGE □ → *préciosité.*

MARIVAUDER □ Baratiner (fam.), batifoler, conter fleurette, coqueter, flirter, minauder, papillonner, roucouler.

MARKETING □ Étude des marchés, marchandisage, marchéage, mercatique, merchandising.

MARMAILLE □ → *enfant.*

MARMELADE □ → *confiture.*

MARMITE □ **I.** Bouteillon *et* bouthéon (milit.), braisière, cocotte, daubière, faitout, huguenote. **II. Fam. :** bombe, obus.

MARMITON □ → *cuisinier.*

MARMONNEMENT, MARMOTTEMENT □ → *bredouillage.*

MARMONNER, MARMOTTER □ → *murmurer.*

MARMOT □ → *enfant.*

MARNER □ **I.** → *améliorer.* **II.** → *travailler.*

MARONNER □ → *rager.*

MAROTTE □ → *manie.*

MARQUANT, E □ → *remarquable.*

MARQUE □ **I.** Attribut, cachet, caractère, chiffre, coin, distinction, estampille, étiquette, façon, frappe, gage, griffe, indication, jeton, label, monogramme, note, sceau, sigle, signe, signet, timbre. **II.** Amer (mar.), empreinte, indice, repère, reste, tache, témoignage, trace, trait. **III.** → *blason.*

MARQUÉ, E □ **I.** Grêlé, picoté. **II.** → *prononcé.* **III.** → *remarquable.* **IV.** → *pénétré.*

MARQUER □ **I.** → *imprimer.* **II.** → *indiquer.* **III.** → *écrire.* **IV.** → *montrer.* **V.** → *paraître.*

MARQUETÉ, E □ Bariolé, bigarré, diapré, jaspé, madré, marbré, moucheté, ocellé, piqueté, pommelé, taché, tacheté, tavelé, tigré, truité, veiné, vergeté.

MARQUETERIE □ **I. Au pr.** : ébénisterie, mosaïque. **II. Fig.** → *mélange.*

MARRAINE □ Commère.

MARRON □ n. → *châtaigne.*

MARRON □ adj. **I.** → *sauvage.* **II.** → *suspect.* **III.** → *malhonnête.*

MARTEAU □ **I.** Asseau, assette, batte, besaiguë, bigorne, boucharde, ferretier, laie, mail, maillet, mailloche, martel (vx), masse, massette, matoir, merlin, pétard, picot, rustique, smille. **II. Marteau-pilon** : aplatissoir, martinet. **III.** Heurtoir. **IV.** → *fou.*

MARTÈLEMENT □ Battement.

MARTELER □ **I. Au pr.** → *frapper.* **II. Fig.** *1.* → *tourmenter.* *2.* → *prononcer.*

MARTIAL, E □ → *militaire.*

MARTINET □ **I.** → *fouet.* **II.** → *hirondelle.* **III.** → *marteau.*

MARTINGALE □ → *truc.*

MARTYR, E □ → *victime.*

MARTYRE □ → *supplice.*

MARTYRISER □ → *tourmenter.*

MARXISME □ → *socialisme.*

MASCARADE □ **I.** Carnaval, chienlit, défilé, déguisement, masque, momerie. **II.** → *hypocrisie.*

MASCARET □ **I. Au pr.** : banc. **II. Fig.** → *multitude.*

MASCOTTE □ → *fétiche.*

MASCULIN □ → *mâle.*

MASOCHISME □ Dolorisme.

MASQUE □ **I.** Cagoule, déguisement, domino, loup, touret de nez (vx), travesti. **II.** → *visage.* **III. Fig.** → *manteau.*

MASQUER □ **I.** → *déguiser.* **II.** → *cacher.*

MASSACRANT, E □ → *revêche.*

MASSACRE □ → *carnage.*

MASSACRER □ **I.** → *tuer.* **II.** → *gâcher.*

MASSACREUR, EUSE □ **I.** → *maladroit.* **II.** → *tueur.*

MASSE □ **I.** → *amas.* **II.** → *totalité.* **III.** → *poids.* **IV.** → *fonds.* **V.** → *multitude.* **VI.** → *peuple.* **VII.** → *marteau.* **VIII.** → *massue.* **IX.** → *bâton.*

MASSER □ **I.** → *frictionner.* **II.** → *assembler.*

MASSEUR, EUSE □ Kinésithérapeute, physiothérapeute, soigneur.

MASSIF □ → *bois.*

MASSIF, IVE □ **I.** → *pesant.* **II.** → *gros.*

MASSUE □ Bâton, casse-tête, gourdin, masse, masse d'armes, matraque, plommée.

MASTIQUER □ → *mâcher.*

MASTOC □ → *pesant.*

MASTURBATION □ Manustupration, onanisme, plaisir/pollution solitaire. → *caresse.* **Arg.** : branlette, douce, paluche, pignole, pogne, rassis, sègue, veuve-poignet.

MASTURBER □ → *caresser.*

MASURE □ → *taudis.*

MAT, E □ **I.** → *terne.* **II.** → *sourd.*

MÂT □ Antenne, beaupré, espar, perche, support, vergue.

MATAMORE □ → *hâbleur.*

MATASSIN □ Acrobate, bouffon, clown, comédien, danseur, funambule, paillasse, pitre.

MATCH □ → *compétition, rencontre.*

MATELAS □ Coite, couette, coussin, paillot. **Péj.** : galette, grabat, paillasse.

MATELASSER □ → *rembourrer.*

MATELOT □ → *marin.*

MATELOTTE □ → *bouillabaisse.*

MATER □ **I.** → *macérer.* **II.** → *vaincre.* **III.** → *humilier.*

MATÉRIALISATION □ → *réalisation.*

MATÉRIALISER □ Accomplir, concrétiser, dessiner, réaliser, rendre sensible/visible, représenter, schématiser.

MATÉRIALISME □ Agnosticisme, atomisme, hylozoïsme, marxisme, mécanisme, positivisme, radicalisme, réalisme, relativisme.

MATÉRIALISTE □ Agnostique, atomiste, marxiste, mécaniste, positiviste, radical, réaliste.

MATÉRIALITÉ □ → *réalité.*

MATÉRIAU □ → *matière.*

MATÉRIEL □ → *outillage.*

MATÉRIEL, ELLE □ **I.** → *réel.* **II.** → *manifeste.* **III.** → *sensuel.*

MATERNITÉ □ → *hôpital.*

MATHÉMATIQUE □ **I. Adj.** → *précis.* **II. Nom sing. ou pl.** → *calcul.*

MATIÈRE □ **I.** Corps, élément, étoffe, matériau, solide, substance. **II.** Article, base, chapitre, chef, fable, fond, fondement, motif, objet, point, propos, sujet, texte, thème. **III.** Cause, prétexte, sujet. **IV.** → *lieu.* **V. Loc. Matières fécales** → *excrément.*

MATIN □ **I.** Aube, aurore, crépuscule du matin, lever du jour, matinée, petit jour, point du jour. **II. Loc.** : au chant du coq, de bon matin, de bonne heure, dès potron-minet, tôt.

MÂTIN, E □ **Vx** : **I.** → *coquin.* **II.** → *gaillard.*

MATINAL, E □ Lève-tôt, matineux, matutinal.

MÂTINÉ, E □ → *mêlé.*

MATINÉE □ → *matin.*

MATOIS, E □ → *malin, hypocrite.*

MATOISERIE □ → *ruse.*

MATRAQUAGE □ → *propagande.*

MATRAQUE □ → *casse-tête.*

MATRAQUER □ I. → *battre.* II. → *influer.*

MATRICE □ I. → *utérus.* II. → *registre.*

MATRICULE □ I. → *liste.* II. → *registre.*

MATRIMONIAL, E □ → *nuptial.*

MATRONE □ I. → *femme.* II. Accoucheuse, sage-femme.

MATURATION □ Mûrissage, mûrissement, véraison.

MÂTURE □ Gréement.

MATURITÉ □ → *plénitude.*

MAUDIRE □ Anathématiser, blâmer, condamner, détester, s'emporter contre, excommunier, exécrer, rejeter, réprouver, vouer aux gémonies.

MAUDIT, E □ **I. Au pr. :** bouc émissaire, damné, déchu, excommunié, frappé d'interdit/d'ostracisme, galeux, hors-la-loi, interdit, outlaw, paria, pestiféré, rejeté, repoussé, réprouvé. **II. Par ext.** → *détestable.*

MAUGRÉER □ → *murmurer.*

MAUSOLÉE □ → *tombe.*

MAUSSADE □ I. → *renfrogné.* II. → *triste.*

MAUVAIS, E □ **I. Phys. :** avarié, contagieux, corrompu, dangereux, délétère, détérioré, dommageable, empoisonné, hostile, insalubre, irrespirable, maléfique, malfaisant, malsain, méphitique, morbide, nauséabond, nocif, nuisible, peccant (vx), pernicieux, pestilentiel, préjudiciable, toxique, vénéneux, venimeux. **II. Par ext. :** affreux, agressif, blâmable, caustique, chétif, corrompu, corrupteur, criminel, cruel, démoniaque, désagréable, déshonorant, détestable, diabolique, erroné, exécrable, fatal, fautif, fielleux, funeste, haïssable, horrible, immoral, infect, insuffisant, malicieux, malin, manqué, méchant, médiocre, misérable, monstrueux, néfaste, noir, pervers, pitoyable, raté, ringard (arg.), roublard, sadique, satanique, scélérat, sévère, sinistre, sournois, tocard (fam.), torve, venimeux, vicieux, vilain → *laid.*

MAUVIETTE □ I. → *alouette.* II. → *gringalet.*

MAXIME □ Adage, aphorisme, apophtegme, dicton, dit, dogme, formule, moralité, on-dit, pensée, précepte, principe, proverbe, règle, sentence.

MAXIMUM □ **I. Nom :** limite, mieux, plafond, plus, sommet, summum, terme, totalité. **II. Loc. Au maximum :** à bloc, au plus haut degré/point, le plus possible.

MAZOUT □ Fuel, gasoil, gazole, huile lourde.

MÉANDRE □ I. → *sinuosité.* II. → *ruse.*

MÉAT □ → *ouverture.*

MÉCANICIEN, ENNE □ Chauffeur, conducteur, garagiste, machiniste, mécano, ouvrier, spécialiste.

MÉCANIQUE □ adj. → *involontaire.*

MÉCANIQUE □ n. → *appareil.*

MÉCANISER □ **I. Au pr. :** automatiser, équiper, industrialiser, motoriser. **II. Par ext. :** rendre habituel/machinal/routinier, robotiser. **III. Fam. et fig.** → *taquiner.*

MÉCANISME □ **I.** Agencement, combinaison, fonctionnement, organisation, processus. **II.** Appareillage, mécanique, organes.

MÉCÈNE □ → *protecteur.*

MÉCHANCETÉ □ **I. Le défaut :** agressivité, causticité, cruauté, dépravation, dureté, envie, fiel, hargne, jalousie, malice, malignité, malveillance, mauvaiseté (vx), nocivité, noirceur, perversité, rosserie, sadisme, scélératesse, vacherie (fam.), venin, vice. **II. L'acte :** calomnie, coup d'épingle, crasse, espièglerie, farce, malfaisance, médisance, noirceur, perfidie, saleté, taquinerie, tour, tourment, vilénie. **fam. :** couleuvre, crosse, gentillesse, mistoufle, saloperie, vacherie.

MÉCHANT, E □ **I. Au pr. :** acariâtre, acerbe, acrimonieux, affreux, agressif, bourru, brutal, corrosif, criminel, cruel, dangereux, démoniaque, désagréable, désobligeant, diabolique, dur, félon, fielleux, haineux, hargneux, indigne, infernal, ingrat, injuste, insolent, insupportable, intraitable, jaloux, malfaisant, malicieux, malin, malintentionné, malveillant, maussade, médisant, mordant, noir, nuisible, odieux, perfide, pervers, rossard, sans-cœur, satanique, scélérat, sinistre, turbulent, venimeux, vilain, vipérin. **II. Fam. :** bouc, carcan, carne, chameau, charogne, chipie, choléra, coquin, démon, furie, gale, ganache, harpie, masque, mégère, méphistophélès, ogre, peste, poison, rosse, salaud, sale bête, satan, serpent, sorcière, suppôt de Satan, teigne, tison, vachard, vache, vipère. **III. Par ext. :** malheureux, mauvais, médiocre, misérable, nul, pauvre, petit, pitoyable, rien.

MÈCHE □ I. → *vrille.* II. Fig. : *1.* → *connivence. 2.* → *secret.*

MÉCOMPTE □ I. → *déception.* II. → *erreur.*

MÉCONNAISSABLE □ → *différent.*

MÉCONNAÎTRE □ Déprécier, ignorer, méjuger, se méprendre, mépriser, mésestimer, négliger, sous-estimer.

MÉCONNU, E □ → *inconnu.*

MÉCONTENT, E □ **I.** Choqué, contrarié, déçu, dépité, ennuyé, fâché, fumasse (fam.), grognon, inapaisé, inassouvi, insatisfait, malcontent, râleur. **II.** Contestataire, écolo, hippie, houligan, kitsch, opposant, protestataire, provo.

MÉCONTENTEMENT □ → *ennui.*

MÉCONTENTER □ Fâchèr → *agacer.*

MÉCRÉANT, E □ → *incroyant.*

MÉDAILLE □ **I.** Monnaie, pièce, plaque, insigne, médaillon. **II. Par ext. :** *1.* Agnus dei, scapulaire → *fétiche. 2.* → *récompense.*

MÉDAILLON □ **I.** → *médaille.* **II.** → *tableau.* **III.** → *image.*

MÉDECIN □ **I. Au pr. :** accoucheur, auriste, cardiologue, chirurgien, clinicien, dermatologiste, généraliste, gynécologue, neurologue, obstétricien, oculiste, ophtalmologue, oto-rhino-laryngologiste, oculiste, pédiatre, phlébologue, praticien, psychiatre, radiologue, stomatologiste, urologue. **II. Par ext. :** docteur, doctoresse, externe, interne, major, spécialiste. **III. Fam. :** carabin, esculape, la Faculté, toubib. **IV. Vx :** archiatre, mire, physicien, thérapeute. **V. Péj. :** charlatan, docteur Knock, médicastre, morticole.

MÉDECINE □ **I.** → *purge.* **II.** La Faculté.

MÉDIAT, E □ → *indirect.*

MÉDIATEUR, TRICE □ → *intermédiaire.*

MÉDIATION □ Amodiation, arbitrage, bons offices, conciliation, entremise, intervention.

MÉDIATOR □ Plectre.

MÉDICAL, E □ Médicinal, thérapeutique.

MÉDICAMENT □ → *remède.*

MÉDICAMENTER □ → *soigner.*

MÉDICATION □ → *soins.*

MÉDICINAL, E □ Médical, thérapeutique.

MÉDIOCRE □ Assez bien, banal, bas, chétif, commun, étriqué, exigu, faible, humble, imparfait, inférieur, insignifiant, insuffisant, maigre, méchant, mesquin, mince, minime, modéré, modeste, modique, moyen, négligeable, ordinaire, pâle, passable, pauvre, petit, piètre, piteux, pitoyable, plat, quelconque, riquiqui, satisfaisant, suffisant, supportable, terne, tocard (fam.).

MÉDIOCRITÉ □ → *faiblesse.*

MÉDIRE □ Arranger, attaquer, babiller, baver sur, bêcher, cancaner, casser du sucre, clabauder, commérer, critiquer, croasser, dauber, débiner, déblatérer, décauser (rég.), déchirer,

décrier, dégoiser, dénigrer, déprécier, déshabiller, détracter, diffamer, dire des méchancetés/pis que pendre, éreinter, esquinter, gloser, habiller, insinuer, jaser, mettre en capilotade/en pièces, nuire, potiner, ragoter, répandre, satiriser, taper, vilipender.

MÉDISANCE □ Anecdote, atrocité, attaque, bavardage, calomnie, cancan, caquetage, clabaudage, clabauderie, chronique, commentaire, commérage, coup de dent/de langue/de patte, délation, dénigrement, détraction, diffamation, éreintement, horreurs, méchanceté, on-dit, persiflage, potin, propos, racontage, racontar, ragot, rumeur, venin.

MÉDISANT, E □ **I.** Diffamatoire. **II.** Caqueteur, délateur, dénigreur, dépréciateur, détracteur, diffamateur, langue d'aspic/de serpent/venimeuse/ de vipère/vipérine, maldisant (vx), mauvaise/méchante langue.

MÉDITATIF, IVE □ **I.** → *pensif.* **II.** → *penseur.*

MÉDITATION □ **I.** → *attention.* **II.** → *pensée.*

MÉDITER □ **I. V. intr.** → *penser.* **II. V. tr.** → *projeter.*

MÉDUSÉ, E □ **I.** → *ébahi.* **II.** → *interdit.*

MÉDUSER □ → *étonner.*

MEETING □ → *réunion.*

MÉFAIT □ → *faute.*

MÉFIANCE □ Crainte, défiance, doute, incrédulité, prévention, prudence, qui-vive, réserve, rétiveté, scepticisme, soupçon, suspicion, vigilance.

MÉFIANT, E □ **I. Non favorable :** chafouin, craintif, défiant, dissimulé, ombrageux, soupçonneux, timoré. **II. Neutre** → *prudent.*

MÉFIER (SE) □ Se défier, être/se tenir sur ses gardes, faire gaffe (fam.), se garder.

MÉGALOMANIE □ → *orgueil.*

MÉGARDE □ → *inattention.*

MÉGÈRE □ Bacchante, carne, carogne, catin, chabraque, chameau, charogne, chienne, chipie, choléra, commère, cotillon, dame de la halle, diablesse, dragon, drôlesse, fébosse, fourneau, furie, garce, gaupe, gendarme, grenadier, grognasse, harengère, harpie, hérisson, junon, maquerelle, maritorne, matrone, ménade, ménesse, pie-grièche, pisse-vinaigre, poison, poissarde, pouffiasse, rébecca, rombière, sibylle, sorcière, souillon, teigne, toupie, tricoteuse, trumeau, vadrouille (vx), vieille bique/vache, virago.

MÉGOT □ → *cigarette.*

MÉGOTER □ → *économiser.*

MEILLEUR, E □ Choix, crème, élite, excellence, fleur, gratin, quintessence. → *supérieur.*

MÉJUGER □ → *mépriser.*

MÉLANCOLIE □ **I. Au pr. :** abattement, accablement, aliénation, amertume, angoisse, atrabile, cafard, chagrin, dépression, déréliction, désolation, humeur noire, hypocondrie, langueur, lypémanie, mal du pays, navrance, neurasthénie, noir, nostalgie, papillons noirs, peine, regret, spleen, tristesse, trouble, vague à l'âme. **II. Par ext. :** brume, grisaille, nuage, ombre.

MÉLANCOLIQUE □ **I.** → *triste.* **II.** → *bilieux.*

MÉLANGE □ **I. Neutre :** accouplement, alliage, alliance, amalgamation, amalgame, amas, assemblage, association, assortiment, bariolage, bigarrure, brassage, combinaison, complexité, composé, composition, coupage, couplage, croisement, délayage, dosage, fusion, hétérogénéité, hybridation, imprégnation, incorporation, macédoine, magma, malaxage, mariage, marqueterie, métissage, mixtion, mixture, mosaïque, panachage, panmixie, rapprochement, réunion, syncrétisme, tissu, tissure, union. **II. Non favorable :** bric-à-brac, brouillamini, cacophonie, chaos, cocktail, confusion, désordre, disparité, embrouillamini, emmêlement, enchevêtrement, entortillement, entrelacement, entremêlement, fatras, fouillis, fricassée, imbrication, imbroglio, margouillis, mêlé-cassis, mêlée, méli-mélo, micmac, pastis, patouillis, pêle-mêle, promiscuité, salade, salmigondis. **III. Litt. 1.** Centon, compilation, habit d'arlequin, placage, pot-pourri, recueil, rhapsodie, ripopée. **2. Au pl. :** miscellanea, miscellanées, morceaux choisis, variétés → *anthologie.*

MÉLANGER, MÊLER □ Abâtardir, accoupler, agglutiner, agiter, allier, amalgamer, assembler, associer, assortir, barioler, battre, brasser, brouiller, combiner, composer, confondre, couper, coupler, croiser, doser, embrouiller, emmêler, enchevêtrer, entrelacer, entrelarder, entremêler, fatiguer, fondre, fouetter, fusionner, incorporer, introduire, joindre, malaxer, manipuler, marier, mâtiner, mettre, mixtionner, panacher, rapprocher, réunir, saupoudrer, touiller. → *unir.*

MÊLÉ, E □ **I.** Bâtard, bigarré, composite, impur, mâtiné, mixte. **II.** Embarrassé. **III.** Embroussaillé. **IV.** *Les part. passés des syn. de* MÊLER.

MÊLÉE □ → *bataille.*

MÉLI-MÉLO □ → *mélange.*

MELLIFLUE □ → *doucereux.*

MÉLODIE □ Accents, air, aria, ariette, cantabile, cantilène, chanson, chant, harmonie, incantation, lied, mélopée, pièce, poème, récitatif.

MÉLODIEUX, EUSE □ → *harmonieux.*

MÉLODRAME □ → *drame.*

MELON □ Cantaloup, charentais, pépon, péponide, sucrin. → *pastèque.*

MÉLOPÉE □ → *mélodie.*

MEMBRANE □ → *tissu.*

MEMBRE □ **I.** → *partie.* **II.** Actionnaire, adhérent, affilié, associé, correspondant, cotisant, fédéré, inscrit, recrue, sociétaire, soutien, sympathisant. **III.** → *sexe.*

MÊME □ **I. Adv. :** aussi, de plus, encore, en outre, précisément, voire. **II. Pron.** *Le même* → *semblable.* **III. Loc. conj.** *De même que* → *comme.* **IV. Adj.** Analogue, égal, ejusdem farinae, équivalent, ex aequo, identique, pareil, semblable, similaire, tel.

MÉMENTO □ Agenda, aide-mémoire, almanach, bloc-notes, calepin, carnet, éphémérides, guide, guide-âne, pense-bête, vade-mecum. → *note.*

MÉMOIRE □ **I. Au pr. :** anamnèse, conservation, empreinte, recognition, remembrance (vx), réminiscence, ressouvenance, ressouvenir, savoir, souvenance, souvenir, trace. **II. Par ext. 1.** → *rappel.* **2.** → *commémoration.* **3.** → *réputation.*

MÉMOIRE □ **I. Au sing. 1.** → *liste.* **2.** → *compte.* **3.** → *traité.* **4.** → *récit.* **II. Au pl. :** annales, autobiographie, chronique, commentaire, confession, essai, journal, mémorial, récit, révélations, souvenirs, voyages.

MÉMORABLE □ → *remarquable.*

MÉMORANDUM □ → *note.*

MÉMORIAL □ **I.** → *récit.* **II.** → *mémoires.*

MÉMORIALISTE □ → *historien.*

MENAÇANT, E □ Agressif, comminatoire, dangereux, fulminant, grondant, imminent, inquiétant, sinistre.

MENACE □ **I.** Avertissement, bravade, chantage, commination, défi, dissuasion, fulmination, grondement, intimidation, provocation, réprimande, rodomontade, sommation, ultimatum. **II.** Danger, péril, point noir, spectre.

MENACER □ **I.** → *braver.* **II. Loc.** *Menacer de* → *présager.*

MÉNAGE □ **I.** → *économie.* **II.** → *famille.* **III.** → *maison.*

MÉNAGEMENT □ **I.** → *circonspection.* **II. Au pl.** → *égards.*

MÉNAGER □ **I. Au pr. 1.** → *économiser.* **2.** → *user de.* **3.** → *préparer.* **4.** → *procurer.* **II. Par ext.** *Ménager* *quelqu'un :* épargner, être indulgent, mettre des gants, pardonner à, prendre des précautions, respecter, traiter avec ménagement *et les syn. de* MÉNAGEMENT.

MÉNAGERIE □ Animalerie, zoo.

MENDIANT, E □ Chanteur des rues, chemineau, clochard, cloche, clodo, indigent, mendigot, miséreux, nécessiteux, parasite, pauvre, pilon (arg.), quémandeur, sabouleux, truand, vagabond. → *gueux.*

MENDICITÉ □ Charité publique. **Arg. :** manche, mangave.

MENDIER □ → *solliciter.*

MENÉE □ **I.** Agissement, complot, diablerie, fomentation, intrigue, machination, manœuvre. → *ruse.* **II.** Pratique, trame.

MENER □ **I.** Amener, emmener, promener, ramener, remener, remmener. → *conduire.* **II.** → *gouverner.* **III.** → *traiter.*

MÉNESTREL □ → *troubadour.*

MÉNÉTRIER □ → *violoniste.*

MENEUR □ **I.** → *chef.* **II.** → *protagoniste.*

MENHIR □ Peulven.

MÉNOPAUSE □ Climatère, retour d'âge.

MENOTTE □ **I. Au sing.** → *main.* **II. Au pl. :** bracelets, cabriolet, cadenas, cadènes (arg.), poucettes.

MENSONGE □ **I.** Antiphrase, bourrage de crâne, contrevérité, craque, fausseté, menterie. → *hâblerie.* **II.** → *vanité.* **III.** → *invention.* **IV.** → *feinte.*

MENSONGER, ÈRE □ → *faux.*

MENSTRUATION, MENSTRUES □ **I.** Flux cataménial/menstruel/périodique, ménorrhée, règles. **II. Fam. :** affaires, époques, indisposition, mois, trucs. **III. Arg. :** anglais, arcagnats, courrier de Rome (vx), doches, mensualités, ours, ragnagnas.

MENSURATION □ → *mesure.*

MENTAL, E □ → *psychique.*

MENTALITÉ □ Caractère, esprit, état d'esprit, moral, opinion publique, pensée.

MENTERIE □ → *mensonge.*

MENTEUR, EUSE □ **I. Adj.** → *faux.* **II. Nom** → *hâbleur.*

MENTION □ → *rappel.*

MENTIONNER □ **I.** → *citer.* **II.** → *inscrire.*

MENTIR □ Abuser, altérer/dissimuler/déguiser/fausser la vérité, dire/faire un mensonge, feindre, induire en erreur → *hâbler.*

MENTOR □ → *conseiller.*

MENU □ n. **I.** Carte. **II.** Festin, mets, ordinaire, régal, repas.

MENU, E □ adj. Délicat, délié, élancé, fin, fluet, gracile, grêle, mièvre, mince, subtil, ténu. → *petit.*

MENUISERIE □ **I. Par ext. :** ébénisterie, parqueterie, tabletterie. **II.** Huisserie.

MENUISIER □ **Par ext. :** ébéniste, parqueteur, tabletier.

MÉPHITIQUE □ **I.** → *puant.* **II.** → *mauvais.*

MÉPRENDRE (SE) □ → *tromper (se).*

MÉPRIS □ → *dédain.*

MÉPRISABLE □ → *vil.*

MÉPRISANT, E □ Arrogant, bêcheur, contempteur, dédaigneux, fat, fier, hautain, orgueilleux.

MÉPRISE □ **I.** → *malentendu.* **II.** → *inattention.*

MÉPRISER □ **I. Quelqu'un** → *dédaigner.* **II. Quelque chose :** braver, décrier, déprécier, dépriser, désestimer, dévaluer, faire fi/litière, se fiche de, fouler aux pieds, honnir, jongler avec, se jouer de, méconnaître, méjuger, mésestimer, se moquer de, narguer, rabaisser, ravaler, se rire de, tourner le dos.

MER □ **I. Au pr. :** eaux, flots, large, océan, onde. **I. Fam. :** baille, grande tasse. **III. Fig.** → *abondance.*

MERCANTI □ → *trafiquant.*

MERCANTILE □ Cupide. → *profiteur.*

MERCENAIRE □ **I. Au pr. :** aventurier, condottiere, reître, soldat, stipendié. **II. Par ext.** (adj.) **:** avide, cupide, intéressé, vénal.

MERCI □ **I.** → *miséricorde.* **II. Loc. Être à la merci de** → *dépendre.*

MERCURE □ Cinabre, hydrargyre, serpent de Mars, serpent vert, vif-argent.

MERCURIALE □ → *reproche.*

MERDE □ → *excrément.*

MERDEUX, EUSE □ **I.** → *malpropre.* **II.** → *enfant.*

MÈRE □ **I. Au pr. :** maman, marâtre (péj.), mère poule. **II. Arg. :** dabesse, dabuche, daronne, doche, maternelle. **III. Par ext. :** cause, génitrice, matrice, origine, source.

MÉRITANT, E □ Bon, digne, estimable, honnête, louable, méritoire, valeureux, vertueux.

MÉRITE □ → *qualité.*

MÉRITER □ **I. Favorable :** être digne de, gagner à. **II. Non favorable :** commander, demander, encourir, imposer, réclamer, valoir.

MÉRITOIRE □ → *méritant.*

MERVEILLE □ → *prodige.*

MERVEILLEUX □ **I.** → *surnaturel.* **II.** → *élégant.*

MERVEILLEUX, EUSE □ **I.** → *beau.* **II.** → *extraordinaire.*

MÉSAISE □ Besoin, difficulté, gêne, malaise. → *pauvreté.*

MÉSAVENTURE □ Accident, avarie, avaro (fam.), avatar (par ext.), déconvenue, incident, malchance, malencontre, malheur, méchef (vx), pépin (fam.), tuile (fam.), vicissitude.

MÉSENTENTE □ → *mésintelligence.*

MÉSESTIME □ → *dédain.*

MÉSESTIMER □ → *mépriser.*

MÉSINTELLIGENCE □ Brouille, brouillerie, désaccord, désunion, différend, discord (vx), discordance, discorde, dispute, dissension, dissentiment, dissidence, divergence, division, friction, froid, frottement, incompatibilité, incompréhension, mésentente, nuage, orage, pique, querelle, rupture, tension, trouble, zizanie.

MESQUIN, E □ I. → *avare.* II. → *pauvre.* III. → *étroit.*

MESQUINERIE □ → *bassesse.*

MESS □ → *réfectoire.*

MESSAGE □ I. → *lettre.* II. → *communication.* III. Pneu, sans-fil, télégramme, télex.

MESSAGER, ÈRE □ I. Au pr. : agent, commissionnaire, coureur (vx), courrier, coursier, envoyé, estafette, exprès, facteur, héraut, mercure, porteur, saute-ruisseau, transporteur. II. Par ext. → *précurseur.*

MESSAGERIE □ Courrier, poste, transport.

MESSE □ I. Célébration, cérémonie, culte, obit, office, saint sacrifice, service divin. II. Chant, liturgie, musique, rite, rituel. III. Absoute, complies, laudes, matines, none, prime, salut, sexte, ténèbres, tierce, vêpres.

MESSÉANT, E □ → *inconvenant.*

MESURABLE □ Commensurable, comparable, identifiable.

MESURE □ I. Au pr. 1. Appréciation, calcul, mensuration, mesurage, métré. 2. → *dimension.* II. Par ext. 1. → *rythme.* 2. → *règle.* 3. → *retenue.* 4. → *préparatif.* 5. Loc. À mesure → proportion (à).

MESURÉ, E □ → *prudent.*

MESURER □ I. Au pr. : arpenter, cadastrer, calibrer, chaîner, compter, corder, cuber, doser, jauger, métrer, régler, sonder, toiser. II. Par ext. 1. → *évaluer.* 2. → *proportionner.* 3. → *régler.* III. V. intr. : avoir, développer, faire. IV. V. pron. : → *lutter.*

MÉSUSER □ Exagérer, méconnaître. → *abuser.*

MÉTAIRIE □ → *ferme.*

MÉTAL □ Acier, aluminium, argent, chrome, cobalt, cuivre, étain, fer, manganèse, mercure, nickel, platine, plomb, plutonium, radium, tungstène, uranium, vanadium, etc.

MÉTALLURGISTE □ I. Métallo. II. Ajusteur, chaudronnier, fondeur, forgeron, fraiseur, riveteur, soudeur.

MÉTAMORPHOSE □ → *transformation.*

MÉTAMORPHOSER □ → *transformer.*

MÉTAPHORE □ I. → *image.* II. → *symbole.*

MÉTAPHYSIQUE □ I. N. f. : ontologie. II. Adj. : abstrait, transcendant.

MÉTATHÈSE □ → *transposition.*

MÉTAYER, ÈRE □ Par ext. → *fermier.*

MÉTEMPSYCHOSE □ → *renaissance.*

MÉTÉORE □ Aérolithe, astéroïde, astre, bolide, comète, étoile filante, météorite.

MÉTÈQUE □ → *étranger.*

MÉTHODE □ Art, code, combinaison, démarche, discipline, dispositif, façon, formule, ligne de conduite, manière, marche à suivre, mode, moyen, ordre, organisation, pratique, procédé, procédure, recette, règle, rubrique (vx), secret, stratégie, système, tactique, technique, théorie, voie.

MÉTHODIQUE □ I. → *réglé.* II. → *logique.*

MÉTICULEUX, EUSE □ → *minutieux.*

MÉTIER □ I. → *profession.* II. → *appareil.*

MÉTIS, ISSE □ I. **Animaux ou plantes** : bâtard, corneau, corniaud, hybride, mâtiné, mulard, mule, mulet. II. **Hommes** : eurasien, mulâtre, octavon, quarteron, sang-mêlé, zambo.

MÉTISSAGE □ Coupage, croisement, hybridation, mélange.

MÈTRE □ → *rythme.*

MÉTROPOLE □ → *capitale.*

METS □ Bonne chère, brouet (péj.), chère, cuisine, fricot (fam.), menu, nourriture, plat, repas, soupe (fam.).

METTABLE □ I. → *honnête.* II. → *passable.*

METTRE □ I. Au pr. : appliquer, apposer, appuyer, bouter (vx), camper, caser, cloquer (arg.), coller, déposer, disposer, empiler, enfoncer, engager, établir, exposer, ficher (fam.), fixer, flanquer (fam.), fourrer (fam.), foutre (grossier), glisser, imposer, insérer, installer, introduire, loger, opposer, placer, planter, plonger, poser, poster, ranger, remettre, serrer. II. Par ext. → *vêtir.* III. Loc. 1. Se mettre à → commencer. 2. Se mettre à genoux → agenouiller (s'). 3. Mettre à la porte/dehors → congédier. 4. Mettre devant/en avant → présenter. 5. Mettre en cause → inculper. IV V. pron. : 1. → *vêtir (se).* 2. Se mettre en rapport → aboucher (s') 3. Se

mettre en quatre → *empresser (s').*
4. Se mettre dans → *occuper (s').*

MEUBLE □ → *mobilier.*

MEUBLÉ □ → *hôtel.*

MEUBLER □ **I.** → *fournir.* **II.** → *orner.*

MEUGLER □ → *mugir.*

MEULE □ **I.** Barge, gerbier, moyette, pailler. **II.** Broyeur, concasseur. **III.** Affiloir, aiguisoir.

MEULER □ → *affiler.*

MEURT-DE-FAIM □ → *pauvre.*

MEURTRE □ → *homicide.*

MEURTRIER, ÈRE □ → *homicide.*

MEURTRIÈRE □ → *ouverture.*

MEURTRIR □ **I. Au pr. 1.** Battre, blesser, cabosser, cogner, contusionner, frapper, froisser, malmener, mettre en compote/en marmelade/un œil au beurre noir, pocher, rosser, taper. **2.** Cosser, cotir, écraser, fouler, mâcher, mâchurer, taler. **II. Fig. :** faire de la peine, peiner, torturer, tourmenter.

MEURTRISSURE □ → *contusion.*

MEUTE □ → *troupe.*

MÉVENTE □ → *crise.*

MEZZANINE □ Entresol → *balcon.*

MIASME □ → *émanation.*

MICMAC □ → *manigance.*

MICROBE □ **I. Au pr. :** amibe, bacille, bactérie, ferment, germe, spirille, vibrion, virgule, virus. **II. Fig.** → *nain.*

MICROSCOPE □ → *lunette.*

MICROSCOPIQUE □ → *petit.*

MIDINETTE □ Apprentie, arpette, cousette, couturière, modiste, ouvrière, petite-main, trottin.

MIELLEUX, EUSE □ → *doucereux.*

MIETTE □ → *morceau.*

MIEUX □ → *plus.*

MIEUX (À QUI MIEUX) □ À bouche que veux-tu, à l'envi, tant et plus.

MIÈVRE □ **I.** → *joli.* **II.** → *affecté.* **III.** → *menu.*

MIÈVRERIE □ → *affectation.*

MIGNARD, E □ → *minaudier.*

MIGNARDISE □ → *minauderie*

MIGNON, ONNE □ → *joli.*

MIGNOTER □ → *caresser.*

MIGRATION □ Montaison, transhumance → *émigration.*

MIJAURÉE □ → *pimbêche.*

MIJOTER □ **I. V. intr.** → *cuire.* **II. V. tr.** → *préparer.*

MILICE □ → *troupe.*

MILIEU □ **I. Au pr. 1.** → *centre.* **2.** Biotope, élément, espace, gisement, habitat, patrie, terrain. **3.** Ambiance, atmosphère, aura, cadre, climat, condition, décor, écologie, entourage, environnement, lieu, société, sphère. **II. Par ext.** → *monde.* **III. arg. :** mitan.

MILITAIRE □ **I. Adj. :** belliqueux, guerrier, martial, polémologique, soldatesque (péj.), stratégique, tactique. **II. Nom. 1.** → *chef, soldat.* **2. Arg. :** crevure, gradaille. **III. Loc. Art militaire :** polémologie.

MILITANT □ **I.** → *partisan.* **II.** → *combattant.*

MILITARISME □ Bellicisme, caporalisme.

MILITER □ Agir, participer, prendre part. → *lutter.*

MILLE □ → *quantité.*

MILLÉNAIRE □ → *ancien.*

MILLIARD, MILLIASSE, MILLIER, MILLION □ → *quantité.*

MIME □ **I. Nom fém. 1. Au pr. :** jeu muet, mimique, pantomime, **2. Par ext. :** attitudes, contorsions, expression, gestes, gesticulation, manières, signes, singeries. **II. Nom masc. :** acteur/artiste/comédien muet, clown.

MIMER □ → *imiter.*

MIMIQUE □ → *geste.*

MINABLE □ → *misérable.*

MINAUDER □ → *affrioler.*

MINAUDERIE □ Affectation, agacerie, chichi, coquetterie, façon, grâces, grimace, manières, mignardise, mine, simagrée, singerie.

MINAUDIER, ÈRE □ Affecté, enjôleur, gnangnan (fam.), grimacier, maniéré, mignard, poseur.

MINCE □ **I. Neutre :** allongé, délicat, délié, effilé, élancé, étroit, filiforme, fin, fluet, fragile, fuselé, gracile, grêle, maigre, menu, petit, pincé, svelte, ténu. **II. Non favorable :** insignifiant, médiocre, négligeable.

MINCEUR □ → *finesse.*

MINE □ **I.** Air, apparence, bouille (fam.), complexion, contenance, expression, extérieur, face, façon, figure, fiole (fam.), maintien, minois, physionomie, physique, teint, tête, visage. → *couleur.* **II. Loc. Bonne/mauvaise mine** → *accueil.* **III.** Carrière, fosse, galerie, puits, souterrain. **IV.** Charbonnage, houillère. **V.** Filon, fonds, gisement, **VI.** Cartouche, engin, explosif, piège.

MINER □ **I. Au pr. :** affouiller, caver, creuser, éroder, fouiller, fouir, gratter, ronger, saper. **II. Fig. :** abattre, affaiblir, attaquer, brûler, consumer, corroder, défaire, désintégrer, détruire, diminuer, ruiner, user.

MINEUR □ Galibot, haveur, herscheur, porion, raucheur, sapeur.

MINEUR, E □ Impubère. → *petit.*

MINIATURE □ **I. Au pr. :** dessin, enluminure, peinture, portrait. **II. Loc. En miniature :** en abrégé, en raccourci, en réduction.

MINIATURISTE □ Enlumineur.

MINIME □ → *petit.*

MINIMISER □ **I.** → *calmer.* **II.** → *réduire.*

MINISTÈRE □ **I. Au pr. 1.** Charge, emploi, fonction. **2.** Cabinet, conseil/corps ministériel/des ministres, département, gouvernement, maroquin, portefeuille. **II. Par ext.** → *entremise.*

MINISTÉRIEL, ELLE □ **I.** Exécutif, gouvernemental, officiel. **II. Loc. Officier ministériel ;** avoué, commissaire priseur, huissier, notaire.

MINISTRE □ **I. Au pr.** (vx) : exécutant, instrument, serviteur. **II.** Ecclésiastique, pasteur, prédicant. → *prêtre.*

MINOIS □ → *visage.*

MINOTERIE □ Meunerie, moulin.

MINUSCULE □ → *petit.*

MINUS HABENS □ minus. → *bête.*

MINUTE □ **I.** → *moment.* **II.** → *original.*

MINUTER □ → *écrire.*

MINUTIE □ → *soin.*

MINUTIEUX, EUSE □ Appliqué, attentif, consciencieux, difficile, exact, exigeant, formaliste, maniaque, méticuleux, pointilleux, pointu, scrupuleux, soigneux, tatillon, vétilleux.

MIOCHE □ **I.** → *enfant.* **II.** → *bébé.*

MIRACLE □ → *prodige.*

MIRACULEUX, EUSE □ → *surnaturel.*

MIRAGE □ **I. Au pr. :** image, mirement, phénomène, reflet. **II. Par ext. :** apparence, chimère, illusion, mensonge, rêve, rêverie, trompel'œil, tromperie, vision. **III. Fig. :** attrait, séduction.

MIRE □ **I. N. m. :** apothicaire → *médecin.* **II. N. f. Loc.** Point de mire → *but.*

MIRER □ **I.** → *viser.* **II.** → *regarder.*

MIRIFIQUE □ → *extraordinaire.*

MIRLITON □ → *flûte.*

MIROBOLANT, E □ → *extraordinaire.*

MIROIR □ **I. Au pr. :** courtoisie, glace, psyché, réflecteur, rétroviseur, speculum, trumeau. **II. Fig.** → *représentation.*

MIROITANT, E □ → *brillant.*

MIROITEMENT □ → *reflet.*

MIROITER □ → *luire.*

MIS, E □ → *vêtu.*

MISANTHROPE □ Atrabilaire, bourru, chagrin, farouche, insociable, ours, sauvage, solitaire.

MISANTHROPIE □ Anthropophobie, apanthropie, aversion, haine.

MISCELLANEA, MISCELLANÉES □ → *mélanges.*

MISE □ **I.** Cave, enjeu, masse, poule → *investissement* **II.** → *vêtement.* **III. Loc. 1. De mise** → *valable.* **2. Mise bas** (vét.) : accouchement, agnelage, délivrance, part, parturition, poulinement, vêlage, vêlement. **3. Mise en demeure** → *injonction.* **4. Mise à jour :** refonte → *recyclage.*

MISER □ Allonger, caver, coucher, investir, jouer, mettre, parier, placer, ponter, renvier, risquer.

MISÉRABLE □ **I. Adj. 1. Quelque chose :** déplorable, fâcheux, honteux, insignifiant, lamentable, malheureux, mauvais, méchant, méprisable, mesquin, piètre, pitoyable, regrettable, triste, vil. **2. Quelqu'un :** besogneux, chétif, désespéré, indigent, infortuné, minable, miteux. → *pauvre.* **II. Nom :** bandit, claquedent, clochard, cloche, coquin, croquant, gueux, hère, marmiteux, miséreux, paria, pauvre diable/drille/type, pouilleux, purotin, sabouleux, traîne-misère, va-nu-pieds.

MISÈRE □ **I.** → *malheur.* **II.** → *pauvreté.* **III.** → *rien.*

MISÉREUX, EUSE □ → *misérable.*

MISÉRICORDE □ **I.** Absolution, clémence, grâce, indulgence, merci, pardon, pitié, quartier. **II.** Selle, siège, tabouret.

MISÉRICORDIEUX, EUSE □ → *bon.*

MISSEL □ Antiphonaire, paroissien.

MISSILE □ Engin, fusée.

MISSION □ **I.** Ambassade, besogne, charge, commission, délégation, députation, légation, mandat. **II.** Action, but, destination, fonction, rôle, vocation. **III.** → *occupation.* **IV.** Apostolat, évangélisation. **V. Loc. Chargé de mission :** délégué, député, émissaire, envoyé, exprès, mandataire, représentant.

MISSIVE □ → *lettre.*

MITAINE □ Gant, moufle.

MITEUX, EUSE □ → *misérable.*

MITIGER □ → *modérer.*

MITONNER □ **I. V. intr.** → *cuire.* **II. V. tr.** → *préparer.*

MITOYEN, ENNE □ D'héberge, intermédiaire, médial, médian, moyen, voisin.

MITOYENNETÉ □ → *proximité.*

MITRAILLER □ → *tirer.*

MITRAILLETTE □ **Par ext.** → *fusil.*

MIXTE □ → *mêlé.*

MIXTION □ → *mélange.*

MIXTIONNER □ → *mélanger.*

MIXTURE □ → *mélange.*

MOBILE □ adj. **I.** → *mouvant.* **II.** → *changeant.*

MOBILE □ n. **I.** → *cause.* **II.** → *moteur.* **III.** → *soldat.*

MOBILIER □ Ameublement, équipement ménager, ménage, meubles.

MOBILISATEUR, TRICE □ → *motivant.*

MOBILISATION □ Appel, conscription, rappel.

MOBILISER □ **I.** Appeler, enrégimenter, enrôler, lever, rappeler, recruter, requérir, réquisitionner. **II.** → *immobiliser.*

MOBILITÉ □ **I.** → *changement.* **II.** → *instabilité.*

MOCHE □ → *laid.*

MODALITÉ, □ **I.** Circonstance, façon, manière, mode, moyen, particularité. → *qualité.* **II. Au pl.** → *disposition.*

MODE □ **I. N. m.** → *qualité.* **II. N. f. 1.** Couture, engouement, épidémie, fashion, fureur, goût, habitude, mœurs, pratique, snobisme, style, ton, usage, vague, vent, vogue. **2.** Convenance, façon, fantaisie, manière, volonté. **3.** → *vêtement.*

MODÈLE □ **I. N. m. 1.** Archétype, canon, critère, échantillon, étalon, exemple, formule, gabarit, idéal, idée, image, original, paradigme, parangon, précédent, prototype, référence, type, unité. **2.** Carton, croquis, esquisse, étude, maquette, moule, pattern, patron, plan, schéma, spécimen, topo. **3.** Académie, mannequin, pose. **II. Adj.** → *parfait.*

MODELÉ □ → *forme.*

MODELER □ **I.** → *sculpter.* **II.** → *former.* **III. V. pron.** → *régler (se).*

MODÉRATION □ **I.** Circonspection, convenance, discrétion, douceur, frugalité, juste milieu, ménagement, mesure, modérantisme, réserve, retenue, sagesse, sobriété, tempérance. **II.** Adoucissement, assouplissement, mitigation, réduction.

MODÉRÉ, E □ **I. Neutre :** abstinent, continent, désuet, doux, économe, équilibré, frugal, mesuré, modeste, moyen, pondéré, prudent, raisonnable, sage, sobre, tempérant, tempéré. **II. Non favorable :** bas, faible, médiocre.

MODÉRER □ **I.** Adoucir, affaiblir, amortir, apaiser, arrêter, assouplir, atténuer, attiédir, borner, calmer, contenir, corriger, diminuer, édulcorer, estomper, éteindre, freiner, mesurer, mitiger, pallier, ralentir, régler, réprimer, tamiser, tempérer. **II. V. pron. :** déchanter, en rabattre, mettre de l'eau dans son vin, se retenir, se tenir à quatre, *et les formes pron. possibles des syn. de* MODÉRER.

MODERNE □ **I.** → *nouveau.* **II.** → *actuel.*

MODERNISER □ → *renouveler.*

MODESTE □ **I. Quelqu'un :** chaste, décent, discret, effacé, humble, prude, pudique, réservé. **II. Quelque chose :** limité, médiocre, modéré, modique, moyen, pauvre, petit, simple, uni.

MODESTIE □ **I.** → *retenue.* **II.** → *décence.*

MODICITÉ □ Exiguïté, modestie, petitesse.

MODIFICATION □ Adaptation, addition, aggravation, agrandissement, altération, artefact, changement, correction, dérogation, différence, extension, falsification, infléchissement, métamorphose, progression, ralentissement, rectification, refonte, remaniement, revision, transformation, variation.

MODIFIER □ → *changer.*

MODIQUE □ **I.** → *médiocre.* **II.** → *petit.*

MODULATION □ → *son.*

MODULER □ → *adapter.*

MOELLE □ → *substance.*

MOELLEUX, EUSE □ **I.** Confortable, douillet, doux, duveteux, élastique, mollet, mou, pulpeux, rembourré. **II.** Agréable, gracieux, souple. **III.** Gras, liquoreux, mollet, onctueux, savoureux, velouté.

MOELLON □ → *pierre.*

MŒURS □ **I. Au pr. 1.** → *habitude.* **2.** → *moralité.* **3.** → *nature.* **II. Par ext.** → *caractère.*

MOFETTE, MOUFETTE □ Émanation, exhalaison, fumée, fumerolle, gaz, grisou.

MOI □ → *personnalité.*

MOINDRE □ → *petit.*

MOINE □ **I.** → *religieux.* **II.** → *toupie.* **III.** → *chaufferette.*

MOINEAU □ **I. Au pr. :** passereau, piaf, pierrot. **II. Fig.** → *type.*

MOINS (AU) □ À tout le moins, du moins, pour le moins, tout au moins.

MOIRE □ → *reflet.*

MOIRER □ → *lustrer.*

MOÏSE □ → *berceau.*

MOISIR □ **I. Au pr.** → *pourrir.* **II. Fig.** → *attendre.*

MOISSON □ Fruit, récolte.

MOISSONNER □ → *recueillir.*

MOITE □ → *humide.*

MOITEUR □ → *tiédeur.*

MOLASSE □ → *mou.*

MÔLE □ Brise-lames, digue, embarcadère, jetée, musoir.

MOLÉCULE □ → *particule.*

MOLESTER □ **I.** → *tourmenter.* **II.** → *maltraiter.*

MOLLESSE □ **I. Au pr. 1. Non favorable :** abattement, affaiblissement, apathie, atonie, avachissement, cagnardise, indolence, langueur, mollasserie, nonchalance, paresse, relâchement, somnolence. **2. Neutre ou favorable :** abandon, faiblesse, grâce, laisser-aller, morbidesse. **3.** Flaccidité. **II. Part ext.** → *volupté.*

MOLLET, E1TE □ **I.** → *mou.* **II.** → *moelleux.*

MOLLETIÈRE □ → *guêtre.*

MOLLETONNÉ, E □ Capitonné, doublé, fourré, pelucheux, rembourré.

MOLLIR □ **I. V. intr.** → *faiblir.* **II. V. tr.** → *fléchir.*

MOMENT □ **I.** Date, époque, heure, instant, intervalle, jour, minute, saison, seconde, tournant. **II.** → *occasion.*

MOMENTANÉ, E □ → *passager.*

MOMERIE □ **I.** → *mascarade.* **II.** → *comédie.* **III.** → *hypocrisie.*

MOMIFIER □ **I.** Dessécher, embaumer. **II.** → *abêtir.*

MONACAL, E □ → *monastique.*

MONARCHISTE □ → *royaliste.*

MONARQUE □ Autocrate, césar, chef, despote, dynaste, empereur, grand mogol, kaiser, khan, majesté, potentat, prince, ras, roi, seigneur, shah, souverain, sultan, tyran. **Péj. :** principicule, roitelet, tyranneau.

MONASTÈRE □ → *cloître.*

MONASTIQUE □ Claustral, conventuel, monacal, monial, régulier.

MONCEAU □ → *amas.*

MONDAIN □ **I. N. m. :** boulevardier (vx), homme du monde, snob. **II. Adj. : 1.** → *terrestre.* **2.** Frivole, futile, léger.

MONDE □ **I. Au pr.** → *univers.* **II. Fig. 1.** → *société.* **2.** → *multitude.* **3.** → *époque.* **III. Par ext. :** aristocratie, beau linge (fam.), beau/grand monde, faubourg Saint-Germain (vx), gentry, gotha, gratin, haute société, milieu, société, tout-Paris, vieille France.

MONDIAL, E □ → *universel.*

MONITEUR, TRICE □ **I.** → *maître.* **II.** → *instructeur.*

MONITOIRE □ → *rescrit.*

MONNAIE □ → *argent.*

MONNAYER □ → *vendre.*

MONOCORDE □ → *monotone.*

MONOGRAMME □ → *signature.*

MONOGRAPHIE □ → *traité.*

MONOLOGUE □ **I. Au pr. :** aparté, discours, monodie, tirade. **II. Par ext. :** radotage, soliloque.

MONOLOGUER □ Soliloquer.

MONOMANIE □ → *manie.*

MONOPOLE □ Duopole, oligopole, régie. → *privilège.*

MONOPOLISER □ → *accaparer.*

MONOTONE □ Assoupissant, endormant, ennuyeux, monocorde, plat, traînant, triste, uniforme.

MONOTONIE □ Uniformité. → *tristesse.*

MONSIEUR □ **I.** → *homme.* **II.** → *personnalité.*

MONSTRE □ **I. Nom. 1.** → *phénomène.* **2.** → *scélérat.* **II. Adj.** → *monstrueux.*

MONSTRUEUX, EUSE □ **I. Neutre. 1.** → *gigantesque.* **2.** → *grand.* **II. Non favorable. 1.** → *irrégulier.* **2.** → *démesuré.* **3.** → *mauvais.*

MONSTRUOSITÉ □ **I.** → *malformation.* **II.** → *grandeur.*

MONT □ Aiguille, ballon, belvédère, butte, chaîne, cime, colline, cordillère, crêt, crête, croupe, dent, djebel, élévation, éminence, hauteur, mamelon, massif, morne, montagne, pic, piton, pointe, puy, rocher, serra, sierra, sommet.

MONTAGE □ → *assemblage.*

MONTAGNE □ **I.** → *mont.* **II.** → *quantité.*

MONTAGNEUX, EUSE □ Accidenté, élevé, escarpé, montagnard, montueux, orographique.

MONTANT □ **I. N. m. :** → *somme.* **II. Adj. :** ascendant, assurgent, dressé, escarpé, vertical. → *abrupt.*

MONT-DE-PIÉTÉ □ **I.** Crédit municipal. **II. Fam. :** clou, ma tante.

MONTÉE □ **I.** Ascension, escalade, grimpée. **II.** Accroissement, augmentation, crue, envahissement, invasion. **III.** Côte, grimpette, pente, raidillon, rampe. **IV.** → *escalier.* **V. Loc. Montée des prix** → *hausse.*

MONTER □ **I. V. intr. 1. Quelqu'un monte :** aller, s'élever, s'embarquer, entrer, se guinder, se hisser, voler. **2. Quelque chose monte** → *augmenter.* **II. V. tr. 1. Au pr. :** escalader, gravir, grimper. **2. Par ext. :** élever, exhausser, hausser, lever, rehausser, relever, remonter, surélever, surhausser. **3. Fig. :** combiner, constituer, établir, organiser, ourdir. → *préparer.* **III. V. pron. :** → *valoir.*

MONTICULE □ → *hauteur.*

MONTRE □ **I.** → *étalage.* **II.** Chiqué, démonstration, dépense, effet, étalage, exhibition, mise en scène, ostentation, parade, spectacle. **III.** Bassinoire, bracelet-montre, chronographe, chronomètre, montre-bracelet, oignon, savonnette. **Fam. :** coucou, patraque, tocante.

MONTRER □ **I. Au pr. 1.** Arborer, déballer, déployer, désigner, développer, étaler, exhiber, exposer, indiquer, présenter, représenter. **2.** Découvrir, dégager, dénuder, dessiner, donner, faire/laisser deviner, manifester, porter, soumettre. **II. Fig. 1.** Décrire, démasquer, dépeindre, dévoiler, évoquer, offrir, mettre dans, peindre, raconter. **2.** Démontrer, dire, écrire, établir, prouver, signaler, souligner. **3.** Annoncer, attester, déceler, dénoncer, dénoter, enseigner, exhaler, instruire, produire, témoigner. **4.** Accuser, affecter, afficher, affirmer, déclarer, faire briller/entendre/voir, faire montre de, marquer, respirer. **III. V. pron. :** Apparaître, croiser, être, parader, paraître, surgir *et les formes pron. possibles des syn. de* MONTRER.

MONTUEUX, EUSE □ → *montagneux.*

MONTURE □ **I.** → *cheval.* **II.** Assemblage, montage.

MONUMENT □ **I.** → *bâtiment.* **II.** → *tombeau.* **III.** → *souvenir.*

MONUMENTAL, E □ → *gigantesque.*

MOQUER (SE) □ **I.** → *railler.* **II.** → *mépriser.*

MOQUERIE □ → *raillerie.*

MOQUEUR, EUSE □ **I.** → *hâbleur.* **II.** → *taquin.*

MORAL, E □ **I.** → *probe.* **II.** → *psychique.* **III.** → *mentalité.*

MORALE □ **I.** Déontologie, devoir, éthique, honnêteté, probité, vertu. **II.** Admonestation, capucinade (péj.), leçon, parénèse (vx). **III.** Réprimande. **IV.** Apologue, maxime, moralité.

MORALISER □ Assainir. → *sermonner.*

MORALITÉ □ **I.** → *morale.* **I.** Bonnes mœurs, conscience, mœurs, sens moral. **III.** Affabulation, conclusion, enseignement, maxime, morale, sentence. **IV.** Honorabilité, réputation.

MORBIDE □ **I.** → *malade.* **II.** → *malsain.*

MORBIDESSE □ **I.** → *grâce.* **II.** → *mollesse.*

MORCEAU □ **I.** Battiture, bloc, bouchée, bout, bribe, chanteau, chicot, chiffon, croûton, darne, débris, découpure, détail, division, échantillon, éclat, élément, entame, épave, fraction, fragment, gringuenaude, lambeau, lichette, lingot, loquette, masse, membre, miette, motte, parcelle, part, particule, partie, pièce, portion, quartier, quignon, relief, retaille, rogaton, rognure, rondelle, segment, tesson, tranche, tronçon. **II.** Coin, enclave, lopin, lot, lotissement, parcelle. **III.** → *passage.* **IV.** → *pièce.* **V. Loc. *Morceaux choisis :*** analecte, anthologie, chrestomathie, compilation.

MORCELER □ → *partager.*

MORCELLEMENT □ → *segmentation.*

MORDANT □ **I. N. m. :** → *aigreur,*

vivacité,. **II. Adj. :** acéré, acide, acrimonieux, aigre, aigu, amer, caustique, corrosif, effilé, incisif, mauvais, méchant, moqueur, mordicant, piquant, poivré, rongeur, satirique, vif.

MORDICUS □ → *opiniâtrement.*

MORDRE □ **I. Au pr. :** broyer, croquer, déchiqueter, déchirer, dilacérer, lacérer, mâchonner, mordiller, serrer. **II. Par ext. :** attaquer, détruire, entamer, ronger, user. **III. Fig.** → *comprendre.*

MORDU, E □ → *fanatique.*

MORFILER □ → *affiler.*

MORFONDRE (SE) □ → *attendre.*

MORFONDU, E □ **I.** → *transi.* **II.** → *faché.*

MORGUE □ **I.** → *orgueil.* **II.** Amphithéâtre, athanée, dépositoire, institut médico-légal, salle de dissection.

MORGUER □ → *braver.*

MORIBOND, E □ Agonisant, crevard (fam. et péj.), mourant.

MORIGÉNER □ → *réprimander.*

MORNE □ → *triste.*

MOROSE □ **I.** → *renfrogné.* **II.** → *triste.*

MOROSITÉ □ → *tristesse.*

MORS □ Filet, frein.

MORSURE □ → *blessure.*

MORT □ **I. N. f. 1. Au pr. :** anéantissement, décès, dernier sommeil/soupir, disparition, extinction, fin, grand voyage, malemort (vx), perte, nuit/repos/sommeil éternel (le), tombe, tombeau, trépas. **2.** La Camarde, la Faucheuse, la Parque. **3. Par ext.** → *ruine.* **II. N. m. :** cadavre, corps, de cujus, dépouille, esprit, macchab (fam.), macchabée (fam.), mânes, ombre, restes, restes mortels, trépassé, victime. **III. Adj. :** canné (arg.), décédé, défunt, disparu, feu, inanimé, naze (arg.), passé, trépassé, tué *et les part. passés possibles de* → *mourir.*

MORTALITÉ □ Létalité, mortinatalité.

MORTEL □ **I. N. m. :** → *homme.* **II. Adj. : 1.** Destructeur, fatal, létal, meurtrier, mortifère. **2.** → *fatal.* **3.** → *extrême.* **4.** → *ennuyeux.*

MORTELLEMENT □ **I.** À mort, à la mort. **II.** À fond, extrêmement.

MORTIFICATION □ **I. Au pr. :** abstinence, ascèse, ascétisme, austérité, continence, jeûne, macération, pénitence. **II. Par ext. :** affront, camouflet, couleuvre, crève-cœur, déboire, dégoût, déplaisir, dragée, froissement, humiliation, pilule, soufflet, vexation.

MORTIFIER □ **I.** → *humilier.* **II.** → *affliger.* **III.** → *macérer.*

MORTUAIRE □ → *funèbre.*

MORUE □ **I.** Cabillaud, gade, gadidé, merluche, merlu. **II.** Haddock, stockfish. **III.** → *prostituée.*

MORVE □ Mouchure, roupie. → *saleté.*

MOT □ **I.** Appellation, dénomination, expression, particule, terme, verbe, vocable. **II.** → *parole.* **III.** → *lettre.* **IV.** → *pensée.* **V. Loc. 1.** *Mot à mot :* à la lettre, littéralement, mot pour mot, textuellement. **2.** *Bon mot, jeu de mots, mot d'esprit, mot pour rire :* anecdote, bluette, boutade, calembour, concetti, concetto, contrepèterie, coq-à-l'âne, épigramme, gentillesse, plaisanterie, pointe, quolibet, saillie, trait.

MOTET □ → *cantique.*

MOTEUR □ **I.** Appareil, engin, force motrice, machine, mécanique, moulin (fam.), principe actif. **II. Fig. :** agent, âme, animateur, cause, directeur, incitateur, inspirateur, instigateur, meneur, mobile, motif, origine, principe, promoteur, ressort.

MOTIF □ **I.** Agent, attendu, cause, comment, considérant, excuse, explication, fin, finalité, impulsion, intention, mobile, motivation, occasion, origine, pourquoi, prétexte, principe, raison, sujet. **II.** Leitmotiv, matière, propos, thème.

MOTION □ → *proposition.*

MOTIVANT, E □ Excitant, mobilisateur, incitant, stimulant.

MOTIVER □ → *occasionner.*

MOTO □ Gros cube → *cyclomoteur.*

MOTRICE □ **I.** → *moteur.* **II.** → *locomotive.*

MOTRICITÉ □ → *mouvement.*

MOTUS □ Chut, paix, pas un mot, silence, taisez-vous.

MOU □ n. → *poumon.*

MOU, MOLLE □ adj. **I. Quelque chose. 1.** *Neutre :* amolli, cotonneux, détendu, doux, ductile, élastique, fangeux, flaccide, flasque, flexible, lâche, malléable, maniable, moelleux, mollet, pâteux, plastique, ramolli, relâché, rénitent (méd.), souple, spongieux, subéreux, tendre. **2.** *Non favorable :* avachi, flasque, mollasse. → *visqueux.* **II.** *Quelqu'un :* **1.** abattu, aboulique, amorphe, apathique, atone, avachi, aveuli, bonasse, cagnard, chiffe, dysboulique, efféminé, emplâtre, endormi, faible, femmelette, flemmard, inconstant, indolent, inerte, lâche, languissant, loche, lymphatique, mollasse, mollasson, nonchalant, velléitaire, veule, voluptueux. → *paresseux.* **2. Fam. :** flagada, gnangnan, moule, nouille, panade, soliveau, toton, toupie.

MOUCHARD, E □ **I.** *Quelqu'un :* **1.** délateur, dénonciateur, espion, faux-frère, indicateur, rapporteur, sycophante, traître. → *espion.* **2. Arg. :** cafard, cafetière, cafteur, capon, casserole, cuistre, doulos, indic, mouche, mouton, treize-à-table. **II.** *Un appareil :* contrôleur, enregistreur, manomètre.

MOUCHARDAGE □ → *accusation.*

MOUCHARDER □ → *dénoncer.*

MOUCHE □ **I. Fig. 1.** → *espion.* **2.** → *mouchard.* **II. Loc.** *Mouche à miel* → *abeille.*

MOUCHER □ **I.** → *nettoyer.* **II.** → *humilier.*

MOUCHETÉ □ → *marqueté.*

MOUCHOIR □ Pochette, tire-jus (fam.). → *fichu.*

MOUDRE □ → *broyer.*

MOUE □ → *grimace.*

MOUFLE □ Gant, mitaine, miton.

MOUILLAGE □ **I.** Coupage. **II.** → *amarrage.*

MOUILLÉ, E □ → *humide.*

MOUILLER □ **I. Au pr. :** abreuver, arroser, asperger, baigner, délaver, détremper, doucher, éclabousser, emboire embuer, humecter, humidifier, imbiber, inonder, laver, madéfier, oindre, rincer, saucer, saturer, transpercer, tremper. **II.** *Du vin :* baptiser, couper, diluer, mêler. **III. Mar. :** ancrer, desservir, donner fond, embosser, stopper. **IV. V. pron. :** se compromettre, prendre des risques, tremper dans une affaire, *et les formes pron. possibles des syn. de* MOUILLER.

MOUILLETTE □ → *quignon.*

MOULE □ **I. N. f.** (fig.) → *mou.* **II. N. m. :** **1.** Caseret, faisselle, gaufrier, tourtière. **2. Techn. :** banche, carcasse, chape, empreinte (partic.) forme, gueuse, lingotière, matrice, mère, modèle, surmoule, virole.

MOULER □ **I.** → *former.* **II.** → *serrer.*

MOULIN □ Meunerie, minoterie.

MOULU, E □ → *fatigué.*

MOULURE □ **I.** Modénature, profil. **II.** Anglet, archivolte, armilles, astragale, bague, baguette, bandeau, bandelette, billette, boudin, bourseau, cannelure, cavet, cimaise, congé, cordon, doucine, échine, entrelacs, feuille d'acanthe, filet, gorge, listel, nervure, ove, palmette, perle, piédouche, plate-bande, plinthe, quart-de-rond, rais-de-cœur, réglet, sacome, scotie, talon, tore, tringle.

MOURANT, E □ **I.** → *moribond.* **II.** → *langoureux.*

MOURIR □ **I. Au pr. 1.** S'en aller, cesser de vivre, décéder, se détruire, disparaître, s'endormir, s'éteindre, être emporté / enlevé / rappelé / ravi / tué, exhaler son âme, expirer, finir, partir, passer, passer le pas/dans l'autre monde/de vie à trépas, perdre la vie, périr, rendre l'âme/le dernier soupir/l'esprit/son dernier souffle, succomber, se tarir, tomber, tomber au champ d'honneur, trépasser, trouver la mort, y rester. **2. Anim. ou péj. :** crever. **3. Poét. :** avoir vécu, descendre aux enfers/au tombeau/dans la tombe, s'endormir dans les bras de Dieu/du Seigneur/de la mort, fermer les paupières/les yeux, finir/terminer ses jours/sa vie, paraître devant Dieu, payer le tribut à la nature, quitter ce monde/cette vallée de larmes. **4. Fam. :** aller ad patres/chez les taupes/sous les fleurs, s'en aller/partir/sortir entre quatre planches/les pieds devant, avaler sa chique/son bulletin/son extrait de naissance, boire le bouillon d'onze heures, calancher, canner, casser sa pipe, champser, claboter, clamecer, clampser, claquer, crever, cronir, dégeler, déposer le bilan, dessouder, dévisser, éteindre sa lampe/son gaz, faire couic/le grand voyage/sa malle/son paquet/sa valise, fermer son pébroc, lâcher la rampe/les pédales, laisser ses guêtres/ses houseaux, manger les mauves/les pissenlits par la racine, passer l'arme à gauche, perdre le goût du pain, rammaser ses outils, rendre les clefs, tourner le coin. **II. Par ext. 1. →** finir. **2. →** souffrir.

MOUSQUET, MOUSQUETON ☐ **→** fusil.

MOUSSAILLON, MOUSSE ☐ **→** marin.

MOUSSE ☐ **I. N. f. : 1.** Bulles, crème, écume, flocon, floculation, neige, spumosité, **2.** Lichen, usnée. **II. N. m. →** marin.

MOUSSE ☐ Adj. **→** émoussé.

MOUSSELINE ☐ Singalette, tarlatane.

MOUSSON ☐ **→** vent.

MOUSTACHE ☐ Bacchantes, charneuses, moustagaches. **Zool. :** vibrisses.

MOUSTIQUE ☐ Anophèle, cousin, maringouin, stégomie.

MOUTON ☐ **I. Au pr. :** agneau, agnelle, antenais, bélier, bête à laine, broutart, ouaille, ovidé, ovin, robin (fam.), vassiveau. **→** brebis. **II. Fig. 1. →** mouchard. **2. →** saleté. **III. Loc. Peau de mouton. 1.** Basane. **2.** Canadienne, moumoute (fam.), paletot.

MOUTONNER ☐ **→** friser.

MOUTONNIER, ÈRE ☐ **→** grégaire.

MOUVANCE ☐ **Vx :** tenure. **→** dépendance.

MOUVANT, E ☐ Agité, ambulant, animé, changeant, erratique, flottant, fluctueux, fluide, fugitif, instable, mobile, ondoyant ondulant, onduleux, remuant, roulant, volant.

MOUVEMENT ☐ **I. D'une chose. 1.** Action, agitation, balancement, ballant, ballottement, battement, bouillonnement, branle, branlement, brimbalement, cadence, cahotement, changement, chavirement, circulation, cours, course, déplacement, élan, évolution, flottement, fluctuation, flux, frémissement, frétillement, frisson, glissement, houle, impulsion, lancée, libration, marche, mobilité, motilité, motricité, navette, onde, ondoiement, ondulation, oscillation, pulsation, reflux, remous, rotation, roulis, tangage, tourbillon, tournoiement, trajectoire, transport, tremblement, trépidation, turbulence, vacillation, va-et-vient, vague, valse, vibration, vol. **2. →** fermentation. **3. →** trouble. **4. →** variation. **5. →** rythme. **6. →** évolution. **II. De quelqu'un. 1. Au pr. :** activité, agitation, course, ébats, évolutions, exercice, geste, marche, remuement. **2. Par ext. Mouvement de l'âme/du cœur :** affection, amour, compassion, comportement, conation, conduite, effusion, élan, émoi, émotion, enthousiasme, envolée, impulsion, passion, réaction, réflexe, sentiment, tendance, transport.

MOUVEMENTÉ, E ☐ **I. →** accidenté. **II. →** animé.

MOUVOIR ☐ **I. Quelque chose :** actionner, agiter, animer, bouger, déclencher, déplacer, ébranler, faire agir/aller/marcher, manœuvrer, mettre en activité/action/branle/mouvement/œuvre, pousser, propulser, secouer. **II. Quelqu'un :** émouvoir, exciter, inciter, porter, pousser. **III. V. pron. :** Aller, aller et venir, avancer, bouger, circuler, couler, courir, déambuler, se déplacer, fonctionner, jouer, glisser, marcher, se promener, se remuer, rouler, se traîner.

MOYEN ☐ n. **I. Au pr. :** biais, chemin, combinaison, demi-mesure, détour, expédient, façon, filon, fin, formule, instrument, intermédiaire, issue, joint, machine (vx), manière, marche à suivre, mesure, méthode, opération, ouverture, palliatif, plan, procédé, procédure, système, tactique, truc, voie. **II. Fig. :** béquille, marchepied, matériau, organe, outil, porte, ressort, tremplin, viatique. **III. Au pl. :** capacité, disposition, don, expédient, facilité, faculté, force, intelligence, mémoire, occasion, possibilité, pouvoir, prétexte, recette, ruse, stratagème, vivacité d'esprit. **IV. Loc. 1. Au moyen de :** à l'aide de, avec, grâce à, moyennant, par. **2. Par le moyen de :** canal, entremise, intermédiaire, instrument, truchement.

MOYEN, ENNE ☐ adj. **I. Au pr. →** mitoyen. **II. Par ext. 1.** Banal, commun, courant, faible, intermédiaire, juste, médiocre, modéré, modeste, modique, ordinaire, passable, quelconque, terne. **2.** Acceptable, correct, honnête, honorable, passable, tolérable.

MUCOSITÉ □ Glaire, humeur, morve, mouchure, mucus, pituité, sécrétion suc, suint.

MUER □ → *transformer.*

MUET, MUETTE □ **I.** → *silencieux.* **II.** → *interdit.*

MUFLE □ **I.** → *museau.* **II.** → *impoli.*

MUFLERIE □ → *impolitesse.*

MUGIR □ **I. Au pr. :** beugler, meugler, **II. Fig.** → *crier.*

MUGISSEMENT □ → *beuglement.*

MUID □ → *tonneau.*

MULÂTRE □ → *métis.*

MULE □ **I.** → *chausson.* **II.** → *métis.*

MULET □ **I. Poisson :** muge. **II.** → *métis.*

MULTICOLORE □ Polychrome.

MULTIDISCIPLINAIRE □ Inter/pluridisciplinaire.

MULTIPLE □ **I.** → *varié.* **II.** → *nombreux.*

MULTIPLICATION □ → *reproduction.*

MULTIPLICITÉ □ → *multitude.*

MULTIPLIER □ **I.** Accroître, agrandir, amplifier, augmenter, centupler, cuber, décupler, doubler, entasser, exagérer, grossir, hausser, majorer, nonupler, octupler, peupler, propager, quadrupler, quintupler, répéter, reproduire, semer, septupler, sextupler, tripler, vingtupler. **II. V. pron. :** croître, engendrer, essaimer, foisonner, fourmiller, peupler, procréer, proliférer, se propager, provigner, pulluler, se reproduire.

MULTITUDE □ Abondance, affluence, afflux, amas, armée, avalanche, averse, cohue, concours de peuple, débordement, déluge, diversité, encombrement, essaim, fleuve, flopée, flot, foison, forêt, foule, foultitude (fam.), fourmilière, fourmillement, grouillement, infinité, inondation, kyrielle, légion, mascaret, masse, mer, monde, multiplicité, nombre, nuée, peuple, pluralité, populace, potée (fam.), presse, pullulement, quantité, rassemblement, régiment, ribambelle, tapée (fam.), tas, torrent, tourbe, tourbillon, tripotée (fam.), troupe, troupeau, vulgaire.

MUNI, E □ → *fourni.*

MUNICIPALITÉ □ → *mairie.*

MUNIFICENCE □ → *générosité.*

MUNIFICENT, E □ → *généreux.*

MUNIR □ **I.** → *fournir.* **II. V. pron. :** S'armer, s'équiper, se pourvoir, se précautionner, se prémunir, prendre.

MUR □ **I.** Brise-vent, cloison, clos, clôture, façade, garde-fou, muret, murette, parapet, paroi. **II.** Courtine, enceinte, fortification, muraille, rempart. **III.** → *obstacle.*

MÛR, E □ Décidé, disposé, paré, prêt, propre à, susceptible de.

MURAILLE □ **I.** → *mur.* **II.** → *rempart.*

MURER □ → *fermer.*

MÛRIR □ **I. V. intr. 1. Au pr. :** aoûter, dorer, s'épanouir, grandir, venir à maturité. **2. Fig. :** cuire, se faire, **II. V. tr. :** approfondir, combiner, concerter, digérer, étudier, méditer, mijoter, peser, préméditer, préparer, réfléchir, repenser, supputer.

MÛRISSAGE □ Maturation, mûrissement.

MURMURE □ **I.** → *bruit.* **II.** → *rumeur.* **III.** → *gémissement.*

MURMURER □ **I. V. intr. :** bougonner, bourdonner, broncher, fredonner, geindre, gémir, grognasser, grogner, grognonner, grommeler, gronder, marmonner, marmotter, maronner, maugréer, se plaindre, protester, ragonner (fam.), râler (fam.), rogner, rognonner (fam.), ronchonner. **II. V. tr. :** chuchoter, dire, marmonner, marmotter, susurrer.

MUSARD, E □ → *frivole, paresseux.*

MUSARDER □ → *flâner.*

MUSCAT □ Frontignan, lacryma-christi, malaga, picardan.

MUSCLE □ → *force.*

MUSCLÉ, E □ **I. Au pr. :** athlétique, musculeux. **II. Par ext. :** baraqué, bien bâti/charpenté/constitué/découplé/fait, costaud, fort, mâle, puissant, râblé, robuste, solide, trapu, vigoureux, viril.

MUSE □ → *poésie.*

MUSEAU □ **I. Au pr. :** bouche, boutoir, groin, mufle, tête, truffe. **II. Fig.** → *visage.*

MUSÉE □ Cabinet, collection, conservatoire, galerie, glyptothèque, muséum, pinacothèque, protomothèque, salon.

MUSELER □ → *taire (faire).*

MUSER □ → *flâner.*

MUSETTE □ **I.** → *cornemuse.* **II.** → *bal.* **III.** → *gibecière.*

MUSÉUM □ → *musée.*

MUSICAL, E □ → *harmonieux.*

MUSICIEN, ENNE □ **I.** Artiste, chanteur, choriste, chef d'orchestre, compositeur, coryphée, croque-note (vx et péj.), exécutant, instrumentiste, joueur, maestro, maître de chapelle, mélomane, musicastre (péj.), musico (fam.), soliste, virtuose. **II. Au pl. :** clique, ensemble, fanfare, jazz-band, maîtrise, orchestre, orchestre philharmonique, quatuor, quintette, trio.

MUSIQUE □ **I.** → *harmonie.* **II.** →
orchestre.

MUSOIR □ → *môle.*

MUSQUÉ, E □ → *précieux.*

MUTATION □ → *changement.*

MUTER □ → *déplacer.*

MUTILER □ Altérer, amoindrir, amputer, briser, casser, castrer, châtrer,
circoncire, couper, déformer, dégrader, éborgner, écharper, émasculer, essoriller, estropier, exciser,
léser, massacrer, raccourcir, rendre
infirme, tronquer. → *blesser, frustrer.*

MUTIN □ **I. N. m. :** *1.* → *révolté.* *2.*
→ *insurgé.* **II. Adj. :** → *espiègle.*

MUTINER (SE) □ → *révolter (se).*

MUTINERIE □ **I.** → *émeute.* **II.** →
révolte.

MUTISME □ → *silence.*

MUTITÉ □ Aphasie, audi/surdi-
mutité, mutisme.

MUTUEL, ELLE □ Bilatéral, partagé,
réciproque, synallagmatique.

MUTUELLE □ → *syndicat.*

MYGALE □ Arachnide, aranéide,
araignée, argyronète, épeire, fau-
cheur, faucheux, galéode, latrodecte,
lycose, malmignate, ségestrie, tarentule, tégénaire, théridion, thomise.

MYOPE □ **Fam. :** bigle, bigleux, miro.

MYRIADE □ → *quantité.*

MYRMIDON □ → *nain.*

MYSTAGOGUE □ → *initiateur.*

MYSTÈRE □ **I. Au pr. :** Arcane,
énigme, magie, obscurité, inconnu,
voile. → *secret.* **II. Par ext.** *1.* →
vérité. *2.* → *prudence.*

MYSTÉRIEUX, EUSE □ **I.** → *secret.*
II. → *obscur.*

MYSTICISME □ Communication,
contemplation, dévotion, extase, illuminisme, mysticité, oraison, sainteté,
spiritualité, union à Dieu, vision.

MYSTIFICATION □ Blague, canular.
→ *tromperie.*

MYSTIFIER □ → *tromper.*

MYSTIQUE □ **I. Adj.** *1.* → *secret.* *2.*
→ *symbolique.* *3.* → *religieux.* **II.**
N. f. → *foi.*

MYTHE, MYTHOLOGIE □ → *légende.*

MYTHIQUE □ → *fabuleux.*

MYTHOMANE □ **I.** Caractériel. **II.**
fig. : → *hâbleur.* **III. Par ext.** *1.* →
menteur. *2.* → *hâbleur.*

MYTILICULTEUR □ Boucholeur,
bouchoteur.

NABAB □ Aisé, argenteux (pop.), boyard (fam.), calé (vx), capitaliste, cossu (fam.), cousu d'or (fam.), crésus (fam.), florissant, fortuné, galetteux (fam.), gros (fam.), heureux, huppé (fam.), milliardaire, millionnaire, milord (fam.), multimillionnaire, nanti, opulent, parvenu, pécunieux, ploutocrate (péj.), possédant, pourvu, prince, prospère, renté, rentier, richard (péj.), riche, richissime, rupin (fam.), satrape (péj.).

NABOT □ → *nain.*

NACELLE □ I. Barque, canot, embarcation, esquif, nef (vx). → *bateau.* II. Cabine, cockpit, habitacle.

NACRÉ, E □ Chromatisé, irisé, moiré, opalin.

NAEVUS □ Envie, grain de beauté.

NAGER □ I. Baigner, flotter, naviguer, surnager, voguer. II. → *ramer.* III. Loc. *Nager dans l'opulence :* avoir du foin dans ses bottes, en avoir plein les poches, être riche *et les syn.* de RICHE, ne pas se moucher du coude, remuer l'argent à la pelle.

NAGUÈRE □ I. → *autrefois.* II. Il y a peu, récemment.

NAÏADE □ Déesse, dryade, hamadryade, hyade, napée, neek ou nixe (german.), néréide, nymphe, océanide, oréade.

NAÏF, NAÏVE □ I. **Favorable ou neutre.** *1.* → *naturel. 2.* → *simple. 3.* → *spontané.* II. **Non favorable :** bonhomme, crédule, dupe, gille, gobemouches, gobeur, godiche, gogo, innocent, jeune (fam.), jobard, niais, nunuche, oiselle, oison, pigeon, poire, simplet, zozo. **Arg. :** cave, nave, pante. → *bête.*

NAIN, NAINE □ adj. et n. I. **Au pr. :** lilliputien, myrmidon, pygmée. II. **Non favorable :** avorton, bout d'homme, freluquet, gnome, homoncule, magot, microbe, nabot, pot à tabac, ragot, ragotin, rasemottes, tom-pouce.

NAISSANCE □ I. **Au pr. :** nativité, venue au monde. II. **Par ext. :** accouchement, apparition, ascendance, avènement, commencement, début, éclosion, état, extraction, extrance (vx), filiation, génération, genèse, germination, jour, maison, nom, origine, parage (vx), source. → *enfantement.*

NAÎTRE □ I. **Au pr. :** venir au monde, voir le jour. II. **Par ext.** *1.* → *venir de. 2.* → *commencer. 3.* Apparaître, éclore, s'élever, se former, se lever, paraître, percer, poindre, sourdre, surgir, survenir. III. **Loc.** *Faire naître :* allumer, amener, apporter, attirer, causer, créer, déterminer, donner lieu, engendrer, entraîner, éveiller, exciter, faire, fomenter, inspirer, motiver, occasionner, produire, provoquer, susciter.

NAÏVETÉ □ I. **Favorable ou neutre :** abandon, bonhomie, candeur, droiture, franchise, ingénuité, innocence, naturel, simplesse, simplicité. II. **Non favorable :** crédulité, jobarderie, niaiserie. → *bêtise.*

NANISME □ Achondroplasie.

NANTI, E □ I. → *fourni.* II. Aisé, à l'aise, cossu (fam.), florissant, fortuné, heureux, muni, opulent, parvenu, possédant, pourvu, prospère, renté. → *riche.*

NANTIR DE □ Armer, assortir, fournir, garnir, meubler, munir, pourvoir, procurer.

NANTISSEMENT □ Aval, caution, cautionnement, couverture, dépôt, gage, garantie, hypothèque, privilège sûreté.

NAPPE □ → *couche.*

NAPPER □ → *recouvrir.*

NARCISSISME □ → *égoïsme.*

NARCOSE □ **Par ext. :** assoupissement, coma, engourdissement, hypnose, léthargie, sommeil, somnolence, sopor (méd.).

NARCOTIQUE □ n. et adj. I. Assommant, assoupissant, dormitif, hypnotique, sédatif, somnifère, soporatif, soporeux, soporifère, soporifique, sécurisant, tranquillisant. **II.** Adoucissant, analgésique, anesthésique, antalgique, antipyrétique, antispasmodique, apaisant, balsamique, calmant, consolant, lénifiant, lénitif, parégorique, rafraîchissant, relaxant, reposant, vulnéraire. → *drogue.*

NARGUER □ Affronter, aller audevant de, attaquer, braver, défier, faire face à, se heurter à, jeter le gant, lutter contre, menacer, se mesurer à, se moquer de, morguer, offenser, s'opposer à, pisser au bénitier (grossier), provoquer, relever le défi, rencontrer.

NARINE □ Museau, naseau, nez, orifice nasal, trou de nez (fam.).

NARQUOIS, E □ **I. Au pr.** → *goguenard, taquin.* **II. Par ext.** *1.* → *hâbleur.* *2.* Farceur, ficelle, fin, finaud, fine mouche, futé, malicieux, matois, renard, roublard, roué, rusé, sac à malices (fam.). → *malin.*

NARRATEUR, TRICE □ Auteur, conteur, diseur. → *écrivain.*

NARRATION □ **I.** Composition française, dissertation, rédaction. **II.** Anecdote, compte rendu, exposé, exposition, factum (jurid. ou péj.), histoire, historiette, historique, journal, mémorial, nouvelle, rapport, récit, relation, tableau.

NARRER □ Conter, décrire, dire, exposer, faire un récit, raconter, rapporter, relater, retracer.

NASEAU □ → *narine.*

NASILLER □ → *parler.*

NASSE □ → *piège.*

NATIF, NATIVE □ **I.** Issu de, né, originaire de, venu de. **II. Vx :** congénital, infus, inné, naturel, personnel. → *inhérent.*

NATION □ Cité, collectivité, communauté, entité, État, gent, patrie, pays, peuple, population, puissance, race, république, royaume, territoire.

NATIONALISER □ Collectiviser, étatifier, étatiser, réquisitionner.

NATIONALISME □ Chauvinisme (péj.), civisme, patriotisme.

NATIONALISTE □ Chauvin (péj.), cocardier (péj.), patriotard (péj.), patriote, patriotique.

NATIVITÉ □ Noël. → *naissance.*

NATTE □ → *tresse.*

NATTER □ → *tresser.*

NATURALISATION □ Acclimatation, acclimatement, adoption, taxidermie.

NATURALISER □ Conserver, empailler.

NATURALISME □ → *réalisme.*

NATURALISTE □ **I.** Botaniste, minéralogiste, zoologiste. **II.** Empailleur, taxidermiste.

NATURE □ **I.** → *univers.* **II.** → *essence.* **III.** → *genre.* **IV.** → *vérité.* **V. Par ext.** : caractère, carcasse (fam.), cœur, complexion, constitution, diathèse, disposition, esprit, état, génie, humeur, idiosyncrasie, inclination, mœurs, naturel, pâte (fam.), penchant, personnalité, santé, tempérament, trempe, vitalité.

NATUREL, ELLE □ **I. Nom.** *1.* → *nature.* *2.* Aborigène, habitant, indigène. *3.* → *aisance.* **II. Adj.** *1.* → *aisé.* *2.* → *inné.* *3.* Écologique → *brut.* *4.* Authentique, commun, cru, direct, naïf, natif, nature, normal, propre, simple, spontané.

NATURISTE □ Culturiste, nudiste.

NAUFRAGE □ → *perte, ruine.*

NAUFRAGEUR □ → *saboteur.*

NAUSÉABOND, E □ **I.** Abject, cochon (fam.), dégueulasse (grossier), dégoûtant, écœurant, grossier, horrible, ignoble, immangeable, immonde, infect, innommable, insupportable, malpropre, merdique (grossier), nauséeux, peu ragoûtant, rebutant, repoussant, sale, sordide. **II.** Empesté, empuanti, fétide, méphitique, nidoreux, pestilentiel, puant, punais.

NAUSÉE □ **I. Au pr.** : écœurement, envie de rendre/vomir, haut-le-cœur, mal de cœur/de mer, soulèvement d'estomac, vomissement. **II. Par ext.** → *dégoût.* **III. Fig.** → *éloignement.*

NAUSÉEUX, EUSE □ → *nauséabond.*

NAUTIQUE, NAVAL, E □ → *marine.*

NAUTONIER □ **I. Au pr.** : barreur, capitaine (par ext.), homme de barre, lamaneur, locman, nocher, pilote, timonier. **II. Par ext.** : conducteur, directeur, guide, mentor, responsable.

NAVET □ **I.** Chou-rave, rutabaga, turnep. **II. Péj.** → *peinture.*

NAVETTE □ **I.** Bac, ferry-boat, va-et-vient. **II.** Allée et venue, balancement, branle, course, navigation, voyage.

NAVIGATION □ **I.** Batellerie, bornage, cabotage, long-cours, manœuvre, marine. **II.** → *pilotage.*

NAVIGUER □ Bourlinguer, caboter, cingler, croiser, évoluer, faire route, fendre les flots, filer, nager, piloter, sillonner, voguer, voyager.

NAVIPLANE □ Aéroglisseur, hovercraft.

NAVIRE □ → *bateau.*

NAVRER □ **I.** Affecter, affliger, agacer, angoisser, assombrir, attrister, chagriner, consterner, contrarier, contrister, décevoir, déchirer, dépiter, désappointer, désenchanter, désespérer, désoler, endeuiller, endolorir, ennuyer, fâcher, faire de la peine, faire souffrir, fendre le cœur, gêner (vx), inquiéter, mécontenter, mortifier, oppresser, peiner, percer le cœur, rembrunir, torturer, tourmenter, tracasser, tuer (fig.). **II. Vx** → *blesser.*

NÉ, E ☐ Apparu, avenu, créé, descendu de, éclos, enfanté, engendré, formé, incarné, issu de, natif de, originaire de, sorti de, venu de.

NÉANMOINS ☐ Avec tout cela, cependant, en regard de, en tout cas, mais, malgré cela, malgré tout, n'empêche que, nonobstant (vx), pourtant, toujours est-il, toutefois.

NÉANT ☐ **I. Nom. 1. Au pr. :** espace infini, vacuité, vide. **2. Fig. :** bouffissure, boursouflure, chimère, enflure, erreur, fatuité, fragilité, frivolité, fumée, futilité, infatuation, illusion, inanité, inconsistance, insignifiance, inutilité, mensonge, prétention, vanité, vapeur, vent, vide. **II. Adv.** → *rien.*

NÉBULEUX, EUSE ☐ **I. Au pr. :** assombri, brumeux, chargé, couvert, embrumé, épais, nuageux, voilé. **II. Fig. :** abscons, abstrus, amphigourique, cabalistique, caché, complexe, compliqué, confus, difficile, diffus, douteux, énigmatique, en jus de boudin (fam.), entortillé, enveloppé, équivoque, ésotérique, filandreux, flou, fumeux, hermétique, impénétrable, incompréhensible, inexplicable, inextricable, inintelligible, insaisissable, louche, mystérieux, nuageux, obscur, secret, sibyllin, touffu, trouble, vague, vaseux, voilé.

NÉBULOSITÉ ☐ **I.** → *nuage.* **II.** → *obscurité.*

NÉCESSAIRE ☐ **I. Nom** → *trousse.* **II. Adj. :** apodictique, essentiel, impératif, important, indispensable, logique, précieux, primordial, utile. → *inévitable.*

NÉCESSITÉ ☐ **I.** Destin, déterminisme, fatalité, logique. **II.** → *besoin.* **III.** → *pauvreté.* **IV.** → *gêne.* **V.** → *devoir.* **VI.** → *obligation.*

NÉCESSITER ☐ **I.** Appeler, mériter, requérir → *réclamer.* **II.** → *occasionner.* **III.** → *obliger.*

NÉCESSITEUX, EUSE ☐ **I.** Appauvri, besogneux, clochard, démuni, disetteux (vx), économiquement faible, famélique, fauché, gêné, gueux (péj.), humble, impécunieux, indigent, loqueteux, malheureux, mendiant, meurt-de-faim, misérable, miséreux, nu, pauvre, pouilleux (péj.), prolétaire, va-nu-pieds. **II. Fam. :** crève-la-faim, marmiteux, mendigot, panné, paumé, pilon, purée, purotin.

NÉCROMANCIEN, ENNE ☐ **I.** → *devin.* **II.** → *magicien.*

NÉCROPOLE ☐ Catacombe, champ des morts/du repos, charnier, cimetière, colombarium, crypte, ossuaire.

NECTAR ☐ → *boisson.*

NECTARINE ☐ Brugnon.

NEF ☐ → *nacelle.*

NÉFASTE ☐ Déplorable, dommageable, fâcheux, fatal, funeste, malheureux, mauvais, mortel.

NÉGATIF, IVE ☐ → *nul.*

NÉGATION ☐ **I.** Négative. **II. Par ext. :** annulation, condamnation, contradiction, contraire, nihilisme, refus.

NÉGLIGÉ, E ☐ **I. Adj. 1.** → *abandonné.* **2.** Débraillé, dépenaillé, dépoitraillé, lâché, peu soigné/soigneux, relâché. → *malpropre.* **II. Nom :** déshabillé, petite tenue, salopette, tenue d'intérieur.

NÉGLIGEABLE ☐ → *médiocre.*

NÉGLIGENCE ☐ **I.** → *abandon.* **II.** → *inattention.* **III.** → *paresse.*

NÉGLIGENT, E ☐ Désordonné, insouciant, oublieux, sans-soin. → *paresseux.*

NÉGLIGER ☐ **I.** → *abandonner.* **II.** → *omettre.*

NÉGOCE ☐ → *commerce.*

NÉGOCIABLE ☐ **I.** → *cessible.* **II.** → *valable.*

NÉGOCIANT ☐ → *commerçant.*

NÉGOCIATEUR ☐ Agent, ambassadeur, arbitre, chargé d'affaires/de mission, conciliateur, délégué, député, diplomate, entremetteur, intermédiaire, manœuvrier, ministre plénipotentiaire, monsieur « bons offices » (fam.), parlementaire, truchement.

NÉGOCIATION ☐ **I. Neutre :** conversation, échange de vues, pourparler, tractation, transaction. **II. Non favorable :** marchandage.

NÉGOCIER ☐ **I.** → *parlementer.* **II.** → *traiter.* **III.** → *transmettre.* **IV.** → *vendre.*

NÈGRE ☐ **I. Au pr. :** africain, homme de couleur, mélanoderne, noir. **Péj. :** moricaud, noiraud. **II. Fig.** → *associé.*

NEMROD ☐ → *chasseur.*

NÉOPHYTE ☐ → *novice.*

NÉPOTISME ☐ → *favoritisme.*

NERF ☐ **I. Au pr.** → *tendon.* **II. Par ext.** → *force.*

NERVEUX, EUSE ☐ **I.** Filandreux, tendineux. **II.** Agité, brusque, émotif, énervé, excité, fébrile, hystérique, impatient, inquiet, irritable, névrosé, névrotique. **III.** → *concis.* **IV.** → *vif.*

NERVOSITÉ ☐ **I.** → *agitation.* **II.** Agacement, énervement, éréthisme, exaspération, fébrilité, surexcitation. **III. Par ext. :** athétose, hystérie, nervosisme, névrose, névrosisme.

NERVURE ☐ Filet, ligne, moulure, pli.

NET, NETTE ☐ **I.** → *pur.* **II.** → *clair.* **III.** → *visible.* **IV.** → *vide.*

NETTETÉ □ I. → *propreté.* II. → *vérité.*

NETTOIEMENT, **NETTOYAGE** □ Abrasion, assainissement, balayage, bichonnage, blanchiment, blanchissage, brossage, coup de balai, curage, débarbouillage, décantation, décapage, décrassage, dégraissage, dérochage, époussetage, épuration, épurement, essuyage, filtrage, fourbissage, lavage, lessivage, ménage, purification, rangement, ravalement, récurage, sablage, savonnage, vidange.

NETTOYER □ I. Abraser, approprier, assainir, astiquer, balayer, battre, bichonner (fam.), blanchir, bouchonner, briquer (fam.), brosser, cirer, curer, débarbouiller, décaper, décrasser, décrotter, dégraisser, dépoussiérer, dérocher, dérouiller, dessuinter, détacher, déterger, draguer, écurer, enlever la saleté, éplucher, épousseter, essanger, essuyer, étriller, faire la toilette, filtrer, fourbir, frotter, gratter, housser, laver, lessiver, monder, moucher, polir, poncer, purifier, purger, rapproprier, racler, ravaler, récurer, rincer, sabler, savonner, toiletter, torcher, torchonner, vanner, vidanger. II. → *débarrasser.* III. V. pron. : s'ajuster, se coiffer, faire sa toilette/sa plume (fam.), procéder à ses ablutions *et les formes pron. possibles des syn. de* NETTOYER.

NEUF, NEUVE □ I. → *nouveau.* II. → *novice.* III. → *original.*

NEURASTHÉNIE □ → *mélancolie.*

NEUTRALISER □ → *étouffer.*

NEUTRALITÉ □ Impartialité, indifférence, laïcité, non-intervention.

NEUTRE □ → *indifférent.*

NEUVAINE □ Ennéade.

NEVEU □ Au pl. → *postérité.*

NÉVRALGIE □ Migraine. → *douleur.*

NÉVROSE, NÉVROSISME □ → *nervosité.*

NÉVROSÉ, E □ → *nerveux.*

NEZ □ I. Au pr. 1. Arg. : appendice, baigneur, blair, blase, fanal, fer à souder, organe, quart de brie, reniflant, renifloir, pif, pitard, piton, tarbouif, tarbusse, tarin, trompe. 2. Du chien : museau, truffe. II. Par ext. 1. → *visage.* 2. → *odorat.* 3. → *pénétration.* III. Loc. 1. Montrer le nez → *montrer (se).* 2. Mettre le nez dehors → *sortir.* 3. Fourrer/mettre son nez → *intervenir.* 4. Mener par le bout du nez → *gouverner.*

NIAIS, E □ I. → *bête.* II. → *naïf.*

NIAISERIE □ I. De quelqu'un. 1. → *bêtise.* 2. → *simplicité.* II. Une chose → *bagatelle.*

NICHE □ I. → *cavité.* II. Attrape, blague, espièglerie, facétie, farce, malice, tour. → *plaisanterie.*

NICHER □ Nidifier. → *demeurer.*

NID □ I. Au pr. : aire, couvoir. II. Fig. → *maison.*

NIER □ I. Au pr. : contester, contredire, démonter, dénier, se défendre de, désavouer, disconvenir, s'inscrire en faux, mettre en doute. II. Par ext. → *refuser.*

NIGAUD, E □ adj. et n. → *bête.*

NIGAUDERIE □ → *bêtise.*

NIHILISME □ → *scepticisme.*

NIHILISTE □ adj. et n. → *révolutionnaire.*

NIMBE □ Aura, auréole, cercle, cerne, couronne, diadème, gloire, halo.

NIMBER □ → *couronner.*

NIPPE □ → *vêtement.*

NIPPER □ → *vêtir.*

NIQUE (FAIRE LA) □ → *railler.*

NIRVÂNA □ → *paradis.*

NITOUCHE (SAINTE) □ → *patelin.*

NIVEAU □ I. Au pr. : cote, degré, étage, hauteur, palier, plan. II. Fig. : échelle, standing, train de vie.

NIVELER □ Aplanir, araser, combler, égaliser, unifier, uniformiser.

NIVELLEMENT □ Aplanissement, arasement, égalisation, laminage, simplification, unification.

NOBILIAIRE □ I. N. m. : armorial, généalogie. II. Adj. : aristocratique, généalogique.

NOBLE □ n. et adj. I. Aristocrate, boyard, cavalier, chevalier, ci-devant (vx), écuyer, effendi (turc), gentilhomme, grand, hidalgo (esp.), homme bien né/de condition/d'épée/de qualité/titré, junker (Prusse), né, patricien, seigneur, staroste (Pologne). II. Péj. : aristo, gentillâtre, hobereau, noblaillon, nobliau. III. Par ext. 1. → *élevé.* 2. → *généreux.* 3. → *beau.*

NOBLESSE □ I. Au pr. : aristocratie, élite, gentry, lignage, lignée, naissance, noblaillerie (péj.), qualité, sang bleu. II. Par ext. 1. → *élévation.* 2. → *générosité.* 3. → *choix.*

NOCE □ I. → *mariage.* II. → *festin.* III. → *débauche.*

NOCEUR □ → *débauché.*

NOCHER □ → *pilote.*

NOCIF, IVE □ → *mauvais.*

NOCIVITÉ □ Malignité, toxicité.

NOCTAMBULE □ → *fêtard.*

NODOSITÉ □ Excroissance, loupe, nodule, nœud, nouure, renflement, tubercule.

NOËL □ Nativité.

NŒUD □ I. Au pr. → *attache.* II. Par

ext. 1. → *péripétie*. **2.** → *centre*. **3.** → *articulation*.

NOIR, E □ **I. Nom** → *nègre*. **II. Adj. 1.** → *obscur*. **2.** → *triste*. **3.** → *méchant*.

NOIRÂTRE □ Enfumé, hâlé, noiraud. → *basané* et *boucané*.

NOIRCEUR □ **I. Au pr.** → *obscurité*. **II. Fig.** → *méchanceté*.

NOIRCIR □ **I. V. tr. : 1.** Mâchurer. **2.** → *dénigrer*. **II. V. intr.** → *élancer (s')*.

NOISE □ → *discussion*.

NOISETIER □ Coudre, coudrier.

NOISETTE □ Aveline.

NOIX □ **I.** Cerneau. **II. Arg.** → *fessier*.

NOLISER □ → *fréter*.

NOM □ **I.** Appellation, blase (arg.), dénomination, désignation, état-civil, label, marque, ˙mot, patronyme, prénom, pseudonyme, sobriquet, surnom, terme, titre, vocable. **II. Gram. :** substantif. **III. Par ext.** → *réputation*.

NOMADE □ n. et adj. Ambulant, changeant, errant, forain, instable, mobile, vagabond. → *bohémien*.

ˋNOMBRE □ **I. Au pr. :** chiffre, numéro, quantième. **II. Par ext. 1.** → *quantité*. **2.** → *harmonie*.

NOMBRER □ **I.** → *évaluer*. **II.** → *dénombrer*.

NOMBREUX, EUSE □ **I. Fort :** innombrable, maint, multiple. → *abondant*. **II.** → *harmonieux*.

NOMBRIL □ Ombilic. → *centre*.

NOMENCLATURE □ → *liste*.

NOMINATION □ Affectation, choix, désignation, élévation, installation, mouvement, promotion, régularisation, titularisation.

NOMMER □ **I.** → *appeler*. **II.** → *affecter*. **III.** → *indiquer*. **IV.** → *choisir*.

NON □ → *rien*.

NON-ACTIVITÉ □ Chômage, congé, disponibilité, inactivité, oisiveté, réserve, retraite.

NONCE □ Légat, prélat, vicaire apostolique. → *ambassadeur*.

NONCHALANCE, NONCHALOIR □ **I.** → *mollesse*. **II.** → *paresse*. **III.** → *indifférence*.

NONCHALANT, E □ → *paresseux*.

NONNE, NONNAIN □ Béguine, carmélite, congréganiste, dame, fille, mère, moniale, nonnette, novice, religieuse, sœur.

NONOBSTANT □ (vx) Au mépris de, contre, en dépit de, malgré, n'en déplaise à. → *cependant*.

NON-SENS □ Absurdité, contradiction, contresens, erreur, faute, galimatias, tautologie. → *bêtise*.

NON-VALEUR □ Fruit sec, incapable, inconsistant, inexistant, lamenta-

ble, minable (fam.), nul, nullité, pauvre type, sans mérite, sans valeur, zéro.

NORD □ **I.** Arctique, borée, septentrion. **II. Loc. Perdre le nord. 1.** → *affoler (s')*. **2.** → *tromper (se)*.

NORDIQUE □ Arctique, boréal, hyperboréen, nordiste, septentrional.

NORIA □ Sakièh.

NORMAL, E □ Aisé, arrêté, calculé, décidé, déterminé, exact, fixé, inné, mesuré, méthodique, naturel, ordonné, organisé, ponctuel, raisonnable, rationnel, rangé, régulier, systématique.

NORMALISATION □ **I.** Alignement, régularisation. **II.** Automatisation, codification, division du travail, formulation, rationalisation, spécialisation, stakhanovisme, standardisation, taylorisation, taylorisme.

NORMALISER □ Aligner, automatiser, codifier, conformer à, mesurer, mettre aux normes *et les syn. de* NORME, modeler, réglementer, tracer. → *fixer*.

NORMATIF, IVE □ Directif.

NORME □ Arrêté, canon, charte, code, cote, convention, coutume, formule, ligne, loi, mesure, modèle, ordre, précepte, prescription, protocole, règle, règlement. → *principe*.

NOSTALGIE □ Ennui, mal du pays, spleen. → *regret*.

NOSTALGIQUE □ → *triste*.

NOTABILITÉ □ **I. Au pr. :** figure, grand, monsieur, notable, personnage, personnalité, puissant, quelqu'un, sommité, vedette. **II. Fam. :** baron, bonze, gros, gros bonnet, grosse légume, huile, huile lourde, important, légume, lumière, magnat (péj.), mandarin, manitou, pontife, satrape (péj.). V. I. P.

NOTABLE □ **I. Adj. :** brillant, considérable, distingué, éclatant, émérite, épatant (fam.), étonnant, extraordinaire, formidable, frappant, glorieux, important, insigne, marquant, marqué, mémorable, parfait, particulier, rare, remarquable, saillant, saisissant, signalé, supérieur. **II. Nom** → *notabilité*.

NOTAIRE □ Officier ministériel, tabellion.

NOTATION □ → *pensée*.

NOTE □ **I. À titre privé. 1.** → *addition*. **2.** Analyse, annotation, aperçu, apostille, appréciation, avertissement, commentaire, compte rendu, critique, esquisse, explication, exposé, glose, introduction, mémento, mémorandum, notule, observation, pièces, post-scriptum, préface, rapport, récit, réflexion, relation, remarque, renvoi, scolie, topo. **II. À titre public ou officiel :** annonce, avertissement, avis, communication, communiqué, déclaration, indication, information, lettre, message, notification, nouvelle, ordre, proclamation, publication, renseignement.

NOTER □ **I. Au pr. :** annoter, apostiller, consigner, copier, écrire, enregistrer, inscrire, marginer, marquer, relever. **II. Par ext. 1.** Apprécier, classer, coter, distribuer/donner une note, jauger, juger, voir. **2.** → *observer.*

NOTICE □ **I.** → *abrégé.* **II.** → *préface.*

NOTIFICATION □ Annonce, assignation, avertissement, avis, communication, déclaration, exploit, information, instruction, intimation, lettre, mandement, message, signification.

NOTIFIER □ Annoncer, aviser, communiquer, déclarer, dénoncer, faire connaître/part de/savoir, informer, intimer, mander, ordonner, rendre compte, signifier, transmettre.

NOTION □ **I. Au sing. 1.** → *idée.* **2.** → *abstraction.* **II. Au pl. 1.** Clartés, compétence, connaissances, éléments, rudiments, teinture, vernis. **2.** → *traité.*

NOTOIRE □ → *manifeste.*

NOTORIÉTÉ □ → *réputation.*

NOUBA □ **I.** → *fête.* **II.** → *orchestre.*

NOUÉ, E □ → *ratatiné.*

NOUER □ **I.** → *attacher.* **II.** → *préparer.*

NOURRAIN □ → *fretin.*

NOURRI, E □ **Fig.** → *riche.*

NOURRICE □ Berceuse, bonne d'enfant, nounou, nurse.

NOURRICIER, ÈRE □ → *nourrissant.*

NOURRIR □ **I. Au pr. 1.** *Quelqu'un :* alimenter, allaiter, donner à manger, élever, entretenir, faire manger, gaver (fam.), gorger (fam.), rassasier, ravitailler, régaler (fam.), restaurer, soutenir, sustenter. **2.** *Un animal :* affourager, agrainer, alimenter, élever, embecquer, engaver, engraisser, entretenir, faire paître, paître, repaître. **II. Fig. 1.** Alimenter, couver, entretenir, exciter, fomenter. **2.** → *instruire.* **III. V. pron.** → *manger.*

NOURRISSANT, E □ Généreux, nourricier, nutritif, riche, roboratif, solide, substantiel.

NOURRISSON □ → *bébé.*

NOURRITURE □ **I. Des hommes. 1.** Aliment, allaitement, becquée (fam.), chère, cuisine, manger (pop.), manne, mets, pain, pitance, ration, repas, soupe (pop.), subsistance, substance, vie, vivre. **2. Fam. :** bectance, bouffe, boustifaille, croûte, étouffe-chrétien/cochon, fripe, graille, graine, mangeaille, provende, tambouille, tortore. **II. Des animaux :** aliment, bacade, becquée, curée (vén.),

embouche, engrais, pâtée, pâture, pouture, ration.

NOUVEAU, ELLE □ **I. Au pr. :** Actuel, à la page/mode, dans le vent, d'aujourd'hui, dernier, dernier cri, différent, frais, in (fam.), inaccoutumé, inconnu, inédit, inhabituel, inouï, insolite, insoupçonné, inusité, jeune, moderne, neuf, original, récent, révolutionnaire, ultra moderne, vert. **II. Par ext. 1.** → *second.* **2.** → *novice.* **III. Loc. 1.** *De nouveau :* derechef, encore. **2.** *Homme nouveau, nouveau riche* → *parvenu.* **3.** *Nouveau-né* → *bébé.*

NOUVEAUTÉ □ Actualité, changement, curiosité, fraîcheur, innovation, jeunesse, mode, originalité, primeur.

NOUVELLE □ **I.** Anecdote, bruit, écho, fable, rubrique, rumeur, vent. **Fam. :** bobard, canard, canular, tuyau (crevé). **II.** Annonce, flash, information, insert, scoop. **III.** → *roman.*

NOUVELLEMENT □ Depuis peu, récemment.

NOUVELLISTE □ → *journaliste.*

NOVATEUR, TRICE □ n. et adj. → *innovateur.*

NOVICE □ **I. Adj. :** candide (par ext.), commençant, débutant, inexpérimenté, jeune, neuf, nouveau. **II. Nom :** apprenti, béjaune (péj.), bizut (arg. scol.), blanc-bec (péj.), bleu, bleubite (arg.), bleusaille, conscrit, débutant, écolier, jeune, néophyte.

NOVICIAT □ → *instruction.*

NOYADE □ Hydrocution, submersion.

NOYAU □ **I.** → *centre.* **II.** → *origine.* **III.** → *groupe.*

NOYAUTER □ → *pénétrer.*

NOYER □ **I. Quelqu'un** → *tuer.* **II. Quelque chose** → *inonder.* **III. V. pron. 1. Au pr. :** s'asphyxier par immersion, boire à la grande tasse (pop.), couler, disparaître, s'enfoncer, s'étouffer, périr. **2. Fig.** → *perdre (se).*

NU, E □ **I. Au pr. :** à poil (fam.), découvert, dénudé, déplumé (fam.), dépouillé (fam.), déshabillé, dévêtu, dévoilé, en costume d'Adam (fam.), en petit Saint-Jean (fam.), impudique (péj.), in naturalibus, le cul/le derrière/les fesses à l'air/au vent, tout nu, sans voiles. **II. Par ext. 1.** Abandonné, dégarni, désert, vide. **2.** Blanc, net, pur. **3.** → *pauvre.* **III. Loc.** *À nu :* à découvert, tel quel, tel qu'il/elle est. **IV. Nom :** académie, beauté, modèle, nudité, plastique, peinture, sculpture, sujet, tableau.

NUAGE □ **I. Au pr. :** brume, brouillard, cirrus, cumulus, nébulosité, nimbus, nue, nuée, stratus, vapeurs, voile. **II. Par ext. 1.** → *obscurité.* **2.** → *mésintelligence.* **3.** → *ennui.*

NUAGEUX, EUSE □ → *obscur.*

NUANCE □ **I. Au pr.** → *couleur.* **II. Fig.** → *différence.*

NUANCÉ, E □ → *varié.*

NUANCER □ **I. Au pr.** : assortir, bigarrer, dégrader des couleurs, graduer, moduler, nuer (vx). **II. Par ext.** : atténuer, mesurer, modérer, pondérer.

NUBILE □ Adolescent, fait, formé, fruit vert, mariable, pubère.

NUBILITÉ □ → *puberté.*

NUDISME □ Naturisme.

NUDITÉ □ → *nu.*

NUE, NUÉE □ → *nuage.*

NUIRE □ **I. À quelqu'un** : attenter à, blesser, calomnier, compromettre, contrarier, déconsidérer, défavoriser, désavantager, désobliger, desservir, discréditer, faire du mal/tort, gêner, léser, médire, parler à tort et à travers/contre, porter atteinte/préjudice/tort, préjudicier, violer les droits. **II. À quelque chose** : déparer, endommager, faire mauvais effet, jurer, ruiner.

NUISIBLE □ Contraire, corrupteur, dangereux, défavorable, délétère, déprédateur, désavantageux, dommageable, ennemi, fâcheux, funeste, hostile, insalubre, maléfique, malfaisant, malsain, mauvais, néfaste, nocif, pernicieux, préjudiciable, toxique. → *mauvais.*

NUIT □ Sorgue (arg.). → *obscurité.*

NUL, NULLE □ **I. Adj. indéf.** : aucun, néant, négatif, personne, rien, zéro. **II. Adj. qual.** *1. Quelque chose* : aboli, annulé, caduc, infirmé, inexistant, invalidé, lettre morte, non avenu, périmé, prescrit, sans effet/valeur, suranné, tombé en désuétude. *2. Quelqu'un* : fruit sec, incapable, inconsistant, inexistant, lamentable, minable (fam.), non-valeur, nullard, nullité, pauvre type, raté, sans mérite/valeur, zéro. → *ignorant.*

NULLITÉ □ → *nul.*

NUMÉRAIRE □ → *argent.*

NUMÉRO □ **I.** Chiffre, cote, folio, gribiche, matricule, rang. **II.** → *spectacle.* **III.** → *type.*

NUMÉROTER □ Chiffrer, coter, folioter, paginer.

NUPTIAL, E □ Conjugal, hyménéal, matrimonial.

NURSE □ **I.** → *gouvernante.* **II.** → *nourrice.*

NURSERY □ **I.** Crèche, nourricerie (vx), pouponnière. **II.** Garderie, halte, jardin d'enfants, maternelle.

NUTRITIF, IVE □ → *nourrissant.*

NUTRITION □ Alimentation, assimilation, digestion, métabolisme.

NUTRITIONNISTE □ Diététicien, diététiste.

NYMPHE □ **I. Au pr.** : déesse, dryade, hamadryate, hyade, naïade, napée, neek ou nixe (german.), néréide, océanide, oréade. **II. Par ext.** → *fille.* **III.** Chrysalide. **IV. Au pl.** : petites lèvres.

OASIS □ **Fig.** : abri, refuge. → *solitude.*

OBÉDIENCE □ → *obéissance.*

OBÉIR □ **I. Neutre** : accepter, admettre, céder, se conformer à, courber la tête/le dos/l'échine (péj.), écouter, être obéissant, fléchir, s'incliner, s'inféoder, observer, obtempérer, plier, se ranger à, rompre, se soumettre, suivre. **II. Non favorable** → *subir.*

OBÉISSANCE □ **I.** Allégeance, assujettissement, dépendance, discipline, joug, observance (relig.), soumission, subordination, sujétion. **II.** Docilité, esprit de subordination, fidélité, malléabilité, obédience (vx), plasticité, servilité.

OBÉISSANT, E □ Assujetti, attaché, discipliné, docile, doux, fidèle, flexible, gouvernable, malléable, maniable, sage, soumis, souple.

OBÉRER □ Charger, endetter, grever.

OBÉSITÉ □ Adiposité. → *grosseur.*

OBJECTER □ v. tr. et infr. **I.** → *répondre.* **II.** → *prétexter.*

OBJECTIF □ **I. Nom** → *but.* **II. Adj. 1.** → *réel.* **2.** → *vrai.*

OBJECTION □ Antithèse, contestation, contradiction, contrepartie, contre-pied, critique, difficulté, discussion, obstacle, opposition, protestation, réfutation, remarque, réplique, réponse, représentation, reproche.

OBJECTIVER □ → *exprimer.*

OBJECTIVITÉ □ → *justice.*

OBJET □ **I. Au pr. (matériel)** : chose, corps, outil, ustensile. → *bibelot*, instrument. **II.** Cause, concept, sujet, thème. **III.** → *but.*

OBJURGATION □ → *reproche.*

OBLATION □ → *offrande.*

OBLIGATION □ **I. Neutre** : charge, dette, engagement, lien, nécessité. → *devoir.* **II. Favorable** → *gratitude.* **III. Non favorable** : assujettissement, astreinte, condamnation, contrainte, enchaînement, entrave, exigence, force, urgence, violence.

OBLIGATOIRE □ Contraignant, contraint, de commande, forcé, indispensable, inévitable, nécessaire, obligé, ordonné, requis.

OBLIGÉ, E □ **I. Neutre** : dû, engagé, immanquable, lié, nécessaire, obligatoire, tenu. **II. Favorable (de quelqu'un)** : débiteur, redevable. **III. Non favorable** : assujetti, astreint, condamné, contraint, enchaîné, forcé, requis, violenté.

OBLIGEANCE □ → *amabilité.*

OBLIGEANT, E □ → *serviable.*

OBLIGER □ **I. Neutre** : engager, lier. **II. Favorable** → *aider.* **III. Non favorable** : assujettir, astreindre, atteler, brusquer, condamner, contraindre, enchaîner, exiger, forcer, forcer la main, imposer, réduire à, violenter.

OBLIQUE □ **I.** → *incliné.* **II.** → *indirect.*

OBLIQUEMENT □ De biais, en crabe, en diagonale/écharpe/travers.

OBLIQUER □ → *détourner (se).*

OBLIQUITÉ □ Déclinaison, inclinaison, infléchissement, pente.

OBLITÉRATION □ Obstruction, obturation, occlusion, occultation, opilation.

OBLITÉRER □ I. → *effacer.* II. → *obstruer.*

OBLONG, UE □ → *long.*

OBNUBILATION □ → *obscurcissement.*

OBNUBILÉ, E □ → *obsédé.*

OBNUBILER □ → *obscurcir.*

OBOLE □ → *secours.*

OBOMBRER □ I. → *obscurcir.* II. → *ombrager.*

OBREPTICE □ Dissimulé, furtif, inventé, mensonger, omis, subreptice.

OBSCÈNE □ Blessant, cochon (fam.), croustillant, croustilleux, cru, cynique, dégoûtant, dégueulasse (vulg.), déshonnête, égrillard, épicé, frelaté, gaulois, gras, graveleux, grivois, grossier, hasardé (vx), immonde, immoral, impudique, impur, inconvenant, indécent, lascif, leste, libre, licencieux, lubrique, malpropre, offensant, ollé-ollé, ordurier, osé, pimenté, poivré, polisson, pornographique, provocant, risqué, salace, sale, salé, scabreux, scandaleux, scatologique, trivial.

OBSCÉNITÉ □ Cochonceté (fam.), cochonnerie (fam.), coprolalie, cynisme, gauloiserie, gravelure, grivoiserie, grossièreté, immodestie, immoralité, impudicité, impureté, incongruité, inconvenance, indécence, licence, malpropreté, polissonnerie, pornograhie, saleté, trivialité, vicelardise (arg.), vulgarité.

OBSCUR, E □ I. Au pr. : assombri, crépusculaire, foncé, fuligineux, nocturne, noir, obscurci, occulté, ombreux, opaque, profond, sombre, ténébreux, terni. II. Fig. *1.* Abscons, abstrus, amphigourique, apocalyptique, brumeux, cabalistique, caché, cafouilleux (fam.), complexe, compliqué, confus, difficile, diffus, douteux, emberlificoté (fam.), embrouillé, enchevêtré, énigmatique, en jus de boudin, entortillé, enveloppé, équivoque, ésotérique, filandreux, flou, fumeux, hermétique, impénétrable, incompréhensible, indéchiffrable, inexplicable, inextricable, inintelligible, insaisissable, louche, mystérieux, nébuleux, nuageux, secret, sibyllin, touffu, trouble, vague, vaseux, voilé. 2. → *inconnu.* 3. *Le temps :* assombri, brumeux, chargé, couvert, embrumé, épais, nébuleux, nuageux, voilé.

OBSCURATION □ → *obscurcissement.*

OBSCURCIR □ I. Au pr. : abaisser/baisser/diminuer la lumière, assombrir, cacher, couvrir, éclipser, embrumer, enténébrer, foncer, mâchurer, noircir, obombrer, obnubiler (vx), occulter, offusquer (vx),

opacifier, ternir, voiler. II. Fig. : attrister, éclipser, effacer, enterrer, faire disparaître/pâlir, troubler.

OBSCURCISSEMENT □ Assombrissement, aveuglement, épaississement, noircissement, obnubilation, obscuration, occultation, offuscation.

OBSCURITÉ □ I. Au pr. : Contre-jour, nébulosité, noirceur, nuit, ombre, opacité, ténèbres. II. Fig. *1.* Confusion. → *mystère.* 2. → *bassesse.*

OBSÉCRATION □ → *prière.*

OBSÉDANT, E □ → *ennuyeux.*

OBSÉDÉ, E □ Assiégé, braqué, charmé (vx), envoûté, hanté, harcelé, maniaque, obnubilé, persécuté, polarisé, tourmenté, *et les mots formés avec le suffixe -mane, ex. : opiomane.*

OBSÉDER □ I. → *assiéger.* II. → *tourmenter.*

OBSÈQUES □ → *enterrement.*

OBSÉQUIEUX, EUSE □ → *servile.*

OBSÉQUIOSITÉ □ → *servilité.*

OBSERVATEUR, TRICE □ I. → *attentif.* II. → *témoin.*

OBSERVATION □ I. Analyse, étude, examen, introspection, scrutation. → *expérimentation.* II. Observance (relig.). → *obéissance.* III. → *remarque.* IV. → *reproche.* V. Au pl. → *pensées.*

OBSERVER □ I. Accomplir, s'acquitter de, se conformer à, être fidèle à, exécuter, faire, garder, pratiquer, remplir, rendre, respecter, satisfaire à, suivre, tenir. II. Avoir à l'œil, dévisager, épier, étudier, examiner, fixer, gafiler (fam.) noter, suivre du regard, surveiller. → *regarder.*

OBSESSION □ Assujettissement, cauchemar, complexe, crainte, hallucination, hantise, idée fixe, manie, monomanie, peur, phobie, préoccupation, psychose, scrupule, souci, tentation, vision.

OBSOLÈTE, OBSOLESCENT, E □ → *désuet.*

OBSTACLE □ I. Au pr. : barrage, barricade, barrière, brook, cloison, défense, digue, écluse, écran, mur, rideau, séparation. II. Fig. : Accroc, achoppement, adversté, anicroche, aria, bec, blocage, contrariété, contretemps, défense, difficulté, écueil, embarras, empêchement, encombre, ennui, entrave, frein, gêne, hic, hourvari (vx), impasse, impedimenta, inhibition, interdiction, obstruction, opposition, os (fam.), pierre d'achoppement, rémora (vx), résistance, restriction, traverse, tribulations.

OBSTINATION □ I. Acharnement, aheurtement (vx), assiduité, constance, exclusive, fermeté, insistance, persévérance, persistance, pertinacité, résolution, ténacité. II. Entêtement, folie, indocilité, opiniâtreté, parti pris, préjugé. → *manie.*

OBSTINÉ, E □ → *têtu.*

OBSTINER (S') □ → *continuer.*

OBSTRUCTION □ **I.** → *oblitération.* **II.** → *résistance.*

OBSTRUER □ Barrer, bloquer, embarrasser, embouteiller, encombrer, encrasser, engorger, fermer. → *boucher.* **Méd. :** oblitérer, opiler.

OBTEMPÉRER □ → *obéir.*

OBTENIR □ **I. Au pr. :** accrocher (fam.), acheter, acquérir, arracher, attraper, avoir, capter, conquérir, décrocher (fam.), emporter, enlever, extorquer (péj.), faire, gagner, impétrer (jurid.), forcer, prendre, se procurer, recevoir, recueillir, remporter, soutirer (péj.). **II. Par ext.** → *produire.*

OBTURATION □ → *oblitération.*

OBTURER □ → *boucher.*

OBTUS, E □ **I. Au pr.** → *émoussé.* **II. Par ext.** → *inintelligent.*

OBVIER □ → *parer.*

OCCASION □ **I.** Cas, chance, circonstance, coïncidence, conjoncture, événement, éventualité, facilité, fois, hasard, heure, incidence, instant, moment, occurrence, opportunité, possibilité, rencontre, temps, terrain. **II.** → *lieu.* **III.** Affaire, article usagé/sacrifié, aubaine, rossignol (péj.), seconde main, solde.

OCCASIONNEL, ELLE □ → *temporaire.*

OCCASIONNER □ Amener, appeler, apporter, attirer, causer, créer, déchaîner, déclencher, déterminer, donner/fournir lieu/occasion, engendrer, entraîner, être la cause de, faire, motiver, nécessiter, porter, prêter à, procurer, produire, provoquer, susciter, traîner.

OCCIDENT □ Couchant, ouest, ponant (vx).

OCCIRE □ → *tuer.*

OCCLUSION □ **I.** → *fermeture.* **II. Méd.** → *opilation.*

OCCULTE □ → *secret.*

OCCULTER □ → *cacher.*

OCCULTISME □ **I.** Ésotérisme, gnose, grand art, hermétisme, illumination, illuminisme, kabbale, magie, mystère, psychagogie, psychomancie, radiesthésie, sciences occultes, spiritisme, télépathie, théosophie, théurgie. **II. Par ext. :** alchimie, cartomancie, chiromancie, divination, mantique, messe noire, nécromancie, sabbat, sorcellerie.

OCCUPATION □ Activité, affaire, affairement, assujettissement, besogne, carrière, charge, emploi, engagement, fonction, loisirs, métier, mission, ouvrage, passe-temps, profession, service, travail.

OCCUPÉ, E □ Absorbé, accablé, accaparé, actif, affairé, assujetti, chargé, écrasé, employé, engagé, indisponible, pris, tenu.

OCCUPER □ **I. Au pr. 1.** → *prendre.* **2.** → *tenir.* **3.** → *demeurer.* **II. Fig. : 1.** Absorber, captiver, polariser. **2.** Atteler à, employer, prendre. **3.** Accaparer, défrayer. **4.** Accabler, importuner. **5.** Condamner (un lieu). **6.** Coloniser, envahir. **III. V. pron. :** s'absorber, s'acharner, s'adonner, agir, s'appliquer, s'attacher, s'atteler, besogner (fam.), se consacrer, s'employer, s'entremettre, s'escrimer, étudier, faire, se mêler de, se mettre à/dans, travailler, vaquer, veiller.

OCCURRENCE □ → *cas.*

OCÉAN □ → *mer.*

OCÉANOGRAPHE □ Hydrographe.

OCELLÉ, E □ → *marqueté.*

OCTROYER □ → *accorder.*

OCULISTE □ Ophtalmologiste, ophtalmologue, spécialiste de la vue/des yeux.

ODEUR □ **I. Neutre ou favorable :** arôme, bouquet, effluence, effluve, émanation, exhalaison, fragrance, fumet, haleine, parfum, senteur, trace (vén.), vent (vén.). **II. Non favorable :** empyreume, fraîchin, relent, remugle. → *puanteur.*

ODIEUX, EUSE □ → *haïssable.*

ODORANT, E □ Aromatique, capiteux, effluent, embaumé, fleurant, fragrant, odoriférant, odorifère, odorifique, parfumé, suave, suffocant.

ODORAT □ Flair, front subtil (vén.), nez, odoration, olfaction.

ODORER □ → *sentir.*

ODORIFÉRANT, E □ → *odorant.*

ODYSSÉE □ → *voyage.*

ŒCUMÉNIQUE □ → *universel.*

ŒIL □ **I. Au pr. :** globe oculaire. **Arg. :** calot, carreau, chasse, clignotant, clinc, coquillard, gobille, globule, mirette, quinquet, robert, vitreux. **II. Par ext. 1.** Prunelle, pupille, vision, vue. → *regard.* **2.** → *ouverture.* **3.** Bourgeon, bouton, excroissance, marcotte, nœud, pousse. **III. Loc. 1. À l'œil :** gratis, gratuitement, pour rien. **2. Avoir l'œil** → *surveiller.* **3. Œil de perdrix :** → *cal.*

ŒILLADE □ → *regard.*

ŒILLÈRE □ **Fig. :** → *préjugé.*

ŒUF □ **I. Au pr. : 1.** Germe, lente, oosphère, ovocyte, ovotide, ovule. **2.** Coque, coquille. **II. Fig.** → *origine.*

ŒUVRE □ **I.** → *action.* **II.** → *ouvrage.* **III.** → *travail.*

ŒUVRER □ → *travailler.*

OFFENSANT, E □ Amer, blessant, désagréable, dur, grossier, impertinent, infamant, injurieux, insultant, outrageant, outrageux, sanglant, vexant.

OFFENSE □ Affront, atteinte, avanie, blessure, camouflet, couleuvre (fam.), coup, démenti, impertinence, indignité, infamie, injure, insolence, insulte, outrage.

OFFENSER □ **I.** Atteindre dans sa dignité/son honneur, blesser, choquer, être inconvenant/incorrect envers, faire affront/offense, froisser, humilier, injurier, insulter, manquer à, offusquer, outrager, piquer au vif, vexer. **II. V. pron.** : se blesser, se choquer, se draper dans sa dignité, se fâcher, se formaliser, se froisser, se gendarmer, se hérisser, s'offusquer, se piquer, se scandaliser, se vexer.

OFFENSEUR □ → *agresseur*.

OFFENSIF, IVE □ Agressif, brutal, violent.

OFFENSIVE □ → *attaque*.

OFFICE □ **I.** → *emploi*. **II.** → *devoir*. **III.** → *organisme*. **IV.** → *service*. **V. Nom** → *cuisine*. **VI. Loc. Bons offices** → *service*.

OFFICIANT □ Célébrant, desservant.

OFFICIEL, ELLE □ Administratif, admis, authentique, autorisé, connu, consacré, de notoriété publique, force de loi, notoire, public, réel, solennel.

OFFICIER □ → *chef, militaire*.

OFFICIEUX, EUSE □ **I.** → *serviable*. **II.** → *privé*.

OFFICINE □ Pharmacie. → *magasin*.

OFFRANDE □ Aumône, cadeau, charité, denier, don, donation, holocauste, hommage, oblation, participation, présent, quote-part, sacrifice.

OFFRE □ Avance, démarche, enchère, ouverture, pollicitation (jurid.), promesse, proposition, soumission, surenchère.

OFFRIR □ **I.** Avancer, dédier, donner, faire une offre/ouverture/proposition, présenter, proposer, soumettre, soumissionner. → *montrer*. **II. V. pron.** : **1.** Se donner satisfaction, se farcir (arg.), se payer. **2.** S'exhiber → *paraître*. **3.** Se dévouer, s'exposer, s'immoler, se proposer, se sacrifier, se soumettre, se vouer.

OFFUSQUER □ **I.** → *obscurcir*. **II.** → *cacher*. **III.** → *éblouir*. **IV.** → *choquer*. **V. V. pron.** → *offenser (s')*.

OGIVE □ → *cintre*.

OGRE, OGRESSE □ **I. Au pr.** : anthropophage, croquemitaine, épouvantail, géant, goule, lamie, loup-garou, père filant, père Fouettard, vampire. **II. Par ext.** → *bâfreur*.

OIGNON □ **I.** Bulbe, échalote. **II.** Cor au pied, durillon, induration, œil-de-perdrix. **III.** → *montre*.

OINDRE □ **I.** → *graisser*. **II.** → *frictionner*. **III.** → *sacrer*.

OISEAU □ **I. Au pr.** : **1.** Gibier à plumes, oiselet, oiselle, oisillon, volaille, volatile. **2.** → *colombin, échassier, gallinacé, grimpeur, palmipède, passereau, rapace*. **II. Par ext.** **1.** → *bête*. **2.** → *type*.

OISEUX, EUSE □ **I.** → *inactif*. **II.** → *inutile*.

OISIF, IVE □ → *inactif*.

OISILLON □ → *oiseau*.

OISIVETÉ □ Farniente, paresse. → *inaction*.

OLÉAGINEUX, EUSE □ Huileux, oléifère, oléifiant.

OLFACTION □ → *odorat*.

OLIBRIUS □ **I.** → *hâbleur*. **II.** → *original*. **III.** Type.

OLIGARCHIE □ Argyrocratie, aristocratie, ploutocratie, synarchie.

OLIVE □ Picholine.

OLYMPE □ → *ciel, paradis*.

OLYMPIEN, ENNE □ **I.** → *imposant*. **II.** → *tranquille*.

OMBILIC □ Nombril.

OMBRAGE □ **I.** → *ombre*. **II.** → *jalousie*.

OMBRAGER □ **I.** Couvrir, obombrer, ombrer, protéger. **II.** → *cacher*.

OMBRAGEUX, EUSE □ **I.** → *méfiant*. **II.** → *susceptible, quinteux*.

OMBRE □ **I. Au pr.** **1.** Couvert, ombrage, pénombre. **2.** → *obscurité*. **II. Par ext.** **1.** apparence. **2.** → *fantôme*.

OMBRELLE □ En-cas, parasol.

OMBRER □ → *ombrager*.

OMBREUX, EUSE □ → *sombre*.

OMETTRE □ Abandonner, laisser, manquer de, négliger, oublier, passer, sauter, taire.

OMISSION □ Abandon, absence, bourdon (typo.), faute, inattention, lacune, manque, négligence, oubli, paralipse, prétérition, prétermission, réticence.

OMNIPOTENCE □ → *autorité*.

OMNIPOTENT, E □ → *puissant*.

OMNIPRATICIEN, ENNE □ Généraliste.

OMNIPRÉSENCE □ Ubiquité.

OMNISCIENCE □ → *savoir*.

OMNISCIENT, E □ → *savant*.

ONAGRE □ → *âne*.

ONANISME □ → *masturbation*.

ONCTION □ → *douceur*.

ONCTUEUX, EUSE □ **I. Au pr.** → *gras*. **II. Par ext.** → *doux*.

ONDE □ **I.** Eau, flots, vague. **II.** → fluide.

ONDÉE □ → pluie.

ONDOYANT, E □ **I.** → ondulé. **II.** → changeant. **III.** → varié.

ONDOYER □ **I.** → flotter. **II.** → baptiser.

ONDULATION □ → sinuosité.

ONDULÉ, E □ Courbe, flexueux, ondoyant, ondulant, ondulatoire, onduleux, serpentant, sinueux.

ONDULER □ **I.** → friser. **II.** → flotter.

ONÉREUX, EUSE □ → cher.

ONGLE □ **I.** Ergot, griffe, onglon, sabot, serre. **II. Vén. :** harpe, herpe, main.

ONGUENT □ **I.** → pommade. **II.** → parfum.

ONIRIQUE □ Rêvé. → imaginaire.

OPACIFIER □ → obscurcir.

OPACITÉ □ → obscurité.

OPALIN, INE □ → blanchâtre.

OPAQUE □ → obscur.

OPÉRA □ Drame lyrique, grand opéra, opéra-bouffe, opéra-comique, opérette, oratorio, vaudeville.

OPÉRANT, E □ → efficace.

OPÉRATEUR □ **I.** Cadreur, caméraman, manipulateur. **II. Par ext.** → guérisseur.

OPÉRATION □ **I.** → action. **II.** → entreprise. **III.** → calcul. **IV.** Ablation, amputation, intervention. **V.** → expédition.

OPÉRER □ → agir.

OPHTALMOLOGISTE □ → oculiste.

OPILATION □ Constipation, oblitération, obstruction, occlusion.

OPILER □ → boucher.

OPINER □ **I.** Délibérer, donner son avis/opinion, voter. **II. Loc. Opiner du bonnet/du chef** → consentir.

OPINIÂTRE □ → têtu.

OPINIÂTREMENT □ Avec entêtement, farouchement, fermement, mordicus, obstinément.

OPINIÂTRER (S') □ → buter (se).

OPINIÂTRETÉ □ **I.** → obstination. **II.** → fermeté. **III.** → persévérance.

OPINION □ **I. Au pr. :** appréciation, avis, critique, estime, façon/manière de penser/ voir, idée, impression, jugement, oracle, pensée, point de vue, position, principe, sens, sentiment, thèse, vue. **II.** → foi. **III. Par ext. :** couleur, doctrine, idées, idéologie.

OPPORTUN, E □ → convenable.

OPPORTUNISME □ → habileté.

OPPORTUNISTE □ → malin.

OPPORTUNITÉ □ **I.** Nécessité, obligation, utilité. **II.** → occasion.

OPPOSANT, E □ adj. et n. → ennemi.

OPPOSÉ, E □ **I. Adj. :** adverse, affronté, antagoniste, antithétique, contradictoire, contraire, divergent, en face, ennemi, incompatible, inconciliable, inverse, symétrique. **II. Nom :** antipode, antithèse, antonyme, contraire, contrepartie, contre-pied, encontre, opposite, rebours, symétrique. **III. Loc. À l'opposé. 1.** Au contraire, à l'encontre, en revanche, par contre. **2.** En face.

OPPOSER □ **I.** → dire. **II.** → mettre. **III.** → comparer. **IV.** → prétexter. **V. V. pron. : 1.** S'affronter, braver, contrarier, contrer, désobéir, se dresser/s'élever contre, empêcher, lutter, mettre son veto, refuser. → résister. **2.** Être en opposition, s'exclure, se heurter, répugner.

OPPOSITE □ **I.** → opposé. **II. Loc. À l'opposite :** en face/vis-à-vis de.

OPPOSITION □ **I.** Antagonisme, anticlimax, antinomie, antipathie, antithèse, antonymie, combat, conflit, contradiction, contraste, défiance, désaccord, différence, discordance, disparate, dispute, dissemblance, dissension, dissidence, dissimilitude, dissonance, divergence, duel, heurt, hostilité, incompatibilité, lutte, protestation, réaction, refus, réfutation, réplique, riposte, rivalité, veto. **II.** → obstacle. **III.** → résistance. **IV.** → différence.

OPPRESSANT, E □ → accablant.

OPPRESSER □ **I.** → étouffer. **II.** → presser. **III.** → surcharger.

OPPRESSEUR □ Despote, dictateur, dominateur, envahisseur, occupant, persécuteur, potentat, tortionnaire, tout-puissant, tyran, usurpateur.

OPPRESSIF, IVE □ Opprimant, tyrannique.

OPPRESSION □ **I.** → absolutisme. **II.** → essoufflement.

OPPRIMER □ → brimer.

OPPROBRE □ → honte.

OPTER □ → choisir.

OPTIMISME □ → insouciance.

OPTIMISTE □ adj. et n. → insouciant.

OPTION □ **I.** Alternative, dilemme. → choix. **II.** → préférence.

OPTIONNEL, ELLE □ → facultatif.

OPTIQUE □ → vue.

OPULENCE □ **I.** → affluence. **II.** → richesse.

OPULENT, E □ → riche.

OPUSCULE □ → livre.

OR □ → richesse.

ORACLE □ **I.** → prédiction. **II.** → vérité. **III.** → opinion.

ORAGE □ **I. Au pr.** → bourrasque. **II. Par ext. 1.** → malheur. **2.** → mésintelligence. **3.** → trouble.

ORAGEUX, EUSE □ Fig. → *troublé.*

ORAISON □ **I.** → *prière.* **II.** → *discours.* **III. Oraison funèbre** → *éloge.*

ORAL, E □ → *verbal.*

ORANGE □ → *agrume.*

ORATEUR □ Avocat, causeur, cicéron, conférencier, débateur, foudre d'éloquence, logographe (vx et péj.), parleur, prédicant, prédicateur, tribun. **Péj. :** baratineur, déclamateur, discoureur, harangueur, rhéteur.

ORATOIRE □ → *église.*

ORATORIO □ → *opéra.*

ORBE □ → *rond.*

ORBITE □ **I.** → *rond.* **II.** → *cercle.*

ORCHESTRATION □ Arrangement, harmonisation, instrumentation.

ORCHESTRE □ Clique, ensemble, fanfare, formation, groupe, harmonie, jazz, lyre, musique, nouba, octuor, orphéon, quatuor, quintette, septuor, sextuor, trio.

ORCHESTRER □ **I. Au pr. :** arranger, harmoniser, instrumenter. **II. Fig. :** amplifier, clamer, divulguer, faire savoir, répandre.

ORDINAIRE □ **I. Adj.** *1.* Accoutumé, coutumier, familier, habituel, invétéré, traditionnel. *2.* → *commun.* *3.* → *moyen.* **II. Nom :** alimentation, chère, cuisine, menu, pitance, ration, repas, table.

ORDINAIREMENT □ À l'accoutumée, à l'/d'/pour l'ordinaire, communément, de coutume, généralement, le plus souvent, d'habitude, habituellement, usuellement, volontiers.

ORDO □ Comput.

ORDONNANCE □ **I.** → *ordre.* **II.** → *jugement.* **III.** → *règlement.*

ORDONNANCEMENT □ Méthode, organisation, processus, programme, suite.

ORDONNÉ, E □ → *réglé.*

ORDONNER □ **I.** → *agencer.* **II.** → *commander.*

ORDRE □ **I.** Agencement, alignement, arrangement, assemblage, classement, classification, disposition, distribution, économie, ordonnance, ordonnancement, plan, structure, succession, suite, symétrie, système. **II.** → *règle.* **III.** Discipline, harmonie, hiérarchie, méthode, morale, organisation, paix, police, subordination, tranquillité. **IV.** → *classe.* **V.** → *genre.* **VI.** → *rang.* **VII.** → *congrégation.* **VIII.** → *corporation.* **IX.** → *instruction.* **X.** → *commandement.* **XI. Loc.** *1. Donner ordre* → *pouvoir.* *2. Ordre du jour* → *programme.*

ORDURE □ Balayures, bourre, bourrier, caca, chiure, crasse, débris, déchets, détritus, excrément, fange, fient, fiente, fumier, gadoue, gringue-naude, immondices, impureté, malpropreté, margouillis, merde, nettoyure, poussière, rebut, résidu, saleté, salissure, saloperie, sanie, scorie, vidure.

ORDURIER, ÈRE □ → *obscène.*

ORÉE □ → *bord.*

OREILLE □ **I.** Ouïe. **Arg. :** cliquette, escalope, esgourde, étagère à mégots, étiquette, feuille, manette, pavillon, plat à barbe, portugaise. **II.** → *poignée.*

OREILLER □ Chevet, coussin, polochon, traversin.

ORFÈVRE □ Bijoutier, joaillier.

ORGANE □ **I.** → *sens.* **II.** → *journal, revue.* **III.** → *sexe.*

ORGANISATION □ **I.** → *agencement.* **II.** → *organisme.*

ORGANISER □ → *Régler, préparer.*

ORGANISME □ Administration, bureau, constitution, corps, ensemble, établissement, formation, office, organisation, service.

ORGASME □ **Mâle :** éjaculation. **Génér. :** jouissance, spasme, volupté. **Fam. :** épectase, extase, feu d'artifice, grandes orgues, grand frisson, paradis, petite mort, 14 juillet, secousse, septième ciel, etc. → *jouir.*

ORGELET □ Chalaze, chalazion, compère-loriot, grain d'orge, hordéole.

ORGIAQUE □ Dépravé. → *débauché.*

ORGIE □ **I.** → *débauche.* **II.** → *profusion.*

ORGUEIL □ Amour-propre, arrogance, dédain, estime de soi, fatuité, fierté, gloriole, hauteur, immodestie, importance, infatuation, jactance, mégalomanie, morgue, ostentation, outrecuidance, pose, présomption, prétention, raideur, suffisance, superbe, supériorité, vanité.

ORGUEILLEUX, EUSE □ Altier, arrogant, avantageux, bouffi, content de soi, crâneur, dédaigneux, faraud, fat, fier, flambard, glorieux, gobeur, hautain, important, infatué, m'as-tu-vu, méprisant, ostentatoire, outrecuidant, paon, pénétré de soi, plastronneur, plein de soi, poseur, présomptueux, prétentieux, puant, satisfait de soi, sourcilleux, suffisant, superbe, vain, vaniteux.

ORIENT □ **I.** Est, levant. **II.** → *lustre.*

ORIENTATION □ **I.** → *direction.* **II.** → *position.*

ORIENTER □ **I.** → *diriger.* **II. V. pron. :** → *retrouver (se).*

ORIFICE □ → *ouverture.*

ORIFLAMME □ → *gonfanon.*

ORIGINAIRE □ Aborigène, autochtone, indigène, issu de, natif, naturel, né à/de, d'origine, originel, sorti/venu de.

ORIGINAL, E □ **I. Adj. 1. Au pr. :**
différent, distinct, distinctif, inaccoutumé, inclassable, incomparable, inédit, initial, insolite, jamais vu, neuf, nouveau, originel, premier, primitif, princeps, sans précédent, singulier, spécifique, unique, vierge, virginal. **2. Par ext. :** amusant, bizarre, braque, chinois (fam.), cocasse, curieux, déconcertant, drolatique, drôle, étonnant, étrange, excentrique, exceptionnel, extraordinaire, extravagant, fantasque, hardi, indépendant, non-conformiste, maniaque, paradoxal, particulier, personnel piquant, pittoresque, plaisant, rare, remarquable, spécial, surprenant. **II. Nom. 1.** Acte authentique, minute. **2.** → *texte.* **3.** Prototype. → *modèle.* **4.** Bohème, chinois, excentrique, fantaisiste, maniaque, numéro, olibrius, personnage, phénomène, type.

ORIGINALITÉ □ **I. Favorable ou neutre :** cachet, chic, drôlerie, fraîcheur, hardiesse, indépendance, non-conformisme, nouveauté, personnalité, piquant, pittoresque. **II. Non favorable :** bizarrerie, cocasserie, étrangeté, excentricité, extravagance, manie, paradoxe, singularité.

ORIGINE □ **I.** Base, berceau, cause, début, départ, embryon, enfance, fondement, genèse, germe, motif, nid, noyau, œuf, point de départ, prédéterminant, principe, racine, raison, semence, source. → *commencement.* **II.** → *naissance.* **III. Gram. :** dérivation, étymologie.

ORIGINEL, ELLE □ → *originaire.*

ORIPEAU □ → *loque.*

ORNEMENT □ Accessoire, affiquet, affûtiaux (fam.), agrément, ajustement, apprêt, atour, bijou, bossette, broderie, chamarrure, décoration, détail, enjolivement, enjolivure, enrichissement, falbala, fanfreluche, figure, fioriture, fleur, fleuron, garniture, motif, ornementation, parement, parure, tapisserie.

ORNEMENTAL, E □ → *beau.*

ORNER □ Adorner, agrémenter, ajouter, assaisonner, barder, broder, chamarrer, colorer, décorer, disposer, égayer, émailler, embellir, empanacher, enguirlander, enjoliver, enluminer, enrichir, farder, fignoler, fleurir, garnir, habiller, historier, imager, jarreter, meubler, ornementer, ourler, parer, passementer, pavoiser, pomponner, rehausser, revêtir, tapisser. → *peindre.*

ORNIÈRE □ **I. Au pr. :** fondrière, nid de poule, trou. → *trace.* **II. Fig.** → *routine.*

ORPHELIN, INE □ **I. Nom :** pupille. **II. Adj.** (fig.) : abandonné *et les part. passés possibles des syn. de* ABANDONNER, frustré/privé de.

ORPHÉON □ **I.** → *orchestre.* **II.** →. *chœur.*

ORTHODOXE □ → *vrai.*

ORTHODOXIE □ **I. Au pr.** → *vérité.* **II. Par ext. :** conformisme, doctrine, ligne, norme, règle, régularité.

ORTHOGRAPHIER □ → *écrire.*

ORTHOPHONIE □ Logopédie.

OS □ **Par ext. :** ossements. → *carcasse.*

OSCILLATION □ **I. Au pr. :** nutation, vibration. → *balancement.* **II. Fig.** → *variation.*

OSCILLER □ **I. Au pr.** → *balancer.* **II. Fig.** → *hésiter.*

OSÉ, E □ **I.** → *hardi.* **II.** → *hasardé.*

OSER □ S'aventurer, s'aviser de, entreprendre, se hasarder, se lancer, se permettre, prendre son courage à deux mains, se résigner, y aller (fam.). → *hasarder.*

OSSATURE □ → *carcasse.*

OSSEMENTS □ **I.** → *os.* **II.** → *restes.*

OSSUAIRE □ → *cimetière.*

OSTENSIBLE □ → *visible.*

OSTENTATION □ **I.** → *montre.* **II.** → *orgueil.*

OSTRACISER □ **I.** → *bannir.* **II.** → *éliminer.*

OTAGE □ **I.** → *garant.* **II.** → *prisonnier.*

ÔTER □ **I.** → *tirer.* **II.** → *prendre.* **III.** → *quitter.* **IV.** → *retrancher.*

OUAILLE □ **I. Au pr.** → *brebis.* **II. Par ext.** → *fidèle.*

OUBLI □ **I. Au pr. 1.** Amnésie. **2.** → *omission.* **II. Par ext. 1.** → *pardon.* **2.** → *ingratitude.*

OUBLIÉ, E □ → *inconnu.*

OUBLIER □ Désapprendre, manquer, négliger, omettre. → *abandonner.*

OUBLIETTES □ → *cachot.*

OUBLIEUX, EUSE □ → *ingrat.*

OUEST □ → *occident.*

OUI □ Assurément, bien, bien sûr, bon, certainement, certes, dame, évidemment, à merveille, optime, oui-da, parfait, parfaitement. **Fam. :** cinq sur cinq, d'ac, positif.

OUÏE □ → *oreille.*

OUÏES □ Branchies.

OUÏR □ → *entendre.*

OURAGAN □ **I. Au pr.** → *bourrasque.* **II. Fig.** → *trouble.*

OURDIR □ **I. Au pr. :** tisser, tramer, tresser. **II. Fig. :** aménager, arranger, brasser, combiner, comploter, conspirer, machiner, manigancer, monter, nouer, préparer, tisser, tramer, tresser.

OURLER □ → *border.*

OURLET □ → *bord.*

OURS □ Par ext. → *sauvage.*

OUTIL □ → *instrument.*

OUTILLAGE □ Cheptel, équipement, instruments, machine, matériel, outils.

OUTILLER □ → *pourvoir.*

OUTLAW □ → *maudit.*

OUTRAGE □ I. → *offense.* II. → *dommage.*

OUTRAGEANT, E, OUTRAGEUX, EUSE □ → *offensant.*

OUTRAGER □ → *offenser.*

OUTRANCE □ I. → *excès.* II. Loc. À **outrance** : outre mesure.

OUTRANCIER, ÈRE □ → *excessif.*

OUTRE, EN OUTRE, OUTRE CELA □ De/en plus, indépendamment, par-dessus le marché.

OUTRÉ, E □ I. → *excessif.* II. Beau d'indignation, horrifié, indigné, le souffle coupé, offensé, révolté, scandalisé, suffoqué.

OUTRECUIDANCE □ I. → *arrogance.* II. → *orgueil.*

OUTRECUIDANT, E □ n. et adj. I. → *arrogant.* II. → *orgueilleux.*

OUTRE-MESURE □ À outrance.

OUTREPASSER □ → *dépasser.*

OUTRER □ v. tr. et intr. → *exagérer.*

OUTSIDER □ → *concurrent.*

OUVERT, E □ I. Au pr. : béant, libre. II. Fig. *1.* → *franc. 2.* → *intelligent.*

OUVERTURE □ I. Au pr. : *1.* Ajour, aperture, baie, béance, bouche, boulin, brèche, châssis, chatière, croisée, dégagement, ébrasement, ébrasure, échappée embrasure, entrée, évasement, évasure, évent, excavation, fenestron, fenêtre, fente, gorge, goulot, gueulard, gueule, guichet, imposte, issue, jour, judas, lucarne, lumière, lunette, oculus, œil, oriel, orifice, passage, percée, pertuis, porte, regard, sortie, souillard, soupirail, stomate (botan), trou, trouée, varaigne (marais), vasistas, vue. *2.* *Méd.* : émonctoire, méat. *3.* Archère, barbacane, meurtrière, rayère. *4.* *Mar.* : écubier, hublot, sabord. II. Par ext. *1.* → *commencement. 2.* → *prélude. 3.* → *offre. 4.* → *moyen.* III. Loc. **Ouverture d'esprit** : largeur d'esprit.

OUVRAGE □ I. → *travail.* II. → *livre.* III. Chef-d'œuvre, composition, création, essai, étude, œuvre, production, produit. IV. **Milit.** : bastille, bastion, blockhaus, citadelle, défense, dehors, fort, fortification, fortin, redoute, rempart.

OUVRAGER, OUVRER □ → *travailler.*

OUVRIER □ I. → *artisan.* II. → *travailleur.*

OUVRIR □ I. Crocheter, déboucher, déboutonner, débrider, décacheter, déclore (vx), défoncer, dégager, désencombrer, désobstruer, déverrouiller, ébraser, écarquiller, écarter, éclore, élargir, enfoncer, entrebâiller, entrouvrir, épanouir, évaser, fendre, forcer, frayer, inciser, percer, scarifier, tirer. II. → *étendre.* III. → *commencer.* IV. Aérer. V. Creuser, crevasser, éventrer, trouer. VI. V. pron. → *confier (se).*

OUVROIR □ → *atelier.*

OVALE □ I. Adj. : courbe, ellipsoïde, oblong, ové, oviforme. II. Nom : ellipse, mandorle, ove.

OVALISER □ → *agrandir.*

OVATION □ → *acclamation.*

OVATIONNER □ Faire une ovation. → *acclamer.*

OVIN, E □ Ovidé. → *mouton.*

OVULE □ Embryon, germe, œuf.

OXYDER □ Brûler, détériorer, détruire, ronger, rouiller.

PACAGE □ → *pâturage*.

PACIFIER □ Adoucir, apaiser, arranger, calmer, retenir, tranquilliser.

PACIFIQUE, PACIFISTE □ → *paisible*.

PACOTILLE □ → *marchandise*.

PACTE □ I. → *convention*. II. → *traité*.

PACTISER □ I. → *entendre (s')*. II. → *composer*.

PACTOLE □ → *richesse*.

PAGAILLE □ → *désordre*.

PAGE □ I. → *feuille*. II. → *passage*.

PAGINER □ → *coter*.

PAGNE □ Paréo.

PAGURE □ Bernard l'hermite.

PAIE □ I. → *rétribution*. II. → *paiement*.

PAIEMENT, PAYEMENT □ I. Au pr. : appointements, attribution, cachet, commission, émoluments, honoraires, indemnité, jeton, paie, salaire, solde, solution (jurid.), traitement, transfert, versement, virement. II. Fig. → *récompense*.

PAÏEN, ENNE □ n. et adj. Agnostique, athée, gentil, hérétique, idolâtre, impie, incrédule, incroyant, infidèle, irréligieux, mécréant, renégat.

PAILLARD, E □ → *lascif*.

PAILLARDISE □ → *lasciveté*.

PAILLASSE □ I. N. f. → *matelas*. II. N. m. → *clown*.

PAILLE □ I. → *chaume*. II. Loc. : *Homme de paille* → *intermédiaire*.

PAILLER □ → *meule*.

PAIN □ I. Au pr. : baguette, boule, bricheton (fam.), couronne, flûte, miche, muffin, pistolet. II. Par ext. *1.* Aliment, nourriture, pitance. *2.* Brique, lingot.

PAIR □ → *égal*.

PAIRE □ → *couple*.

PAISIBLE □ Aimable, béat, calme, doux, modéré, pacifique, pacifiste, pantouflard (péj.), pénard (fam.), placide, quiet, serein. → *tranquille*.

PAÎTRE □ I. V. tr. → *nourrir*. II. V. intr. : brouter, gagner (vx), herbeiller, manger, pacager, pâturer, viander (vén.).

PAIX □ I. Nom. *1. Au pr. :* apaisement, béatitude, bonheur, calme, concorde, entente, fraternité, harmonie, repos, sérénité, silence, tranquillité, union. *2. Par ext. :* accord, armistice, conciliation, entente, pacification, pacte, réconciliation, traité. II. Interj. : bouche close/cousue, chut, motus (fam.), silence.

PALABRE □ I. → *discussion*. II. → *discours*.

PALABRER □ I. → *discuter*. II. → *discourir*.

PALACE □ → *hôtel*.

PALADIN □ → *chevalier*.

PALAIS □ Casino, castel, château, demeure, palace. → *immeuble*.

PALAN □ → *treuil*.

PÂLE □ I. Au pr. : blafard, blanchâtre, blême, bleu, cadavérique, décoloré, étiolé, exsangue, hâve, incolore, livide, opalin, pâlot, plombé, terne, terreux, vert. II. Par ext. → *malade*.

PALEFRENIER □ Garçon d'écurie, lad, valet.

PALEFROI □ Cheval, coursier, destrier, monture.

PALETOT □ → *manteau.*

PALIER □ **I. Au pr. :** carré, étage, repos. **II. Par ext.** → *phase.*

PALINGÉNÉSIE □ → *renaissance.*

PALINODIE □ → *rétractation.*

PÂLIR □ → *blêmir.*

PALIS □ **I.** → *pieu.* **II.** → *clôture.*

PALISSADE □ → *clôture.*

PALLADIUM □ → *garantie.*

PALLIATIF □ → *remède.*

PALLIER □ **I.** → *cacher.* **II.** → *modérer.* **III.** → *pourvoir à.*

PALMIPÈDE □ **I.** Anatidé, fuligule. **II.** Albatros, canard, cormoran, cygne, fou, goéland, gorfou, macreuse, manchot, milouin, morillon, mouette, oie, pélican, pétrel, pilet, pingouin, sarcelle, sphénisque, sterne, tadorne, tourmentin.

PALOMBE □ → *colombin.*

PALPABLE □ **I.** → *sensible.* **II.** → *manifeste.*

PALPER □ → *toucher.*

PALPITANT, E □ → *intéressant.*

PALPITER □ → *trembler.*

PALUDIER, ÈRE □ Salinier, saunier.

PAMER (SE) □ **I. Au pr.** → *évanouir (s').* **II. Fig.** → *entousiasmer (s').*

PÂMOISON □ → *évanouissement.*

PAMPHLET □ **I.** → *satire.* **II.** → *libelle.*

PAMPHLÉTAIRE □ → *journaliste.*

PAMPLEMOUSSE □ → *agrume.*

PAN □ **I.** → *partie.* **II.** → *flanc.*

PANACÉE □ → *remède.*

PANACHAGE □ → *mélange.*

PANACHE □ **I.** → *plumet.* **II.** lustre. **III. Loc. 1. Faire panache** → culbuter. **2. Avoir du panache** allure.

PANACHÉ, E □ **I.** → *bariolé.* **II.** → *mêlé.*

PANACHER □ → *mêler.*

PANCARTE □ **I.** → *affiche.* **II.** → *écriteau.*

PANCRACE □ → *lutte.*

PANDÉMIQUE □ → *épidémique.*

PANÉGYRIQUE □ → *éloge.*

PANETIÈRE □ → *gibecière.*

PANIER □ **I. Le contenant :** banne, bannette, banneton, bourriche, cabas, cloyère, corbeille, corbillon, gabion, hotte, manne, mannequin, mannette, paneton, panière, tendelin. **II. Le contenu :** panerée. **III.** Crinoline, faux-cul, tournure, vertugadin. **IV. Loc. 1. Dessus du panier** → *choix.* **2. Panier à salade :** voiture cellulaire.

PANIQUE □ → *épouvante.*

PANIQUER □ → *trembler.*

PANNE □ **I. Au pr. :** barde, couenne, lard. **II.** Accident, accroc, arrêt, incident, interruption. **III.** → *poutre.* **IV. Loc. Mettre en panne** → *stopper.*

PANNEAU □ **I.** → *écriteau.* **II.** → *filet.*

PANORAMA □ → *vue.*

PANSE □ → *abdomen, bedaine.*

PANSEMENT □ Compresse.

PANSER □ → *soigner.*

PANTAGRUÉLIQUE □ → *abondant.*

PANTALON □ **I.** → *culotte.* **II.** → *pantin.*

PANTALONNADE □ **I.** → *fuite.* **II.** → *feinte.* **III.** → *subterfuge.*

PANTELANT, E □ **I.** → *essoufflé.* **II.** → *ému.*

PANTELER □ → *respirer.*

PANTIN □ **I. Au pr. :** arlequin, bamboche, burattino, clown, fantoche, guignol, jouet, joujou, mannequin, margotin, marionnette, pantalon, polichinelle, poupée, pupazzo. **II. Par ext. :** fantôme, girouette, rigolo, saltimbanque, sauteur, toton, toupie, zéro.

PANTOIS □ → *interdit.*

PANTOMIME □ **I.** → *mime.* **II.** → *geste.*

PANTOUFLARD, E □ **I.** → *sédentaire.* **II.** → *paisible.*

PANTOUFLE □ → *chausson.*

PAON □ **I. Au pr. :** oiseau de Junon. **II. fig.** → *orgueilleux.*

PAONNER □ Étaler, faire la roue, parader, se pavaner, poser.

PAPA □ **I.** → *père.* **II. Loc. 1. À la papa :** → *tranquille.* **2. À/de papa :** → *kitsch.*

PAPAL, E □ **Par ext. :** intégriste, papalin (péj.), papimane (péj.), papiste, ultramontain.

PAPE □ Chef de l'Église, évêque universel, pasteur suprême, Saint-Père, Sa Sainteté, serviteur des serviteurs du Christ, souverain pontife, successeur de saint Pierre, Très Saint-Père, vicaire de Jésus-Christ.

PAPELARD, E □ → *patelin.*

PAPELARDISE □ → *hypocrisie.*

PAPIER □ **I. Non favorable :** papelard, paperasse. **II. Par ext.** → *article.* **III. Loc. Papier-monnaie :** argent, billet, espèces, numéraire, ticket (arg.).

PAPILLONNER □ S'agiter, se débattre, se démener, flirter, folâtrer, marivauder, voler, voltiger.

PAPILLOTANT, E □ Agité, clignotant, flottant, instable, mobile, mouvant.

PAPILLOTE □ Bigoudi.

PAPILLOTER □ **I.** → *luire.* **II.** → *vaciller.* **III.** → *ciller.*

PAPOTAGE □ Bavardage, cancan,

caquetage, commérage, jasement, ragot, verbiage.

PAPOTER □ Babiller, bavarder, cancaner, caqueter, commérer, faire des commérages/ragots.

PAQUEBOT □ → *bateau.*

PAQUET □ **I. Au pr.** : balle, ballot, balluchon, barda, bouchon de linge, colis, pacson (arg.), paquetage, tapon. → *bagage.* **II. Fig. 1.** Masse, pile, quantité, tas. **2.** → *bêtise.* **III. Loc. 1.** *Mettre/risquer le paquet* : aller à fond, attaquer, faire le nécessaire, hasarder, risquer. **2.** *Faire son paquet* (fam.) → *mourir.* **3.** *Donner son paquet* → *humilier.*

PAQUETAGE □ → *bagage.*

PARABOLE □ Allégorie, apologue, fable, histoire, image, morale, récit, symbole.

PARACHEVER □ **I.** → *finir.* **II.** → *parfaire.*

PARACHUTER □ Droper, lâcher, larguer.

PARADE □ **I.** → *revue.* **II.** → *montre.* **III.** Argument, en-cas, esquive, feinte, garniture, moyen, précaution, prévention, protection, sécurité. **IV. Loc.** *Faire parade* → *parer (se).*

PARADER □ → *montrer (se).*

PARADIGME □ → *exemple.*

PARADIS □ **I. Au pr.** : Brahma-Loke, céleste séjour, champs Élysées, ciel, éden, élysée, Jérusalem céleste, monde meilleur, nirvâna, oasis, Olympe, sein de Dieu, Walhalla. **II. Par ext.** : balcon, dernières galeries, pigeonnier, poulailler.

PARADISIAQUE □ Bienheureux, céleste, délectable, divin, heureux, parfait.

PARADOXAL, E □ → *invraisemblable.*

PARADOXE □ Antiphrase, antithèse, bizarrerie, boutade, contradiction, contraire, contrevérité, énormité.

PARAGE □ **I.** → *lieu.* **II.** → *naissance.*

PARAGRAPHE □ → *partie.*

PARAÎTRE □ **I. Au pr.** : apparaître, s'avérer, avoir l'air/l'aspect, se manifester, marquer, se montrer, s'offrir, sembler, sentir, simuler, passer pour, percer, poindre, pointer, se présenter, surgir. **II. Par ext.** → *distinguer (se).* **III. Loc.** *Faire paraître* : éditer, publier.

PARALLÈLE □ **I. Adj.** → *semblable.* **II. Nom** → *rapprochement.*

PARALOGISME □ → *sophisme.*

PARALYSÉ, E □ n. et adj. **I.** → *engourdi.* **II.** → *paralytique.*

PARALYSER □ **I.** → *engourdir.* **II.** → *arrêter.* **III.** → *empêcher.* **IV.** → *pétrifier.*

PARALYSIE □ **I. Au pr.** : ankylose, catalepsie, hémiplégie, induration, insensibilisation, paraplégie, parésie. **II. Par ext.** : arrêt, blocage engourdissement, entrave immobilisme, neutralisation, obstruction, ralentissement, sclérose, stagnation.

PARALYTIQUE □ Estropié, grabataire, hémiplégique, impotent, infirme, paralysé, paraplégique, perclus.

PARANGON □ **I.** → *exemple.* **II.** → *modèle.*

PARAPET □ Abri, balustrade, garde-corps/fou, mur, muraille, muret, murette.

PARAPHE □ Apostille, griffe, seing (vx), signature, visa.

PARAPHRASE □ **I.** → *développement.* **II.** → *explication.*

PARAPHRASER □ Amplifier, commenter, développer, éclaircir, expliquer, gloser, imiter.

PARAPLUIE □ **I.** Boy, en-cas, en-tout-cas, tom-pouce. **II. Fam.** : pébroc, pépin, riflard.

PARASITE □ **I. Adj.** → *superflu.* **II. Nom masc.** : *1.* → *pou, vermine, ver. 2. Fig.* → *écornifleur, pillard, pique-assiette.* **III. Techn.** : artefact.

PARASOL □ Abri, en-cas, en-tout-cas, ombrelle.

PARATONNERRE □ **I.** Parafoudre. **II.** → *protection.*

PARAVENT □ **Fig.** : abri, bouclier, prétexte.

PARC □ **I.** → *jardin.* **II.** → *pâturage.* **III. Loc.** *Parc zoologique* : jardin d'acclimatation, ménagerie, zoo.

PARCELLAIRE □ Cadastre, plan.

PARCELLE □ **I.** → *morceau.* **II.** → *partie.*

PARCE QUE □ À cause que (fam.), attendu que, car, d'autant que, en effet, puisque, vu que.

PARCHEMIN □ **I.** → *diplôme.* **II.** → *titre.*

PARCHEMINÉ, E □ → *ridé.*

PARCIMONIE □ **I.** → *économie.* **II.** → *avarice.*

PARCIMONIEUX, EUSE □ **I. Favorable** → *économe.* **II. Non favorable** → *avare.*

PARCOURIR □ **I. Au pr.** : battre, couvrir, sillonner. **II. Par ext. 1.** → *lire. 2.* → *regarder.*

PARCOURS □ **I.** → *trajet.* **II.** → *pâturage.*

PARDESSUS □ → *manteau.*

PARDON □ **I.** Abolition (vx), absolution, acquittement, amnistie, grâce, indulgence, jubilé (relig.), miséricorde, oubli, remise, rémission. **II. 1.** → *fête. 2.* → *pèlerinage.* **III. Par ext.** → *excuse.*

PARDONNABLE □ → *excusable.*

PARDONNER □ **I.** → *excuser.* **II.** → *souffrir.* **III.** → *ménager.*

PAREIL, EILLE □ Adéquat, comparable, égal, équipollent, équipotent, équiprobable, équivalent, identique, jumeau, même, parallèle, semblable, synonyme, tel.

PAREMENT □ **I.** → *ornement.* **II.** → *revers.* **III.** → *surface.*

PARENT □ Agnat (jurid.), allié, ancêtre, apparenté, cognat (jurid.), collatéral, consanguin, cousin, dabe (fam.), frère, germain, mère, oncle, père, proche, procréateur, siens (les), tante, utérin.

PARENTÉ □ **I. Au pr.** : affinité, alliance, apparentement, consanguinité, famille, lignage, parentage (vx), parentèle (vx et péj.). **II. Par ext. 1.** Phratrie. **2.** → *rapport.*

PARENTHÈSE □ → *digression.*

PARER □ **I. On pare quelqu'un ou quelque chose** : adoniser, adorner, afistoler, apprêter, arranger, attifer, bichonner, embellir, endimancher, garnir, orner, pomponner, poupiner. **II. On pare un coup** : conjurer, détourner, esquiver, éviter, faire face à, obvier à, prévenir. **III. V. pron.** : **1.** Les formes pron. possibles des syn. de PARER. **2.** Faire étalage/montre/parade de.

PARÉSIE □ → *paralysie.*

PARESSE □ Fainéantise, indolence, inertie, laisser-aller, lenteur, lourdeur, mollesse, négligence, nonchalance, oisiveté. **Fam.** : cagne, cosse, flemme, rame.

PARESSER □ **I.** → *sommeiller.* **II.** → *traîner.* **III. Fam.** : coincer la bulle, couniller (rég.), glander, ne pas s'en faire, se la couler douce.

PARESSEUX, EUSE □ n. et adj. **I.** Aboulique, indolent, mou, négligent, nonchalant. **II. Fam.** : branleur, branlotin, bulleur, cagnard, clampin, cancre, cossard, fainéant, feignant, feignasse, flemmard, lézard, momie, musard, ramier, rossard, tire au cul/flanc. **III. Mammifère** : aï, unau.

PARFAIRE □ Arranger, châtier, ciseler, enjoliver, fignoler, finir, lécher, limer, parachever, peaufiner, perler, polir, raboter, raffiner, revoir, soigner.

PARFAIT, E □ **I. Adj.** : absolu, accompli, achevé, bien, complet, consommé, déterminé, excellent, extra, fameux, fieffé, fini, franc, hors ligne, idéal, impeccable, incomparable, inimitable, insurpassable, irréprochable, magistral, merveilleux, modèle, non pareil (vx), pommé, renforcé, réussi, royal, sacré, super (fam.), superfin, supérieur, surfin, très bien. → *bon.* **II. Adv.** → *oui.*

PARFOIS □ → *quelquefois.*

PARFUM □ **I. Substance** : aromate, baume, eau, essence, extrait, huile, nard, onguent. **II.** Arôme, bouquet, fumet, fragrance. → *odeur.*

PARFUMER □ **I. On parfume quelqu'un** : oindre. → *frictionner.* **II. Quelqu'un ou quelque chose parfume l'air** : aromatiser, dégager, embaumer, exhaler, fleurer, imprégner, répandre.

PARI □ Gageure, mise, risque.

PARIA □ **I.** → *misérable.* **II.** → *maudit.*

PARIER □ → *gager.*

PARIÉTAL, E □ Rupestre.

PARIEUR □ Joueur, turfiste.

PARITÉ □ **I.** → *égalité.* **II.** → *rapprochement.*

PARJURE □ → *infidèle.*

PARKING □ Garage, parc, parcage, stationnement.

PARLANT, E □ Bavard, éloquent, expressif, exubérant, loquace, vivant.

PARLEMENT □ Assemblée, chambre, représentation nationale.

PARLEMENTAIRE □ **I.** → *envoyé.* **II.** → *député.*

PARLEMENTER □ Agiter, argumenter, débattre, discuter, négocier, traiter.

PARLER □ **I. V. tr. On parle une langue. 1.** Neutre : employer, s'exprimer, pratiquer. **2.** Non favorable : bafouiller, baragouiner, écorcher, jargonner. **II. V. intr. 1. Au pr.** Avec des nuances fam. ou péj. : accoucher, articuler, bâiller, baratiner, baver, bêler, bonir, chevroter, débagouler, débiter, déblatérer, dégoiser, dire, giberner, graillonner, gueuler, jacter, jaser, jaspiner, murmurer, nasiller, proférer/prononcer des mots/paroles, rabâcher, radoter, soliloquer. **2. Par ext.** On parle avec quelqu'un ou en public : bavarder, causer, confabuler, conférer, consulter, converser, déclamer, deviser, dialoguer, discourir, discuter, s'entretenir, s'expliquer, haranguer, improviser, pérorer (péj.), porter/prendre la parole. **III. Loc. 1. Parler de** : faire allusion à, toucher à, traiter de. **2. Parler pour** → *intervenir.* **IV. Nom. 1.** → *langue.* **2.** → *parole.*

PARLEUR □ Baratineur (fam.), causeur, discoureur, diseur, harangueur, jaseur, loquace, orateur, péroreur, phraseur (péj.), pie (péj.), prolixe, verbeux.

PARLOTE □ → *conversation.*

PARMI □ Au milieu de, dans, de, entre.

PARODIE □ À la manière de, caricature, charge, glose, imitation, pastiche, travestissement.

PARODIER □ Caricaturer, charger, contrefaire, imiter, pasticher, travestir.

PARODISTE □ → *imitateur.*

PAROI □ Bajoyer, claustra, cloison, éponte, face, galandage, galandis, mur, muraille, séparation.

PAROISSE □ Circonscription, commune, église, feux, hameau, village.

PAROISSIEN, ENNE □ **I. Quelqu'un. 1. *Neutre* :** fidèle, ouaille. **2. *Non favorable* →** *type.* **II.** Eucologe, livre d'heures/de messe/de prières, missel.

PAROLE □ **I.** Apophtegme, assurance, circonlocution, compliment, discours, élocution, éloquence, engagement, expression, grossièreté, injure, jactance, langage, mot, outrage, parabole, parler, promesse, propos, sentence, verbe, voix. → *foi.* **II. Loc. 1. *Donner sa parole →*** *promettre.* **2. *Porter/prendre la parole →*** *parler.*

PAROLIER □ Auteur, chansonnier, librettiste, poète.

PARONYME □ Doublet, homonyme.

PAROXYSME □ Accès, au plus fort, comble, crise, exacerbation, maximum, recrudescence, redoublement, sommet, summum.

PARPAILLOT, OTE □ n. et adj. **I. Au pr.** (péj.) : calviniste, protestant. **II. Par ext. :** agnostique, anticlérical, athée, impie, incrédule, incroyant, indifférent, infidèle, irréligieux, mécréant, non pratiquant.

PARPAING □ Aggloméré, bloc, brique, hourdis, moellon, pierre.

PARQUER □ → *enfermer.*

PARQUET □ **I.** → *tribunal.* **II.** → *plancher.*

PARRAIN □ **I. Au pr. :** compère, témoin, tuteur. **II. Par ext. :** caution, garant, introducteur.

PARRAINAGE □ Auspice, caution, garantie, patronage, protection, tutelle.

PARRAINER □ → *appuyer.*

PARSEMÉ, E □ → *semé.*

PARSEMER □ **I.** → *semer.* **II.** → *recouvrir.*

PART □ **I. Au pr. 1.** Contingent, lot, lotisssement, partage, prorata, quotité. **Arg. :** fade, pied, taf. **2.** → *partie.* **3.** → *portion.* **4.** → *lieu.* **II. Loc. 1. À part →** *excepté.* **2. D'autre part →** *plus (de).* **3. Faire part →** *informer.* **4. Avoir/prendre part →** *participer.*

PARTAGE □ **I.** → *distribution.* **II.** → *part.*

PARTAGÉ, E □ **I. Par ext. :** commun, mutuel, réciproque. **II. Fig. :** brisé, déchiré, divisé, écartelé.

PARTAGEABLE □ Secable *et les dérivés possibles de →* *partager.*

PARTAGER □ **I. Au pr. :** attribuer, couper, débiter, découper, dédou-

bler, démembrer, départager, départir, dépecer, dispenser, distribuer, diviser, donner, fractionner, fragmenter, lotir, morceler, partir (vx), scinder, sectionner, séparer, subdiviser. **II. Fig. :** aider, associer, communiquer, compatir, entrer dans les peines/les soucis, épouser, éprouver, mettre en commun, participer, prendre part.

PARTANCE □ Appareillage, départ, embarquement, sous pression.

PARTANT □ Ainsi, donc, en conséquence, par conséquent.

PARTENAIRE □ Acolyte, adjoint, affidé, aide, allié, alter ego, ami, associé, coéquipier, collègue, compagnon, complice (péj.), copain (fam.), correspondant, équipier, joueur, second.

PARTERRE □ **I.** Corbeille, massif, pelouse, planche, plate-bande. **II.** → *public.*

PARTI □ **I.** Brigue, cabale, camp, clan, coalition, faction, faisceau, groupe, ligue, phalange, rassemblement, secte. **II.** → *intrigue.* **III.** → *troupe.* **IV.** → *résolution.* **V.** → *profit.* **VI.** → *profession.* **VII.** → *fiancé.*

PARTIAL, E □ Abusif, arbitraire, déloyal, faux, illégal, illégitime, influencé, injuste, irrégulier, partisan, passionné, préconcu, prévenu, scélérat, tendancieux.

PARTIALITÉ □ Abus, arbitraire, déloyauté, injustice, irrégularité, parti pris, préférence, préjugé, prévention, scélératesse.

PARTICIPANT, E □ **I.** → *adhérent.* **II.** → *concurrent.*

PARTICIPATION □ **I. L'acte :** adhésion, aide, appui, collaboration, complicité (péj.), concours, connivence, contribution, coopération, engagement, part, partage, soutien. **II. L'objet :** apport, commandite, contribution, mise de fonds, part, souscription. **III. Par ext. :** actionnariat. **IV.** → *quota.*

PARTICIPER □ **I. On participe à :** adhérer, aider, apporter, appuyer, assister, s'associer, avoir intérêt/part, collaborer, concourir, contribuer, coopérer, encourager, s'engager, entrer dans la danse (fam.)/le jeu, être de, être complice/de connivence (péj.), être intéressé, figurer, fournir, s'immiscer, se joindre, se mêler, se mettre de la partie, partager, prendre part, soutenir, tremper dans (péj.). **II. On participe de :** tenir.

PARTICULARISÉ, E □ Circonstancié, défini, détaillé, déterminé, distingué, fixé, individualisé, singularisé, spécialisé, spécifié.

PARTICULARISER □ → *fixer.*

PARTICULARISME □ Attitude, coutume, originalité, propriété. → *particularité.*

PARTICULARITÉ □ Anecdote, anomalie, attribut, caractéristique, circonstance, différence, exception, individualité, modalité, particularisme, propre, propriété, spécialité, trait.

PARTICULE □ **I.** Atome, corpuscule, molécule, poudre, poussière. **II. Gram. :** affixe, mot, préfixe, suffixe.

PARTICULIER, ÈRE □ **I. Adj. 1.** Caractéristique, distinct, distinctif, extraordinaire, original, propre à, remarquable, singulier, spécial. **2.** → *individuel.* **II. Nom :** individu, unité. → *homme.* **III. Loc. 1. En particulier** → *particulièrement.* **2. Cas particulier :** circonstance. **3. Point particulier :** précis.

PARTICULIÈREMENT □ Éminemment, en particulier, notamment, principalement, singulièrement, spécialement, surtout.

PARTIE □ **I. Au pr. :** bout, branche, bribe, compartiment, composant, côté, division, élément, embranchement, fraction, membre, morceau, pan, parcelle, part, particule, pièce, portion, rameau, ramification, secteur, subdivision, tranche, tronçon. **II. D'une œuvre :** acte, alinéa, article, chant, chapitre, division, époque, morceau, mouvement (mus.), paragraphe, passage, point, scène, section, titre. **III.** → *divertissement.* **IV.** → *rencontre.* **V.** → *profession.* **VI.** → *qualité.* **VII.** → *plaideur.* **VIII. Au pl.** → *sexe.*

PARTIEL, ELLE □ Fragmentaire, incomplet, relatif, sectoriel.

PARTI PRIS □ → *préjugé.*

PARTIR □ **I. Au pr. :** abandonner, s'en aller, battre en retraite, brûler la politesse (péj.), changer de place, décamper, se défiler, déguerpir, déloger, démarrer, se dérober, détaler, disparaître, s'ébranler, s'échapper, s'éclipser, s'éloigner, émigrer, s'expatrier, ficher/foutre (grossier) le camp, filer, fuir, gagner/prendre le large/la porte/la sortie, prendre congé/ses jambes à son cou/le large/la porte, se réfugier, se retirer, s'en retourner, se sauver, se séparer. **Fam. :** se barrer/caleter/carapater/casser/cavaler/débiner, débarrasser le plancher, décaniller, déhaler, déhotter, déménager, démurger, dérober, dévisser, s'esbigner, se faire la levure/la malle/la valise, filer à l'anglaise, filocher, galérer, jouer les filles de l'air/rip, mettre les adjas/les bouts/les loubés/les voiles, natchaver, prendre la poudre d'escampette/ses cliques et ses claques, riper, se tailler/tirer/trisser/trotter, tirer sa révérence. **II.** → *sortir.* **III.** → *commencer.* **IV.** → *partager.*

PARTISAN, E □ **I. Adj.** → *partial.* **II. Nom. 1.** Adepte, adhérent, affidé, affilié, allié, ami, disciple, fanatique (péj.), féal, fidèle, homme lige, militant, propagandiste, prosélyte, recrue, satellite, sectateur, séide, séquelle (péj.), siens (les), supporter, suppôt (péj.). **2.** → *résistant.*

PARTOUT □ Urbi et orbi.

PARTURITION □ → *gésine.*

PARURE □ **I.** → *ajustement.* **II.** → *ornement.*

PARVENIR □ **I.** → *arriver.* **II.** → *venir.* **III. Fig.** → *réussir.*

PARVENU, E □ n. et adj. Agioteur, arriviste, figaro, homme arrivé/nouveau, nouveau riche, rasta, rastaquouère.

PARVIS □ Façade. → *place.*

PAS □ **I. Nom. 1. Par ext. :** enjambée, foulée, marche. **2. Du cheval :** appui. **3.** → *trace.* **4.** → *passage.* **5.** → *défilé.* **6.** → *détroit.* **7.** → *seuil.* **8. Fig. :** avance, essai, étape, jalon, progrès. **II. Loc. 1. Avoir/prendre le pas sur :** avantage, droit, préséance. **2. Faux pas :** chute, écart, erreur, faiblesse, faute, glissade. **3. Pas de clerc** → *bêtise.* **III. Adv. :** aucunement, goutte (vx), mie (vx), mot, point, rien.

PASQUIN □ → *bouffon.*

PASSABLE □ Acceptable, admissible, assez bien/bon, correct, médiocre, mettable, moyen, possible, potable, suffisant, supportable.

PASSADE □ Amourette, aventure, béguin, caprice, fantaisie, flirt, galanterie, liaison, passionnette.

PASSAGE □ **I. Au pr. : 1.** Allée, artère, avenue, chemin, rue, traboule, venelle, voie. **2.** Chenal, détroit, embouquement, goulot, gué, isthme, passe. **3.** Col, gorge, pas, port, seuil, trouée. **4.** Corridor, couloir, dégagement, galerie, lieu, ouverture. **5. Vén. :** passée. **6.** Boyau, communication. **II. Fig. :** circonstance, conjoncture, moment, passe. **III.** Alinéa, endroit, extrait, fragment, morceau, page, paragraphe, strophe. **IV.** → *transition.*

PASSAGER, ÈRE □ **I. Adj. :** court, de courte durée, éphémère, fragile, fugitif, fuyard, incertain, intérimaire, momentané, précaire, provisoire, temporaire, transitoire. **II. Nom** → *voyageur.*

PASSANT, E □ **I. Nom :** flâneur, promeneur. **II. Adj. :** fréquenté, passager.

PASSAVANT, PASSE □ Acquit-à-caution, passe-debout, laissez-passer, octroi, permis.

PASSE □ **I. N. m. :** → *passe-partout.* **II. N. f.** → *passage, défilé.* **III. Loc.**

Être en passe de : état, position, situation, sur le point.

PASSÉ □ **I. Nom :** histoire, temps anciens/révolus, tradition. → *autrefois.* **II. Prép. :** après, au-delà de. **III. Adj. 1.** Accompli, ancien, antécédent, défunt, mort, révolu. **2.** Abîmé, altéré, amorti, avachi, décoloré, déformé, défraîchi, délabré, délavé, démodé, désuet, esquinté, fané, fatigué, flétri, gâté, pâli, pisseux, ridé, séché, terni, usagé, usé, vieilli, vieux.

PASSE-DROIT □ **I.** → *privilège.* **II.** → *injustice.*

PASSÉISTE □ → *réactionnaire.*

PASSEMENT, PASSEMENTERIE □ Agrément, aiguillette, brandebourg, broderie, chamarrure, chenille, cordon, cordonnet, crépine, crête, croquet, dentelle, dragonne, embrasse, épaulette, feston, filet, frange, galon, ganse, garniture, gland, gros-grain, guipure, houppe, lézarde, macramé, pampille, passepoil, picot, résille, ruban, rufflette, soutache, torsade, tresse.

PASSE-PARTOUT □ **I. Arg. :** carouble, oiseau, rossignol. → *clef.* **II.** Scie.

PASSE-PASSE □ **I. Au pr. :** attrape, escamotage, ficelle, fourberie, illusion, magie, tour, tromperie, truc. **II. Par ext.** → *combine.*

PASSEPORT □ Autorisation, laissez-passer, sauf-conduit, visa.

PASSER □ **I. V. intr. 1. Au pr. :** aller, changer, circuler, courir, défiler, dépasser, disparaître, se dissiper, s'écouler, s'effacer, s'enfuir, s'envoler, s'évanouir, s'évaporer, évoluer, fuir, marcher, se rendre à. **2. Fig. :** accepter, cacher, concéder, couler/glisser sur, écarter, excuser, négliger, omettre, pardonner, permettre, taire, tolérer. **3. Par ext.** → *mourir et les formes pron. possibles des syn. de* FLÉTRIR. **4. En passer par** → *soumettre (se).* **II. V. tr. 1. Au pr. :** enjamber, escalader, franchir, sauter, traverser. **2. Fig. :** cribler, filtrer, tamiser. **III. Loc. 1. Passer le temps/la vie :** consumer, couler, employer, gaspiller (péj.), occuper, perdre (péj.), traîner (péj.). **2. Passer un examen :** subir. **3. Passer un mot :** laisser, omettre, oublier, sauter. **4. Passer les limites :** combler, exagérer, excéder, outrepasser, outrer. **5. Passer l'entendement** → *surprendre.* **6. Faire passer :** acheminer, convoyer, donner, faire parvenir, remettre, transiter, transmettre, transporter. **7. Passer un vêtement :** enfiler, mettre. **8. Passer une maladie :** amener, communiquer. **9. Passer par les armes** → *fusiller.* **IV. V. pron. : 1.** Advenir, arriver, avoir lieu, se dérouler, s'écouler, se produire. **2. Les formes pron. possibles des syn. de**

PASSER. 3. On se passe de quelque chose : s'abstenir, se dispenser de, éviter, se garder de, s'interdire de, négliger de, se priver de, se refuser à, renoncer à, se retenir de.

PASSEREAU □ Accenteur, alouette, becfigue, bec-fin, bergeronnette, bouvreuil, bruant, calao, chardonneret, colibri, corbeau, corneille, cotinga, engoulevent, étourneau, farlouse, fauvette, fourmilier, fournier, geai, gobe-mouche, grimpereau, griset, grive, gros-bec, hirondelle, jacamar, jaseur, linot, linotte, loriot, mainate, martinet, ménure, merle, mésange, moineau, momot, moucherolle, ortolan, paradisier, passeriforme, passerine, pie, pie-grièche, pinson, pipit, proyer, quiscale, rémiz, roitelet, rossignol, rouge-gorge, rouge-queue, rousserole, rubiette, salangane, sansonnet, séleucide, sirli, sittelle, tarin, tête-chèvre, tisserin, traîne-buisson, traquet, troglodyte, troupiale, tyran, verdier.

PASSERELLE □ → *pont.*

PASSE-TEMPS □ Agrément, amusement, délassement, distraction, divertissement, jeu, occupation, plaisir, récréation.

PASSEUR □ → *batelier.*

PASSIBLE □ → *susceptible.*

PASSIF □ **I. N. m. :** perte. **II. Adj.** → *inerte.*

PASSIM □ Çà et là, en différents endroits, par-ci par-là.

PASSION □ **I. Neutre ou favorable :** admiration, adoration, adulation, affection, amour, appétit, ardeur, béguin, chaleur, culte, élan, emballement, enthousiasme, flamme, goût, inclination, passade, penchant, sentiment, trouble, vénération. **II. Non favorable :** ambition, avarice, avidité, caprice, convoitise, délire, désir, éréthisme, exaltation, excitation, emportement, ensorcellement, envoûtement, faible, fanatisme, fièvre, folie, frénésie, fureur, furie, habitude, haine, maladie, manie, rage, tarentule, ver rongeur, vice. **III. Litt. :** animation, chaleur, émotion, feu, flamme, lyrisme, pathétique, sensibilité, vie.

PASSIONNANT, E □ Affolant, attachant, beau, brûlant, captivant, délirant, dramatique, électrisant, émouvant, empoignant, enivrant, enthousiasmant, excitant, intéressant.

PASSIONNÉ, E □ → *enthousiaste.*

PASSIONNÉMENT □ Beaucoup, follement, à la folie/fureur, furieusement.

PASSIONNER □ Animer, attacher, captiver, électriser, empoigner, enfiévrer, enflammer, enivrer, enthousiasmer, exalter, exciter, intéresser.

V. pron. : aimer, s'emballer, s'embraser, s'enflammer, s'engouer, s'enivrer, s'enticher, s'éprendre, prendre feu, raffoler.

PASSIVITÉ □ → *inaction.*

PASSOIRE □ Couloire, crible, filtre, passe-thé, tamis.

PASTÈQUE □ Melon d'eau/d'Espagne, pépon, péponide.

PASTEUR □ I. → *berger.* II. → *prêtre.*

PASTEURISATION □ Aseptisation, stérilisation, upérisation.

PASTEURISER □ Aseptiser, stériliser.

PASTICHE □ I. → *imitation.* II. → *parodie.*

PASTICHER □ → *imiter.*

PASTILLE □ Bonbon, boule, cachet, comprimé, gélule, tablette.

PASTORAL, E □ Bucolique, champêtre, paysan, rural, rustique.

PASTORALE □ Bergerette, bergerie, bucolique, églogue, idylle, moutonnerie (péj.), pastourelle.

PASTOUREAU □ → *berger.*

PATACHE □ I. → *coche.* II. → *voiture.*

PATAQUÈS □ → *lapsus.*

PATATE □ I. Pomme de terre. II. **Loc.** (fam.). *En avoir gros sur la patate :* sur le cœur/l'estomac.

PATATRAS □ Pan, patapouf, vlan.

PATAUD, E □ → *gauche.*

PATAUGER □ I. **Au pr.** : barboter, s'enliser, gadouiller, patouiller, patrouiller, piétiner. II. **Fig.** S'embarrasser, s'embrouiller, s'empêtrer, nager, se perdre.

PÂTE □ I. **Par ext.** : barbotine, bouillie, colle, mortier. II. **Au pl.** : caneloni, cheveux d'ange, coquillettes, langues d'oiseau, lasagne, macaroni, nouilles, ravioli, spaghetti, tagliatelle, tortelloni, vermicelle.

PÂTÉ □ I. → *tache.* II. Amas, assemblage, ensemble, groupe, îlot. III. **Cuis.** : bôuchée à la reine, croustade, friand, godiveau, hachis, mousse de foie, rissole, terrine, tourte, vol-au-vent.

PÂTÉE □ → *nourriture.*

PATELIN, INE □ Archipatelin, benoît, bonhomme, chafouin, chattemite, doucereux, faux, flatteur, insinuant, mielleux, onctueux, papelard, patelineur, patte-pelu, peloteur, rusé, saint-nitouche, tartufe, trompeur. → *hypocrite.*

PATELIN □ I. → *village.* II. → *pays.*

PATELINAGE □ I. → *fausseté.* II. → *hypocrisie.*

PATELINER □ → *amadouer.*

PATENÔTRE □ Chapelet, oraison dominicale, pater, pater noster, prière.

PATENT, E □ → *manifeste.*

PATENTE □ I. Autorisation, brevet, commission, diplôme, lettres patentes, licence. II. Contribution, impôt.

PATENTÉ, E □ → *attitré.*

PATÈRE □ Crochet, portemanteau.

PATERNE □ → *doucereux.*

PATERNEL, ELLE □ → *tutélaire.*

PÂTEUX, EUSE □ I. → *épais.* II. → *embarrassé.*

PATHÉTIQUE □ I. **Adj.** → *émouvant.* II. **N. m.** : éloquence, émotion pathos.

PATHOLOGIQUE □ Maladif, morbide.

PATHOS □ I. → *éloquence.* II. → *galimatias.*

PATIBULAIRE □ → *inquiétant.*

PATIEMMENT □ Avec → *patience,* pas à pas, petit à petit, *et les adv. en* -ment *dérivés des syn. de* PATIENT.

PATIENCE □ I. Calme, constance, courage, douceur, endurance, flegme, indulgence, lenteur, longanimité, longueur de temps, persévérance, persistance, résignation, sang-froid, tranquillité. II. Réussite, tour de cartes.

PATIENT, E □ I. **Adj.** : bouleux (équit.), calme, constant, débonnaire, doux, endurant, flegmatique, indulgent, inlassable, longanime, persévérant, résigné. II. **Nom** : client, malade, sujet.

PATIENTER □ → *attendre.*

PATIN □ Raquette, semelle, socque.

PATINE □ I. **Au pr.** : concrétion, crasse, croûte, dépôt, oxydation, vert-de-gris. II. **Par ext.** : ancienneté, antiquité, marque.

PATINETTE □ Trottinette.

PÂTIR □ → *souffrir.*

PÂTIS □ Friche, herbage, lande, pacage, pâquis, parc, parcours. → *pâturage.*

PÂTISSERIE □ I. Biscuiterie, confiserie, salon de thé. II. Allumette, baba, barquette bavaroise, beignet, biscuit, bouchée, bretzel, brioche, cake, casse-museau, chanoinesse, chausson, chou à la crème, coque, cornet, cramique, craquelin, croissant, croquembouche, croquignole, dariole, dartois, dessert, éclair, far, feuilletage, feuilleté, flan, frangipane, galette, gâteau, gaufre, gimblette, gosette, macaron, madeleine, marquise, meringue, merveille, mille-feuille, moka, oublie, pain d'épices, paris-brest, petit four, pièce montée, plaisir, profiterole, raton, religieuse, saint-honoré, savarin, talmouse, tarte, tartelette, vitelot.

PÂTISSIER, ÈRE □ Confiseur, mitron, patronnet, traiteur.

PÂTISSON □ Artichaut de Jérusalem, bonnet de prêtre, courge.

PATOIS □ → *langue*.

PATOUILLER □ → *patauger, manier*.

PÂTOUR □ → *berger*.

PATRAQUE □ → *malade*.

PÂTRE □ → *berger*.

PATRIARCAL, E □ Ancestral, ancien, antique, familial, paternel, simple, traditionnel, vertueux.

PATRIARCHE □ → *vieillard*.

PATRICIEN ENNE □ n. et adj. → *noble*.

PATRIE □ Cité, communauté, État, nation, pays.

PATRIMOINE □ Apanage, bien, domaine, fortune, héritage, legs, propriété, succession.

PATRIOTE □ **I.** Civique, militariste, nationaliste, patriotique. **II. Péj.** : chauvin, cocardier, patriotard.

PATRIOTISME □ **I.** Civisme, militarisme, nationalisme. **II. Péj.** : chauvinisme, cocorico, esprit de clocher.

PATRISTIQUE □ Patrologie.

PATRON, ONNE □ **I. Au pr.** : boss, bourgeois, directeur, employeur, maître, négrier (péj.), singe (péj.). **II. Par ext. 1.** → *protecteur*. **2.** → *chef*.

PATRON □ → *modèle*.

PATRONAGE □ **I.** Appui, auspice, égide, invocation, parrainage, protection, recommandation, secours, support, vocable. **II.** Club, garderie, gymnase.

PATRONNER □ **I.** → *introduire*. **II.** → *protéger*.

PATROUILLER □ **I.** → *patauger*. **II.** Exercer une surveillance, parcourir, surveiller.

PATTE □ **I. Au pr.** : jambe, pied, pince, serre. **II. Par ext. 1.** → *main*. **2.** → *habileté*. **III. Loc. Patte-d'oie 1.** → *carrefour*. **2.** → *ride*.

PÂTURAGE □ Alpage, champ, champeau, corral, embouche, enclos, friche, gagnage, herbage, kraal, lande, pacage, pâquis, parc, parcours, pasquier, passage, pâtis, pâture, prairie, pré, viandis (vén).

PÂTURE □ **I.** → *nourriture*. **II.** → *pâturage*.

PÂTURER □ v. intr. et tr. → *paître*.

PAUMÉ, E □ → *inadapté*.

PAUMER □ → *perdre*.

PAUPÉRISME □ Appauvrissement, dénuement, manque, misère. → *pauvreté*.

PAUSE □ **I. Au pr.** : abattement, arrêt, entracte, halte, interclasse, interruption, intervalle, mi-temps, récréation, suspension. **II. Par ext. 1.** → *repos*. **2.** → *silence*.

PAUVRE □ adj. et n. **I. Au pr.**

Quelqu'un : appauvri, besogneux, clochard, crève-la-faim, démuni, déshérité, disetteux (vx), économiquement faible, famélique, fauché, gêné, gueux, humble, impécunieux, indigent, loqueteux, malheureux, marmiteux, mendiant, mendigot, meurt-de-faim, misérable, miséreux, nécessiteux, nu, panné, pouilleux, prolétaire, purée, purotin, sans-le-sou, traîne-misère/savates/semelles, va-nu-pieds. **II. Par ext. 1. Un événement** : déplorable, malheureux, pitoyable. **2. Un sol** : aride, chétif, ingrat, maigre, modeste, sec, stérile. **3. Un aspect** : anémié, carencé, congru, décharné, dénué, dépourvu, maigre, mesquin, minable, miteux, nu, privé, râpé, rikiki (fam.), sec, squelettique. **III. Loc. 1. Pauvre d'esprit** → *simple*. **2. Pauvre diable/drille/hère/type** → *misérable*.

PAUVRETÉ □ **I. Au pr. De quelqu'un** : besoin, carence, crotte (fam.), débine (fam.), dèche, défaut, dénuement, détresse, disette, embarras, gêne, gueuserie (péj.), impécuniosité, indigence, malheur, manque, mésaise (vx), misère, mistoufle, mouise, mouscaille, nécessité, panade, panne, paupérisme, pénurie, pétrin, pouillerie (péj.), privation, purée (fam.), ruine. **II. Par ext. 1.** Anémie, aridité, défaut, disette, faiblesse, maigreur, manque, médiocrité, pénurie, stérilité. **2.** Banalité, platitude, sécheresse.

PAVAGE et **PAVEMENT** □ → *pavé*.

PAVANER (SE) □ Faire le beau/de l'épate (fam.)/la roue, se montrer, se panader, paonner, parader, poser, se rengorger.

PAVÉ □ **I. Au pr.** : carreau, dalle, galet, pierre. **II. Par ext. 1.** Assemblage de pierres, carrelage, dallage, pavage, pavement, pichat (rég. et partic.), revêtement, rudération (partic.) **2.** → *rue*. **3.** → *route*.

PAVER □ Carreler, couvrir, daller, recouvrir, revêtir.

PAVILLON □ **I.** → *drapeau*. **II.** → *tente*. **III.** Abri, aile, belvédère, bungalow, chalet, chartreuse, cottage, fermette, folie, gloriette, habitation, kiosque, maison, muette, rotonde, villa.

PAVOISER □ **I.** → *orner*. **II.** → *réjouir (se)*.

PAVOT □ Coquelicot, œillette, olivette.

PAYANT, E □ **I.** Coûteux, onéreux, pécuniaire. **II.** Avantageux, fructueux, juteux (fam.), profitable, valable.

PAYE ou **PAIE** □ **I.** → *paiement*. **II.** → *rétribution*.

PAYEMENT □ → *paiement*.

PAYER □ **I. On donne à quelqu'un**

une valeur en espèces ou en nature.
1. Favorable ou neutre : appointer, arroser (fam.), contenter, défrayer, désintéresser, indemniser, récompenser, rembourser, rémunérer, rétribuer, satisfaire. **2. Non favorable :** acheter, arroser, corrompre, soudoyer, stipendier. **II. On paie une somme :** acquitter, avancer, compter, débourser, décaisser, dépenser, donner, financer, se libérer, liquider, mandater, ordonnancer, régler, remettre, solder, souscrire, verser. **Arg. ou fam. :** aligner, allonger, banquer, bourser, carmer, casquer, cigler, cracher, se déboutonner, décher, dépocher, douiller, éclairer, fader, se fendre, les lâcher, passer au refile, raquer. **III. Par ext. :** faire un cadeau, offrir, régaler. **IV. Fig. 1.** → récompenser. **2.** → punir. **V. v. pron. : 1.** → offrir (s'). **2.** → contenter (se).

PAYEUR □ Comptable, trésorier.

PAYS □ **I. Au pr. :** bled (fam.), bord, bourg, bourgade, campagne, ciel, cité, climat, clocher (fam.), coin, commune, contrée, cru, empire, endroit, État, foyer, lieu, nation, origine, parage, paroisse, patelin (fam.), patrie, peuple, plage, province, région, république, rivage, royaume, sol, territoire, terroir, trou (fam. et péj.), zone. → terre. **II. Par ext. :** compatriote, concitoyen.

PAYSAGE □ **I. Au pr. :** campagne, décor, site, vue. **II.** Bergerie, bucolique, peinture/scène champêtre/pastorale/rustique, verdure.

PAYSAGISTE □ → jardiniste.

PAYSAN, ANNE □ **I. Nom. 1. Neutre :** agriculteur, campagnard, cultivateur, contadin (vx), éleveur, fellah, fermier, homme de la campagne/des champs, jacques (vx), koulak, laboureur, manant (vx), moujik, rural, terrien, vilain (vx), villageois. **2. Non favorable ou argot :** bellure, bouseux, cambrousard, cambrousier, croquant, cul-terreux, glaiseux, pécore, pedzouille, peigne-cul, péquenot, péquenouille, pétrousquin, pignouf, plouc, ploum, rustaud, rustre. **II. Adj. :** agreste, campagnard, frugal, fruste, grossier, rural, rustique, simple, terrien.

PÉAN □ → hymne.

PEAU □ **I. Au pr. 1.** Derme, épiderme, tégument. **2.** Couenne, croupon, cuir. **3.** Écorce, épicarpe, pellicule, pelure, zeste. **II. Par ext. :** agnelin, basane, bisquain, chagrin, chamois, chevreau, chevrotin, cosse, crocodile, fourrure, galuchat, lézard, maroquin, parchemin, pécari, porc, serpent, vélin, velot.

PECCADILLE □ → faute.

PÊCHE □ Halieutique. → poisson.

PÉCHÉ □ **I. Au pr. :** avarice, colère, envie, gourmandise, luxure, orgueil, paresse. **II. Par ext. :** attentat, chute, coulpe (vx), crime, errement, faute, impénitence, imperfection, impiété, impureté, mal, manquement, offense, peccadille, sacrilège, scandale, souillure, stupre, tache, transgression, vice.

PÉCHER □ Broncher (fam.), chuter, clocher (fam.), commettre une faute/ un péché, faillir, manquer, offenser, tomber.

PÊCHER □ Fig. → trouver.

PÉCHEUR, ERESSE □ → coupable.

PÊCHEUR, EUSE □ Marin, morutier, sardinier, terre-neuvas.

PÉCORE □ **I. Au pr. :** animal, bête, cheptel vif. **II. Fig.** (péj.) : chipie, oie, outarde, pecque, péronnelle, pie-grièche, pimbêche, pintade. → bête.

PÉCULAT □ → malversation.

PÉCULE □ → économie.

PÉCUNIEUX, EUSE □ → riche.

PÉDAGOGIE □ → instruction.

PÉDAGOGIQUE □ Didactique, éducateur, formateur, scolaire.

PÉDAGOGUE □ **I. Au pr.** → maître. **II. Péj.** → pédant.

PÉDALE □ **I. Au pr. :** levier, manivelle, palonnier, pédalier. **II. Loc.** → **Perdre les pédales :** esprit, fil, moyens, sang-froid. **III.** Cyclisme. **IV.** → uranien.

PÉDANT, E □ **I. Nom. :** baderne, basbleu, bel esprit, bonze, censeur, cuistre, fat, faux savant, grammatiste, grimaud, magister, pédagogue, pion, pontife, poseur, régent, savantasse. **II. Adj. :** affecté, dogmatique, fat, magistral, pédantesque, pontifiant, poseur, solennel, sot, suffisant. → ridicule.

PÉDANTISME □ Affectation, cuistrerie, dogmatisme, fatuité, pédanterie, pose, sottise, suffisance. → prétention.

PÉDÉRASTE □ → uranien.

PÉDÉRASTIE □ → homosexualité.

PÉDICULE □ Pédoncule, pied, queue, stipe, tige.

PÈGRE □ → populace.

PEIGNE □ **I.** Crasseux (arg.), démêloir. **II.** Drège.

PEIGNER □ **I.** Arranger, brosser, coiffer, démêler, testonner (vx). **II.** Carder, houpper. **III. Fig.** → soigner. **IV. V. pron. : 1. Au pr. :** les formes pron. possibles des syn. de PEIGNER. **2. Fig.** → battre (se).

PEINDRE □ **I. Un tableau. 1. Neutre :** brosser, camper, croquer, exécuter une peinture et les syn. de PEINTURE, figurer, peinturer, pignocher, pocher, portraire, portraiturer, représenter. **2.** Armorier, blasonner, enluminer, historier, ornementer, orner. **3. Non favorable :** barbouiller, barioler, peinturlurer, torcher. **II. Une surface quelconque :** badigeonner, bronzer, graniter, laquer, repeindre, ripoliner, vernir. **III. Fig. 1.** Non favorable : farder, maquiller, travestir. **2. Neutre :** conter, décrire, dépeindre, dessiner, exprimer, faire apparaître/voir, montrer, raconter, représenter, traduire. **IV. V. pron.** → *montrer (se).*

PEINE ☐ **I.** Châtiment, condamnation, correction, expiation, pénalité, punition, sanction, supplice. **II.** Chagrin, collier de misère, crève-cœur, croix, déplaisir, difficulté, douleur, embarras, épreuve, mal, malheur, souci, souffrance, tourment, tracas. **III.** Abattement, affliction, agonie (vx), amertume, angoisse, anxiété, désolation, détresse, douleur, ennui (vx), gêne, inquiétude, malheur, misère, tristesse. **IV.** Ahan (vx), effort, labeur, tâche, travail, tribulation. **V. Relig. :** dam, damnation, enfer, pénitence, purgatoire. **VI. Loc. À/sous peine de :** astreinte, contrainte, menace, obligation.

PEINER ☐ **I. V. tr. :** affecter, affliger, attrister, chagriner, déplaire, désobliger, fâcher, meurtrir. **II. V. intr. :** s'appliquer, besogner, s'efforcer, s'évertuer, se fatiguer, gémir, souquer, trimer.

PEINTRE ☐ **I. En bâtiment :** badigeonneur. **II.** Animalier, aquarelliste, artiste, enlumineur, fresquiste, miniaturiste, orientaliste, pastelliste, paysagiste, portraitiste, rapin (fam.). **III. Péj. :** barbouilleur, pompier. **IV.** Classique, cubiste, expressionniste, fauviste, impressionniste, intimiste, nabi, naïf, naturaliste, non-figuratif, pointilliste, préraphaélite, réaliste, romantique, surréaliste, symboliste, tachiste.

PEINTURE ☐ **I. Au pr. :** badigeon, barbouille (péj.), ravalement, recouvrement, revêtement. **II.** Aquarelle, crayon, décor, détrempe, diptyque, ébauche, enluminure, esquisse, estampe, étude, fresque, fusain, gouache, lavis, maquette, mine de plomb, pastel, plafond, pochade, polyptyque, retable, sanguine, sépia, sgraffite, tableau, toile, triptyque, trumeau. **Péj. :** barbouillage, croûte, gribouillage, navet. **III.** Académie, allégorie, bataille, bambochade, bergerie, caricature, fresque, genre, intérieur, marine, maternité, nature morte, nu, panorama, paysage, portrait, sous-bois, verdure, vue. **IV.** Classicisme, cubisme, dadaïsme, divisionnisme, expressionnisme, fauvisme, futurisme, impressionnisme, modern style, naturalisme, pointillisme, préraphaélisme, romantisme, réalisme, surréalisme, tachisme.

PEINTURLURER ☐ Barbouiller, colorer, colorier. → *peindre.*

PÉJORATIF, IVE ☐ → *défavorable.*

PELADE ☐ Alopécie, calvitie (par ext.), dermatose, ophiase, teigne.

PELAGE ☐ Fourrure, livrée, manteau, mantelure, peau, poil, robe, toison.

PÉLAGIQUE ☐ Pélagien. → *marin.*

PÉLARGONIUM ☐ Géranium.

PÉLASGIQUE ☐ → *gigantesque.*

PELÉ, E ☐ Chauve, dégarni, démuni, dépouillé, épilé, épluché, nu, râpé, ras, teigneux (péj.), tondu, usé.

PÊLE-MÊLE ☐ **n. et adv. I.** → *désordre.* **II.** → *mélange.* **III.** → *vrac (en).*

PELER ☐ **v. tr. et intr.** Bretauder, dépouiller, écorcer, éplucher, gratter, ôter, râper, raser, tondre.

PÈLERIN, E ☐ **I. Au pr. :** dévot, fidèle. **II. Par ext. :** excursionniste, touriste, visiteur, voyageur. **III. Fig. et péj.** → *type.*

PÈLERINAGE ☐ **I. Au pr. :** culte, dévotion, jubilé, pardon, sanctuaire. **II. Par ext.** → *voyage.*

PÈLERINE, PELISSE ☐ **I.** Cape, capuchon, fourrure, houppelande, veste. **II. Relig. :** camail, mosette. **III.** → *manteau.*

PELLE ☐ → *bêche.*

PELLET ☐ Implant.

PELLETERIE ☐ → *peau.*

PELLICULE ☐ **I.** Enveloppe, lamelle. → *peau.* **II.** Bande, cliché, film.

PELLUCIDE ☐ Translucide, transparent.

PELOTAGE ☐ Batifolage, flirt, galanterie. → *caresse.*

PELOTE ☐ **I.** Boule, manoque, maton, peloton, sphère. **II.** Balle, rebot. **III. Loc. 1. Faire sa pelote** → *économiser.* **2. Faire la pelote** (arg. milit.) : être brimé/puni, tourner en rond.

PELOTER ☐ **I. Au pr. :** bobiner, enrouler, rouler. **II.** Batifoler, chatouiller, chiffonner, lutiner, patiner (vx), tripoter. → *caresser.* **III. Fig.** → *flatter.*

PELOTEUR, EUSE ☐ **adj. et n. Fig. :** enjôleur, flagorneur, flatteur, minaudier. → *hypocrite.*

PELOTON ☐ **I.** → *pelote.* **II.** → *groupe.* **III.** → *troupe.*

PELOTONNER (SE) ☐ → *replier (se).*

PELOUSE ☐ **I.** Boulingrin, gazon, tapis vert, vertugadin. **II.** → *prairie.*

PELU, E, PELUCHÉ, E, PELUCHEUX, EUSE ☐ → *poilu.*

PELURE ☐ → *peau.*

PÉNALISATION, PÉNALITÉ ☐ → *punition.*

PÉNATES ☐ **I. Au pr. :** dieux de la

cité/domestiques/du foyer/lares/protecteurs/tutélaires. **II. Par ext. :** abri, demeure, foyer, habitation, logis, maison, refuge, résidence.

PENAUD, E □ Confus, contrit, déconcerté, déconfit, embarrassé, gêné, honteux, humilié, interdit, l'oreille basse, pantois, piteux.

PENCHANT □ **I. Au pr. :** colline, côte, coteau, déclin, déclivité, inclinaison, obliquité, pente, thalweg, versant. **II. Fig. 1.** Affection, amour, aptitude, attrait, désir, disposition, faible, faiblesse, facilité, génie, goût, habitude, impulsion, inclination, instinct, nature, passion, sympathie, tendre, tendresse, vocation. **2. Non favorable :** défaut, prédisposition, propension, vice.

PENCHER □ **I. V. tr.** → abaisser. **II. V. intr. :** avoir du dévers, chanceler, se coucher, décliner, descendre, déverser, être en oblique/surplomb, obliquer, perdre l'équilibre. **III. V. pron. :** → incliner (s').

PENDABLE □ Abominable, condamnable, coupable, damnable, détestable, grave, impardonnable, inexcusable, inqualifiable, laid, mauvais, méchant, répréhensible, sérieux.

PENDANT, E □ **I. Adj. 1. Jurid. :** en cours, en instance. **2.** Affaissé, affalé, avachi, avalé, ballant, fatigué, flasque, tombant. **I. Nom. 1.** Boucle, dormeuse, girandole, pendentif, pendeloque, sautoir. **2.** Accord, contrepartie, égal, semblable, symétrie, symétrique. **III. Prép. :** au cours de, au milieu de, cependant, dans, de, durant, en.

PENDANT QUE □ Au moment où, cependant que, lorsque, quand, tandis que.

PENDARD, E □ → vaurien.

PENDELOQUE, PENDENTIF □ → pendant.

PENDERIE □ Armoire, cabinet, garde-robe, meuble, placard.

PENDILLER, PENDOUILLER, PENDRE □ **I. V. intr. :** apprendre, brandiller, être avachi/suspendu, flotter, retomber, tomber, traîner. **II. V. tr. 1. Au pr. :** brancher, lanterner, mettre à la lanterne, étrangler. **2.** Accrocher, attacher, fixer, suspendre.

PENDULE □ **I. N. m. :** balancier, régulateur. **II. N. f. :** cartel, comtoise, dégoulinante (arg.), horloge, pendulette, régulateur.

PÊNE □ Ardillon, cheville, gâche, gâchette, serrure, verrou.

PÉNÉTRABLE □ Abordable, accessible, clair, compréhensible, devinable, facile, intelligible, passable, perméable, saisissable.

PÉNÉTRANT, E □ **I.** Acéré, aigu, aiguisé, coupant, tranchant. **II. Fig. :** aigu, astucieux (fam.), clairvoyant,

délicat, délié, divinateur, éclairé, fin, fort, habile, intelligent, lucide, mordant, ouvert, perçant, perspicace, profond, sagace, spirituel, subtil, vif.

PÉNÉTRATION □ **I.** Acuité, astuce, clairvoyance, délicatesse, divination, finesse, flair, habileté, intelligence, lucidité, mordant, nez, ouverture d'esprit, perspicacité, profondeur, psychologie, sagacité, subtilité, vivacité. **II.** Entrisme, infiltration, noyautage.

PÉNÉTRÉ, E □ **I. Quelqu'un est pénétré de quelque chose :** confit (péj.), convaincu, imbu, imprégné, marqué, plein, rempli, trempé. **II. Un secret est pénétré :** compris, découvert, deviné.

PÉNÉTRER □ **I. V. intr. :** accéder, aller, s'aventurer, avoir accès, se couler, s'embarquer, s'enfoncer, s'engager, entrer, envahir, se faufiler, fendre, forcer, se glisser, s'infiltrer, s'insinuer, s'introduire, se loger, mordre sur, noyauter, passer, plonger. **II. V. tr. 1. Au pr.** Pénétrer quelque chose : atteindre, baigner, filtrer, imbiber, imprégner, infiltrer, inonder, passer, percer, transpercer, traverser, tremper, visiter. **2. Fig.** Pénétrer quelqu'un : émouvoir, toucher, transir. **3. Fig.** On pénètre une idée : apercevoir, approfondir, comprendre, connaître, découvrir, démêler, deviner, entendre, mettre au jour, percevoir, pressentir, réfléchir, saisir, scruter, sentir, sonder. **III. V. pron. 1.** Absorber, boire. **2.** Se combiner, se comprendre, se mêler. **3.** → comprendre.

PÉNIBLE □ **I. Phys. :** ardu, assujettissant, astreignant, cassant (fam.), contraignant, difficile, difficultueux, dur, éprouvant, éreintant, fatigant, ingrat, laborieux, tenaillant, tuant. **II. Par ext. Moral :** affligeant, amer, angoissant, âpre, atroce, attristant, cruel, déplorable, désolant, douloureux, dur, embarrassant, ennuyeux, épineux, funeste, gênant, grave, lamentable, lourd, mauvais, mortel, navrant, pesant, poignant, rude, tendu, torturant, tourmenté, triste.

PÉNICHE □ Chaland, embarcation. → bateau.

PÉNINSULE □ Avancée, langue, presqu'île.

PÉNIS □ → sexe.

PÉNITENCE □ **I.** Ascétisme, austérité, cendres, contrition, discipline, expiation, jeûne, macération, mortification, regret, repentir, résipiscence, satisfaction. **II.** Confession. **III.** → punition.

PÉNITENCIER □ **I.** → bagne. **II.** → prison.

PÉNITENT, E □ **I. Nom :** ascète, flagellant, jeûneur, pèlerin. **II. Adj. :** contrit, marri, repentant.

PÉNITENTIAIRE □ Carcéral.

PENNE □ Aile, aileron, empennage, plume, rectrice, rémige.

PÉNOMBRE □ Clair-obscur, demi-jour, ombre.

PENSANT, E □ → *pensif.*

PENSÉE □ **I. Au pr. 1.** *Phil.* : âme, cœur, compréhension, entendement, esprit, facultés mentales, imagination, intellect, intelligence, penser, raison, sentiment. **2.** Avis, cogitation, concept, conception, contemplation, dessein, élucubration (péj.), idée, intention, méditation, opinion, point de vue, préoccupation, projet, raisonnement, réflexion, rêverie, souvenir, spéculation. **II. Par ext. 1.** *Au sing.* : adage, aphorisme, apophtegme, axiome, devise, dicton, dit, ébauche, esquisse, jugement, maxime, mot, parole, plan, propos, proverbe, représentation, sentence, vérité. **2.** *Au pl.* : considérations, méditations, notations, notes, observations, propos, remarques, souvenirs.

PENSER □ v. **I. V. intr. 1.** Cogiter, comprendre, se concentrer, contempler, délibérer, envisager, examiner, se faire un jugement/une opinion, gamberger (arg.), juger, méditer, peser, raisonner, se recueillir, réfléchir, se représenter, rêver, rouler dans sa tête (fam.), ruminer (fam.), songer. spéculer, voir. **2.** Évoquer, imaginer, rappeler, se souvenir. **3.** S'aviser de, faire attention à, prendre garde à, se préoccuper de, prévoir. **II. V. tr.** : admettre, concevoir, croire, estimer, imaginer, juger, présumer, projeter, supposer, soupçonner. **III.** *Loc.* **Penser suivi de l'inf. 1.** Croire, espérer, se flatter de. **2.** Faillir, manquer. **3.** Avoir l'intention/en projet/en vue, compter, projeter.

PENSER □ n. → *pensée.*

PENSEUR □ Contemplateur, contemplatif, méditatif, moraliste, philosophe.

PENSIF, IVE □ Absent, absorbé, abstrait, contemplatif, méditatif, occupé, préoccupé, rêveur, songeur, soucieux.

PENSION □ **I.** → *pensionnat.* **II.** Allocation, bourse, dotation, retraite, revenu, subside. **III.** *Loc.* **Pension de famille** → *hôtel.*

PENSIONNAIRE □ **I.** Acteur, actionnaire, comédien, sociétaire. **II.** Élève, hôte, interne, pupille.

PENSIONNAT □ Collège, cours, école, institution, internat, lycée, maison d'éducation, pension.

PENSIONNER □ Arrenter (par ext.), entretenir, octroyer, pourvoir, renter, retraiter, subventionner.

PENSUM □ → *punition.*

PENTE □ **I. Au pr.** : abrupt, brisis, côte, déclination (vx), déclivité, descente, dévers, escarpement, glacis, grimpette, inclinaison, montée, obliquité, penchant, raidillon, rampe, talus, thalweg, versant. **II. Fig.** : entraînement, inclination, propension, tendance. → *penchant.*

PENTURE □ Ferrure, paumelle.

PÉNULTIÈME □ Avant-dernier.

PÉNURIE □ **I.** → *manque.* **II.** → *pauvreté.*

PÉPIE □ → *soif.*

PÉPIEMENT □ Chant, cri, gazouillement, gazouillis, ramage.

PÉPIER □ Chanter, crier, gazouiller, jacasser, piauler.

PÉPINIÈRE □ **I. Au pr.** : arboriculture, horticulture, sylviculture. **II.** *Loc.* **Mettre en pépinière** : en jauge. **III.** *Fig.* : couvent, école, mine, origine, séminaire, source.

PÉPINIÉRISTE □ Arboriculteur, arboriste, horticulteur, jardinier, sylviculteur.

PÉQUENAUD, AUDE et **PÉQUENOT** □ → *paysan.*

PERÇANT, E □ **I. Au pr.** : aigu, aiguisé, pénétrant, piquant, pointu. **II. Fig. 1.** Taraudant, térébrant. **2.** *Yeux perçants* : brillants, mobiles, vifs. **3.** *Son perçant* : aigu, bruyant, clairet, criard, déchirant, éclatant, fort, strident, violent. **4.** *Froid perçant* : aigre, aigu, mortel, pénétrant, vif. **5.** *Esprit perçant* : éveillé, intelligent, lucide, pénétrant, perspicace, vif.

PERCÉE □ **I. Au pr.** : brèche, chemin, clairière, déchirure, éclaircie, orne, ouverture, passage, sentier, trouée. **II.** *Milit.* : avance, bousculade, enfoncement, irruption, raid.

PERCEPTEUR □ Agent du fisc, collecteur, comptable du trésor, comptable public, receveur. *Vx et péj.* : gabelou, maltôtier, rat de cave, traiteur.

PERCEPTIBLE □ Audible, clair, évident. → *visible.*

PERCEPTION □ **I.** Collecte, levée, recouvrement, rentrée. **II.** Encaissement, recette. **III.** Affection, conception, discernement, entendement, idée, impression, intelligence, sens, sensation.

PERCER □ **I. V. tr. 1. Au pr.** : blesser, creuser, crever, cribler, darder (vx), déchirer, embrocher, empaler, encorner, enferrer, enfiler, enfoncer, enfourcher, entamer, excaver, éventrer, forer, larder, ouvrir, pénétrer, perforer, piquer, poinçonner, pointer, sonder, tarauder, transpercer, traverser, tremper, trouer, vriller. **2. Fig.** *Quelqu'un* : comprendre, déceler, découvrir, développer, pénétrer, prévoir, saisir. **II. V. intr. 1.** *Quelque* *chose perce :* s'ébruiter, se déceler, s'éventer, filtrer, se manifester, se montrer, se répandre, transpirer. → *paraître.* **2.** *Quelqu'un perce* → *réussir.* **III.** *Loc.* *Percer le cœur* → *affliger.*

PERCEUSE □ Chignole, foreuse, fraiseuse, perçoir, perforatrice, perforeuse, taraud, taraudeuse, tarière, vilebrequin. → *vrille.*

PERCEVABLE □ → *visible.*

PERCEVOIR □ **I.** → *voir.* **II.** → *entendre.* **III.** Apercevoir, appréhender, concevoir, découvrir, deviner, discerner, distinguer, éprouver, flairer, prendre connaissance, remarquer, saisir, sentir. **IV.** Empocher, encaisser, lever, prélever, prendre, ramasser, recouvrir, recueillir, retirer, soutirer/tirer de l'argent, toucher.

PERCHE □ **I.** *Au pr. :* balise, bâton, bouille, croc, échalas, écoperche, gaffe, gaule, houssine, latte, perchis, rame, rouable. **II.** *Par ext.* **1.** Girafe, micro. **2.** Juchoir, perchoir. **III.** *Fig.* → *géant.*

PERCHER □ **I.** *V. intr. :* brancher, demeurer, jucher, loger, nicher, se poser. **II.** *V. tr. :* accrocher, placer, poser, suspendre.

PERCHIS □ → *perche.*

PERCHOIR □ Abri, juchoir, poulailler, volière.

PERCLUS, E □ Ankylosé, engourdi, gourd, impotent, inactif, inerte, infirme, lourd, paralysé, paralytique, raide, roide, souffrant, souffreteux.

PERCOLATEUR □ Cafetière, filtre.

PERCUSSION □ Choc, coup, heurt, impulsion.

PERCUSSIONNISTE □ Batteur, cymbalier, cymbaliste, timbalier.

PERCUTANT, E □ → *irrésistible.*

PERCUTER □ → *heurter.*

PERDANT □ n. Jusant, reflux.

PERDANT, E □ adj. et n. Battu, vaincu.

PERDITION □ → *perte.*

PERDRE □ **I.** *Sens passif :* s'affaiblir, aliéner, s'amortir, s'appauvrir, s'atrophier, dégénérer, démériter, se démunir, se dépouiller, déposer, échouer, être en deuil/privé de, maigrir, manquer de, quitter, renoncer. **II.** *Sens actif.* **1.** *Neutre :* adirer (jurid.), égarer, laisser traîner, oublier, paumer (fam.). **2.** *Non favorable :* causer un dommage, désorienter, détruire, dissiper, fausser, gâcher, galvauder, gaspiller, gâter, ruiner. **III.** *Par ext. :* être percé, fuir. **IV.** *Fig. Perdre quelqu'un :* corrompre, damner, débaucher, déconsidérer, décrier, démolir, déshonorer, désorienter, détourner, dévoyer, disqualifier, égarer, fourvoyer. **V.** *Loc.* **1.** *Perdre du terrain :* battre en retraite, céder, fuir,

reculer. **2.** *Perdre son temps :* s'amuser, baguenauder, batifoler, lézarder, musarder, paresser, traîner *Fam. :* couiller, glander, glandouiller. → *paresser.* **3.** *Perdre la tête :* s'affoler, perdre les pédales (fam.). **4.** *Perdre l'esprit* → *déraisonner.* **5.** *Perdre l'estime :* démériter, être en disgrâce, s'user. → **6.** *Perdre de vue :* laisser tomber, oublier, rompre. **VI.** *V. pron. :* **1.** → *disparaître.* **2.** S'altérer, décroître, diminuer, faiblir, se relâcher. **3.** Se cacher, se couler, se dérober. **4.** *Un bruit :* s'amortir, s'étouffer, mourir. **5.** *Un bateau :* s'abîmer, couler, s'enfoncer, s'engloutir, sombrer. **6.** *Un fleuve :* se jeter. **7.** *Fig. : Quelqu'un. Neutre :* s'abîmer, s'absorber, s'anéantir, se fondre, se sacrifier. *Non favorable :* se corrompre, débaucher, se dévoyer, s'embarrasser, s'embrouiller, se fourvoyer, se noyer.

PERDREAU, PERDRIX □ **I.** Bartavelle, coq/poule de bruyère/des bois/des montagnes, ganga, gélinotte, grouse, lagopède, pouillard, tétras. **II.** → *policier.*

PERDU, E □ **I.** *Un lieu :* désert, détourné, écarté, éloigné, isolé, lointain, **II.** *Quelque chose :* abîmé, disparu, égaré, endommagé, gâché, gâté, inutile. **III.** *Un animal :* égaré, errant, haret (chat). **IV.** *Quelqu'un.* **1.** *Neutre :* absent, dépaysé, distrait, égaré, plongé dans ses pensées. **2.** *Non favorable :* condamné, désespéré, fini, frappé à mort irrécupérable, mort. **3.** *Fam. :* cuit, dans les choux, fichu, flambé, foutu, frit, paumé, rétamé. **V.** *Loc. Perdu de débauche, fille perdue :* corrompu, débauché.

PERDURABLE □ → *éternel.*

PÈRE □ **I.** *Au pr. :* auteur, géniteur, papa, paternel (fam.). **Arg. :** dabe, daron, vieux. **II.** *Par ext.* **1.** Aïeul, ancêtre, ascendant, chef, origine, patriarche, souche, tige. **2.** → *protecteur.* **3.** Créateur, Dieu, fondateur, inventeur. **III.** *Loc.* **1.** *Père conscrit :* édile, sénateur, **2.** *Saint-Père* → *pape.* **3.** *Père de l'Église* → *théologien.* **4.** *Beau-père :* parâtre.

PÉRÉGRIN, E □ adj. et n. Étranger, excursionniste, nomade, passager, pèlerin, touriste, voyageur.

PÉRÉGRINATION □ → *voyage.*

PÉRÉGRINER □ → *voyager.*

PÉREMPTION □ → *prescription.*

PÉREMPTOIRE □ → *tranchant.*

PÉRENNITÉ □ **I.** → *éternité.* **II.** → *perpétuité.*

PÉRÉQUATION □ → *répartition.*

PERFECTIBLE □ Améliorable, amendable, corrigible, réparable.

PERFECTION □ **I.** Achèvement, con-

sommation, couronnement, enté-léchie (philos.), épanouissement, excellence, fin, fini, fleur, maturité, parachèvement, précellence. **II.** Absolu, beau, bien, bonté, idéal, nec plus ultra, qualité, sainteté, succulence, summum. **III. Quelqu'un** → *phénix.*

PERFECTIONNEMENT ☐ Achèvement, affinement, amélioration, avancement, correction, couronnement, polissage, progrès, retouche.

PERFECTIONNER ☐ → *améliorer.*

PERFIDE ☐ **I.** → *infidèle.* **II.** → *rusé.*

PERFIDIE ☐ **I.** → *infidélité.* **II.** → *ruse.*

PERFORER ☐ → *percer.*

PERFORMANCE ☐ Exploit, record, succès.

PERFORMANT, E ☐ Compétitif, satisfaisant.

PERFUSION ☐ Goutte à goutte, transfusion.

PÉRICLITER ☐ → *décliner.*

PÉRIL ☐ → *danger.*

PÉRILLEUX, EUSE ☐ **I. Au pr. :** alarmant, critique, dangereux, difficile, hasardeux, menaçant, risqué. **II. Fig. :** audacieux, aventureux, brûlant, délicat, osé, scabreux.

PÉRIMÉ, E ☐ → *désuet.*

PÉRIMÈTRE ☐ Bord, circonférence, contour, distance, enceinte, extérieur, limite, périphérie, pourtour, tour.

PÉRIODE ☐ **I. N. m. :** apogée, comble, degré, maximum, paroxysme, point culminant, summum, zénith. **II. N. f. :** *1.* Âge, consécution, cycle, durée, époque, ère, étape, intervalle, phase. *2.* Balancement, couplet, éloquence, morceau, phrase.

PÉRIODICITÉ ☐ → *intervalle.*

PÉRIODIQUE ☐ **I. Nom** → *revue.* **II. Adj.** → *réglé.*

PÉRIPATÉTICIEN ☐ n. et adj. Aristotélicien, philosophe.

PÉRIPATÉTICIENNE ☐ → *prostituée.*

PÉRIPATÉTISME ☐ Aristotélisme, doctrine/philosophie/théories d'Aristote.

PÉRIPÉTIE ☐ Avatar, catastrophe, coup de théâtre, crise, dénouement, épisode, événement, incident, nœud, trouble. → *changement.*

PÉRIPHÉRIE ☐ **I.** → *périmètre.* **II.** Alentour, banlieue, environs, faubourg, zone.

PÉRIPHRASE ☐ Ambages, circonlocution, circuit de paroles, détour, discours, euphémisme, précautions oratoires, tour.

PÉRIPLE ☐ Circumnavigation, expédition, exploration, tour, tournée, voyage.

PÉRIR ☐ → *mourir.*

PÉRISSABLE ☐ Caduc, corruptible, court, éphémère, fragile, fugace, incertain, instable, mortel, passager, précaire.

PÉRISSOIRE ☐ Canoë, canot, embarcation. → *bateau.*

PÉRISTYLE ☐ Colonnade, galerie, façade, portique, vestibule.

PERLE ☐ **I. Par ext. :** boule, goutte, grain. **II. Fig. 1.** → *phénix.* **2.** → *lapsus.*

PERLER ☐ **I. V. tr. :** exécuter/faire à la perfection, parfaire, soigner. **II. V. intr. :** apparaître, dégouliner, (fam.), dégoutter, s'écouler, emperler, goutter, suinter.

PERMANENCE ☐ **I.** Constance, continuité, durabilité, éternité, fixité, identité, invariabilité, invariance, pérennité, stabilité. **II.** Bureau, local, salle, service, siège.

PERMANENT, E ☐ → *durable.*

PERMÉABLE ☐ → *pénétrable.*

PERMETTRE ☐ **I. On permet quelque chose :** accepter, accorder, acquiescer, admettre, agréer, approuver, autoriser, concéder, consentir, dispenser, donner, endurer, habiliter, laisser, passer, souffrir, supporter, tolérer. **II. Quelque chose permet quelque chose :** aider à, autoriser, comporter, laisser place à, légitimer, rendre possible. **III. V. pron. :** S'accorder, s'aviser de, dire, s'enhardir à, faire, oser, prendre la liberté de.

PERMIS ☐ → *permission.*

PERMIS, E ☐ Accordé, admis, admissible, agréé, autorisé, consenti, dans les formes/les mœurs/les normes/l'ordre/les règles, légal, légitime, libre, licite, loisible, possible, réglementaire, régulier, toléré.

PERMISSIF, IVE ☐ → *indulgent.*

PERMISSION ☐ **I.** Acceptation, accord, acquiescement, adhésion, agrément, approbation, autorisation, aveu (litt.), concession, consentement, dispense, droit, habilitation, latitude, liberté, licence, loisir, permis, possibilité, tolérance. → *laissez-passer.* **II.** Campos, congé.

PERMUTABLE ☐ Commutable, vicariant.

PERMUTATION ☐ → *change.*

PERMUTER ☐ v. tr. et intr. → *changer.*

PERNICIEUX, EUSE ☐ → *mauvais.*

PÉRONNELLE ☐ → *pécore.*

PÉRORAISON ☐ → *conclusion.*

PÉRORER ☐ → *discourir.*

PERPENDICULAIRE ☐ **I. Adj. :** normal, orthogonal, vertical. **II. Nom :** apothème, hauteur, médiatrice.

PERPÉTRER ☐ → *entreprendre.*

PERPÉTUEL, ELLE □ I. → *éternel.* II. Constant, continuel, fréquent, habituel, incessant, permanent.

PERPÉTUELLEMENT □ Sans arrêt/cesse/trêve, souvent, toujours, *et les adv. en -ment dérivés des syn. de* PERPÉTUEL.

PERPÉTUER □ Continuer, éterniser, faire durer, immortaliser, maintenir, reproduire, transmettre. **V. pron. :** Durer se reproduire, rester, survivre *et les formes pron. possibles des syn. de* PERPÉTUER.

PERPÉTUITÉ □ I. Durée indéfinie, éternité, pérennité, perpétuation. II. **Loc. À perpétuité :** à perpète (arg.), définitivement, irrévocablement, éternellement, pour toujours.

PERPLEXE □ → *indéterminé.*

PERPLEXITÉ □ → *indétermination.*

PERQUISITION □ Descente de police, enquête, fouille, investigation, recherche, reconnaissance, visite domiciliaire.

PERQUISITIONNER □ Descendre, enquêter, fouiller, rechercher, visiter.

PERRON □ Degré, entrée, escalier, montoir, seuil.

PERROQUET, PERRUCHE □ → *grimpeur.*

PERRUQUE □ Cheveux, coiffure, moumoute (fam.), postiche, tignasse (par ext. et péj.).

PERRUQUIER □ Coiffeur, figaro, merlan (péj.).

PERS, E □ Glauque, olivâtre, verdâtre. → *vert.*

PERSÉCUTER □ → *tourmenter.*

PERSÉCUTEUR, TRICE □ I. **Adj. :** cruel, importun, incommode, intolérant. II. **Nom :** despote, oppresseur, tyran.

PERSÉCUTION □ I. → *brimade.* II. → *tyrannie.*

PERSÉVÉRANCE □ Acharnement, attachement, constance, continuité, courage, endurance, énergie, entêtement, esprit de suite, fermeté, fidélité, fixité, insistance, maintenance, obstination, opiniâtreté, patience, persistance, pertinacité, suite, ténacité, volonté.

PERSÉVÉRANT, E □ Acharné, attaché, buté (péj.), constant, courageux, endurant, énergique, entêté, ferme, fidèle, fixe, obstiné, opiniâtre, patient, persistant, tenace, têtu, volontaire.

PERSÉVÉRER □ → *continuer.*

PERSIENNE □ → *volet.*

PERSIFLAGE □ → *raillerie.*

PERSIFLER □ → *railler.*

PERSISTANCE □ durée. → *constance.*

PERSISTANT, E □ I. **Quelqu'un** →

persévérant, II. **Une chose :** constant, continu, durable, fixe, indélébile, permanent, perpétuel, soutenu.

PERSISTER □ I. → *continuer.* II. → *subsister.*

PERSONNAGE □ I. → *homme.* II. → *personnalité.* III. **Non favorable :** citoyen, coco, individu, paroissien, zèbre, zigoto. IV. **De théâtre :** arlequin, barbon, bouffon, capitan, comédien, comparse, coquette, héroïne, héros, ingénue, interlocuteur, jeune premier, paillasse, pasquin, protagoniste, rôle.

PERSONNALISER □ → *caractériser.*

PERSONNALITÉ □ I. **Phil. 1.** Être, individualité, moi, nature, soi. **2.** Caractère, constitution, originalité, personnage, personne, tempérament. II. **Au pr. 1.** Figure, grand, monsieur, notabilité, notable, personnage, puissant, quelqu'un, sommité, vedette. **2. Fam. :** baron, bonze, gros bonnet, grosse légume, huile, huile lourde, important, légume, lumière, magnat (péj.), mandarin, manitou, pontife, satrape. V. I. P. II. **Par ext. :** égocentrisme, égoïsme, entêtement, narcissisme, volonté.

PERSONNE □ I. Corps, créature, être, homme, individu, mortel, particulier, quidam. II. **Au pl.** → *gens.*

PERSONNEL □ n. Aide, domesticité, domestique, journalier, main-d'œuvre, maison, ouvrier, service, valetaille (péj.).

PERSONNEL, ELLE □ adj. I. → *individuel.* II. → *original.* III. → *égoïste.*

PERSONNIFICATION □ I. → *allégorie.* II. → *ressemblance.*

PERSONNIFIER □ → *symboliser.*

PERSPECTIVE □ I. **Au pr.** → *vue.* II. **Fig.** → *probabilité.*

PERSPICACE □ Clair, clairvoyant, débrouillard, éveillé, fin, intelligent, lucide, pénétrant, perçant, sagace, subtil.

PERSPICACITÉ □ Acuité, clairvoyance, discernement, finesse, flair, habileté, intelligence, jugement, lucidité, pénétration, sagacité, subtilité.

PERSPICUITÉ □ Clarté, netteté.

PERSUADER □ Amadouer, catéchiser, conduire à, convaincre, décider, déterminer, dire à, entraîner, exciter, exhorter, faire croire/entendre à, gagner, inculquer, insinuer, inspirer, prêcher, savoir prendre, séduire, toucher, vaincre.

PERSUASIF, IVE □ Convaincant, éloquent, insinuant, percutant.

PERSUASION □ I. → *croyance.* II. → *inspiration.* III. → *habileté.*

PERTE □ I. **On perd quelqu'un :** deuil, éloignement, mort, privation, sépara-

tion. **II. On perd quelque chose. 1.**
Amission (jurid.), déchéance, déficit,
dégât, dommage, préjudice, priva-
tion, sinistre. **2. Au jeu** (fam.) : culotte,
frottée, lessivage, lessive, raclée. **3.**
D'une qualité : altération, déchéance,
discrédit. **4. De connaissance :** évanouissement, syncope. **III. Le fait de
perdre. 1.** Coulage, déchet, déperdition, discale, freinte, fuite, gâchage,
gaspillage, **2.** Défaite, insuccès. **3.**
Passif. **IV. Par ext.** : anéantissement,
damnation, décadence, dégénérescence, dégradation, dépérissement,
extinction, naufrage, perdition, ruine.

PERTINACITÉ ☐ Entêtement, obstination, opiniâtreté, ténacité.

PERTINENCE ☐ **I.** → *à-propos.* **II.** →
convenance.

PERTINENT, E ☐ Approprié, à propos, bienséant, congru, convaincant,
convenable, correct, dans l'ordre,
judicieux, juste, séant.

PERTUIS ☐ **I.** → *ouverture* **II.** →
détroit.

PERTUISANE ☐ Hallebarde, lance.

PERTURBATEUR, TRICE ☐ Agitateur, contestataire, émeutier, révolutionnaire, séditieux, trublion.

PERTURBATION ☐ **I.** → *dérangement.* **II.** → *trouble.*

PERTURBER ☐ → *troubler.*

PERVERS, E ☐ **I.** → *méchant.* **II.** →
vicieux.

PERVERSION ☐ **I.** Abjection, altération, anomalie, avilissement, corruption, débauche, dégradation, dépravation, dérangement, dérèglement,
détraquement, égarement, folie,
méchanceté, perversité, pervertissement, stupre, vice. **II.** Bestialité,
coprophilie, exhibitionnisme, fétichisme, masochisme, nécrophi-
lie, pédophilie, sadisme, sado-maso-
chisme, satanisme, taphophilie. **Arg. :**
éducation anglaise, horreurs, passions, trucs, vicelardise.

PERVERSITÉ ☐ Malice, malignité,
perfidie. → *perversion.*

PERVERTIR ☐ Altérer, changer,
corrompre, débaucher, dégénérer,
dénaturer, dépraver, déranger, détériorer, détraquer, dévoyer, empoisonner, encanailler, fausser, gâter,
séduire, troubler, vicier.

PESANT, E ☐ **I. Au pr.** : lourd, massif, mastoc, pondéreux. **II. Fig. 1.
Phys. :** alourdi, appesanti, indigeste,
lourd. **2. D'esprit** → *stupide* **III. Par
ext. 1.** Encombrant, épais, gros,
grossier, important, surchargé. **2.**
Désagréable, douloureux, ennuyeux,
importun.

PESANTEUR ☐ **I. Au pr.** : attraction,
gravitation, gravité, poids. **II. Par ext.
1. Phys. :** engourdissement, lourdeur, malaise. **2. D'esprit :** lenteur. →
stupidité.

PESÉE ☐ **I. Au pr.** : pesage. **II. Fig. :**
approfondissement, examen.

PESER ☐ **I. V. tr. 1. Au pr. :** soupeser,
tarer, trébucher (vx). **2. Par ext. :**
apprécier, approfondir, balancer, calculer, comparer, considérer, déterminer, estimer, étudier, évaluer, examiner, juger. **II. V. intr. 1. Peser ou faire
peser contre/sur :** accabler, alourdir, aggraver, appesantir, appuyer,
assombrir, charger, grever, incomber, opprimer, pousser, retomber.
**2. On pèse sur les intentions de
quelqu'un :** exercer une influence,
influencer, intimider. **3. Quelque
chose pèse à quelqu'un :** coûter,
dégoûter, ennuyer, étouffer, fatiguer,
importuner, peiner.

PESSIMISME ☐ Défaitisme. →
inquiétude.

PESSIMISTE ☐ Alarmiste, atrabilaire,
bilieux, broyeur de noir, cassandre, chouette (fam.), craintif, défaitiste, désespéré, hypocondre, inquiet,
maussade, mélancolique, neurasthénique, paniquard (fam.), sombre.

PESTE ☐ **I. Au pr. :** choléra, pété-
chie. **II. Fig.** → *méchant.*

PESTER ☐ Fulminer, fumer (fam.),
grogner, invectiver, jurer, maudire,
maugréer.

PESTICIDE ☐ Débroussaillant, fongi-
cide, herbicide, insecticide, raticide.

PESTIFÉRÉ, E ☐ adj. et n. **I. Par
ext. :** brebis galeuse, galeux. **II. Fig.**
→ *maudit.*

PESTILENCE ☐ → *infection.*

PESTILENTIEL, ELLE ☐ **I. Au pr. :**
pestifère, pestilent. **II. Par ext. :** contagieux, corrupteur, dégoûtant, délétère, épidémique, fétide, infect, malsain, méphitique, pernicieux, puant,
putride, vicié.

PET ☐ → *vent.*

PÉTALE ☐ → *feuille.*

PÉTARADE ☐ **I. Au pr.** → *vent.* **II.
Par ext. :** bruit, canonnade, déflagration, détonation, explosion.

PÉTARD ☐ **I. Fig. :** bruit, scandale,
sensation. **II. Arg. 1.** → *pistolet.* **2.** →
fessier.

PÉTER ☐ **I. Au pr. :** faire un vent *et
les syn.* de VENT, se soulager, ven-
ter. **Arg. ou fam. :** avoir une fuite,
débourrer, flouser, lâcher un cran,
loufer, perlouser, pétarader, vesser.
II. Par ext. 1. Casser, crever, se détraquer, éclater, exploser, pétiller, se
rompre, sauter. **2.** Échouer, faire long
feu, louper, rater.

PÉTEUX, EUSE ☐ **I.** → *peureux.* **II.** →
présomptueux.

PÉTILLANT, E ☐ **Fig. :** agile, brillant,
chatoyant, enflammé, éveillé, intelligent, léger, leste.

PÉTILLER ☐ **I. Au pr. :** crépiter,

décrépiter, péter. **II. Fig.** : briller, chatoyer, étinceler, flamboyer, jaillir, scintiller.

PETIT, E □ **I. Adj. 1. Au pr.** : chétif, court, courtaud, délicat, écrasé, exigu, menu, microscopique, minuscule, ténu. **2. Par ext.** : dérisoire, étriqué, étroit, faible, humble, imperceptible, infime, infinitésimal, léger, maigre, malheureux, méchant, mineur, minime, modique, moindre, rikiki (fam.), sommaire, succinct. **3. Non favorable** : bas, borné, étroit, mesquin, piètre, vil. **4. Favorable** : coquet, douillet, gentil, joli. **II. Nom. 1. Favorable ou neutre** → enfant. **2. Non favorable** : avorton, bout d'homme, crapoussin, criquet, demiportion, extrait, gnome, gringalet, marmouset, microbe, miniature, minus, myrmidon, nabot, nain, puce, pygmée. **3. Au pl.** : couvée, portée, progéniture, ventrée. **III. Loc. 1. Petit à petit** → peu à peu. **2. Petite main** → midinette. **3. Petit nom** : diminutif, nom de baptême, prénom. **4. Petits soins** → égards.

PETITEMENT □ Bassement, chichement, mesquinement, odieusement, parcimonieusement, vilement et les adv. en -ment dérivés des syn. de PETIT.

PETITESSE □ **I. Au pr.** : étroitesse, exiguïté, modicité. **II. Par ext.** : bassesse, défaut, faiblesse, ladrerie, lésinerie, médiocrité, mesquinerie, saleté, vilenie.

PÉTITION □ Demande, instance, placet, prière, réclamation, requête, sollicitation, supplique.

PÉTOCHE □ → peur.

PÉTRI, E □ **I.** Broyé, façonné, foulé, malaxé, mélangé, modelé. **II. Loc. Pétri d'orgueil** : bouffi, gonflé, puant, rempli.

PÉTRIFIÉ, E □ **I.** → ébahi. **II.** → interdit.

PÉTRIFIER □ **I. Au pr.** : changer en pierre, durcir, fossiliser, lapidifier. **II. Fig.** : clouer, ébahir, effrayer, épouvanter, étonner, figer, fixer, geler, glacer, méduser, paralyser, river, saisir, stupéfier, terrifier, transir.

PÉTRIR □ **I. Au pr.** : brasser, fraiser, fraser, malaxer. **II. Par ext.** : broyer, gâcher, mélanger. **III. Fig.** : assouplir, éduquer, façonner, former, manier, manipuler, modeler.

PÉTROLE □ Bitume liquide, huile, huile de pierre, hydrocarbure, kérosène, naphte, or noir.

PÉTROLEUR, EUSE □ n. et adj. Brûleur, incendiaire.

PÉTULANCE □ Ardeur, brio, chaleur, exubérance, fougue, furia, impétuosité, promptitude, turbulence, vitalité, vivacité.

PÉTULANT, E □ **I.** → impétueux. **II.** → turbulent.

PEU □ **I.** Brin, doigt, filet, goutte, grain, guère, larme, lueur, mie, miette, nuage, pointe, soupçon, tantinet. **II. Loc. 1. De peu** : de justesse, de près. **2. Peu à peu** : doucement, graduellement, insensiblement, de jour en jour, lentement, à mesure, pas à pas, petit à petit, progressivement. **3. Peu de chose** : bagatelle, misère, rien. **4. Dans peu** : bientôt, dans un proche avenir, incessamment. **5. À peu près** : environ.

PEUPLADE □ Ethnie, groupe, horde, race, tribu. → peuple.

PEUPLE □ **I. Favorable ou neutre** : foule, masse, monde ouvrier, multitude, paysannat, population, prolétariat. **II. Non favorable** : canaille, commun, plèbe, populace, populaire, populo, racaille, roture, tourbe, troupeau, vulgaire. **III. Par ext. 1.** → nation. **2. Relig.** : fidèles, troupeau, ouailles.

PEUPLÉ, E □ Fourni, fréquenté, habité, populaire, populeux, surpeuplé, vivant.

PEUPLEMENT □ Biocénose, biote, faune, flore, habitat, occupation.

PEUPLER □ **I.** → remplir. **II.** → multiplier.

PEUPLIER □ Grisard, liard, tremble, ypréau.

PEUR □ **I.** Affolement, affres, alarme, alerte, angoisse, appréhension, aversion, couardise, crainte, effroi, épouvante, frayeur, frisson, frousse, hantise, inquiétude, lâcheté, malepeur (vx), panique, phobie, pusillanimité, répulsion, saisissement, souleur (vx), terreur, trac, trouble. **II.** Agora/claustro/éreutho/hydro/photo/zoophobie. **III. Arg.** : ou fam. : cagade, chiasse, chocottes, flubes, foies, foirade, foire, grelots, grelotte, jetons, moules, pétasse, pétoche, tracsir, traquette, trouille, venette, vesse. **IV. Loc. 1. Avoir peur** → craindre, trembler. **2. Faire peur** : apeurer, effaroucher, effrayer, épeurer, épouvanter, intimider, menacer.

PEUREUX, EUSE □ adj. et n. couard, craintif, dégonflé, foireux, froussard, lâche, ombrageux, péteux, poltron, pusillanime, trouillard. → capon.

PEUT-ÊTRE □ Possible, probablement.

PHALANGE □ **I.** → parti. **II.** → troupe.

PHALLUS □ → sexe.

PHANTASME □ **I.** → imagination. **II.** → vision.

PHARAMINEUX, EUSE □ → extraordinaire.

PHARE □ Balise, fanal, feu, lanterne, sémaphore.

PHARISAÏQUE □ → *hypocrite.*

PHARISAÏSME □ → *hypocrisie.*

PHARISIEN, ENNE □ n. et adj. Faux dévot, faux jeton (fam.). → *hypocrite.*

PHARMACIE □ Drugstore, officine.

PHARMACIEN, ENNE □ **Fam. :** apothicaire, pharmacole, potard.

PHASE □ Apparence, aspect, avatar, changement, degré, échelon, étape, forme, palier, partie, période, stade, succession, transition.

PHÉBUS □ I. → *soleil.* II. → *enthousiasme.* III. → *galimatias.*

PHÉNIX □ Aigle, as, fleur, génie, idéal, modèle, nec plus ultra, parangon, perfection, perle, prodige, reine, roi, trésor.

PHÉNOMÉNAL, E □ → *extraordinaire.*

PHÉNOMÈNE □ **I. Quelque chose. 1. Au pr. :** apparence, épiphénomène, fait, manifestation. **2.** Merveille, miracle, prodige. **II. Quelqu'un. 1. Favorable** → *phénix.* **2. Non favorable :** excentrique, original. **3. Méd. :** monstre. **III. Loc. Phénomène sismique :** catastrophe, séisme, tremblement de terre.

PHILANTHROPE □ n. et adj. Bienfaisant, bienfaiteur de l'humanité, bon, charitable, donnant, généreux, humanitaire, humanitariste, large, libéral, ouvert.

PHILANTHROPIE □ Amour, bienfaisance, charité, générosité, humanité, largesse, libéralité, ouverture.

PHILIPPIQUE □ → *satire.*

PHILISTIN, E □ n. et adj. → *profane.*

PHILOLOGIE □ Critique, érudition, grammaire comparée, linguistique.

PHILOSOPHE □ **I. Nom. 1.** → *sage.* **2.** → *penseur.* **II. Adj. 1. Au pr. :** philosophique. **2. Par ext. :** calme, ferme, impavide, indulgent, optimiste, réfléchi, résigné, retiré, sage, satisfait, sérieux, stoïque, tranquille.

PHILOSOPHER □ Discuter, étudier, méditer, raisonner, spéculer.

PHILOSOPHIE □ **I. Au pr. :** dialectique, épistémologie, esthétique, éthique, logique, métaphysique, méthodologie, morale, ontologie, téléologie, théologie. **II. Les théories. 1.** Doctrine, école, idée, pensée, principe, système, théorie. **2.** Académie, agnosticisme, animalisme, aristotélisme, associationnisme, atomisme, bouddhisme, brahmanisme, cartésianisme, christianisme, confucianisme, conceptualisme, criticisme, cynisme, déterminisme, dogmatisme, dualisme, dynamisme, éclectisme, éléatisme, empirisme, épicurisme, essentialisme, eudémonisme, évolutionnisme, existentialisme, fatalisme, fidéisme, finalisme, formalisme,

gnosticisme, hédonisme, hégélianisme, humanisme, humanitarisme, hylozoïsme, idéalisme, idéologie, immanentisme, immatérialisme, indéterminisme, individualisme, intellectualisme, kantisme, marxisme, matérialisme, mécanisme, monadisme, monisme, mysticisme, naturalisme, néocriticisme, néo-platonisme, néothomisme, nihilisme, nominalisme, optimisme, palingénésie, pancalisme, panlogisme, panthéisme, péripatétisme, personnalisme, pessimisme, phénoménisme, phénoménologie, platonisme, pluralisme, positivisme, pragmatisme, probabilisme, pyrrhonisme, pythagorisme, rationalisme, réalisme, relativisme, scepticisme, scolastique, scotisme, sensualisme, socratique, solipsisme, sophisme, spiritualisme, spinozisme, stoïcisme, structuralisme, subjectivisme, substantialisme, symbolisme, syncrétisme, taoïsme, thomisme, transcendantalisme, utilitarisme, vitalisme, volontarisme, yogi, zen. **III. Par ext. :** calme, égalité d'humeur, équanimité, force d'âme, indulgence, modération, raison, résignation, sagesse, tolérance.

PHILOSOPHIQUE □ → *philosophe.*

PHILTRE □ Aphrodisiaque, boisson magique, charme, breuvage, décoction, infusion, magie, sorcellerie.

PHLEGMON □ → *abcès.*

PHLOGISTIQUE □ **I. Nom :** calcination, combustion, comburation. **II. Adj. :** combustible, comburant.

PHOBIE □ → *peur.*

PHOCÉEN, ENNE □ Marseillais, massaliote, phocidien.

PHONIQUE □ Acoustique, audible, sonore, vocal.

PHONO et **PHONOGRAPHE** □ **Par ext. :** chaîne acoustique/hi-fi/stéréo, électrophone, machine parlante, pick-up, tourne-disque.

PHOQUE □ Chien/lion/loup/veau marin, cystiphore, moine, otarie.

PHOSPHORESCENCE □ Brasillement, fluorescence, luminescence, photoluminescence, radiation.

PHOSPHORESCENT, E □ Brasillant, brillant, étincelant, fluorescent, luisant, luminescent, lumineux, photogène.

PHOTOCOPIE □ Duplication, reprographie.

PHOTOGRAPHIE □ Cliché, daguerréotype, diapositive, épreuve, image, instantané, photocopie, photogramme, photomaton, portrait, pose, tirage.

PHRASE □ **I. Au pr. :** discours, énoncé, formule, lexie, locution, période, proposition, sentence, syntagme, tirade. **II. Par ext. :** bavardage, circonlocution, circonvolution, cliché, enflure, phraséologie.

PHRASÉOLOGIE □ **I. Au pr.** : style, terminologie, vocabulaire. **II. Par ext.** (péj.) : bavardage, belles/bonnes paroles, boniment, chimère, creux, emphase, enflure, ithos, logorrhée, pathos, pompe, utopie, vide.

PHRASEUR □ n. et adj. Babillard, baratineur (fam.), bavard, bonimenteur, déclamateur, parleur, pie (fam.), rhéteur.

PHTISIE □ Consomption (vx), étisie, mal de poitrine (pop.), tuberculose.

PHTISIQUE □ adj. et n. Consomptif, poitrinaire, tuberculeux.

PHYSIONOMIE □ Air, apparence, aspect, attitude, caractère, contenance, expression, face, faciès, figure, manière, masque, mimique, mine, physique, traits, visage. → *tête.*

PHYSIQUE □ **I. Adj.** : charnel, corporel, matériel, naturel, organique, physiologique, réel, sexuel (par ext.), somatique. **II. Nom masc.** *1.* → *physionomie.* *2.* → *mine.* **III. Nom fém.** : acoustique, aérodynamique, aérologie, astrophysique, biophysique, calorimétrie, cinématique, cryoscopie, dioptrique, dynamique, électricité, électrodynamique, électromagnétisme, électronique, hydraulique, hydrodynamique, hydrostatique, magnétisme, mécanique, mécanique ondulatoire, optique, optométrie, statique, thermodynamique.

PIAFFER □ → *piétiner.*

PIAILLARD, E □ → *braillard.*

PIAILLEMENT, PIAULEMENT □ → *cri.*

PIAILLER □ → *crier.*

PIANOTER □ **I.** → *jouer.* **II.** → *frapper.*

PIAULER □ → *crier.*

PIC □ **I.** → *mont.* **II.** → *sommet.* **III. Loc. À pic. 1.** → *escarpé.* **2.** → *propos (à).*

PICAILLE, PICAILLON(S) □ → *argent.*

PICHENETTE □ → *chiquenaude.*

PICHET □ → *pot.*

PICKPOCKET □ → *voleur.*

PICK-UP □ → *phonographe.*

PICORER □ **I. Au pr.** *1.* → *manger.* *2.* → *voler.* **II. Fig.** → *imiter.*

PICOTÉ, E □ **I.** → *piqué.* **II.** → *marqué.*

PICOTEMENT □ Chatouillement, démangeaison, formication, fourmillement, fourmis, impatiences, mordication (vx), piqûre, prurigo, prurit, urtication.

PICOTER □ **I. Au pr.** → *piquer.* **II. Fig.** → *taquiner.*

PIE □ **I.** Agace, agasse, ageasse. **II. Fig.** : avocat, avocat sans cause, babillard, bavard, jacasseur, phraseur.

PIÈCE □ **I. D'un appartement** : alcôve, antichambre, billard, boudoir, cabinet, carrée (fam.), chambre, cuisine, débarras, dépense, entrée, êtres, fumoir, galerie, galetas, hall, jardin d'hiver, lingerie, living-room, loge, mansarde, office, piaule (fam.), réduit, resserre, salle, salle à manger, salle de bains, salle de séjour, salon, souillarde, taule (arg.), toilettes, turne (fam.), vestibule, water-closet, W.-C. **II. De tissu** : coupe, coupon. **III. De monnaie** : écu, jaunet, louis, napoléon, thune (arg.). **IV. De vin** → *tonneau.* **V. D'eau** : bassin, canal, étang, lac, miroir, vivier. **VI. D'artillerie** : bombarde, bouche à feu, canon, caronade, couleuvrine, crapouillot, émerillon, faucon, mortier, obusier, pierrier. **VII. Spectacle** : ballet, caleconnade (péj.), comédie, dit, drame, farce, féerie, fête, film, impromptu, intermède, mystère, opéra, opérabouffe, opérette, pantomime, pastorale, saynète, show, sotie, tragédie, tragi-comédie. **VIII. De musique** : cantate, caprice, composition, concerto, exercice, fugue, lied, morceau, ouverture, sérénade, sonate, suite, symphonie. **IX. De vers** → *poème.* **X. Par ext.** *1.* → *partie.* *2.* → *morceau.* *3.* → *gratification.* *4.* Document, note, preuve, titre.

PIED □ **I. De l'animal** *1.* → *patte.* *2.* → *ongle.* **II. De l'homme arg. ou fam.** : arpion, badigeon, fumeron, griffe, haricot, latte, nougat, panard, patte, paturon, pédibus, peton, pince, pinceau, pinglot, pingouin, reposoir, ribouis, rigadin, ripaton, trottignolle. **III. Par ext.** *1.* Assise, bas, chevet, fondement. → *base.* *2.* Anapeste, choriambe, dactyle, iambe, mètre, spondée, syllabe, tribraque, trochée. *3.* Byssus. → *pédicule.*

PIED-À-TERRE □ Appartement, garçonnière, halte, logement, relais.

PIÉDESTAL □ Base, piédouche, plinthe, scabellon, socle, support.

PIED-PLAT □ **I.** → *lâche.* **II.** → *vaurien.*

PIÈGE □ **I. Au pr.** : amorce, appât, appeau, arbalète, attrape, chatière, chausse-trape, collet, dardière, filet, gluau, glu, hameçon, hausse-pied, lacet, lacs, miroir à alouettes, mésangette, moquette, nasse, panneau, pas-de-loup, piège à loup, pipeaux, ratière, reginglette, souricière, taupière, tendelle, trappe, traquenard, traquet, trébuchet, turlutte. **II. Fig.** : artifice, attrape-nigaud, chausse-trape, écueil, embûche, embuscade, feinte, guêpier, guet-apens, leurre, machine, panneau, piperie (vx), ruse, souricière, surprise, traquenard.

PIÉGER ☐ **I.** → *chasser.* **II.** → *prendre.*

PIERRE ☐ **I. Au pr. :** boulder, caillasse, cailloux, dalle, galet, gemme, gravier, minéral, moellon, palet, parpaing, pavé, pierraille, roc, roche, rocher. **II. 1. Arch. :** claveau, clef (de voûte), vousseau, voussoir. **2. À bâtir :** ardoise, cliquart, coquillart, granit, grès, lambourde, liais, marbre, meulière, porphyre, travertin, tuf, tuffeau. **3. Précieuse :** agate, aigue-marine, alabandine, améthyste, béryl, brillant, calcédoine, chrysolithe, chrysoprase, corindon, cornaline, diamant, émeraude, escarboucle, girasol, grenat, hépatite, hyacinthe, jacinthe, jade, jargon, jaspe, lapis-lazuli, lazulite, malachite, onyx, outremer, péridot, quartz, rubis, sanguine, saphir, spinelle, topaze, tourmaline, turquoise, zircon. **4. Reconstituée :** aventurine, doublet, happelourde, strass. **5. Industr. :** bauxite, gypse, minerai, pechblende, périgueux, silex. **6.** Aérolithe, bolide, météorite. **7. Méd. :** bézoard, calcul, concrétion, gravier, hippolithe.

PIERREUX, EUSE ☐ Caillouteux, graveleux, rocailleux, rocheux.

PIERROT ☐ **I. Au pr. :** masque, pantin. **II. Par ext. 1.** Moineau, oiseau. **2.** Drôle, homme, individu, niais, zig, zigoto.

PIETÀ ☐ Mater dolorosa, Vierge aux douleurs/aux sept douleurs/douloureuse.

PIÉTAILLE ☐ **I.** Biffe (arg.), fantassin, infanterie. **II.** Foule, multitude, peuple, piétons.

PIÉTÉ ☐ **I.** → *religion.* **II.** → *respect.*

PIÉTINER ☐ **I. V. intr. :** s'agiter, frapper/taper du pied, patauger, piaffer, piler du poivre (fam.), trépigner. **II. V. tr. :** fouler, marcher sur.

PIÉTON ☐ Biffin (arg.), fantassin, piétaille.

PIÈTRE ☐ Chétif, dérisoire, faible, insignifiant, médiocre, mesquin, minable, misérable, miteux, pauvre, petit, ridicule, sans valeur, singulier, triste.

PIEU ☐ **I. Au pr. :** bâton, échalas, épieu, pal, palis, pilot, pilotis, piquet, poteau, rame. **II. Arg.** → *lit.*

PIEUX, EUSE ☐ **I. Favorable :** croyant, dévot, édifiant, fervent, mystique, religieux, respectueux, zélé. **II. Non favorable :** bigot, cafard, cagot, hypocrite, tartufe. **III. Loc. Vœu pieux :** hypocrite, inutile, utopique, vain.

PIF ☐ **Fam.** → *nez.*

PIGEON ☐ **I. Au pr. :** → *colombin.* **II. Fig.** → *naïf.*

PIGEONNIER ☐ **I. Au pr. :** colombier, fuie, volet, volière. **II. Par ext. 1.** Grenier, mansarde. **2. Théâtre :** paradis, poulailler.

PIGMENT ☐ Couleur, grain, pigmentation, tache.

PIGMENTÉ, E ☐ Agrémenté, coloré, fleuri, orné, tacheté.

PIGNADE ☐ Pinède.

PIGNOCHER ☐ **I.** Faire le/la difficile, grappiller, manger sans appétit, mordiller, picorer. **II.** Bricoler, lécher. **III.** → *peindre.*

PIGNON ☐ → *comble.*

PIGNOUF ☐ **I.** → *avare.* **II.** Grossier, malapris, mal élevé, rustre. **III. Péj.** → *paysan.*

PILASTRE ☐ Antre, colonne, montant, pile, pilier, soutènement, soutien, support.

PILE ☐ **I. Au pr.** → *amas.* **II. Fig. 1.** → *insuccès.* **2.** → *volée.* **3.** → *revers.*

PILER ☐ Broyer, concasser, corroyer, pulvériser, triturer. **II. Loc. Piler du poivre** → *piétiner.*

PILIER ☐ **I. Au pr.** → *colonne.* **II. Fig. :** défenseur, soutien.

PILLAGE ☐ Brigandage, concussion, curée, déprédation, détournement, exaction, malversation, maraudage, maraude, pillerie, plagiat, prédation, rapine, razzia, sac, saccage, saccagement, volerie.

PILLARD, E ☐ Brigand, corsaire, détrousseur, écumeur, maraudeur, pandour, pilleur, pirate, plagiaire, ravageur, ravisseur, routier (vx), saccageur, sangsue, usurpateur, voleur.

PILLER ☐ **I. Au pr. :** assaillir, butiner (vx), dépouiller, dérober, détrousser, dévaliser, écrémer, écumer, marauder, pirater, prendre, ravager, ravir, saccager, usurper, voler. **II. Fig.** → *imiter.*

PILON ☐ **I.** Broyeur. **II.** Bourrou, dame, demoiselle, hie. **III.** Jambe de bois.

PILONNER ☐ Bombarder, cogner, écraser, frapper, marteler.

PILORI ☐ **I. Au pr. :** carcan, poteau. **II. Par ext. :** mépris, vindicte. **III. Loc. Clouer/mettre au pilori :** flétrir, signaler à l'indignation/au mépris/à la vindicte.

PILOSISME ☐ Hirsutisme.

PILOTAGE ☐ Conduite, direction, guidage, lamanage, navigation, téléguidage.

PILOTE ☐ **I. Au pr. :** barreur, capitaine au long cours, homme de barre, lamaneur, locman, nautonier, nocher, timonier. **II. Par ext. :** conducteur, directeur, guide, mentor, responsable.

PILOTER ☐ **I.** → *conduire.* **II.** → *diriger.*

PILOTIS ☐ → *pieu.*

PILULE □ **I. Au pr. :** bol, boule, boulette, dragée, globule, grain, granule, granulé, ovule. **II.** Cachet, comprimé, gélule, implant, pellet. **III.** Désagrément, échec, mortification.

PIMBÊCHE □ Bêcheuse, caillette, chichiteuse, chipie, mijaurée, pécore, perruche, pie-grèche.

PIMENT □ **I. Au pr. :** aromate, assaisonnement, paprika, poivron. **II. Par ext. 1.** Intérêt, saveur, sel. **2.** Charme, chien, sex-appeal.

PIMENTÉ, E □ → obscène.

PIMENTER □ **I. Au pr. :** assaisonner, épicer, relever. **II. Fig. :** agrémenter, ajouter, charger.

PIMPANT, E □ **I.** → alerte. **II.** → juvénile. **III.** → élégant.

PINACLE □ **I.** Apogée, comble, faîte, haut, sommet. **II. Loc. Porter au pinacle** → louer.

PINACOTHÈQUE □ Collection, galerie, musée.

PINAILLAGE □ → argutie.

PINAILLER □ Chercher la petite bête, ergoter, pignocher, ratiociner.

PINARD □ → vin.

PINCE □ **I. 1.** Barre à mine, levier, pied-de-biche, rossignol. **2.** Bec de corbeau/corbin, tenailles. **3. Chir. :** clamp, davier, forceps. **4.** Bercelle, brucelles. **5. Arg. :** dingue, jacque, plume. **II.** Fronce, pli. **III.** → patte.

PINCÉ, E □ **Par ext. I.** → étudié. **II.** → mince.

PINCEAU □ **I. Au pr. :** blaireau, brosse, pied-de-biche, queue-de-morue. **II. Par ext. 1.** → touffe. **2.** → style.

PINCE-FESSES □ → bal.

PINCE-NEZ □ Besicle, binocle, lorgnon.

PINCER □ **I. Au pr.** → presser. **II. Par ext.** → piquer. **III. Fig.** → prendre.

PINCE-SANS-RIRE □ → plaisant.

PINCETTE □ **I. Au sing. :** pince, tenaille. **II. Au pl.** → pique-feu.

PINDARIQUE □ Ampoulé, emphatique.

PINÈDE □ Bois/forêt/plantation de pins, pignada, pignade, pineraie, pinière.

PINGOUIN □ Guillemot, macareux, manchot, mergule.

PING-PONG □ Tennis de table.

PINGRE □ adj. et n. → avare.

PINTE □ Chope, chopine, demi, fillette, roquille, setier.

PINTER □ v. tr. et intr. Boire, s'imbiber, ingurgiter, picoler, pomper, téter. → boire, enivrer (s').

PIOCHE □ Bigot, houe, pic, piémontaise, piolet.

PIOCHER □ **I. Au pr. :** creuser, fouiller, fouir. **II. Fig. 1.** Besogner, bûcher, chiader (fam.), étudier, peiner, travailler. **2.** → prendre.

PION, NE □ → surveillant.

PIONCER □ → dormir.

PIONNIER □ Bâtisseur, créateur, défricheur, promoteur, protagoniste, squatter.

PIOT □ → vin.

PIPE □ Bouffarde, brûle-gueule, cachotte, calumet, chibouque, cigarette (par ext. arg.), houka, jacob, kalioun, narguilé.

PIPEAU □ **I.** → flûte. **II.** → piège.

PIPELET □ → portier.

PIPE-LINE □ Canal, canalisation, conduite, oléoduc, tube, tuyau.

PIPER □ **I. V. intr. 1. Au pr. :** crier, frouer, glousser, pépier, piauler. **2. Loc.** Ne pas piper. → taire (se). **II. V. tr. :** attraper, leurrer, prendre, séduire, tromper, truquer.

PIPERIE □ Duperie, fourberie, leurre, perfidie, tromperie, truquage. → piège.

PIPETTE □ Compte-gouttes, tâte-vin.

PIPEUR, EUSE, ERESSE □ n. et adj. Filou, fourbe, tricheur. → voleur.

PIPI □ → urine.

PIPIT □ Farlouse. → passereau.

PIQUANT □ **I. Au pr. :** aiguille, aiguillon, ardillon, épine, pointe. → pique. **II. Par ext. 1. De quelqu'un :** agrément, beauté, charme, enjouement, finesse, sex-appeal. **2. De quelque chose :** assaisonnement, condiment, intérêt, mordant, pittoresque, sel.

PIQUANT, E □ **I. Au pr. :** acéré, perforant, pointu. **II. Fig. 1. Un froid** → vif. **2. Un propos :** acerbe, acide, aigre, amer, caustique, malicieux, moqueur, mordant, satirique, vexant. **3. Une douleur :** aigu, cuisant, douloureux, lancinant, poignant, térébrant. **4. Favorable :** agréable, amusant, beau, bon, charmant, curieux, enjoué, excitant, fin, inattendu, intéressant, joli, mutin, plaisant, pittoresque, spirituel, vif.

PIQUE □ **I. Au pr. :** dard, esponton, hallebarde, lance, pertuisane. **II. Par ext. :** aigreur, allusion, blessure, brouille, brouillerie, dépit, épine, invective, méchanceté, mésintelligence, mot, parole, piquant.

PIQUÉ, E □ **I.** Entamé, mangé aux vers, percé, picoté, piqueté, rongé, troué, vermoulu. **II.** Vexé. **III.** Acide, aigre, corrompu, gâté, tourné. **IV.** Cinglé, dérangé, fou, timbré, toqué.

PIQUE-ASSIETTE □ Écornifleur, écumeur de tables, parasite.

PIQUE-FEU □ Badines, fourgon, pincettes, ringard, tisonnier.

PIQUE-NIQUE □ Déjeuner sur l'herbe, partie de campagne, repas en plein air, surprise-partie.

PIQUE-NIQUER □ **Fam.** : saucissonner.

PIQUER □ **I. Au pr.** : aiguillonner, darder, enfoncer, éperonner, larder, percer. **II. Par ext. 1.** Attaquer, mordre, ronger, trouer. **2. Méd.** : immuniser, vacciner. **3.** Moucheter, parsemer, piqueter, tacheter. **4.** Attacher, fixer, capitonner, contrepointer, coudre, épingler, faufiler. **5.** Brûler, cuire, démanger, gratter, picoter, pincer, poindre (vx), saisir. **III. Fig. 1. Non favorable** : agacer, aigrir, atteindre, blesser, critiquer, égratigner, ennuyer, fâcher, froisser, irriter, offenser, taquiner, vexer. **2. Favorable** : chatouiller, éveiller, exciter, impressionner, intéresser, intriguer. **IV. Fam. 1.** → *voler*. **2. Piquer un coupable** : coincer, cueillir, pincer, prendre, saisir. → *arrêter*. **V. Loc. Piquer des deux** : aller, s'élancer, foncer. **VI. V. pron. : 1.** → *pourrir*. **2.** Se fâcher, se formaliser, se froisser, s'offenser, s'offusquer, prendre la mouche, se vexer. **3.** S'opiniâtrer, prendre à cœur/au sérieux. **4.** Affecter, se glorifier de, prétendre, se vanter.

PIQUET □ **I.** → *pieu*. **II.** Garde.

PIQUETÉ, E □ Marqueté, piqué, tacheté.

PIQUETER □ **I.** Borner, jalonner, marquer, tracer. **II.** → *piquer*.

PIQUETTE □ **I. Au pr.** : boisson, boite, buvande, criquet, halbi, kéfir, poiré. **II. Non favorable** : bibine, gnognote, petite bière, vinasse. **III. Fam.** : déculottée, dérouillée, frottée, lecon, pile, rossée, rouste, volée.

PIQÛRE □ → *picotement*.

PIRATE □ **I. Au pr.** : boucanier, corsaire, écumeur, flibustier, forban. **II. Fig.** : bandit, escroc, filou, requin. → *voleur*.

PIRATER □ **I. Au pr.** → *piller*. **II.** → *imiter*.

PIRATERIE □ Flibuste. → *vol*.

PIRE □ adj. et adv. Pis, plus mal/mauvais *et les syn. de* MAUVAIS.

PIROGUE □ Canoë, canot, embarcation, pinasse, yole. → *bateau*.

PIROUETTE □ **I. Au pr.** : moulinet, toton, toupie. **II. Par ext.** : acrobatie, cabriole, galipette, saut, saut périlleux. **III. Fig.** : changement, faux-semblant, retournement, revirement, tour de passe-passe, volte-face.

PIROUETTER □ → *tourner*.

PIS □ → *pire*.

PIS □ Mamelle, tétine.

PISCINE □ Baignoire, bain, bassin, pièce d'eau, réservoir, thermes.

PISSE □ Eau, urine, pipi, pissat.

PISSENLIT □ Dent-de-lion, fausse chicorée.

PISSER □ **I. V. intr. 1. Au pr.** : → *uriner*. **2. Par ext.** : couler, fuir, suinter. **II. V. tr. 1. Au pr.** : évacuer, faire, perdre. **2. Fig.** : compiler, produire, rédiger.

PISSOTIÈRE □ → *urinoir*.

PISTE □ **I.** → *trace*. **II.** → *sentier*. **III.** → *chemin*. **IV. Aviat.** : chemin de roulement, taxiway.

PISTER □ Dépister, épier, filer, guetter, prendre en chasse/filature, rechercher, suivre, surveiller.

PISTOLET □ **I.** Arme, browning, colt, parabellum, revolver. **II. Arg.** : arquebuse, artillerie, bouledogue, calibre, clarinette, feu, flingot, flingue, pétard, pétoire, poinçonneuse, riboustin, rigolo, seringue, soufflant, sulfateuse. **III.** → *type*.

PISTON □ **Fig.** : appui, coup de brosse/de pinceau/de pouce, intervention, parrainage, patronage, protection, recommandation, soutien.

PISTONNER □ Appuyer, intervenir, parrainer, patronner, pousser, protéger, recommander, soutenir.

PITANCE □ Casse-croûte, nourriture, pâtée, rata, ration, subsistance.

PITEUX, EUSE □ → *pitoyable*.

PITIÉ □ **I. Favorable ou neutre** : apitoiement, attendrissement, bonté, charité, cœur, commisération, compassion, compréhension, humanité, indulgence, mansuétude, miséricorde, sensibilité, sympathie. **II. Par ext.** : grâce, merci. **III. Non favorable** : dédain, mépris.

PITON □ **I. Au pr.** : aiguille, éminence, pic, sommet. **II. Fam.** → *nez*.

PITOYABLE □ **I. Favorable** : compatissant, généreux, humain, indulgent, miséricordieux. → *bon*. **II. Non favorable** : catastrophique, décourageant, déplorable, douloureux, funeste, lamentable, mal, malheureux, mauvais, médiocre, méprisable, minable, misérable, moche, navrant, pauvre, piteux, triste. **III. Par ext.** : attendrissant, émouvant, larmoyant.

PITRE □ Acrobate, baladin, bateleur, bouffon, clown, comédien, comique, escamoteur, gugus, jocrisse, matassin, paillasse, pasquin, plaisant, rigolo, saltimbanque, singe, turlupin, zig, zigomard, zigoto.

PITRERIE □ Acrobatie, bouffonnerie, clownerie, comédie, facétie, grimace, joyeuseté, pasquinade, plaisanterie, singerie, sottise, tour, turlupinade.

PITTORESQUE □ **I. Adj. Par ext.** : accidenté, beau, captivant, charmant, coloré, enchanteur, folklorique, intéressant, original, piquant, typique. **II. Nom.** : caractère, coloris, couleur locale, folklore, originalité.

PIVOT ☐ **I. Au pr.** : axe, tourillon. **II. Par ext.** : appui, base, centre, origine, racine, soutien, support. **III. Fig.** : cheville ouvrière, instigateur, organisateur, responsable.

PIVOTER ☐ → *tourner*.

PLACAGE ☐ **I.** *L'action de plaquer :* application, garnissage, revêtement. **II.** *Le matériau :* garniture, revêtement. **III. Fig.** → *abandon*.

PLACARD ☐ **I.** Armoire, buffet, penderie. **II.** Affiche, avis, écriteau, feuille, libellé, pancarte.

PLACARDER ☐ → *afficher*.

PLACE ☐ **I.** Agora, esplanade, forum, parvis, placette, rond-point, square. **II. Milit.** : citadelle, forteresse. **III.** Emplacement, endroit, espace, lieu, terrain. **IV.** Charge, condition, dignité, emploi, fonction, métier, position, poste, rang, situation. **V.** Agencement, arrangement, installation. **VI.** Étiquette, protocole. **VII.** Fauteuil, siège.

PLACEMENT ☐ Investissement, mise de fonds.

PLACENTA ☐ Arrière-faix, cotylédon, délivrance, délivre.

PLACER ☐ **I. Au pr.** : abouter, adosser, agencer, ajuster, aposter, appliquer, arranger, asseoir, bouter, camper, caser, charger, classer, cloquer (arg.), coucher, déposer, disposer, dresser, échelonner, élever, ériger, établir, exposer, ficher, fixer, flanquer, fourrer, installer, interposer, localiser, loger, mettre, nicher, ordonner, planter, poser, ranger, remiser, serrer, situer. **II. Par ext.** *1. Quelqu'un dans un emploi, à un rang :* attacher à, caser, constituer, instituer, mettre. *2. Quelque chose à une fonction :* assigner, fonder. *3. De l'argent :* investir, mettre, prêter, risquer. *4.* → *vendre*.

PLACET ☐ → *requête*.

PLACIDE ☐ Calme, décontracté, doux, flegmatique, froid, imperturbable, indifférent, modéré, pacifique, paisible, quiet, serein, tranquille.

PLACIDITÉ ☐ Calme, douceur, flegme, froideur, indifférence, modération, quiétude, sang-froid, sérénité.

PLACIER, ÈRE ☐ Commis voyageur, courtier, démarcheur, démonstrateur, placeur, représentant, vendeur, voyageur.

PLAFOND ☐ **I. Au pr.** : plancher. **II. Par ext.** : caisson, lambris, soffite, solive, voûte.

PLAFONNEMENT ☐ → *réduction*.

PLAFONNER ☐ **I. V. tr.** : garnir. **II. V. intr.** : atteindre la limite, culminer, marquer le pas. → *réduire*.

PLAGE ☐ Bain/bord de mer, côte, grève, marine (vx).

PLAGIAIRE ☐ Compilateur, contrefacteur, copiste, écumeur, imitateur, larron, pillard, pilleur, usurpateur.

PLAGIAT ☐ Calque, compilation, contrefaçon, copie, démarquage, emprunt, imitation, larcin, pastiche, pillage, usurpation.

PLAGIER ☐ → *imiter*.

PLAID ☐ Couverture, poncho, tartan.

PLAIDER ☐ **I. V. intr.** : défendre/introduire une cause/une instance/une procédure/un procès, intenter un procès. **II. V. tr.** : défendre, soutenir.

PLAIDEUR, EUSE ☐ Accusateur, chicaneur (péj.), colitigant, contestant, défenseur, demandeur, partie, plaignant.

PLAIDOIRIE ☐ Action, défense, plaid (vx), plaidoyer.

PLAIDOYER ☐ Apologie, défense, éloge, justification. → *plaidoirie*.

PLAIE ☐ **I.** Ulcération. → *blessure*. **II.** → *calamité*.

PLAIGNANT, E ☐ → *plaideur*.

PLAIN, PLAINE ☐ → *égal*.

PLAINDRE ☐ **I. Au pr.** : s'apitoyer, s'attendrir, compatir, prendre en pitié. **II. Par ext.** → *regretter*. **III. V. pron.** : *1.* → *gémir*. *2.* → *inculper*.

PLAINE ☐ Bassin, campagne, champ, champagne, étendue, nappe, pampa, pénéplaine, rase campagne, steppe, surface, toundra, vallée.

PLAINTE ☐ **I.** → *gémissement*. **II.** → *reproche*. **III. Loc.** *Porter plainte* → *inculper*.

PLAINTIF, IVE ☐ Dolent, geignant, geignard, gémissant, larmoyant, plaignard, pleurard, pleurnichant, pleurnichard, pleurnicheur.

PLAIRE ☐ Aller, agréer, attirer, botter, captiver, chanter, charmer, chatouiller, complaire, contenter, convenir, dire, enchanter, exciter, faire plaisir, fasciner, flatter, gagner, intéresser, parler, ravir, réjouir, revenir, satisfaire, séduire, sourire. **V. pron.** : aimer, s'amuser, s'appliquer, s'assortir, se complaire, se délecter, se divertir, se donner, être à l'aise, goûter, s'intéresser, se trouver bien et *les formes pron. possibles des syn. de* PLAIRE.

PLAISANCE ☐ Agrément, amusement, divertissement, loisir, luxe, plaisir.

PLAISANT, E ☐ **I. Adj.** : agréable, aimable, amusant, attirant, attrayant, badin, beau, bon, captivant, charmant, comique, curieux, divertissant, drôle, engageant, excitant, facétieux, falot (vx), folâtre, folichon (fam.), enchanteur, gai, gentil, goguenard, gracieux, humoriste, intéressant, joli, joyeux, piquant, récréatif, rigolo (fam.), séduisant, spirituel, sympathique. → *risible*. **II. Nom :** baladin, blagueur, bon vivant, bouffon, boute-en-train, clown, comique, facétieux, farceur, fumiste, gaillard, histrion, impertinent, loustic, moqueur, pasquin, pince-sans-rire, pitre, plaisantin, polichinelle, railleur, ridicule, rigolo, saltimbanque, turlupin, zigoto.

PLAISANTER □ **I. V. intr. :** s'amuser, badiner, batifoler, blaguer, bouffonner, charrier (fam.), folâtrer, galéjer (fam.), se gausser, mentir, rigoler (fam.), rire. **II. V. tr. :** asticoter (fam.), blaguer, charrier, chiner, se moquer, railler, taquiner, tourner en ridicule, turlupiner.

PLAISANTERIE □ Amusoire, astuce, attrape, badinage, badinerie, bagatelle, bateau, bêtise, bon mot, bourde, boutade, calembour, calembredaine, canular, charge, clownerie, comédie, espièglerie, facétie, farce, gaillardise, galéjade, gaudriole (fam.), gauloiserie, gausse, gentillesse, goguenardise, gouaillerie, hâblerie, humour, joyeuseté, lazzi, malice, moquerie, mot pour rire, mystification, niche, pasquinade, pièce, pirouette, pitrerie, poisson d'avril, quolibet, raillerie, rocambole, saillie, satire, taquinerie, tour, turlupinade, vanne (arg.), zwanze (belgianisme). → *obscénité*.

PLAISANTIN □ → *plaisant*.

PLAISIR □ **I. Au pr. 1.** Agrément, aise, bien-être, bonheur, charme, complaisance, contentement, délectation, délices, distraction, divertissement, ébats, épicurisme, euphorie, félicité, gaieté, hédonisme, jeu, joie, jouissance, passe-temps, plaisance (vx), récréation, régal, réjouissance, satisfaction. → *volupté*. **2.** Assouvissement, concupiscence, lasciveté, libido, luxure, orgasme, sensualité. **3. Arg. :** fade, panard, pied, pinglot, taf. → *jouir*. **4. Par ext.** → *bienfait*. **II. Loc. 1. Faire le plaisir de :** amitié, faveur, grâce, service. **2. Prendre plaisir à** → *aimer*.

PLAN □ **I.** Hauteur, niveau, perspective. **II.** Canevas, carte, carton, coupe, crayon, croquis, dessin, diagramme, ébauche, élévation, épure, esquisse, ichnographie, levé, maquette, modèle, schéma, schème. **III.** Batterie, calcul, combinaison, dessein, disposition, entreprise, idée, martingale, organisation, planning, stratégie, tactique. → *projet*. **IV.** Cadre, carcasse, charpente, économie, ordre, squelette. **V. D'un avion :** aile, empennage, voilure.

PLAN, PLANE □ Aplani, égal, nivelé, plat, uni.

PLANCHE □ **I. Au pr. :** ais, bardeau, chanlatte, dosse, douelle, douve, latte, madrier, palplanche, parquet, planchette, sapine, volige. **II. Par ext. 1.** → *image*. **2. Au pl. :** balle, scène, spectacle, théâtre, tréteaux. **3.** Corbeille, massif, parterre, plate-bande.

PLANCHER □ **I. Au pr. :** parquet, plafond (vx). **II. Par ext. :** échafaud, échafaudage, estrade, plateforme, platelage.

PLANER □ **I. Au pr.** → *voler*. **II. Fig. :** superviser, survoler, voir.

PLANÈTE □ Astre, étoile.

PLANIFICATION □ → *programme*.

PLANIFIER □ Calculer, diriger, établir, faire des calculs/projets, orchestrer, organiser, prévoir, projeter, tirer des plans.

PLANISPHÈRE □ Géorama, mappemonde, mercator, projection plane. → *carte*.

PLANNING □ → *programme*.

PLANQUE □ **I.** → *cachette*. **II.** → *combine*.

PLANQUER □ → *cacher*.

PLANT □ **I.** → *tige*. **II.** → *plantation*.

PLANTATION □ **I. L'action :** boisement, peuplement, plantage (vx), reboisement, repiquage. **II. Le lieu :** amandaie, bananeraie, boulaie, buissaie, caféière, cannaie, câprière, cerisaie, charmille, charmoie, châtaigneraie, chênaie, cotonnerie, coudraie, figuerie, fraisière, frênaie, hêtraie, mûreraie, noiseraie, olivaie, oliveraie, olivette, orangerie, ormaie, oseraie, palmeraie, peupleraie, pignada, pignade, pinède, platanaie, poivrière, pommeraie, potager, prunelaie, roseraie, safranière, sapinière, saulaie, tremblaie, vanillerie, verger, vigne, vignoble.

PLANTE □ Arbre, arbuste, céréale, graminée, herbe, légumineuse, liane, simple, végétal.

PLANTER □ **I. Au pr. :** boiser, cultiver, ensemencer, peupler, reboiser, repeupler, repiquer, semer. **II. Par ext. 1.** Enfoncer, faire entrer, ficher, fixer, implanter, introduire, mettre. **2.** Aposter, arborer, camper, dresser, élever, poser. **III. Loc. Planter là :** abandonner, laisser, plaquer, quitter. **IV. V. pron. :** s'arrêter, se dresser, se poster.

PLANTOIR □ Taravelle (rég.).

PLANTON □ Ordonnance, sentinelle, soldat.

PLANTUREUX, EUSE □ Abondant, copieux, corsé, dodu, gras, fécond, fertile, luxuriant, opulent, prospère, riche.

PLAQUAGE □ → *abandon*.

PLAQUE □ **I.** Crapaudine, contre-cœur, contre-feu. **II.** → *lame*. **III.** → *inscription*.

PLAQUER □ **I. Au pr. :** aplatir, appliquer, coller, contre-plaquer. **II. Fam. :**

abandonner, balancer, lâcher, laisser choir/tomber, planter là, quitter.

PLAQUETTE ◻ Brochure, livraison, livret, revue.

PLASTICITÉ ◻ **I. De quelque chose :** malléabilité, mollesse, souplesse. **II. De quelqu'un** → *obéissance.*

PLASTIQUE ◻ **I. Nom :** forme, modelage, modelé, sculpture, statuaire. **II. Adj. :** flexible, malléable, mou, sculptural.

PLASTRONNER ◻ v. tr. et intr. → *poser.*

PLASTRONNEUR ◻ → *orgueilleux.*

PLAT ◻ **I.** Mets, morceau, pièce, spécialité, tian (mérid.). **II.** Compotier, légumier, ravier, vaiselle.

PLAT, E ◻ **I. Au pr. 1.** Égal, plain, ras, uni. **2.** Aplati, camard, camus, dégonflé, écaché, mince. **II. Fig. 1.** Banal, décoloré, fade, froid, médiocre, mesquin, pauvre. **2.** Bas, servile, vil.

PLATEAU ◻ **Par ext. :** planches, scène, théâtre, tréteaux.

PLATE-BANDE ◻ Ados, corbeille, massif, parterre, planche.

PLATE-FORME ◻ **I. Au pr. :** balcon, belvédère, échafaud, estrade, étage, galerie, palier, plancher, terrasse. **II. Milit. :** banquette, barbette. **III. Par ext. :** plateau, wagon plat. **IV. Fig.** → *programme.*

PLATITUDE ◻ **I. De quelqu'un :** aplatissement, avilissement, bassesse, courbette, grossièreté, humilité, insipidité, obséquiosité, petitesse, sottise, vilenie. **II. De quelque chose :** banalité, fadaise, fadeur, lieu commun, médiocrité, truisme.

PLATONICIEN, ENNE ◻ n. et adj. Essentialiste, idéaliste.

PLATONIQUE ◻ **I. Au pr. :** → *platonicien.* **II. Par ext. :** chaste, éthéré, formel, idéal, pur, théorique.

PLATONISME ◻ Essentialisme, idéalisme.

PLÂTRAS ◻ Débris, décharge, décombres, gravats.

PLÂTRÉ, E ◻ Artificiel, couvert, déguisé, dissimulé, fardé, faux, feint, simulé.

PLÂTRER ◻ **I. Au pr. :** couvrir, enduire, garnir, sceller. **II. Agr.** → amender. **III. Fig.** → *déguiser.* **IV. V. pron. :** farder (se).

PLAUSIBILITÉ ◻ Acceptabilité, admissibilité, apparence, possibilité, probabilité, recevabilité, vraisemblance.

PLAUSIBLE ◻ Acceptable, admissible, apparent, concevable, crédible, croyable, pensable, possible, probable, recevable, vraisemblable.

PLAY-BACK ◻ Présonorisation.

PLAY-BOY ◻ → *amant.*

PLÈBE ◻ **I. Au pr. :** foule, peuple, population, prolétariat. **II. Non favorable :** populace, populo, racaille.

PLÉBÉIEN, ENNE ◻ **I. Nom :** prolétaire. **II. Adj. :** ordinaire, populaire.

PLÉBISCITE ◻ Appel au peuple/à l'opinion publique, consultation populaire, référendum, vote.

PLÉBISCITER ◻ **I.** → *choisir.* **II.** → *confirmer.*

PLECTRE ◻ Médiator.

PLÉIADE ◻ Foule, grand nombre, groupe, multitude, phalange.

PLEIN, PLEINE ◻ **I. Au pr. :** bondé, bourré, chargé, comble, complet, couvert, débordant, farci, ras, rempli, saturé. **II. Par ext. : 1.** Abondant, ample, arrondi, dense, dodu, étoffé, gras, gros, massif, plantureux, potelé, rebondi, replet, rond. **2.** Empreint de, respirant. **III. Non favorable. 1.** → *ivre.* **2. Plein de soi :** bouffi, égoïste, enflé, enivré, infatué, orgueilleux. **3.** Bourré, gavé, regorgeant, repu. **IV.** Entier, total, tout.

PLEINEMENT ◻ Absolument, beaucoup, tout à fait, très, *et les adv. en -ment dérivés des syn. de* PLEIN.

PLÉNIER, ÈRE ◻ Complet, entier, total.

PLÉNIPOTENTIAIRE ◻ → *ambassadeur.*

PLÉNITUDE ◻ **I.** Abondance, ampleur, contentement, intégrité, satiété, satisfaction, saturation, totalité. **II.** Âge mûr, épanouissement, force de l'âge, maturité.

PLÉONASME ◻ Battologie, cheville, datisme, périssologie, redondance, répétition, tautologie.

PLÉTHORE ◻ Abondance, engorgement, excès, réplétion, saturation, surabondance, surplus.

PLÉTHORIQUE ◻ → *abondant.*

PLEUR ◻ **I.** → *larme.* **II.** → *pleurs.*

PLEURANT, E, PLEURARD, E ◻ → *pleureur.*

PLEURER ◻ **I. V. intr. 1.** Gémir, répandre/verser des larmes, sangloter. **2. Fam. :** brailler, braire, chialer, chigner, crier, hurler, larmoyer, miter, pleurnicher, vagir, zerver. **3. Fig. :** s'apitoyer, se lamenter. **II. V. tr. :** déplorer, plaindre, regretter.

PLEUREUR, EUSE ◻ n. et adj. Braillard (péj.), chagrin, geignant, geignard, gémissant, larmoyant, pleurant, pleurard, pleurnichant, pleurnichard, pleurnicheur, vagissant.

PLEURS ◻ Cris, gémissements, hurlements, lamentations, plaintes, sanglots, vagissements. → *larme.*

PLEUTRE ◻ n. et adj. → *lâche.*

PLEUVOIR ◻ **I. Au pr. :** bruiner, couler, dégringoler (fam.), flotter (fam.), pisser (fam.), pleuvasser, pleuviner, pleuvoter, pluviner, tomber. **II. Fig. :** abonder, pulluler.

PLI ☐ **I. Au pr. :** bouillon, couture, froissure, fronce, froncis, godage, godet, godron, ourlet, pince, rabat, relevé, rempli, repli, retroussis, troussis. **II. Par ext. 1. De terrain :** accident, anticlinal, arête, cuvette, dépression, dôme, éminence, plissement, sinuosité, synclinal, thalweg. **2. Du corps :** bourrelet, commissure, fanon, froncement, pliure, poche, repli, ride, saignée. **III. Fig. 1.** → *lettre.* **2.** → *habitude.*

PLIABLE ☐ **I. Au prés. :** flexible, pliant, souple. **II. Fig.** → *pliant.*

PLIANT, PLIANTE ☐ Accommodant, complaisant, docile, facile, faible (péj.), flexible, malléable, maniable, mou, obéissant, souple.

PLIE ☐ Carrelet.

PLIER ☐ **I. V. tr. 1. Au pr. Quelque chose :** abaisser, arquer, corner, couder, courber, doubler, enrouler, fausser, fermer, fléchir, infléchir, plisser, ployer, recourber, rouler, tordre. **2. Fig. Quelqu'un :** accoutumer, assouplir, assujettir, discipliner, dompter, enchaîner, exercer, façonner, opprimer. **II. V. intr. :** abandonner, s'affaisser, céder, faiblir, fléchir, lâcher, mollir, reculer, renoncer. **III. V. pron. :** s'abaisser, abdiquer, s'accommoder, s'adapter, s'assujettir, céder, se conformer, se courber, se former, s'habituer, s'incliner, se prêter, se rendre, se résigner, se soumettre.

PLISSÉ, E ☐ **I. Quelque chose. 1. Neutre :** doublé, fraisé, froncé, ondulé, plié, ruché. **2. Non favorable :** chiffonné, fripé, froissé, grimacant, grippé. **II. La peau :** froncé, parcheminé, raviné, ridé.

PLISSEMENT ☐ → *pli.*

PLISSER ☐ **I. V. tr. :** doubler, fraiser, froncer, plier, rucher. **II. V. intr. :** faire/prendre des plis, godailler, goder, gondoler, grigner, onduler.

PLOMB ☐ **I. Au pr. :** saturne. **II. Par ext. 1.** Balle, charge, chevrotine, cendre, cendrée, dragée, grenaille, menuise, pruneau (fam.). **2.** Sceau. **3.** Coupe-circuit, fusible.

PLOMBÉ, E ☐ → *pâle.*

PLONGEON ☐ **I. Au pr. :** chute, immersion, saut. **II. Fig. 1.** Révérence, salut. **2.** Chute, disgrâce, disparition, échec, faillite, mort.

PLONGER ☐ **I. V. tr. :** baigner, enfoncer, enfouir, immerger, introduire, jeter, mettre, noyer, précipiter, tremper. **II. V. intr. :** descendre, disparaître, piquer, sauter. **III. V. pron. :** s'abîmer, s'absorber, s'abstraire, apprendre, s'enfouir, entrer, se livrer, se perdre.

PLOUTOCRATE ☐ → *riche.*

PLOUTOCRATIE ☐ Oligarchie, synarchie, timocratie.

PLOYER ☐ **I. V. tr. :** accoutumer, assujettir, courber, fléchir, plier. **II. V. intr. :** céder, faiblir, fléchir, s'incliner.

PLUIE ☐ **I. Au pr. :** abat, abattée (fam.), avalanche, averse, brouillasse, bruine, cataracte, crachin, déluge, drache, eau, flotte, giboulée, goutte, grain, lavasse (vx), nielle, ondée, orage, poudrin (mar.), rincée (fam.), saucée (fam.). **II. Fig. :** abondance, arrosement, avalanche, débordement, déluge, multitude, nuée, pléiade, quantité.

PLUMAGE ☐ Livrée, manteau, pennage, plumes.

PLUME ☐ **I. Au pr. :** duvet, pennage, penne, plumage, rectrice, rémige, tectrice. **II. Par ext. 1.** Aigrette, casoar, panache, plumet, touffe. **2.** → *écriture.* **3.** → *écrivain.* **4.** → *style.* **5.** → *cheveux.*

PLUMEAU ☐ Balai, balayette, houssoir, plumail, plumard.

PLUMER ☐ Déplumer, dépouiller, enlever, ôter.

PLUMET ☐ Aigrette, casoar, garniture, houppe, houppette, ornement, panache, touffe, toupet.

PLUMITIF ☐ **I.** → *employé.* **II.** → *écrivain.*

PLUPART (LA) ☐ → *majorité.*

PLURALITÉ ☐ **I.** Diversité, multiplicité. **II.** → *majorité.*

PLURIDISCIPLINAIRE ☐ Inter/multidisciplinaire.

PLURIVALENT, E ☐ Polyvalent.

PLUS ☐ **I.** Davantage, encore, mieux, principalement, surtout, sur toute chose. **II. Loc. 1. En plus :** en prime, par-dessus le marché. **2. De plus :** au demeurant, au reste, aussi, au surplus, d'ailleurs, d'autre part, du reste, encore, en route, et puis, outre cela, par-dessus le marché. **3. Au plus :** au maximum.

PLUSIEURS ☐ adj. et pron. indéf. Aucuns, d'aucuns, beaucoup, certains, différents, divers, maint, quelques.

PLUS-VALUE ☐ Accroissement, amélioration, augmentation, excédent, gain, valorisation.

PLUTÔT ☐ De préférence, préférablement.

PLUVIEUX, EUSE ☐ Brouillasseux (fam.), bruineux, humide.

PNEU, PNEUMATIQUE ☐ **I.** Bandage, boudin (arg.), boyau. **II.** Bleu, dépêche, exprès, petit bleu, télégramme.

POCHADE ☐ → *tableau.*

POCHARD, E ☐ → *ivrogne.*

POCHARDER ☐ → *enivrer (s').*

POCHE ☐ **I. Au pr. :** bourse, gousset,

pochette. **Arg.** : fouille, fouillouse, glaude, profonde, vague, valade. **II. Par ext. 1.** Emballage, sac, sachet, sacoche. **2. Anat. :** bourse, cavité, jabot, saillie. **3.** Apostème, apostume, bouffissure, enflure, gonflement, renflement, repli.

POCHER □ **I.** → *meurtrir*. **II.** → *peindre*. **III.** Faire cuire, plonger/saisir dans l'eau/l'huile bouillante.

PODAGRE □ n. et adj. **I. Au pr. :** goutteux, rhumatisant. **II. Par ext. :** boiteux, impotent, infirme.

PODOMÈTRE □ Compte-pas, odomètre.

POÊLE □ **I.** Dais, drap, pallium, voile. **II.** Appareil de chauffage, fourneau, godin, mirus, salamandre. **III. Vx :** chambre.

POÊLE □ Creuset, patelle, plaque, poêlon.

POÈME □ Acrostiche, à-propos, ballade, bergerie, blason, bouquet, boutsrimés, bucolique, cantate, cantilène, cantique, canzone, centon, chanson, chanson de geste/de toile, chant, comédie, complainte, dialogue, distique, dithyrambe, dizain, douzain, églogue, élégie, épigramme, épithalame, épître, épopée, fable, fabliau, geste, haïkaï, héroïde, huitain, hymne, ïambe, idylle, impromptu, lai, lied, macaronée, madrigal, nome, ode, odelette, œuvre, opéra, ouvrage, palinod, palinodie, pantoum, pastourelle, pièce, poésie, priapée, psaume, quatrain, rhapsodie, romance, rondeau, rotruenge, satire, satyre, septain, sille, silves, sirvente, sizain, sonnet, stance, stichomythie, strophe, tenson, tercet, thrène, tragédie, trilogie, triolet, vilanelle, virelai.

POÉSIE □ **I.** Lyrisme. **II.** Inspiration, lyre, muse. **III.** Art, beauté, charme, envoûtement. **IV.** Cadence, mesure, métrique, musique, prosodie, rythme, versification. **V.** → *poème*.

POÈTE □ **I. Au pr. :** aède, auteur, barde, chanteur, chantre, écrivain, félibre, jongleur, ménestrel, minnesinger, rhapsode, scalde, troubadour, trouvère. **II. Par ext. 1. Favorable :** amant/favori/nourrisson des Muses/du Parnasse, fils/enfant/favori d'Apollon, héros/maître/nourrisson du Pinde, prophète, voyant. **2. Fam. ou non favorable :** cigale, mâche-laurier, métromane, poétereau, rêveur, rimailleur, rimeur, versificateur.

POÉTIQUE □ Beau, idéal, imagé, imaginatif, lyrique, noble, sensible, sentimental, sublime, touchant.

POÉTISER □ → *embellir*.

POGROM □ Carnage, destruction, émeute, extermination, génocide, liquidation, massacre, meurtre, razzia.

POIDS □ **I. Au pr. 1.** Compacité, densité, épaisseur, force, lourdeur, masse, pesanteur, poussée, pression. **2.** As, carat, centi / déca / déci / hecto / kilo / milligramme, drachme, étalon, grain, gramme, livre, marc, mine, once, quintal, scrupule, sicle, statère, talent, tonne. **3.** Jauge, tare, titre. **II. Par ext. :** bloc, charge, chargement, faix, fardeau, masse, surcharge. **III. Fig. 1.** → *importance*. **2.** → *souci*.

POIGNANT, E □ Douloureux, dramatique, émouvant, empoignant, impressionnant, navrant, passionnant, piquant, prenant.

POIGNARD □ Acier (litt.), baïonnette (partic.), couteau, dague, fer (litt.), kandjar, kriss, lame, miséricorde (vx), navaja, stylet. **Arg. :** bince, cure-dent, eustache, kniffe, laguiolle, lame, lingue, pointe, rapière, ratiche, saccagne, scion, sorlin, surin, vingt-deux, ya, yatagan.

POIGNARDER □ Assassiner, blesser, darder (vx), égorger, frapper, larder, meurtrir (vx), saigner, suriner (arg.), tuer.

POIGNE □ **I. Au pr. :** main, pogne (fam.), poing, prise. **II. Par ext. :** autorité, brutalité, énergie, fermeté.

POIGNÉE □ **I. Au pr. :** bec-de-canne, béquille, bouton de porte, crémone, espagnolette, manette, pied-de-biche. **II. Par ext.** → *groupe*. **III. Loc. Poignée de main :** salut, shakehand.

POIGNET □ → *main*.

POIL □ **I.** Barbe, chevelure, cheveu, cil, moustache, sourcil. **II.** Bourre, crin, duvet, fourrure, jarre, laine, pelage, soie, toison, vibrisse. → *robe*. **Loc. 1. À poil** → *nu*. **2. Au poil** → *bien*.

POILU □ **I. Adj. :** barbu, chevelu, moustachu, pelu, peluché, pelucheux, pileux, pubescent, velu, villeux. **II. Nom :** briscard, combattant, pioupiou, soldat, vétéran.

POINÇON □ **I. Au pr. :** alène, ciseau, coin, épissoir, mandrin, marprime, matrice, pointeau, style, stylet, tamponnoir. **II. Par ext. :** estampille, garantie, griffe, marque.

POINÇONNER □ → *percer*.

POINDRE □ **I. V. intr. :** paraître, pointer, sortir, surgir. → *pousser*. **II. V. tr.** → *piquer*.

POING □ → *main*.

POINT □ **I. Au pr. 1.** Abscisse, centre, convergence, coordonnée, cote, emplacement, endroit, foyer, hauteur, lieu, ordonnée, origine, position, repère, situation, sommet, source. **2. Astron. :** aphélie, apogée, apside, nadir, nœud, périgée, périhélie, zénith. **II. Fig. 1.** Aspect, côté, face, manière, opinion, optique, perspective, sens. **2.** Commencement, début, départ, instant, moment. **3.** État, situation. **4.** Apogée, comble, degré, faîte, intensité, période, sommet, summum. **5.** Broderie, couture, dentelle, tapisserie, tricot. **6.** Marque, note, signe. **7.** *D'un discours :* article, chef, cœur, disposition, essentiel, matière, nœud, question, sujet. **8.** Brûlure, coup, douleur, piqûre. **III. Loc. 1.** *De point en point :* entièrement, exactement, textuellement, totalement. **2.** *Point par point :* méthodiquement, minutieusement. **3.** *Le point du jour :* aube, crépuscule. **4.** *À point :* à propos, juste, opportunément.

POINT □ → *pas.*

POINTAGE □ Contrôle, enregistrement, vérification.

POINT DE VUE □ **I.** → *vue.* **II.** → *opinion.*

POINTE □ **I. Objet. 1.** Broquette, clou, poinçon, rivet, semence. **2.** Ardillon, barbelé, chardon, cuspide, épine, mucron, picot, piquant. **II.** Aiguille, bec, bout, cap, cime, extrémité, flèche, pic, point culminant, sommet, sommité. **III.** Cache-cœur, carré, châle, couche, fichu, foulard. **IV. Fig. 1.** Avant-garde. **2.** Allusion, épigramme, gaillardise, ironie, jeu d'esprit/de mots, moquerie, pique, pointillerie (vx), quolibet, raillerie, trait d'esprit. **3.** Soupçon, trace.

POINTEAU □ Poinçon, régulateur, soupape.

POINTER □ **I.** Contrôler, enregistrer, marquer, noter, vérifier. **II.** Braquer, contre-pointer, diriger, orienter, régler, viser. **III.** Apparaître, arriver, paraître, venir. **IV.** → *percer.* **V.** → *voler.*

POINTILLE □ (Vx) Argutie, bisbille, chicane, contestation, minutie, picoterie, pointillerie, querelle, sornette.

POINTILLER □ v. tr. et intr. **I.** Dessiner/graver/marquer/peindre avec des points. **II.** Vx → *chicaner.*

POINTILLEUX, EUSE □ Chatouilleux, chinois (fam.), difficile, exigeant, formaliste, irascible, maniaque, minutieux, susceptible, vétilleux.

POINTU, E □ **I. Au pr. :** acéré, acuminé, affiné, affûté, aigu, appointé, effilé, piquant, subulé. **II. Fig. :** acide, aigre, vif. → *pointilleux.*

POINTURE □ Dimension, forme, grandeur, modèle, taille.

POIRE □ **I. Au pr. :** bergamote, besi, beurré, blanquette, bonchrétien, catillac, crassane, cuissemadame, doyenné, duchesse, hâtiveau, liard, louise-bonne, madeleine, marquise, mignonne, mouillebouche, muscadelle, passe-cras-sane, rousselet, saint-germain, toutebonne, william. **II. Fig. :** dupe, imbécile, naïf, pigeon, sot. → *bête.*

POIREAU □ **I. Fam. :** *1.* asperge du pauvre. *2.* mérite agricole. **II. Loc.** *Faire le poireau* → *attendre.*

POIREAUTER, POIROTER □ → *attendre.*

POISON □ **I. Au pr. :** aconitine, appât, apprêt, acqua-toffana, arsenic, bouillon d'onze heures (fam.), ciguë, curare, gobbe, mort-aux-rats, narcotique, poudre de succession, strychnine, toxine, toxique, vénéfice, venin, virus. **II. Fig. :** mégère, peste, saleté, saloperie (vulg.), venin. → *virago.*

POISSARD, ARDE □ **I. Adj. :** bas, commun, grossier, truand, populacier, vulgaire. **II. N. f.** → *virago.*

POISSE □ Déveine, ennui, gêne, guigne, guignon, malchance, misère.

POISSER □ **I.** Couvrir, encrasser, enduire, engluer, salir. **II. Arg. :** arrêter, attraper, mettre sous les verrous, prendre.

POISSEUX, EUSE □ Agglutinant, collant, gluant, gras, salé, visqueux.

POISSON □ **I.** *1.* Bathoïde, chondrostéen, squaloïde, téléostéen. *2.* Alevin, blanchaille, fretin, friture, marée, menuaille, menuise, pêche. **Fam. :** poiscaille, poissonnaille. **II.** Able, ablette, aigle de mer, aiglefin, aiguillat, alose, amie, ammodyte, anchois, ange-de-mer, anguille, bar, barbarin, barbeau, barbillon, barbue, baudroie, bécard, black-bass, blennie, bonite, bouffi, brème, brochet, brocheton, cabillaud, cabot, calicobat, capelant, capitaine, carassin, carpe, carrelet, chabot, chevesne, chimère, chondrostome, coffre, colin, congre, corégone, cotte, cyprin, diable, dorade, émissole, éperlan, épinoche, épinochette, espadon, esturgeon, exocet, féra, flet, flétan, gade, gardèche, gardon, girelle, gobie, gonnelle, goujon, gourami, grémille, griset, grondin, guai, gymnote, haddock, hareng, harenguet, hippocampe, hotu, humantin, labre, lamie, lamproie, lançon, lavaret, limande, loche, loricaire, lotte, loup, lubin, lune, macroure, maigre, maillet, mante, maquereau, marteau, melanocetus, mendole, merlan, merluche, merlus, mérou, meunier, milan, milandre, miraillet, môle, morue, muge, mulet, muile, murène, omble, ombre, ombrine, orphie, pagel, pagre, pastenague, pégase, pélamide, pèlerin, perche, picarel, pilote, piranha, plie, poisson-chat, polyptère, prêtre, raie, rascasse, rémora, requin, ronce, rouget, roussette, sandre, sar, sardine, saumon, scalaire, scare, scie, sciène, scorpène, serran, silure, sole, spatule, sphyrème, sprat, squatine, sterlet, surmulet, syngnathe, tacaud, tanche, tarpon, taupe, tétrodon, thon, torpille, touille, tourd, tranchoir, trigle, truite, turbot, turbotin, uranoscope, vairon, vandoise, vive, zancle, zée.

POISSONNAILLE □ Fretin, menuaille, menuise, nourrain.

POISSONNIER, ÈRE □ Mareyeur.

POITRINAIRE □ n. et adj. Cachectique, phtisique, tuberculeux.

POITRINE □ Buste, carrure, cœur, corsage, décolleté, gorge, mamelle, pectoraux, poitrail, poumon, thorax, torse. **Fam.** : bréchet, caisse, coffre. → *sein.*

POIVRÉ, E □ **I.** Assaisonné, épicé, relevé. **II. Fig.** *1.* Fort, gaulois, grivois, piquant, salé. → *obscène.* **2.** → *ivre.*

POIVROT, OTE □ → *ivrogne.*

POIX □ Calfat, colle, galipot, goudron, ligneul.

POKER □ Dés, zanzi.

POLAIRE □ Antarctique, arctique, austral, boréal. → *froid.*

POLARISER □ Attirer. → *concentrer.*

PÔLE □ Axe, bout, sommet.

POLÉMIQUE □ Apologétique, controverse, débat, discussion, dispute, guerre.

POLÉMIQUER □ → *discuter.*

POLÉMISTE □ → *journaliste.*

POLI, E □ **I.** Affable, aimable, amène, beau, bien élevé, bienséant, cérémonieux (péj.), châtié, civil, civilisé, complaisant, convenable, correct, courtois, décent, diplomate, éduqué, galant, gracieux, honnête, obséquieux (péj.), policé, raffiné, respecteux, révérencieux. **II.** Astiqué, brillant, briqué, calamistré, clair, étincelant, frotté, lisse, luisant, lustré, uni, verni.

POLICE □ Commissariat, P. J., poste. → *gendarmerie.* **Arg.** : arnaque, crist, flicaille, maison bourman/j't'arquepince/parapluie/pébroque/poulaga/poulardin, nardu, poulaille, quart, raille, renifle, rousse, sonne.

POLICÉ, E □ **I.** Quelqu'un : civilisé, dégrossi, éduqué, évolué, formé, poli, raffiné. **II. Quelque chose** : organisé, réglementé.

POLICER □ Adoucir, civiliser, corriger, éduquer, former, humaniser, organiser, polir, raffiner, réglementer.

POLICIER □ **I. Neutre** : ange gardien, agent de police, commissaire, C.R.S., détective, garde, garde du corps, gardien de la paix, gendarme, inspecteur, limier, motard, policeman, sergent de ville, vigile. **II. Arg.** : argousin, argue, barbouze, bédi, bertelot, boër, bourman, bourre, bourri-

que, cabestan, cogne, condé, drauper, enfourgonné, espion, flic, flicard, frimeur, grippe, guignol, guignolet, hareng saur, hirondelle, lardu, laune, mannequin, marchand de lacets, mouche, pèlerine, perdreau, pestaille, piaf, poulaga, poulardin, poulet, poultock, quart, raille, roussin, sbire, schmitt, tige, vache, volaille.

POLICLINIQUE □ → *hôpital.*

POLIR □ **I. Au pr.** : adoucir, aléser, aplanir, astiquer, brunir, débrutir, doucir, dresser, égaliser, égriser, fourbir, frotter, glacer, gratteler, gréser, limer, lisser, lustrer, planer, poncer, raboter, ragréer, roder. **II. Par ext.** : aiguiser, châtier, ciseler, corriger, fignoler, finir, former, lécher, limer, parachever, parfaire, perfectionner, soigner. **III. Fig.** : adoucir, affiner, apprivoiser, assouplir, civiliser, cultiver, débarbouiller, dégrossir, dérouiller (fam.), éduquer, épurer, former, orner.

POLISSAGE □ → *polissure.*

POLISSON, ONNE □ **I. Nom** : galapiat, galopin, gamin, vaurien. **II. Adj. :** *1.* Canaille, coquin, débauché, dissipé, égrillard, espiègle, gaillard, galant, gaulois, libertin, libre, licencieux, paillard. *2.* → *turbulent.*

POLISSONNER □ **I.** Badiner, gaudrioler (fam.), plaisanter. **II.** Marauder, vagabonder.

POLISSONNERIE □ Badinage, bouffonnerie, dévergondage (péj.), espièglerie, gaillardise, galanterie, galipette, gauloiserie, libertinage, liberté, licence, paillardise, plaisanterie, puérilité, sottise.

POLISSURE □ Brunissage, éclaircissage, finissage, finition, grésage, polissage, ponçage, rectification.

POLITESSE □ Affabilité, amabilité, aménité, bonnes manières, bon ton, cérémonial, civilité, complaisance, convenance, correction, courtoisie, décence, déférence, distinction, éducation, égards, galanterie, gracieuseté, honnêteté, savoir-vivre, tact, urbanité, usage.

POLITICIEN, ENNE □ **I.** Gouvernant, homme d'État/public, politicard (péj.), politique. **II.** Démagogue, politicard.

POLITIQUE □ **I. Nom masc.** → *politicien.* **II. Nom fém.** *1.* **Au pr.** : affaires publiques, choses de l'État, État, gouvernement, pouvoir. *2.* **Par ext. :** adresse, calcul, diplomatie, finesse, habileté, jeu, machiavélisme (péj.), manège (péj.), négociation, patience, prudence, ruse (péj.), sagesse, savoir-faire, souplesse, stratégie, tactique, temporisation, tractation. *3.* **Formes :** anarchie, aristocratie, autocratie, bi/monocamérisme, bonapartisme, césarisme, cléricalisme, colonialisme, démagogie (péj.), démocratie, dictature, fascisme, fédéralisme, féodalisme, féodalité, gérontocratie, hitlérisme, impérialisme, militarisme, monarchie constitutionnelle/de droit divin, nazisme, ochlocratie, oligarchie, ploutocratie, politicaillerie (péj.), république, système parlementaire, technocratie. **4. Doctrines :** absolutisme, anarchisme, autonomisme, bolchevisme, capitalisme, collectivisme, communisme, dirigisme, égalitarisme, étatisme, individualisme, internationalisme, libéralisme, malthusianisme, marxisme, monarchisme, nationalisme, national-socialisme, pangermanisme, panislamisme, paupérisme, régionalisme, royalisme, séparatisme, socialisme, totalitarisme, unionisme, unitarisme. **III. Adj. Par ext. :** adroit, avisé, calculateur, diplomate, fin, habile, machiavélique (péj.), manœuvrier, négociateur, patient, prudent, renard (péj.), rusé, sage, souple.

POLLUER □ Corrompre, dénaturer, gâter, profaner, salir, souiller, tarer, violer.

POLLUTION □ **I.** Corruption, dénaturation, profanation, salissement, souillure. **II.** → *masturbation.*

POLOCHON □ Oreiller, traversin.

POLTRON, ONNE □ n. et adj. Couard, foireux, froussard, lâche, péteux, peureux, pleutre, poule mouillée, pusillanime, timide. → *capon.*

POLYPE □ → *tumeur.*

POLYTECHNIQUE □ **Arg. :** carva, pipo, X.

POLYVALENT, E □ Plurivalent.

POMMADE □ **I. Au pr. :** baume, cold-cream, crème, embrocation, lanoline, liniment, onguent, pâte, populeum, uve (vx), vaseline. **II. Par ext. :** brillantine, cosmétique, gomina. **III. Fig. :** compliment, flagornerie, flatterie.

POMMADER □ Brillantiner, cosmétiquer, enduire, farder, gominer, graisser, lisser.

POMME □ **I. Au pr. :** api, calville, canada, capendu, châtaigne, fenouille, golden, rambour, reine-des-reinettes, reinette, teint-frais-normand, winter-banana. **II. Par ext. :** boule, pommeau, pommette. **III. Fig. :** figure, frimousse, tête.

POMME DE TERRE □ Hollande, marjolaine, parmentière, princesse, quarantaine, saucisse, topinambour, truffe blanche/rouge, vitelotte. **Fam. :** cartoufle, crompire, patate.

POMMELER (SE) □ Se marqueter, moutonner, se tacheter.

POMPE □ → *luxe.*

POMPER □ **I.** → *tirer.* **II.** → *absorber.* **III.** → *boire.* **IV. Fig.** → *épuiser.*

POMPETTE □ → *ivre.*

POMPEUX, EUSE □ → *emphatique.*

POMPIER □ **I. Nom :** soldat du feu. **II.** → *fellation.* **III. Adj.** (péj.). → *emphatique.*

POMPONNER □ Astiquer, attifer, bichonner, bouchonner, farder, orner, parer, soigner, toiletter.

PONANT □ Couchant, occident, ouest.

PONCEAU □ **I.** Arche, passerelle, pontil (vx). **II.** → *pavot.*

PONCER □ Astiquer, décaper, frotter, laquer, polir.

PONCIF □ Banalité, bateau (fam.), cliché, idée recue, lieu commun, topique (philos.), truisme, vieille lune (fam.), vieillerie.

PONCTION □ → *prélèvement.*

PONCTUALITÉ □ Assiduité, exactitude, fidélité, minutie, régularité, sérieux.

PONCTUATION □ Accent, crochet, deux points, guillemet, parenthèse, point, point virgule, point d'exclamation/d'interrogation/de suspension, tiret, virgule.

PONCTUEL, ELLE □ Assidu, exact, fidèle, minutieux, réglé, régulier, religieux, scrupuleux, sérieux.

PONCTUER □ Accentuer, diviser, indiquer, insister, marquer, scander, séparer, souligner.

PONDÉRATION □ → *équilibre.*

PONDÉRÉ, E □ → *modéré.*

PONDÉRER □ **I.** → *équilibrer.* **II.** → *calmer.*

PONDÉREUX, EUSE □ Dense, lourd, pesant.

PONDRE □ **Fig.** → *composer.*

PONT □ **I.** Appontement, aqueduc, passerelle, ponceau, pontil (vx), viaduc, wharf. **II. D'un bateau :** bau, bordage, bordé, dunette, embelle, gaillard, passavant, spardeck, superstructure, tillac.

PONTER □ Gager, jouer, mettre au jeu, miser, parier, placer, risquer.

PONTIFE □ **I. Relig. :** bonze, évêque, grand prêtre, hiérophante, pape, pasteur, prélat, vicaire. **II. Par ext.** (péj.) : baderne, mandarin, m'as-tu-vu (fam.), pédant, poseur.

PONTIFIANT, E □ Doctoral, empesé, emphatique, emprunté, majestueux, pécufiant (arg. scol.), pédant, prétentieux, solennel.

PONTIFIER □ Discourir, parader, se pavaner, pécufier (arg. scol.), poser, présider, prôner, se rengorger, trôner.

POOL □ Communauté, consortium, entente, groupement, Marché commun.

POPOTE □ **I.** Cuisine, mangeaille, menu, repas, soupe. **II. Par ext. :**

ménage. **III.** Bouillon, cantine, carré, foyer, mess, restaurant. **IV. Adj. :** casanier, mesquin, pot-au-feu, terre à terre.

POPOTIN □ **Arg.** → *fessier.*

POPULACE □ Basse pègre, canaille, écume, foule, lie, masse, multitude, pègre, peuple, plèbe, populaire, populo, prolétariat, racaille, tourbe, vulgaire.

POPULACIER, ÈRE □ Bas, commun, faubourien, ordinaire, plébéien, populaire, vil, vulgaire.

POPULAIRE □ **I. Favorable ou neutre :** aimé, apprécié, commun, connu, considéré, démocrate, démocratique, estimé, prisé, public, recherché, répandu. **II. Non favorable** → *populacier.* **III. Litt. :'** populiste.

POPULARISER □ Faire connaître, propager, répandre, vulgariser.

POPULARITÉ □ Audience, célébrité, considération, éclat, estime, faveur, gloire, illustration, notoriété, renom, renommée, réputation, sympathie, vogue.

POPULATION □ → *peuple.*

POPULEUX, EUSE □ Dense, fourmillant, grouillant, nombreux, peuplé.

POPULISTE □ → *populaire.*

PORC □ **I. Au pr. :** *1.* coche, cochon, cochonnet, goret, porcelet, porcin, pourceau, suidé, truie, verrat. *2.* Babiroussa, marcassin, pécari, phacochère, sanglier, solitaire. **II. Par ext.** → *charcuterie.* **III. Fig. :** débauché, dégoûtant, glouton, gras, gros, grossier, obscène, ordurier, sale.

PORCELAINE □ **Par ext. I.** Bibelot, vaisselle. **II.** Biscuit, chine, saxe, sèvres.

PORCELET □ → *porc.*

PORC-ÉPIC □ **Fig.** → *revêche.*

PORCHE □ Abri, auvent, avant-corps, entrée, hall, portail, portique, vestibule.

PORCHERIE □ Abri, étable, soue, toit.

PORCIN, E □ → *porc.*

PORE □ Fissure, interstice, intervalle, orifice, ouverture, stomate, trou.

POREUX, EUSE □ Fissuré, ouvert, percé, perméable, spongieux.

PORION □ Agent de maîtrise, chef de chantier, contremaître, gueule noire (fam.), mineur, surveillant.

PORNOGRAPHIE □ Grossièreté, immoralité, impudicité, indécence, licence, littérature obscène/vulgaire, obscénité, pygoculture (fam.).

PORNOGRAPHIQUE □ → *obscène.*

POROSITÉ □ Perméabilité.

PORT □ **I. Géogr. :** cluse, col, pas, passage, passe. **II.** Air, allure, aspect, contenance, dégaine (fam.), démarche, ligne, maintien, manière, prestance, représentation, touche, tournure. **III.** Abri, anse, bassin, cale sèche/de radoub, darse, dock, débarcadère, embarcadère, escale, havre, hivernage, quai, rade, relâche, wharf. **IV.** Affranchissement, taxe, transport.

PORTAIL □ → *porte.*

PORTATIF, IVE □ Commode, léger, mobile, petit, portable, transportable.

PORTE □ **I. Au pr. :** accès, barrière, dégagement, entrée, guichet, herse, huis, introduction, issue, lourde (fam.), ouverture, porche, portail, portière, portillon, poterne, propylée, seuil, sortie, trappe. **II. Fig. :** accès, échappatoire, introduction, issue, moyen. **III. Loc.** *1. Jeter/mettre à la porte :* chasser, congédier, déboulonner, éconduire, expulser, jeter/mettre dehors, renvoyer. *2. Prendre la porte* → *partir.*

PORTÉ, E □ Attiré, conduit, déterminé, disposé, enclin, encouragé, engagé, entraîné, excité, incité, induit, invité, poussé, provoqué, sujet.

PORTE À PORTE □ Chine, colportage. → *vente.*

PORTE-BAGAGES □ Filet, galerie, sacoche.

PORTE-BALLE □ Camelot, colporteur, coltineur, commis-voyageur, marchand ambulant/forain, portefaix. → *porteur.*

PORTÉE □ **I.** Chattée, chiennée, cochonnée, couvée (par ext.), famille, fruit, nichée, petits, produits, progéniture. **II.** Aptitude, étendue, force, niveau. **III.** Action, conséquence, effet, importance, suite. **IV.** Charge, entretoise, largeur, résistance.

PORTEFAIX □ Coltineur, crocheteur, faquin (vx), fort des halles, porteur. → *porte-balle.*

PORTEFEUILLE □ **I. Au pr. :** cartable, carton, classeur, enveloppe, étui, porte-documents/lettres, serviette. **Arg. ou fam. :** filoche, larfeuil, lazingue, porte-lazagne. **II. Par ext. :** charge, département, fonction, maroquin, ministère.

PORTEMANTEAU □ Crochet, patère, perroquet.

PORTE-MONNAIE □ Aumônière, bourse, gousset, portefeuille, réticule. **Arg. ou fam. :** artichaut, artiche, crabe, crapaud, crapautard, morlingue, porte-lazagne.

PORTE-PAROLE □ Alter ego, entremetteur, fondé de pouvoir, interprète, organe, représentant, truchement.

PORTER □ **I. V. tr. 1.** *Un fardeau :* coltiner, promener, soutenir, supporter, tenir, transporter, trimbaler, véhiculer. **2.** *Une décoration :* arborer, avoir, exhiber. **3.** *D'un lieu à un autre :* apporter, exporter, importer, rapporter. **4.** *Un fruit :* engendrer, produire. **5.** *Un sentiment :* attacher à, exprimer, manifester, présenter. **6.** *Quelque chose à son terme :* achever, finir, parachever, parfaire, pousser. **7.** → *soutenir.* **8.** → *occasionner.* **9.** → *montrer.* **10.** → *promouvoir.* **11.** → *inviter.* **12.** → *inscrire.* **II. V. intr. 1.** Appuyer, peser, poser, reposer sur. **2. Par ext. :** accrocher, frapper, heurter, toucher. **3.** Atteindre son but, faire de l'effet, toucher. **III. Loc. 1.** *Porter sur les nerfs* → *agacer.* **2.** *Porter à la tête :* enivrer, entêter, étourdir, griser, soûler. **3.** *Porter à la connaissance* → *informer.* **4.** *Porter plainte* → *inculper.* **IV. V. pron. : 1.** Aller, courir, se diriger, s'élancer, se lancer, se précipiter, se transporter. **2.** *À une candidature :* se présenter, répondre. **3.** *Les regards, les soupçons :* chercher, graviter, s'orienter. **4.** *À des excès :* se livrer.

PORTEUR □ **I.** *D'un message :* commissionnaire, courrier, coursier, estafette, facteur, livreur, messager, télégraphiste. **II. De colis :** coltineur, commissionnaire, coolie, crocheteur, débardeur, déchargeur, déménageur, docker, faquin (vx), fort des halles, laptot, manutentionnaire, nervi (vx), portefaix, sherpa. **Nom fém. :** canéphore.

PORTIER, ÈRE □ **I. Au pr. :** chasseur, concierge, gardien, huissier, suisse, tourier, tourière, veilleur. **II. Péj. :** bignole, cerbère, chasse-chien, clapignole, cloporte, concepige, dragon, lourdier, pibloque, pipelet, pipelette.

PORTIÈRE □ **I.** Rideau, tapisserie, tenture, vitrage. **II.** → *porte.*

PORTION □ Bout, division, dose, fraction, fragment, lopin, lot, morceau, parcelle, part, partie, pièce, quartier, ration, section, tranche, tronçon.

PORTIQUE □ Colonnade, galerie, narthex, parvis, péristyle, pœcile, porche, porte, pronaos.

PORTRAIRE □ → *peindre.*

PORTRAIT □ **I. Au pr. :** autoportrait, buste, crayon, croquis, effigie, image, peinture, photo, photographie, silhouette, tableau. **II. Par ext. 1.** Figure, visage. **2.** Description, représentation, ressemblance.

PORTRAITURER □ → *peindre.*

POSE □ **I. Au pr.** *De quelque chose :* application, coffrage, mise en place. **II. Par ext.** *De quelqu'un.* **1.** Attitude, position. **2.** *Non favorable :* affectation, façons, manières, prétentions, recherche, snobisme.

POSÉ, E □ Calme, froid, grave, lent, modéré, mûr, muri, pondéré, prudent, rassis, réfléchi, sage, sérieux.

POSER □ **I. V. tr. 1.** *Au pr. :* apposer, appuyer, asseoir, bâtir, camper, disposer, dresser, établir, étaler, étendre, fixer, fonder, installer, jeter, mettre, placer, planter, poster. **2. Fig. :** affirmer, avancer, énoncer, établir, évoquer, faire admettre, formuler, soulever, soutenir, supposer. **II. V. intr. 1.** *Neutre :* être appuyé, reposer. → *porter.* **2.** *Non favorable :* crâner, se contorsionner, coqueter, se croire, se draper, faire le beau/le malin/le mariole (fam.)/la roue/le zouave, se pavaner, plastronner, se rengorger, snober. **III. V. pron. 1.** *Au pr. :* atterrir, se jucher, se nicher, se percher. **2. Fig. :** s'affirmer, se donner pour, s'ériger en, s'imposer comme.

POSEUR, EUSE □ n. et adj. Affecté, fat, maniéré, m'as-tu-vu, minaudier, pédant, prétentieux, snob. → *orgueilleux.*

POSITIF, IVE □ **I.** → *évident.* **II.** → *réel.* **III.** → *réaliste.*

POSITION □ **I. Au pr. :** assiette, coordonnées, disposition, emplacement, exposition, gisement, inclinaison, lieu, orientation, orientement (mar.), place, point, positionnement, site, situation. **II. De quelqu'un. 1.** Aplomb, assiette, attitude, équilibre, mouvement, pose, posture, station. **2.** Emploi, établissement, état, fonction, métier, occupation, situation. **3.** Attitude, engagement, idée, opinion, parti, profession de foi, résolution.

POSITIVEMENT □ Matériellement, précisément, réellement, véritablement, vraiment.

POSITIVISME □ Agnosticisme, relativisme.

POSSÉDANT, E □ **I.** → *riche.* **II.** → *propriétaire.*

POSSÉDÉ, E □ n. et adj. **I.** → *énergumène.* **II.** → *furieux.*

POSSÉDER □ **I.** → *avoir.* **II.** → *jouir.* **III.** → *connaître.* **IV. V. pron.** → *vaincre (se).*

POSSESSEUR □ → *propriétaire.*

POSSESSIF, IVE □ Captatif, exclusif. → *intolérant.*

POSSESSION □ **I. Le fait de posséder :** acquisition, appartenance, appropriation, détention, disposition, installation, jouissance, maîtrise, occupation, propriété, richesse, usage. **II. L'objet :** avoir, bien, colonie, conquête, domaine, douaire (vx), établissement, fief, immeuble, propriété, tenure (vx), territoire.

POSSIBILITÉ □ **I. De quelque chose :** alternative, cas, chance, crédibilité, éventualité, vraisemblance. **II. Pour quelqu'un :** droit, facilité, faculté, liberté, licence, loisir, moyen, occasion, potentialité, pouvoir, virtualité.

POSSIBLE □ Acceptable, accessible, admissible, buvable (fam.), commode, concevable, conciliable, còntingent, convenable, envisageable, éventuel, facile, faisable, futur, permis, praticable, prévisible, probable, réalisable, sortable, supportable, virtuel, vivable, vraisemblable.

POSTE □ I. Auberge, étape, relais. II. Courrier, P.T.T.

POSTE □ I. Affût, antenne, avant-poste, observatoire, préside, vigie. II. Charge, emploi, fonction, responsabilité. III. Loc. *1. Poste de pilotage :* gouvernes, habitacle. *2. Poste d'essence :* distributeur, pompe, station-service. *3. Poste de secours :* ambulance, antenne chirurgicale. *4. Poste de radio, de télévision :* appareil, récepteur, T.S.F. (vx).

POSTER □ Aposter, embusquer, établir, installer, loger, mettre à l'affût/en place/en poste, placer, planter.

POSTÉRIEUR □ I. Adj. : consécutif, futur, posthume, ultérieur. II. Nom → *fessier.*

POSTÉRITÉ □ I. Collatéraux agnats/cognats, descendance, descendants, enfants, famille, fils, génération future, héritiers, lignée, neveux, race, rejetons, souche, successeurs. II. Avenir, futur, immortalité, mémoire.

POSTHUME □ Outre-tombe.

POSTICHE □ I. Adj. : ajouté, artificiel, factice, faux, rapporté. II. Nom masc. : chichi, mouche, moumoute (fam.), perruque. III. Nom fém. : baliverne, boniment, mensonge, plaisanterie.

POSTILLON □ I. Cocher, conducteur. II. Salive.

POSTULANT □ Aspirant, candidat, demandeur, impétrant, poursuivant, prétendant, quémandeur (péj.), solliciteur, tapeur (péj.).

POSTULAT □ Convention, hypothèse, principe.

POSTULER □ → *solliciter.*

POSTURE □ → *position.*

POT □ Cruche, jacquelin, jaqueline, jarre, marmite, pichet, potiche, récipient, terrine, ustensile, vase. → *bouille.*

POTABLE □ I. Au pr. : bon, buvable, pur, sain. II. Fam. : acceptable, passable, possible, recevable, valable.

POTAGE □ Au pr. : bisque, bouillon, consommé, eau de vaisselle (péj.), julienne, lavasse (péj.), lavure (péj.), minestrone, oille (vx), pot (vx), soupe, velouté.

POT-AU-FEU □ I. Bœuf à la ficelle (par ext.)/gros sel/bouilli, bouillon

gras, olla-podrida, oille (vx), pot, pot-bouille (vx), soupe. II. → *popote.*

POT-DE-VIN □ → *gratification.*

POTEAU □ → *pieu.*

POTELÉ, E □ Charnu, dodu, gras, grassouillet, gros, plein, poupard, poupin, rebondi, rembourré, rempli, replet, rond, rondelet.

POTENCE □ → *gibet.*

POTENTAT □ → *monarque.*

POTENTIEL □ → *force.*

POTICHE □ Cache-pot, poterie, vase.

POTIER □ Céramiste, faïencier, porcelainier.

POTIN □ I. → *médisance.* II. → *tapage.*

POTINER □ → *médire.*

POTION □ → *remède.*

POTIRON □ → *courge.*

POT-POURRI □ → *mélange.*

POU □ Lécanie, mélophage, psoque, tique. **Arg. :** go, grenadier, loupaque, morbac, morpion, mousquetaire gris, toto.

POUACRE □ adj. et n. I. Dégoûtant, écœurant, malpropre, puant, répugnant, sale, vilain. II. → *avare.*

POUCE □ I. Au pr. : doigt, gros orteil. II. Loc. *1. Donner un coup de pouce* → aider, exagérer. *2. Mettre les pouces* → céder. *3. Sur le pouce :* à la hâte, en vitesse, rapidement.

POUCETTES □ → *menottes.*

POUDRE □ I. → *poussière.* II. Loc. *1. Jeter de la poudre aux yeux* → impressionner. *2. Mettre en poudre* → détruire.

POUDRER □ Couvrir, enfariner, farder, garnir, recouvrir, saupoudrer.

POUDREUSE □ I. Coiffeuse, table à toilette. II. Pulvérisateur, soufreuse.

POUDREUX, EUSE □ Cendreux, poussiéreux, sablonneux.

POUFFER □ → *rire.*

POUILLES □ I. → *injures.* II. Loc. *Chanter pouilles :* engueuler (fam.), gronder, injurier, invectiver, quereller, réprimander.

POUILLEUX, EUSE □ → *misérable.*

POULAILLER □ I. Cabane/cage/toit à poules, volière. II. → *paradis.*

POULAIN □ → *cheval.*

POULE □ I. Au pr. *1.* Cocotte (fam.), gallinacée, géline (vx), poularde, poulet, poulette. *2. Poule sauvage :* faisane, gelinotte, perdrix, pintade. *3. Poule d'eau :* foulque, gallinule, porphyrion, sultane. *4. Poule mouillée :* → poltron. II. Fig. : cocotte, fille. → prostituée. III. Compétition, enjeu, jeu, mise.

POULET □ I. Au pr. : chapon, coq, poulette, poussin. → *poule.* II. Fig. → *lettre.*

POULICHE □ → *jument.*

POULS □ **I. Au pr.** : battements du cœur. **II. Loc.** *Tâter le pouls* → *sonder.*

POUMON □ **I. Par ext.** : bronches, poitrine. **II. Arg.** : éponges. **III. Boucherie** : foie blanc, mou.

POUPARD, E □ **I. Nom** → *bébé.* **II. Adj.** : charnu, coloré, dodu, frais, gras, grassouillet, gros, joufflu, plein, potelé, poupin, rebondi, rembourré, rempli, replet, rond, rondelet.

POUPÉE □ **I. Au pr.** : baigneur, bébé, poupard, poupon. **II. Par ext.** : figurine, mannequin. **III. Fig. 1.** Pansement. **2.** Étoupe, filasse. **3. Techn. :** mâchoire, mandrin.

POUPIN, INE □ → *poupard.*

POUPON □ → *bébé.*

POUPONNIÈRE □ → *nursery.*

POUR □ **I.** À la place de, au prix de, contre, en échange de, moyennant. **II.** Comme, en fait/en guise/en manière/en tant que. **III.** En ce qui est de, quant à. **IV.** À destination/en direction de, vers. **V.** Pendant. **VI.** À, à l'égard de, en faveur de, envers. **VII. Loc. 1.** *Remède pour :* contre. **2.** *Être pour :* en faveur/du côté/du parti de. **VIII. Suivi de l'inf. :** afin de, à l'effet de, de manière à, en vue de.

POURBOIRE □ → *gratification.*

POURCEAU □ → *porc.*

POURCENTAGE □ Intérêt, marge, rapport, tantième, taux.

POURCHASSER □ → *poursuivre.*

POURFENDEUR □ → *bravache.*

POURFENDRE □ **I.** → *attaquer.* **II.** → *blâmer.*

POURLÉCHER □ → *lécher.* **V. pron. :** → *régaler (se).*

POURPARLER □ Conférence, conversation, échange de vues, négociation, tractation.

POURPOINT □ Casaque, justaucorps.

POURPRE □ **I. Adj.** → *rouge.* **II. Nom. 1. masc.** → *rougeur.* **2. fém.** Cardinalat, dignité cardinalice/impériale/souveraine/suprême, royauté.

POURQUOI □ **I. Adv. interrog. :** à quel propos/sujet, pour quelle cause/raison, pour quel motif, dans quelle intention. **II. Loc. conj. :** aussi, c'est pour cela/ce motif/cette raison, c'est pourquoi, conséquemment, en conséquence, subséquemment (vx).

POURRI, E □ **I. Au pr. :** abîmé, altéré, avarié, corrompu, croupi, décomposé, détérioré, faisandé, gâté, moisi, naze (arg.), piqué, putréfié, putride, rance. **II. Fig.** : compromis, contaminé, corrompu, dégradé, dévalorisé, dévalué, gangrené, malsain, perdu, taré, vil.

POURRIR □ **I. V. intr. :** s'abîmer, s'altérer, s'avarier, chancir, se corrompre, croupir, se décomposer, se détériorer, se faisander, se gâter, moisir, se piquer, se putréfier, rancir, tomber en pourriture *et les syn. de* POURRITURE, tourner. **II. V. tr. :** abîmer, avarier, contaminer, désagréger, gâter, infecter, ronger.

POURRITURE □ **I. Au pr. :** altération, contamination, corruption, décomposition, désagrégation, destruction, détérioration, malandre, moisissement, moisissure, pourrissement, putréfaction, rancissement, rancissure. **II. Par ext. 1. Au pr. et fig. :** carie, gangrène. **2. Fig. :** concussion, corruption.

POURSUITE □ **I. Au pr. :** chasse, course, pourchas (vx), quête, recherche. **II. Jurid. :** accusation, action, assignation, démarche, intimation, procédure, procès. **III. Par ext. :** continuation, reprise.

POURSUIVRE □ **I. Au pr. :** chasser, courir, donner la chasse, être aux trousses (fam.), foncer sur, forcer, forlancer (vén.), harceler, importuner, pourchasser, presser, relancer, rembucher (vén.), serrer, suivre, talonner, traquer. **II. Fig. 1. Non favorable :** aboyer/s'acharner contre, accuser, actionner contre, hanter, obséder, persécuter, taler, tanner, tourmenter. **2. Favorable ou neutre :** aspirer à, briguer, prétendre à, rechercher, solliciter. **III. Par ext. :** aller, conduire/mener à son terme, continuer, passer outre/son chemin, persévérer, pousser, soutenir l'effort. **IV. V. pron. :** continuer, durer *et les formes pron. possibles des syn. de* POURSUIVRE.

POURTANT □ Cependant, mais, néanmoins, pour autant, toutefois.

POURTOUR □ Bord, ceinture, cercle, circonférence, circuit, contour, extérieur, périmètre, périphérie, tour.

POURVOI □ Action, appel, pétition, recours, requête, révision, supplique.

POURVOIR □ **I. V. intr. :** assurer, aviser à, entretenir, faire face/parer/subvenir/suffire à, pallier (trans.). **II. V. tr. :** alimenter, approvisionner, armer, assortir, avitailler, donner, doter, douer, équiper, établir, fournir, garnir, gratifier, investir, lester, mettre en possession, munir, nantir, orner, outiller, procurer, revêtir, subvenir, suppléer. **III. V. pron. : 1.** S'approvisionner, se monter, se munir. **2.** Avoir recours, se porter, recourir.

POURVOYEUR, EUSE □ Alimentateur, commanditaire, fournisseur, servant.

POURVU QUE □ À condition de/que, à supposer/espérons/il suffit que, si.

POUSSE □ Bouture, branche, brin,

brout, drageon, germe, jet, marcotte, provin, recru, rejet, rejeton, scion, surgeon, talle, tendron, turion. → *bourgeon.*

POUSSE-CAFÉ □ Alcool, armagnac, cognac, digestif, eau-de-vie, liqueur, marc, rhum, tafia.

POUSSÉE □ **I. Au pr.** : bourrade, coup, élan, épaulée, impulsion, pression, propulsion. **II. Par ext. 1.** *De la foule :* bousculade, cohue, presse. **2.** *Méd. :* accès, aggravation, augmentation, crise, éruption, montée. **3.** *Archit. :* charge, masse, pesée, poids, résistance.

POUSSER □ **I. V. tr. 1.** *Au pr. :* abaisser, baisser, balayer, bourrer, bousculer, bouter, chasser, culbuter, drosser (mar.), éloigner, enfoncer, esbalancer (mérid.), heurter, jeter hors, lancer, projeter, propulser, refouler, rejeter, renvoyer, repousser, souffler. **2. Fig. :** aider, aiguillonner, animer, attirer, conduire, conseiller, contraindre, décider, déterminer, diriger, disposer, embarquer, emporter, encourager, engager, entraîner, exciter, faire agir, favoriser, inciter, incliner, induire, instiguer, inviter, porter, solliciter, stimuler, tenter. **3.** *Une action :* accentuer, accroître, approfondir, augmenter, développer, faire durer, forcer, prolonger. **4.** *Le feu :* attiser, augmenter, forcer. **5.** *Un cri :* crier, émettre, faire, jeter, proférer. **6.** *Un soupir :* exhaler, lâcher. **II. V. intr. 1.** Aller, avancer, se porter. **2.** Croître, se développer, grandir, poindre, pointer, pulluler, sortir, venir. **III. V. pron. :** avancer, conquérir, se lancer, se mettre en avant/en vedette.

POUSSIÈRE □ Balayure, cendre, débris, détritus, escarbille, ordures, pollen (bot.), poudre (vx), restes.

POUSSIÉREUX, EUSE □ **I. Au pr. :** gris, poudreux, sale. **II. Par ext. :** ancien, archaïque, démodé, vétuste, vieilli, viellot, vieux, vieux jeu.

POUSSIF, IVE □ Asthmatique, catharreux, dyspnéique, époumoné, essoufflé, haletant, palpitant, pantelant.

POUSSIN □ → *poulet.*

POUTRE □ **I. Vx :** jument, pouliche. **II.** Ais, arbalétrier, bastaing, blinde, boulin, chantignolle, chevêtre, chevron, colombage, contrefiche, corbeau, corniche, coyau, croisillon, décharge, entrait, entretoise, étançon, faîtage, ferme, flèche, jambage, jambe, jambette, lambourde, lierne, linteau, longeron, longrine, madrier, panne, poinçon, poitrail, poteau, potelet, sablière, solive, tasseau, tournisse. *Mar. :* barrot, bau, bauquière, vaigre.

POUVOIR □ Être apte à/à même de/à portée de/capable/en mesure/en situation/susceptible de, avoir la capacité / le droit / la latitude / la licence / la permission / la possibilité de, savoir.

POUVOIR □ **I. Qualité de quelqu'un :** aptitude, art, ascendant, autorité, capacité, charme, crédit, don, empire, faculté, habileté, influence, maîtrise, possession, possibilité, puissance, valeur. **II. De faire quelque chose :** droit, latitude, liberté, licence, permission possibilité. **III. Jurid. :** attribution, capacité, commission, délégation, droit, juridiction, mandat, mission, procuration. **IV. Sous le pouvoir de :** coupe, dépendance, disposition, férule, influence, main, patte. **V. Polit. :** administration, autorité, commandement, État, gouvernement, puissance, régime.

PRAIRIE □ Alpage, champ, herbage, lande, noue, pacage, pampa, pâtis, pâture, pré, savane, steppe, toundra. → *pâturage.*

PRATICABLE □ → *possible.*

PRATICIEN, ENNE □ Clinicien, chirurgien, exécutant, médecin traitant.

PRATIQUE □ **I. Adj. :** adapté, applicable, astucieux (fam.), commode, efficace, exécutable, facile, faisable, fonctionnel, ingénieux, logeable, maniable, positif, possible, pragmatique, praticable, profitable, réalisable, réaliste, utile, utilisable, utilitaire. **II. Nom fém. 1.** Achalandage, acheteur, acquéreur, client, clientèle, fidèle, fréquentation, habitué. **2. Relig.** *Les personnes :* assistance, fidèle, ouaille, paroissien, pratiquant. **3. Relig.** *Le fait de pratiquer :* culte, dévotion, dulie, exercice, latrie, observance. **4.** Accomplissement, acte, action, agissement, application, conduite, connaissance, coutume, exécution, exercice, expérimentation, expérience, façon d'agir, familiarisation, familiarité, habitude, mode, procédé, procédure, routine, savoir, savoir-faire, usage, vogue.

PRATIQUER □ **I. On pratique quelque chose :** accomplir, adopter, connaître, cultiver, employer, s'entraîner à, éprouver, exécuter, exercer, expérimenter, faire, jouer, se livrer à, procéder à, utiliser. **II. Par ext. 1.** Ménager, ouvrir. **2.** S'appliquer à, garder, mettre en application/en œuvre/en pratique, observer, professer, suivre. **3.** Fréquenter, hanter, visiter, voir.

PRÉ □ → *prairie.*

PRÉALABLE □ **I. Adj. :** antérieur, exploratoire, premier, préparatoire, primitif. **II. Nom masc. :** antécédent, condition, préalable, préavis, précaution, préliminaire. → *préambule.* **III. Loc.** *Au préalable :* d'abord, auparavant, avant, préalablement.

PRÉAMBULE □ Avant-propos, avertissement, avis, commencement, début, entrée en matière, exorde, exposition, introduction, liminaire, préalable, préface, préliminaire, prélude, prolégomène, prologue.

PRÉAU □ Abri, cour, couvert, gymnase.

PRÉAVIS □ Avertissement, congé, délai, signification.

PRÉBENDE □ Bénéfice, part/portion congrue, profit, revenu, royalties.

PRÉBENDIER □ Par ext. → *profiteur*.

PRÉCAIRE □ Aléatoire, chancelant, court, éphémère, fragile, incertain, instable, passager.

PRÉCARITÉ □ Fragilité, incertitude, instabilité.

PRÉCAUTION □ **I. Au pr. :** action préventive, disposition, filtrage, garantie, mesure, prophylaxie, vérification. **II. La manière d'agir :** attention, circonspection, détour, diplomatie, discrétion, économie, ménagement, prévoyance, prudence, réserve.

PRÉCAUTIONNER (SE) □ S'armer, s'assurer, se garder, se garder à carreau (fam.), se mettre en garde, se prémunir, veiller au grain (fam.).

PRÉCAUTIONNEUX, EUSE □ **I.** → *prudent*. **II.** Attentif, minutieux, prévenant, soigneux.

PRÉCÉDEMMENT □ Antérieurement, auparavant, ci-devant (vx).

PRÉCÉDENT, E □ **I. Adj. :** antécédent, antérieur, citérieur, devancier, précurseur, prédécesseur. **II. Nom masc. :** analogie, exemple, fait analogue/antérieur, référence.

PRÉCÉDER □ Annoncer, dépasser, devancer, diriger, distancer, marcher devant, passer, placer devant, prendre les devants/le pas, prévenir.

PRÉCEPTE □ Aphorisme, apophtegme, commandement, conseil, dogme, enseignement, formule, instruction, leçon, loi, maxime, morale, opinion, prescription, principe, proposition, recette, recommandation, règle.

PRÉCEPTEUR, TRICE □ Éducateur, gouvernante, gouverneur (vx), instituteur, instructeur, maître, pédagogue, préfet des études, professeur, régent (vx), répétiteur.

PRÊCHE □ Discours, homélie, instruction, prône. → *sermon*.

PRÊCHER □ Annoncer, catéchiser, conseiller, enseigner, évangéliser, exhorter, instruire, moraliser, préconiser, prôner, prononcer un sermon, recommander, remontrer, sermonner.

PRÊCHEUR □ Orateur, prédicant, prédicateur, sermonnaire (péj.).

PRÉCIEUX, EUSE □ **I. Quelque chose :** avantageux, beau, bon, cher, inappréciable, inestimable, introuvable, irremplaçable, parfait, rare, riche, utile. **II. Quelqu'un. 1. Favorable :** compétent, efficace, important, utile. **2.** Affecté, difficile, efféminé, emprunté, maniéré. **III. Litt. :** affecté, affété, choisi, emphatique, galant, gandin, maniéré, mignard, muscadin, musqué, recherché.

PRÉCIOSITÉ □ Affectation, afféterie, concetti, cultisme, entortillage, euphuisme, galanterie, gongorisme, manière, maniérisme, marinisme, marivaudage, mignardise, raffinement, recherche, subtilité.

PRÉCIPICE □ **I. Au pr. :** abîme, anfractuosité, aven, cavité, crevasse, gouffre. **II. Fig. :** catastrophe, danger, désastre, malheur, ruine.

PRÉCIPITAMMENT □ À boule vue (vx), à la va-vite, à vau-de-route (vx), brusquement, dare-dare, en courant, en vitesse, à fond de train, rapidement, vite.

PRÉCIPITATION □ **I.** Affolement, brusquerie, empressement, fougue, frénésie, impatience, impétuosité, irréflexion, légèreté, pagaïe, panique, presse, promptitude, rapidité, soudaineté, violence, vitesse, vivacité. **II.** Brouillard, chute d'eau/de grêle/de neige/de pluie. **III. Chimie :** floculation.

PRÉCIPITÉ, E □ **I.** → *hâtif*. **II.** → *haletant*.

PRÉCIPITER □ **I. Au pr. :** anéantir, faire tomber, jeter, pousser, ruiner. **II. Par ext. :** accélérer, avancer, bâcler, bousculer, brusquer, dépêcher, expédier, forcer, hâter, pousser, presser, trousser. **III. V. pron. :** s'abattre, accourir, s'agiter, assaillir, courir, se dépêcher, dévaler, s'élancer, embrasser, s'empresser, s'engouffrer, entrer, foncer, fondre, se hâter, se lancer, piquer une tête, piquer/tomber sur.

PRÉCIS, E □ Abrégé, absolu, bref, catégorique, certain, clair, concis, congru, court, défini, détaillé, déterminé, développé, distinct, exact, explicite, exprès, fixe, formel, fort, franc, géométrique, juste, mathématique, net, particulier, pile, ponctuel, raccourci, ramassé, réduit, résumé, rigoureux, serré, sommaire, sonnant, tapant.

PRÉCIS □ Abrégé, aide-mémoire, analyse, code, codex, compendium, épitomé, résumé, sommaire, vademecum.

PRÉCISER □ Abréger, clarifier, définir, détailler, déterminer, distinguer, donner corps, énoncer, établir, expliciter, expliquer, fixer, particulariser, raccourcir, ramasser, réduire, résumer, serrer, souligner, spécifier. **V.**

pron. : se caractériser, se dessiner *et les formes pron. possibles des syn. de* PRÉCISER.

PRÉCISION ☐ **I. Au sing.** : caractérisation, clarté, concision, définition, détermination, exactitude, justesse, mesure, méticulosité, netteté, rigueur, sûreté. **II. Au pl.** : constat, compte rendu, détails, développement, explication, faits, information, procès-verbal, rapport.

PRÉCOCE ☐ → *hâtif.*

PRÉCOCITÉ ☐ Avance, hâte, rapidité.

PRÉCOMPTE ☐ Retenue.

PRÉCOMPTER ☐ → *retenir.*

PRÉCONÇU, E ☐ Anticipé, préétabli, préjugé.

PRÉCONISER ☐ **I.** → *louer.* **II.** → *recommander.*

PRÉCURSEUR ☐ Ancêtre, annonciateur, avant-coureur, devancier, fourrier, initiateur, inventeur, messager, prédécesseur, prophète.

PRÉDATEUR ☐ Destructeur, nuisible, pillard.

PRÉDATION ☐ **I.** → *pillage.* **II.** → *destruction.*

PRÉDÉCESSEUR ☐ **I. Au sing.** → *précurseur.* **II. Au pl.** → *ancêtres.*

PRÉDESTINATION ☐ → *prédisposition.*

PRÉDESTINÉ, E ☐ → *voué.*

PRÉDESTINER ☐ Appeler, décider, destiner, distinguer, élire, fixer d'avance, marquer, protéger, réserver, vouer.

PRÉDICANT ☐ **I.** → *ministre.* **II.** → *prédicateur.* **III.** → *orateur.*

PRÉDICAT ☐ Attribut, proposition, qualité.

PRÉDICATEUR ☐ Apôtre, doctrinaire, missionnaire, orateur sacré, prêcheur, prédicant, sermonnaire.

PRÉDICATIF, IVE ☐ Apodictique, attributif, catégorique, qualificatif.

PRÉDICATION ☐ → *sermon.*

PRÉDICTION ☐ Annonce, augure, avenir, bonne aventure (pop.), conjecture, divination, horoscope, oracle, présage, prévision, promesse, pronostic, prophétie, vaticination.

PRÉDILECTION ☐ Affection, faiblesse, faveur, goût, préférence.

PRÉDIRE ☐ Annoncer, augurer, conjecturer, deviner, dévoiler, dire l'avenir/la bonne aventure, présager, prévoir, promettre, pronostiquer, prophétiser, vaticiner.

PRÉDISPOSER ☐ Amadouer, amener, incliner, mettre en condition/en disposition, préparer.

PRÉDISPOSITION ☐ Aptitude, atavisme, condition, disposition, hérédité, inclination, penchant, prédesti-

nation, prédétermination, tendance, terrain favorable.

PRÉDOMINANCE ☐ Avantage, dessus, précellence, prééminence, préexcellence, préférence, prépondérance, primauté, supériorité, suprématie.

PRÉDOMINANT, E ☐ → *principal.*

PRÉDOMINER ☐ Avoir l'avantage/la prédominance *et les syn. de* PRÉDOMINANCE, être le plus important *et les syn. de* IMPORTANT, l'emporter sur, exceller, prévaloir, régner.

PRÉÉMINENCE ☐ → *prédominance.*

PRÉEMPTION ☐ Préférence, priorité, privilège.

PRÉEXCELLENCE ☐ Précellence. → *prédominance.*

PRÉEXISTENCE ☐ Antériorité.

PRÉFACE ☐ Argument, avant-propos, avertissement, avis/discours préliminaire, exorde, introduction, liminaire, notice, préambule, préliminaire, présentation, prodrome (vx), proème (vx), prolégomènes, prologue.

PRÉFECTURE ☐ Chef-lieu, département.

PRÉFÉRABLE ☐ Meilleur, mieux, supérieur.

PRÉFÉRABLEMENT ☐ De/par préférence, plutôt.

PRÉFÉRÉ, E ☐ Attitré, choisi, chouchou (fam.), favori, privilégié.

PRÉFÉRENCE ☐ **I. Pour quelqu'un** : acception (vx), acceptation, affection, attirance, choix, élection, faible, faiblesse, favoritisme, partialité, prédilection. **II. Pour quelque chose** : avantage, choix, option, privilège.

PRÉFÉRER ☐ Adopter, aimer mieux, avoir une préférence *et les syn. de* PRÉFÉRENCE, chérir, choisir, considérer comme meilleur, distinguer, estimer le plus, incliner/pencher en faveur de/pour.

PRÉFIGURER ☐ → *présager.*

PRÉHISTOIRE ☐ **I.** Archéologie, paléontologie, protohistoire. **II.** Mésolithique, néolithique, paléolithique.

PRÉHISTORIQUE ☐ **I.** → *préhistoire.* **II. Par ext.** (fam.) : ancien, antédiluvien, démodé, suranné.

PRÉJUDICE ☐ Atteinte, dam, désagrément, désavantage, détriment, dommage, injustice, lésion, mal, tort.

PRÉJUDICIABLE ☐ Attentatoire, dommageable, funeste, malfaisant, malheureux, nocif, nuisible.

PRÉJUDICIER ☐ Blesser, nuire, porter préjudice *et les syn. de* PRÉJUDICE.

PRÉJUGÉ ☐ A priori, erreur, idée préconçue/toute faite, jugement préconcu/téméraire, œillère, opinion préconcue/toute faite, parti pris, passion, préconception, préoccupation (vx), prévention, supposition.

PRÉJUGER ☐ V. tr. et intr. → *présager.*

PRÉLART ☐ Bâche, toile.

PRÉLASSER (SE) ☐ S'abandonner, se camper, se carrer, se détendre, se goberger (fam.), se laisser aller, pontifier, se relaxer, se reposer, trôner, se vautrer (péj.).

PRÉLAT ☐ Archevêque, cardinal, dignitaire, évêque, monseigneur, monsignor, nonce, patriarche, pontife, primat, prince de l'Église, protonotaire apostolique, vicaire général.

PRÉLÈVEMENT ☐ **I. Au pr. :** coupe, ponction, prise. **II. Fig. :** contribution, dîme, impôt, réquisition, retenue, saignée, saisie, soustraction.

PRÉLEVER ☐ Couper, détacher, enlever, extraire, imposer, lever, ôter, percevoir, rafler, réquisitionner, retenir, retrancher, rogner, saisir, soustraire. → *prendre.*

PRÉLIMINAIRE ☐ Avant-propos, avertissement, avis, commencement, contacts, essai, exorde, introduction, jalon, liminaire, préambule, préface, prélude, présentation, prodrome (vx), prologue.

PRÉLUDE ☐ **I. Au pr. :** ouverture, prologue. **II. Par ext.** → *préliminaire.* **III. Fig. :** annonce, avant-coureur, avant-goût, commencement, lever.

PRÉLUDER ☐ Annoncer, commencer, essayer, s'exercer, improviser, se préparer.

PRÉMATURÉ, E ☐ **I.** Anticipé, avancé, avant terme. **II.** Hâtif, précoce, rapide.

PRÉMÉDITATION ☐ Arrière-pensée, calcul. → *projet.*

PRÉMÉDITÉ, E ☐ → *intentionnel.*

PRÉMÉDITER ☐ Calculer, étudier, méditer, préparer, projeter, réfléchir.

PRÉMICES ☐ Avant-goût, commencement, début, genèse, origine, primeur, principe.

PREMIER, ÈRE ☐ **I. Adj.** *1. Au pr. :* antérieur, initial, liminaire, originaire, original, originel, préoriginal, prime, primitif, principe, prochain. *2. Par ext. :* capital, dominant, en tête, indispensable, meilleur, nécessaire, prépondérant, primordial, principal, supérieur. **II. Nom.** *1.* Aîné, ancêtre, auteur, initiateur, introducteur, inventeur, pionnier, premier-né, promoteur. *2. Arg. scol. :* cacique, major.

PREMIÈREMENT ☐ D'abord, avant tout, avant toute chose, en premier, en premier lieu, primo.

PRÉMISSE ☐ Affirmation, axiome, commencement, hypothèse, proposition.

PRÉMONITION ☐ → *pressentiment.*

PRÉMUNIR ☐ Armer, avertir, garantir, munir, préserver, protéger, vacciner. **V. Pron. :** se garder, se garer, se précautionner *et les formes pron. possibles des syn. de* PRÉMUNIR.

PRENANT, E ☐ **Fig. :** attachant, captivant, charmant, émouvant, intéressant, passionnant, pathétique.

PRENDRE ☐ **I. Au pr.** *1. Neutre :* atteindre, attraper, étreindre, gripper (vx), saisir, tenir. *2. Par ext.* **Non favorable :** accaparer, agripper, s'approprier, arracher, s'attribuer, aveindre (vx), confisquer, écumer, s'emparer de, empoigner, emporter, enlever, intercepter, mettre l'embargo sur, ôter, rafler, ramasser, ravir, récolter, retirer, soutirer. → *voler. 3. Arg. ou fam. :* choper, goinfrer, griffer, morfler, paumer, rabioter, ratiboiser, ratisser, souffler. **II. Prendre quelque chose de :** extraire, ôter, piocher, puiser, sortir, tirer. **III. Milit. :** capturer, coloniser, conquérir, enlever, envahir, forcer, occuper, réduire. **IV. On prend quelqu'un.** *1. Au pr. :* appréhender, arrêter, s'assurer de, attraper, avoir, capturer, ceinturer, colleter, crocher, cueillir, s'emparer de, piéger, mettre la main au collet/dessus, se saisir de, surprendre. *2. Arg. ou fam. :* accrocher, agrafer, alpaguer, anschlusser, argougner, choper, coincer, cravater, crocheter, cueillir, embarquer, embusquer, faire harponner, piger, pincer, piper, piquer, poisser. *3. Par ext. :* amadouer, apprivoiser, entortiller, persuader, séduire. **V. On prend une nourriture, un remède :** absorber, avaler, boire, consommer *et les syn. de* ABSORBER. **VI.** → *choisir.* **VII.** → *vêtir.* **VIII.** → *contracter.* **IX.** → *percevoir.* **X.** → *geler.* **XI.** → *regarder.* **XII.** → *occuper.* **XIII. Loc.** *1. Prendre bien :* s'accommoder. *2. Prendre mal :* se fâcher, interpréter de travers. *3. Prendre à tâche* → *entreprendre. 4. Prendre langue :* s'aboucher. → *parler. 5. Prendre part* → *participer. 6. Prendre sur soi :* se dominer. → *charger (se). 7. Prendre pour un autre :* confondre, croire, se méprendre, regarder comme, se tromper. *8. Prendre pour aide :* s'adjoindre, s'associer, s'attacher, embaucher, employer, engager, retenir. *9. Prendre une direction :* s'embarquer, emprunter, s'engager. *10. Prendre un air :* adopter, affecter, se donner, se mettre à avoir, pratiquer. *11. Prendre un emploi :* embrasser, entrer dans.

PRENDRE À (SE) ☐ Se mettre à. → *commencer.*

PRENEUR, EUSE ☐ n. et adj. Acheteur, acquéreur, cheptelier, fermier, locataire.

PRÉNOM ☐ Nom de baptême, petit nom.

PRÉNUPTIAL, E □ Anténuptial.

PRÉOCCUPATION □ Agitation, angoisse, cassement de tête, difficulté, ennui, inquiétude, obsession, occupation, peine, soin, sollicitude, souci, tourment, tracas.

PRÉOCCUPÉ, E □ Absorbé, abstrait, anxieux, attentif, distrait, inquiet, méditatif, occupé, pensif, songeur, soucieux.

PRÉOCCUPER □ Absorber, agiter, attacher, chiffonner, donner du souci *et les syn.* de SOUCI, ennuyer, hanter, inquiéter, obséder, tourmenter, tracasser, travailler, trotter dans la tête. **V. pron.** : considérer, s'inquiéter de, s'intéresser à, s'occuper de, penser à, se soucier de.

PRÉPARATIF □ Appareil (vx), apprêt, arrangement, branle-bas, dispositif, disposition, mesure, précaution, préparation.

PRÉPARATION □ **I. De quelque chose** : apprêt, assaisonnement, composition, confection, façon. **II. Par ext.** : acheminement, arrangement, art, calcul, ébauche, esquisse, étude, introduction, organisation, plan, préméditation, projet. **III.** → *transition.* **IV. De quelqu'un** : apprentissage, éducation, formation, instruction, stage.

PRÉPARATOIRE □ → *préalable.*

PRÉPARER □ **I. Préparer quelque chose. 1.** *Au pr.* : accommoder, apprêter, arranger, disposer, dresser, mettre, organiser. **2.** *Cuisine* : assaisonner, barder, brider, cuire, cuisiner, farcir, fricoter, mijoter, mitonner, parer, plumer, truffer, vider. **3.** *La terre* : amender, ameublir, bêcher, cultiver, déchaumer, défricher, façonner, fumer, herser, labourer, rouler. **II. Fig. 1.** *Favorable ou neutre* : aplanir, calculer, combiner, concerter, concevoir, déblayer, ébaucher, échafauder, élaborer, étudier, faciliter, former, frayer, goupiller (fam.), mâcher (fam.), méditer, ménager, munir, nourrir, organiser, prédisposer, projeter. **2.** *Non favorable* : conspirer, couver, machiner, monter, nouer, ourdir, préméditer, tramer. **3.** *Un examen* : bachoter (péj.), chiader, piocher, potasser, travailler. **4.** *Quelque chose prépare quelque chose* : annoncer, faciliter, présager, produire, provoquer, rendre possible. **5.** *On prépare quelque chose pour quelqu'un* : destiner, réserver. **6.** *On prépare un effet* : amener, ménager, mettre en scène. **7.** *Préparer quelqu'un* : aguerrir, débourrer, éduquer, entraîner, former, instruire, rendre capable de/prêt à. **III. V. pron.** : **1.** *Quelqu'un* : s'apprêter, se cuirasser, se disposer, se mettre en demeure/en état/en mesure de. **2.** Faire sa toilette, s'habiller, se parer.

3. *Quelque chose* : Être imminent, menacer. **4.** *Les formes pron. possibles des syn.* de PRÉPARER.

PRÉPONDÉRANCE □ Autorité, domination, hégémonie, maîtrise, pouvoir, prédominance, prééminence, prépotence, préséance, primauté, supériorité, suprématie.

PRÉPONDÉRANT, E □ Dirigeant, dominant, influent, maître, prédominant, prééminent, premier, supérieur.

PRÉPOSÉ, E □ n. et adj. → *employé.*

PRÉPOSER □ Charger, commettre, confier, constituer, déléguer, employer, installer, mettre à la tête de/en fonctions.

PRÉPOTENCE □ Pouvoir absolu, puissance. → *prépondérance.*

PRÉROGATIVE □ Attribut, attribution, avantage, don, droit, faculté, honneur, juridiction, pouvoir, préséance, privilège.

PRÈS □ **I. Adv.** : à côté, adjacent, à deux pas, à petite distance, à proximité, attenant, aux abords, avoisinant, contigu, contre, en contact, limitrophe, mitoyen, proche, touchant, voisin. **II. Loc. adv.** *De près* : à bout portant, à brûle-pourpoint, à ras, avec soin, bord à bord. **III. Loc. prép.** *Près de.* **1.** Aux abords de, au bord de, à côté de, à deux doigts/pas de, auprès de, autour de, avec, contre, joignant, jouxte, proche de, voisin de. **2.** Sur le point de. **IV. Loc. 1.** *À peu près* : approximativement, approchant, assez, bien, comme qui dirait (fam.), dans les, environ, pas tout à fait, presque. **2.** *À peu de chose(s) près* : à un cheveu, presque. **3.** *À cela près* : excepté, mis à part, sauf.

PRÉSAGE □ Annonce, augure, auspices, avant-coureur, avant-goût, avertissement, avis, conjecture, marque, menace, message, porte-bonheur/malheur, prédiction, préfiguration, prélude, prémonition, prodrome, promesse, pronostic, prophétie, signe, symptôme.

PRÉSAGER □ **I. Quelque chose ou quelqu'un présage** : annoncer, augurer, avertir, marquer, menacer, porter bonheur/malheur, préfigurer, préluder, promettre. **II. Quelqu'un présage** : conjecturer, flairer, prédire, préjuger, pressentir, présumer, prévoir, pronostiquer, prophétiser.

PRESBYTÈRE □ Cure, maison curiale.

PRESCIENCE □ → *prévision.*

PRESCRIPTION □ **I. Jurid.** : invalidation, invalidité, nullité, péremption, usucapion. **II.** Arrêté, commandement, décision, décret, disposition, édit, indication, indiction, instruction, ordonnance, ordre, précepte, promulgation, recommandation, règle.

PRESCRIRE ☐ Arrêter, commander, décider, décréter, dicter, disposer, donner ordre, édicter, enjoindre, fixer, imposer, indiquer, infliger, ordonner, réclamer, recommander, requérir, vouloir.

PRÉSÉANCE ☐ Pas. → *prérogative.*

PRÉSENCE ☐ **I. Au pr. 1.** Essence, existence. **2.** Assiduité, régularité. **3.** Assistance. **II. Loc. *En présence de :*** à la/en face de, devant, par-devant (vx) vis-à-vis de.

PRÉSENT ☐ n. **I.** → *don.* **II.** Actualité, réalité.

PRÉSENT (À) ☐ loc. → *présentement.*

PRÉSENT, E ☐ adj. Contemporain, courant, existant, immédiat, moderne. → *actuel.*

PRÉSENTABLE ☐ Acceptable, convenable, digne, sortable (fam.).

PRÉSENTATEUR, TRICE ☐ → *animateur.*

PRÉSENTATION ☐ **I.** → *exposition.* **II.** → *préface.*

PRÉSENTEMENT ☐ Actuellement, à présent, aujourd'hui, de nos jours, de notre temps, d'ores et déjà, en ce moment, maintenant.

PRÉSENTER ☐ **I. V. intr. Loc.** *Présenter bien/mal :* avoir l'air, marquer **II. V. tr. 1. *On présente quelqu'un :*** faire admettre / agréer/connaître, introduire. **2. *On présente quelque chose :*** aligner, amener, arranger, avancer, dessiner, diriger, disposer, exhiber, exposer, faire voir, fournir, mettre en avant/en devanture/en évidence/en valeur, montrer, offrir, produire, proposer, servir, soumettre, tendre, tourner vers. **III. V. pronon. : 1. Au pr. :** arriver, comparaître, se faire connaître, paraître. **2. *Se présenter à un examen :*** passer, subir. **3. *À une candidature :*** se porter. **4. *Une chose se présente :*** apparaître, s'offrir, survenir, tomber, traverser *et les formes pron. possibles des syn. de* PRÉSENTER.

PRÉSERVATIF ☐ **I.** Capote (anglaise), condom, contraceptif, diaphragme, gelée, pessaire, pilule, pommade (contraceptive), stérilet. *Fam. :* burnous, chapeau, laine, manteau, précaution, etc. **II.** → *remède.*

PRÉSERVATION ☐ Abri, conservation, défense, épargne, garantie, garde, maintien, protection, sauvegarde.

PRÉSERVER ☐ Abriter, assurer, conserver, défendre, épargner, éviter, exempter, garantir, garder, garer, maintenir, parer, prémunir, protéger, sauvegarder, sauver, soustraire.

PRÉSIDENCE ☐ Autorité, conduite, conseil, direction, gestion, magistrature suprême, tutelle.

PRÉSIDENT, E ☐ Chef, conseiller, directeur, magistrat, tuteur.

PRÉSIDER ☐ v. intr. et tr. Conduire, diriger, gérer, occuper la place d'honneur/le premier rang, régler, siéger, veiller à.

PRÉSOMPTION ☐ **I.** → *orgueil.* **II.** Attente, conjecture, hypothèse, jugement, opinion, préjugé, pressentiment, prévision, supposition. **III.** Charge, indice.

PRÉSOMPTUEUX, EUSE ☐ Ambitieux, arrogant, audacieux, avantageux, content de soi, fat, fier, hardi, imprudent, impudent, infatué, irréfléchi, optimiste, orgueilleux, outrecuidant, prétentieux, suffisant, superbe, téméraire, vain, vaniteux, vantard. *Fam. :* péteux, ramenard.

PRESQUE ☐ À demi, à peu près, approximativement, comme, environ, peu s'en faut, quasi, quasiment.

PRESQU'ÎLE ☐ Péninsule.

PRESSANT, E ☐ Ardent, chaleureux, chaud, contraignant, excitant, impératif, impérieux, important, insistant, instant, nécessaire, pressé, puissant, rapide, suppliant, tourmentant, urgent.

PRESSE ☐ **I.** Affluence, concours, foule, multitude. **II.** Calandre, fouloir, laminoir, pressoir, vis. **III.** → *journal.* **IV.** Empressement, hâte.

PRESSÉ, E ☐ **I.** → *pressant.* **II.** → *court.* **III.** Alerte, diligent, empressé, impatient, prompt, rapide, vif.

PRESSENTIMENT ☐ **I.** Non favorable : appréhension, crainte, prémonition, signe avant-coureur/prémonitoire. **II.** Favorable ou neutre : avant-goût, avertissement, divination, espérance, espoir, idée, impression, intuition, présage, présomption, sentiment.

PRESSENTIR ☐ **I.** Non favorable : appréhender, s'attendre à, craindre, se douter de, flairer, soupçonner, subodorer. **II.** Favorable ou neutre. **1. Au pr. :** augurer, deviner, entrevoir, espérer, pénétrer, prévoir, repérer, sentir. **2. Loc. *Laisser pressentir :*** annoncer, présager. **3. Par ext.** *Pressentir quelqu'un :* contacter, interroger, sonder, tâter, toucher.

PRESSER ☐ **I. Au pr. 1.** Appliquer, appuyer, broyer, compresser, comprimer, damer, écraser, embrasser, entasser, épreindre (vx), esquicher, étreindre, exprimer, fouler, froisser, oppresser, peser, plomber, pressurer, resserrer, serrer, taller, tasser. **2. *La main, le bras :*** caresser, masser, pétrir, pincer, serrer, toucher. **II. Fig. 1. *Presser quelqu'un :*** accabler, aiguillonner, assaillir, assiéger, attaquer, bousculer, brusquer, conseiller, contraindre, engager, exciter, faire pression/violence, harceler, hâter, inciter, insister auprès, inviter, obliger, persécuter, poursuivre, pousser, talonner, tourmenter. **2. Presser une affaire :** accélérer, activer, chauffer, dépêcher, forcer, précipiter. **III. V. intr. :** urger (fam.). **IV. V. pron. :** **1.** Se blottir, s'embrasser. **2.** Aller vite, courir, se dépêcher. **3.** Les formes pron. possibles des syn. de PRESSER.

PRESSING □ → teinturerie.

PRESSION □ **I. Au pr. :** compression, constriction, effort, force, impression (vx), impulsion, poussée. **II. Par ext.** **1.** Attouchement, caresse, étreinte, serrement. **2.** Action, chantage, contrainte, empire, influence, intimidation, menace.

PRESSOIR □ **I. Au pr. :** fouloir, maillotin, moulin à huile. **II. Par ext. :** cave, cellier, hangar, toit. **III. Fig. :** exploitation, oppression, pressurage.

PRESSURER □ **I. Au pr.** → presser. **II. Fig. :** écraser, épuiser, exploiter, faire cracher/suer, imposer, maltraiter, opprimer, saigner.

PRESTANCE □ Air, allure, aspect, contenance, démarche, maintien, manières, mine, physique, port, taille, tournure.

PRESTATAIRE □ → contribuable.

PRESTATION □ **I.** Aide, allocation, apport, charge, fourniture, imposition, impôt, indemnité, obligation, prêt, redevance. **II.** Cérémonie, formalité.

PRESTE □ Adroit, agile, aisé, alerte, diligent, dispos, éveillé, habile, léger, leste, prompt, rapide, vif.

PRESTESSE □ Adresse, agilité, aisance, alacrité, diligence, habileté, légèreté, promptitude, rapidité, vitesse, vivacité.

PRESTIDIGITATEUR, TRICE □ Acrobate, artiste, escamoteur, illusionniste, jongleur, magicien, manipulateur, truqueur.

PRESTIDIGITATION □ Escamotage, illusion, jonglerie, magie, passe-passe, tour, truc, truquage.

PRESTIGE □ **I.** → magie. **II.** → illusion. **III.** → influence. **IV.** → lustre.

PRESTIGIEUX, EUSE □ Admirable, éblouissant, étonnant, extraordinaire, fascinant, formidable, glorieux, honoré, magique, merveilleux, miraculeux, prodigieux, renommé, renversant.

PRESTO □ À toute allure/biture (fam.)/vitesse, à fond de train (fam.), illico, prestement, rapidement, vite.

PRÉSUMÉ, E □ Hypothétique, présomptif, supposé.

PRÉSUMER □ Augurer, attendre, s'attendre à, conjecturer, préjuger, présager, pressentir, présupposer, prétendre, prévoir, soupçonner, supposer.

PRÉSUPPOSER □ → supposer.

PRÊT □ **I. Au pr. :** aide, avance, bourse, crédit, dépannage, emprunt, facilité, prime, subvention. **II. Milit. :** paie, solde, traitement.

PRÊT, E □ → mûr.

PRÉTENDANT, E □ n. et adj. **I.** Aspirant, candidat, impétrant, postulant, solliciteur. **II.** Amant, amateur, amoureux, courtisan, épouseur, fiancé, futur (pop.), poursuivant, prétendu (vx), promis, soupirant.

PRÉTENDRE □ **I.** Affirmer, alléguer, avancer, déclarer, dire, garantir, présumer, soutenir. **II.** Demander, entendre, exiger, réclamer, revendiquer, vouloir. **III.** Ambitionner, aspirer à, se flatter de, lorgner, tendre à/vers, viser à.

PRÉTENDU, E □ **I.** Apparent, faux, soi-disant, supposé. **II. Vx** → fiancé.

PRÊTE-NOM □ Homme de paille (péj.), intermédiaire, mandataire, représentant, taxi (péj.).

PRÉTENTIEUX, EUSE □ **I.** → orgueilleux. **II.** → présomptueux.

PRÉTENTION □ **I. Favorable ou neutre.** **1.** Condition, exigence, revendication. **2.** Ambition, désir, dessein, espérance, visée. **II. Non favorable :** affectation, apprêt, arrogance, bouffissure, crânerie, embarras, emphase, fatuité, forfanterie, orgueil, pédantisme, pose, présomption, vanité, vantardise, vanterie.

PRÊTER □ **I. Au pr. :** allouer, avancer, fournir, mettre à la disposition, octroyer, procurer. **II. Par ext. :** attribuer, donner, imputer, proposer, supposer.

PRÊTER (SE) □ **I.** On se prête à → consentir **II.** Quelque chose se prête à → correspondre.

PRÉTÉRIT □ **I. Au pr. :** passé. **II. Par ext. :** aoriste, imparfait, parfait.

PRÉTÉRITION □ **I.** Omission, oubli. **II. Rhétor. :** paralipse, prétermission.

PRÊTEUR, EUSE □ n. et adj. Actionnaire, bailleur, banquier, capitaliste, commanditaire. → usurier.

PRÉTEXTE □ Allégation, apparence, argument, cause, couleur, couvert, couverture, échappatoire, excuse, faux-fuyant, faux-semblant, lieu, manteau, matière, mot, ombre, raison, refuite, semblant, subterfuge, supposition, voile.

PRÉTEXTER □ Alléguer, arguer de, s'autoriser de, exciper de, avancer, élever une objection, faire croire, invoquer, mettre en avant, objecter, opposer, prendre pour prétexte et les syn. de PRÉTEXTE, simuler, supposer.

PRÉTOIRE □ Aréopage, cour, parquet, salle d'audience, tribunal.

PRÊTRE □ **I. Au pr.** : clerc, desservant, ecclésiastique, ministre du culte, pontife. **II. Christianisme. 1.** Abbé, archiprêtre, aumônier, chanoine, chapelain, coadjuteur, confesseur, curé, directeur de conscience, doyen, ecclésiastique, ministre, padre, papas, pasteur, pénitencier, père, pléban, plébain, pope, révérend, vicaire. **2. Péj.** : capelan, curaillon, cureton, corbeau, prédicant, prestolet, ratichon, sermonnaire. **III. Judaïsme** : lévite, ministre, rabbin. **IV. Islam. Par ext.** : ayatollah, iman, mahdi, mollah, muezzin, mufti. **V. Religions d'Asie** : bonze, brahmane, lama, mahatma, pandit, talapoin. **VI. Religions de l'Antiquité** : aruspice, augure, barde, corybante, curète, druide, épulon, eubage, fécial, flamine, galle, hiérogrammate, hiérophante, luperque, mage, mystagogue, ovate, pontife, quindecemvir, sacrificateur, salien, saronide, septemvir, victimaire. **VII. →** *chef.*

PRÊTRESSE □ Bacchante, druidesse, pythie, pythonisse, vestale.

PRÊTRISE □ État/ministère ecclésiastique/religieux, ordre, sacerdoce.

PREUVE □ **I.** Affirmation, argument, confirmation, constatation, conviction, critère, critérium, démonstration, établissement, gage, illustration (vx), justification, motif, pierre de touche. **II.** Charge, corps du délit, document, empreinte, fait, indice, justificatif, marque, signe, témoignage, trace. **III.** Épreuve judiciaire, jugement de Dieu, ordalie, probation.

PREUX □ adj. et n. Brave, courageux, vaillant, valeureux. **→** *chevalier.*

PRÉVALOIR □ Avoir l'avantage, dominer, l'emporter, prédominer, primer, supplanter, surpasser, triompher. **V. pron. : 1. Neutre ou favorable** : alléguer, faire valoir, tirer avantage/parti. **2. Non favorable** : se draper dans, s'enorgueillir, faire grand bruit/grand cas de, se flatter, se glorifier, se targuer, tirer vanité, triompher.

PRÉVARICATEUR, TRICE □ **→** *profiteur.*

PRÉVARICATION □ **I. →** *trahison.* **II. →** *malversation.*

PRÉVARIQUER □ **→** *voler.*

PRÉVENANCES □ **→** *égards.*

PRÉVENANT, E □ Affable, agréable, aimable, attentionné, avenant, complaisant, courtois, déférent, empressé, gentil, obligeant, poli, serviable.

PRÉVENIR □ **I. Au pr. 1. Neutre** : détourner, devancer, empêcher, éviter, obvier à, parer, précéder, pré-

server. **2. Non favorable** : indisposer, influencer. **II. Par ext.** : alerter, annoncer, avertir, aviser, crier casse-cou (fam.), dire, donner avis, faire savoir, informer, instruire, mettre au courant/au parfum (fam.)/en garde.

PRÉVENTIF, IVE □ **I. →** *prophylactique.* **II. →** *préservatif.*

PRÉVENTION □ **I.** Antipathie, défiance, grippe, parti pris. **→** *préjugé.* **II.** Arrestation, détention, emprisonnement, garde à vue. **III. →** *prophylaxie.*

PRÉVENU, E □ adj. et n. Accusé, cité, inculpé, intimé (vx).

PRÉVISIBLE □ **→** *probable.*

PRÉVISION □ **I. L'action de prévoir** : anticipation, clairvoyance, connaissance, divination, prescience, pressentiment, prévoyance. **II. Ce qu'on prévoit. 1. Au pr.** : calcul, conjecture, croyance, hypothèse, probabilité, pronostic, supposition. **2.** Budget, devis, étude, plan, projet. **3. Par ext.** : attente, espérance, prédiction, présage, prophétie, vaticination (péj.).

PRÉVOIR □ Anticiper, s'attendre à, augurer, calculer, conjecturer, décider, deviner, entrevoir, étudier, flairer, imaginer, organiser, penser à tout, percer l'avenir, prédire, préparer, présager, pressentir, pronostiquer, prophétiser, vaticiner (péj.).

PRÉVOYANCE □ Attention, clairvoyance, diligence, perspicacité, précaution, prévention, prudence, sagesse.

PRÉVOYANT, E □ Attentionné, avisé, clairvoyant, diligent, inspiré, perspicace, précautionneux, prudent, sage.

PRIER □ **I. Au pr.** : adorer, s'adresser à, s'agenouiller, crier vers, invoquer. **II. Par ext. 1.** Adjurer, appeler, conjurer, demander, implorer, insister, presser, réclamer, requérir, solliciter, supplier. **2.** Convier, inviter.

PRIÈRE □ **I. Au pr.** : acte, cri, demande, déprécation, dévotion, éjaculation, élévation, intercession, invocation, litanie, méditation, mouvement de l'âme, neuvaine, obsécration, oraison, oraison jaculatoire, orémus, patenôtre. **II. Formes** : absoute, adoration, angélus, ave, bénédicité, bréviaire, canon, chapelet, complies, confiteor, credo, de profundis, doxologie, grâces, heures, libera, matines, mémento, messe, none, offertoire, oraison dominicale/jaculatoire, pater, préface, salut, salutation angélique, salve Regina, sexte, tierce, vêpres. **III. Par ext. 1.** Adjuration, appel, conjuration, imploration, instance, requête, supplication, supplique. **2.** Invitation, sollicitation.

PRIEUR □ Abbé, bénéficier, doyen, supérieur.

PRIEURÉ □ Abbaye, bénéfice, cloître, couvent, doyenné, église, monastère, moutier.

PRIMAIRE □ Élémentaire, premier, primitif. → *simple.*

PRIMAUTÉ □ → *supériorité.*

PRIME □ adj. → *premier.*

PRIME □ n. **I.** → *gratification.* **II.** → *récompense.*

PRIMER □ **I. V. intr.** : dominer, l'emporter, gagner sur, prévaloir. **II. V. tr.** → *surpasser.*

PRIMESAUTIER, ÈRE □ → *spontané.*

PRIMEUR □ **I. Au sing.** : commencement, étrenne, fraîcheur, nouveauté. **II. Au pl.** → *prémices.*

PRIMITIF, IVE □ adj. et n. **I.** Ancien, archaïque, archéen. **II.** Brut, initial, originaire, original, originel, premier, primaire. **III.** Élémentaire, fruste, grossier, inculte, naïf, naturel, rudimentaire, rustique, rustre, simple.

PRIMORDIAL, E □ **I.** Premier, primitif. **II.** Capital, essentiel, important, indispensable, initial, liminaire, nécessaire, obligatoire, premier. → *principal.*

PRINCE □ **I. Au pr. 1.** Chef d'État, empereur, majesté, monarque, roi, souverain. **2.** Altesse, archiduc, cardinal, dauphin, diadoque, évêque, grand d'Espagne, grand-duc, hospodar, infant, kronprinz, landgrave, maharadjah, margrave, monseigneur, Monsieur, rajah, rhingrave, sultan. **II. Par ext.** : maître, seigneur.

PRINCEPS □ Original, premier.

PRINCESSE □ Altesse, archiduchesse, dauphine, grande-duchesse, infante, Madame, Mademoiselle, rani, sultane.

PRINCIER, ÈRE □ Fastueux, luxueux, somptueux.

PRINCIPAL, E □ **I. Adj.** : capital, cardinal, central, décisif, dominant, élémentaire, essentiel, fondamental, grand, important, indispensable, maître, maîtresse, prédominant, prééminent, primordial, sérieux, vital, vrai. **II. Nom. 1.** Base, but, centre, chef, cheville, clé, clou, corps, fait, fonds, gros, point, quintessence, substance, tout, vif. **2.** Directeur, proviseur, régent (vx).

PRINCIPALEMENT □ Avant tout, particulièrement, singulièrement, surtout, tout d'abord.

PRINCIPE □ **I. Au pr. 1.** Agent, âme, archétype, auteur, axe, cause, centre, commencement, créateur, début, départ, esprit, essence, facteur, ferment, fondement, idée, origine, pierre angulaire, raison, source. **2.** Abc, axiome, base, convention, définition, doctrine, donnée, élément, hypothèse, postulat, prémisse, rudiment. **II. Par ext. 1.** Dogme, loi,

maxime, norme, opinion, précepte, règle, système, théorie. **2.** Catéchisme, morale, philosophie, religion.

PRINTANIER, ÈRE □ Clair, frais, gai, jeune, neuf, nouveau, vernal, vif.

PRINTANISATION □ Vernalisation.

PRINTEMPS □ **I. Au pr.** : renouveau. **II. Fig.** → *jeunesse.*

PRIORITÉ □ Antériorité, avantage, précellence, préemption, primauté, primeur, privilège.

PRIS, E □ → *occupé.*

PRISABLE □ Aimable, appréciable, estimable, respectable.

PRISE □ **I. Au pr.** : butin, capture, conquête, proie. **II.** Coup de filet, enlèvement, occupation, rafle. **III.** Coagulation, durcissement, solidification. **IV. Loc. 1.** *Prise de bec :* dispute, querelle. **2.** *Prise de tabac :* pincée. **3.** *Avoir prise :* action, barre, emprise, moyen. **4.** *Être aux prises* → *lutter.*

PRISÉE □ → *évaluation.*

PRISER □ **I.** Apprécier, donner du prix, estimer, faire cas. **II. Du tabac :** aspirer, humer, pétuner, prendre.

PRISME □ **I.** Parallélépipède, polyèdre. **II.** Dispersion, réfraction, spectre.

PRISON □ **I. Au pr.** : cellule, centrale, centre/établissement pénitentiaire, chambre de sûreté, chartre (vx), dépôt, fers, forteresse, geôle, maison d'arrêt/centrale/de correction/de force/de justice/pénitentiaire/de redressement, salle de police, pénitencier. → *cachot.* **II. Arg.** : bal, ballon, bigne, bing, bloc, boîte, cabane, cage, canton, carluche, centrouze, chtar, chtibe, clou, durs, gnouf, mitard, ombre, ours, placard, planque, ratière, taule, trou, violon. **III.** Ergastule, in-pace, latomie, plomb. **IV.** Détention, emprisonnement, liens (litt.), prévention, réclusion.

PRISONNIER, ÈRE □ **I. Au pr.** : captif, détenu, interné. **II. Par ext.** : bagnard, déporté, esclave, otage, relégué, séquestré, transporté (vx). **III. Arg.** : taulard.

PRIVATION □ **I. Au pr.** : absence, défaut, manque, perte, restriction, suppression, vide. **II. Par ext. 1.** *Favorable ou neutre :* abstinence, ascétisme, continence, dépouillement, jeûne, macération, renoncement, sacrifice. **2.** *Non favorable :* besoin, gêne, indigence, insuffisance, misère, pauvreté.

PRIVAUTÉ □ **I.** Familiarité, liberté, sans-gêne. **II.** → *Caresse.*

PRIVÉ, E □ **I.** Individuel, intime, libre, particulier, personnel. **II. Loc.** *À titre privé :* incognito, officieux. **III. Vx :** apprivoisé, domestique. **IV.** Appauvri, déchu, démuni, dénué, dépossédé, dépouillé, dépourvu, déshérité, frustré, sevré.

PRIVER □ **I. Quelqu'un de sa liberté :** asservir, assujettir, ôter. **II. Quelqu'un de quelque chose :** appauvrir, démunir, déposséder, dépouiller, déshériter, enlever, frustrer, ravir, sevrer, spolier, voler. **III. Par ext. :** empêcher, interdire. **IV. V. pron. :** s'abstenir, se faire faute de, renoncer à *et les formes pron. possibles des syn. de* PRIVER.

PRIVILÈGE □ Apanage, attribution, avantage, bénéfice, concession, droit, exclusivité, exemption, faveur, franchise, honneur, immunité, indult (relig.), monopole, passe-droit, pouvoir, préférence, prérogative.

PRIVILÉGIÉ, E □ Avantagé, choisi, élu, favori, favorisé, fortuné, heureux, gâté, nanti, pourvu, préféré, riche.

PRIVILÉGIER □ → *favoriser.*

PRIX □ **I. Au pr. 1.** Cherté, cotation, cote, cours, coût, estimation, évaluation, montant, taux, valeur. **2.** Coupe, couronne, diplôme, médaille, oscar, récompense. **II. Par ext. :** addition, bordereau, devis, étiquette, facture, mercuriale, tarif.

PROBABILITÉ □ Apparence, chance, conjecture, perspective, plausibilité, possibilité, prévisibilité, prospective, vraisemblance.

PROBABLE □ Apparent, plausible, possible, prévisible, vraisemblable.

PROBANT, E □ Certain, concluant, convaincant, décisif, démonstratif, éloquent, entraînant, évident, indéniable, indiscutable, logique, péremptoire, sans réplique.

PROBATION □ **I.** → *délai.* **II.** → *preuve.*

PROBE □ Comme il faut, délicat, digne, droit, fidèle, honnête, incorruptible, intact, intègre, juste, loyal, moral, pur, respectable, vertueux.

PROBITÉ □ Conscience, délicatesse, droiture, fidélité, honnêteté, incorruptibilité, intégrité, justice, loyauté, morale, prud'homie (vx), rectitude, vertu.

PROBLÉMATIQUE □ Aléatoire, ambigu, chanceux (fam.), conjectural, difficile, douteux, équivoque, hypothétique, incertain, suspect.

PROBLÈME □ Difficulté, question.

PROCÉDÉ □ **I. Neutre :** allure, attitude, comportement, conduite, dispositif, façon, formule, manière, marche, martingale, méthode, moyen, pratique, procédure, recette, secret, style, truc. **II. Non favorable. 1. Sing. ou pl. :** artifice, bric-à-brac, cliché, convention, ficelle. **2. Pl. :** agissements, errements.

PROCÉDER □ **I. Au pr. 1.** Agir, se conduire. **2.** Avancer, débuter, marcher, opérer. **II. Procéder de :** découler, dépendre, dériver, émaner, s'ensuivre, partir, provenir, tirer son origine, venir. **III. Procéder à :** célébrer, faire, réaliser.

PROCÉDURE □ **I. Au pr. :** action, instance, instruction, poursuite, procès. **II. Par ext. 1.** Chicane, complication, querelle. **2.** Paperasserie.

PROCÉDURIER, ÈRE □ → *processif.*

PROCÈS □ **I.** Affaire, audience, cas, cause, débats, litige, litispendance. → *procédure.* **II. Loc. On fait le procès de :** accuser, attaquer, condamner, critiquer, mettre en cause, vitupérer.

PROCESSIF, IVE □ Chicaneur, chicanier, mauvais coucheur (fam.), procédurier.

PROCESSION □ Cérémonie, cortège, défilé, file, marche, pardon, queue, suite, théorie, va-et-vient.

PROCESSUS □ Développement, évolution, fonction, marche, mécanisme, procès, progrès, prolongement, suite.

PROCÈS-VERBAL □ **I. Au pr. :** acte, compte rendu, constat, rapport, recès, relation. **II. Par ext. :** amende, contravention.

PROCHAIN □ Autrui, les autres.

PROCHAIN, E □ **I. Dans l'espace :** adjacent, à touche-touche, attenant, avoisinant, circonvoisin, contigu, environnant, joignant, jouxtant, limitrophe, proche, rapproché, touchant, voisin. **II. Dans le temps :** immédiat, imminent, proche, rapproché.

PROCHE □ **I. Adj.** → *prochain.* **II.** → *parent.* **III. Adv. et péj.** → *près.*

PROCLAMATION □ **I.** Avis, ban (vx), déclaration, décret, dénonciation, divulgation, édit, publication, rescrit. **II.** Appel, manifeste, profession de foi, programme.

PROCLAMER □ Affirmer, annoncer, chanter (péj.), clamer, confesser, crier, déclarer, dénoncer, dévoiler, divulguer, ébruiter, énoncer, professer, prononcer, publier, reconnaître, révéler.

PROCRÉATEUR □ → *parent.*

PROCRÉATION □ Accouchement, enfantement, formation, génération, mise au jour/au monde, parturition, production, reproduction.

PROCRÉER □ Accoucher, créer, donner le jour, enfanter, engendrer, former, mettre au jour/au monde, produire.

PROCURATEUR □ Gouverneur, magistrat, proconsul.

PROCURATION □ Mandat, pouvoir.

PROCURER □ **I. Quelqu'un procure :** assurer, donner, envoyer, faire obtenir, fournir, livrer, ménager, moyenner (vx), munir, nantir, pourvoir, prêter, trouver. **II. Quelque chose procure :** attirer, causer, faire arriver, mériter, occasionner, offrir, produire, provoquer, valoir. **III. V. pron. :** acquérir, se concilier, conquérir, se ménager, obtenir, quérir, racoler, recruter *et les formes pron. possibles des syn. de* PROCURER.

PROCUREUR ☐ n. Accusateur public (vx), avocat général, magistrat, ministère public, substitut.

PROCUREUR, EUSE ☐ adj. et n. (vx) Entremetteur, entremetteuse, intermédiaire. → *proxénète.*

PRODIGALITÉ ☐ **I. Au pr. :** bonté, désintéressement, générosité, largesse, libéralité. **II. Par ext. :** abondance, dépense, dissipation, exagération, excès, gâchis, gaspillage, luxe, orgie, profusion, somptuosité, surabondance.

PRODIGE ☐ **I. Quelque chose. 1.** Merveille, miracle, phénomène, signe. **2.** Chef-d'œuvre. **II. Quelqu'un :** génie, phénomène, virtuose. → *phénix.*

PRODIGIEUX, EUSE ☐ Admirable, colossal, confondant, considérable, épatant, époustouflant, étonnant, extraordinaire, fabuleux, faramineux (fam.), génial, gigantesque, magique, merveilleux, miraculeux, mirobolant, monstre, monstrueux, phénoménal, prestigieux, renversant, surnaturel, surprenant.

PRODIGUE ☐ **I. Nom.** *Non favorable :* bourreau d'argent (fam.), dilapidateur, dissipateur, gaspilleur, mangetout (vx), panier percé (fam.). **II. Adj. 1.** *Favorable ou neutre :* bon, charitable, désintéressé, généreux, large, libéral. **2.** *Non favorable :* dépensier, désordonné. **III. Loc.** *Prodigue en :* abondant, fécond, fertile, prolixe.

PRODIGUER ☐ **I. Non favorable :** consumer, dilapider, dissiper, gâcher, gaspiller, jeter à pleines mains. **II. Favorable ou neutre. 1.** *Quelqu'un prodigue :* accorder, dépenser, déployer, distribuer, donner, épancher, exposer, montrer, répandre, sacrifier, verser. **2.** *Quelque chose prodigue :* abonder en, donner à profusion, regorger de. **III. V. pron. :** se consacrer, se dépenser, se dévouer *et les formes pron. possibles des syn. de* PRODIGUER.

PRODROME ☐ **I.** Avant-coureur, message, messager, signe, symptôme. → *préliminaire.* **II.** → *préface.*

PRODUCTEUR, TRICE ☐ **I. Au pr. :** auteur, créateur, initiateur, inventeur. **II. Par ext. :** agriculteur, cultivateur, éleveur, fournisseur, industriel.

PRODUCTIF, IVE ☐ Créateur, fécond, fertile, fructueux. → *profitable.*

PRODUCTION ☐ **I. L'action de produire :** apparition, création, éclosion, enfantement, fabrication, génération, genèse, mise en chantier/en œuvre, venue. **II. Ce qui est produit. 1.** Écrit, film, œuvre, ouvrage, pièce. **2.** Croît, fruit, produit, rendement, résultat. **3.** Activité, besogne, ouvrage, travail. **4.** Exhibition, performance, spectacle. **5.** Dégagement, émission, formation.

PRODUCTIVITÉ ☐ → *rendement.*

PRODUIRE ☐ **I. Au pr. 1.** *Un document :* déposer, exhiber, exhumer, fournir, montrer, présenter. **2.** *Un argument :* administrer, alléguer, apporter, invoquer, mettre en avant. **3.** *Un témoin :* citer, faire venir, introduire. **II. Par ext. 1.** *Quelqu'un ou quelque chose produit :* amener, apporter, causer, composer, concevoir, confectionner, créer, cultiver, déterminer, donner le jour/naissance/la vie, élaborer, enfanter, engendrer, fabriquer, faire, faire fructifier/naître/venir, forger, manufacturer, obtenir, occasionner, préparer, provoquer, sortir, tirer de. **2.** *Quelque chose produit :* abonder en, donner, fournir, fructifier, porter, rapporter, rendre. **3.** *Quelque chose produit sur quelqu'un :* agir, exercer, frapper, marquer, provoquer. **4.** *Techn. :* dégager, émettre, exhaler, former. **III. V. pron. : 1.** *On se produit :* apparaître, se donner en spectacle, s'exhiber, se mettre en avant/en vedette, se montrer, venir. **2.** *Quelque chose se produit :* s'accomplir, advenir, arriver, avoir lieu, se dérouler, échoir, intervenir, s'offrir, s'opérer, se passer, se présenter, surgir, survenir, se tenir, tomber.

PRODUIT ☐ **I. Au pr. :** bénéfice, croît, fruit, gain, production, profit, rapport, recette, récolte, rendement, rente, résultat, revenu, usufruit. **II. Par ext. 1.** Aliment, denrée, marchandise. **2.** Clone, enfant, progéniture, race, rejeton. **III. Fig. :** conséquence, effet, résultante, résultat, suite.

PROÉMINENCE ☐ Mamelon, saillie.

PROÉMINENT, E ☐ Apparent, arrondi, ballonné, bossu, en avant, en relief, gonflé, gros, haut, protubérant, renflé, saillant, turgescent, turgide, vultueux.

PROFANATEUR, TRICE ☐ → *vandale.*

PROFANATION ☐ Abus, avilissement, blasphème, dégradation, irrespect, irrévérence, outrage, pollution, sacrilège, vandalisme, viol, violation.

PROFANE ☐ adj. et n. **I. Au pr. :** laïc, mondain, temporel. **II. Par ext. 1.** *Neutre :* étranger, ignorant, novice. **2.** *non favorable :* béotien, bourgeois, philistin.

PROFANER ☐ Avilir, dégrader, dépraver, polluer, salir, souiller, violer.

PROFÉRER □ **I.** Articuler, déclarer, dire, émettre, exprimer, jeter, pousser, prononcer. **II. Péj.** : blasphémer, cracher, débagouler, éructer, exhaler, vomir.

PROFESSER □ **I.** → *déclarer*. **II.** → *pratiquer*. **III.** → *enseigner*.

PROFESSEUR □ → *maître*.

PROFESSION □ **I.** Art, carrière, charge, emploi, état, fonction, gagne-pain, métier, occupation, parti (vx), partie, qualité, situation, spécialité. **II.** Affirmation, confession, credo, déclaration, manifeste. → *proclamation*.

PROFESSORAT □ → *enseignement*.

PROFIL □ **I. Au pr.** : contour, ligne, linéament, modénature (arch.). **II. Par ext. 1.** Aspect, silhouette. **2.** Figure, portrait, visage.

PROFILER □ Caréner, découper, dessiner, projeter, représenter, tracer. **V. pron.** : apparaître, se découper, se dessiner, paraître, se projeter, se silhouetter.

PROFIT □ **I.** Acquêt, aubaine, avantage, bénéfice, bien, butin, casuel, émolument, enrichissement, faveur, fruit, gain, intérêt, lucre (péj.), parti, prébende, progrès, récolte, revenant-bon, surplus, traitement, utilité. **II. Fam.** : gâteau, gratte, pelote, resquille, tour de bâton. **III. Loc.** *Au profit de* : au bénéfice/en faveur/à l'intention/dans l'intérêt/dans l'utilité de.

PROFITABLE □ Assimilable, avantageux, bon, économique, efficace, enrichissant, fructueux, juteux (fam.), lucratif, payant, productif, rémunérateur, rentable, sain, salutaire, utile.

PROFITER □ **I. On profite de quelque chose** : bénéficier de, exploiter, jouir de, se servir de, spéculer sur, tirer parti de, utiliser. **II. On profite en** : s'accroître, apprendre, avancer, croître, grandir, grossir, progresser, prospérer. **III. Par ext.** → *rapporter*.

PROFITEUR, EUSE □ Accapareur, affameur, agioteur, exploiteur, fricoteur, maltôtier (vx), mercantile, prébendier, prévaricateur, sangsue, spéculateur, spoliateur, trafiquant, traitant (vx), usurier.

PROFOND, E □ **I. Au pr.** : bas, creux, encaissé, enfoncé, grand, lointain. **II. Par ext.** : caverneux, épais, grave, gros, obscur, sépulcral. **III. Fig.** : abstrait, abstrus, aigu, ardent, beau, calé (fam.), complet, difficile, élevé, ésotérique, essentiel, éthéré, extatique, extrême, foncier, fort, grand, haut, immense, impénétrable, intelligent, intense, intérieur, intime, métaphysique, mystérieux, pénétrant, perspicace, puissant, savant, secret.

PROFONDEUR □ **I. Au pr.** : dimension, distance, étendue, importance, mesure. **II. Par ext.** : abysse, creux, enfoncement, épaisseur, fond, hauteur, largeur, lointain, longueur, perspective. **III. Fig.** : abstraction, acuité, ardeur, beauté, difficulté, élévation, ésotérisme, extase, extrémité, force, grandeur, hauteur, immensité, impénétrabilité, intelligence, intensité, intériorité, intimité, mystère, pénétration, perspicacité, plénitude, puissance, science, secret.

PROFUS, E □ → *abondant*.

PROFUSION □ **I.** Abondance, ampleur, débauche, débordement, démesure, encombrement, étalage, excès, festival, flot, foison, foisonnement, foule, largesse, libéralité, luxe, luxuriance, masse, multiplicité, orgie, prodigalité, pullulement, superflu, superfluité, surabondance. **II. Loc.** *À profusion* : à foison, à gogo (fam.), en pagaille (fam.), à vomir (péj.).

PROGÉNITURE □ Descendance, enfants, famille, fils, génération, géniture, héritier, petit, produit, race, rejeton.

PROGRAMME □ **I. Au pr.** : affiche, annonce, ordre du jour, prospectus. **II.** Donnée, instruction, listage, listing, logiciel, multiprogrammation, processeur, progiciel. **III. Par ext.** : calendrier, dessein, emploi du temps, planification, planning, plate-forme, projet.

PROGRAMMER □ Établir, lister. → *adapter*.

PROGRÈS □ **I. Au pr.** : accroissement, aggravation (péj.), amélioration, amendement (vx), approfondissement, ascension, augmentation, avancement, cheminement, croissance développement, essor, évolution, gain, marche, maturation, montée, mouvement, perfectionnement, procès, processus, progression, propagation. **II.** Civilisation, marche en avant, modernisme, technique.

PROGRESSER □ **I. Au pr.** : aller, avancer, cheminer. → *marcher*. **II. Par ext.** : s'accroître, s'améliorer, s'amender, croître, se développer, s'étendre, être en/faire des progrès *et les syn. de* PROGRÈS, évoluer, gagner monter, mûrir, se perfectionner. **III. Péj.** : s'aggraver, empirer.

PROGRESSIF, IVE □ Adapté, ascendant, calculé, croissant, graduel, modéré, modulé, normalisé, régulier, rythmé, tempéré.

PROGRESSION □ Accroissement, acheminement, ascendance, ascension, augmentation, avance, courant, cours, croissance, développement, évolution, gradation, marche, mouvement, raison (math.), succession, suite. → *marche, progrès*.

PROGRESSISTE □ À gauche, gauchiste, novateur, réformiste. → *socialiste*.

PROGRESSIVEMENT □ Graduellement. → *peu à peu.*

PROGRESSIVITÉ □ → *régulation.*

PROHIBÉ, E □ Censuré, défendu, en contrebande, illégal, illicite, interdit, tabou.

PROHIBER □ Censurer, condamner, défendre, empêcher, exclure, inhiber, interdire, proscrire.

PROHIBITIF, IVE □ **I. Au pr. :** dirimant. **II. Par ext. :** abusif, arbitraire, exagéré, excessif.

PROHIBITION □ Censure, condamnation, défense, inhibition, interdiction, proscription.

PROIE □ **I. Au pr. :** butin, capture, dépouille, prise. **II. par ext. :** esclave, jouet, pâture, victime.

PROJECTEUR □ Phare, réflecteur, scialytique, spot, sunlight.

PROJECTILE □ **Au pr. :** balle, bombe, boulet, cartouche, dragée (arg.), fusée, mitraille, obus, pruneau (arg.), roquette, torpille.

PROJECTION □ **I.** → *jet.* **II.** → *représentation.*

PROJET □ **I. Au pr. :** canevas, carton, dessin, devis, ébauche, esquisse, étude, maquette, plan, planning, programme, schéma, topo (fam.). **II. Par ext. 1. Neutre :** but, calcul, conseil (vx), dessein, entreprise, idée, intention, pensée, résolution, spéculation, vue. **2. Non favorable :** combinaison, combine, complot, conspiration, machination, préméditation, utopie.

PROJETER □ **I. Au pr. :** éjecter, envoyer, expulser, jeter, lancer. **II. Fig. :** cracher, vomir. **III.** Comploter, conspirer, ébaucher, esquisser, étudier, faire/former des projets *et les syn. de* PROJET, gamberger (arg.), méditer, penser, préméditer, préparer, se proposer de, rouler dans sa tête, songer à, tirer des plans, tirer des plans sur la comète (fam.).

PROLAPSUS □ Abaissement, chute, descente, distension, ptôse, relâchement.

PROLÉGOMÈNES □ Introduction, préface, prémisses, principes, propositions.

PROLEPSE □ Anticipation, objection, prénotion, réfutation.

PROLÉTAIRE □ Indigent, ouvrier, pauvre, paysan, plébéien, salarié, travailleur.

PROLÉTARIAT □ → *peuple.*

PROLIFÉRATION □ → *reproduction.*

PROLIFÉRER □ Apparaître, engendrer, envahir, foisonner, se multiplier, procréer, produire, pulluler, se reproduire.

PROLIFIQUE □ Envahissant, fécond, fertile, foisonnant, générateur, productif, prolifère, reproducteur.

PROLIXE □ Bavard, diffus, expansif, exubérant, long, loquace, oiseux, rasoir (fam.), verbeux.

PROLIXITÉ □ Bavardage, diffusion, exubérance, faconde, longueur, loquacité.

PROLOGUE □ **I.** → *préface.* **II.** → *préliminaire.* **III.** → *prélude.*

PROLONGATION □ Allongement, augmentation, continuation, délai, prorogation, suite, sursis.

PROLONGEMENT □ Accroissement, allongement, appendice, conséquence, continuation, développement, extension, rebondissement, suite.

PROLONGER □ Accroître, allonger, augmenter, continuer, développer, étendre, éterniser, faire durer/traîner, poursuivre, pousser, proroger.

PROMENADE □ **I. L'acte. 1. Au pr. :** circuit, course, croisière, échappée, errance, excursion, flânerie, randonnée, tour, voyage. **2. Fam. :** baguenaude, balade, déambulation, vadrouille, virée. **3. Méd. :** Dromomanie. **II. Le lieu :** allée, avenue, boulevard, cours, galerie, jardin, mail, parc, promenoir.

PROMENER □ **I.** → *mener.* **II.** → *porter.* **III.** → *retarder.* **IV.** → *tromper.* **V. v. pron. :** se balader (fam.), cheminer, circuler, déambuler, errer, flâner, marcher, musarder, prendre l'air, sortir, vadrouiller, voyager.

PROMENEUR, EUSE □ Dromomane (méd.), flâneur, marcheur, passant.

PROMENOIR □ Arcades, cloître, clos, déambulatoire, galerie, préau. → *promenade.*

PROMESSE □ **I. Au pr. 1. Neutre :** assurance, déclaration, engagement, foi, protestation, serment, vœu. **2. Non favorable :** serment d'ivrogne, surenchère. **II. Jurid. :** billet, contrat, convention, engagement, pollicitation, sous-seing privé. **III. Par ext. 1.** Fiançailles. **2.** Annonce, espérance, signe, vent.

PROMETTEUR, EUSE □ Aguichant, aguicheur, encourageant, engageant.

PROMETTRE □ **I. Au pr. :** assurer, certifier, donner sa parole, s'engager, jurer, s'obliger. **II. Par ext. 1.** Affirmer, assurer, faire briller/espérer/miroiter. **2.** Annoncer, laisser prévoir, prédire, présager, vouer.

PROMIS, E □ Fiancé.

PROMISCUITÉ □ Assemblage, confusion, familiarité, mélange, mitoyenneté, pêle-mêle, voisinage.

PROMONTOIRE □ Avancée, belvédère, cap, éminence, falaise, hauteur, pointe, saillie.

PROMOTEUR, TRICE □ Animateur, auteur, cause, centre, créateur, excitateur, initiateur, innovateur, inspirateur, instigateur, organisateur, pionnier, point de départ, protagoniste, réalisateur.

PROMOTION □ **I. Au pr.** : accession, avancement, élévation, émancipation, mouvement, nomination. **II. Par ext.** : année, classe, cuvée (fam.).

PROMOUVOIR □ **I.** Bombarder (fam.), élever, ériger, faire avancer, mettre en avant, nommer, porter, pousser. **II.** Animer, encourager, favoriser, provoquer, soutenir.

PROMPT, E □ **I. Favorable ou neutre :** actif, adroit, agile, allègre, avisé, bref, court, diligent, empressé, fougueux, immédiat, impétueux, leste, pétulant, preste, rapide, soudain, vif. **II. Non favorable :** brusque, coléreux, emporté, expéditif, hâtif, impérieux, irascible, ombrageux, soupe au lait (fam.), susceptible, tride (équit.).

PROMPTEMENT □ À fond de train (fam.), presto (fam.), vite *et les adv. dérivés des syn. de* PROMPT.

PROMPTITUDE □ Activité, agilité, célérité, dextérité, diligence, empressement, fougue, hâte, impétuosité, pétulance, prestesse, rapidité, vitesse, vivacité.

PROMULGUER □ Décréter, divulguer, édicter, émettre, faire connaître/savoir, publier.

PRÔNE □ Discours, enseignement, homélie, prêche. → *sermon.*

PRÔNER □ Affirmer, assurer, célébrer, faire connaître, louer, prêcher, préconiser, proclamer, publier, vanter.

PRONOM □ Démonstratif, indéfini, interrogatif, personnel, possessif, relatif, substitut.

PRONONCÉ, E □ **I.** Accentué, accusé, marqué, souligné, visible. **II.** Arrêté, ferme, formel, irréversible, irrévocable, résolu.

PRONONCER □ **I. Au pr.** : articuler, dire, émettre, énoncer, exprimer, formuler, proférer. **II.** Affirmer, arrêter, déclarer, décréter, formuler, infliger, juger, ordonner, rendre. **III. De façon particulière.** *1. Favorable ou neutre :* accentuer, appuyer, chuchoter, débiter, déclamer, détacher, détailler, dire recto tono, faire sentir/sonner, marquer, marteler, psalmodier, réciter, scander. *2. Non favorable :* avaler ses mots, bafouiller, balbutier, bégayer, bléser, bredouiller, chuinter, escamoter ses mots, grasseyer, mâchonner, manger ses mots, nasiller, nasonner, zézayer, zozoter. **IV. V. pron.** : choisir, conclure à, se décider, se déterminer, se résoudre *et les formes pron. possibles des syn. de* PRONONCER.

PRONONCIATION □ **I. Favorable ou neutre :** accent, accentuation, articulation, débit, élocution, façon/manière de prononcer *et les syn. de* PRONONCER, iotacisme, lambdacisme, phrasé, prononcé, rhotacisme, sigmatisme. **II. Non favorable :** balbutiement, bégaiement, blésement, blésité, bredouillement, chuintement, grasseyement, lallation, nasillement, nasonnement, zézaiement.

PRONOSTIC □ Annonce, apparence, conjecture, jugement, prédiction, présage, prévision, prophétie, signe.

PRONOSTIQUER □ Annoncer, conjecturer, juger, prédire, présager, prévoir, prophétiser.

PRONUNCIAMIENTO □ Coup d'État, manifeste, proclamation, putsch, rébellion, sédition.

PROPAGANDE □ Battage (péj.), blabla-bla (péj.), bourrage de crâne (péj.), campagne, croisade, endoctrinement, intoxication, matraquage, persuasion, propagation, prosélytisme, publicité, racolage, retape, tam-tam (fam.).

PROPAGANDISTE □ → *propagateur.*

PROPAGATEUR, TRICE □ Apôtre, divulgateur, doctrinaire, évangélisateur, missionnaire, propagandiste, prosélyte, rabatteur, révélateur.

PROPAGATION □ **I. Neutre :** augmentation, communication, circulation, développement, diffusion, dissémination, effulgence, expansion, extension, marche, mise en mouvement, multiplication, progrès, progression, rayonnement, reproduction, vulgarisation. **II. Non favorable :** aggravation, contagion, contamination, épidémie, invasion, irradiation, transmission. **III.** Apostolat, propagande, prosélytisme.

PROPAGER □ Colporter, communiquer, diffuser, disséminer, divulguer, enseigner, faire accepter/connaître/courir/savoir, multiplier, populariser, prêcher, prôner, publier, répandre, reproduire. **V. pron. :** s'accréditer, augmenter, circuler, courir, déferler, s'étendre, gagner, irradier *et les formes pron. possibles des syn. de* PROPAGER.

PROPENSION □ Disposition, inclination, naturel, penchant, pente, tempérament, tendance.

PROPHÈTE □ Augure, devin, gourou, nabi, pythonisse, starets, vaticinateur, voyant.

PROPHÉTIE □ Annonce, conjecture, divination, inspiration, oracle, prédiction, prévision, vaticination.

PROPHÉTIQUE □ Annonciateur, avant-coureur, conjectural, divinateur, inspiré, préliminaire.

PROPHÉTISER □ Annoncer, conjecturer, deviner, faire des oracles, prédire, prévoir, vaticiner.

PROPHYLACTIQUE □ Antiseptique,

assainissant, hygiénique, préservatif, préventif, protecteur.

PROPHYLAXIE □ Antisepsie, asepsie, assainissement, hygiène, précaution, préservation, prévention, protection.

PROPICE □ Amical, à-propos, beau, bénin, bien, bien disposé, bienfaisant, bienséant, bon, convenable, favorable, opportun, propitiatoire, propre, salutaire, utile.

PROPORTION □ **I.** Accord, analogie, beauté, comparaison, convenance, correspondance, dimension, dose, équilibre, eurythmie, harmonie, justesse, mesure, modénature (arch.), pourcentage, rapport, régularité, symétrie. **II. Loc.** *1. À proportion de :* à l'avenant/mesure/raison, proportionnellement, suivant. *2. En proportion de :* au prorata, en comparaison, en raison, eu égard, relativement, selon, suivant.

PROPORTIONNÉ, E □ **I. Quelqu'un :** assorti, beau, bien balancé/baraqué (fam.)/bâti/fait/fichu (fam.)/foutu (fam.)/moulé/pris/roulé (fam.)/taillé, convenable, en harmonie, équilibré, harmonieux, mesuré, pondéré, régulier. **II. Quelque chose :** au prorata, corrélatif, en rapport, logique, symétrique.

PROPORTIONNEL, ELLE □ Au prorata, en rapport, relatif.

PROPORTIONNER □ Accommoder, approprier, assortir, calculer, doser, établir, mélanger, mesurer, mettre en état, préparer, rapporter, répartir.

PROPOS □ **I. Au pr. :** but, dessein, intention, pensée, résolution. **II. Par ext.** *1.* Matière, objet, sujet, thème. *2.* Badinage, badinerie, bagatelle, baliverne, balourdise, banalité, baratin (fam.), bavardage, bêtise, bla-blabla, blague, boniment, boutade, bruit, cajolerie, calembredaine, calomnie, chanson, cochonnerie, commentaire, commérage, conversation, discours, douceurs, enjôlerie, entretien, fadaise, faribole, gaillardise, galanterie, gaudriole, gauloiserie, grivoiserie, histoire, insanité, insinuation, médisance, obscénité, papotage, parole, phrase, polissonnerie, qu'en-dira-t-on, saleté, sottise, trait, turlutaine, vantardise, vanterie, vilenie. **III. Loc.** *1. À propos de :* à l'occasion de, concernant, relatif à. *2. À tout propos :* à chaque instant, à tous les coups, à tout bout de champ. *3. Mal à propos :* à contretemps, de façon/manière inopportune/intempestive, hors de saison, sans raison/sujet. *4. Bien à propos :* à pic, à point, à point nommé, à temps, au poil (fam.), comme marée en carême, opportunément, pile. *5. Être à propos de/que :* bon, convenable, expédient, juste, opportun.

PROPOSER □ Avancer, conseiller, faire une proposition *et les syn. de* PROPOSITION, mettre en avant, offrir, présenter, soumettre. **V. pron. :** *1.* → projeter. *2.* Les formes pron. possibles des syn. de PROPOSER.

PROPOSITION □ **I. Au pr. :** marché, offre, ouverture, ultimatum (péj.). **II. Jurid. :** loi, motion, projet, résolution. **III. Par ext.** *1.* Dessein, intention. *2.* Conseil, initiative. **IV. Logique :** affirmation, allégation, aphorisme, assertion, axiome, conclusion, conversion, corollaire, démonstration, expression, hypothèse, jugement, lemme, maxime, négation, paradoxe, postulat, précepte, prémisse, principe, théorème, thèse.

PROPRE □ **I. Adj.** *1.* Adéquat, ad hoc, approprié, apte, bon, capable, congru, convenable, de nature à, étudié/fait pour, habile à, idoine, juste, prévu. *2.* Distinctif, exclusif, individuel, intrinsèque, particulier, personnel, spécial, spécifique. *3.* À la lettre, littéral, même, textuel. *4.* Astiqué, blanc, blanchi, briqué (fam.), calamistré (fam.), clair, correct, débarbouillé, décent, décrassé, décrotté, élégant, entretenu, essuyé, frais, frotté, gratté, immaculé, lavé, lessivé, présentable, propret, pur, récuré, rincé, savonné, soigné, tenu. **II. Nom :** apanage, distinction, particularité, propriété, qualité, signe, spécificité.

PROPREMENT □ À propos, bien, convenablement, correctement, en fait, exactement, pratiquement, précisément, soigneusement, stricto sensu, véritablement.

PROPRETÉ □ **I. Au pr. :** clarté, décence, élégance, fraîcheur, netteté, pureté. **I. Par ext.** *1.* Hygiène, soin, toilette. *2.* Ménage, nettoyage, récurage.

PROPRIÉTAIRE □ Actionnaire, bailleur, capitaliste, détenteur, hôte, locateur (vx), logeur, maître, possédant, possesseur, probloque (fam.), proprio (fam.), titulaire, vautour (péj.).

PROPRIÉTÉ □ **I. L'acte :** jouissance, possession, usage. **II. Au pr. :** avoir, bien, bien-fonds, capital, domaine, exploitation, fazenda, ferme, habitation, hacienda, héritage, immeuble, latifundium, maison, monopole, patrimoine, ranch, terre, titre. **III.** Attribut, caractère, essence, faculté, nature, particularité, pouvoir, puissance, qualité, vertu. **IV.** Adéquation, congruité, convenance, efficacité, exactitude, justesse, véridicité, vérité.

PROPULSER □ **I.** → jeter. **II.** → mouvoir.

PROPULSION □ Effort, élan, force, poussée.

PRORATA □ Proportion, quote-part, quotité.

PROROGATION □ Ajournement, délai, moratoire, prolongation, renouvellement, renvoi, sursis, suspension.

PROROGER □ Accorder un délai/une prorogation *et les syn. de* PROROGATION, ajourner, atermoyer, faire durer/traîner, prolonger, remettre, renvoyer, repousser, retarder, suspendre.

PROSAÏQUE □ Banal, bas, commun, grossier, matériel, ordinaire, simple, terre à terre, trivial, vulgaire.

PROSATEUR □ → *écrivain.*

PROSCRIPTION □ Bannissement, élimination, éviction, exil, expulsion, interdiction, interdit, ostracisme, répression.

PROSCRIRE □ **I. Au pr.** : bannir, chasser, éliminer, éloigner, exiler, expulser, faire disparaître, frapper de proscription *et les syn. de* PROSCRIPTION, refouler, rejeter. **II. Par ext.** : abolir, censurer, condamner, defendre, frapper d'interdit, interdire, mettre à l'index, prohiber, rejeter.

PROSCRIT, E □ → *banni.*

PROSÉLYTE □ **I. Au pr.** : adepte, catéchumène, converti, initié, néophyte, nouveau venu. **II. Par ext.** : apôtre, disciple, fidèle, missionnaire, partisan, sectateur, zélateur.

PROSÉLYTISME □ → *zèle.*

PROSODIE □ Déclamation, mélodie, métrique, règles, versification.

PROSOPOPÉE □ → *discours.*

PROSPECTER □ Chercher, enquêter, étudier, examiner, parcourir, rechercher.

PROSPECTEUR, TRICE □ → *explorateur.*

PROSPECTION □ → *recherche.*

PROSPECTIVE □ → *futurologie.*

PROSPECTUS □ Affiche, annonce, avertissement, avis, brochure, dépliant, feuille, imprimé, papillon, programme, publicité, réclame, tract.

PROSPÈRE □ Arrivé, beau, heureux, florissant, fortuné, nanti, pourvu, riche.

PROSPÉRER □ Avancer, croître, se développer, s'enrichir, s'étendre, faire ses affaires/son beurre (fam.), fleurir, marcher, se multiplier, progresser, réussir.

PROSPÉRITÉ □ **I.** Abondance, aisance, béatitude, bénédiction, bien-être, bonheur, chance, félicité, fortune, réussite, richesse, santé, succès, veine (fam.). **II.** Accroissement/augmentation des richesses, activité, développement, essor, pléthore, progrès.

PROSTERNATION □ → *révérence.*

PROSTERNÉ, E □ **I. Au pr.** : agenouillé, baissé, courbé, incliné. **II. Fig.** Contrit, modeste, pieux, repentant, soumis, suppliant. → *servile.*

PROSTERNER (SE) □ **I.** S'agenouiller, s'allonger, se coucher, se courber, s'étendre, fléchir le genou, s'incliner, se jeter à terre. **II.** S'abaisser, adorer, s'aplatir, faire amende honorable, flagorner, s'humilier.

PROSTITUÉE □ **I.** Belle-de-nuit, call-girl, cocotte, courtisane, créature, croqueuse, dégrafée, demimondaine, dictériade, femme/fille encartée/de joie/légère/de mauvaise vie/de mauvaises mœurs/publique/de rien/soumise, fleur de macadam/trottoir, geisha (partic.), hétaïre, horizontale, linge, marchande d'amour/d'illusion, moukère (partic.), pallage, péripatéticienne, professionnelle, racoleuse, respectueuse, ribaude, sirène. **II. Arg. et/ou péj.** : amazone, bagasse, bifteck, bordille, bourin, cagnasse, cateau, catiche, catin, cavette, chabraque, colis, conasse, coureuse, crevette, daufière, dérobeuse, dessous, doublarde, entôleuse, éponge, fillasse, frangine, gadou, gagneuse, galoupe, garce, gâtée, gaupe, gigolette, gironde, gonzesse, goton (vx), gouge, goyau, grue, langouste, langoustine, lard, leveuse, Louis, Louis XV, lutainpème, maquerelle, marcheuse, marmite, marmotte, ménesse, michetonneuse, morue, moulin, nana, paillasse, pavute, peau, persilleuse, pétasse, pierreuse, ponette, poniffe, poufiasse, poule, pouliche, prostipute, putain, putanette, putasse, pute, radasse, radeuse, régulière, rouchie, roulure, souris, tabouret, tapin, tapineuse, taxi, tocasse, traînée, tréteau, trimardeuse, tripasse, truqueuse, turbineuse, turf, turfeuse, volaille, wagon, etc.

PROSTITUER □ **I.** Abaisser, avilir, corrompre, débaucher, dégrader, déshonorer, dévoyer, galvauder, livrer, mettre à l'encan, vendre. **II. Arg.** : atteler, driver, maquer, maquereauter, mettre à la → *prostitution.* **III. V. pron.** : aller/être/venir à, faire la → *prostitution,* en démoudre/écraser/faire/mouler, marcher, michetonner, putasser, tapiner, trimarder, truquailler, truquer, turbiner, etc.

PROSTITUTION □ **Arg.** : Abattage, asperges, asphalte, bisness, biss, bitume, commerce/métier/trafic de ses charmes/de son corps, macadam, moulin, pain de fesses/des Jules, proxénétisme, putainerie, putanat, putasserie, puterie, racolage, rade, retape, ruban, tapin, tapinage, traite (des blanches), trottoir, truc, turbin, turf, etc.

PROSTRATION □ **I.** Abattement, accablement, anéantissement, dépression, effondrement, épuisement, faiblesse, hébétude, inactivité, langueur, léthargie. **II.** → *prosternation.*

PROSTRÉ, E ◻ Abattu, accablé, anéanti, effondré, torpide.

PROTAGONISTE ◻ Acteur, animateur, boute-en-train, initiateur, instigateur, interlocuteur, interprète, meneur, pionnier, promoteur.

PROTECTEUR, TRICE ◻ **I. Nom :** *1.* Aide, ange gardien, appui, asile, bienfaiteur, champion, chevalier servant, défenseur, gardien, mécène, patron, père, providence, soutien, support, tuteur. *2.* → *proxénète.* **II. Adj.** *1.* **Favorable** → *tutélaire.* *2.* **Non favorable** *:* condescendant, dédaigneux.

PROTECTION ◻ **I. L'action.** *1. Au* **pr.** *:* aide, appui, assistance, conservation, couverture, défense, garantie, garde, sauvegarde, secours, soutien, support, tutelle. *2.* **Relig.** *:* auspice, baraka, bénédiction, égide, invocation, patronage. *3.* **Méd.** *:* immunisation, immunité, prophylaxie. *4.* → *encouragement.* **II. Ce qui protège :** abri, armure, asile, bardage, bastion, blindage, bouclier, boulevard, capuchon, carapace, cloche, clôture, couvercle, couverture, cuirasse, écran, enveloppe, fortifications, fourreau, gaine, garde-corps, garde-fou, glacis, grillage, grille, masque, ombre, paratonnerre, paravent, plastron, rempart, rideau, soutien, tablier.

PROTÉGÉ, E ◻ Client, créature (péj.), favori, pistonné.

PROTÉGER ◻ **I. Au pr. :** abriter, accompagner, aider, armer, assister, assurer, barder, blinder, convoyer, couvrir, cuirasser, défendre, escorter, flanquer, fortifier, garantir, munir, ombrager, parer, préserver, sauvegarder, veiller à. **II. Par ext. :** appuyer, encourager, favoriser, patronner, pistonner (fam.), recommander, soutenir. **III. V. pron. :** être en garde contre, se garer, se mettre à couvert, parer à, prendre garde à, *et les formes pron. possibles des syn. de* PROTÉGER.

PROTÉIFORME ◻ → *changeant.*

PROTESTANT, E ◻ n. et adj. **I.** Anabaptiste, anglican, baptiste, calviniste, conformiste, congrégationaliste, évangélique, évangéliste, fondamentaliste, luthérien, mennonite, méthodiste, mormon, piétiste, presbytérien, puritain, quaker, réformé. **II.** Ceux du dedans, cévenol, huguenot, momier, parpaillot, réfugié, religionnaire.

PROTESTANTISME ◻ Église anglicane/baptiste/des saints du dernier jour / évangélique / presbytérienne / réformée, luthéranisme, Réforme *et les dérivés possibles en -isme des syn. de* PROTESTANT.

PROTESTATION ◻ **I. Au pr. :** assurance, déclaration, démonstration, promesse, témoignage. **II. Par ext. :** appel, clameur, contre-pied, cri, criaillerie, critique, dénégation, désapprobation, murmure, objection, plainte, réclamation, refus, réprobation, vitupération. **Fam.** *:* coup de gueule, gueulement, rouscaille, rouspétance.

PROTESTER ◻ **I. V. tr. :** affirmer, assurer, promettre. **II. V. intr. :** arguer, attaquer, clabauder, contester, criailler, crier après/contre, désapprouver, dire, s'élever contre, s'exclamer, se gendarmer, grogner, s'indigner, manifester, marmonner, marmotter, murmurer, objecter, s'opposer, se plaindre de, se rebeller, se rebiffer, réclamer, se récrier, récriminer, récuser, regimber, résister, ronchonner, tenir tête, vitupérer. **Fam.** *:* gueuler, râler, renauder, rouscailler, rouspéter, ruer dans les brancards.

PROTOCOLE ◻ **I.** Accord, acte, concordat, convention, formulaire, procès-verbal, résolution, traité. **II.** Bienséance, cérémonial, cérémonies, convenances, décorum, étiquette, formes, ordonnance, préséance, règlement, règles, rite.

PROTOHISTOIRE ◻ → *préhistoire.*

PROTOTYPE ◻ Archétype, étalon, modèle, original, premier exemplaire, princeps, type.

PROTUBÉRANCE ◻ **I. Au pr. :** apophyse, apostume, bosse, excroissance, gibbosité, saillie, tubérosité. **II. Par ext. :** élévation, éminence, mamelon, monticule, piton, tertre.

PROTUBÉRANT, E ◻ → *proéminent.*

PROU ◻ **I. Vx :** amplement, beaucoup, suffisamment. **II. Loc. Peu ou prou :** plus ou moins.

PROUESSE ◻ **I.** Bravoure, vaillance. **II.** → *exploit.*

PROUVÉ, E ◻ Avéré, confirmé, constaté, évident.

PROUVER ◻ **I.** Au pr. *On* **prouve quelque chose :** démontrer, établir, faire apparaître/comprendre/croire/reconnaître/voir comme vrai, illustrer, justifier, montrer. **II. Par ext. Quelque chose ou quelqu'un prouve quelque chose :** affirmer, annoncer, attester, confirmer, corroborer, déceler, faire foi, faire/laisser voir, indiquer, manifester, marquer, révéler, témoigner.

PROVENANCE ◻ Commencement, fondement, origine, principe, racine, source.

PROVENDE ◻ → *provision.*

PROVENIR ◻ Découler, dériver, descendre, émaner, être issu, naître, partir, procéder, remonter, résulter, sortir, tenir, tirer, venir.

PROVERBE ☐ **I.** Adage, aphorisme, dicton, maxime, pensée, sentence. **II.** Saynète, scène, pièce.

PROVERBIAL, E ☐ Connu, gnomique, sentencieux, traditionnel, typique, universel.

PROVIDENCE ☐ **I.** Bonté, Ciel, Créateur, destin, Dieu, divinité, protecteur, secours. **II.** Aide, appui, protection, secours, support.

PROVIDENTIEL, ELLE ☐ Bon, divin, heureux, opportun, protecteur, salutaire.

PROVINCE ☐ Circonscription/division administrative/territoriale, État, généralité, gouvernement, marche, pays, région.

PROVISEUR ☐ Directeur, principal, supérieur.

PROVISION ☐ **I. Au pr. 1.** Amas, approvisionnement, avance, dépôt, en-cas, fourniture, munition (vx), réserve, réunion, stock. **2. Au pl. :** Aliments, denrée, provende, ravitaillement, viatique, victuailles, vivres. **II. Par ext. 1. Jurid. :** acompte, allocation, avance, caution, dépôt, garantie. **2. Au pl. :** commissions, courses.

PROVISOIRE ☐ → *passager.*

PROVOCANT, E ☐ **Au pr. :** agressif, batailleur, belliqueux, irritant, querelleur. **II. Par ext. :** 1. agaçant, aguichant, coquet, effronté, excitant, hardi. 2. → *obscène.*

PROVOCATEUR, TRICE ☐ Agitateur, agresseur, excitateur, fauteur, meneur.

PROVOCATION ☐ Agression, appel, attaque, défi, excitation, incitation, menace.

PROVOQUER ☐ **I. Au pr. On provoque quelqu'un à :** amener, disposer, encourager, entraîner, exciter, inciter, instiguer, porter, pousser, préparer, solliciter. **II. Par ext. 1. Non favorable :** agacer, aiguillonner, appeler, attaquer, braver, défier, harceler, irriter, narguer. **2. Un désir :** aguicher, allumer. **III. Quelque chose ou quelqu'un provoque quelque chose :** amener, animer, appeler, apporter, attirer, causer, créer, déchaîner, déclencher, donner lieu, enflammer, éveiller, exciter, faire naître/passer, favoriser, inspirer, occasionner, produire, promouvoir, soulever, susciter.

PROXÉNÈTE ☐ **Arg. : Masc. :** barbe, barbeau, barbichon, barbillon, barbiquet, bizet, broche, daufier, dauphin, demi-sel, dos bleu, entremetteur, fiche, gig, gigolo, gigolpince, hareng, jules, julot, lanternier (vx), laquereaumuche, mac, maquereau, maquet, marle, marlou, marloupin, marloupiot, matz, mec, mecton, poiscaille, poisse, poisson, protecteur, proxo, sauret, souteneur, tôlier

(vx). *Fém. :* abbesse, appareilleuse (vx), célestine, dame Claude, maca, macette, madame, maquerelle, marchande à la toilette (vx), matrone, pourvoyeuse, procureuse, sous/mac/maîtresse/maquerelle, tôlière, vieille.

PROXÉNÉTISME ☐ **I.** Traite des blanches. **II. Arg. :** maquereautage, marloupinage, pain de fesses/des Jules, etc. → *prostitution.*

PROXIMITÉ ☐ **I. Dans l'espace :** alentours, contact, confins, contiguïté, environs, mitoyenneté, voisinage. **II. Dans le temps :** approche, imminence, rapprochement. **III. Par ext. :** degré, parenté. **IV. Loc. adv. À proximité :** auprès, aux alentours/environs, près de, proche.

PRUDE ☐ **I. Neutre :** chaste, honnête, modeste, pudique. **II. Non favorable :** bégueule, chaisière, chameau/dragon de vertu, chipie, collet monté, cul bénit, oie blanche, pudibond, puritain, sainte-nitouche → *hypocrite.*

PRUDENCE ☐ **I. Au pr. :** attention, circonspection, discernement, doigté, lenteur, ménagement, politique, précaution, prévoyance, prud'homie (vx), réflexion, sagesse, vertu. **II. Par ext. 1.** → *mystère.* **2.** Cautèle, dissimulation, faux-semblant, machiavélisme, mystère.

PRUDENT, E ☐ **I. Au pr. :** attentif, averti, avisé, calme, circonspect, défiant, discret, expérimenté, habile, inspiré, mesuré, modéré, précautionneux, prévoyant, prud'homme, réfléchi, réservé, sage, sérieux. **II. Par ext. Non favorable :** inconsistant, neutre, pusillanime, timoré. **III. Loc. Il serait prudent :** bon, de circonstance, sage.

PRUD'HOMIE ☐ → *prudence.*

PRUD'HOMME ☐ → *prudent.*

PRUNE ☐ Agen, diaprée, rouge, ente, impériale, madeleine, mignonne, mirabelle, perdrigon, précoce de Tours, pruneau, prune de Monsieur, quetsche, reine-claude, sainte-catherine.

PRUNELLE ☐ Œil, pupille, regard.

PRURIGO, PRURIT ☐ **I. Au pr. :** chatouillement, démangeaison. → *picotement.* **II. Fig.** → *désir.*

PSALLETTE ☐ → *manécanterie.*

PSALMODIE ☐ Chant, plain-chant, psaume.

PSALMODIER ☐ **I.** → *prononcer.* **II.** → *chanter.*

PSALMODIQUE ☐ Monocorde, monotone, uniforme.

PSAUME ☐ Antienne, cantique, chant sacré, complies, heures, laudes, matines, office, poème, vêpres, verset.

PSEUDO ☐ → *faux.*

PSEUDONYME □ Cryptonyme, hétéronyme, nom de guerre/de plume/de théâtre, surnom.

PSYCHÉ □ Glace, miroir.

PSYCHIQUE □ Intellectuel, mental, moral, psychologique, spirituel.

PSYCHOLOGIE □ **I.** → *pénétration.* **II.** → *caractère.*

PSYCHOLOGIQUE □ → *psychique.*

PSYCHOSE □ Confusion mentale, délire, démence, folie, hallucination, manie, mélancolie, obsession, paranoïa, ramollissement cérébral, schizophrénie.

PUANT, E □ **I. Au pr. :** dégoûtant, empesté, empuanti, fétide, hircin, infect, malodorant, méphitique, nauséabond, nidoreux, pestilentiel, punais. **II. Fig. 1.** Impudent, honteux. **2.** → *orgueilleux.*

PUANTEUR □ Empyreume, fétidité, infection, mauvaise odeur, odeur fétide/infecte/repoussante, pestilence, relent, remugle.

PUBÈRE □ Adolescent, formé, nubile, pubescent, réglée.

PUBERTÉ □ Adolescence, âge bête/ingrat, formation, nubilité, pubescence.

PUBESCENT, E □ **I.** Duveté, duveteux, poilu, velu. **II.** → *pubère.*

PUBLIC □ n. m. **I.** Assemblée, assistance, audience, auditeurs, auditoire, chambrée, foule, galerie, parterre, salle, spectateurs. **II. Loc. En public** → *publiquement.*

PUBLIC, IQUE □ adj. **I. Un lieu :** banal, collectif, communal, communautaire, fréquenté, ouvert, populaire, vicinal. **II. Quelque chose :** affiché, annoncé, célèbre, colporté, commun, communiqué, dévoilé, divulgué, ébruité, évident, exposé, manifeste, national, notoire, officiel, ostensible, propagé, publié, reconnu, renommé, répandu, révélé, universel, vulgarisé. **III. Jurid. :** authentique. **IV. Loc. Fille publique** → *prostituée.*

PUBLICATION □ **I.** Annonce, ban, dénonciation, divulgation, proclamation, promulgation. **II.** Apparition, édition, lancement, parution, reproduction, sortie. **III.** Collection, écrit, livraison, ouvrage.

PUBLICISTE □ → *journaliste.*

PUBLICITÉ □ Affichage, annonce, battage, boom (fam.), bourrage de crâne (péj.), bruit, intoxication, lancement, réclame, renommée, retentissement, slogan, tam-tam (fam.). → *propagande.*

PUBLIER □ **I. Au pr. :** afficher, annoncer, battre le tambour (fam.), carillonner, célébrer, chanter, claironner (fam.), clamer, communiquer, corner, crier sur les toits (fam.), déclarer, dénoncer, dire, divulguer, ébruiter, édicter, emboucher la trompette (fam.), émettre, étaler, exprimer, faire connaître, lancer, louer, manifester, mettre en pleine lumière, prêcher, préconiser, proclamer, promulguer, prôner, propager, rendre public, répandre, trompeter (fam.), vanter. → *découvrir, révéler.* **II. Par ext. :** écrire, éditer, faire, faire paraître, imprimer, sortir.

PUBLIQUEMENT □ Au grand jour, devant tout le monde, en public, manifestement, notoirement, officiellement, ostensiblement, tout haut, universellement.

PUCEAU, PUCELLE □ → *vierge.*

PUCELAGE □ → *virginité.*

PUDEUR □ **I. Au pr. :** bienséance, chasteté, décence, délicatesse, discrétion, honnêteté, modestie, pudicité, réserve, respect, retenue, sagesse. **II. Par ext. :** confusion, embarras, honte.

PUDIBOND, E □ **I.** Prude, timide. → *pudique.* **II.** → *hypocrite.*

PUDIBONDERIE □ → *hypocrisie.*

PUDICITÉ □ → *décence.*

PUDIQUE □ **I. Favorable :** chaste, décent, délicat, discret, honnête, modeste, réservé, retenu, sage. **II. Non favorable :** prude, pudibond, hypocrite.

PUER □ Empester, empuantir, exhaler/répandre une odeur désagréable/fétide/nauséabonde/répugnante, infecter, sentir mauvais/le fraîchin/le renfermé. → *sentir.*

PUÉRIL, E □ Enfantin, infantile, frivole, futile, mièvre, niais, vain.

PUÉRILITÉ □ Badinerie, baliverne, enfantillage, frivolité, futilité, mièvrerie, niaiserie, vanité.

PUGILAT □ **Au pr. :** boxe, catch, judo, lutte, pancrace. **II. Par ext. :** bagarre, peignée, rixe.

PUGILISTE □ Athlète, boxeur, catcheur, judoka, lutteur.

PUGNACE □ Accrocheur, agressif, bagarreur, combatif, lutteur, querelleur, vindicatif.

PUGNACITÉ □ → *agressivité.*

PUÎNÉ, E □ Cadet, junior.

PUIS □ **I.** Alors, après, ensuite. **II. Loc. Et puis :** au/du reste, d'ailleurs, de plus, en outre.

PUISARD □ Bétoire, égout, fosse, puits perdu.

PUISER □ **I. Au pr. :** baqueter, pomper, pucher, tirer. **II. Fig. :** emprunter, glaner. → *prendre.*

PUISQUE □ Attendu que, car, comme, dès l'instant où, dès lors que, du moment que, étant donné que, parce que, pour la raison que, vu que.

PUISSANCE □ **I. De quelque chose :** capacité, efficacité, énergie, faculté, force, intensité, possibilité, pouvoir. **II. De quelqu'un, physique :** vigueur, virilité. **III. Par ext.** *1.* Autorité, bras séculier, dépendance, domination, droit, empire, grandeur, influence, loi, omnipotence, prépondérance, prépotence, souveraineté, toute-puissance. *2.* Couronne, empire, État, nation, pays. *3.* → *qualité.*

PUISSANT, E □ **I. Au pr. :** capable, considérable, efficace, énergique, fort, grand, haut, influent, intense, omnipotent, prépondérant, prépotent, redoutable, riche, souverain, tout-puissant. **II. Par ext.** *1.* Éloquent, profond, violent. *2.* Vigoureux, viril. *3.* → *gros.* **III. Nom** → *personnalité.*

PUITS □ **I. Au pr. :** aven, bure, buse, cavité, citerne, excavation, fontaine, gouffre, oubliette, source, trou. **II. Loc.** *Puits de science :* abîme, mine.

PULL-OVER □ Chandail, débardeur, maillot, tricot.

PULLULEMENT □ → *multitude.*

PULLULER □ **I.** → *abonder.* **II.** → *multiplier (se).*

PULMONAIRE □ adj. et n. Phtisique, tuberculeux.

PULPE □ Bouillie, chair, tourteau.

PULPEUX, EUSE □ → *moelleux.*

PULSATION □ → *battement.*

PULSION □ → *tendance.*

PULVÉRISATEUR □ Atomiseur, nébuliseur, poudreuse, spray, vaporisateur.

PULVÉRISATION □ **I. Au pr. :** atomisation, évaporation, sublimation, volatilisation. **II. Fig. :** anéantissement, désagrégation, destruction, éclatement, émiettement, éparpillement.

PULVÉRISER □ **I. Au pr. :** broyer, désagréger, écraser, effriter, égruger, émier (vx), émietter, moudre, piler, porphyriser, réduire, triturer. **II. Par ext. :** atomiser, projeter, volatiliser. **III. Fig. :** anéantir, battre, bousiller (fam.), briser, détruire, écarbouiller (fam.), écrabouiller (fam.), mettre/réduire en bouillie/cendres/charpie/miettes/morceaux.

PUMA □ Cougouar.

PUNAISE □ Nèpe, pentatome.

PUNCH □ Efficacité, énergie, force, riposte, vigueur, vitalité.

PUNIR □ **I.** Battre, châtier, condamner, corriger, faire justice/payer, flétrir, frapper, infliger une peine/sanction, patafioler (mérid.), redresser, réprimer, sanctionner, sévir. **II. Arg.** *1. Scol. :* coller, consigner, mettre en colle. *2. Milit. :* ficher/foutre/mettre dedans/la paille au cul. *3.* → *battre.*

PUNITION □ **I. Au pr. :** châtiment, condamnation, correction, dam (vx), damnation, expiation, leçon, peine, pénalisation, pénalité, pénitence, répression, sanction. → *volée.* **II. Par ext. :** calamité, fléau. **III. Genres de punitions.** *1.* Carcan, coup, échafaud, fouet, fustigation, garcette, gibet, knout, pilori, question (vx), schlague, supplice, torture. *2.* Arrêt, emprisonnement, internement, prison. *3.* Bonnet d'âne, cachot, coin, colle, consigne, devoir supplémentaire, fessée, gifle, lignes, martinet, pain sec, pensum, piquet, privation de dessert/de sortie, retenue. *4.* Coup-franc, gage, penalty.

PUPILLE □ **I.** Enfant, fils adoptif, orphelin. **II.** → *prunelle.*

PUR, E □ **I. Au pr. Quelque chose :** absolu, affiné, blanc, complet, inaltéré, naturel, net, parfait, propre, purifié, simple. **II. Par ext.** *1. Moral :* angélique, archangélique, authentique, beau, candide, chaste, continent, délicat, désintéressé, droit, franc, honnête, immaculé, impeccable, innocent, intact, intègre, lilial, pudique, sage, saint, vertueux, vierge, virginal. *2. Un sentiment :* aérien, ailé, clair, éthéré, idéal, immatériel, limpide, platonique, séraphique. *3. Un son :* argentin, clair, cristallin. *4. Un langage :* châtié, correct, élégant. *5.* Assaini, filtré, raffiné, rectifié, tamisé, transparent.

PURÉE □ **I. Au pr. :** bouillie, coulis, estoufade, garbure. **II. Fig. :** débine, dèche, misère, mistoufle, mouise, mouscaille, panade, pauvreté.

PUREMENT □ Exclusivement, seulement, simplement, uniquement.

PURETÉ □ **I. Au pr. :** authenticité, blancheur, clarté, correction, fraîcheur, intégrité, limpidité, netteté, propreté. **II. Par ext. :** candeur, chasteté, continence, délicatesse, droiture, honnêteté, impeccabilité, ingénuité, innocence, perfection, pudeur, vertu, virginité. **III. Fig. :** calme, sérénité. **IV. Du style :** adéquation, correction, élégance, perpiscuité, propriété, purisme.

PURGATIF □ → *purge.*

PURGATIF, IVE □ Apéritif (vx), cathartique, dépuratif, drastique, évacuant, évacuatif, hydragogue, laxatif, minoratif.

PURGATION □ → *purge.*

PURGATOIRE □ Expiation, purification.

PURGE □ **I. Au pr. :** aloès, armoise, calomel, casse, catharsis, citrate de magnésie, coloquinte, croton, eau-de-vie allemande, ellébore, épurge, euphorbe, globulaire, gratiole, jalap, laxatif, limonade purgative, médecine, médicinier, nerprun, purgatif, purgation, rhubarbe, ricin, scammonée, séné, sulfate de soude, sureau. **II. Par ext.** → *purification.*

PURGER □ → *purifier.*

PURIFICATION □ **I.** Ablution, affinage, assainissement, blanchissage, clarification, décantation, défécation, dépuration, désinfection, élimination, épuration, épurement, lessive, lustration, nettoyage, purge, raffinage. **II. Relig.** : baptême, chandeleur, présentation.

PURIFIER □ Absterger, affiner, assainir, balayer, clarifier, débarrasser, décanter, déféquer, dégager, dégorger, dépurer, désinfecter, déterger, épurer, filtrer, fumiger, laver, lessiver, nettoyer, purger, raffiner, rectifier.

PURIN □ → *engrais, fumier.*

PURISME □ **I.** → *pureté.* **II.** Affectation, afféterie, pointillisme, préciosité, rigorisme.

PURITAIN, AINE □ n. et adj. **I.** → *protestant.* **II.** Austère, chaste, étroit, intransigeant, janséniste, prude, pudibond, pur, rigoriste, sectaire.

PUROTIN □ → *pauvre.*

PURPURIN, E □ Garance, pourpre, pourprin, → *rouge.*

PUR-SANG □ → *cheval.*

PURULENT, E □ Chassieux, coulant, infecté, sanieux.

PUS □ Boue, chassie, collection, ichor, sanie.

PUSILLANIME □ Capon, couard, craintif, faible, froussard, lâche, peureux, pleutre, poltron, prudent, sanscœur, timide, timoré, trembleur, trouillard (fam.).

PUSILLANIMITÉ □ → *peur.*

PUSTULE □ Abcès, adénite, apostéme, apostume, bouton, bube, bubon, chancre, clou, confluence, dépôt, écrouelle (vx), élevure (vx), éruption, furoncle, grosseur, kyste, phlegmon, scrofule, tourniole, tumeur. → *boursouflure.*

PUTATIF, IVE □ Estimé, présumé, supposé.

PUTE, PUTAIN □ → *prostituée.*

PUTRÉFACTION □ → *pourriture.*

PUTRÉFIABLE □ → *putrescible.*

PUTRÉFIER (SE) □ → *pourrir.*

PUTRESCIBLE □ Corruptible, pourrissable, putréfiable.

PUTRIDE □ Putrescent. → *pourri.*

PUTSCH □ Coup d'État, coup de main, pronunciamiento, soulèvement.

PYGMÉE □ **I. Au pr. :** négrille. **II. Par ext.** → *nain.*

PYLÔNE □ → *colonne.*

PYRAMIDAL, E □ **I.** → *gigantesque.* **II.** → *extraordinaire.*

PYRRHONISME □ Doute, scepticisme.

PYTHAGORISME □ Ascétisme, hermétisme, métempsychose, végétalisme.

PYTHON □ **Par ext. :** anaconda, boa, eunecte. → *serpent.*

PYTHIE, PYTHONISSE □ → *devin.*

QUADRAGÉNAIRE □ n. et adj. Homme dans la force de l'âge/en pleine force/fait/mûr, quarantaine (fam.).

QUADRAGÉSIME □ Carême.

QUADRANGLE, QUADRANGULAIRE □ → *quadrilatère.*

QUADRATURE □ Loc. *Quadrature du cercle :* contradiction, faux problème, gageure, impossibilité.

QUADRILATÈRE □ Carré, losange, parallélogramme, quadrangle, quadrangulaire, rectangle, trapèze.

QUADRILLAGE □ Carroyage. → *investissement.*

QUADRILLE □ I. Nom fém. : carrousel, équipe, peloton, reprise, troupe. II. Nom masc. : branle, cancan, contredanse, cotillon, figure.

QUADRILLER □ I. Carreler. II. → *investir.*

QUADRUPLER □ Par ext. : accroître, augmenter, développer, donner de l'expansion/extension/importance, multiplier, mutiplier par quatre, valoriser.

QUAI □ I. Au pr. : appontement, débarcadère, dock, embarcadère, levée, môle, wharf. II. Par ext. : plate-forme, trottoir.

QUAKER, ERESSE □ n. et adj. Par ext. : fanatique, protestant, puritain, rigoriste, sectataire.

QUALIFICATIF, IVE □ n. et adj. Adjectif, attribut, caractéristique, désignation, épithète, qualité.

QUALIFICATION □ I. Au pr. : appellation, dénomination, désignation, épithète, nom, qualité, titre. II.

Par ext. : aptitude, compétence, confirmation, expérience, garantie, habileté, savoir-faire, tour de main.

QUALIFIÉ, E □ Apte, autorisé, capable, certifié, compétent, confirmé, diplômé, expérimenté, garanti, habile.

QUALIFIER □ I. Appeler, dénommer, désigner, déterminer, intituler, nommer, traiter de. II. Autoriser, confirmer, homologuer, garantir. III. V. pron. : Se classer, se distinguer, et les formes pron. possibles des syn. de QUALIFIER.

QUALITÉ □ I. De quelque chose : acabit (fam.), aloi, attribut, calibre, caractère, catégorie, choix, contingence, espèce, essence, marque, modalité, mode, propriété, spécificité. II. De quelqu'un. *1.* Aptitude, autorité, avantage, bourre (fam.), calibre (fam.), capacité, caractère, compétence, disposition, don, faculté, mérite, nature, particularité, représentativité, talent, valeur, vertu. *2.* Condition, fonction, grandeur, noblesse, nom, puissance, qualification, titre, vertu. *3.* Métier, partie, spécialité. III. → *perfection.*

QUAND □ Alors que, au moment où/que, encore que, lorsque.

QUANT À □ À propos de, de son côté, pour ce qui est de, pour sa part, relativement à.

QUANTIÈME □ Date, jour.

QUANTIFIER □ Appliquer/attribuer/donner une quantité/valeur, chiffrer, mesurer.

QUANTITÉ □ I. Au pr. : capacité, charge, contenance, débit, dépense, dose, durée, effectif, extension, grandeur, longueur, masse, mesure, nombre, poids, quotité, somme, surface, unité, valeur, volume. **II. Par ext. 1. Petite quantité :** bout, bribe, brin, doigt, goutte, grain, nuage, parcelle, pincée, poignée, point, pouce, rien, soupçon. **2. Grande quantité :** abondance, accumulation, affluence, armée, arsenal, avalanche, averse, bénédiction, bloc, cargaison, chiée (grossier), collection, concours, contingent, débauche, déboulée, déluge, encombrement, ensemble, entassement, essaim, fleuve, flopée (fam.), flot, foison, forêt, foule, foultitude (fam.), fourmillement, grêle, immensité, infinité, jonchée, kyrielle, légion, luxe, masse, mer, mille, milliard, milliasse, million, moisson, monceau, monde, montagne, muflée (fam.), multiplicité, multitude, myriade, nombre, nuée, pluie, potée, pullulement, régiment, renfort, ribambelle, série, tapée (fam.), tas, traînée, tripotée.

QUARANTAINE ◻ **I.** Confinement, isolation, isolement **II.** Boycottage, interdit, mise à l'écart/l'index, ostracisme, proscription.

QUART ◻ **I.** Gobelet, récipient, timbale. **II.** Garde, service, veille.

QUARTAUT ◻ Barrique, fût, futaille, tonneau, tonnelet.

QUARTIER ◻ **I. Au pr. :** fraction, morceau, partie, pièce, portion, tranche. **II. De lune :** croissant, phase. **III.** Échéance, terme, trimestre. **IV.** Camp, campement, cantonnement, caserne, casernement. **V.** Arrondissement, district, faubourg, ghetto, médina, mellah, région, secteur. **VI. Vén. :** gîte, tanière. **VII. Loc. Pas de quartier :** grâce, ménagement, merci, miséricorde, pitié, vie sauve.

QUARTZ ◻ Améthyste, aventurine, cristal de roche/hyalin, gneiss, granit, grès, jaspe, micaschiste, œil de chat, quartzite, sable, silice.

QUASI ◻ **I. Nom :** cuisse/tranche de veau. **II. Adv. :** à peu près, comme, pour ainsi dire, presque.

QUATRAIN ◻ Couplet, épigramme, impromptu, pièce, poème, strophe.

QUATRE (SE METTRE EN) ◻ S'agiter, se décarcasser, se démancher, se démener, se dépenser, se donner du mal/de la peine/du tintouin, s'écarteler, s'employer, se remuer.

QUATUOR ◻ Ensemble, formation, orchestre, quartette.

QUELCONQUE ◻ Banal, commun, courant, insignifiant, médiocre, n'importe lequel, ordinaire, plat, vague.

QUELQUE ◻ **I. Adj. 1. Au sing. Devant un nom** (quelque aventure) : certain. **2. Au pl. :** divers, un certain nombre, un groupe, plusieurs, une poignée, une quantité. **II. Adv. 1.**

Devant un adj. (quelque grands que soient) : pour, si. **2. Devant un nombre :** dans les, environ.

QUELQUEFOIS ◻ Parfois, rarement, de temps à autre, de temps en temps.

QUÉMANDAGE ◻ Demande, mendicité, sollicitation.

QUÉMANDER ◻ v. tr. et intr. Demander, importuner, mendier, quêter, rechercher, solliciter, taper.

QUÉMANDEUR, EUSE ◻ Demandeur, importun, mendiant, mendigot, pilier d'antichambre, quêteur, quêteux, solliciteur, tapeur.

QU'EN-DIRA-T-ON ◻ Anecdote, bavardage, bruit, calomnie, cancan, chronique, clabaudage, commérage, médisance, potin, ragot, rumeur.

QUENELLE ◻ Godiveau.

QUERELLE ◻ Affaire, algarade, altercation, attaque, bagarre, bataille, batterie (vx), bisbille, brouille, chamaillerie, chambard, charivari, combat, chicane, contestation, débat, démêlé, désaccord, différend, discorde, dispute, dissension, division, échauffourée, émeute, empoignade, esclandre, grabuge, guerre, noise, plaid (vx), prise de bec, rixe, tempête, tracasserie.

QUERELLER ◻ Attaquer, attraper, batailler, chamailler, chanter pouilles, chercher chicane/noise/des poux/querelle, chicaner, chipoter, disputer, gourmander, gronder, houspiller, réprimander, tancer. **V. pron. :** Se battre, discuter, s'empoigner, se prendre aux cheveux, et les formes pron. possibles des syn. de QUERELLER.

QUERELLEUR, EUSE ◻ n. et adj. Agressif, batailleur, boute-feu, casseur, chamailleur, chicaneur, chicanier, criard, difficile, discutailleur, discuteur, disputeur, ferrailleur, hargneux, hutin (vx), mauvais coucheur, mauvaise tête, pie-grièche, tracassier.

QUÉRIR ◻ Chercher, se procurer, rechercher, solliciter.

QUESTEUR ◻ Administrateur, censeur, économe, intendant, trésorier.

QUESTION ◻ **I. Vx :** épreuve, géhenne, gêne, supplice, torture. **II.** Charade, colle (fam.), demande, devinette, énigme, épreuve, examen, information, interrogation. **III.** Affaire, article, chapitre, controverse, délibération, difficulté, discussion, interpellation, matière, point, problème, sujet.

QUESTIONNAIRE ◻ Consultation, déclaration, enquête, formulaire, sondage, test.

QUESTIONNER ◻ Consulter, cuisiner (fam.), demander, s'enquérir, enquêter, éprouver, interroger, interviewer, mettre sur la sellette (fam.), poser des questions, scruter, sonder, tâter, tester.

QUESTURE ☐ Administration, économat, intendance.

QUÊTE ☐ **I.** Collecte, ramassage. **II.** Enquête, recherche.

QUÊTER ☐ **I. Vén.** : chasser, chercher, suivre. **II.** Demander, mendier, quémander, rechercher, réclamer, solliciter.

QUEUE ☐ **I. Au pr. 1.** *D'un animal :* appendice caudal, balai, couette, fouet. **2. Bot.** : pédicule, pédoncule, pétiole, tige. **II. Par ext. (d'un vêtement)** : pan, traîne. **III. Fig.** : arrière, bout, coda, conclusion, dénouement, fin, sortie. **IV.** *D'une casserole* : manche. **V.** Attente, file, foule. **VI. Vulg.** : → *sexe.*

QUIBUS ☐ Argent, espèces, fortune, moyens.

QUICONQUE ☐ **I.** N'importe qui, qui que ce soit. **II. Loc.** *Mieux que quiconque :* personne.

QUIDAM ☐ Homme, individu, personne.

QUIET, ÈTE ☐ Apaisé, béat, benoît, calme, coi, paisible, rasséréné, rassuré, reposé, serein, tranquille.

QUIÉTUDE ☐ Accalmie, apaisement, assurance (vx), ataraxie, béatitude, bien-être, bonace, calme, douceur, paix, rassérénement, repos, sérénité, tranquilité.

QUINAUD, E ☐ Confus, décontenancé, dépité, embarrassé, honteux, surpris. → *bête.*

QUINCAILLE (vx) et **QUINCAILLE-RIE** ☐ **I.** Billon, petite monnaie. **II.** Décolletage, ferblanterie, métallerie, taillanderie. **III. Péj.** : clinquant, pacotille.

QUINCONCE ☐ **I.** Assemblage, dispositif, échiquier, quatre-coins. **II.** Allée, place, square.

QUINQUET ☐ **I.** Godet, lampe, lumignon, veilleuse. **II.** → *œil.*

QUINTESSENCE ☐ **I. Au pr.** : alcool, essence, extrait. **II. Par ext.** : meilleur, moelle, nec plus ultra, principal, quiddité, raffinement, substantifique moelle, suc.

QUINTESSENCIÉ, E ☐ Affecté, alambiqué, baroque, compliqué, contorsionné, précieux, raffiné, recherché, sophistiqué, subtil.

QUINTESSENCIER ☐ Distiller, purifier, raffiner, sophistiquer, subtiliser.

QUINTETTE ☐ Ensemble, formation, orchestre.

QUINTEUX, EUSE ☐ Acariâtre, atrabilaire, bizarre, braque, cacochyme, capricant, capricieux, changeant, difficile, guincheur (équit.), fantasque,

inégal, instable, lunatique, ombrageux, rétif, ramingue (équit.).

QUIPROQUO ☐ Bêtise, bévue, brouillamini, chassé-croisé, coq-à-l'âne, erreur, gaffe, imbroglio, intrigue, malentendu, méprise.

QUITTANCE ☐ Acquit, apurement, décharge, libération, quitus, récépissé, reçu.

QUITTE ☐ Débarrassé, dégagé, délivré, dispensé, exempté, libéré, libre.

QUITTER ☐ **I. Vx** : abandonner, céder, laisser. **II. On quitte une activité. 1. Neutre :** abandonner, abdiquer, changer, délaisser, se démettre de, déposer, dételer, lâcher, laisser, partir, résigner, se séparer de. **2. Non favorable :** abjurer, apostasier, renier, rompre, sacrifier. **III. On quitte un lieu :** s'absenter, s'en aller, changer, déguerpir, déloger, démarrer, déménager, déserter, s'éloigner, émigrer, s'enfuir, évacuer, s'évader, s'expatrier, fuir, lever le siège, partir, passer, sortir, vider les lieux. **IV. On quitte un vêtement :** se débarrasser/défaire/dépouiller de, se dénuder, se déshabiller, se dévêtir, enlever, se mettre à poil (fam.), ôter, poser, tomber (fam.). **V. Loc.** *Quitter la terre/le monde/la vie :* disparaître, partir. → *mourir.*

QUITUS ☐ Acquit, décharge, quittance, récépissé, reçu.

QUI VIVE ☐ **Interj.** : halte, qui va là.

QUI-VIVE ☐ **Nom :** affût, aguets, alarme, alerte, éveil, guet, signal, veille.

QUOI ☐ **I.** Laquelle, lequel, lesquelles, lesquels, quel, quelle, quels. **II. 1. De quoi :** dont. **2. Faute de quoi, sans quoi :** autrement, sinon. **3. Il y a de quoi :** lieu, matière, motif, raison, sujet. **4. Il a de quoi :** avoir, biens, capital, fortune, ressources, revenus. → *richesse.* **III. Interj.** : comment, tiens, vous dites.

QUOIQUE ☐ Bien/encore/malgré que, pour, tout.

QUOLIBET ☐ Apostrophe, brocard, huée, lardon (vx), pique, plaisanterie, pointe, raillerie.

QUORUM ☐ Majorité, nombre.

QUOTA, QUOTE-PART ☐ Allocation, attribution, cens, contingent, contribution, cotation, cote, cotisation, écot, fraction, imposition, impôt, lot, montant, part, portion, pourcentage, quantité, quotité, répartition.

QUOTIDIEN, ENNE ☐ **I. Adj. 1. Au pr.** : de chaque jour, journalier. **2. Par ext.** : accoutumé, banal, continuel, fréquent, habituel, normal, ordinaire, réitéré. **II. Nom** → *journal.*

QUOTITÉ ☐ → *quota.*

RABÂCHAGE □ → *radotage.*

RABÂCHER □ v. tr. et intr. → *répéter.*

RABAIS □ Baisse, bonification, diminution, escompte, remise, ristourne, tant pour cent.

RABAISSER □ I. → *abaisser.* II. → *baisser.*

RABAT-JOIE □ Trouble-fête. → *triste.*

RABATTEUR, EUSE □ → *propagandiste.*

RABATTRE □ I. → *abaisser.* II. → *baisser.* III. → *diminuer.* IV. → *repousser.* V. **Loc. En rabattre** → *modérer (se).*

RABIBOCHER □ I. → *réparer.* II. → *réconcilier.*

RABIOT □ → *supplément.*

RABIOTER □ → *prendre.*

RÂBLE □ → *dos.*

RÂBLÉ, E □ → *ramassé.*

RABOT □ Bouvet, colombe, doucine, feuilleret, gorget, guillaume, guimbarde, jablière, jabloir, mouchette, riflard, tarabiscot, varlope.

RABOTER □ I. **Au pr. :** aplanir, corroyer, dégauchir, polir, varloper. II. **Fig. :** châtier, corriger, parachever, polir, revoir.

RABOTEUX, EUSE □ → *rude.*

RABOUGRI, E □ → *ratatiné.*

RABOUTER □ → *joindre.*

RABROUER □ → *repousser.*

RACAILLE □ → *populace.*

RACCOMMODAGE □ Rafistolage (fam.), rapiéçage, ravaudage, réparation, reprise, rhabillage, stoppage.

RACCOMMODEMENT □ Accommodement, accord, fraternisation, réconciliation, rapatriage (vx), rapprochement, replâtrage.

RACCOMMODER □ I. **Au pr. :** raccoutrer, rafistoler (fam.), rapetasser, rapiécer, rapiéceter, ravauder, remmailler, rentraire, réparer, repriser, resarcir, restaurer, retaper, stopper. II. **Fig.** → *réconcilier.*

RACCOMPAGNER □ → *reconduire.*

RACCORD, RACCORDEMENT □ → *joint, transition.*

RACCORDER □ → *joindre, unir.*

RACCOURCI □ Abrégé, traverse.

RACCOURCIR □ → *diminuer.*

RACCROC (PAR) □ → *hasard.*

RACCROCHER □ → *rattraper.*

RACE □ Ancêtres, ascendance, branche, classe, couche, couvée (fam.), descendance, dynastie, engeance, espèce, ethnie, extraction, extrance, famille, filiation, fils, génération, graine, hérédité, héritiers, ligne, lignée, maison, origine, postérité, rejetons, sang, sorte, souche, tige. *Vx. :* agnats, cognats, estoc, gent, hoirs, lignage, parage, parentage.

RACHAT □ I. **Au pr. :** recouvrement, réemption, réméré. II. **Par ext. :** délivrance, expiation, rédemption, salut.

RACHETER □ v. tr. I. → *libérer.* II. → *réparer.* III. **V. pron. :** se libérer, se rattraper, se rédimer, se réhabiliter. → *réparer.*

RACHIS □ → *épine (dorsale).*

RACHITISME □ → *maigreur.*

RACINE □ I. **Au pr. :** bulbe, caïeu, chevelu, estoc, étoc, griffe, oignon, pivot, radicelle, radicule, rhizome,

souche, stolon, tubercule. **II. Fig.** →
origine.

RACLÉE □ → *torgnole.*

RACLER □ **I. Au pr.** : curer, enlever,
frayer (vétér.), frotter, gratter, nettoyer, râper, râtisser, riper, ruginer,
sarcler. **II. Fig.** → *jouer.*

RACLOIR □ **I.** Curette, racle, raclette.
II. Étrille, strigile.

RACOLAGE   □   Embrigadement,
enrôlement, recrutement, retape.   →
prostitution.

RACOLER □ Embrigader, engager,
enrégimenter,   enrôler,   incorporer,
lever des troupes, mobiliser, recruter.

RACONTAR □ **I.** → *médisance.* **II.** →
roman.

RACONTER □ **I.** Bailler (vx), bonnir
(arg.), conter, débiter, décrire, détailler, développer, dire, expliquer, exposer, narrer, peindre, rapporter, réciter, relater, rendre compte, retracer,
tracer. **II.** → *médire.*

RACORNI, E □ → *ratatiné.*

RADAR   □   Détecteur,   mouchard
(fam.).

RADE □ **I.** → *port.* **II. Loc. Laisser en
rade** → *abandonner.*

RADEAU □ Brelle. → *bateau.*

RADICAL, E □ Complet, drastique,
foncier, fondamental. → *absolu.*

RADIESTHÉSISTE □ Rhabdomancien,
sourcier.

RADIER □ Barrer, biffer, caviarder,
démarquer,   détruire,   effacer,   faire
disparaître, faire une croix, gommer,
gratter, laver, raturer, rayer, sabrer,
supprimer.

RADIEUX, EUSE □ **I.** Beau, brillant,
éclatant, ensoleillé, épanoui, étincelant, heureux, joyeux, lumineux,
radiant, rayonnant. **II.** Content, ravi,
satisfait.

RADIN, E □ → *avare.*

RADINER □ → *arriver, venir.*

RADIO □ **I.** Radiodiffusion, radiopho-
nie, téléphonie sans fil, T.S.F. **II. Par
ext.** *2.* Ondes. *2.* Poste, transistor.
3. Diffusion, émission, informations,
journal parlé, mass media.

RADOTAGE □ Gâtisme, rabâchage,
rabâcherie (vx), répétition, verbiage.

RADOTER □ → *déraisonner.*

RADOUBER □ Réparer. → *calfater.*

RADOUCISSEMENT   □   →   amélio-
ration.

RAFALE □ **I. Mar.** : bourrasque, coup
de chien/de tabac/de vent, grain,
risée, tempête, tornade, tourbillon,
trombe. **II.** → *décharge.*

RAFFERMIR □ → *affermir.*

RAFFERMISSEMENT   □   →   affer-
missement.

RAFFINAGE □ → *purification.*

RAFFINÉ, E □ Affecté (péj.), affiné,
alambiqué (péj.), aristocratique, connaisseur, délicat, distingué, élégant,
fin, gracieux, parfait, précieux, pur,
quintessencié, recherché, subtil, subtilisé (vx).

RAFFINEMENT □ **I.** → *finesse.* **II.** →
affectation.

RAFFINER □ **I.** → *épurer.* **II.** → *améliorer.*

RAFFOLER □ **I.** → *aimer.* **II.** → *goûter.*

RAFFUT □ → *tapage.*

RAFISTOLAGE □ → *réparation.*

RAFISTOLER □ → *réparer.*

RAFLE □ Coup de filet, descente de
police. → *prise.*

RAFLER □ **I.** → *enlever.* **II.** → *voler.*

RAFRAÎCHIR □ **I.** → *refroidir.* **II.**
Ravaler, raviver. **III.** → *réparer.* **IV.** →
tailler. **V. V. pron.** → *boire.*

RAFRAÎCHISSEMENT □ **I.** → *boisson.* **II. Du temps.** *1.* Refroidissement. *2.* Adoucissement.

RAGAILLARDIR □ → *réconforter.*

RAGE □ **I. Au pr.** : hydrophobie (vx).
II. Par ext. *1.* → *fureur.* *2.* → *manie.*
III. Loc. Faire rage → *sévir.*

RAGER □ Bisquer, écumer, endêver,
enrager, être en colère/en fureur/en
rogne, fumer (fam.), maronner, maugréer, râler, rogner, ronchonner, se
ronger les poings, rouspéter.

RAGEUR, EUSE □ → *colère.*

RAGOT □ **I.** → *médisance.* **II.** → *nain.*

RAGOÛT □ Blanquette, bourgui-
gnon, brussoles, capilotade, cassou-
let, chipolata, civet, compote, daube,
fricassée, fricot, galimafrée, gibelotte,
haricot de mouton, hochepot, matelote, miroton, navarin, oille (vx), olla-
podrida, ratatouille, salmigondis, sal-
mis, salpicon. **Péj.** : ragougnasse,
rata, tambouille.

RAGOÛTANT, E □ Affriolant, agréable, alléchant, appétissant, engageant, friand, savoureux, séduisant,
succulent, tentant.

RAID □ Attaque, commando, coup
de main, descente, expédition (puni-
tive), incursion, opération, représail-
les.

RAIDE □ **I. Au pr.** : Droit, empesé,
ferme, inflexible, rigide, roide, sec,
tendu. **II. Par ext.** *1.* Affecté, ankylosé,
contracté, engourdi, guindé, solen-
nel. *2.* → *escarpé.* *3.* → *rude.* *4.* →
excessif. *5.* → *libre.*

RAIDEUR □ **I. Au pr.** : ankylose,
engourdissement, rigidité, tension. **II.**
Fig. → *affectation.*

RAIDILLON □ → *montée.*

RAIDIR □ Abraquer, bander, contracter, durcir, guinder, souquer,
tendre, tirer.

RAIDISSEMENT □ → *affermissement.*

RAIE □ Bande, ligne, rayure, strie, striure, trait, vergeture, zébrure.

RAIFORT □ Radis noir.

RAILLER □ S'amuser de, bafouer, berner, blaguer, brocarder, charrier, chiner, cribler/larder/fusiller de brocards/d'épigrammes, dauber, s'égayer de, entreprendre, faire des gorges chaudes/la figue/la nique, faire marcher, se ficher/foutre de, fronder, se gausser de, se goberger de, gouailler, ironiser, jouer, larder, mettre en boîte, montrer du doigt, moquer, nasarder, se payer la tête, persifler, plaisanter, ridiculiser, rire, satiriser, vanner, vilipender. **Vx :** draper, gaber, se gaudir de, goguenarder.

RAILLERIE □ **I. Au pr. :** dérision, gausserie (vx), gauguenarderie (vx), goguenardise, gouaillerie, humour, ironie, malice, mise en boîte, moquerie, persiflage, ricanement, risée, sarcasme, satire, trait. **II. Par ext.** → *brocard.*

RAILLEUR, EUSE □ → *taquin.*

RAINURE □ Adent, coche, coupure, cran, crevasse, échancrure, encoche, entaille, entaillure, entamure, faille, fente, feuillure, hoche, jable, lioube, mortaise, raie, rayure, sillon.

RAISIN □ **I.** Cépage, grappe. **II.** Aligoté, aramon, cabernet, chasselas, clairette, corinthe, gamay, gouet, grenache, gros plant, madeleine, malaga, malvoisie, merlot, morillon, muscadet, muscat, olivette, picpouille, pinot, riesling, sémillon, silvaner, tokay, traminer.

RAISON □ **I.** → *entendement.* **II.** Bon goût, bon sens, jugement, jugeote, juste milieu, modération, philosophie, pondération, sagesse. **III.** → *raisonnement.* **IV.** → *cause.* **V.** Dédommagement, réparation, satisfaction.

RAISONNABLE □ **I.** Intelligent, judicieux, pensant, rationnel, sage. **II.** Acceptable, bon, convenable, fondé, honnête, juste, légitime, logique, modéré, naturel, normal, pondéré, sensé.

RAISONNEMENT □ **I.** → *raison.* **II.** Analyse, apagogie, argument, déduction, démonstration, dialectique, dilemme, échafaudage, induction, inférence, ratiocination (péj.), sorite, syllogisme, synthèse.

RAISONNER □ **I. V. intr. :** argumenter, calculer, discuter, disputer, penser, philosopher, ratiociner (péj.), sophistiquer. **II. V. tr. 1. Quelque chose :** calculer, éprouver, examiner. **2. Quelqu'un** → *admonester.*

RAJEUNIR □ → *renouveler.*

RAJEUNISSEMENT □ Jouvence. → *renouvellement.*

RAJOUTER □ **I.** → *ajouter.* **II.** → *exagérer.*

RÂLE □ Râlement. → *agonie.*

RALENTIR □ **I.** → *freiner.* **II.** → *modérer.*

RALENTISSEMENT □ → *diminution.*

RÂLER □ **I.** → *protester.* **II.** → *rager.*

RÂLEUR, EUSE □ → *mécontent.*

RALLIEMENT □ **I.** → *conversion.* **II.** → *rassemblement.*

RALLIER □ **I.** → *assembler.* **II.** → *rejoindre.*

RALLONGE □ → *supplément.*

RALLONGER □ Accroître, allonger, ajouter, augmenter, déployer, détirer, développer, étendre, étirer, prolonger, proroger, tendre, tirer.

RALLUMER □ → *ranimer.*

RAMAGE □ Chant, gazouillement, gazouillis, pépiement.

RAMAS □ Amas, bric-à-brac, fatras, ramassis, ravaudage, ravauderie, rhapsodie.

RAMASSAGE □ → *cueillette.*

RAMASSÉ, E □ **I.** Blotti, lové, pelotonné, recroquevillé, replié, tapi. **II.** Courtaud, massif, mastoc, râblé, râblu, trapu.

RAMASSER □ **I.** Amasser, assembler, capter, capturer, collectionner, prendre, rafler, rassembler, récolter, recueillir, relever, réunir. **II.** → *resserrer.* **III. V. pron.** → *replier (se).*

RAMASSIS □ **I.** → *amas.* **II.** → *ramas.*

RAMBARDE □ **I.** → *rampe.* **II.** → *balustrade.*

RAME □ **I.** Aviron, godille, pagaie. **II.** → *perche.* **III.** Convoi, train.

RAMEAU □ **I.** → *branche.* **II.** → *cor.* **III.** → *ramification.*

RAMÉE □ → *branche.*

RAMENER □ **I.** → *mener.* **II.** → *réduire.* **III.** → *rétablir.*

RAMER □ Canoter, godiller, nager, pagayer.

RAMIER □ **I. Au pr. :** biset, colombe, goura, palombe, palonne, pigeon, pigeonneau, tourtereau, tourterelle. → *colombin.* **II. Fig.** → *paresseux.*

RAMIFICATION □ Bout, branche, bribe, compartiment, côté, division, élément, embranchement, fraction, membre, morceau, pan, parcelle, part, partie, pièce, portion, rameau, secteur, subdivision, tranche, tronçon.

RAMIFIER (SE) □ → *séparer (se).*

RAMOLLI, E □ **I.** → *mou.* **II.** → *gâteux.*

RAMOLLIR □ → *amollir.*

RAMOLLISSANT, E □ Émollient.

RAMOLLISSEMENT □ Avachissement, flaccidité. → *radotage.*

RAMPANT, E □ → *servile.*

RAMPE ☐ Balustrade, garde-fou, rambarde. → *montée.*

RAMPER ☐ **I.** Se couler, glisser, s'introduire. **II.** → *flatter.*

RAMURE ☐ **I.** → *branche.* **II.** → *cor.*

RANCARD ☐ → *rendez-vous.*

RANCART ☐ → *rebut.*

RANCE ☐ → *aigre.*

RANCŒUR ☐ → *ressentiment.*

RANCONNER ☐ → *voler.*

RANCUNE ☐ → *ressentiment.*

RANCUNIER, ÈRE ☐ Haineux, malveillant, rancuneux, vindicatif.

RANDONNÉE ☐ → *tour, promenade.*

RANG ☐ Caste, catégorie, classe, condition, degré, échelon, étage, état, file, haie, lieu, ligne, liste, ordre, place, queue, rangée, situation, volée.

RANGÉ, E ☐ → *réglé.*

RANGÉE ☐ → *rang.*

RANGEMENT ☐ **I.** → *classement.* **II.** → *nettoiement.*

RANGER ☐ Aligner, arranger, caser, classer, disposer, distribuer, échelonner, entreposer, étiqueter, garer, grouper, mettre en ordre/place/rang, ordonner, placer, séparer, sérier, serrer.

RANIMER ☐ Animer, augmenter, encourager, exalter, exciter, raffermir, rallumer, ravigoter, raviver, réchauffer, régénérer, rehausser, relever, remonter, rénover, ressusciter, rétablir, retaper, retremper, réveiller, revigorer, revivifier, vivifier.

RAPACE ☐ **I. N. m. :** aegypiidé, aquilidé, bubonidé, falconidé, strigidé, vulturidé. **1.** *Diurne :* aigle, autour, balbuzard, bondrée, busaigle, busard, buse, circaète, condor, crécerelle, écoufle, émerillon, émouchet, épervier, faucon, gerfaut, griffon, gypaète, harpie, hobereau, laneret, lanier, milan, orfraie, pandion, percnoptère, sarcoramphe, secrétaire, serpentaire, spizaète, uraète, urubu, vautour. **2.** *Nocturne :* bubo, chat-huant, chevêche, chouette, duc, effraie, harfang, hibou, hulotte, scops, strix. **II. Adj.** → *avare.*

RAPACITÉ ☐ Ambition, avidité, banditisme, convoitise, cruauté, cupidité, désir insatiable, goinfrerie, vampirisme. → *avarice.*

RÂPÉ, E ☐ → *usagé.*

RÂPER ☐ Egruger, pulvériser.

RAPETASSER ☐ → *raccommoder.*

RAPETISSER ☐ → *diminuer.*

RÂPEUX, EUSE ☐ → *rude.*

RAPIDE ☐ **I. Nom masc.** → *cascade.* **II. Adj. : 1.** Actif, agile, alerte, cursif, diligent, empressé, enlevé, expéditif, fulgurant, immédiat, leste, pressé, preste, prompt, véloce, vif. → *vite.* **2.** Bâclé, hâtif, précipité, sommaire.

RAPIDEMENT ☐ → *vite.*

RAPIDITÉ ☐ Agilité, célérité, diligence, hâte, précipitation, presse, prestesse, promptitude, soudaineté, vélocité, vitesse, vivacité.

RAPIÉCER ☐ → *raccommoder.*

RAPIÈRE ☐ → *épée.*

RAPINE ☐ Brigandage, déprédation, exaction, gain illicite, pillage. → *vol.*

RAPPEL ☐ **I. Au pr. :** appel, évocation, commmémoration, mémento, mémoire, mention, souvenance, souvenir. **II.** → *acclamation.* **III.** Mobilisation. **IV. Loc.** *Battre le rappel.* **1.** *Au pr. :* amasser, appeler, assembler, concentrer, grouper, lever, masser, mobiliser, racoler, rallier, ramasser, rassembler, réunir. **2.** *Par ext. :* chercher, se rappeler, se souvenir.

RAPPELER ☐ **I.** Commémorer, évoquer, mentionner, retracer. **II.** → *destituer.* **III.** → *acclamer.* **IV.** → *recouvrer.* **V.** → *ressembler à.* **VI. V. pron. :** se recorder (vx), se remembrer (vx), se remémorer, se rementevoir (vx), remettre, retenir, revivre, revoir, se ressouvenir/souvenir.

RAPPLIQUER ☐ → *arriver.*

RAPPORT ☐ **I.** Accord, affinité, analogie, concomitance, concordance, connexion, connexité, convenance, corrélation, correspondance, dépendance, harmonie, liaison, lien, parenté, pertinence, proportion, rapprochement, relation, ressemblance, similitude, trait. **II.** → *bénéfice.* **III.** Alliance, commerce, communication, contact, fréquentation, intelligence, union. **IV.** Analyse, bulletin, compte rendu, description, exposé, procès-verbal, récit, relation, témoignage, topo. **V. Au pl.** → *accouplement.*

RAPPORTER ☐ **I. Au pr. :** apporter, ramener, remettre à sa place, rendre. → *porter.* **II. Par ext. 1.** → *joindre.* **2.** → *raconter.* **3.** → *dénoncer.* **4.** → *répéter.* **5.** → *citer.* **6.** → *diriger.* **7.** → *produire.* **8.** → *abolir.* **III. V. pron. : 1.** En croire, se fier à, se référer, s'en remettre, se reposer sur. **2.** → *ressembler.*

RAPPORTEUR, EUSE ☐ → *mouchard.*

RAPPROCHEMENT ☐ **I. Au pr. :** amalgame, assemblage, assimilation, comparaison, parallèle, parangon, parité, proximité, rapport, recoupement, réunion. **II. Par ext. 1.** → *réconciliation.* **2.** → *similitude.*

RAPPROCHER ☐ Accoler, amalgamer, approcher, assimiler, attirer, avancer, comparer, grouper, joindre, lier, presser, rapporter, réunir, serrer, unir.

RAPT ☐ → *enlèvement.*

RARE ☐ Accidentel, clair, clairsemé, curieux, difficile, distingué, étrange, exceptionnel, extraordinaire, inaccoutumé, inconnu, inhabituel, introuvable, inusité, précieux, remarquable, unique.

RARÉFACTION ☐ Amoindrissement, appauvrissement, déperdition, diminution, disparition, dispersion, dissémination, éclaircissement, épuisement, rarescence, rareté, tarissement.

RARÉFIER ☐ → réduire.

RARETÉ ☐ I. Curiosité, phénomène. II. Défaut, disette, insuffisance, manque, pénurie.

RAS, E ☐ I. → égal. II. → pelé.

RASER ☐ I. → peler. II. → démolir. III. → effleurer. IV. → ennuyer.

RASEUR, RASOIR ☐ Agaçant, ardélion (vx), assommant, bassinant, collant, crampon, de trop, embarrassant, embêtant, encombrant, énervant, ennuyeux, envahissant, étourdissant, excédant, fâcheux, fatigant, gênant, gêneur, gluant, hurluberlu, importun, indiscret, inopportun, insupportable, intrus, lantiponant (fam.), mouche du coche, obsédant, officieux, pesant, plaie, pot de colle, tannant, tuant. **Grossier :** casse → bourses/pieds, chiant, chiatique, emmerdant, emmouscaillant.

RASSASIÉ, E ☐ Assouvi, bourré, contenté, dégoûté, gavé, gorgé, le ventre plein, repu, satisfait, saturé, soûl, sursaturé.

RASSASIER ☐ Apaiser, assouvir, bourrer, calmer, contenter, donner son aise/son content, gaver, gorger, saturer, soûler.

RASSEMBLEMENT ☐ Affluence, agglomération, assemblée, association, attroupement, bande, concentration, concours, foule, groupement, manifestation, masse, meeting, multitude, parti, ralliement, regroupement, rencontre, réunion, troupe.

RASSEMBLER ☐ → assembler.

RASSÉRÉNER ☐ → tranquilliser.

RASSIS, E ☐ → posé.

RASSURER ☐ → tranquilliser.

RATATINÉ, E ☐ Desséché, flétri, noué, pelotonné, rabougri, racorni, ramassé, recroquevillé, replié, ridé, tassé.

RATATOUILLE ☐ → ragoût.

RATÉ ☐ Bon à rien, fruit sec, traîne-savate.

RÂTEAU ☐ Arc, fauchet, fauchon, rouable.

RATER ☐ I. → manquer. II. → échouer.

RATIFICATION ☐ → approbation.

RATIFIER ☐ → confirmer.

RATIOCINATION ☐ → argutie.

RATIOCINER ☐ → ergoter.

RATION ☐ Bout, division, dose, fraction, fragment, lot, morceau, part, partie, pièce, portion, quartier, tranche.

RATIONALISATION ☐ Automatisation, division du travail, planification, normalisation, spécialisation, stakhanovisme, standardisation, taylorisation, taylorisme.

RATIONALISME ☐ → réalisme.

RATIONNEL, ELLE ☐ Cartésien, cohérent, conséquent, exact, fonctionnel, géométrique, judicieux, juste, logique, méthodique, naturel, nécessaire, raisonnable, serré, suivi, vrai.

RATIONNEMENT ☐ I. → réduction. II. → régime.

RATIONNER ☐ → réduire.

RATTACHEMENT ☐ → réunion.

RATTACHER ☐ → réunir.

RATTRAPER ☐ I. → rejoindre. II. → réparer. III. V. pron. : 1. Se racheter, se réhabiliter, réparer, se reprendre, se ressaisir, se retourner. 2. Se dédommager, gagner, prendre sa revanche, se raccrocher, se racquitter (vx), s'y retrouver, se revancher (vx), se sauver, s'en sortir, s'en tirer.

RATURE ☐ Biffure, gommage, grattage, raturage, repentir, retouche.

RATURER ☐ → effacer.

RAUQUE ☐ Enroué, éraillé, guttural, de mêlé-cass, de rogomme.

RAVAGE ☐ Atteinte, avarie, casse, catastrophe, dégât, dégradation, déprédation, détérioration, dommage, grief (vx), mal, perte, préjudice, sinistre, tort.

RAVAGER ☐ Anéantir, bouleverser, désoler, détruire, dévaster, dévorer, endommager, fourrager, gâter, infester, piller, ruiner, saccager.

RAVAGEUR, EUSE ☐ I. → destructeur. II. → séducteur.

RAVALEMENT ☐ I. → bassesse. II. → nettoiement.

RAVALER ☐ I. → abaisser. II. → nettoyer.

RAVAUDAGE ☐ → raccommodage.

RAVAUDER ☐ → raccommoder.

RAVI, E ☐ → content.

RAVIGOTER ☐ → réconforter.

RAVIN ☐ Lit de rivière/torrent, ravine, val, vallée, vallon.

RAVINEMENT ☐ Affouillement, érosion.

RAVINER ☐ → creuser.

RAVIR ☐ I. → enlever. II. → prendre. III. → charmer. IV. → transporter.

RAVISER (SE) ☐ Se dédire, changer d'avis, revenir sur sa décision/parole/promesse.

RAVISSANT, E ☐ Agréable, aimable, amène, attirant, beau, captivant, charmant, enchanteur, enivrant, ensorcelant, fascinant, gracieux, grisant, intéressant, joli, merveilleux, piquant, séduisant.

RAVISSEMENT □ I. → *enlèvement.* II. → *transport.* III. → *bonheur.*

RAVITAILLEMENT □ → *provision.*

RAVITAILLER □ → *pourvoir.*

RAVIVER □ I. → *rafraîchir.* II. → *ranimer.*

RAYÉ, E □ I. → *éraflé.* II. → *zébré.*

RAYER □ I. → *effacer.* II. → *abîmer.*

RAYÈRE □ → *ouverture.*

RAYON □ I. Jet, rai, trait. II. Apparence, lueur, lumière. III. Degré, étagère, planche, rayonnage, tablette. IV. Étalage, éventaire, stand.

RAYONNANT, E □ I. → *radieux.* II. En étoile, radié, rayonné.

RAYONNEMENT □ I. → *lustre.* II. → *propagation.*

RAYONNER □ I. Se développer, éclater, irradier, se propager. II. → *luire.*

RAYURE □ Balafre, entaille, strie, *et les dérivés possibles en -ure de* → *rayé.*

RAZZIA □ I. → *incursion.* II. → *pillage.*

RÉACTEUR □ Propulseur, pulso / stato / turboréacteur, turbine.

RÉACTION □ → *réflexe.*

RÉACTIONNAIRE □ n. et adj. Conservateur, de droite, immobiliste, misonéiste, obscurantiste, rétrograde. **Fam.** : facho, réac.

RÉAGIR □ I. → *répondre.* II. → *résister.*

RÉALE □ → *galère.*

RÉALISABLE □ Accessible, facile, faisable, permis, possible, praticable, prévisible, probable, virtuel.

RÉALISATION □ Accomplissement, accouchement, création, effet, exécution, œuvre, production.

RÉALISER □ I. **Au pr.** : accomplir, achever, actualiser, atteindre, combler, commettre, concrétiser, consommer, effectuer, exécuter, faire, opérer, pratiquer, procéder à, remplir. II. **Par ext.** *1.* Brader, liquider, solder, vendre. *2.* → *entendre.*

RÉALISME □ I. Crudité, tranche de vie, vérisme. II. Matérialisme, naturalisme, positivisme. III. Opportunisme, pragmatisme, utilitarisme.

RÉALISTE □ Concret, cru, matérialiste, naturaliste, opportuniste, positif, pragmatique, terre à terre, utilitaire.

RÉALITÉ □ I. Certitude, exactitude, réalisme, vérité. II. Chose, être, évidence, existence, fait, fond, monde, nature, objet, réel. III. **Loc. En réa-**

lité : au fond, en fait, en effet, réellement.

RÉBARBATIF, IVE □ → *revêche.*

REBATTU, E □ Banal, commun, connu, éculé, fatigué, réchauffé, ressassé, trivial, usé, vulgaire.

REBELLE □ adj. et n. I. → *indocile.* II. → *insoumis.* III. → *révolté.*

REBELLER (SE) □ → *révolter (se).*

RÉBELLION □ → *révolte.*

REBIFFER (SE) □ → *résister.*

REBIQUER □ → *retrousser.*

REBONDI, E □ → *gras, gros.*

REBONDIR □ I. → *sauter.* II. → *recommencer.*

REBONDISSEMENT □ → *retour.*

REBORD □ → *bord.*

REBOT □ Pelote basque.

REBOURS □ I. → *opposé.* II. **Loc. À/au rebours :** à contre-pied, à contre-poil, à contresens, à l'encontre de, à l'inverse de, à l'opposé de, à rebrousse-poil, au contraire de.

REBOUTEUR □ → *guérisseur.*

REBROUSSÉ, E □ → *hérissé.*

REBUFFADE □ → *refus.*

RÉBUS □ I. **Au pr.** : charade, devinette, énigme, logogriphe, mots croisés. II. **Fig.** : mystère, secret.

REBUT □ I. **Au pr.** → *refus.* II. **Par ext. :** balayure, bas-fond, déchet, écume, excrément, fond du panier, lie, menu fretin, ordure, quantité négligeable, racaille, rancart, reste, rogaton, rognure.

REBUTANT E □ I. → *ennuyeux.* II. → *repoussant.*

REBUTER □ I. → *repousser.* II. → *décourager.*

RÉCALCITRANT, E □ Désobéissant, entêté, fermé, frondeur, indisciplinable, indiscipliné, indocile, indomptable, insoumis, insubordonné, intraitable, opiniâtre, rebelle, réfractaire, regimbant regimbeur, révolté, rétif, rude, têtu, vicieux, volontaire.

RECALER □ I. → *ajourner.* II. → *refuser.*

RÉCAPITULATION □ → *sommaire.*

RÉCAPITULER □ → *résumer.*

RECELER □ I. → *cacher.* II. → *contenir.*

RECENSEMENT □ I. → *compte.* II. → *dénombrement.*

RECENSER □ → *dénombrer.*

RECENSION □ → *comparaison.*

RÉCENT, E □ → *nouveau.*

RÉCÉPISSÉ □ → *reçu.*

RÉCEPTACLE □ → *contenant.*

RÉCEPTION □ I. **Au pr. :** admission, initiation, intronisation, investiture. II. Accueil, hospitalité. → *abord.*

III. Bridge, cérémonie, cinq-à-sept, cocktail, déjeuner, diffa, dîner, five o'clock (tea), gala, garden-party, raout *ou* rout, soirée, surprise-partie, thé, veillée.

RECÈS, RECEZ □ → *convention.*

RÉCESSION □ **I.** → *crise.* **II.** → *recul.*

RECETTE □ **I.** Fruit, gain, produit, profit. → *bénéfice.* **II.** → *méthode.* **III.** → *procédé.*

RECEVABLE □ → *acceptable.*

RECEVOIR □ **I. Au pr. 1. Favorable ou neutre :** acquérir, encaisser, obtenir, percevoir, prendre, tirer. → *toucher.* **2. Non favorable :** attraper, avaler, boire, écoper, embourser, empocher, encaisser, éprouver, essuyer, prendre, récolter, souffrir, subir, trinquer. **II. Par ext. 1.** Accueillir admettre, donner l'hospitalité/une réception *et les syn.* de RÉCEPTION, héberger, traiter. **2.** Donner audience. **3.** Accepter, agréer, initier, reconnaître.

RÉCHAUFFER □ → *ranimer.*

RÊCHE □ → *rude.*

RECHERCHE □ **I. Au pr. 1.** Battue, chasse, exploration, fouille, investigation, poursuite, quête. **2. Jurid. :** enquête, information, inquisition (vx), instruction. **3.** Étude, examen, expérience, expérimentation, observation, recension, sondage, spéculation, tâtonnement. **4.** Auscultation, percussion, succussion. **II. Par ext.** → *affectation.* **III.** → *préciosité.*

RECHERCHÉ, E □ **I.** → *compliqué.* **II.** → *étudié.*

RECHERCHER □ → *chercher.*

RECHIGNER □ → *renâcler.*

RECHUTE, RÉCIDIVE □ → *reprise.*

RÉCIDIVER □ → *recommencer.*

RÉCIDIVISTE □ Cheval de retour (fam.), endurci, relaps.

RÉCIF □ Écueil, haut-fond.

RÉCIPIENDAIRE □ Bénéficiaire, impétrant.

RÉCIPIENT □ Boîte, bouteille, container, contenant, emballage, vase. → *ustensile.*

RÉCIPROQUE □ → *mutuel.*

RÉCIT □ **I.** Anecdote, compte rendu, dit (vx), exposé, exposition, factum (jurid. ou péj.), histoire, historiette, historique, journal, mémoires, mémorial, narration, nouvelle, périple, rapport, relation, tableau. **II.** Annales, chronique, conte, légende, mythe, odyssée, roman. **III.** → *fable.*

RÉCITAL □ Aubade, audition, sérénade. → *concert.*

RÉCITATIF □ → *mélodie.*

RÉCITER □ **I.** → *dire.* **II.** → *prononcer.*

RÉCLAMATION □ Appel, clameur, cri, demande, doléance, exigence, pétititon, plainte, prétention, protestation, récrimination, requête, revendication.

RÉCLAME □ Affichage, annonce, battage, boom (fam.), bourrage de crâne (péj.), bruit, lancement, propagande, publicité, renommée, retentissement, slogan, tam-tam (fam.).

RÉCLAMER □ **I. V. tr. 1.** Appeler, avoir besoin, commander, demander, exiger, mériter, nécessiter, rendre nécessaire, requérir, supposer, vouloir. **2.** Contester, prétendre, répéter (jurid.), revendiquer. **3.** → *solliciter.* **II. V. intr. :** aboyer, gémir, se plaindre, protester, râler, se récrier, récriminer **III. V. pron. :** en appeler, invoquer, se recommander.

RECOIN □ **I. Au pr.** → *coin.* **II. Fig. :** pli, repli, secret.

RÉCOLER □ Collationner, comparer, contrôler, éprouver, étalonner, repasser, revoir, s'assurer de, se rendre compte de, tester, voir.

RÉCOLLECTION □ → *recueillement.*

RÉCOLTE □ Annone (vx). → *cueillette, produit.*

RÉCOLTER □ → *recueillir.*

RECOMMANDABLE □ → *estimable.*

RECOMMANDATION □ **I.** → *appui.* **II.** → *instruction.* **III.** Avis, avertissement, conseil.

RECOMMANDER □ **I.** → *appuyer.* **II.** → *demander.* **III.** Avertir, conseiller, dire, exhorter, prêcher, préconiser, prôner.

RECOMMENCEMENT □ → *retour.*

RECOMMENCER □ **I. V. tr.** → *refaire.* **II. V. intr. :** se ranimer, se raviver, rebiffer, rebondir, se réchauffer, récidiver, redoubler, refaire, refleurir, réitérer, remettre, renaître, renouveler, rentamer, repartir, répéter, repiquer, reprendre, se reproduire, se réveiller, revenir.

RÉCOMPENSE □ **I. Au pr. :** bénéfice, compensation, dédommagement, gratification, loyer, paiement, pourboire, prime, prix, rémunération, rétribution, salaire, tribut. **II. Par ext. :** accessit, citation, couronne, décoration, diplôme, médaille, mention, oscar, prix, satisfecit. → *insigne.*

RÉCOMPENSER □ **I.** → *dédommager.* **II.** Citer, couronner, décorer, distinguer, payer, reconnaître.

RÉCONCILIATION □ Accommodement, accord, fraternisation, raccommodement, rambin (fam.), rapatriage (vx), rapprochement, replâtrage.

RÉCONCILIER □ Accorder, concilier, raccommoder, rapatrier (vx), rapprocher, réunir. *Fam. :* rabibocher, rambiner, rapapilloner. **V. pron. :** Se pardonner, se rajuster, se remettre bien ensemble, renouer, reprendre ses relations, revenir *et les formes pron. possibles des syn. de* RÉCON-CILIER.

RECONDUCTIBLE ☐ Renouvelable.

RECONDUCTION ☐ → *renouvellement.*

RECONDUIRE ☐ **I. Neutre :** accompagner, conduire, escorter, raccompagner, ramener. **II. Non favorable :** chasser, éconduire, expulser, mettre à la porte. **III. Par ext.** → *renouveler.*

RÉCONFORT ☐ **I.** → *aide.* **II.** → *soulagement.*

RÉCONFORTANT, E ☐ **I.** Adoucissant, apaisant, calmant, consolant, consolateur, consolatif, consolatoire, lénitif. **II.** Analeptique, cordial, corroborant, excitant, fortifiant, reconstituant, remontant, roboratif, stimulant, tonique.

RÉCONFORTER ☐ Aider, conforter, consoler, ragaillardir, ranimer, ravigoter, raviver, refaire, relever le courage/les forces/le moral, remettre, remonter, réparer, requinquer, restaurer, rétablir, retaper, revigorer, soutenir, stimuler, sustenter.

RECONNAISSABLE ☐ Discernable, distinguable, identifiable.

RECONNAISSANCE ☐ **I. Au pr. :** découverte, examen, exploration, inspection, investigation, observation, recherche, recognition. **II. Par ext. 1.** → *gratitude.* **2.** → *recu.*

RECONNAÎTRE ☐ **I. Au pr. :** connaître, constater, discerner, distinguer, identifier, remettre, retrouver, trouver, vérifier. **II. Par ext. 1.** → *examiner.* **2.** → *convenir.* **3.** → *soumettre (se).* **4.** → *récompenser.* **III. V. pron.** → *retrouver (se).*

RECONQUÉRIR ☐ → *recouvrer.*

RECONSIDÉRER ☐ → *revoir.*

RECONSTITUANT ☐ n. et adj. → *réconfortant.*

RECONSTITUER ☐ → *rétablir.*

RECONSTRUIRE ☐ → *rétablir.*

RECONVERSION ☐ Conversion, mutation, recyclage, transformation.

RECORD ☐ → *performance.*

RECOQUILLER (SE) ☐ → *replier (se).*

RECORS ☐ Assistant. → *témoin.*

RECOUPEMENT ☐ Comparaison, liaison, parallèle, parangon, rapport, rapprochement.

RECOUPER (SE) ☐ S'accorder, aller, concorder, se conformer, convenir, correspondre, être conforme à/en conformité/en harmonie/en rapport/en symétrie, faire pendant, s'harmoniser, se rapporter, se référer, répondre, représenter, ressembler, rimer (fam.), satisfaire, synchroniser.

RECOUPETTE ☐ Farine, son.

RECOURBÉ, E ☐ → *courbe.*

RECOURIR ☐ → *user.*

RECOURS ☐ **I.** → *ressource.* **II.** Appel, demande, pourvoi, requête. **III. Loc. Avoir recours** → *user.*

RECOUVREMENT ☐ → *perception.*

RECOUVRER ☐ **I.** Rattraper, ravoir, reconquérir, récupérer, regagner, reprendre, ressaisir, retrouver. **II.** Encaisser, percevoir, recevoir, toucher.

RECOUVRIR ☐ **I.** Cacher, coiffer, couvrir, dissimuler, ensevelir, envelopper, masquer, napper, voiler. **II.** Appliquer, enduire, enrober, étendre, habiller, joncher, parsemer, paver, revêtir, tapisser. **III. V. pron. :** chevaucher, s'imbriquer, se superposer, *et les formes pron. possibles des syn. de* RECOUVRIR.

RÉCRÉATIF, IVE ☐ → *amusant.*

RÉCRÉATION ☐ **I.** → *divertissement.* **II.** → *repos.* **III.** → *pause.*

RECRÉER ☐ → *distraire.*

RÉCRIER (SE) ☐ **I.** → *crier.* **II.** → *protester.* **III.** → *enthousiasmer (s').*

RÉCRIMINATION ☐ → *reproche.*

RÉCRIMINER ☐ → *répondre.*

RECROQUEVILLER (SE) ☐ **I.** → *resserrer (se).* **II.** → *replier (se).*

RECRU, E ☐ adj. Accablé, assommé, avachi, brisé, courbatu, courbaturé, épuisé, excédé, exténué, fatigué, fourbu, harassé, las, moulu, rendu, rompu, roué de fatigue, surentraîné, surmené. **Fam. :** cané, claqué, crevé, échiné, éreinté, esquinté, flapi, flingué, hachesse, mort, pompé, sur les dents/les genoux/les rotules, vanné, vaseux, vermoulu, vidé.

RECRUDESCENCE ☐ Accroissement, augmentation, hausse, progrès, redoublement, regain, renforcement, reprise, revif.

RECRUE ☐ n. f. **I.** → *soldat.* **II.** → *membre.*

RECRUTEMENT ☐ → *conscription.*

RECRUTER ☐ Embrigader, engager, enrégimenter, enrôler, incorporer, lever des troupes, mobiliser, racoler.

RECTIFICATION ☐ → *correction.*

RECTIFIER ☐ Amender, changer, corriger, modifier, redresser, réformer, rétablir, revoir.

RECTILIGNE ☐ → *droit.*

RECTITUDE ☐ Droiture, exactitude, fermeté, honnêteté, justesse, justice, logique, rigueur.

RECU ☐ Acquit, bulletin, état, décharge, quittance, quitus, récépissé, reconnaissance.

RECUEIL ☐ **I.** → *collection.* **II.** Album, ana, analectes, anthologie, atlas, bouquin, brochure, catalogue, chrestomathie, code, écrit, fascicule, florilège, herbier, livraison, livre, livret, manuel, opuscule, ouvrage, plaquette, portulan (mar. vx), publication, registre, répertoire, tome, volume.

RECUEILLEMENT □ **I.** Adoration, contemplation, ferveur, méditation, piété, récollection, retraite. **II.** Application, componction, concentration, réflexion.

RECUEILLIR □ Acquérir, amasser, assembler, avoir, butiner, capter, colliger, cueillir, effruiter, engranger, gagner, glaner, grappiller, hériter, lever, moissonner, obtenir, percevoir, prendre, quêter, ramasser, rassembler, recevoir, récolter, retirer, réunir, tirer, toucher. **V. pron.** *1.* → *penser.* *2.* → *renfermer (se).* *3.* → *absorber (s').*

RECUL, RECULADE □ **I.** Récession, reculement, repoussement, retrait, rétrogradation, rétrogression. **II.** Décrochage, repli, retraite. **III.** Reflux. **IV.** Éloignement, régression, retard. **V.** → *distance.*

RECULÉ, E □ → *éloigné.*

RECULER □ **I. V. tr.** *1.* Décaler, déplacer, repousser. *2.* Accroître, agrandir, étendre. *3.* Ajourner, différer, retarder. **II. V. intr. :** abandonner, battre en retraite, caler, caner (fam.), céder, culer, décrocher, faire machine/marche arrière, flancher, fléchir, foirer (fam.), lâcher pied, perdre du terrain, refluer, refouler, régresser, se rejeter, se replier, rétrograder, rompre.

RÉCUPÉRER □ **I.** → *recouvrer.* **II.** → *remettre (se).*

RÉCURER □ Approprier, assainir, astiquer, balayer, battre, bichonner (fam.), blanchir, bouchonner, briquer (fam.), brosser, cirer, curer, débarbouiller, débarrasser, décaper, décrasser, décrotter, dégraisser, dérocher, dérouiller, déterger, écurer, enlever la crasse/la saleté, étriller, faire le ménage, fourbir, frotter, housser, laver, lessiver, monder, purifier, rapproprier, racler, ravaler, savonner, toiletter, torcher, torchonner, vanner.

RÉCURRENT, E □ Itératif, récursif, redondant, réduplicatif, réitératif, répétitif.

RÉCUSER □ **I.** → *refuser.* **II.** → *repousser.*

RECYCLAGE □ Aggiornamento, mise à jour, réinsertion, réorientation.

RÉDACTEUR, TRICE □ **I.** → *journaliste.* **II.** → *secrétaire.*

RÉDACTION □ **I.** Composition, écriture, établissement, formule, libellé. → *texte.* **II.** Composition française, dissertation, narration. → *récit.*

REDDITION □ → *capitulation.*

RÉDEMPTEUR, TRICE □ → *sauveur.*

RÉDEMPTION □ Délivrance, expiation, rachat, salut.

REDEVABLE □ Assujetti, débiteur, imposable, obligé, tributaire.

REDEVANCE □ → *charge.*

RÉDHIBITION □ → *abrogation.*

RÉDIGER □ → *écrire.*

REDINGOTE □ **I.** Lévite. → *manteau.* **II.** → *habit.*

REDIRE □ **I.** → *répéter.* **II. Loc. Trouver à redire** → *critiquer.*

REDITE, REDONDANCE □ **I.** → *répétition.* **II.** → *pléonasme.* **III.** → *superfluité.*

REDONDANT, E □ **I.** → *diffus.* **II.** → *superflu.* **III.** → *récurrent.*

REDONNER □ Dégorger, rembourser, remettre, rendre, rendre gorge, repasser (fam.), restituer, rétrocéder.

REDOUBLEMENT □ Accroissement, agrandissement, aggravation, augmentation, amplification, crise, croissance, développement, exacerbation, grossissement, intensification. → *paroxysme.*

REDOUBLER □ → *augmenter.*

REDOUTABLE □ → *terrible.*

REDOUTER □ S'alarmer, appréhender, avoir peur, être effrayé, être épouvanté, trembler.

REDRESSEMENT □ → *correction.*

REDRESSER □ **I.** Défausser. → *rectifier.* **II.** → *réprimander.* **III.** → *lever.* **IV.** équit. *les oreilles (pour le cheval)* **:** chauvir.

RÉDUCTION □ **I. Au pr. :** *1.* Accourcissement, allégement, amenuisement, amoindrissement, atténuation, compression, diminution, graticulation, limitation, plafonnement, raccourcissement, rationnement, rapetissement, resserrement, restriction, rétrécissement, schématisation, simplification. *2.* → *remise.* *3.* Abrégé, diminutif, miniature. **II. Par ext.** *1.* Pacification, soumission. *2.* → *abaissement.*

RÉDUIRE □ **I. Au pr. :** *1.* Abaisser, abréger, accourcir, affaiblir, amoindrir, amortir, atténuer, baisser, changer, comprimer, condenser, contingenter, diminuer, écorner, écourter, élégir, fondre, graticuler, inférioriser, limiter, minimer, minimiser, modérer, plafonner, rabaisser, raccourcir, ramener, rapetisser, raréfier, rationner, renfermer, resserrer, restreindre, simplifier. *2.* Dédramatiser, dépassionner. → *calmer.* **II. Par ext.** *1.* → *économiser.* *2.* → *vaincre.*

RÉDUIT □ Bouge, cabane, cabine, cabinet, cagibi, cahute, cellule, chambrette, galetas, loge, logette, mansarde, niche, retraite, souillarde, soupente.

RÉEL, RÉELLE □ Actuel, admis, assuré, authentique, certain, concret, démontré, effectif, établi, exact, factuel, fondé, historique, incontestable, incontesté, indiscutable, indubitable, juste, matériel, objectif, palpable, patent, positif, réalisé, reçu, sérieux, sincère, solide, tangible, véridique, véritable, visible, vrai.

RÉELLEMENT □ Bel et bien, bonnement, certainement, dans le fait, de fait, effectivement, efficacement, en effet, en fait, en réalité, objectivement, véritablement, vraiment.

RÉEXPÉDIER □ → *retourner.*

RÉFACTION □ → *diminution.*

REFAIRE □ **I. Au pr. : 1.** Bisser, recommencer, réitérer, répéter, reprendre. **2.** Rajuster, reconstruire, recréer, récrire, réédifier, rééditer, refondre, reformer, renouveler, réparer, reproduire, restaurer, rétablir. **II. Fig. 1.** → *réconforter.* **2.** → *tromper.* **3.** → *voler.*

RÉFECTION □ → *réparation.*

RÉFECTOIRE □ Cambuse, cantine, mess, popote, salle à manger.

RÉFÉRENCE □ **I.** → *renvoi.* **II.** → *attestation.*

RÉFÉRENDUM □ Consultation, élection, plébiscite, scrutin, suffrage, votation, vote, voix.

RÉFÉRER □ **I.** → *attribuer.* **II. V. pron.** → *rapporter (s'en).*

REFILER □ Bazarder, fourguer. → *donner.*

RÉFLÉCHI, E □ **I.** → *posé.* **II.** → *prudent.*

RÉFLÉCHIR □ **I.** → *renvoyer.* **II.** → *penser.*

RÉFLECTEUR □ Catadioptre, cataphote.

REFLET □ **I. Au pr. :** brillance, chatoiement, coruscation, étincellement, lueur, miroitement, moire, réflexion, ruissellement, rutilance, scintillement. **II. Par ext.** → *représentation.*

REFLÉTER □ **I.** → *renvoyer.* **II.** → *représenter.*

RÉFLEXE □ **I.** Automatisme, interaction, mouvement, réaction. **II.** Coup d'œil, présence d'esprit, sang-froid.

RÉFLEXION □ **I.** Diffusion, rayonnement, reflet, réverbération. **II.** → *attention.* **III.** → *idée.* **IV.** → *pensée.* **V.** → *remarque.*

REFLUER □ **I.** → *répandre (se).* **II.** → *reculer.*

REFLUX □ → *marée.*

REFONDRE □ → *refaire.*

REFONTE □ Réécriture, réédition, remaniement. → *reprise.*

RÉFORMATEUR, TRICE □ Rénovateur.

RÉFORME □ → *changement.*

RÉFORMER □ **I.** → *corriger.* **II.** → *retrancher.* **III.** → *refaire.*

REFOULEMENT □ **I.** Autocensure, inhibition, interdit. **II.** → *expulsion.*

REFOULER □ **I.** → *repousser.* **II.** → *chasser.* **III.** → *renfermer.*

RÉFRACTAIRE □ → *indocile.*

REFRAIN □ Antienne, chanson, chant, lanterne, leitmotiv, rengaine, répétition, ritournelle, scie, turlurette, turlutaine.

REFRÉNER □ → *réprimer.*

RÉFRIGÉRATEUR □ Chambre froide, congélateur, conservateur, Frigidaire (marque), frigorifère, frigorifique, frigorigène, glacière.

RÉFRIGÉRER □ → *frigorifier.*

REFROIDIR □ **I. Au pr. :** attiédir, congeler, frapper, frigorifier, glacer, rafraîchir, réfrigérer, tiédir. **II. Fig.** → *calmer.*

REFROIDISSEMENT □ **I.** → *congélation.* **II.** → *grippe.*

REFUGE □ **I.** → *abri, cabane.* **II.** → *halte.* **III.** → *ressource.*

RÉFUGIÉ, E □ → *émigré.*

RÉFUGIER (SE) □ **I.** → *blottir (se).* **II.** → *partir.*

REFUS □ Blackboulage, déni, fin de non-recevoir, négation, rebuffade, rebut, regimbement, rejet, renvoi, veto.

REFUSÉ, E □ Ajourné, battu, blackboulé, collé, recalé, retapé, retoqué.

REFUSER □ **I.** → *refusé.* **II.** Débouter, décliner, dédaigner, défendre, dénier, écarter, éconduire, éloigner, exclure, évincer, nier, récuser, remercier, renvoyer, repousser. **III.** → *congédier.*

RÉFUTATION □ → *objection.*

RÉFUTER □ Aller à l'encontre, confondre, contester, contredire, démentir, désavouer, s'inscrire en faux, opposer, répondre.

REGAGNER □ Rattraper, récupérer, recouvrer.

REGAIN □ → *recrudescence.*

RÉGAL □ **I.** → *divertissement.* **II.** → *festin.* **III.** → *plaisir.*

RÉGALER □ **I.** → *réjouir.* **II.** → *festoyer.* **III. Fam.** → *maltraiter.* **IV. V. pron. :** se délecter, déguster, faire bombance *et les syn. de* BOMBANCE, festiner, festoyer, fricoter, se gargariser, se goberger, goûter, jouir, se pourlécher/repaître, savourer, se taper la cloche.

REGARD □ **I.** Coup d'œil, œillade, yeux. → *œil.* **II. Loc. 1. Attirer le regard :** attention. **2. Au regard de :**

en comparaison de. *3. En regard* →
vis-à-vis.

REGARDANT, E □ → *avare.*

REGARDER □ **I.** Admirer, attacher
son regard, aviser, considérer, contempler, couver des yeux/du regard,
dévisager, dévorer des yeux, envisager, examiner, fixer, guigner, inspecter, jeter les yeux, lorgner, mirer,
observer, parcourir, promener les
yeux/le regard, reluquer, remarquer,
scruter, toiser, voir. *Fam.* : bigler,
bigner, bignoler, mater. **II.** → *concerner.* **III. Loc.** *Regarder comme* :
compter, considérer, estimer, juger,
prendre, présumer, réputer.

RÉGÉNÉRATION □ → *renaissance.*

RÉGÉNÉRER □ → *corriger.*

RÉGENT □ **I.** → *maître.* **II.** → *pédant.*

RÉGENTER □ Administrer, commander, conduire, diriger, dominer,
gérer, gouverner, manier, manœuvrer, mener, piloter, régir, régner,
tyranniser (péj.).

RÉGIE □ **I.** → *administration.* **II.** →
direction.

REGIMBER □ **I.** → *ruer.* **II.** →
résister.

REGIMBEUR, EUSE □ n. et adj. →
indocile.

RÉGIME □ **I.** → *administration.* **II.** →
direction. **III.** → *gouvernement.* **IV.**
Conduite, cure, diète, jeûne, rationnement, règle.

RÉGIMENT □ **I.** → *troupe.* **II.** →
multitude.

RÉGION □ Bled (fam.), campagne,
coin, contrée, endroit, lieu, nation,
origine, parage, patelin (fam.), pays,
province, rivage, royaume, sol, terre,
territoire, terroir, zone.

RÉGIR □ Diriger, gérer. → *gouverner.*

RÉGISSEUR □ → *gérant.*

REGISTRE □ **I.** Brouillard, écritures,
grand livre, journal, livre, main-
courante, matrice, matricule, minutier, pouillé (relig. vx), répertoire. **II.**
Échelle, tessiture. **III.** Caractère, ton,
tonalité.

RÈGLE □ **I.** Canon, commandement,
convention, coutume, formule, gouverne, ligne, loi, mesure, norme,
ordre, précepte, prescription, théo-
rie. → *principe.* **II.** → *protocole.* **III.**
→ *règlement.* **IV.** → *exemple.* **V.** Ali-
dade, carrelet, comparateur, compas,
équerre, sauterelle, té, vernier. **VI. Au
pl.** → *menstruation.*

RÉGLÉ, E □ **I. Quelque chose** :
arrêté, calculé, décidé, déterminé,
fixé, normal, périodique, systématique, uniforme. **II. Quelqu'un** : exact,
mesuré, méthodique, ordonné, organisé, ponctuel, rangé, régulier, sage.

RÈGLEMENT □ **I.** Arrêté, canon,

charte, code, consigne, constitution,
décret, displine, édit, institution, loi,
mandement, ordonnance, prescrip-
tion, règle, réglementation, statut. **II.**
Accord, arbitrage, arrangement, convention, protocole. **III.** Arrêté, liquidation, paiement, solde. **IV. Relig.** :
observance.

RÉGLEMENTAIRE □ → *permis.*

RÉGLEMENTER □ → *légiférer.*

RÉGLER □ **I.** Ajuster, aligner, conformer à, diriger, mesurer, modeler,
modérer, tracer, tirer. **II.** → *décider.*
III. → *finir.* **IV.** → *payer.* **V.** Codifier, normaliser, organiser, réglemen-
ter. → *fixer.* **VI. V. pron.** : se conformer, se soumettre *et les formes pron.
possibles des syn. de* RÉGLER.

RÈGNE □ **I.** Dynastie, empire,
époque, gouvernement, monarchie,
pouvoir, souveraineté. → *autorité.* **II.**
Monde, royaume, univers.

RÉGNER □ **I.** → *gouverner.* **II.** →
être.

REGORGER □ **I.** → *abonder.* **II.** →
déborder. **III.** → *répandre (se).*

RÉGRESSER □ → *reculer.*

RÉGRESSION □ → *recul.*

REGRET □ **I.** Doléance, lamentation,
mal du pays, nostalgie, plainte, soupir. **II.** Attrition, componction, contrition, désespoir, peine, pénitence,
remords, repentance, repentir, résipiscence, ver rongeur. **III.** Déception.

REGRETTABLE □ **I.** → *affligeant.* **II.**
→ *inopportun.*

REGRETTER □ **I.** Avoir du déplai-
sir/du regret, geindre, se lamenter,
s'en mordre les doigts/les poings/les
pouces, pleurer, se repentir. **II.** Déplorer, désapprouver, plaindre.

REGROUPEMENT □ → *rassemblement.*

REGROUPER □ → *assembler.*

RÉGULARISATION □ → *normalisation.*

RÉGULARISER □ → *fixer.*

RÉGULARITÉ □ **I. De quelque
chose** : authenticité, concordance,
congruence, convenance, correction,
fidélité, justesse, légalité, précision,
rigueur, véracité, véridicité, vérité.
II. Aisance, facilité, fluidité. **III.
De quelqu'un** : application, assiduité, attention, conscience professionnelle, correction, exactitude,
minutie, ponctualité, scrupule, sincérité, soin.

RÉGULATION □ Contrôle, dispat-
ching, équilibrage, normalisation,
progressivité. → *répartition.*

RÉGULIER □ n. → *religieux.*

RÉGULIER, ÈRE □ adj. **I.** → *réglé.* **II.**
→ *exact.*

RÉGURGITER □ → *vomir.*

RÉHABILITATION □ Justification.

RÉHABILITER □ → *rétablir*.

REHAUSSEMENT □ → *majoration*.

REHAUSSER □ **I. Au pr.** → *hausser*. **II. Fig. 1.** Augmenter, ranimer, relever. **2.** → *assaisonner*. **3.** Échampir, embellir, ennoblir, faire ressortir/valoir, mettre en valeur, réchampir, relever. **4.** → *louer*.

RÉIFIER □ → *chosifier*.

REIN □ **I. Au sing. :** lombes, râble, rognon. **II. Au pl. :** bas du dos, croupe, dos. **III. Par ext.** → *derrière*.

RÉINCARNATION □ → *renaissance*.

REINE □ Dame, souveraine.

RÉINSÉRER □ → *rétablir*.

RÉINSERTION, RÉINTÉGRATION □ → *rétablissement*.

RÉINTÉGRER □ **I.** → *rétablir*. **II.** → *revenir*.

RÉITÉRER □ **I.** → *refaire*. **II.** → *répéter*.

REÎTRE □ **I.** → *mercenaire*. **II.** → *soudard*.

REJAILLIR □ **I.** → *jaillir*. **II.** → *retomber*.

REJET □ **I.** → *pousse*. **II.** → *refus*. **III.** Contre-rejet, enjambement.

REJETER □ **I.** → *jeter*. **II.** → *repousser*. **III.** → *reporter*. **IV. V. pron.** → *reculer*.

REJETON □ **I.** → *pousse*. **II.** → *fils*. **III.** → *postérité*.

REJOINDRE □ Atteindre, attraper, gagner, joindre, rallier, rattraper, regagner, retrouver, tomber dans.

RÉJOUI, E □ Bon vivant, boute-en-train, content, épanoui, gai, guilleret, heureux, hilare, joyeux, riant, rieur, Roger-Bontemps, vive-la-joie *et les part. passés possibles des syn. de* RÉJOUIR.

RÉJOUIR □ Amuser, charmer, contenter, dérider, dilater/épanouir le cœur, divertir, ébaudir (vx), égayer, enchanter, ensoleiller, faire plaisir, illuminer, mettre en joie, plaire, ravir, régaler, rendre joyeux. **V. pron. :** s'applaudir, avoir la fierté, bicher (fam.), boire du petit lait (fam.), se délecter, être heureux, exulter, se féliciter, se frotter les mains, se gaudir (vx), jubiler, pavoiser, rire, triompher, *et les formes pron. possibles des syn. de* RÉJOUIR.

RÉJOUISSANCE □ Agape, amusement, distraction, divertissement, ébaudissement (vx), fête, jubilation, liesse, noce, partie, plaisir.

RÉJOUISSANT, E □ → *gai*.

RELÂCHE □ **I.** → *repos*. **II. Loc. adv.** *Sans relâche* → *toujours*.

RELÂCHÉ, E □ **I. Neutre :** affaibli, commode, facile, libéré, libre, mitigé.

II. Non favorable : amoral, débauché, dissolu, élastique, immoral, inappliqué, inattentif, libertin, négligent.

RELÂCHEMENT □ **I.** → *repos*. **II.** → *négligence*.

RELÂCHER □ **I. Au pr. 1. On relâche une chose :** décontracter, desserrer, détendre, lâcher. → *diminuer*. **2. Quelqu'un :** élargir, libérer, relaxer. **II. Par ext. :** adoucir, ramollir, tempérer. **III. Mar. :** accoster, faire escale. → *toucher*. **IV. V. pron. :** s'amollir, diminuer, faiblir, se laisser aller, se négliger, se perdre.

RELAIS □ Halte, mansion (vx), poste. → *hôtel*.

RELANCE □ → *reprise*.

RELANCER □ → *poursuivre*.

RELAPS, E □ → *hérétique*.

RELATER □ → *raconter*.

RELATIF, IVE □ → *proportionnel*.

RELATION □ **I. Quelque chose. 1.** → *histoire*. **2.** Compte rendu, procès-verbal, rapport, témoignage, version. → *récit*. **3.** Analogie, appartenance, connexion, corrélation, dépendance, liaison, lien, rapport. **II. Entre personnes. 1.** → *ami*. **2.** Accointance, attache, bonne/mauvaise intelligence, bons/mauvais termes, commerce, communication, contact, correspondance, engagement, fréquentation, habitude, liaison, lien, rapport, société. **3.** Amour, commerce, flirt, intrigue, liaison, marivaudage, rapport, union.

RELAX, E □ **I.** → *dégagé*. **II.** → *souple*.

RELAXATION □ → *repos*.

RELAXER □ → *relâcher*.

RELAYER □ → *remplacer*.

RELÉGATION □ Bannissement, déportation, exil, interdiction de séjour, internement, transportation. → *bagne*.

RELÉGUER □ **I. Quelque chose :** abandonner, écarter, jeter, mettre au rebut/au rancart. **II. Quelqu'un :** assigner à résidence, bannir, confiner, déporter, exiler, interdire de séjour, interner, transporter.

RELENT □ Empyreume, fétidité, infection, mauvaise odeur, odeur fétide/infecte/repoussante, pestilence, puanteur, remugle. → *odeur*.

RELÈVE □ → *remplacement*.

RELEVÉ □ Bordereau, compte, dépouillement, extrait, facture, sommaire.

RELEVÉ, E □ **I. Au pr. :** accru, augmenté, élevé, haussé. **II. Par ext. :** emphatique (péj.), héroïque, magnifique, noble, pompeux (péj.), soutenu, sublime, transcendant.

RELÈVEMENT □ **I.** → *hausse*. **II.**

Redressement, rétablissement. **III.** Retroussis.

RELEVER □ v. tr. et intr. **I.** Écarter, recoquiller, remonter, retrousser, soulever,' trousser. → *lever.* **II.** → *ramasser.* **III.** → *hausser.* **IV.** → *rétablir.* **V.** → *assaisonner.* **VI.** → *corriger.* **VII.** → *rehausser.* **VIII.** → *noter.* **IX.** → *louer.* **X.** → *réprimander.* **XI.** → *souligner.* **XII.** → *libérer.* **XIII.** → *remplacer.* **XIV.** → *rétablir (se).* **XV.** → *dépendre.* **XVI.** → *réparer.*

RELIEF □ **I.** Au sing. *1.* → *forme.* *2.* → *bosse.* *3.* → *lustre.* **II.** Au pl. → *reste.*

RELIER □ **I.** → *joindre.* **II.** → *unir.*

RELIGIEUSE □ **I.** Abbesse, béguine, bonne sœur, congréganiste, converse, dame/fille/sœur (de la charité/de Saint Vincent de Paul/de la Sagesse, etc.), mère, moniale, nonnain, nonne, nonnette, novice, postulante, prieure, professe, supérieure, tourière. **II.** Bernardine, capucine, carmélite, clarisse, dominicaine, franciscaine, petite sœur des pauvres, trinitaire, visitandine.

RELIGIEUX, EUSE □ **I.** Adj. *1. Au pr. :* croyant, dévot, dévotieux, juste, mystique, pieux, pratiquant, spirituel. *2. Par ext.* → *ponctuel.* *3.* Claustral, conventuel, monastique, sacré. **II. Nom masc. :** *1.* Anachorète, cénobite, clerc, cloîtrier, congréganiste, convers, ermite, hospitalier, mendiant, oblat, prêcheur, régulier. *2.* Abbé, aumônier, cellerier, chanoine régulier, hebdomadier, portier, postulant, préfet, prieur, procureur, profès, provincial, révérend, supérieur. *3.* Frater (fam.), frère, frocard (péj.), moine, moinillon, monial, novice, penaillon (vx et péj.), père. *4.* Antonin, assomptionniste, augustin, barnabite, basilien, bénédictin, bernardin, caloyer, camaldule, capucin, carme, chartreux, cistercien, dominicain, eudiste, franciscain, jésuite, lazariste, mariste, mekhitariste, minime, olivétain, oratorien, prémontré, récollet, rédemptoriste, servite, silvestrin, sulpicien, théatin, trappiste.

RELIGION □ **I.** Au pr. *1.* Adoration, attachement, croyance, culte, dévotion, doctrine, dogme, dulie, ferveur, foi, latrie, mysticisme, piété, pratique, zèle. *2. Péj. :* religiosité. *3.* Astrolâtrie, déisme, idolâtrie, panthéisme, théisme. **II. Par ext.** → *opinion.*

RELIGIONNAIRE □ → *protestant.*

RELIGIOSITÉ □ → *religion.*

RELIQUAIRE □ Châsse, coffret, fierte.

RELIQUAT □ → *reste.*

RELIQUE □ **I.** → *reste.* **II.** → *fétiche.*

RELUIRE □ Brasiller, briller, chatoyer, éblouir, éclairer, éclater, étinceler, flamboyer, fulgurer, jeter des feux, miroiter, poudroyer, rayonner, resplendir, rutiler, scintiller.

RELUISANT, E □ → *brillant.*

RELUQUER □ → *regarder.*

REMÂCHER □ → *répéter.*

RÉMANENCE □ → *survivance.*

REMANIEMENT □ Modification.

REMANIER □ **I.** → *changer.* **II.** → *revoir.*

REMARQUABLE □ Brillant, considérable, éclatant, émérite, épatant, étonnant, extraordinaire, formidable, frappant, glorieux, important, insigne, marquant, marqué, mémorable, notable, parfait, particulier, rare, saillant, saisissant, signalé, supérieur. → *distingué.*

REMARQUE □ Allusion, annotation, aperçu, commentaire, considération, critique, note, objection, observation, pensée, réflexion, remontrance, réprimande, reproche.

REMARQUER □ **I.** → *regarder.* **II.** → *voir.*

REMBARRER □ → *repousser.*

REMBLAI □ → *talus.*

REMBLAYER □ Boucher, combler, hausser.

REMBOURRER □ Bourrer, capitonner, garnir, matelasser.

REMBOURSEMENT □ Amortissement, couverture, drawback, paiement, restitution, rétrocession, reversement.

REMBOURSER □ Amortir, couvrir, défrayer, dépenser, indemniser, payer, redonner, rendre, restituer, reverser.

REMBRUNI, E □ Assombri, contrarié, peiné. → *triste.*

REMÈDE □ **I.** Au pr. : acupuncture, antidote, bain, baume, bouillon, calmant, cataplasme, compresse, confection, cure, décoction, diète, douche, drogue,' électuaire, élixir, emplâtre, émulsion, enveloppement, épithème, extrait, friction, fumigation, gargarisme, grog, implantation, infusion, inhalation, injection, instillation, insufflation, intrait, lavage, lavement, massage, médecine, médicament, médication, mithridate, onguent, opiat, orviétan, palliatif, panacée, pansement, pansement gastrique, perfusion, piqûre, placebo, pommade, ponction, potion, préparatif, préparation, préservatif, purgation, purge, rayons, rééducation, régime, relaxation, respiration artificielle, révulsif, saignée, scarification, sérum, sinapisme, spécialité, spécifique, suralimentation, thériaque, tisane, topique, transfusion, ventouse, vésicatoire. **II. Fig. :** expédient,

moyen, ressource, solution, soulagement.

REMÉDIER ☐ Arranger, corriger, guérir, obvier, pallier, parer, pourvoir, préserver, réparer, sauver.

REMEMBREMENT ☐ Regroupement, tènement.

REMEMBRER ☐ I. → *assembler.* II. → *réunir.*

REMÉMORER ☐ Évoquer, rappeler, redire, repasser, ressasser.

REMENER ☐ Remmener. → *ramener.*

REMERCIEMENT ☐ Action de grâces, ex-voto, merci, témoignage de reconnaissance.

REMERCIER ☐ I. Au pr. : bénir, dédommager (par ext.), dire merci, gratifier, louer, rendre grâce, savoir gré, témoigner de la reconnaissance. II. Fig. : casser aux gages, chasser, congédier, destituer, donner sa bénédiction/campos/congés/ses huit jours/son compte/son congé/son exeat, écarter, éconduire, éloigner, expédier, jeter/mettre à la porte, licencier, liquider, remercier, renvoyer, révoquer, sacquer, se séparer de. *Fam.* : balancer, débarquer, emballer, envoyer/faire/paître/valser, envoyer dinguer/péter, ficher/flanquer/foutre à la porte, vider.

REMETTRE ☐ I. Au pr. : ramener, rapporter, réintégrer, replacer. → *rétablir.* II. Par ext. 1. Commettre, confier, consigner, délivrer, déposer, donner, faire tenir, laisser, livrer, passer, poster, recommander. 2. Rendre, restituer, retourner. → *redonner.* 3. Abandonner, se dessaisir de. 4. Se rappeler, reconnaître, se ressouvenir, se souvenir. 5. Mettre; redresser, relever, rétablir. 6. Raccommoder, réduire, remboîter, replacer. 7. Accorder, concilier, rabibocher (fam.), raccommoder, rapapilloter (fam.), rapatrier (vx), rapprocher, réconcilier, réunir. 8. Absoudre, pardonner. 9. Ajourner, atermoyer, attendre, différer, donner un délai, renvoyer, reporter, retarder, surseoir, suspendre. 10. Allonger, exagérer, rajouter. III. V. pron. : 1. Aller mieux, entrer/être en convalescence, guérir, se ranimer, recouvrer/retrouver la santé, se relever, se rétablir. 2. Se calmer, retrouver ses esprits/son calme/son sang-froid, se tranquilliser. 3. *Les formes pron. possibles des syn. de* REMETTRE. 4. **Loc. *S'en remettre à quelqu'un* :** s'abandonner, se confier, déférer à, donner mandat/procuration, en appeler, faire confiance à, se fier à, s'en rapporter à, se reposer sur.

RÉMINISCENCE ☐ Mémoire, remembrance (vx), ressouvenance, ressouvenir, résurgence, souvenance, souvenir, trace.

REMISE ☐ I. Au pr. : attribution, délivrance, dépôt, don, livraison. II. Par ext. 1. Bonification, cadeau, commission, déduction, diminution, discount, escompte, guelte, prime, rabais, réduction, sou du franc. 2. Absolution, amnistie, grâce, merci, pardon, rémission. 3. Ajournement, atermoiement, délai, renvoi, retardement, sursis, suspension. III. Abri, cabane, chartil, débarras, garage, hangar, local, resserre.

REMISER ☐ I. Au pr. : caser, garer, ranger, serrer. II. Par ext. : remettre, repousser.

REMISIER ☐ → *intermédiaire.*

RÉMISSIBLE ☐ → *excusable.*

RÉMISSION ☐ I. Abolition (vx), absolution, acquittement, amnistie, apaisement, indulgence, jubilé (relig.), miséricorde, oubli, pardon. → *remise.* II. Accalmie, rémittence. → *repos.*

REMMENER ☐ Emmener, enlever, ramener, rapporter, remener, retirer, tirer.

REMONTANT ☐ Analeptique, cordial, corroborant, digestif, excitant, fortifiant, réconfortant, reconstituant, roboratif, stimulant, tonique.

REMONTE-PENTE ☐ Tire-fesses.

REMONTER ☐ I. Aider, conforter, consoler, électriser, galvaniser, raffermir, ragaillardir, ranimer, ravigoter, raviver, réconforter, refaire, relever le courage/les forces/le moral, remettre, réparer, requinquer (fam.), restaurer, rétablir, retaper, revigorer, soutenir, stimuler, sustenter. II. Élever, exhausser, hausser, relever. III. Ajuster, mettre en état, monter, réparer.

REMONTRANCE ☐ I. → *reproche.* II. **Loc. *Faire une remontrance* → *réprimander.***

REMONTRER ☐ → *reprocher.*

REMORDS ☐ Attrition, componction, conscience, contrition, désespoir, peine, pénitence, repentance, repentir, reproche, résipiscence, ver rongeur.

REMORQUAGE ☐ I. Dépannage. II. Touage, traction.

REMORQUER ☐ → *traîner.*

RÉMOULEUR ☐ Affûteur, aiguiseur, repasseur.

REMOUS ☐ I. Agitation, balancement, ballottement, battement, branle, branlement, cadence, cahotement, fluctuation, frémissement, frisson, houle, impulsion, mouvement, onde, ondoiement, ondulation, oscillation, pulsation, roulis, tangage, tourbillon, tourbillonnement, tournoiement, va-et-vient, vague, valse, vibration, vortex. II. → *fermentation.* III. → *trouble.* IV. → *rythme.* V. → *variation.* VI. → *évolution.*

REMPAILLER □ Canner, empailler, garnir, pailler, réparer.

REMPART □ **I. Au pr.** : avant-mur, banquette, bastion, berme, boulevard, enceinte, escarpe, escarpement, forteresse, fortification, glacis, mur, muraille, parapet. **II. Fig.** : bouclier, cuirasse. → *protection.*

REMPLAÇANT, E □ Adjoint, agent, aide, alter ego, doublure, intérimaire, lieutenant, relève, représentant, substitut, successeur, suppléant, supplétif.

REMPLACEMENT □ **I. De quelqu'un ou quelque chose** : changement, commutation, échange, intérim, rechange, relève, roulement, subrogation, substitution, succession, suppléance. **II. Une chose** : ersatz, succédané.

REMPLACER □ Changer, commuter, détrôner (fam.), doubler, échanger, enlever, relayer, relever, renouveler, représenter, servir de, subroger, substituer, succéder, supplanter, suppléer, tenir lieu de/place de. **V. pron.** : alterner, *et les formes pron. possibles des syn. de* REMPLACER.

REMPLI, E □ **I. Au pr.** : bondé, bourré, comble, complet, débordant, empli, employé, farci, garni, gavé, gorgé, hérissé, muni, occupé, plein, ras, rassasié, repu, saturé. **II. Fig.** : bouffi, enflé, enivré, gonflé, imbu, infatué, pénétré, pétri.

REMPLIR □ **I. Au pr.** : bonder, bourrer, charger, combler, couvrir, embarquer, embourrer, emplir, encombrer, envahir, farcir, garnir, gonfler, insérer, meubler, occuper, ouiller, peupler, rembouger, se répandre dans, saturer, truffer. **II. Par ext. 1.** Abreuver, gorger, inonder. **2.** Animer, enflammer, enfler, enivrer, gonfler. **3.** Baigner, envahir, parfumer. **4.** Acquitter, exécuter, exercer, faire, fonctionner, observer, réaliser, répondre à, satisfaire à, tenir.

REMPLISSAGE □ **Fig.** : boursouflure, creux, cheville, délayage, fioriture, inutilité, pléonasme, redondance, superfluité, vide.

REMPLUMER (SE) □ **I.** Se ragaillardir, se ravigoter, se relever, se remettre, se remonter, réparer ses forces, se requinquer (fam.), se rétablir, se retaper (fam.), se revigorer. **II.** Engraisser, forcir, grossir, reprendre du poil de la bête (fam.).

REMPORTER □ Accrocher (fam.), acquérir, arracher, attraper, avoir, capter, conquérir, décrocher (fam.), emporter, enlever, faire, gagner, obtenir, prendre, recueillir, soutirer (péj.).

REMUANT, E □ Actif, agile, agité, animé, déchaîné, déluré, éveillé, excité, fougueux, frétillant, fringant, guilleret, ingambe, inquiet, instable, leste, mobile, nerveux, pétulant, prompt, rapide, sautillant, tempétueux, trépignant, turbulent, vif, vivant.

REMUE-MÉNAGE □ Activité, affairement, affolement, agitation, alarme, animation, billebaude (vx), bouillonnement, branle-bas, bruit, chambardement (fam.), changement, dérangement, désordre, effervescence, excitation, flux et reflux, grouillement, hâte, incohérence, mouvement, orage, précipitation, remous, remuement, secousse, tempête, tohu-bohu, tourbillon, tourmente, trouble, tumulte, turbulence, va-et-vient.

REMUEMENT □ → *remue-ménage.*

REMUER □ **I. v. tr. 1. Au pr.** : agiter, balancer, ballotter, brandiller, brandir, brasser, bercer, déplacer, déranger, ébranler, secouer. **2. Une partie du corps** : battre, branler, ciller, cligner, crouler (la queue, vén.), dodeliner, hocher, rouler, tortiller, tricoter. **3.** Brouiller, fatiguer, malaxer, pétrir, touiller, tourner, travailler. **4.** Bouleverser, effondrer, fouiller, mouvoir, retourner. **5. Fig.** : atteindre, attendrir, bouleverser, ébranler, émouvoir, exciter, pénétrer, toucher, troubler. **II. V. intr.** : s'agiter, se balancer, bouger, broncher, chanceler, ciller, se dandiner, se décarcasser, se démancher (fam.), se démener, se dépenser, dindailler (rég.), s'évertuer, fourmiller, frétiller, frissonner, flotter, gambiller, gesticuler, gigoter, grouiller, se manier, ondoyer, onduler, osciller, se répandre, sauter, sursauter, tanguer, se tortiller, trembler, trépider, vaciller.

REMUGLE □ Relent. → *odeur.*

RÉMUNÉRATEUR, TRICE □ Avantageux, bon, fructueux, juteux (fam.), lucratif, payant, productif, profitable, rentable.

RÉMUNÉRATION □ Appointement, avantage, casuel, commission, dédommagement, émolument, gages, gain, gratification, honoraires, indemnité, intérêt, loyer, paie, pige, prêt, prime, récompense, rétribution, salaire, solde, traitement. → *bénéfice.*

RÉMUNÉRER □ Dédommager, récompenser, rétribuer. → *payer.*

RENÂCLER □ **I. Au pr.** : aspirer, renifler. **II. Fig.** : rechigner, renauder, répugner à. → *résister.*

RENAISSANCE □ **I.** Métempsychose, palingénésie, printemps, progrès, réapparition, régénération, réincarnation, renouveau, renouvellement, résurrection, retour, réveil, réviviscence. **II.** Humanisme, quattrocento.

RENAÎTRE □ → *revivre.*

RENARD, E □ **I. Au pr.** : fennec,

goupil (fam.). **II. Fig. 1.** → *malin.* **2.** → *hypocrite.*

RENARDER ☐ Amorcer, duper, leurrer, ruser, tromper.

RENAUDER ☐ → *renâcler.*

RENCHÉRI, E ☐ **I. Au pr.** : accru, augmenté, grossi, haussé, intensifié. **II. Fig.** : altier, arrogant, condescendant, dédaigneux, distant, fier, haut, hautain, impérieux, insolent, méprisant, moqueur, orgueilleux, protecteur, rogue, superbe, supérieur.

RENCHÉRIR ☐ **I. Au pr.** : ajouter, aller sur, augmenter, dépasser, enchérir, hausser, majorer, monter, rajouter, rehausser, relever, remonter, revaloriser, surenchérir. **II. Par ext.** : amplifier, bluffer, broder, charger, donner le coup de pouce (fam.), dramatiser, enfler, en remettre, exagérer, faire valoir, forcer, galéjer, grandir, grossir, ne pas y aller de main morte (fam.), outrer, pousser, rajouter, surfaire, se vanter. → *hâbler.*

RENCHÉRISSEMENT ☐ → *hausse.*

RENCOGNER ☐ Coincer, pousser/repousser dans un coin, serrer.

RENCONTRE ☐ **I. Au pr. 1. De quelque chose :** coïncidence, concours, conjonction, conjoncture, croisement, hasard, occasion, occurrence. **2. De personnes :** confrontation, entrevue, face à face, rendez-vous, retrouvailles, réunion, tête à tête. **II. Par ext. 1.** Attaque, bataille, choc, combat, échauffourée, engagement, heurt. **2.** Affaire d'honneur, duel. **3.** Choc, collision, tamponnement, télescopage. **4.** Compétition, épreuve, match, partie. **5.** Aventure, cas, circonstance, événement, éventualité, fait, hypothèse, matière, possibilité, situation. **6. Loc.** *À la rencontre :* au-devant.

RENCONTRER ☐ **I. Au pr.** : apercevoir, coudoyer, croiser, être mis en présence de, tomber sur. **II. Par ext. 1.** S'aboucher, contacter, faire la connaissance de, joindre, prendre rendez-vous, toucher, voir. **2.** Atteindre, parvenir à, toucher. **3.** Achopper, buter, chopper, cogner, donner contre, heurter, porter, taper.

RENDEMENT ☐ Bénéfice, effet, efficacité, efficience, gain, production, productivité, produit, profit, rapport, rentabilité, revenu.

RENDEZ-VOUS ☐ **I. Au pr.** : assignation, audience, entrevue, jour. *Fam. :* rambot, rambour, rancard. **II. Par ext. Péj. :** dépotoir, réceptacle.

RENDRE ☐ **I. Au pr. 1.** → *redonner.* **2.** → *remettre.* **3.** → *livrer.* **II. Par ext. 1.** → *produire.* **2.** → *exprimer.* **3.** → *renvoyer.* **4.** → *vomir.* **III. Loc. 1. Rendre compte** → *raconter.* **2. Rendre l'âme** → *mourir.* **3. Rendre la pareille** → *répondre.*

RENDU, E ☐ Accablé, assommé, avachi, brisé, courbatu, courbaturé, épuisé, excédé, exténué, fatigué, fourbu, harassé, las, moulu, rompu, roué de fatigue, surentraîné, surmené. → *recru.*

RÊNE ☐ Bride, bridon, guide.

RENÉGAT, E ☐ Apostat, déloyal, félon, hérétique, infidèle, judas, parjure, perfide, schismatique, traître, transfuge. → *païen.*

RENFERMÉ, E ☐ → *secret.*

RENFERMER ☐ **I. Au pr. 1. On enferme quelque chose ou quelqu'un :** boucler, calfeutrer, chambrer, claquemurer, claustrer, cloîtrer, coffrer (fam.), confiner, consigner, détenir, emballer, emmurer, emprisonner, encercler, encoffrer, enfermer, enserrer, entourer, faire entrer, interner, murer, parquer, séquestrer, serrer, verrouiller. **2. Quelque chose renferme quelque chose :** comporter, comprendre, contenir, emporter, impliquer, receler. **II. Par ext. 1.** Ravaler, refouler, renfoncer, réprimer. **2.** → *réduire.* **III. V. pron.** : se concentrer, se recueillir, se replier sur soi, *et les formes pron. possibles des syn. de* RENFERMER.

RENFLÉ, E ☐ **I. Au pr.** : ballonné, bombé, bouffant, bouffi, boursouflé, bulbeux, cloqué, congestionné, dilaté, distendu, empâté, enflé, épais, gibbeux, gondolé, gonflé, gros, hypertrophié, mafflu, mamelu, météorisé, obèse, rebondi, rond, soufflé, tuméfié, tumescent, turgescent, turgide, urcéolé, ventru, vultueux. **II. Fig.** → *emphatique.*

RENFLEMENT ☐ → *bosse.*

RENFLOUER ☐ **Fam.** → *aider.*

RENFONCEMENT ☐ Alcôve, anfractuosité, antre, cave, caveau, caverne, cavité, coin, cratère, creux, crevasse, crypte, dépression, doline, embrasure, encoignure, enfoncure, excavation, fosse, gouffre, grotte, loge, niche, poche, trou.

RENFONCER ☐ **I.** → *enfoncer.* **II.** → *renfermer.*

RENFORCÉ, E ☐ **I.** → *solide.* **II.** → *parfait.*

RENFORCEMENT ☐ → *affermissement.*

RENFORCER ☐ **I. Au pr.** : armer, blinder, couvrir, cuirasser, défendre, enforcir, équiper, flanquer, fortifier, garantir, maroufler (partic.), munir, parer, préserver, protéger, sauvegarder. **II. Par ext. 1.** Aider, appuyer, assurer, conforter, réconforter, tremper. **2.** Affermir, ajouter, consolider, étayer, grossir. **3.** Accentuer, accroître, agrandir, enfler, exalter.

RENFORT ☐ → *aide.*

RENFROGNÉ, E ☐ Acariâtre, boudeur, bourru, chagrin, grincheux, maussade, morose, rabat-joie, rechigné, revêche.

RENGAINE □ Antienne, aria, banalité, chanson, dada, leitmotiv, rabâchage, redite, refrain, répétition, scie, tube (fam.).

RENGAINER □ → *rentrer.*

RENGORGER (SE) □ Faire le beau/l'important/la roue. → *poser.*

RENIEMENT □ → *abandon.*

RENIER □ Abandonner, abjurer, apostasier, se convertir, désavouer, méconnaître, nier, se parjurer (péj.), renoncer, retourner sa veste, se rétracter.

RENIFLARD □ Purgeur, robinet, soupape (fam.).

RENIFLER □ **I. Au pr. 1. V. intr. :** aspirer, s'ébrouer, renâcler. **2. V. tr. :** flairer, priser, sentir. **II. Fig.** → *répugner à.*

RENOM □ → *renommée.*

RENOMMÉ, E □ adj. Célèbre, connu, estimé, illustre, réputé, vanté.

RENOMMÉE □ n. Célébrité, considération, gloire, honneur, mémoire, nom, notoriété, popularité, postérité, publicité, renom, réputation, rumeur/voix publique, vogue.

RENONCEMENT □ **I.** Abandon, abstinence, concession, désappropriation, désistement, renonciation, résignation (jurid.). **II.** Abnégation, altruisme, délaissement (vx), dépouillement, désintéressement, détachement, sacrifice.

RENONCER □ **I. V. intr. :** abandonner, abdiquer, abjurer, s'abstenir, céder, cesser, changer, se défaire de, se délier, se démettre, démissionner, en démordre, se départir, déposer, se dépouiller, se désaccoutumer, se dessaisir, se détacher, dételer (fam.), se détourner, dire adieu, divorcer (fig.), s'écarter, jeter le manche après la cognée (fam.), laisser, se passer de, perdre, se priver de, quitter, remettre, renier, répudier, résigner, se retirer, sacrifier. **II. V. tr.** → *renier.*

RENONCIATION □ Abandon, abdication, abjuration, abstention, apostasie, démission, sacrifice.

RENONCULE □ Bassinet, bouton-d'argent/d'or, douve, ficaire, grenouillette.

RENOUER □ Rattacher, refaire, rejoindre, reprendre. → *réconcilier (se).*

RENOUVEAU □ → *renaissance.*

RENOUVELABLE □ Reconductible.

RENOUVELER □ **I.** Bouleverser, chambarder (fam.), chambouler (fam.), changer, convertir, corriger, innover, métamorphoser, modifier, muer, rectifier, refondre, réfor-

mer, remanier, rénover, révolutionner, toucher à, transfigurer, transformer, transmuer, transposer. **II.** Donner une impulsion/une vigueur nouvelle, moderniser, rajeunir, ranimer, raviver, recommencer, redoubler, régénérer, réveiller. **III.** Proroger, reconduire. **IV.** Faire de nouveau, refaire, réitérer, répéter. **V.** Renouer, ressusciter (fig.), rétablir. **VI.** → *remplacer.* **VII. V. pron.** → *recommencer.*

RENOUVELLEMENT □ Accroissement, changement, prorogation, rajeunissement, recommencement, reconduction, régénération, remplacement, renouveau, rénovation, rétablissement, transformation. → *renaissance.*

RÉNOVATEUR, TRICE □ Réformateur.

RÉNOVATION □ Amélioration, changement, réforme, régénération, réhabilitation, renouvellement, réparation, restauration, résurrection (fig.), transformation. → *renouvellement.*

RÉNOVER □ → *renouveler.*

RENSEIGNEMENT □ **I. Au pr. : 1.** Avis, communication, confidence, donnée, éclaircissement, indication, indice, information, lumière, nouvelle, précision, révélation. **2. Arg. :** condé, duce, rembour, rencard, tube, tuyau. **II. Par ext. :** document, documentation, dossier, fiche, sommier.

RENSEIGNER □ **I.** Avertir, dire, documenter, édifier, fixer, informer, instruire, moucharder (fam. et péj.). **II. Arg. :** affranchir, brancher, mettre au parfum, parfumer, rembourrer, rencarder, tuyauter.

RENTABILITÉ □ → *rendement.*

RENTABLE □ → *rémunérateur.*

RENTAMER □ → *recommencer.*

RENTE □ Arrérages, intérêt, produit, revenu, viager.

RENTIER □ → *riche.*

RENTRÉE □ **I.** → *retour.* **II.** Encaissement, perception, recette, recouvrement.

RENTRER □ **I.** → *revenir.* **II.** Cacher, escamoter, rengainer, renquiller (fam.). **III. Loc. Rentrer sa colère/sa haine/ses larmes/sa rage :** avaler, dissimuler, refouler.

RENVERSANT, E □ → *surprenant.*

RENVERSÉ, E □ → *surpris.*

RENVERSEMENT □ **I. Au pr. :** anastrophe, exstrophie (méd.), interversion, retournement, révolution, transposition. **II. Par ext. :** anéantissement, bouleversement, chambardement (fam.), chamboulement (fam.), chute, écroulement, ruine.

RENVERSER □ **I. Au pr. 1.** Intervertir, inverser, invertir, révolutionner, saccager, subvertir, transposer, troubler.

2. Fam. : chambarder, chambouler.
3. Bousculer, démonter, désarçonner, envoyer au tapis (fam.), étendre, mettre sens dessus dessous, terrasser. **II. Par ext. 1.** Abattre, basculer, briser, broyer, culbuter, déboulonner (fam.), défaire, dégommer (fam.), démolir, détrôner, détruire, enfoncer, foudroyer, jeter bas, ruiner, saper, vaincre. **2.** → *répandre*. **3.** Coucher, incliner, pencher.

RENVIER ☐ Enchérir, miser au-dessus.

RENVOI ☐ **I. Jurid. :** ajournement, annulation, cassation, destitution, dissolution, infirmation, invalidation, péremption d'instance, réhabilitation, relaxe, remise, report, rescision, résiliation, résolution, révocation, sursis. **II.** Congé, congédiement, destitution, exclusion, exil, expulsion, licenciement, mise à pied, révocation. **III.** Annotation, appel de note, apostille, astérisque, avertissement, gribiche, lettrine, marque, modification, référence. **IV.** Éructation, rapport (vx), régurgitation, rot (fam.).

RENVOYER ☐ **I. Au pr. :** casser aux gages, chasser, congédier, se défaire de, dégoter (vx), destituer, disgracier, donner congé/ses huit jours/son compte / son congé / son exeat, écarter, éconduire, éloigner, envoyer promener, exclure, expédier, ficher/flanquer/foutre (grossier)/jeter/mettre à la porte/dehors, licencier, liquider, mettre à pied, remercier, révoquer. → *repousser*. **Fam. :** balayer, débarquer, donner sa bénédiction/son paquet, emballer, envoyer dinguer/faire fiche/faire foutre/paître/péter/valser, larguer, raouster, sacquer, valouser, vider. **II.** Refuser, rendre, retourner. **III.** Faire écho, réfléchir, refléter, rendre, répercuter, reproduire, transmettre. **IV.** Relancer. **V.** Ajourner, annuler, différer, remettre, retarder.

REPAIRE ☐ **I.** Aire, antre, bauge, breuil, fort, gîte, nid, refuge, ressui, retraite, soue, tanière, terrier, trou. **II.** Abri, asile, cache, cachette, lieu sûr, refuge, retraite.

REPAÎTRE ☐ **I.** → *manger*. **II.** → *nourrir*. **III. V. pron. : 1.** → *manger*. **2.** → *régaler (se)*. **3.** → *jouir de*.

RÉPANDRE ☐ **I. Au pr. 1.** Arroser, couvrir, déverser, disperser, disséminer, ensemencer, épandre, éparpiller, épartir (vx), essaimer, étendre, jeter, joncher, parsemer, passer, paver, renverser, semer, verser. **2.** Dégager, développer, diffuser, éclairer, embaumer, émettre, exhaler, fleurer, parfumer. **II. Par ext. 1.** Accorder, dispenser, distribuer, donner, épancher. **2.** Distiller, faire régner, jeter, provoquer. **3.** Colporter, diffuser, dire, divulguer, ébruiter, étendre, éventer,

généraliser, lancer, populariser, propager, publier, tambouriner, universaliser, vulgariser. → *médire*. **III. V. pron. : au pr. 1. Un liquide :** couler, courir, déborder, découler, dégorger, dégouliner (fam.), se déverser, s'échapper, s'écouler, émaner, s'épancher, s'épandre, s'extravaser, filer, filtrer, fluer, fuir, gagner, gicler, jaillir, refluer, rouler, ruisseler, sourdre, suinter. **2. Un gaz :** se dégager, emplir. **3. Des personnes, des choses :** abonder, envahir, pulluler, se reproduire. **Fig. 1.** S'accréditer, circuler, courir, s'étendre, faire tache d'huile, gagner, se propager, voler. **2.** Déborder, éclater. **3.** Fréquenter, hanter, se montrer, sortir.

RÉPANDU, E ☐ **I.** Diffus, épars, étendu, profus. **II.** Commun, connu, dominant, public.

RÉPARABLE ☐ Arrangeable. → *perfectible*.

RÉPARATION ☐ **I. Au pr. :** amélioration, bouchement, bricolage, consolidation, entretien, raccommodage, radoub, rafistolage, réfection, remontage, renformis, replâtrage, reprise, ressemelage, restauration, rhabillage, soins. **II. Par ext. 1.** Amende honorable, excuse, expiation, rachat, raison, redressement, rétractation, satisfaction. **2.** Compensation, dédommagement, désintéressement, dommages et intérêts, indemnisation, indemnité, restitution.

RÉPARER ☐ **I. Au pr. :** améliorer, arranger, bricoler (fam.), consolider, dépanner, moderniser, obturer, rabibocher (fam.), rabobiner (fam.), raccommoder, raccoutrer, radouber, rafistoler, rafraîchir, ragréer, rajuster, rapetasser, rapiécer, rarranger (fam.), ravauder, recarreler, recoudre, recrépir, redresser, refaire, réfectionner, relever, remanier, remettre à neuf, remodeler, remonter, rempiéter, renformir, rénover, rhabiller, stopper. **II. Par ext. 1.** Compenser, corriger, couvrir, dédommager, effacer, expier, replâtrer, reprendre, repriser, resseméler, restaurer, rétablir, retaper, réviser, indemniser, payer, racheter, rattraper, remédier à, suppléer à. **2.** Redresser les torts, venger.

RÉPARTIE ☐ Boutade, drôlerie, mot, pique, réplique, réponse, riposte, saillie, trait.

REPARTIR ☐ **I.** → *répondre*. **II.** → *retourner*. **III.** → *recommencer*.

RÉPARTIR ☐ **I.** Allotir, assigner, attribuer, classer, contingenter, départir, dispenser, disposer, distribuer, diviser, donner, impartir, lotir, octroyer, ordonner, partager, prodiguer, proportionner à, ranger, rationner, répandre, semer. **II.** Disperser, disséminer, échelonner, étaler.

RÉPARTITEUR ☐ Dispensateur, distributeur, ordonnateur.

RÉPARTITION ☐ **I.** Assiette, attribution, coéquation, contingent, contingentement, diffusion, distribution, don, partage, péréquation, quotepart, ration, répartement. **II.** Agencement, aménagement, classement, classification, disposition, distribution, échelonnement, fractionnement, ordonnance, ordre, rang, rangement. → régulation.

REPAS ☐ **I.** Agape, banquet, bonne chère, bribe, casse-croûte, Cène (relig.), chère lie (vx), collation, déjeuner, dîner, dînette, en-cas, festin, gala, gaudeamus (vx), gogaille (vx), goûter, graillon (péj.), lunch, mangeaille (péj.), médianoche, menu, nourriture, ordinaire, panier, pique-nique, pitance, plat, réfection, régal, réjouissance, repue (vx), réveillon, ripaille, sandwich, soupe, souper. → nourriture, fête. **II. Arg. ou fam.** : bamboche, bamboula, bectance, bombance, bombe, bouffe, bouftance, boustifaille, brifeton, bringue, casse-graine, clape, croque, croustance, croustille, croûte, dîne, frichti, gaufre, godaille, graille, gueuleton, jaffe, lippée, mâchon, manger, mangerie, picotin, rata, tambouille, tortore, ventrée.

REPASSER ☐ **I.** Retourner, revenir. **II.** Affiler, affûter, aiguiser, donner du fil/du tranchant, émorfiler, émoudre. **III.** Défriper, lisser, mettre en forme. **IV.** Refiler, remettre. **V.** Évoquer, remémorer, se remettre en mémoire, retracer. **VI.** Apprendre, étudier, potasser (fam.), relire, répéter, reviser, revoir.

REPÊCHER ☐ **Fig.** : aider, dépanner, donner un coup de main/de piston (fam.)/de pouce, donner la main à, sauver, secourir, sortir/tirer d'affaire/d'un mauvais pas, soutenir, tendre la main à, venir à l'aide/à la rescousse/au secours.

REPENSER ☐ Considérer, penser, remâcher, repasser, ressasser, revenir.

REPENTANT, E ☐ contrit, marri, pénitent.

REPENTIR ☐ Attrition, componction, confession, confiteor, contrition, douleur, mea-culpa, regret, remords, repentance, résipiscence.

REPENTIR (SE) ☐ → regretter.

RÉPERCUSSION ☐ Choc, contrecoup, incidence, réflexion, renvoi, retentissement. → suite.

RÉPERCUTER ☐ Faire écho, réfléchir, refléter, rendre, renvoyer, reproduire, transmettre.

REPÈRE ☐ Amer (mar.), coordonnée, empreinte, indice, jalon, marque, piquet, taquet, trace.

REPÉRER ☐ **I. Au pr.** : borner, jalonner, marquer, piqueter. **II. Par ext.** : apercevoir, comprendre, déceler, déchiffrer, découvrir, dégoter (fam.), dénicher, dépister, détecter, déterrer, deviner, discerner, éventer, lire, pénétrer, percer, remarquer, saisir, trouver, voir.

RÉPERTOIRE ☐ Bordereau, catalogue, dénombrement, énumération, état, index, inventaire, liste, mémoire, nomenclature, relevé, rôle, série, suite, table, tableau.

RÉPERTORIER ☐ **I.** → classer. **II.** → inscrire.

RÉPÉTÉ, E → habituel.

RÉPÉTER ☐ **I. Au pr.** : bourdonner (fam.), dire à nouveau, exprimer, faire écho/chorus, inculquer, insister, itérer (vx), prêcher, rabâcher, raconter, radoter, rapporter, rebattre, recorder (vx), redire, réitérer, remâcher, rendre, ressasser, revenir sur, ruminer, seriner. **II. Par ext. 1.** Apprendre, bachoter (péj.), étudier, potasser (fam.), repasser, reviser, revoir. **2.** Copier, emprunter, imiter, rajuster, recommencer, refaire, renouveler, reprendre, reproduire, restaurer, rétablir. **3.** Multiplier, réfléchir, reproduire. → répercuter. **III. V. pron.** → recommencer.

RÉPÉTITEUR, TRICE ☐ → maître.

RÉPÉTITIF, IVE ☐ → récurrent.

RÉPÉTITION ☐ **I. Au pr. 1.** Écho, rabâchage, rabâcherie, radotage, récurrence, redite, redondance, refrain, rengaine, reprise, scie. **2.** Fréquence, rechute, récidive, recommencement, réitération, resucée (fam.), retour. **3.** Leçon, cours, révision. **4.** → reproduction. **II. Litt.** : accumulation, allitération, anaphore, antanaclase, assonance, battologie, cadence, doublon, homéotéleute, itération, métabole, paronomase, périssologie, pléonasme, redoublement, réduplication, tautologie.

REPEUPLER ☐ **I.** Regarnir, réensemencer, replanter. **II.** Aleviner, empoissonner. **III.** Alimenter, approvisionner, assortir, fournir, garnir, munir, nantir, pourvoir, procurer, réapprovisionner, réassortir, suppléer.

REPIQUAGE ☐ Boisement, plantage (vx), plantation, peuplement, reboisement, transplantation.

REPIQUER ☐ → replanter, recommencer.

RÉPIT ☐ **I.** Latence, rémission. **II.** → délai. **III.** → repos. **IV.** → tranquillité.

REPLACER ☐ → rétablir.

REPLANTER ☐ Mettre en terre, planter, repiquer, transplanter.

REPLET, ÈTE ☐ Abondant, adipeux, bien en chair, bouffi, charnu, corpulent, courtaud, dodu, épais, empâté, fort, gras, grasset (vx), grassouillet, gros, obèse, onctueux, pansu, plantureux, plein, potelé, rebondi, rond, rondelet, rondouillard, ventru.

RÉPLÉTION □ Abondance, excès, plénitude, pléthore, saturation, satiété, surabondance, surcharge.

REPLI □ **I. De terrain :** accident, anticlinal, arête, cuvette, dépression, dôme, éminence, plissement, sinuosité, synclinal, thalweg, vallon. **II. Du corps :** bourrelet, commissure, fanon, fronce, pliure, poche, ride, saignée. **III.** Cachette, coin, recoin, trou. **IV.** Décrochage, recul, reculade, reculement, reflux, repliement, retraite.

REPLIEMENT □ **I.** Autisme, introversion, reploiement. **II.** → *repli*.

REPLIER (SE) □ **I.** Se blottir, se courber, s'invaginer, s'inverser, se pelotonner, se ramasser, se recoquiller, se recroqueviller, se tordre, se tortiller. **II.** Se recueillir, réfléchir, se renfermer. **III.** Battre en retraite, capituler, lâcher, reculer, rétrograder. → *abandonner*.

RÉPLIQUE □ **I.** Boutade, critique, objection, repartie, riposte. **II.** Discussion, observation, protestation. **III.** Copie, double, doublure, duplicata, fac-similé, faux, image, imitation, jumeau, modèle, pareil, répétition, représentation, reproduction.

RÉPLIQUER □ → *répondre*.

REPLOIEMENT □ → *repliement*.

RÉPONDANT □ Caution, endosseur, garant, otage, parrain, responsable.

RÉPONDRE □ **I. V. tr. :** dire, donner la réplique/son paquet (fam. et péj.), objecter, payer de retour, prendre sa revanche, raisonner, récriminer, réfuter, rembarrer, rendre la monnaie de sa pièce, rendre la pareille, repartir, répliquer, rétorquer, se revancher (vx), riposter, river son clou (fam.). **II. V. intr. 1.** S'accorder, concorder, correspondre, satisfaire. **2.** Affirmer, assurer, attester, certifier, déclarer, garantir, promettre, protester, soutenir. **III. 1.** *Répondre à :* obéir, produire, réagir. **2.** *Répondre de :* couvrir, s'engager, garantir. **IV. V. pron. : 1.** Correspondre, être en rapport de symétrie, être à l'unisson. **2.** Échanger, *et les formes pron. possibles des syn. de* RÉPONDRE.

RÉPONSE □ **I. Au pr. :** objection, repartie, réplique, riposte. **II. Par ext. :** apologie, explication, justification, oracle, récrimination, rescrit, rétorsion, solution, verdict.

REPORT □ → *renvoi*.

REPORTAGE □ → *article*.

REPORTER □ n. → *journaliste*.

REPORTER □ v. **I.** Attribuer, rapporter, rejeter, retourner, reverser. **II.**

Décalquer, transposer. **III.** Attendre, remettre, renvoyer. → *ajourner*. **IV.** → *porter*. **V.** → *transporter*. **VI. V. pron. : 1.** Se référer, revenir, se transporter. **2.** *Les formes pron. possibles des syn. de* REPORTER.

REPOS □ **I.** Arrêt, campos, cessation, cesse, congé, délassement, détente, entracte, étape, halte, immobilité, inaction, inactivité, inertie, jour chômé/férié, loisir, méridienne, pause, récréation, relâche, relâchement, relaxation, rémission, répit, retraite, semaine anglaise, sieste, trêve, vacances. **II.** → *sommeil*. **III.** Accalmie, bonace, calme, dégel, paix, quiétude, silence, tranquillité. **IV.** Coupe, interruption, latence. → *palier*.

REPOSANT, E □ Adoucissant, apaisant, calmant, consolant, délassant, distrayant, lénifiant, lénitif, relaxant, sédatif. → *bon*.

REPOSÉ, E □ Détendu, en forme, frais, *et les part. passés des syn. de* REPOSER.

REPOSER □ **I. Au pr. :** s'appuyer sur, avoir pour base/fondement, dépendre de, être basé/établi/fondé sur. → *poser*. **II. Par ext. :** trouver (se). **III. V. pron. : 1.** S'abandonner, s'arrêter, se délasser, dételer (fam.), se détendre, se laisser aller, se mettre au vert (fam.), récupérer (fam.), se relaxer, reprendre haleine, souffler. **2. Loc. Se reposer sur :** se fier à, se rapporter à, se référer à, s'en remettre à.

REPOUSSANT, E □ Abject, affreux, antipathique, dégoûtant, désagréable, difforme, effrayant, effroyable, exécrable, fétide, hideux, horrible, infect, laid, monstrueux, odieux, puant, rébarbatif, rebutant, répulsif. → *répugnant*.

REPOUSSER □ **I. Au pr. :** bannir, blackbouler, bouter (vx), chasser, culbuter, écarter, éconduire, évincer, rabattre, rabrouer, rebuter, rechasser, récuser, refouler, refuser, rejeter, renvoyer, répudier. → *pousser*. **Fam. :** emballer, envoyer au bain/au diable/aux chiottes/aux plottes/baller/ bouler / chier / dinguer / paître / péter / promener/sur les roses, envoyer se faire dorer/ foutre/mettre, rembarrer. **II. Par ext. 1.** Abandonner, décliner, dire non, éliminer, exclure, mettre son veto, objecter, récuser, réfuter, rejeter. **2.** Dégoûter, déplaire, écœurer, exécrer, mépriser, rebuter, répugner. **3. Fam.** → *sentir*.

RÉPRÉHENSIBLE □ Accusable, blâmable, condamnable, coupable, critiquable, déplorable, punissable, reprochable.

REPRENDRE □ **I. Au pr. 1.** → *retirer*. **2.** → *recouvrer*. **3.** Remmancher (fam.), renouer. → *réparer*. **4.** → *con-*

tinuer. **II. Par ext. 1.** → *résumer*. **2.** → *revoir*. **3.** → *réprimander*. **4.** → *recommencer*. **5.** → *rétablir (se)*. **III. V. pron. :** **1.** Se corriger, se défaire de, se guérir de, réagir, se rétracter. **2.** → *recommencer*.

REPRÉSAILLE □ **I. Au pr. :** châtiment, œil pour œil dent pour dent, punition, réparation, rétorsion, riposte, talion. **II. Par ext. :** colère, némésis, ressentiment, revanche, vendetta, vengeance.

REPRÉSENTANT □ **I.** Agent, correspondant, délégué, envoyé, mandataire, missionnaire (vx), porte-parole, prête-nom, truchement. **II.** Avocat, avoué, conseil, défenseur. **III.** → *député*. **IV.** → *envoyé*. **V.** Ambassadeur, chargé d'affaires, consul, député, diplomate, haut-commissaire, légat, ministre, nonce, persona grata, résident. **VI.** Commis voyageur, courtier, démarcheur, intermédiaire, placier, visiteur, voyageur de commerce. **VII.** Échantillon, individu, modèle, type.

REPRÉSENTATIF, IVE □ → *typique*.

REPRÉSENTATION □ **I. Au pr.** **1.** Allégorie, copie, description, dessin, diagramme, effigie, emblème, figure, graphique, image, imitation, plan, portrait, reproduction, schéma, symbole, traduction. **2.** → *spectacle*. **II. Fig.** **1.** Écho, miroir, projection, reflet. **2.** Admonestation, avertissement, blâme, doléance, objection, objurgation, observation, remontrance, reproche, semonce, sermon. **3.** Délégation, mandat.

REPRÉSENTATIVITÉ □ → *qualité*.

REPRÉSENTER □ **I. Au pr. 1.** → *montrer*. **2.** Désigner, dessiner, évoquer, exhiber, exprimer, figurer, indiquer, symboliser. **3.** Copier, imiter, refléter, rendre, reproduire, simuler, **4.** Peindre, photographier, portraire, portraiturer. **5.** Décrire, dépeindre, tracer. **II. Par ext. 1.** Donner, incarner, interpréter, jouer, mettre en scène, mimer, personnifier. **2.** → *reprocher*. **3.** → *remplacer*.

RÉPRESSIF, IVE □ Absolu, arbitraire, autoritaire, correctif, dictatorial, directif, ferme, intransigeant, péremptoire, punitif, tyrannique.

RÉPRESSION □ → *punition*.

RÉPRIMANDE □ → *reproche*.

RÉPRIMANDER □ **I. Au pr. :** admonester, avertir, blâmer, catéchiser, censurer, chapitrer, condamner, corriger, critiquer, désapprouver, désavouer, dire son fait, donner un avertissement/un blâme/un coup de semonce, faire une réprimande/ un reproche *et les syn. de* REPROCHE, flageller, flétrir, fustiger, gourmander, gronder, houspiller, improuver, incriminer, infliger une réprimande/un

reproche *et les syn. de* REPROCHE, moraliser, morigéner, quereller, redresser, relever, reprendre, réprouver, semoncer, sermonner, stigmatiser, tancer, trouver à redire, vitupérer. **II. Arg. ou fam. :** arranger, attraper, chanter pouilles, crier, disputer, donner une avoine/une danse/un galop/un savon, donner sur les doigts/sur les ongles, emballer, engueuler, enguirlander, enlever, faire la fête/la guerre à, laver la tête, mettre au pas, moucher, remettre à sa place, sabouler, savonner, secouer, secouer les poux/les puces, sonner les cloches, tirer les oreilles.

RÉPRIMER □ Arrêter, brider, calmer, châtier, commander, comprimer, contenir, contraindre, empêcher, étouffer, mettre le holà, modérer, refouler, réfréner, retenir, sévir. → *punir*.

REPRIS DE JUSTICE □ Cheval de retour, condamné, interdit de séjour, récidiviste.

REPRISE □ **I.** → *répétition*. **II.** Continuation, poursuite, recommencement, relance, revigoration. **III.** Raccommodage. → *réparation*. **IV.** Amélioration, amendement, correctif, correction, modification, mouture, rectification, refonte, remaniement, retouche, révision. **V.** Round.

REPRISER □ Raccommoder, raccoutrer, rafistoler (fam.), rapetasser, rapiécer, rapiéceter, ravauder, remmailler, rentraire, réparer, repriser, resarcir, restaurer, retaper, stopper.

RÉPROBATEUR, TRICE □ Désapprobateur, improbateur.

RÉPROBATION □ Accusation, anathème, animadversion, attaque, avertissement, blâme, censure, condamnation, critique, désapprobation, grief, improbation, malédiction, mise à l'écart/à l'index/en quarantaine, objurgation, punition, remontrance, répréhension, réprimande, semonce, tollé, vitupération. → *reproche*.

REPROCHE □ Accusation, admonestation, avertissement, blâme, censure, critique, désapprobation, diatribe, grief, mercuriale, objurgation, observation, plainte, récrimination, remarque, remontrance, réprimande, réquisitoire, semonce. → *réprobation*. **Fam. :** avoine, chicorée, engueulade, postiche, savon, suif, tabac.

REPROCHER □ Accuser de, blâmer, censurer, condamner, critiquer, désapprouver, désavouer, faire grief, faire honte, faire reproche de *et les syn. de* REPROCHE, improuver, imputer à faute, incriminer, jeter au nez (fam.), jeter la pierre, remontrer, reprendre, représenter, réprouver, stigmatiser, taxer de, trouver à redire. → *réprimander*.

REPRODUCTEUR, TRICE □ Étalon, géniteur, souche.

REPRODUCTION □ **I. Au pr. 1.** Fécondation, génération, multiplication, peuplement, prolifération, repeuplement. **2.** Calque, copie, double, doublure, duplicata, duplication, imitation, itération, photocopie, polycopie, répétition, réplique. **II. Par ext. 1.** → *image.* **2.** → *représentation.* **3.** → *publication.*

REPRODUIRE □ **I. Au pr. 1.** Engendrer, féconder, multiplier, produire, renouveler, repeupler. **2.** Calquer, copier, décalquer, démarquer, emprunter, jouer, mimer, pasticher, plagier. → *imiter.* **3.** Photocopier, reprographier. **II. Par ext. 1.** → *renvoyer.* **2.** → *refaire.* **3.** → *représenter.* **III. V. pron. : 1.** Engendrer, multiplier, se perpétuer, procréer, proliférer, se propager, repeupler, sporuler. → *recommencer.*

RÉPROUVÉ, E □ Bouc émissaire, damné, déchu, excommunié, frappé d'interdit/d'ostracisme, galeux, hors-la-loi, interdit, maudit, mis en quarantaine, outlaw, rejeté, repoussé.

RÉPROUVER □ **I.** → *blâmer.* **II.** → *maudire.* **III.** → *reprocher.*

REPTATION □ Fig. → *servilité.*

REPTILE □ **I.** Chélonien, crocodilien, ophidien, prosaurien, saurien. **II.** → *alligator, saurien, serpent, tortue.*

REPU, E □ Assouvi, bourré (fam.), dégoûté, le ventre plein (fam.), rassasié, saturé, soûl, sursaturé.

RÉPUBLIQUE □ Démocratie, État, gouvernement, nation.

RÉPUDIATION □ → *divorce.*

RÉPUDIER □ → *repousser.*

RÉPUGNANCE □ Antipathie, aversion, dégoût, détestation, écœurement, éloignement, exécration, haine, haut-le-cœur, horreur, nausée, peur, répulsion.

RÉPUGNANT □ Abject, affreux, cochon (fam.), crasseux, décourageant, dégoûtant, dégueulasse (fam.), déplaisant, désagréable, écœurant, exécrable, fétide, gras, grivois, grossier, honteux, horrible, ignoble, immangeable, immonde, immoral, incongru, inconvenant, indécent, infâme, infect, innommable, inqualifiable, insupportable, laid, licencieux, maculé, malhonnête, malpropre, merdique (grossier), nauséabond, nauséeux, obscène, odieux, ordurier, peu ragoûtant, porno (fam.), pornographique, puant, rebutant, repoussant, répulsif, révoltant, sale, sordide.

RÉPUGNER □ **I.** Dégoûter, déplaire, faire horreur, inspirer de la répugnance *et les syn. de* RÉPUGNANCE, REBUTER. **II.** S'élever contre, être en opposition, s'opposer, rechigner,

refuser, renâcler, renifler (fam.). **III.** → *repousser.*

RÉPULSION □ → *répugnance.*

RÉPUTATION □ Autorité, célébrité, considération, crédit, estime, gloire, honneur, lustre, mémoire, nom, notoriété, popularité, prestige, renom, renommée, résonance, vogue.

RÉPUTÉ, E □ → *célèbre.*

RÉPUTER □ Compter, considérer, estimer, juger, prendre, présumer, regarder comme.

REQUÉRANT, E □ → *demandeur.*

REQUÉRIR □ **I.** Appeler, avoir besoin, commander, demander, exiger, mériter, nécessiter, prescrire, réclamer, rendre nécessaire, supposer, vouloir. **II.** Adresser/faire/formuler/présenter une requête *et les syn. de* REQUÊTE, commander, dire, enjoindre, exiger, exprimer un désir/une requête/un souhait/un vœu, implorer, mander, ordonner, postuler, prier, réclamer, solliciter, souhaiter, vouloir.

REQUÊTE □ Appel, demande, démarche, imploration, instance, invitation, invocation, pétition, placet (vx), pourvoi, prière, quête (vx), réquisition, réquisitoire, sollicitation, supplication, supplique.

REQUIN □ **I. Au pr.** → *squale.* **II. Fig. 1.** → *bandit.* **2.** → *fripon.*

REQUIS, E □ Demandé, nécessaire, obligatoire, prescrit, sollicité.

RÉQUISITION □ **I.** Blocage, embargo, mainmise. **II.** → *requête.*

RÉQUISITIONNER □ → *prélever.*

RÉQUISITOIRE □ **Par ext. :** admonestation, blâme, censure, critique, désapprobation, engueulade (fam.), mercuriale, objurgation, observation, plainte, récrimination, remarque, remontrance, réprimande, reproche, semonce.

RESCAPÉ, E □ Indemne, miraculé, sain et sauf, sauf, sauvé, survivant, tiré d'affaires.

RESCINDER □ Annuler, casser, déclarer de nul effet/nul et non avenu.

RESCOUSSE □ Aide, appoint, appui, assistance, collaboration, concours, coup d'épaule, égide, intervention, main-forte, secours, soutien, support.

RESCRIT □ Bref, bulle, canon, constitution, décrétale, encyclique, mandement, monitoire, réponse.

RÉSEAU □ **I. Au pr. :** entrelacement, entrelacs, filet, lacs, résille, réticule, tissu. **II. Fig. :** complication, confusion, enchevêtrement, labyrinthe, lacis.

RÉSECTION □ Ablation, amputation, décapsulation, excision, exérèse, suppression.

RÉSÉQUER ☐ Amputer, couper, enlever, sectionner, supprimer, trancher.

RÉSERVATION ☐ Location.

RÉSERVE ☐ **I.** → *restriction.* **II.** Accumulation, amas, approvisionnement, avance, dépôt, disponibilités, économies, en-cas, épargne, fourniture, matelas (fam.), munition (vx), provision, ravitaillement, stock, viatique, victuailles, vivres, volant. **III.** Boutique, dépôt, entrepôt, établissement, magasin, resserre, silo. **IV.** → *réservoir.* **V.** Bienséance, calme, chasteté, circonspection, componction, congruité, convenance, correction, décence, délicatesse, dignité, discrétion, froideur, gravité, honnêteté (vx), honte (par ext.), maîtrise de soi, ménagement, mesure, modération, modestie, politesse, prudence, pruderie (péj.), pudeur, pudibonderie (péj.), pudicité, quant-à-soi, respect, retenue, révérence, sagesse, sobriété, tact, tempérance, tenue, vertu. **VI. Loc.** *À la réserve de :* abstraction faite de, à l'exception de, à l'exclusion de, à part, à telle chose près, excepté, exclusivement, fors (vx), hormis, hors, non compris, sauf, sinon.

RÉSERVÉ, E ☐ Calme, chaste, circonspect, contenu, convenable, correct, décent, délicat, digne, discret, distant, froid, grave, honnête (vx), maître de soi, mesuré, modéré, modeste, poli, pondéré, prude (péj.), prudent, pudibond (péj.), pudique, retenu, sage, secret, silencieux, simple, sobre, tempérant. → *hésitant.*

RÉSERVÉ (ÊTRE) ☐ Échoir, être destiné, dévolu/donné en partage, incomber/revenir à *et les formes pron. possibles des syn. de* RÉSERVER.

RÉSERVER ☐ **I.** Destiner, garder, prédestiner, vouer. **II.** Conserver, économiser, entretenir, garantir, garder, maintenir, ménager, préserver, protéger, retenir, sauvegarder, sauver, soigner, tenir en état. **III.** → *arrêter.*

RÉSERVOIR ☐ **I.** Barrage, étang, lac artificiel, plan d'eau, réserve, retenue. **II.** Château d'eau, citerne, cuve, timbre. **III.** Gazomètre, silo. **IV.** Aquarium, vivier. **V.** Ballast, container.

RÉSIDENCE ☐ Adresse, demeure, domicile, logement, maison, séjour, siège. → *habitation.*

RÉSIDER ☐ **I. Au pr. 1.** → *demeurer.* **2.** → *habiter.* **II. Par ext. 1.** → *consister.* **2.** Occuper, siéger, tenir.

RÉSIDU ☐ **I.** Boue, copeau, fond, lie, limaille, saburre (méd.), sédiment, tartre. **II.** → *débris.* **III.** → *déchet.* **IV.** → *excrément.* **V.** → *ordure.* **VI.** Cadmie, calamine, cendre, mâchefer,

scorie. **VII.** Bagasse, bran, grignons, marc, pulpes, tourteau. **VIII.** → *reste.*

RÉSIGNATION ☐ **I. Favorable ou neutre :** abandon, abnégation, altruisme, constance, délaissement (vx), dépouillement, désintéressement, détachement, patience, philosophie, renonciation, sacrifice, soumission. **II. Non favorable :** apathie, démission, désespérance, fatalisme.

RÉSIGNÉ, E ☐ → *soumis.*

RÉSIGNER ☐ Abandonner, abdiquer, se démettre, démissionner, se désister, quitter, renoncer. **V. pron. :** s'abandonner, accepter, s'accommoder, céder, consentir, s'incliner, passer par, se plier, se résoudre, se soumettre.

RÉSILIATION ☐ → *abrogation.*

RÉSILIER ☐ Abandonner, abolir, abroger, anéantir, annuler, casser, détruire, effacer, éteindre, faire cesser/disparaître, faire table rase, infirmer, invalider, prescrire, rapporter, rescinder, résoudre, révoquer, supprimer.

RÉSILLE ☐ → *réseau.*

RÉSINE ☐ Arcanson, baume, cire végétale, colophane, galipot, gemme, gomme, laque, sandaraque, sandragon, térébenthine, vernis.

RÉSINEUX ☐ → *conifère.*

RÉSIPISCENCE ☐ Attrition, componction, contrition, désespoir, pénitence, regret, remords, repentance, repentir, ver rongeur.

RÉSISTANCE ☐ **I. Favorable ou neutre. 1.** Dureté, endurance, fermeté, force, invulnérabilité, rénitence (méd.), solidité, ténacité. **2.** Accroc, difficulté, obstacle, opposition, réaction, refus. **3.** Défense, insurrection, lutte. **II. Non favorable :** désobéissance, entêtement, force d'inertie, inertie, mutinerie, obstruction, opiniâtreté, opposition, rébellion, regimbement, réluctance, sabotage, sédition.

RÉSISTANT, E ☐ adj. **I. Favorable ou neutre. 1. Au pr. :** endurant, increvable (fam.), fort, invulnérable, nerveux, robuste, rustique, solide, tenace, vivace. **2. Par ext. :** dur, inusable, rénitent (méd.). **II. Non favorable : 1.** Désobéissant, dur, opiniâtre, rebelle, réluctant, têtu. **2.** Coriace, tendineux.

RÉSISTANT ☐ n. Dissident, F. F. I., franc-tireur, F. T. P., insoumis, maquisard, partisan, patriote.

RÉSISTER ☐ **I. Au pr. :** s'arc-bouter, se cabrer, contester, contrarier, contrecarrer, se débattre, se défendre, se dresser, faire face, s'insurger, lutter, se mutiner, s'obstiner, s'opposer, se piéter (vx), protester, se raidir, réagir, se rebeller, se rebiffer, récalcitrer (fam.), rechigner, refuser, se refuser à, regimber, renâcler, répondre, repousser, se révolter, rouspéter, ruer dans les brancards (fam.), tenir, tenir bon/ferme, tenir tête. **II. Par ext. :** souffrir, soutenir, supporter, survivre, tenir le coup.

RÉSOLU, E □ **I.** Résous. **II.** *1. Quelqu'un :* assuré, audacieux, brave, carré, constant, convaincu, courageux, crâne, décidé, déterminé, énergique, ferme, fixé, franc, hardi, net, opiniâtre, tranchant. *2. Quelque chose :* arrêté, choisi, conclu, convenu, décidé, décisif, décrété, délibéré, entendu, fixé, irrévocable, jugé, ordonné, prononcé, réglé, tranché, vu.

RÉSOLUBLE □ Décidable, soluble.

RÉSOLUMENT □ Courageusement, décidément, délibérément, de pied ferme, énergiquement, fermement, franchement, hardiment, *et les adv. en -ment formés à partir des syn. de* RÉSOLU.

RÉSOLUTION □ **I. Au pr.** *1.* Décomposition, division, réduction, séparation, transformation. *2.* Abolition, diminution, disparition, relâchement, résorption. *3.* Annulation, destruction, dissolution, rédhibition, rescision, résiliation, révocation. *4.* Analyse, opération, résultat, solution. *5.* Achèvement, bout, clef, coda, conclusion, épilogue, extrémité, fin, queue, terme. **II. Par ext.** *1.* But, choix, conseil (vx), désir, dessein, détermination, disposition, exigence, intention, pacte, parti, projet, propos, proposition, souhait, vœu, volition, volonté. *2.* Audace, caractère, constance, courage, cran, décision, détermination, énergie, entêtement (péj.), fermeté, force d'âme, hardiesse, initiative, obstination, opiniâtreté (péj.), ressort, ténacité, volonté, vouloir.

RÉSONANCE □ **I. Au pr. :** écho, résonnement (vx), retentissement, réverbération, son, sonorité. **II. Fig.** → *réputation.*

RÉSONNANT, E □ Ample, assourdissant, bruyant, carillonnant, éclatant, fort, gros, haut, plein, retentissant, sonore, vibrant.

RÉSONNER □ Bruire, faire du bruit, faire écho, rebondir, renvoyer, retentir, tinter, vibrer.

RÉSORBER, RÉSOUDRE □ **I. Au pr.** *1.* → *dissoudre.* *2.* → *abolir.* *3.* Analyser, calculer, dénouer, deviner, en finir, faire disparaître, solutionner, trancher, trouver, vider. **II. Par ext.** → *décider.* **III. V. pron. :** *1.* Adopter un parti/une solution, conclure, décider, s'exécuter, faire le pas/le saut, finir par, franchir le Rubicon, se hasarder à, pouvoir à, prendre parti, prendre son parti, en venir à. *2. Les formes pron. possibles des syn. de* RÉSOUDRE.

RESPECT □ **I. Au sing.** *1.* Considération, courtoisie, déférence, égard, estime, gloire, honneur, révérence, vénération. *2.* Affection, culte, piété. *3.* Amour-propre, pudeur, réserve. **II. Au plur. :** civilités, devoirs, hommages, salutations.

RESPECTABLE □ Auguste, considéré, correct, digne, estimable, grave, honnête, honorable, majestueux, méritant, noble, parfait, prestigieux, sacré, vénérable, vertueux.

RESPECTER □ **I. Au pr. :** adorer, avoir/célébrer/rendre un culte, avoir des égards envers/pour, estimer, glorifier, honorer, magnifier, révérer, saluer la mémoire, tenir en estime, vénérer. **II. Par ext. :** conserver, épargner, garder, obéir à, observer.

RESPECTUEUX, EUSE □ **I.** Affectueux, attaché, attentif, attentionné, déférent, pieux, poli. **II.** Craintif, humble, soumis.

RESPIRATION □ Anhélation, aspiration, expiration, haleine, inhalation, souffle.

RESPIRER □ **I. Au pr. :** anhéler, s'ébrouer, exhaler, expirer, haleter, inhaler, inspirer, panteler, pousser (vét.), souffler, soupirer. → *aspirer.* **II. Fig.** *1.* → *vivre.* *2.* → *montrer.*

RESPLENDIR □ Brasiller, briller, chatoyer, éblouir, éclairer, éclater, étinceler, flamboyer, fulgurer, jeter des feux, luire, miroiter, poudroyer, rayonner, reluire, rutiler, scintiller.

RESPLENDISSANT, E □ → *beau.*

RESPONSABILITÉ □ **I.** → *garantie.* **II.** Culpabilité, implication, imputabilité.

RESPONSABLE □ **I. Adj.** *1.* Comptable. → *garant.* *2.* Condamnable, coupable, fautif, pendable, punissable, répréhensible. *3.* → *conscient.* **II. Nom** → *envoyé.*

RESQUILLE □ → *tromperie.*

RESQUILLER □ Écornifler, se faufiler, frauder, tricher. → *tromper.*

RESSAISIR (SE) □ **I.** → *retrouver (se).* **II.** → *rattraper (se).*

RESSASSER □ → *répéter.*

RESSAUT □ → *saillie.*

RESSEMBLANCE □ **I.** Accord, affinité, analogie, association, communauté, comparaison, conformité, connexion, contiguïté, convenance, correspondance, harmonie, homologie, lien, parenté, relation, similitude, voisinage. **II.** Apparence, image, imitation, incarnation, personnification, réplique, semblance (vx).

RESSEMBLANT, E □ → *semblable.*

RESSEMBLER □ S'apparenter, approcher de, avoir des traits communs/un rapport à/avec, confiner à, correspondre, être la copie/l'image/le portrait/la réplique de, participer de, procéder de, rappeler, se rapporter à, se rapprocher de, tenir de, tirer sur.

RESSENTIMENT □ Aigreur, amertume, animosité, colère, dégoût, dent (fam.), haine, hostilité, rancœur, rancune, vindicte.

RESSENTIR □ → *sentir.*

RESSERRE □ → *réserve.*

RESSERRÉ, E □ Encaissé, étranglé, étroit.

RESSERREMENT □ Astriction, constriction, contraction, crispation, étranglement, rétrécissement.

RESSERRER □ **I. Au pr.** → *serrer.* **II. Par ext. 1.** Abréger, amoindrir, comprimer, condenser, contracter, crisper, diminuer, étrangler, étrécir, étriquer, rétrécir. **2.** Presser, rapprocher, refermer, tasser. **3.** → *résumer.* **III. V. pron. :** se ratatiner, se recroqueviller, se retirer, se rétracter, *et les formes pron. possibles des syn. de* RESSERRER.

RESSORT □ **I. Par ext. 1.** → *moteur.* **2.** → *moyen.* **3.** Ardeur, audace, bravoure, cœur, courage, cran, crânerie, décision, dynamisme, endurance, énergie, fermeté, force, hardiesse, héroïsme, impétuosité, intrépidité, résolution, vaillance, valeur, volonté, zèle. **II. Loc. *Être du ressort de.* 1.** Attribution, autorité, compétence, domaine, pouvoir. **2.** → *sphère.*

RESSORTIR □ **I.** Avancer, déborder, dépasser, mordre sur, passer, saillir. **II. Par ext. 1.** Dépendre de. → *résulter.* **2.** Apparaître, apparoir (vx ou jurid.), s'avérer, être avéré, se révéler.

RESSORTIR À □ → *dépendre.*

RESSORTISSANT □ **I.** Assujetti, justiciable. **II.** Aborigène, autochtone, citoyen, contadin, habitant, indigène, natif, naturel.

RESSOURCE □ **I. Au sing. 1.** Arme, atout, connaissance, excuse, expédient, moyen, planche de salut, recours, refuge, remède, ressort, secours. **2.** Façon, méthode, procédé, système, truc. **II. Au pl. 1.** → *faculté.* **2.** Argent, avantage, bourse, casuel, dotation, économies, fabrique (vx et relig.), finances, fonds, fortune, fruit, gain, indemnité, intérêt, pension, portion congrue (vx et relig.), prébende (par ext.), rapport, recette, rente, rentrée, retraite, richesse, salaire, usufruit.

RESSOUVENIR (SE) □ → *rappeler (se).*

RESSUSCITER □ **I. V. tr.** → *rétablir (se).* **II. V. intr.** → *revivre.*

RESSUYER □ Éponger, étancher, sécher.

RESTANT □ → *reste.*

RESTAURANT □ Auberge, bouillon (vx), buffet, cabaret, cafeteria, cafétéria, cantine, crémerie (fam.), feu de bois, gargote (péj.), grillade, grillroom, hostellerie, hôtellerie, mess, pizzeria, popote, relais, restauration, restoroute, rôtisserie, self-service, taverne, trattoria. → *brasserie.*

RESTAURATEUR, TRICE □ **I.** Aubergiste, gargotier (péj.), hôte, hôtelier, marchand de soupe (péj.), rôtisseur, traiteur. **II.** Réparateur, rhabilleur.

RESTAURATION □ **I.** → *renaissance.* **II.** Amélioration, embellissement, reconstruction, réfection, réparation, rhabillage. **III.** Hôtellerie.

RESTAURER □ **I.** Alimenter, donner à manger, entretenir, faire manger, nourrir, rassasier, soutenir, sustenter. **II.** → *réparer.* **III.** → *rétablir.* **IV.** → *réconforter.*

RESTE □ **I. Au sing. :** complément, demeurant, différence, excédent, excès, reliquat, résidu, solde, soulte, surplus. **II. Au pl. 1.** Déblai, débris, décharge, déchet, décombres, démolitions, éboulis, épave, gravats, gravois, miettes, plâtras, restant, vestiges. **2.** Cadavre, cendres, mort, ossements, poussière, reliques. **3.** Arlequin (pop.), desserte, épluchures, pelures, regrat (vx), reliefs, reliquats, rogatons. **III. Loc. 1. *Au/du reste :*** d'ailleurs, de plus, et puis. **2. *Tout le reste :*** bataclan, et cetera, toutim, tremblement. → *bazar.*

RESTER □ **I.** → *demeurer.* **II.** → *subsister.*

RESTITUER □ **I.** → *redonner.* **II.** → *rétablir.*

RESTITUTION □ → *réparation.*

RESTREINDRE □ Borner, cantonner, circonscrire, contingenter, délimiter, limiter, localiser, réduire.

RESTREINT, E □ → *étroit.*

RESTRICTIF, IVE □ Diminutif, limitatif, prohibitif, répressif.

RESTRICTION □ **I.** → *réduction.* **II.** Économie, empêchement, épargne, parcimonie, rationnement, réserve, réticence.

RÉSULTANTE □ → *produit.*

RÉSULTAT □ Aboutissement, achèvement, bilan, but, conclusion, conséquence, contrecoup, décision, dénouement, effet, événement, fin, fruit, issue, portée, produit, quotient, résultante, réussite, score, solution, somme, succès, suite, terminaison.

RÉSULTER □ **I.** Découler, dépendre, s'ensuivre, entraîner, être issu, naître, procéder, provenir, ressortir, sortir/venir de. **II. Loc. *Il résulte de :*** apparaître, apparoir (vx ou jurid.), se déduire, se dégager, impliquer, ressortir, tenir.

RÉSUMÉ □ **I. Adj.** : abrégé, amoindri, bref, concis, court, cursif, diminué, écourté, laconique, lapidaire, limité, raccourci, rapetissé, réduit, resserré, restreint, simplifié, sommaire, succinct. **II. Nom masc.** : abrégé, abréviation, aide-mémoire, analyse, aperçu, argument, bréviaire, compendium, digest, diminutif, éléments, épitomé, esquisse, extrait, manuel, notice, plan, précis, promptuaire, raccourci, récapitulation, réduction, rudiment, schéma, sommaire, somme, synopsis, topo (fam.).

RÉSUMER □ Abréger, analyser, condenser, diminuer, écourter, préciser, ramasser, récapituler, réduire, reprendre, resserrer, synthétiser.

RÉSURRECTION □ → *renaissance.*

RÉTABLIR □ **I. Au pr.** : ramener, reconstituer, reconstruire, refaire, relever, remettre, réparer, replacer, restaurer, restituer. **II. Par ext. 1.** Réadapter, réhabiliter, réinsérer, réinstaller, réintégrer. **2.** Améliorer, arranger, guérir, rambiner (arg.), ranimer, réconforter, rendre la santé, sauver. **III. V. pron.** : guérir, recouvrer la santé, se relever, se remettre, reprendre des forces, ressusciter, en revenir, s'en tirer, *et les formes pron. possibles des syn. de* RÉTABLIR.

RÉTABLISSEMENT □ **I.** Amélioration, convalescence, guérison, recouvrement, relèvement, remise. → *restauration.* **II.** Réadaptation, réhabilitation, réinsertion, réintégration.

RETAPE □ **I.** → *propagande.* **II.** → *prostitution.*

RETAPER □ **I.** → *réparer.* **II.** → *réconforter.*

RETARD □ **I. Au pr.** : ajournement, atermoiement, manœuvre dilatoire, retardement, temporisation. **II. Par ext. 1.** Lenteur, piétinement, ralentissement. **2.** Décalage, délai, remise. **3.** Immaturité. **III. Loc. En retard. 1.** Arriéré, sous-développé. **2.** Archaïque, démodé, périmé. **3.** À la bourre (fam.), à la queue, à la traîne, en arrière.

RETARDATAIRE □ **I.** → *retard.* **II.** → *retardé.*

RETARDÉ, E □ Ajourné, arriéré, attardé, débile, débile mental, demeuré, diminué, handicapé, idiot, immature, inadapté, inintelligent, reculé, retardataire, retenu, tardif, taré.

RETARDEMENT □ → *retard.*

RETARDER □ Ajourner, arrêter, arriérer (vx), atermoyer, attendre, décaler, différer, éloigner, faire lanterner/traîner, prolonger, promener, proroger, ralentir, reculer, remettre, renvoyer, reporter, repousser, surseoir à, temporiser, traîner.

RETENIR □ **I. Au pr. 1.** Conserver, détenir, garder, maintenir, réserver. **2.** Confisquer, déduire, précompter, prélever, rabattre, saisir. → *retrancher.* **3.** Accorer (mar.), accrocher, amarrer, arrêter, attacher, brider, clouer, coincer, comprimer, consigner, contenir, contraindre, emprisonner, enchaîner, endiguer, fixer, freiner, immobiliser, modérer, ralentir, serrer la vis (fam.), tenir, tenir de court/en brassières (fam.)/en lisière/en tutelle. **II. Par ext.** → *rappeler (se).* **III. Loc. Retenir ses larmes** : dévorer, étouffer, ravaler, réprimer. **IV. V. pron.** → *modérer (se).*

RETENTIR □ Faire écho, rebondir, renvoyer, résonner, tinter, vibrer.

RETENTISSANT, E □ **I. Au pr.** : ample, assourdissant, bruyant, carillonnant, éclatant, fort, gros, haut, plein, résonnant, sonore, vibrant. **II. Par ext.** : célèbre, connu, éclatant, éminent, fameux, fracassant, illustre, légendaire, notoire, renommé, réputé, sensationnel, terrible (fam.), tonitruant. → *extraordinaire.*

RETENTISSEMENT □ Bruit, publicité. → *succès.*

RETENU, E □ **Adj. Au pr.** : calme, chaste, circonspect, contenu, convenable, correct, décent, délicat, digne, discret, distant, froid, grave, honnête (vx), maître de soi, mesuré, modéré, modeste, poli, pondéré, prude (péj.), prudent, pudibond (péj.), pudique, réservé, sage, secret, silencieux, simple, sobre, tempérant. **II. Par ext.** : collé (fam.), consigné, puni.

RETENUE □ **n. I.** Bienséance, calme, chasteté, circonspection, componction, congruité, convenance, correction, décence, délicatesse, dignité, discrétion, effacement, froideur, gravité, honnêteté (vx), honte (par ext.), maîtrise de soi, ménagement, mesure, modération, modestie, politesse, prudence, pruderie (péj.), pudeur, pudibonderie (péj.), pudicité, quant-à-soi, réserve, respect, révérence, sagesse, sobriété, tact, tempérance, tenue, vertu. **II.** Barrage, étang, lac artificiel, plan d'eau, réserve, réservoir. **III.** Colle (fam.), consigne, punition. **IV.** Précompte. → *confiscation.*

RÉTICENCE □ **I.** → *silence.* **II.** → *sous-entendu.* **III.** → *restriction.*

RÉTICENT, E □ → *hésitant.*

RÉTICULE □ **I.** Aumônière, porte-monnaie, sac. **II.** → *réseau.*

RÉTIF, IVE □ Désobéissant, difficile, entêté, frondeur, hargneux, indisciplinable, indiscipliné, indocile, indomptable, insoumis, insubordonné, passif, quinteux, ramingue (équit.), rebelle, récalcitrant, rêche, réfractaire, regimbant, regimbeur, révolté, rude, têtu, vicieux, volontaire.

RETIRÉ, E □ À l'écart, désert, détourné, écarté, éloigné, isolé, perdu, secret, solitaire.

RETIRER □ **I. Au pr.** → *tirer.* **II. Par ext. 1.** Percevoir, reprendre, soustraire, soutirer, toucher. → *prendre.* **2.** Enlever, extraire, ôter, quitter. **III. V. pron. : 1.** S'enterrer, faire retraite. → *partir.* **2.** → *renoncer.* **3.** → *resserrer (se).* **4.** *Les formes pron. possibles des syn. de* RETIRER.

RETOMBÉE □ → *suite.*

RETOMBER □ **I. Au pr.** → *tomber.* **II. Par ext. 1.** Rechuter, récidiver, recommencer. **2.** Se rabattre, redescendre, rejaillir, ricocher. → *pendre.*

RÉTORQUER □ → *répondre.*

RETORS, ORSE □ Artificieux, astucieux, cauteleux, chafouin, combinard, ficelle, fin, finaud, fine mouche, futé, madré, malin, matois, renard, roublard, roué, sac à malices, trompeur, vieux routier. → *hypocrite, rusé.*

RÉTORSION □ **I.** → *réponse.* **II.** → *vengeance.*

RETOUCHE □ → *correction.*

RETOUCHER □ **I.** → *corriger.* **II.** → *revoir.*

RETOUR □ **I. Au pr. 1.** → *tour.* **2.** Changement, réapparition, rebondissement, recommencement, regain, renaissance, renouveau, renouvellement, rentrée, répétition, réveil, rythme. **II. Par ext. 1.** Alternance, évolution, fluctuation, nutation, oscillation, retournement, variation. **2.** → *ruse.* **3.** Échange, réciprocité, rétroaction, ricochet. **III. Loc.** *Payer de retour* → *répondre.*

RETOURNEMENT □ **I. Au pr. :** conversion. **II. Par ext. 1.** Cabriole, changement, reniement, renversement. **2.** → *variation.*

RETOURNER □ **I. V. intr. :** aller, s'éloigner, rentrer, repartir, revenir. → *partir.* **II. V. tr. 1.** Bêcher, fouiller, labourer, remuer, verser (vx). **2.** Bouleverser, émouvoir, troubler. **3.** Faire retour, réexpédier, refuser, renvoyer. **4.** Regagner, réintégrer, rejoindre. **5.** → *transformer.* **III. V. pron. : 1.** → *rattraper (se).* **2.** *Les formes pron. possibles des syn. de* RETOURNER.

RETRACER □ **I.** Conter, débiter, décrire, détailler, développer, dire, expliquer, exposer, narrer, peindre, raconter, rapporter, réciter, relater, rendre compte, tracer. **II.** Commémorer, évoquer, faire revivre, mentionner, rappeler.

RÉTRACTATION □ Abandon, abjuration, annulation, changement d'opinion, désaveu, palinodie, reniement, réparation d'honneur, retournement, retournement de veste (fam.).

RÉTRACTER (SE) □ **I. Au pr. :** se ratatiner, se recroqueviller, se resserrer, se retirer. **II. Par ext. :** annuler, se contredire, déclarer forfait, se dédire, se délier, se démentir, se désavouer, se désister, manquer à sa parole, se raviser, reprendre sa parole, revenir sur, révoquer.

RETRAIT □ **I.** Décrochage, décrochement, éloignement, évacuation, recul, reculade, reculement, reflux, régression, repli, retraite, rétrogradation, rétrogression. **II.** → *abolition.*

RETRAITE □ **I.** → *recul.* **II.** → *abri.* **III.** → *solitude.* **IV.** → *revenu.* **V. Loc.** *Battre en retraite* → *reculer.*

RETRANCHEMENT □ **I. Au pr. 1.** Coupe, déduction, défalcation, diminution, réfaction, soustraction, suppression. **2.** Épuration, exclusion, excommunication. **3.** Élagage, taille. **4.** Ablation, amputation, résection, sectionnement. **5.** Abréviation, aphérèse, élimination. **II. Par ext. :** abri, barricade, bastion, circonvallation, contrevallation, défense, fortification, ligne, tranchée.

RETRANCHER □ **I. Au pr. 1.** Couper, décompter, déduire, défalquer, démembrer, distraire, élaguer, émonder, enlever, exclure, expurger, imputer, lever, ôter, prélever, prendre, rabattre, retenir, retirer, rogner, séparer, soustraire, supprimer, tirer. **2.** Amputer, mutiler, réséquer. **II. Par ext. 1.** Abréger, accourcir, biffer, châtier, corriger, purger, tronquer. **2.** Balayer, censurer, désaffecter, épurer, exclure, excommunier, ostraciser, réformer. **III. V. pron. : 1.** Se défendre, se fortifier, se mettre à l'abri, se protéger, se rabattre, se retirer. **2.** *Les formes pron. possibles des syn. de* RETRANCHER.

RÉTRÉCI, E □ **I. Au pr. :** contracté, diminué, étranglé, étréci, étroit, exigu, resserré. **II. Fig.** → *borné.*

RÉTRÉCIR □ **I. V. tr. :** contracter, diminuer, étrangler, étrécir, reprendre, resserrer. **II. V. intr. :** dessécher, grésiller, raccourcir, racornir, se ratatiner (fam.), se resserrer, se retirer.

RÉTRÉCISSEMENT □ Contraction, contracture, diminution, étranglement, raccourcissement, racornissement, resserrement.

RETREMPER □ Encourager, exalter, exciter, fortifier, raffermir, ranimer, ravigoter, raviver, réchauffer, relever, remonter, ressusciter, rétablir, retaper, réveiller, revigorer, revivifier, vivifier.

RÉTRIBUER □ → *payer.*

RÉTRIBUTION □ **I. Au pr. :** appointements, cachet, commission, courtage, dividendes, droits d'auteur, émoluments, fixe, gages, gain, gratification, honoraires, indemnité, jeton de présence, jour, journée, liste civile, marge, mensualité, mois, paie, paye, paiement, pige, pourboire, pourcentage, prêt, salaire, semaine, solde, tantième, traitement, vacation. → *bénéfice, rémunération.* **II. Par ext.** → *récompense.*

RÉTROACTIF, IVE □ Antérieur, passé, récapitulatif, rétrospectif.

RÉTROACTION □ Autorégulation, feed-back, réaction.

RÉTROCÉDER □ Redonner, rembourser, remettre, rendre, restituer.

RÉTROCESSION □ → *remboursement.*

RÉTROGRADATION □ → *recul.*

RÉTROGRADE □ Arriéré, conservateur, immobiliste, intégriste, obscurantiste, réactionnaire.

RÉTROGRADER □ **I. Au pr.** → *reculer.* **II. Par ext.** → *baisser.*

RÉTROSPECTIVE □ Flash-back.

RETROUSSER □ Écarter, rebiquer (fam.), recoquiller, relever, remonter, soulever, trousser. → *lever.*

RETROUVAILLES □ → *rencontre.*

RETROUVER □ **I. Au pr. 1.** Reconquérir, recouvrer, récupérer, regagner, reprendre, ressaisir. **2.** Atteindre, attraper, gagner, joindre, rallier, rattraper, regagner, rejoindre, tomber sur. **II. Par ext. :** distinguer, identifier, reconnaître, remettre, trouver. **III. V. pron. : 1.** S'orienter, se reconnaître. **2.** Se redresser, se remettre, se reprendre, se ressaisir. **3.** *Les formes pron. possibles des syn. de* RETROUVER.

RETS □ → *filet.*

RÉUNION □ **I. De choses. 1.** Accumulation, adjonction, agglomération, agrégation, amalgame, anastomose (méd.), annexion, assemblage, combinaison, concentration, confusion, conjonction, convergence, entassement, groupement, incorporation, jonction, mélange, rapprochement, rassemblement, rattachement, synthèse, union. **2.** Accord, adhérence, alliance, enchaînement, fusion, liaison, mariage, rencontre. **3.** Amas, bloc, bouquet, chapelet, choix, collection, couple, ensemble, faisceau, gerbe, groupe, masse, salade (fam.), tas. **II. De personnes. 1.** Assemblée, assise, assistance, auditoire, briefing, carrefour, cénacle, comice, comité, commission, compagnie, concours, conférence, confrérie, congrégation, congrès, conseil, consistoire, débat, groupe, groupement, meeting, rassemblement, rencontre, rendez-vous, séance de travail, séminaire, symposium, table ronde. **2.** Colonie, communauté, confédération, fédération, population, société, syndicat. **3.** Aréopage, cham-

bre, chapitre, concile, conclave, consistoire, états généraux, sénat, soviet, synode, tenue. **4.** Bal, bridge, cinq-à-sept, coktail, fête, garden-party, raout *ou* rout (angl.), réception, sauterie, soirée, surprise-partie, thé. **5. Non favorable :** chœur, clan, clique, coalition, complot, conciliabule, coterie, junte, quarteron, ramas, ramassis.

RÉUNIR □ **I. Des choses. 1.** Accumuler, additionner, agencer, amasser, entasser, mélanger, mêler, raccorder, rassembler, recomposer, relier, rejoindre, remembrer, unir. **2.** Agglomérer, agglutiner, agréger, amalgamer, annexer, assembler, bloquer, combiner, concentrer, conglober, conglomérer, conglutiner, épingler, fondre, grouper, intégrer, joindre, rapprocher, rattacher, rejoindre. **3.** Accoupler, adjoindre, appareiller, apparier, faire adhérer, mettre ensemble, synthétiser. **4.** Canaliser, capter, centraliser, classer, codifier, collectionner, colliger, cumuler, recueillir. **5.** Concilier, confondre, englober. **II. Des personnes :** aboucher, assembler, associer, convoquer, grouper, inviter, rassembler. **III. V. pron. : 1.** S'associer, concourir, confluer, se fondre, fusionner. **2.** S'attabler, se rencontrer, se retrouver. **3.** *Les formes pron. possibles des syn. de* RÉUNIR.

RÉUSSI, E □ Accompli, bien venu, heureux. → *parfait.*

RÉUSSIR □ **I. Quelque chose :** s'acclimater, s'accomplir, avancer, bien tourner, fleurir, fructifier, marcher, plaire, prendre, prospérer. **II. Quelqu'un :** aboutir, achever, arriver, avoir la main heureuse/du succès, bien marcher, briller, faire carrière, faire du/son chemin, faire florès/fortune, finir par, gagner, mener à bien, parvenir, percer, rupiner (fam.), s'en tirer, triompher, venir à bout.

RÉUSSITE □ **I.** Bonheur, chance, gain, triomphe, veine, victoire. → *succès.* **II.** Patience (jeu).

REVALORISATION □ Accroissement, augmentation, bond, élévation, enchérissement, hausse, haussement, majoration, montée des prix, progression, relèvement, valorisation.

REVALORISER □ Accroître, augmenter, élever, faire monter, enchérir, hausser, majorer, monter, réévaluer, rehausser, relever, remonter, renchérir, surenchérir.

REVANCHE □ **I.** Compensation, consolation, dédommagement, réparation, retour. **II.** Châtiment, némésis, œil pour œil, dent pour dent, punition, représaille, ressentiment, rétorsion, riposte, talion, vendetta, vengeance. **III. Loc. En revanche :** à côté, au contraire, en contrepartie, en outre, en récompense, en retour, inversement, mais, par contre.

REVANCHER (SE) □ Châtier, corriger, laver, punir, redresser, réparer, riposter, sévir, se venger, vider une querelle.

RÊVASSER □ → *rêver.*

RÊVE □ **I. Au pr.** : onirisme, songe, vision. **II. Par ext. 1.** Rêvasserie, rêverie, songerie. **2.** Cauchemar, phantasme. **3.** Ambition, espérance. → *désir.* **4.** Conception, idée, imagination, spéculation. **5.** Château en Espagne, chimère, fiction, illusion, mirage, utopie.

RÊVÉ, E □ → *idéal.*

REVÊCHE □ **I. Quelque chose :** rêche, rude. **II. Quelqu'un** : abrupt, acariâtre, âcre, aigre, âpre, bourru, difficile, dur, grincheux, grognon, hargneux, intraitable, massacrant, porc-épic, quinteux, rébarbatif, rebours (vx), rêche, renfrogné, rogue, rude.

RÉVEIL □ **I.** → *horloge.* **II.** → *renaissance.*

RÉVEILLE-MATIN □ → *horloge.*

RÉVEILLER □ **I.** Éveiller, sonner le branle-bas (fig. et fam.), tirer du sommeil. **II.** → *ranimer.*

RÉVEILLON □ → *repas.*

RÉVÉLATEUR, TRICE □ Accusateur, caractéristique, déterminant, distinctif, essentiel, particulier, personnel, propre, saillant, significatif, spécifique, symptomatique, typique.

RÉVÉLATION □ Aveu, confidence, déclaration, divulgation, indiscrétion, initiation, instruction, mise au courant/au parfum (fam.).

RÉVÉLER □ **I. Au pr. 1.** Arborer, déballer, déployer, désigner, développer, étaler, exhiber, exposer, indiquer, présenter, représenter. **2.** Découvrir, dégager, dénuder, dessiner, donner, faire/laisser deviner, manifester. **3.** Apprendre, avouer, confesser, confier, déceler, déclarer, découvrir, dénoncer, dévoiler, dire, divulguer, exposer, laisser percer/voir, lever le voile, mettre au jour, montrer, s'ouvrir, percer à jour, publier, trahir (péj.), vendre la mèche (fam.). **4.** Apercevoir, comprendre, discerner, reconnaître, remarquer, repérer, saisir, voir. **II. Fig. 1.** Décrire, démasquer, dépeindre, dévoiler, évoquer, mettre dans, offrir, peindre, raconter. **2.** Démontrer, dire, écrire, établir, prouver, signaler, souligner. **3.** Annoncer, attester, déceler, dénoncer, dénoter, enseigner, exhaler, instruire, produire, témoigner. **4.** Accuser, affecter, afficher, affirmer, déclarer, faire briller/entendre/montre de/voir, marquer, respirer. **III. V. pron.** : apparaître, éclater, être, paraî-

tre, ressortir, surgir *et les formes pron. possibles des syn. de* RÉVÉLER.

REVENANT □ Apparition, double, ectoplasme, esprit, fantôme, lémure, ombre, spectre, vision.

REVENANT-BON □ → *bénéfice.*

REVENDEUR, EUSE □ → *marchand.*

REVENDICATION □ Adjuration, appel, conjuration, demande, démarche, desiderata, désir, doléance, exigence, imploration, instance, interpellation, interrogation, pétition, placet, plainte, prétention, prière, protestation, question, quête (vx), réclamation, recours, récrimination, requête, sollicitation, sommation, souhait, supplique, vœu, volonté.

REVENDIQUER □ Adresser/faire /former/formuler/présenter une revendication *et les syn. de* REVENDICATION, briguer, demander, désirer, dire, enjoindre, exiger, exprimer un désir/une revendication/un souhait, implorer, imposer, insister, interpeller, interroger, mander, mendier (péj.), ordonner, pétitionner, se plaindre, postuler, prescrire, présenter un cahier de doléances/un placet/une requête/une revendication/une supplique, prétendre à, prier, protester, quémander, questionner, quêter (vx), rechercher, réclamer, récriminer, requérir, solliciter, sommer, souhaiter, supplier, vouloir.

REVENIR □ **I. Au pr. :** faire demi-tour, se rabattre, rallier, se ramener (fam.), rappliquer (fam.), rebrousser chemin, reculer, refluer, regagner, réintégrer, rejoindre, rentrer, reparaître, repasser, retourner, retourner en arrière/sur ses pas. **II. Par ext. 1.** S'occuper de, se remettre à, reprendre, retourner à. → *recommencer.* **2.** → *revoir.* **3.** Afférer, incomber, retomber sur. **III. Loc. 1.** *Revenir sur sa parole :* annuler, se contredire, déclarer forfait, se dédire, se délier, se démentir, se désavouer, se désister, manquer à sa parole, se rétracter. **2.** *Revenir sur quelque chose* → *répéter.* **3.** *Revenir de loin* → *rétablir (se).* **4.** *Revenir à quelqu'un* → *plaire.* **5.** *Revenir à tel prix* → *valoir.* **6.** *Revenir à de meilleurs sentiments :* s'amender, se convertir. → *réconcilier (se).*

REVENU □ Allocation, arrérages, avantage, casuel, commende (relig. et vx), dividende, dotation, fermage, fruit, gain, intérêt, loyer, mense (vx), métayage, pension, prébende, produit, profit, rapport, recette, redevance, rente, rentrée, retraite, royalties, salaire, tontine, usufruit, viager. → *bénéfice.*

RÊVER □ **I.** Faire des rêves. **II. Par ext. :** bayer, béer, être distrait, rêvasser, songer. **Fam. :** bayer aux corneilles, être dans les nuages, visionner. **III. Fig. 1.** Ambitionner, aspirer à, convoiter, désirer, rechercher, souhaiter. → *vouloir.* ***2.*** Fantasmer, forger, imaginer, méditer, projeter, réfléchir, spéculer. → *penser.* ***3. Non favorable :*** divaguer. → *déraisonner.*

RÉVERBÉRATION ☐ Diffusion, rayonnement, reflet, réflexion.

RÉVERBÈRE ☐ **Vx** bec de gaz, lanterne.

RÉVERBÉRER ☐ Diffuser, faire écho, réfléchir, refléter, rendre, renvoyer, répercuter, reproduire, transmettre.

RÉVÉRENCE ☐ **I. Au pr. 1.** Considération, courtoisie, déférence, égard, estime, honneur, respect, vénération. ***2.*** Affection, culte, piété. ***3.*** Amour-propre, pudeur, réserve. **II. Par ext. :** courbette, hommage, inclination de tête, plongeon (fam.), prosternation, prosternement, salamalec (péj.), salut.

RÉVÉRENCIEUX, EUSE ☐ Cérémonieux, déférent, humble, obséquieux (péj.), poli, respectueux, révérenciel (vx).

RÉVÉRER ☐ Adorer, avoir/célébrer/rendre un culte, déifier, encenser, estimer, glorifier, gratifier d'estime/de faveur/d'honneur, honorer, magnifier, respecter, saluer la mémoire, tenir en estime.

RÊVERIE ☐ **I.** → *rêve.* **II.** → *illusion.*

REVERS ☐ **I.** Derrière, dos, doublure, envers, parement, pile, rebras, repli, retroussis, verso. **II.** Accident, aventure fâcheuse, déboire, déception, désillusion, échec, épreuve, infortune, insuccès, malchance, malheur, orage, traverse, vicissitude. → *défaite.*

REVERSER ☐ → *rembourser.*

REVÊTEMENT ☐ **I.** Asphaltage, boisage, carrelage, chape, chemise, crépi, cuirasse, dallage, enduit, enveloppe, parement, pavage, protection. **II. 1.** Asphalte, enrobé, goudron, macadam. ***2.*** Quick, tarton, terre-battue. ***3.*** Téflon.

REVÊTIR ☐ **I.** → *vêtir.* **II.** → *recouvrir.* **III.** → *orner.* **IV.** → *pourvoir.*

REVÊTU, E ☐ **I.** → *vêtu.* **II.** Armé, blindé, couvert, cuirassé, défendu, flanqué, fortifié, garanti, muni, paré, préservé, protégé.

RÊVEUR, EUSE ☐ **I.** Absent, absorbé, abstrait, contemplatif, dans les nuages, méditatif, occupé, pensif, préoccupé, songeur, soucieux. **II.** Imaginatif, utopiste.

REVIGORER ☐ Aider, conforter, consoler, ragaillardir, ranimer, ravigoter, raviver, réconforter, refaire, relever le courage/les forces/le moral, remettre, remonter, réparer, requinquer

(fam.), restaurer, rétablir, retaper, soutenir, stimuler, sustenter.

REVIREMENT ☐ Cabriole, palinodie, pirouette, retournement, volte-face. → *chargement.*

REVISER ☐ **I.** → *revoir.* **II.** → *réparer.* **III.** → *répéter.*

REVISEUR ☐ Censeur, correcteur, corrigeur, lecteur.

REVISION ☐ **I.** → *vérification.* **II.** → *amélioration.*

RÉVISIONNISTE ☐ Déviationniste, réformiste, réviso (fam.).

REVIVIFIER ☐ Animer, augmenter, encourager, exalter, exciter, raffermir, ranimer, ravigoter, raviver, réchauffer, rehausser, relever, remonter, ressusciter, rétablir, retaper, retremper, réveiller, revigorer, vivifier.

REVIVRE ☐ **I. Au pr. :** renaître, se renouveler, respirer, ressusciter. **II. Fig. :** évoquer. → *rappeler (se).*

RÉVOCATION ☐ **I.** Abolition, abrogation, annulation, contrordre, dédit. **II. De quelqu'un :** congédiement, destitution, licenciement, renvoi, suspension.

REVOIR ☐ **I. Au pr. :** examiner, reconsidérer, revenir sur, reviser. **II. Par ext. 1.** Châtier, corriger, fatiguer, limer, polir, raboter, raccommoder, rapetasser, rapiécer, ravauder, rectifier, réformer, remanier, reprendre, retoucher. ***2.*** → *rappeler (se).* ***3.*** → *répéter.*

RÉVOLTANT, E ☐ Bouleversant, choquant, criant, dégoûtant, indigne.

RÉVOLTE ☐ Action, agitation, chouannerie, contestation, désobéissance, dissidence, ébullition, effervescence, faction, fermentation, feu, guerre civile, insoumission, insubordination, insurrection, jacquerie, lutte, mouvement, mutinerie, opposition, putsch, rébellion, résistance, révolution, rouspétance (fam.), sécession, sédition, soulèvement, subversion, trouble, violence. → *émeute.*

RÉVOLTÉ, E ☐ **I.** Activiste, agitateur, contestataire, dissident, émeutier, factieux, insoumis, insurgé, meneur, mutin, rebelle, réfractaire, révolutionnaire, séditieux. **II.** → *outré.*

RÉVOLTER ☐ Choquer, dégoûter, écœurer, fâcher, indigner, rebecquer, soulever. **V. pron. : 1. Au pr. :** entrer en lutte, s'insurger, se mutiner, se rebeller, résister, se soulever. ***2. Par ext. :*** se cabrer, contester, crier au scandale, désobéir, se dresser/s'élever contre, être rempli d'indignation, se fâcher, s'indigner, refuser, regimber, renâcler.

RÉVOLU, E ☐ Accompli, achevé, déroulé, écoulé, fini, passé, sonné (fam.), terminé.

RÉVOLUTION □ **I. Au pr. :** circuit, courbe, cycle, rotation. **II. Par ext. 1.** Bouleversement, cataclysme, chambardement, changement, convulsion, incendie, raz-de-marée, renversement, tourmente. **2.** → *révolte.*

RÉVOLUTIONNAIRE □ **I.** Agitateur, contestataire, desperado, insurgé, militant, novateur, rebelle, séditieux, subversif, terroriste. → *révolté.* **II.** Activiste, anarchiste, communard, gauchiste, jacobin, libéral (vx), nihiliste, progressiste, républicain (vx), révisionniste. **III.** → *nouveau.*

RÉVOLUTIONNER □ **I.** Agiter, bouleverser, chambarder, changer, remplacer. → *renverser.* **II.** → *émouvoir.*

REVOLVER □ → *pistolet.*

RÉVOQUER □ **I.** Casser, débarquer (fam.), débouter, déchoir, dégommer (fam.), dégoter (fam.), démettre de, démissionner, dénuer de, déplacer, déposer, dépouiller, destituer, détrôner, faire sauter (fam.), limoger, mettre en disponibilité, priver, rappeler, relever de ses fonctions, suspendre. **II.** → *abolir.* **III. Loc. Révoquer en doute :** contester, douter de, mettre en doute, nier, rejeter, suspecter.

REVUE □ **I.** Catalogue, cens, compte, dénombrement, détail, énumération, état, évaluation, inventaire, liste, litanie, recensement, rôle, statistique. **II.** Défilé, parade, prise d'armes. **III.** → *spectacle.* **IV.** Annales, bihebdomadaire, bimensuel, bimestriel, bulletin, cahier, digest, gazette, hebdomadaire, illustré, journal, livraison, magazine, mensuel, organe, périodique, publication, trimestriel.

RÉVULSIF, IVE □ **I. Adj. :** vésicant. **II. N. m. :** cataplasme, rigollot, rubéfiant, sinapisme, vésicatoire.

RHABILLER □ → *réparer.*

RHAPSODE □ → *poète.*

RHAPSODIE □ **I.** → *mélange.* **II.** → *ramas.*

RHÉTEUR □ → *orateur.*

RHÉTORIQUE □ → *éloquence.*

RHUM □ Alcool, eau-de-vie, ratafia, tafia.

RHUMATISANT, E □ **Vx :** chiragre, goutteux, impotent, podagre.

RHUMATISME □ Arthrite, arthrose, douleurs, goutte, lumbago, polyarthrite, sciatique.

RHUME □ Catarrhe, coryza, coup de froid, enchifrènement (fam.), grippe, refroidissement, rhinite, toux.

RIANT, E □ **I.** → *réjoui.* **II.** → *gracieux.*

RIBAMBELLE □ → *suite.*

RIBAUD, E □ **I.** → *vaurien.* **II.** → *prostituée.*

RIBOTE □ Godaille (vx), noce, orgie. → *débauche.*

RICANEMENT □ → *raillerie.*

RICANER □ → *rire.*

RICANEUR, EUSE □ Contempteur, méprisant, moqueur.

RICHE □ **I. Quelqu'un :** aisé, calé (vx), capitaliste, crésus, florissant, fortuné, heureux, huppé, milliardaire, millionnaire, multimillionnaire, nanti, opulent, parvenu, pécunieux, ploutocrate (péj.), possédant, pourvu, prospère, renté, rentier, richard (péj.), richissime, satrape (péj.). **Fam. :** argenteux, boyard, cossu, cousu d'or, galetteux, gros, milord, nabab, rothschild, rupin. **II. Quelque chose. 1.** → *fertile.* **2.** Abondant, copieux, éclatant, fastueux, luxueux, magnifique, nourri, plantureux, somptueux. → *beau.* **3.** Raffiné, nourrissant, roborant, roboratif, succulent.

RICHESSE □ **I. Au pr. 1.** Moyens, or, pactole, ressources, trésor. → *argent.* **2.** Aisance, avoir, biens, ce qu'il faut, de quoi, fortune, opulence, prospérité. **II. Par ext. 1.** Abondance, apparat, beauté, confort, débauche (par ext.), éclat, excès, faste, luxe, majesté, magnificence, opulence, pompe, profusion, somptuosité, splendeur, surabondance. **2.** → *fertilité.*

RICOCHER □ → *sauter.*

RICOCHET □ **I. Au pr.** → *saut.* **II. Fig. :** choc en retour, conséquence, éclaboussure, effet, rebondissement, retour. → *suite.*

RICTUS □ → *grimace.*

RIDE □ **I. Au pr. :** creux, ligne, patte-d'oie, pli, raie, ridule, sillon. **II. Par ext. :** fente, gerçure, inégalité, onde, plissement, rainure, rayure, strie.

RIDÉ, E □ **I. Quelque chose. 1. Neutre :** doublé, fraisé, froncé, ondulé, plié, plissé ruché. **2. Non favorable :** chiffonné, fripé, froissé, grimacant, grippé. **II. La peau :** froncé, parcheminé, raviné.

RIDEAU □ **I.** Banne, brise-bise, cantonnière, ciel de lit, conopée (liturg.), courtine, draperie, étoffe, moustiquaire, portière, store, tenture, toile, voilage, voile. **II.** Écran, ligne, obstacle, tablier.

RIDER □ **I. Au pr. :** froncer, marquer, plisser, raviner, sillonner. **II. Fig. 1.** Convulser, crisper. **2.** Flétrir, ravager. **3.** Rabougrir, ratatiner.

RIDICULE □ **I. Adj. :** absurde, amusant, bête, bizarre, bouffon, burlesque, caricatural, cocasse, comique, dérisoire, drôle, farfelu, funambulesque, incroyable, insensé, grotesque, loufoque, pédant, prudhommesque, saugrenu, sot, ubuesque. → *risible.* **II. Nom masc. 1. Quelqu'un :** bouffon, galantin, gandin, jocrisse, m'as-tu-vu, mijaurée, pecque, plaisantin, précieux, rigolo (fam.). → *plaisant*. *2.* *Un comportement* : défaut, imperfection, travers.

RIDICULISER □ Affubler, bafouer, brocarder, caricaturer, chansonner, dégrader, draper, habiller, moquer, railler, rire de, tourner en dérision/en ridicule.

RIEN □ **I. Adv.** : aucunement, pas, point. **Vx** : goutte, grain, mie. **II. Interj.** *1.* Néant, négatif, non. *2.* **Arg. ou fam.** : balle-peau, bernique, ceinture, de la briquette, des clopinettes/clous/dattes/nèfles, du beurre au → *fessier*/à l'intendance/en branche/en broche, du flan, lap, la peau, macache, mon → *fessier*/→ *sexe*, nada, nib, nibergue, nisco, oualou, peau de zébi/de zob, pollop, pouic, que dalle/tchi, râpé, tintin. **III. Nom masc.** *1.* Absence, inanité, misère, néant, peu de chose, vide, zéro. *2.* → *bagatelle*.

RIEUR, RIEUSE □ Bon vivant, boute-en-train, content, enjoué, épanoui, gai, guilleret, heureux, hilare, joyeux, réjoui, riant, rigolard, rigolo, Roger-Bontemps, vive-la-joie.

RIGIDE □ **I. Au pr.** : dur, empesé, engoncé, inflexible, guindé, raide. **II. Fig.** : ascétique, austère, étroit, grave, implacable, inhumain, insensible, janséniste, puritain, rigoriste, rigoureux, sec, sévère, spartiate.

RIGIDITÉ □ **I. Au pr.** : consistance, dureté, raideur, résistance, solidité. **II. Fig.** : ascétisme, austérité, gravité, implacabilité, inclémence, inflexibilité, insensibilité, jansénisme, puritanisme, rigorisme, rigueur, rudesse, sécheresse, sévérité.

RIGOLADE □ → *divertissement*.

RIGOLE □ Caniveau, cassis, coupure, fossé, goulotte, lapiaz, lapié, ruisseau, ruisselet, ruisson, saignée, sangsue, séguia. → *canal*.

RIGOLER □ **I.** → *badiner*. **II.** → *plaisanter*. **III.** → *rire*.

RIGOLO, OTE □ **I.** Amusant, comique, drôle, marrant (fam.), plaisant, poilant (fam.), torboyautant (fam.), tordant. → *risible*. **II.** → *plaisant*. **III.** → *pistolet*.

RIGORISME □ → *rigidité*.

RIGOUREUSEMENT □ Absolument, âprement, étroitement, exactement, formellement, logiquement, mathématiquement, précisément, scrupuleusement, strictement, totalement, *et les adv. en -ment formés à partir des syn. de* RIGOUREUX.

RIGOUREUX, EUSE □ **I. Quelqu'un.** → *rigide*. **II. Quelque chose.** *1.* **Neutre :** certain, exact, géométrique, implacable, juste, logique, mathématique, méticuleux, nécessaire, ponctuel, précis, serré, strict. *2.* **Non favorable :** âpre, cruel, draconien, excessif, froid, glacial, inclément, rude, sévère.

RIGUEUR □ **I. Non favorable.** *1.* Âpreté, cruauté, dureté, inclémence. *2.* Frimas, froid, intempérie. *3.* → *rigidité*. **II. Favorable ou neutre :** fermeté, rectitude. → *précision*.

RIME □ **I.** → *consonance*. **II.** → *vers*.

RIMER □ **I.** → *versifier*. **II.** → *correspondre*.

RIMEUR □ → *poète*.

RINCÉE □ → *pluie*.

RINCER □ **I.** → *mouiller*. **II.** → *laver*.

RING □ Estrade, planches, podium.

RIPAILLE □ Bâfre, bâfrée, bamboche, bombance, bombe, ribote. → *repas*.

RIPAILLER □ **I.** → *festoyer*. **II.** → *manger*.

RIPOPÉE □ → *mélange*.

RIPOSTE □ **I.** → *réponse*. **II.** → *vengeance*.

RIPOSTER □ → *répondre*.

RIQUIQUI □ **I. Nom masc.** *1.* Alcool, brandevin, eau-de-vie, esprit-de-vin, mêlé, mêlé-cass (pop.), mêlé-cassis, tord-boyaux (fam.). *2.* Auriculaire, petit doigt. **II. Adj.** : étriqué, mesquin, minable, parcimonieux, pauvre. → *petit*.

RIRE □ v. intr. **I. Au pr.** *1.* se dérider, se désopiler, éclater de rire, s'esclaffer, glousser, pleurer de rire, pouffer, rioter (vx), sourire. *2.* **Fam.** : se bidonner/boyauter/dilater la rate, se fendre la gueule/la margoulette/la pêche/la pipe/ la poire/la pomme/la terrine/la tronche, se gondoler/marrer/poiler/tirebouchonner/tordre, s'en payer une tranche, rigoler. **II. Par ext.** *1.* S'amuser, se divertir, s'égayer, s'en payer (fam.), prendre du bon temps, se réjouir, rigoler. *2.* Badiner, baratiner (fam.), jouer, plaisanter. **III. Loc.** *Rire de quelqu'un* : brocarder, dédaigner, mépriser, se moquer, narguer, nasarder (vx), railler, ricaner, ridiculiser, tourner en ridicule.

RIRE □ n. **I. Au pr.** : éclat, enjouement, fou rire, hilarité, rigolade (fam.). → *gaieté*. **II. Par ext.** : raillerie, ricanement, rictus, ris, risée, risette, sourire, souris.

RISÉE □ **I.** → *rire*. **II.** → *raillerie*. **III.** → *rafale*.

RISIBLE □ **I.** Amusant, bouffon, cocasse, comique, désopilant, drolatique, drôle, drôlet, exhilarant, farce, farfelu, fou, hilarant, humoristique, impayable, ineffable, inénarrable, plaisant, ridicule. **II. Fam.** : bidonnant, boyautant, canularesque, courtelinesque, crevant, gondolant, gonflant, marrant, poilant, rigolo, roulant, tordant, transpoil, ubuesque.

RISQUE □ **I.** → *danger*. **II.** → *hasard*.

RISQUÉ, E □ **I.** Aléatoire, audacieux, aventureux, chanceux, dangereux, exposé, fou, glandilleux (arg.), gratuit, hardi, hasardé, hasardeux, imprudent, incertain, misé, osé, périlleux, téméraire, tenté. **II.** Scabreux. → *obscène.*

RISQUER □ **I. Au pr.** : affronter, aventurer, braver, commettre, compromettre (péj.), courir le hasard/le risque *et les syn.* de RISQUE, se décider, défier, émettre, engager, entreprendre, éprouver, essayer, exposer, friser, frôler, hasarder, jouer, jouer gros jeu/son va-tout, se lancer, mettre en danger/en jeu/le prix, risquer le pacsif/pacson/paquet (fam.), tenter. **II. Par ext.** → *expérimenter.*

RISQUE-TOUT □ → *casse-cou.*

RISSOLER □ Cuire, dorer, gratiner, mijoter, rôtir.

RISTOURNE □ Bonification, déduction, diminution, escompte, guelte, prime, quelque chose (fam.), rabais, réduction, remise, sou du franc, tant pour cent.

RIT, RITE □ **I. Au pr. 1.** → *cérémonie.* **2.** → *protocole.* **II. Par ext.** → *habitude.*

RITOURNELLE □ Antienne, chanson, chant, leitmotiv, rabâchage (péj.), refrain, rengaine, répétition, scie.

RITUEL □ n. **I. Au pr.** : pénitentiel, pontifical, processionnal, sacramentaire. **II. Par ext. 1.** → *rite.* **2.** Livre, recueil. → *collection.*

RITUEL, ELLE □ adj. → *traditionnel.*

RIVAGE □ **I.** → *bord.* **II.** → *pays.*

RIVAL, E □ **I. Au pr.** : adversaire, antagoniste, combattant, compétiteur, concurrent, égal, émulateur, émule, ennemi, opposant. **II. Par ext.** → *amant.*

RIVALISER □ **I.** → *égaler.* **II.** → *lutter.*

RIVALITÉ □ Antagonisme, combat, compétition, concours, concurrence, conflit, émulation, jalousie, joute, lutte, opposition, tournoi.

RIVE □ → *bord.*

RIVER □ **I.** → *fixer.* **II.** → *attacher.*

RIVERAIN, E □ Adjacent, attenant, avoisinant, circonvoisin, contigu, environnant, immédiat, joignant, limitrophe, prochain, proche, rapproché, voisin.

RIVET □ **I.** → *pointe.* **II.** → *attache.*

RIVIÈRE □ **I. Au pr.** : affluent, canal, collecteur, cours d'eau, émissaire, fleuve, gave, oued, ravine, ru, ruisseau, torrent, tributaire, voie fluviale. **II. Loc. Rivière de diamants** → *collier.*

RIXE □ Affrontement, altercation, bagarre, bataille, batterie (vx), combat, coups et blessures, crêpage de chignons, crosses (fam.), dispute, échauffourée, lutte, mêlée, noise, pétard (arg.), pugilat, querelle.

ROBE □ **I. Au pr.** : aube, cafetan, chiton, déshabillé, djellaba, épitoge, fourreau, froc, gandoura, haïk, peignoir, péplum, rochet, sari, simarrre, soutane, surplis, toilette, tunique. → *vêtement.* **II. Par ext. 1.** → *poil.* **2.** → *enveloppe.* **3. Du cheval :** alezan, alezan brun/doré, arzel, aubère, bai, bai brun/clair, baillet, balzan, blanc, blanc argenté, brun, cavecé, châtain, clair, fauve, gris, gris moucheté, isabelle, louvet, marron, miroité, moreau, moucheté, noir, noir jais, pie, pinchard, pommelé, rouan, rubican, saure, souris, tigré, tisonné, tourdille, truité, zain.

ROBINET □ By-pass, callibistri (vx ou rég.), chantepleure, doisil, dousil, douzil, fausset, prise, purgeur, reniflard, vanne.

ROBINETTERIE □ **Par ext.** : sanitaire, tuyauterie.

ROBORATIF, IVE □ → *remontant.*

ROBOT □ Androïde, automate, engin cybernétique/à commande automatique, machine de Vaucanson.

ROBUSTE □ Costaud, dru, ferme, fort, fort comme un chêne/comme un Turc (fam.), grand, gros, herculéen, inébranlable, infatigable, malabar, musclé, puissant, râblé, résistant, solide, vigoureux, vivace.

ROBUSTESSE □ → *solidité.*

ROC □ → *roche.*

ROCADE □ → *voie.*

ROCAILLEUX, EUSE □ **I. Au pr.** : caillouteux, graveleux, pierreux, rocheux. **II. Par ext.** → *rude.*

ROCAMBOLE □ **I.** → *plaisanterie.* **II.** → *bagatelle.*

ROCAMBOLESQUE □ Abracadabrant, bizarre, drôle, ébouriffant, étonnant, étrange, exceptionnel, exorbitant, extraordinaire, extravagant, fantastique, formidable, impensable, impossible, improbable, inconcevable, incroyable, inimaginable, insoutenable, invraisemblable, paradoxal, renversant.

ROCHE, ROCHER □ Bloc, boulder, caillasse, caillou, galet, minéral, moellon, parpaing, pavé, roc, sédiment. → *pierre.*

ROCHET □ Aube, froc, mantelet, surplis.

ROCHEUX, EUSE □ → *rocailleux.*

ROCOCO □ **I. Au pr.** : rocaille. **II. Par ext.** : ancien, antique, baroque, caduc, chargé, de mauvais goût, démodé, désuet, lourd, passé, périmé, sans valeur, suranné, surchargé, toc (fam.), vieilli, vieillot, vieux.

RODER □ → *polir.*

RÔDER □ Aller à l'aventure/à l'aveuglette/au hasard/çà et là, se balader (fam.), battre l'estrade/le pavé, courir les champs/les rues, courir, déambuler, dévier de sa route/son chemin, divaguer, s'égarer, errer, flâner, marcher, se perdre, se promener, rouler sa bosse, tournoyer, traînasser, traîner, trimarder, vadrouiller, vagabonder, vaguer.

RÔDEUR, EUSE □ Chemineau, ribleur (vx), vagabond → *malfaiteur.*

RODOMONT □ → *hâbleur.*

RODOMONTADE □ Blague, bluff, bravade, braverie, broderie, charlatanerie, conte, crânerie, craque, exagération, fanfaronnade, farce, forfanterie, galéjade, gasconnade, hâblerie, histoire marseillaise, jactance, mensonge, menterie (vx), vantardise, vanterie.

ROGATON □ I. → *reste.* II. → *rognure.*

ROGNER □ I. Au pr. → *retrancher.* II. **Fam.** → *murmurer.*

ROGNURE □ Balayure, bris, chute, copeau, débris, déchet, décombre, détritus, fragment, limaille, miette, morceau, rebut, recoupe, résidu, reste, rogaton, roustissure, sciure, tesson.

ROGUE □ I. Abrupt, acariâtre, âcre, aigre, âpre, bourru, difficile, dur, hargneux, intraitable, massacrant, porc-épic, quinteux, rébarbatif, rebours (vx), rêche, renfrogné, revêche, rude. II. → *arrogant.*

ROI □ I. → *monarque.* II. **Fig.** → *phénix.*

RÔLE □ I. Bordereau, catalogue, énumération, tableau. → *liste.* II. Emploi, figuration, figure, fonction, personnage, utilité. III. Attribution, charge, devoir, métier, mission, vocation.

ROMAINE □ I. Balance, fléau, peson. II. Chicon, laitue, salade, verdure.

ROMAN □ I. Au pr. : chronique, conte, fable, feuilleton, histoire, narration, nouvelle, récit. II. Par ext. : affabulation, bateau, bobard, bourde, cancan, chanson, colle, craque, farce, hâblerie, invention, invraisemblance, mensonge, racontar, ragot.

ROMANCE □ → *chant.*

ROMANCER □ Affabuler, amplifier, arranger, blaguer, broder, composer, conter, dire/faire/raconter des blagues / contes / craques / galéjades/histoires, échafauder, exagérer, faire le malin, fanfaronner forger, galéjer (fam.), hâbler, inventer, mentir, se vanter.

ROMANCIER, ÈRE □ Feuilletoniste. → *écrivain.*

ROMANESQUE □ I. Quelque chose.

→ *extraordinaire.* II. **Quelqu'un :** chevaleresque, émotif, hypersensible, imaginatif, impressionnable, romantique, rêveur, sensible, sensitif, sentimental.

ROMANICHEL, ELLE □ Baraquin (péj.), bohémien, boumian, fils du vent, gipsy, gitan, nomade, roma, romani, romé, romano, sinte, tzigane, zing, zingaro.

ROMANTIQUE □ → *romanesque.*

ROMBIÈRE □ → *virago.*

ROMPRE □ 1. V. tr. 1. Briser, broyer, casser, couper, déchirer, désunir, détruire, disloquer, disperser, faire éclater, fendre, forcer, fracasser, fractionner, fracturer, interrompre, morceler. 2. Abolir, annuler, arrêter, barrer, défaire, dissoudre, empêcher, interrompre, suspendre, troubler. 3. Se dégager de, dénoncer, dénouer, déroger à, manquer à. → *libérer (se).* 4. → *habituer.* 5. → *désobéir.* II. V. intr. 1. Abandonner, battre en retraite, caler, caner (fam.), céder, culer, décrocher, faire machine/marche arrière, flancher, fléchir, foirer (fam.), lâcher pied, reculer, refluer, refouler, se rejeter, se replier, rétrograder. 2. Casser, céder, claquer, craquer, crever, éclater, s'étoiler, se fendre, péter (fam.), se rompre. III. **Loc.** *Rompre des lances* → *lutter.*

ROMPU, E □ I. Quelqu'un. 1. Phys. : accablé, assommé, avachi, brisé, claqué, courbatu, courbaturé, crevé, échiné, écrasé, épuisé, éreinté, esquinté, excédé, exténué, fatigué, flapi, fourbu, harassé, las, mort, moulu, pompé, recru, rendu, roué de fatigue, scié, surentraîné, sur les dents, surmené, vanné, vaseux, vermoulu, vidé. 2. Par ext. : abattu, abruti, accablé, anéanti, assommé, blasé, brisé, cassé, dégoûté, démoralisé, déprimé, écœuré, ennuyé, excédé, importuné, lassé, saturé. II. **Quelque chose. 1.** Aplati, brisé, broyé, cassé, défoncé, déglingué, démoli, descellé, détruit, disloqué, ébouillé (fam.), écaché, éclaté, écrasé, en miettes, fracassé, morcelé. 2. Brusque, convulsif, discontinu, haché, heurté, irrégulier, saccadé, sautillant, syncopé, trépidant.

RONCE □ I. Barbelé. II. Épine, mûrier, roncier.

RONCHON, RONCHONNOT □ Bougon. → *grognon.*

RONCHONNEMENT □ Grogne, grognement, mécontentement, murmure, plainte, protestation, rouspétance.

RONCHONNER □ I. Bougonner, bourdonner, broncher, gémir, geindre, grognasser, grogner, grognonner, grommeler, gronder, marmonner, marmotter, maronner, maugréer, murmurer, se plaindre, protester, ragonner (fam.). **II.** Bisquer, écumer, endêver, enrager, être en colère/en fureur/en rogne (fam.), fumer (fam.), râler, rager, rogner, rognonner (fam.), se ronger les poings, rouspéter.

ROND ☐ n. **I. Au pr. :** cercle, cerne, circonférence, orbe, orbite. **II. Par ext. :** boule, cerceau, courbe, cylindre, disque, globe, rondelle, sphère, sphéroïde.

ROND, RONDE ☐ adj. **I. Au pr. :** circulaire, cylindrique, orbiculaire, sphérique. **II. Par ext. 1.** → *gras.* **2.** → *gros.* **3.** → *courbé.* **III. Fig. 1.** → *franc.* **2.** → *ivre.*

ROND-DE-CUIR ☐ → *employé.*

RONDE ☐ → *visite.*

RONDE (À LA) ☐ Alentour, autour, aux alentours, aux quatre coins, dans l'entourage/le voisinage.

RONDEAU ☐ → *chant.*

RONDELET, ETTE ☐ **I. Au pr. Quelqu'un :** boulot, charnu, dodu, gras, grosset, rebondi, rondouillard (fam.), rondouillet (fam.). → *gros.* **II. Fig. Quelque chose :** appréciable, coquet. → *important.*

RONDELLE ☐ → *tranche.*

RONDEMENT ☐ **I.** Franchement, loyalement. **II.** Lestement, promptement. → *vite.*

RONDEUR ☐ **I. Au pr. :** convexité, rotondité. **II. Fig. 1.** Embonpoint. → *grosseur.* **2.** Bonhomie, bonne foi, cordialité, franchise, jovialité, loyauté, netteté, simplicité, sincérité.

RONDOUILLARD, E, RONDOUILLET, ETTE ☐ → *rondelet.*

ROND-POINT ☐ Carrefour, croisée des chemins, étoile, patte-d'oie, place, square.

RONFLANT, E ☐ **I.** → *sonore.* **II.** → *emphatique.*

RONFLEMENT ☐ → *bourdonnement.*

RONFLER ☐ **I.** Bourdonner, bruire, fredonner, froufrouter, murmurer, ronronner, vrombir. **II.** → *dormir.*

RONGER ☐ **I. Au pr. :** dévorer, grignoter, manger, mouliner, piquer. **II. Par ext. :** affouiller, altérer, attaquer, brûler, consumer, corroder, dégrader, désagréger, détruire, diminuer, dissoudre, entamer, éroder, gangrener, miner, mordre, pourrir, ruiner. **III. Fig.** → *tourmenter.*

RONGEUR, EUSE ☐ Corrosif, insidieux, lancinant. → *mordant.*

RONRON ☐ → *bourdonnement.*

RONRONNER ☐ → *ronfler.*

ROQUENTIN ☐ → *vieillard.*

ROQUET ☐ → *chien.*

ROSACE ☐ → *vitrail.*

ROSE ☐ **I. n. m. : Arch. :** rosace. **II.**

Adj. 1. Lilas, saumon. **2. Loc. en/pas rose :** agréable, drôle, facile, gai.

ROSEAU ☐ **I. Au pr. :** arundo, canne, massette, phragmite. **II. Par ext. :** calame, chalumeau, mirliton, pipeau.

ROSÉE ☐ Aiguail (rég.).

ROSIÈRE ☐ → *vierge.*

ROSSARD, E ☐ **I.** Balleur, bon à rien, cagnard, cancre, clampin, cossard, feignant, feignasse, lézard, momie, ramier, tire-au-cul, tire-au-flanc. → *paresseux.* **II.** → *méchant.*

ROSSE ☐ **I. Nom** → *cheval.* **II. Adj.** → *méchant.*

ROSSÉE ☐ → *volée.*

ROSSER ☐ → *battre.*

ROSSERIE ☐ **I. Le défaut :** cruauté, dureté, hargne, jalousie, malice, malignité, malveillance, mauvaiseté, méchanceté, noirceur, perversité, scélératesse, vacherie (fam.). **II. L'acte :** calomnie, couleuvre, coup d'épingle, crasse, crosse, espièglerie, farce, gentillesse, médisance, mistoufle, noirceur, perfidie, saleté, saloperie, taquinerie, tour, tourment, vacherie. **III.** Épigramme, mot, pique, plaisanterie, pointe, saillie, trait.

ROSSIGNOL ☐ **I.** Pouillot, rougequeue. **II.** Crochet, pince. → *clef, passe-partout.* **III.** → *occasion.*

ROSSINANTE ☐ Haridelle, rosse, sardine (arg.), tréteau. → *cheval.*

ROT ☐ → *renvoi.*

RÔT ☐ → *rôti.*

ROTATIF, IVE, ROTATOIRE ☐ Giratoire, tournant.

ROTATION ☐ → *tour.*

ROTER ☐ **I. Au pr. :** éructer, faire un rot, se soulager. **II. Loc. fam. En roter :** en baver, en voir de toutes les couleurs. → *souffrir.*

RÔTI ☐ n. Pièce de bœuf/porc/veau, rosbif, rôt.

RÔTI, E ☐ adj. Grillé, havi, rissolé, saisi, torréfié.

RÔTIE ☐ n. Canapé, frottée (pop.), rissolette, toast.

RÔTIR ☐ **I.** Cuire, cuisiner, frire, griller, havir, rissoler, roustir, torréfier. **II. Par ext. :** bronzer, brûler, chauffer.

RÔTISSERIE ☐ → *restaurant.*

ROTONDITÉ ☐ **I.** → *rondeur.* **II.** → *grosseur.*

ROTURE ☐ → *peuple.*

ROTURIER, ÈRE ☐ **I. Nom** → *paysan.* **II. Adj. 1.** Ordinaire, plébéien, populaire, prolétaire, simple. **2.** → *vulgaire.*

ROUBIGNOLE ☐ → *bourse.*

ROUBLARD, E ☐ **I. Sens affaibli :** adroit, astucieux, combinard, débrouillard, dégourdi, déluré, farceur, ficelle, fin, finaud, fine mouche, futé, habile, madré, malicieux, malin, matois, narquois, renard, roué, rusé, sac à malices, spirituel, trompeur, vieux routier. **II. Non favorable** → *mauvais.*

ROUBLARDISE □ → *cautèle.*

ROUCOULER □ **I. Au pr. :** caracouler. → *chanter.* **II. Fig. :** aimer, baratiner (fam.), batifoler, caqueter, conter fleurette, faire sa cour, flirter, jeter du grain (fam.), marivauder, papillonner.

ROUE □ Engrenage, moulinet, poulie, volant.

ROUE (FAIRE LA) □ Faire le beau, se pavaner, se rengorger. → *poser.*

ROUÉ, E □ **I.** → *fatigué.* **II.** → *malin.* **III.** → *rusé.* **IV.** → *débauché.*

ROUELLE □ → *tranche.*

ROUER □ → *battre.*

ROUERIE □ → *ruse.*

ROUGE □ **I. Au pr. :** amarante, andrinople, bordeaux, brique, capucine, carmin, carotte, cerise, cinabre, coquelicot, corail, corallin, cramoisi, cuivré, écarlate, écrevisse, érubescent, feu, fraise, garance, géranium, grenat, groseille, gueules (blason), incarnadin, incarnat, lie-de-vin, nacarat, orangé, ponceau, pourpre, purpuracé, purpurin, rosé, roux, rubis, safrané, sang, sanglant, tomate, vermeil, vermillon, vineux, zinzolin. **II. Par ext. :** coloré, congestionné, couperosé, empourpré, enfiévré, enflammé, enluminé, érubescent, flamboyant, incandescent, pourpré, rougeaud, rougeoyant, rouget, rubescent, rubicond, rubigineux, rutilant, sanguin, vultueux. **III. Nom. 1.** → *rougeur.* **2.** → *honte.*

ROUGEUR □ **I.** → *rouge.* **II.** Couperose, énanthème, érubescence, érythème, exanthème, feu, inflammation, rubéfaction. **III. Fam. :** fard, soleil.

ROUGIR □ **I. V. intr. :** devenir rouge, piquer un fard (fam.)/un soleil (fam.). **II. V. tr. :** colorer, dorer, ensanglanter, rendre rouge.

ROUGISSANT, E □ **Par ext.** → *timide.*

ROUILLER (SE) □ **Fig. :** s'ankyloser, s'étioler. → *endormir (s').*

ROULADE □ → *vocalise.*

ROULAGE □ → *trafic.*

ROULANT, E □ **I. Adj. 1.** → *mouvant.* **2. Fam.** → *comique.* **II. Nom :** convoyeur, transporteur.

ROULEAU □ **I.** Bande, bobine. **II.** Brise-mottes, croskill, cylindre.

ROULÉE □ → *torgnole, volée.*

ROULER □ **I. V. tr. 1.** Déplacer, pousser. → *tourner.* **2.** Charrier, emporter, entraîner, transporter. **3.** Enrober, enrouler, envelopper, roulotter, torsader. **4.** → *tromper.* **5.** → *vaincre.* **6.** *Loc. Rouler dans sa tête :* faire des

projets, penser. → *projeter.* **II. V. intr. 1.** → *mouvoir (se).* **2.** → *tomber.* **3.** → *errer.* **4.** → *balancer.* **5.** Avoir pour objet/sujet, pivoter/porter/tourner sur, se rapporter à, toucher à, traiter de. **III. V. pron. : 1.** Se secouer, se tourner, se vautrer. **2.** S'enrouler, se lover.

ROULETTE □ Galet, molette.

ROULEUR, EUSE □ → *vagabond.*

ROULIER □ → *voiturier.*

ROULIS □ Balancement, mouvement transversal, oscillation, secousse.

ROULOTTE □ Caravane, maison ambulante, remorque.

ROUPETTE □ → *bourse.*

ROUPILLER □ → *dormir.*

ROUPILLON □ → *sommeil.*

ROUQUIN, E □ → *roux.*

ROUSCAILLER □ → *protester.*

ROUSPÉTANCE □ → *protestation.*

ROUSPÉTER □ **I.** → *protester.* **II.** → *rager.*

ROUSPÉTEUR, EUSE □ → *grognon.*

ROUSSÂTRE, ROUSSEAU □ (vx) *roux.*

ROUSSEUR (TACHE DE) □ Lentigo, lentille, tache de son.

ROUSSIN □ **I.** → *âne.* **II.** → *policier.*

ROUSSIR □ Brûler, cramer, devenir roux, griller, havir, rougir.

ROUSTE □ → *volée.*

ROUSTON □ → *bourse.*

ROUTE □ **I. Au pr. :** autoroute, autostrade, chaussée, chemin, pavé, trimard (arg.). → *voie.* **II. Par ext. :** distance, itinéraire, parcours. → *trajet.*

ROUTIER □ **I.** Camionneur, chauffeur/conducteur de poids lourds. → *voiturier.* **II.** → *brigand.* **III. Loc. Vieux routier** → *malin.*

ROUTINE □ **I.** Empirisme, pragmatisme, pratique, usage. → *expérience.* **II.** Chemin battu (fam.), misonéisme, ornière, poncif, traditionalisme, train-train, trantran. → *habitude.*

ROUTINIER, ÈRE □ Accoutumé, arriéré, coutumier, encroûté, habituel, rebattu.

ROUX, ROUSSE □ **I. Quelqu'un :** auburn, blond vénitien, poil de carotte (fam.), queue-de-vache (péj.), rouge, rouquemoute (arg.), rouquin, roussâtre (péj.), rousseau (vx). **II. Un cheval :** alezan, baillet.

ROYAL, E □ **I. Au pr. :** monarchique, régalien. **II. Par ext. 1.** → *parfait.* **2.** → *imposant.*

ROYALEMENT □ Généreusement, magnifiquement, richement, splendidement, superbement.

ROYALISTE □ Chouan, légitimiste, monarchiste, orléaniste, traditionaliste, ultra.

ROYAUME □ → nation.

ROYAUTÉ □ **I. Au pr.** : couronne, dignité royale, monarchie, sceptre, trône. **II. Par ext.** : influence, souveraineté. → supériorité.

RUADE □ **I. Au pr.** : coup de pied, dégagement, saut. **II. Fig.** : attaque, contestation, protestation, réaction.

RUBAN □ **I. Au pr.** : bande, cordon, cordonnet, faveur, frange, liséré, galon, ganse, padou, rufflette. → passement. **II. Par ext. 1.** Bouffette, cadogan, catogan, chou, coque, suivez-moi-jeune-homme. **2.** Bavolet, bourdaloue, brassard, cocarde, crêpe. **3.** Décoration, insigne, rosette. **4.** Aiguillette (vx), lacet, tirant. **5.** Signet.

RUBICOND, E □ → rouge.

RUBRIQUE □ **I.** → article. **II.** → titre.

RUDE □ **I. Au pr. 1.** Abrupt, agreste, arriéré, barbare, brut, fruste, grossier, heurté, impoli, inculte, rustaud, rustique, sauvage. **2.** Aigre, âpre, brutal, cruel, froid, lourd, pénible, rigoureux, sec. **3.** Difficile, malheureux, pénible, redoutable, scabreux, triste. **4.** Cru, fort, raide, râpeux, rêche, vert. **5.** Caillouteux, inégal, raboteux, rocailleux. **6.** Grumeleux, rugueux, squameux. **II. Par ext. 1.** Anguleux, austère, bourru, brusque, cahoteux, désagréable, dur, farouche, hérissé, malgracieux, rébarbatif, revêche, rigide, sévère. **2.** Heurté, rauque. **3.** Drôle, fier, grand, lourd, sacré. **4.** → rigoureux. **5.** → difficile. **6.** → terrible.

RUDESSE □ Âpreté, aspérité, austérité, barbarie, brusquerie, brutalité, cruauté, dureté, grossièreté, implacabilité, impolitesse, inclémence, raideur, rigidité, rigueur, rugosité, rusticité, sécheresse, sévérité.

RUDIMENT □ **I.** Commencement, embryon, germe, linéament. → principe. **II.** Abc, élément, essentiel. → abrégé.

RUDIMENTAIRE □ → simple.

RUDOYER □ Abîmer, accommoder, arranger, bafouer, battre, bourrer, brimer, brusquer, brutaliser, critiquer, crosser, éreinter, étriller, faire un mauvais parti, frapper, houspiller, lapider, malmener, maltraiter, mâtiner (fam.), molester, ravauder, secouer, tarabuster, traîner sur la claie, traiter mal/sévèrement, traiter de Turc à More, tyranniser, violenter, vilipender.

RUE □ **I. Au pr.** : allée, artère, avenue, boulevard, chaussée, cours, passage, promenade, quai, ruelle, traboule (Lyon), venelle. **II. Par ext. 1.** Asphalte, pavé, ruisseau, trottoir. **2.** → voie. **III. Loc. À la rue** : dehors, sans abri/domicile/ressources. → ruiné.

RUÉE □ Attaque, course, curée,

débandade, descente, désordre, invasion, panique.

RUELLE □ **I.** → rue. **II.** → alcôve.

RUER □ **I. Au pr.** : décocher/envoyez/lâcher,/lancer une ruade, dégager, ginguer, lever le cul/le derrière, récalcitrer, regimber. **II. Loc. Ruer dans les brancards** → protester. **III. V. pron.** : assaillir, bondir, charger, débouler, s'élancer, foncer, fondre, se jeter, piquer, se précipiter, sauter, tomber sur.

RUFIAN □ → vaurien.

RUGIR □ → crier.

RUGISSEMENT □ → cri.

RUGOSITÉ □ Âpreté, aspérité, cal, callosité, dureté, inégalité, irrégularité. → rudesse.

RUGUEUX, EUSE □ → rude.

RUINE □ **I. Au sing. 1. Au pr.** : anéantissement, chute, décadence, dégradation, délabrement, déliquescence, démolition, désagrégation, destruction, détérioration, disparition, écrasement, écroulement, effondrement, renversement. **2. Par ext.** : affaiblissement, banqueroute, culbute, débâcle, déchéance, déconfiture, dégringolade, dépérissement, déroute, ébranlement, étiolement, faillite, fin, liquidation, malheur, mort, naufrage, néant, pauvreté, perte. **3.** Dégât, désastre, ravage. **4. Fig. Quelqu'un** : chef-d'œuvre en péril (fam.), déchet, épave, larve, loque, son et lumière (fam.). **II. Au pl.** : cendres, débris, décombres, démolition, éboulement, reste, témoin, trace, vestige.

RUINÉ, E □ **Fam. I.** À la côte/la rue, à sec, au pied de la côte, coulé, dans la dèche, décavé, désargenté, fauché, lessivé, liquidé, nettoyé, noyé, panné, paumé, perdu, râpé, ratatiné, rétamé, sur la paille, vidé. **II.** Épuisé, fatigué, vidé.

RUINER □ **I. Au pr. 1. On ruine quelque chose** : abattre, affaiblir, altérer, anéantir, balayer, battre en brèche, amener/causer/provoquer la ruine, consumer, couler, dégrader, délabrer, démanteler, démantibuler (fam.), démolir, désoler, détériorer, détruire, dévaster, dévorer, dissoudre, engloutir, épuiser, esquinter, étioler, exténuer, foudroyer, gâcher, gâter, miner, perdre, ravager, renverser, ronger, saper, user. **2. On ruine quelqu'un** : décaver, dégraisser (fam.), dépouiller, écraser, égorger, étrangler, expédier (vx), faire perdre, gruger, manger, mettre sur la paille, nettoyer, perdre, plumer, presser, pressurer, ronger, sucer, vider. **II. Par ext.** → infirmer. **III. V. pron.** : s'écrouler, s'effriter, s'enfoncer, et les formes pron. possibles des syn. de RUINER.

RUINEUX, EUSE □ → cher.

RUISSEAU □ **I.** → *rivière.* **II.** → *rigole.*

RUISSELANT, E □ Dégoulinant, dégouttant, inondé, mouillé, trempé.

RUISSELER □ → *couler.*

RUISSELLEMENT □ → *écoulement.*

RUMEUR □ **I. Au pr.** : bourdonnement, brouhaha, murmure, susurrement. **II. Par ext. 1.** Confusion, éclat, tumulte. → *bruit.* **2.** Avis, jugement, on-dit, opinion, potin, ragot. → *médisance.*

RUMINANT □ Bovidé, camélidé, cervidé, girafidé, ovidé, tragulidé.

RUMINER I. Au pr. : mâcher, régurgiter, remâcher. **II. Fig.** : repasser, repenser, ressasser, revenir sur. → *penser.*

RUPESTRE □ Pariétal.

RUPIN, E □ → *riche.*

RUPINER □ → *réussir.*

RUPTURE □ **I. Au pr.** : bris, brisement, cassage, cassure, concassage, décalage, destruction, écart, fracture. **II. Fig. 1.** Annulation, arrêt, cessation, dénonciation, interruption, point mort, suspension. **2.** Brouille, brouillerie, désaccord, désagrégation, désunion, détérioration, discorde, dispute, dissension, dissentiment, dissidence, divergence, division, divorce, froid, mésentente, mésintelligence, nuage, orage, séparation, tension, zizanie.

RURAL □ Agreste, bucolique, campagnard, champêtre, pastoral, rustique. → *paysan.*

RUSE □ Adresse, art, artifice, astuce, attrape-nigaud, carotte (fam.), cautèle, chafouinerie, chausse-trappe, détour, diplomatie, échappatoire, embûche, faux-fuyant, feinte, ficelle, finasserie, finesse, fourberie, fraude, habileté, intrigue, invention, machiavélisme, machination, machine, malice, manœuvre, matoiserie, méandre, perfidie, piège, politique, retour (vén.), rets, roublardise, rouerie, rubrique (vx), stratagème, stratégie, subterfuge, subtilité, tactique, trame, tromperie, truc (fam.).

RUSÉ, E □ Adroit, artificieux, astucieux, cauteleux, chafouin, diplomate, ficelle, fin, finasseur, finaud, fourbe, futé, habile, inventif, loup, machiavélique, madré, malicieux (vx),

malin, matois, narquois, normand, perfide, politique, renard, retors, roublard, roué, subtil, tortueux, trompeur, vicelard.

RUSER □ Finasser. → *tromper.*

RUSH □ → *afflux.*

RUSTAUD, E □ Balourd, béotien, grossier, huron, iroquois, lourd, malotru, paysan, peigne-cul, plouc, rustique, rustre, sauvage, zoulou. → *impoli.*

RUSTICITÉ □ **I. Non favorable :** balourdise, béotisme, brutalité, goujaterie, grossièreté, impolitesse, lourdeur, rustauderie, rustrerie. **II. Favorable** : dépouillement, frugalité, modération, pondération, sobriété, tempérance. → *simplicité.*

RUSTIQUE □ **I. Au pr. 1. Neutre :** agreste, bucolique, campagnard, champêtre, pastoral, rural. → *simple.* **2. Non favorable :** abrupt, arriéré, balourd, barbare, bestial, brut, fruste, grossier, impoli, inculte, lourd, rustaud, rustre, sauvage. **II. Par ext. :** endurant, increvable (fam.), fort, nerveux, résistant, robuste, solide, tenace, vivace.

RUSTRE □ **I.** → *paysan.* **II.** → *rustique.* **III.** → *impoli.*

RUT □ Amour, chaleur, chasse, désir, œstrus, retour à l'espèce.

RUTILANCE □ **I.** → *brillant.* **II.** → *éclat.*

RUTILANT, E □ Ardent, brasillant, brillant, éclatant, étincelant, flamboyant. → *rouge.*

RUTILER □ → *briller.*

RYTHME □ Accord, assonance, balancement, bercement, cadence, eurythmie, harmonie, mesure, mètre, mouvement, nombre, retour, son, tempo, temps, va-et-vient.

RYTHMÉ, E □ Assonancé, balancé, cadencé, équilibré, harmonieux, mesuré, rythmique, scandé.

RYTHMER □ **I.** Accorder, cadencer, donner du rythme, harmoniser, mesurer. **II.** Marquer/souligner le rythme, régler, scander, soumettre à un rythme.

RYTHMIQUE □ **I. Nom fém. 1.** Métrique, prosodie, scansion, versification. **2.** Chorégraphie, danse. **3.** Gymnique. **II. Adj. :** alternatif. → *rythmé.*

SABBAT □ → *tapage.*

SABIR □ → *langue.*

SABLE □ Arène, calcul, castine, gravier, gravillon, jar, lise, pierre, sablon, tangue.

SABLER □ → *boire.*

SABLIÈRE □ Carrière, gravière, sablonnière, tanguière.

SABORDER □ → *couler.*

SABOT □ **I.** Chaussure, galoche, patin, socque. **II.** → *toupie.* **III.** → *saleté.*

SABOTAGE □ **I.** → *désordre.* **II.** → *résistance.*

SABOTER □ **I.** → *détériorer.* **II.** → *gâcher.*

SABOTEUR □ Démolisseur, destructeur, fossoyeur, naufrageur, ravageur.

SABOULER □ → *secouer, gâcher.*

SABRER □ **I.** → *effacer.* **II.** → *gâcher.*

SAC □ **I.** → *pillage.* **II.** Bagage, baise-en-ville (fam.), besace, bissac, carnassière, carnier, fourre-tout, gibecière, havresac, hotte, musette, panetière, poche, porte-documents, portemanteau, sachet, sacoche. → *cabas.* **III.** Aumônière, bourse, escarcelle, réticule, vanity-case. **IV. Loc. Gens de sac et de corde** → *vaurien.*

SACCADE □ → *secousse.*

SACCADÉ □ Brusque, capricant, convulsif, discontinu, haché, heurté, hoquetant, inégal, intermittent, irrégulier, rompu, sautillant, spasmodique, sursautant, trépidant.

SACCAGE □ **I.** Bouleversement, désastre, destruction, dévastation, ravage, ruine. **II.** → *pillage.*

SACCAGER □ **I.** → *ravager.* **II.** → *renverser.*

SACERDOCE □ **I.** Ministère, ordre, prêtrise. **II. Par ext. :** apostolat, charge, dignité, fonction, mission, poste.

SACOCHE □ **I.** → *gibecière.* **II.** → *sac.*

SACRE □ Consécration, couronnement, intronisation.

SACRÉ, E □ **I.** Auguste, béni, consacré, divin, hiératique, intangible, inviolable, liturgique, sacro-saint, sanctifié, saint, tabou, vénérable. **II.** → *parfait.* **III.** → *détestable.*

SACREMENT □ Baptême, confirmation, eucharistie, extrême-onction, mariage, ordre, pénitence.

SACRER □ **I. Au pr. :** bénir, consacrer, oindre, sacraliser. **II. Par ext.** → *couronner.* **III.** → *jurer.*

SACRIFICE □ **I. Au pr. :** hécatombe, holocauste, hostie, immolation, libation, lustration, messe, oblation, offrande, propitiation, taurobole. **II. Par ext. :** abandon, abnégation, désintéressement, dessaisissement, dévouement, don de soi, offre, renoncement, résignation.

SACRIFIER □ Dévouer, donner, égorger, immoler, mettre à mort, offrir. **V. pron. :** Se dévouer, se donner, se faire hacher pour, payer de sa personne, s'oublier *et les formes pron. possibles des syn. de* SACRIFIER.

SACRILÈGE □ **I.** → *profanation.* **II.** → *vandale.*

SACRIPANT □ → *vaurien.*

SADIQUE □ → *vicieux.*

SADISME □ **I.** Aberration mentale/sexuelle, délectation, manie, perversion, sadomasochisme. **Arg. :** éducation anglaise, passions. **II.** Acharnement, bestialité, cruauté, lubricité, méchanceté, perversité, vice.

SAFARI □ → *chasse.*

SAFRAN □ **I.** Crocus. **II.** → *jaune.* **III. Par ext. :** spigol.

SAGA □ → *légende.*

SAGACE □ **I.** → *pénétrant.* **II.** → *intelligent.*

SAGACITÉ □ **I.** → *pénétration.* **II.** → *intelligence.*

SAGAIE □ → *trait.*

SAGE □ **I. Nom :** gourou, juste, mage, philosophe, savant. **II. Adj. 1.** → *prudent.* **2.** → *tranquille.* **3.** → *décent.*

SAGE-FEMME □ Accoucheuse, gynécologue, matrone, mère guette-au-trou (fam.), obstétricienne (vx).

SAGESSE □ **I. Au pr. :** bon sens, connaissance, discernement, philosophie, raison, sapience, sens commun, vérité. **II. Par ext. 1.** Circonspection, modération, prudence. **2.** Chasteté, continence, honnêteté, pudeur, retenue, vertu. **3.** Calme. docilité, obéissance, sérénité, tranquillité.

SAIGNANT, E □ → *ensanglanté.*

SAIGNÉE □ **I.** → *canal.* **II.** → *prélèvement.*

SAIGNEMENT □ **I.** → *hémorragie.* **II.** → *menstruation*

SAIGNER □ **I.** → *tuer.* **II.** → *dépouiller* **III.** → *dépenser.*

SAILLANT, E □ **I.** → *proéminent.* **II.** → *remarquable.*

SAILLIE □ **I. Au pr. :** angle, arête, aspérité, avance, avancée, avancement, balèvre, bec, bosse, bourrelet, console, corne, corniche, côte, coude, crête, dent, éminence, encorbellement, éperon, ergot, gibbosité, moulure, nervure, pointe, proéminence, protubérance, redan, relief, ressaut, surplomb, tubercule. **II. Par ext. 1.** → *saut.* **2.** → *saccade.* **3.** → *caprice.* **4.** → *mot.* **5.** → *accouplement.*

SAILLIR □ **I. V. intr. 1.** Avancer, déborder, se dessiner/détacher, surplomber. → *dépasser.* **2.** → *jaillir.* **II. V. tr. :** couvrir, monter, sauter, servir. → *accoupler (s').*

SAIN, E □ **I. Au pr. :** hygiénique, naturel, pur, salubre, salutaire, tonique. **II. Par ext. 1.** → *valide.* **2.** → *profitable* **III. Loc. Sain et sauf** → *sauf.*

SAINBOIS □ Daphné, garou.

SAINFOIN □ Esparcet, esparcette.

SAINT, E □ **I.** Apôtre, béat, bienheureux, glorieux, élu, martyr, sauvé, vertueux. **II.** Auguste, vénérable → *sacré.* **III. Loc. 1. Sainte nitouche** → *patelin.* **2. À la saint-glinglin :** aux calendes grecques, jamais.

SAINTETÉ □ **I.** Béatitude, gloire, salut, vertu. **II.** → *perfection.*

SAISI, E □ **I.** → *surpris.* **II.** → *ému.* **III.** → *rôti.*

SAISIE, SAISINE □ → *confiscation.*

SAISIR □ **I.** → *prendre.* **II.** → *percevoir.* **III.** → *entendre.* **IV.** → *émouvoir.* **V. pron. :** → *prendre.*

SAISISSANT, E □ → *étonnant.*

SAISISSEMENT □ → *émotion.*

SAISON □ → *époque.*

SAISONNIER, ÈRE □ → *temporaire.*

SALACE □ → *lascif.*

SALACITÉ □ → *lasciveté.*

SALADE □ → *mélange.*

SALAIRE □ **I.** → *rétribution.* **II.** → *récompense.* **III.** → *punition.*

SALARIÉ, E □ → *travailleur.*

SALAUD □ → *malpropre, méchant.*

SALE □ **I.** → *malpropre.* **II.** → *obscène.*

SALÉ, E □ **I. Au pr. :** fort, relevé, saumâtre. **II. Fig. 1.** → *obscène.* **2.** Cher, exagéré, sévère.

SALETÉ □ **I. Au pr. : 1.** Boue, crasse, crotte, gâchis, immondices, impureté, macule, malpropreté, merde (grossier), mouton, ordure, poussière, rebut, salissure, saloperie, souillure, tache. **2.** Chassie, gringuenaude, morve. → *pus.* **II. Par ext. :** cochonnerie, pacotille, patraque, rossignol, saloperie (grossier), toc. **III. Fig. 1.** → *méchanceté.* **2.** → *obscénité.*

SALIGAUD □ → *malpropre.*

SALINIER, ÈRE □ Paludier, saunier.

SALINITÉ □ Salure.

SALIR □ **I. Au pr. :** abîmer, barbouiller, charbonner, contaminer, crotter, culotter, éclabousser, embouer (vx), encrasser, gâter, graisser, jaunir, mâchurer, maculer, noircir, poisser, polluer, souiller, tacher. **II. Fig. :** baver sur, calomnier, déparer, déshonorer, diffamer, entacher, flétrir, profaner, prostituer, ternir.

SALIVE □ Bave, crachat, eau à la bouche, écume, postillon.

SALIVER □ **I.** → *baver.* **II.** → *vouloir.*

SALLE □ **I. Au pr. :** antichambre, chambre, foyer, enceinte, galerie, hall. → *pièce.* **II. Fig.** → *public.*

SALMIGONDIS □ → *mélange.*

SALON □ **I. Au pr. 1. Sing.** → *pièce.* **2. Au pl. :** enfilade. **II. Par ext.** → *exposition.*

SALOPER □ → *gâcher.*

SALOPERIE □ I. → *saleté.* II. → *méchanceté.*

SALOPETTE □ I. → *surtout.* II. → *cotte.*

SALTIMBANQUE □ **I. Au pr.** : acrobate, antipodiste, artiste, auguste, baladin, banquiste, baraquin, bateleur, bonimenteur, bouffon, charlatan, clown, danseur de corde, dompteur, dresseur, écuyer, équilibriste, farceur (vx), forain, funambule, hercule, jongleur, lutteur, monstre, nomade, opérateur (vx), paillasse, parodiste, pitre, tabarin, trapéziste. **II. Par ext. 1.** → *plaisant.* **2.** → *pantin.*

SALUBRE □ → *sain.*

SALUBRITÉ □ → *hygiène.*

SALUER □ **I.** Accueillir, honorer, proclamer, reconnaître. **II.** Dire/donner/offrir/présenter le/un/son. → *salut.*

SALUT □ **I.** Adieu, au revoir, bonjour, bonne nuit, bonsoir, coup de chapeau, courbette, hommage, inclination de tête, plongeon, poignée de main, révérence, salamalec, salutation, shake-hand. **II.** Bonheur, rachat, récompense, rédemption.

SALUTAIRE □ **I.** → *sain.* **II.** → *profitable.*

SALVE □ → *décharge.*

SANCTIFIER □ → *fêter.*

SANCTION □ **I.** → *confirmation.* **II.** → *punition.*

SANCTIONNER □ → *punir, confirmer.*

SANCTUAIRE □ → *église.*

SANDALE □ → *soulier.*

SANG □ Cruor, hémoglobine, sérum. **Arg.** : raisiné. **Par ext.** → *race.*

SANG-FROID □ **I.** Aplomb, assurance, audace, calme, détermination, fermeté, flegme, froideur, impassibilité, maîtrise, patience, tranquillité. **II. Loc.** *De sang-froid :* avec préméditation, délibérément, de sens rassis, en toute connaissance de cause, la tête froide, volontairement.

SANGLANT, E □ **I.** → *ensanglanté.* **II.** → *offensant.*

SANGLE □ **I.** → *courroie.* **II.** → *bande.*

SANGLER □ **I.** → *serrer.* **II.** → *cingler.*

SANGLIER □ Babirousse, bête noire (vén.), cochon (vén.), laie, marcassin, pécari, phacochère, porc, quartanier, ragot, solitaire, tiers-an.

SANGLOT □ Hoquet, larme, pleur, soupir, spasme.

SANGLOTER □ → *pleurer.*

SANG-MÊLÉ □ → *métis.*

SANGSUE □ **Fig. et fam.** : → *importun.*

SANGUINAIRE □ **I.** → *violent.* **II.** → *barbare.*

SANGUINOLENT, E □ → *ensanglanté.*

SANITAIRE □ Plomberie. → *water-closet.*

SANS-ABRI □ Sans-logis, réfugié, sinistré.

SANS-CŒUR □ → *dur.*

SANS-EMPLOI □ → *demandeur.*

SANS-FAÇON □ **I. Adj. 1.** → *franc.* **2.** → *simple.* **II. Adv.** → *simplement.*

SANS-GÊNE □ **I.** → *impoli.* **II.** → *impolitesse.*

SANS-LE-SOU □ → *pauvre.*

SANS-PATRIE □ Apatride, heimatlos, métèque (péj.), personne déplacée.

SANS-SOIN □ Désordonné, insouciant, négligent.

SANS-SOUCI □ → *insouciant.*

SANS-TRAVAIL □ → *demandeur.*

SANTÉ □ **I.** → *nature.* **II.** → *discours.*

SAOUL, SAOULE □ (vx) → *soûl.*

SAPAJOU □ **I.** → *magot.* **II.** → *singe.*

SAPE □ → *tranchée.*

SAPER □ → *miner, habiller.*

SAPEUR □ Mineur, pionnier.

SAPHISME □ → *homosexualité.*

SAPIDITÉ □ → *saveur.*

SAPIN □ Sapinette. → *conifère.*

SARCASME □ → *raillerie.*

SARCASTIQUE □ → *sardonique.*

SARCLER □ → *racler, cultiver.*

SARCOPHAGE □ **I.** → *tombe.* **II.** → *cercueil.*

SARDONIQUE □ Caustique, démoniaque, fouailleur, goguenard, moqueur, persifleur, railleur, ricaneur, sarcastique, sardonien, satanique.

SARRASIN □ Blé noir.

SARRAU □ → *surtout.*

SATANIQUE □ → *diabolique.*

SATELLITE □ **I.** → *partisan.* **II.** → *allié.* **III. Vx** → *tueur.*

SATIÉTÉ □ Dégoût, nausée, réplétion, satisfaction, saturation.

SATIN □ → *soie.*

SATINÉ, E □ **I.** → *soyeux.* **II.** → *lustré.* **III.** → *lisse.*

SATINER □ → *lustrer.*

SATIRE □ Caricature, catilinaire, charge, critique, dérision, diatribe, épigramme, factum, libelle, moquerie, pamphlet, philippique, plaisanterie, raillerie.

SATIRIQUE □ → *mordant.*

SATIRISER □ **I.** → *railler.* **II.** → *médire.*

SATISFACTION □ **I.** Compensation, pénitence, raison, réparation. **II.** → *plaisir.*

SATISFAIRE □ **I. V. tr.** : apaiser, calmer, combler, complaire, contenter, écouter, entendre, exaucer, observer, rassasier, régaler, soulager. **II. V. intr.** : accomplir, s'acquitter de, exécuter, fournir, obéir, observer, pourvoir, remplir, répondre à, suffire à.

SATISFAISANT, E □ Acceptable, convenable, correct, enviable, honnête, honorable, passable, performant, suffisant.

SATISFAIT, E □ **I.** Apaisé, béat, calme, comblé, content, heureux, rassasié, rasséréné, rassuré, soulagé. **II. Non favorable** : avantageux, fat, fier, suffisant, vain, vainqueur.

SATURATION □ → *réplétion.*

SATURÉ, E □ → *rassasié.*

SATURER □ → *combler.*

SATYRE □ **I.** Chèvre-pied, faune, sylvain. **II.** → *lascif.*

SAUCER □ → *mouiller.*

SAUCISSON □ **Par ext.** : chorizo, gendarme, jésus, rosette, salami, sauciflard (fam.).

SAUCISSONNER □ Pique-niquer.

SAUF, SAUVE □ adj. Indemne, intact, préservé, rescapé, sauvé, survivant, tiré d'affaire.

SAUF □ prép. → *excepté.*

SAUF-CONDUIT □ → *laissez-passer.*

SAUGRENU, E □ **I.** → *insensé.* **II.** → *faux.* **III.** → *étrange.*

SAUMÂTRE □ **I.** → *salé.* **II.** → *désagréable.*

SAUPOUDRER □ → *mêler.*

SAURIEN □ Amblyrhynque, amphisbène, basilic, caméléon, dragon, gecko, iguane, lézard, moloch, orvet, scinque, seps, sphénodon, tupinambis, varan, zonure. → *reptile.*

SAUT □ **I. Au pr.** : bond, bondissement, cabriole, culbute, gambade, sautillement, voltige. **II. Par ext. 1.** Cahot, ricochet, soubresaut, sursaut, tressaut. **2.** Cascade, chute, rapide. **3.** → *interruption.* **III. Loc. Faire le saut** → *résoudre (se).*

SAUTE □ → *changement.*

SAUTER I. V. tr. 1. → *franchir.* **2.** → *passer.* **3.** → *omettre.* **II. V. intr. 1.** Bondir, cabrioler, dindailler (rég.), s'élancer, s'élever, fringuer, gambader, rebondir, ricocher, sautiller, trépigner. **2.** → *éclater.* **III. Loc. 1. Faire sauter.** → *cuire, tuer, destituer.* **2. Se faire sauter** → *suicider (se).*

SAUTERIE □ → *bal.*

SAUTEUR, EUSE □ → *pantin.*

SAUTILLANT, E □ → *saccadé.*

SAUVAGE □ **I. Nom** : anthropophage, barbare, cannibale, homme des bois, primitif. **II. Adj. 1. Animaux** : fauve, haret (chat), inapprivoisé, marron. **2. Un lieu :** abandonné, agreste, à l'écart, champêtre, désert, inculte, inhabité, retiré, romantique. **3. Quelqu'un :** Au pr. : barbare, bestial, cruel, dur, féroce, inhumain, intraitable, méchant, ombrageux, redoutable, rude, violent. *Par ext. :* abrupt, âpre, brut, farouche, fier, fruste, gothique (vx), grossier, inapprivoisable, incivilisé, inculte, indomptable, indompté, insociable, mal dégrossi/embouché (fam.)/élevé, misanthrope, ostrogoth, ours, solitaire, tudesque, vandale, wisigoth. **4.** Craintif, farouche, hagard, timide.

SAUVAGEON, ONNE □ → *sauvage.*

SAUVAGERIE □ **I. Au pr. :** barbarie, brutalité, cruauté, férocité. **II. Par ext. :** insociabilité, misanthropie, timidité.

SAUVÉ, E □ **I.** → *sauf.* **II.** → *saint.*

SAUVEGARDE □ **I.** → *garantie.* **II.** Auspices, égide, patronage, protection, soutien, tutelle, vigilance. **III.** Abri, appui, asile, bannière, bouclier, boulevard, défense, refuge, rempart.

SAUVE-QUI-PEUT □ Débandade, déroute, désarroi, panique. → *fuite.*

SAUVER □ **I. Au pr. 1.** → *garantir.* **2.** → *éviter.* **II. Par ext.** → *excuser.* **III. V. pron. 1.** → *enfuir (s').* **2.** → *partir.* **3. Fig.** → *rattraper (se).*

SAUVEUR □ **I. Au pr. :** défenseur, libérateur, protecteur, sauveteur. **II. Relig. :** messie, prophète, rédempteur. **III. Par ext. : 1.** Bienfaiteur, rempart. **2.** Deus ex machina, zorro.

SAVANT, E □ **I. Adj. 1. Au pr. :** averti, avisé, cultivé, docte, éclairé, érudit, informé, instruit, lettré. **2. Par ext. :** calé, compétent, expert, fort, habile, maître dans, omniscient, versé. **3. Péj.** → *pédant.* **4. Fig. Quelque chose :** ardu, compliqué, difficile, recherché. **II. Nom. 1. Favorable :** chercheur, clerc (vx), découvreur, érudit, expert, homme de cabinet (vx)/de science, lettré, philosophe, sage, scientifique, spécialiste. **2. Fam. :** abîme/puits d'érudition/de science, fort en thème, grosse tête, tête d'œuf. **3. Péj. :** diafoirus, scientiste. → *pédant.*

SAVANTASSE □ → *pédant.*

SAVATE □ **I.** → *soulier.* **II.** → *chausson.*

SAVATER, SAVETER □ Gâcher, gâter. → *abîmer.*

SAVETIER □ → *cordonnier.*

SAVEUR □ **I. Au pr. :** bouquet, fumet, goût, sapidité. **II. Par ext. :** agrément, charme, piment, piquant, sel.

SAVOIR □ n. Acquis, aptitude, bagage, capacité, compétence, connaissance, culture, culture générale, doctrine, érudition, expérience, gnose (relig.), humanisme, initiation, instruction, intelligence, lecture, lettres, lumières, notions, omniscience, sagesse, science. → *habileté.*

SAVOIR □ v. tr. I. → *connaître.* II. → *pouvoir.* III. Loc. *Faire savoir* → *informer.*

SAVOIR-FAIRE □ → *habileté.*

SAVOIR-VIVRE □ Acquis, bienséance, civilité, convenance, courtoisie, délicatesse, doigté, éducation, égards, élégance, entregent, habileté, politesse, sociabilité, tact, urbanité, usage.

SAVONNER □ I. Au pr. → *nettoyer.* II. Fig. : gourmander, tancer. → *réprimander.*

SAVOURER □ I. Au pr. : boire, déguster, se délecter, goûter, se régaler, tâter. II. Par ext. : apprécier, se gargariser de. → *jouir.*

SAVOUREUX, EUSE □ Sapide. → *succulent.*

SAYNÈTE □ Charade, comédie, divertissement, entracte, interlude, intermède, lever de rideau, parade, pièce en un acte, proverbe, sketch.

SBIRE □ → *policier.*

SCABREUX, EUSE □ I. → *libre.* II. → *grossier.* III. → *difficile.*

SCANDALE □ I. Au pr. : bruit, désordre, éclat, esclandre, tapage. Arg. ou fam. : barouf, bastringue, bousin, chabanais, chambard, harmone, foin, papafard, pet, pétard, ramdam, salades, schproum, tapis. II. Choc, émotion, étonnement, honte, indignation.

SCANDALEUX, EUSE □ → *honteux.*

SCANDALISÉ, E □ → *outré.*

SCANDALISER □ Choquer. V. pron. → *offenser (s').*

SCANDER □ Accentuer, battre/marquer la mesure, cadencer, ponctuer, rythmer, souligner, versifier.

SCATOLOGIE □ Coprolalie.

SCATOLOGIQUE □ Grossier, stercoraire, stercoral. → *obscène.*

SCEAU □ → *marque.*

SCÉLÉRAT, E □ I. Au pr. : bandit, coquin, criminel, filou, fripon, homicide, infâme, larron, méchant, misérable, monstre, perfide. → *vaurien.* II. Par ext. → *infidèle.*

SCÉLÉRATESSE □ → *méchanceté.*

SCELLEMENT □ → *fixation.*

SCELLER □ I. → *fixer.* II. → *affermir.*

SCÉNARIO □ → *intrigue.*

SCÈNE □ I. → *théâtre.* II. Séquence, tableau. III. → *spectacle.* IV. Algarade, altercation, avanie, carillon (fam. et vx), discussion, dispute, esclandre, réprimande, séance.

SCÉNIQUE □ → *dramatique.*

SCEPTICISME □ I. Au pr. : pyrrhonisme. II. Par ext. *1. Philos.* : criticisme, nihilisme, positivisme, pragmatisme. *2.* Défiance, désintéressement, dilettantisme, doute, méfiance. *3.* Agnosticisme, athéisme, incrédulité, incroyance, irréligion, libre pensée.

SCEPTIQUE □ I. → *incrédule.* II. → *incroyant.*

SCEPTRE □ → *supériorité.*

SCHÉMA, SCHÈME □ → *ébauche.*

SCHÉMATISER □ → *simplifier.*

SCHISMATIQUE □ → *hérétique.*

SCHISME □ → *dissidence.*

SCHLAGUE □ Bâton, correction, fouet, goumi, knout, martinet, nerf de bœuf, tricotin, verge.

SCIE □ I. Au pr. : égoïne, passepartout, sciotte. II. Refrain, rengaine.

SCIEMMENT □ À bon escient, délibérément, de propos délibéré, en toute connaissance de cause, exprès, intentionnellement, volontairement.

SCIENCE □ I. → *savoir.* II. → *art.*

SCIENTIFIQUE □ I. Nom → *savant.* II. Adj. : critique, méthodique, objectif, positif, rationnel, savant.

SCIER □ Couper, débiter, découper, fendre, tronçonner.

SCIEUR □ Sagard (rég.).

SCINDER □ Au pr. → *sectionner.*

SCINTILLANT, E □ → *brillant.*

SCINTILLEMENT □ → *reflet.*

SCINTILLER □ I. Au pr. : brasiller, briller, chatoyer, étinceler, flamboyer, luire, miroiter, rutiler. II. Fig. : clignoter, frissonner, palpiter.

SCION □ → *pousse.*

SCISSION □ Bipartition, dissidence, dissociation, division, fractionnement, morcellement, partage, partition, schisme, sécession, séparation.

SCLÉROSE □ → *paralysie.*

SCLÉROSÉ, E □ → *figé.*

SCOLARITÉ □ Cursus. → *instruction.*

SCOLIASTE □ Annotateur, commentateur.

SCOLIE □ → *commentaire.*

SCOOP □ Exclusivité.

SCORE □ → *résultat.*

SCORIE □ Déchet, laitier, mâchefer, porc. → *résidu.*

SCOUT □ Boy-scout, éclaireur, guide, louveteau, ranger, routier.

SCRAPER □ Décapeuse.

SCRIBE □ I. Au pr. : copiste, écrivain, greffier, logographe. II. Par ext. (péj.) : bureaucrate, gratteur, scribouillard, tabellion. → *employé.*

SCROFULE ☐ Bubon, écrouelles (vx), ganglion, tumeur. → *abcès.*

SCROFULEUX, EUSE ☐ → *malade.*

SCRUPULE ☐ **I.** → *hésitation.* **II.** → *soin.* **III.** → *exactitude.* **IV.** → *délicatesse.*

SCRUPULEUX, EUSE ☐ **I. Au pr. :** correct, délicat, exact, fidèle, honnête, juste, strict. → *consciencieux.* **II. Par ext. :** attentif, maniaque (péj.), méticuleux, minutieux, pointilleux, ponctuel, précis, soigneux, soucieux.

SCRUTATEUR, TRICE ☐ Examinateur, inquisiteur, inspecteur, vérificateur.

SCRUTER ☐ → *examiner.*

SCRUTIN ☐ → *vote.*

SCULPTER ☐ Buriner, ciseler, façonner, figurer, former, fouiller, graver, modeler, tailler.

SCULPTEUR ☐ Bustier, ciseleur, imagier (vx), modeleur, ornemaniste, statuaire.

SCULPTURAL, E ☐ **I.** Architectural, plastique. **II.** → *beau.*

SCULPTURE ☐ **I.** Bas-relief, décoration, glyptique, gravure, haut-relief, moulure, ornement, ronde-bosse. **II.** Buste, figurine, monument, statue, statuette, tête, torse.

SÉANCE ☐ **I. Au pr. :** assise, audience, débat, délibération, réunion, session, vacation. **II. Par ext. :** projection, représentation, scène. → *spectacle.* **III. Fig. :** algarade, altercation, avanie, carillon (fam. et vx), discussion, dispute, esclandre, réprimande, scène.

SÉANT, ANTE ☐ adj. → *convenable.*

SÉANT ☐ n. → *derrière.*

SEAU ☐ Récipient, seille, seillon, seillot, vache.

SEC, SÈCHE ☐ **I. Au pr.** → *aride.* **II. Par ext.** → *maigre.* **III. Fig. 1.** → *dur.* **2.** → *rude.* **3.** → *pauvre.*

SÉCESSION ☐ Autonomie, dissidence, division, indépendance, partition, révolte, scission, séparation, séparatisme.

SÉCHER ☐ **I. V. tr. 1. Au pr. :** assécher, déshydrater, dessécher, drainer, éponger, essorer, essuyer, étancher, lyophiliser, mettre à sec, tarir, vider. **2. Par ext. :** étuver. → *stériliser.* **3. Fig. :** flaner, flétrir, racornir. **II. V. intr. 1. Au pr. :** dépérir, devenir sec, languir. **2. Arg. scol. :** coller, échouer, être collé, rester court. **3.** Faire l'impasse.

SÉCHERESSE ☐ **I. Au pr. :** anhydrie, aridité, siccité. **II. Fig. :** austérité, brusquerie, dureté, froideur, insensibilité, pauvreté, stérilité. → *rudesse.*

SÉCHOIR ☐ **I.** Casque, sèchecheveux. **II. Par ext. : 1.** Hérisson, if,

porte-bouteilles. **2.** → *égouttoir.* **3.** → *étuve.*

SECOND ☐ n. **I.** Cadet. **II.** Adjoint, aide, allié, alter ego, appui, assesseur, assistant, auxiliaire, bras droit, collaborateur, fondé de pouvoir, lieutenant.

SECOND, E ☐ adj. **I. Au pr. :** autre, deuxième. **II. Par ext. :** nouveau.

SECONDAIRE ☐ Accessoire, adventice, épisodique, incident, inférieur, insignifiant, marginal, mineur, négligeable, subalterne, subsidiaire.

SECONDER ☐ → *aider.*

SECOUER ☐ **I. Au pr. :** agiter, ballotter, branler (vx), brimbaler, cahoter, chabler, ébranler, gauler, hocher, locher (rég.), remuer. **II. Fig. 1.** Bousculer, harceler, houspiller, malmener, maltraiter, sabouler (fam. et vx), tourmenter. → *réprimander.* **2.** → *émouvoir.*

SECOURABLE ☐ Charitable, consolateur, fraternel, généreux, hospitalier, humain, miséricordieux, obligeant. → *bon.*

SECOURIR ☐ → *appuyer.*

SECOURS ☐ **I. Au pr. :** aide, assistance, confort (vx), concours, coup de main (fam.), entraide, facilité, grâce, moyen, protection, providence. **II. Fig. :** réconfort, renfort, rescousse, ressource, service, soutien. **III. Par ext. 1.** Allocation, attribution, aumône, bienfaisance, charité, denier, don, entraide, hospitalité, obole, palliatif, répartition, subside, subvention. **2.** → *défense.*

SECOUSSE ☐ À-coup, agitation, cahot, choc, commotion, convulsion, coup, ébranlement, heurt, mouvement, saccade, soubresaut, spasme, tremblement, trépidation, tressaut.

SECRET ☐ n. **I. Au pr. :** arcane, arrière-pensée, cabale, cachotterie, coulisse, dédale, dessous, dessous des cartes, détour, énigme, fond, mystère, pot-aux-roses (péj.), ténèbres, tréfonds. **II. Par ext. 1.** Martingale, méthode, moyen, recette, truc (fam.). **2.** Black-out, discrétion, retenue. **III. Loc. 1. En secret** → *secrètement.* **2. Dans le secret :** dans la confidence, de connivence.

SECRET, ÈTE ☐ adj. **I. Quelque chose :** abscons, anonyme, cabalistique, caché, clandestin, confidentiel, discret, dissimulé, ésotérique, furtif, hermétique, ignoré, illicite, inconnaissable, inconnu, inexplicable, insondable, intérieur, intime, invisible, irrévélé, latent, masqué, mystérieux, mystique, obscur, occulte, profond, retiré, sibylin, sourd, souterrain, subreptice, ténébreux, voilé. **II. Quelqu'un. 1. Neutre :** caché, concentré, discret, énigmatique, impénétrable, incognito, indéchiffrable,

insaisissable, mystérieux, réservé. *2.*
Non favorable : cachottier (fam.),
chafouin, dissimulé, en dessous
(fam.), fuyant, insinuant, renfermé,
sournois. → *hypocrite.*

SECRÉTAIRE □ **I. Quelqu'un. 1. Au**
pr. : copiste, dactylo, dactylographe, employé, rédacteur, rond-de-
cuir (péj.), scribe (péj.), scribouillard
(péj.). **2. Par ext.** : adjoint, alter ego
(fam.), bras droit (fam.), collaborateur. **II. Un meuble** : bahut, bonheur-
du-jour, bureau, écritoire, scriban.

SECRÉTARIAT □ Administration,
bureau, chancellerie, secrétairerie,
services.

SECRÈTEMENT □ À la dérobée, à la
sourdine, en cachette, en catimini, en
dessous, en secret, en sourdine, en
sous-main, en tapinois, furtivement,
incognito, in-petto, sans tambour ni
trompette (fam.), sourdement, sous
la table, sous le manteau, subrepticement.

SÉCRÉTER □ Dégoutter, distiller,
élaborer, épancher, filtrer.

SÉCRÉTION □ Bile, excrétion,
humeur, récrément (vx), salive.

SECTAIRE □ Autoritaire, doctrinaire,
dogmatique, enragé, étroit, exalté,
exclusif, fanatique, farouche, frénétique, furieux, intégriste, intolérant,
intraitable, intransigeant, irréductible, partial, partisan, rigide, rigoriste,
sévère, violent.

SECTATEUR □ Adepte, adhérent,
affidé, affilié, allié, ami, disciple, doctrinaire, fanatique (péj.), fidèle, militant, partisan, propagandiste, prosélyte, suppôt (péj.), zélateur.

SECTE □ Association, bande, brigue,
cabale, camp, clan, coalition, église,
faction, groupe, parti, phalange,
rassemblement, religion, société
secrète.

SECTEUR □ → *zone.*

SECTION □ **I.** Cellule, groupe. **II.**
Coupure, division, fraction, paragraphe, partie, portion, rupture, scission,
segment, séparation, subdivision.

SECTIONNNER □ Couper, désassembler, désunir, disjoindre, diviser,
fendre, fractionner, morceler, partager, scinder, segmenter, séparer,
subdiviser. → *couper.*

SÉCULAIRE □ → *ancien.*

SÉCULIER, ÈRE □ **I.** → *terrestre.* **II.**
Laïc, profane, temporel.

SÉCURISER □ → *tranquilliser.*

SÉCURITÉ □ **I. Au pr.** : abandon,
abri, assurance, calme, confiance,
repos, sérénité, sûreté, tranquillité. **II.**
Par ext. 1. Ordre, police. **2.** Fiabilité,
fidélité.

SÉDATIF, IVE □ Adoucissant, analgésique, anesthésique, anodin, antalgi-

que, antipyrétique, antispasmodique,
apaisant, balsamique, calmant, consolant, hypnotique, lénifiant, lénitif,
narcotique, parégorique, rafraîchissant, relaxant, reposant, vulnéraire.

SÉDATION □ → *apaisement.*

SÉDENTAIRE □ **I. Au pr.** : assis,
attaché, établi, fixe, immobile, inactif, permanent, stable, stationnaire. **II.**
Par ext. (fam.) : casanier, cul-de-
plomb, notaire, pantouflard, popote,
pot-au-feu.

SÉDIMENT, **SÉDIMENTATION**
□ Accroissement, accrue, allaise,
alluvion, apport, atterrissement,
boue, calcaire, concrétion, dépôt, formation, lais, laisse, lie, limon, lœss,
précipité, relais, résidu, roche, tartre.

SÉDITIEUX, EUSE □ **I. Au pr.** :
activiste, agitateur, anarchiste, comploteur, contestataire, émeutier, factieux, frondeur, insoumis, insubordonné, insurgé, militant, mutin, provocateur, rebelle, révolté, subversif,
terroriste. **II. Par ext.** → *tumultueux.*

SÉDITION □ **I.** → *émeute.* **II.** →
révolte.

SÉDUCTEUR, TRICE □ **I. Nom** :
apprivoiseur, bourreau des cœurs,
casanova, casse-cœur, cavaleur
(péj.), charmeur, coureur/trousseur
de jupons (péj.), don juan, enjôleur,
ensorceleur, épouseur (vx), fascinateur, homme à bonnes fortunes/à
femmes, larron d'honneur (vx), lovelace, magicien, suborneur, tombeau
des cœurs, tombeur de femmes. →
galant. **II. Adj.** → *séduisant.*

SÉDUCTION □ → *charme.*

SÉDUIRE □ **I. Non favorable. 1.**
Au pr. : acheter, affriander, allécher, amorcer, appâter, attirer dans
ses filets, cajoler, capter, corrompre,
débaucher, déshonorer, mettre à mal,
perdre, soudoyer, suborner. **2. Arg.**
ou fam. : dégréner, emballer, embarquer, lever, quimper, soulever, tomber. **3. Par ext.** : abuser, amuser,
attraper, berner, bluffer, circonvenir,
décevoir, donner le change, éblouir,
égarer, en conter, en donner, endormir, en faire accroire/croire, engluer,
en imposer, enjôler, faire bril-
ler/chatoyer/miroiter, flatter, jobarder, mener en bateau, minauder,
monter le coup, prendre au piège. →
tromper. **Fam.** : avoir, blouser, couillonner, dorer la pilule, embabouiner,
embobeliner, embobiner, emmitonner, entortiller, posséder. **II. Favo-**
rable ou neutre. 1. Affrioler, aguicher, attacher, attirer, attraire, captiver, charmer, coiffer, conquérir, don-
ner/taper dans l'œil (fam.), ensorceler, entraîner, envoûter, fasciner,
hypnotiser, magnétiser, plaire, tenter, vamper. **2.** Convaincre, entraîner,
gagner, persuader.

SÉDUISANT, E □ Affriolant, agréable, aguichant, alléchant, amène, attachant, attirant, attrayant, beau, brillant, captivant, charmant, chatoyant, désirable, enchanteur, engageant, ensorcelant, enveloppant, envoûtant, fascinant, flatteur, gracieux, insinuant, joli, piquant, prenant, ravageur, ravissant, séducteur, sexy (fam.).

SEGMENT □ **I.** → *section.* **II.** → *ligne.*

SEGMENTATION □ Échelonnement, éparpillement, fractionnement, fragmentation, morcellement, partage. → *division.*

SEGMENTER □ → *sectionner.*

SÉGRÉGATION □ → *séparation.*

SÉIDE □ **I.** Zélateur. **II.** → *partisan.*

SEIGNEUR □ **I. Au pr.** : châtelain, écuyer, gentilhomme, hobereau, maître, sire, suzerain. **II. Par ext.** *1.* → *noble. 2.* → *monarque. 3.* → *dieu.* **III. Loc.** *Jour du Seigneur* : dimanche, repos dominical, sabbat.

SEIN □ **I. Au pr.** : buste, giron, mamelle, poitrine. **II. Arg. ou fam.** : appas (vx), avantages, avant-scène, balcon, biberon, blague à tabac (péj.), counou, doudoune, frérot, gaillard, laiterie, lolo, mandarine, néné, nibar, nichon, nichonnaille, païen, parechoc, robert, rondeur, rondin, roploplo, rotoplo, tétasse, tété, tétin, tétine, téton. **III. Par ext.** *1.* Entrailles, flanc, utérus, ventre. *2.* Centre, cœur, fort, foyer, lieu géométrique, milieu, mitan, nœud, nombril, noyau, point. **IV. Loc.** *Au sein de :* au milieu de, dans, parmi.

SEING □ → *signature.*

SÉISME □ **I. Au pr.** : phénomène sismique, secousse, tremblement de terre. **II. Par ext.** : bouleversement, cataclysme, catastrophe, commotion, ébranlement, tornade, typhon.

SÉJOUR □ **I. Au pr.** : arrêt, pause, stage, villégiature. **II. Par ext.** : demeure, domicile, endroit, maison, résidence. → *habitation.* **III. Loc.** *Céleste séjour* : Ciel, Élysée, Enfers (myth.), Olympe, paradis.

SÉJOURNER □ **I. Au pr.** *1. Quelqu'un :* s'arrêter, s'attarder, attendre, demeurer, s'éterniser, prendre racine (fam.), rester, stationner,. tarder, *2.* Estiver, villégiaturer. *3. Quelque chose :* croupir, stagner. **II. Par ext.** : camper, crécher (fam.), descendre, être domicilié, gîter (fam.), habiter, jucher, loger, nicher (fam.), occuper, résider, se tenir, vivre.

SEL □ **I.** → *piquant.* **II.** → *esprit.*

SÉLECT, E □ Agréable, beau, bien, chic, copurchic (fam.), de bon goût, délicat, distingué, élégant, smart (fam.), snob (péj.).

SÉLECTER □ → *sélectionner.*

SÉLECTION □ **I. De choses :** *1.* Assortiment, collection, dessus du panier (fam.), éventail, réunion, *2.* Choix, écrémage, tri, triage. **II. De gens :** aristocratie, crème, élite, fine fleur, gratin, happy few (angl.). **III. Littér.** : anthologie, digest, morceaux choisis, recueil.

SÉLECTIONNER □ Adopter, aimer mieux, choisir, coopter, se décider pour, désigner, distinguer, écrémer, élire, embrasser, s'engager, faire choix, fixer son choix, jeter son dévolu, nommer, opter, préférer, prendre, sélecter, trancher, trier sur le volet.

SÉLECTIONNEUR, EUSE □ **Fam.** : chasseur de têtes.

SELLE □ **I.** Bât, cacolet, harnachement. **II.** → *excrément.*

SELLIER □ Bâtier, bourrelier.

SELON □ Conformément à, dans, d'après, suivant.

SEMAILLES □ Emblavage, ensemencement, épandage, semis.

SÉMANTIQUE □ **Par ext.** : lexicologie, onomasiologie, sémasiologie, sémiologie, sémiotique, signalétique, symptomatologie.

SEMBLABLE □ **I. Adj.** : analogue, approximatif, assimilé, assorti, commun, comparable, conforme, équivalent, homologue, identique, indiscernable, jumeau, kif-kif (fam.), la/le même, parallèle, pareil, ressemblant, similaire, symétrique, tel, tout comme. **II. Nom.** *1. Quelqu'un :* congénère, égal, frère, parent, prochain. *2. Quelque chose :* pendant.

SEMBLANCE □ Air, allure, apparence, aspect, configuration, dehors, extérieur, face, figure, forme, jour, masque, perspective, physionomie, portrait, profil, ressemblance, semblant, tour, tournure, visage.

SEMBLANT □ **I.** → *semblance.* **II. Loc.** *Faire semblant* → *simuler.*

SEMBLER □ Apparaître, s'avérer, avoir l'air/l'aspect, se montrer, s'offrir, paraître, passer pour, se présenter comme.

SEMÉ, E □ **I. Au pr.** : cultivé, emblavé, ensemencé. **II. Par ext.** : agrémenté, constellé, émaillé, orné, parsemé.

SEMENCE □ graine, pollen, sperme, spore.

SEMER □ **I. Au pr.** : cultiver, emblaver, ensemencer, épandre, jeter, répandre. **II. Par ext.** *1.* Couvrir, étendre, joncher, orner, parsemer, revêtir, tapisser. *2.* Disperser, disséminer, propager. **III. Fig.** : *1.* abandonner, délaisser, lâcher, laisser, partir, quitter, se séparer de. *2.* **Fam.** décamper, détaler, laisser tomber, planter (là).

SEMI □ Demi, hémi, mi, moitié.

SÉMILLANT, E □ Actif, agile, alerte, allègre, animé, ardent, brillant, chaleureux, dégagé, délivré, dispos, éveillé, fougueux, frétillant, fringant, gaillard, galant, guilleret, ingambe, léger, leste, pétillant, pétulant, primesautier, prompt, rapide, vif, vivant.

SEMI-MENSUEL □ Bimensuel.

SÉMINAIRE □ **I. Au pr. :** alumnat, communauté, école, institut. **II. Par ext. 1.** Pépinière. **2.** Colloque, congrès, cours, groupe de recherche, réunion, symposium, table ronde.

SEMIS □ **I.** Emblavure. **II.** Ensemencement, semailles.

SEMONCE □ Admonestation, blâme, censure, critique, engueulade (fam.), improbation, mercuriale, objurgation, observation, plainte, remarque, remontrance, réprimande, reproche, réquisitoire, vitupération.

SEMONCER □ → *réprimander.*

SEMPITERNEL, ELLE □ **I. Favorable ou neutre :** constant, continuel, durable, éternel, immémorial, immortel, immuable, impérissable, imprescriptible, inaltérable, incessant, indéfectible, indéfini, indestructible, infini, interminable, perdurable, pérenne, perpétuel. **II. Non favorable :** assommant, casse-pieds (fam.), contrariant, cramponnant, désagréable, embêtant (fam.), ennuyeux, fastidieux, fatigant, insupportable, mortel, pénible, pesant, rasant (fam.), rebutant, redondant, triste.

SÉNAT □ Assemblée, chambre, conseil, curie.

SÉNATEUR □ Pair, père conscrit.

SÉNESCENCE □ **I. Neutre :** abaissement, affaiblissement, sénilité, troisième âge, vieillesse, vieillissement. **II. Non favorable :** caducité, décadence, déchéance, déclin, décrépitude, gâtisme, gérondisme, radotage, retour à l'enfance, ruine, sénilisme.

SÉNILE □ Affaibli, âgé, bas, caduc, déchu, décrépit, en enfance, fatigué, gaga (fam.), gâteux, impotent, usé, vieux.

SÉNILITÉ □ → *senescence.*

SENS □ **I. Phys. 1. Au pr. :** audition, faculté, goût, odorat, ouïe, tact, toucher, vue. **2. Par ext. :** amour, ardeur, chaleur, chair, concupiscence, instinct, jouissance, lasciveté, lascivité, libido, plaisir, sensualité, sybaritisme, volupté. **II.** Acception, caractère, clef, côté, esprit, face, lettre, portée, signification, signifié, valeur. **III.** Avis, gré, jugement, manière de penser/de voir, opinion, point de vue, sentiment. **IV.** Aptitude, compréhension, discernement, entendement, faculté, jugement, jugeote (fam.), mesure, raison, sagesse. **V.** But, chemin, côté, destination, direction, ligne, orientation, route. **VI. Loc. 1. *Bon sens :*** bon goût, entendement, juste milieu, philosophie, raison, sagesse, sens commun. **2. *De sens rassis :*** calme, délibéré, de sang-froid, la tête froide, pondéré, posé, sage.

SENSATION □ **I. Au pr. :** avant-goût, émoi, émotion, excitation, impression, intuition, perception, sens, sentiment. **II. Par ext. :** admiration, effet, étonnement, merveille, surprise.

SENSATIONNEL, ELLE □ **I. Favorable ou neutre :** admirable, beau, confondant, curieux, drôle, ébahissant, ébaubissant (vx), éblouissant, écrasant, effarant, énorme, épatant, époustouflant, étourdissant, exceptionnel, excitant, extraordinaire, fantastique, faramineux, formidable, fracassant, frappant, génial, gigantesque, grand, impressionnant, imprévu, inattendu, incomparable, inconcevable, incroyable, inédit, inhabituel, inopiné, inouï, insolite, inusité, magique, magnifique, merveilleux, miraculeux, mirifique, mirobolant, original, parfait, particulier, passionnant, phénoménal, prodigieux, pyramidal, rare, renversant, saisissant, singulier, spécial, splendide, stupéfiant, sublime, superbe, surprenant, troublant. ***Fam. :*** ébesillant, ébouriffant, foutral, fumant, maxi, sensas, super, transpoil, vachement *et un adj. valorisant.* **II. Non favorable :** abracadabrant, ahurissant, anormal, bizarre, déconcertant, épouvantable, explosif, invraisemblable, monstrueux.

SENSÉ, E □ **I.** → *intelligent.* **II.** → *raisonnable.*

SENSIBILITÉ □ **I. Au pr. 1.** Excitabilité, hyperesthésie (méd.), impression, réceptivité, sensation. **2.** Affectivité, amour, attendrissement, cœur, compassion, émotion, émotivité, humanité, pitié, sensiblerie (péj.), sentiment, sentimentalité, sympathie, tendresse. **II. Par ext. :** amabilité, attention, bon goût, courtoisie, délicatesse, discrétion, élégance, finesse, gentillesse, obligeance, soin, tact, tendresse.

SENSIBLE □ **I. Quelque chose. 1. Au pr. :** sensitif, sensoriel. **2. Par ext. :** apparent, appréciable, charnel, clair, contingent, distinct, évident, important, matériel, notable, palpable, perceptible, phénoménal, tangible, visible. **II. Quelqu'un. 1. Au pr. :** émotif, fin, hypersensible, impressionnable, intuitif, romanesque, romantique, sensitif, sensitive, sentimental, tendre. **2.** Délicat, douillet, fragile, vulnérable. **3.** Accessible, aimable, aimant, altruiste, bon, charitable, compatissant, généreux, humain, réceptif, tendre. **4.** Braque, chatouilleux, nerveux, susceptible, vif.

SENSUALITÉ □ Bien-être, chair, concupiscence, contentement, délectation, délices, désir, ébats, érotisme, épicurisme, félicité, hédonisme, jouissance, lasciveté, lascivité, libertinage, libido, lubricité (péj.), luxure (péj.), plaisir, satisfaction, sybaritisme, tempérament. → *volupté.*

SENSUEL, ELLE □ **I. Favorable ou neutre :** amoureux, charnel, concupiscent, épicurien, érotique, lascif, léger, leste, libertin, paillard, polisson, sybarite, voluptueux. **II. Non favorable :** animal, débauché, immodeste, impudique, impur, indécent, libidineux, licencieux, lubrique, luxurieux, matériel, obscène, salace.

SENTE □ → *sentier.*

SENTENCE □ **I.** Adage, aphorisme, apophtegme, axiome, devise, dicton, dit, esquisse, maxime,' mot, parole, pensée, propos, proverbe, remarque, vérité. **II.** Arrêt, condamnation, décision, décret, jugement, ordalie (vx), ordonnance, verdict.

SENTENCIEUX, EUSE □ **I. Au pr. :** gnomique. **II. Par ext. :** affecté, cérémonieux, dogmatique, emphatique, grave, maniéré, pompeux, pompier (fam.), prudhommesque, révérencieux, solennel.

SENTEUR □ **I. Favorable ou neutre :** arôme, bouquet, effluve, émanation, exhalaison, fragrance, fumet, odeur, parfum, trace, vent (vén.). **II. Non favorable :** empyreume, fétidité, infection, mauvaise odeur, odeur fétide/infecte/repoussante, pestilence, puanteur, relent, remugle.

SENTI, E □ → *sincère.*

SENTIER □ Cavée, chemin, baie, draille, layon, lé, passage, piste, raccourci, raidillon, sente, tortille.

SENTIMENT □ **I. Au pr. :** avant-goût, connaissance, émoi, émotion, impression, intuition, perception, sens, sensation. **II. Par ext. 1.** Avis, gré, idée, jugement, opinion, pensée, point de vue. **2.** Affection, affectivité, amour, attachement, cœur, disposition, inclination, passion, tendance. → *sensibilité.*

SENTIMENTAL, E □ → *sensible.*

SENTIMENTALISME, SENTIMENTALITÉ □ → *sensibilité.*

SENTINE □ **I. Au pr. :** bourbier, charnier, cloaque, décharge, égout, fagne (rég.), margouillis, voirie. → *water-closet.* **II. Par ext. 1.** → *abjection.* **2.** → *bas-fond.*

SENTINELLE □ Épieur, factionnaire, garde, gardien, guetteur, veilleur, vigie.

SENTIR □ **I. Au pr. 1. *On sent quelque chose :*** éventer, flairer, halener (vx ou vén.), humer, odorer (vx), percevoir, renifler, respirer, subodorer. **2. *Quelque chose sent :*** embaumer, exhaler, fleurer, musser (fam.), odorer. **3.** *Non favorable :* empester, empoisonner, empuantir, exhaler/répandre une odeur désagréable/fétide/nauséabonde/répugnante, prendre à la gorge, puer. **4. *Arg. :*** chlinguer, chlipoter chocotter, cocoter, cogner, coincer, écarter du fusil, fouetter, fouilloter, gazouiller, gogoter, plomber, refouler (du goulot), renifler, repousser, rougnoter, schlinguer, schmecter, taper, trouilloter, tuer les mouches. **II. Par ext. 1.** Comprendre, connaître, découvrir, deviner discerner, pénétrer, pressentir, prévoir. **2.** Blairer, éprouver, recevoir, ressentir. **III. V. pron. 1.** Se trouver. **2.** *Les formes pron. possibles des syn. de* SENTIR.

SÉPARATION □ **I. Au pr. 1. *De quelque chose :*** décollement, démarcation, démembrement, départ, désaccouplement, désagrégation, désunion, détachement, dichotomie, différence, disjonction, dislocation, dispersion, distinction, distraction, division, fragmentation, morcellement, perte, rupture, sectionnement. **2. *De quelqu'un ou d'un groupe :*** abandon, coupure, dissidence, divorce, éloignement, exil, indépendance, ostracisme (péj.), schisme, scission, sécession, séparatisme. **II. Par ext. 1.** Abîme, barrière, borne, cloison, coupure, fossé, limite, mur, palis, palissade. → *fosse.* **2.** Cloisonnement, différenciation, discrimination, isolation, isolement, ségrégation. **3.** Claustra, galandage. **III. Loc. *Séparation de corps* →** *divorce.*

SÉPARATISME □ Apartheid, autonomie, dissidence, indépendance, particularisme, sécession.

SÉPARÉ, E □ **I.** Autre, contraire, différent, dissemblable, distinct, divergent, divers, hérétique, hétérogène, opposé, schismatique. **II.** Cloisonné, clôturé, compartimenté, divisé, partagé, sectionné, ségrégé.

SÉPARÉMENT □ À part, de côté, l'un après l'autre, un à un, un par un.

SÉPARER □ **I. Au pr. :** abstraire, analyser, arracher, casser, classer, cloisonner, compartimenter, couper, cribler, débrouiller, décoller, décomposer, dégager, démarier, démêler, démembrer, dénouer, déparier, départager, départir, déprendre, désaccoupler, désagréger, désunir, détacher, différencier, discerner, discriminer, disjoindre, dissocier, dissoudre, distinguer, écarter, éloigner, enlever, espacer, faire le départ, fendre, fragmenter, isoler, monder, morceler, ôter, partager, ramifier, ranger, rompre, scier, scinder, sectionner, trancher, trier. **II. Par ext. :**

brouiller, creuser un abîme, désunir, diviser, éloigner, faire obstacle. **III. V. pron.** : abandonner, casser, se désolidariser, divorcer, partir, quitter, reprendre sa liberté, *et les formes pron. possibles des syn. de* SÉPARER.

SEPTENTRIONAL, E □ Arctique, boréal, du nord, hyperboréen, nordique, polaire.

SÉPULCRAL, E □ **I. Par ext.** : ennuyeux, funèbre, lugubre, mélancolique, maussade, morne, morose, obscur, sinistre, sombre. → *triste.* **II. Fig.** : amorti, assourdi, caverneux, étouffé, mat, sourd, voilé.

SÉPULCRE □ → *tombe.*

SÉPULTURE □ **I.** → *enterrement.* **II.** → *tombe.*

SÉQUELLE □ → *suite.*

SÉQUENCE □ **I.** → *suite.* **II.** → *scène.*

SÉQUESTRATION □ **I.** → *emprisonnement.* **II.** → *saisie.*

SÉQUESTRE □ → *dépôt.*

SÉQUESTRER □ → *enfermer.*

SÉRAIL □ → *gynécée.*

SEREIN, E □ adj. → *tranquille.*

SEREIN □ n. m → *vapeur.*

SÉRÉNADE □ **I.** → *concert.* **II.** → *tapage.*

SÉRÉNITÉ □ → *tranquillité.*

SERF □ → *esclave.*

SERGENT DE VILLE □ → *agent.*

SÉRIE □ → *suite.*

SÉRIER □ → *ranger.*

SÉRIEUSEMENT □ Beaucoup, dangereusement, dur, gravement, tout de bon, *et les adv. en -ment formés à partir des syn. de* SÉRIEUX.

SÉRIEUX, EUSE □ adj. **I. Quelqu'un** : appliqué, austère, bon, calme, digne, froid, grave, important, pondéré, posé, raisonnable, rangé, rassis, réfléchi, réservé, respectable, sage, sévère, soigneux, solennel, solide, sûr, valable. **II. Quelque chose.** *1.* Convenable, positif, réel. *2.* Conflictuel, critique, dangereux, désespéré, dramatique, grave, important, inquiétant. *3.* → *vrai.*

SÉRIEUX □ n. m. Application, conviction, gravité, pondération.

SERIN □ **I. Au pr.** : canari, passereau. **II. Fig.** : niais, nigaud, sot. →. *bête.*

SERINER □ Bourdonner, chanter, itérer (vx), rabâcher, radoter, rebattre les oreilles, redire, réitérer, répéter, ressasser.

SERINGUE □ Clystère (vx), shooteuse (arg.).

SERMENT □ **I.** Caution, engagement, jurement, parole donnée, obligation, promesse, protestation, vœu. **II. Vx** : imprécation, juron.

SERMON □ **I. Au pr.** : capucinade (péj.), homélie, instruction, prêche, prédication, prône. **II. Par ext.** *1.* Catéchisme, discours, enseignement, exhortation, harangue, leçon, morale, propos. *2.* Chapitre, mercuriale, remontrance, réprimande, reproche, semonce.

SERMONNAIRE □ Apôtre, doctrinaire, missionnaire, orateur sacré, prêcheur, prédicant, prédicateur, prosélyte.

SERMONNER □ **I. Au pr.** : admonester, avertir, blâmer, catéchiser, chapitrer, condamner, corriger, critiquer dire son fait, faire/infliger une réprimande *et les syn. de* RÉPRIMANDE, fustiger, gourmander, gronder, haranguer, houspiller moraliser, morigéner, quereller, redresser, relever, reprendre, réprimander, semoncer, tancer. **II. Arg. ou fam.** : arranger, attraper, chanter pouilles, crier, disputer, donner/passer une danse/un galop/un savon, donner sur les doigts/sur les ongles, emballer, engueuler, enguirlander, faire la fête/la guerre à, laver la tête, moucher, passer un savon, remettre à sa place/au pas, sabouler, savonner, secouer, secouer les puces, sonner les cloches, tirer les oreilles.

SERMONNEUR, EUSE □ Harangueur, gourmandeur, grondeur, moralisateur.

SERPE □ Ébranchoir, échardonnette, échardonnoir, fauchard, fauchette, faucille, faucillon, gouet, guignette, hachette, serpette, vouge.

SERPENT □ **I.** Ophidien, serpenteau. → *boa, couleuvre, vipère.* **II.** Cobra, crotale, élaps, haje, naja, nasique, pélamyde, trigonocéphale. **III. Par ext.** : guivre (blas.), tarasque. → *reptile.*

SERPENTER □ Se dérouler, glisser, s'insinuer, onduler, sinuer, tourner, virer, zigzaguer.

SERPENTIN, INE □ Anfractueux, courbe, flexueux, ondoyant, ondulé, onduleux, sinueux, tortueux.

SERPILLIÈRE □ Chiffon, toile, torchon, wassingue.

SERPOLET □ Farigoule, pouliot, thym bâtard/sauvage.

SERRE □ **I.** Forcerie, jardin d'hiver, orangerie. **II.** Ergot, griffe, main (vén.), ongle, patte.

SERRÉ, E □ **I.** → *boudiné, court.* **II.** → *logique.* **III.** → *avare.*

SERRER □ **I.** Accoler, appuyer, comprimer, embrasser, empoigner, enlacer, entrelacer, épreindre (vx), étouffer, étrangler, étreindre, froisser, oppresser. → *presser.* **II.** Ajuster, attacher, bander, bloquer, boucler, boudiner, brider, caler, carguer (mar.), coincer, contracter, contraindre, corseter, crisper, emmailloter, entourer, épouser, gainer, galber, gêner, lacer, mouler, pincer, resserrer, sangler. → *rapprocher*. **III.** Embrasser. → *caresser*. **IV.** → *enfermer*. **V.** → *économiser*. **VI.** → *ranger*. **VII. Loc. Serrer de près** → *poursuivre*. **VIII. V. pron.** : se blottir, se coller, s'entasser, se masser, se pelotonner, se tasser *et les formes pron. possibles des syn. de* SERRER.

SERRURE ☐ Cadenas, fermeture, sûreté, verrou. → *loquet*.

SERTIR ☐ Assembler, chatonner, emboîter, encadrer, encastrer, enchâsser, enchatonner, fixer, insérer, intercaler, monter.

SÉRUM ☐ Plasma, vaccin. **De vérité :** penthotal.

SERVAGE ☐ → *servitude*.

SERVANTE ☐ Bonne, bonne à tout faire, camérière, cameriste, cendrillon (fam.), chambrière, demoiselle, domestique, employée de maison, femme, femme de chambre/de charge/de ménage/de peine, femme/fille de ferme/de journée/de salle/de service, gouvernante, ménagère (vx), odalisque (iron.), serveuse, soubrette, suivante (vx). **Péj. :** boniche, goton, gouge (vx), maritorne, souillon, torchon.

SERVEUR, EUSE ☐ **I.** Barmaid, barman, garçon, groom (par ext.), loufiat (arg.), stewart. **II.** → *serviteur*. **III.** → *servante*.

SERVIABLE ☐ Aimable, attentionné, bienveillant, bon, brave, charitable, civil (vx), complaisant, déférent, empressé, galant, obligeant, officieux, poli, prévenant.

SERVICE ☐ **I.** Cérémonie, culte, funérailles, liturgie, messe, office. **II.** → *servante*. **III.** → *serviteur*. **IV.** Amabilité, aide, amitié, appui, assistance, avance, bénéfice, bien, bienfait, bon office, charité, complaisance, concours, conseil, contribution, coopération, coup de main/d'épaule/de pouce, dépannage, encouragement, entraide, faveur, grâce, intervention, main-forte, obligeance, office, participation, patronage, piston (fam.), plaisir, prêt, prêt d'honneur, protection, renfort, rescousse, secours, soin, soulagement, soutien, subside, subvention, utilité. **V.** Pièce, pourboire. **VI.** Administration, bureau, département, direction, office, organe, organisation, organisme, permanence, secrétariat. **VII. Loc. 1. Faire son service :** être appelé sous les drapeaux/incorporé, obligation militaire, période, régiment. **2. Être de service :** être de

corvée/de faction/en fontions/de garde/de quart/de surveillance.

SERVIETTE ☐ **I.** Débarbouillette (rég.), essuie-mains, sortie de bain. **II.** Cartable, porte-documents, portefeuille.

SERVILE ☐ Ardélion (vx), bas, caudataire, complaisant, courtisan, flagorneur, flatteur, godillot, humble, larbin, lèche-bottes (fam.), lèche-cul (grossier), lécheur (fam.), obséquieux, patelin, pied-plat, plat, rampant, thuriféraire.

SERVILITÉ ☐ Bassesse, cabriole, complaisance, courbette, courtisanerie, flagornerie, flatterie, génuflexion, humilité, lèche (fam.), obséquiosité, patelinage, patelinerie, platitude, prosternation, reptation, servilisme, valetage.

SERVIR ☐ **I. On sert quelqu'un ou à quelque chose. 1.** Agir, aider, appuyer, assister, avantager, collaborer, concourir à, conforter, contribuer à, dépanner, donner, donner un coup de main/de piston (fam.)/de pouce, donner la main à, s'entraider, épauler, faciliter, faire pour, favoriser, jouer le jeu de, lancer, mettre dans la voie/le pied à l'étrier (fam.), obliger, offrir, partager, participer, patronner, permettre, pousser, prêter la main/main-forte, protéger, réconforter, rendre service, seconder, secourir, soulager, soutenir, subventionner, tendre la main à, venir à l'aide/à la rescousse/au secours. **2.** Se dévouer à, s'inféoder à, obéir, se soumettre à, suivre. **II. Quelque chose ou quelqu'un sert de :** équivaloir, relayer, remplacer, remplir la fonction/le rôle, représenter, se substituer à, tenir la place. **III. Vétér. :** couvrir, monter, saillir. **IV. Vén. :** mettre à mort, tirer, tuer.

SERVITEUR ☐ **I. Au pr. :** chasseur, chauffeur, cocher, cuisinier, domesticité, domestique, employé/gens de maison, extra, factoton, factotum, fidèle (fam.), gagiste, galuchet (péj.), gens (vx), grison (vx), homme de peine, jardinier, journalier, laquais, larbin (péj.), loufiat (arg.), maison, maître d'hôtel, majordome, monde, personnel, portier, service, sommelier, valet, valet de chambre/de pied. **II. Fig. 1. Neutre :** avocat, ministre, prêtre, religieux. **2. Non favorable :** satellite, séide, suppôt.

SERVITUDE ☐ **I.** Abaissement, allégeance, asservissement, assujettissement, contrainte, dépendance, esclavage, ilotisme, inféodation, infériorité, obédience, obéissance, obligation, servage, soumission, subordination, sujétion, tyrannie. **II.** Bagne, cage, carcan, chaîne, collier, entrave, fers, joug, lien.

SESSION ☐ Assise, audience, congrès, débat, délibération, réunion, séance, séminaire, symposium, vacation.

SET □ **I. Tennis :** manche. **II.** Dessous (d'assiettes), napperon.

SEUIL □ **I. Au pr. :** bord, entrée, pas, passage. **II. Fig. :** adolescence, alpha, amorce, apparition, arrivée, aube, aurore, avènement, balbutiement, berceau, commencement, début, déclenchement, départ, ébauche, embryon, enfance, esquisse, exorde, fleur, fondement, liminaire, matin, naissance, orée, origine, point initial, préambule, préface, préliminaires, premier pas, prémices, prémisse, primeur, principe, prologue, racine, rudiment, source, tête.

SEUL, E □ **I. Au pr. :** distinct, esseulé, indépendant, isolé, seulet (fam.), singulier, solitaire, un, unique. **II. Par ext. 1.** Abandonné, délaissé, dépareillé, dernier. **2.** Sec, simple. **3.** Célibataire, orphelin, veuf, veuve, vieille fille, vieux garçon. **4.** Désert, retiré, sauvage.

SEULEMENT □ **I.** Exclusivement, simplement, uniquement. **II.** Cependant, mais, malheureusement, néanmoins, toutefois.

SÈVE □ **I. Au pr. :** pleur (rég.). **II. Fig. :** activité, dynamisme, énergie, fermeté, force, puissance, robustesse, sang, verdeur, vie, vigueur.

SÉVÈRE □ **I. Au pr. 1.** Autoritaire, difficile, draconien, dur, étroit, exigeant, impitoyable, implacable, inexorable, inflexible, insensible, intransigeant, rigide, rigoureux, strict. **2.** Aigre, amer, âpre, austère, bourru, brutal, cinglant, cruel, froid, rabat-joie, raide, sourcilleux, triste, vache (fam.). **II. Par ext. (quelque chose). 1. Neutre :** aride, classique, dépouillé, fruste, simple, sobre. **2. Non favorable :** chaud, grave, salé (fam.).

SÉVÉRITÉ □ **I. Au pr. :** âpreté, austérité, autorité, dureté, étroitesse, exigence, inflexibilité, intransigeance, rigidité, rigueur. **II. Par ext. 1.** Âpreté, austérité, brutalité, cruauté, froideur, gravité, insensibilité, raideur, rudesse, tristesse, vacherie (fam.). **2.** Aridité, classicisme, dépouillement, simplicité, sobriété.

SÉVICES □ Blessure, brutalité, coup, coups et blessures, dol (vx), dommage, viol, violence.

SÉVIR □ **I.** Battre, châtier, condamner, corriger, faire payer, flétrir, frapper, infliger une peine/une sanction/punir, réprimer, sanctionner. **II. Arg. 1. Scol. :** coller, consigner, mettre en colle. **2. Milit. :** ficher/foutre/mettre dedans/ la paille au cul. **III.** Faire rage. → *agir.*

SEVRER □ **I. Au pr. :** enlever, ôter, séparer. **II. Par ext. :** appau-

vrir, démunir, déposséder, dépouiller, déshériter, empêcher, frustrer, interdire, ravir, spolier, voler.

SEX-APPEAL □ → *Charme.*

SEXE □ **I.** Entrecuisse, organes de la reproduction/génitaux/sexuels, parties honteuses (vx)/intimes/nobles/secrètes (vx), pudenda (méd. et vx). **II. Mâle. 1.** Membre viril, pénis, verge, virilité. **2. Partic. :** ithyphalle, lingam, phallus, priape. **3. Enf. :** bébête, petit oiseau, pipi, quéquette, zézette, zizi, ziozio, zoizo. **4. Arg. et grossier :** Affaires personnelles, agace-cul, andouille-à-col-roulé, anguille, arbalète, arc, asperge, baguette, baigneur, balayette, bazar, bigoudi, bijou-de-famille, biniou, biroute, biscuit, bite, borgne, botte, bourre, bout, boute-joie, boutique, braque, braquemart, broquette, burette, callibistri (vx), canari, canette, canne-à-papa, carabine, carotte, Charles-le-Chauve, cheville, chibre, chinois, chipolata, chopine, chopotte, cigare, clarinette, coco, coquette, coquin-ravageur, cornemuse, créateur, dague, dard, dardillon, défonceuse, écouvillon, épinette, fifre, flageolet, flèche, flûte, foutoir (vx), frérot, frétillante, gaillarde, gaule, gland, goujon, goupillon, gourdin, guise, guiseau, histoire, lame, lavette, lézard, lime, macaron, manche, marsouin, moineau, Mont-Chauve, morceau, nœud, organe, os, os-à-moelle, outil, pain-au-lait, paf, panet, panoplie, paquet, petit-frère/jésus, pine, pipe, piquet, pistolet, plantoir, pointe, poireau, poisson rouge, polar, popol, précieuse, queue, quille, rat-sans-pattes, ravissante, rossignol, saint-frusquin, saucisse, service-trois-pièces, tête-chercheuse, thermomètre-à-moustaches/perruque, tige, tringle, trique, tromblon, trombone, trompe, trompette, truite, turlututu, vier, vit, zibar, zigomar, zob, zobi *et tout être ou objet oblong ou fusiforme pénétrant et/ou contondant ayant valeur suggestive quant au terme de référence.* **III. Femelle :** clitoris, grandes/petites lèvres, mont-de-Vénus, nymphes, pubis, vagin. → *vulve.*

SEXISME □ Machisme, phallocentrisme, phallocratie.

SEXISTE □ Macho, phallo, phallocrate.

SEXUALITÉ □ Appétit/instinct sexuel, érotisme, génitalité, libido, reproduction, vie sexuelle. → *volupté.*

SEXUEL, ELLE □ Charnel, érotique, génital, physique, vénérien (méd.).

SEYANT, E □ Adapté, ad hoc, approprié, à propos, assorti, avantageux, beau, bien, bienséant, comme il faut, compatible, conforme, congru, convenable, convenant, correct, décent, de saison, digne, expédient, fait exprès, honnête, idoine, juste, opportun, pertinent, présentable, propice, proportionné, propre, raisonnable, satisfaisant, séant, sortable, topique, utile.

SIBÉRIEN, ENNE □ Boréal, froid, glacial, rigoureux.

SIBILANT, E □ → *sifflant.*

SIBYLLE □ Alcine, armide, circé, devineresse, prophétesse, pythie. → *magicienne.*

SIBYLLIN, E □ **I. Au pr.** : abscons, cabalistique, caché, énigmatique, ésotérique, hermétique, impénétrable, inspiré, mystérieux, obscur, prophétique, secret, visionnaire, voilé. **II. Par ext.** : abstrus, amphigourique, apocalyptique, brumeux, complexe, compliqué, confus, difficile, diffus, douteux, emberlificoté (fam.), embrouillé, enchevêtré, en jus de boudin (fam.), entortillé, enveloppé, équivoque, filandreux, flou, fumeux, incompréhensible, inexplicable, inextricable, inintelligible, insaisissable, nébuleux, nuageux, touffu, trouble, vague, vaseux (fam.).

SICAIRE □ → *tueur.*

SICCITÉ □ Aridité, maigreur, pauvreté, sécheresse, stérilité.

SIDÉRAL, E □ Astral, astronomique, cosmographique.

SIDÉRÉ, E □ Abasourdi, abruti, accablé, anéanti, baba (fam.), choqué, coi, consterné, ébahi, ébaubi, éberlué, estomaqué (fam.), étonné, étourdi, foudroyé, hébété, immobile, interloqué, médusé, stupéfait, traumatisé.

SIDÉRURGIE □ Aciérie, forge, haut fourneau, métallurgie.

SIÈCLE □ Âge, ans, cycle, durée, époque, ère, étape, jours, moment, période, saison, temps.

SIÈGE □ **I. Au pr.** : banc, banquette, berceuse, bergère, boudeuse, causeuse, chaire, chaise, chaise curule, coin-de-feu, divan, escabeau, escabelle, faldistoire (liturg.), fauteuil, miséricorde, pliant, pouf, prie-Dieu, récamier, sedia, sedia gestatoria (liturg.), selle, sellette, sofa, stalle, strapontin, tabouret, trépied, trône, vis-à-vis. → *canapé.* **II. Par ext. 1.** Blocus, encerclement, investissement. **2.** Administration centrale, direction, quartier général, résidence, secrétariat général. **3.** → *derrière.*

SIÉGER □ **I.** Demeurer, gésir (vx), gîter, habiter, résider. **II.** Occuper la place d'honneur, présider.

SIENS (LES) □ **I.** → *famille.* **II.** → *partisan.*

SIESTE □ **I.** Assoupissement, méridienne, repos, somme, sommeil. **II. Fam** : bulle, dodo, ronflette, roupillette, roupillon.

SIFFLANT □ Aigre, aigu, bruissant, chuintant, éclatant, percant, sibilant, strident, striduleux.

SIFFLEMENT □ Bruissement, chuintement, cornement, sibilance, sifflet, stridulation.

SIFFLER □ **Par ext. 1.** Chanter, pépier. **2.** Conspuer, honnir, houspiller, huer. **3.** Seriner, siffloter. **4.** Appeler, héler, hucher. **5.** Corner, striduler.

SIFFLET □ Appeau, huchet, pipeau, serinette, signal.

SIGISBÉE □ → *cavalier.*

SIGNAL, AUX □ → *signe.*

SIGNALÉ, E □ Brillant, considérable, distingué, éclatant, émérite, épatant (fam.), étonnant, extraordinaire, formidable, frappant, glorieux, important, insigne, marquant, marqué, mémorable, notable, parfait, particulier, rare, remarquable, saillant, saisissant, supérieur.

SIGNALEMENT □ **I.** Fiche anthropométrique/signalétique, portrait-robot. **II.** Balisage, éclairage, sémaphore, signal, signalisation.

SIGNALER □ **I. Au pr.** : alerter, annoncer, avertir, citer, déceler, décrire, faire connaître/savoir, fixer, indiquer, marquer, mentionner, montrer, signaliser, tracer le détail/le portrait. **II. Par ext.** : affirmer, apprendre, assurer, certifier, communiquer, confier, déclarer, découvrir, dénoncer, déposer, désigner, dévoiler, dire, énoncer, énumérer, enseigner, exposer, exprimer, faire état de, informer, manifester, nommer, notifier, porter à la connaissance, proclamer, publier, révéler, souligner, témoigner. **III. V. pron.** : différer, se distinguer, émerger, faire figure, se faire remarquer/voir, s'illustrer, se montrer, paraître, se particulariser, percer, se singulariser, *et les formes pron. possibles des syn. de* SIGNALER.

SIGNALISATION □ Fléchage, indications.

SIGNALISER □ → *signaler.*

SIGNATURE □ Contreseing, émargement, endos, endossement, griffe, monogramme, paraphe, seing (vx), souscription, visa.

SIGNE □ **I.** Annonce, augure, auspice, avant-coureur, avertissement, miracle, présage, prodige, promesse, pronostic. **II.** Alerte, appel, clignement/clin d'œil, geste, message, signal. **III.** Expression, manifestation, symptôme. **IV.** Attribut, caractère, caractéristique, idiosyncrasie, trait. **V.** Chiffre, emblème, figure, image, insigne, notation, représentation, symbole. **VI.** Critère, critérium, empreinte, indication, indice, marque, pas, piste, preuve, reste, stigmate, tache, témoignage, vestige. **VII.** Abréviation, cryptogramme, sigle.

SIGNER □ Accepter, apposer sa griffe/sa signature, approuver, certifier, conclure, contresigner, émarger, marquer, parapher, souscrire, viser.

SIGNET □ Marque, ruban.

SIGNIFICATIF, IVE □ Caractéristique, clair, éloquent, expressif, formel, incontestable, manifeste, marquant, net, notoire, parlant, révélateur, signifiant, typique.

SIGNIFICATION □ **I.** → *notification.* **II.** → *sens.*

SIGNIFIER □ **I.** Dénoter, désigner, dire, énoncer, enseigner, expliquer, exposer, exprimer, extérioriser, faire connaître/entendre/savoir, figurer, manifester, marquer, montrer, peindre, préciser, rendre, rendre compte, représenter, signaler, spécifier, témoigner, tracer, traduire, vouloir dire. **II.** Annoncer, aviser, citer, communiquer, déclarer, dénoncer, informer, intimer, mander, notifier, ordonner, rendre compte, transmettre.

SILENCE □ **I.** Arrêt, calme, interruption, paix, pause, temps, tranquillité. **II.** Black-out, mutisme, mystère, réticence, secret. **III. Fam. :** chut, la ferme, motus, paix, ta bouche, ta gueule (grossier), vingt-deux.

SILENCIEUX, EUSE □ **I. Quelqu'un.** *1. Au pr. :* aphone, coi, court, muet. *2. Par ext. :* calme, discret, morne, placide, posé, réservé, réticent, sage, secret, taciturne, taiseux (rég.), tranquille. **II. Un lieu :** endormi, feutré, mort, ouaté, reposant.

SILEX □ → *pierre.*

SILHOUETTE □ Allure, aspect, contour, forme, galbe, ligne, ombre, port, profil, tracé.

SILLAGE □ Houache (mar.), passage, sillon, vestige. → *trace.*

SILLON □ **I. Au pr. :** billon, raie, rayon, rigole. **II. Par ext. 1.** Fente, fissure, pli, rainure, ride, scissure, strie. *2.* → *sillage.*

SILLONNER □ **I.** Battre, circuler, courir, couvrir, naviguer, parcourir, traverser. **II.** Labourer, rayer, rider.

SILO □ Cluseau, dock, élévateur, fosse, grenier, magasin, réservoir.

SIMAGRÉE □ Affectation, agacerie, caprice, chichi, coquetterie, enfantillage, façon, grâces, grimace, hypocrisie, manière, mignardise, minauderie, mine, momerie, singerie.

SIMILAIRE □ Analogue, approchant, approximatif, assimilable, comparable, conforme, équivalent, homogène, pareil, ressemblant, semblable, synonyme.

SIMILITUDE □ Accord, affinité, analogie, association, communauté, concordance, conformité, convenance, contiguïté, corrélation, correspondance, équivalence, harmonie, homologie, homothétie, identité, lien, parenté, parité, relation, ressemblance, synonymie, voisinage. → *rapprochement.*

SIMOUN □ Chamsin, chergui, sirocco, tempête, vent chaud, vent de sable.

SIMPLE □ **I. Quelqu'un.** *1. Favorable ou neutre :* aisé, à l'aise, bon bonhomme, brave, candide, confiant, décontracté, droit, enfantin, facile, familier, franc, humble, ingénu, innocent, modeste, naïf, naturel, pur, relax (fam.), réservé, sans façon. *2. Non favorable :* bonasse, brut, crédule, fada (fam.), faible, gille, grossier, idiot, inculte, jobard, niais, nicaise (vx), nice (vx), nicodème, pauvre d'esprit, primaire, primitif, rudimentaire, rustique, simple d'esprit, simplet, simpliste, sommaire, stupide, superstitieux. → *bête.* **II. Quelque chose.** *1. Neutre :* abrégé, ascétique, austère, court, dépouillé, élémentaire, incomplexe, indécomposable, indivisible, irréductible, ordinaire, seul, sévère, un, uni, unique. *2. Favorable :* agreste, beau, clair, classique, commode, compréhensible, dépouillé, facile, frugal, harmonieux, limpide, patriarcal, sobre, tempéré. *3. Non favorable :* embryonnaire, insuffisant, nu, pauvre, sec, sommaire. **III. Nom masc. :** aromate, herbe médicinale, plante.

SIMPLEMENT □ À la bonne franquette, nûment, sans affectation/cérémonies / complications / façons / manières, tout de go, *et les adv. en -ment formés à partir des syn. de* SIMPLE.

SIMPLICITÉ □ **I. Favorable ou neutre :** abandon, bonhomie, candeur, confiance, droiture, élégance, facilité, familiarité, franchise, ingénuité, innocence, modestie, naïveté, naturel, pureté, simplesse. **II. Non favorable :** crédulité, jobarderie, niaiserie, superstition. → *bêtise.* **III. Par ext. 1. Neutre :** austérité, dépouillement, économie, humilité, rusticité, sévérité, sobriété. *2. Favorable :* beauté, classicisme, harmonie.

SIMPLIFICATION □ → *réduction.*

SIMPLIFIER □ Abréger, axiomatiser, schématiser. → *réduire.*

SIMPLISTE □ → *simple.*

SIMULACRE □ **I.** Air, apparence, aspect, feinte, frime, imitation, mensonge, semblant. → *hypocrisie.* **II.** Fantôme, idole, image, ombre, représentation, spectre, vision. **III.** → *simulation.*

SIMULATEUR, TRICE □ → *hypocrite.*

SIMULATION □ Affectation, artifice, cabotinage, cachotterie, chafouinerie, comédie, déguisement, dissimulation, duplicité, escobarderie, fausseté, faux-semblant, feinte, feintise, fiction, fourberie, grimace, hypocrisie, imposture, invention, leurre, mensonge, momerie, pantalonnade, papelardise, parade, patelinage, pharisaïsme, rouerie, ruse, singerie, sournoiserie, tartuferie, tromperie.

SIMULER □ Affecter, afficher, avoir l'air, bluffer, cabotiner, calquer, caricaturer, copier, crâner, démarquer, emprunter, faire semblant, feindre, imiter, jouer, mimer, parodier, pasticher, poser, prétendre, rechercher, reproduire, singer (péj.).

SIMULTANÉ, E □ Coexistant, commun, concomitant, synchrone.

SIMULTANÉITÉ □ Coexistence, coïncidence, concomitance, concours de circonstances, contemporanéité, isochronie, isochronisme, rencontre, synchronie, synchronisme.

SIMULTANÉMENT □ À la fois, à l'unisson, conjointement, collectivement, coude à coude, d'accord, de concert, de conserve, de front, du même pas, en accord/bloc/chœur / commun / concordance / harmonie / même temps, ensemble.

SINAPISME □ Cataplasme, révulsif, rigollot, rubéfiant, topique, vésicatoire.

SINCÈRE □ I. Carré (fam.), catégorique, clair, cordial, entier, franc, loyal, net, ouvert, rond (fam.), sans façon, simple. II. Assuré, authentique, avéré, certain, conforme, droit, effectif, exact, existant, évident, fidèle, fondé, incontestable, juste, pensé, positif, pur, réel, senti, sérieux, sûr, vécu, véridique, véritable, vrai.

SINCÉRITÉ □ Authenticité, bonne foi, conformité, cordialité, droiture, exactitude, fidélité, franchise, justesse, loyauté, naturel, netteté, ouverture, pureté, rondeur, sérieux, simplicité, spontanéité, sûreté, véracité, vérité.

SINÉCURE □ Charge/emploi/fonction/situation de tout repos. **Fam. :** filon, fromage, pantoufle, planque.

SINGE □ I. Au pr. : 1. Anthropoïde, guenon, primate, simien. 2. Aï, aïe, alouate, atèle, aye-aye, babouin, capucin, cercopithèque, chimpanzé, chiromys, cynocéphale, drill, gibbon, gorille, hamadrias, hurleur, indri, jocko, kinkajou, lagotriche, lémur, loris, macaque, magot, maki, mandrill, nasique, orang-outang, ouistiti, pan, papion, paresseux, potto, rhésus, sagouin, saï, saïmari, sajou, saki, sapajou, sicafa, semnopithèque, tamarin, tarsier, unau. II. **Par ext.** **1.** Crapoussin, laideron, maca-

que, magot, monstre. **2.** Bouffon, clown, comédien, comique, fagotin, gugusse, jocrisse, paillasse, rigolo, zig, zigomard, zigoto. III. **Fig.** (arg.) : bourgeois, directeur, employeur, maître, négrier (péj.), patron.

SINGER □ Affecter, calquer, caricaturer, compiler, contrefaire, copier, décalquer, démarquer, emprunter, imiter, jouer, mimer, parodier, pasticher, picorer, piller, pirater, plagier, reproduire, simuler.

SINGERIE □ Air, affectation, agacerie, apparence, artifice, aspect, baboue (vx), cabotinage, caricature, clownerie, comédie, contorsion, déguisement, feinte, feintise, grimace, manière, mignardise, minauderie, mine, momerie, pantalonnade, papelardise, patelinage, pitrerie, rouerie, ruse, simulacre, simulation, tartuferie, tromperie. → *hypocrisie.*

SINGULARISER □ Caractériser, distinguer, faire remarquer, individualiser, particulariser. V. pron. : se distinguer, différer, émerger, se faire remarquer/voir, faire figure, s'illustrer, se montrer, ne pas passer inaperçu, paraître, se particulariser, percer, se signaler.

SINGULARITÉ □ → *originalité.*

SINGULIER, ÈRE □ I. → *particulier.* II. → *extraordinaire.*

SINISTRE □ adj. I. → *triste.* II. → *inquiétant.* III. → *mauvais.*

SINISTRE □ n. m. I. → *dommage.* II. → *incendie.*

SINON □ À défaut, autrement, excepté que, faute de quoi, sans quoi, sauf que.

SINUEUX, EUSE □ Anfractueux, courbe, flexueux, ondoyant, ondulant, ondulatoire, ondulé, onduleux, serpentin, tortueux.

SINUER □ → *serpenter.*

SINUOSITÉ □ Anfractuosité, bayou, cingle, contour, coude, courbe, détour, flectuosité, méandre, onde, ondulation, pli, recoin, repli, retour.

SINUS □ Cavité, concavité, courbure, pli. → *sinuosité.*

SIROCCO □ → *simoun.*

SISMIQUE □ (phénomène) → *séisme.*

SIROP □ Béthique, capillaire, dépuratif, diacode, fortifiant, julep, looch, mélasse, pectoral.

SIRUPEUX, EUSE □ Collant, doucereux, doux, fade, gluant, melliflue, pâteux, poisseux, visqueux.

SITE □ I. Canton, coin, emplacement, endroit, lieu, localité, parage, place, position, situation, théâtre. II. Coup d'œil, étendue, panorama, paysage, perspective, point de vue, spectacle, tableau, vue.

SITUATION □ **I. Au pr. 1.** Assiette, coordonnées, disposition, emplacement, endroit, exposition, gisement, inclinaison, lieu, orientation, place, point, position, site. **2.** Affaires, circonstances, conjoncture, fortune, rang. **II. De quelqu'un. 1.** Condition, emploi, établissement, état, fonction, métier, occupation, poste. **2.** Attitude, engagement, idée, opinion, parti, posture, profession de foi, résolution.

SITUÉ, E □ Campé, établi, exposé, localisé, placé, posté, sis.

SITUER □ Appliquer, asseoir, camper, caser, classer, coucher, disposer, établir, exposer, ficher, fixer, fourrer (fam.), installer, localiser, loger, mettre, nicher, placer, planter, poser, poster, ranger.

SKETCH □ Comédie, pantomime, saynète, scène.

SLIP □ → *culotte.*

SLOGAN □ Devise, formule.

SMOKING □ → *habit.*

SNOB □ Affecté, apprêté, distant, emprunté, faiseur, faux mondain, salonard, snobinard, snobinette.

SNOBER □ → *dédaigner.*

SNOBISME □ **I.** → *affectation.* **II.** → *pose.*

SOBRE □ **I.** Abstème, abstinent, continent, frugal, modéré, pondéré, tempérant. **II.** Austère, classique, court, dépouillé, élémentaire, frugal, nu, ordinaire, simple, sommaire.

SOBRIÉTÉ □ **I.** Abstinence, continence, économie, frugalité, mesure, modération, pondération, sagesse, tempérance. **II.** → *retenue.*

SOBRIQUET □ → *surnom.*

SOCIABILITÉ □ Affabilité, agrément, amabilité, civilité, douceur de caractère, égalité d'humeur, facilité, politesse, urbanité.

SOCIABLE □ Accommodant, accort, affable, agréable, aimable, de bon caractère, civil, civilisé, facile, familier, liant, poli, praticable (vx), social, traitable.

SOCIALISME □ Autogestion, collectivisme, collégialité, communisme, coopératisme, dirigisme, égalitarisme, étatisation, étatisme, fouriérisme, maoïsme, marxisme, mutualisme, progressisme, saint-simonisme, social-démocratie, travaillisme, trotskisme.

SOCIALISTE □ Autogestionnaire, collectiviste, collégial, communiste, dirigiste, fouriériste, maoïste, marxiste, mutualiste, progressiste, saint-simonien, social-démocrate, soviet, soviétique, travailliste, trotskiste.

SOCIÉTAIRE □ Associé, collègue, compagnon, confrère, membre, pensionnaire.

SOCIÉTÉ □ **I. Au pr. 1.** Civilisation, collectivité, communauté, communion humaine, ensemble des hommes, humanité, monde. **2.** Académie, assemblée, association, cartel, cercle, club, compagnie, confrérie, congrégation, corps, Église, franc-maçonnerie, groupe, groupement, institut, mafia (péj.), parti, religion, syndicat. **3.** Affaire, commandite, compagnie, coopération, entreprise, établissement, groupe, hanse (vx), holding, omnium, pool, raison sociale, trust. **II. Par ext. 1.** Constitution, corps social, culture, État, masse, nation, ordre public, peuple, structure sociale. **2.** Commerce, fréquentation, relations humaines, réunion. **3.** Aristocratie, caste, classe, entourage, gentry, gratin. **4.** Clan, tribu.

SOCLE □ Acrotère, base, piédestal, piédouche, plinthe, scabellon, support.

SŒUR □ Béguine, carmélite, congréganiste, dame, fille, mère, moniale, nonnain, nonne, nonnette, novice. → *religieuse.*

SOFA, SOPHA □ Canapé, causeuse, chaise longue, cosy-corner, divan, fauteuil, lit, méridienne, ottomane, récamier, siège.

SOFTWARE □ Analyse, langage-machine, logiciel, machinois, programmation.

SOI-DISANT □ Apparent, faux, prétendu, prétendument, supposé.

SOIE □ **I. Au pr. :** organsin, grège. **II. Par ext. 1.** → *poil.* **2.** Bombasin, brocart, crêpe, faille, foulard, gros de Naples/de Tours, gros-grain, lampas, levantine, marceline, pékin, pongé, reps, satin, surah, taffetas, tussor.

SOIF □ **I. Au pr. ;** altération, anadipsie, dipsomanie, pépie. **II. Fig. :** ambition, appel, appétence, appétit, aspiration, attente, attirance, attrait, avidité, besoin, caprice, convoitise, cupidité, curiosité, demande, démangeaison, desiderata, désir, envie, espérance, espoir, exigence, faim, fantaisie, force, goût, impatience, intérêt, penchant, prétention, prurit, quête, recherche, rêve, souhait, tentation, vanité, velléité, visée, vœu, volonté, vouloir.

SOIGNÉ, E □ **I.** Académique, étudié, léché, littéraire (péj.), poli, recherché. **II.** Consciencieux, coquet, délicat, élégant, entretenu, fini, minutieux, net, réussi, tenu.

SOIGNER □ **I. Au pr. 1.** Bichonner, câliner, chouchouter (fam.), choyer, couver, dorloter, gâter, panser (vx), pouponner. **2.** Droguer, médicamenter, panser, traiter. **3.** Châtier, ciseler, entretenir, fignoler, fouiller, lécher, limer, mitonner, peigner, perler, polir, raboter, raffiner, travailler. **II. Par ext. 1.** Complaire, cultiver, être aux petits soins, ménager, veiller au grain (fam. et péj.). **2.** Allaiter, cultiver, éduquer, élever, entretenir, former, instruire, nourrir.

SOIGNEUSEMENT ☐ Avec soin et les syn. de SOIN, bien, précieusement, et les adv. en -ment formés à partir des syn. de SOIGNEUX.

SOIGNEUX, EUSE ☐ Appliqué, attentif, consciencieux, curieux (vx), diligent, exact, ménager, méthodique, méticuleux, minutieux, ordonné, ponctuel, rangé, scrupuleux, sérieux, sévère, tâtillon.

SOIN ☐ **I. Au sing. 1.** Cure (vx), étude (vx), inquiétude, préoccupation, souci, veilles (vx). **2.** Attention, circonspection, diplomatie, économie, ménagement, précaution, prévoyance, prudence, réserve. **3.** Cœur, conscience, diligence, exactitude, honnêteté, minutie, rigueur, scrupule, sérieux, sévérité, sollicitude, superstition (péj.), zèle. **II. Au pl. 1.** Assiduité, bichonnage, cajolerie, douceur, égard, empressement, gâterie, hommage, ménagement, prévenance, service. **2.** Hygiène, toilette. **3.** Charge, devoir, mission, occupation, responsabilité, travail. **4.** Cure, médication, thérapeutique, traitement. **5.** Entretien, réparation. **III. Loc. Avec soin** → soigneusement.

SOIR ☐ Après-dîner, après-souper, brune, coucher, crépuscule, déclin, soirée, veillée, vêprée (vx).

SOIRÉE ☐ **I.** → soir. **II.** Bal, fête, raout ou rout, réception, réunion. → spectacle.

SOIT ☐ **I.** À savoir, c'est-à-dire. **II.** Admettons, bien, bon, d'ac (fam.), d'accord, entendu, oui, o.k. (fam.), si vous voulez, va pour et un compl. **III.** Ou, ou bien, tantôt.

SOL ☐ → terre.

SOLDAT ☐ **I. Au pr. 1.** Appelé, combattant, conquérant, conscrit, engagé, guerrier, homme, homme de troupe, légionnaire, mercenaire, militaire, recrue, reître (péj.), soudard (péj.), spadassin (péj.), supplétif, territorial, troupier, vétéran. **2.** Artilleur, aviateur, cavalier, fantassin, marin, parachutiste. **3.** Brancardier, démineur, estafette, factionnaire, garde, garde-voie, grenadier, guetteur, guide, jalonneur, ordonnance, patrouilleur, pionnier, planton, pourvoyeur, sapeur, sentinelle, télégraphiste, tireur, voltigeur. **4. Vx :** arbalétrier, archer, arquebusier, carabinier, grognard, mobile, mortepaye, pertuisanier, piquier, réquisitionnaire, troubade. **5. Étranger :** bachi-bouzouk, cipaye, evzone, harki,

heiduque, janissaire, mamelouk ou mameluk, palikare, pandour, papalin, tommy. **6. Colonial :** goumier, marsouin, méhariste, spahi, tabor, tirailleur, zouave. **7. Fam. :** bidasse, biffin, bleu, bleu-bite, bleu-saille, briscard, crevure (péj.), drille, fantabosse, griveton, gus, moblot (vx), pierrot, pioupiou, poilu, tringlot, tourlourou, troubade, troufion, truffard, zéphir. **II. Par ext. 1.** Franc-tireur, guérillero, maquisard, partisan, résistant. **2.** Champion, défenseur, serviteur.

SOLDATESQUE ☐ Troupes. → soldat.

SOLDE ☐ n. fém. Indemnité, paie, prêt, rétribution, salaire.

SOLDE ☐ n. masc. → reste.

SOLDER ☐ **I.** Acquitter, apurer, éteindre, liquider, payer, régler. **II.** Brader, céder, se défaire de, écouler, laisser, réaliser, sacrifier.

SOLÉCISME ☐ → faute.

SOLEIL ☐ **I.** Astre du jour, Phébus. **II.** Hélianthe, tournesol.

SOLENNEL, ELLE ☐ **I.** → imposant. **II.** → officiel.

SOLENNISER ☐ → fêter.

SOLENNITÉ ☐ **I.** → gravité. **II.** → cérémonie.

SOLIDAIRE ☐ Associé, dépendant, engagé, joint, lié, responsable, uni.

SOLIDARISER ☐ **I.** → associer. **II.** → unir.

SOLIDARITÉ ☐ Association, camaraderie, coopération, dépendance, entraide, esprit de corps, franc-maçonnerie, fraternité, interdépendance, mutualité, réciprocité.

SOLIDE ☐ **I. Nom masc. :** corps, matière, objet. **II. Adj. 1. Au pr. :** consistant, dense, dur, durable, éternel, ferme, fort, incassable, indestructible, inusable, renforcé, résistant, robuste. **2. Par ext. :** affermi, assuré, certain, enraciné, ferme, fixe, indéfectible, inébranlable, infrangible, invariable, positif, réel, sérieux, stable, substantiel, sûr. **3.** Bon, exact, fidèle, franc, honnête, loyal, probe, régulier, sincère, sûr, vrai. **4.** Irréfragable, irréfutable, logique, mathématique. **5. Quelqu'un :** énergique, fort, increvable, râblé, résistant, robuste, tenace, vigoureux.

SOLIDIFIER ☐ Coaguler, concréter, condenser, congeler, consolider, cristalliser, durcir, figer, geler, indurer, raffermir, renforcer.

SOLIDITÉ ☐ **I. Au pr. 1.** Aplomb, assiette, équilibre, stabilité. **2.** Compacité, consistance, coriacité, dureté, fermeté, fixité, homogénéité, immuabilité, immutabilité, résistance, robustesse, sûreté. **II. Fig. :** assurance, autorité, caractère, cœur, constance, courage, cran, endurance, énergie, estomac (fam.), force, inflexibilité, intransigeance, intrépidité, netteté, obstination, opiniâtreté, poigne (fam.), rectitude, résolution, ressort, rigueur, sang-froid, sévérité, ténacité, vigueur, virilité, volonté.

SOLILOQUE □ Aparté, discours, monologue, radotage.

SOLILOQUER □ Monologuer.

SOLITAIRE □ **I.** → *seul.* **II.** Abandonné, désert, désertique, désolé, retiré, sauvage, vacant, vide. **III.** Anachorète, ascète, ermite. **IV.** Bête noire (vén.), cochon (vén.), mâle, porc, quartanier, ragot, sanglier, tiers-an. **V.** Brillant, diamant, joyau, marquise, pierre, rose.

SOLITUDE □ **I. Au pr.** : abandon, claustration, cloître, délaissement, déréliction, éloignement, exil, isolation, isolement, quarantaine, retranchement, séparation. **II. Par ext.** *1.* Bled (fam.), désert, oasis, retraite, thébaïde. *2.* Méditation, recueillement, retraite, tour d'ivoire. *3. Fam.* : cachette, cocon, coin, coque, ombre, tanière.

SOLIVE □ → *poutre.*

SOLLICITATION □ **I.** Appel, insistance, invitation, tentation. **II.** Demande, démarche, instance, invocation, pétition, placet, pourvoi, prière, requête, réquisition, supplication, supplique.

SOLLICITER □ **I.** Appeler, attirer, convier, déterminer, engager, exciter, faire signe, forcer, inviter, porter, pousser, provoquer, tenter. **II.** Adresser une requête, *et les syn. de* REQUÊTE, assiéger, briguer, demander, désirer, dire, exprimer un désir/un souhait, gueuser (péj.), implorer, importuner, interpeller, interroger, mendier (péj.), mendigoter (fam. et péj.), pétitionner, postuler, présenter un placet/une requête/une supplique *et les syn. de* SUPPLIQUE, prier, quémander (péj.), quêter, rechercher, réclamer, se recommander de, requérir, revendiquer, sommer, souhaiter, supplier, vouloir.

SOLLICITEUR, EUSE □ → *quémandeur.*

SOLLICITUDE □ **I.** → *soin.* **II.** → *souci.*

SOLUBLE □ **I.** Dissoluble, fondant. **II.** Décidable, résoluble.

SOLUTION □ **I.** → *résultat.* **II. Loc.** *Solution de continuité* : arrêt, cessation, coupure, discontinuation, discontinuité, halte, hiatus, intermède, intermission, intermittence, interruption, interstice, intervalle, lacune, pause, rémission, répit, rupture, saut, suspension. **III. Par ext.** : aboutissement, achèvement, bout, clef, coda, conclusion, dénouement, épilogue, fin, résolution, terme.

SOMBRE □ **I. Au pr.** : assombri, foncé, noir, obscur, ombreux, opaque, ténébreux. **II. Par ext.** *1. Le temps :* bas, brumeux, couvert, maussade, nuageux, orageux, voilé. *2.* → *triste.* **III. Fig.** *1. Quelque chose :* funèbre, funeste, inquiétant, sépulcral, sinistre, tragique. *2. Quelqu'un :* amer, assombri, atrabilaire, bilieux, mélancolique, morne, morose, pessimiste, sinistre, taciturne, ténébreux.

SOMBRER □ **I. Au pr.** : s'abîmer, chavirer, couler, disparaître, s'enfoncer, s'engloutir, faire naufrage, s'immerger, se perdre, périr corps et biens, se saborder, sancir. **II. Fig.** : s'abandonner, s'absorber, se laisser aller/glisser, se jeter/se plonger dans, se livrer à, succomber à, se vautrer dans.

SOMMAIRE □ **I. Adj.** *1.* Accourci, amoindri, bref, compendieux (vx), concis, condensé, contracté, court, cursif, diminué, écourté, laconique, lapidaire, limité, raccourci, réduit, restreint, résumé, succinct. *2.* → *simple.* *3.* → *rapide.* **II. Nom** : abrégé, abstract, abréviation, aide-mémoire, analyse, aperçu, argument, compendium, digest, éléments, épitomé, esquisse, extrait, manuel, notice, plan, précis, préface, promptuaire, raccourci, récapitulation, réduction, résumé, rudiment, schéma, somme, topo (fam.).

SOMMAIREMENT □ Brièvement, de façon expéditive, en bref/résumé, sans formalités, simplement, sobrement.

SOMMATION □ Assignation, avertissement, commandement, citation, injonction, interpellation, intimation, mise en demeure, ordre, ultimatum.

SOMME □ n. fém. **I.** Addition, chiffre, ensemble, fonds, masse, montant, quantité, total, volume. **II.** → *sommaire.* **III.** Bât, charge.

SOMME □ n. masc. **I.** → *sieste.* **II.** → *sommeil.*

SOMMEIL □ Assoupissement, demi-sommeil, dodo (fam.), dormition (relig. et méd.), léthargie, repos, roupillon (fam.), somme, somnolence, torpeur. → *sieste.*

SOMMEILLER □ S'assoupir, dormir, s'endormir, être dans les bras de Morphée, faire la grasse matinée/sieste/un somme, fermer l'œil, reposer, somnoler. **Arg. ou fam.** : coincer la bulle, dormailler, écraser, pioncer, piquer un roupillon, ronfler, roupiller, rouscailler, schloffer.

SOMMELIER □ Caviste, échanson (vx), maître de chai. **Par ext.** : œnologue.

SOMMER □ Assigner, avertir, citer, commander, contraindre, décréter, demander, enjoindre, exiger, forcer, imposer, interpeller, intimer, menacer, mettre en demeure, obliger, ordonner, prescrire, recommander, requérir, signifier.

SOMMET □ **I.** Aiguille, arête, ballon, calotte, cime, couronnement, crête, croupe, culmen, dent, dôme, extrémité, faîte, front, haut, hauteur, mamelon, pic, piton, point culminant, pointe, table, tête. **II.** Apogée, comble, pinacle, summum, zénith. **III.** Perfection, sommité (vx), suprématie.

SOMMITÉ □ **I.** → *sommet.* **II. Fig. 1.** Figure, grand, monsieur, notabilité, notable, personnage, personnalité, puissant, quelqu'un, vedette. **2. Fam.** : baron, bonze, gros bonnet, grosse légume, huile, huile lourde, important, légume, lumière, magnat, mandarin (péj.), manitou, pontife, satrape (péj.).

SOMNIFÈRE □ **I. Au pr.** : anesthésique, assoupissant, calmant, dormitif, hypnotique, narcotique, soporatif, soporeux, soporifère, soporifique. **II. Par ext.** : assommant, casse-pieds (fam.), embêtant, emmerdant (fam.), empoisonnant, endormant, ennuyant, ennuyeux, fastidieux, fatigant, insupportable, mortel, pénible, rasant, rasoir (fam.), rebutant, suant (fam.).

SOMNOLENCE □ → *sommeil.*

SOMNOLER □ S'assoupir, dormailler (fam.), dormir, s'endormir, être dans les bras de Morphée, faire la sieste/un somme, fermer l'œil, pioncer (fam.), reposer, ronfler, roupiller, sommeiller.

SOMPTUEUX, EUSE □ Beau, éclatant, fastueux, luxueux, majestueux, magnifique, opulent, plantureux, pompeux, princier, riche, solennel, splendide, superbe.

SOMPTUOSITÉ □ **I. Au pr.** : apparat, beauté, éclat, faste, luxe, majesté, magnificence, opulence, pompe, richesse, solennité, splendeur. **II. Par ext.** : abondance, confort, débauche, excès, profusion, surabondance.

SON □ Accent, accord, bruit, écho, inflexion, intonation, modulation, musique, note, timbre, ton, tonalité.

SON □ Balle, bran, issues.

SONDAGE □ Forage. → *recherche.* **II.** Enquête.

SONDE □ **I.** Tarière, trépan. **II.** Bougie, cathéter, drain, tube.

SONDER □ **I. Au pr.** : creuser, descendre, explorer, mesurer, reconnaître, scruter, tâter. **II. Par ext. 1.** Analyser, apprécier, approfondir, ausculter, compulser, considérer, consulter, s'enquérir, éplucher, estimer, étudier, évaluer, examiner, inspecter, inventorier, palper, pénétrer, peser, prospecter, rechercher, reconnaître, scruter. **2.** Confesser, demander, interroger, pressentir, poser des questions, questionner, tâter, toucher.

SONGE □ **I.** → *rêve.* **II.** → *illusion.*

SONGE-CREUX □ Chimérique, déraisonnable, extravagant, halluciné, illuminé, imaginatif, obsédé, rêveur, utopiste, visionnaire.

SONGER □ **I.** → *rêver.* **II.** → *penser.* **III.** → *projeter.*

SONGERIE □ → *rêve.*

SONGEUR, EUSE □ Absent, absorbé, abstrait, contemplatif, méditatif, occupé, pensif, préoccupé, rêveur, soucieux.

SONNAILLES □ Bélière, campane, clarine, cloche, clochette, grelot.

SONNANT, E □ → *sonore.*

SONNÉ, E □ **I.** Assommé, étourdi, groggy, k.o. **II.** Cinglé. → *fou.*

SONNER □ **I. Au pr.** : bourdonner, carillonner, résonner, tinter, tintinnabuler (fam.). **II. Loc. 1. Sonner aux oreilles** : corner. **2. Sonner du cor** : appeler, corner, donner, forhuer, grailler, jouer. **III. Fig.** : proclamer, vanter.

SONNERIE □ **I. Milit.** : appel au drapeau/aux champs, boute-selle, breloque, chamade, charge, couvre-feu, diane, extinction des feux, générale, ralliement, rassemblement, retraite, réveil. **II. Vén.** : débucher, hallali, quête, ton. **III. Du téléphone, etc.** : appel, timbre.

SONNETTE □ **I.** Campane, clarine, cloche, clochette, sonnaille. **II.** Appel, avertisseur, drelin (fam.), grelot, timbre.

SONORE □ **I. Au pr. 1.** Carillonnant, résonnant, retentissant, sonnant. **2.** Ample, bruyant, éclatant, fort, haut, plein, ronflant, tonitruant, tonnant, vibrant. **II. Fig.** → *ampoulé.*

SONORITÉ □ Ampleur, creux, harmonie, résonance.

SOPHISME □ Aberration, confusion, défaut, erreur, paralogisme, vice de raisonnement.

SOPHISTE □ Casuiste, rhéteur.

SOPHISTIQUÉ □ **I.** Captieux, erroné, faux, frelaté, paralogique, spécieux, trompeur. **II.** Affecté, affété, alambiqué, amphigourique, choisi, emphatique, galant, maniéré, mignard, précieux, recherché.

SOPHISTIQUER □ → *altérer.*

SOPORATIF, SOPOREUX, SOPORIFÈRE, SOPORIFIQUE □ → *somnifère.*

SORBET □ Crème/dessert/fruits glacés, glace, rafraîchissement.

SORBIER □ Alisier, cormier, pain des oiseaux.

SORCELLERIE □ Alchimie, archimagie, cabale, charme, conjuration, diablerie, divination, enchantement, ensorcellement, envoûtement, évocation, fascination, hermétisme, horoscope, incantation, magie, maléfice, nécromancie, occultisme, philtre, pratiques magiques/occultes/secrètes, prestige, rite, sort, sortilège, thaumaturgie, théurgie, vaudou.

SORCIER □ Alchimiste, astrologue, devin, enchanteur, ensorceleur, envoûteur, mage, magicien, nécromancien, nécromant, psychopompe, thaumaturge.

SORCIÈRE □ I. Alcine, armide, circé, diseuse de bonne aventure, fée, magicienne, sirène, tireuse de cartes. II. → *mégère*.

SORDIDE □ I. Cochon, crasseux, grossier, immonde, immoral, impur, inconvenant, indécent, infâme, maculé, malhonnête, malpropre, obscène, ordurier, répugnant, sale. → *dégoûtant*. II. → *avare*.

SORNETTES □ → *chansons*.

SORT □ I. Avenir, destin, destinée, fatalité, fatum, providence, vie. II. → *hasard*. III. → *état*. IV. → *vie*. V. → *magie*.

SORTABLE □ Par ext. : approprié, assorti, beau, bien, bienséant, bon, comme il faut, congru, convenable, convenant, correct, décent, de saison, digne, fait exprès, honnête, honorable, idoine, juste, opportun, mettable, pertinent, poli, présentable, propre, raisonnable, satisfaisant, séant, seyant.

SORTE □ I. Caste, catégorie, clan, classe, division, embranchement, espèce, état, famille, genre, groupe, ordre, race, rang, série. II. Condition, qualité, trempe. III. Façon, griffe, guise (vx), manière, style.

SORTI, E □ Frais émoulu de, issu de, natif de, né, originaire, venu de.

SORTIE □ I. Au pr. 1. Débouché, issue, porte. 2. Balade, départ, échappée, escapade, évasion, promenade, tour. 3. Échappement, écoulement, émergence, évacuation. II. Par ext. 1. → *dépense*. 2. → *publication*. 3. Admonestation, algarade, attaque, catilinaire (vx), dispute, engueulade (fam.), incartade (vx), invective, mercuriale, observation, récrimination, remarque, réprimande, reproche, scène, séance, semonce.

SORTILÈGE □ Charme, diablerie, enchantement, ensorcellement, envoûtement, évocation, incantation, jettatura, maléfice, mauvais sort, sort, sorcellerie. → *magie*.

SORTIR □ I. Au pr. 1. Abandonner, déboucher, débouquer, débucher, débusquer, s'échapper, s'enfuir, s'évader, partir, quitter. 2. Apparaître, éclore, émerger, faire irruption, jaillir, mettre le nez dehors,

percer, poindre, saillir, sourdre, surgir, venir. 3. Déborder, se dégager, s'écouler, s'exhaler, se répandre. 4. S'absenter, débarrasser le plancher (fam.), décamper, déguerpir, déloger, s'éclipser, s'esquiver, évacuer. II. Par ext. 1. Arracher, dégainer, ôter, vidanger, vider. 2. Éditer, lancer, publier, tirer. → *paraître*. 3. Débiter, proférer. → *dire*. 4. Émaner, être issu, naître, provenir, résulter.

SOSIE □ Jumeau, ménechme, pendant, réplique.

SOT, SOTTE □ I. Au pr. 1. *Quelqu'un :* âne, béjaune, benêt, borné, buse, crétin, dadais (fam.), imbécile, idiot, inintelligent, malavisé, niais, poire, stupide. → *bête*. 2. *Un comportement :* absurde, déraisonnable, extravagant, fou, illogique, incohérent, incongru, inconséquent, inepte, insane, insensé, irrationnel, loufoque, saugrenu. → *bête*. II. Par ext. 1. → *irrévérencieux*. 2. Arrogant, avantageux, content de soi, dédaigneux, fanfaron, fat, fiérot, impertinent, infatué, orgueilleux, pécore, péronnelle, plastron, plat, plein de soi, poseur, prétentieux, rodomont, satisfait, suffisant, vain, vaniteux. 3. Confondu, confus, déconcerté, déconfit, décontenancé, défait, déferré, démonté, dépaysé, dérouté, désarçonné, désemparé, désorienté, étonné, étourdi, inquiet, interdit, mis en boîte, pantois, penaud, quinaud, surpris, troublé.

SOTTISE □ I. Au pr. : absurdité, ânerie, balourdise, crétinerie, crétinisme, idiotie, imbécillité, insanité, insipidité, nigauderie, stupidité. → *bêtise*. II. Par ext. 1. → *bagatelle*. 2. Arrogance, autosatisfaction, dédain, fatuité, impertinence, infatuation, orgueil, plastronnade (fam.), pose, prétention, rodomontade, suffisance, vanité. 3. → *injure*. 4. → *maladresse*.

SOTTISIER □ → *bêtisier*.

SOU □ I. Fam. : pet (de lapin), radis. → *argent*. II. Vx : liard, maille, sol.

SOUBASSEMENT □ Appui, assiette, assise, base, embasement, fondement, piédestal, podium, socle, stylobate.

SOUBRESAUT □ I. Au pr. : convulsion, saccade, secousse, spasme, sursaut, trépidation. II. Par ext. 1. Bond, bondissement, cabriole, cahot, culbute, gambade, ricochet, saut, sautillement, sursaut, tressaillement, tressaut. 2. Contraction, convulsion, frisson, haut-le-corps, spasme, tressaillement. III. Fig. : agitation, bouleversement, crise, remous, révolution, trouble.

SOUBRETTE □ I. Au pr. → *servante*. II. Par ext. : confidente, demoiselle de compagnie, lisette, suivante.

SOUCHE □ **I.** → *racine.* **II.** → *tige.* **III.** → *race.* **IV.** → *bête.*

SOUCI □ **I. Attitude ou état :** agitation, alarme, angoisse, anxiété, bile (fam.), cassement de tête, chagrin, contrariété, crainte, émoi, ennui, incertitude, inquiétude, martel (vx), obsession, peine, perplexité, poids, préoccupation, scrupule, soin (vx), sollicitude, tintouin (fam.), tourment, tracas. **II. Circonstance :** affaire, aria (fam.), désagrément, difficulté, embarras, embêtement (fam.), emmerdement (fam.), empoisonnement, tribulation.

SOUCIER (SE) □ → *préoccuper (se).*

SOUCIEUX, EUSE □ **I. Neutre ou favorable :** affairé, attentif, curieux de, jaloux de, occupé, pensif, préoccupé, scrupuleux, songeur. **II. Non favorable :** agité, alarmé, angoissé, anxieux, bileux (fam.), chagrin, contrarié, craintif, embarrassé, embêté (fam.), emmerdé (fam. ou grossier), empoisonné, ennuyé, inquiet, obsédé, peiné, perplexe, préoccupé, tourmenté, tracassé.

SOUDAIN □ adv. À l'instant, aussitôt, brusquement, dans l'instant, d'emblée, d'un seul coup/mouvement, illico (fam.), immédiatement, incessamment, incontinent, inopinément, instantanément, par surprise, rapidement, sans retard, sans transition, séance tenante, soudainement, subitement, subito (fam.), sur-le-champ, tout à coup, tout à trac, tout de go/de suite/d'un coup.

SOUDAIN, AINE □ adj. Bruque, brusqué, foudroyant, fulgurant, immédiat, imprévu, inattendu, instantané, prompt, rapide, saisissant, subit.

SOUDAINETÉ □ → *rapidité.*

SOUDARD □ Goujat, plumet (vx), reître, sabreur, spadassin, traîneur de sabre.

SOUDER □ → *joindre.*

SOUDOYER □ Acheter, arroser (fam.), corrompre, graisser la patte (fam.), payer, stipendier. → *séduire.*

SOUDURE □ **I. Au pr. :** assemblage, brasure, coalescence, raccord, soudage. **II. Par ext.** → *joint.*

SOUFFLANT, E □ → *étonnant.*

SOUFFLE □ **I. Au pr. 1.** → *haleine.* **2.** → *vent.* **II. Fig.** → *inspiration.*

SOUFFLÉ, E □ **I. Au pr. :** ballonné, bombé, bouclé (maconnerie), bouffant, bouffi, boursouflé, cloqué, congestionné, dilaté, distendu, empâté, enflé, gondolé, gonflé, gros, hypertrophié, mafflu, météorisé, renflé, tuméfié, tumescent, turgescent, turgide, ventru, vultueux. **II. Par ext. :** académique, affecté, ampoulé, apprêté, cérémonieux, compliqué, creux, déclamatoire, démesuré, emphatique, grandiloquent, guindé, hyperbolique, pédantesque, pompeux, pompier (fam.), prétentieux, ronflant, sentencieux, solennel, sonore, vide.

SOUFFLER □ **I. Au pr. :** exhaler, expirer, haleter, respirer. **II. Par ext. 1.** Aspirer, balayer, escamoter, éteindre. **2.** Activer, animer, exciter, inspirer, insuffler. **3.** Jouer, sonner. **4.** S'approprier, dérober, enlever, ôter, ravir. → *prendre.* **5.** Chuchoter, dire, glisser, insinuer, murmurer, parler à l'oreille, suggérer. **6.** Aider, apprendre, remémorer, tricher. **7.** Enfler, gonfler, grossir.

SOUFFLET □ Baffe, beigne, beignet, calotte, claque, coup, emplâtre, gifle, giroflée, mandale, mornifle, pain, taloche, tape, tarte, torgnole ou torniole. → *talmouse.*

SOUFFLETER □ Battre, calotter, claquer, confirmer (fam.), corriger, donner un soufflet *et les syn. de* SOUFFLET, gifler, mornifler (fam.), moucher (fam.), talocher (fam.), taper.

SOUFFRANCE □ **I. Au pr. :** douleur, élancement, indisposition, mal, maladie, malaise, rage, supplice, torture, tourment. → *blessure.* **II. Par ext. :** affliction, amertume, croix, déchirement, désespoir, désolation, épreuve, larme, passion. **III. Loc. En souffrance :** en carafe (fam.), en panne, en retard.

SOUFFRANT, E □ Abattu, alité, atteint, cacochyme, déprimé, dolent, égrotant, fatigué, fiévreux, incommodé, indisposé, malade, maladif, mal en point, mal fichu, pâle, pâlot, patraque, souffreteux.

SOUFFRE-DOULEUR □ → *victime.*

SOUFFRETEUX, EUSE □ → *souffrant.*

SOUFFRIR □ **I. V. intr. :** languir, mourir (fig.), pâtir, peiner. **Fam. :** en baver/chier/roter, écraser, passer un mauvais quart d'heure, sécher. **II. V. tr. 1.** Admettre, endurer, éprouver, essuyer, laisser faire, permettre, ressentir, soutenir, subir, supporter, tolérer. **Fam. :** avaler, boire, digérer, se farcir. **2.** → *pardonner.* **III. Loc. Faire souffrir :** affliger, endolorir, lanciner, martyriser, tourmenter, torturer.

SOUHAIT □ **I. Favorable :** aspiration, attente, demande, désir, envie, optation, vœu, volonté. **II. Non favorable :** ambition, appétit, caprice, convoitise.

SOUHAITABLE □ Appétissant, désirable, enviable.

SOUHAITER □ **I. Favorable :** appeler, aspirer à, attendre, avoir dans l'idée/en tête/envie/l'intention de, brûler de, demander, désirer, rechercher, réclamer, rêver, soupirer après, tenir à, viser, vouloir. **II. Non favora-**

ble : ambitionner, appéter (vx), arrêter, convoiter, exiger, guigner, lorgner (fam.), loucher sur (fam.), prétendre à.

SOUILLER □ **I. Au pr.** : abîmer, barbouiller, charbonner, cochonner (fam.), contaminer, crotter, éclabousser, embouer (vx), encrasser, gâter, graisser, mâchurer, maculer, noircir, poisser, polluer, salir, tacher. **II. Fig.** : baver sur, calomnier, déparer, déshonorer, diffamer, entacher, flétrir, profaner, prostituer, ternir.

SOUILLON □ **I. Adj.** : cochon (fam.), crasseux, dégoûtant, désordonné, grossier, malpropre, peu soigné/soigneux, sale. **II. Nom masc. et fém.** (péj.) salisson. → *servante.*

SOUILLURE □ **I. Au pr.** : bavure, crasse, crotte, éclaboussure, encrassement, immondice, macule (vx), malpropreté, ordure, pâté, saleté, salissure, tache, vomi, vomissure. **II. Fig.** : crime, déshonneur, faute, flétrissure, impureté, tare. → *péché.*

SOÛL, SOÛLE □ **I. Au pr.** : assouvi, bourré, dégoûté, gavé, gorgé, le ventre plein, rassasié, repu, saoul (vx), saturé, sursaturé. **II. Par ext.** → *ivre.*

SOULAGEMENT □ **I.** Adoucissement, allégement, amélioration, apaisement, assouplissement, atténuation, bien, calme, consolation, détente, euphorie, rémission. **II.** Aide, appui, assistance, coup d'épaule/de main/de pouce, encouragement, entraide, main-forte, réconfort, rescousse, secours, soutien. **III.** → *remède.*

SOULAGER □ **I. Au pr.** : alléger, débarrasser, décharger, dégrever, délester, diminuer, exempter, exonérer, ôter. **II. Fig.** : adoucir, aider, amoindrir, apaiser, atténuer, calmer, débonder/dégonfler/déverser son cœur, décharger, délivrer, endormir, étourdir, mitiger, secourir, tempérer. → *consoler.*

SOÛLARD, SOÛLAUD, SOÛLAS □ (vx) → *ivrogne.*

SOÛLER (SE) □ **I. Au pr.** : *arg. ou fam.* : s'alcooliser/appuyer/arsouiller/aviner/beurrer/biturer/blinder/bourrer/cuiter/défoncer/enivrer/griser/noircir/piquer le nez/pocharder/poivrer/poivroter/tututer, avoir/prendre une biture/la bourrique/sa cocarde/son compte/une cuite/une muflée/son plumet/son pompon/une ronflée, chopiner, gobelotter, picoler, picter, pictonner, pinter, sacrifier à Bacchus/la dive bouteille, sculpter une gueule de bois, soiffer, tafioter. → *boire.* **II. Par ext.** : s'exalter, s'exciter.

SOULÈVEMENT □ **I. Au pr.** : boursouflure, exhaussement, mouvement, surrection. **II. Par ext. 1.** Bondissement, saut, sursaut. **2.** → *nausée.* **3.** Action, agitation, chouannerie, désobéissance, dissidence, effervescence, émeute, faction, guerre civile, insoumission, insubordination, insurrection, jacquerie, lutte, mouvement, mutinerie, opposition, putsch, rébellion, résistance, révolte, révolution, sécession, sédition, violence.

SOULEVER □ **I. Au pr. 1.** Dresser, élever, enlever, hausser, hisser, lever, monter, redresser. **2.** Écarter, relever, remonter, retrousser, trousser. **II. Fig. 1.** Agiter, ameuter, déchaîner, ébranler, entraîner, exalter, exciter, provoquer, remuer, transporter. **2.** Amener, appeler, apporter, attirer, causer, créer, déclencher, déterminer, donner/fournir lieu/occasion, engendrer, être la cause de, faire, motiver, occasionner, prêter à, procurer, produire, provoquer, susciter. **III. V. pron. : 1.** → *révolter (se).* **2.** *Les formes pron. possibles des syn. de* SOULEVER.

SOULIER □ **I. Au pr.** : bottillon, bottine, brodequin, chaussure, escarpin, galoche, mocassin, richelieu, snowboot. **II. Par ext.** : babouche, botte, chausson, cothurne, espadrille, mule, nu-pieds, pantoufle, patin, sabot, sandale, savate, socque, spartiate. **III. Arg. ou fam.** : bateau, bottine, chlape, clape, clapette, croquenot, écrasemerde, godasse, godillot, grolle, latte, péniche, pompe, ribouis, sorlot, targette, tartine, tatane.

SOULIGNER □ **I. Au pr.** : accentuer, appuyer, border d'un trait, marquer, ponctuer, tirer un trait. **II. Par ext.** : désigner, faire ressortir, insister sur, mettre en évidence, montrer, noter, préciser, relever, signaler.

SOULTE □ **I. Au pr.** : compensation, complément, dédommagement, dessous-de-table (péj.). **II. Par ext.** → *garantie.*

SOUMETTRE □ **I. Non favorable** : accabler, asservir, assujettir, astreindre, brusquer, conquérir, contraindre, courber, dominer, dompter, enchaîner, imposer son autorité/son pouvoir, inféoder, maintenir/mettre sous l'autorité/ la dépendance/le pouvoir/la puissance/la tutelle, maîtriser, mettre en esclavage, mettre la corde au cou (fam.), opprimer, plier, ramener à l'obéissance, ranger sous ses lois, réduire, réglementer, réprimer, subjuguer, subordonner, tenir en respect, tenir sous son autorité/sous sa dépendance/son pouvoir/sa puissance/sa tutelle, tenir en esclavage. **II. Neutre ou favorable. 1.** Apprivoiser, assouplir, attacher, captiver, charmer, conquérir, discipliner, pacifier, subjuguer. **2.** Avancer, donner, exposer, faire une offre/ouverture/proposition, offrir, présenter, proposer, soumissionner. **3.** → *montrer.* **III. V. pron. : 1. neutre ou favo-**

rable : accepter, acquiescer, consentir, se plier à. **2. *Non favorable :*** s'abaisser, abandonner le combat, s'accommoder, s'adapter, s'agenouiller, s'assujettir, capituler, céder, se conformer, courber la tête, déférer, en passer par, faire sa soumission, filer doux (fam.), fléchir, s'humilier, s'incliner, s'inféoder, se livrer, mettre les pouces (fam.), obéir, obtempérer, passer sous les fourches caudines, reconnaître l'autorité, se régler, se rendre, se résigner, suivre, venir à quia/à résipiscence.

SOUMIS, E □ **I. Neutre ou favorable. *1. Un peuple :*** pacifié. **2. *Quelqu'un :*** attaché, complaisant, déférent, discipliné, docile, doux, fidèle, flexible, gouvernable, humble, malléable, maniable, obéissant, sage, souple. **II. Non favorable :** asservi, assujetti, conquis, humilié, inféodé, réduit, résigné, subordonné.

SOUMISSION □ **I. Neutre ou favorable. *1.*** Acquiescement, allégeance, dépendance, discipline, docilité, fidélité, humilité, obédience, obéissance, pacification, résignation. **2.** Adjudication, entreprise, marché, offre, proposition. **II. Non favorable :** abaissement, asservissement, assujettissement, conquête, dépendance, esclavage, inféodation, joug, merci, réduction, servilité, servitude, subordination, sujétion, vassalité.

SOUPÇON □ **I. Au pr. :** apparence, conjecture, crainte, croyance, défiance, doute, méfiance, ombrage, suspicion. **II. Par ext. :** idée, nuage, pointe, très peu, un peu.

SOUPÇONNER □ Avoir idée de, conjecturer, croire, se défier de, deviner, se douter de, entrevoir, flairer, se méfier, penser, pressentir, redouter, supposer, suspecter.

SOUPÇONNEUX, EUSE □ Craintif, défiant, inquiet, jaloux, méfiant, ombrageux, suspicieux.

SOUPE □ → *bouillon.*

SOUPENTE □ Cagibi, combles, galetas, grenier, mansarde, réduit, souillarde.

SOUPER □ **I. V. intr. :** dîner. → *manger.* **II. Nom :** dîner. → *repas.*

SOUPESER □ → *peser.*

SOUPIR □ → *gémissement.*

SOUPIRANT, E □ **I.** → *amant.* **II.** → *prétendant.*

SOUPIRER □ **I.** → *respirer.* **II.** → *aspirer.*

SOUPLE □ **I. Quelque chose :** ductile, élastique, expansible, extensible, flexible, lâche, malléable, maniable, mou, pliable, rénitent (méd.), subéreux. **II. Quelqu'un. *1. Phys. :*** agile, ailé, aisé, décontracté, dégagé, félin, léger, leste. → *dispos.* **2. *Par***

ext. : adroit, compréhensif, diplomate, docile, fin, liant, machiavélique (péj.), ondoyant, politique, subtil.

SOUPLESSE □ **I. De quelque chose :** compressibilité, ductilité, élasticité, extensibilité, flexibilité, malléabilité, maniabilité, plasticité, rénitence (méd.). **II. De quelqu'un. *1. Phys. :*** agilité, aisance, décontraction, légèreté, sveltesse. **2. *Par ext. :*** adresse, compréhension, diplomatie, docilité, finesse, intrigue, machiavélisme (péj.), subtilité. → *politique.*

SOUQUENILLE □ Bleu, caban, cache-poussière, casaque, cotte, sarrau, surtout.

SOUQUER □ **I. V. tr. :** bloquer, serrer, visser. **II. V. intr. *1. Au pr. :*** ramer. **2. *Fig.*** → *peiner.*

SOURCE □ **I. Au pr. :** fontaine, geyser, griffon, point d'eau, puits. **II. Fig. *1.*** → *origine.* **2.** → *cause.*

SOURCIER, ÈRE □ Radiesthésiste, rhabdomancien.

SOURCILLER □ **I.** Ciller, froncer les sourcils, tiquer. **II. Loc. *Sans sourciller :*** sans barguigner/discuter/être troublé/faire ouf (fam.)/hésiter.

SOURCILLEUX, EUSE □ **I.** Braque, chatouilleux, délicat, hérissé, hypersensible, irritable, ombrageux, pointilleux, pointu, prompt, sensible, sensitif. **II.** → *triste.*

SOURD, E □ **I. Au pr. :** dur d'oreille, sourdingue (fam.). **II. Par ext. :** amorti, assourdi, caverneux, cotonneux, creux, doux, enroué, étouffé, indistinct, mat, mou, sépulcral, voilé. **III. Fig. 1. *Quelqu'un :*** impitoyable, inexorable, insensible. → *indifférent.* **2. *Quelque chose :*** caché, clandestin, hypocrite, souterrain, ténébreux, vague. → *secret.*

SOURDEMENT □ → *secrètement.*

SOURDINE (EN) □ Discrètement, doucement, mollo (fam.), sans → *bruit/éclat,* → *secrètement.*

SOURDRE □ → *sortir.*

SOURICIÈRE □ → *piège.*

SOURIRE □ n. m. → *rire.*

SOURIRE □ v. intr. **I.** → *rire.* **II.** → *plaire.*

SOURNOIS, E □ Affecté, artificieux, caché, cachottier, chafouin, déloyal, dissimulateur, dissimulé, double-jeu, doucereux, en dessous, faux, faux jeton, fourbe, insidieux, mensonger, mielleux, perfide, rusé, simulé, tartufe, trompeur. → *hypocrite.*

SOURNOISERIE □ **I.** Affectation, artifice, cabotinage, cachotterie, comédie, déguisement, dissimulation, duplicité, faux-semblant, feintise, fiction, grimace, invention, leurre, mensonge, momerie, pantalonnade, parade, ruse, simulation, singerie, tromperie. **II.** → *fausseté.* **III.** → *hypo-crisie.*

SOUSCRIRE ☐ **I.** → *consentir.* **II.** → *payer.*

SOUS-ENTENDU ☐ **I. Adj. :** à double sens, allant de soi, implicite, tacite. **II. Nom :** allégorie, allusion, arrière-pensée, évocation, insinuation, qui-proquo, restriction, réserve, réti-cence.

SOUS-ESTIMER ☐ Abaisser, avi-lir, baisser, critiquer, débiner (péj.), déconsidérer, décréditer, décrier, dénigrer, déprécier, dépriser, détrac-ter (vx), dévaloriser, dévaluer, dimi-nuer, discréditer, méconnaître, méju-ger, mépriser, mésestimer, rabaisser, rabattre, ravaler, sous-évaluer.

SOUS-JACENT, E ☐ **I.** Inférieur, subordonné. **II.** Supposé. → *secret.*

SOUS-MAIN (EN) ☐ → *secrètement.*

SOUS-MARIN ☐ Submersible.

SOUS-ŒUVRE ☐ Base, fondation, fondement, infrastructure, pied, sou-bassement, soutènement, soutien, substructure.

SOUS-ORDRE ☐ **I.** Adjoint, bras droit, collaborateur, subordonné. **II.** → *inférieur.*

SOUS-PRÉFECTURE ☐ Arrondis-sement, circonscription, district.

SOUS-SOL ☐ → *cave.*

SOUSTRACTION ☐ → *diminution.*

SOUSTRAIRE ☐ → *dérober, retran-cher.* **V. pron. :** esquiver. → *éviter.*

SOUS-VERGE ☐ → *sous-ordre.*

SOUS-VÊTEMENT ☐ Bas, collant, combinaison, dessous, gilet de corps, jupon, maillot, parure, soutien-gorge. → *culotte.*

SOUTENABLE ☐ Acceptable, défen-dable, plausible, possible, support-able.

SOUTÈNEMENT ☐ → *appui.*

SOUTENEUR ☐ → *proxénète.*

SOUTENIR ☐ **I. Au pr. :** accoter, appuyer, arc-bouter, armer, chevaler, consolider, contrebouter, étançon-ner, étayer, maintenir, porter, suppor-ter, tenir. **II. Par ext. 1.** Conforter, fortifier, nourrir, réconforter, remon-ter, réparer, stimuler, sustenter. **2.** Aider, appuyer, assister, cautionner, défendre, donner/prêter la main/un coup d'épaule, encourager, épauler, épouser la cause, favoriser, finan-cer, garantir, mettre le pied à l'étrier, prendre fait et cause, protéger, remonter le moral, seconder, secou-rir, subventionner. **3.** Affirmer, argu-menter, assurer, attester, certifier, discuter, disputer, écrire, enseigner, faire valoir, maintenir, prétendre, pro-fesser, répondre. **4.** Continuer, persé-vérer, persister, poursuivre. **III. Loc. 1. Soutenir le choc :** endurer, rece-voir, résister, souffrir, subir, suppor-ter, tenir. **2. Soutenir la comparai-son :** défier, rivaliser. **IV. V. pron. : 1.** Se continuer, durer, se mainte-nir, subsister, surnager *et les formes pron. possibles des syn. de* SOUTE-NIR. **2.** S'entraider.

SOUTENU, E ☐ **I.** Aidé, appuyé, épaulé, pistonné (fam.). **II.** Secondé. **III.** Assidu, constant, persévérant, persistant. **IV.** Accentué, continu, continuel. **V. Loc. Style soutenu. 1. Neutre ou favorable :** académique, cérémonieux, élevé, éloquent, héroï-que, magnifique, noble, pindarique, relevé, sublime. **2. Non favorable :** affecté, ampoulé, apprêté, bouffi, boursouflé, compliqué, déclama-toire, démesuré, emphatique, enflé, grandiloquent, guindé, hyperboli-que, pédantesque, pompeux, pom-pier (péj. et fam.), prétentieux, ron-flant, sentencieux, solennel, sonore, soufflé.

SOUTERRAIN ☐ **I. Nom :** antre, basse-fosse, catacombe, cave, caveau, caverne, crypte, cul de basse-fosse, excavation, galerie, grotte, oubliette, sous-sol, terrier, tunnel. **II. Adj. :** caché, sombre, ténébreux. → *secret.*

SOUTIEN ☐ **I. Au pr. :** adosse-ment, arc-boutant, base, charpente, colonne, épaulement, éperon, étai, étançon, levier, pilier, pivot, soutè-nement, support, tuteur. **II. Par ext. :** aide, appoint, appui, assistance, col-laboration, concours, coopération, coup d'épaule, égide, encourage-ment, influence, intervention, main-forte, patronage, piston (fam.), plan-che de salut, protection, recomman-dation, réconfort, rescousse, sauve-garde, secours, service, support. **III. Loc. Être le soutien de :** adepte, aide, appui, auxiliaire, bouclier, bras, champion, défenseur, étai, garant, partisan, patron, pilier, pivot, protec-teur, second, souteneur (péj.), sup-porter, tenant.

SOUTIEN-GORGE ☐ Balconnet, bustier.

SOUTIRER ☐ **I. Au pr.** → *transvaser.* **II. Fig. 1.** → *obtenir.* **2.** → *prendre.*

SOUVENANCE ☐ → *souvenir.*

SOUVENIR ☐ n. **I. Au sing. 1. Au pr. :** commémoration, mémoire, pensée, réminiscence, ressouvenance, souve-nance. **2. Par ext. :** arrière-goût, impression, ombre, trace. **3.** Ex-voto, monument, plaque, statue, tombeau, trophée. **4.** Relique, reste, témoin. **5.** → *cadeau.* **II. Au pl. :** annales, auto-biographie, chronique, commentaire, confession, essai, journal, mémoires, mémorial, récit, révélations, voyages.

SOUVENIR (SE) ☐ adj. Évoquer, mémoriser, se rappeler, se recorder (vx), se remembrer (vx), se remémorer, se rementevoir (vx), remettre, retenir, revoir.

SOUVENT □ D'ordinaire, fréquemment, généralement, habituellement, journellement, la plupart du temps, maintes fois, plusieurs fois, souventefois (vx).

SOUVERAIN, E □ **I. Adj.** → *suprême.* **II. Nom** → *monarque.*

SOUVERAINETÉ □ Autorité, domination, empire, pouvoir, puissance, suprématie, suzeraineté.

SOVIET □ **I.** → *comité.* **II.** → *communiste.*

SOYEUX, EUSE □ Doux, duveteux, fin, lisse, moelleux, satiné, velouté, velouteux.

SPACIEUX, EUSE □ Ample, étendu, vaste. → *grand.*

SPADASSIN □ **I.** → *ferrailleur.* **II.** → *tueur.*

SPARTIATE □ Laconique, sobre. → *austère.*

SPASME □ → *convulsion.*

SPATIONAUTE □ Astronaute, cosmonaute.

SPEAKER □ Annonceur, disc-jockey, présentateur.

SPÉCIAL, E □ Caractéristique, distinct, distinctif, extraordinaire, individuel, original, particulier, propre à, remarquable, singulier.

SPÉCIALISTE □ Homme de l'art, médecin, savant, technicien, technocrate (péj.).

SPÉCIALITÉ □ **I. Au pr. :** branche, champ, département, division, domaine, fief, oignons (fam.), partie, sphère. **II.** → *remède.*

SPÉCIEUX, EUSE □ **I.** → *incertain.* **II.** → *trompeur.*

SPÉCIFIER □ Caractériser, déterminer, préciser. → *fixer.*

SPÉCIFIQUE □ **I. Nom** → *remède.* **II. Adj. :** caractéristique, distinct, net, précis, spécial, sui generis, typique.

SPÉCIMEN □ Échantillon, exemplaire, exemple, individu, modèle, prototype, unité.

SPECTACLE □ **I. Au pr. 1.** Aspect, féerie, panorama, scène, tableau, vue. **2.** Attraction, ballet, cinéma, comédie, danse, divertissement, exhibition, happening, music-hall, numéro, projection, représentation, revue, séance, séance récréative, show, soirée. **II. Par ext. 1.** Caleçonnade (péj.), fantaisie, fantasmagorie, grand-guignol. **2.** → *montre.*

SPECTACULAIRE □ → *extraordinaire.*

SPECTATEUR, TRICE □ Assistant, auditeur, auditoire, galerie, observateur, parterre, public, téléspectateur, témoin.

SPECTRE □ **I. Au pr. :** apparition, double, ectoplasme, esprit, fantôme, lémure, ombre, revenant, vision. **II. Fig. :** cauchemar, crainte, hallucination, hantise, idée fixe, manie, monomanie, obsession, peur, phantasme, phobie, psychose, souci.

SPÉCULATEUR, TRICE □ n. et adj. Accapareur, agioteur, baissier, boursicoteur, bricoleur, haussier, joueur, traficoteur, trafiquant, tripoteur.

SPÉCULATIF, IVE □ Abstrait, conceptuel, conjectural, contemplatif, discursif, hypothétique, métaphysique, philosophique, théorique.

SPÉCULATION □ **I.** Calcul, étude, projet, recherche. → *pensée.* **II.** → *théorie.* **III. Non favorable. 1.** Accaparement, agiotage, jeu, raréfaction, trafic, traficotage (fam.), tripotage (fam.). **2.** Imagination, rêverie. → *rêve.* **IV. Neutre :** affaires, bourse, boursicotage (fam.), commerce, entreprise, transaction.

SPÉCULER □ **I.** → *hasarder.* **II.** → *trafiquer.*

SPEECH □ Allocution, baratin (fam.), causerie, compliment, conférence, éloge, laïus (fam.), toast. → *discours.*

SPERME □ **I.** Graine, semence. **II. Arg. et grossier : 1. Vx.** Foutre. **2.** Fromage, jus, paquet, purée, sauce, semoule, yaourt.

SPHÈRE □ **I.** Armillaire, boule, globe, mappemonde. **II.** Champ, cercle, domaine, étendue, limite, milieu, monde (abusiv.), région, zone.

SPHÉRIQUE □ → *rond.*

SPIRITUEL, ELLE □ **I.** Abstrait, allégorique, figuré, immatériel, intellectuel, mental, moral, mystique, religieux, symbolique. **II.** Amusant, attique, brillant, comique, drôle, facétieux, fin, humoristique, ingénieux, intelligent, léger, malicieux, piquant, plaisant, satirique, vif.

SPIRITUEUX □ → *liqueur.*

SPLEEN □ Cafard (fam.), chagrin, ennui, hypocondrie, idées noires, mal du siècle, mélancolie, neurasthénie, nostalgie. → *tristesse.*

SPLENDEUR □ **I.** → *lumière.* **II.** → *lustre.* **III.** → *luxe.*

SPLENDIDE □ Brillant, éblouissant, étincelant, fastueux, glorieux, magnifique, merveilleux, somptueux, superbe. → *beau.*

SPOLIATION □ Captation, dépossession, dol, éviction, expropriation, extorsion, fraude, frustration, soustration. → *vol.*

SPOLIER □ Déposséder, dépouiller, désapproprier, déshériter, dessaisir, enlever, évincer, exproprier, extor-

quer, frustrer, ôter, priver, soustraire.
→ *voler.*

SPONGIEUX, EUSE ☐ → *mou.*

SPONTANÉ, E ☐ **I. Quelqu'un :** cordial, direct, franc, libre, naïf, naturel, ouvert, primesautier, rapide, sincère, volontaire. **II. Quelque chose :** automatique, impulsif, inconscient, involontaire.

SPONTANÉITÉ ☐ → *sincérité.*

SPORADIQUE. ☐ I. Dans l'espace : clairsemé, constellé, dispersé, disséminé, dissocié, divisé, écarté, écartelé, éparpillé, épars, séparé. **II. Dans le temps :** discontinu, intermittent, irrégulier, larvé, rémittent, saccadé, variable.

SPORT ☐ Amusement, culture physique, entraînement, exercice, jeu.

SPRINT ☐ Emballage, enlevage, finish, pointe, rush.

SPUMEUX, EUSE ☐ Baveux, bouillonnant, écumeux, mousseux, spumescent.

SQUALE ☐ Aiguillat, chien de mer, griset, lamie, maillet, marteau, orque, requin, rochier, roussette, touille.

SQUARE ☐ **I.** → *jardin.* **II.** → *place.*

SQUELETTE ☐ **I. Au pr. :** carcasse, charpente, momie, os, ossature, ossement. **II. Par ext. :** architecture, canevas. → *plan.*

SQUELETTIQUE ☐ Décharné, défait, désossé, émacié, étique, fluet, grêle, sec. → *maigre.*

STABILISATION ☐ → *affermissement.*

STABILISER ☐ → *fixer.*

STABILITÉ ☐ **I. Au pr. :** aplomb, assiette, assise, équilibre. **II. Par ext.** *1.* Certitude, consistance, constance, continuité, durabilité, fermeté, permanence, solidité. *2.* → *calme.*

STABLE ☐ **I. Au pr. :** affermi, ancré, assis, ferme, fixe, équilibré, immobile, immuable, inaltérable, inamovible, permanent, persistant, régulier, sédentaire, solide, stationnaire, statique. **II. Par ext. :** arrêté, assuré, certain, constant, continu, défini, déterminé, durable, inamissible, invariable, invariant, irrévocable, sûr.

STADE ☐ **I.** Carrière, piste, terrain, vélodrome. **II.** Degré, échelon, niveau, palier, partie, période, phase, terme.

STAFF ☐ Aggloméré, faux marbre, imitation, stuc.

STAGE ☐ **I.** Arrêt, moment, passage, période, station. → *séjour.* **II.** Alumnat, apprentissage, formation, juvénat, noviciat, préparation.

STAGNANT, E ☐ **I.** Dormant, marécageux. **II.** Immobile, inactif, lent, mort, stationnaire.

STAGNATION ☐ **I. Au pr. :** arrêt, immobilisation, stase. **II. Par ext.** *1.* Ankylose, atrophie, langueur, marasme. *2.* Crise, immobilisme, inertie, paralysie, piétinement.

STAGNER ☐ Croupir, macérer. → *séjourner.*

STALACTITE, STALAGMITE ☐ Concrétion, pétrification.

STALLE ☐ **I.** Banquette, gradin, miséricorde, place, siège. **II.** Box, loge.

STANCE ☐ Strophe. → *poème.*

STAND ☐ **I.** Pas de tir. **II.** → *magasin.*

STANDARD ☐ Conforme, courant, normalisé.

STANDARDISATION ☐ → *rationalisation.*

STANDARDISER ☐ → *normaliser.*

STANDING ☐ Classe, niveau de vie, prestige, rang.

STAR ☐ → *artiste.*

STASE ☐ **I.** → *congestion.* **II.** → *stagnation.*

STATION ☐ **I.** Arrêt, gare, halte, poste. **II.** Pause, stage. **III.** Attitude, position, posture. **IV. Loc. Station thermale :** bains, eaux, thermes, ville d'eaux.

STATIONNAIRE ☐ **I.** Casanier, sédentaire. **II.** Étale, fixe, immobile, invariable, stagnant. → *stable.*

STATIONNER ☐ S'arrêter, s'attarder, cesser, demeurer, camper, faire halte/relâche, se fixer, rester, séjourner, stopper.

STATIQUE ☐ → *stable.*

STATISTIQUE ☐ → *dénombrement.*

STATUAIRE ☐ Bustier, imagier (vx), modeleur, ornemaniste, sculpteur.

STATUE ☐ Bronze, buste, cariatide, figure, figurine, idole, image, marbre, monument, ronde-bosse, sculpture, simulacre.

STATUER ☐ Arrêter, établir, fixer, juger, ordonner. → *décider.*

STATUETTE ☐ **I.** Bilboquet, figurine, godenot, magot, marionnette, marmot (vx), marmouset, pagode, poupée, poussah, santon. **II.** biscuit, chine, saxe, sèvres, tanagra.

STATURE ☐ Carrure, charpente, grandeur, hauteur, mesure, port, taille.

STATUT ☐ **I.** Arrêté, canon, charte, code, concordat, consigne, constitution, décret, discipline, édit, institution, loi, mandement, ordonnance, prescription, règle, règlement, réglementation. **II.** Accord, arbitrage, arrangement, convention, protocole. **III. Relig. :** canon, observance, règle.

STEAMBOAT, STEAMER ☐ → *bateau.*

STÈLE □ Cippe. → *tombe.*

STEPPE □ Lande, pampa, plaine, prairie, veld.

STÉRÉOTYPÉ, E □ → *figé.*

STÉRÉOTYPER □ Clicher, reproduire.

STÉRILE □ **I. Quelque chose.** *1.* Aride, désert, désolé, desséché, improductif, inculte, incultivable, infécond, infertile, ingrat, inutile, maigre, nul, pauvre, pouilleux, sec. *2.* Aseptique, infermentescible, pasteurisé, stérilisé. **II. Vétér.** : bréhaigne, mule. **III. Par ext.** : inefficace, infructueux, oiseux, vain.

STÉRILISATION □ **I.** Assainissement, pasteurisation, upérisation. **II.** → *castration.*

STÉRILISER □ **I. Au pr.** *1.* Aseptiser, désinfecter, étuver, javelliser, pasteuriser, purifier. *2.* Bistourner, brétauder, castrer, chaponner, châtrer, couper, émasculer, hongrer, mutiler. **II. Par ext.** : appauvrir, assécher, dessécher, neutraliser. → *sécher.*

STÉRILITÉ □ **I. Au pr.** : agénésie, impuissance, infécondité. **II. Par ext.** *1.* → *pauvreté.* *2.* → *sécheresse.*

STEWARD □ → *serveur.*

STIGMATE □ → *cicatrice, trace.*

STIGMATISER □ → *flétrir, blâmer.*

STILLICIDE □ → *gouttière.*

STIMULANT □ **I. Nom** → *fortifiant.* **II. Adj.** *1.* Incitant, mobilisateur, motivant. *2.* → *affriolant.*

STIMULATION, STIMULUS □ → *excitation.*

STIMULER □ → *exciter.*

STIPE □ → *tige.*

STIPENDIER □ → *soudoyer.*

STIPULATION □ Accord, clause, condition, convention, engagement, pacte, traité.

STIPULER □ → *énoncer.*

STOCK □ → *réserve.*

STOCKER □ Déposer, entreposer. → *conserver.*

STOÏCIEN, ENNE □ **I.** Stoïque, zénonique. **II.** Constant, dur, ferme, impassible, inébranlable, insensible.

STOÏCISME □ **I. Au pr.** : zénonisme. **II. Par ext.** *1.* → *constance.* *2.* → *austérité.*

STOÏQUE □ **I.** → *stoïcien.* **II.** → *courageux.* **III.** → *austère.*

STOMACAL, E, STOMACHIQUE □ Gastrique.

STOPPER □ **I.** Arrêter, bloquer, freiner, immobiliser. *Mar. :* mettre en panne, mouiller. **II.** Raccommoder, rentraire, réparer.

STORE □ → *rideau.*

STRANGULER □ → *étrangler.*

STRATAGÈME □ → *ruse.*

STRATE □ → *couche.*

STRATÈGE □ Généralissime. → *chef.*

STRATÉGIE □ Par ext. : diplomatie, manœuvre, pomologie, tactique. → *ruse.*

STRATÉGIQUE □ → *militaire.*

STRATIFIER □ → *accumuler.*

STRESS □ Tension. → *inquiétude.*

STRICT, E □ → *sévère.*

STRIDENT, E □ → *aigu.*

STRIE □ → *sillon.*

STRIER □ Bretter, rayer, vermiculer.

STRIP-TEASE □ Déballage, déshabillage, effeuillage.

STRIP-TEASEUSE □ Effeuilleuse.

STROPHE □ → *poème.*

STRUCTURE □ Architecture, arrangement, charpente, construction, contexture, disposition, forme, groupement, ordonnance, ordre, organisation, ossature, plan, système, texture, tissure. → *composition.*

STUC □ Aggloméré, faux marbre, imitation, staff.

STUDIEUX, EUSE □ Accrocheur, appliqué, chercheur, fouilleur, laborieux, travailleur, zélé.

STUDIO □ Appartement, chambre, garçonnière, logement, meublé, pied-à-terre, studette.

STUPÉFACTION □ **I. Au pr.** : ankylose, engourdissement, immobilisation, immobilité, insensibilité. **II. Par ext.** *1.* Consternation, ébahissement, effarement, étonnement, saisissement, stupeur, surprise. *2.* Effroi, épouvante, horreur. → *peur.*

STUPÉFAIT, E □ Abasourdi, ahuri, confondu, consterné, déconcerté, désorienté, ébahi, ébaubi, embarrassé, étonné, étourdi, frappé, frappé de stupeur, interdit, renversé, saisi, stupéfié, stupide, surpris. **Fam. :** baba, comme deux ronds de flan, ébouriffé, épaté, soufflé.

STUPÉFIANT, E □ → *surprenant.*

STUPÉFIÉ, E □ → *surpris.*

STUPÉFIER □ → *surprendre.*

STUPEUR □ → *stupéfaction.*

STUPIDE □ **I. Neutre.** *1.* Engourdi, mou. *2.* Ébahi, étonné, hébété. → *stupéfait.* **II. Non favorable :** balourd, butor, demeuré, fondu (fam.), idiot, imbécile, insensé, lourd, lourdaud, lourdingue, minus, niais, pesant, sot. → *bête.* **Arg. :** tronche, trou-du-cul.

STUPIDITÉ □ **I. Quelque chose :** ânerie, balourdise, crétinerie. → *sottise.* **II. De quelqu'un :** absurdité, béotisme, bornerie, crétinisme, idiotie, ineptie, lourderie (vx), lourdeur, pesanteur. → *bêtise.*

STUPRE ◻ Concupiscence, corruption, immodestie, impudicité, impureté, indécence, lasciveté, lascivité, libertinage, licence, lubricité, luxure, obscénité, salacité. → *débauche.*

STYLE ◻ **I. Au pr.** : écriture, élocution, expression, langage, langue. **II. Par ext. 1.** Design, façon, facture, forme, genre, goût, griffe, main, manière, originalité, patte, pinceau, plume, signature, talent, ton, touche, tour. **2.** → *expression.* **3.** → *procédé.*

STYLER ◻ **I.** Acclimater, accoutumer, adapter, apprivoiser, endurcir, entraîner, façonner, faire à, familiariser, former, habituer, initier, mettre au courant/au fait de, plier à, rompre. **II.** Apprendre, catéchiser, dresser, éduquer, élever, endoctriner, enseigner, exercer, former, gouverner (vx), instituer (vx), instruire, préparer.

STYLET ◻ → *poignard.*

STYLISER ◻ Idéaliser, interpréter, schématiser, simplifier, transposer.

STYLISTE ◻ Designer, dessinateur, modéliste.

SUAIRE ◻ Drap. linceul, voile.

SUAVE ◻ → *doux.*

SUAVITÉ ◻ → *douceur.*

SUBALTERNE ◻ → *subordonné.*

SUBCONSCIENT ◻ Inconscient, intériorité, intimité, profondeurs.

SUBDIVISER ◻ Désunir, diviser, fractionner, morceler, partager, répartir, sectionner, séparer.

SUBDIVISION ◻ → *partie.*

SUBIR ◻ Accepter, écraser (fam.), endurer, éprouver, essuyer, expérimenter, recevoir, ressentir, sentir, souffrir, soutenir, supporter, tolérer.

SUBIT, E ◻ Brusque, brutal, foudroyant, fulgurant, immédiat, imprévu, inopiné, instantané, prompt, rapide, soudain.

SUBITEMENT, SUBITO ◻ → *soudain.*

SUBJECTIF, IVE ◻ **I. Au pr.** : personnel. **II. Par ext.** : partial, particulier.

SUBJUGUER ◻ **I.** → *soumettre.* **II.** → *gagner.*

SUBLIMATION ◻ **I.** Distillation, vaporisation, volatilisation. **II.** Exaltation, purification.

SUBLIME. ◻ **I.** → *élevé.* **II.** → *beau.*

SUBLIMER ◻ **I.** → *embellir.* **II.** → *transposer.*

SUBLIMITÉ ◻ Élévation, grandeur, noblesse, perfection, supériorité. → *beauté.*

SUBMERGER ◻ **I. Au pr.** : arroser, couvrir, engloutir, ensevelir, envahir, inonder, mouiller, noyer, occuper, recouvrir, se répandre. **II. Par ext.** → *déborder.*

SUBMERSIBLE ◻ Bathyscaphe, sous-marin.

SUBODORER ◻ **I. Au pr.** → *sentir.* **II. Par ext.** : deviner, se douter de, flairer, soupçonner. → *pressentir.*

SUBORDINATION ◻ **I. Au pr.** : asservissement, assujettissement, dépendance, esclavage, infériorité, joug, obédience, obéissance, servitude, sujétion, tutelle, vassalité. **II. Par ext.** → *hiérarchie.*

SUBORDONNÉ, E ◻ Domestique, esclave, humble, inférieur, second, sous-ordre, subalterne. **Fam.** : portepipe, sous-fifre, sous-verge.

SUBORDONNER ◻ → *soumettre.*

SUBORNATION ◻ Corruption, détournement, intimidation, séduction, tromperie, vénalité. → *malversation.*

SUBORNER ◻ → *séduire.*

SUBORNEUR ◻ Apprivoiseur, bourreau des cœurs, casanova, casse-cœur, charmeur, enjôleur, ensorceleur, fascinateur, galant, homme à bonnes fortunes/à femmes, larron d'honneur (vx), lovelace, séducteur, tombeau des cœurs, tombeur de femmes.

SUBREPTICE ◻ **I.** → *obreptice.* **II.** → *secret.*

SUBREPTICEMENT ◻ → *secrètement.*

SUBROGER ◻ Relever, remplacer, représenter, substituer.

SUBSÉQUEMMENT ◻ Après, ensuite, plus tard.

SUBSÉQUENT, E ◻ → *suivant.*

SUBSIDE ◻ **I.** → *impôt.* **II.** → *secours.*

SUBSIDIAIRE ◻ Auxiliaire, suffragant.

SUBSISTANCE ◻ **I. Au sing.** : alimentation, approvisionnement, denrée, entretien, intendance, nourriture, pain, pitance, ration, ravitaillement, vie. **II. Au pl.** : comestibles, victuailles, vivres.

SUBSISTER ◻ Se conserver, continuer, durer, s'entretenir, être, exister, se maintenir, persister, rester, surnager, survivre, tenir, vivoter, vivre.

SUBSTANCE ◻ **I. Au pr.** : essence, être, nature, quintessence, réalité, soi, substrat, substratum. **II. Par ext.** : cause, contenu, corps, élément, essentiel, fond, fondement, matière, moelle, objet, origine, principe, suc, sujet. **III. Loc. En substance :** en gros, en résumé, en somme, finalement, sommairement, substantiellement.

SUBSTANTIEL, ELLE ◻ **I. Au pr.** : important, principal. **II. Par ext.** : consistant, mangeable, matériel, nourrissant, nutritif, riche, solide.

SUBSTANTIF □ → *nom.*

SUBSTITUER □ → *remplacer.*

SUBSTITUTION □ → *remplacement.*

SUBTERFUGE □ Dérobade, échappatoire, escobarderie, faux-fuyant, fuite, pantalonnade, pirouette, volte-face. → *ruse.*

SUBTIL, E □ **I.** → *menu.* **II.** → *délicat.*

SUBTILISATION □ → *malversation.*

SUBTILISÉ, E □ **I. Vx** → *raffiné.* **II.** *Les part. passés de* VOLER *et ses synonymes.*

SUBTILISER □ → *voler.*

SUBTILITÉ □ **I. Favorable ou neutre :** adresse, délicatesse, finesse, raffinement. **II. Non favorable :** abstraction, argutie, artifice, byzantinisme, casuistique, cavillation, chicane, chinoiserie (fam.), entortillage, équivoque, escamotage.

SUBVENIR □ → *pourvoir.*

SUBVENTION □ **I.** → *impôt.* **II.** → *secours.*

SUBVENTIONNER □ → *aider.*

SUBVERSIF, IVE □ → *révolutionnaire.*

SUBVERSION □ Bouleversement, contestation, indiscipline, mutinerie, renversement, révolution, sédition.

SUBVERTIR □ → *renverser.*

SUC □ → *substance.*

SUCCÉDANÉ □ Ersatz, produit de remplacement/de substitution.

SUCCÉDER □ Continuer, hériter, relayer, relever, remplacer, se substituer, suivre, supplanter, suppléer. **V. Pron. :** Alterner, se dérouler, s'enchaîner, *et les formes pron. possibles des syn. de* SUCCÉDER.

SUCCÈS □ **I. Au pr. :** réussite, triomphe, victoire. **II. Par ext. 1.** Avantage, bonheur, bonne fortune, événement heureux, exploit, gain, gloire, honneur, issue heureuse, lauriers, performance, prospérité, prouesse, tour de force, trophée. **2.** Mode, retentissement, vogue. **3.** Best-seller, gros tirage. **Fam. :** malheur (faire un), tabac, ticket, tube.

SUCCESSEUR □ Continuateur, dauphin, enfant, épigone, fils, héritier, queue (péj.), remplaçant.

SUCCESSIF, IVE □ Consécutif, constant, continu, ininterrompu, progressif, régulier.

SUCCESSION □ **I. Au pr. :** aubaine, douaire (vx), héritage, hoirie (vx ou jurid.), legs, mortaille (vx). **II. Par ext. 1.** Bien, domaine, héritage, patrimoine, propriété. **2.** Circuit, consécution, continuation, courant, cours, course, enchaînement, fil, filiation, ordre, série, suite. **3.** Alternance, alternative, cadence. **4.** Cascade, chapelet, cortège, défilé, déroulement, enchaînement, énumération, kyrielle, procession, théorie.

SUCCESSIVEMENT □ Alternativement, à tour de rôle, coup sur coup, l'un après l'autre, périodiquement, récursivement, rythmiquement, tour à tour.

SUCCINCT, E □ **I. Au pr. :** abrégé, accourci, bref, compendieux (vx), concis, condensé, contracté, coupé, court, dense, diminué, écourté, elliptique, haché, laconique, lapidaire, raccourci, ramassé, réduit, resserré, restreint, résumé, serré, simple, sommaire. **II. Par ext. :** éphémère, fragile, fugace, fugitif, intérimaire, momentané, passager, périssable, précaire, pressé, prompt, provisoire, rapide, temporaire, transitoire.

SUCCOMBER □ **I. Au pr.** → *mourir.* **II. Par ext. 1.** Abandonner, battre la chamade, capituler, céder, demander grâce/merci, déposer/jeter bas/mettre bas/ poser/rendre les armes, flancher, hisser le drapeau blanc, lâcher pied/prise, livrer les clefs, mettre les pouces, ouvrir les portes, parlementer, se rendre. **2.** → *fléchir.*

SUCCULENCE □ → *délicatesse.*

SUCCULENT, E □ **I. Au pr. :** appétissant, bon, délectable, délicat, excellent, exquis, fin, parfait, savoureux. **II. par ext.** → *substantiel.*

SUCCURSALE □ Agence, annexe, bureau, comptoir, dépendance, dépôt, filiale.

SUCER □ **I. Au pr. :** aspirer, boire, lécher, sucoter, super, téter, tirer. **II. Par ext. 1.** Absorber, attirer, exprimer, extraire, pomper. **2.** → *fellation.* **III. Fig.** → *ruiner.*

SUCRAGE □ Chaptalisation.

SUCRE □ **I. Au pr. :** cassonade, mélasse, saccharose, vergeoise, vesou. **II. Par ext. :** canard (fam.), saccharine, sucrerie. **III. Loc. Casser du sucre.** → *médire.*

SUCRÉ, E □ **I.** : adouci, doux, édulcoré, sirupeux. **II. Fig. 1.** Benoît, chafouin, douceâtre, doucereux, doux, emmiellé, fade, melliflue, mielleux, mièvre, papelard, patelin, paterne, patte-pelu, sournois. → *hypocrite.* **2. Fém. :** affectée, bêcheuse, chichiteuse, chipie, coquette, enjôleuse, gnangnan (fam.), grimacière, maniérée, mignarde, mijaurée, minaudière, pécore, perruche, pie-grièche, pimbêche.

SUCRER □ Adoucir, édulcorer. **V. pron.** → *toucher.*

SUCRERIE □ Bonbon, chatterie, confiserie, douceur, friandise, gourmandise, nanan (fam.).

SUCRIER □ Saupoudreuse.

SUD □ Antarctique, austral, méridional, midi.

SUER □ **I. V. intr. 1. Au pr. :** être en eau/en nage, moitir, se mouiller, transpirer. **2. Par ext. :** dégouliner, dégoutter, exsuder, ruisseler, suinter. **3. Fig. :** en baver (fam.), en roter (fam.), se claquer, se crever, s'échiner, s'épuiser, s'éreinter, s'esquinter, s'exténuer, se fatiguer, trimer. → *travailler*. **II. V. tr.** (fig) → *exhaler*.

SUEUR □ **I. Au pr. :** buée, eau, écume, excrétion, humeur (vx), hydrorrhée (méd.), moiteur, suée (fam.), transpiration, vapeur. **II. Fig. :** corvée, fatigue, peine, souci, veille. → *travail*.

SUFFIRE □ Apaiser, contenter, être assez/suffisant, fournir, pourvoir, satisfaire.

SUFFISAMMENT □ Assez, à satiété.

SUFFISANCE □ → *orgueil*.

SUFFISANT, E □ **I.** Assez bien, congru, convenable, correct, honnête, honorable, raisonnable, satisfaisant. **II.** → *orgueilleux*.

SUFFOCANT, E □ **I. Au pr. :** accablant, asphyxiant, chaud, étouffant, torride. **II. Fig. Neutre** → *étonnant*. **III. Non favorable :** agacant, crispant, énervant, exaspérant, horripilant, irritant.

SUFFOCATION □ Asthme, asphyxie, dyspnée, étouffement, étranglement, oppression.

SUFFOQUER □ → *étouffer*.

SUFFRAGE □ **I. Au pr.** → *vote*. **II. Par ext.** → *approbation*.

SUGGÉRER □ → *inspirer*.

SUGGESTIF, IVE □ Allusif, charmeur, ensorcelant, envoûtant, évocateur, prenant, saisissant, séduisant, troublant.

SUGGESTION □ **I.** → *avertissement*. **II.** → *inspiration*.

SUGGESTIONNER □ → *influer*.

SUICIDER (SE) □ Se détruire, se donner la mort, se défaire, faire harakiri, se faire sauter (la cervelle/le caisson), se flinguer, s'immoler, mettre fin à ses jours, se saborder (fig.), se supprimer.

SUI GENERIS □ Distinct, original, particulier, personnel, spécial.

SUINTEMENT □ → *écoulement*.

SUINTER □ Couler, dégouliner (fam.), s'échapper, s'écouler, s'égoutter, émaner, exsuder, fuir, goutter, perler, pleurer (fig.), ruisseler, sécréter, sourdre, suer, transsuder.

SUITE □ **I. Au pr. 1.** Appareil, cortège, cour, entourage, équipage, escorte, garde, gens, maison, train. **2.** Continuation, continuité, cours, déroulement, développement, enchaînement, fil, filiation, liaison, prolongation, prolongement, reprise, tourne (techn.). **II. Par ext. 1.** Alternance, alternative, cascade, chaîne, chapelet, concaténation, découpage, défilé, enfilade, engrenage, énumération, file, gamme, kyrielle, liste, ordre, ribambelle, séquence, série, succession, tissu, trame. **2.** Aboutissement, conséquence, contrecoup, cortège, éclaboussure, effet, imbrication, implication, incidence, lendemain, rancon, reliquat, répercussion, résultat, retombée, ricochet, séquelle, séquence. **3.** Cohérence, cohésion. **4.** → *persévérance*. **III. Loc. 1. Tout de suite :** à l'instant, aussitôt, illico (fam.), immédiatement, incessamment, sans délai, sans plus attendre, sur-le-champ. **2. Dans/par la suite :** à/dans l'avenir, après cela, demain, depuis, désormais, dorénavant, ensuite, plus tard. **3.** À cause de, par suite de, en raison de, grâce à.

SUIVANT, E □ adj. Autre, futur, postérieur, subséquent, successeur, ultérieur.

SUIVANT, E □ n. Acolyte, aide, confident, continuateur, disciple, inférieur, remplacant, suiveur.

SUIVANT □ prép. Conformément à, dans, d'après, selon.

SUIVANTE □ Confidente, dame/demoiselle de compagnie/d'honneur, fille, fille d'honneur. → *servante*.

SUIVI, E □ **I.** Assidu, constant, continu, continuel, d'affilée, durable, éternel, immuable, incessant, indéfectible, infini, ininterrompu, interminable, invariable, opiniâtre, permanent, perpétuel, persistant, prolongé, régulier, sans arrêt/cesse/fin/répit/trêve, sempiternel, soutenu, successif. **II.** → *logique*.

SUIVRE □ **I. Au pr. 1.** Accompagner, emboîter le pas, escorter, marcher derrière, poursuivre, serrer, talonner. **2.** Côtoyer, descendre, emprunter, longer, parcourir, prendre, remonter. **II. Par ext. 1.** Espionner, filer observer, pister, prendre en filature, surveiller. → *écouter*. **2.** Continuer, remplacer. → *succéder*. **3.** Courtiser, fréquenter, hanter, sortir avec. **4.** → *comprendre*. **5.** Assister à, écouter, être présent, s'intéresser à, regarder, voir. **6.** → *abandonner (s')*. **7.** → *soumettre (se)*. **8.** → *résulter*. **9.** → *obéir*. **10.** Adhérer, adopter, se décider pour, se déclarer pour, embrasser, épouser, prendre parti, se prononcer, se ranger, tenir pour.

SUJET □ n. **I.** Cause, lieu, matière, motif, objet, point, problème, propos, question, raison. **II.** Affabulation, article, canevas, champ, étoffe, fable, histoire, idée, intrigue, thème. **III.** Cobaye (fig.), malade, patient. → *homme*. **IV. Loc. 1. Bon sujet :** élève,

enfant, petit. **2.** *Mauvais sujet* →
vaurien.

SUJET, ETTE ☐ adj. **I.** Astreint,
dépendant, enclin, exposé, habitué,
porté à, susceptible. **II.** Gouverné,
inférieur, soumis, tributaire.

SUJÉTION ☐ → *subordination.*

SUMMUM ☐ Apogée, comble, excès,
faîte, fort, limite, maximum, période,
pinacle, sommet, triomphe, zénith.

SUPER ☐ → *sucer.*

SUPERBE ☐ n. Amour-propre, arrogance, dédain, estime de soi, fatuité,
fierté, gloriole, hauteur, importance,
infatuation, jactance, mégalomanie,
morgue, orgueil, ostentation, outrecuidance, pose, présomption, prétention, suffisance, supériorité, vanité.

SUPERBE ☐ adj. **I.** Altier, arrogant,
avantageux, content de soi, crâneur, dédaigneux, faraud, fat, fier,
flambard, glorieux, gobeur, hautain, important, infatué, m'as-tu-
vu, orgueilleux, outrecuidant, paon,
pénétré de soi, plastronneur, poseur,
présomptueux, prétentieux, puant,
satisfait de soi, sourcilleux, suffisant,
supérieur, vain, vaniteux. **II.** → *beau.*

SUPERCHERIE ☐ → *tromperie.*

SUPERFÉTATION ☐ → *superfluité.*

SUPERFÉTATOIRE ☐ → *superflu.*

SUPERFICIE ☐ **I.** → *surface.* **II.** →
aspect.

SUPERFICIEL, ELLE ☐ → *léger.*

SUPERFIN, E ☐ → *parfait.*

SUPERFLU, E ☐ De trop, exagéré,
excessif, explétif, oiseux, parasite,
redondant, superfétatoire, surabondant. → *inutile.*

SUPERFLUITÉ ☐ Bavardage, cheville, délayage, double emploi, excès,
longueur, luxe, pléonasme, redite,
redondance, rembourrage, remplissage, superfétation, surabondance,
surcharge.

SUPÉRIEUR, E ☐ n. Chef, directeur,
doyen, grand maître, général, maître,
patron, prieur.

SUPÉRIEUR, E ☐ adj. **I. Quelqu'un. 1.**
Favorable ou neutre : beau, bon, distingué, émérite, éminent, excellent,
extraordinaire, génial, transcendant.
2. *Non favorable :* arrogant, condescendant, dédaigneux, fier. →
superbe. **II. Quelque chose. 1. Au**
pr. : dominant, élevé, haut. **2. Par**
ext. : délectable, du nanan, excellent, extra, fameux, fin, formidable,
maxi (fam.), royal, sans pareil, sensas (fam.), sensationnel, super (fam.),
superfin, suprême, surfin, unique. **III.**
Une classe sociale : dirigeant, dominant, possédant, prééminent, prépondérant.

SUPÉRIORITÉ ☐ **I.** Atout, avantage, dessus, prééminence, préexcel-

lence, prépondérance, prépotence,
primauté, privilège, suprématie. **II.**
Empire, hégémonie, maîtrise, précellence, royauté, sceptre. **III. De**
quelqu'un. 1. *Favorable :* distinction,
excellence, génie, mérite, transcendance. **2.** *Non favorable :* arrogance,
condescendance, dédain, fierté. →
superbe. **IV. De quelque chose :**
excellence, finesse, qualité.

SUPERLATIF, IVE ☐ Au plus haut
degré, extraordinaire, parfait. →
excessif.

SUPERPOSER ☐ → *accumuler.*

SUPERPOSITION ☐ → *accumulation.*

SUPERSTITIEUX, EUSE ☐ Crédule,
fétichiste, naïf, scrupuleux.

SUPERSTITION ☐ **I. Au pr. :** crédulité, fétichisme, naïveté. **II. Fig. :**
scrupule. → *soin.*

SUPPLANTER ☐ → *remplacer.*

SUPPLÉANCE ☐ → *remplacement.*

SUPPLÉANT, E ☐ → *remplaçant.*

SUPPLÉER ☐ **I.** → *compléter.* **II.** →
remplacer. **III.** → *pourvoir.*

SUPPLÉMENT ☐ Accessoire, à-côté,
addenda (fam.), additif, addition,
ajout, ajoutage, ajouture, appendice,
appoint, augmentation, complément,
excédent, extra, préciput (jurid.),
rabiot (fam.), rallonge, surcroît, surplus.

SUPPLÉMENTAIRE ☐ Accessoire,
additionnel, adventice, ajouté,
annexé, complémentaire, de surcroît, en appoint/complément/excé-
dent/rabiot/surplus, en plus, subsidiaire, supplétif, surérogatoire.

SUPPLÉTIF, IVE ☐ → *remplaçant.*

SUPPLIANT, E ☐ Demandant, implo-
rant, larmoyant, mendiant, pressant,
priant.

SUPPLICATION ☐ **I.** Appel, demande,
démarche, déprécation, imploration,
instance, invitation, invocation, obsécration, pétition, placet (vx), pourvoi,
quête (vx), requête, réquisition, réquisitoire, sollicitation, supplique. **II.** →
prière.

SUPPLICE ☐ **I.** Affliction, autodafé,
billot, bûcher, calvaire, châtiment,
décapitation, décollation, échafaud,
enfer, exécution, géhenne (vx), martyre, mort, peine, persécution, punition, question (vx), torture, tourment.
II. → *inquiétude.* **III.** → *souffrance.*
IV. Loc. *Mettre au supplice* → *tourmenter.*

SUPPLICIER ☐ Exécuter, mettre à
mort. → *tuer.*

SUPPLIER ☐ **I.** Adjurer, appeler, conjurer, demander, implorer, insister,
presser, prier, réclamer, recommander, requérir, solliciter. **II.** Convier,
inviter.

SUPPLIQUE ☐ → *supplication.*

SUPPORT □ → *appui.*

SUPPORTABLE □ Buvable (fam.), endurable, excusable, passable, sortable, suffisant, tenable, tolérable.

SUPPORTER □ **I.** → *soutenir.* **II.** → *souffrir.* **III.** → *comporter.*

SUPPOSÉ, E □ Admis, apocryphe (péj.), attribué, censé, conjectural, cru, douteux, faux, imaginaire, incertain, présumé, prétendu, putatif.

SUPPOSER □ Admettre, conjecturer, extrapoler, imaginer, inventer, penser, poser, présumer, présupposer.

SUPPOSITION □ Cas de figure, condition, conjecture, doute, extrapolation, hypothèse, induction, jeu de l'esprit, préjugé, présomption, supputation.

SUPPÔT □ Agent, partisan, satellite. → *complice.*

SUPPRESSION □ Abandon, abolition, abrogation, amputation, annulation, aphérèse, cessation, coupure, dérogation, destruction, discontinuation, effacement, élimination, empêchement, exclusion, extinction, liquidation, mutilation, privation, retranchement, scotomisation (psych.).

SUPPRIMER □ **I.** → *détruire.* **II.** → *retrancher.* **III.** → *taire.* **IV.** → *étouffer.* **V.** → *tuer.* **VI. V. pron.** → *suicider (se).*

SUPPUTATION □ **I.** → *évaluation.* **II.** → *supposition.*

SUPPUTER □ **I.** → *évaluer.* **II.** → *compter.*

SUPRASENSIBLE □ Abstrait, immatériel, insensible.

SUPRÉMATIE □ → *supériorité.*

SUPRÊME □ **I. Au pr. :** dernier, final, ultime. **II. Par ext. :** divin, grand, parfait, puissant, souverain, superlatif. → *supérieur.*

SUR, E □ → *aigre.*

SÛR, E □ **I. Au pr. :** assuré, authentique, avéré, certain, clair, constant, couru (fam.), établi, évident, exact, fatal, garanti, incontestable, indubitable, positif. **II. Par ext. 1.** Abrité, caché, gardé, imprenable, protégé, tranquille. **2.** Confiant, convaincu, ferme. **3.** Crédible, efficace, éprouvé, fiable, fidèle, vrai. **4.** Sain et sauf.

SURABONDANCE □ **I.** → *affluence.* **II.** → *superfluité.*

SURABONDANT, E □ **I.** → *abondant.* **II.** → *superflu.*

SURANNÉ, E □ Ancien, antique, archaïque, arriéré, attardé, caduc, démodé, désuet, fini, fossile, kitsch, gothique, obsolète, passé, périmé, rococo, sans valeur, usé, vieilli, vieillot, vieux.

SURBAISSER □ → *baisser.*

SURCHARGE □ **I.** → *surcroît.* **II.** → *superfluité.*

SURCHARGER □ Accabler, alourdir, augmenter, charger, combler, écraser, encombrer, excéder, grever, imposer, obérer, oppresser.

SURCLASSER □ → *surpasser.*

SURCROÎT □ Augmentation, excédent, handicap, supplément, surcharge, surplus.

SURÉLÉVATION □ → *haussement.*

SURÉLEVER □ → *hausser.*

SÛREMENT □ Absolument, à coup sûr, assurément, certainement, certes, évidemment, fatalement, forcément, inévitablement, nécessairement, obligatoirement.

SURENCHÈRE □ → *enchère.*

SURÉROGATOIRE □ → *supplémentaire.*

SURESTIMER □ → *surfaire.*

SÛRETÉ □ **I.** Assurance, caution, certitude, gage, garantie. **II.** → *sécurité.* **III. Loc. En sûreté :** à l'abri, à couvert, en sécurité.

SURÉVALUATION □ Exagération.

SURÉVALUER □ → *surfaire.*

SUREXCITATION □ Bouleversement, énervement, irritation. → *agitation.*

SUREXCITER □ → *exciter.*

SURF □ Monoski. **Par ext. :** planche à voile, véliplanche.

SURFACE □ **I. Au pr. :** aire, assiette, contenance, étendue, plan, superficie. **II. Par ext. 1.** Apparence, contenance, dehors, extérieur, face, parement, mine. **2.** Crédit, solvabilité.

SURFAIRE □ Amplifier, bluffer, charger, encenser, enfler, exagérer, exalter, faire mousser/valoir, forcer, grandir, grossir, hâbler, ne pas y aller de main morte, outrer, pousser, surestimer, surévaluer, vanter.

SURFAIT, E □ Abusif, démesuré, exagéré, exorbitant, outré. → *excessif.*

SURFIL □ → *surjet.*

SURFIN, E □ → *parfait.*

SURGEON □ → *pousse.*

SURGIR □ **I.** → *sortir.* **II.** → *paraître.* **III.** → *naître.*

SURGISSEMENT □ → *apparition.*

SURHAUSSER □ Augmenter, élever, exhausser, soulever, surélever.

SURHUMAIN, E □ → *surnaturel.*

SURJET □ Assemblage, couture, faufilage (fam.), faufilure, point, surfil.

SUR-LE-CHAMP □ À l'instant, aussitôt, d'abord, d'emblée, illico (fam.), immédiatement, incessamment, incontinent, instantanément, séance tenante, tout de suite.

SURMENAGE □ → *fatigue.*

SURMENÉ, E □ → *fatigué*.

SURMENER □ → *fatiguer*.

SURMONTER □ **I.** → *vaincre*. **II.** → *surpasser*. **III. V. pron.** : se dominer, être maître de soi, se maîtriser, se mater, se posséder, se vaincre.

SURNAGER □ → *flotter, subsister*.

SURNATUREL, ELLE □ adj. **I.** Religieux, sacré, spirituel. **II.** Extraordinaire, fantasmagorique, fantastique, féerique, immatériel, magique, merveilleux, métaphysique, miraculeux, parapsychique, prodigieux, sorcier, surhumain.

SURNATUREL □ n. **I.** Au-delà, grâce, religion, sacré. **II.** Fantasmagorie, fantastique, féerie, magie, merveilleux, mystère, prodige, sorcellerie.

SURNOM □ Nom de guerre/de plume/ de théâtre, pseudonyme, qualificatif, sobriquet.

SURNOMBRE □ → *excès*.

SURNOMMER □ Affubler, appeler, baptiser, qualifier.

SURPASSER □ Battre, damer le pion (fam.), dégoter (vx), dépasser, devancer, distancer, dominer, éclipser, l'emporter sur, enfoncer (fam.), être supérieur à, excéder, outrepasser, passer, prévaloir, primer, surclasser, surmonter. **V. pron.** : briller, dégoter, être fort/habile à/le meilleur, s'exalter, surclasser, triompher.

SURPLIS □ Rochet.

SURPLOMBER □ → *saillir*.

SURPLUS □ **I.** → *excès*. **II.** → *supplément*.

SURPLUS (AU) □ Après tout, au/de plus, au reste, aussi, d'ailleurs, en outre, mais.

SURPRENANT, E □ Abracadabrant, anormal, bizarre, brusque, curieux, déconcertant, drôle, épatant, étonnant, étourdissant, étrange, extraordinaire, formidable, grand, imprévu, inattendu, inconcevable, incroyable, inopiné, insoupçonnable, invraisemblable, magique, merveilleux, mirifique, nouveau, phénoménal, prodigieux, rapide, renversant, saisissant, stupéfiant.

SURPRENDRE □ **I.** Intercepter, obtenir, saisir. → *prendre*. **II.** Apercevoir, déceler, découvrir, pincer (fam.). → *voir*. **III.** → *attaquer*. **IV.** Consterner, ébahir, passer l'entendement, pétrifier, renverser, saisir, stupéfier. → *étonner*. **V.** Abuser, attraper, circonvenir, confondre, décevoir, déconcerter, duper, embarrasser, induire en erreur, tromper.

SURPRIS, E □ Baba (fam.), confondu, consterné, déconcerté, désorienté, ébahi, ébaubi, ébouriffé (fam.), embarrassé, épaté (fam.), étonné, étourdi, frappé, frappé de stupeur,

honteux, interdit, renversé, saisi, soufflé (fam.), stupéfait, stupéfié, stupide.

SURPRISE □ **I. Favorable ou neutre. 1.** Ahurissement, ébahissement, éblouissement, effarement, épatement (fam.), étonnement, saisissement. → *stupéfaction*. **2.** Coup de théâtre. **3.** → *don*. **II. Non favorable. 1.** Commotion, confusion, consternation, embarras. **2.** Embûche, embuscade, guet-apens, → *piège*.

SURPRISE-PARTIE □ **I.** → *bal*. **II.** → *pique-nique*.

SURSAUT □ **I.** → *saut*. **II.** → *tressaillement*.

SURSAUTER □ → *tressaillir*.

SURSEOIR □ → *retarder*.

SURSIS □ → *délai*.

SURTOUT □ adv. Éminemment, en particulier, notamment, par-dessus tout, particulièrement, plus que tout, principalement, singulièrement, spécialement.

SURTOUT □ n. Bleu, caban, cache-poussière, casaque, cotte, sarrau, souquenille, tablier.

SURVEILLANCE □ Aguet, attention, conduite, contrôle, épiement, espionnage, filature, filtrage, garde, guet, inspection, patrouille, ronde, veille, vigilance.

SURVEILLANT, E □ **I.** Argousin (péj.), argus, commissaire, contrôleur, épieur, espion, garde, garde-chiourme (péj.), gardien, guetteur, inspecteur, maton (arg.), patrouilleur, veilleur, vigie. **II.** Maître, maître d'étude, maître d'internat, pion (fam.), répétiteur, sous-maître (vx).

SURVEILLER □ **I.** Gafiller (arg.). → *observer*. **II.** → *veiller*.

SURVENANCE □ → *arrivée*.

SURVENIR □ **I.** → *venir*. **II.** → *arriver*.

SURVIVANCE □ Conservation, continuation, permanence, persistance, regénérescence, rémanence, reste, réveil, souvenir, suite, survie, tradition.

SURVIVANT, E □ Indemne, miraculé, rescapé, sain et sauf, tiré d'affaires.

SURVIVRE □ → *subsister*.

SUSCEPTIBILITÉ □ Excitabilité, hypersensibilité, irritabilité.

SUSCEPTIBLE □ **I. Au pr. :** apte, bon, capable, idoine, passible, qualifié, sujet à. **II. Par ext. :** braque, chatouilleux, délicat, excitable, hérissé, hypersensible, irritable, ombrageux, pointilleux, pointu, prompt, sensible, sensitif.

SUSCITER □ Amener, appeler, apporter, attirer, causer, créer, déchaîner, déclencher, déterminer, donner/fournir lieu/occasion, engendrer, entraîner, être la cause de, faire, motiver, nécessiter, occasionner, porter, prêter à, procurer, produire. → *provoquer.*

SUSCRIPTION □ Adresse, libellé.

SUSDIT, E □ **I.** Susdénommé, susmentionné, susnommé. **II.** Dito, idem.

SUSPECT, E □ **1. Au pr. :** apocryphe, douteux, équivoque, problématique. **II. Par ext. 1.** Borgne (fam.), interlope, louche, mal famé. **2.** Inculpable, marron, sentant le fagot (fam.)/le roussi (fam.), soupçonné, sujet à caution, trouble, véreux.

SUSPECTER □ → *soupçonner.*

SUSPENDRE □ **I.** → *pendre.* **II.** → *interrompre.* **III.** → *destituer.*

SUSPENDU, E □ (Fig.). **I. Quelque chose :** arrêté, censuré, en suspens, fermé, interdit, interrompu, saisi, stoppé. **II. Quelqu'un. 1. Neutre :** en suspens, hésitant, incertain, irrésolu. **2. Non favorable :** chassé, crossé (fam.), destitué, révoqué, sanctionné.

SUSPENS (EN) □ En carafe (fam.), en panne, en souffrance. → *suspendu.*

SUSPENSION □ **I.** Abandon, arrêt, cessation, discontinuation, fermeture, interruption, moratoire, pause, repos, temps d'arrêt, vacances. → *délai.* **II.** Cardan, ressorts. **III.** Lampe, lustre. **VI. Loc. Suspension d'armes :** armistice, cessez-le-feu, trêve.

SUSPICIEUX, EUSE □ → *soupçonneux.*

SUSPICION □ → *soupçon.*

SUSTENTER □ → *nourrir.*

SUSURRER □ → *murmurer.*

SUTURE □ **I.** → *joint.* **II.** → *transition.*

SUZERAIN □ → *seigneur.*

SVELTE □ **I.** Allongé, délicat, délié, effilé, élancé, étroit, filiforme, fin, fluet, fragile, fuselé, gracile, grêle, maigre, menu, mince, petit, souple, ténu. **II.** → *élégant.*

SVELTESSE □ **I.** → *élégance.* **II.** → *finesse.* **III.** → *souplesse.*

SYBARITE □ **I. Favorable ou neutre :** bon vivant, délicat, épicurien, raffiné, sensuel, voluptueux. **II. Non favorable :** débauché, efféminé, jouisseur, mou, noceur, viveur.

SYBARITISME. □ → *sensualité.*

SYCOPHANTE □ Accusateur, délateur, dénonciateur, espion, fourbe, mouchard, mouton (arg.), trompeur. → *hypocrite.*

SYLLABE □ **Par ext. :** mètre, pied.

SYLLOGISME □ → *raisonnement.*

SYLPHE, SYLPHIDE □ Elfe. → *génie.*

SYLVAIN □ Dryade, faune. → *génie.*

SYLVE □ → *bois.*

SYLVESTRE □ Forestier.

SYLVICULTEUR □ Arboriculteur, forestier, pépiniériste.

SYMBOLE □ **I.** Apparence, attribut, chiffre, devise, drapeau, emblème, enveloppe, figure, image, insigne, marque, signe, type. **II.** Allégorie, allusion, anagogie, apologue, comparaison, métaphore, notation, représentation.

SYMBOLIQUE □ Allégorique, anagogique, emblématique, expressif, figuré, métaphorique, mystique, spirituel, typique.

SYMBOLISER □ Envelopper, expliquer, exprimer, figurer, incarner, matérialiser, personnifier, représenter.

SYMÉTRIE □ → *équilibre.*

SYMÉTRIQUE □ → *semblable.*

SYMPATHIE □ Accord, affection, affinité, amitié, attirance, attraction, bienveillance, compassion, condoléances (partic.), conformité/convenance des goûts, cordialité, écho, empathie (psych.), estime, faible, fraternité, harmonie, inclination, intérêt, penchant, pitié, popularité, sensibilité, tendance, tendresse, unisson.

SYMPATHIQUE □ → *aimable.*

SYMPATHISER □ → *entendre (s').*

SYMPHONIE □ **I. Au pr. :** concert, musique, symphonie concertante. **II. Par ext. :** chœur, entente, harmonie. → *union.*

SYMPTOMATIQUE □ → *caractéristique.*

SYMPTÔME □ Diagnostique, indice, manifestation, marque, présage, prodrome, signe, signe avant-coureur, signe prognostique, syndrome.

SYNALLAGMATIQUE □ Bilatéral, mutuel, réciproque.

SYNARCHIE □ Énarchie, oligarchie, ploutocratie, technocratie.

SYNCHRONE □ Concordant, correspondant, simultané, synchronique.

SYNCHRONISME □ Coïncidence, concordance, correspondance, simultanéité, synchronie.

SYNCOPE □ **I.** → *évanouissement.* **II.** → *ellipse.*

SYNCOPÉ, E □ → *haché.*

SYNCRÉTISME □ → *union.*

SYNDIC □ Agent, arbitre, fondé de pouvoir, liquidateur, mandataire, représentant.

SYNDICAT □ Association, compagnonnage, coopération, corporation, fédération, groupement, mutualité, mutuelle, société, union.

SYNDIQUER □ → *associer.*

SYNDROME □ → *symptôme.*

SYNODE □ → *consistoire.*

SYNONYME □ **I. Nom :** à peu près, approchant, équivalent, para/quasi-synonyme, remplaçant, similitude, substitut. **II. Adj.** → *pareil.*

SYNTAXE □ Arrangement, combinatoire, construction, grammaire, règle, structure, système.

SYNTHÈSE □ **I.** Association, combinaison, composition, déduction, ensemble, formation, généralisation, jonction, reconstitution, réunion. **II.** Abrégé, conclusion, enseignement, morale, raccourci, reprlse, résumé.

SYNTHÉTIQUE □ → *artificiel.*

SYNTHÉTISER □ **I.** → *réunir.* **II.** → *résumer.*

SYPHILIS □ → *vérole.*

SYSTÉMATIQUE □ **I. Au pr. 1.** Déductif, logique. **2.** Méthodique, ordonné, organisé, réglé, systématisé. **II. Par ext. :** doctrinaire, entêté, intolérant.

SYSTÈME □ **I. Au pr. :** corps de doctrine, doctrine, dogmatisme, dogme, explication, idéologie, opinion, pensée, philosophie, structure, théorie, thèse. **II. Par ext. 1.** Manière, méthode, moyen, plan, procédé, tendance. **2.** Arcane, combinaison, combine, jeu. **3.** Constitution, gouvernement, politique, régime.

TABAC □ **I.** Brésil, caporal, gris, havane, herbe à Nicot (vx), herbe sainte (vx), maryland, nicotiane (vx), pétun, scaferlati, sumatra, virginie. *Arg. :* gros-cul, percale, perle, perlot, trèfle. **II. Loc. 1. Passer à tabac →** *tabasser.* **2. Pot à tabac →** *nain.*

TABAGIE □ → *cabaret.*

TABAGISME □ Nicotinisme.

TABASSER □ Passer à tabac, rosser, rouer de coups. → *battre.*

TABATIÈRE □ Imposte, lucarne, oculus. → *fenêtre, ouverture.*

TABELLION □ Clerc, garde-notes (vx), greffier, notaire, officier ministériel/public, plumitif (péj.), scribe, scribouillard (péj.), secrétaire.

TABLE □ **I.** Bureau, comptoir, console, établi, étal, guéridon, pupitre, tablette. **II.** Menu. → *ordinaire.* **III.** → *surface.* **IV.** Abaque, index, répertoire. → *tableau.* **V.** → *sommet.* **VI. Loc. Se mettre à table. 1. Au pr. :** s'attabler, s'installer, se placer. **2. Arg. :** → *dénoncer.* **3. Table ronde :** carrefour, commission, conférence, débat, rencontre, réunion, séance de travail symposium.

TABLEAU □ **I.** Cadre, croûte (péj.), navet (péj.), poster, tableautin, toile. **II.** Aquarelle, aquatinte, bois gravé, bosse, buste, chromo (péj.), croquis, décalcomanie, dessin, détrempe, eau-forte, effigie, enseigne, estampe, figure, forme, fresque, gouache, graphique, gravure, héliogravure, illustration, litho, lithographie, médaillon, mine de plomb, miniature, pastel, peinture, plan, planche, photo, pochade, réplique, reproduc-

tion, sanguine, schéma, sépia, tête, tracé, trompe-l'œil, vignette, vue. **III.** Académie, allégorie, bataille, bambochade, bergerie, caricature, genre, intérieur, marine, maternité, nature morte, nu, panorama, paysage, portrait, sous-bois, verdure. **IV.** Aspect, féerie, panorama, scène, spectacle, vue. **V.** Bordereau, cadre, canon catalogue, cédule, dénombrement, énumération, état, index, inventaire, kyrielle, liste, martyrologe, mémoire, ménologe, nomenclature, relevé, répertoire, rôle, série, sommaire, suite, table.

TABLER □ → *espérer.*

TABLETTE □ **I.** Étagère, planchette, rayon, rayonnage → *table.* **II.** Plaque.

TABLIER □ **I.** → *surtout.* **II.** → *blouse.* **III.** Écran, ligne, obstacle, protection, rideau. **IV. Vx. :** → *damier.*

TABOU □ → *sacré.*

TABOURET □ Escabeau, escabelle, sellette, siège.

TACHE □ **I. Au pr. :** bavochure, bavure, crasse, éclaboussure, immondice, maculage, maculature (vx), macule (vx), malpropreté, ordure, pâté, saleté, salissure, souillure. **II. Fig. :** crime, déshonneur, faute, flétrissure, honte, impureté, tare. → *péché.* **III. Par ext. :** balzane, madrure (vx), maillure, marque, moucheture, panachure, tacheture, tiqueture. **IV.** Dartre, envie, grain de beauté, nœvus, plaque, taie. **V. Loc. Faire tache d'huile.** → *répandre (se).*

TACHÉ, E □ Bariolé, bigarré, grivelé, jaspé, madré, marbré, marqueté, moucheté, ocellé, piqueté, pommelé, rayé, tacheté, tavelé, tigré, tiqueté, truité, veiné, vergeté, zébré.

TÂCHE ☐ **I.** → *travail.* **II. Loc.** *Prendre à tâche* → *entreprendre.*

TACHER ☐ Abîmer, barbouiller, charbonner, contaminer, crotter, culotter, éclabousser, embouer (vx), encrasser, gâter, graisser, jaunir, mâchurer, maculer, noircir, poisser, polluer, salir, souiller, ternir.

TÂCHER ☐ Chercher à, s'efforcer à/de, s'escrimer, essayer, s'évertuer à, faire l'impossible, s'ingénier à, tâtonner, tenter de.

TÂCHERON ☐ → *travailleur.*

TACHETÉ, E ☐ → *taché.*

TACHETER ☐ Marqueter, moucheter, piquer, piqueter. → *tacher.*

TACITE ☐ → *implicite.*

TACITURNE ☐ **I.** → *silencieux.* **II.** Amer, assombri, atrabilaire, bilieux, mélancolique, morne, morose, pessimiste, renfermé, sinistre, sombre, taiseux (rég.), ténébreux.

TACOT ☐ → *voiture.*

TACT ☐ **I. Au pr. :** attouchement, contact, toucher. **II. Par ext.** *1.* Bon goût, bon sens, juste milieu, philosophie, raison, sagesse. *2.* Acquis, bienséance, civilité, convenance, délicatesse, doigté, éducation, égards, élégance, entregent, habileté, politesse, savoir-vivre, usage.

TACTIQUE ☐ **Par ext. :** conduite, diplomatie, façon, ligne de conduite, manière, manœuvre, marche à suivre, menée, plan, politique, pomologie, procédé, stratégie. → *ruse.*

TAFIA ☐ Alcool, eau-de-vie, ratafia, rhum.

TAILLADE ☐ Balafre, cicatrice, coupure, entaille, entame, estafilade, incision, plaie. → *blessure.*

TAILLADER ☐ → *couper.*

TAILLANT ☐ → *tranchant.*

TAILLE ☐ **I.** Calibre, carrure, charpente, dimension, envergure, format, grandeur, grosseur, hauteur, importance, longueur, mesure, port, stature, tournure. **II.** Coupe, élagage, émondement, étêtage, pincement, ravalement, taillage. **III.** Cambrure, ceinture.

TAILLÉ, E (BIEN) ☐ **I.** Bâti, charpenté, costaud, découplé, fait, fort, proportionné. **Arg. ou fam. :** balancé, balèse, ballotté, baraqué, fortiche, mastard, roulé.

TAILLER ☐ **I.** Appointer, chanfreiner, chantourner, charpenter, charpir, ciseler, cliver, découper, dégrossir, échancrer, équarrir, évider, rafraîchir, trancher. → *couper.* **II. Un arbre :** conduire, dégager, dégarnir, dresser, ébarber, ébourgeonner, ébrancher, écimer, éclaircir, élaguer, émonder, ergoter, étêter, étronçonner, ravaler, recéper. **III.** → *affiler.* **IV. Loc.** *Tailler en pièces* → *vaincre.*

TAILLEUR ☐ Coupeur, couturier, culottier, essayeur, faiseur (bon), giletier, habilleur, pompier (fam.).

TAILLIS ☐ Brout, buisson, cépée, gaulis, maquis, taille. → *bois.*

TAIRE ☐ **I.** Celer, déguiser, dissimuler, faire disparaître, garder le secret, omettre, passer sous silence, supprimer. → *cacher.* **II. V. pron. :** *1.* être discret, ne dire/ne souffler mot, tenir sa langue. *2.* **Arg. ou fam. :** avaler sa salive, la boucler/fermer, écraser, ne pas moufter/piper, rengracier, taire sa gueule. **III. Loc.** *Faire taire :* Calmer, empêcher de crier/parler/pleurer, fermer la bouche, forcer/réduire au silence, imposer silence. **Fam. :** clouer le bec, mettre un bouchon, museler, rabattre le caquet.

TALENT ☐ Aisance, aptitude, art, bosse, brio, capacités, chic, disposition, dons, esprit, étoffe, facilités, faculté, fibre, génie, goût, habileté, inclination, industrie, instinct, mérite, moyens, penchant, prédisposition, propension, qualités, sentiment, tendance, vertu, virtuosité, vocation.

TALER ☐ → *meurtrir, harceler.*

TALISMAN ☐ Abraxas, amulette, brevet (vx), fétiche, gri-gri, mascotte, phylactère (vx), porte-bonheur, portechance, totem (par ext.).

TALMOUSE, TALOCHE ☐ Calotte, claque, coup, gifle, soufflet, tape. **Arg. ou fam. :** aller-et-retour, baffe, beigne, beignet, bourre-pif, emplâtre, estafe, giroflée, jeton, mandale, mornifle, pain, rouste, talmouse, tarte, tourlousine, va-et-vient, va-te-laver. → *torgnole.*

TALOCHER ☐ Battre, calotter, claquer, confirmer (fam.), corriger, donner un soufflet *et les syn. de* SOUFFLET, gifler, mornifler (fam.), moucher (fam.), souffleter, talmouser, taper, tarter.

TALONNER ☐ **I.** → *suivre.* **II.** → *poursuivre.* **III.** → *tourmenter.*

TALUS ☐ Ados, berge, berme, cavalier, chaussée, contrescarpe, glacis, levée, parapet, remblai.

TAMBOUILLE ☐ **I.** → *cuisine.* **II.** → *ragoût.*

TAMBOUR ☐ **I.** Batterie, caisse, caisse claire, darbouka, tambourin, tam-tam, tarole, timbale. → *batterie.* **II.** Barillet, cylindre, tour, tourniquet.

TAMBOURINER ☐ **I. Au pr. :** battre, battre du tambour. **II. Par ext.** *1.* → *battre.* *2.* → *frapper.* *3.* → *répandre.*

TAMIS ☐ Blutoir, chinois, crible, passoire, sas, van.

TAMISÉ, E □ → *voilé.*

TAMISER □ **I. Au pr.** : bluter, cribler, épurer, filtrer, passer, passer au chinois/crible, purifier, sasser, séparer, trier, vanner **II. Par ext.** : clarifier, contrôler. → *vérifier.*

TAMPONNEMENT □ → *choc.*

TAMPONNER □ **I.** Choquer, cogner, emboutir, frapper, friser/froisser la tôle (fam.), heurter, percuter, télescoper. **II.** Calfater, étendre, frotter, oindre.

TAM-TAM □ **I.** → *tambour.* **II.** → *tapage.* **III.** → *publicité.*

TANCER □ **I. Au pr.** : admonester, avertir, blâmer, catéchiser, censurer, chapitrer, condamner, corriger, critiquer, désapprouver, désavouer, dire son fait, donner un avertissement/un blâme/un coup de semonce, faire une réprimande/un reproche *et les syn. de* REPROCHE, flageller, flétrir, fustiger, gourmander, gronder, houspiller, improuver, incriminer, infliger une réprimande/un reproche *et les syn. de* REPROCHE, moraliser, morigéner, quereller, redresser, relever, reprendre, réprimander, réprouver, semoncer, sermonner, stigmatiser, trouver à redire, vitupérer. **II. Arg. ou fam.** : arranger, attraper, chanter pouilles, crier, disputer, donner une danse/un galop/un savon, donner sur les doigts/sur les ongles, emballer, engueuler, enguirlander, enlever, faire la fête/la guerre à, laver la tête, mettre au pas, moucher, remettre à sa place, sabouler, savonner, secouer, secouer les poux/les puces, sonner les cloches, tirer les oreilles, torcher.

TANDEM □ → *vélo.*

TANDIS QUE □ **I.** Au moment où, cependant que, comme, lorsque, pendant que, quand. **II.** Alors que, au lieu que.

TANGAGE □ → *balancement.*

TANGENT, ENTE □ À peine, à peu près, approchant, approximatif, juste voisin.

TANGIBLE □ Actuel, admis, assuré, authentique, certain, concret, démontré, effectif, établi, exact, fondé, historique, incontestable, incontesté, indiscutable, indubitable, juste, objectif, palpable, patent, positif, réalisé, reçu, sérieux, solide, véridique, véritable, visible, vrai. → *sensible.*

TANGUER □ → *balancer.*

TANIÈRE □ **I.** Aire, antre, bauge, breuil, caverne, fort, gîte, nid, refuge, repaire, reposée (vén.), ressui, retraite, soue, terrier, trou. **II.** Abri, asile, cache, cachette, lieu sûr, refuge, retraite.

TANK □ **I.** Citerne. **II.** Automitrailleuse, blindé, char, char d'assaut.

TANKER □ Bateau/navire citerne, butanier, minéralier, méthanier, pétrolier.

TANNANT, E □ → *ennuyeux.*

TANNER □ **I.** → *battre.* **II.** → *ennuyer.* **III.** Brunir, hâler.

TANNERIE □ Mégisserie, peausserie.

TANTIÈME □ Dividende, intérêt, jeton de présence, marge, pourcentage, rapport, taux. → *rétribution.*

TANT POUR CENT □ **I.** → *tantième.* **II.** → *rabais.*

TANTINET (UN) □ → *peu.*

TANTÔT □ **I.** Bientôt (vx). **II.** Parfois. **III.** Après-midi.

TAPAGE □ **I.** → *bruit.* **II. Fam.** : bacchanal, barouf, baroufle, bastringue, bordel, boucan, bousin, brouhaha, chahut, chambard, charivari, éclat, esclandre, foin, harmone, hourvari, papafard, pet, pétard, potin, raffut, ramadan, ramdam, sabbat, scandale, schproum, sérénade, tam-tam, tintamarre, tohu-bohu, train, vacarme. **III.** → *désordre.*

TAPAGEUR, EUSE □ **I. Au pr.** : agité, assourdissant, braillard, bruyant, criard, éclatant, fatigant, gueulard (fam.), hurleur, indiscret, piaillard, ronflant, remuant, rugissant, sonore, tonitruant, tumultueux, turbulent, vif, violent, vociférant. **II. Fig.** → *voyant.*

TAPANT, E □ Exact, juste, pétant, pile, sonnant.

TAPE □ **I.** → *coup.* **II.** → *talmouse.*

TAPER □ **I. Au pr. 1.** → *battre.* **2.** → *frapper.* **II. Par ext.** → *écrire.* **III. Fig.** → *quémander.*

TAPEUR, EUSE □ → *quémandeur.*

TAPIN □ → *prostituée.*

TAPINOIS (EN) □ À la dérobée, à la sourdine, en cachette, en catimini, en dessous, en secret, en sourdine, en sous-main, furtivement, incognito, in petto, sans tambour ni trompette (fam.), secrètement, sournoisement, sous cape, sous le mateau, sous la table, subrepticement.

TAPIR (SE) □ S'abriter, s'accroupir, se blottir, se cacher, se clapir, se défiler (fam.), se dérober, disparaître, se dissimuler, s'éclipser, s'embusquer, éviter, fuir, se mettre à l'abri, se musser, se nicher, se pelotonner, se plaquer (fam.), se retirer, se soustraire, se tenir à l'écart, se terrer.

TAPIS □ Carpette, chemin, descente de lit, moquette, natte, paillasson, revêtement, tapis-brosse, tapisserie, tenture.

TAPISSER □ Appliquer, cacher, coiffer, couvrir, enduire, enrober, ensevelir, envelopper, étendre, joncher, masquer, parsemer, paver, recouvrir, revêtir, tendre.

TAPISSERIE □ **I.** Broderie (par ext.), tapis, tenture, verdure. **II.** Aubusson, Beauvais, Bruxelles, Gobelins, Savonnerie.

TAPOTER □ → *frapper.*

TAQUIN, E □ Asticoteur, blagueur, boute-en-train, chineur, enjoué, espiègle, facétieux, farceur, goguenard, joueur, loustic, malicieux, moqueur, narquois, pince-sans-rire, plaisantin, railleur, turlupin.

TAQUINER □ Agacer, asticoter, blaguer, chatouiller, chiner, exciter, faire enrager, inquiéter, jouer, lutiner, mécaniser (vx), picoter, plaisanter, tourmenter.

TAQUINERIE □ Agacerie, asticotage, chinage, espièglerie, facétie, farce, gaminerie, goguenardise, jeu, lutinerie, malice, moquerie, pique, raillerie, turlupinade. → *plaisanterie.*

TARABISCOTÉ, E □ **I.** Affecté, affété, choisi, emphatique, emprunté, galant, maniéré, mignard, précieux, recherché. **II.** Amphigourique, ampoulé, baroque, chargé, de mauvais goût, lourd, rococo, surchargé.

TARABUSTER □ **I.** → *tourmenter.* **II.** → *maltraiter.*

TARAUDER □ **I.** → *percer.* **II.** → *tourmenter.* **III.** → *battre.*

TARDER □ → *traîner.*

TARDIF, IVE □ → *lent.*

TARE □ **I.** → *imperfection.* **II.** → *poids.*

TARÉ, E □ **I.** → *dégénéré.* **II.** → *vicieux.*

TARER □ **I.** → *gâter.* **II.** → *équilibrer.*

TARGUER (SE) □ **I.** Aimer à croire, s'applaudir, s'attribuer, se donner les gants (fam.), s'enorgueillir, se faire fort, se féliciter, se flatter, se glorifier, s'illusionner, se persuader, se prévaloir, tirer vanité, triompher. **II.** Compter, espérer, penser, prétendre. **III.** → *vanter (se).*

TARIÈRE □ Par ext. : → *vrille.*

TARIF □ Barème, carte, menu, montant, prix, tableau, taxe.

TARIFER □ Établir/fixer le montant/le prix/le tarif, taxer.

TARIN □ (Arg.) → *nez.*

TARIR □ **I.** → *épuiser.* **II.** → *sécher.*

TARTE □ **I. Au pr. :** clafoutis, flan, gâteau, pâtisserie, tartelette. **II. Fig. 1.** → *talmouse.* **2.** → *bête.*

TARTINE □ **I. Au pr. :** beurrée, biscotte, rôtie, toast. **II. Fig. 1.** → *discours.* **2.** → *galimatias.* **3.** → *harangue.* **4.** → *tirade.*

TARTUFE □ **I. N. m. :** bigot, cafard, cagot, calotin, caméléon, comédien, escobar, faux derche/dévot/jeton, félon, flatteur, fourbe, grenouille (de bénitier), grimacier, imposteur, jésuite, judas, menteur, papelard, patelin, patte-pelu (vx), pharisien, rat d'église. **II. Adj. :** affecté, artificieux, baveux, bondieusard, captieux, cauteleux, déloyal, dévot, dissimulé, double-jeu, fallacieux, faux, insidieux, mielleux, pharisaïque, sournois, spécieux, tortueux, trompeur, visqueux. → *hypocrite.*

TARTUFERIE □ **I. Le défaut :** affectation, bigoterie, bigotisme, bondieuserie, cafarderie, cagotisme, déloyauté, dissimulation, escobarderie, fausseté, félonie, flatterie, fourberie, jésuitisme, papelardise, patelinage, pharisaïsme. → *hypocrisie.* **II. L'acte :** cabotinage, comédie, double-jeu, faux-semblant, feinte, fraude, grimace, jonglerie, mascarade, mensonge, momerie, pantalonnade, simagrée, singerie, tromperie.

TAS □ **I. De choses :** accumulation, agglomération, agrégat, alluvion, amas, amoncellement, assemblage, attirail, bataclan (fam.), bazar (péj.), bloc, camelle (de sel), cargaison, collection, concentration, décombres, dépôt, empilement, encombrement, entassement, fatras, liasse, masse, meule, monceau, montagne, pile, rassemblement. **II. De personnes :** affluence, attroupement, concours, floppée, foule, multitude, presse, ramas (péj.), ramassis (péj.), rassemblement, réunion, tripotée (fam.).

TASSEMENT □ → *diminution.*

TASSER □ → *presser.*

TÂTER □ **I. Au pr. 1.** → *toucher.* **2.** → *sonder.* **II. Fig. 1.** → *savourer.* **2.** → *expérimenter.* **III. V. pron. :** atermoyer, attendre, balancer, barguigner, consulter (vx), délibérer, douter (vx), être embarrassé/incertain/indécis/indéterminé/irrésolu/perplexe/réticent, flotter, hésiter, marchander, osciller, reculer, résister, tatillonner, tâtonner, tergiverser. *Fam. :* chiquer, se gratter, tortiller (du cul).

TATILLON, ONNE □ Appliqué, attentif, consciencieux, difficile, exact, exigeant, formaliste, maniaque, méticuleux, minutieux, pointilleux, pointu, procédurier, scrupuleux, soigneux, vétilleux. **Péj. et grossier :** emmerdeur, enculeur de mouches, pinailleur.

TATILLONNER □ → *tâter (se).*

TÂTONNEMENT □ Atermoiement, balancement, barguinage, désarroi, doute, embarras, flottement, fluctuation, hésitation, incertitude, indécision, indétermination, irrésolution, perplexité, résistance, réticence, scrupule, tergiversation, vacillation.

TÂTONNER □ I. → *toucher.* II. → *essayer.* III. → *tâter (se).*

TÂTONS (À) □ Aveuglément, à l'aveuglette.

TATOUILLE □ → *volée.*

TAUDIS □ Bidonville, bauge, bouge, cambuse, galetas, masure, réduit, turne.

TAUTOLOGIE □ Battologie, cheville, datisme, non-sens, périssologie, pléonasme, redondance, répétition.

TAUX □ Cours, intérêt, montant, pair, pourcentage, proportion, tant pour cent, taxe.

TAVELÉ, E □ → *taché.*

TAVERNE □ I. cabaret. II. → *café.* III. → *restaurant.*

TAVERNIER □ → *cabaretier.*

TAXE □ I. Barème, cote, prix, tarif, taxation. → *taux.* II. Centimes additionnels, charge, contribution, corvée, cote, dîme, droit, fiscalité, gabelle, imposition, impôt, levée, péage, prestation, surtaxe, taille, tribut.

TAXER □ I. → *tarifer.* II. → *estimer.* III. Loc. *Taxer de :* → *reprocher.*

TAXI-GIRL □ Entraîneuse.

TECHNICIEN □ Homme de l'art, ingénieur, spécialiste, technocrate.

TECHNIQUE □ I. → *méthode.* II. → *art.*

TECHNOCRATE □ Énarque, technicien.

TÉGUMENT □ → *peau.*

TEIGNE □ I. → *calvitie.* II. → *mégère.*

TEIGNEUX, EUSE □ → *acariâtre.*

TEINDRE □ I. Barbouiller (péj.), barioler, colorer, colorier, embellir, farder, imprégner, orner, peindre, peinturlurer, rajeunir, rehausser, relever, rénover, teinter. II. Brésiller, cocheniller, garancer, raciner, rocouer, safraner.

TEINT □ I. → *teinte.* II. → *mine.*

TEINTE □ I. Au pr. : carnation, coloration, coloris, couleur, demi-teinte, nuance, teint, ton, tonalité. II. Fig. : apparence, teinture, tour, tournure. → *aspect.*

TEINTER □ → *colorer.*

TEINTURERIE □ Par ext. : dégraissage, nettoyage, pressage, pressing.

TEINTURIER, ÈRE □ Dégraisseur, presseur, repasseur.

TEL, TELLE □ → *semblable.*

TÉLÉGRAMME □ Bleu, câble, câblogramme, dépêche, message, pli, pneu, pneumatique, radio, sans-fil, télex.

TÉLÉGRAPHIER □ Câbler, envoyer un télégramme, *et les syn. de* TÉLÉGRAMME.

TÉLÉGRAPHIQUE □ Par ext. → *court.*

TÉLÉPHONE □ Arg. ou fam. : bigophone, bigorneau, biniou, cornichon, filin, grelot, ronfleur, treuil, tube, turlu.

TÉLÉPHONER □ Appeler, donner un coup de fil. Arg. ou fam. : bigophoner, passer un coup de grelot, tuber.

TÉLESCOPE □ → *lunette.*

TÉLESCOPER □ → *tamponner.*

TÉLÉSCRIPTEUR □ Imprimante, téléimprimeur, télétype, télex.

TÉMÉRAIRE □ Audacieux, aventureux, casse-cou, dangereux, écervelé, entreprenant, étourdi, fautif, hasardé, hasardeux, imprévoyant, imprudent, inconsidéré, insensé, irréfléchi, léger, maladroit, malavisé, négligent, osé, présomptueux, risqué, risque-tout.

TÉMÉRITÉ □ I. Favorable ou neutre. *1. Quelqu'un :* assurance, audace, bravoure, cœur, courage, décision, détermination, énergie, esprit d'entreprise, fermeté, fougue, hardiesse, impétuosité, intrépidité, résolution, vaillance. *2. Quelque chose :* innovation, nouveauté, originalité. II. Non favorable. *1. Quelqu'un :* aplomb, arrogance, audace, culot (fam.), effronterie, folie, front, imprudence, impudence, insolence, légèreté, toupet. *2. Relatif aux mœurs :* immodestie, impudicité, inconvenance, indécence, indiscrétion, liberté, licence.

TÉMOIGNAGE □ I. Au pr. : affirmation, attestation, certificat, déposition. → *relation.* II. Par ext. *1.* Hommage, manifestation, marque. → *démonstration.* *2.* Affirmation, argument, confirmation, constatation, conviction, critère, critérium, démonstration, établissement, gage, illustration (vx), justification, motif, pierre de touche. *3.* Charge, corps du délit, document, empreinte, fait, indice, marque, preuve, signe, témoin, trace. *4.* Épreuve judiciaire, jugement de Dieu, ordalie.

TÉMOIGNER □ I. Affirmer, alléguer, assurer, attester, certifier, confirmer, déclarer, démontrer, déposer, dire, exprimer, garantir, indiquer, jurer, maintenir, montrer, proclamer, produire, proférer, prononcer, protester, prouver, rapporter, rendre compte, rendre témoignage, renseigner, répondre de, soutenir, transmettre. II. → *révéler.*

TÉMOIN □ I. Au pr. *1.* Assistant, auditeur, caution, déposant, garant, observateur, recors (vx). → *spectateur.* *2.* Parrain, second. II. Par ext. *1.* → *souvenir.* *2.* → *témoignage.*

TEMPÉRAMENT □ I. Vx : équilibre, mesure, milieu, modération, moyenne. **II.** Diathèse, disposition, caractère, carcasse (fam.), cœur, complexion, composition, constitution, esprit, état, humeur, inclination, nature, naturel, pâte (fam.), penchant, personnalité, santé, trempe, vitalité. **III.** Adoucissement, atténuation, modification. **IV.** → *sensualité.* **V. Loc. À tempérament :** à crédit, à croume (arg.), à terme, par mensualité.

TEMPÉRANCE ☐ Abstinence, chasteté, continence, discrétion, économie, frugalité, sobriété → *retenue.*

TEMPÉRANT, E ☐ → *sobre.*

TEMPÉRATURE ☐ **I.** → *climat.* **II.** → *temps.*

TEMPÉRÉ, E ☐ **I.** → *modéré.* **II.** → *simple.*

TEMPÉRER ☐ Adoucir, affaiblir, amortir, apaiser, arrêter, assagir, assouplir, atténuer, attiédir, borner, calmer, contenir, corriger, diminuer, estomper, éteindre, freiner, lénifier, mesurer, mitiger, modérer, normaliser, pallier, ralentir, réchauffer, régler, réprimer, tamiser.

TEMPÊTE ☐ Bourrasque, coup de chien/de tabac (fam.)/de vent, cyclone, orage, ouragan, rafale, raz de marée, tornade, tourbillon, tourmente, trombe, typhon, vent.

TEMPÊTER ☐ Attaquer, crier, déblatérer, déclamer, fulminer, invectiver, pester, tonner. → *injurier.*

TEMPLE ☐ Fanum, spéos, tholos, ziggourat. **Par ext. :** loge maçonnique, mosquée, pagode, synagogue. → *église.*

TEMPORAIRE ☐ Court, de courte durée, éphémère, fragile, fugitif, incertain, intérimaire, momentané, occasionnel, passager, précaire, provisoire, saisonnier, transitoire.

TEMPOREL, ELLE ☐ **I.** → *terrestre.* **II.** → *temporaire.*

TEMPORISER ☐ Ajourner, arrêter, arriérer (vx), atermoyer, attendre, décaler, différer, éloigner, faire traîner, prolonger, promener, proroger, ralentir, reculer, remettre, renvoyer, reporter, repousser, retarder, surseoir à, traîner.

TEMPS ☐ **I.** Date, durée, espace, étendue, heure, jour, minute, moment, période, saison, rythme. **II.** **1.** Âge, cycle, date, époque, ère, étape, génération, siècle. **2.** Aujourd'hui, demain, futur, hier, jadis, passé, présent. **III.** → *délai.* **IV.** Cas, chance, circonstance, conjoncture, événement, facilité, hasard, moment, occasion, opportunité, possibilité. **V.** Ambiance, atmosphère, ciel, circonstances/conditions atmosphériques/climatiques/météorologiques, climat, météo, phénomènes atmos-

phériques, régime. **VI. Loc. 1. Avec le temps :** à la fin, à la longue, finalement, le temps aidant, tôt ou tard. **2. De notre temps :** actuellement, à présent, aujourd'hui, de nos jours, en ce moment, maintenant, présentement. **3. De temps en temps :** parfois, quelquefois, rarement, de temps à autre. **4. De tout temps** → *toujours.* **5. En même temps :** à la fois, à l'unisson, collectivement, conjointement, coude à coude, d'accord, de concert, de conserve, de front, du même pas, en accord, en bloc, en chœur, en commun, en concordance, en harmonie, ensemble, simultanément. **6. La plupart du temps :** d'ordinaire, fréquemment, généralement, habituellement, journellement, maintes fois, plusieurs fois, souvent, souventefois (vx).

TENABLE ☐ → *supportable.*

TENACE ☐ **I.** → *résistant.* **II.** → *têtu.*

TÉNACITÉ ☐ Acharnement, assiduité, cramponnement (péj.), entêtement, esprit de suite, fermeté, obstination, opiniâtreté, persévérance, pertinacité, suite dans les idées.

TENAILLE, TENAILLES ☐ Croches, écrevisse, griffe, happe, moraille, mors, pinces, pinces russes, pincettes, tord-nez (vétér.), tricoises.

TENAILLER ☐ Étreindre, faire souffrir, torturer, tourmenter.

TENANCIER ☐ **I.** → *fermier.* **II.** → *patron.*

TENANT, E ☐ Adepte, appui, champion, chevalier, défenseur, détenteur, partisan.

TENDANCE ☐ **I. Au pr. :** affinité, appétence, appétit, aptitude, attirance, attraction, complexion, direction, disposition, effort, élan, facilité, force, impulsion, inclination, instinct, mouvement, orientation, penchant, prédisposition, propension, pulsion, sens, tournure. **II. Par ext. :** chapelle, école, famille, groupe, mouvement, nuance, opinion, parti, pensée, philosophie, théorie.

TENDANCIEUX, EUSE ☐ → *partial.*

TENDON ☐ Aponévrose, ligament, nerf.

TENDRE ☐ adj. **I.** Quelqu'un **1.** → *sensible.* **2.** → *amoureux.* **3.** → *caressant.* **II. Quelque chose :** délicat, doux, fondant, fragile, frais, moelleux, mou, succulent.

TENDRE ☐ v. **I.** → *raidir.* **II.** → *tirer.* **III.** → *présenter.* **IV.** → *aller.* **V.** → *viser.*

TENDREMENT ☐ Affectueusement, amoureusement, avec affection/amour/piété/sollicitude/tendresse, chèrement, pieusement.

TENDRESSE ☐ **I. Au sing. 1.** Adoration, affection, amitié, amour, attachement, bonté, cœur, complaisance (vx), dévotion, dévouement, dilection (relig.), douceur, feu, flamme, idolâtrie, inclination, passion, prédilection, sentiment, zèle. *2.* → *sensibilité.* *3.* Attendrissement, effusion, épanchement, manifestation. II. **Au pl.** : amabilité, cajoleries, câlineries, chatteries, égards, gentillesse, souvenir. → *caresse.*

TENDRON □ **Au pr. I.** → *pousse.* **II.** Adolescente, bambine, demoiselle, donzelle (péj.), fillette, gazille (mérid.), gosse (fam.), gamine, jeune fille, jeunesse, jouvencelle, mignonne, minette, nymphe, nymphette, poulette, pucelle (vx), rosière, trottin, vierge. → *fille.*

TENDU, E □ **I. Au pr.** : dur, inflexible, raide, rigide. **II. Fig. 1. Phys.** : ardu, assujettissant, astreignant, contraignant, difficile, difficultueux, dur, éreintant, fatigant, ingrat, laborieux, tuant. *2. Moral* : affligeant, amer, angoissant, âpre, atroce, attristant, cruel, déplorable, désolant, douloureux, dur, embarrassant, ennuyeux, épineux, gênant, grave, irritant, lamentable, lourd, mauvais, mortel, navrant, pénible, pesant, poignant, rude, torturant, tourmenté, triste.

TÉNÈBRES □ **I. Au pr.** : noirceur, nuit, obscurité, ombre, opacité. **II. Fig. 1.** Barbarie, obscurantisme. *2.* Énigme, mystère. → *secret.*

TÉNÉBREUX, EUSE □ **I. Au pr.** : assombri, bas, brumeux, couvert, embrumé, épais, maussade, nébuleux, noir, nuageux, obscur, ombreux, opaque, sombre, voilé. **II. Par ext.** : abscons, abstrus, amphigourique, apocalyptique, cabalistique, caché, complexe, compliqué, confus, difficile, diffus, douteux, emberlificoté (fam.), embrouillé, enchevêtré, énigmatique, en jus de boudin, entortillé, enveloppé, équivoque, ésotérique, filandreux, flou, fumeux, hermétique, impénétrable, incompréhensible, inexplicable, inextricable, inintelligible, insaisissable, louche, mystérieux, secret, sibyllin, touffu, trouble, vague, vaseux, voilé.

TENEUR □ **I.** Agencement, alliage, arrangement, assemblage, association, charpente, combinaison, composante, composition, constitution, construction, contexture, coupe, dessin, disposition, ensemble, formation, organisation, structure, synthèse, texture. **II.** Contenu, contexte, objet, sujet. → *texte.*

TENIR □ **I. Au pr.** : avoir, conserver, détenir, embrasser, étreindre, garder, occuper, posséder, retenir. **II. Par ext. 1.** Accrocher, amarrer, arrêter, assujettir, attacher, brider, clouer, coincer, comprimer, consigner, contenir, contraindre, empêcher, emprison-

ner, enchaîner, endiguer, fixer, freiner, immobiliser, maîtriser, modérer, ralentir, retenir, serrer la vis (fam.). **2.** Comporter, s'étaler, s'étendre, s'étirer, occuper, recouvrir, remplir. **3.** → *résister.* **4.** → *contenir.* **5.** → *subsister.* **6.** Accomplir, s'acquitter de, se conformer à, être fidèle à, exécuter, exercer, faire, garder, observer, pratiquer, remplir, rendre, respecter, satisfaire à, suivre. **III. Loc. 1. Tenir à :** adhérer à, aimer, coller à, découler de, dépendre de, être attaché à, résulter de, venir de, vouloir. **2. Tenir de :** s'apparenter à, approcher de, avoir des traits communs/un rapport à/avec, confiner à, correspondre, être la copie/l'image/le portrait/la réplique de, participer de, procéder de, rappeler, se rapporter à, se rapprocher de, ressembler à, tirer sur. **3. Tenir pour** : compter pour, considérer, croire, estimer, juger, prendre, présumer, professer, regarder comme, réputer. **4. Tenir lieu** → *remplacer.*

TENSION □ **I. Au pr.** : allongement, ballonnement, distension, érection, éréthisme. **II. Fig.** : brouille, brouillerie, désaccord, désunion, discord (vx), discordance, discorde, dispute, dissension, dissentiment, dissidence, divergence, division, froid, mésentente, mésintelligence, nuage, orage, pique, rupture, trouble, zizanie. **III. Loc. Tension d'esprit** : application, attention, concentration, contemplation, contention, diligence, étude, méditation, réflexion, soin. → *inquiétude.*

TENTACULAIRE □ → *gigantesque.*

TENTANT, E □ → *alléchant.*

TENTATION □ Aiguillon, appel, attrait, blandice, envie, sollicitation. → *désir.*

TENTATIVE □ Avance, ballon d'essai, démarche, effort, essai, recherche.

TENTE □ **I.** Abri, campement, chapiteau, guitoune, pavillon, tabernacle, wigwam. **II.** Banne, toile, velarium, velum. **III. Mar.** : marsouin, taud, taude, tendelet.

TENTER □ **I.** → *tâcher.* **II.** Affrioler, aguicher, allécher, attacher, attirer, attraire, captiver, charmer, coiffer, donner/taper dans l'œil (fam.), ensorceler, entraîner, envoûter, fasciner, hypnotiser, magnétiser, plaire, séduire.

TENTURE □ Draperie, portière, rideau, tapis, tapisserie.

TÉNU, E □ Délicat, délié, filiforme, fin, fluet, fragile, gracile, grêle, impalpable, léger, menu, mièvre, mince, subtil. → *petit.*

TENUE □ **I.** Air, allure, attitude, comportement, contenance, démarche, extérieur, façon, figure, maintien, manière, mine, port, posture, présentation, prestance, tour, tournure. **II.** → *vêtement.* **III.** Bienséance, chasteté, congruité, convenance, correction, décence, dignité, discrétion, gravité, honnêteté, honneur, modestie, politesse, propreté, pudeur, pudicité, réserve, retenue, sagesse, tact, vertu.

TÉNUITÉ □ → *finesse.*

TENURE □ Apanage, fief, mouvance, tènement.

TERGIVERSATION □ → *hésitation.*

TERGIVERSER □ Atermoyer, biaiser, composer, feinter, louvoyer, temporiser, user de procédés dilatoires. → *hésiter, tâter (se).*

TERME □ **I.** Accomplissement, achèvement, borne, bout, but, conclusion, dénouement, fin, final, limite, mesure. **II.** Crédit, délai, échéance. **III.** Dénomination, expression, mot, particule, signe, tournure, unité, vocable. **IV.** Loyer, mensualité, trimestre. **V. Au pl:** : rapport, relation. **VI. Loc.** *Vente à terme* → *tempérament.*

TERMINAISON □ **I.** Accomplissement, achèvement, apothéose, compromis, conclusion, consommation, couronnement, règlement, solution. **II.** Bout, extrémité, fin, queue, tête. **III.** Assonance, clausule, coda, consonance, désinence, flexion, rime, suffixe. **IV.** → *résultat.*

TERMINER □ Accomplir, achever, arranger, arrêter, cesser, clore, clôturer, conclure, consommer, couper, couronner, dénouer, épuiser, expédier, fermer, fignoler, finir, interrompre, lécher, lever, liquider, mettre fin à, parachever, parfaire, polir, régler, trancher, user, vider, **V. pron.** : **1.** Aboutir, aller, s'arrêter, cesser, finir, mener, tomber dans. **2.** Se dénouer, se résoudre, se solutionner, trouver un terme, *et les syn. de* TERME.

TERNE □ **I. Au pr.** : amorti, assombri, blafard, blême, décoloré, délavé, embu, enfumé, éteint, fade, flétri, gris, incolore, mat, passé, sale, terni, vitreux. **II. Fig.** : anodin, effacé, falot, inexpressif, insignifiant, maussade, morne, morose, plat, quelconque.

TERNIR □ **I. Au pr.** : altérer, amatir, décolorer, défraîchir, éclipser, effacer, emboire, éteindre, faner, flétrir, obscurcir, ôter l'éclat, passer. **II. Par ext.** → *tacher.* **III. Fig.** : avilir, déprécier, diffamer, entacher, flétrir. → *abaisser.*

TERRAGE □ Champart.

TERRAIN □ **I.** → *terre.* **II.** → *lieu.* **III.** → *occasion.*

TERRASSE □ **I.** Toiture plate. **II.** Belvédère, esplanade, plate-forme, promenade, toit.

TERRASSER □ **I.** → *abattre.* **II.** → *vaincre.*

TERRE □ **I. Au pr. 1.** Glèbe, humus, limon, ouche, sol, terrain, terreau, terroir. **2.** Boule, globe, machine ronde, monde, notre planète. **3.** → *champ.* **II. Par ext. 1.** → *univers.* **2.** Bien, capital, domaine, exploitation, fonds, héritage, propriété. **3.** Lieu, territoire. → *pays.* **III. Loc.** *Terre à terre* : bon vivant, cru, matérialiste, opportuniste, positif, pragmatique, réaliste, utilitaire.

TERRER (SE) □ → *tapir (se).*

TERRESTRE □ **I. Au pr.** : tellurien, tellurique, terraqué. **II. Fig. 2.** Mondain, séculier, temporel. **2.** Charnel, corporel, grossier (péj.), humain, matériel, mortel, physique.

TERREUR □ **I.** Affolement, affres, alarme, angoisse, appréhension, consternation, crainte, effroi, épouvante, épouvantement (vx), frayeur, horreur, inquiétude, lâcheté, panique, peur. **II.** Apache, assassin, bandit, bon à rien, brigand, chenapan, criminel, escarpe, forban, fripouille, gangster, hors-la-loi, malandrin, malfaiteur, pirate (fam.), sacripant, vaurien, voleur, voyou.

TERREUX, EUSE □ **I.** → *malpropre.* **II.** → *pâle.* **III. Loc.** *Cul-terreux* → *paysan.*

TERRIBLE □ **I. Au pr.** : abominable, affreux, apocalyptique, dantesque, dur, du tonnerre, effrayant, effroyable, énorme, épouvantable, excessif, formidable, horrible, horrifiant, implacable, mauvais, maxi (fam.), monstrueux, redoutable, rude, sensas (fam.), terrifiant, terrifique, tragique. **II. Par ext. 1.** → *violent.* **2.** → *turbulent.* **3.** → *extraordinaire.*

TERRIBLEMENT □ Beaucoup, diablement, étrangement, extrêmement, très, *et les adv. en -ment formés à partir des syn. de* TERRIBLE.

TERRIEN, ENNE □ → *paysan.*

TERRIER □ **I.** Cartulaire, chartrier. **II.** → *tanière.*

TERRIFIANT, E □ → *terrible.*

TERRIFIER □ → *terroriser.*

TERRIL □ Crassier.

TERRINE □ **I.** → *pâté.* **II.** → *pot.*

TERRITOIRE □ → *pays.*

TERROIR □ **I.** → *terre.* **II.** → *pays.*

TERRORISER □ Affoler, alarmer, angoisser, apeurer, atterrer, consterner, effarer, effaroucher, effrayer, épouvanter, faire fuir, faire peur, frapper de stupeur, halluciner, horrifier, inquiéter, pétrifier, remplir de terreur, *et les syn. de* TERREUR, stupéfier, terrifier.

TERRORISME □ Excès, intimidation, subversion, terreur.

TERRORISTE □ → *révolutionnaire.*

TERTRE □ → *hauteur.*

TEST □ → *expérimentation.*

TESTAMENT □ dernières dispositions/volontés, legs.

TESTATEUR, TRICE □ De cujus.

TESTICULE □ → *bourse.*

TÊTE □ **I. Au pr.** : chef (vx), crâne, encéphale, face, faciès, figure, front, gueule, hure, mufle, museau, nez. → *visage.* **II. Fam.** : balle, bille, binette, bobèche, bobéchon, bobine, bobinette, bougie, bouille, bouillotte, boule, boussole, burette, cabèche, caberlot, caboche, cabochon, cafetière, caillou, caisson, calebasse, carafe, carafon, cassis, cerise, chou, ciboule, ciboulot, cigare, citron, citrouille, cocagne, coco, coloquinte, fiole, fraise, frite, gadin, gaufre, genou, gueule, hure, margoulette, melon, mufle, museau, nénette, patate, pêche, pensarde, pipe, plafond, poire, pomme, portrait, prune, sinoquet, siphon, sorbonne, tabernacle, terrine, tétère, tirelire, toiture, tranche, trogne, trognon, trombine, tromblon, trompette, tronche. **III. Par ext. 1.** Autorité, cerveau, chef, état-major, leader → *direction.* **2.** Bon sens, esprit, intelligence, lucidité, mémoire, présence d'esprit, raison, sang-froid. **3.** Individu, unité, pièce. → *homme.* **4.** → *sommet.* **5.** → *commencement.* **6.** → *extrémité.* **7.** Bulbe, gousse, ogive. **IV. Loc. 1.** *Tête-à-tête* : conciliabule, conversation, dialogue, entretien entre quatre-z-yeux (fam.), seul à seul. → *rencontre.* **2.** *Dans la tête* → *idée.* **3.** Tête de linotte → *étourdi.* **4. Tête de lit :** chevet, devant, haut. **5.** *Tête-à-queue* : dérapage, vire-volte, volte-face. **6.** *Tête-bêche :* bêcheveté, inverse, opposé.

TÉTER □ → *sucer.*

TÉTINE □ Mamelle, tétin, tette → *pis.*

TÉTON □ → *sein.*

TÊTU, E □ Absolu, accrocheur, acharné, aheurté (vx), buté, cabochard, entêté, entier, hutin (vx ou région.), insoumis, intraitable, obstiné, opiniâtre, récalcitrant, rétif, tenace, volontaire.

TEXTE □ Acte, citation, contenu, contexte, copie, énoncé, formule, fragment, lecon, libellé, livret, manuscrit, morceau, original, paroles, passage, recension, rédaction, rédigé, sujet, teneur, variante.

TEXTILE □ **I.** Filature, tissage. **II.** Étoffe. → *tissu.*

TEXTUEL, ELLE □ Authentique, exact, littéral, mot à mot.

TEXTURE □ → *structure.*

THAUMATURGE □ → *magicien.*

THAUMATURGIQUE □ **I.** Religieux, sacré, spirituel, surnaturel. **II.** Extraordinaire, fantasmagorique, fantastique, féerique, immatériel, magique, merveilleux, métaphysique, miraculeux, parapsychique, prodigieux, sorcier, surhumain.

THÉÂTRAL, E □ **I. Non favorable :** affecté, ampoulé, apprêté, arrangé, cabot (fam.), cabotin (fam.), compassé, composé, concerté, emphatique, étudié, faux, forcé, maniéré, pompeux, précieux, recherché, sophistiqué. **II. Favorable ou neutre :** dramatique, émouvant, fastueux, grandiose, imposant, majestueux, poignant, scénique, spectaculaire, terrible, tragique.

THÉÂTRE □ **I. Au pr. 1.** Planches, plateau, scène, tréteaux. **2.** Bouiboui (péj. et vx), comédie (vx), salle. **II. Par ext. :** opéra, opéra-comique. **III. Fig. :** emplacement, endroit, scène. → *lieu.*

THÉBAÏDE □ → *solitude.*

THÉISME □ **I. Au pr. :** déisme. **II. Par ext. :** théogonie, théologie, théosophie.

THÈME □ **I.** Fond, idée, leitmotiv, matière, motif, objet, refrain, sujet, trame. **II.** Traduction.

THÉOGONIE □ Croyance, culte, foi, mythologie, religion, théologie.

THÉOLOGAL, E □ → *théologique.*

THÉOLOGIE □ Apologétique, doctrine, études religieuses, théogonie.

THÉOLOGIEN, ENNE □ **I.** Casuiste, consulteur, docteur, gnostique, Père de l'Église. **II.** Ayatollah, imam, mollah, uléma, soufi. **III.** Rabbi, rabbin, scribe.

THÉOLOGIQUE □ Casuistique, divin, métaphysique, religieux, théologal.

THÉORICIEN, ENNE □ Chercheur, doctrinaire, généraliste, penseur, philosophe, savant, spéculateur.

THÉORIE □ **I.** Abc, axiome, base, convention, définition, doctrine, dogme, donnée, élément, hypothèse, loi, maxime, morale, norme, opinion, philosophie, position, postulat, précepte, prémisse, principe, règle, religion, rudiment, système, utopie (péj.). **II.** Calcul, étude, projet, recherche, spéculation. **III.** → *méthode.* **IV.** Cortège, défilé, file, marche, procession, queue, suite, va-et-vient.

THÉORIQUE □ **I. Neutre :** abstrait, conceptuel, doctrinal, hypothétique, idéal, imaginaire, rationnel, scientifique, spéculatif, systématique. **II. Non favorable :** chimérique, fumeux, onirique, vaseux. → *imaginaire.*

THÉOSOPHIE □ Cabale, gnose, occultisme, religion, spiritisme.

THÉRAPEUTE □ → *médecin.*

THÉRAPEUTIQUE □ Cure, drogage, intervention, médication, régime, soins, traitement.

THERMAL □ Loc. *Station thermale :* bains (vx), eaux, station balnéaire, ville d'eaux.

THERMES □ → *bain.*

THÉSAURISATION □ I. → *économie.* II. → *avarice.*

THÉSAURISER □ Amasser, boursicoter, capitaliser, économiser, empiler, entasser, épargner, faire sa pelote, se faire un matelas, mettre de côté, placer, planquer (fam.).

THÉSAURISEUR, EUSE □ → *avare.*

THESAURUS □ → *dictionnaire.*

THÈSE □ I. → *affirmation.* II. → *traité.* III. → *opinion.*

THORAX □ → *poitrine.*

THURIFÉRAIRE □ → *louangeur.*

THYM □ → *serpolet.*

TIARE □ → *couronne*

TIC □ I. Grimace, rictus. II. **Fig. :** bizarrerie, caprice, dada, démangeaison, épidémie, fantaisie, fièvre, frénésie, fureur, goût, habitude, hobby, maladie, manie, manière, marotte, monomanie, péché mignon, prurit, rage, toquade, turlutaine.

TICKET □ → *billet.*

TIÈDE □ I. **Au pr. :** attiédi, doux, modéré, moite, tépide. II. **Fig. :** apathique, calme, indifférent, mou, neutre, nonchalant, veule.

TIÉDEUR □ I. **Au pr. :** attiédissement, douceur, modération, moiteur, tépidité. II. **Fig. :** apathie, calme, dégagement (vx), désintéressement, détachement, flegme, froideur, impassibilité, indifférence, indolence, mollesse, neutralité, nonchalance, sérénité.

TIÉDIR □ I. **Au pr. :** attiédir, climatiser, dégourdir, modérer, réchauffer, refroidir. II. **Fig.** → *tempérer.*

TIERS, TIERCE □ I. Arbitre, intermédiaire, médiateur, négociateur, témoin. II. Inconnu, étranger, intrus (péj.), tierce personne. III. troisième.

TIGE □ I. **Bot. :** branche, brin, chalumeau, chaume, fût, gemmule, hampe, paille, pédicelle, pédicule, pédoncule, pétiole, plant, queue, rhizome, sarment, stipe, tigelle, tronc, tuyau. → *fût.* II. **Par ext. 1.** Baguette, bâton, rouette, verge. **2.** Arbre, aiguille, axe, barre, bielle, bras, broche, cheville, cylindre, tringle.

TIGRÉ, E □ Bigarré, fauve, jaune, moucheté, rayé, zébré. → *taché.*

TIMBALE □ I. → *tambour.* II. → *gobelet.* III. Bouchée à la reine, vol-au-vent.

TIMBALIER □ → *percussionniste.*

TIMBRE □ I. → *cloche.* II. → *son.* III. → *marque.* IV. Vignette. V. → *réservoir.*

TIMBRÉ, E □ **Fam. et par ext. :** barjo,

bizarre, branque, braque, cinglé, défoncé, dingo, dingue, fatigué, fêlé, flingué, folingue, follet, fondu, fou, frapadingue, frappé, gelé, givré, hotu, job, jobard, jobri, jojo, louf, loufoque, louftingue, maboul, maniaque, marteau, piqué, schnock, sinoque, siphonné, sonné, tapé, tocbombe, toc-toc, toqué, zinzin.

TIMIDE □ I. **Au pr. :** complexé, effarouchable, effarouché, embarrassé, farouche, gauche, gêné, hésitant, honteux, humble, indécis, inhibé, intimidé, mal à son aise, peureux, pusillanime, réservé, timoré. → *craintif.* II. **Fig. :** approximatif, confus, douteux, ébauché, imparfait, imprécis, incertain, indécis, indéfini, indéterminé, indistinct, flottant, flou, fumeux, nébuleux, nuageux, obscur, trouble, vague.

TIMIDITÉ □ Appréhension, confusion, crainte, effacement, effarouchement, embarras, émoi, gaucherie, fausse/mauvaise/sotte honte/pudeur, gêne, hésitation, honte, humilité, indécision, inhibition, modestie, peur, pusillanimité, réserve, sauvagerie, trac.

TIMON □ → *gouvernail.*

TIMONIER □ → *pilote.*

TIMORÉ, E □ → *timide.*

TINETTE □ → *water-closet.*

TINTAMARRE □ Bacchanal, barouf, baroufle, bastringue, bordel, boucan, bousin, brouhaha, bruit, cacophonie, carillon, chahut, charivari, cri, désordre, dissonance, éclat, esclandre, foin, hourvari, pet, pétard, potin, raffut, ramadan, ramdam, sabbat, scandale, schproum, sérénade, tam-tam, tapage, tintouin, tohu-bohu, train, vacarme.

TINTER, TINTINNABULER □ Bourdonner, carillonner, résonner, sonner.

TINTOUIN □ Agitation, peine, préoccupation, remue-ménage, souci, surmenage, travail. → *tintamarre, tracas.*

TIQUER □ I. → *tressaillir.* II. → *sourciller.*

TIQUETÉ, E □ → *taché.*

TIRADE □ Couplet, développement, discours, explication, monologie, morceau de bravoure, paraphrase, réplique, suite, tartine (fam.).

TIRAGE □ I. Collection, composition, édition, impression, publication, réimpression, reproduction, republication. II. Accroc, anicroche, aria, bec, cahot, chardon, cheveu, chiendent, contrariété, danger, difficulté, embarras, empêchement, enclouure, ennui, épine, hic, histoire, incident, labeur, objection, obstacle, opposition, os, peine, pépin, problème, résistance, ronce, souci, tiraillement, tracas, traverse.

TIRAILLEMENT □ → *tirage.*

TIRAILLER □ I. → *tirer.* II. → *tourmenter.*

TIRE-AU-CUL, TIRE-AU-FLANC □ → *rossard.*

TIREBOUCHONNER □ → *tordre.*

TIRÉ, E □ I. → *maigre.* II. → *fatigué.*

TIRE-FESSES □ Remonte-pente, téléski.

TIRELIRE □ I. Boîte à sous (fam.), cagnotte, caisse, crapaud, grenouille, tontine, tronc. II. **Fam. 1.** → *tête.* **2.** Bedaine, bedon, brioche, estomac, gésier, gidouille, œuf d'autruche, panse, tripes, ventre.

TIRER □ I. **Au pr. 1.** Attirer, faire aller, haler, paumoyer, remorquer, touer, tracter, traîner. **2.** Allonger, bander, détirer, distendre, étendre, étirer, raidir, tendre. **3.** Écarteler, tirailler. **4.** Dégager, délivrer, dépêtrer, enlever, éveiller, extraire, lever, ôter, produire, ramener, sauver, sortir. → *retirer.* **5.** Pomper, puiser, sucer, traire. II. **Par ext. 1.** Conclure, déduire, dégager, devoir à, emprunter, extraire, inférer, interpréter, prendre, puiser. **2.** → *quitter.* **3.** Drainer, extorquer, gagner, hériter, percevoir, recevoir, recueillir, retirer, soutirer. **4.** → *tracer.* **5.** → *imprimer.* **6.** Canarder, décharger, faire feu, faire partir, lâcher, mitrailler, tirailler. III. **Loc.** *Tirer sur* → *ressembler.* IV. **V. pron. : 1.** S'échapper, s'enfuir, s'évader, se sauver, sortir. → *partir, et les formes pron. possibles de* TIRER. **2. Loc.** *S'en tirer :* se débarouiller (fam.), se débourber, se débrouiller, se démêler, se dépêtrer, en réchapper, s'en sortir.→ *réussir.*

TIREUR, EUSE □ I. Haleur, remorqueur, tracteur. II. Mitrailleur, servant. III. **Loc.** *Tireuse de cartes :* cartomancienne, diseuse de bonne aventure, extralucide. → *voyant.*

TISANE □ Apozème, bouillon, décoction, hydrolé, infusion, macération, macéré, remède, solution.

TISON □ Braise, brandon.

TISONNER □ Activer, animer, fourgonner, gratter/ranimer/remuer/secouer les tisons, *et les syn. de* TISON.

TISONNIER □ Badines, fourgon, pincettes, pique-feu, ringard.

TISSÉ, E □ I. **Au pr.** → *tissu.* II. **Fig. :** aménagé, arrangé, combiné, comploté, conspiré, machiné, manigancé, monté, noué, ourdi, préparé, tramé, tressé.

TISSER □ I. **Au pr. :** brocher, broder, fabriquer, tramer, tresser. II. **Fig. :** aménager, arranger, brasser, combiner, comploter, conspirer, machiner, manigancer, monter, nouer, ourdir, préparer, tramer, tresser.

TISSEUR □ Licier, tisserand.

TISSU □ I. **Au pr. :** basin, bougran, bourras, calicot, cotonnade, drap, droguet, étoffe, lainage, soierie, tapisserie, textile, toile, tricot. II. **Par ext. 1.** Byssus, cellule, membrane, réseau. **2.** Contexture, texture, tissure. III. **Fig. :** enchaînement, enchevêtrement, mélange. → *suite.*

TITAN □ I. **Au pr. :** colosse, cyclope, force de la nature, géant, goliath, hercule, malabar (fam.), mastodonte, monstre, surhomme. II. → *champion.*

TITANESQUE □ Babylonien, colossal, considérable, cyclopéen, démesuré, éléphantesque, énorme, étonnant, excessif, fantastique, formidable, géant, gigantesque, grand, immense, incommensurable, insondable, monstre, monstrueux, monumental, pélasgique, prodigieux, pyramidal.

TITILLER □ I. → *caresser.* II. → *agacer.*

TITRE □ I. Appellation, désignation, en-tête, frontispice, intitulé, manchette, rubrique. → *partie.* II. Caractère, fonction, nom, particularité, qualification, spécification. III. Acte, brevet, celebret (relig.), certificat, charte, commission, diplôme, document, instrument, lettres patentes, papier, parchemin, patente, pièce. IV. **Au pl. :** action, billet, bon, effet, obligation, reconnaissance, warrant.

TITUBANT, E □ Branlant, chancelant, faible, flageolant, hésitant, incertain, oscillant, trébuchant, vacillant.

TITUBER □ Balancer, basculer, branler, broncher, buter, chanceler, chavirer, chopper, faiblir, flageoler, fléchir, flotter, glisser, hésiter, lâcher pied, osciller, trébucher, trembler, vaciller.

TITULAIRE □ → *propriétaire.*

TITULARISATION □ Affectation, confirmation, homologation, installation, intégration, nomination, officialisation, prise en charge, validation.

TITULARISER □ Affecter, confirmer, désigner, homologuer, installer, intégrer, nommer, officialiser, prendre en charge, valider.

TOAST □ I. → *tartine.* II. → *discours.*

TOCARD, E □ → *mauvais.*

TOGE □ Costume, mante, manteau, robe.

TOHU-BOHU □ I. **Par ext. :** activité, affairement, affolement, agitation, alarme, animation, billebaude (vx), bouillonnement, branle-bas, bruit, chambardement (fam.), changement, désordre, effervescence, excitation, flux et reflux, grouillement, hâte, incohérence, mouvement, orage, précipitation, remous, remue-ménage, secousse, tempête, tourbillon, tourmente, trouble, tumulte, turbulence, va-et-vient. **II. Fam.** : bacchanal, barouf, baroufle, bastringue, bordel, boucan, bousin, brouhaha, carillon, chahut, charivari, cri, éclat, esclandre, foin, hourvari, papafard, pet, pétard, potin, raffut, ramadan, ramdam, sabbat, scandale, schproum, sérénade, tam-tam, tintamarre, train, vacarme.

TOILE ☐ **I. Au sing. 1.** → *tissu.* **2.** → *tableau.* **II. Au pl.** → *filet.* **III. D'araignée** : arantèle.

TOILETTE ☐ **I. Au sing. 1.** → *nettoiement.* **2.** → *vêtement.* **II. Au pl.** → *water-closet.*

TOISER ☐ **I.** → *regarder.* **II.** → *mesurer.*

TOISON ☐ **I.** → *poil.* **II.** → *cheveux.*

TOIT ☐ **I. Au pr.** : chaume, comble, couverture, faîte, gouttières, terrasse, toiture. **II. Par ext. 1.** → *hangar.* **2.** → *habitation.*

TOLÉRABLE ☐ Buvable (fam.), endurable, excusable, passable, sortable, suffisant, supportable.

TOLÉRANCE ☐ Acquiescement, bonté, bénignité, compréhension, douceur, indulgence, largeur/ouverture d'esprit, libéralisme, non-violence, patience, respect, tolérantisme.

TOLÉRANT, E ☐ Bénin, bon, commode, compréhensif, doux, endurant (vx), humain, indulgent, large/ouvert d'esprit, libéral, non-violent, patient, résigné, respectueux.

TOLÉRÉ, E ☐ **I.** Accordé, admis, admissible, agréé, autorisé, consenti, dans les formes/les normes/l'ordre/les règles, légal, légitime, libre, licite, loisible, permis, possible, régulier. **II.** Enduré, souffert, supporté.

TOLÉRER ☐ **I.** Accepter, accorder, acquiescer, admettre, agréer, approuver, autoriser, avaler (fam.), boire (fam.), concéder, consentir, digérer (fam.), dispenser, donner, habiliter, laisser, laisser faire, passer, permettre. **II.** Endurer, souffrir, supporter.

TOLLÉ ☐ Blâme, bruit, chahut, charivari, clameur, cri, haro, huée, sifflet.

TOMATE ☐ Marmande, olivette, pomme d'amour.

TOMBANT, E ☐ → *pendant.*

TOMBE, TOMBEAU ☐ Caveau, cénotaphe, cinéraire, cippe, columbarium, concession, dernier asile, dernière demeure, fosse, funérailles, hypogée, koubba, mastaba, mausolée, monument, monument funéraire, pierre, pierre tombale, sarcophage, sépulcre, sépulture, stèle, stoûpa, tertre, tholos, tumulus.

TOMBÉ, E ☐ Abaissé, affaibli, affaissé, amoindri, avili, bas, coulé, déchu, déclassé, dégénéré, dégradé, dégringolé, démoli, déposé, descendu, destitué, diminué, éboulé, écroulé, effondré, ptôsé (méd.), jeté à bas/à terre/au sol, maudit, mis au ban, oublié, pauvre, précipité, privé de, renversé, ruiné.

TOMBER ☐ **I. Au pr. : 1.** s'abattre, s'affaler, s'allonger, basculer, choir, chuter, culbuter, débouler, dégringoler, descendre, dévisser, s'écrouler, s'effondrer, faire une chute, trébucher. **2. Fam. :** s'aplatir, casser son verre de montre, se casser la figure/la gueule, dinguer, s'épater, s'étaler, se ficher/flanquer/foutre, mettre la gueule basse/les quatre fers en l'air/par terre, glisser, mesurer la terre, mordre la poussière, prendre/ramasser un billet de parterre/une bûche/un gadin/une gamelle/une pelle, valdinguer. **II. Par ext. 1.** Pendre, retomber, traîner. **2.** Arriver, choir, pleuvoir. **3.** S'abaisser, s'abâtardir, s'affaiblir, s'amoindrir, s'avilir, baisser, déchoir, se déclasser, décliner, décroître, dégénérer, se dégrader, dégringoler, déroger, descendre, dévier, diminuer, s'encanailler, s'enfoncer, se laisser aller, rétrograder, rouler dans, vieillir. → *manquer.* **4.** → *échouer.* **5.** → *mourir.* **6.** → *terminer (se).* **7.** S'accomplir, advenir, arriver, avoir lieu, se dérouler, échoir, intervenir, s'offrir, s'opérer, se passer, se présenter, se produire, surgir, survenir, se tenir, se trouver. **III. Loc. 1. Tomber sur :** attaquer, charger, s'élancer, foncer, se jeter, se précipiter, rencontrer, trouver. **2. Tomber d'accord :** accéder, accepter, accorder, acquiescer, adhérer, admettre, adopter, applaudir, approuver, assentir (vx), autoriser, avoir pour agréable, céder, condescendre, consentir, dire amen, donner les mains (vx), se laisser faire, octroyer, opiner, permettre, se prêter, se soumettre, souscrire, toper (là), vouloir bien. → *convenir.*

TOMBOLA ☐ Arlequin, hasard, loterie, loto, sweepstake, tirage.

TOME ☐ → *livre.*

TOM-POUCE ☐ **I.** → *nain.* **II.** → *parapluie.*

TON ☐ **I. Au pr. :** accent, accord, bruit, écho, inflexion, intonation, modulation, musique, note, son, timbre, tonalité. **II. Par ext. 1.** Façon, facture, forme, genre, goût, griffe, main, manière, patte, pinceau, plume, signature, style, touche, tour. **2.** → *expression.* **3.** → *procédé.* **4.** → *couleur.* **III. Loc. Bon ton** → *convenance.*

TONALITÉ ☐ → *ton.*

TONDRE ☐ **I. Au pr. :** couper, bretauder, dépouiller, écorcer, éplucher, gratter, ôter, peler, râper, raser, tailler. **II. Fig.** *1.* → *dépouiller.* *2.* → *voler.*

TONICITÉ □ → *force.*

TONIFIER □ → *fortifier.*

TONIQUE □ Analeptique, cordial, corroborant, excitant, fortifiant, réconfortant, reconstituant, remontant, roboratif, stimulant, tonifiant.

TONITRUANT, E □ **I.** Carillonnant, résonnant, retentissant, sonnant, sonore. **II.** Ample, bruyant, éclatant, énorme, fort, haut, hurlant, plein, ronflant, tonnant, vibrant.

TONITRUER □ → *crier.*

TONNANT, E □ → *tonitruant.*

TONNEAU □ Baril, barrique, botte, boucaut, bouge, caque, charge, demi-muid, feuillette, fût, futaille, foudre, muid, pièce, pipe, poinçon, quartaud, queue, tine, tinette, tonne, tonnelet, velte.

TONNELLE □ Abri, berceau, brandebourg, charmille, gloriette, kiosque, pavillon/salon de verdure, pergola.

TONNER □ **I. Fig.** → *crier.* **II.** → *tempêter.*

TONNERRE □ **I. Par ext. :** éclair épart, feu du ciel/de Dieu/de Jupiter/de Zeus, foudre, fulguration, orage, tempête. **II. Loc.** *Du tonnerre.* *1.* → *extraordinaire.* *2.* → *terrible.*

TONTE □ Tondaison (vx ou rég.).

TOPER □ → *tomber d'accord.*

TOPIQUE □ **I. Nom.** *1.* → *remède.* *2.* Banalité, bateau, cliché, idée reçue, lieu commun, poncif, truisme, vieille lune, vieillerie. **II. Adj.** → *convenable.*

TOPOGRAPHIE □ Arpentage, cadastre, cartographie, géodésie, géographie, nivellement, planimétrie, triangulation.

TOPOGRAPHIQUE □ Cadastral, géodésique, géographique, planimétrique.

TOQUADE □ **I. Au pr. :** accès, bizarrerie, bon plaisir, boutade, caprice, changement, chimère, coup de tête, entichement, envie, extravagance, fantaisie, folie, foucade, gré, humeur, impatience, incartade, inconséquence, inconstance, instabilité, légèreté, lubie, lune, marotte, mobilité, mouvement, quinte, saillie, saute d'humeur, singularité, turlurette, turlutaine, variation, versatilité, volonté. **II. Par ext. 1.** Amour, amourette, béguin, escapade, frasque, fredaine, flirt, idylle, passade, pépin. **2.** Aliénation, délire, démence, égarement, folie, frénésie, furie, hantise, idée fixe, manie, monomanie, obsession.

TOQUE □ **I.** → *bonnet.* **II.** → *coiffure.*

TOQUÉ, E □ **I. Au pr. :** aliéné, bizarre, dément, déséquilibré, détraqué, malade, maniaque, névrosé,

paranoïaque, schizophrène. → *fou.* **II. Fam.** → *timbré.*

TOQUER (SE) □ S'acoquiner, s'amouracher, avoir le béguin/une toquade pour, se coiffer, s'emballer, s'embéguiner, s'emberlucoquer, s'engouer, s'enjuponner, s'entêter, s'enthousiasmer, s'enticher, s'éprendre, goder pour (arg.), s'infatuer, se passionner, prendre feu et flamme pour, se préoccuper, se rassoter (vx).

TORCHE □ **I.** Brandon, flambeau, luminaire, oupille, torchère. **II.** → *torsade.*

TORCHER □ **I. Au pr.** → *nettoyer.* **II. Fig.** *1.* → *tancer.* *2.* Abîmer, bâcler, barbouiller, bousiller, cochonner, déparer, dissiper, enlaidir, gâcher, galvauder, gaspiller, gâter, liquider, manquer, massacrer, perdre, rater, saboter, saloper, saveter, torchonner, tordre, trousser.

TORCHÈRE □ Applique, bougeoir, bras, candélabre, chandelier, flambeau, girandole, luminaire, martinet, oupille, torche.

TORCHON □ Essuie-mains/verres, touaille. **Péj.** → *servante.*

TORCHONNER □ → *torcher.*

TORDANT, E □ **I.** Amusant, bouffon, cocasse, comique, désopilant, drolatique, drôle, exhilarant, farce, fou, hilarant, impayable, inénarrable, plaisant, ridicule, risible. **II. Arg. ou fam. :** bidonnant, boyautant, champignol, crevant, gondolant, gonflant, jouasse, marrant, poilant, rigolboche, rigolo, rigouillard, roulant, tirebouchonnant, torsif, transpoil.

TORDRE □ **I. Au pr.** *1.* Bistourner, boudiner, cordeler, entortiller, filer, guiper, tirebouchonner, torsader, tortiller, tortillonner, tourner, tourniller, tresser. *2.* Cintrer, courber, déformer, distordre, fausser, forcer, gauchir. **II. Fig.** *1.* → *torcher.* *2.* → *manger.* **III. V. pron.** *1.* S'amuser, se dérider, se désopiler, se divertir, éclater de rire, s'égayer, s'en payer, s'esbaudir (vx), s'esclaffer, glousser, pleurer de rire, pouffer, prendre du bon temps, se réjouir, rioter (vx), rire, sourire. *2.* **Arg. ou fam. :** se bider/bidonner, bosser, se boyauter/dilater la rate, se fendre la gueule/la pêche/la pipe, se gondoler / marrer / poiler / tirebouchonner, s'en payer une tranche, rigoler.

TORDU, E □ **I. Au pr. :** bancal, bancroche, cagneux, circonflexe, contourné, contracté, courbé, déjeté, de travers, difforme, entortillé, gauche, recroquevillé, retors, serré, tors, tortillé, tortu, tortué, tortueux, torve, tourmenté, vouté, volubile, vrille. **II. Fig. et fam. :** bizarre, braque, capricant, capricieux, changeant, difficile, excentrique, extravagant, fantaisiste, fantasque, fou, hypocrite, inconséquent, inconstant, instable, irréfléchi, lunatique, mal tourné, maniaque, mauvais caractère/coucheur, méchant, mobile, ondoyant, original, quinteux, sautillant, variable, versatile, vicieux.

TORGNOLE □ **I. Au pr.** : aiguillade, bastonnade, botte, bourrade, calotte, charge, châtiment, chiquenaude, claque, correction, décharge, distribution, escourgée, fessée, gifle, gourmade, horion, pichenette, sanglade, soufflet, tape. **II. Fam.** *1.* Abattage, avoine, baffe, bâfre, beigne, beignet, bigorne, bourre-pipe, branlée, brossée, brûlée, castagne, châtaigne, chicore, contredanse, coq, coquard, danse, déculottée, dégelée, dérouillée, flanche, fricassée, fricotée, frottée, giboulée, giroflée, gnon, gourmade, jeton, marron, mornifle, pain, pâtée, peignée, pile, plumée, pochade, purge, raclée, ramponneau, ratatouille, rincée, ringuée, rossée, roulée, rouste, secouée, tabac, tabassage, tabassée, tampon, tannée, taquet, tarte, tatouille, tisane, toise, tournée, trempe, tripotée, trollée, valse, volée. → *talmouse 2.* Blessure, bleu, bosse, contusion, mauvais traitements, meurtrissure, violences, voies de fait.

TORNADE □ Bourrasque, coup de chien/de tabac (fam.)/de vent, cyclone, orage, ouragan, rafale, raz de marée, tempête, tourbillon, tourmente, trombe, typhon, vent.

TORPEUR □ Abattement, abrutissement, accablement, adynamie, affaiblissement, alanguissement, alourdissement, anéantissement, apathie, appesantissement, assoupissement, atonie, consomption, découragement, dépérissement, écrasement, engourdissement, ennui, épuisement, étisie, faiblesse, hébétude, hypnose, inaction, inactivité, indolence, langueur, lenteur, léthargie, marasme, molesse, morbidesse, nonchalance, paralysie, paresse, prostration, somnolence, stagnation, stupeur.

TORPILLER □ **I. Au pr.** → *couler.* **II. Fig.** : arrêter, briser, enterrer, escamoter, étouffer, faire avorter/échouer, mettre en sommeil, neutraliser, saborder, supprimer, tuer dans l'œuf.

TORRÉFIER □ → *rôtir.*

TORRENT □ → *rivière.*

TORRENTIEL, ELLE □ **I. Au pr.** : déchaîné, démonté, diluvien, torrentueux, violent. **II. Par ext.** → *abondant.*

TORRIDE □ Bouillant, brûlant, chaud, cuisant, desséchant, étouffant, excessif, incandescent, saharien, tropical.

TORS, TORSE □ → *tordu.*

TORSADE □ **I.** Chignon, coiffure, macaron, natte, rouleau, tresse. **II.** Hélice, rouleau, torche, torque.

TORSADER □ → *tordre.*

TORSE □ Buste, poitrine, taille, thorax, tronc.

TORSION □ Bistournage, contorsion, contraction, courbure, distorsion, tortillement.

TORT □ **I.** Affront, atteinte, avanie, blessure, casse, coup, culpabilité, dam, dégât, dégradation, dépréciation, déprédation, désavantage, détérioration, détriment, dommage, endommagement, faute, grief (vx), injure, injustice, lésion, mal, manquement, offense, outrage, perte, préjudice, ravage, ribordage (mar.), sinistre. **II. Loc.** *1. Avoir tort* → *tromper* (se). *2. redresseur de torts* → *justicier.*

TORTILLAGE □ **I. Au pr.** : amphigouri, argot, baragouin, bigorne (vx), charabia, dialecte, discours embrouillé, embrouillamini, galimatias, javanais, langage inintelligible, largonji, logographe, patagon, pathos, patois, phébus, sabir, verlan. **II. Par ext.** : désordre, fatras, fouillis, imbroglio, méli-mélo.

TORTILLÉ, E □ → *tordu.*

TORTILLEMENT □ → *torsion.*

TORTILLER □ **I. Au pr.** → *tordre.* **II. Fig.** *1.* → *manger.* *2.* → *hésiter.* *3.* → *tourner.*

TORTIONNAIRE □ Bourreau, bras séculier (vx), exécuteur, homme de main, meurtrier, sadique, sanguinaire, tueur.

TORTU, E, TORTUÉ, E □ → *tordu.*

TORTUE □ **I.** Chélonien. **II.** Caret, céraste, cistude, émyde, luth, trionyx.

TORTUEUX, EUSE □ **I. Au pr.** : anfractueux, courbe, flexueux, ondoyant, ondulant, ondulatoire, ondulé, onduleux, serpentin, sinueux. **II. Par ext.** *1.* Artificieux, astucieux, cauteleux, diplomate, ficelle, finasseur, finaud, fourbe, futé, habile, loup, machiavélique, madré, malicieux (vx), malin, matois, normand, renard, retors, roublard, roué, rusé, subtil. *2.* → *hypocrite.*

TORTURANT, E □ Affligeant, amer, angoissant, attristant, crucifiant, cruel, cuisant, déchirant, difficile, douloureux, dur, éprouvant, funeste, intolérable, lamentable, lancinant, navrant, obsédant, pénible, pitoyable, térébrant, triste.

TORTURE □ **I.** Affliction, calvaire, châtiment, exécution, géhenne (vx), martyre, mort, peine, persécution, pilori, punition, question (vx), souffrance, supplice, tourment. **II.** → *inquiétude.* **III.** → *douleur.* **IV. Loc.** *Mettre à la torture.* → *tourmenter.*

TORTURER □ **I. Au pr.** : gêner (vx), questionner (vx), soumettre à la question (vx)/au supplice/à la torture, supplicier. **II. Par ext. 1.** → tourmenter. **2.** Défigurer, dénaturer, détourner, forcer, interpréter, violenter.

TORVE □ **I.** → tordu. **II.** → mauvais.

TÔT □ **I.** Au chant du coq, au lever du jour/du soleil, aux aurores (fam.), de bon matin, de bonne heure, dès l'aube, dès l'aurore, dès potron-minet. **II.** → vite.

TOTAL □ n. **I.** Addition, chiffre, ensemble, fonds, masse, montant, quantité, somme, volume. **II.** → totalité.

TOTAL, E □ adj. Absolu, complet, entier, exhaustif, franc, global, intact, intégral, parfait, plein, plénier, radical, sans réserve/restriction.

TOTALEMENT □ Absolument, à fond, au complet, bien, complètement, de fond en comble, de pied en cap, des pieds à la tête, du haut en bas, en bloc, en entier/totalité, entièrement, exactement, fondamentalement, globalement, in extenso, intégralement, jusqu'au bout/aux oreilles, par-dessus les oreilles/la tête, ras le bol (fam.), parfaitement, pleinement, tout à fait, tout au long.

TOTALISER □ Additionner, assembler, faire un tout, grouper, rassembler, réunir.

TOTALITAIRE □ Absolu, autocratique, autoritaire, dictatorial, fasciste, nazi, oppressif, raciste.

TOTALITÉ □ **I.** Complétude, ensemble, généralité, intégrité, masse, plénitude, réunion, total, tout, universalité. **II. Loc. En totalité** → totalement.

TOTEM □ **I. Au pr.** : ancêtre, emblème, figure, protecteur, représentant, représentation, signe, symbole. **II. Par ext.** : amulette, fétiche, gri-gri.

TOTON □ → toupie.

TOUAGE □ → remorquage.

TOUCHANT, E □ Apitoyant, attendrissant, bouleversant, captivant, déchirant, dramatique, éloquent, émouvant, empoignant, excitant, frappant, impressionnant, larmoyant (péj.), navrant, pathétique, poétique, poignant, saisissant, tendre, tragique, troublant.

TOUCHE □ **I.** → port. **II.** → expression.

TOUCHE-À-TOUT □ → amateur.

TOUCHER □ v. tr. **I. Au pr. 1.** Affleurer, attoucher, chatouiller, coudoyer, effleurer, heurter, manier, palper, tâter, tâtonner. **2.** Atteindre, attraper, faire balle/mouche, frapper, porter. **3.** Aborder, accoster, arriver, atterrer, atterrir, faire escale, gagner, prendre terre, relâcher. **4.** Avoisiner, confiner, joindre, jouxter, tenir à, voisiner. **II. Par ext. 1.** Émarger, encaisser, palper (fam.), percevoir, recevoir, recouvrer, recueillir, retirer, se sucrer (péj.). **2.** S'adresser, aller à, concerner, regarder. **3.** Affecter, attendrir, avoir prise, blesser, désarmer, émouvoir, impressionner, intéresser, persuader, porter. **4.** Rouler sur. → traiter. **5.** → jouer. **III. Loc. Toucher à. 1.** → entailler. **2.** → entreprendre.

TOUCHER □ n. → tact.

TOUER □ Charrier, haler, remorquer, traîner. → tirer.

TOUFFE □ **I.** Aigrette, bouquet, chignon, crêpe, crête, crinière, épi, flocon, houppe, huppe, mèche, pinceau, pompon, taroupe, tas, toupet, toupillon. **II.** Bouquet, breuil, broussaille, buisson. → bois.

TOUFFEUR □ Chaleur, étouffement, moiteur, tiédeur.

TOUFFU, E □ **I. Au pr.** : abondant, cespiteux, compact, comprimé, condensé, dense, dru, encombré, épais, exubérant, feuillu, fort, fourni, fourré, impénétrable, luxuriant, massif, pilé, plein, pressé, serré, tassé. **II. Fig.** → ténébreux.

TOUILLER □ Agiter, brasser, fatiguer, mélanger, mêler, remuer, tourner.

TOUJOURS □ **I. Temporel** : à perpétuité, assidûment, à toute heure, constamment, continuellement, continûment, de tout temps, en permanence, éternellement, généralement, habituellement, incessamment, indéfiniment, infiniment, invariablement, ordinairement, perpétuellement, sans arrêt/cesse/fin/interruption/relâche, sans désemparer, sempiternellement, tous les jours. **II. Non temporel** : au moins, cependant, de toute façon, du moins, en tout cas, néanmoins, quelles que soient les circonstances, reste que.

TOUPET □ **I. Au pr.** → touffe. **II. Par ext. 1.** → confiance. **2.** → hardiesse.

TOUPIE □ **I.** Moine, pirouette (vx), sabot, toton. **II.** → mégère.

TOUR □ n. fém. Beffroi, campanile, clocher, donjon, flèche, minaret, tourelle, tournelle (vx).

TOUR □ n. masc. **I. Au pr. 1.** Cabriole, course, giration, parcours, pirouette, révolution, rotation, roue, saut, tourbillonnement, tournoiement, vire-volte, volte. **2.** Coude, circonvolution, détour, méandre, retour, sinuosité. **3.** Chaintre, bordure, circonférence, circuit, contour, délinéament, périmètre, périphérie, pourtour, tracé. **II. Par ext. 1.** Balade, circuit, course, croisière, déambulation, échappée, errance, excursion, flânerie, marche, promenade, randonnée, sortie, vadrouille (fam.), virée (fam.), voyage. **2.** Circumnavigation, croisière, navigation, périple. **3.** → *voyage.* **III. Fig. 1.** Acrobatie, attrape, clownerie, escamotage, jonglerie, prestidigitation. **2.** Coup de maître, exploit, succès. **3.** Artifice, combine, coup, crasse, malice, méchanceté, méfait, ruse, stratagème, truc, vacherie. **4.** Aspect, allure, expression, façon, forme, marche, style, tournure. **IV. Loc. 1.** *Tour à tour :* alternativement, à tour de rôle, coup sur coup, l'un après l'autre, périodiquement, récursivement, rythmiquement, successivement. **2.** *Tour de main* → *habileté.*

TOURBE □ Basse pègre, canaille, écume, foule, lie, masse, multitude, pègre, peuple, plèbe, populace, populaire, populo, prolétariat, racaille, vulgaire. → *multitude.*

TOURBEUX, EUSE □ → *boueux.*

TOURBILLON □ **I.** → *remous.* **II.** → *rafale.* **III.** → *mouvement.*

TOURBILLONNANT, E □ **I. Au pr. :** tournant, tournoyant, virevoltant. **II. Par ext. :** agité, déchaîné, impétueux, remuant, secoué, torrentueux, troublé.

TOURBILLONNEMENT □ → *remous.*

TOURBILLONNER □ → *tourner.*

TOURISTE □ → *voyageur.*

TOURMENT □ **I.** Affliction, affres, agitation, alarme, amertume, angoisse, anxiété, bourrèlement, cassement de tête, cauchemar, chagrin, contrariété, crainte, déchirement, désolation, émoi, enfer, ennui, fardeau, incertitude, inquiétude, malaise, martel (vx), martyre, obsession, peine, perplexité, poids, préoccupation, scrupule, soin (vx), sollicitude, souci. *Fam. :* bile, bourdon, mouron, mousse, tintouin, tracassin, tracas, tracasserie. **II.** → *supplice.* **III.** → *douleur.* **IV.** → *agitation.*

TOURMENTE □ **I. Au pr.** → *tempête.* **II.** → *trouble.*

TOURMENTÉ, E □ **I. Quelqu'un :** angoissé, anxieux, bourrelé, inquiet, perplexe, ravagé, soucieux. **II. Quelque chose. 1.** *Un site :* accidenté, bosselé, chaotique, dantesque, découpé, déformé, dentelé, désordonné, disproportionné, irrégulier, lunaire, montagneux, mouvementé, pittoresque, vallonné. **2.** *Le style* → *pénible.*

TOURMENTER □ **I. Au pr. :** bourreler (vx), crucifier, écarteler, gêner (vx), martyriser, mettre au supplice/à la torture, questionner (vx), soumettre à la question (vx), tenailler, torturer, travailler. **II. Par ext. 1.** *Quelqu'un tourmente quelqu'un :* agacer, assiéger, asticoter, brimer, chercher, chicaner, faire chanter/damner/danser,

harceler, importuner, molester, persécuter, poursuivre, talonner, tanner, taquiner, tarabuster, tirailler, vexer. → *ennuyer.* **2.** *Quelque chose tourmente quelqu'un :* affliger, agiter, chagriner, chiffonner, dévorer, fâcher, hanter, inquiéter, lanciner, marteler, obséder, préoccuper, presser, ronger, talonner, tarauder, tracasser, travailler, trotter, troubler, turlupiner. **III. V. pron. :** Se biler, se désespérer, se donner du mal/de la peine/du tintouin, s'en faire, se faire de la bile/des cheveux/des cheveux blancs/du mauvais sang/du mouron/des soucis/du → *tourment,* éprouver de l'inquiétude, *et les formes pron. possibles des syn. de* TOURMENTER.

TOURNAGE □ Prise de vue(s), réalisation.

TOURNAILLER □ **I.** → *tourner.* **II.** → *errer.*

TOURNANT □ n. **I.** Angle, coude, courbe, courbure, méandre, retour, saillie, sinuosité, tour, virage. **II. Par ext.** → *détour.*

TOURNANT, E □ adj. Giratoire, rotatif, rotatoire.

TOURNÉ, E □ adj. → *aigre.*

TOURNE-DISQUE □ Chaîne, électrophone, hi-fi, mange-disque. **Vx :** phono, phonographe.

TOURNÉE □ n. **I.** → *tour.* **II.** → *promenade.* **III.** → *voyage.* **IV.** → *torgnole.*

TOURNER □ **I. Au pr. 1.** Braquer. **2.** Contourner, détourner, dévier, obliquer. **3.** Bistourner, tordre, tortiller, tournailler. **4.** Retourner. → *rouler.* **5.** Girer, graviter, pirouetter, pivoter, toupiller, toupiner, tourbillonner, tournailler, tournicoter, tourniller, tourniquer, tournoyer, virer, virevolter, virevousser, virevouster. **II. Par ext. 1.** → *diriger.* **2.** Changer, convertir, influencer, influer, modifier, transformer. **3.** Adonner à, appliquer à, penser à. **4.** → *aigrir.* **5.** → *finir.* **6.** → *cinématographier.* **7.** → *transformer (se).*

TOURNILLER □ **I.** → *tordre.* **II.** → *tourner.*

TOURNIS □ → *vertige.*

TOURNOI □ **I.** Carrousel, fantasia, joute. **II.** → *lutte.*

TOURNOYANT, E □ → *tourbillonnant.*

TOURNOYER □ **I.** → *tourner.* **II.** → *rôder.* **III.** → *biaiser.*

TOURNURE □ **I.** Air, allure, angle, apparence, aspect, cachet, caractère, configuration, côté, couleur, dehors, endroit, extérieur, face, faciès, figure, forme, jour, masque, perspective, physionomie, point de vue, profil, tour, train, visage, vue. **II.** → *port.* **III.** → *expression.* **IV.** → *marche.*

TOURTEAU □ → *résidu.*

TOURTEREAU, TOURTERELLE □ **I.** → *colombin.* **II.** → *amant.*

TOUSSER □ **I. Au pr.** : toussailler, toussoter. **II. Par ext.** : cracher, expectorer, graillonner.

TOUT □ n. **I.** → *totalité.* **II. Loc.** *Le tout* → *principal.*

TOUT, TOUTE □ adj. **I.** Complet, entier, intégral, plein. **II.** Chacun, chaque, quiconque. **III.** Ensemble, tous, tutti quanti.

TOUT À FAIT □ Bien, complètement, entièrement, exactement, extrêmement, pleinement, totalement, très. → *absolument.*

TOUT À L'HEURE □ **I.** À l'instant, aussitôt, sur-le-champ, sur l'heure, toute de suite. **II.** Dans un instant/un moment, plus tard.

TOUT DE BON □ → *sérieusement.*

TOUT DE GO □ → *simplement.*

TOUT DE SUITE □ → *tout à l'heure.*

TOUTEFOIS □ Cependant, mais, néanmoins, nonobstant (vx), pourtant, seulement.

TOUTE-PUISSANCE □ **I.** → *autorité.* **II.** → *pouvoir.*

TOUT-PUISSANT □ Omnipotent.

TOUX □ Expectoration, rhume, tousserie, toussotement.

TOXICITÉ □ Malignité, nocivité.

TOXINE, TOXIQUE □ → *poison.*

TRAC □ **I.** → *peur.* **II.** → *timidité.*

TRACAS □ **I.** Brimade, chicane, persécution, tracasserie, vexation. → *tourment.* **II.** Alarme, aria, contrariété, difficulté, embarras, ennui, fatigue, inquiétude, peine, préoccupation, tirage, trouble. → *tourment.* **III.** Agitation → *remue-ménage.*

TRACASSER □ → *tourmenter.*

TRACASSERIE □ **I.** → *tracas.* **II.** → *chicane.*

TRACASSIER, ÈRE □ Brouillon, chicaneur, chicanier, mauvais coucheur, mesquin, procédurier, processif, querelleur, tatillon, vétilleux.

TRACASSIN □ → *tourment.*

TRACE □ **I. Au pr.** : empreinte, foulées, pas, piste, vestige. **Vén.** : connaissance, erre, fumées, fumet, passée, pied, voie. **II. Par ext.** *1.* Cicatrice, indice, marque, ornière, ride, sceau, signature, sillage, sillon, stigmate, témoignage, traînée. *2.* Impression. → *souvenir.*

TRACÉ □ → *trajet.*

TRACER □ **I.** Décrire, délinéer, dessiner, ébaucher, esquisser, retracer. → *représenter.* **II.** Baliser, bornoyer, flé-

cher, jalonner, piquer, piqueter, pointiller, tirer. → *indiquer.*

TRACT □ Affiche, affichette, feuille, libelle, pamphlet, papier, papillon, prospectus, vignette.

TRACTATION □ **I.** Pourparler. → *négociation.* **II.** Marchandage. → *manège.*

TRACTION □ → *remorquage.*

TRADITION □ **I.** → *légende.* **II.** → *habitude.*

TRADITIONALISTE □ Conformiste, conservateur, intégriste, nationaliste, réactionnaire, traditionnaire.

TRADITIONNEL, ELLE □ Accoutumé, classique, consacré, conventionnel, coutumier, de convention, fondé, habituel, héréditaire, hiératique, institutionnel, invétéré, légal, légendaire, orthodoxe, proverbial, rituel, sacramental, sacro-saint, usuel.

TRADUCTEUR, TRICE □ **I. Au pr.** : drogman, interprète, translateur, truchement. **II. Par ext.** : exégète, paraphraseur, scoliaste.

TRADUCTION □ Adaptation, interprétation, thème, translation, transposition, version.

TRADUIRE □ **I. Au pr.** : déchiffrer, gloser, interpréter, rendre, transcoder, translater (vx), transposer. **II. Par ext.** *1.* Appeler, assigner, convoquer, mener, traîner. *2.* Laisser paraître, montrer. → *exprimer.* *3.* → *expliquer.*

TRAFIC □ **I. Non favorable** : agiotage, bricolage, carambouillage, carambouille, fricotage, magouillage, magouille, malversation, manigance, maquignonnage, marchandage, micmac, simonie (relig.), traite, tripotage. **II. Neutre.** *1.* → *commerce.* *2.* Circulation, débit, écoulement, mouvement, roulage.

TRAFIQUANT, E □ Agioteur, boursicoteur, bricoleur, carambouilleur, combinard, commerçant/négociant marron, fricoteur, intermédiaire, maquignon, margoulin, mercanti, proxénète, spéculateur, trafiqueur, traitant (vx), tripoteur.

TRAFIQUER □ Agioter, boursicoter, brader, bricoler, brocanter, carambouiller, colporter, combiner, débiter, échanger, fourguer, fricoter, jongler, magouiller, manigancer, maquignonner, négocier, prostituer, spéculer/tripoter sur, vendre.

TRAGÉDIE, TRAGI-COMÉDIE □ → *drame.*

TRAGIQUE □ **I.** → *dramatique.* **II.** → *émouvant.*

TRAHIR □ **I.** → *tromper.* **II.** → *découvrir.*

TRAHISON □ **I. Au pr.** : défection, délation, dénonciation, désertion, forfaiture, haute trahison, prévarication, ragusade (vx). **II. Par ext. 1.** Adultère, cocuage, infidélité, inconstance, manquement. **2.** Bassesse, déloyauté, duperie, félonie, fourberie, lâcheté, perfidie, traîtise, tromperie. → *hypocrisie.*

TRAIN □ **I.** → *marche.* **II.** Arroi, équipage. → *suite.* **III.** Chemin de fer, convoi, rail, rame, S.N.C.F., tortillard, voie ferrée. **Arg.** brutal, dur. **IV.** → *tapage.*

TRAÎNANT, E □ → *monotone.*

TRAÎNARD, E □ **I. Nom :** feu rouge, lanterne, traîneur, traîne-savate. **II. Adj.** → *lent.*

TRAÎNASSER □ → *traîner.*

TRAÎNE (À LA) □ À la queue, attardé. → *arriéré.*

TRAÎNÉE □ **I.** → *prostituée.* **II.** → *trace.*

TRAÎNER □ **I. Au pr. :** amener, attirer, charrier, conduire, emmener, entraîner, mener, remorquer, tirer, touer, tracter, transporter, trimbaler, trôler. **II. Fig. 1.** Continuer, demeurer, durer, n'en plus finir, s'étendre, s'éterniser, se maintenir, se perpétuer, persévérer, se prolonger, résister, se soutenir, subsister, survivre, tenir, tirer en longueur, vivre. **2.** S'amuser, s'attarder, badauder, bader (mérid.), flâner, folâtrer, galvauder, lambiner, musarder, muser, paresser, se promener, traînasser, vadrouiller. **3. Fam. :** baguenauder, balocher, couniller, fainéanter, flânocher, flemmarder, glander, glandouiller, gober les mouches, godailler, lanterner, lécher les vitrines, lézarder, troller. **III. Par ext.** → *tomber.* **IV. Loc. 1. Faire traîner :** ajourner, allonger, arrêter, arriérer (vx), atermoyer, attendre, décaler, différer, éloigner, éterniser, faire languir, négliger, prolonger, promener, proroger, ralentir, reculer, remettre, renvoyer, reporter, repousser, retarder, surseoir à, tarder, temporiser. **2. Laisser traîner :** négliger. → *abandonner.* **V. V. pron. : 1.** Aller, avancer, circuler, déambuler, errer, évoluer, marcher, prendre l'air, se promener, sortir. → *traîner.* **2.** Se couler, glisser, introduire, ramper. **3.** Les formes pron. possibles des syn. de TRAÎNER.

TRAINTRAIN □ → *routine.*

TRAIRE □ → *tirer.*

TRAIT □ **I.** Angon, carreau, dard, flèche, framée, hast, javeline, javelot, lance, pilum, sagaie, sagette. **II.** Attelle, câble, harnais, lanière, longe. **III.** Barre, glyphe, hachure, ligne, rature, rayure, tiret. **IV.** → *marque.* **V. Au pl. :** air, apparence, aspect, attitude, caractère, contenance, expression, face, faciès, figure, manière, masque, mimique, mine, physionomie, physique, visage. **VI.** Apostrophe, boutade, calembour, caricature, épigramme, insulte, interpellation, invective, lazzi, moquerie, mot d'esprit, pamphlet, persiflage, plaisanterie, saillie. → *raillerie.* **VII.** Acte, action, conduite, entreprise, fait, prouesse, vaillance. → *exploit.* **VIII. Loc. Avoir trait :** affinité, analogie, concordance, connexion, connexité, convenance, corrélation, correspondance, dépendance, harmonie, liaison, lien, parenté, pertinence, proportion, rapport, rapprochement, relation, ressemblance, similitude. → *tenir de.*

TRAITABLE □ Abordable, accommodant, aimable, apaisant, arrangeant, bon caractère, civil, conciliable, conciliateur, coulant, diplomate, doux, facile, familier, liant, praticable (vx), sociable.

TRAITE □ **I.** → *trajet.* **II.** → *trafic.* **III.** Mulsion.

TRAITÉ □ **I.** Argument, argumentation, cours, développement, discours, disputation (vx), dissertation, essai, étude, manuel, mémoire, monographie, notions thèse. **II.** Accommodement, accord, alliance, arrangement, capitulation, cartel, charte, collaboration, compromis, concordat, connivence, contrat, convention, covenant, engagement, entente, forfait, marché, pacte, promesse, protocole, transaction, union. **III.** Acte, article, clause, condition, disposition, règle, résolution, stipulation.

TRAITEMENT □ **I.** Appointements, cachet, commission, dotation, droits d'auteur, émoluments, gages, gain, honoraires, indemnité, jeton de présence, jour, journée, mensualité, mois, paie, .paye, paiement, prêt, rétribution, salaire, semaine, solde, vacation. → *rémunération.* **II.** Cure, hygiène, médication, régime, remède, soins, thérapeutique. **III.** → *accueil.* **IV.** Conditionnement, manipulation, opération, procédé, transformation.

TRAITER □ **I. On traite quelqu'un. 1.** Appeler, dénommer, désigner, nommer, qualifier, tenir pour. **2.** Accueillir, admettre, convier, donner l'hospitalité, fêter, héberger, honorer, inviter, recevoir, régaler. **3.** Agir/se porter/se conduire envers, mener, user de. **4.** → *soigner.* **II. On traite quelque chose. 1.** Aborder, agiter, développer, discuter, disserter de, effleurer, épuiser, étudier, examiner, exposer, glisser sur, manier, raisonner, toucher à. **2.** Arranger, arrêter, conclure, convenir de, s'entendre, fixer, mener à bonne fin, négocier, passer/signer un arrangement/une convention/un marché/un traité, régler, résoudre, terminer. **3.** Brasser. → *entreprendre.* **III.** Quelque chose traite de : avoir pour objet/sujet, pivoter/porter/rouler/tourner sur, se rapporter à, toucher à. **IV. V.** intr. : capituler, composer, négocier, parlementer.

TRAITEUR □ → *restaurateur.*

TRAÎTRE □ **I.** → *infidèle.* **II.** → *trompeur.*

TRAÎTRISE □ **I.** → *trahison.* **II.** → *tromperie.*

TRAJET □ Chemin, cheminement, circuit, course, direction, distance, espace, itinéraire, marche, parcours, route, tour, tracé, traite, traversée, trotte. → *voyage.*

TRAME □ **I.** → *suite.* **II.** → *intrigue.* **III.** → *menée.*

TRAMER □ Aménager, arranger, brasser, combiner, comploter, conspirer, machiner, manigancer, monter, nouer, ourdir, préparer, tisser, tresser.

TRANCHANT □ n. Coupant, estramaçon, fil, morfil, taillant (vx), taille.

TRANCHANT, E □ adj. **I. Au pr.** : acéré, affilé, affûté, aigu, aiguisé, coupant, émorfilé, émoulu (vx), repassé, taillant. **II. Fig. 1.** Absolu, aigre, âpre, autoritaire, bourru, brusque, cassant, coupant, dur, impérieux, incisif, intransigeant, sans réplique. **2.** Affirmatif, inflexible, insolent, péremptoire, prompt, rude, sec, sévère. **3.** Dictatorial, doctoral, dogmatique, pontifiant, sentencieux. **4.** Audacieux, décidé, décisif.

TRANCHE □ **I.** Coupe, darne, lèche, morceau, quartier, rond, rondelle, rouelle. **II.** Part, partie, portion. **III.** Ados, chant, côté.

TRANCHÉ, E □ **I.** → *clair.* **II.** → *différent.* **III.** → *franc.*

TRANCHÉE □ **I. Au pr.** : cavité, excavation, fosse, fossé, fouille, rigole, sillon, trou. **II. Vx** → *colique.* **III. Milit.** : abri, approche, boyau, cheminement, douve, fortification, parallèle, sape.

TRANCHER □ **I. Au pr. 1.** → *couper.* **2. Loc.** Trancher la tête/le col (vx)/le cou : décapiter, décoller, exécuter, guillotiner. **II. Fig. 1.** Arbitrer, arrêter, choisir, conclure, convenir de, décider, décréter, définir, délibérer de, déterminer, se déterminer à, dire, disposer, finir, fixer, juger, ordonner, prononcer, régler, résoudre, solutionner, statuer, tirer au sort, vider. **2.** Contraster, détonner, hurler, jurer, s'opposer, ressortir. **3.** → *terminer.*

TRANQUILLE □ **I. Au pr.** : béat, calme, coi, confiant, dormant, doux, égal, équanime, gentil, immobile, mort, olympien, pacifique, paisible, placide, posé, quiet, rasséréné, rassis, rassuré, remis, sage, serein, silencieux. → *impassible.* **Fam.** : à la papa,

peinard *ou* pénard, pépère. **II. Par ext.** : assuré, certain, cousu (fam.), de tout repos, établi, évident, exact, gagné d'avance, garanti, indubitable, sûr.

TRANQUILLISANT, E □ → *narcotique.*

TRANQUILLISER □ Adoucir, apaiser, apprivoiser, assurer, calmer, mettre en confiance, rasseoir, rasséréner, rassurer, remettre, sécuriser.

TRANQUILLITÉ □ **I.** Apaisement, ataraxie, calme, concorde, confiance, égalité, entente, équanimité, harmonie, ordre, paix, patience, placidité, quiétude, repos, sagesse, sang-froid, sécurité, sérénité, trêve, union. → *impassibilité.* **II.** Accalmie, bonace, calme plat, éclaircie, embellie, rémission, répit, silence.

TRANSACTION □ **I. Au sing. 1.** Accommodement, accord, amiable composition, amodiation, arbitrage, arrangement, composition, compromis, concession, conciliation, convention, cote mal taillée, entente, milieu, moyen terme. **2.** → *traité.* **II. Au pl.** : affaires, bourse, commerce, courtage, demande, échange, négoce, offre, trafic.

TRANSATLANTIQUE. □ Bâtiment, long-courrier, navire, paquebot, steamer. → *bateau.*

TRANSBORDER □ → *transporter.*

TRANSCENDANCE □ **I. Au pr.** : abstraction, métaphysique. **II. Par ext.** → *supériorité.*

TRANSCENDANT, E □ **I. Au pr.** : abstrait, métaphysique. **II. Par ext. 1.** → *supérieur.* **2.** → *distingué.*

TRANSCENDANTAL, E □ **I.** → *transcendant.* **II.** → *difficile.*

TRANSCENDER □ → *transposer.*

TRANSCRIPTION □ Copie, double, duplicata, duplicatum, enregistrement, fac-similé, relevé, report, reproduction, translitération.

TRANSCRIRE □ **I. Au pr. 1. Jurid.** : enregistrer, expédier, grossoyer, inscrire. **2.** Calquer, copier, coucher par écrit, écrire, mentionner, noter, porter, prendre en note, recopier, relever, reporter, reproduire. **II. Par ext.** → *imiter.*

TRANSE □ **I. Au sing.** : crise, délire, émotion, exaltation, excitation, extase, ravissement, surexcitation, transport. **II. Au pl.** : affres, alarme, angoisse, anxiété, appréhension, crainte, effroi, émotion, épouvante, frayeur, inquiétude, mauvais sang, peur, souci, tintouin, tourment.

TRANSFÉRABLE □ → *cessible.*

TRANSFÈREMENT □ → *transport.*

TRANSFÉRER □ → *transporter.*

TRANSFERT □ **I.** Cession, transmission, translation. → *vente.* **II.** → *transport.* **III.** Extradition, livraison.

TRANSFIGURATION □ → *transformation.*

TRANSFIGURER □ → *transformer.*

TRANSFORMABLE□ → *transposable.*

TRANSFORMATION □ Adaptation, altération, améliortion, avatar, conversion, déguisement, développement, différenciation, élaboration, évolution, métamorphisme, métamorphose, métempsycose, modification, renouvellement, rénovation, révolution, transfiguration, transformisme, transition, transmutation, transsubstantiation, variation. → *changement.*

TRANSFORMER □ **I. Neutre ou favorable :** agrandir, augmenter, bouleverser, chambarder, chambouler, changer, commuer, convertir, corriger, innover, métamorphoser, modifier, muer, rectifier, refondre, réformer, remanier, renouveler, rénover, renverser, retourner, révolutionner, toucher à, tourner, transfigurer, transmuer, transposer. **II. Non favorable :** aggraver, altérer, contrefaire, défigurer, déformer, déguiser, dénaturer, diminuer, fausser, réduire, travestir, truquer. **III. V. pron. 1. Phys. :** augmenter, diminuer, empirer, évoluer, grandir, passer, rapetisser, tourner, vieillir. **2. Moral :** s'améliorer, s'amender, se corriger, se modifier, se pervertir. **3.** *Les formes pron. possibles des syn. de* TRANSFORMER.

TRANSFORMISME □ Darwinisme, évolutionnisme, lamarkisme, mutationnisme.

TRANSFUGE □ Apostat, déserteur, faux, fourbe, insoumis, judas, perfide, renégat, traître, trompeur.

TRANSFUSER □ → *transvaser.*

TRANSFUSION □ Perfusion, transvasement (vx).

TRANSGRESSER □ Aller au-delà, contrevenir, désobéir, enfreindre, outrepasser, passer les bornes, passer outre, se rebeller, refuser, rompre, violer.

TRANSGRESSION □ → *violation.*

TRANSI, E □ **I. Au pr. :** engourdi, figé, frissonnant, gelé, glacé, grelottant, morfondu, mort, pénétré. **II. Par ext. 1.** Effrayé, épouvanté, halluciné, paralysé, pétrifié, rivé, saisi, stupéfié, terrifié. **2.** Alangui, amoureux, langoureux, languide, languissant, mourant, sentimental.

TRANSIGER □ **I. Favorable ou neutre :** s'accommoder, s'accorder, s'arranger, composer, couper la poire en deux (fam.), s'entendre, faire des concessions. **II. Non favorable :** capituler, céder, faiblir, négocier, pactiser, traiter.

TRANSIR □ **I. Au pr. :** engourdir, figer, geler, glacer, pénétrer, saisir, transpercer, traverser. **II. Par ext. :** clouer, ébahir, effrayer, épouvanter, étonner, méduser, paralyser, river, stupéfier, terrifier.

TRANSITAIRE □ → *intermédiaire.*

TRANSITER □ **I.** → *passer.* **II.** → *transporter.*

TRANSITION □ **I. Au pr. :** acheminement, accoutumance, degré, intermédiaire, liaison, palier, passage, préparation, raccord, raccordement. **II. Par ext. :** évolution, intermède. → *changement.*

TRANSITOIRE □ Bref, court, de courte durée, éphémère, fragile, fugitif, fuyard, incertain, intérimaire, momentané, passager, précaire, provisoire, temporaire.

TRANSLATER □ Interpréter, reproduire. → *traduire.*

TRANSLATION □ **I.** → *transport.* **II.** → *traduction.*

TRANSLUCIDE □ Clair, cristallin, diaphane, hyalin, limpide, luminescent, opalescent, pellucide, transparent.

TRANSMETTRE □ **I. Au pr. :** céder, concéder, déléguer, donner, faire parvenir/tenir, fournir, laisser, léguer, négocier, renvoyer, rétrocéder, transférer. **II. Par ext. 1.** Apprendre, faire connaître/savoir, imprimer, infuser. **2.** Communiquer, conduire, inoculer, passer, propager, transporter.

TRANSMIGRATION □ → *émigration.*

TRANSMIS, E □ **I.** Contagieux, épidémique. **II.** Acquis, familial, héréditaire, traditionnel. **III.** *Les part. passés possibles des syn. de* TRANSMETTRE.

TRANSMISSIBILITÉ □ Caractère contagieux/héréditaire/ transmissible, communicabilité, contagion, propagation. → *hérédité.*

TRANSMISSION □ **I. Neutre :** augmentation, communication, circulation, développement, diffusion, dissémination, expansion, extension, marche, mise en mouvement, multiplication, progrès, progression, propagation, rayonnement, reproduction. **II. Non favorable :** aggravation, contagion, contamination, épidémie, invasion, irradiation. → *hérédité.*

TRANSMUER □ → *transformer.*

TRANSMUTATION □ **I.** Altération, conversion, convertissement, métamorphose, modification, mutation, virement. → *changement.* **II.** → *transformation.*

TRANSPARENCE □ → *clarté.*

TRANSPARENT, E □ **I. Au pr. :** cristallin, diaphane, hyalin, limpide, lumineux, net, opalescent, pellucide, per-

méable, translucide, vitreux. → *clair.*
II. Par ext. 1. Accessible, compréhensible, concevable, concis, déchiffrable, distinct, évident, facile, intelligible, pénétrable, précis, simple, visible. → *clair.* **2.** → *pur.*

TRANSPERCER □ Blesser, creuser, crever, cribler, darder (vx), déchirer, embrocher, empaler, encorner, enferrer, enfiler, enfoncer, enfourcher, entamer, éventrer, excaver, forer, larder, ouvrir, pénétrer, percer, perforer, piquer, poinçonner, pointer, sonder, tarauder, traverser, tremper, trouer, vriller.

TRANSPIRER □ **I. Au pr. :** être en eau/en nage, exsuder, moitir, se mouiller, ruisseler de sueur, suer. **II. Par ext. :** couler, dégouliner, émaner, s'exhaler, goutter, perler, sécréter, sourdre, suinter, transsuder. **III. Fig. :** s'ébruiter, s'échapper, se déceler, s'éventer, filtrer, se manifester, se montrer, paraître, se répandre.

TRANSPLANTER □ → *transporter.*

TRANSPORT □ **I. L'acte. 1.** Déplacement, locomotion. **2.** Camionnage, circulation, commerce, échange, expédition, exportation, factage, importation, livraison, manutention, messagerie, passage, port, trafic, traite, transbordement, transfèrement, transfert, transit, translation. → *voyage.* **II. Le mode. 1.** Air, aviation, avion, jet. **2.** → *bateau.* **3.** → *train.* **4.** Route. → *voiture.* **III.** Crise, délire, démonstration, émotion, enthousiasme, exaltation, excitation, extase, fièvre, flamme, fougue, manifestation, ravissement, surexcitation, transe.

TRANSPORTÉ, E □ **I.** Admirateur, admiratif, ardent, béat, chaud, délirant, dévot, dithyrambique, emballé, emporté, enflammé, enfiévré, enivré, enthousiaste, éperdu, exalté, excité, fana (fam.), fanatique, fervent, fou, inspiré, ivre, lyrique, passionné, soulevé. **II.** → *amoureux.* **III.** *Les part. passés possibles des syn. de* TRANSPORTER.

TRANSPORTER □ **I. Au pr. :** camionner, carrosser (vx), charrier, charroyer, colporter, conduire, déménager, déplacer, déranger, descendre, emporter, enlever, exporter, importer, livrer, manipuler, mener, négocier, passer, promener, remettre, renvoyer, reporter, traîner, transbahuter (fam.), transborder, transférer, transiter, translater, transmettre, transplanter, trimarder, trimballer (fam.), véhiculer, voiturer. **II. Par ext. 1.** Déporter, envoyer, expédier. → *reléguer.* **2.** Agiter, animer, bouleverser, chambouler (fam.), chavirer, échauffer, électriser, emballer, émerveiller, enfiévrer, enflammer, engouer, enivrer, enlever, enthou-

siasmer, entraîner, exalter, exciter, faire s'extasier/ se pâmer/se récrier d'admiration/d'aise, passionner, ravir, saisir, soulever. **III. V. pron. 1.** Aller, se déplacer, se rendre. → *voyager.* **2.** *Les formes pron. possibles des syn. de* TRANSPORTER.

TRANSPORTEUR □ **I.** → *voiturier.* **II.** → *messager.*

TRANSPOSABLE □ Conversible, convertible, convertissable, modifiable, transformable.

TRANSPOSER □ **I.** Alterner, changer, convertir, déplacer, extrapoler, intervertir, inverser, modifier, permuter, renverser l'ordre, sublimer, transcender, transporter. **II.** → *traduire.*

TRANSPOSITION □ **I.** Alternance, changement, interversion, inversion, permutation, renversement. **II.** Anagramme, métathèse. **III.** Adaptation. → *traduction.*

TRANSVASEMENT □ Décantation, décuvage, décuvaison.

TRANSVASER □ Décanter, décuver, faire couler, soutirer, transférer, transfuser, transvider, verser.

TRANSVERSAL, E □ De biais, détourné, fléchi, longitudinal, oblique, penché.

TRANTRAN, TRAINTRAIN □ → *routine.*

TRAPPE □ → *piège.*

TRAPU, E □ **I. Au pr. :** court, courtaud, massif, mastoc, râblé, râblu, ramassé. **II. Par ext. :** costaud, dru, ferme, fort, grand, gros, herculéen, inébranlable, malabar, musclé, puissant, résistant, robuste, solide, vigoureux. **Fam. :** armoire à glace/normande, balèse, baraqué, comac, gravos, maous, mastard. **III. Fig.** → *difficile.*

TRAQUENARD □ → *piège.*

TRAQUER □ → *poursuivre.*

TRAUMA □ **I.** → *blessure.* **II.** → *émotion.*

TRAUMATISER □ → *choquer.*

TRAUMATISME □ **I.** → *blessure.* **II.** → *émotion.*

TRAVAIL □ **I. Au pr. 1. L'acte :** action, activité, besogne, corvée (péj.), emploi, entraînement, état, fonction, gagne-pain, labeur, industrie, métier, occupation, peine, profession, service, sueur, tâche, veilles, **Arg. ou fam. :** blot, boulot, bricolage, bricole, business, carbi, chagrin, charbon, coltin, condé, groupin, trime, turbin. **2. Le résultat :** chef-d'œuvre, exécution, œuvre, opération, ouvrage. **II. Par ext. 1.** Cheminement, opération, sape. **2.** Cassement de tête, casse-tête, effort, fatigue → *difficulté.* **3.** Façon, facture, forme. **4.** Canevas, plan, programme. **5.** Devoir, étude, exercice, pensum. *6.* Accouchement, enfantement, gésine, mal d'enfant.

TRAVAILLÉ, E □ **I.** Académique, étudié, léché, littéraire (péj.), poli, recherché. **II.** Consciencieux, coquet, délicat, élégant, entretenu, fini, minutieux, net, réussi, soigné, tenu. **III.** *Les part. passés possibles des syn. de* TRAVAILLER.

TRAVAILLER □ **I. Au pr. *1. Travail manuel :*** abattre du/aller au → *travail,* besogner, bricoler (péj.), chiner, en baver (péj.), s'occuper, œuvrer, rendre, suer (péj.), tracer son sillon. *Arg. ou fam. :* bosser, boulonner, buriner, businesser, chiader, se coltiner, se défoncer, écosser, se farcir/taper un → *travail,* en foutre/mettre une secousse, gratter, marner, masser, pilonner, trimer, turbiner. *2. Travail intellectuel :* apprendre, composer, écrire, étudier, s'instruire, préparer, produire *fam. :* bachoter, bûcher, chiader, phosphorer, piler, piocher, plancher, potasser. **II. Par ext. *1.*** Se déformer, gondoler, onduler, rétrécir. *2.* Aigrir, bouillir, fermenter. *3.* Fabriquer, faconner, ouvrager, ouvrer. *4.* → *soigner. 5.* → *tourmenter. 6.* Fatiguer, peiner → *user.*

TRAVAILLEUR, EUSE □ **I. Nom. *1.*** Bras, compagnon, employé, journalier, main-d'œuvre, manœuvre, mercenaire (péj.), nègre (péj.), ouvrier, prolétaire, pue-la-sueur (arg.), salarié, tâcheron, trimardeur (péj.). *2.* Aide, apprenti, arpète, commis, galibot, lipette (arg.). **II. Adj. :** acharné, actif, appliqué, assidu, bosseur (fam.), bouleux (équit.), bourreau de travail, bûcheur, consciencieux, courageux, diligent, laborieux, piocheur (fam.), studieux, zélé.

TRAVAUX FORCÉS □ **Arg. ou fam. :** biribi, chapeau de paile, durs, grotte, traves, traverser (le).

TRAVERS □ **I.** Biais, côté, flanc. **II.** Défaut, défectuosité, démérite, difformité, faible, faiblesse, grossièreté, imperfection, infirmité, lacune, loup, malfaçon, tache, tare, vice. **III.** Bizarrerie, caprice, dada, démangeaison, épidémie, fantaisie, fièvre, frénésie, fureur, goût, grimace, habitude, maladie, manie, manière, marotte, monomanie, péché mignon/véniel, petit côté, petitesse, prurit, rage, rictus, ridicule, tic, toquade, turlutaine. **IV. Loc. *De travers :*** de guingois. → *tordu.*

TRAVERSE □ **I.** Raccourci. **II.** Achoppement, accroc, adversité, aléa, anicroche, aria, blocage, contrariété, contretemps, défense, difficulté, écueil, embarras, empêchement, encombre, ennui, entrave, frein, gêne, hic, hourvari (vx), impasse, impedimenta, insuccès,

interdiction, obstacle, obstruction, opposition, os, pépin, pierre d'achoppement, rémora (vx), résistance, restriction, tribulation. **III. Techn. :** barlotière, épart, entretoise.

TRAVERSÉE □ **I.** Franchissement, navigation, passage. **II.** → *trajet.*

TRAVERSER □ **I. Au pr. :** franchir, parcourir, passer par. **II. Par ext. *1.*** Filtrer, pénétrer, percer, transpercer. → *couler. 2.* Couper, croiser. **III. Vx :** contrarier, gêner. → *empêcher.*

TRAVERSIN □ Coussin, oreiller, polochon.

TRAVESTI □ **I.** Déguisement, domino, masque. **II.** Bal masqué, mascarade, travestissement. **III.** → *uranien.*

TRAVESTIR □ **I. Au pr. :** déguiser, masquer, voiler. **II. Par ext. :** altérer, cacher, celer, changer, défigurer, déformer, falsifier, fausser, métamorphoser, modifier, pallier, transformer.

TRAVESTISSEMENT □ → *travesti.*

TRÉBUCHER □ Achopper, broncher, buter, chanceler, chavirer, chopper, faire un faux pas, manquer pied, osciller, perdre l'équilibre, tituber, vaciller.

TRÉBUCHET □ **I.** → *piège.* **II.** → *balance.*

TREILLAGE, TREILLIS □ → *clôture.*

TREILLE □ → *vigne.*

TREMBLANT, E □ **I.** Alarmé, apeuré, effrayé, ému, transi. **II.** Chancelant, flageolant, frémissant, frissonnant, tremblotant, vacillant. **III.** Bredouillant, chevrotant.

TREMBLEMENT □ **I.** Agitation, chevrotement, claquement de dents, convulsion, frémissement, frisson, frissonnement, saccade, soubresaut, spasme, trémulation, trépidation, vibration. **II.** → *crainte.*

TREMBLER □ **I. Au pr. *1.*** S'agiter, claquer des dents, frémir, frissonner, grelotter, palpiter, remuer, trembloter, trépider, vibrer. *2.* Chanceler, flageoler, tituber, trémuler, vaciller. *3.* Chevroter, faire des trémolos. **II. Par ext. *1.*** Appréhender, avoir peur, paniquer. → *craindre. 2.* **Arg. :** avoir la chiasse/les chocottes/les colombins/les copeaux/les flubes/ les foies/les grelots/les grolles/les jetons/les moules, avoir les miches à zéro/qui font bravo/qui font glagla, avoir la pétasse/la pétoche/le tracsin/les traquettes/la trouille/la venette, avoir le trouillomètre à moins deux/à zéro/bloqué, chocotter, faire de l'huile, fluber, foirer, fouetter, les avoir à zéro, mouetter, mouiller, perdre ses légumes, taffer, trouilloter.

TREMBLEUR, EUSE □ → *craintif.*

TREMBLOTER □ **I.** → *trembler.* **II.** → *vaciller.*

TRÉMOUSSER (SE) ☐ **I. Au pr. :** s'agiter, se dandiner, frétiller, gambiller, gigoter, remuer, sautiller, se tortiller. **II. Fig. :** se dépenser. → *démener (se)*.

TREMPE ☐ **I. Au pr.** → *tempérament*. **II. Fig.** → *torgnole*.

TREMPÉ, E ☐ **I.** Dégouttant, imbibé, inondé, ruisselant. **II.** Aguerri, durci, énergique, fort, résistant.

TREMPER ☐ **I. V. tr. 1. Au pr.** → *mouiller*. **2. Fig.** → *fortifier*. **II. V. intr. :** baigner, infuser, macérer, mariner. **III. Loc. Tremper dans :** fricoter, se mouiller. → *participer à*.

TREMPLIN ☐ Batoude.

TRÉPAN ☐ Drille, foret, mèche.

TRÉPAS ☐ → *mort*.

TRÉPASSER ☐ → *mourir*.

TRÉPIDANT, E ☐ **I.** → *saccadé*. **II.** → *troublé*.

TRÉPIDATION ☐ → *tremblement*.

TRÉPIDER ☐ → *trembler*.

TRÉPIGNER ☐ Frapper du pied, s'impatienter, piaffer, piétiner, sauter.

TRÈS ☐ Absolument, assez (par ext.), beaucoup, bien, bigrement (fam.), diablement, drôlement, effroyablement, en diable, énormément, excessivement, extra-, extrêmement, follement, fort, fortement, furieusement, hautement, hyper-, infiniment, joliment, merveilleusement, parfaitement, prodigieusement, richement, rien (fam.), rudement, sérieusement, super-, terriblement, tout, tout plein, trop, ultra-, vachement (fam.).

TRÉSOR ☐ **I. Au pr. :** argent, eldorado, fortune, magot, pactole. → *richesse*. **II. Fig. 1.** Aigle, as, fleur, génie, idéal, modèle, nec plus ultra, parangon, perfection, perle, phénix, prodige, reine, roi. **2.** Appas, attraits, charmes.

TRÉSORERIE ☐ Disponibilités, finances, liquide, liquidités, trésor. → *argent*.

TRÉSORIER, ÈRE ☐ Argentier, caissier, comptable, payeur.

TRESSAILLEMENT ☐ Agitation, frémissement, frisson, haut-le-corps, mouvement, secousse, soubresaut, sursaut, tremblement.

TRESSAILLIR ☐ S'agiter, avoir un haut-le-corps/un sursaut/un tressaillement, *et les syn. de* TRESSAILLEMENT, bondir, broncher, frémir, frissonner, sauter, soubresauter, sursauter, tiquer, tressauter.

TRESSAUTER ☐ → *tressaillir*.

TRESSE ☐ **I. Au pr. :** cadenette, cadogan, catogan, couette, macaron, natte. **II. Par ext. 1.** Bourdalou, cordon, passementerie, scoubidou, soutache. **2. Mar. :** baderne, garcette.

TRESSER ☐ **I. Au pr. :** arranger, assembler, cordonner, entortiller, entrelacer, guiper, natter, nouer, tordre, tortiller. **II. Fig. 1.** Aménager, arranger, brasser, combiner, comploter, conspirer, machiner, manigancer, monter, nouer, ourdir, préparer, tisser, tramer. **2. Loc. Tresser des couronnes** → *louer*.

TRÉTEAUX ☐ → *théâtre*.

TREUIL ☐ Cabestan, caliorne, chèvre, guindeau, louve, moufle, palan, pouliot, vindas.

TRÊVE ☐ **I.** Armistice, cessation des hostilités, cessez-le-feu, interruption, suspension d'armes. **II.** Arrêt, discontinuation, moratoire, temps d'arrêt. → *délai*. **III.** Congé, délassement, détente. → *repos*.

TRI ☐ **I.** Criblage, triage. **II.** → *choix*.

TRIBADE ☐ → *lesbienne*.

TRIBU ☐ **I. Au pr. :** clan, ethnie, groupe, horde, peuplade, peuple, phratrie, race. **II. Par ext.** → *famille*.

TRIBULATION ☐ Accident, adversité, affliction, avanie, calamité, cataclysme, catastrophe, chagrin, coup/cruauté du sort, désastre, détresse, deuil, disgrâce, douleur, échec, épreuve, fatalité, fléau, inconvénient, infortune, mal, malchance, malédiction, malheur, mauvaise fortune/passe, méchef (vx), mélasse, mésaventure, misère, orage, peine, pépin (fam.), perte, revers, ruine. → *traverse*.

TRIBUN ☐ **I.** Cicéron, débateur, entraîneur de foules, foudre d'éloquence, orateur, parleur. **II. Péj. :** baratineur, déclamateur, démagogue, discoureur, harangueur, rhéteur. → *hâbleur*.

TRIBUNAL ☐ Aréopage, assises, chambre, comité, commission, conseil, cour d'appel/d'assises/de cassation/martiale, directoire, guignol (arg.), haute cour, instance, juridiction, jury, justice de paix, palais de justice, parquet, prétoire, saint-office, sanhédrin, siège.

TRIBUNE ☐ → *estrade*.

TRIBUT ☐ **I.** → *impôt*. **II.** → *récompense*.

TRIBUTAIRE ☐ **I. Adj. :** assujetti, débiteur, dépendant, imposable, obligé, redevable, soumis, sujet, vassal. **II. Nom :** affluent. → *rivière*.

TRICHER ☐ → *tromper*.

TRICHERIE ☐ → *tromperie*.

TRICHEUR, EUSE ☐ Dupeur, filou, fraudeur, fripon, maquignon, maquilleur, mauvais joueur, pipeur, trompeur, truqueur. → *voleur*.

TRICOT ☐ Bonneterie, cardigan, chandail, débardeur, gilet, maillot, pull-over.

TRIER □ → *choisir.*

TRIMARDEUR □ **I.** → *travailleur.* **II.** → *vagabond.*

TRIMBALER □ **I.** → *porter.* **II.** → *traîner.*

TRIMER □ **I.** → *travailler.* **II.** → *marcher.*

TRINGLE □ Barre, broche, tige.

TRINQUER □ **I.** Lever son verre à, porter une santé/un toast. → *boire.* **II.** Écoper, recevoir.

TRIOMPHATEUR, TRICE □ → *vainqueur.*

TRIOMPHE □ → *succès.*

TRIOMPHER □ **I. Au pr.** *On triomphe de quelque chose ou de quelqu'un :* abattre, accabler, anéantir, avoir, avoir l'avantage, battre, battre à plates coutures, conquérir, culbuter, déconfire, défaire, disperser, dominer, dompter, écharper, éclipser, écraser, l'emporter sur, enfoncer, entamer, gagner, maîtriser, mater, mettre dans sa poche/en déroute/en fuite, prédominer, prévaloir, primer, réduire, rosser, rouler, supplanter, surclasser, surmonter, surpasser, tailler en pièces, terrasser, trôner, vaincre. **II. Par ext. 1.** → *targuer (se).* **2.** → *réjouir (se).*

TRIPES □ **I. Au pr. :** boyaux, entrailles, fressure, gras-double, intestins, tripoux (région.). **II. Par ext.** → *bedaine.*

TRIPOT □ Bouge, brelan, maison de jeu. → *cabaret.*

TRIPOTAGE □ **I.** Agissements, brigue, combinaison, combine, complot, cuisine, détour, diablerie, intrigue, machination, manège, micmac, trame. **II.** Canaillerie, concussion, déloyauté, déshonnêteté, escroquerie, forfaiture, friponnerie, gassouillage, grenouillage, immoralité, improbité, indélicatesse, indignité, laideur, magouillage, magouille, malpropreté, malversation, mauvaise foi, méchanceté, tricherie, tripatouillage, vol.

TRIPOTER □ **I. Au pr. 1.** *Neutre :* avoir en main/entre les mains, façonner, malaxer, manier, manipuler, manœuvrer, modeler, palper, pétrir, tâter, toucher, triturer. **2. Fam. ou péj. :** patiner (vx), patouiller, patrouiller, peloter, trifouiller, tripatouiller. **II. Fig.** → *trafiquer.*

TRIPOTEUR, EUSE □ → *trafiquant.*

TRIQUE □ Gourdin, matraque. → *bâton.*

TRIQUER □ → *battre.*

TRISTE □ **I. Quelqu'un :** abattu, accablé, affecté, affligé, aigri, altéré, amer, angoissé, assombri, atrabilaire, attristé, austère, bileux, bilieux, chagrin, chagriné, consterné, décou-

ragé, défait, désabusé, désenchanté, désespéré, désolé, endolori, éploré, funèbre, lugubre, malheureux, maussade, mélancolique, morne, morose, navré, neurasthénique, noir, nostalgique, peiné, rembruni, saturnien, sépulcral, sévère, sinistre, sombre, soucieux, sourcilleux, taciturne, ténébreux, trouble-fête. *Fam :* bonnet de nuit, cafardeux, éteignoir, rabat-joie. **II. Un lieu :** obscur, sauvage, sinistre. **III. Quelque chose ou quelqu'un. 1. Péj. :** accablant, affligeant, affreux, attristant, calamiteux, catastrophique, cruel, déchirant, décourageant, déplorable, désolant, douloureux, dur, ennuyeux, funeste, grave, lamentable, mal, malheureux, mauvais, médiocre, méprisable, minable, misérable, moche, monotone, navrant, pauvre, pénible, piètre, piteux, pitoyable, regrettable, rude, terne, tragique, uniforme. **2. Favorable ou neutre :** attendrissant, bouleversant, dramatique, élégiaque, émouvant, larmoyant, romantique. **IV. Loc.** *C'est triste :* dommage, fâcheux, regrettable.

TRISTESSE □ **I. De quelqu'un :** abandon, abattement, accablement, affliction, aigreur, amertume, angoisse, atrabile, austérité, chagrin, consternation, découragement, dégoût, dépression, désabusement, désenchantement, désespoir, désolation, deuil, douleur, ennui, épreuve, idées noires/sombres, inquiétude, lassitude, mal, malheur, maussaderie, mélancolie, morosité, neurasthénie, nostalgie, nuage, papillons noirs (fam.), peine, serrement de cœur, sévérité, souci, souffrance, spleen, vague à l'âme. *Fam. :* bile, bourdon, cafard, papillons noirs. **II. De quelque chose :** abandon, désolation, grisaille, laideur, mocheté (fam.), monotonie, pauvreté, platitude, uniformité.

TRITURER □ **I. Au pr. :** aplatir, briser, broyer, concasser, croquer, déchiqueter, déchirer, écacher, écorcher, écrabouiller, écraser, mâcher, mastiquer, mettre/réduire en morceaux, mordre, pulvériser. **II. Par ext. 1. Non favorable :** maltraiter. → *détruire.* **2. Favorable ou neutre** → *chercher.*

TRIVIAL, E □ Banal, bas, béotien, bourgeois, brut, canaille, choquant, commun, connu, courant, éculé, effronté, épais, faubourien, gouailleur, gros, grossier, insignifiant, matériel, obscène, ordinaire, peuple, philistin, poissard, populacier, prosaïque, rebattu, réchauffé, ressassé, roturier, simple, usé, vil, vulgaire.

TRIVIALITÉ □ **I.** → *banalité.* **II.** → *obscénité.*

TROC □ → *change.*

TROGNE □ → *tête.*

TRÔLER □ → *traîner.*

TROMBE □ Bourrasque, cataracte, coup de chien/de tabac/de vent, déluge, rafale, tempête, tornade, tourbillon, turbulence, typhon.

TROMBINE □ → *tête.*

TROMBLON □ → *fusil.*

TROMPE □ → *cor.*

TROMPER □ **I. Au pr. 1.** Abuser, amuser, attraper, berner, bluffer, circonvenir, décevoir, déguiser, dépiter, désappointer, dissimuler, donner le change, dorer la pilule, duper, éblouir, échauder, écornifler, égarer, en conter, en donner, endormir, engeigner (vx), engluer, en imposer, enjôler, entôler, escroquer, estamper, étriller, exploiter, faire aller/courir/galoper/marcher, faire briller/chatoyer/miroiter, faire prendre le change, faire une farce/une niche, feindre, finasser, flatter, flouer, frauder, frustrer, gourer (vx), illusionner, induire en erreur, jouer, se jouer de, jouer la comédie, leurrer, mener en bateau, mentir, mettre en défaut, monter un bateau/le coup, se moquer, mystifier, piper, prendre au piège, promener, repasser (vx), resquiller, retarder, rouler, ruser, séduire, tendre un piège, tonneler (vx), trahir, tricher, truquer. **2. Arg. ou fam. :** arnaquer, arranger, avoir, baiser, balancer, balloter, berlurer, biter, blouser, bourrer le crâne/le mou/la → *tête,* carotter, charrier, couillonner, doubler, embabouiner, emberlificoter, embobeliner, embobiner, emmitonner, empapaouter, empaumer, empiler, enfiler, englander, entortiller, entourlouper, entuber, envelopper, enviander, faire marron, feinter, ficher/fourrer/foutre dedans, gourer, l'introduire/la mettre (dans le → *fessier),* jobarder, lanterner, mener en double, monter le job, pigeonner, posséder, refaire, truander. **II. Par ext. 1.** Cocufier, coiffer (fam.), donner un coup de canif au contrat, en donner d'une (vx), en faire porter, faire cocu/cornard, faire porter les cornes à, faire des traits à (vx), trahir. **2.** → *voler.* **III. V. pron. :** aberrer, s'abuser, avoir la berlue/tort, broncher, confondre, s'échauder, errer, être échaudé/en défaut, faillir, faire fausse route, se fourvoyer, se gourer, s'illusionner, se laisser prendre, mécompter, méjuger, se méprendre, se mettre le doigt dans l'œil (fam.), perdre le nord, prendre des vessies pour des lanternes (fam.), prendre le change, prendre pour *et les formes pron. possibles des syn. de* TROMPER.

TROMPERIE □ **I. Au pr. 1.** Altération, amusement (vx), artifice, attrape, attrape-couillon (mérid.) /lourdaud/nigaud, bluff, canular, carottage, carotte, chiqué, combine, fable, farce, fausse apparence, faux-semblant, feinte, fumisterie, illusion, invention, semblant, tour de passe-passe. **2. Non favorable :** dol, duperie, escroquerie, falsification, fausseté, faux, fourbe (vx), fourberie, fraude, gabegie (vx), imposture, infidélité, leurre, maquignonnage, maquillage, matoiserie (vx), mauvaise foi, mauvais tour, mensonge, mystification, perfidie, piperie (vx), supercherie, trahison, traîtrise, triche, tricherie, trompe-l'œil, truquage, vol. **3. Arg. :** arnaque, bite, blouse, doublage, embrouille, entourloupe, entourloupette, entubage, estorgue, feinte, frime, pipe (vx), vape. **4.** → *hypocrisie.* **II. Par ext.** → *adultère.*

TROMPETER □ Claironner, colporter, corner, crier sur les toits. → *publier.*

TROMPETTE □ **I. Par ext. :** buccin, bugle, clairon, cornet, trompe (vx). **II. Nom masc. :** trompettiste.

TROMPEUR, EUSE □ **I. Le comportement ou le discours de quelqu'un :** artificieux, captieux, décevant, déloyal, délusoire (jurid.), double, dupeur, enjôleur, fallacieux, farceur, faux, faux derche (arg.)/jeton (fam.), fourbe, fraudeur, fumiste (fam.), gobelet (vx), illusoire, imposteur, insidieux, mensonger, menteur, mystificateur, patelin, perfide, simulateur, spécieux, traître, tricheur, truqueur. → *hypocrite.* **II. Quelque chose :** brillant, clinquant, toc.

TRONC □ **I.** → *tige.* **II.** → *torse.* **III.** → *lignée.* **IV.** → *tirelire.*

TRONÇON □ → *partie.*

TRONÇONNER □ → *couper.*

TRÔNE □ **I.** Siège. **II. Par ext. :** autorité, dynastie, maison, monarchie, puissance, règne, royauté, souveraineté.

TRÔNER □ Se camper, se carrer, se goberger (fam.), pontifier, se prélasser. → *triompher.*

TRONQUÉ, E □ Imparfait, incomplet *et les part. passés possibles des syn. de* TRONQUER.

TRONQUER □ Altérer, amoindrir, amputer, censurer, couper, déformer, dénaturer, écourter, estropier, fausser, massacrer, mutiler, raccourcir, réduire, rogner, supprimer.

TROP □ → *très.*

TROPHÉE □ **I.** Butin, dépouilles. **II.** Coupe, médaille, oscar, prix, récompense. **III.** → *succès.*

TROPICAL, E □ → *torride.*

TROQUER □ Échanger. → *changer.*

TROTTER □ **I. Au pr.** → *marcher.* **II. Fig.** → *préoccuper.*

TROTTIN □ Apprentie, cousette,

couturière, midinette, modiste, ouvrière, petite main.

TROTTINETTE □ Patinette.

TROTTOIR □ Par ext. *1.* Pavé, plateforme, quai. *2.* → *prostitution.*

TROU □ **I. Au pr.** *1.* Antre, brèche, caverne, cavité, creux, coupure, entonnoir, excavation, fente, flache, fondrière, fosse, grotte, hypogée, jouette, ornière, pertuis, poquet, puits, souterrain, tranchée, trouée, vide. *2.* Chas. → *ouverture.* **II. Fig.** *1.* → *village.* *2.* → *manque.* *3.* → *lacune.*

TROUBADOUR □ Barde, félibre, jongleur, ménestrel, minnesinger, musicien, poète, trouvère.

TROUBLANT, E □ **I.** Bouleversant, déconcertant, inquiétant, intimidant. → *touchant.* **II.** Charmeur, enivrant, enjôleur, ensorceleur, galant, séducteur. → *séduisant.*

TROUBLE □ adj. **I. Au pr. :** boueux, bourbeux, fangeux, opaque, sombre, terne, vaseux. **II. Fig.** *1.* Louche. → *suspect.* *2.* Complexe, compliqué, confus, embrouillé, fumeux, indébrouillable, inextricable, nébuleux, nuageux, obscur, ténébreux, vague.

TROUBLE □ n. **I. Au pr. :** anarchie, bouleversement, bruit, chaos, conflit, confusion, crise, désordre, désorganisation, orage, ouragan, méli-mélo (fam.), pêle-mêle, perturbation, remuement, remue-ménage, tempête, tourmente, tumulte. → *tohu-bohu.* **II. Par ext.** *1.* Aberration, aliénation, altération, atteinte, aveuglement, confusion, délire, dérangement, dérèglement, déséquilibre, égarement, folie, incommodité (vx), maladie, névrose, perturbation. *2.* Commotion, étourdissement, évanouissement, malaise, syncope, vapeur (vx), vertige. *3.* Ahurissement, effarement, enivrement, excitation. *4.* Attendrissement, bouleversement, ébranlement, embarras, émoi, émotion, indécision, perplexité. *5.* Affolement, agitation, désarroi, détresse, effervescence, effroi, fièvre, inquiétude, remous. *6.* Brouille, brouillerie, dispute. → *mésintelligence.* *7. Au pl. :* convulsion, déchirement, émeute, guerre civile/intestine, insurrection, mouvement. → *révolte.*

TROUBLÉ, E □ **I. Quelqu'un.** *1. Favorable :* attendri, charmé, chaviré, ému, éperdu, intimidé, rougissant, séduit, touché. *2. Neutre ou non favorable :* affolé, agité, ahuri, à l'envers, aveuglé, bouleversé, chamboulé (fam.), confus, détraqué, effarouché, égaré, fiévreux, hagard, hébété, inquiet, perturbé, retourné, sens dessus dessous. **II. Quelque chose.** *1. Au pr. :* altéré, brouillé. *2. Par ext.:* brouillon, confus, houleux, incertain, inquiétant, mouve-

menté, orageux, tourmenté, trépidant, tumultueux, turbide, turbulent.

TROUBLER □ **I. Quelque chose :** brouiller, corrompre, décomposer, déranger, dérégler, désorganiser, détraquer, détruire, embrouiller, empoisonner, gâter, gêner, interrompre, obscurcir, perturber, rabouiller, renverser, rompre, subvertir, touiller. → *mélanger.* **II. Quelqu'un.** *1. Favorable ou neutre :* éblouir, émouvoir, enivrer, enfiévrer, ensorceler, étonner, exciter, fasciner, impressionner, remuer, saisir, séduire. *2. Non favorable :* abasourdir, affliger, affoler, agiter, ahurir, alarmer, aliéner, aveugler, bousculer, chagriner, confondre, contrarier, déconcerter, démonter, désarçonner, désorienter, disturber, effarer, effaroucher, égarer, embarrasser, embrouiller, étonner (vx), incommoder, inquiéter, interdire, intimider, mettre sens dessus dessous, semer/soulever/susciter l'émotion/l'inquiétude/le trouble. **III. V. pron. :** barboter (fam.), s'embarbouiller, perdre contenance/la carte (fam.)/les pédales (fam.)/la tête *et les formes pron. possibles des syn. de* TROUBLER.

TROUÉE □ Brèche, clairière, déchirure, échappée, excavation, faille, percée, ouverture. → *trou.*

TROUER □ → *transpercer.*

TROUILLARD, E □ → *capon.*

TROUILLE □ → *peur.*

TROUPE □ **I. D'animaux :** essaim, harde, harpail, meute, troupeau, volée. **II. D'hommes.** *1. Milit. :* armée, bataillon, brigade, cohorte, colonne, commando, compagnie, corps, corps franc, détachement, échelon, équipe, escadron, escouade, forces, formation, goum, groupe, guérilla, légion, manipule, milice, parti, patrouille, peloton, phalange, piquet, régiment, section, soldatesque (péj.), tabor, unité. *2.* Attroupement, bande, caravane, cavalcade, cortège, ensemble, foule, gang (péj.), groupe, horde (péj.), multitude, rassemblement, tribu.

TROUPEAU □ **I. Au pr. :** cheptel, manade. **II. Par ext.** *1.* → *troupe.* *2.* → *multitude.*

TROUPIER □ → *soldat.*

TROUSSE □ **I. Vx :** assemblage, botte, faisceau, gerbe, trousseau. **II.** Aiguiller, étui, nécessaire, plumier, poche, portefeuille, sac, sacoche. **III. Loc. Aux/sur les trousses de :** aux chausses, au derrière, au train (fam.), dans le dos, sur le paletot (fam.), aux talons. → *poursuivre.*

TROUSSEAU □ Affaires, dot, effets, habits, layette, linge, lingerie, nécessaire, toilette, vêtements.

TROUSSER □ I. Accélérer, brusquer, dépêcher, expédier, hâter, liquider, précipiter. → *torcher*. II. Écarter, recoquiller, redresser, relever, remonter, replier, retrousser, soulever. → *lever*. III. → *caresser*.

TROUVAILLE □ Astuce (fam.), création, découverte, idée, illumination, invention, nouveauté, rencontre, trait de génie/de lumière.

TROUVER □ I. **Au pr.** : apercevoir, atteindre, avoir, cueillir (fam.), déceler, découvrir, dégoter, dénicher, détecter, déterrer, joindre, mettre la main sur, obtenir, pêcher (fam.), rejoindre, rencontrer, surprendre, tomber sur, toucher. II. **Par ext. *1.*** S'aviser de, déchiffrer, deviner, élucider, percer, résoudre, réussir, surmonter la difficulté. *2.* Concevoir, créer, forger, imaginer, innover, inventer. *3.* Considérer, croire, éprouver, estimer, penser, regarder comme, saisir, sentir, tenir pour. → *juger*. III. **Loc. *1. Trouver bon →* approuver. *2. Trouver à dire :* avoir à. → *blâmer*.

TROUVER (SE) □ I. **Quelque chose ou quelqu'un** : s'avérer, demeurer, être, exister, figurer, s'offrir, se rencontrer, reposer, se révéler, tomber, traîner *et les formes pronom. possibles des syn. de* TROUVER. II. **Quelqu'un.** *1. Au pr. :* assister, être présent, siéger. *2.* **Fig. (non favorable)** → *tomber dans/entre. 3.* **Fig. (favorable) :** baigner, flotter, nager, se prélasser, se vautrer. *4.* **Fig. (neutre) :** se considérer, se croire, s'estimer, se juger. III. **Quelque chose :** advenir, arriver, se produire, survenir.

TROUVÈRE □ → *troubadour*.

TRUAND, E □ I. **Neutre :** chemineau, clochard, cloche, coureur, galvaudeux, gueux, mendiant, mendigot, rôdeur, trimardeur, vagabond. II. **Non favorable :** affranchi, arsouille, aventurier, bandit, brigand, canaille, chenapan, coquin, crapule, débauché, dévoyé, drôle, fainéant, frappe, fripon, fripouille, galapiat, galopin, garnement, gens de sac et de corde, gibier de potence, gouape, gouspin (vx), gredin, libertin, malhonnête, maquereau, nervi, plat personnage, poisse, ribaud (vx), rossard, sacripant, saleté, sale/triste individu/personnage/type/coco (fam.), scélérat, vaurien, voyou. → *voleur*.

TRUANDER □ I. → *tromper*. II. → *voler*.

TRUBLION □ I. → *brouillon*. II. → *factieux*.

TRUC □ I. **Favorable ou neutre :** art, combinaison, démarche, dispositif, formule, manière, marche à suivre, martingale, méthode, mode, moyen, pratique, procédé, procédure, recette, rubrique (vx), secret, stratégie, système, tactique, technique, théorie, voie. II. Affaire, bazar, bidule, bitonio, bordel, bricole, chose, gadget, machin, objet, outil, saint-frusquin, zizi, zinzin. III. **Non favorable :** artifice, astuce, attrape-nigaud, carotte (fam.), cautèle, chafouinerie, chausse-trape, détour, diplomatie, échappatoire, embrouille, embûche, faux-fuyant, feinte, ficelle, finasserie, finesse, fourberie, fraude, habileté, intrigue, invention, machiavélisme, machination, machine, malice, manœuvre, matoiserie, méandre, os, perfidie, piège, politique, retour (vén.), rets, roublardise, rouerie, rubrique (vx), ruse, sac de nœuds, stratagème, stratégie, subterfuge, subtilité, tactique, tour, trame, tromperie.

TRUCHEMENT □ I. → *traducteur*. II. → *intermédiaire*.

TRUCIDER □ → *tuer*.

TRUCULENCE □ → *bouffonnerie*.

TRUCULENT, E □ I. **Vx.** *1.* → *barbare*. *2.* → *violent*. II. Amusant, bizarre, cocasse, comique, curieux, déconcertant, drolatique, drôle, étonnant, étrange, excentrique, extraordinaire, fantasque, hardi, haut en couleur, hors du commun, impayable, inédit, neuf, non-conformiste, nouveau, original, particulier, personnel, picaresque, pittoresque, singulier, spécial.

TRUELLE □ Langue de chat, spatule.

TRUFFE □ → *nez*.

TRUFFER □ Bonder, bourrer, charger, combler, emplir, encombrer, entrelarder, envahir, farcir, garnir, gonfler, insérer, larder, occuper, remplir, saturer, se répandre dans.

TRUISME □ → *vérité*.

TRUITÉ, E □ → *taché*.

TRUQUAGE □ → *tromperie*.

TRUQUER □ I. → *altérer*. II. → *tromper*.

TRUQUEUR, EUSE □ I. → *tricheur*. II. → *trompeur*.

TRUST □ Association, cartel (all.), coalition, comptoir, consortium, corner (angl.), entente, holding, monopole, omnium, pool, syndicat.

TRUSTER □ → *accumuler*.

TSAR □ → *monarque*.

TSIGANE □ → *tzigane*.

TUANT, E □ Abrutissant, accablant, assommant, claquant (fam.), crevant (fam.), déprimant, échinant, écrasant, énervant, ennuyeux, épuisant, éreintant, esquintant, exténuant, fatigant, harassant, importun, lassant, pénible, suant, vannant.

TUBAGE □ Intubation.

TUBE □ I. Boyau, canal, canalisation,

conduit, cylindre, pipe-line, tuyau.
II. Canule, drain, éprouvette, fêle,
pipette, siphon. **III.** Chapeau-claque,
claque, gibus, haut-de-forme, huit-
reflets.

TUBÉREUX, EUSE □ Bulbeux,
charnu, gonflé, renflé.

TUBERCULEUX, EUSE □ Bacillaire,
malade de la poitrine, phtisique, poitrinaire, pulmonaire. **Arg.** : mité, nase,
tubard, tutu.

TUBERCULOSE □ Bacillose,
caverne, maladie de poitrine, maladie
du poumon, phtisie. **Arg.** : éponges
mitées, nases (les), tubardise.

TUBULAIRE □ Cylindrique, tubule,
tubuleux.

TUBULURE □ → conduit.

TUÉ, E □ **Au pr.** : assassiné, décédé,
disparu, exécuté, mort, tombé,
tombé au champ d'honneur, trépassé
et les part. passés possibles des syn.
de TUER.

TUER □ **I. Au pr. :** *1.* Abattre, achever, anéantir, assassiner, assommer,
brûler (au pr. et arg. au fig.), brûler la cervelle, casser la tête, causer la mort, couper la gorge, décapiter, décimer, décoller, se défaire de,
démolir, descendre, détruire, donner
le coup de grâce/la mort, écarteler,
échiner (vx), écraser, égorger, égosiller (vx), électrocuter, empaler,
empoisonner, emporter, envoyer ad
patres/dans l'autre monde/pour le
compte, estoquer (vx), étendre
mort/raide/raide mort/sur le carreau,
étouffer, étrangler, étriper, éventrer,
exécuter, exterminer, faire couler le
sang, faire mourir et les syn. de
MOURIR, faire périr, faire sauter la
cervelle, faucher, foudroyer, fusiller,
garrotter, guillotiner, immoler, juguler (vx), lapider, liquider, lyncher,
massacrer, mettre à mort, moissonner, nettoyer, noyer, occire, ôter la
vie, pendre, percer, poignarder, pourfendre, rompre le cou, sacrifier, saigner, servir (vén.), supplicier, supprimer, trancher le cou/la gorge, verser
le sang. **2. Arg. ou fam. :** allonger,
avoir, bousiller, brûler, buter, canner,
casser, chouriner, composter, crever,
crever la paillasse/la panse, décoller,
dégringoler, dépêcher, déquiller, descendre, dessouder, ébouser, escof-
fier (mérid.), estourbir, expédier, faire
la peau, flingoter, flinguer, outiller,
percer, planter, plomber, poinçonner, raccourcir, ratiboiser, rectifier,
refroidir, répandre, repasser, rincer,
scionner, suriner, tordre le cou, trucider, zigouiller. **II. Fig.** *1.* → abattre.
2. → Détruire. *3.* → fatiguer. **III. Loc.**
Tuer le temps : occuper, passer. **IV.**
V. pron. *1.* **Au pr.** : se détruire, se
donner la mort, se défaire, faire hara-
kiri, mettre fin à ses jours, se saborder, se suicider, se supprimer. **Fam. :**

se faire sauter (la caisse/la cervelle/le
caisson), se flinguer/macchaber. *2.*
Se casser le cou (fam.)/la figure
(fam.), être victime d'un accident, se
rompre le cou, trouver la mort. *3.*
Fig. : se crever (fam.), s'évertuer, se
fatiguer et les formes pron. possibles
des syn. de TUER.

TUERIE □ **I.** → abattoir. **II.** →
carnage.

TUEUR □ n. Assassin, brave, bravi,
bravo, chourineur (arg.), coupe-
jarret, estafier, homme de main, massacreur, meurtrier, nervi, satellite,
sicaire, spadassin.

TUEUR, TUEUSE □ adj. Dangereux,
fatal, homicide, meurtrier, mortel.

TUF □ **I. Au pr. :** tufeau, tuffeau. **II.**
Fig. → intérieur.

TUILE □ **I.** Tuileau. **II. Fig.** *1.* →
accident. *2.* → malchance.

TULLE □ → gaze.

TUMÉFACTION □ → tumeur.

TUMÉFIÉ, E, TUMESCENT, E □ Ballonné, bombé, bouffant, bouffi, boursouflé, cloqué, congestionné, dilaté,
distendu, empâté, en chou-fleur
(fam.), enflé, gondolé, gonflé, gros,
hypertrophié, mafflu, météorisé, renflé, soufflé, turgescent, turgide, ventru, vultueux.

TUMESCENCE, TUMEUR □ **I. Au**
pr. : adénite, adénome, athérome,
bubon, cancer, carcinome, crête-de-
coq, épithéliome, épulide, exos-
tose, fibrome, fongosité, fongus,
gliome, goitre, granulome, grenouillette, hématocèle, hématome, intumescence, kyste, lipome, loupe,
molluscum, néoplasie, néoplasme,
œdème, papillome, polype, ranule,
sarcome, squirrhe, tanne, tubercule, tubérosité, tuméfaction, tumescence. **II. Par ext. :** abcès, ampoule,
angiome, anthrax, apostème, apostume, bosse, boufigue (mérid.), boufiole (mérid.), bouton, chalaze, chalazion, clou, écrouelles (vx), enflure,
escarre, excroissance, fluxion, fraise,
furoncle, ganglion, glande, granula-
tion, grosseur, humeurs froides (vx),
induration, hypocrâne (vx), naevus,
orgelet, panaris, phlegmon, pustule,
scrofule (vx), tourniole, verrucosité.
III. Vétér. : buture, capelet, éparvin,
éponge, forme, jarde, jardon, javart,
osselet, suros, vessigon.

TUMULTE □ **I.** → tohu-bohu. **II.** →
trouble.

TUMULTUEUX, EUSE □ Agité, animé,
brouillon, bruyant, confus, désordonné, houleux, incertain, inquiétant, mouvementé, orageux, séditieux, tapageur, tourbillonnaire, tourmenté, trépidant, troublé, turbulent.

TUMULUS □ **I. Au pr. :** cairn, galgal,
mound, tertre. **II.** → tombe.

TUNIQUE □ **I.** Angusticlave, chiton, dalmatique, éphod, laticlave. **II.** Boubou, kimono, robe. **III.** Broigne (vx), dolman, redingote, veste.

TUNNEL □ Corridor, passage, passage souterrain, percée, souterrain, trouée.

TURBULENCE □ **I.** Activité, agitation, animation, bruit, dissipation, espièglerie, excitation, impétuosité, mobilité, mouvement, nervosité, pétulance, remue-ménage, tapage, trouble, tumulte, vivacité. **II.** → trombe.

TURBULENT, E □ **I. Quelqu'un :** actif, agile, agité, animé, bruyant, déluré, démoniaque, dissipé, dur, espiègle, éveillé, excité, fougueux, frétillant, fringant, guilleret, impétueux, ingambe, instable, leste, mobile, nerveux, pétulant, polisson, primesautier, prompt, rapide, remuant, sautillant, tapageur, terrible, vif, vivant. → polisson. **II. Quelque chose. 1.** → troublé. **2.** → tumultueux.

TURF □ **I.** Champ de courses, courtines (arg.), hippodrome, pelouse. **II.** Courses, sport hippique. **III. Loc. Faire le turf** (arg.) : → prostitution.

TURGESCENT, E, TURGIDE □ → tuméfié.

TURLUPIN □ **I. Nom :** arlequin, baladin, bateleur, bouffe, bouffon, clown, comique, fagotin, farceur, gugusse, histrion, matassin, nain, paillasse, pantalon, pantin, pasquin, pitre, plaisantin, queue-rouge, saltimbanque, trivelin, zanni. **II. Adj. :** bouffon, burlesque, cocasse, comique, drôle, fantaisiste, folâtre, grotesque, ridicule, rigolo (fam.).

TURLUPINADE □ **I.** → bouffonnerie. **II.** À-peu-près, calembour, contrepèterie, coq-à-l'âne, équivoque, jeu de mots, mot d'esprit, plaisanterie.

TURLUPINER □ **Fam. :** agacer, asticoter, casser les pieds, chercher des crosses/noise/querelle, contrarier, courroucer, crisper, donner sur les nerfs, échauffer, échauffer la bile/les oreilles, embêter, emmerder (grossier), énerver, ennuyer, enquiquiner, exacerber, exaspérer, excéder, exciter, faire endêver/enrager/sortir de ses gonds, harceler, hérisser, horripiler, impatienter, importuner, indisposer, irriter, lanciner, lasser, marteler, mécontenter, mettre en colère/rogne, obséder, piquer, provoquer, taquiner, tarauder, tourmenter, tracasser, travailler, trotter, troubler.

TURLURETTE □ Biniou, cornemuse, flageolet, vielle. → refrain.

TURLUTAINE □ → toquade.

TURLUTTE □ → hameçon.

TURNE □ → chambre.

TURPIDE □ → honteux.

TURPITUDE □ Abaissement, abjection, bassesse, boue, corruption, crapulerie, crime, débauche, dégradation, démérite, déportement, dépravation, dérèglement, déshonneur, désordre, dévergondage, dissolution, excès, fange, flétrissure, honte, ignominie, immoralité, impudicité, inconduite, indécence, indignité, infamie, iniquité, intempérance, libertinage, licence, luxure, malhonnêteté, méchanceté, opprobre, ordure, relâchement, ribauderie, scandale, stupre, vice, vilenie.

TUTÉLAIRE □ Auxiliaire, bienfaisant, bienfaiteur, bon, défenseur, gardien, favorable, paternel, protecteur, providentiel, sauveur, secourable, serviable, utile.

TUTELLE □ **I. Favorable ou neutre :** administration, aide, appui, assistance, auspice, autorité, bénédiction, conservation, couverture, défense, égide, garantie, garde, immunité, invocation, patronage, protection, sauvegarde, secours, soutien, support. **II. Non favorable :** assujettissement, contrainte, dépendance, direction, gêne, lisière, surveillance, vigilance.

TUTEUR, TUTRICE □ **I.** Ascendant, caution, comptable, garantie, gérant, parrain, représentant, responsable, soutien, surveillant. **II.** Appui, défenseur, gardien, patron, protecteur. **III.** Appui, armature, échalas, étai, perche, piquet, rame, soutien, tige.

TUYAU □ **I.** → tube. **II.** → canal. **III.** → renseignement.

TUYAUTAGE, TUYAUTERIE □ → conduit.

TUYÈRE □ Buse.

TYMPAN □ Fronton, gable, pignon.

TYMPANISER □ → vilipender.

TYPE □ **I. Quelque chose. 1.** *Typogr.* **:** caractère, fonte, frappe, police. **2.** Archétype, canon, conception, échantillon, étalon, exemple, figure, formule, gabarit, idéal, idée, image, modèle, original, paradigme, parangon, personnification, prototype, représentant, symbole. **3.** Catégorie, classe, embranchement, espèce, famille, genre, ordre, race, sorte, variété. **4.** Acabit, farine, nature, sorte. **5.** Façon, griffe, manière, marque, mode, style. **6.** Apparence, aspect, attitude, caractère, comportement, conduite, dégaine (fam.), extérieur, façon, format, genre, ligne, morphologie, silhouette, tenue, touche (fam.), tournure. **II. Quelqu'un. 1.** Citoyen, habitant, homme, individu, monsieur, personnage, personne, quelqu'un, tête. **2. Péj. ou arg. :** bonhomme, bougre, branquignol, cave, cézigue, chrétien, coco, croquant, diable, drôle, gaillard, gazier, gnasse, gonze, guignol, gus, hère, lascar, luron, mec, moineau, numéro, oiseau, olibrius, ostrogot, pante, paroissien, pèlerin, piaf, pierrot, pistolet, quidam, rigolo, zèbre, zigomard, zigoto, zigue, zouave.

TYPER □ Marquer. → *imprimer.*

TYPHON □ Bourrasque, coup de chien/de tabac (fam.)/de vent, cyclone, orage, ouragan, rafale, raz de marée, tempête, tornade, tourbillon, tourmente, trombe, vent.

TYPIQUE □ Caractéristique, déterminant, distinctif, dominant, emblématique, essentiel, exemplaire, expressif, original, particulier, personnel, propre, représentatif, saillant, significatif, spécifique, symbolique, symptomatique.

TYPOGRAPHE □ Composeur, compositeur, imposeur, imprimeur, metteur en pages, minerviste, ouvrier du livre, prote, typo.

TYRAN □ Autocrate, despote, dictateur, dominateur, maître, oppresseur, persécuteur, roi, roitelet, souverain absolu, tyranneau.

TYRANNIE □ **I. Au pr.** : absolutisme, autocratie, autoritarisme, caporalisme, césarisme, despotisme, dictature, fascisme, nazisme, totalitarisme. **II. Par ext. *1.*** Arbitraire, assujetissement, barbarie, cruauté, domination, fanatisme, férocité, inhumanité, intolérance, oppression, persécution, sauvagerie, vandalisme. *2.* Ascendant, autorité, dépendance, dogmatisme, empiétement, empire, emprise, esclavage, influence, mainmise.

TYRANNIQUE □ → *absolu.*

TYRANNISER □ **I. Au pr.** : abuser, accabler, assujettir, avoir/jeter/mettre le grappin/la main sur, contraindre, courber, dominer, forcer, fouler aux pieds, opprimer, persécuter, réduire en esclavage, violenter. **II. Par ext. *1.*** → *tourmenter.* *2.* → *conduire.*

TZIGANE □ Baraquin (péj.), bohémien, boumian, fils du vent, gipsy, gitan, nomade, roma, romanichel, romano, romé, sinte, zing, zingaro.

UBIQUISTE □ Omniprésent.

UBIQUITÉ □ Dédoublement, omni-présence.

UBUESQUE □ → *absurde.*

UKASE □ → *injonction.*

ULCÉRATION, ULCÈRE □ Chancre, exulcération, exutoire, lésion, lupus, plaie. → *abcès.*

ULCÉRER □ **I.** → *affliger.* **II.** → *choquer.*

ULÉMA □ Ayatollah, imam, mollah, soufi.

ULGINAIRE □ → *humide.*

ULMAIRE □ Reine-des-prés, spirée.

ULSTER □ → *manteau.*

ULTÉRIEUR, E □ → *suivant.*

ULTIMATUM □ → *injonction.*

ULTIME □ → *dernier.*

ULTRA □ n. et adj. Extrémiste, fana-tique, intolérant, jacobin, jeune Turc, jusquauboutiste, maximaliste.

ULTRA-PETITA □ Surenchère.

ULULER □ Boubouler. → *crier.*

ULVE □ → *algue.*

UN, UNE □ Distinct, exclusif, indivis, isolé, rare, seul, simple, unique.

UN À UN □ L'un après l'autre. → *alternativement.*

UNANIME □ Absolu, collectif, com-mun, complet, entier, général, sans exception, total, universel.

UNANIMEMENT □ Absolument, à l'unanimité, collectivement, complè-tement, entièrement, généralement, sans exception, totalement, tous à la fois/ensemble, universellement.

UNAU □ Paresseux. → *singe.*

UNI, E □ **I.** → *égal.* **II.** → *lisse.* **III.** → *simple.* **IV.** → *uniforme.*

UNIFICATION □ Intégration, radicali-sation.

UNIFIER, UNIFORMISER □ Standar-diser. → *unir.*

UNIFORME □ **I. Adj. :** continu, droit, égal, pareil, plat, semblable, simple. → *monotone.* **II. Nom** → *vêtement.*

UNIFORMITÉ □ Égalité, monotonie. → *tristesse.*

UNILATÉRAL, E □ Arbitraire.

UNIMENT □ Également, fran-chement, régulièrement, simplement.

UNION □ **I. Au pr. 1.** Fusion, grou-pement, jumelage, mixité, symbiose, symphonie, syncrétisme. **2.** → *liai-son.* **3.** → *jonction.* **4.** → *alliance.* **5.** → *fédération.* **6.** → *syndicat.* **7.** → *mariage.* **II. Fig. :** accord, amitié, bons termes, camaraderie, commu-nion, concert, concorde, conformité, ensemble, entente, fraternité, harmo-nie, intelligence, sympathie, unisson.

UNIQUE □ **I.** Exclusif, inclassable, isolé, original, seul, spécial. **II.** → *un.* **III.** → *extraordinaire.* **IV.** Singleton.

UNIR □ **I. Au pr. 1.** Accou-pler, agencer, agglutiner, agréger, allier, annexer, amalgamer, apparier, assembler, associer assortir, atta-cher, chaîner, compénétrer, confon-dre, conjoindre, conjuguer, coupler, enchaîner, enter, fondre, fusionner, joindre, lier, marier, mélanger, mêler, raccorder, rapprocher, rassembler, relier, réunir, saisir, souder. **2. Polit. :** allier, coaliser, confédérer, fédérer, liguer, solidariser. **II. Par ext. 1.** Allier, fiancer. **2.** Aplanir, égaliser, polir, rendre uni.

UNISSON □ **I.** → *union.* **II. Loc. À l'unision :** d'accord, ensemble, d'un même ton, d'une même voix.

UNITÉ □ **I.** → *conformité.* **II.** → *harmonie.* **III.** → *troupe.* **IV.** → *modèle.*

UNIVERS □ Ciel, cosmos, création, espace, globe, macrocosme, monde, nature, sphère, terre, tout.

UNIVERSALISER □ → *répandre.*

UNIVERSALISTE □ Catholique (au pr.), internationaliste, mondialiste, œcuménique.

UNIVERSALITÉ □ → *totalité.*

UNIVERSAUX □ Catégories, concepts : *accident, différence, espèce, genre, propre.*

UNIVERSEL, ELLE □ **I.** → *commun.* **II.** Cosmique. **III.** Catholique (au pr.), international, œcuménique, mondial, planétaire. **IV.** Bon à tout, factoton, polyvalent, à toutes mains.

UNIVERSITÉ □ Académie, alma mater. → *faculté.*

UNIVITELLIN □ → *jumeau.*

UNIVOQUE □ → *clair.*

UPÉRISATION □ Pasteurisation, stérilisation.

URAÈTE □ → *aigle.*

URANIEN, URANISTE □ **I.** Homosexuel, inverti, pédéraste, pédophile, sodomite actif/passif, travesti (par ext.). **II. Litt. :** affiche, corydon, corvette, frégate, frégaton, ganymède, giton, mignon. **III. Arg. et péj. :** bilboquet, branleur, castor, chevalier de l'anneau/de la → *bicyclette,* confrérie/jaquette/manchette/ pédale/sacoche/tasse/du valseur, chochotte, choute, contemplatif, fiotte, folle, girond, homo, jésus, lopaille, lope, lopette, pédale, pédé, pédoc, proutprout, raspède, schbeb, tante, tantouse, tapette, tata, travailleur du chouette/petit/prose, travelo, travioque, zomo, etc. **IV. Grossier :** emmanché, empaffé, empapaouté, emprosé, enculé, enculeur, endauffé, enfifré, enfoiré, entrouducuté, enviandé.

URBAIN, AINE □ **I.** Citadin. **II. Par ext. :** municipal. **III.** → *aimable.*

URBANISME □ → *logement.*

URBANITÉ □ → *amabilité.*

URBI ET ORBI □ Partout, universellement.

URGENCE □ **I.** → *obligation.* **II. Loc. D'urgence :** sans → *délai.*

URGENT, ENTE □ → *pressant.*

URGER □ Presser.

URINAL □ **I.** Bourdalou. **II. Par ext. :** pissoir, pot de chambre, vase de nuit. **Arg. :** jules, tasse, théière, thomas.

URINE □ Eau, pipi (enf.), pissat, pisse. **Arg. :** lance, lancequine.

URINER □ **I.** Faire pipi, lâcher/tomber de l'eau, se mouiller, pisser, pissoter. **Arg. :** changer son poisson d'eau, lancequiner, lissebroquer, quimper, tirer un bock/demi. **II. Uriner contre :** compisser.

URINOIR □ Édicule, latrines, pissoir, pissotière, vespasienne. **Arg. :** rambuteau, tasse, théière.

URNE □ Amphore, canope, pot, pot à feu, potiche, vase. **Au pl.** → *vote.*

URTICATION □ Démangeaison. → *picotement.*

URUBU □ → *vautour.*

URUS □ Auroch, bison.

USAGE □ **I.** → *habitude.* **II.** Activité, application, consommation, destination, disposition, emploi, exercice, fonction, fonctionnement, jouissance, utilisation, utilité, service.

USAGÉ, E, USÉ, E □ **I. Au pr. :** abîmé, amorti, avachi, culotté, déchiré, décrépit, déformé, défraîchi, délavé, démodé, éculé, élimé, épuisé, éraillé, esquinté, fané, fatigué, fini, fripé, limé, lustré, miteux, mûr, passé, râpé, vieux. **II. Par ext.** → *banal.*

USAGER □ Client, utilisateur.

USER □ **I. V. tr. 1. Au pr. et fig. :** amoindrir, corroder, effriter, élimer, émousser, entamer, épointer, gâter, laminer, limer, miner, mordre, râper, roder, rogner, ruiner, travailler → *abîmer.* **2.** → *consommer.* **II. V. intr. User de :** appliquer, avoir recours, disposer de, employer, emprunter, exercer, faire usage de, jouer de, jouir de, manier, ménager, mettre, mettre en jeu/en œuvre, porter, pratiquer, prendre, recourir à, se servir de, utiliser. **III. Loc. En user :** se comporter, se conduire, traiter.

USINE □ Aciérie, arsenal, atelier, chaîne, cimenterie, distillerie, établissement, fabrique, filature, fonderie, forge, haut fourneau, industrie, manufacture, minoterie, papeterie, raffinerie, tréfilerie.

USINER □ → *fabriquer.*

USITÉ, E □ Accoutumé, commun, consacré, constant, courant, coutumier, employé, familier, fréquent, ordinaire, traditionnel, usuel, utilisé.

USNÉE □ Lichen, mousse.

USTENSILE □ **I.** Accessoire, batterie de cuisine, dinanderie, engin, instrument, matériel, mobilier (vx), nécessaire, objet, outil, outillage, panoplie, réceptacle, trousse, vaisselle. → *bidule.* **II. Récipients. 1.** Alambic, capsule, cornue, matras, têt. **2.** → *bouteille, casserole, coupe, gobelet, gourde, plat, poêle, pot, vase.* **3.** → *auge, bac, baignoire, baquet, baril, bassin, bidon, réservoir.* **4.** → *boîte, caisse, coffre, contenant, malle, panier, poche, sac, urne.* **III. De cui-**

sine : broche, chinois, couperet, couteau, cuiller, écumoire, égrugeoir, entonnoir, étamine, fourchette, fourneau, hachoir, hâtelet, lèchefrite, louche, mixer, mortier, moulin à légumes, presse-citron/purée, rape, réchaud, rôtissoire. **IV. De toilette :** barbier, bidet, broc, cuvette, douche, glace, lavabo, pot-à-eau, psyché, tub. **V. De jardinage :** arrosoir. → *bêche, binette,* brouette, cisaille, ciseaux, croissant, cueilloir, faux, fourche, motoculteur, plantoir, râteau, sécateur, serfouette, serpe, tondeuse.

USUCAPION □ → *prescription.*

USUEL, ELLE □ → *usité.*

USUFRUIT □ Fruit, jouissance, possession, produit, récolte, revenu.

USUFRUITIER, ÈRE □ Usufructuaire.

USURAIRE □ → *excessif.*

USURE □ **I.** Agio, agiotage, gain, intérêt, placement, prêt, profit, trafic. → *avarice.* **II.** Amoindrissement, corrosion, dégradation, diminution, éraillement, érosion.

USURIER, IÈRE □ **I.** Agioteur, prêteur. **II. Par ext.** → *avare.*

USURPATION □ Appropriation, captation, dol, enlèvement, escroquerie, occupation, prise, rapt, soustraction. → *vol.*

USURPATOIRE □ Abusif, illégal, inique.

USURPER □ **I. V. intr. :** anticiper sur, empiéter sur, enjamber (fam.), entreprendre sur, envahir. **II. V. tr. :** annexer, s'appliquer, s'approprier, s'arroger, s'attribuer, dérober, s'emparer, prendre, ravir, voler.

UTÉRIN, INE □ Consanguin, demi-frère/sœur.

UTÉRUS □ Flancs, matrice, sein (vx).

UTILE □ Bon, efficace, expédient, important, indispensable, fructueux, nécessaire, profitable, salutaire.

UTILISATEUR, TRICE □ Client, usager.

UTILISATION □ Application, destination, emploi, maniement.

UTILISER □ **I.** → *profiter.* **II.** → *user de.*

UTILITAIRE □ **I.** → *réaliste.* **II.** → *commun.*

UTILITÉ □ → *profit.*

UTOPIE □ **I.** Billevesées, chimère, illusion, mirage, mythe, rêve, rêverie, roman. **II.** → *idéal.*

UTOPIQUE □ → *imaginaire.*

UTOPISTE □ Imaginatif. → *rêveur.*

UVULE □ Luette.

VACANCE □ Carence, disponibilité, interruption, suspension, vacuité, vide.

VACANCES □ Campos, congé, détente, permission, pont, relâche, repos, semaine anglaise, vacation, week-end.

VACANT, E □ Abandonné, disponible, inoccupé, jacent (jurid.), libre, vague (terrain), vide.

VACARME □ I. → *bruit.* II. → *chahut.*

VACATAIRE □ Auxiliaire, contractuel, supplétif, surnuméraire.

VACATION □ I. → *rétribution.* II. → *vacances.* III. → *séance.*

VACCIN, VACCINATION □ Immunisation, inoculation, piqûre, sérum.

VACCINER □ Immuniser, inoculer, piquer, prémunir, préserver.

VACHE □ I. Au pr. : génisse, taure. II. Fig. *1.* → *bête. 2.* → *méchant. 3.* → *policier.*

VACHER, VACHÈRE □ Bouvier, cowboy (vx et partic.), gardian, gardien, gaucho, manadier, toucheur de bœufs.

VACHERIE □ I. → *étable.* II. → *méchanceté.*

VACHERIN □ I. Comté, gruyère. II. Meringue glacée.

VACILLANT, E □ I. → *chancelant.* II. → *tremblant.*

VACILLATION □ → *balancement.*

VACILLER □ I. → *chanceler.* II. *Lumière, yeux :* cligner, clignoter, papilloter. III. Luire, scintiller, trembler, trembloter.

VACIVE □ → *brebis.*

VACUITÉ □ → *vide.*

VADE-MECUM □ → *mémento.*

VADROUILLE □ I. → *promenade.* II. → *balai.* III. → *mégère.*

VADROUILLER □ → *traîner.*

VA-ET-VIENT □ I. Bac, navette. II. Allée et venue, balancement, branle, course, navette, navigation, remous, rythme, voyage.

VAGABOND, E □ I. Adj. → *errant.* II. Nom : bohémien, camp-volant, chemineau, clochard, cloche, clodo, coureur, flâneur, galvaudeux, malandrin, mendiant, nomade, pilon (arg.), rôdeur, rouleur, routard, trimard, trimardeur, truand, va-nu-pieds.

VAGABONDER □ → *errer.*

VAGIN □ → *sexe, vulve.*

VAGIR □ → *crier.*

VAGUE □ n. fém. Agitation, barre, flot, houle, lame, mascaret, moutons, onde, raz, ressac, rouleau, tsunami, vaguelette.

VAGUE □ adj. I. → *vacant.* II. Abstrait, amphibologique, approximatif, changeant, confus, douteux, flottant, flou, fumeux, hésitant, illimité, imparfait, imprécis, incertain, indécis, indéfini, indéfinissable, indéterminé, indiscernable, indistinct, irrésolu, nébuleux, nuageux, obscur, timide, trouble, vaporeux. III. Loc. Terrain *vague* → *stérile.* IV. Nom. 1. → *vide.* 2. Loc. Vague à l'âme → *mélancolie.*

VAGUEMENT □ À peine, confusément, peu.

VAGUEMESTRE □ → *facteur.*

VAGUER □ Aller au hasard/et venir, divaguer, vagabonder.

VAIGRE □ → *poutre.*

VAILLANCE □ → *courage.*

VAILLANT, E □ → *courageux.*

VAIN, VAINE □ **I.** Absurde, chimérique, creux, fantaisiste, faux, fugace, hypothétique, illusoire, imaginaire, insaisissable, sans consistance/effet/fondement/ importance/motif/réalité, vide. **II.** → *inutile.* **III.** → *stérile.* **IV.** → *orgueilleux.* **V.** Loc. *En vain* → *inutilement.*

VAINCRE □ **I. Au pr.** : abattre, accabler, anéantir, avoir le dessus, battre, battre à plates coutures, bousculer, bouter (vx), conquérir, culbuter, damer le pion, déconfire, défaire, disperser, dominer, dompter, écharper, éclipser, écraser, l'emporter sur, enfoncer, entamer, estourbir, gagner, maîtriser, mater, mettre dans sa poche/en déroute/en fuite, piler, prévaloir, réduire, rosser, rouler, surclasser, surmonter, surpasser, tailler en pièces, terrasser, torcher (fam.), triompher de. **II. Fig. 1.** *Un obstacle :* franchir, négocier (fam.), passer, renverser, surmonter. **2.** *Des scrupules :* endormir, étouffer. **III. V. pron.** : se dominer, être maître de soi, se maîtriser, se mater, se posséder, se surmonter.

VAINQUEUR □ n. et adj. **I.** Champion, conquérant, dominateur, dompteur, gagnant, lauréat, triomphateur, victorieux. **II. Loc.** *Un air vainqueur :* avantageux, conquérant, prétentieux, suffisant.

VAISSEAU □ **I.** → *récipient.* **II.** → *bateau.*

VAISSELLE □ Assiette, déjeuner, légumier, plat, plateau, saladier, saucière, soucoupe, soupière, sucrier, tasse, tête-à-tête, verseuse. → *ustensile.*

VAL □ → *vallée.*

VALABLE □ **I. Jurid :** légal, réglementaire, valide. **II. Par ext. :** acceptable, admissible, avantageux, bon, convenable, de mise, efficace, négociable, normal, passable, précieux, recevable, régulier, salutaire, sérieux.

VALET □ **I.** → *serviteur.* **II.** Porte-habit.

VALÉTUDINAIRE □ n. et adj. Cacochyme, égrotant, maladif, mal en point.

VALEUR □ **I.** → *prix.* **II.** → *qualité.* **III.** → *courage.* **IV.** → *sens.* **V. Loc.** *Mettre en valeur :* faire valoir. → *rehausser.*

VALEUREUX, EUSE □ → *courageux.*

VALIDATION □ → *homologation.*

VALIDE □ **I. Quelqu'un :** bien constitué/portant, dispos, dru, fort, gaillard, ingambe, robuste, sain, vert, vigoureux. **II. Quelque chose :** admis,

approuvé, autorisé, bon, efficace, en cours, légal, réglementaire, régulier, valable.

VALIDER □ → *homologuer.*

VALIDITÉ □ → *bien-fondé.*

VALISE □ Attaché-case. → *bagage.* **Arg. ou fam. :** bagot, baise-en-ville, mallouse, valdingue, valoche, valouse, valtouse.

VALLÉE □ Bassin, cavée, cluse, combe, cuvette, dépression, val, valleuse, vallon.

VALLONNÉ, E □ → *accidenté.*

VALOIR □ **I. V. intr.** *Un prix :* coûter, se monter/revenir à, se vendre. **II. V. tr. 1.** → *égaler.* **2.** → *procurer.* **III.** **Loc.** *Faire valoir.* **1.** Mettre en valeur. → *exploiter.* **2.** → *rehausser.* **3.** → *vanter.*

VALORISATION □ → *hausse.*

VALORISER □ → *hausser.*

VALSE □ **I.** → *mouvement.* **II.** → *volée.*

VALSER □ → *danser.*

VAMPIRE □ → *ogre.*

VAMPIRISME □ → *avidité.*

VAN □ → *tamis.*

VANDALE □ n. et adj. Barbare, destructeur, dévastateur, iconoclaste, profanateur, violateur.

VANDALISME □ Elginisme, luddisme. → *barbarie.*

VANITÉ □ **I. De quelque chose :** chimère, erreur, fragilité, frivolité, fumée, futilité, hochet, illusion, inanité, inconsistance, inefficacité, insignifiance, inutilité, mensonge, néant, pompe, vapeur, vent, vide. **II.** **De quelqu'un :** bouffissure, boursouflure, complaisance, crânerie, enflure, fatuité, fierté, gloriole, importance, infatuation, jactance, ostentation, présomption, prétention, suffisance. → *orgueil.*

VANITEUX, EUSE □ → *orgueilleux.*

VANNE □ **I.** Barrage, bonde, déversoir. **II. Arg.** → *blague.*

VANNÉ, E □ → *fatigué.*

VANNER □ **I.** → *tamiser.* **II.** → *nettoyer.* **III.** → *fatiguer.*

VANTAIL □ Battant, panneau, volet.

VANTARD, E □ → *hâbleur.*

VANTARDISE □ → *hâblerie.*

VANTER □ Acclamer, applaudir, approuver, célébrer, complimenter, donner de la publicité à, encenser, exalter, faire mousser/valoir, féliciter, glorifier, louer, prôner, publier, recommander, rehausser. **V. pron. :** s'applaudir de, s'attribuer, bluffer, se croire, se donner des gants, faire profession de, se faire mousser/valoir, se flatter, se mettre en valeur, pavoiser, se piquer/se targuer de, prétendre.

VANTERIE □ Vx : → *hâblerie.*

VA-NU-PIEDS □ I. → *coquin.* II. → *misérable.*

VAPEUR □ I. Nom masc. → *bateau.* II Nom fém. : brume, buée, émanation, exhalaison, fumée, fumerolle, gaz, mofette, nuage, nuée, serein. III. → *vanité.* IV. Nom fém. pl. → *vertige.*

VAPOREUX, EUSE □ I. → *flou.* II. → *vague.*

VAPORISATION □ Atomisation, évaporation, pulvérisation, sublimation, volatilisation.

VAPORISER □ Atomiser, gazéifier, pulvériser. V. pron. : s'atomiser, s'évaporer, se sublimer, se volatiliser.

VAQUER □ → *occuper (s').*

VARECH □ → *algue.*

VAREUSE □ → *veste.*

VARIABLE □ Changeant, flottant, incertain, inconsistant, inconstant, indécis, irrésolu.

VARIATION □ I. Au pr. : alternance, alternative, bifurcation, changement, déviation, différence, écart, évolution, fluctuation, fourchette, innovation, modification, mouvement, mutation, nutation, oscillation, remous, retour, retournement, rythme, transformation, vicissitude. II. Par ext. → *variété.* III. Fig. → *caprice.*

VARIÉ, E □ Bariolé, bigarré, changeant, complexe, différent, disparate, divers, diversifié, hétéroclite, hétérogène, marbré, marqueté, mâtiné, mélangé, mêlé, modifié, moiré, multicolore, multiforme, multiple, nombreux, nuancé, ondoyant, panaché, rayé, taché, tigré, transformé.

VARIER □ v. tr. et intr. → *changer.*

VARIÉTÉ □ I. → *différence.* II. → *variation.* III. Bigarrure, classification, collection, diversité, forme, manière, modulation, mosaïque, variante.

VARIOLE □ I. Méd. : petite vérole. II. Vétér. : clavelée, picote, vaccine.

VASE □ n. fém. → *limon.*

VASE □ n. masc. I. Buire. → *récipient.* II. Relig. : calice, ciboire, patelle, patène, patère. III. Vase de nuit → *bourdalou.*

VASELINE □ Graisse, onguent, paraffine, pommade.

VASEUX, EUSE □ I. Au pr. : boueux, bourbeux, fangeux, limoneux, marécageux, tourbeux, trouble, vasard. II. Fig. → *stupide.*

VASISTAS □ Imposte. → *ouverture.*

VASQUE □ → *bassin.*

VASSAL □ n. et adj. I. Au pr. : antrustion, feudataire, homme lige, leude, sujet, vavasseur. II. Par ext. : assujetti, inféodé, lié, soumis.

VASTE □ Abondant, ample, considérable, copieux, développé, élevé, épanoui, étendu, fort, généreux, grand, gras, gros, immense, incommensurable, large, logeable, long, plein, spacieux, volumineux.

VATICINATEUR □ → *devin.*

VATICINER □ → *prédire.*

VAUDEVILLE □ → *comédie.*

VAURIEN □ Arsouille, artoupian (vx ou rég.), aventurier, bandit, bon à rien, brigand, canaille, chenapan, coquin, crapule, débauché, dévoyé, drôle, escarpe, fainéant, frappe, fripon, fripouille, galapiat, galopin, garnement, gibier de potence, gouape, gouspin (vx), gredin, homme de sac et de corde, jean-foutre, libertin, loubard, loulou, malhonnête, maquereau, mauvais sujet, nervi, pendard (vx), pied-plat (vx), plat personnage, poisse, ribaud (vx), rossard, rufian, sacripant, salaud (grossier), saleté, sale/triste individu/personnage/type/coco (fam.), saligaud (grossier), saloperie (grossier), scélérat, vermine, vicieux, voyou, zonard.

VAUTOUR □ Charognard, condor, griffon, gypaète, urubu. → *rapace.*

VAUTRAIT □ → *vénerie.*

VAUTRER (SE) □ I. → *coucher (se).* II. → *abandonner (s').*

VEDETTE □ I. → *veilleur.* II. → *artiste.* III. → *bateau.*

VÉGÉTAL □ → *plante.*

VÉGÉTALIEN, ENNE □ Frugivore, herbivore. Par ext. : macrobiotique, végétarien.

VÉGÉTATIF □ Pâle, lymphatique, mou.

VÉGÉTATION □ Flore, pousse, verdure.

VÉGÉTER □ → *vivoter.*

VÉHÉMENCE □ I. → *impétuosité.* II. → *éloquence.*

VÉHÉMENT, E □ I. → *impétueux.* II. → *violent.*

VÉHICULE □ → *voiture.*

VÉHICULER □ → *transporter.*

VEILLE □ I. Au pr. : éveil, insomnie. II. Par ext. 1. Garde, quart, veillée. 2. Vigile. III. Nom fém. pl. 1. → *soin.* 2. → *travail.*

VEILLÉE □ → *soirée.*

VEILLER □ Appliquer son attention à, chaperonner, donner ses soins, gàrder, s'occuper de, présider à, protéger, surveiller. → *pourvoir à.*

VEILLEUR □ Épieur, factionnaire, garde, gardien, guet, guetteur, sentinelle, surveillant, vedette, vigie, vigile.

VEINARD, E □ → *chanceux.*

VEINE □ I. → *filon.* II. → *chance.* III. → *inspiration.*

VEINÉ, E □ Veineux. → *marqueté.*

VELLÉITAIRE □ n. et adj. → *mou.*

VELLÉITÉ □ → *volonté.*

VÉLO, VÉLOCIPÈDE □ Bécane, biclo (fam.), biclou (péj.), bicycle, bicyclette, clou (péj.), petite reine, tandem. → *cycle, cyclomoteur.*

VÉLOCITÉ □ → *vitesse.*

VELOURS □ I. Panne, peluche, velvet. II. Loc. *Sur le velours* → *facile.*

VELOUTÉ, E, VELOUTEUX, EUSE □ I. → *moelleux.* II. → *soyeux.*

VELU, E □ → *poilu.*

VENAISON □ → *gibier.*

VÉNAL, E □ Corrompu, corruptible, mercenaire, vendable.

VÉNALITÉ □ → *subornation.*

VENDABLE □ I. → *cessible.* II. → *convenable.*

VENDANGEUR □ → *vigneron.*

VENDETTA □ → *vengeance.*

VENDEUR, EUSE □ Agent/attaché commercial, calicot (péj.), camelot, commerçant, commis-voyageur, commis/commise/ demoiselle /fille/garçon de boutique/magasin/rayon, détaillant, exportateur, grossiste, marchand, placier, représentant, visiteur, voyageur.

VENDRE □ I. **Neutre :** adjuger, aliéner, céder, débiter, se défaire de, détailler, donner, échanger, écouler, exporter, laisser, monnayer, négocier, placer, réaliser, sacrifier, se séparer de, solder. II. **Non favorable :** bazarder, brader, brocanter, cameloter, coller, fourguer, laver, lessiver, liquider, mévendre, refiler, trafiquer. III. **Fig.** → *dénoncer.*

VENELLE □ → *rue.*

VÉNÉNEUX, EUSE □ Dangereux, délétère, empoisonné, létifère, nocif, non comestible, mauvais, toxique, vireux.

VÉNÉRABLE □ Aimé, ancien, apprécié, bon, considéré, digne, doyen, éminent, estimable, honoré, patriarcal, réputé, respectable, respecté, révéré, sacré, saint, vieux.

VÉNÉRATION □ Admiration, affection, amour, considération, dévotion, estime, respect, révérence.

VÉNÉRER □ Admirer, aimer, apprécier, considérer, estimer, être à la dévotion de, être dévoué à, honorer, respecter, révérer.

VÉNERIE □ Chasse à courre, équipage, meute, vautrait.

VENGEANCE □ Châtiment, colère, némésis, œil pour œil dent pour dent, punition, réparation, représaille, ressentiment, rétorsion, revanche, riposte, talion, vendetta, vindicte.

VENGER □ Châtier, corriger, frapper, laver, punir, redresser, réparer, réprimer, riposter, sévir, vider une querelle.

VENGEUR, VENGERESSE □ n. et adj. → *juge.*

VÉNIEL, ELLE □ → *insignifiant.*

VENIMEUX, EUSE □ I. Au pr. → *vénéneux.* II. Fig. → *malveillant.*

VENIN □ → *poison.*

VENIR □ I. Au pr. : aborder, aboutir, aller, approcher, arriver, avancer, se déplacer, s'encadrer, entrer, parvenir à, sortir de, survenir, se transporter, tomber sur. **Fam. :** s'abouler, s'amener, débouler, se pointer, se rabouler, radiner, ralléger, ramener sa fraise, rappliquer. II. → *sortir.* III. → *produire (se).* IV. → *pousser.* V. Venir de : dater, descendre, partir, procéder, provenir de, remonter à, sortir, tenir, tirer son origine de. VI. **Loc. 1.** *Venir à bout de* → *réussir.* 2. *Venir au monde* → *naître.*

VENT □ I. Au pr. : agitation, alizé, aquilon, auster, autan, bise, blizzard, bora, borée, bourrasque, brise, chergui, courant d'air, cyclone, fœhn, galerne, hermattan, mistral, mousson, noroît, notus, ouragan, pampero, rafale, simoun, sirocco, souffle, suroît, tempête, tourbillon, tramontane, typhon, zef (arg.), zéphire, zéphyr. II. Par ext. 1. → *odeur.* 2. Flatulence, flatuosité, gaz. 3. Bruit, incongruité, pet. 4. **Vulg. :** Débourrée, fuite, louffe, louise, pastille, perlouse, pétarade, prout, soupir, vanne, vesse. III. → *nouvelle.*

VENTE □ Adjudication, aliénation, braderie, brocante, chine, criée, débit, démarchage, écoulement, exportation, lavage (arg.), liquidation, placement, porte à porte, regrat (vx), solde, transfert, trôle.

VENTILATION □ → *répartition.*

VENTILER □ → *aérer.*

VENTRAL, E □ → *abdominal.*

VENTRE □ I. → *abdomen.* II. → *bedaine.* III. → *utérus.*

VENTRÉE □ → *repas.*

VENTRIPOTENT, E □ Bedonnant, bouffi, dodu, gidouillant, gidouillard, gros, obèse, pansu, patapouf, replet, rond, ventru.

VENTRU, E □ I. → *ventripotent.* II. → *gros.* III. → *renflé.*

VENUE □ Approche, arrivée, avènement, croissance, irruption.

VER □ I. Au pr. : 1. Annélidé, arénicole, asticot, entozoaire, helminthe, lombric. 2. Vermine, vermisseau. 3. Ascaride ou ascaris, bothriocéphale, cénure, douve, filaire, oxyure, strongle, ténia, trichine, ver-coquin, ver solitaire. II. **Par ext. :** bombyx, chenille, larve, ténébrion, ver à soie.

VÉRACITÉ □ → *vérité.*

VÉRANDA □ Auvent, balcon, bungalow, varangue, verrière.

VERBAL, E □ Non écrit, oral, parlé.

VERBALISME □ → *bavardage.*

VERBE □ → *parole.*

VERBEUX, EUSE □ → *diffus.*

VERBIAGE □ I. → *bavardage.* II. → faconde.

VERBOSITÉ □ → *faconde.*

VERDÂTRE, VERDELET, ETTE □ → *vert.*

VERDEUR □ → *jeunesse.*

VERDICT □ → *jugement.*

VERDIR □ I. Verdoyer. II. V. tr. : colorer/peindre en vert.

VERDUNISATION □ Désinfection, épuration, javellisation, traitement des eaux.

VERDURE □ I. Au pr. : boulingrin, feuillage, feuille, frondaison, gazon, herbage, herbe, parterre, pâturage, pâture, plate-bande, prairie, pré, tapis de verdure. II. Par ext. : tapisserie.

VÉREUX, EUSE □ → *malhonnête.*

VERGE □ I. → *baguette.* II. → *sexe.*

VERGER □ Jardin, ouche, plantation.

VERGETÉ, E □ → *marqueté.*

VERGOGNE □ → *honte.*

VERGUE □ → *mât.*

VÉRIDICITÉ □ → *vérité.*

VÉRIDIQUE □ → *vrai.*

VÉRIFICATION □ Analyse, apurement, censure, collation, collationnement, confirmation, confrontation, contre-épreuve, contrôle, épreuve, essai, examen, expérimentation, expertise, filtrage, inspection, pointage, recensement, recension, récolement, reconnaissance, recoupement, révision, revue, surveillance, test.

VÉRIFIER □ Analyser, apurer, avérer (vx), collationner, comparer, constater, contrôler, éprouver, essayer, étalonner, examiner, expérimenter, expertiser, filtrer, inspecter, juger, justifier, prouver, récoler, référencier, repasser, revoir, s'assurer/se rendre compte de, tamiser, tester, voir. III. V. pron. : s'avérer, se confirmer, *et les formes pron. possibles des syn. de* VÉRIFIER.

VÉRITABLE □ → *vrai.*

VÉRITÉ □ I. De quelque chose ou de quelqu'un : authenticité, certitude, droiture, évidence, exactitude, fidélité, franchise, justesse, lucidité, lumière, loyauté, nature, naturel, netteté, objectivité, réalité, sincérité, valeur, véracité, véridicité, vraisemblance. II. Scient. : axiome, postulat, principe, science, théorème. III. Relig. : conviction, croyance, dogme, doxologie, Évangile, foi, mystère, oracle, orthodoxie, parole, prophétie, révélation, sagesse. IV. Non favorable : lapalissade, sophisme, truisme, vérité première.

VERMINE □ I. Au pr. : parasites, pouillerie, poux, puces, pucier, punaises, saleté, sanie. II. Par ext. 1. Canaille, gueuserie, populace, racaille, vérole. 2. → *vaurien.*

VERNALISATION □ Printanisation.

VERNIR □ Cirer, enduire de vernis, faire briller/luire/reluire, glacer, laquer, lisser, lustrer, peindre, protéger, retaper (péj.), vernisser.

VERNIS □ I. Au pr. : enduit, laque, peinture laquée. II. Fig. 1. *Non favorable :* apparence, brillant, croûte, dehors, écorce, teinture. 2. *Favorable :* éclat, éducation, manières, lustre, splendeur.

VERNISSAGE □ Inauguration, ouverture, présentation.

VERNISSÉ, E □ → *lustré.*

VERNISSER □ → *vernir.*

VÉROLE □ I. Mal napolitain, nase (arg.), syphilis. II. Petite vérole → *variole.* III. Par ext. → *vermine.*

VERRAT □ Cochon, goret, porc mâle, pourceau, reproducteur.

VERRE □ I. Carreau, cristal. II. → *gobelet.* III. Fam. : ballon, canon, drink, glass, gobet, godet, guindal, guinde, pot, tournée.

VERRERIE □ Par ext. 1. Verres. 2. Verroterie.

VERRIÈRE □ → *vitrail.*

VERROU □ → *loquet.*

VERROUILLER □ I. → *fermer.* II. → *enfermer.*

VERRUE □ Naevus, papillome, poireau (fam.).

VERS □ I. Mètre, poésie, rimes, rythme, verset. II. Alexandrin, décasyllabe, heptamètre, hexamètre, octosyllabe, pentamètre, tétramètre, trimètre.

VERS □ Dans la/en direction de, sur.

VERSANT □ Côte, déclin, déclivité, penchant, pente.

VERSATILE □ Capricant, capricieux, changeant, divers, fantaisiste, incertain, inconstant, indécis, inégal, instable, irrégulier, irrésolu, labile, lunatique, vacillant, volage. → *quinteux.*

VERSÉ DANS □ → *capable.*

VERSEMENT □ → *paiement.*

VERSER □ I. Au pr. : déverser, entonner, épancher, épandre, instiller, mettre, transvaser, transvider, vider. II. Par ext. 1. Arroser, couler. 2. Donner, servir. 3. Infuser, transfuser. 4. Renverser, répandre. III. Fig. 1. → *payer.* 2. → *culbuter.*

VERSIFICATEUR □ → *poète.*

VERSIFICATION ☐ Métrique, prosodie, technique poétique.

VERSIFIER ☐ Rimailler (péj.), rimer, ronsardiser.

VERSION ☐ I. → *traduction.* II. → *relation.*

VERSO ☐ → *revers.*

VERT, VERTE ☐ I. **Au pr. :** bouteille, céladon, émeraude, érugineux, gazon, glauque, jade, olive, pers, pomme, prairie, sinople, tilleul, verdâtre, verdelet, verdoyant. II. **Par ext. 1.** → *valide.* **2.** → *aigre.* **3.** → *pâle.* **4.** → *rude.*

VERTICAL, E ☐ → *perpendiculaire.*

VERTICALEMENT ☐ D'aplomb, debout, droit, *et les adv. en -ment formés avec les syn. de* VERTICAL.

VERTIGE ☐ I. **Au pr. :** déséquilibre, éblouissement, entêtement (vx), étourdissement, fumées, tournis (vét.), vapeurs, vertigo (vét.). II. **Fig. :** caprice, égarement, emballement, enivrement, folie, frisson, fumée, griserie, ivresse, trouble.

VERTIGINEUX, EUSE ☐ → *démesuré.*

VERTIGO ☐ I. → *vertige.* II. → *caprice.*

VERTU ☐ I. → *sainteté.* II. → *probité.* III. → *décence.* IV. → *prudence.* V. → *qualité.* VI. **Loc. En vertu de** → *conséquence (en).*

VERTUEUX, EUSE ☐ I. → *saint.* II. → *probe.* III. → *prudent.*

VERTUGADIN ☐ I. → *gazon.* II. → *panier.*

VERVE ☐ I. → *éloquence.* II. → *inspiration.*

VÉSANIE ☐ → *folie.*

VÉSICATOIRE ☐ → *révulsif.*

VÉSICULE ☐ I. → *bouton.* II. → *pustule.*

VESPASIENNE ☐ → *urinoir.*

VESTE ☐ I. **Au pr. :** anorak, blazer, blouson, boléro, caban, cabi, canadienne, cardigan, carmagnole, dolman (milit.), hoqueton (vx et milit.), jaquette, pet-en-l'air, pourpoint (vx), rase-pet, saharienne, soubreveste (vx et milit.), touloupe, tunique, vareuse, veston. II. **Fig.** → *insuccès.*

VESTIBULE ☐ Antichambre, entrée, galerie, hall, narthex, porche, prodromos, propylée.

VESTIGE ☐ Apparence, débris, décombres, marque, reste, ruine, trace.

VÊTEMENT ☐ I. **Neutre :** affaires, ajustement, atours, complet, costume, dessous, effets, ensemble, équipage, équipement, garderobe, habillement, habit, livrée, mise, parure, robe, sous-vêtement, survêtement, tailleur, tenue, toilette, trousseau, uniforme, vêture. → *blouse, chaussure, coiffure, gant, manteau, robe, sous-vêtement, veste.* II. **Non favorable :** accoutrement, affublement, affutiau (x), cache-misère, décrochez-moi-ça, défroque, déguisement, fringues, friperie, frusques, guenille, haillon, hardes, harnachement, harnais, harnois, nippe, pelure, roupasse, saint-frusquin, sape(s), souquenille. III. **Par ext.** → *enveloppe.*

VÉTÉRAN ☐ n. et adj. I. → *ancien.* II. → *soldat.*

VÉTÉRINAIRE ☐ Hippiatre (équit.).

VÉTILLE ☐ → *bagatelle.*

VÉTILLER ☐ → *chicaner.*

VÉTILLLEUX, EUSE ☐ Agacant, chicaneur, discordant, disputeur, formaliste, maniaque, mesquin, méticuleux, minutieux, pointilleux, puéril, regardant, tatillon, vétillard.

VÊTIR ☐ I. **Neutre :** costumer, couvrir, endosser, enfiler, mettre, prendre, revêtir. → *habiller.* II. **Non favorable :** accoutrer, affubler, caparaconner, déguiser, fagoter, ficeler, fringuer, frusquer, harnacher, nipper.

VETO ☐ → *opposition.*

VÊTU, E ☐ I. *Les part. passés possibles de* VÊTIR. II. **Fam. :** Engoncé, enharnaché. → *vêtir.*

VÉTUSTE ☐ → *vieux.*

VÉTUSTÉ ☐ → *vieillesse.*

VEULE ☐ I. → *lâche.* II. → *mou.*

VEULERIE ☐ I. → *lâcheté.* II. → *mollesse.*

VEUVAGE ☐ Solitude, viduité.

VEUVE ☐ I. **Au pr. :** douairière (péj.). II. **Fig. 1.** → *guillotine.* **2.** → *masturbation.*

VEXATION ☐ → *avanie.*

VEXATOIRE ☐ I. → *humiliant.* II. → *honteux.*

VEXER ☐ I. → *tourmenter.* II. → *aigrir.* III. **V. pron.** → *offenser (s').*

VIABLE ☐ → *vivant.*

VIADUC ☐ → *pont.*

VIANDE ☐ → *chair.*

VIATIQUE ☐ I. → *provision.* II. **Par ext. 1.** Extrême-onction, sacrement des malades/mourants, derniers sacrements. **2.** Secours, soutien.

VIBRANT, E ☐ I. → *ardent.* II. → *sonore.*

VIBRATION ☐ I. → *oscillation.* II. → *tremblement.*

VIBRER ☐ → *trembler.*

VICE ☐ I. → *imperfection, mal, sadisme.* II. **Au pr. Arg. :** éducation anglaise, cochonceté, friandise, gâterie, horreurs, passion, trucs, vicelardise.

VICE-VERSA ☐ Inversement, réciproquement.

VICIER □ → *altérer.*

VICIEUX, EUSE □ **I. Au pr. 1.** Corrompu, débauché, dépravé, dissolu, immoral, mauvais, obscène, pervers, perverti, sadique, taré. **2. Arg. ou fam. :** tordu, vachard, vicelard, viceloque. **II. Par ext. 1.** → *indocile.* **2.** → *imparfait.*

VICISSITUDE □ → *variation.*

VICTIME □ Bouc émissaire, hostie, jouet, martyr, plastron, proie, souffre-douleur, tête de Turc.

VICTOIRE □ → *succès.*

VICTORIEUX, EUSE □ → *vainqueur.*

VICTUAILLES □ **I.** → *provision.* **II.** → *subsistances.*

VIDANGE □ **I.** → *écoulement.* **II.** → *nettoiement.*

VIDANGER □ → *vider.*

VIDE □ **I. Adj. 1. *D'un contenant privé de son contenu :*** abandonné, débarrassé, dégarni, démuni, désempli, lège (mar.), à sec. **2. *D'un lieu sans occupants, sans vie :*** aride, dénudé, dépeuplé, dépouillé, dépourvu, désert, désertique, improductif, inculte, inhabité, inoccupé, libre, net, nu, sec, stérile, vacant, vague (terrain). **3.** Creux. **4. Fig. :** bête, bouffi, boursouflé, creux, enflé, futile, insignifiant, insipide, inutile, léger, morne, nul, pauvre, plat, prétentieux, vague, vain. **II. Nom. 1.** Cosmos, espace. **2.** Néant, vacuité. **3.** → *excavation.* **4.** → *trou.* **5.** Blanc, espace, interruption, lacune, manque. **6. Fig.** → *vanité.*

VIDER □ **I. Au pr. :** assécher, désemplir, dessécher, enlever, évacuer, excréter, nettoyer, tarir, transvaser, transvider, vidanger. **II. Par ext. :** abandonner, débarrasser, décharger, déménager, dépeupler, évacuer, laisser la place, partir. **III. Fig. 1.** → *congédier.* **2.** → *fatiguer.* **3.** → *finir.*

VIDIMER □ **Jurid. :** conformer. → *comparer.*

VIDUITÉ □ Solitude, veuvage.

VIE □ **I. Au pr. :** destin, destinée, être, existence, jours, sort, temps. **II. Par ext. 1.** → *activité.* **2.** → *vivacité.* **3.** → *histoire.* **III. Fig.** → *discussion.* **IV. Loc. En vie** → *vivant.*

VIEILLARD □ **I. Neutre :** ancien, grand-père, homme âgé, patriarche, vieil homme, vieilles gens, vieux, vieux monsieur. **II. Non favorable :** baderne, barbon, bibard, birbe, clignotard, croulant, déchetoque, fossile, géronte, grime, grison, peinard, pépé, roquentin (vx), vieille barbe, vieux birbe/bonze/chose/machin/schnock/truc, viocard, vioque.

VIEILLE □ **I. Neutre :** ancienne, femme âgée/d'âge canonique, grand-mère, veuve, vieille dame/femme. **II.**

Non favorable : bonne femme, douairière, rombière. → *vieillard.*

VIEILLERIE □ **I. Au pl. :** bric-à-brac. → *brocante.* **II.** → *poncif.* **III.** → *vieillesse.*

VIEILLESSE □ **I. De quelqu'un. 1. Neutre :** abaissement, affaiblissement, troisième âge, vieillissement. **2. Non favorable :** caducité, décadence, décrépitude, gérondisme, sénescence, sénilisme, sénilité, vieillerie, vioquerie (fam.). **II. De quelque chose :** abandon, ancienneté, antiquité, décrépitude, désuétude, obsolescence, vétusté.

VIEILLIR □ **I. V. intr. :** dater, être démodé, n'être plus dans la course (fam.), passer de mode. **Fam. :** bibarder, clignoter, n'être plus coté à l'argus/dans la course, prendre du carat, sucrer les fraises, vioquir. **II. V. tr. :** désavantager.

VIEILLOT, OTTE □ **I.** → *vieux.* **II.** → *âgé.*

VIERGE □ **I. Nom. 1. Au pr. :** jeune fille, pucelle, rosière, vestale. **2.** Bonne Dame/Mère, Madone, Marie, Mère de Dieu, Notre-Dame, Pietà. **II. Adj. 1.** Puceau, pucelle. **2. Par ext. :** brut, innocent, intact, neuf, nouveau, sans tache. → *pur.*

VIEUX □ **I. Nom. 1.** → *vieillard.* **2.** → *vieille.* **II. Adj. 1. Neutre :** âgé et ancien. **2. Par ext. Non favorable :** amorti, antédiluvien, antique, archaïque, arriéré, caduc, décrépit, démodé, dépassé, désuet, fatigué, gothique, hors service, moyenâgeux, obsolescent, obsolète, révolu, rococo, sénile, suranné, usagé, usé, vétuste, vieillot. **3. Arg. ou fam. :** bibard, bibardu, croulant, hachesse, plus coté (à l'argus), viocard, vioque.

VIF, VIVE □ **I. Au pr. Quelqu'un. 1. Favorable :** actif, agile, alerte, allègre, animé, ardent, brillant, chaleureux, dégagé, déluré, dispos, éveillé, fougueux, frétillant, fringant, gaillard, guilleret, ingambe, intelligent, léger, leste, mobile, ouvert, pétillant, pétulant, primesautier, prompt, rapide, sémillant, verveux, vivant. **2. Non favorable :** aigre, amer, brusque, emporté, excessif, injurieux, irritant, mordant, nerveux, tride (équit.), violent. **II. Par ext. 1. Quelque chose :** acide, aigre, aigu, âpre, criard, cru, cuisant, douloureux, exaspéré, excessif, expéditif, frais, froid, intense, pénétrant, percant, piquant, vivace. **2. Le style :** animé, brillant, coloré, délié, éclatant, nerveux, pressé, sensible.

VIF-ARGENT □ → *mercure.*

VIGIE, VIGILE □ → *veilleur.*

VIGILANCE □ → *attention.*

VIGILANT, E □ → *attentif.*

VIGNE □ **I.** Lambruche, lambrusque,

pampre, treille. → *raisin.* II. Château (bordelais), clos, hautin, terroir, vignoble.

VIGNERON, ONNE □ Vendangeur, viticulteur.

VIGNETTE □ → *image.*

VIGNOBLE □ → *vigne.*

VIGOUREUX, EUSE □ → *fort.*

VIGUEUR □ → *force.*

VIL, VILE □ Abject, affreux, avili, banal, bas, commun, corrompu, dépravé, déprécié, dernier, grossier, ignoble, impur, inculte, indigne, infâme, innommable, insignifiant, lâche, laid, méprisable, méprisé, mesquin, misérable, monstrueux, ordinaire, plat, rampant, ravalé, repoussant, rustre, sale, servile, vilain, vulgaire.

VILAIN, AINE □ I. Adj. *1.* → *méchant.* *2.* → *laid.* *3.* → *avare.* II. Nom → *paysan.*

VILEBREQUIN □ → *perceuse.*

VILENIE □ I. → *bassesse.* II. → *méchanceté.* III. → *injure.*

VILIPENDER □ Abaisser, attaquer, avilir, bafouer, berner, conspuer, crier haro sur, critiquer, déconsidérer, décrier, dénigrer, déprécier, déshonorer, détracter, diffamer, dire pis que pendre, discréditer, disqualifier, flétrir, honnir, huer, injurier, insulter, mépriser, mettre plus bas que terre, rabaisser, ravaler, salir, siffler, souiller, traîner dans la boue/fange/aux gémonies, tympaniser (vx), vitupérer, vouer aux gémonies.

VILLA □ Bungalow, cabanon, chalet, chartreuse, cottage, folie, pavillon.

VILLAGE □ Agglomération, bled (péj.), bourg, bourgade, cité, commune, écart, endroit, feux (vx), hameau, localité, ménil (vx), paroisse, pâté de maisons, patelin (fam.), petite ville, trou (péj.).

VILLAGEOIS, VILLAGEOISE □ n. et adj. → *paysan.*

VILLE □ → *village* et *agglomération.*

VILLE D'EAUX □ → *station.*

VILLÉGIATURE □ → *séjour.*

VIN □ I. Au pr. : cru, production, produit. II. Fam. et péj. : abondance, beaujolpif, bibine, bistrouille, bromure, brouille-ménage, brutal, carburant, ginglard, ginglet, gros-qui-tache, jinjin, mazout, ouvre-cuisses, piccolo, pichteau, pichtegorne, picrate, picton, pinard, piquette, pousse-au-crime, pive, piveton, reginglard, rouquemoute, rouquin, tisane, tutu, tutute, vinasse. III. Par ext. : chopine, litre, litron, quille.

VINDICATIF, IVE □ → *rancunier.*

VINDICTE □ → *vengeance.*

VINÉE □ Récolte, vendange. → *cave.*

VIOL □ → *violence.*

VIOLATION □ Atteinte, contravention, dérogation, désobéissance, entorse, infraction, inexécution, inobservance, inobservation, manquement, outrage, profanation, transgression, violement (vx).

VIOLENCE □ I. Au pr. : agressivité, animosité, ardeur, chaleur, colère, déchaînement, démence, démesure, dureté, effort, énergie, exacerbation, fougue, frénésie, fureur, furie, impétuosité, intensité, irascibilité, puissance, véhémence, virulence, vivacité. II. Par ext. *Des actes de violence.* *1.* Agitation, émeute, pogrom, révolte, révolution. *2.* Agression, attentat, brutalité, contrainte, coups et blessures, excès, mal, sévices. *3.* Défloraison, défloration, profanation, viol.

VIOLENT, ENTE □ I. Au pr. : agressif, ardent, brusque, brutal, cassant, coléreux, concentré, cruel, déchaîné, dément, démesuré, dur, énergique, enragé, exacerbé, excessif, extrême, farouche, fort, fougueux, frénétique, furieux, impétueux, injurieux, irascible, puissant, rude, sanguinaire, tempétueux, terrible, tranchant, truculent (vx), véhément, vif, vigoureux, virulent. II. Par ext. *1.* Convulsif, délirant, fébrile. *2.* Fulgurant, épouvantable, terrible. *3.* Aigu, carabiné, cruel, cuisant, douloureux, intense, poignant, vivace.

VIOLENTER □ → *obliger.*

VIOLER □ I. *Une règle* : braver, contrevenir/déroger à, désobéir, enfreindre, fausser, manquer à, passer pardessus, tourner, trahir, transgresser, vicier. II. *Quelqu'un, une réputation* : blesser, déflorer, forcer, outrager, polluer, porter atteinte à, profaner, prostituer, souiller, violenter. III. Loc. *1. Violer sa foi/parole* : se parjurer. *2. Violer un secret* : trahir, vendre.

VIOLET, ETTE □ Aubergine, lie-de-vin, lilas, mauve, parme, pourpre, prune, violine, zinzolin. Loc. *Bois de violette* : palissandre.

VIOLON □ I. Au pr. : alto, basse, basse de viole, crincrin (péj.), viole. II. → *violoniste.* III. → *prison.*

VIOLONISTE □ Ménétrier (vx), musicien, premier/second violon, soliste, violoneux (vx), virtuose.

VIPÈRE □ I. Au pr. : aspic, céraste, guivre, ophidien, péliade, serpent, vipereau, vouivre. → *reptile.* II. Fig. → *méchant.*

VIPÉRIN, E □ I. → *malveillant.* II. → *méchant.*

VIRAGE □ Coude, courbe, épingle à cheveux, lacet, tournant.

VIRAGO □ Carne, carogne, charogne, dame de la halle, dragon, forte-en-gueule, gendarme, grenadier, grognasse, harangère, harpie, largue, maritorne, mégère, poison, poissarde, pouffiasse, rombière, tricoteuse (vx).

VIREMENT □ Transfert. → *paiement.*

VIRER, VIREVOLTER □ → *tourner.*

VIREVOLTE □ → *changement.*

VIRGINAL, E □ → *pur.*

VIRGINITÉ □ **I. Au pr.** : hymen, pucelage. **Arg.** : berlingue, cuti. **II. Fig.** : fleur, ruban. **III. Par ext.** : blancheur, candeur, chasteté, innocence, intégrité, pureté, vertu.

VIRIL, VIRILITÉ □ **I.** → *mâle.* **II.** → *sexe.*

VIRTUALITÉ □ → *possibilité.*

VIRTUEL, ELLE □ → *possible.*

VIRTUOSE □ Aigle, as (fam.), maestro, maître, musicien, soliste.

VIRTUOSITÉ □ → *habileté.*

VIRULENCE □ → *violence.*

VIRULENT, E □ → *violent.*

VIRUS □ → *poison.*

VISA □ Approbation, attestation, autorisation, licence, passeport, sceau, validation.

VISAGE □ **I. Au pr. 1.** Face, faciès, figure, frimousse, masque, minois, tête, traits. **2. Fam.** : balle, bille, binette, bobine, bouille, fiole, gueule, hure, margoulette, mufle, museau, nez, poire, pomme, portrait, trogne, trombine, trompette, tronche. → *tête.* **3.** Effigie, mascaron, masque. **II. Par ext. 1.** Air, apparence, aspect, attitude, contenance, expression, maintien, mine, physionomie. **2.** Caractère, personnage, personnalité, type. **III. Fig.** : configuration, conformation, couleur, dehors, disposition, extérieur, forme, tournure.

VISAGISTE □ Esthéticien(ne).

VIS-À-VIS □ **I. Adv. et loc. prép.** : à l'opposite, en face, en regard, face à face, nez à nez. **II. Nom. 1.** *Quelqu'un* : voisin d'en face. **2.** Face à face, tête-à-tête.

VISCÉRAL, E □ → *inné.*

VISCÈRE □ **I. De l'homme** : boyaux, entrailles, intestin, tripes (fam.). **II. Des animaux** : fressure, tripes.

VISCOSITÉ □ → *épaisseur.*

VISÉE □ → *but.*

VISER □ **I. Au pr.** : ajuster, bornoyer, coucher en joue, mirer, pointer, regarder. **II. Par ext. 1.** Aviser, lorgner, regarder. **2.** Concerner. **III. Fig.** : ambitionner, chercher, désirer, poursuivre, prétendre à, rechercher, tâcher à, tendre à, vouloir. **IV.** → *examiner.* **V.** Apostiller, authentifier, valider.

VISIBILITÉ □ → *clarté.*

VISIBLE □ **I. Au pr.** : apercevable, apparent, distinct, manifeste, net, observable, ostensible, perceptible, percevable, voyant. **II. Fig.** : clair, évident, facile, flagrant, manifeste, ostensible.

VISION □ **I. Au pr.** → *vue.* **II.** → *apparition.* **III.** Chimère, fantasme *ou* phantasme, hallucination, hantise, idée, illusion, image, intuition, mirage, obsession, pressentiment, représentation, rêve, rêverie. → *imagination.*

VISIONNAIRE □ n. et adj. **I.** → *voyant.* **II. Favorable** : anticipateur, génie, phare, prophète. **III. Non favorable** : chimérique, déraisonnable, extravagant, halluciné, illuminé, imaginatif, obsédé, rêveur, songe-creux, utopiste.

VISITE □ **I. Au pr. 1.** *On visite quelqu'un* : audience, démarche, entrevue, réception, rencontre, tête-à-tête, visitation (vx). **2.** *On visite quelque chose* : contrôle, examen, expertise, fouille, inspection, ronde, tournée. **3.** *Un pays* : excursion, tour, tournée, voyage. **4.** *De police* : descente, perquisition, transport. **5.** *Un bateau* : arraisonnement. **II. Par ext. 1.** → *consultation.* **2.** → *visiteur.*

VISITER □ **I.** → *examiner.* **II.** → *fréquenter.* **III.** → *voir.*

VISITEUR □ **I.** Contrôleur, enquêteur, examinateur, explorateur, inspecteur, receptionnaire. → *vendeur.* **II.** Hôte, visite. **III.** Amateur, estivant, excursionniste, promeneur, spectateur, touriste, vacancier, villégiaturiste, voyageur.

VISQUEUX, EUSE □ **I. Au pr.** : adhérent, collant, épais, gluant, glutineux, gommeux, graisseux, gras, huileux, poisseux, sirupeux, tenace. **II. Par ext.** : chassieux, glaireux. **III. Fig.** → *abject.*

VISSER □ **I. Au pr.** : assujettir, attacher, fixer, immobiliser, joindre, river, sceller, serrer. **II. Fig.** : serrer la vis, tenir/traiter sévèrement.

VITAL, E □ → *principal.*

VITALITÉ □ → *vivacité.*

VITE □ **I. Adj. 1.** → *rapide.* **2.** → *dispos.* **II. Adv.** : à toute vitesse, au galop/trot, à la volée, en un/clin d'œil/tour de main/tournemain, bientôt, brusquement, comme l'éclair, dare-dare, en hâte, hâtivement, précipitamment, prestement, presto, prestissimo, promptement, raide, rapidement, rondement, subito, tôt, vivement. **Arg. ou fam.** : à fond de train /tombeau ouvert/tout berzingue/ toute biture/toute blinde/ toute pompe/vibure, comme un dard/un lavement/un pet (sur une toile cirée), en cinq sec, et que ca saute, ficelle, fissa, rapidos, vinaigre. **III. Loc. 1. À la va-vite :** à la va-comme-je-te-pousse, bâclé, expédié, liquidé, gâché, saboté, sabré, torché. **2. Au plus vite :** à l'instant, immédiatement, tout de suite.

VITESSE □ Agilité, célérité, diligence, hâte, précipitation, presse, prestesse, promptitude, rapidité, vélocité, vivacité.

VITICOLE □ Vinicole.

VITICULTEUR □ Vigneron.

VITRAIL □ Châssis, panneau, rosace, rose, verrière.

VITRE □ **I. Au pr. :** carreau, glace, verre. **II. Par ext. 1.** → *fenêtre*. **2.** Pare-brise. **3.** Devanture, étalage, montre, vitrine.

VITREUX, EUSE □ Blafard, blême, cadavérique, décoloré, éteint, livide, pâle, terne, terreux, voilé.

VITRINE □ → *étalage*.

VITUPÉRATION □ → *réprobation*.

VITUPÉRER □ **I. V. tr.** → *blâmer*. **II. V. intr. :** déblatérer, s'indigner.

VIVACE □ **I.** → *rustique*. **II.** → *vivant*.

VIVACITÉ □ **I.** → *vitesse*. **II.** Activité, alacrité, allant, allégresse, animation, ardeur, brio, éclat, entrain, gaieté, légèreté, mordant, pétulance, vie, vigueur, violence, vitalité.

VIVANT, E □ **I. Au pr. :** animé, en vie, viable, vivace. **II. Par ext. :** actif, animé, bien allant, debout, énergique, existant, force de la nature, fort, ranimé, remuant, résistant, ressuscité, sain et sauf, sauvé, survivant, tenace, trempé, valide, vif, vigoureux. **III. Loc. Bon vivant :** boute-en-train, farceur, (bonne) fourchette, gai luron, joyeux compagnon/drille.

VIVAT □ → *acclamation*.

VIVEMENT □ Ardemment, beaucoup, fortement, intensément, profondément. → *vite*.

VIVEUR □ → *débauché*.

VIVIFIANT, E □ **I. Au pr. :** aiguillonnant, cordial, excitant, fortifiant, généreux, nourrissant, ranimant, ravigotant (fam.), réconfortant, reconstituant, remontant, revigorant, roboratif, stimulant, tonique. **II. Fig. :** encourageant, exaltant.

VIVIFIER □ Activer, agir sur, aiguillonner, animer, créer, donner le souffle, donner/insuffler l'âme/la vie, encourager, exciter, faire aller, fortifier, imprégner, inspirer, nourrir, ranimer, réconforter, tonifier.

VIVOTER □ Aller doucement/son petit bonhomme de chemin/son petit train, subsister, végéter.

VIVRE □ **I. V. intr. 1. Neutre :** être animé/au monde, exister, durer, respirer. **2. Péj. :** croupir, s'endormir, se laisser aller, pourrir, végéter. **3.** → *habiter*. **4.** Se conduire. → *agir*. **5.** Se consacrer à, se dévouer, se donner à. **6.** Consommer, se nourrir de. **II. V. tr. 1.** Éprouver, expérimenter, faire l'épreuve/l'expérience de. **2. Loc. Vivre des jours heureux :** couler, passer du bon temps.

VIVRES □ **I.** → *provisions*. **II.** → *subsistance*.

VOCABLE □ → *mot*.

VOCABULAIRE □ **I.** → *dictionnaire*. **II. Par ext. :** correction, expression, langage, langue.

VOCALISE □ Entraînement, exercice, roulade, trilles, virtuosité.

VOCALISER □ → *chanter*.

VOCATION □ → *disposition*.

VOCIFÉRATION □ → *cri*.

VOCIFÉRER □ v. tr. et intr. → *crier*.

VŒU □ **I.** → *serment*. **II.** → *souhait*. **III.** → *demande*.

VOGUE □ **I.** → *cours*. **II.** → *mode*.

VOIE □ **I. Au .pr. :** Allée, artère, autoroute, autostrade, avenue, axe, boulevard, canal, chaussée, chemin, chenal, cours, draille, impasse, laie, layon, levée, passage, piste, promenade, réseau, rocade, route, rue, ruelle, sente, sentier, traboule (à Lyon). **II. Fig. :** brisées, canal, carrière, chemin, conduite, dessein, exemple, ligne, marche, sillage, sillon, trace. **III.** → *moyen*. **IV. 1. Voie ferrée :** ballast, ligne, rails, talus. **2. Par ext. :** chemin de fer. S.N.C.F., train.

VOILE □ Fig. → *manteau*.

VOILÉ, E □ **I.** → *sourd*. **II.** Affaibli, assourdi, atténué, caché, déguisé, dissimulé, invisible, masqué, mystérieux, obscur, secret, tamisé, travesti, terne. **III.** → *vitreux*.

VOILER □ → *cacher*.

VOIR □ **I. Au pr. :** apercevoir, aviser, considérer, contempler, découvrir, discerner, distinguer, dominer, embrasser, entrevoir, examiner, loucher sur (fam.), mater (fam.), observer, percevoir, regarder, remarquer, repérer, saisir du regard, surplomber, viser, visionner, zieuter (fam.). **II. Fig. 1. Se représenter par la pensée :** apercevoir, apprécier, comprendre, concevoir, connaître, considérer, constater, découvrir, discerner, distinguer, envisager, se figurer, imaginer, juger, observer, regarder, se représenter, trouver. **2.** Assister à, visiter. **3.** Avoir la vue sur, donner sur, être exposé à, planer sur. **4.** Contrôler, inspecter, inventorier, noter, remarquer, prendre garde à, surprendre, vérifier. **5.** Imaginer, prévoir, représenter. **6.** Écouter, examiner, jauger, réfléchir. **III. Loc. 1.**

Faire voir : apprendre, faire apparaître, découvrir, démonter, démontrer, dévoiler, étaler, exhiber, exposer, faire entrevoir/paraître, montrer, présenter, prouver, révéler. *2. Voir le jour.* → *naître.*

VOIRE □ I. Vrai, vraiment. II. Aussi, même.

VOIRIE □ I. Voies publiques. II. Entretien, ponts et chaussées. III. Bourrier, champ d'épandage, décharge, dépotoir, immondices, ordures.

VOISIN □ n. et adj. → *prochain.*

VOISINAGE □ → *proximité.*

VOISINER □ → *fréquenter.*

VOITURE □ **I. Génér.** : attelage, équipage, moyen de transport, véhicule. **II. À cheval. 1.** *De promenade ou de voyage :* berline, berlingot, boghei, break, briska, buggy, cab, cabriolet, calèche, carrosse, chaise, char, coche, coucou, coupé, derby, diligence, dog-cart, dormeuse, drag, fiacre, landau, landaulet, litière, locatis, mail-coach, malle, maringote, milord, omnibus, patache, phaéton, sapin (fam.), sulky, tandem, tapecul, tapissière, téléga, tilbury, tonneau, traîneau, troïka, victoria, vinaigrette, vis-à-vis, wiski. *2. De travail :* bétaillère, binard, camion, carriole, char, chariot, charrette, chasse-marée, corbillard, éfourceau, fardier, guimbarde, haquet, limonière, tombereau, trinqueballe, truck. *3. Milit. :* ambulance, caisson, fourgon, fourragère, prolonge. **III. À moteur. 1.** *Au pr. :* auto, automobile, berline, conduite intérieure, coupé, familiale, limousine, roadster, torpédo. *2. Utilitaire :* ambulance, camionnette, commerciale, fourgon, fourgonnette, taxi. *3. De gros tonnage :* autobus, autocar, benne, bétaillère, camion, car, tracteur. *4. Fam. :* bagnole, bahut, bousine, caisse, charrette, chignole, chiotte, clou, ferraille, guimbarde, guinde, hotte, tacot, tire, veau. **IV. À bras. 1.** *De travail :* baladeuse, brouette, charrette à bras, jardinière, pousse-pousse. *2. D'enfant :* landau, poussette. **V. Chemin de fer :** benne, citerne, fourgon, plateau, wagon. **VI. De police :** car, panier à salade, voiture cellulaire.

VOITURER □ → *transporter.*

VOITURIER □ I. Camionneur, routier, transporteur. II. Charretier, cocher, roulier, voiturin (vx). III. Fam. : automédon.

VOIX □ I. Articulation, parole, phonation, son. II. → *bruit.* III. Par ext. **1.** Accord, approbation, assentiment, suffrage, vote. **2.** *D'animaux :* aboiement, chant, cri, grondement, hurlement, plainte. **3.** *Chant humain :* baryton, basse, basse-taille, castrat, contralto, dessus, haute-contre, mezzo-

soprano, sopraniste, soprano, taille (vx), ténor, ténorino. **IV. Fig. 1.** Appel, avertissement, impulsion, inspiration, manifestation divine/surnaturelle. **2.** Avis, jugement, opinion.

VOL □ Décollage, envol, essor, lévitation, trajet aérien, volée.

VOL □ Abus de confiance, appropriation, brigandage, cambriolage, carambouille, détournement, effraction, enlèvement, entôlage, escroquerie, filouterie, flibuste, fric-frac, friponnerie, grappillage, grivèlerie, hold-up, indélicatesse, larcin, malversation, maraudage, maraude, pillage, piraterie, racket, rapine, resquille, soustraction, spoliation, stellionat, subtilisation, vol à l'étalage/à la gare/à la rendez-moi/à la roulotte/à la tire, volerie. **Arg. :** arnaque, baluchonnage, barbotage, braquage, cambriole, carotte, casse, cassement, chourave, coup, dégringolage, dépouille, entôlage, fauche, tire, turbin.

VOLAGE □ → *changeant.*

VOLAILLE □ **I.** Canard, cane, canette, caneton, chapon, coq, dinde, dindon, dindonneau, jars, oie, oison, pintade, pintadeau, poule, poulet, poussin, volatile. II. Basse-cour.

VOLANT □ I. Navigant. II. Marge, stock. III. → *changeant.*

VOLATILE □ → *oiseau.*

VOLATILISATION □ → *vaporisation.*

VOLATILISER (SE) □ I. Au pr. → *vaporiser (se).* II. Fig. → *disparaître.*

VOL-AU-VENT □ Bouchée à la reine, timbale.

VOLCANIQUE □ → *impétueux.*

VOLÉE □ I. Envol, essor. II. → *troupe.* III. → *rang.* IV. → *décharge.* V. Avoine, bastonnade, branlée, brossée, correction, danse, déculottée, dégelée, dérouillée, fessée, fricassée, frottée, peignée, pile, plumée, rossée, roulée, rouste, secouée, tannée, tatouille, tournée, trempe, tripotée, valse. → *torgnole.* VI. **Loc.** *À la volée* → *vite.*

VOLER □ **I. Aller en l'air. 1. Au pr. :** s'élever, s'envoler, flotter, monter, planer, pointer, prendre son envol/essor, tournoyer, voleter, voltiger. **2. Par ext.** → *courir.* **3. Fig. :** s'émanciper. **II. Prendre à autrui. 1. Voc. courant :** s'approprier, attraper, brigander, cambrioler, démunir, déposséder, dépouiller, dérober, détourner, détrousser, dévaliser, dilapider, distraire, s'emparer de, enlever, escamoter, escroquer, estamper, exploiter, extorquer, faire disparaître, filouter, flouer, friponner, frustrer, grappiller, gripper (vx), griveler, gruger, marauder, piller, piper, prendre, prévariquer, rançonner, rapiner, ravir, rouler, soustraire, soutirer, spolier, subtiliser, tromper. **2. Fam. ou arg. :** acheter à la foire d'empoigne, alléger, arranger, balluchonner, barboter, braquer, buquer, butiner, cabasser, carotter, casser, chaparder, charrier, chauffer, chiper, choper, chouraver, chourer, cogner, cravater, dégringoler, délester, écorcher, effacer, effaroucher, embusquer, empaumer, empiler, emplâtrer, engourdir, entôler, entuber, étouffer, étriller, fabriquer, faire un casse/main basse/sa main/aux pattes, faucher, fricoter, grappiller, gratter, griffer, grinchir, grouper, harper, kidnapper, peler, piquer, pirater, rafler, ratiboiser, rectifier, refaire, repasser, retrousser, rifler, rincer, saigner, secouer, serrer, soulager, straffer, tirer, tondre, truander, voler à la gare/à la poisse/à la rendez-moi/à la roulotte/à la tire.

VOLERIE □ → *vol.*

VOLET □ **I.** Contrevent, jalousie, persienne. **II.** Déflecteur, extrados, intrados.

VOLETER □ → *voltiger.*

VOLEUR, VOLEUSE □ Aigrefin, bandit, bonneteur (vx), brigand, briseur, cambrioleur, canaille, carambouilleur, casseur, chenapan, chevalier d'industrie, cleptomane, concussionnaire, coquin, corsaire, coupe-jarret, coupeur de bourses (vx), crapule, déprédataire, détrousseur, escamoteur, escogriffe (vx), escroc, falsificateur, filou, flibustier, forban, fraudeur, fripon, fripouille, grappilleur, kleptomane, larron, laveur de chèques, leveur, maître chanteur, malandrin, malfaiteur, maraudeur, monte-en-l'air, pègre, pick-pocket, pillard, pipeur (vx), piqueur, pirate, racketteur, rat d'hôtel, spoliateur, tire-laine (vx), tricheur, tripoteur, truand, vaurien, vide-gousset, voleur à l'étalage/à la gare/à la poisse/à la rendez-moi/à la roulotte/à la tire. → *malhonnête.* **Arg. :** arcan, arcandier, baluchonneur, braqueur, careur, caroubleur, chouraveur, fourche, fricfraqueur, grinche, marcheur, pègreleux, pégriot, poisse, roulottier, tireur.

VOLIÈRE □ → *cage.*

VOLONTAIRE □ **I. Favorable** → *bénévole.* **II. Non favorable. 1.** → *têtu.* **2.** → *indocile.*

VOLONTAIREMENT □ À bon escient, à dessein, de propos délibéré, délibérément, exprès, intentionnellement, volontiers.

VOLONTÉ □ **I. Au pr. 1.** Caractère, courage, cran, décision, détermination, énergie, fermeté, force d'âme, initiative, obstination, opiniâtreté, résolution, ressort, ténacité, vouloir. **2. Ce qu'on veut :** désir, dessein,

détermination, exigence, intention, résolution, souhait, vœu, volition. **3. Philos. :** libre-arbitre, liberté. **4. Non favorable :** parti pris, velléité. **II. Loc. 1. À volonté :** ad libitum, à discrétion, à gogo (fam.), à loisir, à satiété, en-veux-tu-en-voilà. **2. Bonne volonté** → *bienveillance.* **3. Mauvaise volonté** → *malveillance.* **4. Selon votre volonté :** caprice, choix, décret, désir, gré, guise, mode, plaisir, tête.

VOLONTIERS □ Aisément, bénévolement, de bon cœur/gré, de bonne grâce, facilement, gracieusement, habituellement, naturellement, ordinairement, par nature/habitude/tendance.

VOLTAIRIEN, ENNE □ Anticlérical, athée, caustique, esprit fort, jacobin, libéral, libre penseur, non-conformiste, républicain, sceptique.

VOLTE □ → *tour.*

VOLTE-FACE □ → *changement.*

VOLTIGE □ Saut. → *acrobatie.*

VOLTIGER □ Aller et venir, flotter, papillonner, voler, voleter.

VOLUBILE □ **I.** → *tordu.* **II.** → *bavard.*

VOLUBILITÉ □ → *faconde.*

VOLUME □ **I.** In-folio/quarto/octavo/douze/seize/dix-huit/vingt-quatre/trente-deux. → *livre.* **II.** Ampleur, calibre, capacité, contenance, cubage, densité, grosseur, mesure.

VOLUMINEUX, EUSE □ → *gros.*

VOLUPTÉ □ **I. Au pr. :** délectation, délices, épectase (fam.) jouissance, lasciveté, lascivité, pied (fam.), sybaritisme → *orgasme, plaisir, sensualité.* **II. Par ext. :** caresse, débauche, érotisme, mollesse.

VOLUPTUEUX, EUSE □ **I.** → *sensuel.* **II.** → *libertin.*

VOLUTE □ Arabesque, enroulement, serpentin.

VOMI □ Vomissure. → *souillure.* **Arg. :** dégueulis, fusée, gerbe, queue de renard.

VOMIR □ **I. Au pr. 1. Voc. courant :** chasser, cracher, dégorger, évacuer, expulser, regorger (vx), régurgiter, rejeter, rendre, restituer. **2. Arg. :** aller au renard/refile, compter ses chemises, débagouler, déballer, débecter, dégobiller, dégueuler, gerber, lâcher une fusée, mettre le cœur sur le carreau (vx), renarder, rendre gorge (vx). **II. Par ext. :** dire, exécrer, honnir, jeter, lancer, proférer, souffler.

VOMITIF, IVE □ Émétique, vomique, vomitoire.

VORACE □ Affamé, avide, dévorant, glouton, goinfre, goulu, gourmand, inassouvi, insatiable.

VORACITÉ □ Appétit, avidité, gloutonnerie, goinfrerie, gourmandise, insatiabilité.

VOTE □ Consultation, élection, plébiscite, référendum, scrutin, suffrage, urnes, votation, voix.

VOTER □ v. intr. et tr. → *opiner.*

VOUÉ, E □ Consacré, prédestiné, promis.

VOUER □ **I. Au pr.** *Favorable :* appliquer, attacher, consacrer, dédier, destiner, dévouer, donner, offrir, prédestiner, promettre, sacrifier. **II. Fig.** *Non favorable :* appeler sur, condamner, flétrir, honnir. **III. V. pron.** → *adonner (s').*

VOULOIR □ n. → *volonté.*

VOULOIR □ Ambitionner, appéter, arrêter, aspirer à, avoir dans l'idée/en tête/envie/l'intention de, brûler de, commander, convoiter, décider, désirer, entendre, s'entêter, envier, exiger, guigner, prétendre à, s'obstiner, s'opiniâtrer, réclamer, rêver, souhaiter, soupirer après, tenir à, viser. **Fam. :** goder, lorgner/loucher sur, saliver.

VOÛTE □ Arc, arcade, arceau, arche, berceau, cintre, coupole, dais, dôme, voussure.

VOÛTÉ, E □ Bossu, cintré, convexe, courbe, rond.

VOÛTER (SE) □ → *courber (se).*

VOYAGE □ **I.** Balade, circuit, croisière, déplacement, excursion, itinéraire, navigation, odyssée, passage, pérégrination, périple, promenade, randonnée, raid, rallye, route, tour, tourisme, tournée, trajet, transhumance, transport, traversée, va-et-vient. **II.** Campagne, exode, expédition, exploration, incursion, pèlerinage.

VOYAGER □ Aller et venir, se balader, bourlinguer, se déplacer, excursionner, faire un voyage *et les syn. de* VOYAGE, naviguer, pérégriner, se promener, se transporter.

VOYAGEUR, EUSE □ n. et adj. **I. Au pr. :** excursionniste, explorateur, globe-trotter, nomade, passager, promeneur, touriste. **II. Par ext. :** étranger. **III. Loc.** *Voyageur de commerce :* ambulant, commis-voyageur, courtier, démarcheur, démonstrateur, itinérant, placier, représentant, visiteur, V.R.P.

VOYANT, E □ **I. Nom :** cartomancienne, devin, diseur de bonne aventure, divinateur, extralucide, fakir, halluciné, illuminé, inspiré, magicien, prophète, pythonisse, sibylle, visionnaire. **II. Adj. :** bariolé, coloré, criant, criard, éclatant, évident, indiscret, manifeste, tapageur, tape-à-l'œil.

VOYEUR □ Mateur (arg.), regardeur (vx).

VOYOU □ **I.** → *gamin.* **II.** → *vaurien.*

VRAC (EN) □ Pêle-mêle, tout-venant.

VRAI, E □ **I. Au pr.** *Quelqu'un ou quelque chose :* assuré, authentique, avéré, certain, confirmé, conforme, crédible, démontré, droit, effectif, exact, existant, évident, fiable, fondé, franc, historique, incontestable, juste, logique, loyal, mathématique, net, objectif, orthodoxe, positif, pur, réel, sérieux, sincère, strict, sûr, véridique, véritable, vraisemblable. **II. Par ext.** *1. Quelque chose* → *principal. 2. Quelqu'un* → *fidèle.*

VRAIMENT □ Certainement, effectivement, en effet, réellement, sérieusement, véritablement, en vérité, à vrai dire, vrai, voire (vx).

VRAISEMBLABLE □ Apparent, crédible, croyable, plausible. → *vrai.*

VRAISEMBLANCE □ Apparence, crédibilité, présomption, probabilité.

VRILLE □ **I.** Attache, cirre, filament. **II. Par ext. :** drille, foret, mèche, percerette, queue de cochon, taraud, tarière. → *perceuse.* **III.** → *lesbienne.*

VRILLÉ, E □ → *tordu.*

VROMBIR □ Bourdonner, brondir, bruire, ronfler, rugir.

VROMBISSEMENT □ Brondissement.

VUE □ **I. Au pr. 1.** *Action de voir :* œil, optique, regard, vision. **2.** *Facon de voir :* aspect, optique, ouverture, perspective, présentation, vision. **3.** *Ce qu'on voit :* apparence, apparition, coup d'œil, dessin, étendue, image, ouverture, panorama, paysage, perspective, point de vue, site, spectacle, tableau, vision. **II. Fig. 1.** → *opinion.* **2.** → *but.*

VULGAIRE □ **I. Adj. :** banal, bas, béotien, bourgeois, brut, canaille, commun, courant, effronté, épais, faubourien, gouailleur, gros, grossier, insignifiant, matériel, ordinaire, peuple, philistin, poissard, populacier, prosaïque, rebattu, roturier, simple, trivial, vil. **II. Nom** → *peuple.*

VULGARISATION □ Diffusion, émission, propagation.

VULGARISER □ → *répandre.*

VULGARITÉ □ **I.** → *impolitesse.* **II.** → *obscénité.*

VULNÉRABLE □ → *faible.*

VULTUEUX, EUSE □ → *bouffi.*

VULVE □ **I. 1.** Féminité, intimité, nature, organes de la reproduction/génitaux/sexuels, sexe. **2. Méd. et vx :** parties honteuses/intimes/secrètes, pudenda. **3. Partic. :** yoni. **II. Enf. :** languette, pipi, pissette, zézette, zizi. **III. Vx et/ou litt. :** abricot, affaire, amande, angora, anneau, as de carreau/cœur/pique/trèfle, atelier, aumônière, bague, balafre, bengali, bénitier, berlingot, bijou, biniou, bis, blason, boîte à ouvrage, bonbonnière, bonde, bouquet, bouton (de rose), boutonnière, brèche, cadogan, callibistri, canard, cas, charnière, chat, chatière, chatouille, chatte, chaussure (à son pied), cheminée, chose, chou, choune, chounette, chouse, cicatrice, cœur, coin, comment-a-nom, connin, conque, coquillage, corbeille, counette, counin, crapaud, crapaudine, craque, craquette, craquoise, crèche, cruche, cyprine, devant, divertissoire, écu, étable, étau, étui, fabliau, fente, figue, fissure, fleur, fontaine, forge à cocus/à cornards/à cornes, four, fourreau, fourre-tout, foutoir, fraise, framboise, grotte, guenilles, guenuche, herbier, hérisson, histoire, houppe, jardin, jardinet, je-ne-sais-quoi, lac, landilles, landrons, lapin, lézarde, losange, manchon, mandoline, marguerite, médaillon, mimi, minet, minette, minon, minou, minouche, mirely, moniche, mortier, motte, moule (masc.), moulin, mounine, niche, nid, oiseau, ouverture, panier, pantoufle, pâquerette, pénil, piège, pomme, porcelaine, raie, raminagrobis, rose, rosette, rosier, rossignol, rouge-gorge, sadinet, savate, soulier, tabatière, tirelire, tiroir, touffe, trésor, trousse, veau, vénusté. **IV. Arg. et grossier :** baba, babines, badigoinces, bagouse, bahut, baisoir, baquet, barbu, baveux, bazar, belouse, bonnet à poils, bouche-qui-rapporte, boutique, caisse, capital, casserole, cave, café des deux colonnes, chagatte, cirque, clapier, con, connasse, connaud, cramouille, cressonnière, crevasse, devanture, didine, écoutille, entre-cuisses, entre-deux-jambes, escalopes, fendasse, fendu, fri-fri, gagne-pain, garage, Gaston, greffier, gripette, Gustave, machin, magasin, mandrin, marmite, maternelle, matou, Mickey, milieu, mitan, mouflard, moule (fém.), muet, noc, pacholle (mérid.), paquet de scaferlati, patate, pays-bas, petite sœur, pissotière, poilu, portefeuille/porte-monnaie à moustaches/perruque, potte, régulier, sac, sacoche, saint-frusquin, salle des fêtes, sapeur, sifflet, sœurette, tablier de forgeron/sapeur, trou, truc, tube, tutu, tuyau, vase, velu, zigouigoui, zipcouicoui, zinzin, *et tout être ou objet ayant valeur suggestive quant au terme de référence.*

VU QUE □ → *parce que.*

WAGAGE □ → *engrais.*

WAGON □ Benne, citerne, fourgon, plateau, plate-forme, tender, tombereau, truck, voiture, wagon-bar, wagon-citerne, wagon frigorifique, wagon-poste, wagon-restaurant, wagon-salon. → *wagon-lit.*

WAGON-LIT □ Pullmann, sleping-car, wagon-couchette.

WAGONNET □ Decauville, lorry.

WALHALLA □ → *ciel.*

WARRANT □ Avance, caution, ducroire, gage, garantie, prêt. → *dépôt.*

WASSINGUE □ Serpillière, toile à laver.

WATER-CLOSET □ **I.** Bouteilles (mar.), cabinet, chaise (vx), chaise/fauteuil percé (e) (vx), châlet de nécessité, commodités, édicule, feuillées (partic.), garde-robe (vx), latrines, lavabo, lavatory, lieux d'aisances, petit coin/endroit, où le roi va tout seul, quelque part, retiro, salle de repos (Canada francais), sanisettes, sanitaires, sentine (péj.), toilettes, trône (fam.), vespasiennes, W.-C. **II.** **Arg.** : cagoinces, chiottes, fil à plomb, goguenots, gogues, gras, tartisses, tartissoires → *urinoir.*

WATTMAN □ Conducteur, machiniste, mécanicien.

WEEK-END □ Fin de semaine, semaine anglaise. → *vacances.*

WELLINGTONIA □ Séquoia.

WERGELD □ → *indemnité.*

WHARF □ Appontement, avant-port, débarcadère, embarcadère, jetée, ponton, quai.

WHIG □ Libéral.

WHISKY □ Baby, bourbon, drink, scotch.

WIGWAM □ → *cabane* et *case.*

WISIGOTH □ → *sauvage.*

XÉNOPHILE □ adj. et n. **I. Au pr. :** ami des/généreux pour les/ouvert aux étrangers/aux idées/modes étrangères. **II. par ext. :** anglomane, snob.

XÉNOPHILIE □ **I. Au pr. :** générosité, ouverture. **II. Par ext. :** affectation, anglomanie, cosmopolitisme, maniérime, recherche, snobisme.

XÉNOPHOBE □ adj. et n. Chauvin, nationaliste, raciste.

XÉNOPHOBIE □ Chauvinisme, nationalisme, racisme.

XÉRÈS □ Amontillado, jerez, manzanilla, sherry.

XÉRUS □ → *écureuil.*

XYSTE □ Galerie/piste couverte, gymnase.

YACHT □ → *bateau.*

YACHTING □ Navigation de plaisance.

YANKEE □ n. et adj. Américain, Oncle Sam. **Arg. :** amerlo, amerloc, cow-boy, gringo, ricain.

YATAGAN □ → *épée.*

YEUSE □ Chêne vert.

YEUX □ I. → *regard.* II. Loc. *1. Les yeux fermés :* en confiance, de tout repos, tranquille, tranquillement. *2. Entre quatre-z-yeux* (fam.). → *tête-à-tête (en).*

YOGI □ Ascète, contemplatif, fakir, sage.

YOLE □ → *bateau.*

YOURTE □ → *cabane* et *case.*

YOUYOU □ → *bateau.*

ZÈBRE □ **I.** Au pr. : âne sauvage, hémione, onagre. **II.** **Fig.** : bougre, coco, type. → *homme.*

ZÉBRÉ, E □ Bigarré, léopardé, marbré, rayé, taché, tigré, veiné, vergé, vergeté.

ZÉBRURE □ → *raie.*

ZÉLATEUR, TRICE □ **I.** Nom : adepte, apôtre, disciple, émule, glorificateur, godillot (fam.), laudateur, panégyriste, propagandiste, partisan, propagateur, prosélyte, séide. **II.** Adj. : élogieux, enthousiaste, fervent.

ZÈLE □ Abnégation, activité, apostolat, application, ardeur, assiduité, attachement, attention, bonne volonté, chaleur, civisme, cœur, courage, dévotion, dévouement, diligence, empressement, émulation, enthousiasme, fanatisme, fayotage (fam.), ferveur, feu sacré, fidélité, flamme, foi, intrépidité, passion, persévérance, promptitude, prosélytisme, soin, travail, vigilance, vivacité.

ZÉLÉ, E □ Actif, appliqué, ardent, assidu, attaché, attentif, chaleureux, civique, courageux, dévoué, diligent, empressé, enflammé, enthousiaste, fanatique, fayot (fam.), fervent, fidèle, godillot (fam.), intrépide, passionné, persévérant, prompt, prosélytique, soigneux, travailleur, vigilant, vif.

ZELLIGE □ Azulejo, carreau, céramique, faïence.

ZÉNANA □ → *gynécée.*

ZÉNITH □ **Fig.** → *comble.*

ZÉPHYR ou **ZÉPHIRE** □ → *vent.*

ZÉRO □ Aucun, couille (arg. scol.), néant, nul, nullité, rien, vide.

ZESTE □ Écorce. → *peau.*

ZEUGME □ Jonction, réunion, union.

ZÉZAYER □ Bléser, zozoter.

ZIEUTER □ → *bigler.*

ZIGOUILLER □ Liquider, faire son affaire à, trucider. → *tuer.*

ZIGZAG □ Crochet, dents de scie, détour, entrechat, lacet.

ZIGZAGUER □ Chanceler, faire des zigzags *et les syn. de* ZIGZAG, louvoyer, tituber, tourner, vaciller.

ZINZIN □ → *truc.*

ZIZANIE □ **I.** Au pr. → *ivraie.* **II.** Fig. → *mésintelligence.*

ZIZI □ Enf. → *sexe.*

ZOÏLE □ Baveux, contempteur, critique, détracteur, envieux, injuste, jaloux, pouacre.

ZOMBI □ → *fantôme.*

ZONE □ Aire, arrondissement, bande, ceinture, coin, district, division, endroit, espace, faubourg, lieu, pays, quartier, région, secteur, sphère, subdivision, territoire.

ZOUAVE □ **I.** Au pr. : chacal, fantassin/soldat colonial/de ligne. **II.** Fig. → *homme.* **III.** Loc. *Faire le zouave :* faire le bête *et les syn. de* BÊTE.

ZOZOTER □ Bléser, zézayer.

La composition de cet ouvrage a été réalisée
par Photocomposition M.C.P., Fleury-les-Aubrais

Reliure par la SIRC à Marigny-le-Châtel

 Aubin Imprimeur
LIGUGÉ, POITIERS

Achevé d'imprimer en septembre 1989
N° d'impression : L 32940
Dépôt légal septembre 1989
Imprimé en France

Ouvrages édités par les DICTIONNAIRES LE ROBERT
107, avenue Parmentier - 75011 PARIS (France)

Dictionnaires de langue :
— *Grand Robert de la langue française* (deuxième édition).
Dictionnaire alphabétique et analogique de la langue française (9 vol.).
Une étude en profondeur de la langue française : 80 000 mots.
Une anthologie littéraire de Villon à nos contemporains : 250 000 citations.

— *Petit Robert [P. R. 1].*
Dictionnaire alphabétique et analogique de la langue française
(1 vol., 2 200 pages, 59 000 articles).
Le classique pour la langue française : 8 dictionnaires en 1.

— *Robert méthodique [R. M.].*
Dictionnaire méthodique du français actuel
(1 vol., 1 650 pages, 34 300 mots et 1 730 éléments).
Le seul dictionnaire alphabétique de la langue française qui analyse les mots et les
regroupe par familles en décrivant leurs éléments.

— *Micro-Robert.*
Dictionnaire d'apprentissage de la langue française
Nouvelle édition entièrement revue et augmentée (1 vol., 1 470 pages, 35 000 ar-
ticles).

— *Micro-Robert Plus.*
Micro-Robert langue française *plus* noms propres, chronologie, cartes
(1 vol., 1 650 pages, 46 000 articles, 108 pages de chronologie, 54 cartes en couleurs).

— *Le Petit Robert des enfants [P. R. E.].*
Dictionnaire de la langue française
(1 vol., 1 220 pages, 16 500 mots, 80 planches encyclopédiques en couleurs).
Le premier Robert à l'école.

— *Le Robert oral-écrit.*
L'orthographe par la phonétique
(1 vol., 1 400 pages, 17 000 mots et formes).
Le premier dictionnaire d'orthographe et d'homonymes, fondé sur l'oral.

— *Dictionnaire universel* d'Antoine Furetière
(éd. de 1690, préfacée par Bayle).
Réédition anastatique (3 vol.), avec illustrations du XVIIe siècle et index thématiques.
Précédé d'une étude par A. Rey :
« Antoine Furetière, imagier de la culture classique. »
Le premier grand dictionnaire français.

— *Le Robert des sports.*
Dictionnaire de la langue des sports
(1 vol., 580 pages, 2 780 articles, 78 illustrations et plans cotés), par Georges PETIOT.

Dictionnaires bilingues :
— *Le Robert et Collins.*
Dictionnaire français-anglais/english-french
(1 vol., 1 730 pages, 225 000 « unités de traduction »).

— *Le « Junior » Robert et Collins.*
Dictionnaire français-anglais/english-french
(1 vol., 960 pages, 105 000 « unités de traduction »).

— *Le « Cadet » Robert et Collins.*
Dictionnaire français-anglais/english-french
(1 vol., 620 pages, 60 000 « unités de traduction »).

— *Le Robert et Signorelli.*
Dictionnaire français-italien/italiano-francese
(2 vol., 3 040 pages, 339 000 « unités de traduction »).

— *Le Robert et van Dale.*
Dictionnaire français-néerlandais/néerlandais-français
(1 vol., 1 400 pages, 200 000 « unités de traduction »).

Dictionnaires de noms propres :
(Histoire, Géographie, Arts, Littératures, Sciences...)

— *Grand Robert des noms propres.*
Dictionnaire universel des noms propres
(5 vol., 3 450 pages, 42 000 articles, 4 500 illustrations couleur et noir, 210 cartes).
Le complément culturel indispensable du *Grand Robert de la langue française.*

— *Petit Robert 2 [P. R. 2].*
Dictionnaire des noms propres
(1 vol., 2 000 pages, 36 000 articles, 2 200 illustrations couleurs et noir, 200 cartes).
Le complément, pour les noms propres, du *Petit Robert 1.*

— *Dictionnaire universel de la peinture.*
(6 vol., 3 000 pages, 3 500 articles, 2 700 illustrations couleurs).